教育部首批新文科研究与改革实践项目"文史哲拔尖创新人才培养创新与实践"成果
四川大学双一流学科项目"中国语言文学与中华文化全球传播"成果

立德树人 传承文明

曹顺庆教授40年拔尖人才创新培养案例实录

主　编／曹顺庆　王　超
副主编／张帅东　寇淑婷　夏　甜

四川大学出版社
SICHUAN UNIVERSITY PRESS

图书在版编目（CIP）数据

立德树人 传承文明：曹顺庆教授40年拔尖人才创新培养案例实录 / 曹顺庆，王超主编．— 成都：四川大学出版社，2022.12
ISBN 978-7-5614-5215-8

Ⅰ．①立… Ⅱ．①曹… ②王… Ⅲ．①人文科学－人才培养－教学研究－高等学校－文集 Ⅳ．① C41-53

中国版本图书馆CIP数据核字（2022）第226489号

书　　名：	立德树人 传承文明：曹顺庆教授40年拔尖人才创新培养案例实录
	Lide Shuren Chuancheng Wenming: Cao Shunqing Jiaoshou 40 Nian Bajian Rencai Chuangxin Peiyang Anli Shilu
主　　编：	曹顺庆　王　超

选题策划：张宏辉　王　冰　陈　蓉
责任编辑：王　冰　陈　蓉
责任校对：罗永平　毛张琳
装帧设计：墨创文化
责任印制：王　炜

出版发行：四川大学出版社有限责任公司
　　　　　地址：成都市一环路南一段24号（610065）
　　　　　电话：（028）85408311（发行部）、85400276（总编室）
　　　　　电子邮箱：scupress@vip.163.com
　　　　　网址：https://press.scu.edu.cn
印前制作：四川胜翔数码印务设计有限公司
印刷装订：四川煤田地质制图印刷厂

成品尺寸：185 mm×260 mm
印　　张：49
插　　页：49
字　　数：1210千字

版　　次：2023年1月 第1版
印　　次：2023年1月 第1次印刷
定　　价：298.00元

本社图书如有印装质量问题，请联系发行部调换

版权所有 ◆ 侵权必究

序言一

李言荣

四川大学校长　中国工程院院士

  一所大学的本质就是培养人才和创造知识，这是大学之所以存在的根和本。对于优秀人才的培养，成功的学校尽管路径各不相同，但有一点却是共通的，就是都拥有一支优秀的教师队伍。西南联大当年之所以能在非常艰苦的条件下培养出群贤英才，其关键就在于名师大家荟萃；126年来四川大学能够为国家和地方经济社会发展源源不断地输送包括学术精英、兴业之士和管理骨干在内的70多万名各类优秀人才，就是因为一代又一代大师巨匠潜心育人、默默耕耘。

  从1980年来到四川大学，曹顺庆教授就扎根巴蜀大地立德树人、孕育桃李。曹老师是四川大学杰出教授、欧洲科学与艺术院院士、第四任中国比较文学学会会长、国批博士生导师、国家级教学名师。作为学者，他方向明、主义真、学问高、德行正，在比较文学乃至整个文学领域发出川大声音，取得了累累硕果，可以说是川大文科的一面旗帜；作为老师，他教书育人、言传身教，用自己的丰富阅历、学术造诣、人格魅力去影响和带动每一位学生。从教40年来，曹老师视学术为生命，以教育为己任，笔耕不辍，孜孜不倦。特别是育人路上，曹老师以学生为中心，持之以恒创新探索拔尖人才培养的路径，为教育事业无私奉献，为川大发展尽心尽力。

  《立德树人　传承文明——曹顺庆教授40年拔尖人才创新培养案例实录》全面回顾与总结了曹老师40年教学思想。全书由曹顺庆教授和他的200余位学生共同编写，这些人有的是年轻有为的学者，有的已经在自己的岗位上书写了不俗的成绩。他们通过立德树人、原典研读、互动探究、永立前沿、学术交流、实践锻炼、团队意识、学脉相传八个章节全面总结曹老师在拔尖人才培养方面的经验做法，从学生受教育的角度，用实实在在的教改案例，记载了在川大受教育期间的亲身体验。这既是曹老师人才培养理念与实践的生动展示，也是川大拔尖人才培养的缩影和体现。

  拔尖人才培养是一项长周期、慢变量的工作，而且每所高校的实际情况不同，是不能简单复制的。包括曹老师在内的川大人都认为拔尖人才不仅要对所从事学科有兴趣、有潜质，更重要的是要与使命感结合起来。一个学生如果没有使命感，没有志存高远的精神，没有将个人成长与国家命运结合起来，是难以成为栋梁人才的。曹老师就是身体力行去影响、带动、引导学生。作为比较文学领域的权威专家，他开创的比较文学变异学理论使比较文学中国学派在世界学术舞台上发出了自己的声音。尤其在培养学生的过程中，他强调独立思考能力，鼓励学生要勇于提问、提真问题，以问促思、以思促学，从而自豪地面对世界，自信地面对未来，讲好中国故事，体现中国实力，展示中国风采。

拔尖人才并没有固定的判断标准，但共同的特质都是拥有扎实的基础和宽广的视野，这样他们才能站得更高、走得更远。所谓"根深才能叶茂"，曹老师就很重视培养学生的基础，早自1995年起曹老师就在研究生中开设了中国文化元典课程，鼓励学生读十三经、背《文心雕龙》，他常常随机点名让学生起来背诵一段，然后打断，再抽下一位同学接上，就是为了让学生能够保持专注的定力，让同学们能够把精力集中到重要的事情上来。为了更好地拓展学生的视野，曹老师鼓励学生去参加学术活动、去短期访学，打开更多观察世界的窗口。每次外出开会或讲学，曹老师也常常带着学生，如果是男生，他会和学生共住一个房间，天上地下、天南海北地聊到深夜。同时，曹老师也是川大较早实践通识教育的教师，为了让学生在探索自然科学的同时感悟文化和艺术的熏陶，曹老师主持的中华文化课程，突出世界及中华优秀文化的教育与熏陶作用，让学生以更加开放的心态学习和借鉴其他文明的优秀成果，了解人类文明发展的过程和现实存在的世界。其实，还有很多很多曹老师培养学生的生动细节，在这本实录文集中都有着更充分的体现，所以就像他的学生所说的，上学期间虽然艰辛但回忆美好，甚至毕业多年后依然感慨"想重回川大，再当一回曹老师的学生！"

教育是良心活，也是用心活。我们期望，该书带给包括四川大学教师在内的广大教育工作者们以启迪和思索，把更多的时间、更多的精力、更多的爱心放到学生身上、放到人才培养上、放到教学工作上，真正做到立德树人，努力培养更多的优秀人才。

李言荣

2022年5月23日

序言二

Theo D'haen

Member of the European Academy of Sciences, Professor, University of Leuven, Netherlands

It is a pleasure for me to write the foreword to the present collection of teaching reform essays resulting from Professor Cao Shunqing's national education reform project under the auspices of the Ministry of Education of China, "Cultivation and Practice of Top-notch Innovative Talents in Literature, History, and Philosophy". Taking as his example the famous mid-twentieth-century literary scholar Qian Zhongshu, Professor Cao Shunqing notes that in the present era there is a dearth of what the French would call "maîtres à penser" or "academic masters". To remedy this situation, top talents in the humanities, next to an innovative spirit, should be equipped with a broad understanding of the ancients along with a profound knowledge of the present. They should have a comprehensive understanding of both Chinese and Western cultures. Finally, they should be well-versed in both the arts and the sciences. Gathering essays by doctoral students, master students, and postdoctoral fellows who have worked under the guidance of Professor Cao Shunqing for the past 40 years, the volume concentrates on the actual experience of students during their studies and their subsequent academic growth and achievements. As such, it vividly details how the teaching practice of Professor Cao Shunqing has contributed to cultivating superior and innovative talents in the humanities, specifically in the study of literature, history, and philosophy. Focusing on the cross-integration of the new liberal arts, Professor Cao Shunqing's project aims to improve the talent training mechanism, innovate the talent training model, and explore the experience of talent training. Instilling top-notch innovative talents in the fields of literature, history, and philosophy with both humanistic feelings and scientific literacy, the project promotes the construction of a "new liberal arts" model for the humanities. To this end, Professor Cao Shunqing in his own educational practice teaches students to productively communicate. He has them recite the Chinese Classics. He encourages them to express their opinions and expound and explore international cutting-edge literary theories. He stimulates students to participate in academic conferences, also international, often leading a group of them in doing so. He guides students to finish their dissertation. In his seminars students can talk freely and discourse cultures and civilizations. Highlighting the various dimensions of Professor Cao Shunqing's academic and educational practice such as the profound study of Chinese civilization and culture, the integration of Chinese and Western knowledge and learning, inviting and inciting Western and Chinese academics to learn from one another, but also the development of academic career paths and academic innovation, the combination of personality development and academic ambition, self-improvement and academic contribution, and much more, the essays here gathered comprehensively summarize how the teaching reform achievements of Professor Cao Shunqing over the past 40 years could be replicated, promoted and used for reference throughout China.

Theo D'haen
May 10, 2022

欧洲科学院院士、荷兰鲁汶大学教授　西奥·德汉（Theo D'haen）

很高兴能够为曹顺庆教授主持的教育部国家级立项教改项目"文史哲拔尖创新人才培养与实践"成果论文集撰写序言。以20世纪中叶的著名文学家钱锺书为例，曹顺庆教授指出，当今时代缺乏法国人所谓的"maîtres à penser"或"学术大师"。要扭转这种局面，就要求人文学科的顶尖人才除了应具有创新精神，还应该体现出博古通今、学贯中西、文理皆通的学术修养。本书汇集了曹顺庆教授从教四十年来培养的博士生、硕士生和博士后的文章，集中讲述了学生们在学习过程中的实际体验及其随后的学术成长、成就。因此，它生动地详述了曹顺庆教授如何培养人文学科文史哲拔尖创新人才的教学实践。曹顺庆教授的教改项目围绕新文科背景下的学科交叉与融合，旨在完善人才培养机制，创新人才培养模式，探索人才培养经验，培养兼具人文情怀与科学素养的文史哲拔尖创新人才，推进文史哲领域新文科建设实践。为此，他在教育实践中与学生形成了富有成效的交流模式：他要求学生背诵中国古代文论经典；他鼓励学生发言提问；他引导学生探索国际前沿文学理论；他带队参加学术会议、国际会议；他指导学生写作论文；在他的研讨会上，学生们可以畅所欲言，探寻文化与文明的脉络。该文集突出曹顺庆教授学术和教育实践的多维度，从文明传承与中华文化学习、文明互鉴与中西学术融通、学术路径与学术创新、人格养成与学术志向、自强不息与学术贡献等层面全方位总结曹顺庆教授从教四十年来的教学改革成果，形成在全国可复制、可推广、可借鉴的教学改革经验。

西奥·德汉
2022年5月10日

目 录

绪 论 创新培养研究生拔尖人才的"八个锤炼" …………… 曹顺庆（1）

第一章 立德树人：以思政教育指明培养方向 ………………………（22）

  第一节 澡雪精神 以德为先 ………………………………………（22）

    曹门四德，元亨利贞 ………………………………… 李 杰（思屈）（22）

    道之所在，师之所在

      ——曹顺庆教授教书育人二三事 ………………………… 孙 太（24）

    开学养正，修道立教 …………………………………………… 罗富明（27）

    却顾所来径，苍苍横翠微 ……………………………………… 黄 莉（29）

    传道之圣

      ——跟随曹顺庆教授求学记 ………………………………… 成 蕾（31）

    "高山仰止，景行行止"

      ——曹顺庆先生侧记 ………………………………………… 代 莉（33）

    七律·贺曹师寿 ………………………………………………… 张骏翚（36）

    感师恩，忆学涯 ………………………………………………… 游槟菁（36）

  第二节 言传身教 育人为本 ………………………………………（37）

    曹门受教记

      ——曹顺庆老师指导博士生的几点经验 ………………… 李清良（37）

    言传身教，育人为先

      ——学术人生的引路导师 …………………………………… 董天策（41）

    先生岿然室中

      ——忆跟随曹师顺庆先生读博及工作的日子 ……………… 赵渭绒（45）

    游学记 …………………………………………………………… 郭晓春（51）

    曹师印象二三 …………………………………………………… 郑艳丽（57）

    杏坛春晖，仁爱宽厚

      ——曹师顺庆先生 ……………………………………………… 张瑞瑶（58）

    是良师，亦是益友 ……………………………………………… 翟 鹿（60）

我跟曹顺庆老师做博士后 ································· 高 玉（65）
古为今用，育人新篇 ··································· 罗 飞（68）
厚德育人
　——论曹顺庆教授的学术引导力和人格魅力 ············· 申 燕（71）
立德树人，言传身教 ································ 傅丹阳（74）
我的导师曹顺庆先生 ································ 李向岚（76）
我与恩师曹顺庆先生 ································ 赵利娟（79）

第三节　和风沐雨　润物无声 ·································（81）
成都求学记（长诗）
　——致敬曹顺庆恩师 ····························· 张德明（81）
博士养成与为学为人 ································· 邹 涛（92）
苔花也学牡丹开
　——随曹顺庆师问学散记 ························· 曾 明（94）
请回答，我的2010！ ······························· 龙 娟（100）
得遇良师，如沐春风 ······························ 庄佩娜（105）
侍立十年记 ··· 时 光（106）
跟曹老师学习的日子 ······························ 石文婷（111）
文心如斯，曹门生活 ······························ 彭茂轩（113）
在曹老师的灯塔照耀下前行 ························· 龚 静（117）
忆曹先生小文 ······································· 陈 杉（119）
树有包容鸟知暖
　——曹顺庆教授门下问学记 ······················ 张志怀（121）
桂香依旧 ··· 党聆嘉（123）
昔日逸事 ··· 罗 锐（125）
想念春风吹拂的求学时光 ··························· 董玉倩（126）

第四节　厚德载物　志通天下 ·································（127）
经道纬德，志通天下
　——恩师顺庆先生七十寿诞感怀 ··················· 熊沐清（127）
隐恶扬善，点燃火焰 ······························· 毛 明（131）
兰香漫润后辈人，春风化雨有曹师 ··················· 刘阿平（133）
"不拘一格"顺庆师 ·································· 陈 侠（138）
求学记 ··· 吕成金（141）
立德树人，传承文明 ······························ 刘奕汐（142）
曹顺庆先生学术思想与育人策略漫谈 ················· 董首一（144）

第二章　原典研读：以强基固本涵养学风操守 (157)

第一节　入门须正　立志须高 (157)

身正为师，风高为范
——曹顺庆教授原典式教材和教学法的启迪与引领　阎　嘉 (157)

入门须正，立志须高　张金梅 (165)

原典馨香，雅韵悠扬　佘国秀 (171)

初入曹门二三事　高　好 (175)

曹门背书逃学记　白　浩 (177)

入门须正，立志须高
——曹门学习心得　郭宵旸 (178)

第二节　原典研读　强基固本 (181)

原典研读：以强基固本
——曹顺庆从教四十年人才培养实录之一　李天道 (181)

原典研读，传承文明
——以强基固本涵养学风操守　靳义增 (188)

吾师与十三经　何　敏 (194)

川大、曹师、十三经　乔　艳 (196)

完善比较文学课程体系
——曹老师的原典研读课　范利伟 (199)

入门须正，立志须高
——曹师顺庆先生的原典研读课　吕雪瑞 (200)

"中外语言文学与文化专题研究：十三经元典导读"课堂拾零
　国　威 (203)

成都，带不走的只有曹老师的课堂　车海锋 (205)

读原典，悟思想，做真学问
——记曹顺庆教授的十三经课程　蒋明霞 (207)

梦回求学时代，又闻书声琅琅　卓　薇 (209)

强固根基，不断前行　邝梦雨 (210)

泰山遍雨，河润千里
——记原典研读体悟及曹门受教点滴　明　钰 (211)

第三节　治学以严　涵养学风 (217)

难忘背诵文化原典　雷文学 (217)

博士研究生学习经历　崔海妍 (219)

启悟耳目，保育性情
　　——曹门读书忆旧 ………………………………………… 孔许友（220）
言传身教：学术训练二三事 ………………………………… 王一平（222）
博士求学之路 ………………………………………………… 杜　萍（224）
我们从何处来？我们是谁？我们向何处去？ ……………… 李嘉璐（225）
别样教材，育人初心 ………………………………………… 刘诗诗（227）
慎思笃行，沉淀自己
　　——曹门求学一年随记 ………………………………… 倪逸之（230）
读原典，固根基，严学风
　　——记曹师顺庆先生的教导"三言" …………………… 万　燚（233）
始于原典，止于至善 ………………………………………… 全　文（236）
性灵熔匠：曹顺庆教授的原典教学 ………………………… 曹　敏（237）

第四节　博古通今　文化自信 …………………………………… （240）

从中华原典中生发出来的文化自信 ………………………… 李卫涛（240）
读中外原典，做原创学问
　　——曹顺庆师课堂教学琐忆 …………………………… 于　琦（242）
原典精深蕴至理，粉墨无言写春秋
　　——忆曹师原典诵读课堂 ……………………………… 李　丹（245）
鸿儒博学，仰之弥高
　　——记我的导师曹顺庆先生 …………………………… 王鹏飞（247）
曹门基本功：十三经背诵与研读的传奇 …………………… 周仁成（249）
"痛苦"的过程，一生的收获 ………………………………… 刘　璐（252）
自强不息，厚德载物 ………………………………………… 代丽娜（253）
与《神思》之邂逅 …………………………………………… 罗　娜（254）
文化积淀与原典研读 ………………………………………… 李沁洋（255）
细读原典，精神永续 ………………………………………… 王　楠（257）

第三章　互动探究：以问题意识倒逼自主钻研 ………………………（259）

第一节　以问促思　以思促学 …………………………………… （259）

以问促思，以思促学
　　——曹顺庆老师课堂教学侧记 ………………………… 曾利君（259）
想清楚一个问题，亦是一种人生
　　——记曹师因材施教开启学生学术人生的点滴 ……… 韩　聘（263）

观澜索源，反本弥新
  ——与曹师顺庆先生点滴 ································· 杨淬伟（267）
春风桃李忆师恩
  ——记曹门学习心得 ····································· 欧　婧（271）
跟随曹顺庆老师读博的日子 ································· 周　姝（275）
因缘不可思议
  ——跟随曹老师学比较诗学 ····························· 陈开勇（279）
走过望江楼 ··· 李城希（281）
在启发与点拨之间
  ——问题意识与自主科研精神的培养 ··················· 李桂全（282）
"法无定式"的大课堂
  ——曹门学习二三事 ···································· 尚英丽（288）

第二节 君子不器 因材施教 ································· （291）
川大三年的"痛苦"生活 ···································· 杜吉刚（291）
无言的"严"，清澈的"爱"
  ——论曹顺庆教授的拔尖人才培养模式 ················ 王　超（294）
日子疯长
  ——忆曹师育我二三事 ·································· 李伟荣（303）
入门须正，立志须高：曹门求学记 ························ 刘志超（306）
求学·读书漫谈记 ··· 徐丛丛（308）
读博这五年 ·· 吴　恚（311）
学术传承与拔尖创新人才培养
  ——曹顺庆从教四十年人才培养实录 ··················· 陈思宇（313）
有关曹门的回忆 ··· 马溶璐（318）
明远湖畔沐春风 ··· 孙铭蔚（319）

第三节 耳提面命 教学相长 ································· （322）
难忘的曹师语录 ··· 王　红（322）
且听风吟 ··· 李　艳（326）
学术的召唤与学问的方法
  ——跟随曹顺庆先生读博经验谈 ························ 涂　慧（327）
生之有涯，唯思想求索永动而不灭 ······················· 聂　韬（331）
学术与科研 ·· 韩晓清（334）
师严如歌
  ——写于吾师曹顺庆教授从教四十载之际 ············· 曹峻冰（336）

思维转换，发现教学与研究的另一种风景	赵小琪	(339)
高山仰止，景行行止		
——忆亲聆曹老师教诲的那些岁月	邝彩云	(344)
忆恩师曹顺庆先生	潘 鑫	(345)
记曹老师课堂二三事	张 丹	(346)
踏实、严谨、坚韧、热情	耿 莉	(348)

第四章　永立前沿：以文化自信激发创新源泉 ……… (350)

第一节　中西融通　华山论剑 ……… (350)

曹门问学琐记	代 迅	(350)
曹先生的开放学堂	李夫生	(353)
曹顺庆主编《中华文化》教材的审美经纬	张叹凤	(356)
中外汇通，知己知彼：回忆老师如何带领我们走在学术前沿	杜红艳	(364)
川大纪事		
——曹顺庆先生教育理念撷谈	蒋济永	(368)
对曹顺庆老师的三个误解	宋德发	(374)
永续文化血脉，厚植家国情怀		
——记随曹师顺庆先生学习的二三事	赵媛媛	(377)
学术的汲取与传承	万红雨	(379)

第二节　守正出新　引领前沿 ……… (380)

科研与教改创新之路的内源性动因	侯 洪	(380)
快速走上学术前沿	侯传文	(388)
桃李芬芳季，群星闪耀时	李 莎	(393)
大　师	陈 越	(395)

第三节　道器并举　道立学成 ……… (396)

道器并举，道立学成	胡志红	(396)
曹顺庆先生教学琐忆	马建智	(400)
不愤不启，笃行不怠	谢 梅	(402)
曹顺庆先生博士培养中的四个意识	童 真	(406)
三千桃李颜色好，化蜀兴教称曹公		
——贺恩师从教40周年暨七十大寿有感而作	曾洪伟	(412)
曹门求学小记	杨 清	(418)
回归原典，探索传统精神文化内核	金书妍	(421)

第五章 学术交流：以办会参会建构国际视野 (422)

第一节 群贤毕至 以会促学 (422)

平行与交汇：深圳、澳门"双城记" ……………………… 徐新建 (422)

曹老师在东京过生日 ……………………………………… 靳明全 (438)

我的"比较"之路 …………………………………………… 杨玉英 (441)

记2019年参与澳门国际比较文学大会 ………………… 陈 鑫 (447)

得遇良师，何其有幸 ……………………………………… 王苗苗 (448)

第二节 如切如磋 如琢如磨 (451)

曹门学术会议带给我的收获与启示 …………………… 向天渊 (451)

曹师教育模式分享之我说 ………………………………… 关熔珍 (453)

十年续十年中的二三事 …………………………………… 王 涛 (461)

难忘的美国之行 …………………………………………… 张帅东 (464)

师恩伴我成长 ……………………………………………… 刘波涛 (465)

第三节 他山之石 可以攻玉 (469)

当时明月在 ………………………………………………… 姜 飞 (469)

博观圆照，平理若衡

——记曹师顺庆二三事 ………………………………… 刘 颖 (470)

师恩难忘，砥砺前行 ……………………………………… 邱 岚 (473)

学之美乐

——"春服既成" ………………………………………… 颜 青 (476)

第六章 实践锻炼：以学术训练培养科研能力 (478)

第一节 慎思笃行 勤学苦练 (478)

博士论文是怎样磨成的 …………………………………… 郝跃南 (478)

曹门勉学记 ………………………………………………… 程丽蓉 (481)

学术的体贴与温度

——博士论文是怎么"养"成的 ……………………… 何云波 (484)

如 愿 ……………………………………………………… 魏登攀 (490)

博我以文，约我以礼

——曹顺庆教授门下求学小记 ………………………… 王熙靓 (495)

为人美风仪，宽厚有器量

——小记曹师顺庆先生 ………………………………… 刘永丽 (498)

川大博士后二三事 ………………………………………… 谭德兴 (500)

砥砺前行，不忘旧师恩 ················· 张　越（503）
忆我与曹师的学术训练小片段 ············· 刘　娜（505）
是严师，也是益友 ····················· 胡钊颖（507）

第二节　不拘一格　有教无类 ··············（509）
曹老师的有教无类和因材施教 ············· 蒋荣昌（509）
言传身教，春风化雨
　　——记曹师顺庆先生培养学生论文写作能力 ··· 邱明丰（512）
我的求学苦旅 ························· 蔡　俊（514）
川大求学二三事
　　——忆恩师曹顺庆教授 ················· 陈　丕（516）
有教无类，诲人不倦
　　——记恩师对博士生论文选题指导 ········· 王　蕾（518）
海内存知己，天涯若毗邻
　　——曹门留学生培养侧记 ··············· 秦　岭（520）
总有一天你们会张开翅膀飞走 ············· 张莉莉（522）
曹师引领我走上文学研究之路 ············· 罗　荔（524）
人尽之才，庖丁解牛 ··················· 朴性日（526）

第三节　宽严相济　授之以渔 ··············（528）
老师教我们写论文 ····················· 段宗社（528）
曹师授我"金钥匙" ····················· 刘占祥（533）
恩师与"利维斯"研究 ··················· 周芸芳（537）
往事思如昨
　　——川大求学琐忆 ····················· 王　姝（543）
文学、文化、文明
　　——曹师指导下的《大唐西域记》研究 ····· 王汝良（546）
引导、开放与个性
　　——曹顺庆先生论文及课题指导原则 ······· 王　涛（551）
与曹顺庆先生的师生缘 ················· 周　航（556）
曹门的"张"与"弛" ····················· 孙　雯（557）
严慈相济，师恩难忘 ··················· 王艺涵（558）

第四节　千淘万漉　百炼成金 ··············（560）
比较文学跨学科研究的创新实践
　　——从曹顺庆教授指导我撰写博士学位论文谈起 ··· 曾小月（560）
人生得遇良师，犹如航行中灯塔指引 ······· 荆云波（563）

理性+信仰：博士学习记 …………………………………… 欧阳灿灿（567）
仰山而铸铜，煮海而为盐
　　——曹顺庆先生的学术训练思想初探 ……………………… 李　媛（569）
漫长的毕业论文通关路 ………………………………………… 林　何（573）
学术之旅引路人
　　——曹顺庆先生指导博士毕业论文写作点滴感悟 ………… 高小珺（577）
记硕士学位论文开题 …………………………………………… 李　姓（582）
循循善诱，严谨治学 …………………………………………… 夏　甜（584）
千淘万漉，百炼成金
　　——曹老师学术论文指导回忆 ……………………………… 李歆蕤（587）

第七章　团队意识：以传帮带领打造创新团队 ……………………（590）

第一节　搭建平台　协同创新 ……………………………………（590）

曹门述学十八首 ………………………………………………… 杨玉华（590）
追随曹先生研究中西文化话语 ………………………………… 徐扬尚（592）
师承与学问
　　——在曹顺庆先生门下的读书生涯 ………………………… 黄文虎（597）
传承与通变
　　——曹老师的家国情怀 ……………………………………… 张　峰（607）

第二节　团队合作　集思广益 ……………………………………（609）

卜算子·忆 ……………………………………………………… 邓时忠（609）
贺曹师从教四十载 ……………………………………………… 黄　立（609）
吹响传承集结号的智者
　　——曹顺庆先生独特治学方法侧影 ………………………… 嵇　敏（610）
芬芳桃李满天下，树人育才为中华 …………………………… 李　泉（612）
曹顺庆先生的教育思想 ………………………………………… 王昌宇（621）
十年沐杏雨，终身感师恩 ……………………………………… 辜佳丽（624）

第三节　传帮带领　互助进取 ……………………………………（626）

记得当年 ………………………………………………………… 罗　坚（626）
最美摆渡人 ……………………………………………………… 付品晶（628）
记曹老师育人二三事 …………………………………………… 张　雨（631）
曹顺庆先生的治学精神与育人思想 …………………………… 李采真（632）
得遇良师，幸甚为至 …………………………………………… 张　欢（633）

建班研学，育人无形
　　——回忆初入曹门受教的点滴 ················· 杨溢雅（634）
归　　属 ·· 高璐嫄（637）
立德树人，友爱天涯 ·· 张庆琳（639）

第八章　学脉相传：以话语建设传播文明之光 ············· (641)

第一节　变异理论　扬名四海 ································ (641)

"主义"的"他国化"旅行及变异
　　——曹顺庆"变异学"理论与文学思潮研究 ··········· 蒋承勇（641）
"合同异"：比较文学变异学的应然之道 ············· 王敬民（649）
从文学变异学到中国文论现代性研究
　　——我的比较文学研究心得 ···························· 王钦峰（659）
比较文学研究中的返本开新
　　——曹顺庆的学问之道 ·································· 黄宗喜（663）
曹顺庆教授答比较文学变异学问题 ····················· 张　叉（666）
比较文学变异学的"问题意识"对英语世界学术史研究的启示 ··· 林家钊（678）
中国视角与比较文学研究
　　——曹顺庆教授的学术创新 ··························· 董智元（681）
话语互构：比较文学变异学理论对中国符号学研究的启示
　　——兼论曹顺庆教授如何培养博士后 ················ 赵星植（684）
变异学：从理论到实践 ······································ 车　安（689）

第二节　文明互鉴　差异对话 ································ (691)

丝路天行健，全息文明出
　　——为曹门跨文明共生学业而写的《丝绸之路学》序代师生会作业
　　··· 皇甫晓涛（691）
负笈南北，回望时光 ·· 谭　佳（692）
曹顺庆比较诗学思想发展略论 ····························· 周晓风（696）
曹师顺庆先生学术研究中的"文明互鉴"思想 ········· 曹怡凡（704）
文明对话与文化变异：比较文学变异学的人类学阐释
　　——兼记我与曹顺庆教授的师生之谊 ·················· 牛　乐（711）
从世纪焦虑到文化复兴 ······································ 尹　泓（716）

第三节　话语创建　学脉相传 ································ (721)

论曹顺庆教授的教育观 ······································ 李　凯（721）

愿随前薪作后薪
　　——我的学术成长 ·· 李伟昉（727）
跨越边界的力量
　　——曹顺庆先生比较文学思想对我的学术引领 ············ 陈佑松（735）
盛德励耘，上善乐育
　　——曹老师在北京师范大学的教学及人才培养工作 ········ 冯　欣（738）
江畔的春风，如歌的岁月
　　——曹顺庆先生的治学与教学 ···························· 韩周琨（744）
理论链接和话语化用
　　——追随曹先生做比较诗学博士后 ······················ 刘圣鹏（749）
比较文学新话语视域下的外国文学教研反思 ················· 秦鹏举（752）
曹顺庆先生的东方文论研究及其话语建构
　　——兼谈其"传帮带"精神 ································ 寇淑婷（760）

后　　记 ·· （765）

附录一：曹顺庆教授与老师、学者及学生部分照片 ··············· （769）
附录二：曹门八子歌 ··· （785）
附录三：曹门赋 ··· （787）
附录四：桃李芬芳 曹门同学录 ·································· （795）

11

绪 论

创新培养研究生拔尖人才的"八个锤炼"

曹顺庆

十年树木，百年树人。立德树人是一件千秋万代、久久为功的伟大事业。人生七十古来稀，我在高校工作也已整整四十年。我的学术之路有三点体会：一是中西贯通，打好中西学问根底；二是虚心学习，尤其是向大师学习；三是勇于探索，富有创新精神。我用这三个方法在比较文学和文艺学等领域做出了一些成果，但我更重要的成果是培养了300多位研究生拔尖创新人才。培养拔尖创新人才与个人搞学术研究不同，正如当师傅和当工匠，两者有关联又有差异，好工匠不一定是好师傅，好师傅一定是好工匠。我的体会是，人才培养没有捷径，百炼成铁，千炼成钢，拔尖创新之才必是经过严管厚爱、千锤百炼，所以我将四十年培养研究生拔尖创新人才的体会概括为以下"八个锤炼"。

一、学术传承与师承关系的思想锤炼

正确认识师承关系，是立德树人的关键问题。我认为，老师传授的不仅是知识和能力，更是一种文明的学脉，老师和学生是学术命运共同体，超越时间与空间，动态铸就民族之根和文化之魂。人类文明源远流长、薪火相传、生生不息，数千年的学术实践证明，学术传承最直接、最重要的是师承关系。正是因为有学术上的师承关系，才有一个又一个学派，才生成了一个个话语体系。这种师承关系构筑起了人类文明的一座又一座丰碑。有好老师而后有好学生，有好学生而后能成就好老师，有优秀的学生而后能够成就一代名师，文明的传承得以后继有人。

在西方，从苏格拉底到柏拉图再到亚里士多德，师承关系与学术贡献早在人类文明轴心时代就成为佳话。公元前469年，苏格拉底在雅典诞生，41年后，柏拉图也诞生于雅典。苏格拉底没有留下任何著作，他的言行主要靠他的弟子柏拉图记录下来。而在柏拉图的作品中，大多数主角都是苏格拉底。可以说，没有柏拉图，我们基本上不知晓其老师苏格拉底的思想。公元前387年，柏拉图在雅典创立了阿

卡底米亚学园。公元前384年，亚里士多德诞生于色雷斯的斯塔吉拉，他17岁时到雅典求学，跟随柏拉图学习20年，继承和发展了柏拉图的思想，奠定了西方文论和西方文化的话语模式和意义生成方式。苏格拉底、柏拉图、亚里士多德师生三人，使古希腊哲学和文学理论走向了最高峰。这一师承关系建立起了西方古代最伟大的学派，树立起了西方文明史上的第一座丰碑。

在中国也是如此，孔子和他的学生建立起了儒家学派。《史记·孔子世家》有云："孔子不仕，退而修诗书礼乐，弟子弥众，至自远方，莫不受业焉。"孔子主张有教无类、因材施教，著名弟子有子路、颜回、子贡、子游、子夏、曾参等。孔子最重要的著作《论语》，并不是孔子自己所写，而是他的学生写的。《汉书·艺文志》云："《论语》者，孔子应答弟子时人及弟子相与言而接闻于夫子之语也。当时弟子各有所记，夫子既卒，门人相与辑而论纂，故谓之《论语》。"可以说，没有孔子就没有三千弟子和七十二贤人。但是，如果没有弟子传承孔学，就没有《论语》这部重要经典的产生，也没有著名的儒家学派。时至今日，这种文明传承规律仍然为学术界的一个个重要学派所证实。

索绪尔的代表作《普通语言学教程》（Course in General Linguistics）并不是索绪尔自己亲手写的，而是他的学生根据索绪尔1907—1911年在日内瓦大学三次讲授普通语言学课程的记录整理而成，在其去世后于1916年编辑出版。该书提出了以"结构主义"和"符号学"为标志的一整套新理论和新方法，对现代语言学和符号学的发展产生了重大影响，对西方文化与文论也产生了巨大影响。可以说，没有师生的学术传承，就没有这部结构主义语言学世界名著的产生，也很可能就没有结构主义学派。

又一个典型例子是胡塞尔、海德格尔与伽达默尔师生传承形成的学派。德国哲学家胡塞尔将自己的哲学方法赋予"现象学"的名称，现象学批评的目标在于对文本进行内在阅读，关注作者的心灵及主客观的统一。1916年胡塞尔来到弗莱堡大学任教，海德格尔拜入胡塞尔门下，做起了老师的助手。作为胡塞尔最著名的学生，海德格尔从"此在"（Dasein）出发，更加偏向客观，把现象学重新拉回历史视角中，称其为"诠释现象学"（hermeneutical phenomenology）。1923年，伽达默尔来到弗莱堡大学师从海德格尔学习现象学，并于1960年出版了最重要的代表作《真理与方法》（Truth and Method），成为现象学和诠释学的世界级大师。由胡塞尔、海德格尔、伽达默尔三代师生构成的当代现象学和哲学阐释学派，成为西方当代学术传承最引人注目的学术高峰。

由此可见，师承关系是通过教学相长，通过师生之间的继承、发展、变革、超越形成学派，继而推动学术研究的不断创新发展。学派的成功往往基于一个群体的学术传承，这或许是学派生成的一个规律。师承关系直接影响着学者的学术思想、研究方法、研究路径和学术成果。学生继承老师的学术成就，并作出创新或变革，从而推动整个学术传承的创新发展和学派形成。认识师承关系的重要性，是我们指导好研究生的最基本出发点：学生不是负担，是学术传承的宝贝；学生不是耽误老师时间的人，而是老师学术创新的重要基础；老师今天托起学生，学生将来成就老师。

历史规律进一步证明，要培养研究生拔尖人才，作为导师就必须明白，只有用心用情培养学生，才能够成就学术流派，成就学术大师。导师不仅是在"传道授业解惑"，还承载着赓续文明学脉的历史担当和初心使命。作为学生也必须明白，读书是要成为可堪大任的人才，要弘扬和发展中华优秀传统文化，要在国际上树立文化自信。这就是人才培养的初心和基本立场，也是立德树人的思想锤炼。

二、严管厚爱与固本强基的起点锤炼

拔尖人才培养，关键还是基础。基础不牢，地动山摇；基础精通，一通百通。基础就是做学术研究的起点，起点偏了，方向就会越走越偏。要固本强基，关键就是要"严"字当头。打基础很辛苦，如果不严格，敷衍了事，小问题终究会成为大问题。中华文化基础不扎实的现象不仅仅体现在文科，理、工、医科同样如此。

毫无疑问，近年来我们的高等教育取得长足进步。根据教育部2022年5月17日新闻发布会的最新数据，通过"211""985"工程和"双一流"建设计划，我国一批大学和一大批学科已经跻身世界先进水平，中国高等教育整体水平进入世界第一方阵。据教育部高等教育司司长吴岩介绍，我国已建成世界最大规模高等教育体系，在学总人数超过4430万人，高等教育毛入学率从2012年的30%，提高至2021年的57.8%，提高了27.8个百分点，实现了历史性跨越，高等教育进入世界公认的普及化阶段。

毛入学率57.8%，如此庞大的大学生群体，只要出5%的杰出人才，中国就不得了！然而，尽管我们的高校学生数量数一数二，但是拔尖人才、杰出人才比例仍然严重偏低，钱学森之问"为什么我们的学校总是培养不出杰出人才？"体现的问题仍然没有得到根本解决。对文学领域而言，半个多世纪来，基本没有产生与王国维、鲁迅、钱锺书、季羡林等相媲美的学术大师，以至于钱锺书在当代中国成为"文化昆仑"，广大青年学生们对其学贯中西、博古通今的学识佩服得五体投地。

钱学森之问隐含的一个现象，就是学生基础不扎实、过于浮躁。因此，只有对症下药，研究生培养才能够有的放矢。我在慨叹当下是一个"没有学术大师的时代"的同时，也希望通过教学改革，培养更多人文素养好、出类拔萃的青年学子，为造就博古通今、学贯中西的学术人才打下基础。对于硕士生、博士生，我总是要求他们踏踏实实做真学问，心存高远做大学问，激励他们自强不息、厚德载物。具体来说，对我们比较文学学科而言，基础不牢就体现为"不中""不西"，既不博古，也不通今；既不通中，也不贯西。

所谓"不中"，就是对中华文化原典文献没有认真掌握。法国著名学者弗朗索瓦·于连（又译朱利安）提出："我们正处在一个西方概念模式标准化的时代。这使得中国人无法读懂中国文化，日本人无法读懂日本文化，因为一切都被重新结构了。"① 为什么连西方人都认为中国人读不懂中国文化、文学与文论？这是一个要害问题，更是一个比较文学问题。很多学者不熟悉中华文化经典，不熟悉十三经（十三经包括《周易》《尚书》《诗经》《周礼》《仪礼》《礼记》《春秋左传》《春秋公羊传》《春秋谷梁传》《论语》《孝经》《尔雅》《孟子》），不熟悉《诸子集成》《史记》《汉书》等经典，基础不扎实直接导致学风空疏、以讹传讹，导致伪创新层出不穷。之所以不熟悉中华文化经典，主观原因是学习态度不认真，客观原因是他们基本研读的是被阐释过、咀嚼过的二手资料，这种学习基本上是"走了样"的。

为什么是"走了样"的呢？因为今天的教育，多半是由老师讲时代背景、主要内容、艺术特色之类的"导读"，是空讲，而不是由学生真正阅读文本、背诵作品。这种教育体制是与教育规律相违背的。先学语法再学讲话，先看导读再看文本，思想观念先入为主，文学概论、文学史及各种概论和空论大行其道，实实在在的经典阅读太少。学生应当"跳下水去学游泳"，沉下心来阅读和背诵经典。我的导师杨明照先生，上课就是先背诵《文心雕龙》，从小就背，不会背诵，就达不到这个学术水准。

不读原典，根本谈不上学术研究。比如对中国古典文学中"风骨"的研究，讨论了近半个世纪，仍然没人能说清楚。找原文来读，发现其实很好理解。为什么本来很好懂的东西，反而越说越糊涂呢？因为我们所用的读本基本是"古文今译"，而非让同学们直接进入文化元典文本，与原作隔了一层，已经走样变味。

以《诗经·关雎》的阐释为例："关关雎鸠，在河之洲，窈窕淑女，君子好逑。"对这几句，余冠英先生译为"水鸟儿闹闹嚷嚷，在河心小小洲上。好姑娘苗苗条条，哥儿想和她成双"②。余先生的今译是下了功夫的，但无论怎样今译，还是将《诗经》搞成了打油诗。还有译得更好玩的："河里有块绿洲，水鸭勒轧朋友；阿姐身体一扭，阿哥跟勒后头。"③ 试想，读这样的古文今译，能真正进入中国古代文化吗？能真正"博古"吗？当然不可能！

针对基础不扎实问题，我要求研究生精研原典，背诵名篇。博士生必须系统学习十三经，必须经过这种严格的古文功底训练。我主张四川大学文学与新闻学院博士生入学考试时，都要考中国古代文学典籍，范围包括"经、史、子、集"，题型多样，涵盖面极广。试题中既有大量的填空、古文断句、翻译等客观题，又有相当数量的简答、分析、论述等主观题，让考生叫苦不已。没有全面深入地学习第一手文献，是不可能心存侥幸、蒙混过关的。每年在这门专业课上败走麦城的考生数量，常常与在英语考试上落马的考生不相上下，甚至更多。

---

① 秦海鹰：《关于中西诗学的对话——弗朗索瓦·于连访谈录》，《中国比较文学》，1996年第2期。
② 余冠英：《诗经选译》，作家出版社1956年版，第1页。
③ 倪海曙：《苏州话诗经》，方言出版社1949年版，第1页。

入门严，选拔公正，这就保证了每一位博士生的基本素质。当然这还只是一个开始。每一位博士生入学后，都要求系统学习十三经，而且采用的教材是中华书局或上海古籍出版社出版的阮元校注繁体字版本，不使用白话译本。我培养的博士生，应该能直接阅读古代典籍原著，以为今后的学术研究打下深厚的古文基础。博士生从《周易》《诗经》《尚书》《周礼》《仪记》《礼记》《春秋公羊传》《春秋谷梁传》《春秋左氏传》《孝经》《尔雅》《论语》《孟子》等一部部学下来，可切切实实、原汁原味地近距离领略中华民族博大精深的文化经典。

经过严格的原典训练后，博士生紧接着要迎接更大的挑战，这也是我每一届博士生最难忘的学习体验——背诵古代经典文论。无论是从心理上还是身体上，这都是一种"魔鬼般的训练"。每位同学在课堂上要当堂背诵包括《文心雕龙》里面的至少十章、陆机《文赋》、司空图《二十四诗品》、严羽《沧浪诗话》、李贽《童心说》等古代文论文本。相信每一位了解古代文论的人都知道，对这些古代文论，能理解就很不错了，更别说要一字不漏地全文背诵。但我坚持此举，不容通融。我的用心，就是试图做一个教学改革尝试，让同学们能读到原汁原味的东西，获得实实在在的知识与智慧，而不是大讲空论，凌空蹈虚。

再谈谈"不西"的问题。详观学界，学者们引证的大多是翻译过来的二手货，甚至是三手货、四手货。不少人外语没过关，在基本上看不懂或者干脆不读外文原文的情况下，就大肆向国人贩卖西方理论。有一些专攻西方学术的人，完全不懂西文，利用各种翻译软件，再请人校对一遍，译本就完成，居然也可以当上外国文学教授。例如，关于新批评术语"close reading"的翻译，目前学术界一般译为"细读"，根据新批评理论的整体情况来看，"close reading"这一术语主要是指"封闭式阅读"，即把那些传统批评理论中的作者、传记材料、读者反应等外在元素与文本剥离，而专注文本内部的意义分析。我在课堂上指出应该将此理解为"注重文本的封闭式阅读"，这样更能体现此一术语的内涵。

再如，《水浒传》，外文出版社出版译本翻译的名字是 *Outlaws of the Marsh*，直译是："沼泽地里面的逃犯"。赛珍珠将之翻译成 *All Men Are Brothers*（四海之内皆兄弟）。我并不是说不可以参照译文来研究，而是强调应该尽量阅读外文原文。遗憾的是，我们不少学生依然只能读二手货贩来的以其昏昏、使人昭昭的中国式西方文论专著，可想而知，这怎么可能培养杰出人才呢？这种不读原典的学风，造就了一个没有学术大师的时代，造成了当代青年人文素养的低下，造成了中国文化创新能力的衰减。这是当前人才培养最严重的问题！为了打好研究生的文献基础，我用双语教学，中文课直接学古代文言文，用英文给博士生授西方文论课，采用的教材是英国理论名家伊格尔顿（Terry Eagleton）的英文原著 *Literary Theory: An Introduction*，每位博士生都必须在课堂上诵读英文著作，并阐释其中理论。课堂上读英文学术著作，对学生来说难度很大，但是收获也很大。

5

三、循循善诱与转益多师的创新锤炼

我在本文开篇就讲，培养研究生拔尖人才，首先要打好中西学问根底，把基础扎牢。基础扎牢之后，就要跳起来摘桃子，虚心学习，尤其是向大师学习，勇攀学术高峰，让学生迅速走上学术前沿。在这个方面我有两个具体体会：第一，名师出高徒，严师出人才。老师要对学生循循善诱，激发学生研究动力，深入开展创新锤炼，学生也要主动和老师交流，获取创新源泉。第二，转益多师是吾师。鼓励学生主动请教其他名师，博采众长，万取一收，融汇创新。这是我的学术之路，也是我的育人之路。

1977年我考入复旦大学中文系。当时复旦大学的校长是陈望道，中文系系主任是朱东润，都是鼎鼎大名的学者。中文系有许多名师，例如郭绍虞、刘大杰。直接给我们授课的老师有蒋孔阳、王运熙、顾易生、王水照、李庆甲、张培恒、陈允洁，等等。我记得同学们学习起来跟疯了似的，复旦大学图书馆的大门常常被我们挤破，当时我真的觉得复旦太好了，图书馆的开架书库竟然可以随便进入，我常常在里面一泡就是一天，看了很多书，西方的，中国的，理科的，文科的，现代的，古代的，我都如饥似渴地读。

在复旦，我写了一篇学术论文《略论孔子的美学思想》。我将这篇稚嫩的习作交给蒋孔阳教授和王运熙教授，请他们批评指教。两位恩师非常认真，给我仔细修改，直到现在我还珍藏着老师的修改稿。最后这篇论文发表在《复旦大学学生学术论文集》中，这是我的处女作，对我鼓舞极大。

从复旦大学毕业后，1980年我考上四川大学杨明照先生的中国文学批评史专业硕士研究生，先生毕生致力于中国古代文论及古代文献研究，对《文心雕龙》的研究更被公认为取得了划时代的成果，其本人亦被誉为"龙学泰斗"。在杨先生言传身教下，我发奋努力，浸渍于中国古代文论，打好自己的学术功底。我深受恩师影响，杨先生上《文心雕龙》课，首先给同学们背一遍原文，然后再逐句讲解；我的原典阅读课，就是学习先生的方法。杨先生的书桌上，永远放着《十三经注疏》，先生博大精深的学识，炉火纯青的研究，深深激励了我。1984年，硕士毕业后我继续追随杨明照先生攻读博士学位，1987年毕业，成为中国文学批评史学科第一个博士，被学术界称为"学科大师兄"。

除了跟随吾师，还转益多师。为了达到学通中西目标，我还有一个短板，即还没有在西方生活过，没有西学根底与研究实践，必须去欧美访问游学，亲身体会一下西方社会文化氛围，深入理解西方文学与文论。很幸运，我受到美国哈佛大学、康奈尔大学等校的邀请。1992年初春，我告别妻子及幼女，飞到了大洋彼岸，先后在美国康奈尔大学比较文学系、哈佛大学东亚系和比较文学系做访问学者。哈佛大学宇文所安（Stephen Owen）教授是我前行路上的国际大师级知音，他既是哈佛大学东亚系系主任，也是比较文学系教授，更是我的良师。在康奈尔大学，我与

国际著名文论家、康奈尔大学教授艾布拉姆斯（M. H. Abrams）常常往来，受益良多。1994年，在美国哥伦比亚大学，我还访问了夏志清教授。在交谈中，夏教授告诉我，他对中国文学史的重要贡献之一，就是将当时大陆学者不重视的张爱玲、钱锺书写进了现代文学史。多年以后，历史证明了夏志清先生的远见卓识。两年多的异域生活与访学，使我对西方文化与文学有了更深入的体会与理解。在哈佛大学和康奈尔大学图书馆，我查阅到许多宝贵的资料，汲取了大量学术信息，弥补了我的西学功底。

除了向本学科的国际大师学习，我还向其他学科的大师学习，我请教的第一个跨学科大师级人物是著名科学家钱学森。我的硕士学位论文《〈文心雕龙〉中的灵感论》受到钱学森呼吁建立灵感学的启发而写成，这是一个当时没有人写过的创新性问题，我斗胆将此文寄给钱学森，没想到很快收到钱学森的回信。该文在郭绍虞主编的《古代文学理论研究丛刊》第6辑上发表后，引起了古典文论研究界的普遍关注与好评。

季羡林先生是我前行路上的大师级导师。1987年9月进行博士论文答辩，杨师明照先生亲自主持，当时的答辩委员会有徐中玉、王运熙、张文勋等著名教授，评审专家有季羡林、杨周翰、张松如、钱仲联、周来祥等著名学者，他们对我的博士论文给予高度评价。季羡林先生对我博士论文评审意见全文如下：

> 我个人认为，这是一篇非常精彩的论文。中西文论的比较研究之重要性，现在几乎尽人皆知。全面认真而系统地钻研探讨的文章或专著还很少见到。原因是，这种比较研究工作难度极大。倘若对中西两方面的文论没有比较扎实、比较系统的理解，实在难以完成这一件工作。中西文论（诗学）都有极长的历史，著作之多汗牛充栋，钻研起来，十分吃力。其次，想进行中西文论的比较研究，必须宏观与微观相结合，没有宏观，则易为中西两方面的繁琐的文笔现象而束缚，只见树木，不见森林。没有微观，则又容易流于空泛，不能真正谈到点子上，不能真正瘙（搔）着痒处。这样就只见森林，不见树木。
>
> 曹顺庆同志的论文既有宏观的观察，又有微观的探讨。中西两方面的文论中都有不少的专门术语，比如"典型形象"、"意境"、"气象"、"神韵"、"性灵"等等，都是很难理解，难以捉摸的。曹顺庆都用简短扼要的语言，说明了这些术语的涵义。他对中西两方面的主要的文艺理论流派都能了若指掌，论述起来，有极大的概括性，颇有高屋建瓴之势。他的论述确持之有据，言之成理，有极大的说服力。我常常感觉到，世界上文学理论能独立成为体系的不外三家：中国、印度、希腊（包括近代西方各国）。此文只对比了中国和西方的文论。倘若将来能扩而大之，把印度古代文论也包括起来，把三者进行对比。其成就必将有更大的意义。总之，我认为，曹顺庆同志的论文已经完全达到博士论文的水平。

1991年春，我专程赴京拜访了季羡林先生，邀请先生担任《东方文论选》名誉主编。季先生与我交谈后非常支持，并推荐我去约请著名梵语文学家金克木先生。我与金先生长谈了几次，受益匪浅。金克木先生不但答应参与编写，还推荐了中国社会科学院黄宝生研究员、伊宏研究员参加印度文论与阿拉伯文论的编写工作。此外，季羡林先生还亲自约请了北京大学波斯文学专家负责波斯文论的编译。该书由四川人民出版社1996年正式出版，这部七十万字的《东方文论选》，绝大部分材料是第一次译成中文，填补了学术界一个重要空白。季羡林先生担任名誉主编并挥笔作序，认为"读此一书，东西兼通。有识有志之士定能'沉浸浓郁，含英咀华'，融会东西，以东为主，创建出新的文艺理论体系，把中国文艺理论的研究水平，东方的文艺理论的研究水平和世界的文艺理论的研究水平，大大地提高一步，提高到一个崭新的高度和水平上"[①]。除了季羡林先生，学术界其他同仁也予以高度评价。王向远教授认为《东方文论选》"填补了我国东方文论译介与研究的一个空白"[②]。刘介民教授认为"曹顺庆主编的《东方文论选》，是一部东方文艺的'开山纲领'性的著作"[③]。郁龙余教授认为该书"象王国维的《人间词话》一样，曹顺庆主编的《东方文论选》在中国文论发展史上具有重要的意义"[④]。

钱锺书先生也是我的学术良师。我编写了《中西比较美学文学论文集》，向钱锺书先生请教"神韵"问题。我认为，虽然《沧浪诗话》是王渔洋"神韵说"的理论渊源之一，但严羽在《沧浪诗话》里并没有正式提及"神韵"一词。钱锺书在《谈艺录》和《管锥编》两书中多处征引严羽所谓"诗之有神韵者""沧浪独以神韵许李杜"等，从文献上考证，此乃子虚乌有，是误引。但令人遗憾的是，学界已经出现了以讹传讹的现象。由于钱锺书在学界的权威地位，有些研究者未加辨别就直接引述了钱锺书的错误观点。事实上，严羽的诗论主张与"神韵"说确有着密切联系，但"神韵"这一概念范畴在严羽所处的南宋尚未出现，钱锺书在《谈艺录》和《管锥编》两书中论述"神韵"的相关内容，则是混淆了"神韵"的提法和它的理论渊源。我斗胆写信告知钱锺书先生，希望《谈艺录》和《管锥编》再版时能够更改过来。信发出去后，我非常忐忑，几天没有睡好觉。没想到先生很快回信，承认确实有误，并极为谦虚地引用陶渊明的诗句："所云多谬误，君当恕醉人"来表示其诚意，由此可见大师的风范。这也为我的学术之路和育人之路做了很好的示范。

四、中西碰撞与文明互鉴的视野锤炼

我是学古代文论出身的，后来为什么要转向比较文学？关键就在于，20世纪

---

① 曹顺庆：《东方文论选》，四川人民出版社1996年版，序言第3页。
② 王向远：《中国比较文学研究二十年》，江西教育出版社2003年版，第253页。
③ 刘介民：《东方文论的开拓性著作——读曹顺庆主编的〈东方文论选〉》，《中外文化与文论》第9辑，四川教育出版社2002年版，第366页。
④ 郁龙余：《旧红新裁 熠熠生辉——简评〈东方文论选〉》，《外国文学研究》，1998年第1期。

80年代以后，我们不可逆转地进入全球化、多元化时代，识时务者为俊杰，就一般的文学研究领域而言，几乎当今的任何文学研究，都无法避开中西文学的碰撞、交流、影响、误读及比较等问题，我们必须拓展学生的学术视野，展开跨学科阐释和跨文明互鉴，只有交叉融合、差异对话，才可能碰出思想的火花，形成创新的结论。然而，并非人人都认识到这一点，在中国古代文学、古代文论界，曾有人以为自己的研究与比较毫无关系，其实不然。我们所用的文学史、文学理论批评史等材料，事实上已经经过了西方话语潜在的阐释过滤，这一点刘若愚的《中国文学理论》体现得最为明显，他用艾布拉姆斯的"四要素"理论来重新阐释中国古代文论话语，虽然题目是"中国文学理论"，实际内容则已经是"中西比较诗学理论"。如果不用中西比较和文明互鉴的视野来看待这些学案，我们的学术研究则可能出现方向性问题。

"西式"话语在当今已经几乎无人可以避开，我们的中国文学史基本上是用西方话语来阐释中国文学作品。当人们在津津乐道于《诗经》的"现实主义"特色，屈原的"浪漫主义"品格，或者是杜甫的"现实主义"与李白的"浪漫主义"以及《文心雕龙》"风骨"是"内容/形式"或是"风格"等论述之时，比较已经发生，我们早已陷入不自觉的中西文学观念的碰撞和交汇之中。但是，由于没有比较文学的意识，将西方理论当作"放之四海而皆准"的理论，已经导致我们教学与研究的失范。很多比较文学研究盲目以西方理论为"普世真理"，完全用西方的逻辑思维来处理中国古代文论的材料，例如用现实主义与浪漫主义来宰制中国文学，以至于中国人读不懂中国文化与文学、文论。

为了解决这个问题，从根本上培养拔尖人才，我聚焦课本、课程、课堂等关键环节的教学改革。我认为，拔尖人才培养，绝不是知识的简单传授，而是一种研究视野的学术锤炼。因此，对于课程设置，我打破常规，精心安排。一般是白天上西方文论课，当天下午或者晚上讲授中国古代文论，每次学生们抱着两本厚厚的《十三经注疏》走在校园里，总能赚足超高的回头率。一天之内，从西方文化到中国古代文化，这个跨越如此之大，对教师和学生来说，都是一种巨大的挑战。这不仅需要教师自身要博古通今、学贯中西，还要求学生真正沉下心来，刻苦钻研，心无旁骛。

最让学生"胆战心惊"的是中外文论课。这门课分上下节，上半节课是中国古代文论，主要涉及《毛诗序》《文赋》《文心雕龙》《诗品序》《二十四诗品》《沧浪诗话》等，要求学生必须将这些文论著作和文章全部或部分背诵出来，随机点名学生起来背诵一段，然后打断，再抽点下一位同学接上。如此，每个同学每节课都会有至少两次机会被叫起来背诵，只有平时功夫做足，才可以处变不惊，否则当场出洋相挨批评。下半节课的当代西方文论课，教材用的是英国理论名家特雷·伊格尔顿的英文原著，两者对照合读，中西碰撞，文明互鉴，既有趣味，又能拓宽学生视野。

例如，在用英文教材讲授西方文论阐释学（hermeneutics），分析西方"逻各斯中心主义"言意观时，我要求学生将之与中国古代的"言不尽意"等言意观进行对接。讲海德格尔时，也与中国元素结合起来。海德格尔和萧师毅一起翻译过《老子》，认为自己最重要的学术贡献是重新开启（re-open）了存在问题（the question of Being），然而是什么东西导致了海德格尔认为自己重新开启了存在问题？海德格尔认为，存在者自身的存在不是存在者，虚无是存在的特征，这是受到了老子"虚实相生"观点的影响。这种转换虽然难度颇大，一开始让博士生叫苦不迭，但是在严格的要求与督促下，最终达到了预期效果。博士生经过高强度学术训练，基本上能够做到在中西文化中自如地遨游，获益匪浅。

我认为，这样安排是由比较文学的学科特点决定的。比较文学要求学生掌握至少两门以上的语言，熟悉两国以上的文化，只有这样才能够有效地进行中西文化与文学的比较研究，做出真正有价值的成果。在我指导的博士生中，最常见的两种情形是：一些学外语出身的学生，不熟悉中国古代的东西；而中文系出身的学生，往往外语又不是太好。因此，很难真正做到将原汁原味的中国传统文化与纯正的西方文化进行对比，也就很难产生真正有震撼力的研究成果，遑论得出令人耳目一新的结论。造成这种后果的根源，就是不重视基础，对中国的东西没学好，对西方的东西又没真正吃透，所以创新乏力，只能去跟风模仿。这也就是我曾撰文批评过的令人痛心的中国文论"失语症"现象。痛定思痛，因此我培养博士生时特别强调"中西打通"，设置"全盘西化"的英文理论与"彻底复古"的古代文论两门课程，并且故意将两门课程安排在同一天进行，以期让博士生在这两种完全异质的文化世界内能迅速转换、快速适应。这样的教学理念，不仅要求学生能用西方文论来阐释中国文学理论，也要能运用中国古典文论来阐释西方的理论，在两种完全异质的文化圈中进行比较文学研究。我2021年出版的著作《中西诗学对话》，就是国内第一部用中国古代文论阐释当代西方文论的成果，也是我带领学生开展中西视野锤炼教学改革的成果。

五、批判质疑与争锋相辩的思维锤炼

除了课堂上背诵原典、读外文原版文献等严格要求，我培养研究生，还要求他们要有批判质疑精神，要有争锋相辩的思维习惯，要有勇于探索的创新锤炼。思维方式特别重要，这是"授之以渔"的学术训练。为什么要磨砺思维？第一，因为当下我们的学术研究太缺乏创新思维。理论话语基本上是跟别人走，不断"跟着讲""照着讲"，就是不能"自己讲""对着讲"，盲目相信老师，相信权威，相信西方，造成中国理论"失语症"。第二，学生缺乏对话与论辩训练。研究生不敢有自己的想法，不敢提出创新观点，不敢与老师和权威论辩，不敢大胆设想、小心求证，害怕犯错误，害怕被批评。亚里士多德说"吾爱吾师，吾更爱真理"，就是要求我们敢于学术争论。思想的火花总是在碰撞中产生的，没有科学的论辩，没有承认错误

的勇气，学术则不可能进步。

　　针对这个问题，我的博士生课程就注重加强讨论争辩，磨炼学生的批判思维。我引导组织博士生每周定期进行集体讨论，先要求每位博士生按顺序按主题写一篇小论文，然后由其他博士生来分析批评，每周评点一位博士生的文章。我上课要求同学们分成反方和正方进行辩论，要设法找出别人的问题，横挑鼻子竖挑眼，预先告知不准生气。每次讨论，我都会安排两位学生作"刀客"，由他们负责"主攻"，专门挑论文的刺，丝毫不能手软留情面，批评得越尖锐越好。其他学生负责"协攻"，每人都要找出一两点论文的不足，找不到问题的学生就要被批评。由于这种压力，大家都抛开了学术讨论常见的那种虚伪客套，各显神通，对本周提供论文的同学进行火力猛烈的集中"攻击"。我向所有的同学声明，被评点的那位同学，届时无论被怎样批评，都不能生气。虽然有言在先，但是由于论争时场面火爆，一方咄咄进逼，尤以两位"主攻手"为甚，一方使出浑身解数，尽力应战招架，往往让被批评者脸红耳赤，甚至真的又气又急。当然，等到下次他成为"刀客"，自然也不会客气。课堂上这种热火朝天，有效锻炼了同学们的学术思辨能力。这种学术争鸣的气氛，让人既紧张又兴奋，成为大家每周期待的学术盛宴。通过这种讨论，一学年下来，学生的学术敏感性增强，知识面大大拓宽，论辩能力增强，写出来的论文有理有据、逻辑严密。更为难得的是，大家每周一聚，切磋交流，在论辩中促进了友情，懂得了合作。

　　除了常规的主题论文论辩，我还针对一些具体论题，有意识展开了一些随机性的论辩引导，激发课堂教学互动的"火药味"。

　　例如，关于"蜡炬"的论辩，是学生们津津乐道、开怀大笑的有趣问题。台湾学者颜元叔用西方弗洛伊德精神分析理论来阐发李商隐的诗歌，认为李商隐诗句"春蚕到死丝方尽，蜡炬成灰泪始干"中的蜡炬是"男性象征"。这种创造性的阐发引发了大陆学者叶嘉莹的反驳。叶嘉莹认为颜元叔严重误读了李商隐的诗歌，她总结了蜡烛在中国古典文学中所具有的三种象征意义，认为蜡烛可以作为光明皎洁之心意的象征，可以作为悲泣流泪的象征，也可以作为心中煎熬痛苦的象征。不论从哪个角度理解，都不能说古诗中的蜡烛是"男性象征"。[①]我围绕这个问题，指导学生进行论辩。学生纷纷提出自己的观点，有的站在颜元叔一边，认为这是运用台湾学派阐发研究的典型案例，用西方理论阐释中国文学文本，很有新意。另一方则站在叶嘉莹一边，认为这种阐释比较牵强附会。当然有的还提出其他有趣的回应。听了他们的论辩，我不置可否，不论对错，鼓励他们发散思维，但是我会有意识地提示他们：如果蜡烛是"男性象征"在逻辑上成立的话，那么他另一句诗歌"何当共剪西窗烛"应当怎么解释呢？大家笑得不亦乐乎。这样的思维锤炼效果，就是在论

[①] 叶嘉莹：《漫谈中国旧诗的传统》，冯牧主编：《中国新文学大系1949—1976》，（第2集·文学理论卷二），上海文艺出版社1997年版，第822—823页。

辩中产生的。颜元叔的方法具有创新意义，叶嘉莹的反驳也有理有据，导师就是要引导学生批判质疑和争锋论辩。文无第一，武无第二，文学研究就是要发散思维，不要过度纠结于谁对谁错，要引导学生分析为什么会出现这样的比较文学现象和结论。

再如，关于"风骨"的论辩。很多人认为，与体系化、学科化、逻辑化的西方诗学相比，中国古代文论术语范畴基本上是混乱的、不清晰的、不科学的，所以要用西方文论强制阐释中国文学与文论。例如，对"风骨"的研究，有人用西方的"内容/形式"模式来阐释，将"风骨"解说得面目全非：有人认为风是内容，骨是形式；有的反过来，说骨是内容，风是形式；还有人说，风既是内容，又是形式；另外有人用西方的"风格"来诠释风骨。在课堂上，我并不先做出价值判断，而是让同学们围绕这个问题来展开论辩，公说公有理，婆说婆有理，但讨论来讨论去，"风骨"仍然是"群言淆乱，而不知折衷谁圣"①。如果不用西方理论阐释，回到原文，《文心雕龙·风骨篇》其实讲得很清楚的，刘勰用野鸡、鹰隼、凤凰三种鸟的意象来比喻风骨："夫翚翟备色，而翾翥百步，肌丰而力沉也；鹰隼乏采，而翰飞戾天，骨劲而气猛也。文章才力，有似于此。"这里说野鸡虽然有文采美（翚翟备色）但是没有力量，飞不远（肌丰而力沉也），没有风骨，可见有形式文采美与风骨没有关系。老鹰虽然没有文采美（鹰隼乏采），但是有气势与力量，能够"翰飞戾天"，这就是风骨（骨劲而气猛也）。可见，风骨就是力量与气势之美。当然，最理想的是凤凰，既有文采美，又有力量与气势（唯藻耀而高翔，故文笔之鸣凤也）。显然"风骨"明明是清晰的，却被说成是混乱的、不清晰的、不科学的，为什么？通过课堂分组辩论，我引导学生意识到：我们长期将西方文论话语作为放之四海而皆准的东西，处处用西方文论来衡量中国文学和文论，而没有平等对话的意识，更没有比较文学方法论指导，这个话语霸权不完全是西方强加于我们的，而是我们自愿的，是话语自戕。

我的比较文学课堂，往往不是给大家把法国学派、美国学派那一套历史知识简单一读了之，而是聚焦问题论辩，引导学生发现问题，启发学生思维争锋。例如，朱光潜在《悲剧心理学》中认为中国没有悲剧，因为中国没有哲学，没有终极关怀；王季思主编《中国十大悲剧集》予以反驳。大家如何看这个论辩？刘若愚《中国文学理论》堪称中西比较诗学经典，然而弗朗索瓦·于连却批评刘若愚"用的是艾布拉姆斯（M. H. Abrams）的框架，这个框架对中国不适用"②。因为求同式研究必然导致"异质性的失落"，他曲解了中国文论，极大影响到平行研究的学术价值。以此拓展，于连还批评了钱锺书，为此和张隆溪在世纪之交发生了好几个回合

---

① 陈耀南：《〈文心〉"风骨"群说辨疑》，户田浩晓等著，曹顺庆编：《文心同雕集》，成都出版社1990年版，第217页。
② 秦海鹰：《关于中西诗学的对话——弗朗索瓦·于连访谈录》，《中国比较文学》，1996年第2期。

的论辩，把一些复杂的问题越辩越明。当然，在这个分析过程中，我也引导学生在这些论辩之中进行批判思维锤炼，让我的研究生更加明白比较文学研究存在的主要问题，积极思考解决这些问题的方法，这就是课堂创新思维训练。

"他山之石，可以攻玉。"除了引导学生和其他同学、和老师相互论辩，我也大力鼓励学生们走出去，积极参加各种学术会议中的论辩。例如，2019年在澳门举办的第二十二届国际比较文学大会，大约90多位我培养的研究生参加了这个学科顶级盛会。他们不仅参加我组织的"比较文学变异学"分论坛，还参与其他圆桌论坛，积极发言，争相讨论，收获很大。我也时常鼓励他们不要囿于门户之见，而是要游学于四方，主动汲取各种不同的学术思想，参与学术交流，以开阔眼界、增长见识，加强与国内外学术界的沟通。他们或向会议投稿，或观摩学习，或小组研讨，在交流碰撞中产生智慧的火花，在互相探讨中激活学术思想。如胡志红博士，他的博士学位论文《西方生态批评研究》，就是他去参加全国生态学术会议后获得的构思。胡志红博士凭着他对西方生态批评的研究获得了国家社科基金项目，出版了一些有影响力的著述，在国内生态比较文学研究领域有了一定的建树。

六、入门须正与立志须高的选题锤炼

在背诵原典、转益多师、课堂论辩、会议交流等学术锤炼以后，拔尖人才的培养，落脚点就是博士学位论文。博士学位论文是检验一个博士研究能力的重要标准，也是检验一个导师指导能力的重要标准。在这方面，博士学位论文的选题特别重要，方向比速度更重要，方向对了，事半功倍；方向错了，南辕北辙。我的体会是，选题"入门须正，立志须高"，博士学位论文就是发现问题、分析问题、解决问题。问题一定要找准，入门才可能正；对策一定要有效，志向才可能高。如何发现问题、解决问题？我时常用自己的案例来教育学生，言传身教、润物无声，让学生从我的研究经历中得到博士学位论文选题的锤炼。

博士学位论文往往是一个学者一生学术研究的起点和初心。我的博士学位论文《中西比较诗学》，就贯穿了我一生的研究脉络。之所以研究这个方向，主要是发现当时学术界几个比较重要的问题。一是很多学者研究视野要么侧重中国，要么侧重西方，甚至不中不西、闹出笑话。我自己也是学古代文论出身的，我也深刻意识到，在改革开放和世界全球化、多元化的大背景下，这种视野很难做到与时俱进、开拓创新。二是中西比较文学也存在一些重要问题。例如，韦斯坦因等学者认为中西方文学不是同一文明圈，不能展开比较研究。为了克服这个问题，台湾学派提出了阐发研究，但是这种方法没有注意到中西文学不可通约的差异性元素，又将中国文学阐释得面目全非。这两个问题，制约了比较文学乃至整个文学研究的发展进程。所以，我选择了中西比较诗学这条研究路径，从这条路径出发，我去美国访学，从美国回到国内后，针对上述两个问题，我提出了两个轰动全国学界的学术创新观点，其一是1995年提出建构"比较文学中国学派"，另一个是1996年提出中

国文论"失语症"。

我在《中国比较文学》（1995年第1期）上发表了长篇论文《比较文学中国学派基本理论特征及其方法论体系初探》，引起了学界关注。早在20世纪80年代初，季羡林、杨周翰、贾植芳、朱维之等老一辈著名学者就多次大声疾呼建立有中国特色的比较文学学派，表达了中国比较文学学者共同的热望和心声。但同时，相关的比较文学学科理论建设却相对贫弱与滞后，一些台湾著名学者也公开批评大陆比较文学界对"中国学派"的学科理论建设没有什么建树。正是在这样一种学术背景下，这篇论文引起了比较文学界的高度关注。该文一发表即"在国内外比较文学界引起极大反响，被多处引证，反复评说"[1]。刘献彪教授认为，这篇论文"无疑宣告了比较文学中国学派走向成熟。……不仅对中国比较文学建设和走向有现实意义，而且对比较文学跨世纪发展也将产生不可估量的影响"[2]。南京大学钱林森教授撰文认为："它确实是迄今为止这一话题表述得最为完整、系统、最为深刻的一次。"[3]该文的发表还令台港学界对大陆比较文学界刮目相看，台湾师范大学著名比较文学专家古添洪称赞该文"最为体大思精，可谓已综合了台湾与大陆两地比较文学中国学派的策略与指归，实可作为'中国学派'在大陆再出发与实践的蓝图"[4]。这些论述，都说明了这个论断的学术价值。我也常常用这个案例来鼓励学生在发现问题的同时，要注意提出解决问题的方案，做博士学位论文选题就是要站高望远，切实有效。

就在"中国学派"的讨论在比较文学界逐步深入的同时，我又提出了中国文论的"失语症"。1996年，我在《文艺争鸣》发表《文论失语症和文化病态》一文，引起学界高度关注。论文的基本观点是：长期以来，中国现当代文艺理论基本上是借用西方的一整套话语，处于文论表达、沟通和解读的"失语"状态。中国文论患上了严重的"失语症"，没有一套自己的文论话语，一套自己特有的表达、沟通、解读的学术规则，我们一旦离开了西方文论话语，就几乎没办法说话。这种"失语症"是一种严重的、隐而难见并将遗患深远的文化病态，是中西文化剧烈冲撞（甚至可能是极为剧烈冲撞）的结果。在世纪之交，认识到这种文化病态，能够引起学界的警醒，促使学人真正理解"重建中国文论话语"是一项跨世纪的重大命题。

中国文论"失语症"问题，获得季羡林、敏泽、钱中文、张少康、罗宗强、蔡钟翔、黄维樑等诸多著名学者不同程度的呼应。罗宗强教授在《文艺研究》撰文指出："三年前，曹顺庆先生提出文学理论研究最严峻的问题是'失语症'，同一时期

---

[1] 吴兴明：《理路探微：诗学如何从"比较"走向世界性——对曹顺庆比较诗学研究的一种解读》，《中国比较文学》，1999年第3期。
[2] 刘献彪：《比较文学中国学派与比较文学跨世纪发展》，《中外文化与文论》，1996年第2期。
[3] 钱林森：《比较文学中国学派与跨文化研究》，《中外文化与文论》，1996年第2期。
[4] 古添洪：《中国学派与台湾比较文学的当前走向》，见黄维樑、曹顺庆：《中国比较文学学科理论的垦拓——台湾学者论文选》，北京大学出版社1998年版，第167页注释①。

他又提出医治此种'失语症'的办法是重建中国文论话语。而重建中国文论话语的途径，主要是借助于古文论的现代转换。对于文学理论界来说，这个问题的提出确实反映了面对现状寻求出路的一个很好愿望。因为他接触到当前文学理论界的要害，因此引起了热烈的响应，一时间成了热门话题。"① 当然也有许多反对的意见。"失语症"一石激起千层浪，其引起的学术论争已经远远超出了这个口号本身。

那么，应当如何治愈"失语症"和重建中国文论话语呢？当时学界提出了"中国古代文论的现代转换"这个命题。1996 年 10 月在陕西西安曾举办主题为"中国古代文论的现代转换"的学术研讨会。《文学评论》则从 1997 年第 1 期起开设了多个"古代文论的现代转换"专栏，掀起了中国文论话语阐释与建设的高潮。学术界的基本共识是，中国古代文论是"死亡"的文论，是博物馆里的东西，是秦砖汉瓦，是学者案头的资料或者史料，是没有当代价值的文论。理由是：它不能评论现当代文学作品，不能参与现当代文论的理论建构，更不能与西方文论媲美。为什么西方古代文论在现当代没有死亡？为什么亚里士多德的《诗学》从来就不需要现代转换，直接就可以用？为什么中国古代文论必须要有阐释与转换才能够进入现当代？这个差异现象基本上没有人质疑过。

中国古代文论博大精深，是世界上三大文论体系（中国、印度、欧洲）之一，日本文论、朝鲜（韩国）文论，都是受中国古代文论影响产生的。正是这样一个"体大虑周"的文学理论话语，这样一个与中国古代文学相伴相生的文论话语体系，如今却莫名其妙地"死亡"了。而西方文论却成为一家独大的学术明星，在中国闪闪发光，处处受到追捧。因为西方文论科学、系统、抽象、深刻。当我们面对中国古代文论在现当代失效的问题时，提出的对策是通过"古代文论的现代转换"来重建话语体系。其本意是非常好的，可是事实上，学者们万万没有想到，正是这一条貌似正确的口号和光辉灿烂的"转换"阐释路径，实际上却是僵化中国古代文论的阐释"路径"，因为转换阐释的前提是否定中国古代文论的当下生命力。

首先，中国古代文论为什么要转换？转换往往暗含一个前提，即认为某样东西的原始状态不再保有必要性或合理性，在当代已经不能用了。也就是说，"古代文论现代转换"的口号，其实是一个否定中国古代文论当下生命力和有效性的论断，而这个前提显然是有问题的。其次，中国文论话语的现代阐释与转换，实践上究竟是成功了，还是失败了？孙绍振教授在《光明日报》发表文章《医治学术"哑巴"病，创造中国文论新话语》，率先展开反思，其文开篇便谈及笔者所提到的"失语"问题："二十多年前，曹顺庆先生就有了中国文学理论完全'失语'的反思""二十多年过去了，对于重建中国文论新话语的口头响应者尚属寥寥，实际践行者则更是不多。"②其中暗含的意思是明确的，那就是我们转换了二十多年，效果仍不理想，

---

① 罗宗强：《古文论研究杂识》，《文艺研究》，1999 年第 3 期。
② 孙绍振：《医治学术"哑巴"病，创造中国文论新话语》，《光明日报》，2017 年 7 月 3 日第 12 版。

革命尚未成功。

我认为,"古代文论现代转换"这个公认为正确的阐释口号,实际上误导了学术界。诚然,"现代转换"有其时代必要性,但到了现阶段,无论是为了响应国家文化发展战略的要求,还是出于阶段性反思的学术需要,我们都应该重新反思中国古代文论"向死而生"的现代阐释之路。我们当前用以阐释转换的依据是"科学的"理论,那什么才是"科学的"呢?显然,按照当代"常识",中国古代不可能有"科学"的方法,唯一的选择是西方的科学理论方法。所以,自然而然地,西方理论也就成了用以"阐释转换"中国古代文论的元话语,"以西释中"也成为"宰制"中国文论的主体方法论。这就是问题的症结所在!

为了详细阐述这个问题,我在21世纪初连续发表《论中国古代文论的中国化道路——对"中国文学批评学科史"的反思》[1]《再论中国古代文论的中国化道路》[2]等系列论文,我认为,中国古代文论的死因就是由西方诗学强制阐释所导致。因此,我们必须从文化自信和差异阐释的角度换一条路径,从"西方化"阐释道路变为"中国化"道路,并具体提出三个策略:一是古代文论的古今通变,二是西方文论的中国化,三是走向世界的中国当代文论。我认为,中华优秀传统文化仍然值得我们在全世界发扬光大,古代文论在今天仍然活着;继承仍然有活力的中国古代文论,传承中华文论血脉,是我们当代学者的使命职责。为了进一步解决这个问题,我后来提出了比较文学变异学,最近又提出比较文学阐释学,这些都是以问题为导向的学术发展脉络。

我用我的学术研究案例教育我的研究生,学术研究都是问题导向,都是跟着问题走的,找不到问题,就不可能有好的选题。我从《文心雕龙》研究,到中西比较诗学研究,到比较文学中国学派研究,到"失语症"研究,到重建中国古代文论话语研究,到中国古代文论的中国化研究,再到比较文学变异学、比较文学阐释学研究……一路走来,都奉行"入门须正、立志须高"的宗旨。

具体地说,我给我博士研究生学位论文选题的"四项"基本原则是:(1)立志要高,不拾人唾余,要做天下第一篇;(2)现实意义要强,要攻坚克难,解决学术界重要问题;(3)要量身裁衣,扬长避短;(4)材料要丰富,思路要清晰。

"入门须正、立志须高",意味着选题必须有创新性,已经有人做过的题目,原则上不能够再选,论文要做天下第一篇。例如,杨师明照先生之后,《文心雕龙》研究还能不能够再出天下第一篇?当然可以,创新无止境,实践无止境。我指导刘颖博士写出《英语世界的〈文心雕龙〉研究》,就是学术界第一部研究《文心雕龙》在西方英语世界的译介传播和阐释问题的著作。又如,我的博士生陈蜀玉是学法语

---

[1] 曹顺庆、王超:《论中国古代文论的中国化道路——对"中国文学批评"学科史的反思》,《中州学刊》,2008年第2期。

[2] 曹顺庆、王超:《再论中国古代文论的中国化道路》,《中外文化与文论》,2010年第1期。

出身的，法语非常好，我了解到当时还没有法语全译本的《文心雕龙》后，就鼓励她把《文心雕龙》全部译为法语，并且作为博士学位论文的组成部分，展开深入研究，最后写出博士学位论文《〈文心雕龙〉法语全译及其研究》，大获成功。因为单凭她把《文心雕龙》全文译成法语，就填补了世界法译《文心雕龙》空白，就非常有价值，成为全世界《文心雕龙》第一个法译本，这就是天下第一了。

选题除了创新思维，还需要培养学生的逆向思维、发散思维。西方当代文论的风起云涌，都是这种"片面的深刻"思维方式的典型范例，从上帝死了，到作者死了，到文本死了，再到读者死了；从现象学，到阐释学，到接受美学，再到读者反应批评，每个选题都创新了一种路径，提供了一种诗学发展方案。所以，我要求研究生在博士学位论文选题上要高标准、严要求，要敢于否定，更敢于否定之否定。例如，20世纪80年代以来我们译介了很多西方文学文本，但是中国文学经典在西方仍然声音太小、传播力度不大，所以我申报并立项教育部重大招标项目课题："英语世界的中国文学译介与研究"，让博士研究生参与，在选题上尽量往这个方面集中，写出了一批创新性强、堪称天下第一部的博士学位论文，例如：从李伟荣"英语世界的《周易》研究"到吴结评"英语世界的《诗经》研究"，以及"英语世界的《楚辞》研究""英语世界的唐诗研究""英语世界的宋词研究""英语世界的《三国演义》研究""英语世界的《西游记》研究""英语世界的《水浒传》研究""英语世界的《三言二拍》研究""英语世界的《金瓶梅》研究""英语世界的元杂剧研究""英语世界的《红楼梦》研究""英语世界的《儒林外传》研究""英语世界的清诗研究""英语世界的《中国文学史》编写研究""英语世界的女诗人研究""英语世界的苏轼研究""英语世界的鲁迅研究""英语世界的巴金研究""英语世界的胡适研究""英语世界的当代诗人研究"等，形成一个系列文库，产生了较大影响。

概言之，博士论文选题既要尊重研究生个人的研究兴趣，还要结合学术前沿；既要单兵作战，也要集团化作战；既要有个体成果，也要有成体系、成建制、有规划效应的成果。通过这样的培育，我的研究生很多都拿到国家社科基金（教育部人文社科）重大、重点或一般项目，获得教育部和省级社会科学优秀成果重要奖项，不少人已经成长为知名学者和学科骨干。

七、因材施教与扬长避短的论文锤炼

对博士学位论文的选题进行指导之后，对他们具体撰写论文也要进行全过程锤炼。我结合比较文学与世界文学专业跨语言、跨民族、跨文化、跨学科的特点，指导他们扬长避短，确立自己的毕业选题方向及研究内容，聚焦于打基础、管长远的工作。对于古文功底好且思辨能力强的博士生，就鼓励他们做中国文论话语的研究，例如，代迅的《断裂与延续——中国古代文论现代转换的历史回顾》，李杰的《中国诗学话语》等，都做得非常扎实，现在也成为一流大学的知名学者。对于外语好的博士生，就鼓励他们充分发挥外语优势，研究中国文学在西方，或西方文学在中国的流传与影响，如王晓路的《中西诗学对话——英语世界的中国古代文论研究》，搜集了很多第一手英译中国古代文论文献，也作出很好的研究阐释。对于那些外语好而且思辨能力也强的，就鼓励他们做纯西方文论的研究，如蒋承勇的《西方文学"人"的母题研究——从古希腊到18世纪》，对西方文学与文论展开全面梳理和精准剖析，他现在也成为教育部"马工程"教材《外国文学史》的首席专家。对古文与英文皆好的博士生，就鼓励他们做跨文化的比较研究，如傅勇林的《诗性智慧的和弦——中外古代文论诗学语言学比较研究》，叶舒宪的《文学人类学研究》，等等，叶舒宪2021年当选为中国比较文学学会会长。他们都在各自领域"叱咤风云"。对那些掌握小语种的博士生，我更是鼓励他们将小语种优势充分发挥出来，大量从事翻译学、译介学研究，要么搞翻译理论，要么将中国文学与文论经典翻译成他国语言，都取得创新成果。对有跨学科特长的博士生，我就鼓励他们将其跨学科优势发挥出来。例如，彭兆荣、徐新建等对人类学感兴趣，他们的博士学位论文就分别做了《仪式谱系：文学人类学的一个视野》《民歌与国学》，现在他们和叶舒宪一起，也扛起国内文学人类学的大旗；更有趣的是，何云波爱好下围棋，我也因材施教、扬长避短，保护他的原初研究动力，鼓励他从事跨学科研究，最后他的博士学位论文为《围棋与中国文艺精神》，现在也是做得风生水起。

我总是鼓励硕士生、博士生参与各种学术训练，如集体讨论、会议交流、参与课题、参与编书等，在实践中培养博士生的科研能力。

在论文撰写过程中，我要求学生一定要注意根据自己的研究兴趣、研究脉络，结合学术前沿问题来构思和行文，把好的选题做好，不要把做西装的料子做成了围裙。而且，博士学位论文不好写，很难创新，我的方法是，要么无中生有，做天下第一篇；要么旧题新做，质疑一些常识；要么小题大做，要么大题小做，大胆设想、小心求证。我也常常用我的学术之路引导教育学生如何写论文——我就对几种"常识"进行质疑与反驳，并撰写了有关论文。

质疑一：古代文论在当下没有语境，因为古代文论都是文言文？错！文言文是书面语言，古代人日常讲话还是白话。书面语与俗语分离是一个世界现象，西方：拉丁语——论俗语（但丁）；印度：梵语——印地语、孟加拉语。所以，白话诗歌不是"五四"才产生的，在唐代就有白话诗派，寒山和王梵志的白话诗歌，在当时的民间流传甚广，金圣叹也有《读第五才子书法》白话评论，因此白话也是古代人的另一种语境。但是古代的白话诗研究不多，项楚先生就深耕于此，在这个领域做出了世界级的研究成果。

质疑二：古代文论在当下不能够用于文学批评？错！鲁迅、沈从文、郁达夫等现代作家，除了写白话文，也写了很多古体诗词，那他们用什么理论来创作？我们用什么理论来阐释？显然，现当代古体诗词的创作，包括中国绘画、中国戏曲研究等，用西方诗学话语阐释并不见效，必须用中国文论、画论或曲论，仍然只能用古代的声律、对仗、用典等话语体系才可以言说。但是我们的现当代文学史教材,并不选录现当代作家写的古体诗,这显然是有问题的。

质疑三:古代文论在当下不能够用于当下的文学理论研究?错!王国维、钱锺书都是中国古代文论话语运用的典范,钱锺书《谈艺录》《管锥编》都是用文言文讲学术,讲诗学比较,成为中国文学批评楷模。王国维《人间词话》的典范意义体现在,一是以中国文论话语融汇西方文论。既然柏拉图、亚里士多德的理论不需要转换,中国古代文论话语在当下仍然具有生命力,也完全可以不需要转换,直接运用。二是西方文论的中国化变异。《人间词话》继承了传统诗话的话语方式,又融入了外来的观念与方法,是一种中西融合而又独具个性的文明互鉴的诗学话语言说方式。三是超越西方文论,走向世界的中国当代学术话语。《人间词话》打通中西,不仅是中国古代文论话语的集大成者,也是世界诗学话语体系的重要组成部分。2012年,我的代表作《中外比较文论史》出版,共计260万字,共4180页,分为四卷。香港大学中文系黄维樑教授发表《宏微并观 纵横比较 彰显中国——曹顺庆主编〈中外文论史〉评介》指出:"《中外文论史》执笔者四川大学曹顺庆教授等数十人,耗时20多年,凡四卷共八编,连目录、前言、参考书目、后记,共约4180页,是煌煌巨著,是中外迄今唯一一本广泛涵盖中外文学理论的史书。"[①]

我的学术之路,在课堂教学和论文指导中,也潜移默化传播给研究生,因材施教,又扬长避短,鼓励他们敢于提出问题,敢于对一些权威性的、常识性的论断进行挑战,全面收集各种第一手文献,认真提出自己的观点,小心地展开论证,得出有价值的结论。

八、学术规范与治学严谨的学风锤炼

学风锤炼,是培养研究生的灵魂。严谨务实的学风,是我培养研究生的底线和红线,也是研究生毕业后从事学术研究的生命线,只有基于优秀的学风和治学态度,才可能源源不断做出优秀的学术成果。具体来说,我的要求就是:(1)严禁抄袭!全文抄袭、观点抄袭、变相抄袭,任何有抄袭性质的现象都不行,一票否决。我自从教以来就对此保持"零容忍"态度,要求学生坚决不准出现,把问题处理在萌芽状态。(2)注释要严谨。防止二手注释、假注释,尽量不要用转引文献,必须看第一手文献,引用第一手资料。(3)注意细节规范。从大的逻辑框架到小的语言表述,从篇章体系到标点符号,从当页注释到参考文献,都尽可能做到细节层面的精准规范。

回看我指导的博士学位论文,基本上都符合这些要求,目前没有出现任何学术不端现象,因为学生们知道这是我的红线,踩不得。严谨的学风,必须体现在细节

[①] 黄维樑:《宏微并观 纵横比较 彰显中国——曹顺庆主编〈中外文论史〉评介》,《中国比较文学》,2014年第1期。

之中，博士生正值年富力强、思维活跃之时，应把握机会将每一次写作当作立身之著来完成，务必精益求精。我也一再要求学生，治学没有捷径，必须坐冷板凳，十年甚至几十年磨一剑。厚积薄发、规范严谨，要写就写学界第一篇，要敢于当第一个吃螃蟹的人，别人写过的坚决不写，学术价值、现实意义不足的坚决不写。正是在学风方面的严格要求，我指导的博士研究生，已逐渐形成了几个颇具特色的毕业论文研究方向与模式，而且做出了很多扎实的学术成果。我指导的博士分别在全国 122 所高校任教，其中有教授 123 人，副教授 81 人，博士生导师 59 人；有高校校长 4 人，副校长 2 人，学院院长、副院长 27 人，部分学生已成为教育部"长江学者特聘教授"、国家"万人计划领军人才"、"全国百篇优秀博士论文获得者"、国家级教学名师、享受国务院特殊津贴专家、五一劳动奖章获得者、一流大学资深教授、全国高校青年教师教学竞赛获奖者等各类杰出人才，他们活跃在国内外教学科研一线。这些已经证明行之有效的教学改革模式，是我从 40 年教学实践中得来的一笔珍贵财富。

导师带研究生，言传身教、率先垂范是最好的教育方式。40 年来，我总是将我的学术之路和育人之路合二为一，并行不悖。我把学术脉络传给学生，他们再传播到五湖四海，所以我的很多学生的研究之路，都一定程度受到我的影响，但是他们又各有创新，形成了一个"和而不同"的师门效应，也形成了良性互动的研究团队；我的研究团队必须坚守团结合作、严谨治学的学术风范，不能让"一颗耗子屎搞坏一锅粥"。好学风出好学生，好学生出好成果，好成果促好发展。正是基于这样的学风锤炼，21 世纪以来，我指导我的研究生，经过长期的学术思索，提出了比较文学变异学理论，这也是优良学风和治学态度的一个典型案例。

2006 年，我在《复旦学报》发表《比较文学学科中的文学变异研究》等系列论文，2013 年出版英文著作 *The Variation Theory of Comparative Literature*，2014 年出版《南橘北枳：曹顺庆教授讲比较文学变异学》，2021 年出版《比较文学变异学》，我的学生王超 2019 年也出版《比较文学变异学研究》。变异学系统梳理了比较文学法国学派与美国学派研究范式的特点、局限和缺憾，首次以全球通用的英语语言提出了中国比较文学学科理论话语，并将这一彰显中国特色的比较文学学科理论话语及研究方法呈现给世界。比较文学变异学理论作为比较文学"中国话语"，受到了国内国际学界的广泛关注与评价。国际比较文学学会前任主席杜威·佛克马（Douwe W. Fokkema）亲自为 *The Variation Theory of Comparative Literature* 作序。正如杜威·佛克马教授所言："曹顺庆教授的著作《比较文学变异学》（英文版）的出版，是打破长期以来困扰现在中国比较文学学者的语言障碍的一次有益尝试，并由此力图与来自欧洲、美国、印度、俄国、南非以及阿拉伯世界各国学者展开对话……中国比较文学学者正是发现了之前比较文学研究的局限，完全有资格完善这些不足。"[①]美国科学院院士苏源熙（Haun Saussy）、欧洲科学院院士多明哥（Cesar Dominguez）等学者合著的比较文学专著 *Introducing Comparative Literature: New Trends and Applications*，高度评价了比较文学变异学，作者引用了《比较文学变异学》（英文版）中的部分内容，认为这为"比较文学一种必然的研究方向作出了重要贡献"[②]。法国索邦大学比较文学系主任 Bernard Franco 教授在他的专著 *La Litterature Comparee: Histoire, Domaines, Methodes* 中，多次提及变异学理论，并给予高度评价，认为是中国学者对世界比较文学的重要贡献。欧洲科学院院士德汉（Theo D'haen）评价变异学："我已经非常确定，《比较文学变异学》将成为比较文学发展的重要阶段，以将其从西方中心主义方法的泥潭中解脱出来，拉向一种更为普遍的范畴。"[③]哈佛大学著名比较文学学者丹穆若什在给我的邮件中也表示，变异学对变异的强调"既超越了亨廷顿式简单的文化冲突模式，又跨越了普遍的同质化趋向"。北京外国语大学张剑教授指出："新理论的创立不仅需要新思想，而且还需要一个整理、归纳和升华的过程，这就是我们所说的概念化和理论化。曹顺庆教授在比较文学领域提出的'变异学'就是一个有意义的尝试，我个人认为，它有可能成为中国学者的另一个理论创新。"[④]中外学者都认为，变异学为比较文学中国学派学科理论奠定了学理基础。

概言之，这 40 年来，我一直用"八个锤炼"的教学改革理念来立德树人、传承文明，也用此培养出前述 300 多位博士、博士后、硕士拔尖人才。他们是我的骄傲。同时，教学相长，我锤炼了他们，他们也成就了我，指导研究生是我此生最有意义的事业。士不可不弘毅，任重而道远，我希望他们一代又一代青出于蓝而胜于蓝，为中华文明的学术传承和创新发展作出新贡献。

[①] Shunqing Cao. *The Variation Theory of Comparative Literature*. Berlin Heidelberg：Springer-Verlag，2013，pp. v—vii.
[②] Haun Saussy, *Cesar Dominguez. Introducing Comparative Literature: New Trends and Applications*. London and New York：Routledge，2015，pp. 50—51.
[③] 王苗苗：《"中国话语"及其世界影响——评中国学者英文版〈比较文学变异学〉》，《比较文学与跨文化研究》，2018 年第 2 期。
[④] 张剑：《外国文学研究如何理论创新？》，《中华读书报》2019 年 5 月 1 日第 18 版。

第一章　立德树人：以思政教育指明培养方向

第一节　澡雪精神　以德为先

曹门四德，元亨利贞

1994 级博士　李　杰（思屈）*

要说曹顺庆教授的教学特点，以我自己曹门求学经验来看，我以为可以用"元、亨、利、贞"四个字来概括。通常人们把这四个字看作"乾卦四德"，并以此对其展开各种符号释义。我这里说此四字，不为解读易经，而是觉得，曹顺庆教授的教学特点，正好用这四个字来概括，不妨称为"曹门四德"。

元，始也，或言开创性。这里指注重研习中华原典。曹顺庆教授在教学中，一以贯之地强调研习中华原典，对其中一些重点篇目还要求能够背诵。背诵原典，听起来比较恐怖，而比背诵更恐怖的是，读《十三经注疏》这样的古董，居然要学生自己随堂解读。事实证明，这样的魔鬼训练对于学生的学养确实大有益处，对于感悟中华传统文化的开创性品质也大有益处。我在浙江大学讲《周易》与符号学的时候，拿到课堂上的版本，就是当年攻读博士课程用的十三经注疏版本。抱着那部颜色发黄、分量沉重的本子去课堂，与学生们自带的什么"今注今译"、白话易经等单行本一比较，一下就给我挣到了大教授的"分量"。

亨，通也，或言开放性。这里指注重开放教学，让学生转益多师，触类旁通。曹老师不仅在学界人脉广泛，而且善于把学界人脉资源利用起来，为教学服务。因

---

* 李杰，笔名李思屈，1994 级博士，浙江大学传媒与国际文化学院副院长，教授，博士生导师；浙江大学数字娱乐产业研究中心主任，英国艺术与人文研究会（AHRC）文化政策与文化创意产业海外项目评审员（Cultural Policy, Arts Management & Creative Industries），日本吉田秀雄纪念事业财团 2002 年度客座研究员。

此在曹门学习的那几年，我不仅受益于杨明照先生的文心雕龙师承，也领略了乐黛云先生的比较文学风景、杨武能先生的德国文学韵味，还近距离一睹余秋雨、龚鹏程、黄维樑等大师的风采，有机会与他们把酒论道。同样是托曹老师的人脉资源，我的博士学位论文请到了季羡林先生做评审专家，有幸得到季羡林先生对论文的高度肯定和对许多文字错误的亲笔斧正。后来《中国诗学话语》出版的时候，更感恩得到季羡林先生为拙著作序嘉许。

利，和也，或言有益性。这里指注重团队和谐。曹老师擅长调动学科背景不同、性格迥异、各有特长的学生，形成一个和谐的研学团队。在曹门求学几年中，我常常惊叹于王晓路英式、美式英语的自由切换，傅勇林的大气稳重和至广至博。有幸见识了李清良的传统诗性，代迅的理性主义冲动，还见识了王南那副据说是国家乒乓球队专用的球拍及其花式球技。印象比较深刻的，当然还有杨玉华和王南合写《南台新咏》的古典创作热情。杨玉华捏着嗓子反串京剧《红灯记》中李铁梅的唱段，在师门中也比较经典。这个唱段，与曹老师用美声演唱《伏尔加船夫曲》，都是师门聚会的保留节目。这样一个团队，气氛和谐，有益身心。我自己当导师之后，深感天南地北的学生要和谐组团实在不易，就经常琢磨曹老师当年是如何做到"利"且"和"的。结论是，曹老师有三大绝技：

一是能鼓励，往往心里揣着主意，却不着急开讲，而是善用各种手法鼓励学生自己讲。如果学生能把自己的意思讲出来，就很好；如果学生还能有所发挥，那更好。

二是善包容。曹老师能包容各种奇谈怪论，一般不批评学生的具体论点，还鼓励同学之间为学术争辩。学生争辩的时候，他就在一边乐呵呵地全程保持静默状态。曹门的规矩是，允许和鼓励争辩，但争辩不许记仇。不过，这手法似乎只对我们那几年的学生有效。我做导师后也尝试使用过，不知是因为世道人心变了，还是因为新闻传播学背景的学生受过特殊训练，沟通弥合能力超强，特别能"和谐"，总之，任凭我如何挑拨，大家都只是一团和气。

曹老师的第三个绝技是游戏，即把课堂游戏化。最常用的方法，是以抽扑克牌比大小的方式，来确定由谁背书、由谁解读。这个方法既增加了压力，又增加了学习趣味性。当然，如果按易学的另一种解读，把"利"解释为有益性，也是通的，这三大绝招使出来，对学生有利。

最后是贞，正也，固也。这里指善于调动正能量。曹老师从来不惜降低身份，与大家一起喝酒唱歌，一起大醉、大笑。酒壮英雄胆，是正能量；歌是感情纽带，多是革命歌曲，也是传统礼乐文化的一部分，更是正能量。有酒有歌，曹老师往往还能放下身段与我们开那种只有"哥们儿"才会开的玩笑。这一点我也一直没有学会，我带学生后，本以为自己已经足够随和了，但学生还是不能完全放开，后来我就只好放弃这种努力。

当然，贞者正也，固也，不能只是玩，贞的重点是自由的学术氛围、持续创新的学术精神。所以余秋雨解易,把"贞"解释为可续性,我想是有道理的。曹门为学,鼓励自由发展、持续创新。记得我写毕业论文的时候,曹老师开始阶段一直不管我,任我信马由缰。我也偷懒没有去给他汇报。有一次过什么节日,在他家里聚会,大家在客厅玩笑,他在书房里逐次传唤学生去清查论文进展情况。轮到我进去的时候,师徒之间关于中国诗学话语研究的宏大讨论,一共用了两句话就搞定了。当时曹老师只问了一句:你到底写得如何了?我也只答了一句:正写得一腔热血要喷出来。曹老师立即示意我:盘问结束,继续去玩吧。

道之所在,师之所在
——曹顺庆教授教书育人二三事

2009级博士 孙 太[*]

人生得一良师足矣。与恩师曹顺庆教授结缘,并成为曹门弟子,是我一生中莫大的幸事。无论是在笔者读博期间,还是在后来的岁月里,曹老师都以言传身教的方式,以令人叹服之学术功力和教学实力,诠释了一代学术大家和教学名师应有的风采。曹老师为我开了学术之眼,也是我后来教学和科研的指路明灯。

古人言,师者,一名而三义也:传道、授业、解惑。一个合格的师者,在韩愈看来,须是三位一体的:传扬大道、教授学业、答疑解惑。曹老师的言行和成就不仅契合之,在某些方面,譬如教书育人和学术创新领域,只怕有过之而无不及。

韩愈言之凿凿的为师三要素,实则只是大道的传布者,知识的搬运者,疑惑的解答者。韩愈强调的是道统的继承而非创新,是知识的搬运而非生产,是释疑而非发明。曹老师与一般师者和学者不同的是,他在传道授业解惑之外,还是知识的生产者、思想的发明者、理论的创新者。

曹老师有深厚的学术传承,有得天独厚的学术背景。龙学泰斗杨明照是他最重要的授业先师,唐诗研究"射雕手"宇文所安是他在哈佛大学访学时的合作教授。他与钱锺书、季羡林等国内著名学者互动频繁,与海外比较文学顶尖学者来往密切。曹老师能博通古今、学贯中西,除了自身禀赋和用力甚勤外,与这些学术前辈和海外同仁的影响也是分不开的。但曹老师并不拘泥于旧说和陈见,而是在前人的基础上锐意进取、勇于创新,并在学问的江湖上自立门派,自成一家之说。

曹老师的学术领域涉猎甚广,古代文论与比较文学是最值得矜夸的两大板块。曹老师以敏锐的学术洞察力,以石破天惊的个人识见,提出了古代文论"失语症"这一著名论断,在学术界引起热烈讨论。曹老师并不满足于问题的提出,他还倡导

---

[*] 孙太,2009级比较文学博士,西南大学副教授,硕士研究生导师,剑桥大学访问学者。

研究古代文论之现代转型，并尝试古代文论现代转型之话语体系建构。

在比较文学中国学派的理论建设上，曹老师也有叹为观止的成就和贡献。法国学派主张影响研究，美国学派主张平行研究，前者注重同源性，后者注重类同性。曹老师提出了比较文学的跨文明研究策略，提倡探究不同文明之异质性，注重中西文明互鉴过程中的变异研究，并建构了变异学之理论大厦。曹老师不仅夯实了中国学派的理论基础，丰富了比较文学作为一门学科的内涵和外延，还为走入低谷、被预言行将死亡的国外比较文学指出了新的方向。

曹老师念兹在兹的古代文论"失语症"一说，实际并非危言耸听，而是基于近现代西学东渐、传统式微的学术判断。他倡导并践行的古代文论现代转型研究，实则有为往圣继绝学之大功；对于比较文学中国学派的建立，曹老师也有开创之先功；其比较文学之跨文明研究和变异学理论的提出，则是为比较文学的未来发展开辟了新的学术天地。

曹老师在学术上取得巨大成就的同时，在硕士、博士培养方面也有众口交赞的口碑。众所周知，要成为卓尔不凡的导师，没有雄厚的科研实力作后盾，终究会有眼高手低、力不从心的遗憾。科研与教学是相互支持、互相依存的关系，科研是教学的源头活水，教学反过来促进科研走向纵深，迈向更高学术境界。在多年的教学生涯中，曹老师摸索出了一整套培养方案，其中的招牌内容包括研读《十三经注疏》、诵读古代文论、细读西方文论等专门课程。除此之外，诸子百家及《二十四史》《全唐诗》《全宋词》等，也是曹老师规定的必读书目。

记得在博士入学前那个暑假，我发短信给曹老师，请教假期读什么书，老师回复说：十三经。在儒家十三经诸多版本里，曹老师采用的是上海古籍出版社的，原文竖排、繁体、无断句，对学生来说难度很大。但曹老师鼓励说，古人读书就是这个样子，今人读懂了竖排繁体无标点的十三经，就能读懂古代其他典籍。

背诵古代文论无疑是曹老师所有弟子最难忘的经历，当然也是最具挑战性的。《尚书·尧典》《周易·十翼》《毛诗·大序》《典论·论文》《诗品》《文赋》《文心雕龙》《戏为六绝句》《二十四诗品》《沧浪诗话》等，都是曹门弟子耳熟能详的必背篇目。曹老师每次在讲解古代文论之前，都要让众多弟子依次背诵原文，这已经成为一道亮丽的课堂景观。现在回想起当初背书的情景，仍有惊心动魄之感，须知背不上来可不好受，毕竟那么多人看着你呢。曹老师讲述了背书的许多好处，并举例说，他的老师杨明照先生就是背书的高手，能将《文心雕龙》一口气背完，甚至可以倒背如流。

曹老师不仅精通中国文论，对西方文论也如数家珍，这从他的博士论文《中西比较诗学》就可以看出。但曹老师用英语讲授西方文论，却让很多曹门弟子始料未及。在西方文论课上，曹老师所用教材乃伊格尔顿所著 *Literary Theory: An Introduction* 一书。老师先让学生读上几段，然后开始逐一细讲。我本科和硕士都是读英语专业的，西方文论课上免不了多次被老师点名阅读。

文本细读法是曹老师讲授西方文论课的主要方法，但老师认为，"close reading"译成文本细读并不确切，且文本细读法并非英美新批评家之发明和首创，而是古已有之的阅读法则。如孔子晚年读《周易》用力甚勤，竟多次将串联竹简的牛皮弄断；又如古代经学家终生研读古籍，即便头发花白也无怨无悔。在成语韦编三绝、皓首穷经等典故里，分明有实施文本细读法的早期案例。老师的这些见解无疑是通达而深刻的，每每给人以启发和惊喜。

我与曹门多数弟子不一样，读博时已是不惑之年，在同级博士里要算年长的。记得有一次，曹老师在课堂上问我多大了，我如实相告。曹老师接着说，刘师培三十五岁谢幕时，已经是国学大师了，你可知差距在哪儿吗？我自觉惭愧，竟答不上来。

在博士论文选题和预开题时，老师鼓励我发挥自己的专长，尽量选择对英语世界的中国文化研究进行再研究，并说这些是别人啃不动的。我后来改变主意，打算研究哈佛学者王德威，老师也并不以为忤，只是在正式开题时认为，这一选题作为博士论文是偏小的，建议将选题做大一些。我一时不知如何是好，老师却对我讲，可以研究哈佛学派的中国文学研究。真是一语点醒梦中人，宇文所安、韩南、李欧梵都是王德威的哈佛同仁，他们都是研究中国文学的，是海外中国文学史研究领域的领军人物。在我的博士学位论文初稿完成后，老师提出了特别珍贵的修改意见，其学术眼光和治学态度令人敬佩不已。

在跟随曹老师读博之前，本人一直在西南大学外语系任教，所讲课程包括英美文学和学术写作。在读完博士后，本人再次回到西南大学，继续担任上述课程的教学工作。但前后差别是很大的，以前上英美文学课程时，大多将其放到欧美文学的框架里进行解读，极少提及中国文学。现在无论是开设英美文学课程，还是指导英美文学方向的研究生，或是讲授英语学术写作，都会自然而然地援用比较文学的视角，对英美文学和中国文学进行比较研究。

除了教学，本人在科研方面也从曹老师那里受益匪浅。无论是英美文学研究，还是文学翻译研究，或是海外汉学研究，本人与读博之前相比都有较大进步。博士毕业前后，本人在《国外文学》《外语教学》《西南大学学报》等报刊上发表论文多篇，还曾获得国家社科立项，这些都应归功于曹老师当初的教导和培养。

曹老师在处理师生关系上也为曹门弟子树立了榜样。曹老师就像对待自己的孩子一样，照顾并扶持每一个学生。曹门一家亲，天下曹门是一家，已是所有弟子的共识。曹老师爱护学生的事例很多，下面所叙是本人亲自经历的一件事。

2021年年末，曹门弟子付某某不幸英年早逝。在得知这一消息后，曹老师当即在曹门群里转发了付姓弟子的文章，即《曹顺庆先生如何培养比较文学博士生》，表达了身为老师痛失爱徒的哀伤。曹老师随即通过微信电话联系我，嘱托以他的名字给付同学献上花环。曹老师为自己参加博士学位论文答辩，不能前往吊唁而遗憾。当另一位罗姓弟子从成都赴重庆时，曹老师还叮嘱罗姓弟子代他为付姓弟子献上一束鲜花。不仅如此，曹老师和师母蒋老师还带头为付姓弟子的家属捐款，曹门此次总共募得款项近十万元。曹门师生情谊由此可见一斑。

总之，无论是学术研究，还是硕博培养，以及师生情谊，曹老师都有值得称道之处，值得曹门弟子和国内同行学习和借鉴。

开学养正，修道立教

2010级博士　罗富明[*]

传　承

但凡曹门弟子，恐怕都得抱着那部《十三经注疏》，逐字逐句磨上一年半载。我们大部分同学原本就非古代文学专业出身，也没有经历过音韵学、训诂学方面的训练，上课之前就得花很多时间做准备。这书看着不习惯，加之紧张，开始阶段，磕磕绊绊，读错字、读串行，那是时常有的，也难免出洋相，老师看着也不着急，也不批评，照例微笑以待，于是，我们鼓起勇气接着读。一学期下来，同学基本能读顺畅了。中国文学批评史课是有背诵要求的，如《毛诗序》《典论·论文》《文赋》《诗品序》等，一些中国古代文论经典名篇要求整篇背下来，人人都得过关，没法取巧，只得硬着头皮背。这对我们这些已不年轻的学子来说，的确有些痛苦。这大概算是入曹门的洗礼，再加以淬炼，我们方能进入学术的殿堂。曹师每每说起，当年杨先生讲《文心雕龙》，上来先把它背一遍，显然，这是师承传统，基本功要扎实。如果只是背书，那是很苦的，老师以很多故事、逸闻把我们带入文心雕龙的世界，颜元叔的解读、黄维樑的解读，诸如此类，听来也饶有趣味，背书的紧张和痛苦随之烟消云散，也了解了中国文论研究中的诸多问题。学习是辛苦的，但在曹师名下学习又是幸福的、收获满满的。在这些古代经典中浸淫日久，作文论事亦斐然有采，甚至玩笑聊天都能脱口而出："相如含笔而腐毫，扬雄辍翰而惊梦""子建援牍如口诵，仲宣举笔似宿构"……曹师一直强调原典阅读。领悟中国文化精神，需要读中国文化原典，同样，了解西方文化，也要从原汁原味的西语经典入手。这帮助我们养成了良好的学习习惯和严谨的学术态度。

论　学

从第一个学期起，曹师就要求我们每周进行一次学术讨论，同学之间的思想交锋有时也到了面红耳赤的地步，当然主要是相互学习和相互促进。老师也会参与，引导我们思考。在望江楼公园碧鸡坊，曹师关于当前学术前沿的思考，直接启发了我

---

[*] 罗富明，2010级文艺学博士，2013年毕业，现为西南财经大学文学与艺术学院教师。

博士学位论文的选题。多年来,曹师的学术思想沿着他早先提出的文化"失语症"判断不断向前推进。1995年,老师提出中国文化"失语"这个判断时,在学术界引起了巨大的争议,甚至成为当时的一个文化事件。老师坚持自己的学术立场和学术理想,一直在批判学术研究中的"汉学主义""汉学心态",批判"西方的月亮更圆"以及随之而来的"唯科学主义"倾向。面对这样一种文化现状,曹师认为应先从观念上解决,然后从实践上解决。只有从观念上解决,才能明白什么是真正的传统,什么是真正的多元化,什么是真正的中西文化的对话。至于实践上的问题,他认为许多所谓中国文论的现代转换是不成功的,仍然是以西方文论话语统率中国文论话语。他主张从中国文化本位出发,以中国文论话语为主融汇西方文论。他认为文论"失语"的悲剧在于对中国传统文化生疏了,要建立中国文论话语,首先得了解中国文化,而且是深切地了解中国文化。沿着曹师开拓的路径,曹门弟子久久为功,在推进中国文论话语的建设方面颇有建树,对中国传统文论话语的研究取得了许多学术成果。几十年过去了,实践证明,曹师的这一文化判断是正确的,是有前瞻性的。当前,我们文化的各领域,仍然面临中国话语建构这样一个重要课题。

面对"西风"盛行的学术环境,曹师坚持自己的学术立场,从中西文化的异质性出发,提出比较文学变异学理论。这突破了西方学科理论对跨文明比较研究的限制,为中外比较研究实践提供了新的理论支撑,也进一步拓展了不同文明间比较研究的广度和深度。在学术研究中,他引导我们关注文化的差异性、异质性,关注文学影响中的变异性,思考平行研究中的变异性问题。理论的创新提升了我们对比较文学的认识,也推动了学术研究的实践,"英语世界的中国文学研究"和"西方文学在中国"的系列研究已蔚为大观,形成了很多有价值的学术成果。曹师鼓励我们敢于突破、敢于创新,鼓励我们在学术研究中不断提升理论自信和文化自信。在文化交往日益频繁,文化联系日益紧密的当今时代,变异学理论愈加显现出强大的学术生命力。

立 教

不得不说,入曹门之前我是很有些自卑的,想着曹老师是著名学者,怎么能入他法眼;去见他时,也是诚惶诚恐,忐忑不安,见过之后,发现他完全没有名人的架子,和蔼得让我颇感意外。曹师向来对学生关爱有加,他不仅是我们学术上的引路人,也是我们人生的导师。每次课程结束,学生会一路护送曹师到停车场,有时这会成为课堂的继续,有时是同学都想谈自己的事情,倾诉学业上的困难或生活中的苦恼。曹师会认真倾听,一一回应。这几乎成了教学楼的一道风景线。课堂上,学生眼中的老师是不怒自威的,大家对待学习自然不敢放松。课余,曹师也很乐意与学生聊天,天南地北,不妨各言其志。天朗气清,我们也会前往风景秀美之地,开个学术沙龙。曹师的学术观点点燃我们的热情,激发我们思考,很多同学的博士学位论文选题就在这一次次的讨论中变得清晰。每次与老师相处的时间都充满欢乐，也有"风乎舞雩，咏而归"的自得。我们同学专业背景各样，禀赋迥异，曹师是有教无类，引导每个人发挥所长，也不因学生的出身而另眼相待，非科班出身，非名校毕业，都不是问题，重要的是诚心向学。他对我们一向很包容，但对待学术是极严谨的，有好几位同学论文写出来后，直接被他否决。论文要重写，同学自然很难过，为此老师总是给予更多的鼓励和安慰，但学术上的要求是丝毫不会放松的。他也时而谈起一些学术上不诚实的例子，给我们以警戒和教诲，使我们对学术充满敬畏，始终如临深渊、如履薄冰。曹师是中国文化的传承者、弘扬者，主张中国话语建构应从中国文化本位出发，融汇西方话语。这样的一个立场，被一些人称为"文化原教旨主义"，但曹师从未因此而有所动摇，不因西方文化时髦就改变自己的学术理想。其实，曹师对西方文化有深入的了解，他与西方同行有着广泛的学术交流，也与他们建立了深厚的友谊，但他始终持守自己的学术立场，笔耕不辍，他所提出的比较文学变异学理论得到了西方学界的重视。曹师为人为学，几十年如一日，讲求诚意正心，慎思明辨。当年我的博士学位论文初稿交上去后，曹师提出了尖锐的批评，我依稀记得他电话里面的语调有点高：你应该旗帜鲜明地亮出你的观点，不可因为别人说了几句，你就躲躲闪闪。尽管已经毕业多年，曹师的教诲言犹在耳，也激励着自己砥砺前行。

却顾所来径，苍苍横翠微

2011级博士 黄 莉[*]

王超师兄早在元宵节就发了征稿通知。看到征稿通知的那一刻，我感慨良多。十余年前在川大访学、读博的点点滴滴浮现于眼前。先生儒雅庄重，温润的声音仍然在耳。然而心潮澎湃，内心千言万语，仍然难以诉诸笔端。

一、如何读书：且读且思

在先生门下求学的这四年，访学的一年，加之读博三年，纵然艰辛，却收获了无限欣喜。他教会了我们读书，如今养成的细读和吟诵的习惯就缘于学习原典十三经。每次上原典课，先生都会抽读抽背，所以我常常在课前花上一两天的时间，或默读，或朗读。自己苦于外语出身，古文功底太浅，面对着两本厚厚的《十三经注疏》，眉头紧锁，脑子混沌。却又将自己读不下去的原因归咎于上海古籍的印刷字体太小，随后以249元的低价卖给文艺学专业同学，又买了一套中华书局的版本，仍然读得气喘吁吁，而旁边那位文艺学专业仁兄，读得气定神闲，优游自在。然而

---

[*] 黄莉，2011级博士，现为重庆师范大学外国语学院副教授。

自己读书、吟诵的习惯确是在那时养成的。夜深人静时，心绪不宁时，都喜欢找上一本书来读读。在先生的影响下，我真正领略到中文的美好，"十步之泽，必有芳草"，发微信朋友圈时，也会援引几句。

先生不仅教会我们细读、吟诵，也教会我们思考。先生反对读书不求甚解。有一次他讲《诗品序》，讲到一句："从李都尉迄班婕妤，将百年间，有妇人焉，一人而已。"[①] 他就问，这里的"一人"指什么？我们脱口而出，"当然是班婕妤"。先生摇头：这里的"一人"是"李陵"。李陵善五言诗，其诗在《诗品》中被列为上品。听到这里，我们不觉恍然大悟。又一次老师讲到《论语》中的"志于道"，顺便问起儒家之"道"与道家之"道"之异同，我支支吾吾，半天回答不上。后来在老师的指点下，才知道儒家之"道"是其所追求的志向、理想，而道家之"道"则是天地万物的本体。

先生讲课洋洋洒洒，谈古论今，风趣自然。他在解读"衣锦褧衣"时，说道："在锦绣衣裳外加上一件麻布单衣。"末了，又添了一句"低调的奢华"。竟然有如此高级的解读，课堂顿时热闹起来。讲《论语》，他讲到其中一句，"颜渊死，颜路请子之车，以为之椁。……以吾从大夫之后，不可徒行也"[②]，点评道："不以情失礼。""颜渊死，子哭之恸。"他又点评"不因礼克情"，深入浅出，将那些高不可攀的文字化为朴实的、触及心灵的话语，时常让愚钝的我醍醐灌顶。顾随先生说过："一种学问，总要和人之生命、生活（life）发生关系。凡讲学的若成为一种口号（或一集团），则即变为一种偶像，失去其原有之意义与生命。"[③] 恩师教给我们的亦是如此。并非为了学问而学问，学问乃是感悟人生、理解人生的一种方式。读书，与诗人共情本就是一种人生。

二、如何做人：严谨、豁达的人生态度，且歌且谣

我攻读博士时已年近四十，之前碌碌无为，常为小事纠结。直到遇到先生，目睹恩师的一言一行，才豁然开朗，开始审视自己，反思自己，改进自己。

先生治学、教书严谨。每次上课，或着一身平整的西服，或着衬衫，气宇轩昂。他给博士生上两门课：十三经和西方文论。每次课长达两个半小时，其间只休息一次。六十岁的他从来都是笔挺地站立着，讲课时神采飞扬，似乎从不知疲惫，有一天晚上讲《楚辞》讲到兴头上，不知不觉，竟然讲到教学楼熄灯。

有一次博士论文预答辩，我在论文中用了"范式"（paradigm）一词，先生问我："什么是范式？"我一时语塞，面红耳赤，因为自己是套用师兄论文中的用语，对之没有半点思考。我至今还记得先生当时的表情，一脸严厉，又难掩其失望。先生少有这

---

① 钟嵘：《诗品序》，郭绍虞主编：《中国历代文论选（一卷本）》，上海古籍出版社2001年版，第106页。
② 上海古籍出版社：《十三经注疏》，上海古籍出版社2007年版，第2498页。
③ 顾随：《顾随全集》（卷七），河北教育出版社2014年版，第41页。

样的表情。我知道，他是希望我们能够脚踏实地，真正学有所得，而非华而不实。

先生豁达，待人宽厚。2009年我申请到四川大学文学与新闻学院访学，希望师从先生。虽与先生素未谋面，但他欣然应允，还把我的名字写进硕博名单，课堂提问抽背时一视同仁，自己虽然每次战战兢兢，但心里觉得温暖，倒有一种归属感。后来历经艰辛，终于如愿考上博士。第一次参加同门聚会，按惯例，同门要按照年龄排序，每个人把自己的出身年月写在纸条上。我一阵忐忑，悄声问先生："能不能不排序，我可能是年龄最大的？"老师微笑着说："不用担心，肯定不是最大的。"我稍稍松了口气。虽然事实证明我仍然是最年长的一个，但先生善解人意、不拘小节，在后来与先生的交往中，自己也少了很多不安。

先生很喜欢《论语》中的那句"暮春者，春服即成，冠者五六人，童子六七人，浴乎沂，风乎舞雩，咏而归"①。讲这句时，他意气风发，脸上洋溢着喜悦。忆起先生和我们外出郊游时，泛舟湖上，我们一边啃着刚摘的春桃，一边哼着小曲，其乐融融，尽管博士学位论文开题迫在眉睫。

遇到先生之前，我读书甚少，也常为一些琐事烦恼；遇到先生之后，性情变得洒脱，人生豁然开朗。遇事常淡然处之，也是受先生影响。

感恩先生，想写的太多太多。回首跟随先生的这四年，收获良多。自毕业后，见面却甚少。前年，先生来重庆大学讲学，我赶过去见了一面。先生侃侃而谈，风采依旧，恍惚间又回到川大课堂。如今因为疫情，见面机会更少。

多想重回先生的课堂，再听一遍十三经，和师弟师妹们再背一遍《文心雕龙》。倘若时光能倒流，多么想重新回到往昔的四年，和先生、同门徜徉于书林。那时，我的父亲也健在。

传道之圣
——跟随曹顺庆教授求学记

2013级博士　成　蕾*

跟随恩师曹顺庆先生攻读博士的求学时光一晃而过。先生于我，是学高身正的人生领路人。从入师门的那天起，老师充满人文关怀的无私教导就一直伴随着我们每个学生。

初入师门时，我是本科、硕士都读法语专业的科研"小白"，对中国古代文学

---

① 上海古籍出版社：《十三经注疏》，上海古籍出版社2007年版，第2500页。
* 成蕾，2013级博士，西南交通大学外国语学院讲师，法国巴黎索邦大学、法国国立东方语言文化大学访问学者。研究方向：法国文学、比较文学。

文化所学不深，更别提从事中西比较文学研究了。随后，通过在老师的课堂诵读十三经、学习比较文学学科理论、探讨中西文论，加上课后频繁地与老师、同门研讨，我的学业得到了切实的长进。老师首先为我开启的是中国古代文学的研究之门，中外语言文学与文化专题研究课程中诵读十三经、中国古代文论名篇，让学习十多年西方语言的我沉醉于我们自己的文化，因此我在博士学位论文选题时，不假思索地选择了研究法语世界的中国文化典籍。同时，老师引领我开始中西比较文学的研究之路。老师教授的比较文学理论研究课程为我们的研究打下了坚实的理论基础；而我至今还时常忆起，在西方当代文化与文论课上为学贯中西的老师惊叹折服的场景：和我们探讨那些本已不易理解的西方文学理论时，老师总能联系到中国的文学现象和思潮，帮助学生们建立比较研究的思维。第一年的课程学习阶段结束后，老师对我们的指导更加多元。老师根据我们各自的研究领域提供各种学习机会，带领大家参加学术会议、组织各种类型的研讨活动、带领我们编写书稿、鼓励我们发表学术论文等。

现在细细想来，跟随老师学习带给我最大的收获首先是启发了我在学术研究时的问题意识。在比较文学理论研究课程未开始前，我原本以为课堂上老师会带领大家通读细研学科理论史，不免觉得会有些艰深枯燥。不想第一节课刚上课，老师就"啪啪啪"给我们"甩"出近二十个比较文学学科理论方面的前沿问题。列举完毕，老师对我们说："同学们，这些问题中，有些是学界尚存争议的问题，有些是比较文学学科理论中的'未解之谜'。我们要带着这些问题来学习这门课程。每位同学在期末选择一个问题，完成课程论文。"听完老师的一席话，我一个激灵，事先担心的"枯燥"顿时无影无踪。老师列举的这近二十个问题，好似一条条线索将比较文学学科理论经纬相连，又好似学科史上的星星灯火，引导着我们跋山涉水去找寻它们。经过这门课的训练，我慢慢学会了在面对一个主题或一大堆文献时，先从问题出发，带着问题去寻找思路，整理文献。

老师的几门课程把我引进学术之门，为我搭建好中西比较研究的思路框架；在课程之外，老师言传身教地启发和影响了我的研究兴趣。从诵读十三经开始，我便被这些典籍中的智慧深深吸引。随后，老师在西方文论课上，总能将西方理论与中国古代某个哲学思想联系起来，启发我们思考它们之间的联系，建立思辨的学术习惯。后来想想，课堂上老师举的每个例子都是另一门比较文学理论课程的实际案例。就这样，我慢慢找到了自己的研究兴趣——研究中国典籍在法语世界的接受状况。2014年，我的博士学位论文开题，研究的是法语世界《论语》的译介问题；2017年，我申报的课题《法语世界的孔子形象研究》又成功获得国家社科基金青年项目立项。做这些研究的过程是一个正向的互动，研究法语世界的汉学不仅充实了我的学术成果，更重要的是印证了中华古老文化的伟大。回想起来，正是老师潜移默化的影响，才使我有了从中华优秀传统文化中寻找学术研究源泉的思路。

博士学习阶段，老师一直鼓励我们积极参加学术交流。大到出国访学、国际会议，小到师门组织的讨论活动，老师会亲自为我们组会，会分享各种会议信息，会帮助我们联系访学导师、争取各种奖学金……读博第一年的下学期，课程学习阶段接近尾声，老师在给我们做开题指导时就鼓励我们积极联系国际国内的交流活动，以便扩展学术思维，并为论文广泛搜集文献。在老师的帮助下，我顺利联系到法国巴黎索邦大学比较文学系、国际著名比较文学学者弗朗哥教授（Bernard Franco），博士第三年赴法学习一年。随后，又跟随老师一起，参加了两次国际比较文学学会的年会。从会议报名选择分论坛起，老师就一步步带着我们，教会我们如何更有效地通过国际学术会议与学界同行交流，展示自己的，学习他人的，从而提升自己的学术能力。

跟随老师学习已有近十年，老师带给我的除了学术研究上的丰厚馈赠，更有人生态度上润物无声的影响。老师对学生们有求必应，以至于我们一遇到问题或困惑，无论学业上的、生活上的，甚至自己工作中的，都爱去请教老师。无论我们絮叨多久，老师总会笑眯眯地耐心听完，然后慢慢地帮我们分析情况，宽慰我们，给我们建议。老师高瞻远瞩，他的人生智慧总能让我们豁然开朗，继而带着释怀的心境和满满的正能量离开。与老师相处的时光里，我们总是如沐春风。印象中，老师总是笑着的。学业中，我们也会有疏忽大意犯错的，也会有习惯拖沓"死性不改"的，这些时候，老师也从未发脾气厉声呵斥，还是轻言细语直接指出问题，然后伴着佯怒的表情叮嘱一句"以后不许这样了哈！"最后还是会"哈哈哈哈"地在安慰声中结束对话。老师时时处处体现出的这种儒雅风度令同为教师的我惊叹，老师这种教育方式和人生态度已不知不觉地浸润感染了我，并对我的教育教学工作产生很大的影响。

高山仰止，景行行止。老师是为我们传道授业解惑的导师，更是我们人生道路上的掌灯人。《文心雕龙》说，"道沿圣以垂文，圣因文以明道"[1]，恩师就是当代之圣。

"高山仰止，景行行止"
——曹顺庆先生侧记

2016级博士　代　莉[*]

笔者是曹顺庆先生2016级的博士生，同时也是一名高校教师。由于工作单位位于祖国西北偏远地区，我有幸通过北京师范大学的对口支援计划顺利进入先生门

---

[1] 周振甫：《文心雕龙今译》，中华书局2013年版，第14页。
[*] 代莉，2016级博士，女，重庆璧山人。2002年7月毕业于西北师范大学外国语学院英语专业并留校任教至今。2016年考入北京师范大学比较文学与世界文学研究所攻读博士学位，主要研究方向为比较诗学与海外汉学。

下学习。考上博士的那一年，我已经36岁，在一线教学岗位亦已工作了14年。对于一直生活在相对落后地区的我来讲，在比较文学界享有盛名的曹顺庆先生本来只是存在于各种教材的端正字迹里，以及各类讲座和学术会议的嘉宾和发言人名单中。能亲自聆听先生的教诲，于我，本是一个太过遥远的梦。但是，命运就这样突然眷顾了我，教科书里的曹先生一下子变成了近在咫尺的曹老师。在虚与委蛇的人情世故和明争暗斗的职称晋升中浸泡了太久的我本来对曹老师更多的是"敬畏"，因为深知曹老师的学术成就和学界口碑，我推测曹老师为人为学一定是严格的甚至是严厉的，我猜想他或许还是难以亲近的。怀着一颗惴惴不安之心入学，这种"敬畏"却在几年后变成了"敬重"。原因有二：一是曹老师深植于心的"家国情怀"；二是曹老师教导学生为人治学的"润物无声"。

入学之初，我一直为博士学位论文的选题苦恼和焦虑，学外语出身的我本来倾向于选择外国文学或者外国文艺理论作为研究方向。曹老师在了解了我的学术背景和研究兴趣以后，和我深谈过几次。他跟我细数了近年来国内学术界的研究热点，不无遗憾地谈到很多学者被西方理论界的各种学说吸引，对中国自己的文艺理论相当陌生。即使这些学者以中国本土的文学现象作为研究对象，也常常有意无意地忽略了中国的文化环境和学术传承，只是把自己的研究对象拿来做了西方理论的注脚。曹老师自己则一直通过发表文章、参加会议、发表主题演讲等方式不遗余力地呼吁文艺界，特别是文艺理论界重新认识中国古代文论的价值，致力于在世界文学研究领域重新建构"中国话语"。他每次面对不同的听众或读者，还要细心地更换具体案例或讲演的顺序，一页一页地调整着幻灯片的图片和文字。他的这些努力我都看在眼里。终于在某一次与我讨论论文选题时，这个每周飞来飞去到各地上课讲学的老人突然小心翼翼地问我："你是学外语的，也有一点中文底子，有没有可能从译介学或者变异学的视角做一做中国典籍英译方面的研究？用我们中国人自己的话语方式来解释自己的经典传播的情况也是很有意义的呀！"他殷切的眼神和甚至有一点恳求的语气让我心里既慌张又有一丝不忍。这样一个在别人看来"功成名就"的学者，给他自己的博士生推荐选题居然是这样的谨慎甚至透出一丝无奈。曹老师就是这样永远把重建"中国话语"时时刻刻放在心上，并且落实在行动上。这个目标似乎也是他深研学术的动力，他每周往返于成都、北京等多个城市，在"魔鬼"行程里永远随身携带着又一次更新了的有关重建"中国话语"的讲稿；在课程或讲座结束以后，又永远会到办公室一个一个地了解学生们的研究进展和问题；然后在每一个可能的机会，一次次地重申依赖西方理论体系的弊端；在学界逐渐重视这个问题以后，又尝试着思考中国古代文论是否应该或者可以转换为所谓"现代文论"，以及尝试着去论证中国古代文论话语的当下言说能力。他像一个宣传呼吁重建"中国话语"的永动机，不知疲倦地试图在众声喧哗中发出"中国声音"。而这一切都是源于他的一颗拳拳爱国之心，与名利毫无关系。作为比较文学界公认的"专家""长江学者"，他本来没有必要如此奔波劳碌，但是他认准一个方向就付出了自己全部的努力。

  我对曹老师的"敬重"之情还源于另一件小事。作为一个"高龄"博士生，我选择读博更多是迫于身在高校的无奈。我身边也有不少人经常聊着"混一个文凭""找关系发一篇文章"的话题。久而久之，我对科研、学术的概念就是读书、发文章、拿文凭，而且觉得这种人生目标和轨迹似乎是天经地义的。抱着这种功利想法的我，入学后和曹老师第一次聊天就受到了冲击。那是入学后第一节课的课间，曹老师一宣布休息就亲切地招手让我这个所谓的"新科博士"到讲台上去。他询问了我入学以后手续的办理和生活学习的安排，然后突然热切地拍了拍我的肩膀说："你看看，你才三十几岁，还这么年轻，正是大有可为的年纪。"不等自认记忆力已经衰退的我反驳，又继续说道："你一定要好好努力，成为能给国家做出点贡献的一代大学者！"从没有听过这种鼓励的我当场愣住，只觉得尴尬甚至想要发笑。这样的语句在我的印象里似乎只出现在小学生的品德课本里，或者是在那些冠冕堂皇却没有实质内容的演讲比赛中。而那一刻，这么一个受人尊敬的老人，就这样认真地、热切地、一字一句地说出了我当时只觉得脚趾抠地般尴尬的句子。我不记得我当时是怎样回答曹老师的了，只记得自己讪讪地随着再一次的上课铃声回到了座位，心里既因为有人真的把"成为能给国家做出点贡献的一代大学者"当作学术科研的目标而诧异，也因为深知自己学识浅薄恐怕不可能实现老师的期望而感觉尴尬。但是随着和曹老师一天天的接触，在每一次课堂讲授中，在每一次师门讨论中，在每一次论文的不断修改中，在每一次静静地观察曹老师或幽默风趣或慷慨激昂的讲演中，我对曹老师寄托在青年一代身上的那种希望感受越来越深。那种希望是重建"中国话语"的希望，是发出"中国声音"的希望，是自己的学生能够成为踏踏实实的研究者，成为对国家而言的有用之才的希望。因此，我对当初内心几乎发笑的自己愈加鄙夷，而当曹老师再次在其他场合用类似语句鼓励青年学生却时常收获怀疑的眼神和微妙的表情时，我则心里发酸。从几乎失笑到几乎落泪就是我内心真实的情感路程。在我这样卑微和渺小的人生里，曹老师的这句话就像是一道强光，虽然让我自惭形秽，却也让我知道，这个世界上真的有人为了这样的理想而努力着，而且他们就在我们的身边。

  "高山仰止，景行行止"，思想教育说难也不难。正如一代"文坛教父"、北师大文学院教授童庆炳老先生所说："传道，你自己得有道，才能传给学生。"曹顺庆先生，我所敬重的曹老师正是这样一位拥有着高尚的学术追求和育人目标，真正能够让他的学生们从内心深处受到感召而努力的好老师。

七律·贺曹师寿

2002级博士后　张骏翚[*]

却道当时正少年，蜚声学苑已参天。
诚能赞业无中外，岂有完功限北南。
一语误读皆认可，多家比较此当先。
应惭小子愚钝甚，立雪程门竟不前。

感师恩，忆学涯

2009级硕士　游槟菁[**]

成为曹门弟子，在十余年前，每每回首，都是一段如沐春风，幸得入门慰平生的求学历程。

浴乎沂，风乎舞雩，咏而归

犹记得曹老师带弟子诵读（准确说是背诵）十三经原典的情景。我作为硕士也有幸跟随博士师姐师兄们一道上课，课前预习会布置一些章节，读书百遍其义自见，背诵自然是领会熟知章句的好方法，但是每到"验收"环节，课堂上"人人皆危"，有些谐趣有些紧张，但是一堂扎实的诵读课下来，大家在其义自见的同时，通过点评释义，感文论之美，夯理论之基，掇菁撷华，收获很多。时隔多年，《毛诗序》《文心雕龙》的一些篇章，偶尔吟诵几句，也得到很美好的熏染。

大学之道在明明德，在亲民，在止于至善

学子生涯，有幸听取很多大神级老师的授课，离开象牙塔后，周末有时会回学校旁听，一直计划带小朋友去读书的地方熏陶一下，碍于疫情暂时没有成行。这么多年在工作中学习，实践中积累，社会大学也是一所大学，但学习的本质也倒映了学子时代的影子，如切如磋如琢如磨，老师们用这样的标准要求我们，我们也延续

---

[*] 张骏翚，2002级博士后，四川仁寿人。山东大学文学博士，四川大学文艺学博士后，副教授，中华美学学会会员。

[**] 游槟菁，2009级硕士，比较文学与世界文学专业，现从事企业人力资源管理工作。

这样的态度来充实和打磨技能。学习的方法是相通的，学习的精神是一脉相承的，所以至今遇到任何关卡，出现问题，遇到难题，静下心来研究，拿出学习的劲头钻研，还是能够迈过去，抒一句"雄关漫道真如铁，而今迈步从头越"，这可能也是文学带来的鼓舞和情怀。再者，求学最为关键的还是人格的锻造和培养，大学讲了很多道理，我们怎么来应用，来潜移默化地帮助自己成长，在漫漫长路上，苟日新，日日新，又日新，新的有经济管理的知识，有财务管理的知识，有法律规章的知识等，但是明明德，止于至善不能变，初心不能变，感念学生时代熏陶的品格和信念。

在此衷心感恩曹师培养，感恩求学生涯。

第二节　言传身教　育人为本

曹门受教记
——曹顺庆老师指导博士生的几点经验

1994级博士　李清良[*]

我于1995年2月进入四川大学，师从曹顺庆老师攻读博士学位。当时曹老师刚从美国访学归来不久——他先后在康奈尔大学和哈佛大学访问研究两年，其间已被国务院学位委员会聘为博士生导师。记得那时老川大刚与成都科技大学合并，名为"四川联合大学"，直到1998年才改回"四川大学"。我和傅勇林师兄是1997年年底毕业的，所以我们的毕业证书和学位证书的印章都是"四川联合大学"。曹老师当时在两个方向招收博士生，一是杨明照先生创立的中国文学批评史方向，一是曹老师自己新设的比较文论方向。傅勇林师兄和我，有幸成为曹老师的首届博士生，都是比较文论方向。半年后入学的李杰、王晓路、代迅三位以及两年后入学的熊沐清也是这个方向，一年之后进来的王南、杨玉华、郝跃南三位则是中国文学批评史方向。那时曹老师门下还有李蓓、郭斌两位硕士研究生，不过李蓓很快毕业了，进入巴蜀书社工作。

---

[*] 李清良，1994级博士，汉族，湖南省新宁县人。1992年2月—1997年12月就读四川大学中文系，师从曹顺庆教授，攻读比较诗学博士学位。现为湖南大学岳麓书院哲学系教授，湖南大学中西经典诠释学研究中心主任，中国哲学专业博士生导师，国家社科基金重大项目首席专家，中华孔子学会常务理事，中国诠释学专业委员会常务理事。出版《中国阐释学》《熊十力陈寅恪钱锺书阐释思想研究》等专著。主要研究方向为中西经典诠释思想、中国儒学、中国近现代哲学。

现在回想起曹老师指导我们这些博士生的情景仍是历历在目。就我个人而言，觉得最重要也最受益的主要是如下三个方面。

其一，"入门须正，立志须高"。

宋代著名文论家严羽在《沧浪诗话》中说："夫学诗以识为主，入门须正，立志须高。"[①] 曹老师常说这话也适用于治学。所谓"入门须正"，首先是指基础知识要牢固，尤其文献基础要扎实。这是四川大学中国文学批评史博士点自杨明照先生以来就特别强调的学风。杨先生和曹老师常常举出学术界的一些实际例子，强调做学问要专精扎实，毋轻信，毋随风，毋泛滥，阅读和搜集材料要力求竭泽而渔，尤其要熟悉第一手材料，不要轻易转引，也不要断章取义。"入门须正"同时还指要从中国学术文化的总体精神和主流倾向出发，要熟悉中国文化和文学的经典著作与论断。记得当年我们整整一个学期都在背诵古代文论名篇，上课时老师还会通过抽签方式来抽查。最初大家都很紧张，生怕抽到自己却又背不出来。为了不在课堂上难堪，我们每天都要抽出一段时间来背诵，以至于外专业的同学常见我们口中念念有词。经过一段时间后大家感到越背越容易，那些最体现语感又最易弄错的虚词也不再出错，而且慢慢养成了一种习惯，无论看到什么东西都想把它背下来。现在网络越来越发达，许多东西通过搜索引擎和各种数据库一搜就能找到，所以许多人越来越认为不必再背诵经典。其实，只有对中外重要经典一字一句地仔细琢磨乃至背诵过，对其基本观念和概念命题反复辨析过，我们才可以有准确而深入的理解，否则便常易断章取义，片面理解。

所谓"立志须高"，主要是指取法乎上，自觉追求卓越。曹老师给我们上第一堂课时就说："大家现在都是博士生了，按照我们国家的要求，博士生毕业时应在所学领域做出创造性贡献。因此我们要认真想一想，这几年究竟该怎样度过，尤其要想一想我们毕业后究竟想要成为哪种类型、哪个层次的学者。"我听了瞿然一惊，因为以前似乎从未想过这问题。现在回想起来，才知道曹师的这番教诲，就是古人所谓"为学必先立志"。后来我在研究 20 世纪著名哲学家熊十力时，特别注意到他说："人须要立志，志不立起，百事没办法。……这一念之真，其力量真不可思议。直令人澈（彻）头澈尾改换一副面目，与前者判若两人。……吾今乃真知古圣贤所以教人立志之意。"[②] 由于有了曹老师的教诲，熊十力先生的这话就让我戚戚焉颇有同感。尽管当时我并没有立下什么明确的志向，但也暗下决心，要刻苦学习，争取能在学术上有所成就。当时大家听了曹老师的这番话后还说：有些学者名气不算小，著作一大堆，但只是量的增多，没有质的跃进，写来写去并没有多少长进。这

---

① 严羽：《沧浪诗话·诗辨》，郭绍虞主编：《中国历代文论选（一卷本）》，上海古籍出版社 2001 年版，第 208 页。
② 熊十力：《熊十力论学书札》，上海书店出版社 2009 年版，第 6 页。

些话，我一直用以自警。

其二，既要有文化自信又要有国际视野。

曹老师刚回国就写了篇长文发表在上海的《中国比较文学》杂志上，呼吁中国学者自觉走向比较文学的"中国学派"。接着又提出中国文论和文学研究存在严重的"失语症"，主张我们应该充分利用中国古代思想资源重建中国文论话语。最近十余年来，曹老师又特别提出"比较文学变异学"，以进一步夯实比较文学"中国学派"的理论基础，在国际比较文学界引起了广泛影响，被认为是中国学者提出的一种原创性学科理论。曹老师这种治学进路所体现的，正是我们现在喜欢讲的"文化自信"。但对于曹老师来讲，"文化自信"绝不是一种基于狭隘民族主义的"文化自负"，而是在普遍存在的"西方中心主义"甚至"后殖民"心态背景下，强调中华文明的应有地位和可有贡献，并在文明论视角之下主张多元文化的交流互鉴与和谐共存。正因如此，曹老师一再强调中国学者从事"比较文学"研究，既要有"文化自信"，也要有国际视野，要在充分吸收和利用不同文明的理论成果基础之上，针对全球性的前沿问题做出基于中国智慧、具有中国特色的理论探索和创新。也可以说，在"文化自信"基础之上以"国际视野"来从事全球性的前沿研究，正是比较文学"中国学派"的一个重要特色。这同时也是上面讲到的"立志须高"的体现。

曹老师的这种治学倾向对我影响甚深。我在入学之前，对西学缺乏了解，无形中便有一种排斥心理，所以刚入川大时仍希望只读中国文学批评史方向而不是比较文论方向。可曹老师坚持不允，他认为如果不了解西学，不仅很容易根据流行观念来看西方文化，而且很难具有一种国际视野，也很难跟国际学界进行对话。于是，在曹老师的指导和各位同学的帮助下，我硬着头皮开始阅读西方经典著作，慢慢感到西方学术和中国学术一样博大精深，绝不止一个面向，而是像史华慈所说的是一个存在着多种"文化导向"的"弱整体"，在很多方面其实也可与中国学术大致相通，当然，它们得出结论的途径不同，所要解决的问题也不尽相同；同时西方学术中也有很多面向是中国学术较少关注甚至完全缺乏的，但对我们非常重要。由此我非常认同当年谭嗣同所说的："道非圣人所独有也，尤非中国所私有也。"[①] 并且越来越体会到，了解西学，也有助于更好地理解、丰富和发展中学，这样才能既不妄自尊大，又不妄自菲薄。古人不了解西学是因为没条件，现在具备条件却还要故步自封、妄自尊大，当为古圣先贤所不许。这样一来，不仅我的知识结构改变了，我看待世界和思考问题的视野、眼光与方法也都变了。所以，对我而言，川大三年实是脱胎换骨的三年。最近20年来，我已从比较文论研究转向中西诠释传统和诠释理论研究，但知识结构和比较视野却是一以贯之的，假如我在学术上可以取得一些

---

① 刘进田：《谭嗣同箴言录》，中国文联出版公司1998年版，第220页。

微小成绩,那么这些成绩正是源于我在曹老师门下所受的教诲、训练和熏陶。所以20年前我在《中国阐释学》一书的后记中如实地说:"曹先生的治学精神已像血液一般流淌在我的心中。"

其三,注重探讨式教学和以研促学。

曹老师授课都是采取专题讨论方式,鼓励各位博士生之间互相质疑和辩难。曹老师认为,我们学习,不仅要从老师处受益,更要善于利用我们这个博士生群体,互相学习,互相攻错,共同促进。我当时年纪最小,功底最弱,最初基本插不上话,轮到讨论自己承担的专题时鼓起勇气说两句,也常被同学们指出各种不足,或是前提不成立,或是思路不清晰,或是视野不开阔,等等。李杰学兄在这方面特别厉害,他能很迅速地把握别人的思路,看出其中的问题。傅勇林、王晓路两位师兄则知识面广,常能为大家提供新信息。同学之间常常争得面红耳赤,不过一下课就过去了。几年下来,我不仅在学识上增加了不少,思维能力也有了明显的提升,慢慢也能振振有词起来。熟悉我的同学和朋友,都说我不再像以前那样觉得这个说得好,那个也说得好,而是开始有自己的判断和想法,并且在自己比较了解的问题上往往也能说得理直气壮。这正是受惠于曹老师的授课方式。这种授课方式的关键是每人都要事先准备,主动探索各自承担的专题;这样到上课时就能深度参与,对于老师和各位同学所说既有兴趣也极敏锐。通过相互交流和讨论,人人都能取得自己最大的收获。此中道理,用伽达默尔哲学诠释学的讲法,是参与得越深,收获得越多;用中国古代哲人的话说,则是"交济互成"。孔门所谓"君子以文会友,以友辅仁"[①],便已揭示了这种学习方式的巨大作用,而且暗示了只有通过这种方式大家才能真正建立起很深的友谊。现在我自己给研究生上课,也继承了曹老师的这种授课方式,不仅学生受益,我自己也受益,我的多篇论文便是为了解决课堂讨论中所遇到的一些基本问题。

曹老师还很重视以研促学。那时攻读博士学位,并没有要求在论文答辩之前一定要在刊物上发表论文,老师们也不鼓励博士生在读期间轻易发表论文。但这并不意味着不重视科研训练。事实上,不管是杨先生还是曹老师,都要求我们在多读多思的基础上多练笔,并且不提倡从一开始就把全部时间和心力只用于完成学位论文,而是主张在确定学位论文选题之前,必须广泛阅读本学科方向的基本材料,通过细致辨析和深入思考,发现新问题,提出新见解,写成课程论文、学思札记或学术论文;同时在老师的指导和带领下参与一些科研项目和写作任务,学习如何研究和写作。记得当时我们几个博士生于写学位论文之前,在曹老师的率领和指导下,合作撰写了一部《中国古代文论话语》(此书2001年由巴蜀书社出版),作为重建中国文论话语的探索之作,还分别为曹老师主编的《中外文论史》撰写了部分章

[①] 《十三经注疏·论语注疏》,上海古籍出版社2007年版,第2505页。

节，同时又翻译了爱德华·萨义德（Edward W. Said）的《东方主义》的大部分内容，后来大概因为版权问题未能解决，也就不了了之（此书后由王宇根先生译出，名为《东方学》，生活·读书·新知三联书店 1999 年出版）。除此之外，我还独立写出了 7 篇学术论文，分别在《中国比较文学》《中外文化与文论》《求是学刊》《社会科学家》《东方丛刊》《文艺争鸣》等刊物发表（其中 3 篇是毕业后半年才刊出）。我认为，对于指导博士生而言，曹老师这种以研促学的方式是非常成功的，不仅有效地训练了我们的科研能力，还为我们撰写学位论文奠定了知识基础、提供了选题契机。

上述三点，我觉得对于博士生的成长而言是至关重要的，可以说是"先立其大者"。当然，除此之外，曹老师在指导博士生方面还有很多值得我们认真学习和总结的经验。比如，他特别注重因材施教，提倡各擅所长，尤其在我们确定学位论文选题时，常根据我们每个人的不同特点和知识结构，高屋建瓴地提出最具操作性也最具发展潜力的建议。曹老师也特别关心学生们的成长和生活，甚至在我们毕业之后仍以各种方式加以关心和帮助，让我们不仅觉得无比温暖，而且有一种强烈的精神归属感。关于这些方面，曹门弟子已有各种详细而生动的记述，我在曹老师六十寿诞时写的《永恒的川大岁月》中也有比较具体的回忆，在此就不再赘述了。

衷心祝愿曹老师和师母蒋老师身体健康，学术之树常青！

言传身教，育人为先
——学术人生的引路导师

1999 级博士　董天策[*]

立志做学问，做大学教师，应当说是很早的事情，20 世纪 80 年代初大学二年级时，我就暗自确立了这样的"志向"。不过，那时年少无知，对大学教师和专业学者的理解很是肤浅。1989 年硕士毕业前夕，先师郑临川教授在一次谈话中无比诚恳地对我说："我一辈子教书做学问，没有取得什么大的成就。你真要做学问，还得拜到名师门下攻读博士。"先师如此训导，应当说对我有所期望。然而少不更事，不能体会老师的深情厚谊，竟然一口回绝："书越读越穷，还是赶紧工作。再

---

[*] 董天策，1999 级博士，重庆大学新闻学院院长、教授、博士生导师，重庆大学数字媒体与传播研究院主任，重庆市中国语言文学类专业教学指导委员会副主任，重庆市高校协同创新研究团队"重庆大学新闻传播学"负责人。曾先后在电子科技大学、四川大学、暨南大学任教。先后入选广东省南粤优秀教师、教育部新世纪优秀人才、新闻出版总署全国新闻出版行业领军人才、重庆市学术技术带头人。兼任中国传播学会副会长，中国新闻奖、长江韬奋奖评委，全国对外传播理论研讨会专家委员会委员，重庆市记协新闻舆论研究专业委员会副秘书长。曾任中国新闻史学会网络传播研究委员会会长，中国新闻教育学会副会长。

说，教书，写文章，都没问题。"临川先生向来温柔敦厚，听了这样狂悖的言语，便双目微闭，不再说话。过了好些年，我才慢慢领会到先师当时一定非常失望，很可能有"孺子不可教也"之痛。

本科读中文，硕士是古代文学，1989年毕业到电子科大任教，讲授的第一门课程却是我从未接触过的传播学。放在今天，根本就不可能，而在当时，却是发生在自己身上真真切切的事情。1993年，我出版《传播学导论》。1994年，四川大学新闻系主任邱沛篁教授邀我参与《新闻传播百科全书》编撰。1996年，调入川大新闻学院任教。1998年，川大中文系与新闻学院重组为文学与新闻学院。此前早知道曹顺庆先生大名，却无缘拜识，直到这时，我才有机会真正认识和接触作为院长的曹先生，并很快成为曹院长的部下，因为文学与新闻学院让我担任新闻系副主任，协助周啸天主任工作。

任命我为川大文新学院新闻系副主任之际，曹先生以院长身份找我谈话，讲了学院安排和工作任务。我自知才疏学浅，本想推辞，但曹院长一番谈话让我深受教育，他说承担公共服务是一个学者的责任，在公共服务过程中也可以更好地洞察学科专业的发展态势，从而促进学术研究，相得益彰。此生有幸，尚未进入师门就已受教于曹院长。

1999年在职攻读川大文艺学博士，成为曹先生的弟子，是事先未曾考虑过的"意外"。尽管调入川大当年就评上副教授，两年后评上新闻学硕士生导师，但我自知不是科班出身，没受过系统的新闻传播教育，是个大缺陷，亟盼能够攻读新闻传播学博士，并给当时在中国人民大学新闻学院任教的童兵教授写信说明求学之意。童先生及时回信说欢迎报考。及至跟自己的"领导"曹院长提出这个想法，曹先生却对我说：你身为新闻系副主任，且评上硕士生导师，这个时候怎么能说走就走？我自然为自己的想法不能实现而深感失落。不过，曹先生接着说：这样吧，要读就在川大读，就读文艺学博士。我颇为不解。曹先生说，文艺学有个新兴领域叫文化研究，Cultural Studies，就是研究当代传媒的，你熟悉新闻传媒，又有中文根底，一定可以在这个领域做出成绩；真的做出成绩，就可以独树一帜。经过这番谈话，我被说服了。事后回想，成为弟子之前，已得到曹先生指点学术门津，让我对学术研究与学术人生有了新的认识，何其幸运！1999年顺利通过考试，得入师门，成为曹先生的弟子。

入学读博那一届同门师兄弟，有应届硕士毕业生，但大多都有过工作经历，十年八年不等，讲师、副教授、教授都有。面对专业背景有所差异、学术研究经历不同、学术水平差异较大的博士生，如何培养，现在想来其实是个大问题。不知道曹先生当年是否意识到这一点，因为我不曾有曹先生强调大家差异的记忆，只记得曹先生对我们面命耳提：如何才能真正比较快速地进入学术前沿，做出有价值的研究成果？曹先生这样为我们指点迷津：加强原典研读，打牢学术根底，学问要从根本中来；鼓励互动探究，相互切磋，在交流碰撞中澄清思路与想法；提倡学术交流，通过参加学术会议拓展学术视野，建立学术关系；研究重要问题，把博士学位论文作为自己的立身之本，学问之基……

读博之前，我已在高校摸爬滚打整整十年，讲过几门课程，写过一些论文，出过几本书，说不懂学术，难以说服自己，说真懂学术，又难免幼稚甚至懵懂。工作上受教于曹院长、学业上受训于曹先生之后，我才逐渐领悟学术的奥义与真谛：要真正做出有价值的成果，诚非易事，并不是写论文、出专著、编教材那么简单。要有所成就，在学术史上留下一点痕迹，那就更困难了，没有真正意义上的学术开拓与创新，根本就是不可能的事情。假如早点懂得这样的道理，当初就不会毅然决然地拒绝临川先生的忠告。幸好跟随曹先生读博，终于有所醒悟，只是时光匆匆，已过去了极其宝贵的十年。

跟随曹先生读博，除了懂得学术上应当如何精进的道理，另一个重要的收获是让我比较深入地学习或者说练习了学院管理工作。读博不久，作为院长的曹先生找我谈话，根据学院工作的实际需要，安排我做院长助理，做一些具体的学院事务。在川大文学与新闻学院这样的高水平学院，我深知个人能力有限，难孚众望，而且担心精力不济，因为我的教学与科研在新闻传播学科，博士读的是文艺学，实际上是在两个领域作战，难免顾此失彼。曹先生讲明实际情况，学院的确需要人手来做些具体工作。当时，分管新闻传播学科的一位副院长长期借调在外，一位分管本科教学的副院长又赴美访学一年。面对这样的实际情况，我只能勉力应承，努力工作。

作为院长助理，列席学院党政联席会，参与学院管理事务，让我有机会在学院的工作研讨与决策过程中学习和领悟学院管理、学院发展的一些"道道"。譬如，教学、科研、社会服务、文化传承之间的关系，学科建设与专业建设的关系，师资队伍与学科带头人的重要性，调动全院教职工积极性的奖励与激励机制，学科专业发展的战略与策略，诸如此类，都是我此前未曾充分关注的领域。衷心感谢曹先生给了我这样一个学习的平台与训练的场所。

话又说回来，学院行政事务虽然锻炼人，但也耗费时间和精力。当年，为了积极推进川大新闻传播专业建设，我受命组织有关同志一道全面修订新闻、广电、广告几个专业的人才培养方案，撰写了我的第一篇教研论文《完善专业教学计划，奠定人才培养基础——谈新闻传播学本科专业教学计划的修订》；为了积极推进川大新闻传播学科建设，我受命搭建新闻传播学论文的发表平台，先是兴冲冲去联系川大学报社科版，希望开辟新闻传播研究的专栏，结果碰壁，好在后来与西南民族学院学报社科版谈成合作，首次开设了新闻传播研究方面的栏目，与四川日报社主办的《新闻界》达成深度合作，由我代表川大文学与新闻学院于2001年出任《新闻界》副主编。

像这样的工作，对川大新闻传播学科专业建设发挥了一定程度的促进作用，个人也的确得到不少锻炼，但对个人的学术成长却是忧喜参半，尤其是对于一个正在成长中的学术年轻人来说，可能忧大于喜，一个人的时间与精力毕竟有限。而且，行政事务难避免牵扯进某些比较复杂而微妙的人事关系。适逢暨南大学新闻系主任蔡铭泽教授一再邀请我加盟该系，再三权衡，不得不中途而废，于2001年暑期向学院正式提出调离川大的请求，作为导师的曹院长找我谈心，希望我正确对待个人得失。

当得知我去意已决，曹先生又耐心点拨：对一个学人来说，学术当然是最重要的，必须拿得起，必须有所成就。在个人做好学问的同时，如果组织需要，也不妨积极承担公共服务，从而更大程度地推动一个单位的整体发展。曹先生还以自己为例说，他当院长并没有影响自己的学术。我就这样怀揣着曹先生的教诲于2002年4月调到暨南大学任教。过了三年比较自由自在的教授日子之后，暨南大学希望我做一点公共服务，担任新闻与传播学院副院长，电话征求曹先生意见，曹先生再次勉励：要勇于承担责任，你有了在川大文新学院做院长助理的经历，就一定能够干好。

曹先生的鼓励终于使我下定决心接受组织的安排，于2005年4月担任暨南大学新闻与传播学院副院长，一年半后转任常务副院长，主持日常工作，直到2011年7月卸任。在这期间，自然是尽心尽力地工作。2006年，作为学科带头人率领暨南大学新闻学获批广东省重点学科；2007年，领衔申报成功暨南大学新闻传播学博士后流动站，领衔暨南大学新闻学申报成功教育部首批特色专业；2008年，领衔暨南大学媒体实验教学中心申报成功国家级实验教学示范中心，领衔暨南大学"华南新闻传媒研究生创新培养基地"申报成功广东省第一个文科研究生创新培养基地，领衔创办暨南大学播音与主持艺术本科专业；2010年，领衔申报成功暨南大学新闻传播学一级学科博士点。

卸任暨大新闻与传播学院常务副院长一年之后，重庆大学盛情邀请我出任新闻学院院长。考虑到重大新闻传播学底子比较薄，颇为犹豫，征求曹先生意见。曹先生说，你回家乡为重庆最好的大学服务，很好啊！至于学科基础薄弱，你正好一展身手。曹先生的鼓励与鞭策，促使我下定决心调入重大就任新闻学院院长。在各方面的支持下，在学院同仁的共同努力下，重大新闻学院近年来被誉为最具成长力的新闻学院之一。2018年，重庆大学"灾难事件融合报道虚拟仿真实验"获批教育部国家虚拟仿真实验教学项目。2019年，新闻传播学成为重庆大学首个自主审核新增一级学科博士点，"新闻传播学一级学科水平提升计划"列入重庆大学"双一流"学科重点建设项目。2020年，重大新闻传播学获批重庆市高校协同创新研究团队。新闻传播学分别于2017、2021年获批重庆市重点学科，新闻学、广播电视学两个专业分别于2019、2021年获批教育部国家级一流本科专业。

从川大到暨大再到重大，一路走来，跌跌撞撞，起起伏伏。无论如何，总是坚持学术乃立身之本，始终不敢懈怠，做课题，发论文，出专著，带学生，尽力而为，一步一个脚印，总算没有虚度光阴。转眼之间，已年近花甲，成为曹先生的一个老学生，让人平添万般感慨。获教于曹先生以来，已历四分之一世纪。真是岁月倏忽，白驹过隙！回首人生，闻道恨晚，幸得曹先生面命耳提，尤其是关键时刻指点迷津，总算学有小成，且于中国新闻传播教育有所推动。暨大、重大两校的新闻传播学科与专业建设，获批新闻传播学一级学科博士点，获批省（市）级重点学科，获批国家级实验教学示范中心或国家虚拟仿真实验教学项目，获批教育部首批特色专业或国家级一流本科专业，自然是两个学院同仁长期努力的结果，我不过是作为学科带头人总其成而已。

曹先生年届 70，从教 40 年，仍然孜孜不倦奋战在教学科研第一线，引领川大中国语言文学与中华文化全球传播学科建设，探索文明互鉴与全球治理之道。谨以此小文为曹先生贺寿！作为曹先生的一个老学生，理应向先生学习，踔厉奋发，在新闻传播领域努力探索，争取不负先生面命耳提之训、言传身教之功，在未来的学术人生中取得更加扎实的成绩。

先生岿然室中

——忆跟随曹师顺庆先生读博及工作的日子

2006 级博士　赵渭绒*

"岿然"在《汉语大词典》里的解释是高大独立的样子，恩师顺庆先生的身材其实并不高大，甚至他行走在人群中就如同水滴幻化于大海之中，从外形来看根本看不出他与常人有何不同。这当然与他的朴实大方、谦逊待人、偏重于精神层面的追求有着很大的关系。然而当我构思这篇小文的时候，眼前浮现出的竟多半是先生独立在讲台上、独坐于学术报告厅报告人位置气宇轩昂、侃侃而谈的样子，台下则是无数双渴求真知的眼睛。先生在我心中的形象正是高大独立、潇洒俊逸的，他在本科授课教室、硕士授课教室、博士授课教室及各类学术场合中畅谈学术、详述观点、阐发思想、引领学术，仔细想来这一路竟是如此离不开小小的一个"室"字。那么用"先生岿然室中"这个题目就再恰当不过了！而我则是在 2006 年 9 月正式登堂入室拜先生为师的，至今算来已经有 16 个年头了。

2006 年我从风景优美、山水甲天下的广西桂林负笈求学来到四川成都，在川内著名学府四川大学跟随导师曹顺庆先生攻读博士学位。说起与先生的结缘，要归功于《中国比较文学》学术期刊上的一篇文章。在文章中，先生详细地阐述比较文

---

* 赵渭绒，2006 级博士，四川大学文学与新闻学院教授。学术兼职有：教育部马克思主义理论与工程重点教材编写组专家；中国比较文学学会常务理事、青年委员会副主任；四川省比较文学学会秘书长、四川比较文学重点研究基地副主任。主要研究方向为：比较文学学科理论、东亚比较文学、英美文学等。

学发展的三个阶段并创新性地提出了涟漪结构来总结中国比较文学的发展。这篇文章对于初入比较文学堂奥的我来说如醍醐灌顶，瞬间被先生论文中所呈现的前沿思想与严密论证深深吸引，那时我已经大概阅读完了师大图书馆里所有的比较文学著作与教材，感觉大多乏善可陈，先生论文中流露出的新意与创新观点令我暗生敬仰，从此便在心中记下了曹顺庆这个名字。我想，这是最早版的"听闻远方有你"吧？到了考博时，我毅然放弃了朋友建议的北上广，直奔山清水秀的四川而来。四川大学比较文学学术团队在国内可谓首屈一指，有着响当当的名气，他们的学术成就与犀利的学术批判眼光吸引着诸多学人。作为学术带头人，先生有着大学者的风范，无论对中国古代文论还是对西方当代文论都非常精通。在课堂上他常常激扬文字、指点江山，引领我们领略学术最高峰的风光，大大开阔了我的眼界。然而，前辈的成就与光辉往往令后来者产生深深的焦虑，恰如钱锺书在《宋诗选注》中所举的例子，据说古希腊的亚历山大大帝在东宫的时候，每每听到他父王在国外打胜仗的消息，就要发愁，生怕全世界都给他老子征服了，自己这样一位英雄将来没有用武之地。我不是英雄，也无意做英雄，但在入校之初，也经历了类似的焦虑。以自己的愚钝，仅是将老师的学问学到家做个守成之主都难，谈何开拓疆域、将学术的版图扩大呢？退路是没有的，怎么办呢？既然有幸忝列老师门下，那就只有关起门来捣朽磨钝了。就这样，三年之中，终于有一个平静的肯读书、乐读书的心态，再经过老师的点拨，自己的知识结构大大改观，以前所欠缺的古代文化常识经过系统的学习总算有了一点进步。而西方文论方面的知识通过在课堂上系统细读伊格尔顿的英文原著等方式也得到了较大的提升。

　　三年时间过得很快，现在想来最值得回忆的就是与同学们一起上课、一起探讨的时光。曹老师的"读经课"在川大是十分有名的，这门课开设在入校后的第一学期。如果稍加留意就会发现：秋日的川大无比美丽，由于气候的原因万木还没有褪去绿装，银杏的叶子却在一点一点地变黄，摇摇曳曳地飘落一地。这时，人们总会看到有男女学生抱着厚厚的阮元校刻的《十三经注疏》，在校园结伴而行，不用问，他们一定是赶往曹老师课堂。当时的文学院并未搬入江安，老师上班学生上课均在望江校区。望江校区文科楼离望江楼公园距离极近，我们常常三三两两到园中的碧鸡坊品茗、读书、探讨，院内百种修竹环绕，谈笑皆无白丁，真可谓"门前万竿竹，堂上四库书"，令人在精神上充满富足之感。曹老师的这门读经课不但吸引了文新学院的博士生、硕士生们，一些其他学院的同学也慕名而至。老师上课时总是面带笑容，将从古到今、从中到西的掌故娓娓道来，使这门课丝毫没有经学的死板无趣，课堂上反而充满了笑声与争辩声，同学们常常会因为曹老师的精彩讲解而乐开怀，也常常会因一个小问题而争得面红耳赤。例如，有一次，曹老师在课堂上不经意地问，在古代兄弟间的排行分伯仲叔季，为何还有一个"孟"呢？"孟"和"伯"在用法上有没有区别呢？同学们各种"萌萌哒"的回答让课堂气氛既紧张又有趣，直到有人说"在古代，嫡出用伯，庶出用孟"时老师才露出满意的微笑。这种在学术上一丝不苟的精神更是给我们上了一堂生动的学术风范课。曹老师上课讲求师生互动，采取同学课下研读、老师课上抽查的方式，遇到大家难以解决的问题，老师便会停下来进行点拨，遇到需要澄清的知识点或问题，曹老师不会主动说出答案，而是先听听同学们的意见，这时候，那双敏锐的眼睛就会带着笑意望着同学们，这时候同学们自然是最紧张的时候了。遇到自己会答的问题便抢占先机，遇到棘手的问题便生怕这双眼睛落在自己身上。这样，一堂课下来既紧张又兴奋，时间在不知不觉中便过去了。如此种种，令人至今怀念那个在冬天里洋溢着温暖的研楼大教室。

还有一门课大家在当时是很怕的，这门课要求背诵《毛诗序》《文赋》《典论·论文》《文心雕龙》《二十四诗品》《人间词话》等，同样是要求课下背，课上抽查，这于我们是一件既快乐又痛苦的事。快乐的是，这种传统的做法使人们在习惯了使用百度和Google、记忆力变得越来越懈怠后，获得了一种"久别重逢"的别样幸福；痛苦的是，大多数博士同学都年届而立，有的年龄则更大，要死记硬背经典并且要背得滚瓜烂熟是十分困难的。这样，在课堂上就出现了两种情景，背功好的人如同机关枪发射，"噼里啪啦"异常痛快，有些节奏明朗、声音优美的真可谓"大珠小珠落玉盘"。背功差的人就如同盲人摸黑一路磕磕绊绊，有时候恰遇到因生病或其他事课下耽误了，整个人就如热锅上的蚂蚁，紧张出一身汗来，大有"怛然悸寤心不舒，起坐有如挂钩鱼"之感。不过现在回想起来倒是一桩既有压力又有乐趣的读书益事！我至今还记得那个学期每天早晨7点到9点之间我在川大望江校区"野猪林"背诵的情景，那无数沐浴着阳光的经典晨诵无意之间成为我女儿的胎教，这大概也是她后来在求学生涯中对于文言文过目不忘、倒背如流的深层次原因吧。如今那些背诵过的诗句大多数也遗忘得差不多了，恰如儿童玩耍的魔法写字板，轻轻一拉，所有的痕迹不复再现，然而意义的痕迹却无法抹杀，在记忆的深层早已打下深深的烙印。先生在做学问上反对凌空蹈虚，主张踏踏实实，回归经典，强调背功，他给我们多次讲授师爷杨明照先生上《文心雕龙》的情景，上课前并不先讲而是先背，当他捻着胡须优哉游哉地将一篇《原道》背完，学生已经被折服了，哪里还需要费心管教？先生强调，做老师首先得自己肚子里有货，学生才会心甘情愿地吃苦读书，用不着什么说教，这就是身教的力量。

2008年5月12日下午14：28分，我正在东园七舍一楼的博士生宿舍写作博士学位论文，一时间地动天摇，剧烈的摇晃加上大地深处发出的呜咽阵阵袭来，一种莫名的恐惧升腾于内心，从来没有感受过地震的我瞬时将小时候学习的地理知识回弹至大脑，地震！快跑！然后迅速地跑了出去，当我刚刚跑出大楼，就发现楼上有人由于恐惧已经迫不及待地跳了下来，摔坏了腿，在地上发出阵阵惨叫。我着急地拿出手机拨打120，却发现根本没有信号。当学校的校医院接走受伤人员后，我才想起保存着博士学位论文初稿的电脑还在室内，于是不顾危险进去取出了电脑。是夜，大家都不敢回室内居住，学校体育运动中心的大操场成了临时的避难所。祸不单行,夜晚突然下起了大雨,令人落魄与失魂。但是这时候大家担心的仍不是自身的安危,而是保存着论文初稿的电脑,于是几位同门将大家的电脑用黑色塑料袋裹起来放在临时栖身的草坪上,这样便既可防盗又可防雨。夜深人静时,望着那孤零零地凑成一堆儿的电脑,那寄托着大家学术之梦的载体,我们像守护神灵一样守护着它们。就是那台电脑,快乐时,它是跳跃在手指上的梦;痛苦时,它是沉甸甸的梦想;它是我们这个人生阶段最为重要的现代化器物。当所有人睡去,夜归于平静,这一意象于我带来的意义恰如凡·高的名画《农妇的鞋》带来的精神意义,那是由于历史性而来的陈旧感、破败感而呈现出的一种别样美丽。海德格尔的那段精彩绝伦的著名分析清晰地呈现于眼前:"从鞋之磨损了的、敞开着的黑洞中,可以看出劳动者艰辛的步履,在鞋之粗壮的坚实性中,透射出她在料峭的风中通过广阔单调的田野时步履的凝重与坚韧。鞋上有泥土的湿润与丰厚。当暮色降临时,田间小道的孤寂在鞋底悄悄滑过。在这双鞋里,回响着大地无声的召唤,呈现出大地之成熟谷物宁静的馈赠,以及大地在冬日田野之农闲时神秘的冬眠。这器具浸透着对面包之必需的无怨无艾的忧虑,浸透着克服贫困之后无言的喜悦,临产前痛苦的颤抖以及死亡临头时的恐惧。这器具归属于大地,它在农妇的世界得到保护。正是在这被保护的归属中,这器具本身才得以属于自身。"[①] 我在旧电脑与《农妇的鞋》中寻找到了某种相似性,并陷入深思。而此刻,操场上临时搭建的帐篷中人们已经熟睡,暂时忘却了大自然带给人类的威胁,我又悄悄地回到了那间陪伴我写作的屋子,那个小小的"室",那个小小的"舍",感谢它曾经的静谧为我带来心灵的宁静。如今,我关上了它,空荡荡的屋子又回归到了印度文学中的净修林般的静谧。倏忽间,我的心灵深处,忍不住思索人生下一个落脚点将在何处。

正在思考博士毕业以后何去何从时,我荣幸地得到了留校的资格,后来经过一路过关斩将终于能够留在母校任职,但是需要连续五年同时担任研究生的辅导员工作,这是当时留校的先决条件。就这样,从2009年起,事实上是从2008年11月开始我便在文学与新闻学院行政坐班做研究生管理工作。与此同时,也开始了数年的教学、科研与行政兼具的辛苦日子。为了不影响白天的行政工作,我常常将课排在晚上,奔波于新老校区之间,在夜凉如水的昏黄路灯伴随下回到家往往已是晚上11点多了。为此我曾模仿当时流行的"舌尖体"创作了一篇散文《舌尖上的"青椒"》,记录高校青年教师们的不易。值得庆幸与安慰的是,我所带的600多名研究生最后一个都没有少地走上了各自的工作岗位,为社会做出各自的贡献。要知道这对于学生生命事件频发的今天是非常不易的,也是我深感宽慰的。如今,看到他们成就斐然的工作业绩,我的心里真是无比高兴。

2010年年初,曹师成为教育部马克思主义理论与建设工程首席专家,全国比

[①] 海德格尔:《艺术作品的本源》,朱立元主编:《当代西方文艺理论》,华东师范大学出版社1997年版,第144—145页。

较文学第一部教材的编者上海师范大学孙景尧教授，时任北京语言大学比较文学研究所所长，现任职于中国人民大学的教育部长江学者高旭东教授同时担任首席专家，中国比较文学学会第十二届会长、当时任职于清华大学的王宁教授，北京师范大学王向远教授，上海师范大学刘耘华教授，华中师范大学邹建军教授，北京大学陈跃红教授，天津师范大学孟昭毅教授，上海外国语大学《中国比较文学》杂志主编谢天振教授和本院徐新建教授担任编写专家。曹师选定我做教材编写组秘书，并负责教材统稿协调、课后习题、参考文献、人名译名对照表等辅助性工作。曹师非常重视教材编写工作，在北京、上海、无锡、武汉等地多次召开教材编写工作会议，详尽商讨教材编写过程中遇到的各种问题，并亲自参与教材编写工作。记得有一年春节我有事到老师家中，问及老师最近在忙什么，师母说，整个春节假一直都在认真地编写"马工程"教材。教材最后于2015年由高等教育出版社出版第一版，获得普遍好评。遗憾的是，孙景尧教授、谢天振教授先后在教材编写过程中患重病离世，令我们无比悲痛。之后，教育部组织人员对教材进行修订，需要重新调整编写组成员，经过曹师推荐和层层考核选拔，我有幸成为教材编写专家组成员并负责教材修订工作，2018年教材修订版即第二版顺利出版，全国有258所高校采纳使用，自出版以来累计印刷15次，销量达到12万册以上。而我也在教材编写过程中得到了许多历练，除了本教材，在此期间我又跟随曹师编写了教育部教学改革重点项目系列教材《西方文化》《比较文学》《中国现当代文学》《文学写作》等，我或参编或担任副主编，在教材编写方面积累了不少经验。而曹师也因为在教材方面的卓越贡献于2021年1月获得"首届全国教材建设先进个人奖"，受到国家和学校的表彰。

  2014年中国比较文学学会第11届年会暨国际学术研讨会在延边大学举行，在常务理事会上经过大家热烈讨论，曹师被推举为中国比较文学学会第11届会长，我被推选为中国比较文学学会副秘书长，协助曹师做一些学会工作。犹记得，在延边大学那个偌大的学术报告厅，曹师发表就职演说，他指点江山、挥斥方遒发下三个宏愿，其中之一就是要为中国争取国际比较文学协会学术会议的主办权，他强调日本、韩国都已经举办过了，中国作为一个大国却没有办过。话虽说得简单，却包含着为中国学术前途着想，为中国争取更大的学术话语权的良苦用心。2016年第21届国际比较文学学会（ICLA）在维也纳大学举行，曹师带领他的学生参会并协同参会的中国学者一举拿下了国际比较文学学会第22届年会的举办权。国际比较文学学会年会堪称比较文学界的"奥运会"，听到消息全国比较文学学者都非常振奋。之后，曹师和中国比较文学学会的领导先后在北京、深圳等地多次召开筹备会议，我陪老师参会见证了整个过程。会议最终决定由深圳大学承办，时任深圳大学外国语学院院长、现任深圳大学副校长张晓红教授具体负责，会议于2019年7月在深圳、澳门召开。正如刘洪一教授的总结：两个城市，一个是经济特区，一个是特别行政区，历史、制度、社会文化形态各有不同，注定是一场奇妙的跨文化之旅，两个城市书写了比较文学的双城记。会议参会人数达到上千人，获得圆满成功，我想先生也了却了他的一桩心愿。而我在深圳的筹备会议上领到了负责会议议程这个艰巨的任务，要知道这可是上千人的会议啊，机会来之不易，更不允许有任何差错，可以说是压力巨大。令人高兴的是，我在老师的几位博士生陈思宇、杜红艳、张帅东、杨清等的协助下顺利地完成了这项任务，并在深圳的高峰论坛上得到中国比较文学学会副会长兼秘书长、北京大学张辉教授的赞许，也算是为我国比较文学事业的发展做出了自己的贡献。而先生也在深圳的高峰论坛上用英文做大会主旨发言，让世界了解中国，将中国学术话语发扬光大。

令公桃李满天下，何用门前更种花？先生不仅在学术上硕果累累，提出了"失语症"、变异学、阐释学等原创性理论，在国际上产生了重大影响，在人才培养上，也共计培养了400余名硕士生、博士生与博士后，这个数量恐怕是全国高校导师培养学生人数之最吧？在这些人才里面，不乏佼佼者，现任中国比较文学学会会长（第13届）叶舒宪教授，长江学者高玉教授，国家"万人计划"李伟昉教授，文学人类学学会会长彭兆荣教授，文学人类学"三剑客"之一的徐新建教授，成都市原副市长傅勇林教授，著名学者蒋承勇教授、侯传文教授、何云波教授等各类高层次人才皆出自曹门。

面对先生高山仰止的各类成就，我的内心常常焦灼。记得《西游记》中菩提祖师询问孙悟空来到山中学艺有多少年了，悟空答，弟子不知年月，只记得山桃熟了七次被我饱饱地吃了七回了。不知不觉，我跟随老师学习与工作已有十六年了，川大双荷池里的荷花一枯一荣也十六回了。然而，弟子不才，在学术研究与人才培养上的成就远远不及先生十分之一。当我每每行走于偌大的校园，或于秋日踩着遍地翻金的银杏叶，或于夏日踩着香樟树下黑色饱满的果实，看它一脚下去果子溅出浓浓的黑色汁液，无不感叹生命轮回、岁月蹉跎、一事无成。

然而岁月如梭，昨日之日终不可留，我入门之时先生正年富力强，如今不知不觉先生已近古稀之年。变化了的是岁月，不变的是心态，胸怀开阔、豁达乐观的先生依然精神抖擞、干劲十足。2022年元宵节在与同门的聚餐中，先生不无幽默地开场：老汉今年六十八，并称众多弟子是他人生三大宝中的第一宝。言谈之中不但没有垂暮之年的消极，反而有再让我活五百年的英雄气概。先生乐观积极的精神无不感染着我们在场的每一个人。

有师如此，何其幸也！唯愿先生健康长寿！生命不息、奋斗不已！

游学记

2010 级博士　郭晓春[*]

　　近日晨起，余偶窥壁镜，大惊，两鬓白发霍霍然，眉宇间皱痕见焉。余静视良久，心有戚戚。乃自问曰：汝年逼半百，发脱齿落，视字模糊，已然知天命之秋，于尔人生世态，岂有得乎？余木然，杳杳兮营魂出窍，神游往古，思接三皇，念及近祖，万千思绪，喷涌而出；飘摇兮白日飞升，周流四极，东临扶桑，西至悬圃，南及交趾，北抵寒极。未几，余凝神定虑，若有所悟。余垂髫而学，弱冠而游，中外遗书，多有涉猎，山川河流，鲜有未睹，人情百态，辛酸辣苦，尽皆尝遍。然阅历万千，过往云烟而已，鲜有可记者，唯有西行游学一事，充斥脑海，不能忘怀。

　　余幼时家贫，远居僻壤，谋生果腹，全赖薄田数亩。双亲生于时局变乱之际，无有上学之机，学寡技微，唯知田间活计，日出而作，日落而息，劳作不辍，仅得温饱。余少时常耕于畎亩，行于陵谷，肩挑背扛，酷暑严寒，无有消歇。余苦于山田劳作，急于解脱。严父常言：万般皆下品，唯有读书高。余谨记之。

　　自蒙学之初，余志在脱贫。乡下学子，均属半耕半读，散学归来，舍务繁多。闲暇之时，余手不释卷，稍有倦意，则思田间之苦，每挑灯夜读至夤夜，莫敢懈息。执此顽念，小初高之学，余一路而上，中途虽有波折，亦能克服。余虽鲁钝，然能锲而不舍，驽马十驾，遂高考能有小成，见录于师专学府，主修西洋之语。天道酬勤，诚不我欺。三年学成以归，执教于乡庠。自是再无耒耜劳形之苦，口腹无着之忧，儿时之志，得偿所愿矣。

　　余既执鞭于乡间，敦敦诲教，劬劬不息，不觉数载。然光阴促迫，年岁并长，余之识见迥异于先时矣！初，余只求去马牛终日之劳，卸食难果腹之苦，则老死乡间亦无憾矣。今涉世日深，眼界渐宽，体悟遂多，非复吴下阿蒙，乃觉人生若只求衣食住行，则与动物何异？宇宙之渊源，人生之意义，善恶之研判，皆有待探索追求者。余惑于宇宙人生，于是问之于同仁耆老，求之于新书典籍。然远僻之地，人多见微识寡，书多浅薄鄙陋，安能解鸿鹄之志，释鸿蒙之秘乎？于是余乃萌发出走乡野之意，往向求真探秘之途。探真求实之路，舍研究生其谁？壬午岁冬，余苦读

---

[*] 郭晓春，2010 级博士，湖南汝城人。2006 年湘潭大学英语语言文学专业毕业，获文学硕士学位；2013 年四川大学比较文学与世界文学专业毕业，获文学博士学位。赣南师范大学外国语学院教授，硕士研究生导师（学科英语、翻译硕士和英美文学方向），校级科研机构"英美文学与外语教学研究所"负责人，英语语言文学硕士点负责人，外国语学院学术委员会委员，外国语学院党委委员，国家一流学科（英语）专业负责人，江西省翻译协会成员，中国比较文学学会会员，江西省外语学会理事，江西省委宣传部专家库成员，教育部学位论文质量监测评审专家，国家社科基金通讯评审和鉴定专家。主要从事英美文学、比较文学和翻译研究。

三月余，慨然赴郴赶考，一战而志成。癸未春，余获知为湘潭大学录取，欣喜之情，难以言表。余之学路，更上台阶矣。

湘潭大学者，重点学府也，湖湘学子向往之地也。何则？开国伟人毛公之桑梓地也。毛公，农家子也，崛起于畎亩之间，壮大于寒微之末，翻腾四海，扭转乾坤，驱赶敌寇，建立共和，盖世英雄也，吾辈之最为崇拜者。然湘潭大学于余之意义，毛公只是其一，其二则是余得以增长才识，结识诸多学界泰斗，名流宿儒，这其中就有余之恩师兼贵人——曹师顺庆先生。

与曹师顺庆先生之师徒缘，冥冥乎似有天定。余既入于湘潭学府，乃主修西语文学。余之师长颇多，中有罗婷者，女界名流，专于女性文学，关乎女性权益，宏文巨著，时有出版，高谈妙论，频现报端，丰神俊朗，名噪潇湘。余闻罗师之名久矣，今得以睹其风采，聆听教诲，何其幸哉！罗师在教授课程之余，亦为吾辈荐名书巨著若干，备课外研读，曹师之大作《中西比较诗学》赫然在列，余与曹师之缘始矣。稍晚，余获知，罗师乃曹师之高足也。

余于湘潭学府也，居于公寓之中，四人共处一室。中有室友岳洲者，文学院学子，专攻比较文学也。一日闲谈，余偶提及曹师顺庆先生，洲乃大惊，跳跃而起。曰：曹师者，学界宿儒，比较文学巨擘也，名震九州，声播域外矣！汝乃专攻西语，何以知之？余于是一一以前事告具。自此心中愈敬曹师。

曹师之《中西比较诗学》，余首部比较文学读物也，借于学校书馆。其书内容宏富，体大思精，横亘古今，贯通中外，论述周详，取譬设喻，条分缕析，辩之甚深、甚透、甚微。其文则汪洋浩荡，激情涌动，词凝语练，文采蔚然。余日夜研读，反复品味，于精彩处，击案叫绝，不能自已。自是对曹师愈加高山仰止，景行行止，虽不能至，心向往之，曹师为吾辈为学之楷模矣。数载后，余作风骨与崇高比较之文，多有曹师影响之痕迹。

其时余于宇宙人生，尚有诸多疑问，期能直面曹师，释疑解惑。所谓心诚则灵，天遂人愿，研二某日，室友岳洲语余曰：曹师不日将莅临湘大讲学，无违时焉。余大喜。讲座之日，余疾步前往，厅室听者甚众，几无可立锥地也。立有间，忽闻门口人声喧哗，曹师在众人簇拥之下健步而来。余定睛细看，曹师五十上下，中等身材，面慈目善，精神矍铄，文质彬彬。余窃喜，闻名不如见面也。曹师与大家礼毕，遂纵论中西文学之异同，旁征博引，援古证今，得满堂喝彩。随后交流中，余遂问及萦绕多年之问题。"文理二科，孰优孰劣？理科务实，文科务虚，文科之意义安在？"曹师沉思片刻，乃言此问大矣，非一言两语可澄清者，简言之，各有千秋，不可或缺。余然其言。

其后，余学益勤，志益坚，亦萌读博之意。读博，则曹师为首选，比较文学为专攻。或问：汝之专攻西语文学，为何转向比较文学？余于西方语言，本无特别兴趣，选此专业，皆因就业易故也。且听说二事，费时者多，所用者寡，宝贵光阴，浪费于口耳之中，何其惜哉！余求学之目的，乃为增长才识，悟透宇宙人生，非为学一技艺而已。比较文学需博晓古今，学贯中西，与余之追求相合也。室友岳洲阴知吾意，告曰：川大比较文学博士难考矣，而曹师博士尤难。川大考题难乎哉！非熟读经典而不成，非熟背篇什而不就。汝知十三经及《文心》乎？必考之科也。余闻之，茫然若有失。众所周知，修西语之师生于国学知之者甚少，盖术业有专攻也。然吾未因之退怯，而兴趣勃然，暗忖此皆余求索者也，今偶知之，则入大道之路径矣。自此，余常逛于书馆，品阅群典，又节用家资，购置经书。不久，余概知经典类目，而所需之经书皆备于案头矣。于是余乃宵衣旰食，焚膏继晷，孜孜以学，学问才识自是大有长进矣。

丙戌夏，余三年求学期满，论文获优等，可毕业矣。余因家室妻小随读在校，思忖需先安置家小，方可专心治学，读博之事，来日方长，生存之事，迫在眉睫。于是余乃签约于衡州师范学府，湘大求学终矣。

余既就任于师范学府，奔忙于讲学授徒，琐事繁杂，闲暇无多。然余未忘向时之心志，川大、曹师、读博始终萦绕心头。于是余取效钉子，钻挤双下，得以遍阅经典，熟记些许篇什也。戊子岁，余欣然赶考，未竟；己丑岁，复赶考，亦未竟。入川之难，难于上青天乎？余不免怅惘嗟叹一番，然未陷消沉。常语曰：有的放矢，对症下药。余乃回顾过往，剖析得失成败之理，终有心得。究其两次败绩，原因有三。一曰根基不牢，余学西语多年，于国学多有疏漏，比专攻者差距远矣，非一朝一夕能超赶；二曰信息不畅，余于指定书目懵然无知，盲目复习，杂乱无章，事倍功半；三因曹师名满神州，远近英才，纷至拜师学艺，人数众多，竞争烈剧，吾乃寂寂无名之辈，相形见绌矣。既知因由，则必有破解之法。于是余沉心治学，手不释卷，专攻薄弱，冀望于来岁之功成。

庚寅岁，余三战川大。此战之主旨，求稳求胜。故余一反常态，预填导师为罗师，而非曹师。何则？盖余只求速进川大学府，则自有躬听曹师授讲之机，于余求学求真之梦，亦无所弊。且罗师亦曹师之徒，师学渊源在焉，是亦受曹师衣钵者也。其后情势之发展，证余决断之正确。是年，余被川大录取。欣喜之情，难以言表。

庚寅秋，余收拾行囊，向西而行，效三藏西天取经之状。巴蜀，古梁州也，王兴之地也，人杰之所也。昔玄德借之以成王，诸葛赖之以伸志；相如扬雄文章冠千古，李白三苏文才名万世；杜甫嗟世而吟三重茅，商隐情深遂唱巴山雨。要之，巴蜀乃秀美之地，奇险之地，人文之地，余欲往久已。余既去心似箭，则虽万里之遥，旅途漫漫，未觉怠倦。

既至川大，心之跃跳，自不待言。川大有望江及江安两区，而余处望江。校园宽广，占地三千亩许，红楼玉宇相映，陈迹新居并存，古木参天，羞花拂径。东有荷塘照月，西有工科楼群，南有健身场馆，北有华彩大门。然余最喜者，乃东门书馆，里间陈书百万，天文历法，人文数理，无所不包，古典新知，西文异论，无所不括。然川大之名，非面积之大，楼宇之华，实则名家荟萃，大师云集也。步入研究生楼宇，厅堂陈川大名师之像，均当世名流，业界精英，中有曹师顺庆焉。每入厅堂，余则言愈谨，貌愈恭。

不久，导师会面之期至矣。余乃忧将无所依归矣。何则？盖罗师身处湘楚，万里之遥，虽插翅亦难达也？正落寞之时，澜奔而相告。曰：无忧，吾等外导之徒，皆归曹师统管。是天降甘霖之喜也，余欢呼雀跃，额手称庆。余何其幸也，乃成曹师之徒，是必余诚心所至，遂达心愿也。是日，曹师寅科门生大聚首，共十余数，后又有硕士数人加盟，大家庭矣。有富明、飞亮、吴澜、仁成、文虎、登攀、桂全等，再有巾帼十数，其后余将云及。遂以富明为统领，聆嘉为副统，余年齿最长，故为大师兄，而聆嘉最幼，是小师妹也。是月十日，教师节临，余等计议齐往拜师致礼，乃推聆嘉为首，购小礼前往。曹师居处川大花园，南门直行即可至也。及至，曹师迎于门首，师母在侧焉。师母蒋姓，雍容尔雅，面慈目善，亦川大名师，与曹师珠联璧合，乃学府双璧。礼毕，各安座次，余始环顾周遭，则古朴清雅，窗明几净，地无杂尘，室无赘物，井然有序。余愈敬曹师师母术业既精，持家亦勤也！余等寒暄有间，遂告辞而还。拜师之礼遂成。

自是余乃潜心治学，冀囊括古今，弥纶群言，贯通中西，博览群科。余常逛书馆，遇好书新论，或读之，或借之，勿错失也。余既好自学，亦重堂馆之教。川大之学大矣哉！中学西学，古语今文，佛法道术，叙事符号，皆名师讲授，名重当时。选课之时，余精挑细选，除必修之科，亦选博余学乐余性者，而曹师之科皆在必修之列，自此可时时聆听曹师传道受业解惑矣。曹师所教之科，一曰"十三经元典阅读"，二曰"中西文论比较"，皆极难之科。二科之主旨，一则增学子读原典之能，二则开阔视界，贯通中西。此后，余聆听曹师传道授业一载，术业大长，识见日增，曹师之教，受用终生也。

曹师之学大矣哉！曹师之教神矣哉！曹师之品高矣哉！余受学一载，心得颇多，曹师之学、教、品均大有可学之处，故具陈于此，分享于世，以求共进。

曹师之学，在于博。曹师早岁学于复旦，复旦乃顶级名府也，非智力卓越、根底深厚者不能入。曹师智且勤也，遂脱颖而出，学成即赴川大继以深造，从《文心》巨擘杨公学。川大之积淀厚矣哉，百年学府也。曹师于此徜徉书海，上及三坟五典，下至《管锥》《谈艺》，东方之梵书玄学，西方之宏学奇论，可谓于学无所遗矣。故曹师之博士论文《中西比较诗学》，纵论今古，横贯中外，卓尔不凡，冠绝一时。向使曹师无博通之学，安能谈今论古，融合中西哉？风骨与崇高之比，神思与迷狂之异，灵感与妙悟之别，非博学者不能论矣！

曹师之学，在于专。曹师虽学富五车，然亦有所重者，其为比较文学乎。但凡研究之道，需专注一处，精雕细琢，终出精品，曹师深知其理，故专于比较研究。曹师之著，凡三十余，皆比较类，曹师之文百余，皆宏文巨制，亦多为比较也。曹师因比较而成名，因比较而遂志，得学界耆老之赞，钱锺书，季羡林，乐黛云对曹师之文倍加赞赏，称之学界新星，多有提携，曹师是以一路顺畅，直至高峰矣。究曹师之功成，在于专也，故其年三十余而为教授，四十余而为博导，五十余而为长江学者，六十余而为欧洲院士，名显中西，皆因学而专，研而精也。

曹师之学，在于新。曹师之学新矣哉，故能速获学界关注。曹师早期论文，柏拉图与孔子，风骨与崇高，移情与距离，物感与模仿，迷狂与妙悟，皆新颖之说焉。观曹师早期之文，皆善铸新词，交相比会，议学界之所无，论他人之未有，故曹师得以崭露头角，立足学坛。然曹师未止步于此，其所谋者大，所虑者远。稍长，曹师摈弃比附之学，致力宏论建构。九五年，曹师纵论中国学派，学界为之振奋，随后其文广为引述，大放异彩。九六年，曹师撰《文论失语症与文化病态》，震惊学界，季羡林等元老耆宿均为之侧目，该文影响之广，引述之频，颇为罕见。自此，曹师名动京师，成比较学界权威矣。

曹师之学，在于变。《文心雕龙·通变》有言："变则其久，通则不乏。"① 比较之学，历多次危机。或云：比较乃方法也，非学科也，故宜罢免之。又云：比较文学研究之域有二，一则平行研究，二则影响研究，二领域之探求已尽，已无可求矣，故此学科已死。诸如此论，弥漫学坛，曹师深忧之，常思变通之法。变，有旧题新变之意，论题虽非首创，然其中有变，故能久也。曹师诸多论题，常有变，如中国学派，"失语症"，中国文论话语等，每再释皆有新变，此盖持久之道也。曹师之变，以变异学为最，变异非曹师首出，然曹师发扬之，光大之，拓展之，深化之，遂使其成为显学，非仅海内闻名，欧美亦知之、赞之、用之。

曹师之教，在于夯。基础不牢，地动山摇。曹师尤重夯实弟子根基。曹师所教《十三经注疏》乃强基之科，教生以句读识辨之法，字词剖析之则，义理阐发之道，受用可谓大矣。曹师另一科"中西文论研究"，则尤重背诵。《文心雕龙》《毛诗序》《典论·论文》《文赋》《诗品序》等数十篇古文经典，皆在背诵之列，曹师于课堂必一一亲测无遗。其二科难矣哉！余仍心有余悸。非独余惧之，众皆惧之，而王殊、吴澜、艾岭、登攀、艳丽、立立尤惧，何则？盖非其专攻也，国学弱也。富明、飞亮、仁成、文虎、宗喜、乔艳、月行、龙娟、英丽虽曾专攻国语，亦苦之。余本硕之学皆西语也，故颇感吃力。然余自尊强者，思莫落人后，见笑于众也。故每日黎明，余悄然而起，往堂馆晨读，无间断焉，所需篇什，尽皆熟记。其后课堂背诵，余皆过。此二科之用大矣哉！余今下笔行文，常如有神助，皆曹师授业有法，传道有则故也。

曹师之教，在于导。曹师之门生甚众，而享誉学界者亦多，如一一详以诲教，则心力苦甚。曹师善用导法，则四两拨千斤，劳少而功多矣。曹师之导有三，一是读书之导，二是方向指导，三是写作之导。读何等书，如何读，此问题解决，则事半功倍。曹师甚重读书，给门生开列之书，皆为传世经典，如《二十四史》《诸子集注》和十三经等，并叮嘱未可走马观花，而应细读之。曹师之方向指导，皆依各

---

① 周振甫：《文心雕龙今译》，中华书局2013年版，第276页。

自特色，恰如其分，极为精准，可谓眼光独到，令人叹服也。余初入师门，茫然无所适，幸得曹师指点，遂入楚辞之域。其余弟子，各得其所，如文虎之《金瓶梅》，艾岭之《聊斋志异》，飞亮之布鲁克斯，宗喜之詹姆逊，月行之美国青年作家，诸如此类，不可尽举。曹师亦常教弟子写作之道，故弟子虽众，皆能速通门径，摛文掞藻，激荡文坛，皆曹师之功也。

　　曹师之教，在于活。教，艺术也。曹师不拘定法，因材施教，卓有成效。曹师常用之法，乃研讨法。同届弟子为一群组，每月聚集研讨，各述读书体会，或赋文一篇，供大家批评指点，以求进步。首次研讨之情状，余记忆犹新。吾之拙文有褒有贬，飞亮、富明赞其文采，而吴澜斥其义浅。飞亮、仁成均作宏文巨制，受一致赞誉。此法极好，然吾等未妥为运用，未尽其妙，实乃一大憾事。曹师另一法宝，则是历练法。曹师常委以任务，限期完成。余之首任撰教育部课题，虽觉难，但勉力而行，如期完成。此次历练受用终生，余两度国题之立项，皆因此次历练，每念及此，心中倍加感激。此外，曹师还委派弟子编书撰文，并指点甚详。余犹记望江楼公园研讨之景况，曹师谆谆教导，吾等垂手恭听，其乐融融之状，岂能忘怀？有赖曹师教导，弟子迅速成长，不久，富明、飞亮、仁成、文虎均有宏文发表，此皆曹师教导有方之故也。

　　曹师为人，在于谦。曹师虽学界耆老，比较文学巨擘，然为人谦恭，于后生晚辈之前，余从未见其有倨傲之态。每次拜访曹师，曹师均迎于门首，别时亦送至门首，礼甚周。余每思此，则羞赧不能自禁，回想自己学无斗车，名微识寡，而常有傲慢之姿，何其浅薄也！

　　曹师为人，在于和。曹师待人接物，和蔼可亲，脸上常挂笑容，让人如沐春风。余未尝听闻曹师有争吵之事，发怒之时，性格平和可知矣。是以曹师人缘极佳，长者护之，同辈敬之，晚辈亲之。此等修养，吾辈学习之典范也。

　　曹师为人，在于恕。余本鲁钝，然曹师未有嫌弃，而是视为嫡传，耐心施教。余尝撰写课题，因经验不足，未尽如人意，然曹师亦未有愠色，更勿说责备。更有嵌余脑海者，某次师门聚餐，师母亦在焉，余因心直口快，出言不慎，场面一度尴尬。曹师察觉异样，旋即温语圆场，化芥蒂于无形。诸如此类，不胜枚举。于其他弟子，曹师亦如是。曹师可谓善恕者矣。

　　阔别川大，至今十年有余，每回想川大岁月，余未尝不回味细品。其犹一坛陈年老酒，历久弥醇。而曹师之言传身教，更是弥足珍贵，受益无穷。曹师之学、教、品，堪称三宝，均已嵌入余之脑海，融入余之血液，有如一灯塔，照亮黑夜，吾等遂得阔步前行，不至迷失。此三者，于我，于人，皆有大用也，故余一一详述以记。

　　回首余之游学过往，每至一处，皆有所获，皆遇良师，是余幸甚也。然最难忘之学府，川大也；收获最大之学府，亦川大也；于余学路助益最大者，则曹师也！

曹师印象二三

2010 级博士　郑艳丽[*]

"你笑起来真好看"

初见曹师，正是春末夏初，手心沁沁，不知道鼎鼎大名的老师会是何等威严。但他浅笑细语，如春风拂面，完全不是我心中高冷的模样，让人心安并从容不少。

后来，照例每周需背古文，这让跨专业没有文学功底还需兼顾工作的我们着实头痛，以前不过一学期背几篇，现在需要每周都背，而且这些古文也太长了，记不住呀，真的记不住。于是课上每每轮到，便"无语凝噎"，顾左右而言不出其他，尴尬、害臊、羞愧、无奈，一脸"青红皂白"地望着曹老师，但他一定微笑着看着你。此时的微笑，尽是期待、鼓励和安慰。不过，对我们的要求却并不会因此放低丝毫。

再后来写论文，历尽千辛万苦，赶在时间点上交上初稿，心里打鼓却也暗藏侥幸。曹老师看完，微笑着说："需要再调整，延期半年！"——意料之中却也意料之外。意料之中是因为自己也感觉论文不够深入，本就抱着些许侥幸心理；意料之外是因为这样的"枪毙"被曹老师说得这么温柔——"温柔的坚定"大概就是如此罢，毕竟，曹老师的微笑之间，我早已汗如雨下。此时的微笑，是坚定，是严厉，是不容分说。

毕业之后再见曹老师，他依旧笑语盈盈地看着你，帮你剖析杂乱的生活，帮你厘清学术的思路。此时的笑，是慈爱，是关怀，是心底无限的温暖。

曹老师笑起来，左边脸颊会有一个酒窝，煞是可爱。但据老师说，这是被子弹打伤的。伤痛居然可以在老师的身上凝结得这么好看，或是上天的眷爱吧。

曹老师的微笑，是一想起他就会浮现的画面，是刻在心底最深的印象，是暖暖的花开，是慈爱的关怀，是终身眷顾的想念。正如那首歌词："你笑起来真好看，像春天的花儿一样。"

卓荦不凡才艺绝

想象中的学术"大咖"是一副刻板的模样，但曹老师却颠覆了我的认知。他会在课堂结束时为我们拉二胡曲《赛马》，会在聚会中为我们高唱《长江之歌》，会牵着同样拥有超高颜值的师母翩翩起舞……并且曹老师对每一种艺术形式的表演都具有非常高的水准，这让从事音乐行业的我们不得不叹服。

---

[*] 郑艳丽，2010 级博士，四川音乐学院音乐教育学院教师，专业为作曲与作曲技术理论。

而印象中每一次的聚会中，一定有曹老师高屋建瓴的学术见地，还有对我们的殷切期望，以及高标准严要求的规范。除此以外，曹老师信手拈来的段子，则总让我们开怀大笑，捧腹之间，一个有血有肉、有情有义的严师形象留存心底。

如果你去到曹老师的小花园，他一定会带你走一圈，兴致勃勃地告诉你每一种植物的名字，然后骄傲地告诉你，小花园里的花，会从春天一直开到冬天，并且这里的每一棵树每一苗花，都是他亲手栽培。我们不也都是曹老师辛勤培育的树木和花朵吗？虽然我这个学生不才，无所建树，大约是最蔫的那朵花了，但我仍为是这花园中的一朵而倍感自豪！

对生活的每一分热爱，都是对生命最好的回赠，曹老师无疑为我们树立了一个最好的榜样。

生命里的光

曹老师是恩师，也是严师，更是人生导师。他不仅教会我们如何治学做学术，更教会我们如何从教带学生，更为重要的是，他的精神启迪了我们，这不是简单的教书育人，而是一个灵魂对另一个灵魂的启迪。他的严谨、博大、宽容、慈爱——这是我心目中最好的老师的样子——深刻地影响着我，我在努力地学习着，并期望在未来，也能用这些品质去影响我的学生们。

至于曹老师和蒋老师的伉俪情深、携手相将，皆称颂的：原来最美的爱情长这样。而蒋老师温柔的笑、盛世的美，就更是一幅让人赏心悦目的画面了。每每一见，便不禁在心中赞叹道：原来有学问的美女老师，是这般的美好，美人含笑，人间星河。

生命里有光，便可照亮一切的黑暗。曹老师便是照进我生命的光，每当我迷茫时、困惑时，便抬头看看，日子便有了希望。因为，当一个人有了方向，便不会在意脚下的泥潭。

为曹老师和蒋老师祝福，愿平安顺遂、喜乐无忧！

杏坛春晖，仁爱宽厚
——曹师顺庆先生

2019级博士　张瑞瑶[*]

早在读硕士研究生期间，就拜读过曹顺庆教授提出的比较文学变异学理论，当时大体的感受是，较之法国学派和美国学派更有耳目一新之感，它为打破欧洲中心

---

[*] 张瑞瑶，2019级博士，河南省安阳人。2013年毕业于湘潭大学，获文学硕士学位。2019年9月进入四川大学攻读博士学位，专业为比较文学与世界文学。

论提供了一种切实可行的研究方法。此外，就读的学校有好几位老师都是曹教授的博士，他们都非常喜欢在课堂上分享在曹老师指导下诵读十三经的情形，不禁让讲台下的我们心驰神往。

立志跟随曹师读书的种子就这样悄然种下了，奈何天生愚笨，资质平庸，最终承蒙老师不弃，才有幸忝列师门。待到有缘正式拜入曹门，得以亲承音旨，接受教诲，原先阅读曹师专著时累积的疑惑，在老师的课堂授课过程中才有涣然冰释之感。

犹记得第一次师门见面会，老师问过我们的年龄，然后按照年龄排列座次，叮嘱我们师兄妹之间要团结友爱，互相帮助。直到后来才明白老师的良苦用心，古今中外的学术传承表明，师承是学术发展的重要动力，比如苏格拉底、柏拉图、亚里士多德师生三人的师承关系建立起西方最伟大的学派，在同一时期，中国的孔子和他的弟子以及再传弟子创立了儒家学派。在当代，师生间的传承规律仍然被学术界的重要学派证实，索绪尔及其弟子开创了结构主义语言学派，胡塞尔、海德格尔与伽达默尔的师生传承形成了现象学、诠释学学派，等等。老师大概就是要告诫我们在学业上要互相勉励、砥砺前行，在潜移默化中形成学术共同体。

众所周知，国内外同行对曹师的变异学评价甚高，尽管如此，在我们具体进行论文选题时，老师好像并不刻意要求我们用到论文中。但是，我在准备毕业论文以及整理王尔德的学术专著期间，注意到了一本英文著作——《王尔德在维也纳》(*Oscar Wilde in Vienna*)，作者分析了王尔德的作品在维也纳传播、接受的过程，竟和老师的变异学有诸多会通之处，只是如果用变异学理论加以提炼、概括，更能凸显问题的本质。老师的不刻意反而能让我们在阅读文献的时候，带着一种方法论意识发现真问题。

老师对我们的学术训练一向是高标准、高要求。老师经常说起的一句话是"入门须正，立志须高"。每届同门开题、预答辩都要经过几轮论证，他从不嫌麻烦，一般下午进行不完，老师就在会议室匆匆吃上几口盒饭，晚上继续，连续奋战七八个小时。老师做学问一丝不苟、严格把关的态度无疑激励着我们要踏实、严谨。

老师私下和我们相处时，总是和蔼可亲，微笑着鼓励我们说出心中想法，也并不因为说出的观点有问题而有丝毫责备，并且很能站在我们的立场，体谅每位同学的难处。老师的仁爱宽厚，对晚辈的爱护之心、提携之恩，每每想起，就倍感温暖。

是良师，亦是益友

2020 级博士　翟　鹿[*]

人的一生，会遇到很多老师，其中，善于教授学生知识的有许多，而能够塑造学生品格的则十分稀少。若能遇到一位学问渊博的良师，又如益友一样塑造你的品格，实乃人生一大幸事。而我，就是这样一个幸运的人。

2017 年，我来到四川大学，从我的家乡，一个东部沿海省份，以跨越祖国对角线的距离来到美丽而遥远的成都求学，一切都是因为我要来跟随曹顺庆教授学习比较文学。在此之前，对曹师的了解，还停留在电脑视频中的慕课里。那时大三刚刚结束，在一个拿到保研资格的夏日，我坐在冷气十足的山东大学图书馆里，一边研究曹师主编的《比较文学教程》，一边点开相对应的慕课教学视频。在那年夏天，我的笔记本从第一页写到最后一页，合上书本，我第一次正式建构起关于"比较文学"这门学科的框架：从源流，到派系，再到当今中国比较文学的发展。伴随着视频中风度翩翩、绘声绘色的讲解，比较文学的大门向我徐徐打开。就在那一刻，我决定，要去四川，去成都，参加四川大学的研究生面试，跟随曹老师学习比较文学！

从家乡到成都的慢车需要 30 多个小时，但我独喜欢慢悠悠的绿皮火车，可以在窗外拂过的一帧一帧的风景中思考很多事。都说导师对研究生而言重要性如同再生父母，会对职业生涯有很重要的影响，那么，曹老师会是一个怎样的导师呢？他会因为名扬海内外而高高在上吗，还是那种不苟言笑、严肃认真的大人物呢？这一路上，20 岁出头的我，抱有很多乱七八糟的设想。我紧张又忐忑，紧张的是凭自己现有的水平能否进入梦寐以求的川大，拜师成功；忐忑的是，我明白导师与学生也是一种双向选择，如果成功，我也不知道自己将会面临怎样的硕士生活，甚至更长远来看，会不会读博，人生又该往哪个方向去走。

2020 年 9 月，在经历了紧张的面试与焦急的等待后，我终于如愿以偿，在网页上点击了"确认"键。开学典礼上，我收到了即将进行师门第一次见面及聚餐的短信。这不是一次简单的见面，而是开启了我的新生活。那时我不知道，这开启的不仅是硕士研究生生活这么简单，从我加入曹门的这一刻起，我的学术、职业生涯，结识志同道合的学友，到我今后的一些人生重大决定，都徐徐敲开了序幕。

---

[*] 翟鹿，2020 级博士，山东济南人。本科就读于山东大学文学院，硕士、博士就读于四川大学文学与新闻学院，专业为比较文学与世界文学，主要研究方向为比较诗学。

用信任，让学生自信

也不知道是谁给我的勇气，或许是因为同曹门气场相合，第一次与曹师见面便觉得亲切，便急于表现自己，在曹师提出"我们每一级都需要选一个班长"时，我只沉顿一秒，便马上举起了手，说"我想当班长"。现在回想起来，脸上大概还挂着莫名自信的傻笑，如果再来一次，我一定要表现得再成熟些。不过，令我欣喜的是，曹师环顾四周，很快就叫出了我的名字，并冲我微笑着点点头。曹师问："大家有没有不同意见的？"我的同门们也都向我投来肯定的眼神，于是，我就这样成了曹门2017级硕士班的班长。犹记得当时曹师的微笑是和蔼、亲切的，一边带着可爱的"酒窝"——那其实源自老师从医从兵的经历，一个英勇而悲伤的故事，是后来曹师讲起时我才知道的。然而，那时我只觉得可爱。

人生第一次当班长，竟是到了硕士的时候，想想，就觉得惊奇又幸运。我小时候是有些自卑、内向的，因为理科成绩不好，所以在重视理科成绩的小学、中学时代，很难博得班主任老师的喜爱。所有与竞选班委、荣誉有关的事情，我都自觉地不去参与，因为既害怕落选，又担心性情不够强势。从小到大，我最喜欢的都是语文老师，因为我的历任语文老师，都会通过文字发现，角落里那个不起眼的我其实有一颗敏感的、跃跃欲试的心。很多时候，我自知怕的不是事情做不成，而是被拒绝。所以，在我成为硕士研究生的第一天，曹师给了我一个从未有过的机会。虽然只是加上我在内的8个同门同学的小班长，但是我却觉得从此肩上担起了十分重要的责任：我需要做好的不仅是上传下达，保障同级师门的正常学习与生活，还有一种与曹门共荣辱的使命感——我不能辜负曹师的期待。从此，曹师为我播撒下一颗自信的种子，这是一颗晚熟的种子，终于自我开始读研之后，生根发芽，茁壮成长。

曹师是一个很信任学生的人，这是我在与老师相处的时候感受到的。正是这种信任，培养了学生的自信、自立和自强，也强化了学生的责任感。硕士一年级，我第一次做答辩秘书，曹师直接给了我一份名单，让我去联系。定睛一看，请来的答辩导师，竟都是校内外的大教授！这让我一个小硕士生、小秘书犯了难。可曹师鼓励我们：大胆去做，直截了当地联系，说明情况即可，不要被名气吓倒。我想，也是曹师的实力让身在曹门的我拥有了底气，我便壮着胆子一一去联系。曹师给我们提供的邮箱地址、短信、电话一应俱全，果然，全部顺利联系成功。我因此和这些素昧平生的名教授取得了联系，了解到他们的为人处事风格，也才知晓，其中一些名师如徐新建、阎嘉、胡志红、李凯等教授，都是师出曹门！这让我眼界大增，顿时拥有了许多其他硕士生不曾拥有的经历。后来，我才明白，为什么曹师可以自己一个电话、一条信息安排的事，要每次派不同的学生去联系，原来，是为了培养我们的胆识，开阔我们的眼界，增加我们与名师们的互动，让我们在交流中进步。幸运的是，第一次做答辩秘书，我就得到了曹师的表扬，我更加有干劲了。曹师的肯定,让我觉得自己的努力没有白费,我也在做人做事的锻炼中变得越来越乐观、开朗、大方和自信。

三年下来,在处理事务上,我已经逐渐做到游刃有余。曹师似乎从不担心我会"搞砸",对于这种信任,我十分感激。我同老师第一次参加的国际学术会议,是一场关于东欧马克思主义文论的会议,赵毅衡、傅其林教授等领域内专家教授到场,还有诸多外国名家线上参与。我已经在台下紧张得冷汗直流,曹师却坐在台上,热情自若地向大家介绍了台下的我:"这是我的学生翟鹿,我们学科内的新秀。我们学科内需要年轻人的声音,请翟鹿为大家发言。"此时,在台下的我感到受宠若惊。尽管已经准备好演讲稿,但是我仍然感觉到曹师给了我一份殊荣,一份沉甸甸的责任。我深吸一口气,镇定地走上台,坐在曹师的身边,完成了那次演说。我自知,自己在专业领域的积累远担不上"新秀"的荣称,但是,笨鸟飞不快,却可以更多次地扇动翅膀。我感激曹师对学生实实在在的信任。在发言过后,曹师还提醒我将照片保存下来,以后可以写进自己的学术经历里,对今后的学习生涯很有帮助。这一份细心,对导师来说实属难得。那一次会议后,我怀着满满的收获,觉得自己在老师一次又一次的帮助下,似乎真的成长为一个有模有样的年轻学者了。曹师给予我的这些莫大的鼓励,使我变成了一个乐观、自信、成熟的人。

用经典,塑学生品格

《左传·襄公二十四年》曰:"大上有立德,其次有立功,其次有立言,虽久不废,此之谓不朽。"[①] 在中国的观念里,立德最为重要,最为不朽。曹师在比较文学领域数十载,从没有动摇过的便是立足中国文学传统的根基,以此塑造学生的德行。十三经课堂上的谆谆教诲,古代文论课上严肃的抽背,曹师一直都在身体力行地教导我们,不要忘记那些在经典中传承下来的智慧。

曹师常教导我们承继中华传统美德,主要围绕三个关键词展开。

第一个关键词是"自强不息",出自《周易》:"天行健,君子以自强不息。"[②] 在学习比较文学时,曹师常言道,中华文明为什么是世界四大文明中唯一没有中断的文明,是因为我们有一种自强不息的精神。曹师教导我们,自强不息是中华文化、中华文明中最值得我们尊敬和继承的一点。有了自强不息的精神,我们才能够万众一心,克服种种困难,中华民族得以始终屹立在世界民族之林;有了自强不息的精神,我们才有真正所谓的精气神,任何艰难困苦都难不倒我们。有这种精神,我们甚至可以以弱胜强;有这种精神,我们可以在一穷二白的基础上重新走向辉煌。所以,自强不息是中华文明最宝贵的精神。对于我们年轻人而言,今天,仍然要秉持这种精神,无论是在生活、学习上,还是在学术实践上,都要将它传承

[①] 《十三经注疏·春秋左传正义》,上海古籍出版社2007年版,第1979页。
[②] 《十三经注疏·周易正义》,上海古籍出版社2007年版,第14页。

下去。

第二个关键词是"和谐"。曹师说，在中国人的观念里，从来是强调和谐的，和谐会让这个世界变得更加美好。和谐表现在很多方面，除了"修齐治平"讲和谐，不同文明之间的相处也要讲和谐。在世界文明冲突中，不同宗教思想的冲突是比较突出的。曹老师讲到亨廷顿的《文明的冲突》一书时说，世界文明的主要冲突是"西方文明""儒家文明""伊斯兰文明"之间的冲突；但在中国，在和谐思想的指导下，不同的宗教思想、哲学思想、学术思想是可以和谐相处的，比如儒、释、道便可以和谐相处。曹师的导师，也就是我们的师爷杨明照先生就是研究《文心雕龙》的，《文心雕龙》的作者是刘勰，刘勰撰写《文心雕龙》这件事本身，就是一个典型的不同文明和谐相处的例子。

每每讲起师爷，讲起古代文论，曹师便一定会给我们讲一遍这个故事：刘勰从小跟着释僧佑在定林寺整理佛教经章，对佛教很熟悉，后来，他创作了《文心雕龙》，完全是以儒家思想为指导，讲的都是原道、征圣、宗经。其中，"征圣"就是孔子，就是儒家，而宗经就是儒家的经典，是儒释互补的典型。到了晚年，刘勰又去当了和尚。在他身上，完美体现了佛教、儒家思想的和谐共处，没有冲突。曹师又补充道，我们很多著名的文人学者，从陶渊明到李白、苏东坡，他们都能够儒释道共存。这种和谐思想让我们受益不少。再比如，印度来的佛教被中国文化吸收了，形成了中国的宗教——禅宗，这是一种文明互鉴的创新。禅宗不是印度的佛教，但是没有印度佛教就没有禅宗，这种文明交融带来的文明创新，大大丰富了中华文化。曹师讲到这里，顿了顿，便问大家："你想想，儒释道三大主干，如果少了释这一支，我们中华文化可还能这样精彩？所以在全球疫情仍然严重的今天，全世界要倡导和谐，不要到处去'甩锅'，到处去批评别人，我们要和谐相处、互相帮助。这恰恰是我们中华文化的一个特点，和谐包容，文明互鉴。"

第三个关键词是"世界大同"。《礼记·礼运篇》讲"大道之行也，天下为公"[①]。世界大同是中华民族的理想，在曹师看来，也应该是人类的共同理想，大家要共同为这个世界作出贡献。曹师告诉我们，今天所倡导的"人类命运共同体"，其实就有世界大同的意义，而这也恰恰是我们中华文明最值得肯定的东西，世界大同是我们传统文化的一大精髓。总而言之，自强不息，一个民族才会生生不息，不断强大；和谐包容，我们才有好的发展环境；世界大同，人类才有辉煌灿烂的明天。这三点都是中华文化的优良传统，在当今也同样值得中国人、值得全世界人民学习、铭记与践行。曹师时刻不忘教导我们，这些流淌在经典中的中华传统美德，就是我们中华文明对世界作出的贡献。

曹师还常常提醒我们，大家总是提议弘扬传统文化要"取其精华，去其糟粕"。这本没错，但很多时候，我们会打着"去其糟粕"这样一个口号，拒绝认识传统文

---

① 《十三经注疏·礼记正义》，上海古籍出版社2007年版，第1414页。

化。曹师认为，目前最重要的问题是大家对原典的阅读和认识还远远不够，只有达到深刻的认识，才能走进下一个"取"与"去"的阶段。任何文明的经典，包括中国古代典籍，曹师认为最重要的是培养学生先去看，先去认识。例如社会上有些人认为，让儿童去读《诗经》、读《三字经》，是一种"毒害"。而实际上，可能很多家长自己都没看过，不知道讲的是什么。曹师语重心长地说："批判也好、弘扬也好，前提就是要先学经典。你学了，理解了，自然就知道什么是精华、什么是糟粕了。"对原典的阅读和思考，使得我们能够更深刻地把握这些美德的含义，以在生活中更好地践行它们。而曹师的传承品德课堂，也被新华网选为高校思政案例课程的示范课程，在2021年的国庆节由新华网展出。

用胸怀，助学生人生

《管子·权修》曰："一年之计，莫如树谷；十年之计，莫如树木；终身之计，莫如树人。"园丁可以培养一棵树十年，而一位良师却可以影响学生的漫长人生。曹师从最年轻的博士生导师，一路到院长，始终站在一线讲台上，这一站就是四十年。其间，曹师培养出来的本、硕、博、博后学生已有三百余人，每一位学生，都得到过曹师悉心的指点，这绝非一件易事。

于我而言，曹师既是一位良师，又是一位益友。在我的思想还未十分成熟的时候，只是隐约有一个希望能读博士的想法，原因是觉得读博是一件风光的事。在那时，我完全不了解读博需要做什么，意味着什么，付出多少努力才能够读，只是一心想读。于是，刚读研一，开学没几天，我便联系曹师说，我想要转硕博连读。现在回想起来，只能说是初生牛犊不怕虎，果不其然，曹师拒绝了我。秉着教书育人的责任心，曹师语重心长地告诉我，如果想读博，研二、研三还有申请的机会，但是现在为时过早。后来，我才在学习和生活的过程中渐渐明白，连硕士阶段的学习都还没有开始，还不能确定我在读书方面的资质如何，如果我不适合搞学术研究，那么走上这条路并不是最好的选择。人生并非只有读博一条路，读博也显然并非易事。而曹师招录学生，是有严格标准的，达到标准方能录取；录取后，曹师会尽心尽力地带每一位学生尽早毕业，负责到底。这让我重新慎重地考虑读博的决定。

幸运的是，在接下来的学习生活中，我对知识的热情并没有消减，反而愈发浓烈，并且较为适应学术生活的节奏，直到研三，在曹师的鼓励下，我发表了第一篇CSSCI论文，内容是关于比较文学变异学的。就这样，我终于正式走上了比较文学研究之路。曹师在研三时同意我申请继续跟随他读博士，这给我增添了很大信心。我这一届是第一次申请考核制，由于疫情，改为线上面试。经过长时间的准备，面试很成功，没有辜负曹师三年来的培养，我终于获得了博士研究生的入场券，也有幸继续跟随曹师进入下一阶段的深入学习！读博是人生的重要选择，在这一关口，曹师没有盲目鼓励或直接劝退，而是对我进行慎重的考察，同时也给了我更多的思考机会。回顾这一决定，我可以拍着胸口说，读博是我经过长时间考虑和充分的硕士学习体验之后的慎重决定,并非一时冲动。因此,我也会更加珍惜这个机会,即使未来的路上再苦再累,一旦选择便不后悔,一定会坚持下去。

生活中,曹师对我们的关心也总是落在实处。曹师鼓励我们积极参加学术会议,生怕我们因经费上的短缺阻挡了学术热情,告知我们学院有针对研究生的会务费报销,帮我们申请。2019年,我们去澳门参加比较文学国际年会,在曹师的帮助和提醒下,我们报销了来回的机票费用,这给我们研究生带来了极大的方便。平时,给老师加班干活,比如我在编辑部做一些校订的工作,曹师也会给我们一些津贴,犒劳我们的付出。每逢中秋节、端午节,曹师体谅在校学生没有回家过节,都会分给我们一些精美的月饼、粽子。在川大至今四年,每年都可以吃到老师发下来的月饼,这让我们特别有家一般的归属感。曹师像我们的父亲一样,至少对我而言是这样的。有时老师和师母关怀我的生活,我还会把自己的一些未来计划、生活困惑甚至我和男友的情感趣事讲给老师和师母听。两位老师只是会心一笑,从不过多打听,但在关键的问题上,他们总是能帮则帮,从不吝啬对我的帮助。在曹师和师母面前,学习上,我永远是个学生;生活上,我永远是个孩子。对他们,我可以"童言无忌"、坦诚相待;他们待我,就像自己的孩子,待曹门的各个学生也是如此。尽管我们的年龄、经历、性格各不相同,但是在曹师面前,我们永远可以做自己。我想,这就是曹师海纳百川的胸怀,乐于成就我们不同的精彩人生,这,也是学生和导师相处最理想的状态……

时光飞逝,如今我身在异国写下这段文字,忍不住感怀于这些琐碎的回忆。我的公派交流机会也是曹师给予的,可以说,没有曹师就没有今天的我。我所能做的,就只有心怀感恩,继续前行,希望早日成长为一名对学科领域有所贡献的学者。到那时,我也算不负曹师期望,不辱师门。

我跟曹顺庆老师做博士后

2000级博士后　高　玉[*]

我是2001年进入四川大学中国语言文学博士后流动站跟从曹顺庆老师做在职博士后的,住在体育馆旁边一栋新修的教师公寓,两室一厅的住房,配有席梦思床、厨具、冰箱、电风扇以及办公桌、衣柜、台灯等,我买了床上用品就直接住进去了,其住宿条件与我原单位分配的房子相比不差。那时川大不论是学校还是学院

---

[*] 高玉,2000级博士后,1964年生,湖北荆门人。浙江师范大学人文学院教授、博士生导师。教育部长江学者特聘教授、中组部"万人计划"哲学社会科学领军人才、中宣部"四个一批"人才、人社部"新世纪百千万人才"、教育部"新世纪优秀人才"、国务院特殊津贴专家、全国优秀教师。

对博士后都非常重视，我清楚地记得到学校人事处报到时，学校人事处老师对我非常客气，非常耐心，我感觉自己像读大学时报到的新生。我填表时，有一位年轻漂亮的女老师还对我神秘地一笑，我当时很奇怪，事后才知道她和我夫人同名。

我博士研究生毕业于2000年，就读于华中师范大学文学院，专业是现当代文学，导师为黄曼君先生。毕业后到浙江师范大学工作，直到现在。当时，我做博士后其实是可以选择就近到上海去的，之所以选择到遥远的四川大学，完全是冲着曹老师去的。我博士学位论文题为《现代汉语与中国现代文学》，从语言的角度研究中国现代文学。当时我对文学理论话语其实非常有兴趣，对从语言的角度研究比较文学、文学理论也很有兴趣，我硕士读的就是文艺学专业，而放眼全国，当时对文学理论话语研究得最好的就是曹老师，也许有人不这样认为，但我是这样认为的，当时是这样认为，今天仍然是这样认为。后来我的博士后出站报告题为《文学理论话语研究》，出版时改为《话语视角的文学问题研究》，但《文学理论话语研究》一直是我想再写的一本书。

和今天的很多在职博士后基本上在原单位工作不同，我虽然是在职做博士后，但这两年基本上是在川大度过的。川大当时没有发表论文的要求，关于博士后出站报告也没有什么硬性规定，曹老师对我的选题比较满意，给我充分的自由。所以我的两年博士后生活过得非常轻松、惬意，出站报告写得也很顺利。平时主要和曹老师的博士们在一起活动，除了学术活动，也一起"吃喝玩乐"，充分体验了成都文化的休闲性、审美性以及消费性。我曾对成都人有一个戏谑性的概括，说成都人是50块钱的收入，80块钱的派头，100块的消费。成都人比较讲面子，在消费上很大方，非常重视生活的质量。多年后我又听到有人这样说，不知是英雄所见略同，还是我的概括流传了。博士后两年是我生命中非常重要的两年，是我重要的人生经历，生活上过得很愉快，学术上也很有收获，开阔了视野，在知识和理论上都有明显的长进。

博士后和博士的学习方式很不一样，博士后主要是做研究，是不用上课的，但曹老师的课非常有名，所以我也"慕名"去听过几次，的确很受启发，收获很大。我听了曹老师的两门课：一是十三经阅读，方式是大家一起读，一起释训、阐发并适当讨论。这个课看似平常普通，但其实非常实在，内容也非常丰富，需要老师包括同学都有很高的中国古代文化与学术修养，包括历史、政治、伦理、文学、语言学等各方面的知识，也即所谓"通观"，否则释读都是问题，遑论发现？另外还需要老师有极高的掌控能力，提问、引申、疏证以及现代意义阐发，这一切都是无法事先准备好的，临场发挥远多于课前准备，所以它需要老师有强大的知识储备并且课堂上精力充沛甚至有激情才能够达到很好的效果。二是伊格尔顿的《文学理论导论》阅读，读的是英文版，也是大家一起读、解释、讨论并评价。特别是讨论中英文的不同表达，让学生切实地体会中西方文论话语的不同，并从话语的角度切实地感受中西方文论体系的不同，从而深刻地认识中国古代文论、中国现代文论与西方文论之间的差异性。

听曹老师开设的两门课给我的启示是，教学绝对不在形式，而在内容，教学是以自身的学识、知识积累以及学术研究等为前提的，讲课的技巧真的不重要，如果一个老师腹中空空，无论他怎么搞教学形式探索，搞教学花样翻新都没有意义。教学上"真理"有时很简单，也很朴素。当我到了一定年纪，自己也多年给硕士生、博士生上课之后，我才更深刻地体会到曹老师博士课堂的价值和意义，更深刻地体会到其精妙之处以及精髓之所在。我一生中听过很多老师的课，听过数不清的名人名师的学术讲座，也观摩过很多所谓名师课堂以及所谓教学改革公开课，有些课当时似乎给人一些新鲜感，也似乎给人好感，回头看也有好的，但更多的课则是看似热闹，有创新，其实是花架子，没有实质性内容。有些学术性讲座在学术上很有见地，明显是作者多年精心研究的成果，但有些研究成果其实作者已经公开发表，不过是亲自听作者讲一次而已，或者只是先睹为快，不如看讲者后来公开发表的论文。我的意思是，有些很精彩的学术讲座其实可以通过其他途径获得，但曹老师的博士课堂则是只能到课堂上去，只有在课堂上才会真正理解并获得教益，因为这种课是"随意"的，是自如的，是根据语境和现场而临时发挥的，听课者只有深度参与并积极对话才能融入这种课堂并最大限度地获益。我曾见过很多所谓"教学成果奖"，本科生的，研究生的，甚至用很多英文符号进行概括的，如"3A＋4B式教学"，或者什么"三三制教学"，理念、目标、措施、效果，一套一套的，但我从来不以为然，那是报教学成果奖用的，真正有效的教学从来都很朴素，并不花哨。

课堂才是真正展示一个老师综合实力的地方，课堂才是真正展示老师学术水平的地方，课堂当然也是能够展示老师风采和魅力的地方。那种经过充分准备讲稿，认真讲一个学术专题问题并且很有水平的课或讲座固然值得佩服，曹老师的这种对话式课堂，其教学效果非常好，这更让人佩服：这是一种天然去雕饰的课堂，不是做作的设计；这是一种展示学术造诣的课堂，不是表示自信的表演。这种授课方式更难，一般人轻易不敢尝试。我见过有的老师也采取这种闲聊方式上课，但多为讲故事，讲学术交往，讲学界逸事，甚至是自我吹嘘，自由倒是自由，效果不得而知。曹老师的讲课方式对我影响很大，我自己也尝试在我的工作单位开设了一门文学经典作品阅读课：《城堡》阅读。其品质当然不能与曹老师的课相提并论，但效果也比较理想，和几位同学在一起阅读、理解和讨论研究，我感觉学生得到了比较好的训练，和我独自讲授的课效果完全不一样。我想，这就是所谓"言传身教"，所谓学术"传承"吧。

博士后两年时间不长，但我感觉收获很大。那时我系统地阅读了曹老师的著作和文章，在研究中有什么问题也找机会和曹老师讨论、交流，所以博士后出站报告写得很顺利。特别高兴的是，川大从来没有把我们这些博士后当外人，允许我们参加学校的职称评定，我的教授职称就是在四川大学做博士后期间评上的，我当时因为副教授资历仅两年只能报破格教授，非常幸运更深感荣幸的是，当时报破格教授、副教授的老师比较多，仅我一人评上了。另外我还获得了一项中国博士后基金课题，当时的中国博士后基金课题很少，给文科的就更少，在我们之前，四川大学只有理工科有人获得过，我们的课题是川大第一批文科博士后基金课题，我记得同时获得的还有张弘先生，他是项楚老师的博士后。现在回想起来还特别温暖，非常感谢曹老师对我的培养。

曹老师聪明过人，思维敏捷，见多识广，不仅学术上给我教益很多，而且生活上，为人处事方面也对我有很大的影响。平时空闲时他会给我们讲一些学界逸闻趣事，会给我们讲他跟杨明照先生求学时的经历，也会讲杨先生的故事，以及他的同门师兄弟的故事。我记得初到川大时，有一天听说曹老师生病了在医院打吊针，我给他打电话说去看他，他说不用，就是感冒了，所以我就没有去医院看望他。后来他告诉我，这是他生平第一次打吊针，可见曹老师身体之好。我觉得曹老师的身体好，一方面是身体素质好，加上适当的运动，但更与他的心态有很大的关系，他有时饮酒，但从来不过量。说话向来不紧不慢，有条不紊，我从未见过他发脾气，他遇事从来不急不躁，我问他是如何做到的，他说："急能有什么用呢？"道理是这样的，但又有多少人可以做到呢？这其实是个人修养的问题，他需要长时间的、意志坚定地修身养性才能做到。

曹老师桃李满天下。曹老师对学生不仅学术上影响巨深，在生活方面也是言传身教，有的学生连走路的姿势、说话的腔调都像曹老师，这需要老师具备多大的人格魅力呀！

古为今用，育人新篇

2006级博士后　罗　飞[*]

第一次和曹老师碰面，是到川大求职。当时是抱着碰碰运气的心态，投个简历，探探虚实，委实没什么把握。十多年前，文学与新闻学院的老师们还在望江校区老文科楼办公。记得当时的旧式楼道略显狭窄，来来往往的老师同学为办公区增添不少热闹的气氛。一下子也找不到学院的党政办在哪一层哪一间，我愣头愣脑走进离自己最近的办公室：麻烦，请问，求职简历该交到哪间办公室呢？

办公室里有两位老师，其中一位打量我一阵，干脆地回答：找工作？就在这儿，顺手接过我的简历，来，介绍介绍自己。

---

[*] 罗飞，女，讲师，毕业于武汉大学新闻与传播学院，获新闻学博士学位。2005年至今，就职于四川大学文学与新闻学院。2007年至2010年，在四川大学文学与新闻学院中国语言文学博士后流动站工作。2012年至2013年，在荷兰格罗宁根大学新闻系博士后流动站工作，从事新媒体方向研究。出版专著《新媒体影像传播研究》（巴蜀书社2013年版）。

啊？这就开始面试？我有些措手不及，更有点紧张，硬着头皮开始说，想来，一定是涨红了脸。刚讲完了基本情况，另一位一直没插话的老师用英文不紧不慢地说，可否介绍一下你的科研状况？我便结结巴巴，慌慌张张，继续讲。偷瞄一眼提问的老师，脸上带着点温和的笑容，并没有打断我的意思。等我说完，老师笑笑，谢谢你来投简历，如果我们近期有招聘计划，会通知你的。

后来才知道，讲英文的那位就是曹老师。回想起来，似乎没有一点人们对面试官刻板印象中的或严厉，或凶巴巴，或不苟言笑，一语未出就吓得你冷汗直冒的样子，就像平日里的老师，问学生几个问题，认真地听你回答，没有丝毫虚张声势的意味。

大概很多同学都会有这样的感觉吧：曹老师很随和，路上遇见，总是笑眯眯的，问问学习情况，最近在做什么。三言两语，不给人压力。

但是我真的很怕上曹老师的课，至今记得赶课时的狼狈。上课前几天就开始紧张，上课的路上，大约都是念念有词，临时抱佛脚，背诵着课程要求的文论篇目。在课上，更是如履薄冰，生怕老师叫我回答问题。在经典文论学习这方面，曹老师对学生要求很严。在他看来，文字功底和文学修养是做研究的基础。作为研究者，若是缺乏对经典的敬畏和文本细读，无法谈及真正的学问，更别说创新。对进站做研究的博士后，老师都要求每一位同学加强基本功的学习。进站以后，曹老师每周四节的中国古代文论成了我的必修课，对，就是我最怕的一门课。众所周知，在曹老师的课上，第一件事便是背诵原文，轮着来，谁背谁怕。每次老师在讲课前都会让大家一一过关。若是背不下来，回不了课，同门们便如同刚上私塾的小孩子，有一种要挨手板的感觉，尽管老师并不会真的苛责。我没有古代文学的本科基础，面对文论中的每一篇文章，脑袋抓破都读不明白，更别说背下来。畏难之际，特别希望老师网开一面，放低要求。可在这一点上，曹老师从来都不通融。刘勰《文心雕龙》、陆机《文赋》、司空图《二十四诗品》、严羽《沧浪诗话》一篇也不能落下。不知道十三经，那不可以，《周易》《诗经》《尚书》《国礼》，一点一点，都需要去学习，没错，还必须是中华书局影印阮元版本。当然，曹老师也并不会不体察具体情况，把你生拉硬拽入对古代文论的学习中。考虑到我古代文学底子薄，曹老师鼓励我慢慢地从基础的地方开始，不要急于求成。我后来特意买了一套川大中国古代文学教研室编写的《中国文学》四卷本教材，从经典文本选段学起。记得那时上课，一到背诵环节，教室里的空气似乎都快凝住，大声诵文脸红者、低语忘词嗫嚅者、试图翻书偷看未果者……大约每个人都恨不得跳到空中，把时空的指针拨快几格。每每看到大家的囧样，曹老师也会在讲台偷着乐上那么几秒。当然，乐归乐，文章还是要继续背下去。他总说，导师杨明照先生就是这样要求学生，上课，先背诵。

上中国古代文论课那一学期，是我极其焦躁的一学期，也是学到很多知识的一学期。后来，我在自己的教学中，竟时不时会有点文论学习中得来的例子用于课堂讲授。学生通常会有些惊讶，新闻传播的课程，也能出现《文心雕龙》的内容？想想看，这并非卖弄，也不意外。传统的，古代的，本就是现代的本源。新闻传播研究的当下现象是现代的叙事，但并未跳出传统话语的表达规范。老师在课上总会提及中国古代文论现代转化的问题。他并不同意"中国古代文论现代转化是伪命题"这一观点。老师总是讲，"风骨""神韵"或"比兴"代表的不仅仅是浅层的话语含义，更多的是潜在的表达规则，这并不过时。后来我在曹老师的一篇访谈文章中，看到了老师对转化问题的进一步解释："中国古代文论在当代是有效的，也是可操作的。中国文论要活过来，必须要返之本源而不是求之于域外，域外资源永远只是一种辅助、参照。在观念上承认中国文论的本然地位，才能让它活过来，比如用意象和意境来谈中国古代诗，是非常恰当的，甚至也可以评论现代诗歌，这比用现实主义、浪漫主义、典型等等西方理论来谈诗会更恰当；用李渔的戏曲理论来评论中国戏剧，是很好用的；用妙悟、滋味来品诗，要比用现象学、接受美学的范式更恰当。"[①] 仔细一琢磨，把这样的体验放在新闻传播的研究中，依然是适用的。在近些年来的新闻传播学科建设中，其实也一直存在用西方理论解释中国本土化现象的错位和生搬硬套。以西方理论体系和概念度量一切本土传播现象，不就是只知以现象学品古诗，而不晓妙悟的精髓？缺失文化基本框架的坐标，是无法把中国叙事和西方理论体系有效地联结起来的，更无法以自我文化的主体意识去做清醒的理论判断。目前，已有学者提出新闻传播学科建设应该回归中国传统，回归对中国本土理论的探索，这样才能研究和解决真问题。这和老师在中国古代文论课上的讲解有异曲同工之妙。西方话语解释和中国话题的关系问题，是文论学习过程中，曹老师给我的最大启发。回想起来，更是难得的财富。

那几年的博士后研究工作得益于老师的一再支持鼓励，在老师一丝不苟严格要求下逐步成型，直至完成。这个过程有过迷茫，却从来不失动力。一直很感谢曹老师让我的学习眼界跳出了新闻传播的小框框，让我有了力量去拓展新的领域。后来的很多年，努力探索新媒体的同时，我总会时时回望传统文学之经典，不忘根基。

[①] 曹顺庆：《古代文论指导当代创作，可行！》，中国作家网，http://www.chinawriter.com.cn/2012/2012-01-09/111955.html，2012-01-09。

厚德育人
——论曹顺庆教授的学术引导力和人格魅力

2015 级博士后　申　燕[*]

在着手准备这篇从个人感受角度谈曹顺庆教授的教育观文章时，得知曹老师刚获得了"2021年四川省教学成果奖特等奖"。曹老师实至名归，作为曹老师的学生我也倍感振奋。以"曹顺庆"作为主题词，在中国知网可以查到200多篇有关的文章，包含学术访谈、学术思想研究、专著书评等，足见曹老师的学术影响力。正如曹老师获得特等奖的项目"学术传承、文明互鉴与话语构建——中文研究生人才培养模式探索与实践"的关键词一样，曹老师在培养研究生人才方面已经建构出宝贵的经验和行之有效的模式。

一、人尽其才，尊重学生的学术兴趣和学术积累

我虽是四川人，但从本科到博士都在外地求学，对于蜀地的学术情况没有深入的了解，更谈不上长期的交流交往。从南京大学博士毕业后进入西南民族大学学报从事文学编辑工作，才渐渐加强了与蜀地学者的交流学习。早在南京求学时就已耳闻曹老师的学术影响力，回到成都工作后，与曹老师的弟子们交往日多，更是对曹老师心生景仰。在同学和师姐们的鼓励下，也由于工作和科研上有进一步提升的需要，我萌生了跟着曹老师做博士后的想法，并鼓起勇气通过邮件向曹老师自荐。很荣幸成为曹老师的弟子，成为曹门这个温暖大家庭中的一员。入站之后，很快要确定博士后出站报告选题。我硕博期间的学术积累主要在中国现当代戏剧领域，于是我从自己熟悉的领域挑选了选题，同时与自己博士后的新闻传播学之"文化传媒"方向契合，拟从戏剧传播的角度，研究"1949—1966年戏剧汇演的政治功能和文化意义"。我先通过邮件将这个选题发给了曹老师审阅，在邮件中我详细谈道："1949—1966年间，全国范围内、各大行政区（东北、华东、西北、华北、中南、西南等）及解放军部队均举行了规模宏大的现代剧汇演，在特定历史背景下将辖区内绝大部分戏剧团体集中、统一地进行现代戏观摩演出，其政治意义和文化功能值得深究。同时，文化部、中国人民解放军总政治部等部门举行了各类全国性的戏剧

---

[*] 申燕，2015级博士后，《西南民族大学学报》文学编辑，副研究员，硕士研究生导师。博士毕业于南京大学，博士后出站于四川大学新闻传播学博士后科研流动站。主要从事中国现当代戏剧研究，主持国家社会科学基金一般项目、教育部人文社科项目、中国博士后项目各1项及各类校级项目5项，出版学术专著1部；参与国家社科基金重大项目、一般项目4项，出版学术专著1部；在《文艺研究》《戏剧》《文艺争鸣》等专业刊物发表学术论文20余篇，多篇被《人大复印资料》《高等学校文科学术文摘》转载。

评奖活动。如文化部举办了1956年第一届全国话剧观摩演出评奖，分别从创作、演出、导演、演员、舞台设计、舞台制作管理、舞台技术革新等方面进行评奖，涉及近四十个剧作、近五十个演出单位、两百多位演员。通过对1949—1966年间上演、获奖的数据的统计及系统分析，从传播动机、传播效果、历史经验等方面，探析其上演、评奖机制及戏剧在社会动员、传播效率等方面的价值，有利于认识社会主义的价值理念借助戏剧载体进行传播的路径、机制，同时思考如何坚守戏剧自身的主体性，即戏剧在政治宣传之外，还应以其自身的艺术创造去建构和传播有利于人类文明进步的价值观。"这个选题虽好，但资料搜集困难，大量的戏剧汇演虽然是20世纪五六十年代的客观存在，然而相关资料大多是非公开出版的内部资料，关于舞台演出的文字记录与兴盛的剧本创作相比也是稀缺。在之后与曹老师的沟通中，曹老师提出了"英语世界的中国现当代戏剧研究"这个选题，这既与我的学术兴趣和学术积累相关，同时也能纳入曹老师主持的教育部哲学社会科学重大课题攻关项目"英语世界中国文学的译介与研究"。"英语世界的中国现当代戏剧研究"将研究视野由国内延伸到国外，考察中国现当代代表性戏剧作家作品在英语世界中的译介和研究情况，是对国外研究情况的详细梳理和再研究，涉及大量的英文文献。初步确定这个选题后，我开始进入一个全新的比较文学的领域，从资料搜集入手，开始跳出主体性身份，尝试从他者视角来反观中国当代戏剧在英语世界中的影响力和传播力。在博士后出站报告确定选题的过程中，曹老师充分尊重我的学术积累和学术兴趣，并给予我极大的支持和鼓励。

二、站位高远，敏于把握学术热点及引领学术风向

"学高为师，身正为范"，曹老师以其高尚的人格魅力和道德风范影响着弟子们。博士后在站期间，我并不能全身心地投入出站报告的研究和撰写，除了繁重的学报工作、上课，还要照顾小孩，挤出时间做科研。出站报告的进展非常迟缓，甚至好多时候都是停滞的，我虽把能够搜集到的英文资料都尽可能打印了出来，但阅读英文文献的速度却非常缓慢。正因为进展缓慢，我也深感愧疚，不敢与曹老师联系，更羞于向他汇报出站报告的进展。反倒是曹老师多次打电话来关心我报告进展如何，鼓励我坚持把出站报告写出来，不要浪费了这个机会。因我进站时，刚好赶上了川大最后一次招收在职博士后，晚一年就没有机会了，所以我们那届进站的博士后都非常幸运。为了珍惜这个机会，我也曾鼓励自己一定要出站，善始善终，不然以后会觉得遗憾。但现实中却很少能挤出完整的时间来从事出站报告的研究及撰写，乃至开题两年后，报告还停留在阅读英文资料的阶段。其间甚至想过找专业人士把全部的英文资料翻译成中文，一打听翻译费用上万，这个念头就打消了。进展缓慢导致焦虑感与日俱增，遂滋生了换一个选题的想法，一个试图逃避全英文文献的新领域，回到自己的舒适区中选题，以期能顺利出站。编辑工作的敏感性让我意识到2021年是中国共产党成立100周年，中国当代戏剧剧本中有大量书写中国共

产党党员形象的剧本，正好可以把选题与建党100周年结合起来。于是我以"中国当代戏剧中的共产党员形象书写"为选题，向曹老师汇报并申请换题，得到了曹老师的支持。由于是自己熟悉的领域，出站报告的进展终于大踏步向前，我在进站五年多后将报告初稿呈递给了曹老师。曹老师审阅完初稿后，对全文提出了高屋建瓴的修改意见，升华了整个报告的主旨。曹老师指出，1949—1966年文学中大量塑造的共产党员英雄形象及其传达的行为准则，对当时成长起来的共产党员人格塑造产生了重要影响。换言之，这一时期文学作品对于中国社会发展的一个重要贡献，是为时人提供了大量可供模仿和学习的共产党员楷模形象。在改革开放浪潮中担当社会重任的共产党员们，如任正非等，在其人格形成的重要时期，大多受到20世纪五六十年代的精神文化的滋养，他们身上所具有的坚强的意志、宽广的胸怀、不屈不挠的精神、吃苦耐劳的品质、务实求真的人格力量，成为改革开放重要的精神资源。任正非等优秀共产党员的苦干形象，也是改革开放后一代人的奋斗形象。所以我们今天来回顾改革开放何以取得如此大的成就，会发现新中国成立后所形成的民族国家利益大于一切、艰苦奋斗、顽强意志、冲天干劲等精神品质对改革开放的现代化建设起了很大的推动作用。尤其是1949—1966年文学所塑造的共产党员楷模形象，促成了普通共产党员形成艰苦朴素、吃苦耐劳、坚忍不拔的精神品质和个人力量，在此意义上更能理解改革开放以来中国所取得的巨大成绩以及中国崛起、中国精神的意义和内涵，才能切身感受到在抗疫之战中，中国所展现出的上下一心、团结协作的精神和气派。因此，立足于戏剧作品，思考戏剧（文学）对共产党员品格形成的反哺滋养，对于重新认识1949—1966年这一重要历史时段文学的现实功用和历史价值，深入认识百年来共产党的精神内核和文化内涵都具有重要意义。曹老师的这个指导意见，充分提升了中国当代话剧研究的价值和格局。

三、厚德育人，以其德艺双馨的魅力浸润学生的成长

曹门是一个温暖的大家庭，这个大家庭不仅人才辈出，学术成果丰富，而且多才多艺，才子佳人数不胜数。这得益于曹老师的凝聚力和影响力。曹老师多次郑重谈道："学生是我人生的第一宝。"曹老师非常珍视学生，认为是学生丰富了他的人生事业，成就了他的人生价值。对于学生来说，则是得益于曹老师博大的胸襟和德艺双馨的人格魅力的影响。曹老师尽可能地去扶持和提携自己的学生，关心学生的学术成长。小到在群里分享各种学术信息，大到提供学术指导和学术资源，曹老师总是将学生放在第一位。作为普通高校教师的我们，每天都觉得时间紧张，事情繁杂，更何况曹老师身兼数职，却能经常关心学生，可见他对教育事业的热爱和对学生的珍视。

作为教育部长江学者特聘教授、欧洲科学与艺术院院士，曹老师丝毫没有架子，总是慈眉善目、面带笑容、平易近人，与曹老师谈话总是很轻松且很受益。我博士后出站后，有次与曹老师小聚，席间谈起教育部重大攻关课题最近开始申报，

曹老师鼓励我的博士后出站报告选题可以去申报教育部重大项目，我一方面感动于老师的信任和鼓励，我还只是副高职称，不符合申报人须为正高职称的申报要求，但曹老师却肯定了我的选题可以去申报重大项目，这是对我的学术眼光和科研能力的肯定和鼓励；另一方面感慨身为曹门弟子的幸福，在外地求学而回到家乡工作的多数教师或科研工作者，在工作、科研上都只能靠自己摸索，而身为曹门弟子的幸福是经常能得到曹老师的点拨、提醒和帮助。曹老师的点拨或提醒，会极大地鼓励学子们奋发努力，在学术之路上走得更广更远。

总之，曹顺庆教授始终关心着学生的成长和成才，作为国家级教学名师，曹顺庆教授在培养研究生人才方面形成了独特的教育理念和教育方式，表现为"人尽其才，尊重学生的学术兴趣和学术积累""站位高远，敏于把握学术热点及引领学术风向""厚德育人，以其德艺双馨的魅力浸润学生的成长"等方面。曹顺庆教授以其人格魅力和学术引导力，浸润并成就着一代代学子。

立德树人，言传身教

2016 硕士　傅丹阳[*]

又是一个春天，距离我 2019 年从曹老师门下毕业已经过了 3 年。那个春天，我顶着因熬夜过多而面色发黑的脸和巨大的金边眼镜，在北师盛开的花丛中和老师照毕业合影，心里忐忑于仍待完善的论文和未卜的前途。再 3 年前的春天，我一遍遍确认着考研结果，心怀期待，踌躇满志，想象自己能去更广阔的世界大展宏图，又反复焦虑于是否能适应新环境、如何补充学术短板、选哪位导师这些准硕士生"入门级"问题，而这时，有一位好心师兄直截了当地对我说："选曹老师吧，他们师门很温馨。"我朴素地想，能带出温馨融洽师门的导师，必是一位良师，于是我迅速联系了曹老师，并且极其有幸地成为曹门的新成员。

硕士阶段师从曹老师 3 年，看起来只不过是完成一个学段内的规定动作，而坦白说，三年间我和老师接触的机会并不多。曹老师承担着四川大学、北京师范大学两方的教学科研任务，课程、学术会议不断，很少在师大校园出现，但能够衡量师生情谊的不是"量"的多少，而是"质"的厚薄。每年的教师节，老师会在师大和我们一起庆祝，老师平均每周两堂课，每次下课，师门众人也必会陪老师走回他在师大的住所：老式居民楼，旁边紧邻着师门常聚的白鹿餐厅，楼下种着年年挂果的柿子和石榴树。这条师生漫步的路很短，也很长，在这段二十分钟左右的时间内，

---

[*] 傅丹阳，2016 级硕士，女，1994 年 7 月生，河北石家庄人，北京师范大学文学院比较文学与世界文学专业，现在北京工作。

老师会快速问一遍所有学生的情况，谁开题、谁要答辩、谁选题不行、谁论文大纲要修改、谁该发什么级别刊物的论文了、有某项问题可以联系某人……十几个人的七八件不同头绪的事情，老师记得清清楚楚，谁最近有小情绪、谁最近新谈恋爱、谁取得了什么小成就……我们的每项新动态，老师也都有心关注着。

我看似"拍脑门"加入曹门的决定在后来被证实极为正确，因为我收获的不仅是成为曹老师学生的机会，还有成为"曹门人"。在北师大的 3 年，我的学术认知体系是老师带路、师门牵手搭建的；我发表的论文是老师带着、师兄师姐帮忙反复修改的；我最迷茫焦虑的时刻是在老师点拨、师门安慰鼓励下过来的，时至今日，我和北师曹门人联系依然紧密：步入社会后的职场问题可以互相吐槽，遇到难题大家一起商量，聚餐游玩吃瓜看剧聊八卦一个不落。我们这个嘻嘻哈哈、互帮互助的"小团体"甚至吸引了其他师门的同学，由此还发展了几个"曹门编外人员"。不得不说，曹门有独到的魅力，而这样的师门氛围则是老师一力促成的，他时常说，曹门是一家人，我们大家都是兄弟姐妹。确实，一个人在社会中浮沉时，想起身后有一帮好朋友，心中总会更勇敢、更有劲儿。

曹老师教学生，从来不会疾言厉色，他永远是微笑着、温和地给予帮助。2016年的我性格自由散漫、异想天开又很爱钻牛角尖，仿佛一只八爪鱼，面对太多条路迈不开任何一条腿。而无论是我学术上的困惑，还是个人成长上的问题，老师总能春风化雨、四两拨千斤，在一团乱麻上轻轻巧巧理出线头、指明方向，然后笑出酒窝总结道："这样不就可以了吗，很简单嘛。"两三句话就能卸掉我的思想包袱，让我在学术路上自由自在地继续飞奔。面对我纠结了两年，甚至现在也在纠结的考博"终极问题"："我怕我没有读博士的能力"时，现在回想，老师大概觉得这个问题根本不是问题，因为他说"有什么不能读的，读就行了，都能读下来的，努力嘛"。有时候我想，是不是岁月和丰富的阅历让老师有了举重若轻的本领，而老师当年放弃工作勇敢追梦，并最终成了"飞花拈叶皆可伤人"的"武林大宗师"、信手指点即能引领学术突破的学界领袖，可能这个"努力嘛"就是以不变应万变的"学术真经"。这一点在毕业之后，我偶然看到了老师博士学位论文的手写版时被进一步证实了。

除了"言传"，老师更长于"身教"。自 2007 年来北师大教书，老师两地教学已有 15 个年头，有时候半夜抵京，早上八点上课，或晚课翌日清晨即离京，就算是二三十岁的我们面对这种日程表，也会感觉疲惫不堪，但老师仿佛一台永动机，有用不完的精力和使不完的劲儿，在课堂上总能神采奕奕，一讲就是一上午。老师每天要处理的事情多如牛毛，走在路上都在回邮件、回短信，但老师处理事情纷而不乱，效率奇高，从不拖沓。有时半夜十一二点收到老师的回信，已经在床上躺平的我惊异于老师工作之勤谨，现在则更惊异于老师面多复杂工作时心态的平稳。

曹老师脾气好，为人厚道。老师的学术思想超前，发表当时或许颇有争议的一些理论和学术观点，可能在几年甚至十几年后才能得到学界广泛认可。面对纸面或当面的质疑，我们从未听过或见过老师与人红脸，反而是过了段时间后，听说双方倒成了朋友。我们这些总团簇在老师周围的曹门人，在外界看来或许有点怪异，有笑谈称，老师每次出现都是前呼后拥，看起来好不风光，内或有揶揄师门排场大之意面对这类小调侃老师也总是一笑置之。老师酒量极好，年纪渐长也少有贪杯，不过每次博士生毕业谢师宴上，他总会拿出珍藏的好酒以飨众人，答谢不辞辛劳的答辩老师，送别自己心爱的学生。工作之后的我，还时常想起曹老师如何处理工作、如何为人处事。老师是一个榜样，一个标杆，不是一把尺，而是一个引领的方向和态度，就像硕士期间，老师总能指点一条路，让我向着目标飞奔。

我的三年硕士生涯早就结束在了2019年，但作为曹老师学生，作为曹门人的生涯却不会结束。说老师的指导我会一辈子铭刻于心，仿佛不太真诚也不太现实，但我和老师、和师门一起经历的每一件事都是能让我成长的宝贵财富。老师从没说过什么豪言壮语，也不需要说，他和曹门人都是埋头苦干的人，曹门人的相聚是踽踽独行的人在追寻理想时遇到同路人的欣喜，而走在最前方的老师手中那盏灯则总会在不远处默默燃烧。

我的导师曹顺庆先生

2016级硕士　李向岚[*]

与曹老师的所有学生不一样的是，我是一个出身工科，半途而废，弃农从文的学生。

大概是八年前的某个下午，阳光相宜，我正在学校的试验田里挥汗如雨。猛然抬头间，正当我用衣袖一抹额间的汗珠儿，恍惚中看见一个模糊又熟悉的身影在一片氤氲的霞光中朝我挥手，真所谓，邂逅相遇，适我愿兮，原来是我在川大的同学。后来我才知道这次朋友的到来，带来的不仅是远方的问候，还有我与文学、与曹老师相遇的契机。

我朝他挥手："哟喂！有朋自远方来，不亦乐乎？"他小跑着凑上前来："你瞧！我给你带来了什么？"说罢，着急忙慌地卸下了他的背包拿到我的面前抖了两抖，只听"哐当哐当"，书在他的背包里跳跃着，着急着想奔向他未来的主人。我凑近一瞧，眼见几个大字："十三经？额……还有这是什么？中华文化原典读本？""对！你不是喜欢文学吗，我拿了我们学校大牛的书，怎样！我对你好吧！"他傻呵呵地笑着，放下了背包，我也放下了锄头，就这样，摊开厚厚的十三经，我俩就坐在稻田里，在夕阳的斜晖里，我第一次从书本上认识了曹老师，不禁对书中妙趣横生的

---

[*] 李向岚，2016级硕士，1994年生，四川苍溪县人，专业为文艺与传媒。

讲解怦然心动，也憧憬着有朝一日成为一个中文系的学子。

"乾。元亨利贞。初九：潜龙，勿用。九二：见龙再田，利见大人。九三：君子终日乾乾，夕惕若厉，无咎。九四：或跃在渊，无咎。九五：飞龙在天，利见大人。上九：亢龙有悔。用九：见群龙无首，吉。""好的，向岚，你来解释一下这第一卦的意思"①，曹老师微笑地看着我。"额，老师，我是外校的非专业的，且我是来旁听的，并不知道它专业的意思。"曹老师微微摇摇头，笑道："没有关系，但说无妨。"说罢，便转头面向在座的众人："我们欢迎外校的跨专业的学生来听课哈。"记忆中曹老师永远都是这么的慈眉善目、平易近人，带着一副传统的老学究式的无框眼镜，遇到要点侃侃而谈，从容优雅，很少有什么问题能把他惹成怒目金刚，冬日里偶尔爱穿点马甲套西服大衣，平日偶尔来点中山装，颇有民国学者的风范。他和蔼地微笑着向我点了点头，目光笃定又充满期待，我于是鼓起勇气斗胆凑出自己一星半点的见解，答案显而易见不尽如人意，但老师还是肯定地点了点头示意我坐下，开始了他的讲解。是的，曹老师从来不喜否定学生的意见，也没对任何人说过贬低的话，即便意见有分歧，也只是保留观点，话锋一转，另起一笔。他对青年学子的爱护和宽容可见一斑。

话说回来，曹老师讲课也是滔滔不绝，风度翩然，时而带我们去《文心雕龙》里"神与物游"，时而带我们去《诗经》里吟唱远古民谣，上知天文下知地理，从诗词歌赋谈到人生哲学，从经史子集讲到捭阖人生。他研究比较文学，表面上是中西文学批评的比较考证，骨子里谈的是当今现实的时政分析，上老师的课，总感觉方寸教室，气象万千，浩然之气，油然而生。曹老师的课一般在星期四的晚上，有时候是下午，那时候，我还在四川农业大学读土壤学专业，还没有直达川大的地铁线路，每每从温江提前 3 个小时坐 904 路过来旁听，一路上光影变幻，风景如梭，我怀着无比激动且向往的心情，就像开盲盒一样，不知道今晚曹老师又会带我们中哪种"大奖"，领略哪种不一样的"风景"，思索着，憧憬着，竟不觉得 3 小时的车程漫长。经常需要下田做实验，有时候容易错过晚班车而迟到，即便到了读起来也是异常的吃力。好在老师永远都是那么的温柔可亲，极富包容心，不会因为学生的迟到早退生气，上课时总是尽可能照顾到每一个学生，无论是带我们朗读十三经还是抽背《文心雕龙》，总是轮着来，从没有哪个学生会感到自己被特别"优待"的。我因为旁听了几次，这一来二回的，渐渐地也与老师"熟络"了起来，甚至有时连我这种外校的旁听生也被加入了老师的抽背名单，生动展示了什么叫"知识无国界，学习无围墙"。在曹老师的心目中，热爱学习才是第一位的。

后来，我顺理成章地"转正"了，成为曹老师 2016 级的硕士生，曹老师正式成为我的硕士导师。老师虽然待学生平易宽厚，但在学业上也是极为严肃的。记得第一次聚餐的时候，曹老师坐在我们中间神情严肃，庄严地说道："硕士生也要过

---

① 《十三经注疏·周易正义》，上海古籍出版社 2007 年版，第 13—14 页。

来听博士的课，我的硕士也要按博士的要求来培养。"于是我们这届硕士风雨无阻，真真硬着头皮坚持把曹老师的博士课程西方当代文化与文论和中国文学批评史研究给啃完了，虽然道阻且长，却也收益颇丰。至今回想，感慨万千，恐怕这将成为我这辈子上的最难的课了。曹老师就是这么一位宽中有严、严中有细的老师。有一次课间间隙，老师在走廊里走走放松，恰巧碰到我赶来听博士的课程，便逮到我说："好样的啊！要不要下节课抽背你？"我自知没有准备，心虚万分，恐忝居其列，连忙红着脸垂下摇摇头，之后那节课老师果然就把我从他的"黑名单"里撤掉了。

中文有句话叫"如师如父"，用在老师身上也不枉然，除了学习，老师最为关心的便是学生的个人问题了。平常学习的课间，他喜在教室里转悠，与同学们聊聊家常八卦，有时候看到同学们一门心思搞学问，对象迟迟没着落，反而还一本正经地着急起来，扬言"找不到对象就不准读我的博士了！"为了解决同学们的个人问题，老师甚至帮同学们出谋划策，与师母一起组织内部相亲活动，曹老师真是操碎了心啊。

曹老师其实是很忙碌的，我硕士在读期间，他既是院长，又是导师，还有比较文学协会会长等一堆社会职务。我原以为这种大家应是日理万机、无暇教导我的，刚入校报道时竟不免有些许庆幸，为自己即将到来的三年自由人生欢欣鼓舞，然而开学后很快就打了脸，曹老师给我们上课向来风雨无阻，从不迟到早退，请假更是寥寥无几。回想起来，我不免生出些惭愧之意，想来那时候还年轻，有些不大懂事，经常大晚上的还要联系老师看论文。有时候老师刚到家里，就收到我们学生的叨扰电话，老师也是不拒绝的，再累再疲惫都邀请我们到家坐坐，点评一下我们的论文，询问我们的近期读物、上课的感受等。除此之外，老师也非常重视学术研究的独创性，为了激发学生的创造力，经常自掏腰包带我们去望江河畔的茶馆坐坐，泡上一杯热茶，大家伙儿叙叙旧，在茶气氤氲间，在湖光山色中，培养我们对古文原典的自然亲近，从明山秀水中寻找学术研究的灵感。

人们常说，"青出于蓝而胜于蓝""名师出高徒"，仿佛这是天经地义的事情，亘古不变的常识，但做曹老师的学生面对此话怕是要生出愧疚之意。在老师的一生中，我只是一个普通的学生，在学生的一生中，老师却是非常优秀的老师。老师的智慧、学识、才华学识哪怕我穷尽一生也难以匹敌，高山仰止。好在老师不离不弃，不拒绝每一个想要真心求学的人。得益于老师的宽厚包容之心，我才能与老师相识，与文学结缘，在川大相逢，更结交了一批志同道合之士，这也是我们做学生的荣幸吧。至今犹能想起，曹老师得知我本科是学土壤学时的情形，他非常惊讶，瞪大了双眼，身体不禁后倾了一下，然而很快平复了下来，拍拍我的肩膀感慨道："你真是厉害啊！"我内心小小的宇宙瞬间被老师的鼓励填得满满。

总之，老师是学生的青春时代浓墨重彩的一笔，虽然难成"高徒"，但人生路上不管遇到什么问题总是能回想起读书时曹老师对我们鼓励的话，就感觉内心顿时充满了能量，路便也就走下去了。

我与恩师曹顺庆先生

2016 硕士　赵利娟[*]

每当提起恩师曹顺庆教授，我总会想起拿到研究生录取通知书的那一刻。

那一天，成都的天空难得明媚得没有一丝云彩。我站在体育馆前，双手颤抖着小心翼翼地打开录取通知书。幸而当时路过的人并不多，不然我的尖叫一定会震破很多无辜路人的耳膜。那张窄窄的导师条上，赫然写着"曹顺庆教授"几个字。

然而彼时，我对曹老师并不甚了解。只是在考研时，经常听到学姐学长们提起这个名字，以及他许多响亮的头衔。出于好奇，我还在网上搜过，但照片也是中规中矩的——头发黑而浓密，西装笔挺，神态柔和：典型的教书先生模样。

但我万万没想到，我不抱希望填写的导师志愿，竟然实现了！我要成为曹院长的学生了！不过，在激动之余，又有一丝焦虑和恐惧涌上心头。听闻，曹老师特别严厉，对自己的学生要求很高，常常在课堂上训斥学生……种种传言，吓得我直冒冷汗。开学前几日，我做梦都梦见被一个凶神恶煞的老师训斥。

但随着与老师的接触与熟悉，我才深切体会到了"耳听为虚，眼见为实"这个道理。

曹老师与我们的第一次正式见面是在开学典礼那天。老师坐在台上致辞，我挤在人群中，远远地望着。老师真人与照片上相差无几，但还要多几分神采。典礼结束后，我怀着忐忑的心情走到他身边，紧张地介绍了自己。老师笑呵呵的，不住地点头，连说："好好好——"我心中暗想，老师好像并不似传闻中那么可怕。一起吃饭时，老师始终保持着明朗的笑容，没有一板一眼的教导，而是像一位亲切的长辈，同我们拉拉家常。他让我们按年龄大小排位，然后叮嘱道，大的要照顾小的，小的要向大的学习。他还会面对面建微信群，也对各地美食感兴趣，还关心我们的情感问题……一顿饭下来，老师在我心目中的形象彻底改观。他不再是照片上普普通通的教书先生，也不是别人口中可怕的严师，而是一位和蔼可亲的长者，一位与时俱进的智者，一位关爱学生的师者。

除了用人格"征服"我们，老师在学术上更是让我们佩服得五体投地。刚入学时，我如同苍蝇乱撞，完全不知道如何开展学术研究。曹老师似乎能看穿我们的迷惘，在第一节导师课上，就通过他的经历为我们指明了方向。我印象最深的，是老师讲述的一个小故事。有一次，他在读钱锺书先生的《管锥编》时，发现了书里的

---

[*] 赵利娟，2016 级硕士，专业为中华文化国际传播。

一个错误。钱先生是享誉中外的大学者，一个无名小辈哪有能耐敢说他错了呢？于是曹老师走进图书馆，遍览相关书籍，最终确定真的是钱先生错了。然后，他大胆地给钱先生写了信，指出了书中的错误。听闻此事，我深深地被老师的治学精神折服。能够静坐下来读一部部难啃的古籍，并能一丝不苟地去考证知识，是多么难能可贵的品质！

自此以后，我仿佛找到了航海的灯塔，明白了应该以严谨的治学精神去钻研典籍，用积极的问题意识去拓展思路。此后的教学中，老师也贯彻了"扎根原典，中西互通"的理念。

老师的教学是极具魅力的。他讲课总能引经据典，旁征博引，贯穿古今，把厚重无趣的古文讲得鲜活生动。讲《周易》时，他就现场教我们算卦，算学业、算姻缘。但他对我们的要求也是不容马虎的，他会随机抽我们起来读课文，读十三经，也读西方文论原典。无论是博士还是硕士，都不敢有一丝一毫的懈怠。但是我常读得不好，总是磕磕绊绊的。曹老师却很有耐心，一直保持着和善的微笑，静静等我读完。课间，我去找他问问题，他也总笑着，殷切地勉励我道："要好好学习，要用功哦！"正是在这样的"魔鬼训练"下，我才能扎扎实实地学完两本砖头似的中文典籍，也训练出了阅读英文原著的能力。最后我能啃完几十本英文原典，顺利完成研究生论文，与曹老师帮我们打下的基础有莫大的关系。

转眼，我毕业已近三年。但每每想起曹老师的课堂，那种害怕被抽读的紧张、对老师学问的敬佩，以及学到许多知识的欢喜满足之感，仍然那么真切可感，仿佛就发生在昨天。

何其有幸，入我曹门！

巍巍高山，仰止行止！

第三节　和风沐雨　润物无声

成都求学记（长诗）
——致敬曹顺庆恩师

2001级博士　张德明[*]

一、引子

"一日为师，终身为父"
古训的强音
一直在我心间悠悠回旋
让我时时想起，客居成都三年
在百年学府四川大学
跟随曹顺庆恩师从学的黄金时光
记忆之中
那府南河的水
始终淙淙流淌着珠玉之声
望江楼公园的春花
恣意开放着姹紫嫣红的风采
文科楼前的几颗古树
高高挺立
恰似儒雅的学术先贤
令人肃然起敬
更多的影像
则是跟随恩师学习、研讨
上下求索的忙碌身影
我们在曹师的精心指导，百般呵护下
于《文心雕龙》的知识海洋中尽情遨游
在中西诗学的聚光灯下冥想沉思

---

[*] 张德明，2001级博士，1967年生，湖北天门人，岭南师范学院人文学院教授，南方诗歌研究中心主任。

在学术前沿的台阶上奋力攀登
三年弹指一挥间
光阴虽短,问学的快乐
却如一江春水浩浩汤汤
难忘导师的教诲,难忘同门的友情
难忘在成都读书的每一寸光阴

二、初相遇

第一次遇见曹顺庆师
是到川大文科楼
参加博士生面试之期
那一天,在文学与新闻学院办公室
曹师同另外几位博导考官
向小步走进去的我
频频点头致意
让我紧张跳动的心
稍微松缓了些
随后,曹老师让工作人员
为我倒上了一杯热水
并轻声地嘱咐我,别紧张
都是些基础知识
根据自己掌握的
自由应答即可

初次见到我仰慕已久的大学者
那种激动欣悦的情绪
恰似三月的春草,泛着粼粼绿光
不知是兴奋过度
还是紧张心虚
对老师提出的学术问题
我感觉回答得很不顺畅
支支吾吾,语焉不详
仿佛层云蔽日
阳光只是偶然漏泄
更多时则阴霾重重
当时就觉得很糟糕

心想没戏了
跟着曹老师学习的希望，将如肥皂泡般
悄然破灭而去
倒是恩师一再鼓励我
"基础虽不扎实，但态度还很端正"
"磨一磨也许会有所成"

那是与曹师的初相遇
也是我终生难忘的场景
我深知自己遇见了一个仁厚的长者
和蔼如春风，慈祥似暖阳
那关爱晚生的殷殷目光
仿佛神明的灯烛
将我们暗淡的路途
静静地照亮

那次初相遇
铸就了我与曹师此后的缘分
当我在重庆北碚
接到了从成都邮递来的
博士录取通知书
喜悦的泪水夺眶而出
流淌成梅雨季节

三、课堂上读英文版伊格尔顿

记得博士一年级时
曹师给我们开设一门课
研读英文版《二十世纪西方文学理论》
英国学者伊格尔顿的原著
导师告诉我们
中英文之间的"可译"与"不可译"情形
不只发生在文学翻译中
诗学的翻译同样难免
比如"所指"与"能指"
那是大陆学界对索绪尔的理解
台湾学人则译解为"意指"与"意符"

不同的翻译预示着不同的学术认知
导师举到的这个典型例子
已经点出了中西诗学的不少奥秘

我们读伊格尔顿，在原著里
就是在原初的语境下
去了悟西方文学理论的真谛
我们跟随伊格尔顿的指引
去打探俄国形式主义的学术路径
去甄别英美新批评的意识形态圈套
去辨别师父胡塞尔的现象学
与徒弟海德格尔的存在主义之间
有着怎样的区别和联系
去剖析结构主义与解构主义这一对难兄难弟
是否意味着锁闭与开放两种迥异的思维逻辑

在原语的诗学光影中
我们愉快地向前行进着
或高声朗读英语原文
或悄然咀嚼内在深意
或直接阐发个人见解
或相互辩驳以释放不同的理论认知
或迷惑懵懂，或豁然有悟
都是火热的学术历练
都是为日后的著书立说
奠定的厚实学理根基

那个时候，坐在讲台上的曹顺庆师
很少以武断的言语
喝令我们停下面红耳赤的争论
总是用循循善诱的目光
注视着师门里的每一位学子
诱导大家去进一步细读原著
进一步熟虑和深思
以便借助个人的独立思考与判断
能向真理靠得更近一些

四、背诵《文心雕龙》

为了治疗文论"失语症"
我们得努力学会自己的诗学语言
为了对抗西方文论的话语霸权
我们需到古代先贤那里拜师学艺
以便传承祖先馈赠给我们的理论遗产

当遭遇学术言说的困窘与尴尬
曹顺庆师给我们指点迷津
让我们专程回访南北朝的刘勰先生
打开那卷有些发黄的《文心雕龙》古书
跟随他去领悟文学的肌理与要义
朗读，背诵，翻译，话语实践
再朗读，再背诵，再翻译，再话语实践
如是者三
我们与《文心雕龙》那本经卷
从此结下了不解之缘

"文之为德也大矣，与天地并生者何哉"[①]
"设文之体有常，变文之数无方"[②]
"文之英蕤，有秀有隐"[③]
"方其搦翰，气倍辞前，暨乎篇成，半折心始"[④]
这些精彩的文句诗行
经由我们反复读背
久而久之就驻扎在了我们心灵深处
那"体大虑周"的文论话语
由此渗透到我们的理论思维之中

五、室外讨论课

第一次室外学术讨论课
曹顺庆师把我们叫到了

[①] 周振甫：《文心雕龙今译》，中华书局 2013 年版，第 9 页。
[②] 周振甫：《文心雕龙今译》，中华书局 2013 年版，第 271 页。
[③] 周振甫：《文心雕龙今译》，中华书局 2013 年版，第 357 页。
[④] 周振甫：《文心雕龙今译》，中华书局 2013 年版，第 250 页。

位于锦江南岸的望江楼公园
一个茶楼之中
围着一张茶座坐定
我们开始围绕中西文论的发展比较
展开热烈如潮水的讲述与讨论

刘朝谦师兄年纪最长
他将颇有心得的汉代诗学
向我们作了细致的解说
随后有何云波、李伟昉、钟华诸君
分别言及托尔斯泰、莎士比亚、海德格尔
剖析了与这些大师相关的诗学问题
年龄最小的师妹虞蓉
将自己对古典女性诗学的认识
提纲挈领地讲述了一遍

随后的争论潮汐般涌起
有人质疑，汉代诗学还是汉代文论？
有人追问，托尔斯泰诗学与托尔斯泰文学
该如何编织成网状的关系？
有人提议，莎士比亚和汤显祖之间
是否能展开中西悲剧的有效对话
有人很困惑，海德格尔如何才能读懂《庄子》？
还有人突发奇想
花间词派自比女性的诗歌创作
是否能纳入古代女性诗学的范畴之中？
争执的火药味极其浓郁
三国争战的场景在望江楼公园赫然复现

我也加入争论的战队
大胆发出自己的声音
如同鲜花在春阳下举起她粉嫩的花蕊
更多时候，我则沉浸在知识的馥郁芬芳里
焦渴的心田，此时正有晶亮的清泉汩汩灌溉
偶尔抬首瞭望
不远处，唐代才女薛涛的塑像

在艳阳之中闪露妩媚的情调
她身边那"虚心能自持"的佳竹
此刻随风摇曳，如谦谦君子

整个讨论课持续了三个小时
从日上中天，到夕阳西下
曹师一直端坐在那里
除了偶尔评点，多是静听大家讲述
那儒雅的师者风范
如春风春雨般迷人
打动了在座的每一位学生

六、学术合作

我和曹师的第一次学术合作
就是共同撰写一篇论文
说是"学术合作"
其实是针对一个学术话题
导师细致指导我
如何将一篇论文顺利完成
如同伸出援手的大人
教导蹒跚学步的孩童不断稳步前行
曹师的良苦用心，让人感动

这次的学术合作
曹老师让我思考
"跨文明研究"与比较文学的关系
提示我去看哪些材料和文献
做好论文撰写前的学术准备

我花费大约一周的时间
翻阅浏览了相关的学术成品
找到了初步的想法和思路
便与导师交流、沟通
曹师耐心听我讲完
才将他高屋建瓴的认识讲给我听
并纠正了我的偏颇和误区

接下来一月
我便按照导师指导，结合自己的认识
将论文的毛坯搭建而成
拿给曹师去斧正
两日之后，曹师把我叫到他办公室
递给我批阅过的论文稿
那密密麻麻的红点红圈
拥挤着导师不辞辛苦的操劳和心血

按照老师的批阅修改意见
我将论文从头至尾修缮一次
本以为这次算是大功告成了
没想导师拿到我的二稿后不久
又让我到他办公室去
就文中的好几处细节
向我追问细究了半天

论文定稿之后
我按曹师的要求
投稿了一个学术期刊
半年后，《外国文学研究》杂志
便刊登了我和导师合作的这篇论文——
《跨文明研究：21世纪比较文学的理论与实践》
人大复印报刊资料"外国文学研究"版
也将这篇论文放在了2014年第1期的头条
进行了转载和推荐

这次合作的意义
并不只是撰写和发表了一篇论文这么简单
更重要的是
它让我知晓了导师之"导"的操劳与用心
也让我明白了学生之"学"的方法和路径

七、郊游

川西平原得天独厚
自然的育化里塑造了
多少鬼斧神工的山水画卷
九寨沟，峨眉山
乐山大佛，蜀南竹海
都用花枝招展的绰约风姿
逗引我们前去探访游玩

到秀丽的风景点观光郊游
是我们紧张学习之余的必要松弛
那是一个晴和的三月
我们相约去黄龙溪踏青赏春
钟师兄、虞师妹二人各开一辆小车
带我们从成都出发，直奔黄龙古镇
穿过一条诗意浓郁的古街巷
我们来到了黄龙溪古码头边
在那里租下一条游船，溯江而上
一路观赏沿途的美景

溪水清幽，如我们此刻欢悦的情绪
清风徐来，撩动我们细敏的心思
两岸绿树青翠，春花含笑
让我们如在画中行
不经意间，一只灰褐色小鸟
从船边飞掠而过
将我们观望的目光
带向了茫茫远方

在一间民居开设的小酒店里
我们进入晚餐时间
此时蒙蒙细雨，溅落在溪水中
开出一朵朵好看的小花
而细雨笼罩下的黄龙古镇
更增添了一份秀丽和妩媚

八、论文答辩

读博三年，所有努力和付出
积攒起来的累累火种
都将在这一天同时燃放

会场是严肃的
如同铁的冷凝
学富五车的答辩评委们
早已在台上坐定
他们准备好了各种考验和检测
要在答辩人那里检出真金还是假铜来

按回避原则，曹师没有出现在评委那里
我知道他此刻一定坐在办公室里
心中充满了海潮起伏般复杂的情绪
他感到自己的学生可能会遇到困难
但终究会劈波斩浪抵达成功彼岸

轮到我答辩了
答辩导师们一一抛出他们的问题
有难有易，都与论文相关
难题并非无解，易题并非易答
这正如海上航行
大浪并非难躲，小浪仍需谨慎
终于涉险过关
阴霾全都散去
灿烂如雪的阳光，在我的世界里撒满

答辩后晚宴时，曹师现身了
他向所有参加答辩的学生点头致意
席间频频举杯
向各位同学一一表达祝贺
犹记得那天，曹师格外兴奋
不仅现场献唱，还二胡独奏《赛马》
如花的笑容，一直挂在他脸上

九、毕业留影

成都游学三年，终于到了
要说再见的时候
拨穗典礼之后，大家就将各自东西
迎着朝阳踏上新的征程
临行前，我们要在文科楼前
留下自己最后的身影

先是师门众学子与曹师照集体照
随后，每个毕业生
分别与导师合影
让三年的求学生涯
在此刻圆满定格
满脸笑容的曹师
在相机"咔嚓"拍下的毕业留影里
乐意成为一个人工的"道具"

拍了多少照
现在已记不清了
只感觉那天上午的时光很短
我们与曹师朝夕相处的日子
已进入了倒计时
一种无言的惆怅写满每个学的脸
依依难舍的愁云
笼罩在所有人心空

十、尾声

一切都是不可重现的历史
"一切都将成为亲切的怀念"（普希金）
先生之风范，山高水长
先生之恩情，没齿难忘
无论春之晨雾还是秋之寒露
也无论夏日艳阳还是冬之冰雪
每时每刻，曹师的教诲
都如清风明月一般

在我们的日子里流溢芳香，闪烁光亮
让我们平凡的岁月
始终撒满希望的阳光

博士养成与为学为人

2003级博士 邹 涛[*]

我在曹门弟子中从备受关照的小学妹逐渐成长为弟子群的核心联络员和活动组织者，这个转变深深得益于曹老师的言传身教和师兄弟姐妹的团结友爱。

2002年，我第一次考博失利，申请提前跟读博士课程[①]，得以结识2002级的众位师兄师姐，与他们共同修课，开启曹门求学之旅。记得2002年秋天第一次参加曹门弟子聚会，当时参与聚会的博士以及博士后12人，加上我这位候补队员刚好13人，于是我被戏称为"十三妹"。聚会上，我的候补身份让我颇为忐忑和自卑，但曹老师和师兄师姐们都热情鼓励我，使我备受感动和鼓舞，几个月后再次参加考试，如愿以偿成为曹门2003级博士中的一员。

曹老师的博士课程基本开设在晚上，连上3小时大家往往还意犹未尽。老师通过带领我们细读经典来体会传统文化之光，而老师与弟子之间、弟子与弟子之间的交往也演绎着经典传递出的种种美德。老师在上课的时候要求严格，但课余则笑眯眯地询问每个学生的学习和生活状况，凡是遇到还没有男朋友或女朋友的，更是如父母一样为他们操心着，每次聚会都要嘱咐师母为单身弟子留意合适人选。

老师关爱学生，学生也尊师如父，同学之间关爱有加。那个时候教学区没有配备热水，冬天上课的时候，住校的师兄如杜吉刚、王敬民等会提着一个大大的热水瓶进教室供老师和同学们取用。有时碰到师兄左手扶着单车右手提着热水瓶骑车急匆匆赶往教室，心里又感动又担心，生怕热水瓶碰坏烫伤了人。来自台湾的谢碧娥大姐的年龄和曹老师差不多，在尊师和友爱方面堪称我们年轻学子的楷模。每当天气炎热的时候，碧娥大姐总喜欢给老师带一罐冷饮，并时不时邀请我到她的小小出租屋里喝甜美的绿豆羹。我当时是在职读博，晚上修完课还有半小时车程才能到家。每次和胡志红、马建智等几位不住校的师兄一块走出校门口时，他们总会帮我拦一辆出租车并记下车牌号，还一再叮嘱我到家后给他们报个平安。这样的曹门氛围带给我无限的温暖，我也因此暗下决心，要将这份温暖传递给后面的师弟师妹，

---

[*] 邹涛，2003级博士，电子科技大学外国语学院教授，副院长，1976年生，汉族，湖南邵阳人。主要研究方向为非洲文学、英美文学、比较文学。

[①] 当时允许提前修课，戏称为"先上车后买票"。如果第二年考上了，提前修的学分有效，如果第二年没考上则失效。

尽可能散发出自己微弱的光芒温暖更多人。

曹老师经常说："我平时虽然很忙，但你们只要约我谈论文，我总会尽快抽出时间来。"但是，老师在谈学术的时候会一改平日的温和，变得非常严谨和严肃。所以，每次弟子们和老师谈论文的时候都特别忐忑，而多经历几次这样的考验，弟子们的研究水平就会有明显提升。记得老师审阅完我的毕业论文初稿，打电话给同时提交论文的谢梅师姐，要我们俩去面谈论文并带点纸巾准备擦眼泪。我俩在听老师一一谈完论文反馈意见之后，确实忍不住哭了一场。接下来的一个多月，我俩不分昼夜改论文，改到崩溃时就打电话彼此倾诉和宽慰，平静心情后再找老师答疑解惑。老师担心我们长期熬夜吃不消，打电话建议我们再推后半年答辩。可是，想着那么多优秀的曹门弟子都在努力奋斗，同时觉得推迟毕业愧对老师和家人的期待，我俩咬紧牙关抓住工作以外的一切可用时间修改论文。一个多月后，老师一边拿着我们的修改稿一边笑着说："这么短的时间居然能改出来，看来一敲打潜力就发挥出来了嘛。"我和谢梅师姐相视而笑，内心非常感激老师的严格要求和耐心指导。

在读博期间，我的学术兴趣和学术写作能力快速提升，也因此深深感激曹老师为我提供的这个学习平台。可是，我也听到一些人批评曹老师带博士太多。我理解这种看法，因为绝大部分博士生导师确实因为名额和精力的限制一届只带一两个。但是，我想以自己的亲身经历对这个问题做个小小的回应。文学与新闻学院在四川大学属于大学院，当时因学校其他学院博士招生没招满而获得较多的博士生名额。曹老师作为川大文科的领军人物，报考他的人特别多，所以在有名额的情况下他招的学生确实较多。当时有些考他的学生本来分给了校外的兼职博导，但平时活动也都是和曹门弟子一块，给人的感觉队伍就更庞大了。但是，大队伍在曹老师的引导下，却构成了一个非常好的内部学术生态，让每个人都从中受益匪浅。

我在进入曹门读比较文学博士之前学的是外国语言学及应用语言学专业，跨专业读博可谓学术底子特别薄弱，无论中国文学还是外国文学都知之甚少。因为自卑，我轻易不敢找老师谈论文。好在身边有很多优秀而热忱的师兄师姐，我不断向他们求教，而他们也总是毫无保留地指点我，帮助我快速成长。因为同门弟子多，大家可以随时找到人展开热烈讨论，在相互切磋中取长补短、共同进步。此外，同学们来自国内的不同地域，甚至来自境外或国外，极大丰富了大家的跨文化体验。对我而言，比我优秀的同门都部分扮演着导师的角色功能；而对于那些同样学起来吃力的跨专业学习者，我们则深刻懂得对方的困境和难处，彼此关心、相互鼓励。譬如，身为美术教师的碧娥大姐在台湾的工龄已经达到了退休要求，年近花甲远离丈夫和孩子前来跨专业攻读博士学位，她孜孜以求的精神和浓郁的艺术家气质深深感染着我。我们常常感叹独生子女时代带来的种种弊端，也深刻体会到独生子女集诸多宠爱与压力于一身的困境。培养博士和培养孩子有诸多类似之处。导师只带一个博士的时候，该生资源独享，压力也独自承担，导师同时带多个博士时，人均占有导师的时间和精力减少，但是，导师只要有足够多的研究选题供学生去选择，并有效引导师生之间、弟子之间相互激发、相互打磨，再加上严格的过关管理机制，并不会因弟子众多而导致博士培养质量下降。

我们当时要求发三篇 CSSCI 论文才能毕业，这对绝大部分弟子都是个巨大挑战。曹老师为了指导我们写作和发表论文，每当有重要学术会议或杂志约稿机会，他都会非常耐心地指导大家相互激发以写出合格的论文去投稿。这种团队合作的方式，是在博士生数量较多的情况下依然能保证培养质量的重要因素。正是在一次次的思维碰撞当中，我们深刻体会到曹老师的学术创新意识、批判性思维和学术担当。他提出的"失语症""变异学"为我们反思过度西化、寻求话语自信提供了方法论引导，他带领众弟子对中国文学在海外的传播展开系统而深入的研究，并对西方文学经典和诗学理论进行重新梳理与系统反思，在此基础上深入推进文明互鉴。

曹老师的治学与为人如灯塔指引着众弟子前进的方向。我们每一位有幸进入曹门读博的弟子，都格外感恩老师不畏个人艰苦给予众多求学者以读博的机会。如果像很多名校那样保持过于精英化的博士培养规模，西部地区的相关学科的教学与研究队伍的发展会缓慢很多。所以，毫不夸张地说，曹老师为全国尤其是西部地区的人才培养做出了卓越贡献！

想起曹老师带着弟子们在家里、公园或茶馆边喝茶边热烈讨论学术，想起师母在我们为论文焦虑不安时的种种安慰，想起大家为某一个话题辩论得面红耳赤，想起谢大姐在小小的出租房为了驱寒而边喝酒边写论文……许许多多这样的曹门交往细节，都成为塑造我为学为人的关键要素，使我的人生多了很多可叙述之处。我怀着感恩之心，在毕业后积极参与组织曹门弟子的各项活动，希望和大家一起不断发扬曹门严谨治学、热忱待人、团结互助的优良传统。我相信，曹门之光必将烛照四方！

苔花也学牡丹开
——随曹顺庆师问学散记

2004 级博士 曾 明[*]

我是曹顺庆先生文艺学专业中国文学批评史方向的博士，多年来，一直有个夙愿，就想以老师为题材写点什么。作为他的学生，平时与先生有些接触，想到先生璞玉浑金、闻鸡起舞，"潮平两岸阔，风正一帆悬"，景慕之诚是无时或已的。2019年以前，自己曾忝列西南民族大学第九任校长，受各种琐事所困，最大的苦恼是没

---

[*] 曾明，2004 级博士，西南民族大学二级教授，博士生导师。四川省学术和技术带头人，四川省有突出贡献的专家，四川省社科联副主席，四川省委省政府决策咨询委员会委员。

有时间的自由，好几次有写的冲动，都是刚起了个头，无奈又放下。2019年4月，自己卸任后，本打算凝心聚力，认认真真写一下自己的业师，架了势之后，又担心挂一漏万，取轻舍重，让人挑剔，辱没了先生的名声。几次提笔，几次搁浅。于今来看，还是慵懒所为。2021年11月24日晚，接到曹老师助手杨清老师的信息如下：

> 曾老师您好！曹老师最近计划编写一本《木铎之心，素履之往：曹顺庆教授四十年教学改革与拔尖人才培养》，作为曹老师领衔的教育部首批新文科教改项目成果，计划了一章"往事他说，雅论当年——'拔尖人才'丛谈录"，主要收录曹门各位优秀师兄师姐有关老师人才培养的文章，可以是论文、散文、随笔、与老师的访谈，文体不限、字数不限，可以讲讲老师人才培养的效果，讲讲跟随老师求学的故事等，特邀您赐稿。不知您是否方便呢？如方便的话，还请您在2022年2月底之前发给我哈，非常感谢！

我当即回复：

> 小杨老师：你好！信息收到，这个光荣的任务是必须要完成的，我一定尽心尽力。你辛苦了，谢谢！

以上主要是交代自己愚者千虑，想法早、动笔晚的原因。

一

曹老师学问大，影响广，学界地位高，是我们敬重的师辈。清代大诗人龚自珍说："但开风气不为师。"曹顺庆先生是既开了风气，同时也为师。记得文化学术巨人陈寅恪先生在《敦煌劫余录序》中说："一时代之学术，必有其新材料与新问题。取用此材料，以研求问题，则为此时代学术之新潮流。治学之士得预于此潮流者，谓之预流（借用佛教初果之名）。其未得预者，谓之未入流。此古今学术史之通义，非彼闭门造车之徒所能同喻者也。"[①] 曹顺庆师是自19世纪末西方教育制度引进中国以来，中国大陆历史上的第一批博士生导师杨明照先生的开门弟子，第一个获得中国文学批评史博士学位。于今学界之共识，首批博导的遴选程序极其严格，列名者堪称一时之选，可以说代表了十年浩劫之后中国学术界的最高水准。曹师作为该学科名副其实的"开山大师兄"，薪火传承、守正创新，风神气韵、水到渠成般成了卓有影响的学术大家。

于是，想起几年前夏日的一个傍晚，我受邀参加完四川大学文学与新闻学院研究生毕业论文答辩后，风过于耳，花开于心，锦江河畔，灯火阑珊，在九眼桥桥头搭网约车回家。那天月明，司机心情甚好，谈兴很高，无话找话，主动问我："你从川大出来，去西南民大，是大学老师吧？"我答："是的。"他又自言自语说，现

---

① 蔡鸿生、荣新江、孟宪实：《中西学术篇解读：陈寅恪卷》，中西书局2014年版，第32页。

在而今眼目下，大学老师好啊，社会地位高，有面子，经济收入也不错，有里子。我也就附和着他，天一句、地一句地跟他摆龙门阵。途中他忽然问："那你晓不晓得川大有个大教授曹顺庆。"我答："晓得啊，是我老师。"当时我很意外，立刻反问他："你咋晓得川大有个教授叫曹顺庆？"他答："是在川大外国语学院本科念书的儿子告诉他的。"他又继续感慨说：川大就是他们心目中最好的大学，听小孩讲，曹顺庆老师在师生中影响大，威望高，受欢迎，关键是人很随和善良，说人话，做人事，不装腔作势。至于具体研究什么，取得了什么成果，创造了什么价值理论，他讲不清，也搞不懂，总之一句话，这样的教授巴适，受人尊敬。他引导教育小孩："做人就要做这样的人。"听了司机一番不加修饰赞扬的话，说实话，那一瞬间，我想到《左传》里说的不朽有三种，居第一位的是立德。心里冒出一句春晚小品里多次出现的经典台词——"我骄傲"，真的与有荣焉。南宋叶梦得《避暑录话》曾云："凡有井水处，皆能歌柳词。"是对北宋柳永词传播、影响的评价。当时我就在想，大学，不是坊间所言的大家学，其实是学大家。今天我们真正的学术大家，他们的高文典册、价值地位、传播影响，不应该仅停留在狭小学界和有限书斋，这只是板着面孔极小众的孤芳自赏；更应该流布在社会和广大的老百姓心中，这才是很大众接地气的人间烟火。

2011年10月，我参加了全国干部教育培训四川大学基地举办的四川省高校新任校级干部领导能力培训班。结业式上，我发了言，说过这样的话：现在川大标志性的建筑里，如行政楼、图书馆、教学楼都挂有历任中科院、工程院院士的大幅彩色照片，却少了文科杰出教授，如项楚教授、曹顺庆教授等，应是美丽的遗憾，建议补上，以示文理并重，尊重人才。当时参会的川大杨泉明书记回应说，马上就改。后来，文科杰出教授的照片就和院士一样挂墙上了。我觉得这也体现出对学术的由衷敬畏，对规则的自觉遵守，对人的充分尊重。

二

回望在川大求学的岁月，可说的事有很多。我试图由浅而深，由简单地相面而深刻地问心。曹老师常常身先士卒，引领我们熟读原典十三经，背诵中国古代文论名篇佳作，研析古代诗学，检讨中西文论，其风范可谓"直而温，宽而栗"。从学三年，以我的蠡测：在先生招牌式的"曹氏微笑"后面，他博学达观，析理透辟超脱。他在广阔的内心世界，是一个从容自在、自由行走的人。既埋头深潜于学术内，又昂首阔步于学术外。先生敏行善思，温厚可亲，淡泊名利，播撒智慧，时常见人之所未见，创造性转化，创新性发展，观点独到，灵光四射，是具有大智慧的人。

以曹老师引领、要求我们熟读原典十三经，背诵中国古代文论名篇佳作为例，追溯起来，这个传统始于第一届博士，时间是1994年。二十八年过去了，老师一丝不苟的治学精神，从其课堂教学可略知一二。几十年来，博士的第二个学期，先生都会在中文系讲授中国文学批评史研究和比较诗学两门博士生课程。在课堂上，先生对学生的严格要求常常使我们吃惊。记得第一次上中国文学批评史研究课，先生就开宗明义，讲清规矩：该学期所学的中国文论，均需熟读背诵。我清楚地记得，有一次老师讲《文心雕龙》，下课前给学生布置作业，要求大家把《文心雕龙》理解背熟。我当时想，"大家都是博士了，难道还真在课堂上要求背书？"但在下一次上课时，我们却亲见先生依序把一个同学叫起来背《文心雕龙》卷六里的《通变》篇。这个同学背得不流畅，先生便请他坐下，委婉地说了他几句，那个同学惭愧地坐下了。事后我们向一些已毕业的同门谈及此事，大家都说"曹老师一向这样"。现在回想起来，先生始终坚持的这个独特的"博士背书"传统，或许另有深意。其实正是反复的诵读默记延续了中华文脉，讲好了中国故事，传播了中国声音，提炼了中华文化符号，展示了中华民族形象，从而更加坚定了文化自信。钱穆先生曾说："对自己国家和民族的历史，对传统，应怀有温情和敬意。"2020年12月15日，曹老师在岳麓书院致敬国学；在"第四届全球华人国学大典"会上，他回答凤凰网记者时也曾说："中华民族为何生生不息？因为我们有国学这个魂。"[①]

记得道家庄子《秋水篇》曾载有一事，说他在濮水边钓鱼，楚王慕其才，派二人游说，想请他出仕。

庄子手拿鱼竿头也不回，说："听说楚国有一只神龟，已经死了三千年了，大王敬仰有加，上盖国旗，高供庙堂，不过你们说从龟自己看来，究竟是死得光荣好，还是生得伟大好？"

两位使者答，"当然是快乐生活在淤泥里好"。

庄子说：你们回吧，我愿意（像龟一样）快乐生活在淤泥里。

不随波逐流，不人云亦云，具有独立的人格思想，走自己的路，干自己的事，培养具有特色、特点、特长的博士，庄子的话，是可以为我们提供一些启示的。

《战国策》里说"宵行者能无为奸，而不能令狗无吠也"，我们做工作、干事业，很多时候都在扮演宵行者的角色。

三

或许是由于自己钻研古代、思想传统的原因，滋生了贵远贱近的陋习，常常是眼前的事记不住，过去的事忘不了。读博期间，我对曹老师倡导的每月两次、各班级之间开展学术沙龙自由讨论，印象极深。这种师友间不拘形式的学术交流，知无不言，言无不尽，言者无罪，闻者足戒，使我获益良多，感佩难言。因为经典的学术话语体系，总是既沉淀了厚重的历史，又穿透了轻薄的现实，总是勾连天地，融通古今。这样面对面的思想交锋，观点鲜明，直指人心，让人感到了友谊的淳朴，

[①]《中华民族为何生生不息？曹顺庆：我们有国学这个魂》，凤凰网，https://v.ifeng.com/c/82DfVr57O6h，2020-12-15.

真诚的温暖。同时,也更能彰显四川大学校园内,文学博士们舌灿莲花、笔走龙蛇的浓厚学术氛围。

至今,我仍清楚地记得,有天上午参加完讨论,我意犹未尽,仍然沉浸在激烈的思辨中,若有所思地离开了教室。在回家的途中,我忽然想起:天啊,我的包还放在401教室的桌子下面,我的身份证、银行卡、车钥匙、学术资料等全在包里……11点43分,当我急如星火地赶回教室时,教室门大开,包却已消失。

当我万分沮丧地走下楼时,一个同学的手机正播放邓丽君小姐的曼妙歌曲《人面桃花》,歌词"人面不知何处去,桃花依旧笑春风",正是我那时心境的写照。

于是,马上找教学楼保安看监控,去派出所报案,均一无所获。

中午12点15分,我的手机收到一条信息:"你的包在我这里,请速与我联系。"当时,我的第一反应是被敲诈了,我将信将疑还未来得及回复短信,手机响了,是我们英语班的同学打来的,她说:"我叫郭华,包在我这里,别担心,请马上来取,地点在川大北苑宾馆旁的宿舍。"

一切是如此的突然,让我喜出望外;一切又是如此的正常,让我感叹深思。

人心如秤,我想起了一句话:在世间,有许多自封的伟大,其实是渺小的;有许多平凡的渺小,其实是伟大的。人可以肯定自我的价值,你赋予自己的价值多高,你的价值就有多高。

郭华谐音为国华(国之芳华),毕业后,我再也没有见过她,想来她一定会很好。因为赠人玫瑰,手留余香;助人危急,品德高尚。她体现了四川大学博士的精神境界和完美人格。

四

时间不会倒流,一晃几十年过去了。于今慢慢品味,往往是小流作响,大流无声。博士论文开题时,名师压阵,犀利点评,陟罚臧否,也让我们记忆犹新。记得参加我们那届开题的老师有吴兴明、徐新建、张放等教授,老师们从论文的选题、结构到材料运用等各方面,都予以倾心指导。其指导往往给人以方向感,恢宏而睿智,每每给人以启迪。他们在开题时提出的宝贵意见,吉光片羽,让大家受益匪浅。当然,据说每届几乎有半数以上同学的选题,现场就被宣布为"枪毙""死缓""无期"等,以至于同学们都有一种"如临深渊,如履薄冰"之感,私下口头禅:"曹门弟子开题严,毕业难。"

我们读博士的时候,学习和研究是单调的,用辛苦并快乐着来形容应该不过分。如果说有幸福的时光,那就是每年期末的师门聚会大联欢。这好像与严谨的学术研究并不搭边,其实作用不小,正如陆放翁所言"功夫在诗外"。我记得,不同年级的同学(包括有些已毕业好几年的)自编自排自演,艺术水准说不上有多高,但应是个个都解放了天性,在彼此呼应、铺张扬厉的过程中,尽情展现人性的光辉。我虽然曾经是西南民族大学艺术学院首任院长,但的确才艺低下,登台表演的是给老师题写的一首藏头诗。当然，每年联欢会的高潮是曹老师的独奏（小提琴或二胡），其艺术水平是一流的。师生们在轻松怡悦的氛围中，交往、交流、交融，加强了联系，沟通了感情，增进了友谊。这种寓教于乐的方式，考察起来，古已有之。据说，现在古调不弹了。目前，我亦忝列为博导，因此联想到另一个问题，我们举行这样的高雅艺术活动，是不是还可以推动促进高学历人群的秦晋之好，高山流水遇知音，走出当下一些博士男不婚、女不嫁的困境呢？因为生活与创造，是我们生命的两个轮子。老话说："一日为师，终身为父。"倘若能改，我更喜欢"一日为师，终身为友"。

2021年9月1日，商务印书馆出版了曹老师的《比较文学变异学》一书，可以说，该书有深度有内涵，极具开拓性，具有很高的学术价值。纵观全书，真知灼见扑面而来，但又绝非刻意标新立异，那些不落窠臼、精详慧人的结论，都是合乎逻辑地由材料中生发，又经过立足于坚实的材料基础之上的论证，水落石出，真信服人，观点往往出人意表而又不出学术规范。学术眼界，世界眼光。这便不是时下那些为哗众而求"新"，似"新"而实妄者所能望其项背的。读毕此书，我深感，当知识的积累至深至厚时，思想的光芒就会闪耀而出。当时，控制不住内心的激动，情不可遏，立即给先生发去叨扰短信——

> 尊敬的曹老师：您好！老师大作《比较文学变异学》今日隆重推出，辨章学术，中外铭记。考镜源流，东西仰止。我画蛇添足，想到自己正在研究的宋人"活法"说，也是一种变异。为文作诗绘画，无问西东，天下学术，我以为都离不开一个"活"字。活即变，变即新，新即进。另：老师后记里，感谢哈佛大学教授，"谢"字编辑校对时漏了，再版请他们务必加上。

曹老师马上回复了点赞与龇牙的表情包。

我当时感叹：老师真好。在当今具有科学性、现代性、国际性的新文科教育场域中，老师就是老师！

写到此，想到清人袁简斋的五绝诗《苔》："白日不到处，青春恰自来。苔花如米小，也学牡丹开。"我觉得，这首诗主要歌唱的是天地间平凡而尊贵的生命。我想，在中国文化这片沃土里，小溪总会归流，幼树终会入林。只要我们每一个人都像普通的苔花一样，顽强不屈、绽放芳华，文化自信这树牡丹就一定会鲜艳且芬芳，平凡而卓越。

请回答，我的 2010！

2010 级博士　龙　娟*

> 岁月的回音壁里常常会无缘由地响起一些声音：府南河畔，煮茶听雨，丝竹管弦，一觞一咏……那样熟悉而又温暖的声音似乎就发生在昨日。
> 请问那个时候的我听到了来自 12 年后的思念吗？
> 听到了吗？听到了就请回答！
> 我的 2010，我的川大岁月。
>
> ——题记

琢之磨之　玉汝于成

第一次见到先生应该是在十七年前的 2005 年，当时我正在读研究生二年级。由于是跨专业读研，所以要补修多门中文系课程，日子过得匆忙而又迷茫。当我奔波于各科教室之间，除了被不停灌输学科知识，还有一种头脑被割裂的感觉——本科四年的外语训练和研究生三年的中文学习，到底要怎样融会贯通？

在山城迷雾重重的惙惙冬季，我幸运地触到了那束光。

那是一个周末，突然接到学院讲座通知，并且强调十分重要必须参加。于是我们裹上厚厚的羽绒服，急匆匆地赶到了会议室。偌大房间挤得像沙丁鱼罐头，我在门口踮脚眺望，越过此起彼伏的绰绰人影，第一次见到了坐在主席台上的先生——身着黑色羽绒服，似乎才落座不久，笑意盈盈地与旁人谈笑，身旁还有一位优雅美丽的女学者（后来才知道是蒋师母）。那次的系列讲座让我耳目一新，大开眼界——原来比较文学不仅仅是教科书上乏善可陈的枯燥文字，比较文学的世界很大很广阔！也许和先生的师生缘分从那个时刻就种下了。

后来研究生毕业留校任教，心里始终有一个酝酿已久的计划：考博，而且必须是川大的比较文学博士。边工作边备考的艰辛相信让很多人都不愿回忆。只记得那年 3 月底春寒料峭，我坐着火车从重庆前往成都，抱着鼓鼓囊囊的背包，窝在硬邦邦的座椅上。透过嘈杂喧闹，于烟雾缭绕间，不经意瞥见了窗外蔓延天际的金黄油菜花和随风摇曳的高耸芦苇，刹那间久违的阳光从云层中照耀了出来，我莫名地就鼻子发酸湿了眼眶。很多年后的今天，每每看到相似的景象，依然会感慨不已。

收到录取电话后的激动心情还未消散，我们就已经身处川大文新学院的课堂了。虽然在备考的时候已经接触了不少十三经的内容，但当听到先生要求我们用阮

---

* 龙娟，2010 级博士，重庆师范大学初等教育学院讲师。

元校注的繁体字竖版十三经作为上课教材时，顿感当头棒喝；光是讨论是买中华书局还是上海古籍版本就花了几天的工夫；而在书店亲眼看到十三经魁梧厚实的身段时，我们又被深深地打击了，几位身形娇小的女生不由感慨："古人学问无遗力，少壮工夫老始成。纸上得来终觉浅，绝知此事要躬行。"但最终我们还是明白了这套书设计者的良苦用心：既丰富了古文知识，又磨炼了视力，还锻炼了身体。先生带领着我们畅游在《周易》《诗经》《尚书》《周礼》《仪记》《礼记》《春秋》《孝经》《尔雅》《论语》《孟子》等古代典籍原著的海洋中。我们每每欣赏着先生出口成章倒背如流的潇洒英姿，自己却有溺水眩晕之感：尽管前一周都在认真预习，但轮到自己朗读时总是看跳行或者读错字，读完之后不知所云，周遭鸦雀无声，"落得个白茫茫大地真干净"。每当这个时候，总是有先生鼓励的声音响起，并为我们详细解读字里行间的深刻含义。

　　但更艰难的还在后面，先生对我们的要求不仅仅是"读懂"，还要求我们"背诵"。背诵古代经典文论一直是曹门弟子多年后碰面时会心一笑的"接头暗号"。也不知道当年是怎么把《文心雕龙》《文赋》《二十四诗品》《沧浪诗话》《童心说》等古代文论硬背下来的，只记得脑袋里时刻悬了个警钟，走路吃饭洗澡睡觉都在念念叨叨，不停重复，生怕忘记。上课的前一天更是达到了"食不甘味、夜不能寐、身若飘萍、首如飞蓬"的疯狂应激状态，真真是做梦都在背《文心雕龙》。同寝室的小姐妹在掌握了我的上课规律后，看我的目光都显得格外温柔慈悲："别去打扰那孩子，她明天要背书了！"但更悲摧的是，就算背了整整一周，在课堂上还是有忘记的时候，或是因为紧张，或是因为健忘，或是因为不熟悉。三十岁左右的大龄学生们，由于背不出文论而矗立课堂抓耳挠腮，这样的有趣场景并不罕见。尽管先生总是和颜悦色地替我们解困，但大家还是觉得窘迫不已。有一次同桌偶尔发现，站起来背诵时可以偷瞄到邻桌平板电脑上面的文字，于是忍不住偷瞄了几眼。这个"妙招"引得周围人纷纷效仿，几人过后，先生发现事有蹊跷，于是踱步过来，发现几个面红耳赤的家伙中间摆了个平板电脑。先生心领神会地微微一笑，却并不点破，又不动声色地踱了回去。大家顿时羞愧不已，自此更加努力地背诵文论，从此课堂再无偷瞄一事。

　　先生给我们博士生上的课程还有一门是西方当代文论，要求我们使用英国著名理论家伊格尔顿的《文学理论导论》原著作为教材。先生上课是中英双语教学，读一段阐释一段，并且建议我们阅读英文原著时不要对照翻译版本，直接在读完英文后发表自己的看法。但最初我们还是找来了翻译版本对照阅读，但在学习过程中慢慢发现译本的误译漏译之处甚多，于是明白了先生坚持让我们阅读原著的深意。记忆最深的一个术语是英美"新批评"中的"close reading"。当时先生让大家讨论怎么解释这个术语，于是乎大家侃侃而谈。一位在大学里讲授过西方文论的师兄给当时一头雾水的我们普及了基本含义："close reading"即细读，就是指对文本的语言、结构与象征、修辞的元素进行仔细解读，当我们"不明觉厉"地默默点头时，先生笑着问道:"那么有谁能解释一下 close 这个词本来的意思吗?如果让大家重新翻译这个术语,还可以翻译成什么呢?"顿时我的脑子清醒了一点了:"对啊!为什么我们没有质疑这个术语翻译的准确性呢?close 除了有'靠近、接近'之意,还有'封闭、关闭'的意思。"于是,我们在先生的启发性点拨下终于搞懂了英美新批评语境下的"close reading",即"封闭式"地只关注文本内部的语义和结构对意义形成所具有的价值,反对引入作者生平、社会、历史、意识形态等外部因素来帮助解读文本。恍然大悟的我们这才明白了先生一直强调的学术规范:使用一手资料,拒绝二手、三手资料,避免以讹传讹,误人子弟。

桃李成蹊　行远自迩

校园时光总是紧张、美好而又短暂的,一转眼毕业的日子临近了,我们2010级的硕博同学像蒲公英一样,带着川大百年学术传承的种子四散到了全国甚至全世界。但这并不是所谓的终点,我们会以另外的方式再次见面。

学术会议,便是一个可以见到先生和同门的好机会。不仅可以再次聆听先生最新的研究理论,还可以得到"醍醐灌顶"般的点拨和帮助,当然最有趣的是可以窥见先生课堂之外待人接物的种种。

印象最深的有两次,一次是在2013年7月,贵州师大。会议中的先生一如既往地思维活跃、认真严谨,让我们如沐春风,再一次回到了川大文科楼课堂。而紧张会议之后的聚餐更是那次相聚的高峰时刻。为了祝贺先生六十大寿,弟子们准备了精彩丰富的文娱节目,有川剧变脸、独唱联唱、独舞群舞、现场书法、即兴作诗、乐器演奏、伴乐朗诵……内容之丰富、形式之多样,看得我眼花缭乱。但我们知道压轴好戏还没出场,因为每次先生都会积极参与,并且力拔头筹。二胡、小提琴、独唱、朗诵……每一次先生都会拿出不重样的专业级表演,看得我们一愣一愣的,毕竟那么多才多艺的博导,真的很少见!更绝的是,先生在高歌一曲后,突然说起了年轻时候的一个遗憾。原来先生还记得和师母结婚之前缺少了正式求婚的环节,于是想在众人的见证下补齐这个仪式。先生话音刚落,大家掌声如雷,蒋师母更是少女般娇羞地用双手捂住了嘴,看来先生这个惊喜确实把师母"惊"到了。于是,先生拿起了一旁准备好的花束,单膝跪地向蒋师母求婚。天啊!我周围的女生们没有一位不被感动到热泪盈眶的——这完全是偶像剧的男主和女主啊!不,比偶像剧还要真实,比偶像剧还要浪漫,比偶像剧还要感人!真的很有幸见证这一幕,长久真挚的爱情十分难得,先生和师母再一次给大家证实了传说中的"爱情"。

还有一次是2014年,在中国最北端的延吉大学,中国比较文学学会在那次会议上进行了新一届会长的选举,先生当选了新一届的中国比较文学学会会长。第一天上午的会议后,先生同我们到学生食堂一起吃午饭。午饭后我们陪着先生散步,听先生兴趣盎然地给我们聊各种同门八卦,真没想到工作繁忙的先生对每位同学的情况都基本了如指掌,而且雪中送炭地施以援手。一旁的我们不禁暗自汗颜:琐碎繁忙的日常教学工作已经渐渐耗损了我们对外界的感知能力，我们变得麻木、迟钝和熟视无睹。是什么能够让日理万机的先生常年保持对生命的热爱、对教学的热忱、对学生的关心以及对世间百态的洞察呢？由于先生下午还有半天的密集议程，所以得找个地方休息一下。我们纷纷建议他坐车回宾馆休息，但先生却坚持就近原则，抬眼看到前面有栋学生教学楼，便踱步进去。我们跟进去一看，就是栋普通的教学大楼，只有上课用的教室，并无休息室之类的房间。先生对着正在纳闷的我们挥了挥手说："你们回去吧，我找个地方眯一下。"于是就上了楼，只留下赵师姐在一楼等待。至今我都充满疑惑：作为学术泰斗、中国比较文学学会会长的先生难道是在简陋的学生教室座位上趴了一会？原来先生除了有一丝不苟的严谨治学态度，私下里还很幽默随和，平易近人，丝毫不摆架子。同样还有一次，先生和我们班搞了一上午预答辩，大家都饿得饥肠辘辘，班长邀请先生与我们同去校内宾馆进餐。先生却说，不用那么麻烦了，我回家下个面条，下午还要开会。先生自律性极高，比如雷打不动的饭后散步、吃饭七分饱、午间小憩等。这些生活上的言传身教让我们也学到了生活应该张弛有度的道理。

言传身教　春风化雨

物欲横流的世界容易让人迷失方向，忘记初心，扭曲变形，人们讨论的热门话题不外乎是票子、房子、车子等物资需求。但先生是一股清流，用自己的言传身教让我们懂得了更多书上不曾详细阐释的大智慧，比如传道授业解惑、立德立功立言；比如珍视家庭、相濡以沫；比如关心学生、施以援手……

待在川大的日子虽然不长，但一想起川大就会有"家"的亲切感，而这个"大家庭"的"家长"便是对学生关爱有加的先生。也许是因为先生自己和川大有着不解之缘，所以他深切地热爱着这片土地，以及在这片土地上来来去去的无数学生。老师常常诙谐幽默却又饱含深情地给我们讲述他在川大寒窗苦读、巧遇师母、安家立业等个人经历，我们也从中明白了先生"淡泊名利、宁静致远"的从容豁达心态，这无疑为我们点亮了一盏明灯。

每年的跨年晚会是曹门弟子最为期待的时刻，来自全国各地的同学们纷纷拿出自己的绝活儿，登台表演，也算是对一年辛苦学习的一点慰藉。我们2010级的博士和硕士同学当时也算是"萌新"，又正好有立立、艳丽、登攀等几位来自川音的专业级选手，于是我们酝酿了一出"大戏"。

首先，准备时间长。我们几乎提前了三个月的时间开始准备。记得当队长立立把计划表精心制作好摆在我们面前时，我们还满不在乎地暗自质疑：需要这么久？但结果却是：专业舞蹈老师麾下的杂牌队伍确实需要三个月甚至更长的时间进行练习。

其次，排练阵仗大。大部分同学读博之前的最后一次登台跳舞估计是某次儿童节，但是没关系，至少架势要撑起来——演员虽然不专业，但服装、道具、舞台、音效统统都要专业标准！于是乎我人生第一次走进了让人眼花缭乱的舞蹈服装租赁店，第一次穿上了露出一大截肚皮的新疆舞舞裙（第一段舞蹈），第一次蹬上了5厘米高的伦巴舞舞鞋（第二段舞蹈……天啊！怎么还有两段舞蹈！），第一次明白了小时候不认真上舞蹈课长大了会被"啪啪"打脸的事实……不过回想起来，作为女生的我尚且如此，那男同学们是怎么撑下来的啊？！

其实这么浓郁的文娱传统，也是起源于先生。先生的艺术天赋极高，吹拉弹唱无不精通，聚会中时不时与弟子来个互动，也都是专业表演水平。当然，每次的跨年晚会，先生的压轴表演也是大家最为期待的高潮时刻。记得那一年先生拉了二胡《赛马》，蒋师母也兴致很高，在先生身旁翩翩起舞，真是神仙眷侣羡煞旁人，让人沉浸在美的享受中。原来求学生活并不只是寒窗苦读，有先生引领和同门陪伴，在川大得到的各种人生领悟真的可以惠及一生。

韩愈《师说》有言："古之学者必有师。师者，所以传道授业解惑也。人非生而知之者，孰能无惑？惑而不从师，其为惑也，终不解矣……"

感谢川大，感谢先生，感谢见证彼此最美求学时光的各位同门，是你们带给了我不同的人生！

后　记

在川大求学的日子是我人生中的高光时刻，虽然过去了12年，但那段记忆一直是我心中最温暖的所在。先生的教诲是支撑我完成学业、努力工作和鼓励自己不断向前的强大动力；先生的恩泽是指引我热爱生活、保持童心和在挫折面前永不言弃的导航灯塔。

这几年新冠疫情肆虐全球，我们在去年年末又痛失一位同窗好友。但在灾难面前，先生带头捐款，曹门弟子齐心协力，短短几天便完成了捐款慰问事宜，让大家在感叹世事无常生命短暂的同时，又深深地感受到了曹门的温暖与凝聚力。

所以，我们并不是人生道路上的"孤勇者"，因为有先生，因为有同门。我们要把这份温暖与信念长长久久地传承下去，让更多的人感受到人间的温暖与善意。

另：动笔之前看了师兄师姐们的文章，那真是行云流水，妙笔生花，文笔雅致，情深意切。我被吓到不敢落笔，生怕记忆混乱、词不达意。于是便开始翻看川大的照片，记忆便渐渐如溪流般汩汩流淌出来，浮动着我的指尖在键盘上缓缓敲击。

接受理论认为一千个人的心中便有一千个哈姆雷特，那么学生眼中的先生肯定也是多样和立体的。把我们每个人的文字聚集在一起，便会形成一面五彩斑斓的多棱镜，这该是一件多么有意义和有趣的事情。这也许是童心未泯、永远充满好奇心的先生所喜闻乐见的吧。

怀念那个时候，怀念那个校园，
并不只是因为怀念年轻时候的自己，

而是因为那里有先生的青春、同门的青春,以及我自己的青春,
也因为当时离别匆匆,没能与先生说声道别而感到惋惜。
如今,对已经逝去的东西,
对再也无法回去的时间,
补上一句迟到的问候:
谢谢您,我的2010,我的川大岁月!

得遇良师,如沐春风

2013级博士　庄佩娜[*]

我是2013年有幸入得曹门。考试前,我和曹老师素未谋面,只是到了考前最后一天,才兴冲冲地跑到老师上课的教室,简单介绍了下自己,并告知老师,自己即将参加博士生入学考试。老师见了我,微笑地点点头,也不知道是同意,还是茫然状态下的礼貌回应。因此,后来面对学弟学妹们对考试公正性的疑虑,我向来坚定地回应,考试面试绝对公平,不用有任何怀疑,因为我本身就是最好的例子。

本以为博士考试是最大的难关,但在入学后才发现,更大的挑战出现在眼前。由于我是跨专业考试,中文基础和理论知识非常薄弱,面对老师提出的问题及布置的课程任务,往往力不从心,也无从下手,因此一向嗜睡的我,竟然失眠了。第一次在课堂上进行PPT展示,由于太过紧张,即便准备了很久,效果还是很不理想,讲得磕磕巴巴的。但出乎意料的是,老师并未严厉批评我,而是循循善诱,把他对这一主题的思路娓娓道来,非常清晰地展示在我们面前。我赶紧记下笔记,回去整理成了一篇论文。经过这么一番"折腾",我似乎对学业稍微有了信心。慢慢地,我的学业进入了正轨,自己似乎也逐渐看到了能够按时毕业的希望。

老师不仅在学业上给予我们最大的鼓励、引导与支持,还在各个方面因材施教,给予每个学生全面施展才能的舞台。我由于外文基础较好,因此在读博期间参加了各种国际交流活动,结识了来自不同国家大学顶尖的教师,并有幸于读博期间去美国交流访问了一年。若不是老师的高瞻远瞩与提携,很难想象会有这些宝贵的学习和锻炼的机会,使我有幸能在三年的时间内完成学业,按时毕业。

毕业后,我非常幸运地留在了四川大学任教,并兼任英文期刊的编辑部主任。虽然已经成为一名教师,但是每每在工作上遇到困难疑惑,我都会"求助"老师。经过老师的一番指点与教导,自己会顿时豁然开朗,信心大增,重新迈开向前迈进

---

[*] 庄佩娜,2013级博士,1983年12月生,浙江舟山人。现为四川大学文学与新闻学院副研究员、博士生导师,四川省比较文学学会副秘书长。研究方向:比较文学、比较诗学、翻译学等。

的步伐。不管是昨天身为博士生的我,还是今天已经成为教师的我,在老师面前,在我心底,我永远是老师的学生。老师就像是黑夜里的明灯,在我困难时,给我方向,指引我前进。对此,我无力回报,只有尽自己最大的努力,学习工作,继续老师开创的比较文学变异学与跨文明对话之路,坚定地走下去。

侍立十年记

2015 级博士　时　光 *

　　1223 年,日本道元和尚来华求法,在天童寺师事如净禅师三载后,得授禅法和法衣,归国成为日本曹洞宗的开山祖师,曾如是说明其开悟之关捩:"山僧历丛林不多,只是等闲见天童先师,当下认得眼横鼻直,不被人瞒,便乃空手还乡。"(《永平广录》卷一)三载所学,只有"眼横鼻直"四字,语中机锋,耐人寻味。所谓"眼横鼻直",是宋时禅林常用话头,比喻如实知见,看取事物本来面目之意。北宋惠洪禅师有诗云:"十年积翠侍立,学得眼横鼻直。"(《潜庵源禅师真赞一首》),即为显证。惠洪诗中所言,乃是清源和尚师事慧南禅师(临济宗黄龙派创始人)七载一事;句里的"十年",当然是虚指。

　　以上两例,一方面指向求学岁月的漫长,另一方面也关涉求学所获的真知灼见,用在这篇追忆文章的开头,我想是合适的:2012 年,我只身负笈进京,鲁莽十分、愚钝非常,幸蒙先生不弃,得入门下读书,春秋代序,日月更迭,转眼已有并非虚指的整整十年;十年间,当然有很多醍醐灌顶的开悟时刻,虽然现在我万不敢说自己已"学得眼横鼻直",但也确实自觉在曹师的谆谆教诲下,对自己,对整日打交道的书,以及对周遭的人事纷纭,有了比以往更加真切、透彻的理解。

　　恰逢曹师从教四十周年,谨以此文,记下侍立在侧的十年心迹。

一、"在春风里坐了一月"

　　朱光庭是北宋大儒程颢(世称明道先生)的门人,曾在汝州随其学习过,后有人问起他这段经历,他慨叹道:"光庭在春风里坐了一月。"所以有这种"如沐春风"之感,大抵因"明道先生德性充完,粹和之气,盎于面背,乐易多恕,终日怡悦"(朱熹《近思录》卷十四)。师者,本职乃传道、受业、解惑,因此,课堂是了解、亲近师长风采的最好场所。曹师为人亲切平易,授课从容生动,在其课堂上,我也常有与朱光庭近似的"如沐春风"的感受。2012 年 9 月,我进入北京师范大

---

　　* 时光,河南许昌人,北京师范大学比较文学与世界文学 2012 级硕士研究生、2015 级博士研究生,现为北京外国语大学中国语言文学学院讲师。

学文学院比较文学与世界文学研究所攻读硕士学位。首次见到曹师的前一天，所里进行了导师双选会，当天曹师因事未能参与，因此，被分配给曹师指导的我，难免有些惴惴不安，不知曹师是否愿意接纳我入门。翌日晚上，有曹师的课。课前曹师提前来到教室，与同学们寒暄过后，朗声问道："班上哪位同学是时光？"坐在末排角落里的我举手示意了一下，没想到曹老师踱步过来，朝我和善一笑，用手轻轻拍了拍我的肩膀："小伙子不错。"这一小小细节，顿时消解了我之前的所有不安、疑虑和紧张，让我对即将开始的研究生生活充满了期待和信心。

曹师的授课风格在整体上是儒雅可亲的，有时为了拉近与学生的距离，常会在授课内容之中巧妙穿插些网络流行语和年轻人关心的话题。如此，既加深了学生对知识点的理解，又使得课堂"笑果"非凡。记得曹师有次讲解《西游记》的海外传播与变异时，突然蹦出两句"不要羡慕哥，哥只是传说""无敌是多么的寂寞"的网络流行语，令当时听课的我们印象深刻，并大为钦服其"与时俱进"的娱乐精神。人在年轻时一般最关心的莫过于谈恋爱了，曹师在课堂上常会拿这个话题善意地揶揄我们几句。例如，在讲叔本华的悲观主义时，他如是解说："所有男生都想找好看的女生当女朋友，所有女生都想找帅气的男生当男朋友。这可能吗？"到这里，曹师会有意停顿一下；同学们则皱紧眉头，以为接下来会是诸如"有欲望就会有痛苦"的结论。没想到曹师却接着说："拿镜子看看你自己。"大家一愣，然后哄然而笑。这个"梗"是如此好玩，以至于它变成了师门内部的一个暗语。每每有同学表白失败或黯然失恋时，对其说上一句"看看你自己"，立马"药到病除"，对方很快就破涕为笑了。

作为学生，在轻松活泼的课堂氛围中，也能清晰地感受到曹师在课程内容及形式上的原则和匠心。曹师作为杨明照先生的高足，受到老一辈学人的影响，特别重视对国学原典的诵读和记忆。他每年都会在北师为学生开设元典导读与研究课程，课上会带着学生逐字逐句地领读由他主编的《中国文学典籍读本》，其中的重点篇目和段落，还会抽查我们背诵的情况。一开始，我们会觉得这样的授课风格，进度太过缓慢，形式也有些枯燥；但慢慢地，我们发现自己其实并未真正弄懂过那些中学和大学课堂上习见的国学典籍，无论是字词含义，还是文化背景，我们还从未有过如此"剔骨抽筋"式的研析；到了学期末，我们手中薄薄的一册书上，密密麻麻地记满了批注和笔记，觉得颇有收获，稍稍增长了些"中文人"的底气。在为曹师博士论文所作的序言中，杨明照先生强调"将传统研究法与比较研究法结合起来""双管齐下、异轨同奔"地研究中国古代文论。或是秉承着这一理念，除了国学经典，曹师也格外重视培养和提升学生的外语能力，他在另一门课上会领着我们逐段研读伊格尔顿的《二十世纪西方文学理论》。和元典导读与研究课的情况相似，一学期下来，我们也从最初的"抓耳挠腮"，逐渐变为结课后的"满载而归"。

曹师在课堂上的精彩讲授，一直深深地吸引着我。读研三年间，我认真听完了曹师的每节课；读博的四年半时间里，只要有空，我还是会跟着北师的本科生、硕士生一起，融入曹师的课堂中；2020年毕业进入北京外国语大学工作后，虽因疫情阻隔，少有机会能当面拜见，但一遇曹师在线上举行讲座或论文答辩等活动，我都会积极旁听、学习。朱光庭说他"在春风里坐了一月"，我则已在曹师春风满溢的课堂里坐了十年，这是何等的幸运和福气。我也祈求这样的幸福和福气，能够一直持续下去。

二、"君子终日乾乾，夕惕若，厉，无咎"

"乾"卦内有一爻辞曰："君子终日乾乾，夕惕若，厉，无咎。"[①]《文言》解释如下："……是故居上位而不骄，在下位而不忧。故乾乾因其时而惕，虽危无咎矣。"[②]山阴张岱在其《四书遇》中，将"时习章"与"乾"卦之爻辞附会在一起："《论语》首章《乾》内卦，三龙皆备。'时习'，'终日乾乾'，惕龙也。'朋来'，'见龙在田'，'德施普也'。'不知不愠'，'不见是而无闷'，潜龙也。"虽稍显牵强，但亦可自圆其说。特意在这儿提及此卦，是因为它与当年发生在曹师课堂上的一件趣事有关。

在第一节元典导读与研究课上，曹师首先领着我们读的是《周易》一书，简要介绍过此书的一些基本信息后，他提议："古人常用《周易》占卜算命，我们不妨也来演练一下。"接着，他从我们这里搜集了几枚1元硬币，让感兴趣的学生自愿上讲台"摇签"。有几个性格活泼的同学很快就上去摇完了签，曹师为其一一解读后，对结果或得意或失望。曹师对着台下问："我们最后再摇一次，谁还愿意上来试试？"我按捺不住好奇心，走了上去，把硬币掬起来，晃了几晃后，洒在桌面上。曹师低头清点了一下，问我："你这一卦想问的是什么？"我说："学业。"曹师点点头，语带调侃地对我说："这一卦不好也不坏。'君子终日乾乾，夕惕若，厉，无咎'。你问的是学业，也就是说，你每天都要勤奋努力，坚持不懈，才能有所成就哦。"后来读博期间，我在图书馆偶然看到上引张岱之语，一下子回想起当年课上算出的卦及曹师的话，于是心有戚戚焉：我深知自己资质平平，性格又浮躁，做事难深入，无论是"终日乾乾""夕惕若"，还是"学而时习"，对我的求学、治学而言，皆是精准的"对症下药"；当年游戏之举所牵带出来的几句爻辞，从后知后觉的角度来看，其实完全可以当作砥砺一生的座右铭。

曹师是这样鼓励我和其他同门的，他自己也在身体力行地践行着"惕龙"之道。侍立十年间，从未见他上课迟到过一次；给他发出的邮件或信息，无论多晚，都能在当天及时收到回复；对于学生的指导，他总是那么一丝不苟、尽心尽力，有时为了督促学生提高论文质量，他甚至会为学生举办多次开题或预答辩会……年逾六旬的他似乎永远不知疲倦，那么多的行政事务、学术研讨及学生指导等工作，他

[①] 《十三经注疏·周易正义》，上海古籍出版社2007年版，第15页。
[②] 《十三经注疏·周易正义》，上海古籍出版社2007年版，第16页。

都处理得井井有条、从容不迫。能做到这点，一个"勤"字当然不是其全部秘诀，曹师在时间管理上极有造诣。记得有次曹师要去维也纳开会，行前我陪同他去位于北京朝阳的奥地利大使馆递签；去递签的当天上午，曹师还要在一个学术会议上做主旨发言。两件事挤在一起，都需要曹师本人在场；他先跟会议主办方协商好，当最后一个主旨发言人，接着坐车前往奥地利大使馆递签。可递签时间超出了预期，临近中午，北京的路况又较为拥堵，于是他领着我去挤地铁，以确保准时抵达会场。等在地铁上找到位置坐下，我正自责于没有提前帮曹师预定好车辆时，他却在一旁安慰着"复盘"道："其实，今天上午咱们的安排是有问题的，应该先去会上做主旨发言，然后再来使馆递签，这样的话，就用不着这么赶了。"此事给我留下的印象极深，从那时我才明白，曹师的"惕龙"之道，曹师的多产和高效，"勤"是表象，内在却是建立在有效的时间管理策略上的。

经常与同门好友们一起感慨：一位誉满中外的大学者，六十多岁了，还在兢兢业业、勤勤勉勉地耕耘在教学、科研一线，作为后学，我们怎么还有理由抱怨、懈怠和满足？怎么不油然生出"生无所息"的勇气？身教胜于言传，这就是楷模的力量。

三、"浴乎沂，风乎舞雩，咏而归"

子路、曾晳、冉有、公西华侍坐，在孔子面前各言其志；子路、冉有、公西华皆着意于政教，而曾晳的志向与众不同："莫春者，春服既成，冠者五六人，童子六七人，浴乎沂，风乎舞雩，咏而归。"一派洒脱自然，令人神往，孔子也赞同不已。曾晳所言，当然是他向往的人生境界，不过用以形容孔子师徒间融洽友爱的氛围，亦是妥帖恰当的。侍立十年里，根据我的亲身观察和体验，在组织、管理学生方面，曹师一直想要营造的正是这种洒脱自然、融洽友爱的师门气氛。

曹师所组织的硕、博士论文开题，其形式在北师比较文学所是最特别的：其他师门的开题都是在教室或会议室举办，而曹门的开题一般会在风景优美的名胜处进行。记得在刚入门的时候，师兄、师姐就向我分享了许多师门之前在香山举行开题的趣事，他们绘声绘色的描述，让人不难想见漫山红叶掩映下的坐而论道、谈玄说理的美妙景象，同时也不禁生出期待：希望曹师能多组织几次类似形式的开题或答辩。过了几年，这个期待在同门常亮、张占军师兄的开题上终于实现了。因常师兄是承德人，所以就力邀曹师和师门众人赴承德开题并游玩。曹师欣然同意，安排好各项事宜后，便率师门一众前往承德。那时，北京到承德还没有开通高铁，往返只能乘坐车速很慢的绿皮火车，路上要走五六个小时。长旅漫漫，途中无事，曹师随即决定就在火车上开题。窗外车声隆隆，蜿蜒的群山不时闪入眼帘；窗内时而凝神静思，时而热烈讨论，时而欢声笑语。当晚，承德天降大雪；翌日，众人在完成各项开题手续后，又一起游览了雪中的避暑山庄，在这座气象宏大的皇家园林里留下了许多美好回忆……当时我因办理出国访学手续，遗憾未能前去，但此次开题的参与者们归来后无一不对之印象深刻：治学的过程严肃而艰苦，而曹师总愿设法给自己的学生创造些条件，令其放松身心，相互亲密交流。

除了开题、答辩这类重要的学术活动，曹师在日常生活中也总是亲切随和，用心在培育良好的师门情谊和气氛。逢年过节，曹师都会召集在校学生和在京同门一起聚餐；席间，曹师总会耐心询问每位学生的近况，并就各自的疑惑和诉求，一一作答；每逢有新同学加入师门，曹师往往会让他们站出来自我介绍、表演才艺；有时多才多艺的曹师，还会主动加入他们，一展其嘹亮的歌喉——《青藏高原》是其保留曲目，尾句层叠而上的高音，曹师每次都能游刃有余地抵达；大家有说有笑、或唱或跳，每次聚餐都十分愉快和尽兴，同门之间也增进了交流和情谊。因要兼顾北师和川大的教学任务，曹师常年在京蓉两城间往返，匆匆来去，所以在京的诸位同门都格外珍惜与曹师见面的机会：每次曹师在北师上完课后，师门的同学都会心照不宣地将曹师送至居住楼下，路上借机跟曹师交流所思、所想、所得，后来这变成了师门内部的一个"传统"。有时，大家围着曹师畅所欲言，一路欢声笑语；有时，大家只是默默地跟在曹师身后，听着晚风轻拂树叶，而月光倾泻如银，散落一地……

2019年11月中旬，我正式通过了曹师精心组织的博士论文答辩，在办理了毕业和离校手续后，2020年年初启程沿古老的"丝路"，开始了自己的毕业旅行；在途中，持续至今的新冠肺炎疫情以迅疾之势席卷中国及全球。当时的我或者说我们所有人都未曾意识到，这场疫情将会给我们的生活带来怎样的剧变；蓦然回首时，才发现那个我们曾经习以为常的世界已成了茨威格所说的再也回不去的"昨日的世界"。因疫情的持续不息，离开北师校园后，我与曹师及同门相聚的机会甚少，当年课堂内外的琐细平凡，现在大多已成不可得的奢望，不得不慨叹一声，"当时只道是寻常"。不过，我想，在这个充满无常的世界里，侍立在曹师身侧的这十年间的所有温暖细节、美好回忆，都将化为我生命经验中最珍贵的"有常"，永远予以我及师门诸友继续前行的勇气和力量。

杏坛久弘道，桃李满天下。衷心祝愿曹师从教四十周年快乐、安康！

跟曹老师学习的日子

2016 级博士　石文婷[*]

我从四川大学毕业赴清华大学新闻与传播学院做博士后,转眼间已半年有余。新学期我参与了一些研讨和教学,算下来接触学生三百余人。观察同学们上课和讨论,成为我每周的快乐——同学们有"摸鱼"的,有积极参与讨论的,有犀利提问的,有对老师的观点不服气、坚持辩论的……千姿百态,乐趣实多。我时常会想:师门兄弟姐妹众多,性格迥异,不知曹老师看我们又做何感想?想来想去,想起很多在川大求学的日子。

想起曹老师,印象最为深刻的莫过于"中华文化典籍"和"中外文论"[①] 两门课。这两门课,都要求学生体会原典。一门阅读经文典籍,体会中华传统之博大精深;另一门讨论中西文论,在中西方文学批评思想中对话。若说四川大学有"重视原典、贯通中西"之学风,那这两门课必在其列,甚至排名前列也不为过。

"中外文论"课上,前两小时集中体会《文赋》《文心雕龙》《诗品》等古代文论名著,后两小时攻克英国文论家伊格尔顿的名作《二十世纪西方文学理论》英文版。讲授重点虽中西有别,顺序倒很一致,都是先逐个请同学诵读(古代文论请同学们背诵,西方文论请同学们朗读),再由曹老师讲解。大家的外语功底都不错,读西方文论不是问题。背诵古代文论却十分头疼。背诵时磕磕绊绊是常事,有一两个背得顺畅的同学,必定会收到雷鸣般的掌声!

中华文化典籍课上,另有一番特色。它没有了背诵环节,我们压力小了很多。但曹老师要求,我们需阅读上海古籍出版社出版的《十三经注疏》原典。这意味着我们要阅读无句读、无译文、繁体字的古代经典。上课前,抱着两本厚比三砖的《十三经注疏》在路上行走,有一种驾驭古文之自豪感。但一到教室落座,才回到现实,看清自己斤两。一众兄弟姐妹齐齐钻进文献的海洋,郁闷着"这句话应该读到哪里停?""这个字读什么?"全班五十余人(算上旁听生),大概只有曹老师能穿梭于典籍之间,来去自如。我们只能气喘吁吁,勉力跟上。

曹老师的教学精力也是我们所叹服的。中华文化典籍课程从晚上七点上到十点,中外文论课程从下午一点上到五点。两门课七个小时,均由曹老师一人讲授。

---

[*] 石文婷,2016 级博士,1992 年生,辽宁鞍山人。2007 年就读于中国传媒大学信息工程学院,攻读学士学位。2014 年考入四川大学文学与新闻学院比较文学与世界文学专业,攻读硕博士学位。2018 年赴英国剑桥大学社会学系联合培养。2020 年博士毕业。

[①] 课程名称一个叫"中外语言文学与文化专题研究——十三经",一个叫"中外文化与文论",为表述方便,取个朗朗上口的简称。

老师往往笑容满面而来，讲台上一站，中英文交替，娓娓道来。老师时而向学生提问，时而与学生互动，但从不用翻转课堂、"互联网＋"一类教学方法填充课堂，也从不要求同学们做PPT展示。只听先生一人，颇有古代学堂之感。大家在典籍的字里行间应接不暇，被中西文论轮番轰炸得"咿咿呀呀"，老师倒是泰然无事，下课后精神焕发地回家吃饭去了。听师兄师姐说，曹老师游长江也是轻松的，也无怪乎能面不改色地连讲若干小时了。

这些曹老师上课的场景，是我们师门的"集体记忆"。同门兄弟姐妹的年龄迥异，有些已高龄至教授，有些尚初出茅庐，但大家都经历过曹老师这两门课的风吹雨打，见识过曹老师对中西典籍的信手拈来。有时，在学术会议上遇到同门，大家还会津津乐道一番。即使大家的学校不同、学科不同，两门课却是彼此交流感情的"暗语"，是同门情谊的大旗。

还有一些片段，是我个人私藏的珍宝。

一是师门的集体讨论往往爱到阳光处喝茶。这大抵是从了四川人爱太阳、爱喝茶的文化。想起从北方初到四川，我最诧异的当属出太阳时候的大草坪——跑跳的小孩、厮打的小狗、慢步腾挪的老人——好不热闹。后来与师兄聊起，师兄打趣地说：你不知道吗？《太阳出来喜洋洋》是四川民歌。好嘛，原来爱太阳是因为阴雨连绵的日子多！四川人爱茶也是举国闻名。峨眉雪芽、峨眉毛峰、天府龙芽、竹叶青……随便一个都是国人的心头好。鉴于这两种文化，望江楼公园是我们开题的一块宝地。绿竹茵茵，茶香飘飘，大家围坐一圈，你批评一句，我发表个观点，到太阳下山，银子没花几个，提纲倒是有了眉目，好不乐哉。我回北京之后，有一次到香山公园散步，路过一片小山水，像极了绿茵茵的望江楼公园，一时间竟恍然回到跟师门兄弟姐妹开题的日子中去了。

二是曹老师对论文的要求。曹老师对论文有几个要求。第一，选题要敢于突进无人之境，敢想他人之不敢想。第二，要"新"，包括新对象、新材料、新视角。第三，要考虑个人能力和研究兴趣，莫要一味图大图新。我的选题不算大胆，选了横跨文学、文化、传播几个领域之间的斯图亚特·霍尔做研究对象，勉勉强强在第一、二条上过了关。但对于脚踏实地这一点，领悟不够。开题时，我想法甚大，准备重写霍尔学术思想史。拟了几版提纲，曹老师用一句"你想法太大，但笔力不足"让我认清了现实。后来我缩小了研究范围，聚焦在材料和视角的比较上，行文思路也更清晰。有了这句话做警示，我现在做研究也时常提醒自己，切忌好高骛远，先脚踏实地把手头材料理好。

三是曹老师在我心里如定海神针一般的形象。在整个博士论文的写作过程中，我全文推翻重写过四次，提纲拟了有二十版。开始心觉疲累，到后来反复排篇布局、章节调整，已练就了波澜不惊之神功。一有拿不准的地方，我必定带着几个想法去问曹老师，请老师做决定。老师回复虽短，但笃定有力。我也就吃了定心丸。

这些跟随老师学习的经历是我积极学习和乐观生活的精神财富。毕业离川后，我跨到新专业继续学习和研究。有这些经历的支持,我的学术之路不算难。研究上,我不怕繁重,有全文推翻重写的勇气;疲累时,想想曹老师讲课之健朗,再看看清华大学"野蛮其体魄""为祖国健康工作五十年"的口号,还能再锻炼锻炼;课余时,想松弛一下,就能忆起望江楼公园喝茶的巴适……不断调整步调,生活还算充实。让我意外的是,一些新闻传播学的前辈察觉到我有一些传统文化功底,对中西文化思想都有一定了解,建议我从文化入手做做研究。这让我又想起了跟着曹老师读十三经和中西文论典籍的事。四五年前,背诵"盖文章,经国之大业,不朽之盛事"的时候,与同门兄弟姐妹在课堂上纠结"这句话应该读到哪里停?"的时候,我并没有想到,这些典籍可能为我打开一条新的道路。

现在,依然偶有师弟师妹打来电话问我,论文这里那里不知道怎么办。

我拉拉杂杂说了一些建议,最后必定叮嘱一句:拿不准就问曹老师。

师弟师妹常有迟疑:会不会太打扰老师?

我的回复也很一致:大胆问,放心问。

文心如斯,曹门生活

2017级博士 彭茂轩[*]

十二年前,有幸作为"后悲剧时代的灾难叙事与人文关怀"学术论坛的接待志愿者之一,在成都去往宜宾的商务车上首次见到了后来的恩师曹顺庆先生,彼时的我还在四川音乐学院读大二,受朋友之邀来观摩这场盛会,那年成宜高速还没有完成,大概需要4个多小时才能到达,这便创造出了一个绝佳的对话条件。在周围人的私语中得知,这位曹先生是"超级大牛",是杰出教授,四川大学文学与新闻学院院长,还有教育部的长江学者特聘教授等无数个头衔,以至于许多同行的接待同学都在这强大的明星光环下显得畏畏缩缩,产生了高位恐惧。但当时年仅20岁的我,还并不清楚其中的奥义,仅是抱着一腔好奇心态,向曹老师问出许多在今天看来十分幼稚的问题,没想到他竟一一耐心回答,其中印象最深刻的一段话是他对于中华文化本源的叙述态度,他以"采菊东篱下,悠然见南山"为例,指出古代文哲们对于"诗"的叙述态度,他认为"诗性"将反映不同时代与境遇者对于人生、世界及文化的态度,而从宏大立场来看,我们又应该如何借此追溯中国古诗的精神呢?曹老师言"无识之物,郁然有采,有心之器,其无文欤,诗文中有真意,欲辩

---

[*] 彭茂轩,2017级博士,四川宜宾人,1989年生,本科毕业于四川音乐学院编导系,师从马绍惠导演。硕士毕业于西南大学,师从于虞吉先生。博士就读于四川大学,师从曹顺庆先生。研究方向为比较艺术学,研究领域包括先锋派电影史论、美国电影音乐研究、本土影像符号建构。

且读《文心雕龙》",向大家介绍了这部体大而虑周的古代文论及其历史价值,并半开玩笑地告诉大家,书读百遍,其义自见,待到各位将《文心雕龙》读透,就是我们的重逢之日(报考他的研究生),与大家相谈半晌,曹老师请我给他一个抱枕,仅1分钟内便靠在后座上沉沉睡去,表情恬静而祥和。这时候我才知道,他刚刚从上海飞到成都,便又参加下一个学术会议,周居劳顿,其实十分疲惫,这使得大家都感到有些内疚,皆说曹老师这样级别的学者,竟依旧是如此亲和友善,实属不易。说话间,汽车疾驰在高速公路上,我还记得那天掠过的绿树与闪耀光影,空气中有茉莉花的味道。

曹老师不仅在文学事业上有所建树,也兼带艺术学理论专业学生,并开设"比较艺术学"课程。正因如此,我才终于在2017年得偿所愿成为曹老师的博士生弟子。犹记得那天的府南河畔,为祝贺博士生6人组"上岸",老师将这场聚会戏称为"桃园结义",其间还拿来自己的二胡,为我们拉起经典作品《赛马》。仔细倾听,其琴声悠扬,动态十足,没有想到作为文学理论家的曹老师竟然还有一手如此精细的控弦技术,已经达到了专业音乐院校老师的水准,这激发了在座各位的好奇心,原来恩师16岁的时候曾是军旅文艺兵,有着精湛的小提琴、二胡技术,他曾跟着部队扛着重重的行李穿梭在崎岖的山间,可谓文武并重,这样独特的经历令人啧啧称奇。曹老师据此曲嘱咐我们6人要像徐悲鸿《六骏图》当中的良驹,既互相竞争,又互相友爱扶持。这一年,曹老师已提名为欧洲艺术与科学院院士,以表彰他在中西方比较文学研究领域的突出成就。他的《比较文学变异学》成为西方学者竞相关注的焦点理论,谁能想到,此时此刻我们正在成都这座美丽的城市,作为弟子,与比较文学现阶段绝无仅有的理论大师曹顺庆教授共聚一堂,竟有些梦幻感。我回想起2010年与恩师在学术旅途中的初次相遇,或许这就是缘分。

成为"曹门众"是一种福气,但这份福气可不是这么容易能够接住的,师兄师姐告诉我们,曹老师是"温柔一把刀,虽然和蔼可亲,但在学术培养层面极其严格,你们很快就会经受巨大考验,到时候可要挺住哇!"果不其然,曹老师开设的古代文论课程要求我们熟读十三经原典读本,多达1500页的读本有着海量的繁体字,有时候仅读一页都会花费近40分钟,此外,每周还要背诵一篇古代文论,如《文心雕龙》《沧浪诗话》《文赋》《二十四诗品》选篇。记得有一次,我临时抱佛脚,苦背《原道篇》到凌晨2点,虽然痛苦,但受益良多,读到"云霞雕色,有逾画工之妙,草木贲华,无待锦匠之奇"这一段时,突然想起那年初识恩师时他在车上提到"采菊东篱下,悠然见南山"当中所彰显的东方人文态度,实际上就是文心与自然融合之道,在这种浩然之气的加持下,人与自然之间、人与诗之间就拥有了亲和的关系,意志、境遇也就与游鱼、山风吹拂等联系在一起,这是一种随遇而安、以心塑境、以境慧心的境界,天人合一。

但凡读过曹老师的论文和早期著作的人都知道,关注古体诗词,关注古代文论绝不是所谓的繁文缛节。曹老师在很年轻的时候就已经深刻意识到,比较文学的核心在于溯源和影响，那么在影响话语下，文化的"根性"就是我们要重点讨论的命题。在百年"西学东渐"的过程中，我们迅速进入现代化，但也丢失了许多作为本土语言学根基的文字、文论及叙事作品，而要寻根溯源，就需从代表中华文化底色的十三经、《文心雕龙》等文论学起，而且要用古体方式去阅读，才能够真正把握东方文论的本质色彩。从这一点上，可以看出曹顺庆先生对溯源的态度是极其坚决的。他指出，文化问题是现当代中国学者要关注的大是大非，而在这个命题下，本土语言的工具性和逻辑性极其重要，因为所有理解层面上的"花招"都会在语言的本质面前展露无遗，如果我们不能够以我们自己的语言规训去理解我们自己的文化，就会被西式语言、西式思维牵制，一句话可以有很多种意思，可以被许多种语言扭曲解释，而对于古汉语的严肃工具态度，以及对待古体文论和思想著作的思想引介态度能让我们重拾文化的尊严和精魄，建立真正的中西比较文学问题意识。所以，不管外界如何评述，曹老师对于弟子们在古代文论经典研读这件事情上的态度是坚决的。

因此，川大望江校区、江安校区便多了一群"痛并快乐"的读书郎，他们可能会出现在灼灼夏日的图书馆窗边，也可能是清风朗月的荷塘湖心亭，抑或是深夜的宿舍走廊，他们是"曹门文论军团"，有时候读书声渐渐大了起来，甚至还吸引了其他专业同学的加入，逐渐演化成各种语言，有中文，有英文，甚至还有歌声，或许这就是《文心雕龙》中的"鼓天下之动者存乎辞"吧。此外，最难忘的是每周星期四的早上，也就是传说中的"验收日"，设想一下，和蔼可亲的先生捧着一本《文心雕龙》，这本书布满了历史的尘埃，纸张已经十分陈旧，上面的痕迹可以看得出多年来先生已经将它熟读，通背，贯透于精神之中。在他期待而和蔼可亲的眼神中，却仿佛产生了一股巨大的压迫感，这个压迫感其实不是老师给的，而是一种自责，生怕自己读得不好，或是背得不流利而让老师失望，可以说，这种惶恐源于我们都十分尊敬和爱戴曹老师而导致的某种愧疚感。有趣的是，老师的弟子既有20岁的青年，也有35岁以上的中年人，试想一下，在一个雾气腾腾的早上，一群睡眼蒙眬的"中青年读书郎"踏入惶恐的《文心雕龙》"背诵日"教室，颤抖的手拿起又放下，心里一阵战栗，恩师缓缓走进教室，轻松但庄严，温柔但严格，以至于在座各位不敢与老师直视，现在回想起来，这场景似乎穿越到了高考前夕才有的严阵以待状态，让人忍俊不禁，但又感慨师道尊严下我们对知识的用心态度。

我们每周都要召开一次读书会，一方面是进行古代文论的意义讨论与背诵，另一方面是对曹老师列出的西方文论书单进行讨论学习。在文论背诵方面，杨清是我们几人当中背诵得最好的，所以往往她是第一个抽背，背诵速度极快，而且时不时对某些句段提出见解，起到极好的楷模作用。而我则要差一点，某次在背诵《序志》篇的时候，突然"卡壳"，脑中一片空白，只觉得恐怕要遭批评了！于是，只好悄悄翻开书，以朗读的方式越过该段，而我抬起头的时候，曹老师十分体贴地移开了视线，似乎没有看见，甚至还夸赞了我们读得不错，我心里不禁产生了"逃过一劫"的窃喜。但是，课堂结尾的时候，他说："大家都很辛苦，但学术就是功夫，踩不得假水，我们要更加努力才是。"这使我感到十分惭愧，我知道恩师这句话是说给我听的，但同时为了不让我尴尬，假装看望别处给弟子留下颜面，可谓用心良苦，令人暖心。在后来的日子里，大家逐渐进入状态，甚至还能够在背诵之余预留时间进行打油诗的写作，交换观看，斗诗，激起一片欢声笑语，文论课程中呈现的竞争与交流加深了同学之间的情感，记忆太多，可说的太多。

随着 2018 年年底的论文开题，我们的学术生活进入高速通道，一方面是紧锣密鼓的论文写作，另一方面则是在恩师的带领下，组织和参加各种学术活动，其中最令人印象深刻的是四川大学文学与新闻学院举办的"纪念杨明照先生诞辰 110 周年学术研讨会"。杨明照先生一生研究中国古代文论，他对《文心雕龙》的研究有着众多出色的成果，因此又被称为"龙学泰斗"，是中国大陆历史上第一批博士生导师之一，是中国古代文论研究的翘楚。而曹老师是他的第一位弟子，可见恩师之优秀。这场别开生面的学术会议也包括了对记忆的追溯，在采访曹老师及杨明照先生亲人的过程中，我们仿佛看到一代西南学者的精神风骨之传承，以及在学术话语背后深深的师徒情，曹老师在为师公的传记《陶瓮外传》中提到了杨先生治学的严谨态度，想必曹老师现在对于学堂规训的态度，对待文学文化的用心之至，也是继承了师公所传承下来的文化本位求索之精神。他经常感慨我们已进入一个百年变局之中，当代中国人的原初精神梦想与传统文化意识应该被重塑，而首先要做的就是对师道尊严传统的继承和重视。记得有一日，曹老师突然给我打来电话，询问我论文写作进度，并询问是否需要他在理论指导层面上给予更多帮助。在我记忆里，曹老师这样级别的"大牛"总是忙于各种学术活动和行政事务，但百忙中他竟然能够过问我们的学习进程，可谓事无巨细，而且显然是在一种教学情怀下才能发生的暖心行为，这使我十分感动，但也十分惭愧，认为自己应该在多个层面上更加用心。

曹老师其实不算是那种非常严厉的老师，他的精神风格像是烈风中的树，枝条虽然柔性，但经得起各种观点的吹刮，屹立不变，在基础态度上始终坚定，即便有人提出不同的意见，他也会据此提出建设性的分析，并寻找溯源逻辑，正因如此，才在与西方学者的论辩与相互启示下生成了"比较文学变异学"这样经典的理论，可谓持有一种在通变中寻根寻本的优良态度，这也是我们当代学人皆需要学习的态度。

在曹老师的灯塔照耀下前行

2015级博士后 龚 静[*]

做博后才入曹门,我是晚到者,但这仍然是人生里一件莫大的幸事。入曹门感到幸运,曹门弟子均有此感,这原本没有什么,但每个个体受到的启发和感悟毕竟有所差异。哪怕是像我这样的晚到者,与曹门间的缘分仍在人生的诸多阶段产生了重要影响。

听闻曹老师的名字和名气,几乎与我上大学的生涯同时开始。那时候,我就读的专业是英语。我自幼喜欢阅读,中学时代时常向家乡的文学刊物投稿,偶尔一篇小作文得以刊登,甚至还能得到几块钱的稿酬,开心得不得了。因此,考大学上中文系,自中学时代起便是我的梦想。可是,及至考大学的时候,竟然阴差阳错地读上了英文系。那时候英文很火,毕业时工作也很好找,在校园里,别的专业的同学问起来,说起自己是学英语的,从对方眼神中的光芒也感受到了学英文的好处,年轻人的虚荣心得到了很好的满足,一次次下来,对与中文梦失之交臂的遗憾便缓解了不少。也就是在这时,我听闻曹老师的大名,听说在四川大学文学与新闻学院有这样一位大学者,将中西方文学贯通起来,研究中西比较文学,我顿时感觉找到了可以调和对英文和中文两者兴趣的方向。因此,在上大学的时候,我很认真地学习英语、提升英文素养,也将别人跳交谊舞、蹦迪、上网的时间用来琢磨起了莎士比亚的《罗密欧与朱丽叶》和汤显祖的《牡丹亭》,我还模仿学术论文的样子,撰写了一篇比较二者的论文。那时候,我对比较文学的理解虽然是浅薄的,但以学术研究为人生职业方向的念头正是由此产生。大师,是大师范,大导师,前后有几百人曾正式得到曹老师的指导,拥有正式的"弟子"身份;但大师绝不止于此,他们往往还是某些领域里一个时代的灯塔,发散出光芒,为青年人指引方向。我的大学时代即是如此,虽然尚无机会见到曹老师的面容,聆听曹老师的教诲,在距离成都几百千米外的那座中等城市里,我却找到了人生的前进方向,省却了多少青年人的迷茫。

人长大后,会变得顾虑颇多,尤其在竞争激烈的事情上,更会谨慎地权衡自己的优势和弱势。考研究生和考博士的时候,我都曾拿起比较文学专业的招生简章来研究过,也四处打听考试信息,当时打听到的消息都说"中国语言文学"这一科很

---

[*] 龚静,四川大学外国语学院博士,四川大学文学与新闻学院博士后,现为四川大学外国语学院副教授。研究兴趣为英国小说、世界比较文学。先后在《外国文学评论》《当代外国文学》《中外文化与文论》等刊物发表论文十余篇,主持省级和横向基金课题数项。

难，即使对中文专业的同学来讲也是很难的。经过几年的英语学习，我的思维习惯和表达习惯都深深地受到了影响，对于用中文写作的信心已严重匮乏，对于古籍知识更是毫无基础，于是在攻读硕士和博士学位时仍然选择自己的大学本行——英语语言文学。自从攻读硕士学位后，便养成了听学术报告的习惯，因此也常到文新学院去旁听老师们的学术报告，这时候才有了机会见到曹老师的风采。曹老师的博学、幽默、平易近人的态度都让作为青年学子的我们深为震撼。但是，和曹老师有近距离的接触还是我博士毕业留校任教之后。外国语学院和文新学院同属文科学院，交流颇多，每年为了辅导青年老师们撰写国家社会科学基金申报书，学校都会安排曹老师等具有深厚学术经验的前辈听取我们的选题思路，帮助我们优化课题设计，为我们的申报书提出修改建议。留校任教的第一年，我便怀着忐忑不安的心情，拿着申报书初稿参加了论证会，因此有幸得到曹老师的学术指点。在论证会上，老师们的工作量很大，就像每一位辅导过孩子作业的家长都能感受到的那样，我们这些青年老师在学术的道路上也的确如不成熟的小孩，选题和思路存在诸多幼稚之处。在曹老师等大家眼中，这些想法自然十分不合理，但曹老师对待我们总是和煦的态度、诚恳的建议，所言全是让人受益匪浅的"干货"，丝毫没有因为恨铁不成钢而表现出半点盛气凌人的气势来。现在想来，我那时的申报书是令人惨不忍睹的，但是曹老师不仅没有因此而对我有一星半点的谴责，还在临散会的时候微笑着拍了拍我的肩膀，为我加油鼓劲。在那时，我不过就是一个笨拙、陌生的青年人而已，曹老师竟能如此对待，可见老师对青年人的爱惜。虽然，那一年的课题没有中，事实上，多年也未中，但是老师那微笑的面容，在我肩上的那一拍，让我无论面对多少次失败，仍然还有一丝勇气和乐观的精神留存。

2014年，我得到四川大学"名师名校访学计划"的资助到美国弗吉尼亚大学英文系做访问学者，从而能够从日常的事务中脱离开，静下心来思考研究兴趣、思考自我。也许是因为身处异国他乡激发起思索自己的文化之根来，也许是静下心来与自己独处让我忆起青少年时期的梦想来，我再一次深刻地感受到多年来仅学英语而与自己的文化土壤隔绝的遗憾。思虑再三，我动手做了一份简历，在弗吉尼亚大学给曹老师写了一封邮件，表达了自己想入曹门做博后的想法。第二天，我便收到了老师的回复——"可以！"幸福来得太果断，太突然，我能感到自己砰砰的心跳。再一次地，我感受到了曹老师对于想求学的青年人的理解和支持，哪怕是像我这样迟到的青年，曹老师也永远是鼓励的、开放的，没有因为专业或任何原因而对我产生偏见。于是，第二年春天，我回国后不久，经过一系列的程序，便入了曹门，正式成为曹老师指导的博士后工作人员。

入了曹门后，我的内心总是忐忑的，曹老师门下能人辈出，同门兄弟姐妹中不乏风流倜傥的优秀者，我的基础是如此薄弱，又是一个如此不善言辞的人，还是如此的晚到者，自卑之心自然十分沉重。我的心思估计被曹老师看透了，在初入曹门不久后的一次学术聚会上，曹老师以非常自然的态度向大家介绍了我，他的介绍词简短，却精准地把握住了我最大的优点。我的灵魂深深地震颤，曹老师不仅是有大心的大学问家，也是有大仁爱之心的长者。我原本以为如我这样的普通学子，他可能连名字都记不得，但他却通过这简短的介绍让我安心，消解了我初来乍到的忐忑、自卑和防御心理，让我自然地融入新的集体，看到新的希望，获得新的勇气。和曹老师及同门学友们接触多了之后，我知道这是曹老师一贯的态度，即使如我之后那样因为生二胎，工作进度严重拖沓，以至于博后六年期将满时才快马加鞭地撰写出站论文，曹老师也没有说过半句刺激和伤害我的话。他总是刚柔并济，既将教诲向我们有效地传达，又绝不伤害我们的自尊心。

老师学问的浩瀚，老师为人的修养，并非我等能够洞悉，尤其是我这样的晚到者，自然没有如其他同门学友那样多的机会受到老师的熏陶。但即使是惊鸿一瞥，我也在为学为人的方向上受益匪浅。能成为曹老师的学生，更是幸甚至哉！

忆曹先生小文

2015级博士后　陈　杉[*]

曹先生被尊为学术泰斗，他的学术成就当然是学界公认的。知其名者很多很多，但能在脑海中保留其生动形象者多为曹先生弟子。我有幸是其中一个。

初见曹先生的第一印象是本真。2011年的秋天，我带着打印好的表格，怀着忐忑的心情到川大花园请先生签字，却在楼下看到先生穿着西服，夹着一堆书，埋头在地上仔细看着什么。走近了，我发现先生在看园子里的落叶，认真的样子仿佛在查找一篇珍稀古文献。寻觅一阵，锁定目标后，先生小心翼翼地捡起一片金黄的叶子，举得高高的，仰头对着阳光审视起来，眉头紧锁，眉毛高挑，嘴大张着，看得如痴如醉。好半天后，似满意了，把树叶夹在书中，不紧不慢往家走去。我屏住呼吸，不敢打扰，心中却有点好笑，偷偷想：大名鼎鼎的曹师还有这样童稚的一面啊！入了曹门后，我感受到了先生对教学的严格，对学术的较真，但这种本真的印象却在我的心中一直保留延续下来，也更增加了我对他的敬意。

曹先生具有传统大儒的才情，学问做得好，二胡拉得好，生活中和师母如神仙眷侣一般，让弟子们羡慕不已。2021年新年，多名曹门弟子不约而同地向先生家靠拢。师母备好原料，几位能干的师妹就把厨房占据了。我作为手残党自觉脱离帮厨队伍，观战双扣牌局。先生和师弟一对，师母和师妹一对。我不懂双扣的玩法，

---

[*] 陈杉，2015级博士后，四川师范大学服装与设计艺术学院副院长、教授，艺术设计硕士，宗教学博士，文艺学博士后，英国牛津大学拉斯金艺术学院（Ruskin School of Art）访问学者，牛津大学圣艾德蒙学堂（St Edmund Hall）研究员，美国密歇根大学访问学者，四川省海外高级留学人才，德国红点设计奖获得者。

观气势只看到先生自始至终都是挑眉闭目，一脸肃穆，举牌挥洒间显得老谋深算，手法颇多，杀气腾腾，计算分数时锱铢必较，简直有着冲击国家重大招标的威仪。我在一旁看得好笑。反观师母则一直微笑淡然，知性优雅，以似水的温柔，包容先生一如既往的本真。

曹先生对中国文化无比热爱，包括中国古代的科技艺术、民风民俗等，一谈起来就喜形于色，眉飞色舞，娓娓而谈，如数家珍，热情高昂得感人肺腑。先生擅长因材施教，让我们依据各自优势发展。此外，先生会不厌其烦地教导我们在优秀传统文化中找寻自我，在世界文化的精华中丰富自我，在我们的生活中体会自我。

曹先生授课严谨，在课堂上讲十三经，讲《文心雕龙》，分析细如毫发，如剥蕉叶，解释、考证、分析、综合，引导我们在浩瀚国学中盘旋曲折，山重水复，最终柳暗花明，豁然开朗。先生常常叹息，现在研究生绝大部分语文就没学好，因此授课时要求我们背诵原文，积累基础，锻炼语感。我由于是艺术生，文学底子弱，感到非常困难，有些内容也不能全懂，多作滥竽充数。别的博士后同学基础比我扎实，但亦觉得有难度，不过这不影响我们仍然怀着朝圣者的心情，硬着头皮啃这些砖头书，颇有一种恶狠狠的架势，对着文献生吞活剥、囫囵吞枣总好过啥也不知道。出站之后，每每师门聚会，却觉得"背诵原文经典"时髦起来，觥筹交错中，仿佛每个背过书的曹门弟子都以此为荣，觉得自己身上都无端增添了一些光辉，多了些文气。

曹先生毕生都在奖掖后进，一如"平生不解藏人善，到处逢人说项斯"。先生在授课中谈及青年学者，通常只谈优点，言辞之间满是爱护与热忱，哪怕谈及因为误会而有攻击性话语的学者也大度包容，从不因此而贬低，先生的盛德由此可见！我亦愈发心悦诚服，更加钦佩先生的学识与为人。

由于工作繁忙，加上严重的拖延症，我的博士后工作进展缓慢。先生一通电话打过来："出站报告咋样啦？你的同学都已经出站啦！"我在电话这头吓得冷汗直冒，立正屏息，点头保证："这就准备好！"跟着开始夜以继日地写作。为了卡时间，报告都是写好一部分就发送一部分给先生过目。先生每次都不厌其烦，大到提纲思路、论文逻辑，小到参考文献、标点符号，逐一指导。由于我所搜集的瑶族古代图像文献数量大、材料新，先生高度关注，一再叮嘱我要做好文献保护工作，要扎实开展研究，并提供了许多资料让我学习前人成果，对我爱护之深，用心之细。我从中获得的最大感受是，先生已然继承了中国"士"的优良传统：天下兴亡，匹夫有责！

曹先生不遗余力的教导给了我很高的站位和视野，先生的责任心也感染了我，让我感到受宠若惊之余，也意识到中华传统文化保护和研究居然也与我相关。在此之前，我做研究只为了评职称，在此之后，我心中开始有了学术的理想，摒除杂念，内心也愈发安定下来。

树有包容鸟知暖
——曹顺庆教授门下问学记

1988级硕士　张志怀[*]

今年2月,夏甜小师妹将教改论集《学术传承与拔尖创新人才培养:曹顺庆从教四十年人才培养实录》之征稿函发给我,说曹师特嘱我等"老"学生一定参加。我1991年7月毕业后即离开学术界,本非"学术人才",于"拔尖创新"更无从谈起,且当年印象今已依稀,又无保存资料的习惯,故担心模糊的记忆和拙笨的叙述有损据实的研究甚至曹师的清誉。但蒙曹师、蒋师呵护三十余年,于情于理都不该违抗师命,所以拉杂成文,其难免佛头著粪吧。

1988年9月,我入学川大,师从张文勋、曹顺庆两教授攻学中国文学批评史之先秦两汉魏晋南北朝文论。彼时文勋先生已回云南大学——本级硕士是先生借调川大期间招收的,故主要跟随曹师学习。

5月面试时我没见到曹师,当时他正在香港访学。报到后初见曹师,是在第四教学楼("老四教")。当时心情,忐忑是少不了的,然后是暗叹曹师的年轻英俊、儒雅平和(像王心刚!)。曹师说了些什么,现已记不起,想来不外询问学习经历等事。

忐忑是有特别原因的。我的文论知识基础并不好,没有学过本科阶段文学批评史课程;考研,是凭着曾通读郭绍虞、王文生两位先生《中国历代文论选》(四卷本)侥幸通过的。所得文论知识,七零八落不说,还一知半解。

曹师似乎没太注意或者说在意我的"先天不足"。入学后第一学期,曹师开课的名称现已记不清了,但有四事确凿无疑:一是学习古代文论,要背诵《典论·论文》《文赋》《文心雕龙》等原典,辅之以阅读曹师刚出版的《两汉文论译注》;二是参加张、曹两师主持的"生命意识与中国古典美学"丛书撰写,承担《非性文化的奇花异果》先秦部分的写作;三是研读曹师由北京出版社刚出版的博士学位论文《中西比较诗学》;四是承担曹师主编的《比较文学报》编辑、印刷等事务。

《庄子》云,秋水时至,百川灌河,河伯"顺流而东行,至于北海。东面而视,不见水端。于是焉,河伯始旋其面目,望洋向若而叹"。读《中西比较诗学》,自觉已成"河伯"!继之以喜以惧:喜无需立雪,即入程门;惧学深似海,崖涘难寻。

---

[*] 张志怀,1988级硕士,四川省社科联党组成员、机关党委书记,兼《天府新论》主编。1966年生,燕山农家子弟。1988—1991年师从张文勋、曹顺庆先生学习中国文学批评史。曾在四川省文化厅、四川省新闻出版局工作。

而论著写作，需博涉经史、广览诸子，狠下些寻章摘句的工夫——倒也补了先秦典籍的学习。为此我还花"巨资"置买了《二十二子》（上海古籍出版社版）和《全上古三代秦汉三国六朝文》（中华书局版）。《比较文学报》是月报，第一次看到"责任编辑"项下铅字名姓时，悄悄地得意了好一阵。

最难熬的当然是背文论原典！1988级，曹师只我一个学生，背"科"无过渡、无掩护，无所逃于天地之间。至今犹记"老四教"略显昏暗一角，师徒相对，曹师看我结结巴巴背《文心雕龙·神思》的眼神：本应"思接千载"，你却"情绕歧路"……

如果一直这样岁时静好，是不是今天我正在某校园枯守书斋？惜此场景只能瞎想或遐想。第二学期，九州腾沸，我又大病一场，学业生活按下"暂停键"。待进1989年秋冬，按中文系与文勋先生的约定，我到云大学习一个学期。

数年后文勋先生来蓉办理赴美签证，在我家小住。先生与先岳诗酒笑谈时——两人攀谈之下得知三十年前同在北大听毕达科夫讲授文艺理论——夸我在云大学习"很努力"，令我惭羞无地：当年云大作业是回川后补做的。

1990年上半年，刷学分、看世界杯是主题。这学期，曹师以研讨开课，有美学专业三位老兄选修。此三位皆辩才，常至豁拳撸袖，声振屋瓦。对每场"三国演义"，曹师乐见其成甚至推波助澜，只是当将串场西游，连忙笑发数语，引其拨马回转。我于思辨本非所长，加上所学所思甚少，乐于有人喧宾夺主以藏拙。当然也是因为正面临更令人焦虑的事：选题做毕业论文。

为写此小文，我翻出了当年的论文《魏晋南北朝佛典翻译理论及其在文论中的地位》。论文除"引言"，只有三个部分"翻译理论与文学理论""魏晋南北朝佛典翻译理论述评""佛典翻译理论与魏晋南北朝文论"，其中第三部分有"言与意""文与质""源与流""风格理论"四节。

略显发黄的纸页，远非娴熟的文字，当年足迹，邈若山河！深深地感恩曹师对我的培养、督促和宽容！"阳光布德泽，万物生光辉"，今天我还能在学术边缘上游弋，还有为学界服务的自信，还能时时体会超越尘俗的愉悦，都归源于恩师的教诲！

今天来看，这个论文选题比较"讨巧"。20世纪90年代，佛典传译（不是教理）与文学发展的关系较少进入学界视野。我是读了陈寅恪先生《四声三问》、范文澜先生注《文心雕龙·论说》引用佛典经序，以及钱锺书先生《林纾的翻译》等，才觉得佛典传译有理论发掘的价值。向曹师汇报初步设想，得到大大的鼓励。曹师说，学生要敢于探索未知领域，研究方向不一定非与导师看齐不可。他还说，杨明照先生就鼓励他搞中西诗学比较。

曹师指导我厘定论文框架。他说要首先廓清翻译文学与民族文学、翻译理论与文学理论的关系，打牢学理基础，再来寻绎翻译理论的文论价值。曹师指点说，张铁夫先生对翻译文学与民族文学关系有研究，《比较文学报》曾刊出文章，可参阅；

他还送我一册《兴膳宏〈文心雕龙〉论文集》（齐鲁书社1984年版）——这位日本学者就刘勰与僧祐《出三藏记集》的关系做了精深的研究。

论文撰写当然很辛苦。曹师把他存放杂物的一间小房的钥匙给我，我在此过了数月昼夜颠倒的生活。论文定稿后，曹师对第三部分略感遗憾："看来只能做与文论的平行研究，要是能做影响研究就更好了。"毕业答辩，曹师请杨明照先生担纲委员会，白敦仁、项楚、陈应鸾三位先生参加。几位先生鼓励有加，不一一细表。至此，我的川大问学生活，画上了一个还算圆满的句号。期间，曹师、蒋师对我的个人生活的殷殷呵护，则是另外的文章。

毕业后我即离开校园，三十年间辗转几个单位，与时俯仰，颠簸风尘。曹师现弟子三千、群贤竞耀。每当想起自己的碌碌无为，未能给师门增光添彩，深愧有负师恩。直到有一天读《红楼梦》第五十回"芦雪庵争联即景诗　暖香坞创制春灯谜"，却见——

> 凤姐道："既这样说，我也说一句在上头。"众人都笑说道："更妙了。"……凤姐想了半日，笑道："你们可别笑话，我只有了一句粗话，下剩的我就不知道了。"众人都笑道："越是粗话越好，你说了，就只管干政事去罢！"凤姐笑道："我想下雪必刮北风，昨夜听见一夜的北风，我有了一句，就是'一夜北风紧'，可使得？"众人听了，都相视笑道："这句虽粗，不见底下的，这正是会作诗的起发，不但好，而且留了多少地步与后人。就是这句为首……"①

于是，释然。曹师门下，我是王熙凤，曾经"北风紧"。祝曹门诸俊佳句绵绵！

桂香依旧

2010级硕士　党聆嘉[*]

我是四川大学文学与新闻学院2010级硕士研究生，也是在这年9月第一次见到曹师。

开学总是热闹欢快的，那时的我还带着浓郁的学生气，害羞而谨慎，坐在文科楼阶梯教室的角落里看着，听着，想着……期间接到2010级曹师研究生班长罗富明师兄的电话，说老师邀请我们晚些时候一起坐坐。顿时从旁观者的安逸中精神了起来，想着要同中国比较文学界核心人物面对面，心中不免紧张：我一枚小小硕

---

① 曹雪芹著、脂砚斋评：《脂砚斋评石头记（下）》，上海三联书店2011年版，第525页。

[*] 党聆嘉，2010级硕士，汉语国际教育专业。

士，若被老师提问答不上来怎么办，不觉心跳加速，胃也疼了起来。紧张之外更多的是期待，毕竟谁也不愿错过任何一次和大师对话的机会。整个下午就在既期待又紧张的复杂情绪中度过。终于要到约定时间了，我从北门出发，快步穿过校园，前往西门的餐厅赴约。9月的蓉城，日落后的暖风阵阵拂面，顺带送来了忽浓忽淡的桂花香气，我不禁驻足片刻寻找香源：油绿葱郁的树叶丛中缀满了粒粒橙色小花，有的近，有的远，但风一来，便迅速聚成了立体的香味大气层，瞬间沁人心脾。沿着芳香小路，到达了餐厅，和陆续来到的师兄师姐们相互认识，很快曹老师也到了，他瘦而挺拔，笑盈盈地和大家打招呼。坐定后，老师先做了自我介绍，声音柔和而干净，我总觉得像是播音员在讲话。席间同学们也依次介绍，当得知我是班里年纪最小的学生后，老师亲切地说道：四川人爱叫家里最小的女孩"幺妹"，我们也入乡随俗，现在起小党就是咱们班的幺妹了。大家都亲切地笑着叫我幺妹，一种温暖的家的感觉升腾在心中。师兄师姐们也纷纷表示了对老师学术造诣的敬仰，分享了未来的研学计划，老师总是频频点头给予肯定和鼓励。他还表示做学问苦，唯有热爱，才能过尽千帆，归来仍是少年。这次"坐坐"没有想象中的提问和紧张，却有期待外的温暖和自在，同时也开启了未来三年愉快丰富的求学之旅。在三年里老师对我这个幺妹宽容有加，在无句读阅读《十三经注疏》时，总是会先问"敢不敢试试"，而我也总是害羞而胆怯地读得磕磕巴巴，从没勇敢而自信地流利输出。临近毕业，我心里升起了继续深造博士的念头，和老师沟通后得到了大力支持，可后来因工作原因放弃了考博，老师得知后除了表达惋惜，未说过一句重话。

毕业近十年，我现在从事的工作和硕士研究方向相去甚远，也总因当年自己的选择，感到愧对恩师。十年间我渐渐懂得了要将老师那句"敢不敢试试"的问号拉直成坚定回应"敢"的叹号，需要付出多少努力，明白了发自内心的热爱是做好一切事的原动力。多想再回一次课堂，再被抽问一次，这一次，我定自信应答，从容回复。

毕业近十年，每每遇见桂花，就想起恩师。不单因初识飘桂香，更为桂花树四季常青，正如老师的学术生命，也如老师对我们的谆谆教诲。还记得一年教师节，同学们纷纷送老师鲜花，我们班决定送老师一大束花：一颗桂花树。我当几位师兄师姐的小跟班，一道将树种在了老师家的屋顶，那么多年过去了，那颗桂花树一定年年开花，年年香。

昔日逸事

2014 级硕士　罗　锐[*]

锐不才，忝列曹师杏坛之下，跻身同门芳林之中，幸甚至哉，亦步亦趋。忆昔年求学，栉风沐雨，亦喜亦悲。不禁几多唏嘘，感慨万千。人近中年，无尺寸成就可供敷藻，可羞可愧。

兹寿嘉辰，承丕徽烈。故以短笔拙橼，吟咏性情，舒卷胸臆，略记昔日逸事几则，一则以奉安曹师古稀景寿，一则追念庠序韶华流年。

一

2011年秋天，江安校区上西方文论双语课。我向来对理论式表达怀有复杂感情。一方面，认为理论研究寂然凝虑，思接千载，悄焉动容，视通万里，颇有傲视群雄的高度；另一方面，又觉得理论研究枯燥乏味，与日常生活隔山障海。一种"关起门来、两耳不闻窗外事"的与世隔绝感顿生，故又颇滋几分厌恶。

曹老师指点江山，挥斥方遒，将理论知识与日常生活实际紧密结合，使得整个课堂诙谐顿生，笑语频传。虽然曹老师上课只有几次（时为诸师组合上课模式），但是其风趣幽默、谈天说地、厚积薄发式的上课模式，振聋发聩，今朝依旧记忆犹新。

今日神州风景，这边独好。九夏文脉，俨然日臻。所谓"夺回西方文明话语权"之奋斗理念，大纛恢弘，道阻且长，于学界逐渐深入人心。曹师十余年前便高论在兹，芳表于前，真灼见也！不禁感叹钦佩！

我记得曹老师当时所穿西装为我罕见之水蓝色，时至今日，印象依旧极为深刻。

二

2015年的夏日，似乎暑热至今尚未飘远。连续四小时之"冰火两重天"课程（西方文论原典阅读＋中国古代文论背诵）着实让我这个初出茅庐者深感畏惧。那年可谓是高考之后最辛苦的一年，背到凌晨一点已是稀松平常。课程又是下午，汗流浃背，抽我起来，便是头疼脑热。之乎者也之余，复又不知所云。东拉西扯，同门暗中嗤笑。我唯恐师长责罚，遂顿生装中暑、拉肚子、跑厕所诸多病症之意。

同门未置一词，老师看破不说破。今日念起，捧腹之余，若有所思，若有所得。

---

[*] 罗锐，2014级硕士，自由撰稿人、自由译者。

三

为师之难，唯有振铎者方知。选题之难，既要大盘稳定，方向正确，又要不遏长处，充分发挥。个中之尺度，拿捏之精准，足见曹师细腻。

我那一届，我是最早写完学位论文的。10月初冬，黄昏定稿，遂立马从东苑宿舍直冲南门川大花园，兴奋之余，颇有博个头彩之意。不曾想一通迷途，晚上23:00才造访到老师家门。拜谢之后，回到宿舍，始觉深夜惊扰，已然失礼。曹师扶掖后学，负担甚重。

年少轻狂，自以比形于天地。端赖曹师之不弃，鼓励我缘己所好，选择题目，复又在预答辩之时，批评斧正。教诲良多，终生不忘。

《沧浪诗话》云："见过于师，仅堪传授；见与师齐，减师半德。"今韶华渐逝，学苑行远。然昔日恩荫，沁馨弥长。爱业忝侍墙，蒙诱羋，浴教诲，缵慈命。诚惶诚恐，顿首顿足。居江左之澜，遥叩近安。

想念春风吹拂的求学时光

2014 级硕士　董玉倩[*]

时光如白马，穿指即过。转眼之间，距离硕士毕业已经五年之久。时光总是匆匆，仿佛昨天还在川大读书，还在校园漫步，还在教室上课，还在听曹老师讲授典籍，还在背诵《文心雕龙》，还在沉醉于《二十四诗品》的典雅婉约之中。回想起在川大跟随老师读书的日子，那是春风风人的美好时光。

记得研究生上课，老师要求硕士和博士一起。所以，我们"小硕"也能和博士师兄师姐一起学习，受益无穷。课堂上，老师渊博睿智，细致讲解经典，让我们领略到了中国文化的优美与博大精深；老师讲授中国古代文论，提及古代文论之意境、虚实结合、有无相生、韵味无穷等文论话语，让我们警醒现如今文学理论的"失语症"，更会批判西方文明优越论。每每提起，老师便痛心不已，呼吁呐喊，至真至诚，让人动容。在老师的身上，我看到了义无反顾的担当与责任意识，感受到了他对中国文化深沉博大的爱与坚守。老师历来重视原典阅读，在学习《文心雕龙》时，会选取重点篇目要求我们全文背诵，课上要进行抽查。直到今天，我还是会想起那段时光，还是会想念那段时光。心无旁骛、逐字查阅、认真朗读背诵，真好啊！记得那时我会一大早坐在文科楼附近的荷花池旁边，认真背诵。时间总是过得很快，有时还没有背下全文，已是中午，懊悔不已。也正是在读和背的过程中，

---

[*] 董玉倩，2014级硕士，重庆人文科技学院讲师。

才领会到了老师的良苦用心。只有自己认真下功夫读和背，才能深刻领略到经典的优美与深邃、文学的雅奥与端庄、先贤的玄妙与幽思。等到上课的时候，老师会逐个检查背诵情况；背诵之后，老师会为我们进行细致讲解。听老师上课真是一大享受，旁征博引、深入浅出、幽默生动。老师也会为我们讲师爷杨明照老先生的生前事迹，讲做学问的道路与方法，讲学术的传统与创新。记得在讲《文心雕龙》时，老师的讲解让我印象深刻、醍醐灌顶——"文作为道的显现是很广的。所有的文采，都是道的显现"，犹在耳边、发人深思。

老师从教已四十余年，传道授业、呕心沥血、著书育人，培养了很多优秀的博士和硕士。同门的师兄弟姐妹，各有专长、个个优秀。我经常觉得自己何其有幸，能够入老师门下，跟随学习。硕士毕业后参加工作，日常繁忙琐碎，常常自觉羞愧难当，羞于提及自己是曹师的学生，唯恐自己给老师丢脸。可我时常想念在川大读书的时光，想念跟随老师读书学习的日子，学习经典，聆听教诲，春风化雨，润泽心田。当了老师以后，我也更理解为师的不易与艰辛，懊悔自责自己读书时的懵懂贪玩与无知惰怠。想念读书时光，感恩吾师教诲。永远感谢吾师。

第四节　厚德载物　志通天下

经道纬德，志通天下
——恩师顺庆先生七十寿诞感怀
1997级博士　熊沐清[*]

戊辰年间，曹顺庆先生所著《中西比较诗学》问世。余偶游书肆见之，大喜，当即购之。及至归家，甫一开卷即爱不释手，深为作者学贯中西之渊博与鉴照古今之洞明所折服。余长期学习、任教于外语界，彼时亦无网络，是以竟不知曹先生为何人。观其文章，宽厚宏博，以书中所见之学养、文笔度之，暗忖先生必是耆宿长者。乙亥年秋，余赴蓉城出席四川国际文化交流暨比较文学研讨会，此时初识先生，方知先生似较余年轻，闻其宏辩，睹其英伟，感佩之余复暗觉羞惭：先生闻道先乎余久矣！

---

[*] 熊沐清，1997级博士，四川外国语大学教授、博士生导师。江西丰城人，1953年生，四川外国语大学教育资源与教学改革研究所所长。中国英汉语比较学会常务理事，外语界面研究专业委员会副会长，认知诗学分会会长，中国逻辑学会应用逻辑专业委员会常务理事，国内外多家期刊审稿专家。主要从事认知诗学、叙事学研究。

其间,列坐于青年座谈会,一众青年才俊尤其曹门弟子放言高论,才气纵横,彼等于中西名典,非但了然于胸,侃侃而谈,且能随口吟诵,如数家珍,更令余慨叹不已,暗忖自就读英语至今,初始默单词,嗣后记妙句,再则诵诗篇,而未遇师长训令背诵原典名篇者。人谓川中多才子,诚如是也;而曹门课学之精纯严苛,亦于此可见。

茶歇之际,偶逢先生与三两与会者闲谈。先生云:不读十三经,不知《诸子集成》者,何乃谈中华文化,遑论中外比较。先生所言虽寥寥数语,于余却若披云雾而睹青天。《礼》云:"三王之祭川也,皆先河而后海,或源也,或委也。此之谓务本。"中外比较,亦需"务本",熟读原典。余复由此次会议得知,曹门子弟皆需背诵国学经典,对国外相关名著亦需熟读。窃以为先生治学授徒,视界宏阔,而欲接续传统血脉,融汇古今精华,非熟读乃至记诵不可。其背诵之法,实为把握源头,夯实基础之必需,如此原始要终,能行古道,方得继往开来,断不可讥为稚童之学舌。《礼》云:"故师也者,所以学为君也。是故择师不可不慎也。"思及此,遂乃矢志以先生为师,报考曹门。蒙先生不弃,余提呈会议论文得以入选《比较文学新开拓》文集。

比及入学,命面提耳,闻道日多,始悟先生之为学也,绝非寻章摘句,拾人牙慧;亦非偏守一隅,矜然自得。先生采故实于前代,观通变于当世,酌古御今,不拘中外,熔炼汇通,可谓"坐于室而见四海,处于今而论久远"(《荀子·解蔽篇》);尤能自铸伟词,成一家之言,启百川先河。先生倡言跨文明,直陈失语症,构筑变异学,皆别具炉锤,卓然不伦。昔者南丰先生自嘲"知信乎古,而不知合乎世;知志乎道,而不知同乎俗"(曾巩《赠黎安二生序》)。今先生有前贤之美,而避前人之陋,知古而不拘,志道而不迂。观其所论,"文明互鉴"可证先生之闳识孤怀,"中国学派"堪表先生之志惟深远,"话语重建"可知先生之师心独见。昔者《中西比较诗学》蔚为唱首,继之《比较文学概论》再标新蘁;更有《比较文学变异学》金声铿锵,"比较文学阐释学"玉振悠扬。先生所著,非独理懿辞雅,文势汪洋,且多有超乎旧谈,异乎前论者,足显功力之深,展新学之锐,旋即称快学界,昂然领袖群伦;灿灿乎高世之才,皎皎然非常之功也。

余也不敏,每叹先生之精深博大,奔逸绝尘,辄思个中缘由,略有所悟。窃以为,其因固然不少,而根本者有三。其一曰志。先贤介甫公云,事有三不能至:非有志者不能至,力不足者不能至,无物以相之亦不能至。比之学问一途,亦如是也。先生志存高远,誓欲接续传统血脉,重建话语体系,倡导中国学派,诚如苏公子由所言:"且夫人之学也,不志其大,虽多而何为?"(苏辙《上枢密韩太尉书》)前贤彦和亦云"唯君子为能通天下之志"(《易传·象传上·同人》),先生志惟深远,可当此"君子"之誉。其二曰道。余观先生之"道",其义有二。一为宗经之原道,此"经"此"道"乃中华文化之精粹、华夏传统之神髓也。二为君子之正道,先生为学,言必己出,辞无所假,埋首于书案,执鞭于讲堂;不弃斗室之陋,不慕庙堂之高；守君子之道，治君子之学。《礼》云"大德不官"，其斯之谓也。故先生实乃子固公所谓"畜道德而能文章者"也。其三曰忍。子瞻先生云："古之立大事者，不惟有超世之才，亦必有坚忍不拔之志。"（苏轼《晁错论》）先生志结于一，渊岳其心，方能志足文远，学坚才饱，煌煌乎著作满室，滔滔乎新见迭出，蔚然一代宗师。

余负笈蓉城三载，归去已二十余年。忆及先生当时，道而弗牵，开和善谕，尽才以教，余因之乐学而信道，亲师亦睦友。古云君子居必择乡，游必就士，于今须知学必择师。余得忝列曹门，实感幸甚。二十余年弹指挥间，感怀畴昔，悦而怀之，于是乎书。

搁笔之际，忆及蓉城时一篇旧文，评先生新著《中外比较文论史》，刊于《湘潭师范学院学报》。兹附之如下，以见当年心迹：

弥纶群言　迭出新见
——读曹顺庆新著《中外比较文论史》[①]

比较文学自八十年代初在国内复兴以来，历十余年，已渐成"显学"（季羡林语）。一时间，谈诗说剧，多有属意于东、西方之比较者。然观其所论，则轻采毛发，深极骨髓者有之；谬于研求，率意而断者亦有之。或云："对中国戏剧的研究是一直要等到近代王国维先生才开始的。"（《神话·悲剧·〈诗学〉》，复旦大学出版社1995年版，第157页。）若奉西方剧论体系为圭臬，则明、清之曲品剧论皆不足道。种种浅疏，多犯"以西律中"之病。慕远忽近，贵华贱实，其弊已久。四川大学曹顺庆教授新著《中外比较文论史》（第一卷，山东教育出版社1998年1月），新见迭出，于流弊复又颇多匡正，实为难能之作。

《中外比较文论史》以世界批评史之宏阔视界，综论西方、印度、中国三大古典文论体系，兼及阿拉伯与波斯、日本、朝鲜、越南诸种古典文论，其视界既跃出西方或中国之圈子，亦逾越中西比较之限阈，俾使读者得以一卷在手而全局了然于胸。国内虽不乏中国文论史、西方文论史一类著述，而世界文论史仍属阙如。曹著之出，乃启其端。曹著对诸种不同文化传统之文论体系，既作共时描述，揭橥其独特精神，更有文化探源之研求，以把握文化与文论话语之基本方向与途径；复于跨文化比较中，剖析各文论之"意义生成方式"、"话语解读方式"与"话语表述方式"，上溯源头，下观流变，探幽穷赜，纵横捭阖，实为比较文学中国学派之一项建树。

《中外比较文论史》第一卷分两编，凡十章。上编三章为"中外文论的纵向发展与横向比较"。先述世界文论三大源头：中国先秦，古希腊，古印度；《文心雕龙》《诗学》《舞论》各为代表。中西文论之分道，盖自两汉与罗马时代始，一推重伦理教化，一崇奉宗教天国；又国力之盛衰与文艺之涨落未必同步，斯时文论或为经学附庸，或

[①] 慕清：《弥论群言　迭出新见——读曹顺庆新著〈中外比较文论史〉》，《湘潭师范学院学报（社会科学版）》，1998年第5期。转引时略有改动。

为神学婢女。爰及六朝,《文心雕龙》独标一帜,中国文论达其巅峰。西方文论则重振于文艺复兴,此前西方文论式微,其间则是亚洲文论之黄金时代:印度文论步入辉煌,波斯文论异军突起,中国文论持续演进。著者擘肌分理,笼圈条贯,于东西方主要文论之源起与流变,可谓鉴照洞明。

二章论中外文论横向比较之基本理论与方法,此为该著立论依据,乃一篇之体要。所论"中外文论的可比性""比较文学中国学派""重建中国文论话语"等,均为学界注目之重大命题,著者多年之理论思考与探索,于此可见其纲领主旨。此前诸家所论,大多各照隅隙,而鲜观衢路。著者深信,重民族特色方为比较文学之正途。中国学派当以跨东西方异质文化研究为特征,双向阐发为基本途径(approach),异同比较、文化模子寻根、对话、建构为方法(methods),话语建构为鹄的。迄今最理想之建构方法为"融汇"法,著者举朱光潜先生《诗论》、钱中文先生《文学原理——发展论》为范例。著者倡言:接续传统文化血脉,融汇古今中外文论精华,于当下言说中激活传统文论话语中仍有生命力者,方能"重新铸造出一套有自己血脉气韵,而又富有当代气息的有效的话语系统。"

上编末章为上古中外文化与文论之横向比较,统论纲领旨趣,探究中外文论之哲学基础、宗教影响与伦理制约。著者指陈,"爱智慧"之古希腊哲学赋予西方文论以科学理性肌质,宗教开启其浪漫主义源流,古希腊及文艺复兴之享乐观使西方文艺快感论常盛不衰;中国儒家哲学之重政治教化则厘定中国文论"载道"之主线,道、禅风气促成中国文论重虚静、尚意境之美学品格;印度文论亦自有其求解脱,重感悟,尚"韵""味",好玄远之特征。

下编凡七章,专论"中外文论的滥觞与奠基"。著者先综述和谐,道与逻各斯,此为中西文论奠基范畴;复缕析孔、墨、孟、荀、韩、庄及德谟克利特、苏格拉底、柏拉图、亚里斯多德诸先贤文艺观之异同与传承。各家之中,尤着力于其人对后世文论开启之功。论孔子,述其儒家"解经"话语模式及其"依经立义"意义建构方式之奠定;评亚氏,则说科学理性解读模式与逻辑分析话语之确立。他如德谟克利特、墨子之于"自然哲学与道德哲学的转向",庄子之于"消解性话语解读模式及其'无中生有'意义建构方式"等等,不一而足,皆思洽识高,理富辞坚,兼且匡正文论史上若干谬误,尤令人瞩目。如"和谐"论,著者指出,毕达哥拉斯于西方首倡"美在和谐",却并非"世界第一",早于毕氏或与之同时的中国晏婴、老子诸人,亦已提出"济五味,和五声""音声相和"等和谐观。然著者亦能持论公允,平理若衡,无意与西方争短长,但求还历史以原貌而已。

窃以为,比较文学似应包含四分支:比较文学原理,比较文学批评,比较诗学,文学发展比较。十年前,曹先生所著《中西比较诗学》领大陆比较诗学专著之先声,今之《中外比较文论史》纵横上下,出入东西,辟比较诗学研究新领域,为比较文学学科又奠一基石。曹先生力主在比较文学研究中世界眼光与民族根本二者不可偏废。先生非但倡之以言,更履之以身,施之于事,又见于文章而发之,发而皆中节,理得而文明。知音君子,其垂意焉。

隐恶扬善，点燃火焰

2003级博士 毛 明[*]

《礼记·中庸》有云："舜其大知也与！舜好问而好察迩言，隐恶而扬善，执其两端，用其中于民，其斯以为舜乎！"这段话中"隐恶而扬善"一句是曹先生在"中国文化元典：《十三经》"课上着重强调过的。有意思的是，它常常让我想起曹先生上课时所表现出的一种独特的风格。

有一次"文学研究方法论：当代西方文论导读"课讲到新批评（new criticism），和往常一样，曹先生在开场白之后提出了一个问题："新批评家所主张的批评方式'细读'（close reading）是什么意思，有无独特之处？"

博士生们议论纷纷，曹先生则站在讲台上微笑着，看着大家。

几分钟后，议论声渐渐变小，曹先生示意大家发言。

在曹先生的课堂上，发言可以不举手，也不要求站起来回答，甚至可以互相争论。一位博士生站起来，说了一番话，大意是"细读"是指仔细阅读，该方法的独特之处在于强调仔细阅读文学文本的重要性，为分析文学作品打下好的基础。

曹先生问："大家同意他的意见吗？"

大家又是一阵议论，大多数博士生表示同意，因为"close reading"中的"close"意思就是"细致的""接近的"。

这时，曹先生把教材《文学理论导论》（*Literary Theory: An Introduction*）拿起来，放到自己面前，很贴近脸部的位置，笑着问："看书要非常仔细，一个字一个字地看，像这样，是吗？"曹先生故意侧着身，于是那本书像一片很大的树叶粘在他的脸上，大家都笑了。

这时，有博士生发言，说"细读"不应该是仔细阅读的意思，因为仔细阅读是一种阅读习惯，没有理由被视为一种独特的批评方式。

听罢发言，曹先生又问："这位同学认为'阅读习惯'和'批评方式'是不同层面的问题，让人印象深刻。大家同意她的意见吗？"

大家又议论了一番，有同意的，有存疑的。

这时，曹先生让大家仔细阅读教材中关于"close reading"的有关论述，特别是下面这一部分：

"Close reading" is also a phrase worth examining. Like "practical criticism" it

---

[*] 毛明，2003级博士，1974年生，四川广元人。四川大学比较文学与世界文学专业博士，教授，研究生导师。主要研究方向为中美生态批评比较研究、比较文学理论研究、海洋文学研究、学科语文研究。

meant detailed analytic interpretation, providing a valuable antidote to aestheticist chit—chat; but it also seemed to imply that every previous school of criticism had read only an average of three words per line. To call for close reading, in fact, is to do more than insist on due attentiveness to the text. It inescapably suggests an attention to this rather than to something else: to the "words on the page" rather than to the contexts which produced and surround them. It implies a limiting as well as a focusing of concern—a limiting badly needed by literary talk which would ramble comfortably from the texture of Tennyson's language to the length of his beard. But in dispelling such anecdotal irrelevancies, "close reading" also held at bay a good deal else: it encouraged the illusion that any piece of language, "literary" or not, can be adequately studied or even understood in isolation. It was the beginnings of a "reification" of the literary work, the treatment of it as an object in itself, which was to be triumphantly consummated in the American New Criticism.[①]

读完有关内容，有博士生起来发言，认为"细读"作为一种批评方式，当然要求仔细读文本，但更重要的是要求"读每一个词"，"仔细读文本"并不要求"读每一个词"，提出"读每一个词"这样的要求应该另有原因。另有博士生则认为"细读"为了反对以往文学批评对待文本的粗略和随意的态度。后来，有位博士生谈到了新批评所重视的文学术语"张力"（tension）和"反讽"（irony）。讨论越来越深入，似乎也越来越抽象了。

这时，曹先生提出了一个问题，大意是问同学们是否认同下面的观点，即王维的诗歌《相思》中"红豆生南国"一句，有人用"细读"批评方法认为"红豆"很小而"南国"很大，但在"南国"的一片"绿"色中，"红豆"的"红"却又吸引了大部分的注意力，联系下文，"红豆"作为"相思"之情的象征，体形虽小但情深意长，足与"南国"地域之广相媲美……

这个问题一出，博士生们又开始议论纷纷，有的举出李商隐的诗《锦瑟》谈多重意象形成的"张力"，有的举出其《贾生》来说明"反讽"，有人则举出布鲁克斯对邓恩（John Donne）《成圣》（The Canonization）的经典解读……

曹先生很认真地听每一位博士生的发言，面带微笑，似乎还微微点头：其实，这是曹先生上课时的典型动作。我不记得他曾经批评过哪位博士生的发言，他总是微笑着、看着发言的博士生，仔细听他们的发言，好像他们说得都有道理，而且每一句话都很重要。我相信，他的这种风格鼓舞了大家的思考、发言和讨论。

关于"细读"批评方法的发言接近尾声的时候，曹先生做了总结，大意如下：新批评认为应该把诗看作独立自足的文字对象，主张尽量不通过作品所处的环境和所受的影响解读诗歌，主张将注意力聚焦于作品的词汇、修辞、象征，以及它们之

---

① 伊格尔顿：《文学理论导论》（第2版），外语教学与研究出版社2004年版，第38页。

间的关系；在这个意义上，有人主张将"close reading"中的"close"从动词词性出发予以理解，翻译为"闭合（性）阅读"，认为这更能体现新批评的文学研究主张。

曹先生的总结很简洁，只提示出要点，这让所有发了言的同学都觉得自己说中了几分，或者与"正确答案"有关联，即使不得要领的发言者也并不感到难堪。

后来，我读了曹顺庆先生早年发表在《湖南社会科学》上的文章《重释文学性——论文学性与文学理论的悖谬处境》，发现曹先生对新批评的"细读"早就有了非常精准和全面的认识。但是，他没有将答案灌输给大家，而是让博士生们自己找寻答案；在探寻真理之路上，他用宽容、和善的态度肯定学生的所有努力，淡化他们在这一过程中表现出的不完美甚至错误。我想，他的这种态度既维护了学术的严肃性，更保护了学生的求知欲、上进心以及创新意识，是苏格拉底名言"教育不是灌输而是点燃火焰"的生动体现。

曹先生上课时所表现出的那种独特的风格时时浮现在我的脑海里，印象颇深，以至于读到某些故事，也会想起课堂上的曹先生。比如下面这个故事：

有一回，日本歌伎大师勘弥扮演一位徒步旅行的百姓，正当他要上场时，一个门生提醒他："师傅，您的鞋带松了。"他回了声"谢谢你"，然后立刻蹲下，系紧了鞋带。当他走到门生看不到的舞台入口处时，却又蹲下，把鞋带复又弄松。原来，他是想以松垮的鞋带表达一个长途旅行者的疲惫。那天，有位记者恰好看到了这一幕，戏演完后，他问勘弥："您为什么不当场告诉那位门生是他弄错了呢?"勘弥答道："他确实不了解真相，但是他有善意，而且愿意表达。如果我告诉他真相，他会认为是自己错了，下次表达善意时可能会有所顾忌。最要紧的是要以爱人之心去肯定别人的优点，并给予鼓励。"

兰香浸润后辈人，春风化雨有曹师

2021级博士　刘阿平[*]

曹老师学识渊博，德高望重，乃当今比较文学界学术泰斗，其温和敦厚的诗性品格对曹门学子影响至深，在其仰之弥高的人格感召下，高徒辈出，吟咏学界风骚经久不衰，形成当代学术的一股清流。而曹老师奋勇立命学术的精神和舍我其谁的学术责任担当意识，给曹门学术文化提供了值得躬身学习的精神秘籍，在中国当代

---

[*] 刘阿平，2021级博士。2010年硕士毕业于兰州大学比较文学与世界文学专业，现任甘肃省陇东学院文学院副教授，主讲外国文学、文学理论和比较文学课程。研究方向为比较诗学、丝路文化、儿童文学与科幻文学。发表各类论文20余篇，出版专著2部，主持省级项目4项，获甘肃省科研奖励2项。

师门文化中蔚为大观,影响深远。

钱穆先生指出:"若真求学问,则必遵轨道,重师法,求系统,务专门,而后始可谓之真学问。"①钱穆先生重视"遵循师法"之道,曹先生亦如此。纵观自己数年追随先生求学的经历,无论是曹老师在课堂上的侃侃而谈还是生活中的细微关照,都为曹老师的一举一动所深深感动着,细想曹老师这些年在学术界奋勇求索的历程,不免感叹先生之教化全在平时的生活和教学之中。思而归纳,便是曹老师温和敦厚的品格沁润、言如慈父的关怀教导和学贯中西的博大胸怀以及兼善天下的学术担当使命,诸般宝贵诗性品格为后辈撑起了不断求索的精神大旗。

严如慈父的关爱教育是先生立德树人的灵魂。曹老师关爱学生严慈相济,他先施以和颜悦色的关怀,化解学生内心疑惑,使人感动不已。读博伊始,很多学子翻遍中外典籍还是难定选题,愁苦不堪,然而遇到曹老师时,他总是笑着说:"换一个自己拿手的题目嘛!"学生狂喜而泣,然而在开题报告会上曹老师却严厉地提出许多批评:"选题没有创新性。""这个别人早已经写过了嘛!"像法官一样不完备不停手,开题报告答辩会后学生如严霜杀过一样蔫下去数日,在忐忑不安中修改好报告,没想到得到曹老师的一番表扬,正在得意忘形之际曹老师又指出一大堆问题,如此反复数次,论文选题方才确定。答辩完毕之后的聚餐中,曹老师又细数每一篇论文的得与失,几杯醉酒与悲喜交加的感动中,看着曹老师远去的背影,转身之间突然涌上心头的是父亲一般的感觉……

文新学院中盛传四大儒雅高师,其中一个便是先生。大家争着上曹老师的课,都想一睹其授课风采,然而,这却是一个"厄运"。他开设的"十三经导读"课根本就不是从头到尾讲解,而是一个接一个点名背诵,每到此时,学生们个个神经紧绷,屏气敛息,连大气都不敢多喘一口,生怕扰乱了记忆。被点到名的同学站起来绞尽脑汁地回忆每一个字词,涨红着脸好不容易完成了先生的问答,他却要求大家对新的古文进行断句,其中有许多生僻字和异体字,教材还选用上海古籍出版社的《十三经注疏》繁体竖版影印本。曹老师在解读十三经时大量引用《毛诗序》《文赋》《文心雕龙》《诗品序》《二十四诗品》《沧浪诗话》等篇章,好多学生苦不堪言,而曹老师却能一字不漏地背诵出来,并且告诫"背不过十三经的就抄写",同时用手在课桌上比划着默写的姿势。

后来,才知道曹老师的导师是杨明照先生,研究《文心雕龙》的泰斗,所以他要求曹门学生必须把古代文论学好。在曹老师心里,研究学术从来就没有讨价还价。文新学院比较文学和比较诗学专业的学生一学期下来,硬是从《毛诗序》背到了《人间词话》。尽管这门课让学生"苦不堪言",但曹老师要求背诵十三经的情形让许多毕业的曹门学生至今记忆犹新,当初曹顺庆老师如此严格要求,其实是让学生获益匪浅,曹门学子作会议报告出口成章,写文章下笔如有神助,对古代文论经

---

① 钱穆:《学龠》,九州出版社2010年版,第145页。

典信手拈来，养成了做学问读原典的良好治学之风，在中华文化的熏陶下，形成了导向积极的价值观和人生观。

曹老师虽然名气很大，但是与学生亦师亦友，没有任何架子。他经常鼓励学生发表论文，积极推荐期刊，乐意带领博士生参加各种学术会议，去见识学术界的各位前辈，他认为这是学生学习提升的好机会。每次聚会之余，曹老师总要询问在读博士的个人问题怎么样了。据说每届新生见面会自我介绍个人问题是必不可少的环节，在曹老师看来学生的学业固然重要，若能事业、爱情双丰收则会锦上添花，幸福美满。

古有先哲孔子以"仁义""君子"来匡正自己的学生，而今有曹老师润物细无声地传道授业于他的学生，使学子们在曹老师的悲情与欢喜矛盾心理中，领略到他的那份宽厚和大度、博学和儒雅以及对学生如父亲般的悉心呵护和真诚的关怀，体会到老师的宏厚与伟大，从而汲取学术与做人的精神能量。

曹老师温和敦厚的儒家人格让在读学子浸润至深。初入曹门听课，曹先生在课堂上侃侃而谈，出言铿锵有力。曹老师经常说的一句话便是："同学们，严羽在《沧浪诗话》中讲'入门须正，立志须高'，我们做学问就要这样！"接着点名学生背诵"十三经"中的一段，然后或弘扬诸子百家学说，或"依经立义"解说儒家经典，或"立象尽意"彰显道家哲理，一股股宏厚的中华文化经典气息扑面而来，沁人心脾，《易》之冲玄、《诗》之和婉、《书》之典雅、《春秋》之简严、《乐》之中和、《礼》之端庄，都让先生淋漓尽致地形之于课堂，曹老师授课之精彩在于随处发挥，常常会有引人深思的解说，在座者随先生的引领逐渐领悟中国文化的精髓，沉浸于传统文化而不能自拔，不觉间《文心雕龙·神思》篇章又在心中泉涌："文之思也，其神远矣。故寂然凝虑，思接千载；悄焉动容，视通万里；吟咏之间，吐纳珠玉之声；眉睫之前，卷舒风云之色：其思理之致乎？故思理为妙，神与物游。"万千思绪纷至沓来，又收缩于《尚书·舜典》"直而温，宽而栗，刚而无虐，简而无傲"的感悟中，纵横"诗无邪"，"发乎情，止乎礼仪"的赞叹，直至"温柔敦厚"的领悟，在一念三千中神通中华文化中的各种要义。正畅游之际，又听先生悠长道："夫宇宙绵邈，黎献纷杂，拔萃出类，智术而已。岁月飘忽，性灵不居，腾声飞实，制作而已。形同草木之脆，名逾金石之坚，是以君子处世，树德建言，岂好辩哉？""盖文心之作也，本乎道，师乎圣，体乎经，酌乎纬，变乎骚，文之枢纽，亦云极矣。"一缕缕思绪都在先生的课堂之上顿悟开来，整整一节课都在不分你我的诗意中浸润，分不清是思索中的经典还是经典中的自己，都在弥漫课堂内外的余音中环绕，穿梭古今……

实际上，曹老师惯用传统文化教化后辈学子实现人格理想，塑造学生美好的精神世界。朱熹说："道心、人心，只是一个心，知觉从耳目之欲上去，便是人心；知觉从义理上去，便是道心。"（朱熹《二程遗书》卷二十四）所以，"温柔敦厚"就是人的仁、义、礼、智、信之心，就是符合"道"的"天理"之心，这就是先生将学识的讲授与中国文化相结合，形成其独特的人文教养之理。清代何绍基在《与汪菊士论诗》中说："六经之义，高大如天，方广如地，潜心玩索，极意考究，性道处故启发灵性。"（何绍基《东洲草堂文钞》）先生入学从师于杨老祖师，悉心治学六经，深谙文心风骨，皆用经义之大府来教化后辈改易人心。一堂课下来，不免想到孔子所说："与善人居，如入芝兰之室，久而不闻其香，即与之化矣。"（孔安国《孔子家语·六本》）

曹老师以学贯中西的博大胸怀激励着后辈学子。学贯中西的知识储备是曹门子弟的一贯传统，这种师门文化传承是曹老师多年带领学术团队积累下来的精神财富。每次读书会之后，大师兄谈得最多的便是曹老师当年"弃艺从文"的传奇故事。我们得知曹老师师从杨明照祖师深耕《文心雕龙》，据说受到杨老祖师指点，曹老师出版了里程碑式的专著《中西比较诗学》，成为从古典文论向比较诗学方向发展的重大转折。他努力学习，勤练内功，连续发表《"物感"说与"模仿"说》《风骨与崇高》《"迷狂"说与"妙悟"说》等上乘论文，将自己的学识推向学贯中西的大家境界。这时我才恍然大悟川大考博中开设"中华文化典籍"试题的缘由，理解了"中华文化典籍"如此"刁钻"的缘由，也明白曹老师开设这门考试题的良苦用心，更为能进入曹门背诵十三经而豁然自得。

曾经在几次醉酒的畅谈中，从师兄口中我得知军队的磨炼造就了曹老师少年壮志的人生理想。这其实可以在曹老师编撰的《中华文化原典读本》中找到答案："我一直在思考一个问题：为什么中国当代几乎没有培养出堪称学术大师的一批杰出人才？[①] 仔细琢磨一下学术大师的成功之路，他们大多具备非常厚实的基础，这个基础就是博古通今，学贯中西。"[②] 正是基于此，先生还是不满足于仅有的东方文化学术成就，于1992年飘洋过海来到哈佛大学，拜师名家宇文所安，深耕西方学术，两年异国他乡的取经，使他获得了广博的西方文化和各种前沿理论，结识了著名文论家艾布拉姆斯（M. H. Abrams）、乔纳森·卡勒（Jonathen Culler）和华裔学者夏志清等一大批国际名流。

回国之后，曹老师便在培养学贯中西的人才上痛下功夫。"近年来，我大力倡导用古文（不用今译）读中国文化与文学典籍，用英文来读西方文化与文学典籍。我在研究生中开设了'中国文化原典：《十三经》'课程，要求研究生阅读原汁原味的中国文化原典。我直接用英文版教材给研究生开设'文学研究方法论：当代西方文论导读'，要求每位同学在课堂上都必须用英文细读西方文论著作。开始同学们都读得很艰难，但咬牙坚持下来，一年后古文和英文水平大为提高，学术功底大大加强。"[③]

[①] 曹顺庆：《中国文化原典读本》，北京师范大学出版社2011年版，第1页。
[②] 曹顺庆：《中国文化原典读本》，北京师范大学出版社2011年版，第4页。
[③] 曹顺庆：《中国文化原典读本》，北京师范大学出版社2011年版，第5页。

在比较文学研究中，曹老师多次强调不能执偏于西方的理论，这恰如刘勰在《文心雕龙·神思》中所言："阅乔岳以形培塿，酌沧波以喻畎浍，无私于轻重，不偏于憎爱，然后能平理若衡，照辞如镜矣。"特别是在东西方的异质文化对比中，只有两种文化诚恳对话和追求创新，才能将学贯中西的视野发挥到极致。"凡操千曲而后晓声，观千剑而后识器；故圆照之象，务先博观。""博见为馈贫之粮，贯一为拯乱之药，博而能一，亦有助乎心力矣。"先生就是这样一直将学贯中西的人文素养施及曹门学子的。

舍我其谁的学术担当意识是曹老师立德树人的根本。先生为中国比较文学学派在国际舞台的崛起做出了不可磨灭的贡献。曹老师有儒家志士积极入世的学术担当，面对西方文化中心主义大潮的冲击，积极为比较文学中国学派的兴盛续写精彩的华章，"失语症"正是曹老师为民族文化担忧而发出的深切呐喊。

五四运动以后"打倒孔家店"和"一切价值重估"观念使中华传统文化承继遭受重创，国内的话语权被西方各种文学理论淹没，国内学者在各种学术场合多以西方某学者、某流派来解释中国文学。曹老师以兼善天下的学术情怀高瞻远瞩，深刻洞察中国文论面临的失语症，告诫国内学者正视现实。曹老师明确指出"当今文艺理论研究，最严重的问题是什么？我的回答是：文论失语症……所谓'失语'，并非指当代文论没有一套话语规则，而是指她没有一套自己的而非别人的话语规则"[1]。话语一出，各种评论纷至沓来，"失语症"成为国内学界讨论的热点话题，为比较文学在中国的兴盛奠定了基础。

子曰："知者不惑，仁者不忧，勇者不惧。"（《论语·子罕》）先生以学贯中西的胸怀认识到西方比较文学有其本身的不足之后，主张以中国文论话语体系建构中国学派，强调在融汇东西文明成果的基础上，吸纳以"道"为核心的"立象尽意"思维模式和以"依经立义"为倾向的"微言大义"言说方式，来恢复中国文化应有的审美自信。

其实早在 1998 年，曹老师就在把握东西方文化语境的形式下出版了《中外比较文论史》，该书以世界批评史的宏阔视界，综述了西方、印度、中国三大古典文论体系，同时兼顾印度、日本、阿拉伯、波斯等文论，获得季羡林先生和郁龙余教授等一大批学者的高度称赞，他们将此书誉为"雪里送炭之举"和"像王国维的《人间词话》一样"等里程碑式的巨著。

《文心雕龙·程器》曰："是以君子藏器，待时而动，发挥事业，固宜蓄素以弸中，散采以彪外，楩楠其质，豫章其干，摛文必在纬军国，负重必在任栋梁，穷则独善以垂文，达则奉时以骋绩，若此文人，应梓材之士矣。"

曹老师正是如此之士！众所周知，先生倾力投身于比较文学中国学派的构建中，还在国内最早提出跨文明异质性对话和构建中国学派的主张，随后深入中国文

---

[1] 曹顺庆：《文论失语症与文化病态》，《文艺争鸣》，1996 年第 2 期，第 50—58 页。

化"儒家依经立义解经学倾向"和"中国文论西方化以及中国文论中国化的努力",这些都是曹老师舍我其谁之学术担当责任的育人典范。

虽然西方某些学者常以欧洲中心主义来看待比较文学的观点,如卡萨诺瓦标榜的"世界文学共和国",认为欧美文学处于世界文学的中心,具有普适性价值,但曹老师没有为西方中心主义所左右,而是以客观的事实来证明异质性作为比较文学可比性的创造性观点,深切呼唤中国学派的壮大,增强中华民族的文化自信,从而为变异学的出现提供了理论支撑。

2016年,其《比较文学变异学》在欧美出版,以东西方文化的异质性来作为比较文学的可比性,并且从文化误读和文化过滤、翻译中的创造性叛逆及文学他国化等角度来论述变异过程,得到国内外学者的一致好评,特别是美国前比较文学协会主席佛克玛为之作序,高度赞扬变异学的创新性观点。2018年,先生获得欧洲科学与艺术院院士称号,为中国学者在国际地位争得应有的赞誉。

结　语

天行健,君子以自强不息!曹老师以积极入世的言传身教,使曹门子弟深受其学术魅力的浸润。先生有言:人品就是学问。曹老师以温和敦厚的品格沁润、言如慈父的关怀、学贯中西的博大胸怀以及兼善天下的学术担当使命,教育后辈学子,赢得广大师生的深深尊敬,将文化人格聚以成露,春风化雨,滋润后辈,成为学界经久不息的佳话。

"不拘一格"顺庆师

2015级博士后　陈　侠[*]

2013年年底,我正式入职四川大学文学与新闻学院。我于北京大学完成博士学业之后,又到了上海交通大学工作,前后近十年。幸得顺庆师不拘一格延揽师资,才终于有机会定居成都,与年事渐高的父母团聚。

迄今为止,我从教已十几年,也极幸运地曾有机会在多位名师门下求学,顺庆师是我最晚近一个阶段的学术导师。我在学生时期的导师都是心理学领域的学者。与前述导师有所不同,顺庆师是我在心理学领域之外的第一位业师,还是我职业生涯轨道转换中一位不可或缺的摆渡人,也曾是在我兼任四川大学文学与新闻学院的

---

[*] 陈侠,2015级博士后,籍贯四川南充。先后于西南大学心理学院(原西南师范大学心理系)取得学士、硕士学位,于北京大学心理与认知科学学院(原北京大学心理系)取得博士学位。现任四川大学文学与新闻学院传播学与新媒体教研室副教授,曾任上海交通大学人文艺术研究院助理研究员。

外事行政工作（2013—2015）时期给我鼓励、支持和包容的开明领导。无论何种角色身份，也无论在哪种意义上，如果要描画顺庆师在我心中的形象，立时就会想到的一个词便是"不拘一格"。

我在 2013 年年底入职学院时需遵循学院当时的传统——教学科研职责之外，尚需以兼职身份从事一个阶段的行政管理工作。当时学院的外事工作由李菲老师一人承担，急需补充新的力量，于是我就跟着李老师从零开始学习，一段时间后李老师的兼职期满，我则开始接替全部的外事工作。外事工作总是有连绵不断、需要学习的政策文件，需要及时处理的工作文案，学院合作的外籍专家又分布全球各个时区，常常不觉工作到东方既白。除了体力上的考验，更大的压力来源于工作的难度。在到学院之前我从未接受过外事或相关领域工作的专门培训，很长一段时间都在惶恐中如履薄冰，一直谨记"外事无小事"，生怕出一个错漏耽误了前辈、同事及学生的对外学术交流。很长的时间里，每有一桩工作来到案前，我都不免战战兢兢。当时全面主持学院行政工作的顺庆师，对我每一次情急之下"急中生智"的解决方案，都毫不吝啬地给予了鼓励和认可。顺庆师和当时分管外事、直接指导外事工作的傅其林副院长，曾不止一次赞许我（以及大约一年后与我一起工作的同事们[①]）在工作中的"创意"——这种宽容、不拘一格激励下属的领导风格令人耳目一新，更是有力地帮助了原本并无信心的我完成了那段时期内各项极具挑战的公共服务性工作。

我从本科到博士阶段的专业都是心理学，心理学专业念完博士的同窗好友，有一个不成文的传统，博士毕业后即使不在心理学学科内发展，也会去到相关联的学科，一般是到管理学院或商学院就职。这中间有一个学科和研究范式的兼容性问题。心理学的主流学科范式是以实验法为主的实证研究范式，基本都是量化研究的方法；连同为实证研究范式的质性研究方法在当代国际国内心理学经典范式看来就已是边缘和少数，更不用说其他不同于实证研究的研究范式。基于这样的前提，在我当时的经验中，即便要跨专业就业，心理学专业的博士也会选择去以实证研究为主流范式（尤其是重视量化研究方法）的社会科学学科领域，例如商学院或管理学院开设的组织行为学、消费者心理与行为学等学科。

几年求学生涯中，我一再受到北大浓厚的人文氛围熏染。及至毕业，我便做了一个看似"背弃"多年所学专业的决定，跨专业到了上海交通大学新成立的人文艺术研究院就职。然而，在职业初期的几年工作经历中，却深深体会到了现实的教训：由于缺乏心理学学科范式支撑，独立的学术探索道路尤为艰困。后来在回四川家乡发展的构想中，我曾尝试在学科范式上回归距心理学的学科范式更近的管理学

[①] 自 2014 年秋开始，截至我的兼职工作期满，分担学院外事工作的几位同事包括当时在读博士周静（现任职于南京理工大学）、王一平、宋雯、李果几位老师；更早开始分担外事工作的还有当时在读博士庄佩娜和国威（现任职于文新学院）。

院或商学院,不过,凡事皆有机缘巧合,最终我来到了根基深厚的人文学科重镇——四川大学文学与新闻学院,得以见识到了这样一片人文与社科百花争芳、交相辉映的学术厚土。指引我进入这扇大门的,正是不拘一格、丝毫未因专业背景而对我产生过疑虑的顺庆师。

我在跨学科学术道路中再一次大的冒险,是向顺庆师提出了博后申请。事实上,当年我提出这个申请时,一方面是由于我在很大程度上受到顺庆师不拘一格的风格启发,另一方面则是因为我当时并未真正足够深刻地认识到跨研究范式的跨学科学术实践难在何处。不同研究范式间的跨学科研究最大的困难在于每个学科所属的研究范式本身固有的学科边界。不同于在相同或相近研究范式下的跨学科研究(如心理学与管理学),跨越研究范式的跨学科研究(如实证研究范式与批判研究范式)将是极具风险和挑战的——库恩提出"范式",作为一门学科的定义,限定了一套为该学科内部成员所公认并共享的学术话语体系,定义了该学科领域应遵循的最基本方法论哲学基础及一整套研究方法体系。对于从本科到博士阶段一直接受心理学的实证主义研究范式学术训练的我而言,如果跨到以实证主义研究范式为主流范式的管理学,或日益重视实证主义研究范式的传播学,尚未突破库恩所言"范式"的边界;但跨到以"阐释学"研究范式为主流的文学领域,则不仅是缺乏学科支撑,更是要面临迥然相异的学科范式所定义的两套不同的学术话语体系。

当我的学术工作越往纵深处推进,这两套学术话语体系间的鸿沟则越加显豁,令人望而生畏、手足无措。加上这期间我的父母年岁更长,常有病痛需要照料,在完成教学、科研和公共服务等分内职责之后,我常于夜深人静时黯然慨叹,博后工作的推进缓慢且艰难,多年努力下来所得甚微。这条结合心理学、传播学与文学,跨越学科,更跨越研究范式的学术路径,好像一条人迹罕至的小径,却是我自己从未后悔过的选择,也是我心之所向。可生活际遇、身心状态和精力却并非总是配合。对于我长时间未能取得突破和进展的学术研究,顺庆师一而再、再而三地给予了无边无界的谅解和宽容;越是如此,我也越是不愿放弃最初的志向,不敢敷衍了事,更不敢半途而废,唯有不断振作精神,勉力前行。

我所见证的顺庆师,无论是不拘一格地凝聚人望,还是不拘一格地鼓励下属,或是不拘一格地指引后学,都和他不拘一格地创建"变异学"这一中国比较文学原创理论一样,体现了可贵的开放视野与宽阔气度。而我相信,这也正是学者可创新之源泉、师者可育人之精魂。

求学记

2015级硕士　吕成金*

孟子曰：曾经沧海者，难为水；游于圣人之门者，难为言。今以弟子之见而言师之涯岸，不亦难乎？且沧海含弘而百川归宗，圣人静默而德耀四方，何以言辞为？

昔我尝游于古都洛阳。东周故国，礼乐兴于河洛；鹤鸣九皋，声闻传于齐鲁。春秋风雅，孔子问礼于老聃；战国纷争，孟子游辩于列国。秦亡汉兴，隆礼尊儒，太学设于洛水，经典刻于石碑。明帝夜梦金人，白马驮经西域，丝绸越瀚海而至大秦，佛法流东土而照隋唐。当此之时，天下求学者，多归于洛阳。

儒圣、道宗、释尊之学，皆会于东西二京。物阜民丰，诗盛文昌。李太白天纵豪逸，振盛唐之洪钧；杜子美苦心沉郁，写离乱之史诗；白乐天晓畅而情深，哀民生之疾苦；韩昌黎文雄而笔健，济天下之道溺……其间俊采风流，粲如星海，流芳百代，何足计哉！

然时迁世易，文运浮沉。立于洛水之上，览故国风物，千载兴衰浮于目前，百感悲喜交于胸臆。天地悠悠，怆然独悲。哀逝者之不复，叹时运之无常。此情何异于弥尔顿之叹莎翁，拜伦之哀希腊哉！此余所以负笈千里，求学蜀国之初心也。

学道止于至善，求理达于真理。拜于曹师顺庆先生门下，三生有幸。

曹师治学，立以儒学十三经为根，佐以西方文学理论为用，中西贯通，以至大成。

习儒学者，非为复古，实为守正。曹师选四库全书影印儒典，授弟子依次诵读，断句以习文，通词以晓义，释义而论道，鉴古而喻今，探本心于原典，钩玄义于奥辞，或仰先圣之高山，或点前贤之妙注，或发先贤之未道。

师者，雍容娴雅，质中腴外，自得自乐。听者，如闻清钟，如临杏坛，沂水舞咏。修身处事、治国安民，怀其情，析其理，激其义，木铎振于西蜀，风雅不减太学。

如今古君子之学，或陋于迂腐，或混于庸俗，或怠于达世，或罔于理学，或阔于致用。然曹师直指文本，启明原义，毋意，毋固，毋必，毋我，习文心以雕龙，溯洄波而讨源，讲学以启思，明义而致用，其真古君子之学风欤！此吾师承于杨明照先生并发扬之学问也！

时序春秋，诗辨古今；地分南北，学有中西。曹师尝感西学之炽盛，叹中学之

---

* 吕成金，2015级硕士，比较文学与世界文学专业。现任职于巴金文学院。

未艾，遂振儒学于巴蜀，发西学之先声，以求东西学术之争鸣独立，以求中西文明之交融互鉴。

二十世纪，西方文学文论，流派林立，枝系博杂，精神分析、现象阐释、结构解构、符号意象、女权殖民等，竞彩纷呈，其理论之广博深邃，骋骛当时，非有多年研究者，不能探其究竟，更非初学者所能直窥门径者也。

曹师以伊格尔顿《二十世纪西方文学理论》为本，点明主旨，由学生依次读英文、译之，并讨论。时教授、博士、硕士、学士等百余人聚于一堂。师兄师姐精于英文，读译皆通达信雅。唯余不胜惶恐，以学疏识浅之故。及余，读译不畅，义理不明。曹师举例释意，言语道断，余则恭听细思，多有所悟。

师温而厉，仁而威。余从师三年，未见师以言语责人，而同门生皆孜孜勤学，此曹门之学风也。

余性疏懒，好虚学，广涉猎，故才干不足，学多粗浅。曹师引我以精深，同门携我以共进。且川大多古木幽径，漫步其间，寄长兴则独往，研西学则云集。

川大育我以新知，师门开我以眼界。世界文学，国际会议，学者济济，道古论今，或研旧理，或阐新义，求同存异，学术争鸣。曹师感世界文学因变生异，因异生变，文学流传，变异恒新，遂首倡"变异学"，独辟蹊径，别开生面。

此吾师守正创新之成果也！

寄寓锦城，奔波无暇，不觉三年。适逢壬寅，回家省亲，途经洛阳，故地重游，瞻先贤旧迹，思其功业，省己之碌碌尘劳，事多无成，深负师恩，深愧平生。

今见陌上，樱花如雪，思曹师及其夫人蒋师，伉俪情深，潜心学术，传道授业，赓续文脉，开拓创新，成果丰硕，执教四十载，桃李满天下，声闻海内外。不觉感慨，遂记此文，略呈鄙怀，以献大方。

立德树人，传承文明

2021 级硕士　刘奕汐[*]

作为曹老师 2021 级的硕士生，我们这届应该算是执笔时老师的学生中"辈分"最小的了。从刚入曹门之时，我就深深感受到曹门浓厚的学术气息和长幼有序的和谐氛围。我虽然进入川大跟着老师学习的时间不长，但依旧被老师博学的知识、严谨的治学和"授人以渔"的教学方式折服。跟着老师学习的第一学期，主要是在参加每周的曹门读书会以及旁听老师的十三经课程中度过的。

读书会主要由我们这一级的博士生学姐带领我们开展。按照老师的要求，我们

---

[*] 刘奕汐，2021 级硕士，四川绵阳人，汉语国际教育专业。

每周会在《文心雕龙今译》和《中国历代文论选》中选取相应的篇章，按照次序，每周由一名同学带着其余人梳理文章的背景、内容、地位、重要观点等，并且每周要背诵相应的文章，包括刘勰《文心雕龙》、陆机《文赋》、司空图《二十四诗品》、严羽《沧浪诗话》等。虽然每周背的过程很痛苦，会因为"超长"的古文叫苦不迭，可是当自己能够完整地背完一篇，哪怕磕磕巴巴的时候，也是会感到成就感满满。抛开主观上的因素，能够读懂古文、能够背诵古文和能够背诵并理解古文是有很大区别的。中国历代读书人都有背诵经典的传统，古人云："熟读唐诗三百首，不会作诗也会吟。"老舍先生说过："只有'入口成章'，才能'开口成章'。"这位语言大师一语道破了背书对写作的重要作用。我国古今许多文人、学者学习语文都经历了熟读、熟记乃至苦读苦记的历程，记忆力也得到了惊人的发展。就我个人而言，我认为诵读经典是非常有必要的，背诵过后，会对原典有更深刻的认识。

读书会的第二项内容是学习西方当代文论。按照老师的要求，我们采用英国名家伊格尔顿的英文原著《二十世纪西方文学理论》作为教材。老师经常举的一个例子就是"细读"。许多人甚至许多学者都机械地以为"细读"就是"仔细地阅读"，却不知道"细读"其实是对英语原文" close reading "不准确的翻译。根据新批评理论的整体情况来看，" close reading "这一术语是指"封闭式阅读"，即把那些传统批评理论中的历史因素、传记材料、读者反应等与文本剥离，而只注重文本，重视文本内部的分析，而并非我们所以为的"细读"。所以，老师对我们一再强调，应该将" close reading "翻译为"封闭式阅读"，这样更能体现这一术语的内涵，而且不会像"细读"那样容易导致误解和误读。直接阅读英文著作本身就有一定难度，具有许多专业术语的英文理论专著更是难上加难。加之伊格尔顿《二十世纪西方文学理论》里有大量的比较文学例子、用语、用法等，我阅读起来是很困难的，哪怕是有中译版帮助理解，我依然觉得很晦涩，有很多不理解的地方加上密密麻麻的注释翻译，读上一页就需要花费不少的时间。在读书会上，师姐会组织我们对相关片段进行精读，不理解的地方会一起讨论，这样下来，我对文本的理解不断加深，也时常钦佩师姐们深厚的文学功底。

在第一学期旁听老师的博士生课程"十三经导读"时，我真的非常担心自己会听不懂，首先我不是这个专业的，其次，古代文学与古代汉语也是我相对薄弱之处。但是在第一堂课中，老师就用非常幽默的手段打消了我的疑虑——在讲《易经》时老师竟然真的当场算上了卦，甚至还请师兄为现场的师姐算了未来的爱情，让我印象非常深刻，也让我逐渐领略到了中国古典文学原典的魅力所在。

老师每每在开课前都会强调入门严，选拔公正，这样才能真正保证每一位博士生古代文学的水平。老师的"十三经导读"课程使用的教材是中华书局或上海古籍出版社出版的阮元校注的繁体字版本。老师反对使用白话译本，坚持使用繁体字的原版影印本，认为这才是真正的文学原典。纵然有简体字版本的十三经原文可以使用，但老师依然坚持此举，老师曾经这样解释：

回头看看钱锺书等学术大师,几乎人人都能背诵古文。我的导师杨明照先生,上《文心雕龙》课,先背诵。今天的学生,基本不能背诵作品。在各种概论和空论大行其道的环境下,实实在在的经典阅读太少。我的用心,就是试图做一个教学改革尝试,让同学们直接进入原典文本,获得实实在在的知识与智慧,而不是大讲空论,凌空蹈虚。博士生应该能直接阅读古代典籍原著,以为今后的学术研究打下深厚的古文基础。

所以我们都会在课前准备好两本厚厚的《十三经注疏》,老师也在课堂中戏说:"每年个子不高的女学生手捧两本厚书在校园中穿梭,已经成为川大一道亮丽的风景线。"没有想到,我也有一天有幸成为其中的一员。

老师的十三经课堂形式其实也非常简单,既然是原典阅读,那就来"读"。老师会从名单里抽选博士生直接朗读十三经原文,读到哪儿,讲到哪儿,颇有一种以前私塾的感觉。把《周易》《诗经》《尚书》《周礼》《仪记》《礼记》《春秋公羊传》《春秋谷梁传》《春秋左氏传》《孝经》《尔雅》《论语》《孟子》等一部部经典读下来,切切实实、原汁原味地带领我们近距离领略中华民族博大精深的文化经典。

不管是治学还是为人,跟着老师学习都让我受益匪浅,我会好好珍惜在学校跟老师学习的时间和机会,更加谦虚、勤奋地学习,不负老师的教学与曹门之名。再次对老师从教四十周年兢兢业业的奉献致以感谢,同时恭祝老师七十大寿快乐!

曹顺庆先生学术思想与育人策略漫谈

2012级博士 董首一[*]

引 言

我在2012年9月到四川大学跟随曹顺庆先生攻读比较文学与世界文学专业博士,虽然从这时候起才算是与曹先生真正结识,但在之前已对曹先生有不少了解。记得在河南某高校读书时,在文学理论课堂上,老师提及曹先生并简单谈了谈先生的"失语症",我当时记住了先生的大名。后来打算考比较文学与世界文学专业研究生,咨询大学老师哪个学校的比较文学专业最好,老师告知是四川大学,并专门指出先生的名号。但当时我没敢报考四川大学,一方面我的本科学校并不特别有优势,另一方面是面对"高山仰止"时的"望而却步"。也正是在这个时候,我认真阅读了曹先生的《中西比较诗学》与不少文章。到硕士阶段,我来到了成都。由于

---

[*] 董首一,河南许昌人,西南交通大学人文学院中文系副教授,硕士生导师,研究方向为比较文学与世界文学。

一方面距离川大较近，另一方面我的硕士生导师罗庆春教授经常通知我们到川大参加相关学术活动，我因此对川大比较文学有了更全面深入的了解，也有机会见到先生本人。曹先生给我的印象是文质彬彬、谈吐不俗。我当时更暗下决心，要努力考上先生的博士（比较诗学方向）。所以在硕士阶段，我便大量阅读比较诗学方面的著作，并背诵《文心雕龙》《二十四诗品》等文论著作（当时听说曹先生要求学生阅读十三经、背诵《文心雕龙》），希望有一天跟从先生学习比较文学。幸运的是，我如愿了。

成为先生弟子之后，我大量阅读先生的著作和论文，深感曹先生学术体系之庞大。本文漫谈一下自己对曹先生学术思想和育人策略的管见。

一、曹顺庆先生学术图谱研究

曹先生具有"高屋建瓴"的学术视野，在中国文学批评史、比较文学、艺术学理论等领域均有令人钦羡的建树，有许多学术观点的影响已经超出文学艺术领域，而对整个人文社会科学领域具有重要引领和启发作用。本文尝试对先生的学术图谱的内在逻辑联系做一梳理。

（一）立足传统，重建中国文论话语

曹顺庆先生师从"龙学泰斗"杨明照先生，是中国文学批评史专业的第一位博士。曹先生的学术出身决定了他之后的学术道路与传统有着紧密联系。曹先生以传统为立足点，展开对中国文论话语建构一系列问题的思考，具体包括以下三个方面：

一是吹响"失语症"的哨声。在《文论失语症与文化病态》一文中，曹先生指出："长期以来，中国现当代文艺理论基本上是借用西方的一整套话语，长期处于文论表达、沟通和解读的'失语'状态。"曹先生认为，这种文化病态首先表现在民族心态的失衡上；其次，长期的文化"失语症"，导致了人们对中国古代文论解读能力的低下；最后是文化价值判断的扭曲。[①]"失语症"的提出，引起文学研究领域的一片哗然。陶东风、蒋寅、周宪、董学文、朱立元等众多学者参与讨论。虽然各位学者对"失语症"内涵理解不同，而且针对"失语"开出的药方也不尽相同甚至截然相反，但学界毕竟关注到了"失语症"问题。进入 21 世纪，曹先生也注意到"失语症"不仅存在于文学批评领域，还广泛存在于艺术领域。[②]之后笔者也沿着曹教授的思路探讨了影视中的"失语"问题。[③]

笔者要指出的是，"失语症"所引起的波澜绝非只局限于文学艺术领域，在哲

[①] 参见曹顺庆：《文论失语症与文化病态》，《文艺争鸣》，1996 年第 2 期。
[②] 参见曹顺庆、黄文虎：《失语症：从文学到艺术》，《文艺研究》，2013 年第 6 期。
[③] 参见拙文：《影视改编中的病态美学及矫正思路——以四大名著新旧版影视改编为例》，《西南民族大学学报（人文社会科学版）》，2014 年第 8 期。

学、历史乃至整个人文社科领域都有着深刻影响。有一次,和研究哲学、历史的几位学者闲聊,他们提到,20世纪90年代中期,受其他学科"失语症"的影响,哲学和历史研究领域认为中国哲学理论和史学理论也处于"失语"状态,并提出要重建中国哲学理论和史学理论。当时我问他们是受哪个学科"失语症"理论的影响时,他们说不上来,只知道当时引起很大反响。当我告知他们提出"失语症"问题的是曹先生的时候,他们顿时肃然起敬,作为先生的学生,我也倍感自豪。当时我有一种构想,要从整个人文学科出发,探讨一下"失语症"对当时中国人文学科重建所产生的深远影响。无奈话题太大,所需掌握和运用的知识太多,只能不了了之。

二是指出中国传统文论的当下有效性。曹先生认为传统文论对今天的文学是有阐释效力的。面对众多学者所提的"古代文论现代转换"命题,曹先生基本赞同,但有所保留。曹先生指出:"所谓'古代文论的现代转化'这个提法,其实暗含了对中国古代文论的否定:为什么一定需要'现代转化'呢?学者们认为:因为古代文论已经不适合现代了,如果要用于现代,则必须转换,这个意思很清楚。我是不同意这一点的,中国古代文论在当代是有效的,也是可操作的。……现代转换用什么理论来支撑呢?说穿了还是用西方的所谓'科学'的理论和方法,这种转换最终导致的仍然是中国古代文论的失落和失语。"① 在曹先生看来,中国文论要活过来,必须要返之本源而不是求之于域外,域外资源永远只是一种辅助、参照。在观念上承认中国文论的本然地位,才能让它活过来,比如用意象和意境来谈中国古代诗是非常恰当的,甚至也可以用来谈现代诗歌,这比用现实主义、浪漫主义、典型等西方理论来谈诗更恰当;用李渔的戏曲理论来评论中国戏剧,是很好用的;用妙悟、滋味来品诗,要比用现象学、接受美学的范式更恰当。②

曹先生的这一观点绝非某些学者所认为的"文化保守主义"或者"文化原教旨主义"。博兰霓认为,人的意识分为明显自知的"集中意识"(focal awareness),以及无法表面明说,在与具体事例时常接触以后经由潜移默化而得到的"支援意识"(subsidiary awareness)。人的创造活动产生于这两种意识相互激荡的过程;但在这种过程中,"支援意识"所发挥的作用更为重要。博兰霓说:"在支援意识中可以意会而不能言传的知的能力是头脑的基本力量。"③ 在具体的现当代文学创作中,虽然不少作家的"集中意识"体现为向西方文学学习,但其背后的"支援意识"仍未与中国传统文化绝缘,不少作家明确表明自己对古典文学的爱好,如格非讲他非常崇拜李商隐,苏童坦言《红楼梦》与"三言二拍"对自己创作的启发。中国传统文论对现当代文学阐释的有效性,一方面在于古今思维有相似之处,另一方面就是

---

① 《曹顺庆:古代文论指导当代创作,可行!》,《中国作家网》,2012年1月9日。http://www.chinawriter.com.cn/2012/2012-01-09/111955.html。
② 具体可参考曹顺庆、邱明丰:《重建中国文论话语的三条路径》,《思想战线》,2009年第6期。
③ Michael Polanyi, *Knowing and Being*. Marjorie Grene ed. (University of Chicago Press, 1969), p. 156.

当代文学的"支援意识"来自传统。所以,曹先生指出"传统文论的当下有效性"是正确的。①

三是提出对西方文论的他国化改造。曹先生虽然认为中国传统文论对当下文学具有阐释的有效性(上文已经论述),但也不否认,随着社会和语境的变化,传统文论需要加入新的成分。曹先生提出用中国话语规则对西方文论进行他国化以使之成为中国文论的一部分。

曹先生在多篇文章中提及中国传统文论的话语规则有两种:一是儒家的"依经立义"的意义建构方式;二是道家的"道可道,非常道"的话语言说方式。儒家"依经立义"的意义建构方式和以"解经"为基础的话语阐释模式,指的是中国传统哲学等的发展都建立在对前代经典著作的阐释基础上。这个话语规则的建立当追溯至孔子。孔子"述而不作"的解经方式,开启了中国文人的文化解读和文化建构模式。孔子以尊经为尚、读经为本、解经为事,并由此产生了"微言大义""诗无达诂""婉言谲谏""比兴互陈"等话语表述方式,对中华数千年文化及文论产生了极为深远的影响。后世读书人以"四书五经"为典范,不断诠释,赋予其新义。自董仲舒罢黜百家、独尊儒术之后,儒家学说先后经历了汉代的经学、魏晋的玄学、宋代的程朱理学、明代的陆王心学,到清代时朴学又达到鼎盛,可谓条流纷糅、学派林立。但无论哪一派,他们的学说思想都是以"经"为基础,以传统的传、注、正义、疏等方式对其进行注解阐释,这便是"依经立义"的话语阐释模式。以"道"为核心的"道可道,非常道"式的意义生成和话语言说方式,是指中国文论、艺术话语重"悟"不重"言"的传统,强调言外之意、象外之象,表现在后世文论中就是"超以象外,得其环中""不著一字,尽得风流"等,更表现在中国美学的一些核心范畴中,如"比兴""妙悟""神韵""意境""飞白"等。可以说,"道可道,非常道"的感悟式话语规则又是中国美学的一个深层文化规则。

历史上,我们运用这两套话语规则归化了外来的佛教。一方面,原来印度佛教文化的话语规则重因明逻辑,但在传入中国后,被老庄"道可道,非常道"的意义生成和言说方式同化,逐步形成"不立文字,以心传心"的话语传统;另一方面,禅宗又吸收了儒家"忠""孝"等道德伦理观念,倡导"禅修不能脱离世间、人

---

① 本人沿着曹先生的思路继续对传统文论之于当下阐释有效性的原因进行思考,得出下述结论:一是古诗词的存在。曹教授在一系列文章中指出,正因为存在古诗词,所以古典文论对当今的阐释是有效的。二是古代文学技巧、美学在当代文学中的延续。有学者在论述中国现代新诗与古典诗歌传统时讲道:"在中国,民族诗歌文化的原型并非隐秘地存在,只会在'梦'里泄漏出来,相反,它似乎已经由无意识向意识渗透,回忆、呼唤、把玩古典诗歌理想,是人们现实需要的一部分,维护、认同古典诗歌的表现模式是他们自觉的追求。"(李怡:《中国现代新诗与古典诗歌传统》,中国人民大学出版社 2018 年版,第 11—12 页)小说也受传统技法的种种影响。(具体可参见笔者拙文:《传统文论:当代文学研究的新维度》,《江西社会科学》,2017 年第 6 期)。三是中国人自古以来的思维方式。由于中华文化最早起源于黄河中下游地区,西起太行,东至黄海和渤海,平坦广阔的土地为农业生产提供了得天独厚的场地。这形成了中国的农业文明,并产生了与之相适应的宗法制度、内倾意识、天人合一思维和重伦理道德的观念。(具体论述可参见拙著:《文化交融下的"比较诗学"新视野》,花木兰文化事业有限公司 2022 年版)

间"。这样，外来的印度佛教最终成为中国文化的一部分。

除了用中国文论话语规则对他国文论进行改造，曹先生还提出"杂语共生"。曹先生在《再论重建中国文论话语》一文中讲道，重建中国文论话语的努力目标是"融汇中西，自铸伟辞"，"希望通过对传统话语的清理、中西对话研究而激活中国固有的文论精神和话语能力，在'杂语共生'的局面中广取博收，逐步建立起既扎根于本民族深厚的文化土壤，又适合于当代文学实践的中国文论新话语"。① 由此可见，"杂语共生"的前提仍是以激活中国固有文论精神和话语能力为目的的。

必须要提及的是，曹先生虽然立足传统，却没有"厚中薄西"的偏见。在许多文章中，曹先生都主张中西对话。而曹先生选取中国传统文论作为中国文论重建的基础是其作为中国人的身份使然，是一位有民族使命感的学者所自然而然的选择，也是全世界多元文化发展的需要。面对某些学者的无理非难，曹先生反驳道："难道说'立足中国传统'的话语重建是错误的吗？只有靠拢西方才不算'文化复仇'吗？"②

（二）放眼世界，寻找中外对话路径

曹先生学术之初便具有世界眼光，先生博士论文《中西比较诗学》就已经不再局限于中国传统本身，而是试图寻求中外对话。全书由绪论、艺术本质论、艺术起源论、艺术思维论、艺术风格论、艺术鉴赏论六个部分组成。绪论从中西社会经济、政治特征，中西宗教、科学与伦理特征，以及中西思维、语言特征三个方面论述了其对中西诗学的影响以及中西诗学的特色。正文则从艺术本质、起源、思维、风格、鉴赏五个方面将中西古典文论放在平等的位置上深入分析其共性与个性。季羡林先生讲道："我个人认为，这是一篇非常精彩的论文。中西文论的比较研究之重要性，现在几乎尽人皆知。全面认真而系统地钻研探讨的文章或专著还很少见到。原因是，这种比较研究工作难度极大。"杨周翰先生认为："在国内对中西文论作如此系统的比较，有首创精神。"周来祥教授认为，该论文"比较全面系统地对中西诗学作了总体的比较研究，论文具有开拓性，也表现了作者理论上的勇气和创新精神"③。由此可见，"立足传统，放眼西方"是曹教授学术生涯之初便已确立的学术思维。

在之后，曹先生的学术眼界超越了中西之维，向"世界文学"和"总体文学"迈进。1998年，曹先生主编了《中外比较文论史》（上古时期），以总体文学之视野综论西方、印度、中国三大古典文论体系，并兼论阿拉伯与波斯、日本、朝鲜、越南诸种古典文论，是当时难得一见的总体诗学宏著。同一年，曹先生出版了《东方文论选》，该书收入许多鲜见的东方国家文论著作，在当时唯西方文论马首是瞻

---

① 曹顺庆、李思屈：《再论重建中国文论话语》，《文学评论》，1997年第4期。
② 曹顺庆、靳义增：《论"失语症"》，《文学评论》，2007年第6期。
③ 曹顺庆：《我的学术之路》，《当代外语研究》，2016年第4期。

的背景下，曹先生对东方文论的关注具有"拨正"的学术之功。2012年，曹先生编撰《中外文论史》，在前言中明确指出："迄今为止，在中国乃至世界范围内，尚没有一部跨越东西方文化圈，从总体文学的角度，融全世界文学理论为一体的文学理论史（或文学批评史、文学思想史）专著。"① 该著作是迄今为止少见的总体诗学著作。这一系列著作均说明曹先生学术视野之开阔与胸怀之宽广。

在广阔的学术视野基础上，曹先生展开了对中外文论对话途径的探讨。曹先生指出："对话理论是当前我国文艺学建设中的一个关键性问题。只有通过中西文论的对话，我们才能建立起具有中国特色的文学理论话语体系。进行异质文论的对话首先应该掌握'话语独立'和'平等对话'两条基本原则。"② 在这篇文章中，曹先生指出中西异质文论对话主要有以下四种具体途径与形态：

一是不同话语与共同话题。曹先生认为，进行话语对话，一个重要的途径就是首先确定对话的话题。有了对话的话题也就有了对话的基础。在《中西比较诗学》中，曹先生就开始探索中西诗学双向对话的可能性。该书以文艺学当中五个最基本的话题为对话单元，然后在每个话题之下分别论述中西文论话语的大致内容。

二是不同话语与共同语境。曹先生认为，异质文论对话时，即使不确立共同话题，利用不同话语所面临的共同语境，对话照样能够进行。所谓共同语境，就是不同话语在完全不同的社会历史条件下所面对的某种相同或相似的境遇或情境。在这些相同或相似的境遇或情境下，不同的话语模式会产生各自不同的反应，提供完全不同的解决方案，并由此形成不同的话语言说方式和意义建构方式。虽然不同话语各自的话语内容和话语功能都不相同，话题也不相同，但是，它们都是由某种共同的语境或境遇造成的。根据这些话语的共同语境，我们就可以让它们进入对话领域，开始对话。比如，人类历史上任何一个多元文化时代都会存在古今之争，这是任何话语都会遭遇的共同语境。这时，是抛弃旧传统、旧文化和旧话语以便重新建构一种新文化、新话语呢，还是根据既有的传统话语或者在既有的传统话语之上发展、开掘出新话语？中国文论话语选择了从旧话语中生发出新话语的发展模式，而西方学术话语却走上了另一条弃旧迎新的道路。

三是话语互译中的对话。曹先生认为，"话语互译中的对话"也是异质文论对话的一种形式。异质文论的互译涉及两种语言和两种文本：一是被翻译的对象文本，一是将被翻译而成的结果即目的文本。在翻译理论上，人们最多强调翻译家的"再创造"功能，所谓翻译是一种"创造性的叛逆"（即翻译对原文的歪曲、增删等）。然而，这种"创造性的叛逆"的原因何在，对此理论家们却有不同的见解。总的来看，人们更多地将之归结为道德、语言的差异和翻译者个人的原因。这说

---

① 曹顺庆：《中外文论史》（第一卷），巴蜀书社2012年版，前言，第1页。
② 曹顺庆、支宇：《在对话中建设文学理论的中国话语——论中西文论对话的基本原则及其具体途径》，《社会科学研究》，2003年第4期。

明，翻译还未被普遍地当作异质文论相互对话的一种方式。①

四是范畴交错与杂语共生。异质话语对话还有一种重要的形式或现象，我们称之为"范畴交错与杂语共生"。范畴交错与杂语共生描述的是当代文论多种异质话语共同存在的状态及其所形成的一种错综复杂的相互关系。而这种状态就是一种异质话语众声喧哗、云蒸霞蔚的对话状态，也是我们所倡导的一种对话形式。曹先生讲道，我们不能够、也不需要在一夜之间把统治着我们的西方文论话语统统清除掉，而代之以地道的中国话语。在这个阶段，古今中外的话语都会有一点，各种异质话语会在我们的话语中碰撞、整合。人们会既讲典型环境与典型人物，也讲形、神、情、理；既讲存在之敞亮，也讲虚实相生；既讲内容与形式或者结构、原型、张力，也讲言、象、意、道，以少总多，讲神韵、风骨、情采。在杂语共生中，我们会有各行其是、各不相干的情形。但是，这本身就意味着对西方话语独霸文论的"独白"状态的终结，也是我们所倡导的异质话语对话所必然出现的结果。一定要注意的是，正如前文所讲，曹先生虽然主张"杂语共生"，但这只是权宜之计，保持"杂语"的目的是激活中国固有文论精神和话语能力。

曹先生所指出的这一系列措施不仅对中国文论的重建具有重要意义，还对比较文学之平行研究具有重要启发。长期以来，"平行研究"相较"影响研究"所引起的争议更大，稍不留神，平行研究便会成为"X+Y"的浅显比较，而曹先生所提出的四种对话途径，特别是前两种，是平行研究开展的重要途径，也是平行研究赖以存在的合法理由之一。

（三）纵向开拓，深化比较文学学科发展

曹先生是最早提出比较文学"中国学派"的学者之一。1995年，曹先生发表论文《比较文学中国学派基本理论特征及其方法论体系初探》，指出比较文学中国学派的基本理论特征是"跨文化研究"。"无论是法国学派或美国学派，都没有面临跨越巨大文化差异的挑战，他们同属古希腊－罗马文化之树所生长起来的欧洲文化圈。因此，他们从未碰到过类似中国人所面对的中国文化与西方文化的巨大冲突，更没有救亡图存的文化危机感。"② 由"跨文化研究"这一基本理论特征出发，曹先生从中国比较文学已有的学术实践中，概括或总结出比较文学中国学派的方法论有：（1）阐发法（或称"阐发研究"）；（2）异同比较法（简称"异同法"）；（3）文化模子寻根法（简称"寻根法"）；（4）对话研究；（5）整合与建构研究。

曹先生的这篇文章引起当时学界的关注。南京大学钱林森教授撰文认为"它确实是迄今为止这一话题表述得最为完整、系统、最为深刻的一次"，"令人耳目一新"③；刘献彪教授认为，曹文的发表"无疑宣告了比较文学中国学派走向成

---

① 这应该是曹先生"变异学"理论的萌芽。
② 曹顺庆：《比较文学中国学派基本理论特征及其方法论体系初探》，《中国比较文学》，1995年第1期。
③ 钱林森：《比较文学中国学派与跨文化研究》，《中外文化与文论》，1996年第2辑，第139—142页。

熟。……不仅对中国比较文学建设和走向有现实意义，而且对比较文学跨世纪发展也将产生不可估量的影响"[①]。台湾师范大学著名比较文学专家古添洪称赞该文"最为体大思精，可谓已综合了台湾与大陆两地比较文学中国学派的策略与指归，实可作为'中国学派'在大陆再出发与实践的蓝图"[②]。曹先生的这篇文章构筑起了比较文学中国学派的理论大厦，比较文学中国学派从此不再只是空洞的口号，而是有实实在在的方法论基础。

进入21世纪，曹先生对比较文学学科进行了更加深入的思考，最具代表性的理论是比较文学"变异学"。曹先生在从事中外文论比较研究和文论话语重建研究中发现了文论的异质性。"所谓'异质性'，始终只是在知识形态的意义上讲，它的含义是说中国传统诗学有不同于西方诗学的异质的知识谱系背景和质地、形态均不相同的知识质态。"[③] 曹教授认为，影响研究与平行研究共同的缺憾，都在于只重视求同性，而忽视了不同文明间的差异性、异质性。"首先，影响研究与平行研究都是建立在'求同'的基础之上，他们是求不同中的同：求不同国家中的类同、不同学科中的共同。影响研究的可比性建立在'同源性'基础之上，平行研究的可比性建立在'类同性'基础之上。这种'求同'的理论模式，并不完全符合比较文学的基本事实和客观规律。因为法国学派所强调的以'国际文学关系'为核心的'影响研究'，其变异性要大于类同性。即便是在美国学派强调的以'类同性'为共同规律的'平行研究'与'跨学科研究'中，也存在着大量的变异现象。"[④] 在其后的一系列文章、教材、专著中，变异学理论渐趋成熟。变异学的具体内涵是："比较文学变异学（The Variation Studies of Comparative Literature），是指对不同国家、不同文明的文学现象在影响交流中呈现出的变异状态的研究，以及对不同国家、不同文明的文学相互阐发中出现的变异状态的研究。通过研究文学现象在影响交流以及相互阐发中呈现的变异，探究比较文学变异的规律。变异学研究的重点在求'异'的可比性，研究范围包括跨国变异研究、跨语际变异研究、跨文化变异研究、跨文明变异研究、文学的他国化研究等方面。"[⑤]

2014年，曹先生的比较文学英文专著 *The Variation Theory of Comparative Literature*（《比较文学变异学》）由国际著名出版社施普林格（Springer）在海德堡、伦敦、纽约同时出版，受到国际学界广泛关注。欧洲科学院院士多明哥（Cesar Dominguez）、美国科学院院士苏源熙（Haun Saussy）等著名学者合著的比较文学专著高度评价了曹先生提出的比较文学变异学；美国普渡大学 A&HIS 期刊

[①] 刘献彪：《比较文学中国学派与跨文化研究》，《中外文化与文论》，1996年第2辑，第137—138页。
[②] 古添洪：《中国学派与台湾比较文学的当前走向》，见黄维樑编：《比较文学学科理论的垦拓》，北京大学出版社1998年版，第163—177页。
[③] 曹顺庆：《从"失语症"、"话语重建"到"异质性"》，《文艺研究》，1999年第4期。
[④] 曹顺庆：《变异学：比较文学学科理论的重大突破》，《中山大学学报》，2008年第4期。
[⑤] 曹顺庆：《比较文学概论》，高等教育出版社2015年版，第161页。

《比较文学与文化》（Comparative Literature and Culture）专门刊发了专家书评对该书予以好评。变异学为比较文学的进一步发展提供了可行的新方向，它既保证了学科边界的科学性、合法性，又大大拓展了研究方法与研究视角；既打破了求同性思维模式和研究模式的局限，将差异性作为比较文学可比性的重要研究内容，集中体现比较文学中国学派治学的方法论特点，又为世界比较文学的研究注入新的活力，拓展了国际比较文学新的空间，为比较文学中国学派学科理论奠定了学理基础。

这些年曹先生又致力对平行研究中的变异现象进行研究。曹先生指出，从阐释的维度进入平行研究将有助于其突破自身的发展困局。学理上，平行研究具有鲜明的阐释内涵。而"求同"阐释、作品与理论互释以及台湾阐发法的实践，更凸显出平行研究就是阐释研究的本质。阐释研究在不同文化或文明的异质性作用下必然会出现阐释变异，具体可分为无意识阐释变异和故意阐释变异两大类。而阐释变异既可能带来失语症，也可以是文化创新的潜在动力。[①]

沿着变异学的思路，学界又有"广义变异学"概念产生。有学者认为广义变异学内涵包括"稳定、还原与变异"[②]，也有学者认为变异学理论不仅适用于人文学科，还适用于其他各个学科。这些都是继续发展中的变异学理论。总之，比较文学变异学理论是比较文学中国学派的卓越成果，随着时间发展，也一定会对其他学科产生深远影响。

二、曹顺庆先生对学术研究的范式贡献

瑞泽尔认为，范式是存在于某一科学论域内关于研究对象的基本意向。它可以用来界定什么应该被研究、什么问题应该被提出、如何对问题进行质疑以及在解释我们获得的答案时该遵循什么样的规则。曹先生本人的学术观念及其在指导学生过程中所呈现出的学术思想，均对文艺学和比较文学学科范式的更新具有重要影响。具体体现在：在内容上，拓展了学术研究的对象范围；在方法上，采用了中西比较、跨学科和变异学的新方法；在学术观点上，具有争鸣性和启发性。下面试论之。

（一）研究内容的前瞻性

纵观曹先生的学术历程，我们发现，曹先生在每一阶段都是学术前沿的引领者。曹先生对学术研究对象内容的拓展体现在以下几个方面：

1. 中西比较诗学的开创者

主要是以《中西比较诗学》的完成与出版为标志。虽然王国维、钱锺书、宗白

---

① 参见曹顺庆、曾诣：《平行研究与阐释变异》，《中国比较文学》，2018年第1期。
② 参见董首一：《英语世界杜十娘形象的"稳定、还原与变异"——兼论比较文学"变异学"的新转向》，《中外文化与文论》，2017年第37辑。

华等大师们所从事的诸多研究都可归为比较诗学研究，但真正以"中西比较诗学"命名著作还是从曹先生开始。有学者论述道："《中西比较诗学》是我国学界第一部以'中西比较诗学'命名的著作，也是我国'比较诗学'领域的奠基之作，标志着中西比较诗学作为一门独立学科已经形成，曹顺庆则是我国中西比较诗学学科的开创者。"[1] 在之后，比较诗学才以独立的姿态活跃于学术研究领域。

2. 跨学科研究

曹先生的博士生有许多从事文学与其他学科的跨学科研究。有音乐与文学的比较研究、围棋与文论的跨学科研究、养生文化与文论的跨学科研究、画论与文论的跨学科研究，等等，这些研究丰富了比较文学平行研究，同时又有助于丰富对文学艺术本质的认识。

3. 西方文论（文学）的中国接受研究

曹先生所指导的博士生几乎把国外知名理论家学术思想在中国的传播接受囊括殆尽。记得当时选择博士论文研究对象的时候，我把西方文论史教材上所出现的知名理论家（主要是英语国家的）列了一个清单，但从四川大学学位论文库一查，均已由同门师兄师姐展开研究。

4. 中国文学（文论）的海外传播与研究

海外汉学在比较文学领域已经成为显学，就英语世界中国文学译介与研究而言，均由曹先生的弟子涉入。曹先生主编了"英语世界中国文学的译介与研究丛书"囊括了从先秦至当代最知名作家作品在英语世界的译介与研究现状，是国内最大最系统的汉学研究类丛书。

5. 西方文学的西方接受

长期以来，国内外国文学研究都忽略了一个重要问题，即外国人如何看待自己的文学。文学的来源国与接受国对作家和文学的评价大相径庭。比如，法国人认为雨果是一位伟大的诗人，也兼写小说，而中国人几乎忽略了他作为诗人的身份。在英国人看来，斯威夫特的《格列夫游记》是一部富有哲学意味的讽刺小说，而到了许多国家却成为儿童读物。在中国，拜伦是作为斗士形象出现的，中国人看重其反抗专制暴政、争取民族独立自由这一层面，而忽略了其孤独、离群乃至暴虐的一面。因此，考察西方文学的西方接受是很有必要的，这已成为新的学术生长点。

（二）研究方法的革新性

从前文可知，曹先生在思考着文论话语重建和比较文学学科理论的建构方法问题，这些思考直接推动了研究方法的革新。

前文已经提及曹先生博士论文《中西比较诗学》获得季羡林、杨周翰、周来祥等著名学者好评，被认为具有"首创精神"。这篇学位论文在1988年由北京出版社

---

[1] 庞莉芹：《曹顺庆的中西比较诗学研究——以〈中西比较诗学〉为例》，《湖南工程学院学报》，2012年9月。

出版,被公认为我国第一部中西比较诗学专著,是中西文论比较领域"开风气之先"和"填补空白"的著作。王向远教授评论道:"比较诗学是近20年来我国比较文学研究的一个最大热点,曹顺庆的《中西比较诗学》和黄药眠、童庆炳主编的《中西比较诗学体系》、钱念孙的《文学横向发展论》等是公认的学术精品……《中西比较诗学》是我国第一部中西诗学比较研究的专门著作……可以说是开辟了中西比较诗学的一个新阶段。"[1] 在曹先生之后,中西比较思维才真正植根于学人头脑中,才出现了大量关于中西比较的研究专著。

曹先生提出"变异学"理论之后,又为比较文学研究植入了"变异学"思维。之前学界理所当然地认为翻译是两种文本之间的纯语言学对应,在翻译理论上,人们最多强调翻译家的"再创造"功能,即"创造性的叛逆"。然而,谈及这种"创造性的叛逆"的原因,人们更多地将之归结为道德、语言的差异和翻译者个人的原因。但曹先生告诉我们,翻译所涉及的不是纯语言学问题,两个文本或两种语言背后是两种迥然不同的异质文化和话语体系。不同的文化和话语体系,有其独特的概念范畴和言说规则,它们之间可能有一些重叠、交叉和对应,但绝不可能完全等同。也就是说只要是异质文化之间的文学传播,必然会产生变异。而且平行研究也存在阐释的变异。变异学成为目前比较文学中国学派最突出的成就。

(三) 学术观点的争鸣性与启发性

曹先生的许多观点都具有争鸣性和启发性。"失语症"的提出就引起学界的广泛讨论,虽然众说纷纭,但构建中国话语问题已经得到学术界和国家层面的高度重视。曹先生还在一系列文章中探讨古典诗词进入现代文学史的合法性问题、古典文论的"现代转化"问题以及中国文学批评史是否意味着中国文学批评"死"的问题。这些话题是前人所没有发现或者所不敢言的问题,曹先生提出之后均引起广泛的讨论。

三、曹顺庆先生的育人策略

我于2012年9月进入四川大学跟从曹先生攻读比较文学与世界文学专业博士,对曹先生的育人策略有深切感触。下面就谈谈自己的一些经历和见解。

(一) 在知识积累上,要回归原典,博古通西

曹教授在《中外打通 培养高素质学生》一文中指出当代大学生所存在的问题是不博古和不通西。不通古、不博古"导致了学术研究上的狭隘风气。它导致了不同的学科,都普遍地存在着孤立研究的倾向。研究现当代文学的人,不愿意接触古典文学。这种狭小的视野,使很多应该研究的领域,没有得到足够的研究","使我们对于现在活着的传统术语,不能正确认识和理解";而不通西便"不能真正吸收

---

[1] 王向远:《中国比较文学研究二十年》,江西教育出版社2003年版,第248—251页。

外国的学说和方法，不能利用丰富的西方资源，是一个很大的损失"①。所以曹先生要求阅读中西原典。

曹先生在第一个学期为博士生（硕士生旁听）开设了"中国文学典籍"课，采用阮元校刻的《十三经注疏》作为教材，直接让我们阅读。记得我在上课之前都要花费一个下午时间提前把要阅读的内容预习一下，先对正文和注疏部分做句读，提前查实不认识的字，以免阅读的时候闹笑话。尽管有些时候对内容似懂非懂，但手捧着沉甸甸的《十三经注疏》，顿时有与古人对话的感觉。第二个学期，曹先生开设古代文论课程，要求我们背诵经典的文论篇章。当《典论·论文》《文赋》《文心雕龙》《诗品》《二十四诗品》等众多文论著作摆在面前时，我们犹如孙猴子被压五指山下般无措。当时我们经常在望江校区东门附近荷花池畔背书，场面十分壮观。记得一位师兄边抽烟边背诵，结果两包烟抽完了，却还没有背下来。还有一位同学背一会儿书抿一口酒，结果人醉了，书还不会背。那年正赶上雅安4.20地震，有师兄便以地震影响了背书为由向老师请求缓背。我本、硕、博都是中国语言文学方向，还能按时将这些背诵下来，一些非中国语言文学出身的同学（有外语的、艺术的）便觉得颇为艰难。一同学每次背诵只能记住半篇，但曹老师上课抽查是一段段地轮流背，篇幅长的会轮到好几次。这位同学一看前半部分要结束了，后半部分自己又不会背，于是在还没有轮到自己的时候就抢先背诵，大家轰然而笑。背书很辛苦，但回想起来又很愉快。

在第二个学期曹先生还开设西方文论导读，用的是伊格尔顿的《二十世纪西方文学理论》的原版。我本身非英语专业出身，再加上西方文论里专业术语又多，所以读起来十分艰难。我要在上课前用一天进行预习，查实不认识的单词，并把读不准的单词注上音标。虽然很耗时间，但通过阅读英文原著我认识到原文与译文有很大出入。总之，曹教授"博古通西"的育人策略让我受益匪浅。

（二）在学术眼光上，要发现新领域，勇做"第一"

当时跟从曹先生读博士，一开学曹先生就让我们寻找博士学位论文选题。记得曹先生的提醒是："一定要选国内尚无人涉足的领域，即便某个领域只有一部博士论文，且探讨很不深入，我们也要避开。"在老师的这个要求下，我打算从三条路径出发寻找博士学位论文题目。一是西方文论家或作家在中国；二是做中西比较研究；三是从事海外汉学研究。当时我查阅大量材料，拟了五个题目找老师商量，但均被老师否决。现在回想起来，这些题目的确有问题，要么学术价值不够，要么对理论功底要求较高，难以驾驭。最后，我在老师的启发下，同时也在同门师兄弟的帮助下，跟从曹老师的教育部哲学社会科学研究重大课题攻关项目"英语世界中国文学译介与研究"的步伐，选取了"英语世界'三言二拍'研究"作为自己的博士学位论文选题。关于该选题当时只有几个单篇论文，尚无系统研究，所以顺利

---

① 曹顺庆：《中外打通 培养高素质学生》，《中国大学教学》，2006年第11期。

通过。

博士毕业后我在高校工作，一直在对英语世界"三言二拍"研究进行着深入挖掘，并发表了几篇相关的高水平文章。2018年，我将博士学位论文题目做了修改，申请了国家社科青年项目。"三言二拍"是中国古代白话短篇小说的代表，其前或其后的白话短篇小说均无法与之相提并论，所以我将博士学位论文题目修改为"英语世界中国古典白话短篇小说学术史研究"作为国家社科标书的题目，并申报成功。由此可见，虽然博士在读期间经历了选题的种种坎坷，但事后回想，老师的严厉要求是对的。不仅是我，我的师兄师姐们的博士学位论文大都是"启夕秀于未振"的领域首作。大家聊起自己的博士学位论文选题，无一不感念先生的严格。

（三）要有问题意识，敢言前人所不敢言

曹先生往往"语出惊人"，抛出许多令学界耳目一新的观点。自"失语症"以来，曹先生有"中国文学批评史就是中国文学批评'死'""古典诗词应该进入现代文学史"等观点。每一个"话题"都引起学界广泛讨论。在学术道路上，我受先生启发，拒绝人云亦云，坚持问题意识导向，坚持写出自己的思考。

结　语

以上是本人对曹先生学术思想和育人策略的一点随想，显然不能算是研究。毕业之后，我仍然受着曹先生学术思维的启发。目前，我发表的几篇关于比较诗学的文章和出版的几部比较诗学的专著都受到了曹先生"失语症"和重建中国文论话语思想的启发。我的国家社科项目"英语世界中国古典白话短篇小说学术史研究"也是在博士学位论文的基础上申请获得的。可以说，曹先生的学术贡献可谓高屋建瓴。

第二章　原典研读：以强基固本涵养学风操守

第一节　入门须正　立志须高

身正为师，风高为范
——曹顺庆教授原典式教材和教学法的启迪与引领

1998级博士　阎　嘉[*]

一、老师的前瞻性启迪和引领

2021年，曹顺庆老师主编的教育部教学改革重点项目"文化原典导读与本科人才培养"系列教材在编撰、出版、发行、使用十余年后，在曹老师的主持下再次进行全面修订。历经近一年的修改和订正，我所主编的系列教材之一《文学理论基础》终于再次完成修订。回想从2003年我受曹老师启发，与四川大学中文系文艺学教研室的同事们共同编写《文学理论基础》一书至今，几近20年时间。参加曹老师主编的系列教材，将老师的启示和教学理念既贯穿于本科教学实践，又体现在教材编写的全过程中。在不断跟随老师学习的过程中，自己也在不断进步和成长。自我成长过程中的每一个脚印，都与曹老师的谆谆教导和亲自引领有着密切的关系。

我于1985年毕业于四川大学中文系文艺学专业，随后留校任教至今。1998年考取曹顺庆老师的文艺学博士研究生，一方面跟随老师学习和研究，另一方面又将

---

[*] 阎嘉，1998级博士，四川大学文学与新闻学院二级教授、博士生导师。哈佛大学、哥本哈根大学访问学者。中国文艺理论学会常务理事，中华全国美学学会理事，四川省美学学会会长，四川省专家评议委员会成员，四川省学术与技术带头人。国家社科基金重大项目首席专家。

学习和研究的心得运用于本科教学中。可以说，这本身就是一个在接受老师教导和引领的同时，又将老师的教诲运用于教学和研究实践的过程。老师在课堂内外的言传身教，老师在课堂上坚持以诵读典籍为根本的深刻印记和对课程考核的严格要求，在研讨课中鼓励不同观点的论争和启发，都在自己日后的教学和研究实践中如盐在水般了无痕迹地一一显现出来。多年在曹老师引领下参与编撰原典教材和原典教学的历练，使我在继续开拓和扩大眼界之中，得以将自己在老师引领下的经验积累与感悟凝聚于原典教材的编写过程中。可以说，这样一个从师研习、从教践行的知行合一过程，非常自然而深刻地让我领悟到了老师"身正为师，风高为范"的引领作用，使我得以将其作为自己在教学中不断成长的指南。

如今，曹老师主编的"文化原典导读与本科人才培养"系列教材在全国高校和学术界已经产生了很大影响，系列教材被多所高校中国文学和新闻学学科采用，其中有相当部分教材及相关教改成果获得省部级奖励，曹老师也获得了各种殊荣和各级奖励。这些成就确证了曹老师在教材编写理念方面的前瞻性，确证了曹老师在大学教育实践和学生培养方面的经验积累的正确性与可靠性。值此曹老师从教40年之际，在感念中反思，原典系列教材和教学实践的成功正在于曹老师所倡导的立足于古往今来文学理论经典著作的原文本，以注疏、诠释、讲解去引导学生和读者，以期他们能从中受到启迪而产生出思想的激荡。这正是曹老师尊原典以教化的宏旨之所在。

以下，我谨借老师从教40年、"文化原典导读与本科人才培养"系列教材新修订版即将再版之际，将自己跟随老师编撰教材并将其运用于教学实践的心得感悟略述一二。

二、实践中践行与坚持

从2003年起，我担任四川大学中文系文艺学教研室主任。在此过程中，我力图带领文艺学教研团队按照曹老师始终坚持和践行的原典教学理念，重新编写文学理论教材，尝试改变全国大学中文系"文学理论"课教材几十年不变的编写套路。恰逢此时，我所带领的课程团队于2003年获得了四川大学"精品课程"建设项目和四川省教育厅"精品课程"建设项目的支持，我们的想法因此有了实现的机遇。经过反复讨论和研究，团队统一思想，确立了重新以文学理论经典著作的原典为核心编写教材的基本理念，力图打破国内文学理论教科书多年惯用的编写方法，即按照"通论"的方式表达自己对文学理论学科和各种文学理论问题的见解，并以此作为具有"普遍性"的理论观点，甚至认为可以用来普遍"指导"文学理论、文学批评、文学欣赏和文学创作。我们现在可以把这种编写教材的方式称为"全知全能"式。这种教材编写方式的弊端显而易见，最主要的是容易对大学生的独立学习和思考形成束缚，使他们按照编写者的意图背诵和记住一些固定的术语、概念的定义，以及编写者自己对文学理论重要问题的理解和诠释。这种教材编写方式与大学文科教学的实际、要求和目的多有抵牾，不利于学生在牢固掌握经典著作的基础上养成开放性、反思性和批判性的思维习惯，有"填鸭式"教学之嫌，在教学实践中经常会导致学生的厌倦与反感，难以达到启发式教与学的鹄的。

在中国大学教育伴随中国社会转型的改革开放早期，四川大学中文系文艺学教研室曾经编写过一本《文艺学基础理论》教材，运用的是过去较为普遍的"全知全能"式编写方式，并且在本科教学中沿用多年。结合教学实践反思这部教材，我们发现，《文艺学基础理论》编写于多年之前，经过长时期教学实践的检验，其中一些内容随着社会、思想和文化的发展变化已经显得较为陈旧，在教师的教与学生的学两个方面都感到需要与时俱进，更新教材中与时代脱节的内容。在改革开放不断向纵深发展的过程中，文学理论学科本身也出现了很多新趋势、新理论、新材料和新观点，加上国外文学理论的输入，我们感到很有必要更新教材编写理念，对文学理论学科及其发展进行认真反思和审视，在新理念的指导下重新编写适应新时代、新要求、新发展的教材。也正是在这个改革开放不断向纵深发展的关键时期，国内大学体制内和文学理论学术界开始注意到大学文学理论课程教学和研究的改革，并开展了一些初步的讨论，其中出现了一些值得注意的看法和观点。

由此观之，曹老师率先提出"原典教学"和"原典导读"的教学理念，可以说是以高瞻远瞩的视野引领国内风气之先。通过历时性的反思并结合当下的现实语境，我们坚定了以"原典教学"和"原典导读"为核心原则来编写适应新时代教学实践的新教材的信心，以原典的原初性、可靠性和权威性为基础，结合古往今来的不同理论和观点加以梳理、诠释、讲解，由此让学生广采博纳，由浅入深，从经典到解读，逐渐培养他们的辨析、反思和批判能力。

我们当初确定的编写新教材的一些要点如下。

第一，注重教学对象的特殊性。教材的使用对象是刚刚进入大学学习、没有经过系统文学理论专业训练的高中生。他们思维活跃，有一定的批判精神，但思维缺乏逻辑性，呈现出跳跃性。他们有零散的文学作品和语文知识，却没有系统的理论框架将其统摄起来。因此，教材首先要为他们提供文学理论各个方面的基础知识，强调阅读和理解相关理论问题的原典，然后才是引导和疏解。我们确定，中国文学理论的基础性原典主要由马克思主义文学理论、中国文论和西方文论三个部分构成。理解和把握原典，甚至"死记硬背"地记诵原典，是学习文学理论基础的第一步，也是最为重要的一步。

第二，强调学生在课程学习中的主动性、积极性和创造性。教材选择的文学理论原典，应当突出基础性、知识性、经典性、可靠性、开放性和多元性，以客观、中性的疏解原典意涵为主，尽量避免以自己的观点代替客观的疏解和引导。在同一个问题上或同一个论域中，尽可能为学生提供各种有代表性的不同观点，目的在于启发和开拓他们的思路，而不是把他们局限在一个狭小的知识领域中。我们不应在原典教学中再重复老师讲什么、学生就接受什么的僵化教学模式，不让学生被老师的观点束缚住。

第三，我们也不主张在教学中完全放任自流，必要的引导和疏解仍然是必须的。引导和疏解的主旨不是以偏概全，以一己的看法代替经过时间检验的各种见解。引导和疏解的重点在于介绍语境，概述一种观点或理论的传承、演变、发展及问题的焦点，目的在于引导学生从经典文献中把握住观点或理论的内在脉络。我们在教材的每一章前面撰写了3000字左右的概述，以问题为核心，对相关的、有重要影响的问题、理论、观点的发展演变做出简要的概括。每个小节有1000字左右的概述，就本节内容的发展概况、主要代表人物、理论、观点做出较为全面的介绍，并与本节选录的文献挂钩，目的在于让学生初步建立起原典文献与各个知识点的理论框架系统之间的联系。

第四，整个教材的构成以问题和问题论域为基本框架，以老师撰写的概述为引导，以选录经典理论和观点为主要内容，每章末尾列出若干有针对性的思考题，覆盖本章的全部内容，以此体现我们试图改变传统"填鸭式"教材编写法的基本套路。我们尽可能为学生提供可靠的选录文献，要求所选文献具有原初性、可靠性、代表性和权威性。采用的原典选本应为学术界公认的权威版本，并注明原典的作者（译者）、书名、出版社、版本、页码，以便学生自学时查对原文本。我们坚持以原典为主，坚持原典在理论建构中的核心地位和支撑作用，提倡辨证性和批判性的思维方式，以文学作品和文学实践活动作为检验理论的最终尺度。

我们的第一版原典教材《文学理论基础》于2005年由四川大学出版社出版，在课堂使用中获得了学生好评，并且引起了国内同行和学界关注，相继有一些高校将其作为文学理论课程的教材或参考书。我们陆续收到一些来自各方面的反馈意见和建议，大体上都是正面的、积极的意见和评价。一些高校教师认为，终于看到了几十年不变的教材面孔有了新的面貌，出现了新的开端。一些学生认为，新教材虽然不像旧教材那样可以比较方便地用来应付考试，但确实提供了不少基础性的材料和文献，有助于自己深入学习和研究。尤其是，在新版教材中，我们增加了一些与当下的文学现象和理论状况密切相关的重要问题，如消费社会与文学接受、文学欣赏的关系，新兴的网络文学与短信文学等，并采用了一些新的文献材料，如一些经典著作的最新版本、新近的一些学术研究成果等。

三、好评与赞誉中的反思

《文学理论基础》原典教材作为曹顺庆老师主编的教育部教学改革重点项目"文化原典导读与本科人才培养"系列教材之一，与同一系列的其他教材一起，经过重新修订并统一版式和装帧后，再次于2014年由重庆大学出版社出版。这是曹老师的原典式教材和教学成果取得的标志性成果，在同行与学界中获得了好评和赞誉，同时在教学实践中也绽开出灿烂的花朵，结出了丰硕的果实。《文学理论基础》作为四川大学中文系文艺学教研室核心课程"文学理论"的基本教材，不仅在教学实践、本科学生培养、研究生教育中起到了重要作用，而且在专业教学的思政教育中产生了较好的辅助作用。我们总结教材编写和教学实践的经验，在《文艺报》《四川师范大学学报》等报刊上发表系列论文，将我们跟随曹老师编写原典教材、开展原典教学的经验与感悟在全国文艺界和教育界进行分享，引起了多方面的关注和重视。

在我们总结的经验和收获中，重要的有以下几个方面。

首先，原典教材编写必须处理好教材建设与教学改革面临的矛盾和问题。文学理论作为大学本科文学专业学生的必修课，在文学类本科生的各门专业基础课程中占有十分重要的地位。其重要性主要体现在：它要通过对各种文学实践活动和文学现象进行理论反思、概括和研究，为理解和评价文学活动与文学现象提供理论依据和价值尺度。对学生来说，掌握文学的基本理论和评论方法，既具有方法论的意义，又是培养理论反思能力的主要途径。反思能力由基本理论框架、价值观和立场构成，并为批评方法提供基础，而这一切又要以丰富的文学经验尤其是对文学作品的阅读为前提。如何处理好理论框架、批评方法和文学基础知识之间的关系，是文学理论课程面临的主要矛盾。从中国高校长期使用的文学理论教材来看，似乎都没有处理好上述三个方面的复杂关系。对这个问题的反思和讨论，是近年来中国文学理论界的重要话题之一。其中较有代表性的批评意见认为，大多数流行的文学理论教材基本上是一种"杂烩"，将中国古代文论、西方文论、马克思主义文论杂糅在一起，再加上一些作为"注解"的、经过"切割"的文学现象和作品，缺乏内在的系统性和逻辑性，不能给予学生真正的启发。这种批评意见切中了多年来文学理论教材编写的主要问题。这构成了我们在文学理论教材建设中的一个基本出发点和突破口。如果能够在新编教材中避免"大杂烩"、简单化、机械论、教条主义以及"切割""拼装"的弊端，那么，不仅将在文学理论教材建设中取得突破，而且是对中国文艺学学科做出的贡献。这个方面必须面对另一个重要问题，即理论建构如何与文学创作、文学批评的实际相结合，特别是在商品经济的大潮中，文学创作和文学批评实际上已经被边缘化了，网络文学、快餐文学、身体写作等新的文学现象随着日常生活审美化的普遍化，传统文学理论和文学观念受到巨大冲击和挑战。因此，新教材的建设必然要直面各种新的文学现象的冲击与挑战，而不能仅从一些既定理论框框出发，自说自话，不顾文学现实的发展变化。否则，新教材的建设就失去了应有的意义，也难以在课堂教学中解决学生面临和思考的各种文学问题。表面上看，文学理论教材编写是高校文科重要基础课教材更新的问题，但在更深层次上看，整个教材的更新涉及文学理论这一学科在当代中国现实中面临的一系列重大理论问题，从学科性质、体系和基本原理，到具体理论问题的提出、解释，再到文学创作和批评的实践活动。可以说，其中任何一个问题都具有牵一发而动全身的效果。新教材编写中的矛盾和问题，不只是教材本身的问题，而且涉及学科本身的变革和创新的问题。

其次，必须确立并坚持教材建设和教学改革的基本思路。我们跟随曹老师原典教学的基本思路，在原典教材编写中明确了以下几项基本原则。第一，坚持学科完整性的原则。尽管学术界对文学理论的学科性质有很大的争论，如苏联文艺学体系的问题、中国古代文论的系统性问题、西方文论的主流传统问题、马克思主义文论的体系问题等，但通过仔细分析和研究，我们毕竟可以找到一些古今中外文学理论共同关注和讨论的问题，如文学的本质、文学创作的性质与规律、文学作品的构成、文学欣赏和批评的基本原理、文学发展和演变的问题等。找准这些基本问题，实际上就确定了一个基本的理论框架。第二，坚持学科开放性的原则。任何文学理论体系都不是封闭和固定不变的。基本理论问题和框架相对固定并具有稳定性，但对问题的解释却具有开放性。在具体操作上，坚持学科开放性的落实，体现在不一定要对每个重大问题提供现成观点和答案，而是对相关的、在历史上和现实中有重大影响甚至相互对立的观点尽可能进行客观介绍，同时表明我们自己的立场，将结论和答案留给学生自己去思考和解答。尽可能提供原始的、可靠的基本材料，旨在培养学生独立思考和判断的能力。形象地说，就是把达到目标的所有途径都向学生敞开，把通过哪一途径达到目标的任务交给学生自己去完成，尽可能多给他们留下选择的余地。第三，坚持现实性和前瞻性的原则。理论的生命总是在关注现实问题中不断获得动力和生气的。不关注现实的"形而上"的理论，多半是僵死的和灰色的。如"日常生活的审美化"和文学边界"泛化"的问题，就是我们的理论必须关注和研究的，应当注重从中提出带有根本性和普遍性的理论问题，从而引起学生思考和争论。第四，坚持问题性和启发性的原则。启发性来自问题意识。只有能够提出问题，才可能给人以启发。如果能做到这一点，可能就是与一般文学理论教材最为不同、最具有特色的地方。也可以说，问题意识和批判意识本身就是文学理论学科的基本品格。比如，我们并不简单地回答"什么是文学"这样的问题，而是告诉学生历来对这一问题有哪些不同的甚至相互对立的观点。我们进一步要关注和提示学生的是，为什么会有不同的甚至对立的观点，原因在于看待"文学"的视点和立场不同，把对不同视点和立场的分析判断交给学生去做。

再者，在实践中检验教材建设与教学改革的实效。从课堂教学的实际情况看，学生对原典教材已经有了一些初步的感受。他们经常就旧教材和自己的文学阅读乃至创作体验提出各种理论的、现实的疑问，印证了我们的初步设想。第一，要以培养问题意识为中心，鼓励学生提出问题，尤其要鼓励提出有争议的、相互矛盾的问题。在具体实践中，我们并不主张提出大而空的问题，而是将问题限定在某个特定领域，把问题具体化。教师对问题的语境做出分析和提示，包括提出可能的不同解释。第二，围绕课程教学内容，尽可能提供学生能接受的原始材料，或者提供原始材料的出处与查找方法。这种方法实际上起到了初步的学术训练的作用，即从确定问题开始，通过收集基本素材和认真研读，找出问题的关键所在，再经过自己的分析、比较、判断，得出自己的观点。在条件成熟的时候，鼓励学生撰写学术论文并投稿发表。第三，采用多媒体教学手段，如电子课件、视频、智慧课堂等。这样做主要考虑的是突破传统的、呆板的、"填鸭式"的讲授方式，使严肃的理论课程呈现出轻松活泼的一面。如对文学名著的分析，可以采用观看经典影片和电视剧的形式来进行形象的介绍和分析，加深学生的感性印象。第四，采用对话式和调查式的教学方法。所谓对话式教学方法，是由任课教师设计出问题，并同时设计出论辩的双方以及双方的基本立场、观点等，通过课堂口头论辩，将切入问题的途径、方法、采用的材料和各自的观点展现出来，最终使全体听课者能够看清楚论辩的进程和症结，达到"旁观者清"的效果。

原典教材编写和教学实践证明，由曹顺庆教授开创的这一教学改革理念和方法，有助于我们的课程教材建设和教学改革的最终目标顺利实现，即培养和确立学生开放式的理论反思能力与创新能力。知识的传授仅仅是手段和前提，重心则是培养学生独立分析和判断的能力，鼓励提出和发表不同观点，在更高层次上提升自己的专业素质和能力，尽快走向专业和学术的前沿。

四、启迪下的提升与裨益

在曹老师引领下进行原典教材编写和教学，也使我们在教学技巧方面获得了不少启迪和裨益，有助于我们在专业能力和教学技巧方面获得提升。

其一，处理好编写教材与撰写个人学术专著的关系。学术专著是教师个人独立研究的成果，主要应当表达自己研究的心得，尤其是创新性的学术观点、方法和思路等，要以自己的见解（或一家之言）为主。创新性是学术专著的主要特色。教材与学术专著最大的不同在于，教材必须注重基础性。所谓基础性，是指要以本学科在学术界公认的问题领域为基本框架，这些问题领域是构成理论体系的重要节点，如文学本质问题、文学创作问题、文学鉴赏问题等。教材对这些问题领域的介绍和讲解要顾及不同的观点和看法，要尽可能全面客观。而学术专著必须坚持创新性的原则，在深入研究的基础之上发表自己的看法，做出自己的评判，坚持自己的立场和思路。我们感到，这是在编写教材中非常重要的一条界线：教材要顾及学科的全面情况和客观性，而学术专著则要求有创新性；前者是整个知识系统的传承和普及，后者是个人的知识创造，二者不能混淆。但是，过去的文学理论教材往往忽视了这一点，常常把基础课程的教材当成个人的学术著作来写，结果在教学实践中造成了不少问题。

其二，处理好教材编写中的适用性与学术性的关系。基础课程的教材针对的对象基本上是刚刚走出中学的大学本科新生，因此，在教材中有无必要对一些专业性很强的学术论争进行过多详细讲解，是一个颇有争议的问题。文学理论这个学科历来就有大量有争议的理论问题，对这些问题要不要讲，讲到什么程度才契合学生的接受度，还需要做进一步的研究和思索。如果完全不涉及有争议的学术问题，似乎不符合本学科的实际情况，如对文学性质的理解；如果讲得过多，学生又会感到非常枯燥，因为他们通常缺乏必要的知识储备。我们的做法是，在教材编写中对有争议的理论问题适当介绍最有代表性的不同观点，把讲解和评价留给任课教师去解决，在问题综述中只是点到为止。这样，可以避免过多地在争议问题上纠缠，把更多的注意力放到理清问题的脉络上，同时，也给任课教师留下讲解和发挥的空间。我们力图在文献资料原典的选择上多下功夫，尽可能在这个方面体现出学术水准，努力选择有影响、有原创性的名家著作和言论，这可能也是原典教材最能体现出的优势。

其三，处理好教材编写中的封闭性与开放性的关系。我们感到，在过去编写的文学理论教材中，或多或少存在着一种观念，即以为通过一本教材，就可以教给学生今后若干年中包打天下的本领，以为应当在一本教材中囊括本学科的一切知识和答案。实际上，我们发现，抱着这样的理念去编写教材始终都会捉襟见肘，总有一些自己力所不能及的问题，却自以为可以比前人解决得好，或者自以为比别人更有洞见。这样的心态，就是我们所说的封闭性的心态。其实，任何学科的发展都是永无止境的，没有任何人可以断言自己能在一本小小的教材中穷尽本学科的全部知识和观点，更不能断言自己就一定比前人高明和有洞见。这种封闭性的、自视甚高的姿态，是我们在编写教材过程中必须避免的。我们所说的开放性，一方面是指要在编写教材过程中尽可能留有余地，不能把一些话和判断讲得太死；另一方面，也不能摆出权威的姿态，板着面孔教训人。所谓的"先生"，不过是比年轻人早生几年而已，并不意味着我们一定比年轻人更聪明，或许年轻人的判断力不比我们差。谦虚谨慎，始终都是我们一定要牢记的座右铭。

师从曹顺庆老师研习至今已近 25 年，一直在老师的关照下学习、从教和研究，这一过程还将继续下去。一路走来，最大的感悟就是：学无止境，只有在不断学习中才会不断提升，才会有成果产出。跟随曹老师编写《文学理论基础》原典教材，只是多年跟随老师研习的一个侧面，有了一些在不断探索中产生的想法和体悟。在内心深处，我始终都会秉持永不言顶的信念，仍将在跟随老师研习和实践的过程中不断探索前进。

入门须正，立志须高

2004 级博士　张金梅[*]

严羽在《沧浪诗话·诗辨》中开宗明义，提出了"入门须正，立志须高"的学诗要求，将"汉魏晋盛唐"作为师法的对象。所谓"入门须正"，是指学诗者在选择师法对象时，一定要选一个"正门道"的老师。选择一个"正门道"的人做老师，就选择了一条正确的道路。即使"行有未至"，只要继续努力，就会离终点越来越近。如果选择了一个"野狐外道"的人做老师，"路头一差"，就走错了方向，越努力，反而会离终点越远。所谓"立志须高"，是指学诗者在选择师法对象时，一定要选一个"高水平"的老师，绝不能自生退屈，降低要求。因为"学其上，仅得其中；学其中，斯为下矣"。也就是说，在学习的过程中，由于主客观等多方面原因，学习的结果常常不尽如人意，往往会较早先预期大打折扣。所以只有尽可能地提高要求，即使最终结果与预期有差距，但因早先要求高，也会取得较好的结果。更何况衡量学习的成效，还有一种说法，所谓"见过于师，仅堪传授；见于师齐，减师半德"，这就更要选择一个"高水平"的老师。这里，严羽虽是针对"学诗"而言，但究其实，仍然非常适用于我们今天的高校人才培养。曹师顺庆先生就是这样教导我们的。

一、入门须正：原典强基固本

我是 2004 年秋季忝列师门的。当时，曹老师给我们开设了四门功课，分别是"'十三经'导读""中国古代文论研究""西方文学批评史研究"和"比较诗学"。这四门功课虽都实行原典教学，但又可大体分为三类。

第一类，原典导读，原汁原味。以博士一年级上学期的"十三经导读"和"西方文学批评史研究"为代表。当时我们手上备有的教材分别是阮元校刻影印本《十三经注疏（上下）》（上海古籍出版社，1997 年版）和伊格尔顿（Terry Eagleton）的 *Literary Theory: An Introduction*（Second edition, Oxford: Blackwell, 1996）的复印本。一周两次课，都是晚上，一次三节。周二晚上，大家的书包里都装着厚

---

[*] 张金梅，2004 级博士，1974 年生，湖北黄梅人。武汉大学出站博士后，中国社会科学院文学研究所高级访问学者，日本新潟大学大学院现代社会文化研究科访问学者。恩施土家族苗族自治州优秀人才（2019），湖北高校省级教学团队"汉语言文学专业核心课程群教学团队"带头人（2019），湖北省宣传文化人才培养工程"七个一百"（哲学社会科学类）计划人选（2015）。现为中南财经政法大学新闻与文化传播学院教授、硕士生导师，教育部学位与研究生教育发展中心通讯评审专家，国家社科基金项目成果通讯鉴定专家，中国古代文学理论学会、中国《文心雕龙》学会理事，湖北省文艺学学会副会长。

重的《十三经注疏》，酒红色的封面镶嵌着四条镂空巨龙；周四晚上则都换成了轻便的 Literary Theory: An Introduction，暗灰色的封面。我们将两者合二为一，笑称"红与黑"。同一年级，我们有两个专业。一个是比较文学与世界文学，选这个专业的同学大多是英语科班出身，英语听说读写能力极好。另一个是文艺学，又分两个研究方向，一个是中国古代文论，有一定的古文功底；一个是文艺与传媒，兴趣点在新闻与传播。可是面对这两门功课，无论哪个专业，也不管何种方向，我们都是"半吊子"。导读《十三经注疏》时，曹老师多选诸经之序，不仅佶屈聱牙，还全无句读，我们读得结结巴巴，老师笑得意味深长。导读 Literary Theory: An Introduction 时，曹老师常挑佳篇名段，我们发音南腔北调，老师中英切换自如。学期结束，两门功课虽都是开卷考试，但我们极少有人能上九十分。至今我仍然记得《十三经注疏》的最后一道论述题——"论述《周易》对后世文学的影响"和 Literary Theory: An Introduction 的中间一道分析题——"A broken hammer rather than an intact hammer is more akin to a hammer"（为什么说一个破榔头比榔头更像榔头）。就这样，川大博士研究生上课要读十三经的消息不胫而走，竟然传到一个 CSSCI 来源期刊的编辑那里。因我曾给他们编辑部投过稿，他主动打电话联系，请我帮他做一个关于曹老师导读十三经的人物专访，并许诺字数不限。他们当年策划了一个"名家访谈"栏目，一期一人，一年六期，反响极好。于是，我电话采访曹老师一个多小时，《我们为什么要读十三经——曹顺庆教授访谈录》（《社会科学家》，2006 年第 4 期）就和大众见面了。略有遗憾的是，访谈正式刊发时，编辑还是删减了一小部分篇幅。后来，曹老师主编《中华文化》（复旦大学出版社，2006 年版），将其作为导言，改成《我们为什么要读中华文化典籍——曹顺庆教授访谈录》，是为全貌。

第二类，名篇精讲，背全背熟，以"中国古代文论研究"为代表。当时我们人手一套郭绍虞、王文生《中国历代文论选（一二三四）》（上海古籍出版社，2001年版）作为教材。与其他功课不同，这门课程要求背诵全文。这是博士一年级下学期的课程，与"比较诗学"课程一同开设。每周上课之前，曹老师首先请教室里各竖排第一个座位的同学前去讲台抽签（班长帮忙提前准备签号），伴随着一声欢呼、一声唏嘘和几声啧啧，当晚的中国古代文论研究课才正式拉开序幕，颇有点"几家欢喜几家愁"的意味。然后抽到 1 号签的那一竖排同学便按座位顺序从前到后轮流背诵当晚要主讲的名篇，一人背诵一个自然段。每背完一个自然段，曹老师就带领大家详细深入地阐释，并随时提出问题，随机请同学回答。背一段，讲一段，边背边讲，直至该篇结束。开始，我们还千方百计挑选座位，后来发现挑来选去，根本于事无补，只好作罢。整整一个学期，我们背诵了不少名篇，诸如《文心雕龙》《原道》《征圣》《宗经》《辨骚》《神思》《体性》《通变》《风骨》8 篇），以及《毛诗序》《楚辞章句序》《典论·论文》《文赋》《诗品序》《文选序》《与东方左史虬修竹篇序》《戏为六绝句》《与元九书》《沧浪诗话·诗辨》等。也许是因为当年大多同门都是学比较文学与世界文学专业，而我则是极少数学中国古代文论专业的，所以常被曹老师特殊"照顾"，无论我坐在教室哪一纵列，几近每周都逃不掉背书的"命运"。为了顺利"过关"，与其他同门上课前拿一整天时间临时背书不同，我一周之内每天早起和晚睡前半小时都在床上背书。而起床后其他时间，我则用来看书、写论文。虽然不敢保证自己的功效一定比当年同门好，但时至今日，这些经典名篇中不少经典名段我仍能口诵如流。也无怪乎曹老师曾在多种场合无比骄傲地说："我的学生在家里一边切菜，一边背诵《文心雕龙》，是一道特有的风景。"诚哉，斯言不欺也！而十多年后，受曹老师中国古代文论名篇精讲教学经验的启发，我主持完成了湖北省教育厅教学研究项目"元典教学与人才培养——以《中国文学批评史》为例"（2012年）和湖北省教育科学"十二五"规划一般项目"中国文论名篇精析"（2014年），主编出版了《中国文论名篇注析》（人民出版社，2016年版），并以"原典教学"为抓手，主持"民族高校汉语言文学专业'一典三创'建设"获第八届湖北省高等学校教学成果奖三等奖（2018年）。

第三类，经典详析，一论一辩，以"比较诗学"为代表。这门功课当时没有指定教材，主要任务是每人自选两节，完成《中西诗学比较史》著作（巴蜀书社，2008年版）的初稿。如果说前三门功课重在培养大家"读"的习惯，那么这门功课则重在训练大家"写"的能力。为了保证书稿质量，曹老师采取了极为别开生面的方式，将全班同学分为机动的三个阵营：一个"靶子"，主讲自己撰写的那一节内容；一个"枪手"，专挑主讲人撰写内容的缺陷和不足；其他"围猎"，全面讨论该节内容。与博士一年级上学期相较，下学期课程任务略轻松，主要是两门专业必修课，不用再修政治和英语。而我还有一个私人计划，那就是来年要参加评选副教授。所以在"比较诗学"这门课堂上，当曹老师将书稿目录发给我们让自主选择时，与大多同门迥异，我有意精选了学术性相对较强抑或撰写难度相对较大的两个章节——第三章"中西比较诗学的创立（1987—2000）"第五节"乐黛云及其《世界诗学大辞典》"，第六章"诗学话语的论争与中西比较诗学的拓展"第四节"中国古代文论的现代转换及其融汇中西文论的努力"。当时书稿提纲有一个修订完善的过程，我最早还选了一节"'文'与'文学'：文学观念的确立与诗学谱系的转型"。因为所选内容靠前，我及时在课堂上主讲，并与同门讨论。后来书稿目录修订完善，将这一节删掉了。为此，我比大多数同门多撰写了一节。成文后，这三节内容曾分别以三篇学术论文的形式——《论九十年代前期乐黛云的比较诗学视野——以〈世界诗学大辞典〉为例》《中国古代文论的现代转换及其融合中西文论的努力——以钱中文、童庆炳为例》《"文"与"文学"：文学观念的确立与诗学谱系的转型》见刊于《重庆大学学报（社会科学版）》2006年第3期、《当代文坛》2005年第6期、《学术论坛》2005年第8期。直到2015年，曾艳兵先生主编《比较诗学：理论与实践》（北京大学出版社，2017年版）时，还因乐黛云先生早期主编的《世界诗学大辞典》和《独角兽与龙——在寻找中西文化普遍性中的误读》少见学界评论,曾邀请我撰写第七章"乐黛云及其'世界诗学'"。可是,有谁知晓,为助我顺利撰写乐先生主编的《世界诗学大辞典》,曹老师将其私人藏书借用给我一整学期。书,沉甸甸;情,真切切。

在上述四门功课中,曹老师将通过对原典尤其是《十三经注疏》的研读以强基固本涵养学风操守的教学理念,发挥得淋漓尽致。针对初学者,严羽在讲具体如何"学诗"时,提出了一种"渐进—熟读—博取"的方法。"反者道之动",曹老师在"正"我们博士生求学之道时,因材施教,将严羽"学诗"的方法反过来运用和实施,将之变通为"问学"的方法,即"博取—熟读(背诵)—渐进"。"博取"的是阮元校刻的《十三经注疏》和 Terry Eagleton Literary Theory: An Introduction;"熟读"(背诵)的是中国历代文论选名篇;"渐进"的是中国比较诗学。对此,我受惠至深。也正是在曹老师的原典研读引导下,我走进了中国经学与中国文论会通研究的大门。

二、立志须高:学术革故鼎新

尚清晰地记得,在开学第一堂课上,曹老师就明确告诫大家:"同学们要树立高远志向——博士论文出版之日,就是学术世界立名之时。"我本科就读于20世纪90年代初期的湖北民族学院(2018年更名为湖北民族大学),硕士求学于湖北大学,都是"双非"院校。高攀川大后,我十分珍惜机会,并暗下决心,力争通过博士阶段的学习,让自己的学术之路踏上一个崭新的台阶。

博一上学期,曹老师带领大家精读《十三经注疏》,同学们虽苦不堪言,但都自觉涵养。而我则慢慢喜欢上了《周易》。其实,在博士生入学考试成绩出来之后,我曾电话联系过曹老师,他告诉我可以看看"十三经"先"热身"。当时,我从湖北民族学院图书馆借出《十三经注疏(标点本)·周易正义》(北京大学出版社,1999年版),隔三差五地翻一翻,《系辞(上下)》给我留下了深刻印象。正式入学后,曹老师亦是从《周易正义》开始导读。在他的带领示范下,我们先后依次学习了《钦定四库全书总目〈周易正义〉十卷》、孔颖达《周易正义序》及《周易正义卷首》之《第一 论"易"之三名》《第三 论三代〈易〉名》《第六 论夫子〈十翼〉》、阮元《周易注疏校勘记序》以及《乾》《坤》《系辞(上下)》。其中《系辞(上)》关于"言—象—意"三者关系的探讨引起了我极大的兴趣。

> 子曰:"书不尽言,言不尽意。"然则圣人之意,其不可见乎?
> 子曰:"圣人立象以尽意,设卦以尽情伪,系辞焉以尽其言,变而通之以尽利,鼓之舞之以尽神。"

在疏解阐释这一经典语段时,曹老师说,中国人认为"言不尽意",西方人主张"言尽意",这就是中国之"道"与西方"逻各斯"的根本区别之所在。三言两语,即让人醍醐灌顶。

说来真是无巧不成书,因为恰逢此时,在周裕锴老师的"中国古代阐释学研究"课堂上,我刚好要主讲"言不尽意"专题。周老师在其名著《中国古代阐释学研究》中指出:"'情伪'指'实象'和'假象',笼统言之都是'象';而按《易经》的文本本身,'系辞'的目的在于说明'卦'的吉凶等等,'卦'所未尽之言,通过'辞'可以尽之。因此这一象征性系统也可理解或翻译为'立象以尽意,设卦以尽象,系辞以尽卦'。而用公式便可排成这样一个'形上等级制':辞→尽卦→尽象→尽意。"[①] 结合曹老师关于《周易正义·系辞》的导读,我对周老师关于"情伪"的"实象"和"假象"之解产生了疑惑,并在课堂上向周老师提出了异议。周老师颇有君子风范,鼓励我通读《周易》全书后再去与之辩议。于是在曹老师带领大家导读完《周易正义》向其他诸经进发时,我仍艰难地自学着《周易正义》的剩余部分。最后,我向周老师提交了结课作业《〈周易〉"情"辨析——兼论"设卦以尽情伪"》,认为"情"在《周易》中的含义可分为两种,一种指大千世界中万事万物的情状,是形而下的具象世界;另一种相当于"道",是形而上的层次。而在"圣人立象以尽意,设卦以尽情伪,系辞焉以尽其言……"中,有一个"形上等级制":书→尽辞→尽言→尽象(卦)→尽意(情)。在这个"形上等级制"中,"情伪"不是指具象世界中的真假之象,或虚实之象,而是与"道"相似,具有形而上的意义。虽和周老师的看法不同,但周老师非常大方,给了我在川大求学时专业课成绩的最高分(91)。一年半后,这篇课程论文几经打磨,终于见刊于《西南大学学报(人文社会科学版)》2006年第3期。实不相瞒,这篇课程论文在投《西南大学学报》之前,我还试投过《周易研究》。编辑回复说,关于"情"的探讨,不应仅限于《周易》,而应扩大其论域,直至整个先秦传世文献。而这就是拙文《先秦传世文献"情"考辨》(《重庆大学学报》2010年第4期)的由来。

从曹老师带领我们导读《十三经注疏·周易正义》中初尝甜头后,我对《周易》产生了极其浓厚的兴趣,甚至一度想以《周易》作题撰写毕业论文,后因发现已有福建师范大学博士学位论文选题《周易》的先例,虽然他有三章未提交答辩,但是我也暂无超越其文的新点子,只好忍痛作罢。不过,17年后,待我入职中南财经政法大学新闻与文化传播学院,全校本科通识课"周易与人生"的顺利开设与同学们的激赏则在一定程度上弥补了我曾经的这一学术缺憾。

除《周易正义》外,在"十三经导读"课上,我还对"《春秋》三传"留下了深刻印象。导读《春秋左传正义》时,我注意到《左传》两次提到"《春秋》之称"。一次是《成公一四年》:"《春秋》之称,微而显,志而晦,婉而成章,尽而不汙,惩恶而劝善,非圣人谁能修之?"另一次是《昭公三一年》:"故曰《春秋》之称,微而显,婉而辨。上之人能使昭明,善人劝焉,淫人惧焉,是以君子贵之。"但限于著书体例,《左传》都未充分展开。而曹老师则深谙个中原委,首先引导我

---

① 周裕锴:《中国古代阐释学研究》,上海人民出版社2003年版,第30页。

们精读杜预《春秋序》。当读至"故发传之体有三,而为例之情有五:一曰微而显……;二曰志而晦……;三曰婉而成章……;四曰尽而不汙……;五曰惩恶而劝善"时,他说:这"五曰"就是著名的"《春秋》五例"。我小声嘀咕:怎么不称"《春秋》五情?"没料到曹老师耳尖,竟然听去了。他补充说:《春秋》书例是《春秋》笔法,称"例"比称"情"更为常见,也可视为约定俗成。为加深我的印象,在接下来一周上课前的复习上周所学内容环节,曹老师竟又点名让我背诵"《春秋》五例"。而期末课程考试时,曹老师还专门出了一道"《春秋》五例"的术语解释题。更为神奇的是,一年之后,我竟和"《春秋》笔法"结下了不解之缘。

博一下学期伊始,曹老师便告诫大家,博二上学期毕业论文要开题,若对毕业论文选题有想法,可以提前和他商议。那时曹老师住在川大花园,距离望江校区研究生教学楼不远。为方便我们提问,每次上下课,他都步行。所以下课后,三五成群地陪着曹老师从教室出来,边走边聊,直至川大花园门口,便成了我们博一下学期的"灵魂考验"之旅。一周两次,风雨无阻。有感于南京大学张伯伟先生《全唐五代诗格汇考》(江苏古籍出版社,2002年版)面世不久,晚唐五代文论有待重新总结,我便向曹老师提议拟做《晚唐五代文论研究》,没想到他一听即否,因为那时我根本聚讼不了"《二十四诗品》与司空图"的疑案。随后,我又提了几次想法,曹老师都不满意。在"黔驴技穷"之际,一次偶然的机会,我迎来了博士学位论文选题的曙光。

在川大攻读博士学位时,曹老师给我安排了一个副博导——西南大学文学院院长刘明华教授。明华师虽不在川大,但我每周会通过电邮向他汇报学习概况。在我纠结苦恼于毕业论文选题时,刘师提醒,在诸多读书报告中,"十三经导读"课上我曾经撰写的《从"微言大义"到"诗无达诂"》(该文后在刘师指导下见刊于《文学遗产》2007年第3期)是一个较好的突破口。于是,我以《"微言大义"与文学接受》为题,撰写了一份较为详细的提纲,再次请教曹老师。曹老师看到我能从十三经中选题,颇为欣慰。但明确指出,作为博士学位论文选题,还有欠大气,需要深入斟酌。就这样,"博一"下学期,《十三经注疏》再一次回到了我的课桌。

博二上学期,在范围、难度、学理等方面几经考量与修订,我终于定下了"《春秋》笔法与中国文论"选题。随后,博士学位论文开题、盲评、答辩,我一路畅通无阻,且好评多多。博士毕业后,我以"《春秋》笔法与中国文论"为题一次性成功申请到了国家社科基金(2008年)。课题结项后,我将《〈春秋〉笔法与中国文论》交由中国社会科学出版社出版(2012年),并依次获得恩施州社会科学优秀成果奖(2014年)、湖北省高等学校人文社会科学优秀成果奖(2014年)、湖北省社会科学优秀成果奖(2015年)、教育部高等学校科学研究优秀成果奖(人文社会科学)(2015年)。秉承着"可持续发展"战略,我又申报了两项国家社科基金项目,即"汉代经学与中国文论"(2013年)和"南北朝经学与中国文论"(2021年),都成功获批。其中,前者的结项成果已交由中华书局,有望今年出版;后者则是我入职中南财经政法大学新闻与文化传播学院的"投名状",课题在研。

回望过往,自 2004 年被曹老师引进"十三经"大门,我的学术世界就被中国经学充满。诚如曹老师在回答我们为什么要读经时所说:"读经并不是我们的目的,就如同学习西方也不是我们的目的一样。我们学习中国古代原典和学习西方原典,一个根本目的就是创新。"师法似宝,师恩如海,我将在曹老师的引导荫庇下,将中国经学与中国文论的会通关系研究进行到底。

原典馨香,雅韵悠扬

2016 级博士　佘国秀[*]

在四川大学读博士的三年,是我人生中最充实、收获最大的三年,虽然它已成为过去,却一直影响着我,不仅使我的精神浸润在传统文化的滋养中,充实且丰盈,而且使我对未来充满信心。因为在曹老师的中国文化原典课程中,我汲取了传统文化的精神与力量,并坚信"天行健,君子以自强不息","自强不息"才是生而为人的价值和意义所在。

记得当年在课堂上,曹老师为同学们逐一讲解十三经中各部经典的由来、典范篇目及文化原典对中国当代知识分子的价值和意义,老师儒雅的教态、富有亲和力的语言及自由驰骋于原典海洋深入浅出的讲解方法,至今如在眼前。我们 2016 级的全体博士和硕士生以及慕名来听课的同学坐满了研究生院三楼的 405 教室,大家济济一堂,兴致勃勃,一方面被中国文化的博大精深吸引,另一方面又被曹老师深厚的学养和学术积淀折服。中国的十三部原典著作在曹老师的课堂上,系统地走入了我们的知识体系,使我们由过去对传统文化经典零星、碎片化的学习转变为系统、全面的研究和分析。

当时我们还未彻底悟透学习原典的深意,每堂课前为了完成老师在上一堂课留下的作业,必须阅读原文和查阅大量资料。因为曹老师的作业题往往没有现成的答案可以借鉴,必须在阅读原文的过程中悉心体会,假定自己处于原典产生的时代,并以对历史和知识的敬畏之心去领悟,所以完成起来还是有一定的难度,但这些题目非常能够锻炼思维的开放性,可以从不同层面进行多维解答,可谓"仁者见仁、智者见智"。尽管当时中国文化原典课程每周只上一次,但课前准备往往要用几乎一周的时间完成,因为每部经典的原文阅读、文意疏通,需要投入大量的时间和精力。同学们虽然很忙碌,但非常充实,因为这种沉浸式的学习使大家去除了浮躁与

---

[*] 佘国秀,2016 级博士,现就职于成都大学中国-东盟艺术学院,主要从事文艺理论、跨文化比较艺术史研究。

焦虑，潜入文化的精神层面，对话古人，触摸历史。当时的我，每每读完一部经典，总会有醍醐灌顶、豁然开朗之感，已无心为外物所扰。特别是在课堂上经过老师的提点，更是分外惬意，如沐春风，这是当时我学习的体验与感受。

如今在从事跨文化比较研究的过程中，我对文化原典学习又有了一层新的体认，文化原典为我们提供了文化自信、理论自信与学术自信的底气，使我们在学术研究中正本溯源，找到中国当代知识分子准确的定位与立足点，在多元文化主义带来的多元认同时代，找到了中国文化与世界其他文明、文化交流对话的基石。中国文化原典是文明互鉴与文化交流视野中最值得珍视的本土资源，我们从中既可回望历史，又可审视当下，还可展望未来，正所谓"为往圣继绝学，为万世开太平"。帮助我确立这一认识的正是曹老师，我和同学们的"执灯人"。通过对中国文化原典的学习，我们从思想深处认识到中国当代青年知识分子的文化担当与学术使命。

诚然，学习原典不是复古、摹古，而是继往开来、推陈出新。潜心学习文化原典是中国知识分子在当代多元文化共生、差异共存的学术语境中，拥有属于自己的话语方式的最基本途径。我们从事学术研究，如果连自己民族、国家的文化经典都没有参透，又何谈学习他人，获取他山之石，以攻我之玉？在20世纪初"西学东渐"的风潮中，西方学术话语整体置换了中国传统学术话语，中国学者的文化自信与学术自信备受挫伤。时至21世纪，中国的国家实力和国际影响力大大增强，文化自信、学术自信意识愈发强烈。那么，学术自信与文化自信的根基在哪里？一句话——文化原典。传统文化原典保存了中华民族的精神文化成果，蕴含了中国人的宇宙观、天人观、人际观，是我们立足当下、展望未来的基础。正如英国历史学家彼得·伯克所言，"文化的观念意指传统的观念，是代代相承的有关某类知识和技能的观念"，文化经典则是记录观念的载体，是我们由当下介入历史，再由历史观照当下、接续未来的重要媒介。当年在曹老师的课堂上学习文化原典时有三个记忆片段，用原典中的语句来概括，分别是"克岐克嶷""君子不器""博学之，审问之，慎思之，明辨之，笃行之"，我至今仍记忆犹新，每每回想起来总有一种欣然之感。这三个课堂学习的记忆片段恰好构成了知识分子从"问学"到"立身"，再到"持守"的过程。

体味"岐""嶷"，以小观大

在学习《诗经·大雅·生民》篇时，曹老师讲解了该诗中后稷诞生的过程和他的功绩。其中，"诞实匍匐，克岐克嶷"是描述后稷诞生后先在地上爬行，渐渐地知会了万物，开始变得耳聪目明。当讲到这里时，老师问大家"岐""嶷"的意思，同学们不假思索地回答：聪明、会意。老师停顿了一下，告诉大家要根据词源学来解释，不能直接用引申义。于是，同学们纷纷查询这两个词的原意，《古汉语词典》上对两者的解释都是（幼小时）聪明懂事，对"岐嶷"连用的解释则为幼年聪慧，崭露头角。老师对于这种直接搬自工具书的答案并不满意，他引导大家说，后稷诞生后先匍匐爬行，渐渐知会了万物，然后摇摇晃晃地站立起来，这是对周之始祖从"生"到"立"的过程的描写。"岐""嶷"古时均为山名，因此在这里有"立"的意思。他要求大家牢记，工具书只是学习的辅助，并不能直接提供答案，答案是思考的结果，学习文化原典尤其要记得"尽信书，不如无书"。他希望大家根据文意理解分析，不要把书读死。曹老师还提到钱锺书先生在与他的通信中曾经写到"英年岐嶷"，"岐嶷"就是立之意。尽管"岐""嶷"只是《生民》篇中的两个词语，但老师通过这两个词语向我们说明，做学问的人应当具有独立探索的精神，不要被陈说束缚，不附会，不牵强，要振叶寻根，观澜索源。老师又意味深长地概括道："周之始祖从'生'到'立'，再到造福周人，开拓农业文明，有一个过程。这个过程就体现在'诞时匍匐，克岐克嶷'与'艺'中。那么对于从事学术研究的人来说，从匍匐到立身，是一个积累、沉潜和丰富完善自我的过程，因此投身学术，要静心笃定，要不断历练自我，直至安身立命。"老师从"岐""嶷"这两个词语的讲解中生发出做学问的正确态度和学术研究的沉潜过程，这种于细微处见真义的教学方法，确实使同学们印象深刻，受益匪浅。这种"小中见大"，由"问学"获得真"学问"的方法也是从事学术研究的青年知识分子在积累、沉潜过程中必须掌握的。

破"器"近"道"，灵活变通

《论语》是同学们在系统学习文化原典前接触最多的经典文本之一，因此在课堂上大家都自信满满，但老师的一个课堂问题，却将大家由自信自满推向自谦与知不足。在学习《为政》篇时，文中有一句话："子曰：君子不器"，曹老师让大家解释这句话的意思，同学们的解释大多为君子不是器物或君子不像器物，老师沉思了一会儿说，在中国文化中，提到"器"就必然要想到"道"，"器"是形而下的，是固化的实体，"君子不器"的意思应当是君子不像器物那样只拘泥于固化的功能，君子应当善于突破自我，灵活变通。听到这里，大家豁然开朗，老师进而解释了要做到"不器"，只有通过学习，"学则不固"才能通达。在老师的启发下，同学们提出《周易·系辞下》中有"《易》穷则变，变则通，通则久，是以'自天佑之吉，无不利'"，其中的"穷则变""通则久"正是"不器"的具体表现，也是君子安身立命的要义。看到同学们能够触类旁通，老师满意地笑了，并对大家说，在求学问道的过程中，善于突破自我，广通博览，灵活变通，是知识分子实现自身价值的重要条件，正像我们学习原典，不是单一地背诵、固守，而是将原典中的义理、智慧运用在实际行动中，懂得推陈出新与灵活变通。这一场景正是曹老师在教学中授人以渔的生动写照。的确，教育的真正意义不在于知识的传递，而在于价值观的塑造。在知识爆炸的时代，信息的海量增长与知识的碎片化已成为普遍现象，随着新技术、新媒介的发展，信息与知识的获取更加便捷，教育的这一真正意义也愈发凸显。中国文化原典中所蕴含的"通""变"思想此时便极具现实指导意义，曹老师在文化原典课上讲解的"君子不器""学则不固"则告诉我们如何面对技术工具理性：坚守初心、灵活变通、主动学习，在了解和掌握技术的基础上从事数字人文时代的社会科学研究。

"学""问""思""辨"，执着持守

《礼记·中庸》篇阐述了中国人的处事哲学，中庸即中正，不偏不倚，无过无不及。治理国家的君子则需要这样的道德修养，要获得这种修养，须如文中所说——"博学之，审问之，慎思之，明辨之，笃行之"。在讲到这部分内容时，曹老师先引导大家认识"中庸"的本质与内涵，将其与消极处事的骑墙派哲学相区别，矫正了对"中庸"的浅表化和世俗化认知，使大家真正理解中国传统思想的精深奥义。老师说，如果中国人读不懂自己的文化精神，那才是中国文化的真正危机，近现代以来西方学术话语体系的整体切换导致中国知识分子集体"失语"，我们原本就拥有可以与世界其他文明相媲美的精神文明成果，我们要在新的时代语境中让中国文化"走出去"，"走出去"的前提就是文化自信。如果中国的学者不具备识读原典的能力，我们谈何文化自信，又如何讲好中国故事，传播中国声音？老师的一席话让我们心潮澎湃，认真学习原典确实是学生时代的我们当下的重要使命，它不再只是课程任务的需要，而是投身学术研究的我们的责任与担当。进而，老师让大家找出这句话中所体现的君子提升修养的基本行动线索，即"学""问""思""辨""行"，并强调了"行"的重要意义。在老师的讲解过程中，我反复回味这句话的内涵，"博学""审问"与"慎思""明辨"是终身笃行的信条，也是君子保持中正，不自负、不偏激的重要行为准则，更是中国传统知识分子沉潜、积累和安身立命应当笃定持守的操行。曹老师十分欣赏这句话，在讲解中以此为训，与大家共勉。后来，在与老师通邮件的过程中，我惊喜地发现，在发给老师的每一份邮件的回执中都有这句话。我顿时明白，原来老师也是以此为座右铭，在几十年的学术生涯中恪守笃行，才获得了不凡的成就和业绩。读博时，为了向老师求教，我经常会把自己的问题提前总结好，每隔一段时间，以邮件形式发送给老师，请老师指教。老师的回复总是很及时，多则数百字，少则几十字，每次收到老师的回复，我总是仔细阅读内容，重新整理思路，记录心得体会，慢慢将老师的建议和解答内化。通过这种发邮件请教的方式，我在学术思维方面得到了很大提升，这对我后来的学术成长助益良多。每当在阅读的邮件内容结尾处出现这句话，我都会觉得分外踏实与自信。

中国文化原典的内容宏富广博，系统学习起来确实需要投入大量的时间和精力，当年曹老师要求我们准备上海古籍出版社的《十三经注疏》，直接读原典，参考大家的注疏，以下水"游泳"的方式体味原汁原味的中国文化典籍。在开课的一个学期内，尽管我全力以赴，但也只完成了《十三经注疏》上下两册总共三分之二的阅读量，其余的三分之一则是在博士毕业后完成的，其实能够全部读完十三经的内容，还是因为曹老师的鞭策和鼓励。记得毕业后有一次拜访老师，老师兴致勃勃

地谈及当年在课堂上带领大家学习十三经原典时的情景时，顺口问我是否已经完整地读完十三经全本。当时的我内心很忐忑，因为没有完全读完，担心老师问到未读篇章的内容时会很窘迫，于是便索性向老师说明了实情。老师只是点点头，笑而不语，但事后我便下定决心，工作再忙也要把未尽的篇章读完，有始有终，持守笃行，才是把老师的教导和原典的精神命义真正落实在行动上。

直到今天，曹老师在中国文化原典课堂上的教学片段仍然历历在目，老师对传统文化经典的深度解读和分析，对传统文化现代转型的恳切期待与积极建设，以及在中华文化全球传播方面的杰出贡献都给予我巨大的学习动能。黎巴嫩诗人纪伯伦曾在诗歌中写道："不要因为走得太远，而忘记我们为什么出发。"我们的学术研究道路无论走得多远，都不应忘记我们的初心——文化新生。

当我重新翻开写满密密匝匝铅笔字的《十三经注疏》时，还能感受到当时学习的那种沉浸式愉悦。我们的班长，来自福建的林家钊，专门在中国文化原典课程结课时组织了很有仪式感的拍摄活动，大家手举"十三经使我快乐"七个字的标语牌，簇拥着曹老师，每个人脸上露出的是由衷的笑容。尽管学习的过程很辛苦，但学过之后却倍感充实，因为我们找到了当代知识分子安身立命的根本。在纵览中华文明原典后，我们更加坚定了文化自信与学术自信的立场，同时找到了从事中西比较研究的真正立足点。在未来的学术研究道路上，我会谨记曹老师在原典阅读课上的谆谆告诫，以勤奋、踏实、谦虚的态度继续学习传统文化典籍，生命不息，习读不止，"路漫漫其修远兮，吾将上下而求索"。

初入曹门二三事

2021级博士　高　妤[*]

作为一名无名小辈，拜入曹老师门下，我心中充满了欣喜、憧憬，还有好奇。这将是一段怎样的学习之旅呢？曹老师究竟又是怎样的一个人呢？怀着这份心情，我开始了博一的学习生活。

新学期伊始，我频繁见到曹老师。一个原因是这学期举行了多次预开题和预答辩。作为博一新生，曹老师鼓励我们前去旁听，学习总结经验。所谓预开题和预答辩，即是在正式的论文开题和答辩前，预先开题和答辩，进行演练，曹老师会请来多位专家学者，为学生的论文出谋划策。一场预开题、预答辩和真正的开题答辩，其实也并没有太多区别，都要消耗极大的人力物力。需要预约会议室，准备会议事项，确定专家学者的邀请名单，沟通协调会议时间，最重要的在于要仔细阅读学生

---

[*] 高妤，2021级博士，山东青岛人，现为四川大学文学与新闻学院比较文学与世界文学专业在读博士生。

的论文，给出重要的建议。即便如此，为了更好地指导学生的论文写作，帮助学生打开视野，找出问题，曹老师还是组织了一次又一次的预开题和预答辩。

虽然是旁听，但是我参加这种预开题和预答辩，心里还是有些紧张的。毕竟今天的师兄师姐经历的，就是明天的我也要经历的。当听到专家指出论文的重大疏漏之处时，我的心也像被揪起来一样。当听到专家表扬论文的出彩之处时，我的心也跟着舒展起来。专家们都非常认真严肃，他们会严格追问论文的逻辑思路、材料依据、可行性、严谨性、创新性、规范性等问题，会指出论文的优点，也会一阵见血地指出文章的漏洞和问题。与此同时，专家们还会给你指出修改的方向，提供线索，提出具体的建议。曹老师十分严格，本着学术严谨的原则，不合格的论文绝对通不过。但曹老师又很有人情味，他会竭尽所能地帮助你更好地完成论文，帮你梳理逻辑，指出错误，给出非常具体的建议。

有的师兄师姐论文开题或预答辩通不过，自己也有些沮丧失落。曹老师并不会因此对学生感到失望，他总是坦然接受这个现实，还会宽慰鼓励师兄师姐："这没什么大不了，一次两次通不过，推倒再来，也是常有的事情嘛。今天各位专家学者都提出了宝贵意见，回去改改，下次再来！"曹老师不会因为你一次没做好，就怀疑你的能力，而总是就事论事，针对论文思考如何修改，才能逻辑清晰，才能更加出彩。这种坦然的心态，这种就事论事的风格，往往也让学生心安，冷静下来，接受现实，抛开情绪，专注于论文本身。

经此预开题和预答辩，曹老师对学术的高标准和高要求让我不断提醒自己，要严于律己，学术容不得半点马虎。同时，曹老师的包容也让我受益颇多。这种对一些不理想状况的坦然接受，对学生错误、失误的包容，往往蕴含着一种神奇的力量，鼓舞着学生在挫折中不断努力和尝试，走得更远。

博一上学期还有一门十三经课程，由曹老师亲自授课。十三经课程要学习《周易》《诗经》《尚书》《周礼》《仪礼》《礼记》《春秋公羊传》《春秋谷梁传》《春秋左传》《孝经》《尔雅》《论语》《孟子》，看着比砖头还要重得多的上下两册的《十三经注疏》，我的内心充满了不安和畏难：这么厚，这么难，这可怎么办呀？我为自己的古文基础不扎实而隐隐担忧，害怕曹老师问到自己，如果答不上来，那该如何是好。说曹操曹操到，怕什么来什么，曹老师还真就经常提问我。有一次我实在是完全不知道怎么回答，犹豫了一会儿，只好说自己不会。曹老师轻轻一笑："好，换一个同学来回答。"非常风轻云淡，一带而过。后来的课上，曹老师还是经常提问我，有时候说我答得好，有时候说我答得不对。渐渐地，我发现曹老师并不会因为你答错了问题就怀疑你的能力，他觉得犯错是再正常不过的事情，他在意的是知识本身、学术本身，是你有没有自己的思考与感知，有没有自己独特的视角与观点。后来我再也没有了那种紧张的感觉，卸下了一些担心自己显得无知的心理负担后，我变得更加勇敢，在课上也能够畅所欲言，与老师互动。

在十三经课上曹老师带我们研读原典，在课下曹老师又组织大家开展读书会，一起背诵《文心雕龙》《文赋》《典论·论文》《毛诗序》《诗品序》《二十四诗品》等，一起研讨西方文论。和大家一起开读书会，是我记忆中最美好的日子之一。早上八点多，还有些睡眼朦胧，推开教室的门，温暖的阳光洒在硕大的桌子上，大家围坐一圈，背诵原典，讨论风骨究竟为何，讨论言意关系，讨论胡塞尔与海德格尔的区别为何，讨论伊格尔顿对大众文学的态度……有时兴之所及，也会有一些观点的争锋。曹老师也经常鼓励大家进行争论，互相激发，"先说好可不许恼"。在曹老师的影响下，大家有时候讨论问题，还真没那么客气。你论一段，我争一段，困意全无，一上午就悄悄溜走了，留下的是对古代原典和西方文论更加深刻的理解和自己独到的想法。

经过十三经课程的学习和读书会，我认识到了原典的重要性，原典研读关乎学术根基，必须重视。与此同时，在曹老师营造的多元自由的环境下，我彻底打开了自己，学会了勇敢表达。

转眼间已经在曹老师身边学习了近一年，这段日子过得充实幸福，受益颇多，这种受益既是学识的，更是做人层面的，非常感谢曹老师。经常感觉自己真的是非常幸运，能够跟随曹老师学习，也非常期待接下来求学的日子。

曹门背书逃学记

2007级博士后　白　浩[*]

我是2007年拜师曹门，来做在职博士后研究。当时规定博后可以自由选择一门博士生课程旁听，我征求曹老师意见，他说了一门课，课名我已经记不清了，但肯定不是"背书"课。

我的硕士、博士阶段都是学的中国现当代文学专业，对于曹老师要讲些什么，心怀期待，对能不能跟得上老师讲授的进度也心怀忐忑。到了课堂上，课程的"正主"（博士生）们都镇定得很，他们已经上了一学期，这是第二学期的课，小学友相互间人也熟，课也熟，已经颇有经验了。课一开始，开宗明义，就是背书，背《文心雕龙》，大概上一学期已经背过十三经之类的篇目了，这一学期便学习文艺理论专业典籍。祖师爷杨明照先生是龙学泰斗，那这个课程想必就是师门最核心的要义传承了吧，何况是老师专门推荐的课，那更是最为精粹的吧。我正心诚意，等待着师尊口灿莲花。然而就是背书，每个学生挨个来，一人一段地接着背。这……学

---

[*] 白浩，2007级博士后，四川师范大学文学院三级教授、博士生导师，四川省文艺评论家协会秘书长。中国文艺评论家协会理事，中国当代文学研究会理事，四川省学术与技术带头人后备人选。获中国文联、中国文艺评论家协会"啄木鸟杯"中国文艺评论奖，获第十届四川文学奖文学理论评论奖。2018年获四川师范大学首届十佳研究生导师称号。

友们见惯不惊,挨个接龙,可我就颇为惊诧。想必是先背书,而后老师来讲吧。眼看要轮到我了,曹师开恩,说博后有工作,可以自由选择,这次还没准备好,就不背了,下次也要背哈。

果然,隔了个星期,又接着背。我和另一位博后也做好了背书的准备。但我们耍了点心机,就是尽量不背,曹师开了口子,"工作忙","这次没准备好"。尽管实际可以背,但我们担心如果每次都背的话,就真有可能吃不消,而一旦规矩定下来了,后面再难推脱,所以我们商量一开始就尽量"梭边边"。果然,你也"梭",我也"梭","梭"了几回,大家就见惯不惊,默认博后不背书了。

这个课自然算是混过去了,尽管书多少是背了一些,但毕竟就没那么严格和系统。其实,使出"梭"字诀,除了惰性,也还在于对课程要义尚存疑义,觉得书随时可以背,自己就可以背,何必非得在课堂上去背。

对于这个背书的再认识,是在某次学术会议上,突然发现参会的曹门弟子众多,个个出手不凡,这个"不凡"就"不凡"在一片西方化话语喧嚣中,曹门学子往往持论多有国学根基,即便初生牛犊也"骨骼清奇",除了引经据典,关键还站位颇高,论述有根。此时顿悟曹老师讲的"学好外文、学好中文",原来当时是惘然,正是背古书、读外文原典这曹门基础课两大支柱对于中西文化经典的尽采博收,奠定了众学子治学道路的正道与高点。

闻道有先后,悟道有先后,当初"梭"了,后面补起。于是回去后,老老实实开始重读经典,重背书。

入门须正,立志须高
——曹门学习心得

2021级硕士 郭霄旸[*]

曹顺庆教授是四川大学的著名学者,本科期间,我还不在川大学习,便已经听说过曹老师的大名。我多次观看了曹老师早年间讲授的比较文学课程,并在线上听过曹老师的比较文学变异学讲座,受益匪浅。在硕士研究生阶段能够在曹老师的指导下学习,对我来说十分幸运。在来到川大之前,曹老师对我来说是一位德高望重的学者,拥有诸多头衔:欧洲科学与艺术院院士,四川大学文科杰出教授,中国比较文学学会第四任会长,等等。而实际到了川大学习之后,我又发现曹老师更是一位出色的老师。已执教鞭几十年的曹老师在教育学生上颇有心得,虽然入学时间还不长,但在这一点上我已有体会。

---

[*] 郭霄旸,2021级硕士,四川大学比较文学与世界文学专业,研究方向为比较文学。

作为一位名师，曹老师至今已经招收过许多硕士生、博士生，但曹老师对于每一位学生都会给予足够的关注，因材施教。曹老师十分重视老师与学生的关系，他曾在许多场合强调过学术中师承关系的重要性。在曹老师看来，有好老师而后有好学生，有好学生而后能成就好老师，有优秀的学生而后能够成就一代名师，老师和学生是学术命运共同体。学生从老师处习得知识，继承发展学术思想，而学生也会反过来成就老师。在人类文明的历史上，一些著名的学术体系都得益于学术上的师承关系，例如孔子的儒家思想，从苏格拉底到柏拉图、亚里士多德的希腊三贤，以及近代的胡塞尔、海德格尔、伽达默尔建立起的现象学传统等。这种文明传承的关系至今仍然适用。因此，曹老师十分重视他的学生们，如曹老师自己所言，认识师生关系的重要性，是指导好研究生的最基本出发点：学生不是负担，是学术传承的宝贝；学生不是耽误老师时间的人，而是老师学术创新的重要基础；老师今天托起学生，学生将来成就老师。历史将证明，用心培养学生，才能够成就学术流派，成就学术大师。

曹老师也确实从用心培养学生的理念出发，尽可能地培养自己门下的学生们。在我们入学后不久，曹老师便从百忙之中抽空与这一届的学生们见面，并告诉了我们进入曹门的一些注意事项。曹老师首要强调的便是"入门须正，立志须高"。曹老师自己师从杨明照先生，对于经典的古代文论十分熟悉，"入门须正，立志须高"也正是出自严羽的《沧浪诗话》。曹老师向我们强调，在曹门读书，就需要对自己提出高要求，不论攻读研究生学位的目的是什么，都需要尽快站到学术研究的前沿阵地。要做到这一点，打好基础是必须的。曹老师认为研究生教育最重要的便是打好基础，严师方能出高徒。如今中国高等教育在规模上达到了世界第一的高度，然而在高层次人才培养上却有缺陷。这是一个没有学术大师的时代，曹老师希望通过教学实践培养出学贯中西的学术人才。要做到这一点，最根本的便是打好基础。而在曹门，打好基础，便是靠阅读原典达成的。

阅读原典包括中国文学理论与西方文学理论。像《诗经》《楚辞》《论语》《史记》这样的中国经典，虽然也在高等教育的课程之中，但基本上是老师导读，介绍相关的信息，并不能真正掌握典籍的内容。曹老师强调，要做到贯通中西，就必须从源头上把握好东西方的思想。刚入学的第一个学期，曹老师便要求当届的学生定期举办读书会，阅读经典的中国文论以及西方文论。对于一些经典的中国文学理论篇目，要求全文背诵。经典的理论篇目如《文赋》等篇幅较长，要想全文背诵，必须建立在理解文章内容，且对文章的观点、结构十分清晰的基础之上。经过这样的训练，我们对古代文论的掌握程度有了显著的提升。相较于阅读中国文学批评史这样的学术史书籍，阅读并背诵原典对于深入了解古代文论有着更好的效果。在读书会上，除了中国文论，曹老师还要求我们朗读西方文论经典，并探讨相关内容。作为比较文学专业的研究生，对外语水平的要求自然也会比其他专业更高，朗读并探讨西方理论原典一方面有助于提高外语水平，另一方面也能帮助我们更好地了解西方理论。除了例行的读书会，曹老师还开设了学习《十三经注疏》的博士课，作为硕士生，我们也会每周前往旁听。在课上，曹老师鼓励学生们多朗读，挑选重要段落进行讲解，尤为重要的部分也要求大家背诵。通过学习《十三经注疏》这一严格的古文功底训练，打好中国古代文学典籍的基础。读好原典，这是"入门须正"，也是"立志须高"的起点，只有拥有良好的基础，方能前往更高的平台，在之后的职业生涯中，如若拥有良好基础也不会由于犯低级错误而为人耻笑。在"立志须高"方面，曹老师对我们的毕业论文选题也提出了高要求，要做"天下第一篇"，这就要求我们拓宽视野，只立足于某个特定的研究领域很难做出新颖的研究。这也就是曹老师主张的通过学生相互辩论来提升水平，开拓眼界。只有在打好基础的同时，提高学术的敏感度，积极参与各项学术训练，方能做到写出"天下第一篇"的论文。在指导学生选题的同时，曹老师也注重因材施教。曹门的研究生来自各个专业，除了文学与外语，也包括艺术类的学生，曹老师会鼓励大家发挥各自特长，做出有特色、有新意的选题。而这些都需要建立在平日培养起来的坚实基础之上。

尽管入学未满一年，与曹老师及同门的接触尚不多，我仍然感受到了曹老师对研究生教育投入的心血，以及同门之间的关怀。在曹老师"入门须正，立志须高"的要求下，在过去的时间里，虽然忙碌，但也有许多收获。一个学期的古代文论训练使我的古文水平有了提升，通过与同门的交流，以及旁听各类答辩及讲座，也拓宽了我的视野，为一些课程的论文选题提供了新的思路，这些都对我今后的学习研究打下了良好的基础。曹老师关心每个学生，坚持打好基础，培养高水平学术人才的教学方法是执教多年的经验结晶，对于高等教育尤其是研究生教育都有着重要的参考价值。通过这样的学术训练，曹老师在教学生涯中已经培养出了数批优秀的学术人才。我也将继续坚持"入门须正，立志须高"的要求，向师兄师姐们看齐，不辜负曹老师的心血。

第二节　原典研读 强基固本

原典研读：以强基固本
——曹顺庆从教四十年人才培养实录之一

1998级博士　李天道[*]

作为国内外比较文学界大师级学者，顺庆先生从事比较文学研究与博士生培养多年，具有极为丰富的学术研究与博士生教学实践经验，并且，还从中总结出一整套行之有效的方案。在博士生培育活动中，顺庆先生认为，博士生学习必须从原典研读开始，如研读十三经及《老子》《庄子》《文心雕龙》等，展开细读，夯实基础，师生互动，在相对宽松的课时内放慢节奏，逐字逐句与文本展开对话，通过字词、语段的精心研读和思考分析，挖掘原典中或隐或显的思想意蕴，筑牢根基，提升科研能力。

为促进博士生能力提升，促使其回归文化传统，以奠定坚实基础，研读原典是顺庆先生中西比较文学博士生教学的不二法门。在顺庆先生看来，只有通过研读原典，加强基础知识的积累与拓展，才能提高博士生学术科研能力。顺庆先生指出，原典研读能够夯实基础，进而拓展文化视野，对博士生学术科研能力的提升至关重要。基于此，在博士生教学活动中，顺庆先生极为注重原典教学，他坚持认为，治学，从事中西比较，必须溯本求源、古为今用，继承是基础，创新是归宿，认真继承原典精神，领会其思想阐释经验，做到中国特色不能丢，中西比较思维不能少，在理论阐释中，才能做到溯源求本。中西文学比较必须寻根究底，知其然，更要知其所以然。他谆谆告诫博士研究生，从事中西比较学，务必熟读原典。他强调指出，原典之作，历经千百年实践的检验，能够流传至今，其中必定有许多宝贵的思想资源和理论，值得学习、研究、发掘、整理、探讨，以此为基础进行理论创新，使之发扬光大。他反复指出，熟谙原典理论，不仅能够提高从事中西比较的科研能力，切实指导学术研究，促进学术水平和阐释能力的提高，而且可以通过在科研实践中灵活运用而创立新的理论，提升科研能力，推动比较文学研究的发展，进而解

---

[*] 李天道，1998级博士，1951年生于彭县，即今彭州市。现为四川师范大学特聘教授，博士生导师。四川省有突出贡献专家，四川省二级教授，四川省作家协会会员，四川省美学学会秘书长，中华美学学会理事，中国古代文学理论学会理事，高校美育学会常务理事，中华美学学会美育研究会理事。

决中西比较研究当前所面临的"失语症",更好地为比较文学研究服务。

一、原典研读之重要意义

原典是中华民族集体的智慧结晶,体现着民族文化心态,往往具有首创性,经天纬地,博大精深,理论思想博大丰富,是一个民族永远的精神象征,是取之不尽的精神源泉。因此,顺庆先生极为重视原典教学,他坚持认为,不管学术风潮如何变幻,从事中西比较文学研究,必须坚守中国传统文化,尊重原典,扎根于本土,弘扬中国传统文化,谙习文化经典,在此基础上,溯本求源,援古证今,批判地继承优秀的文化遗产,以图创新。他强调指出,"中国的美学理论遗产,尽管比较零碎,系统性不强,但却非常丰富,并且相当精湛,富于辩证思想,较之西方的美学理论,毫不逊色,且有民族特色。只可惜尚欠整理,致使这些宝贵的美学理论一直未被世界所认识。这种状况,不应当再继续下去了"[①]。又指出,"我国文学艺术传统,是中华民族创造的璀璨夺目的瑰宝,应当受到珍视,我们不应一味去崇拜西方现代派文艺……中国的文学艺术应在本民族文学的优秀传统基础上兼收并蓄,才能以其独具的色彩与世界文艺争奇斗艳!"[②]

顺庆先生指定的原典,是指具有典范性、权威性的中华民族传统文化经典,如《诗》《书》《礼》《易》《春秋》等十三经典籍,这些原典集中呈现了中华民族的文化智慧和文化心态,是中华文化的精神象征和取之不尽的思想源泉。顺庆先生给博士研究生授课就聚焦于这些最著名的传统文化原典,让学生通过对原典的研读,领悟真谛,并辅之以讲读,以提升博士生的研读能力。对原典,虽然历来有不同说法,但十三经是目前公认的原典著作。这些典籍集中呈现了我国古代,特别是春秋战国到秦汉时期以及明清时期思想文化的成就,为现当代中西比较文学研究提供了厚实的文献文本资料,奠定了非常坚实的基础,为促进中华民族文化的继承创新,以及提高具有民族性、本土性的理论建构做出了贡献。顺庆先生指出,以往学术大师没有一个不精研原典,以从中勤求古训,并在此基础上继承和创新;从事中西比较文学研究更应该研读原典,深入认识中华先进文化,进而从事中西比较文学理论建构。唐代的王冰说得好:"标格亦资于诂训,未尝有行不由迳、出不由户者也。然刻意研精,探微索隐,或识契真要,则目牛无全,故动则有成,犹鬼神幽赞,而命世奇杰,时时间出焉。"(王冰《黄帝内经·素问》)所谓"标格",即规范、典范;所谓"诂训",即古训,指古代先哲传下来的经典著作;所谓"资於诂训"的"标格",就是原典。这些作为原典的典籍,"刻意研精,探微索隐,或识契真要,则目牛无全",故而顺庆先生要求博士生必须熟读、精读,在此基础上进行中西比较文学的理论解读。他指出,近当代从事中西比较研究的大师无一不推崇原典,研

---

① 曹顺庆:《"移情说"、"距离说"与"出入说":中西美学理论研究札记》,《江汉论坛》,1982年第11期。
② 曹顺庆:《论西方现代派文艺表现说与中国古代文艺表现说》,《学术月刊》,1984年第8期。

读原典对研究古代文论和比较文学是极为重要的，只有回归原典，认认真真研读原典，踏踏实实做学问，发掘异质于西方文化的中华原典精神，才能更好地从事比较文学中国话语的建构，研究比较文学变异学。研读原典是促进比较文学中国话语的世界亮相，是构筑比较文学变异学基本原理的基础。他认为，博士生学习必须突破知识结构，开阔学术视域，保证知识的夯实与拓展，才能促进学术科研能力的提升。同时，博士生学习必须通过与导师协同努力，需要从观念到夯实基础等方面的策略配合和协调。

研读原典是顺庆先生博士生教学活动的核心。顺庆先生认为，作为中西比较文学研究的博士生，必须具有坚实的原典研读基础。在十三经教学活动中，顺庆先生创造性地把科研建立在熟读原典的基础之上，并使之成为历届博士生学习的传统。回顾顺庆先生的博士研究生培养史，研读原典，勤求古训，固本强基，最根本的一条，是要使对原典的精读真正成为研究的基础，真正成为博士生教学的要点，保证各项学习任务的完成。他反复强调，中西比较文学研究的基点是弘扬中华传统文化，以此不断创新与突进，越是挑战增多，越要加强原典研读。

顺庆先生认为，比较文学博士生教学的历史方位的变化呼唤固本强基。一系列问题的最终解决取决于原典基础教学是否真正成为博士生教学的推动力量。原典教学极为繁难，材料分散，真伪错杂，源流混淆。除了材料的甄别，还必须进行背景的梳理、谱系的追溯，探索分析、阐释的新路径、新视角、新方法。在长期研读原典的过程中，通过顺庆先生的指引，一些博士生克服懈怠心理，充分认识到了原典研读的重要性、紧迫性。博士生教学的历史方位的重大变化呼唤固本强基的大力推进，只有坚持不懈地抓好固本强基，才能跳出历史周期率。

二、固本强基之有效举措与方法

多年教学实践充分证明，固本强基让顺庆先生博士生教学的先进性得到了充分展现，是新的历史条件下加强博士生教学的重要载体和切入点。研读原典是博士生固本强基的重要途径，同时，原典基础的夯实也使博士生教学取得新进展，得到新加强，取得新成效，处处显示出强大的生命力、提升力。

实施固本强基之所以能取得明显成效，基于顺庆先生以下几点举措：

第一，紧密围绕博士生科研能力的提升。在原典研读中，顺庆先生总是积极参与，以重大项目为纽带，以学研为载体，力争突破，促进博士生科研能力提升。与此同时，顺庆先生引导科研创新，通过合理的角色定位，推动构建科研创新机制，提升博士生参与科研创新的意愿。作为博士生导师，顺庆先生是博士生学研融合的引导者。学研融合需以博士生科研活动为基础，使博士生科研活动在教学活动中起引领作用。学研融合遵循博士生教学规律，因材施教，以人为本，充分调动其主动性，让每个博士生在学习中都能够发出自己耀眼的光芒。一切教学行为都从开发博士生潜力着眼，清除其学习障碍和思想障碍。在顺庆先生看来，每一个博士生都是独特的，都是活脱脱的生命体，有自己的特点和爱好，博士生教学的要义就是通过引导，使其蕴藏的潜能得到开发。不能用标准化的办法去培养博士生，而应该用多样化的教学引导博士生，促进博士生的科研能力提升。博士生期间的学习历来是同博士生教学的理论和科研实践联系在一起的，是为博士生教学的中心任务服务的。实施固本强基，大力加强原典教学，必须关注前沿理论，坚持独立思考和严谨求实的治学态度。坚持以重要思想统领原典基础，牢牢把握发展这个主题，始终围绕中心，服务大局，拓宽领域，强化功能。

第二，原典教学中坚持以变异学理论重建中国文论话语，突出重点。为此，顺庆先生有针对性地对博士生加强分类指导，在研读原典的基础上努力实现整体推进。顺庆先生认为，研读原典是变异学理论重建中国文论话语中的一个系统，量大面广，任务十分繁重，要使原典教学富有成效，必须根据变异学理论重建中国文论话语教学任务的要求。针对原典基础不同的博士生，依据教学实际，突出学习重点，克服薄弱环节，坚持真抓实干。在博士生教学活动中采取具体措施，扎实推进，着力提高原典基础素质，激励和调动研读原典的积极性，因而取得了成效。与此同时，顺庆先生采取了相应措施，加强个别指导，坚持不懈，努力实现博士生教和学的整体推进。

第三，顺庆先生坚持典型引路，以原典基础好的博士生为榜样，使博士生学有榜样，赶有目标，激励原典教学的内在活力，这是顺庆先生推动固本强基深入开展的有效途径。在固本强基中，坚持抓典型，充分发挥典型的示范带动作用。

第四，实施固本强基，必须形成师生上下联动学习的新格局。这是实施熟读精读原典，打下良好基础，固本强基取得明显成效的关键。顺庆先生建立了一套严格的学习责任制，为更好地贯彻落实博士生学习的各项任务提供了有益的借鉴。

抓落实、促成效、迈新步是顺庆先生博士生教学的经验之一。在博士生教学活动中抓示范，进行普遍检查与随机抽查，加强督促检查。顺庆先生强调指出，研读原典要处理好几个关系。研读原典是一种承前启后、继往开来的方法，必须总结过去，开辟未来，正确处理好中西比较文学研究中继承与发展的关系，在继承中发展，在发展中创新。随着学习的深化，会出现许多新情况、新问题，顺庆先生要求博士生在探索中创新，在进行中西比较文学研究实践中固本强基，建构原典研读常抓不懈的推进机制。顺庆先生指出，做好原典研读，必须处理好宏观与微观的关系。加强宏观认识，就是对原典研读中带有全局性、根本性的问题进行辨析。研读原典是积淀文化知识的最好方式，是向内探求，以增值自己。不乱方寸，不慕浮华，不随波逐流，在研读原典的历练中慢慢形成自己的知识结构与思考方式，促使自身知识结构因沉淀而厚重，因打磨而更璀璨。要紧紧围绕博士生教学的基本科研实践，为博士生教学的中心服务，用实际效果来检验原典基础；要用创新的精神研究新情况、解决新问题，运用已有的成功经验进行革新和创造，改进博士生教学的活动内容和学习方式。同时，必须严格博士生教学纪律，弘扬正气，反对歪风，保持博士生教学的先进性和纯洁性。立足于经常性、规范性、超前性，既要制订切实可行的长期规划，又要抓紧解决当前的突出问题。从某种意义上说，超前性体现示范性。顺庆先生认为，在博士生教学中，要着眼超前性，同时要把握好超前的度，使两者有机统一起来。即示范点学习的起点要高，体现前进、发展的方向；同时，这种超前性是顺应规律，绝不是拔苗助长，而是可望可即的，是经过努力可以学得到的。就是经过导师的指导、帮助，整体上有改进、有突破、有创新、有前进，且不仅仅是"形"的改变，更是质的飞跃，在各方面都上了一个台阶。

顺庆先生充分认识到知识的夯实与拓展对提升学术科研能力的重要性。顺庆先生将比较文学理论的学习和应用与博士生培养中的观念更新有机地结合起来，应用比较文学理论对博士生培养中体系、内容、方法和手段进行全面创新，为全面推进比较文学博士生培养服务。重视基础构建，鼓励理论资源开发，充分利用已有基础，积极采取各种激励措施，鼓励博士生开发理论资源，增强创新意识。

三、以人为本与理论知识的拓展

顺庆先生坚持以人为本，注重博士生理论知识的拓展与开阔。他要求博士生不断汲取、积累知识，与此同时，努力提高个人整体文化与思想理论素养。要求博士生在研读原典中注重思考，基于此得出创新性结论。研读原典是学术研究的原点，也是学术研究的方法论。研读原典并予以深刻思考，是学术研究取得成功的基本方法和不二法门。研读原典，可在一片混沌之中清理出来基本的发展脉络，开辟新路。是故，顺庆先生指出，研读原典要有开拓意识和阐发意识，加以中西比较，在此基础上进行理论解读实践和探索。进行中西比较时，必须要有广阔的胸襟和开阔的视野，在不断积累知识的同时，努力提高个人整体素养，使自己的精神品格更加高尚。他希望博士生能够扛起复兴中华传统文化的大旗，做好相关学术研究，以丰富的学识、高尚的德行适应并引领学术研究前行。在比较文学理论方面，顺庆先生注重观念的变革和理论应用能力的培养，以便很好地运用现代比较文学理论，提高学术科研效率。

作为一名导师，顺庆先生恪守师德，甘于奉献，在原典教学中更是严慈相济，率先垂范，注重引导研读原典的技巧，讲究研读原典的艺术，努力摸索出导、学、讲、练相结合的原典教学模式。为提高研读原典的效率，顺庆先生注重充分调动博士生的积极性，激发博士生研读原典的热情，帮助博士生解决研读中的难点，发挥博士生的主体作用，培养博士生的创造性思维、良好的行为习惯和科研规范，注重对博士生进行自理、自立能力的培养。博士生正处于创新力最强的阶段，只要是一些超前的观念，顺庆先生总是及时引导，让他们抓住更多的机遇，在科研上取得进一步成功这是顺庆先生博士生教育的长期目标。

率先垂范，是顺庆先生一向的追求，在博士生研读原典活动中，他从不袖手旁观，而是一贯用行动告诉博士生，导师跟你们站在一起。正是如此，顺庆先生所带的博士生大都取得好的成就。

四、人格魅力与原典教学效应

顺庆先生德才兼备，专业知识广博，学术功底超强，且品质高贵，品德高雅，在潜移默化中影响着学生。博士生教学必须强化原典研读，以加强成效。在原典教学活动中，博士生们通常会因为喜欢顺庆先生而喜欢他的原典教学，喜欢研读原典。顺庆先生人格魅力越大，对博士生的吸引力就越强。即如古语所云："其身正，不令而行，其身不正，虽令不行。"

在原典教学活动中，顺庆先生总是以身作则，走在博士研究生的前面，以自己的行动做出表率。顺庆先生强调指出，进行中西文学比较，必须尊重、学习本民族的传统文化，好好掌握自己民族的传统学术规则，坚守自己的文化根底，重视中西文化的异质性，清楚中西方文化传统的不同，重建中国文论话语，中学为体，西学为用，兼容并蓄。对于顺庆先生的原典教学方法和特色，难以尽之，只能谈几点肤浅的认识：

其一是通过言传身教，以自身的科研实践，表率博士生通过研读原典，夯实基础，以构筑深厚的文献学功底和宽广的学术视野。顺庆先生指出，中西比较文学研究必须具有深厚的学术功底。这些功底部分来源于博士生学习期间的学术训练，部分来源于其自身天赋，但更主要的是其勤奋努力研读原典的结果。精读、细读原典被顺庆先生视为学术生命，锲而不舍，持之以恒。顺庆先生坚持给自己树立高标准、严要求，将重建中国文论话语定为终生目标。顺庆先生战胜了中国文论话语重建之路上的各种艰难和困苦，兢兢业业，主张广博精专兼备，相辅相成，相得益彰。所谓广博，绝非漫无边际，而是在专业范围内力求广博，而精专，也绝非一孔之功，乃是对专业深耕细作，力求精专。人的精力都是非常有限的，广博有度，而精专则无限。通过原典教学，在广博基础上力求精专；在精专指导下，务求广博。在广博学习知识与精专原典教学二者之间，顺庆先生提出了相互促进的方法，即先有广博的知识，而后力求对专业学习的精专，以精专作为学业的指导，而后拓展个人的知识积累。顺庆先生常回忆道自己在中国文论话语重建之路上，个人的读书和学习一向精益求精，常常反复读，精益求精地研读，正是这种原典研读使顺庆先生在中国文论话语重建之路上结出了累累硕果。顺庆先生强调，在原典研读的道路上，应勤学、多思、敢想与创新，一定要多用脑，既要思考，又要记忆。真正的知识需要反复持续地思考才能理解，才能获得。持续不断的"原典"研读可能产生灵感，发现问题，提出问题，解决问题，进而发现真理。顺庆先生采取不言之教，在"为人""为学""为师"等方面给博士生树立一个好榜样。作为导师，顺庆先生爱博士生，总是设身处地替博士生着想，爱惜博士生，以其全部的热情与才智恪守本土文化沃土。他一丝不苟、循循善诱地告诫博士生，中国文论要创新，要摆脱西方文论的强势入侵，必须扎根于中国文化传统，精读原典，以重建文论话语。对认识不足、原典基础较差的博士生，他总是多做引导工作，对博士生因材施教，扬长避短。他反复强调，对待学问必须求真务实，一丝不苟，既要弄清整体，又要弄清细节，往往细节决定成败，同时要善于熟读精思。

顺庆先生的为师之道，即师生双方以诚相待，用心灵进行沟通。北宋大哲学家李觏说过："善之本在教，教之本在师。"（李觏《广潜书十五篇并序》）可见师生关系的好坏关键在导师，导师以欣赏的态度看待博士生，博士生便会以尊重的态度对待导师。在顺庆先生的原典教学生涯中，他始终坚持对博士生一视同仁，诲人不倦，师道必严。顺庆先生指出，导师的严格要求需要建立在最大的爱心、耐心和信心的基础之上。在日常教学之中，导师尊重博士生，博士生肯定会更加尊重导师，更容易接受导师的观点，师生双方以诚相待，以心灵进行沟通才能做到言传身教。导师把课讲好是爱博士生、尊重博士生的最高表现。博士生在课堂上学不到应得的学识，就是浪费时间、浪费青春。珍惜博士生的时间，就是导师对工作最好的尽职尽责，也是对博士生应有的尊重。导师教博士生不但是让博士生记住一些具体知识，也要指导博士生掌握获取知识的方法。我想，这或许是顺庆先生执教多年，一直广受学子欢迎的为师之道。

其二是严谨的原典教学态度，敢于怀疑、返本探源、敢于创新的学术追求。顺庆先生做人、做事严谨求实，从不草率应付。在原典教学中，他总是以身作则，教导博士生对原典资料的处理都要建立在深度研读的基础上，大胆怀疑，小心求证，勇于探索，必须立足本土资源，寻根究底，这样的探索精神自然会出创新性成果。顺庆先生曾说过，早年受到杨明照等先生的影响，他常能提出一些突破传统成说的崭新见解，对一些通常为人们视为当然的说法，多问几个为什么。每当遇到一些显然存在，但又通常被忽视或避而不谈的问题时，就更不愿放过，总想探明究竟，弄清真相。顺庆先生曾谈及杨明照先生对文献资料之掌握极为严格：必须充分占有文献资料，凡当时闻悉并能见到者，皆须尽力设法搜集、查阅，不容有丝毫遗漏。由此可见顺庆先生开展原典教学的态度、科学方法、创新精神的渊源。

其三是迎难而上、百折不挠，绝不半途而废的探索精神。多年来，顺庆先生非常清楚地认识到，他选择的中西比较文学研究课题都是硬骨头，最终能否成功也未可知。但顺庆先生总是迎难而上，深入探究，从不轻言放弃。对此，顺庆先生强调所依据的关键性材料的可信度，所引据的材料可靠性，坚持独立思考和严谨求实的教学态度。顺庆先生进行原典教学多年，学术涵盖面极广，他多年的言传身教，深深感染着每一位博士研究生，激励他们认真研读原典，为从事中西比较文学奠定坚实的基础，并在今后各自的教学与科研岗位上勇于开拓，砥砺前行。

原典研读，传承文明
——以强基固本涵养学风操守

2005级博士　靳义增[*]

2005年9月，我到四川大学文学与新闻学院师从曹顺庆先生攻读古代文学理论博士学位。在师生见面会上，曹老师给同学们讲，要学习"中国文化元典：十三经"和"中国古代文论"两门课程。前者以阮元校刻、上海古籍出版社出版的《十三经注疏》为教材。《十三经注疏》是繁体字，没有标点符号，曹老师的要求是：能够正确断句，顺利读出来；能够理解重点句子的含义；课堂上要抽学生朗读并解释含义。"中国古代文论"课以曹老师主编的《中国文学典籍读本》为教材。《中国文学典籍读本》属于曹老师申报并获批的教育部教学改革重点研究项目"文化元典导读与本科人才培养"的内容之一。曹老师对"中国古代文论"课程的学习要求是：能够背诵并准确解释诸如曹丕《典论·论文》、陆机《文赋》、钟嵘《诗品序》、刘勰《文心雕龙》（起码会背《原道》《宗经》《明诗》《辨骚》《神思》《体性》《通变》《风骨》《知音》《序志》十篇）、司空图《二十四诗品》等中国古代文论的重要典籍。

听了曹老师的要求，我当时想：学好"中国文化元典：十三经"和"中国古代文论"这两门课程只能抱一种"人一能之，己百之；人十能之，己千之"（《礼记·中庸》）的学习态度。就"中国文化元典：十三经"而言，尽管自己的古文功底还可以，但《十三经注疏》毕竟是以前没有读过的新教材，唯一的办法就是提前预习。就"中国古代文论"而言，我自己在南阳师范学院文学院汉语言文学专业教过三年的"中国古代文论"课程，解释中国古代文论重要典籍的内容应该不成问题，但背诵是个问题。我想到在博士考试复试的环节，我曾抽到两道背诵的复试题。一道是背诵陆机《文赋》中"若夫应感之会，通塞之纪，来不可遏，去不可止，藏若景灭，行犹响起。……虽兹物之在我，非余力之所戮。故时抚空怀而自惋，吾未识夫开塞之所由"一段。另一道是背诵刘勰《文心雕龙·神思》中的"古人云：形在江海之上，心存魏阙之下。神思之谓也。……神居胸臆，而志气统其关键；物沿耳目，而辞令管其枢机。枢机方通，则物无隐貌；关键将塞，则神有遁心"一段。背诵经典中这些著名的段落再努力一下应该没有问题，但把全文背下来对我来说还真

---

[*] 靳义增，2005级博士，1965年生，河南内乡人。2008年毕业于四川大学文学与新闻学院文艺学专业（中国古代文论方向），获文学博士学位。研究方向为文学理论、古代文论、比较诗学。现为南阳师范学院新闻与传播学院院长、教授，河南省教育厅学术技术带头人。

是一个大问题，只有一个办法：硬着头皮读背。

一、原典研读：朗读、背诵、讲解

为学好"中国文化元典阅读"课程，我就在预习上下功夫。每周上课前做好预习，为上好 90 分钟的课，我用一周的时间来预习，并且在购买上海古籍出版社 1997 年版《十三经注疏》（全二册）时，同时购买了该社 2004 年出版的包含《周易译注》《尚书译注》《诗经译注》《周礼译注》《仪礼译注》《礼记译注》《左传译注》《春秋公羊传译注》《春秋谷梁传译注》《论语译注》《孟子译注》《孝经译注》《尔雅译注》等的《十三经译注》，作为自己预习的参考读本。为学好"中国古代文论"课程，我每天早上起床第一项任务就是按照课程进度朗读、背诵中国古代文论的重要典籍。我当时在四川大学望江校区北门外租房居住，刚开始的一周，在租房阳台上读背，我爱人说：你这么早起床读书、背书影响邻居休息。于是我起床后就到学校体育场看台上读背，坚持了一个学期。

在"中国文化元典：十三经"课堂上，曹老师提问我的次数比较多，要求朗读和解释含义，我基本上能够回答出来，没有丢脸。在"中国古代文论"课堂上，曹老师可能因为我年龄较大（40 岁了），提问我的次数比较少。我记忆深刻的是让我背司空图《二十四诗品》中的"含蓄"："不著一字，尽得风流。语不涉己，若不堪忧。是有真宰，与之沉浮。如渌满酒，花时返秋。悠悠空尘，忽忽海沤。浅深聚散，万取一收。"我背下来了，解释得也可以，曹老师对同学们说："含蓄"一品就按照你们"大师兄"的解释来理解。

曹老师对"中国文化元典：十三经"课程强调的是读原典原文，训练大家认识繁体字和断句的能力，目的在于培养学生阅读经典、阅读古文的能力。曹老师对"中国古代文论"课程强调的是背诵和理解的能力。曹老师认为，通过背诵，大家才能更好地理解中国古代文论重要典籍的含义，才能够在以后的应用中做到信手拈来，文采斐然。曹老师常用"腹有诗书气自华"一句来勉励同学们读书背书，还用自己读书背书的经验和苦功激励大家。

除了曹老师强调的读原典、背经典，我觉得还有一点曹老师没有多说，但对我的影响比较大，就是让同学们上讲台讲课。我记得在"中国古代文论"课堂上，曹老师让大家自选古代文论的一个问题进行讲解。讲完之后，同学们评论，最后，曹老师点评。可能因为我教过"中国古代文论"课程，同学们都推举我第一个讲课。为讲好这节课，我用一个月时间准备授课内容、制作授课课件。我讲的是古代文论中的"虚静"范畴。主要观点：虚静是中国古代文学理论的思维方式之一。我从《老子》的"致虚极，守静笃"讲到《庄子》的"夫虚静恬淡，寂漠无为者，天地之平，而道德之至"，从陆机《文赋》的"伫中区以玄览""收视反听，耽思傍讯""罄澄心以凝思"讲到刘勰《文心雕龙》的"是以陶钧文思，贵在虚静，疏瀹五藏，澡雪精神""水停以鉴，火静而朗"。在同学们讨论的过程中，大家提出：除了古代文学理论典籍对"虚静"的论述，我国古代的音乐理论、书法理论、绘画理论也有对"虚静"的论述，这些音乐、书法、绘画理论的论述也可以作为立论依据。曹老师在总结时，提出两点：一是可以把音乐、书法、绘画理论对"虚静"的论述作为立论依据，这样能够扩大论述的范围；二是不能仅限于中国古代文论的论述，应当扩大眼界，把西方文论的论述也纳入其中，进行比较分析。这样，能够让读者、听众具有全球视野地认识、理解"虚静"范畴。我认真记下每位同学的意见和曹老师的建议。

讲课之后，我利用暑假在家的时间写了一篇论文《"虚静"：中国古代文学理论的思维方式之一》，投给了《云南社会科学》。开学我回到四川大学校园后，一天下午，接到《云南社会科学》责任编辑谢雨佟的电话，谢编辑问我，这篇文章是不是只投给了《云南社会科学》？我说：是的。谢编辑说：好的，那就不要往其他刊物投了，拟在 2006 年第 6 期发表。我当时内心很高兴，由于一次讲课，我发表了一篇 CSSCI 期刊论文。在写论文的过程中，我吸收了曹老师和同学们的意见，一是增加了嵇康对欣赏音乐的论述"听静而心闲"，王羲之对书法创作的论述"凝神静思"，宗炳、李日华对绘画的论述"澄怀味象""必然胸中廓然无一物，然后烟云秀色与天地生生之气自然凑泊，笔下幻出奇诡"，等等，认为这些论述都触及了虚静思维的特点和规律。虚静的空明心境为艺术对象的生成提供了生存的心理空间，"洗涤得尽肠胃间夙生荤血脂膏"，然后"漱六艺之芳润，以求真淡"，方有所措；"如其不然，窃恐秽浊为主，芳润入不得也"。通过这些材料，把"虚静"这一古代文论范畴扩大到古代音乐、书法、绘画等领域。二是与西方文论的论述进行比较分析。在论述"虚静体现了思维活动的直觉体悟性"时认为，在《庄子》中，轮扁斫轮"不徐不疾，得之于手而应于心"，这种不可言说、得心应手的状态正是直觉体悟的特点。正如柏格森所言，直觉是与对象融合的不可言说之状，"它使我们置身于对象的内部，以便与对象中那个独一无二，不可言传的东西相契合"。认为：《庄子》的"目击道存"正如胡塞尔现象学的"还原"，"纯粹的本质"只存在于意识的纯粹直观中，"纯粹直观"就是让我们的意识直接呈现对象本质，就是以"纯粹意识"来直观独立永恒的普遍本质。在论述"虚静体现了思维活动的超越功利性"时，认为：老庄的"忘"从根本上讲就是要排除利害考虑，进入无功利的自由境界。这与康德对审美判断的定义——"一个关于美的判断，只要夹杂着极少的利害感在里面，就会有偏爱而不是纯粹的欣赏判断了"——是一样的。老庄的"忘"与康德的审美判断都是自由的和无功利性的，是不涉及概念、利害和目的的，体现了人类的艺术创造活动具有超功利的性质。这篇论文能够顺利写出来并一次性投稿成功，非常感谢曹老师和同学们所提的宝贵意见和建议，在此，向曹老师和各位同学致以诚挚的谢意，师恩难忘，同学之情永续！

二、文明传承：学习、使用、编写

2008年是令人难忘的一年。这一年2月中国发生了百年一遇的冰雪灾害，5月四川汶川发生大地震，8月第29届奥运会在北京开幕，9月中国航天员首次实现太空行走、世界金融危机爆发。"5·12"汶川大地震发生后，距离博士毕业大约1个月时间，我接到工作单位南阳师范学院组织部通知：要进行干部换届。由于我是2004年7月被任命为文学与新闻传播学院副院长，所以必须参与2008年的干部换届工作。学校党委把文学与新闻传播学院分为文学院、新闻与传播学院两个学院，让我到新闻与传播学院任院长。2008年6月，博士毕业回到工作单位后，我就开始筹建南阳师范学院新闻与传播学院。在审定新闻与传播学院新闻学、广播电视学、播音与主持艺术、广播电视编导四个专业的人才培养方案时，我发现：在文学与新闻传播学院时期，这四个专业人才培养方案的专业课比较少，古代文学、现当代文学、古代汉语、现代汉语等文学类课程占到60%～70%，专业特点不明显。在与专业课教师商量的过程中，大家同意删除一部分文学类课程，增加专业课比重，另在这四个专业中，均增设"传统文化经典阅读"课程，作为各专业的学科基础课程，由我担任授课老师。

2008年9月，第一次讲授"传统文化经典阅读"课程，没有教材，我就征订了曹老师主编的《中华文化》（复旦大学出版社，2006年版）。该教材分上下编，上编是四十个专题的"导读大纲"，下编是分为经部、史部、子部、集部四部分的"经典选读"。该教材内容十分丰富，长达458页，671千字。在我主编出版《中国文化经典阅读教程》（华中科技大学出版社，2020年版）之前，我一直使用《中华文化》作为教材。在教学过程中我发现，《中华文化》的"经典选读"只有原文和注释而没有翻译，学生尤其是诸如播音与主持艺术、广播电视编导专业的艺术类学生很难读懂经典原文，甚至出现曲解经典原文的现象。从课堂提问和学生试卷来看，主要表现在三点。一是学生对传统文化知识十分陌生，不熟悉、不了解。如有的学生在解释《论语》中"子曰：《关雎》，乐而不淫，哀而不伤"时，把《关雎》说成是一本书、一篇散文；有的学生把《论语》中"吾自卫反鲁"一句解释为"孔子为了自卫而攻打鲁国"；把"岁寒，然后知松柏之后凋也"解释为"冬天到的时候，你就知道《林海雪原》里的座山雕藏在哪里了？"二是学生对文化经典的含义不清楚。如有的学生把"刑于寡妻，至于兄弟，以御于家邦"一句解释为"在自己的妻子上用刑，至于我兄弟应当怎样处置，就让他们来保卫家园吧"。三是不能领会、理解文化经典的深层意义、精神实质。许多学生对"绘事后素""厚德载物""大学之道，在明明德，在亲民，在止于至善"等的内在意蕴不清楚。艺术类学生传统文化之缺失、解析古文能力之低下，已经到了令人震惊的可怕境地。这也从一个侧面说明中小学教育对传统文化的忽视，经典教育首先要提升学生阅读古典文献的能力。

鉴于此，我先后完成了南阳师范学院教学研究项目"文化元典阅读与新闻传播人才培养模式探讨"和河南省教育厅高等教育教学改革研究项目"基于文化经典阅读的大学生人文素质培养模式研究与实践"。《中国文化经典阅读教程》一书就是省级高等教育教学改革研究项目的成果，华中科技大学出版社还将该教材作为"大学生通识与素质教育课程读本"出版。该教材在文化经典的选择上，以儒家传统文化经典十三经为重点，意在让学生明白：中国传统文化的核心是儒家文化，同时又兼顾道家传统文化经典《老子》和《庄子》，意在让学生理解中国传统文化并不仅限于儒家文化一家。在经典文章的选择上，注重文化价值、传统影响、人文素质培养和现实教育意义四个方面，精心选择篇目。在教材体例上，按照先儒家、后道家，儒家文化经典严格按照《十三经注疏》的顺序排列。在教材内容上，每部文化经典都包含两个部分：文化经典基本知识介绍和经典名篇的原文、注释和翻译。我明白曹老师倡导读原著的道理，"让同学们读原汁原味的东西，获得实实在在的知识与智慧，而不是大谈空论，凌空蹈虚"。但是艺术类本科生即使有注释，也不一定能够读懂，不一定能够理解，所以，我编定的教材增加了翻译的内容。教材篇幅较短，只有170页，281千字，基本上一个学期能够讲完。从2020年春秋学期开始，我使用《中国文化经典阅读教程》作为授课教材。

三、经典散播：妈妈、种子、运用

写"经典散播"内容，我首先想到一篇小学语文课本上的文章《蒲公英的种子》：

> 蒲公英妈妈的孩子长得毛茸茸的，可爱极了，蒲公英妈妈叫她的孩子"小伞兵"。
>
> 风儿轻轻吹着，小伞兵在妈妈的怀抱里轻轻摇晃着，一阵大风吹来，把小伞兵吹上了天，小伞兵吓坏了，大叫："妈妈，救救我！"妈妈说："孩子，你长大了，去找自己的家吧。"
>
> 小伞兵飞呀飞，他看到一粒松子告别了大松树，松子掉到地上，钻进了泥土。
>
> 小伞兵飞呀飞，他看到一颗颗黄豆从豆荚蹦出来，黄豆掉到地上，也钻进了泥土。
>
> 小伞兵飞呀飞，他看到一块空地，就落了下去，他躺在土地上，感到非常舒服，他说："我喜欢这里，我要在这里安家。"
>
> 风儿吹起松软的泥土，轻轻地盖在小伞兵的身上。下了一场小雨，小伞兵发了芽，钻出了泥土，长成一棵小小的蒲公英。[①]

[①] 吴忠豪、薛法根主编：《小学语文名师 文本教学解读及教学活动设计 二年级上》，上海教育出版社2017年版，第19页。

对文化经典的学习、传承和散播就像"蒲公英的种子"一样，散播在祖国的四面八方，散播在一代又一代学子的心田。南阳师范学院新闻与传播学院四个专业自2008年以来一直开设"传统文化经典阅读"课程，大约有15个年头了，每年按照听课人数300名计算，至少也有4500名学子学习了该门课程，接触了文化经典。这些学生毕业之后不论在哪个工作岗位，经典的滋润作用，经典对学生本人以及家人、孩子的影响都是巨大的。

2016年暑假，按照学校安排，我陪同学校领导到山西太原市筹建南阳师范学院太原校友会，当时到场的20多名校友大多是我任院长期间毕业的新闻与传播学院学生，大家见我后，除了记得我是他们院长，印象最深的是"传统文化经典阅读"课堂教学。大家很兴奋地谈论"君子以自强不息""君子以厚德载物""君子不器""大学之道，在明明德，在亲民，在止于至善""君子慎其独也"等经典句子；谈论课堂上我提问的问题，颇显"腹有诗书气自华"的气质。在场的学校领导对我说："看来你讲的文化经典课程对学生们的影响很大呀！"我知道，这种影响是从曹老师那儿学来的。在"经典散播"上，曹老师是总根源，是老"蒲公英妈妈"，作为曹老师学生的我们是一个又一个分枝，是小"蒲公英妈妈"。蒲公英的种子不断散播，文化经典的传承永久恒长，我们就"能够找回失落的精神家园"。正如曹老师所说：

> 在我看来，首先，学习古典文化能够使我们摆脱失语的状态，因为传统文化蕴涵着中国独有的话语和学术思维方式，只有深入学习中国的传统文化，在借鉴西方资源的时候才能立足于本民族的话语和学术思维方式，才能真正将西方文化为我所用，从而实现真正的学术创新。其次，学习中国传统文化能够找回失落的精神家园。西方有自己的《圣经》，印度也有自己本民族独特的信仰，但是，中国在"五四"之后陷入了文化的迷茫之中，人们发现找不到自己的精神家园了，这是中华民族的文化根脉出了问题，因此，必须大力加强对传统文化的学习。[①]

早在20世纪40年代，朱自清先生在《经典常谈》序中就说道："在中等以上的教育里，经典训练应该是一个必要项目。经典训练的价值不在实用，而在文化。……再说做一个有相当教育的国民，至少对于本国的经典，也有接触的义务。"[②] 20世纪80年代，叶圣陶先生提出："在高等教育阶段，学习文史哲的学生就必须有计划地直接跟经典接触，阅读某些经典的全部和另外一些经典的一部分。那一定认认真真地读，得到比较深入的理解。"叶先生还认为："经典训练不限于学校教育的范围而推广到整个社会，是很有必要的。历史不能割断，文化遗产跟当今

[①] 曹顺庆、朱利民：《比较文学与学术创新——曹顺庆教授访谈》，《学术月刊》，2007年第3期。
[②] 朱自清：《经典常谈》，北京理工大学出版社2020年版，序，第1页。

各条战线上的工作有直接或者间接的牵连,所以谁都一样,能够跟经典有所接触总比完全不接触好。"① "经典训练的价值不在实用,而在文化","能够跟经典有所接触总比完全不接触好",这些论述多么深刻,多么具有启发意义啊!

2018年秋,我到南阳日报社检查新闻学专业学生实习情况,有三名实习学生参加了报社招待晚宴,席间,一名男生汇报说:"老师,我现在还是'潜龙勿用'阶段,我会珍惜在报社实习的过程,就业之后,再经过努力,争取达到自己人生'飞龙在天'的境界。"一名女生汇报说:"老师,我就喜欢'六四,括囊,无咎无誉'一句,我这一生牢记'慎不害也'就可以了。"另一位男生汇报说:"老师,我经常用'九三,君子终日乾乾,夕惕若,厉无咎'要求自己,一方面做到每天健强振作,另一方面时时保持警惕慎行。"在场的报社领导听了非常震惊,觉得普通本科学生都知道、都能够随口运用《周易》的句子来谈话,实在了不起。为此,要求我与学生多"浮一大白"。每当这种时候,我的脑海中就浮现在四川大学教室跟随曹老师学习《十三经注疏》的情景。

在庆祝曹师顺庆先生70岁大寿和从教40周年之际,谨以此文深致谢意!

吾师与十三经

2005级博士　何　敏*

我从小生活在一个偏僻的乡村,四周都是大山,整日在山间奔跑,看了很多的蓝天白云。然而没有机会与好书相遇,唯一能够接触的只是几本连环画,能读到的美文仅限于语文课本,对国学更是一窍不通。会吟诵古文的人在我心中等同于鲁迅所写的孔乙己,穿着长长的褂子,摇头晃脑说"之乎者也"。对于乡下孩子而言,所谓古文典籍,那大概是环绕自己的高山之外的事物,无法理解,难以想象。

高考分流,我来到一所外语院校,从此更与古典文学分道扬镳。

然而世事兜兜转转,研究生毕业后,我留在成都一所大学任教。有一天,我到四川大学找朋友玩,顺便逛到学子书店,想买一本《读书》之类的杂志。那时可能是初冬,我在书店里淘呀淘,无意中看到一本淡灰色的小书,书的封面古朴典雅,"中西比较诗学"六个字苍劲有力,另有一朵黑白相间的花朵。

我翻开这本书,这是一本关于中西艺术规律的书,作者探讨艺术本质、起源,艺术思维、风格和鉴赏。我以前从来没有读过这种书,感到有些好奇,于是翻了几

---

① 叶圣陶:《叶圣陶散文》,中国广播电视出版社1997年版,第292页。

* 何敏,2005级博士,1975年生,重庆酉阳人。副教授,文学博士,作家,毕业于四川大学比较文学与世界文学专业。曾任翻译、文员、网站及杂志编辑,现任职于电子科技大学外国语学院,著有长篇两部,中短篇及各类散文、诗歌、影评多篇。

页。几行字印入我的眼帘："中国人民力倡天人合一、安时处顺，无为而无不为"，"与西方由天人尖锐对立而造成的宗教的毁灭感和努力认识自然、战胜自然的崇高感，恰恰形成极为鲜明的对比。""乐天安命，安贫乐道，知足长乐"，这是中国人的结论，而"毁灭、奋斗、创造"，是西方在天人对立中的选择。

那瞬间，我有点恍惚感。店门外，不时飘过银杏落叶。银杏叶晃眼的金黄令我产生如同大学时代读到俄狄浦斯命运时的震撼，瞎眼的俄狄浦斯为何选择流浪，用自己的余生来寻求命运女神的原谅，而窦娥的父亲为何最终会出现，替女儿报那冤屈。长久以来阅读中西文字作品时的疑惑于那刹间透亮，原来这是两种民族精神，两种文化精神，两种美学与诗学精神啊。

我仔细地看书的作者：曹顺庆。

"这是曹老师的书，曹老师就在文新学院教比较文学，带比较文学与诗学方向的博士呢。"书店老板说。

走出学子书店，我在校园里闲逛，很快，就逛到了文科楼前。看着那幢貌不惊人的小高楼，长长的青藤肆虐地生长，这就是我童年时望过的大山之外的世界吧，有无限的知识，无限的美，有睿智的学者。无限大的世界凝练在小小的楼里，也许我可以尝试一下，是否能够努力走进它，成为其中的学子。

于是我开始准备考博，竟然如此幸运，我来到了川大，成为曹老师 2005 级的学生。

读博第一学期，我选了两门课，其中，阅读十三经原典成为折磨我整个学期的"噩梦"。我在乡野长大，从小看到的是山村、农田这样的自然世界，从来不曾体会过手执古典文学经典，慢慢诵读、品鉴之味。原典那时于我，与甲骨文无异。每周四晚上，当我来到川大，云里雾里，我总是胆怯地寻找一位高大的同学，坐在他身后，试图让他阻挡曹老师望向我的目光，以避免被抽问，回答问题。

而我总是如此倒霉，越是害怕，就越被提问。

"'曰若稽古。帝尧曰放勋'。何敏，你解释一下，这句话啥意思？"

我不敢抬头。我曾以为，古典文学学者会身着长褂，羽扇纶巾，而眼前的曹老师常身着西服，就像胡适、梁实秋等民国大师一样，儒雅而温文。可是，明明曹老师"博学儒雅坦诚意"，在回答不出问题的学生眼里，那温暖的微笑却似成了利刃，好似在说：十三经是我们民族的经典，是中华民族文学、思想的原型，认识世界和把握世界的思维方式，不读好十三经，怎么去做比较文学研究呢？

坦白说，于大部分同学而言，阅读十三经是困难的。那时候，我与同学们总是战战兢兢，屏气凝神，上课前拼命预习，课后再反复复习理解。对此，老师表示理解。"如果从小就培养，形成阅读习惯，就不会觉得困难。"怎样督促我们这些大龄学生学习呢？于是，老师坚持抽查，坚持轮流背诵，坚持将"天书"作为每次课堂讨论和辩论的材料。本来，比较文学的学科特点是跨文明之间的文学研究，需要至少掌握两门语言、两种文化。这样持续不间断的原典阅读与讨论磨练思维，最终促进学生深入理解中国古典文学与文化。

"博学之，审问之，慎思之，明辨之，笃行之"，在每个周四的课堂里，随着曹老师一篇又一篇的原典讲述，一个又一个犀利的提问，这十五个字慢慢地进入我的脑海。学习要经过反复的训练，学习是一种辛勤的修炼，学习最终要用知识去指导实践。就这样，国学经典典籍与外国文学专业结合起来，最终成为指导我后来教学与研究的火炬。

我博士毕业以后，留在成都工作，很幸运，仍然有机会能够看见老师，聆听他的教诲。吾师云："人存在，不是仅仅为了工作，为了吃饭，为了功利。我很喜欢海德格尔那句话：诗意的栖居。诗意的栖居，就是美好的存在方式。"比较文学不是单纯的文学比较，它是一种视野，一种方法，一种存在。吾生有幸，能进入曹门。当年的乡下孩子走出大山，最终在老师的引领下，走入广博宏大的意义世界。

川大、曹师、十三经

2010级博士　乔　艳[*]

作为比较文学专业的老师，在为学生上课的时候，经常会提到中西方文论、文学的对比，讲到兴起，也会随口背上一段《文心雕龙》《文赋》，学生往往吃惊，老师不是讲西方的吗，怎么对中国古代文论也这么熟悉？我表面淡定，心里得意，这点小事能难得住我吗，我可是背过十三经的人啊！

什么时候决定报考川大的博士呢？大概是某一天在课堂上突然觉得知识不够用，或者是听闻某位硕士师妹考上了川大博士心中羡慕，又或者是那次去川大开会，第一次亲眼见到曹老师，聆听老师教诲。总之，在2009年的秋季，我突然下定了决心在职读博，目标就是川大比较文学。朋友听说后，急匆匆给我打来电话："川大的博士要考十三经"，大致意思是这个学校不要考虑了，太难了，我一开始也觉得难度大，但经不住川大的吸引力，再加上曹老师的魅力，再难也想试一试，由此就开始了辛苦背书的日子。因为硕士毕业后就在高校任教，专业课方面不需要太多准备，主要精力就用来背十三经和各种中国文学典籍。考试的日子到了，初试感觉还不错，紧接着就是面试，面试组除曹老师外，还有傅勇林、李天道两位老师（在几年后的毕业论文答辩中，两位老师也是答辩小组成员，因此笑称把我接进来，又把我送出去），但当时只认识曹老师，而且只是在学术会议上"遥望"过老师，

---

[*] 乔艳，2010级博士，现为长安大学人文学院副教授，硕士生导师。主要研究方向为文学跨文化传播。近年来在《文艺争鸣》《小说评论》等期刊发表多篇学术论文，主持教育部人文社科项目"中国现代文学期刊中的英国文学译介研究（1917—1937）"等多个省部级项目。

根本没说过话，心中紧张可想而知。更可怕的是，前面一位女同学面试完居然哭着出来，一问才知道是有个问题没答出来，一时窘迫就急哭了，老师们恐怕也吓了一跳，过了一会儿曹老师专门出来问没事儿吧，不要紧张嘛，看到老师的招牌笑容，我们心中的紧张也去了大半。轮到我了，曹老师先开口，背一段原典吧，我想了一下，背了钟嵘《诗品序》中自己最喜欢的一段："若乃春风春鸟，秋月秋蝉，夏云暑雨，冬月祁寒，斯四候之感诸诗者也……"背完后老师调侃："哎呀，终于有人不背《原道》了，我们已经听了一上午《原道》啦！"大家哈哈一笑，我的紧张也一点不剩了，接下来老师又问了有关《红楼梦》的问题，傅老师、李老师问了西方文论和中国文论方面的问题，多亏曹老师在旁善意引导，虽然知识有漏洞，老师们笑我"连猜带蒙"，但最终面试还算顺利，老师最后评价"这个还不错"，这是第一次得到老师的肯定，直到今天言犹在耳。

2010 年秋季入学，人生开始新的阶段，同时开始的还有十三经的学习。曹老师身为国内知名学者、学院行政领导、学科带头人，事务繁忙，却仍坚持每周为博士生上课，课程设置也颇具用心，下午读英文版的西方文论经典，晚上读繁体版的中国文化原典，中西合璧，充分彰显比较文学的学科特色。尤其是后者，更是直击我们的知识痛点：从硕士阶段就读比较文学开始，关注点全部都在外国文学、西方文论等方面，对中国文学、文化的了解还停留在本科阶段，讲课、写文章言必称西方，所谓"比较文学"，却失去了自身的文化根基，哪里还有"比较"可言？曹老师带领我们诵经书、读原典，既从源头上弥补我们的知识漏洞，也代表了老师一直以来对国内学术界"失语症"的思考，要为学科发展寻找新的理论资源，使中国优秀文化典籍成为学科发展的重要支撑。同时，用老师的话来说就是对原典的扎实学习也是为了使学生得到原汁原味、实实在在的知识和智慧，而不是"大讲空论，凌空蹈虚"。当然，说起来简单做起来难，繁体字的古代文化典籍往往有生僻、晦涩之处，有时完整读下来都不容易，何况背诵？但是老师要求严格，每次课每个人都要当堂背诵。开始的时候，同学们还有蒙混过关的心理，似乎也真的找到过"捷径"，比如老师最初按照学号顺序点人背诵，第一位同学开始之后，后面的同学就可以迅速找到自己对应的段落，紧急突击或者打小抄，但这个方法很快就被拆穿了，点名的顺序被打乱了，不知道自己什么时候开始，从哪里开始，只能课前做好充分准备，全部背诵下来。万一不熟练或者背不出来，老师也不责怪，仍然笑吟吟地看着你，但这个笑容的威力真是谁试过谁知道！为了每周一次的背诵，同学们都使出了"洪荒之力"，<u>丝毫不敢懈怠</u>。记得有一次家中有事，回来的时候刚好要上曹老师的课，在火车上顾不得周围人看"异类"的眼光，一路拿着原典背诵，念念有词，当天晚上背出来的文论应该还带着风尘仆仆的味道。还有一位同门说每天晚上跑步的时候都会在心里默默背诵，既锻炼了身体，也充实了精神，一举两得。不间断地学习、背诵的结果是，虽还达不到老师所要求的的"博"与"专"，但我们的知识根基更牢固，学术视野也大大拓宽了。

作为国内第一个中国文学批评史专业的博士，国务院学位委员会批准的第5批国家博导，到我就读的时候，曹老师已经累计指导了16届博士生，学生中不乏叶舒宪、李伟昉、王晓路、徐新建等知名学者，在博士生培养方面形成了一套成熟的经验和做法，我辈作为后来者受益匪浅。在课程学习之外，曹老师还鼓励学生参与学术训练，为大家创造各种学术实践的机会，包括学术会议、课题研究、集体讨论等。川大文新学院的学术会议数不胜数，参会听会之余也见识了众多国内外学界大咖的风采。曹老师常组织博士生开展课题研究，2010级博士生所做的是比较文学学科理论的研究，并在此基础上编写教材。曹老师分享了自己对学科理论的思考，提出"变异学"理论和比较文学"中国学派"的思路让大家思考、讨论。这次课题研究使我对学科理论的认识进一步深化，原来觉得枯燥、晦涩的理论在研究中似乎一下子明朗了，同时这也是一次极好的学术锻炼和师门团结协作的机会。当然，最难忘的还是一次次集体讨论的场景，讨论的内容有时是研究的课题项目，有时是大家正在进行或者已完成的论文，每次由一位同学陈述自己的思路、方法和观点，其他同学则从不同角度指出问题、不足，甚至批判、质疑。虽然同为曹老师门下弟子，但大家的学术背景有差异，以2010级为例，既有比较文学专业，也有古代文论专业，既有中文出身的，也有外语背景的，还有3位来自四川音乐学院主攻跨学科研究的同学，不同的专业、兴趣和出发点碰撞在一起，产生了有趣的化学反应，一场场"论战"之后，批人的、被批的都获益良多。最初几场讨论大家还正襟危坐，严阵以待，后来就逐渐放松了，气氛越来越活跃，讨论的地点也从室内到室外，从川大校园到望江楼公园，喝着望江楼的茶，吹着九眼桥的风，谁说做学问一定是枯燥无味的呢。

一年的时间很快过去，因为同门中大多数同学是在职读博，第一年的课程结束后，除了班长罗富明、付飞亮师兄以及小师弟黄文虎，其他人都要回去工作了，期末的最后一次师门聚会就是讨论毕业论文选题。在此之前已经听说过很多关于师兄师姐论文选题的故事，曹老师对自己的学生总是如数家珍，他们当初如何选题，如何打磨论文，等等，最终完成的论文不乏百篇优秀博士学位论文，也有很多选题获得了各级立项，它的意义不仅是一篇博士学位论文的选题，也是博士毕业后的研究领域和方向。通过这些故事，曹老师向我们这些"新生"传达了选题的原则，要结合自己的学科背景，发挥自己的长处，同时一定要创新，要敢于涉足前人没做过的领域，先"圈地"再细耕，这些建议今天想来字字珠玑，但当时却不能完全领会，也许是由于对自己、对专业都不够了解，也许是因为选题意义重大而自身能力有限，因此题目迟迟不能选定。大家都说曹老师抽屉里放着好多选题，让老师随便抽几个给我们，老师说不行，你们要自己想。好不容易想出来一个题目，被曹老师几个问题一问，似乎选题价值、可行性、研究前景都成问题，只能放弃。选题被拒后内心无比沮丧，那个暑假也无暇他顾，终日埋头于各类资料，数日后终于选定一个题目，老师在邮件中回复"可以"，心中大石落地。然而漫长、艰苦的毕业之旅才刚刚开始，好像有一位师兄说过，曹老师的鼓励特别管用，遇到问题只要去找老师，老师拍拍肩膀就又充满了力量。这句话虽是戏言，但曹老师给学生的精神力量却是真实的，幸得老师的指引、鼓励和肯定，才有了最终得之不易的博士文凭。后来的事实也证明，曹老师把关确定的论文选题基本上奠定了我们未来的研究基础，指出了正确的方向，而各位同门在毕业论文的基础上进行的研究相继获得国家级、省部级立项，也充分证明了选题的学术价值。

毕业多年，各类事务缠身，竟很少再有时间回校看望老师，幸而现在有了"曹门"的微信群，群中常有同门交流，老师也经常和大家分享学术信息，距离虽远，却感觉一直在老师身边受教。记得2011年9月回校做开题报告，离开的时候正是周一晚上，也是曹老师一向给博士生上课的时间，经过教学楼，想到老师正在里边上课，不禁羡慕新一级的同学，铁打的校园，流水的学生，学生一届届来了又走，而老师总是站在那里看着我们。虽然永远无法达到老师的高度，但面对自己的学生时，我总是将曹老师作为自己的榜样和标准，学着老师那样治学、做事、待人，高山仰止，景行行止，虽不能至，心向往之……

完善比较文学课程体系
—— 曹老师的原典研读课

2013级博士　范利伟[*]

2010年9月至2013年6月，我在北京师范大学文学院比较文学与世界文学专业读硕士研究生。2010年9月入学伊始，曹老师为我们这一届硕士开设了原典研读课。当时用的是曹老师自编的选本，尚未正式出版，内容包括从《周易》《尚书》《诗经》《楚辞》《春秋左传》《论语》《孟子》《老子》《庄子》《礼记》《尔雅》《说文解字》《史记》《汉书》等经史子部原典中选择的重要篇目，以及集部选文：司马相如《子虚赋》、陆机《文赋》、刘勰《文心雕龙》（选9篇）、钟嵘《诗品序》。选文繁体横排，只录白文，不加注释。最后附有参考书目信息，列出了30部进一步学习的书目。受限于一个学期的课时，这个选本自然不能面面俱到，但这些选文已基本涵盖了上古至魏晋南北朝时期的重要原典。

由于个人兴趣，读研之前我读书的重点是现当代文学和外国文学，对古代文学阅读不多。因此，一开始接触这些原典文本时，学习起来颇为吃力。上课时，曹老师先依次请我们一人讲读一段，然后再加以点评解释，阐明其中蕴含的文化命题、文论概念，以及可从比较文学角度展开的学术课题。最初的几节课，由于底子薄，

---

[*] 范利伟，2013级博士，现为中国社会科学杂志社编辑，主要研究领域为比较文学、海外汉学。

且准备不足，上课时我免不了紧张。之后才逐渐找到些感觉。为了课上不被曹老师问住，课前往往需要查阅学习各类相关资料，看的很多是当代人的注释本，而非《十三经注疏》《新编诸子集成》等权威版本，虽然这种有些偷懒的做法有违曹老师开这门课的苦心和初衷，但经过了这种带点"野路子"色彩的入门阶段，一个学期下来，我竟也初窥了古代原典的堂奥，并对传统典籍和文化有了兴趣。事后回想，如果当时不是曹老师用这门课来"强制"我们"硬啃"一个学期的古代原典，可能我们就难有机会系统学习一遍这些典籍。时光荏苒，12年过去了，曹老师在课上讲的很多具体知识现在已有些模糊，但当时上课的情景依然清晰。以此为起点，后来我又阅读研习了更多古代原典。虽然我们这一届硕士没有人以研究这些典籍为业，但曹老师的启蒙和教导对我们知识结构的完善有着无可替代的意义。

比较文学是一门强调跨越性研究的学科，具备古今中外的广博知识储备是进行此类研究的必要条件。但由于学科设置的原因，比较文学专业的课程往往更偏重外国文学，对中国文学和文化，尤其是中国古代原典重视不足。这显然不利于培养中外兼通的比较文学研究者。曹老师长期在比较文学专业开设原典研读课，他编选的这个选本在2011年以《中华文化原典读本》为题出版，这些无疑可以完善比较文学课程体系，夯实比较文学专业学生的知识积累，为开展底蕴更为丰厚、更具洞见的比较文学研究打下了重要基础。

入门须正，立志须高
——曹师顺庆先生的原典研读课

2015级博士　吕雪瑞[*]

和曹师顺庆先生初次结缘，是在2013年老师的一堂课上，彼时我是一个研二的学生，被同学带着走进了原典阅读的课堂。老师的弟子们人手一本《十三经注疏》，旁听的同学则两三位共享一本书，聚精会神地听着博士生的分段朗读和老师的阐释。当时正好讲到《春秋序》："故发传之体有三，而为例之情有五。一曰微而显……二曰志而晦。""什么叫志而晦，大家能不能举出一个例子？"老师问到。台下众说纷纭，却难有定论。老师笑着说："郑伯克段于鄢，为什么不称郑公称郑伯呢？"接着老师自然而然地讲到了隐公元年的这段记述，讲起了春秋笔法的特点所在。真妙啊，我当时心想，原来这些看起来艰难晦涩的古文竟可以如此有趣。

---

[*] 吕雪瑞，2015级博士。现在四川大学文学与新闻学院本科教务办工作。博士学位论文探究英语世界弗吉尼亚·伍尔夫的研究状况。博士在读期间先后在核心期刊发表中英文论文数篇，主要研究方向为女性文学、传记文学、中外文学及文化比较。

2015 年我有幸进入曹门，成了比较文学与世界文学专业的博士生。终于，我也可以抱着大部头的《十三经注疏》在昏黄的路灯下匆匆走向研究生院的教室了。真正开始上课可比作为旁听者要难许多，要提前预习，在密密麻麻的繁体竖排版的小字中标读音、断句读，有些段落明明每个字都认识，连在一起却让人不知所云。在课堂上，当这些疑惑被老师三两句话点透的时候，真的颇有些"开悟"的感觉。

那一年我们学习十三经课是在晚上，晚上七点半开始上课，往往不到七点教室里已经坐得满满当当，来迟了的同学都得从隔壁教室搬椅子坐在后排。上课铃声一响，我们便进入了另一个世界，这个世界里有卦象、有仪礼，有"履帝武敏歆"这样感天而生的神话，也有"死生契阔，与子成说，执子之手，与子偕老"的深情。因为师生的投入，在课堂上经常听不见下课的铃声，老师从头到尾都站着给我们讲课，连讲两三个小时不在话下。十点零五分是下课的时间，保安大哥悄悄晃到门口，静静地看一会儿完全不想下课的我们，然后默默地走开。

每周一次踏着夜色捧着书走在回宿舍的路上，我的心中满是充实和兴奋，回去之后还要再打开台灯用手指着那一列列在老师的引导和讲述下生动起来的文字回味一番。七年过去了，每每翻开《十三经注疏》，看到书内随处可见的标注时，还能感受到当年在课堂上和这些经典相遇时的那份紧张和兴奋，这是属于曹门弟子的独家记忆。有人问我如果可能，最想回到什么时候再生活一次，我的回答是博一。那一年在老师的课堂上，就像久旱逢甘霖般地感受到了原典的魅力。在老师的引导下，面对无涯的书海，我不再是感到无助和迷茫，而是心中笃定地知道从何入手，体会到进一寸有进一寸的欢喜。

不仅是十三经，曹老师给我们讲授的课程还有西方文论和中国文论。这两门课程安排在同一个下午。伴着午后窗外的鸟鸣声，我们打开伊格尔顿英文版的《二十世纪西方文学理论》，听老师讲现象学方法与新批评方法的同与异；谈同样讲主客体融合，胡塞尔和海德格尔的区别在何处。之后我们便跃入中国历代文论的海洋：《文心雕龙》《毛诗序》《诗品序》《沧浪诗话》《人间词话》……从"诗言志，歌永言，声依永，律和声"到《原道》《征圣》《宗经》，每一句刻在脑海里的诗文论述，都是无数个清晨在文理馆的小花园里反复背诵的成果。一下午的课程绝不轻松，西方文论要抽点大家读原文的段落，同时谈一谈自己的理解，课程中老师也会随时抛出问题点名让人回答。中国文论则要随机抽点背诵，前一位同学背到中途停下，另一位便要接着背下去。为了不在课堂上站起来的时候磕磕巴巴，满脸通红，尴尬得脚趾抠地，大家就必须要在课外下功夫。正是因为有了这样的锻炼，我们才能够在之后的阅读和学习中带着问题意识去思考、去体会，也在之后写文章的时候能突然灵光一现，想起曾经背过的句子。

2017 年，我在写有关伍尔夫的博士学位论文时，看到了伍尔夫在《我们应当怎样读书》里的观点：

> 要等尘埃落定、疑问平息之后才行。这期间不妨去散散步，聊聊天，或者

撕撕玫瑰花干枯的花瓣，要不然，干脆去睡一觉也可以。这之后，可能你自己也不会想到——自然的变化往往就是这样——你读过的那本书又突然间回来了，但完全变了样：它完整地浮现在你的脑海里，和当初从分散的词句中所获取的那些零星印象已大不一样。①

当时我的脑海中突然蹦出了这段话：

俯拾即是，不取诸邻。俱道适往，著手成春。
如逢花开，如瞻岁新。真予不夺，强得易贫。
幽人空山，过水采蘋。薄言情晤，悠悠天钧。

(司空图《二十四诗品·自然》)

这不正是老师让我们在博一时背诵过的司空图的《二十四诗品》吗？正是以此为契机，我才写出了自己博士学位论文最后一节的内容：中国与英语世界的伍尔夫文学批评研究。如果没有当时老师对我们的背诵要求，没有老师对原典阅读的重视，恐怕我根本不可能记得曾经读过的诗论词论，更谈不上比较了。

在曹老师原典研读的课堂上，有被抽点的忐忑，有吸收新知识时的兴奋，也有在老师旁征博引时能够对答出来的会心一刻。犹记得老师在课上讲庄子时，提及《红楼梦》里的"好了歌"："世人都晓神仙好，惟有功名忘不了，古今将相在何方，荒冢一堆草没了"，老师看向大家，示意谁能继续接下去，我犹豫了一下，应道："世人都晓神仙好，只有金银忘不了"，老师笑了，点头让我继续背下去。我背完余下几句，望向老师，从老师的眼中看到了赞许和鼓励。老师温暖的眼神，也在我日后被论文困扰，怀疑自己是否有能力完成博士学业时，给了我最大的动力和信心。

曹老师在讲到严羽的《沧浪诗话》时，曾在"入门须正，立志须高"处停顿良久，告诫我们"行有未至，可加功力；路头一差，愈骛愈远"，在我们考虑博士学位论文选题时，大家开始想到的是去做一些冷门、偏门的东西，感觉这样可能更容易做到填补空白。在预开题时，老师把"入门须正，立志须高"一语向大家重述了一遍，为大家找准自己的选题定了音。

严羽说："工夫须从上做下，不可从下做上"，老师的原典研读系列课程正是对"入门须正，立志须高"这一原则的具体阐释。曹门弟子在这样精彩的课堂上，学会的不仅是原典的内容，更是一种治学态度和人生态度。那些毕业多年的师兄师姐们回忆起读博的岁月，最难忘的也是老师站在方寸讲台上带领大家思接千载、视通万里的时刻。因知识的充盈和视野的辽阔而让学生回味无穷，忘记身外所有纷繁复杂之事，正是曹师顺庆先生原典研读课堂上独特的魅力所在。

---

① 弗吉尼亚·伍尔夫：《存在的瞬间》，四川文艺出版社2020年版，第16页。

"中外语言文学与文化专题研究：十三经元典导读"课堂拾零

2015级博士后　国　威[*]

人的记忆委实是一种奇怪的物事，当初本以为刻骨铭心的经历，现在已然模糊得仅剩轮廓，而有些平淡如水的过往，如今却从脑海深处一一浮现。而它们为何被遗忘或记起，细究起来却无甚道理。也许，人生的真谛便蕴于这一矛盾之中，只是我们为尘染所蔽，暂时还无法堪破而已。

2012年至2015年，我在四川大学文学与新闻学院攻读文献学专业博士。不过，被录取时的欢欣鼓舞，以及毕业时的踌躇满志，早已散为记忆中的轻尘。而读书、上课时的点点滴滴，却如披沙拣金般逐渐清晰起来。其中，曹老师"十三经导读"课堂上的趣事，便成为这些印象中十分重要的部分。

其实，如果回到当初，我们根本不会用"有趣"来形容这门课程，因为对于选课的学生来说，无论是课下的准备还是课上的学习，都十分紧张。首先，老师在阅读材料的选择上十分苛刻，只能用影印版的《十三经注疏》，虽然已有整理本问世，但仅可作为参考。因此，每到上课时间，校园中总会看到三五成群的学生抱着厚重的大部头匆匆赶往教室，这在电子资源大行其道的时代已经成为难得一见的景象。其次，老师对学生的要求较高，不仅需流利地朗读任意指定的作品，部分重要章节还要背诵。这对于那些接触古籍不多的专业来说，难度是显而易见的。我之所以对此印象深刻，主要是因为"文献专业"这一身份在课堂内外所形成的反差造成的。葛兆光先生曾言，他在北大读书时，文献学的学生在其他专业的人看来就是"出土文物"，永远是最不合时宜、最跟不上潮流的那个群体。此说并非调侃，而是在各个时期、各个高校同样成立。川大文献学专业的学生往往深居简出，整天钻在图书馆的故纸堆里搞营生，所以在平时生活中的存在感并不强；加上撰写、发表论文的难度也很大，故基本上也无缘各类光荣榜。因此，其他专业的学生打量我们的眼神总有些奇怪，似乎难以理解为何会有人选择自讨苦吃。然而，在十三经导读的课堂上，我们的地位却彻底扭转，从无人问津变成了炙手可热：当老师提出的问题无人回答时，总是会点名文献学专业的同学来尝试一下；大家也都希望坐在我们周围，以期在读诵经典遇到困难时能够得到援助。面对突如其来的热情和关注，我们感到受宠若惊，同时生发出一种舍我其谁的豪情，对于同学们的求助当然是来者不拒。不过，文献学专业虽然专门与古籍打交道，但在毫无准备的情况下通读十三经，也

---

[*] 国威，2015级博士后，文学博士，新闻传播学博士后。现任四川大学文学与新闻学院研究员（专职科研）、四川大学中国俗文化研究所研究员，博士生导师。研究领域为中国古典文献学、佛教语言文学。

是有一定困难的。为了不让同学们失望，更为了本专业的颜面，我们只好在课下加倍努力，大量翻阅各种工具书和参考书，以便扫清阅读和理解中的一切障碍。选课时本以为能轻松应对，但在老师和同学的双重压力下，文献学专业的同学反而成了最紧张的几个人，实在令人始料未及。不过，付出总有收获，平时的努力使我们能够轻松应对期末考试，并且都取得了不错的成绩。另外，此后投身于博士学位论文，再也没有时间和精力来集中阅读这些中华文化的核心经典，而当初课程中的积累便成为我们学术研究中的重要基础。

这门课程的学习虽然紧张，但课堂氛围却是开放且活泼的。老师在讲解时并非照本宣科，而是根据不同的内容采取灵活多样的教学方式。例如，在讲授《周易》时，为了加深大家对卦爻辞的印象并凸显其占卜之书的性质，老师会为同学们卜卦。当然，大部分人关心的都是学业、人生等问题，但也不乏痴男剩女急切地询问桃花运势，而得出的卦象往往惹得大家哄堂大笑，使紧张的课堂充满了欢乐。再如，为了使大家记住《尚书》篇目的真伪，老师会临时组织一场竞赛，而有些同学的记忆力之好、反应之快，令大家啧啧称赞。对于同学们在课堂上的表现，老师也十分宽容。有的同学性格外向，乐于表现，在朗读经典时故意语气夸张，不时引来阵阵窃笑。但老师不以为意，反而哈哈一笑，表扬其感情丰富，有古人"吟诵"的遗风，同时指出，音调如能贴合原文语境而不是一味夸张，效果会更好。另外，在阅读和听讲中遇到问题，同学们也不拘束，往往会当堂提出来，有时甚至会打断老师，而老师对此也持鼓励态度，或者直接作答，或者组织讨论，尽量解决问题，如果需要查阅其他资料，便作为课后作业，留待下次继续探讨。

由于这门课程是专业课，且对于非涉古类专业的学生来说具有一定难度，故我以为选课人数不会太多，但实际的情况却是能容纳近百人的大教室几乎每节课都被挤满。后来我才知道，其中只有一半左右是选课的学生，此外都是来自其他学院甚至校外的旁听者。他们来听课的目的各各不同：有的是研究领域与此相关，希望在课堂上开拓一下思路；有的是计划深造，故提前来感受博士生活；有的则是纯粹的爱好者，打算学习一些中国传统文化；还有一两位神秘的男士，起初躲在角落里，不太愿意和我们交流，也从不参加课堂讨论，后来混熟了才知道，原来他们是选课学生的家属，主要负责接送和拎包。老师不仅欢迎这些旁听者，也鼓励他们参与经典阅读和课堂讨论。实际上，有的爱好者虽然知识面有限，但对喜欢的典籍却十分熟悉，甚至大段背诵都不在话下，时常令我们这些"专业人士"汗颜。在他们身上，我不仅看到了学习的热情和执着，也深切感受到传统文化顽强的生命力和超越功利的价值。

一个学期的课程很快就结束了，大家各自为理想和前程努力。当时一起上课的同学，来自不同的地方，选择了不同的专业，后来也走上了不同的道路，很多人从此以后再无交集，但抱着大部头赶往教室的匆匆脚步、抽检背书时的忐忑不安、讨论问题时的针锋相对，一定会成为我们共同的记忆。

成都，带不走的只有曹老师的课堂

2015级博士后　车海锋[*]

在东北熬过了寒风凛冽的冬天后，2016年春，我终于来到有"天府之国"之称的成都，开启在川大的博士后研究之旅。在这个温暖的季节，有幸聆听了曹老师的"中国文学批评史研究"课程。

如今回想起上第一堂课的情景依旧历历在目，曹老师面带着微笑走进教室，"经典的曹氏微笑"让我倍感亲切，无形之中拉近了与大师之间的距离。老师微笑着讲清规矩，该学期所学的重要中国文论都要背诵，每堂课检查。环视一圈儿，透过同学们脸上的"变形"看出心里的忐忑不安。我心想："大家都硕士博士了，难道还真在课堂上要求背书？曹老师这是敲山震虎，吓唬吓唬学生吧！我是旁听，不会让我背书吧。"内心窃喜，等着看热闹。

第二次上课，曹老师果真依序把一个个同学叫起来背《文心雕龙》。有的同学背得不流畅，老师点拨提醒几句。背不好的同学可能是太紧张了，导致课堂上站起来背诵时漏词句，顺序颠倒，并不是课余没有下功夫。

第三次上课，我照例坐在左边的最后一排，一般没人会与我同桌，可这天居然有一位硕士师妹问能不能一起坐。我欣然回答："呵呵，坐哪儿不是固定的，随便坐！"这位师妹坐罢，从包中取出写得密密麻麻的宽4厘米、长20厘米的纸条，贴在我前面冒出书桌5厘米高的椅背上，又拿出另一个纸条贴在自己前面冒出桌子的椅背上。她有些不好意思地跟我说："师兄请不要误会，也请不要用另外一种眼光看我。我是怕有些词句想不起来，所以……""理解，理解。"扫视一圈儿，一多半同学效仿，从讲台往下看，看不出什么异样。心想：兄弟姐妹们，太紧张、太夸张了吧！就这小胆儿，毕业答辩咋应付！

讲台上的曹老师依然微笑着逐一点名检查同学们的背诵情况，虽然微笑不语，但老师已经洞察到了堂下的异样，尽在不言中。临时的美女同桌被点名检查，完美地过关了。坏了！城门失火，殃及池鱼啊。讲台上的曹老师看到我了，猛然问一句："海锋，你能背诵吗？"我的头摇得像拨浪鼓，曹老师微笑着打了圆场，我这边也完美地圆过去了。老师的微笑不仅是对同学们的宽容和赞许，更是隐含着无形的鞭笞，比严肃的批评还要严厉多少倍。

---

[*] 车海锋，2015级博士后，1976年生，朝鲜族，辽宁新宾人，延边大学亚非语言文学专业毕业，文学博士，现任玉林师范学院文学与传媒学院中文系主任，教授、硕士研究生导师。从事外国语言文学教学工作，研究方向为中国东北民族神话、民俗和古代文学比较研究。

背诵经典，看似笨拙无效的教学方法，其实是磨练基本功的最有效手段。曹老师是中国大陆第一批博士生导师之一杨明照先生的开门弟子，第一个获得中国文学批评史博士学位。曹老师始终如一坚持的这个独特的"硕博士背诵经典"传统，是承继自杨明照先生的传统教学方法。记得有一次课堂上检查完同学们的背诵情况之后，老师微笑着说："我手里有一本《文心雕龙》，上面是密密麻麻的校注和无数的汗渍，汗渍是读博时背书掉在上面的。"堂下是一片唏嘘和啧啧赞叹声。怪不得，曹老师无论是在课堂，还是平时谈天，还是媒体访谈，国学经典原句会一字不错地说出来。2020年12月15日，曹老师在岳麓书院"第四届全球华人国学大典"会上，回答凤凰网记者问时用《礼记》《文心雕龙》《周易》中的经典原句，巧妙地道出了当下"自强不息""和谐""世界大同"三个关键词，总结出"中华民族为何生生不息？因为我们有国学这个魂"的核心观点。

曹老师不仅很好地继承和发扬了看似拙劣但有效的"硕博士背诵经典"的教学方法，还能很好地创新，创造出一套用发展演变的动态观念看问题的"变异学"理论。"变异"一词，我也是在曹老师的课堂上第一次听到，遂而震惊和狂喜。这是因为，我在撰写博士学位论文的时候发现了某种规律，答辩时也咨询过在场的导师们，导师们给出"演变""演进""演化"等关键词，不尽如人意，毕业后不断思索推敲，也终没有得到满意的答案。就是曹老师的"变异"一词让我找到了神话意象研究的理论突破点，抓到了撰写博士后出站报告的关键线头。可以说，我是曹老师变异学理论最大的受益者之一，如果没有这一理论，那我就不能撰写出站报告且顺利出站。围绕着变异学理论，课堂上曹老师还提到一名博士生"张佩拉"，说她和老师共同撰写了一篇国内比较文学变异学研究史方面的论文。哇，这位张同学好厉害！我迫不及待地在中国知网搜寻，可找不到这位厉害的张同学。再后来一次课堂上，有位博士生也跟我一样对变异学理论感兴趣，问了老师"张佩拉"是谁。老师这才一字一字说出来，原来是庄佩娜博士。哦，原来"庄佩娜"四川话叫"张佩拉"呀。现在，只要跟庄师妹通信，我都会想起曹老师讲变异学理论和"张佩拉"的那堂课，独自乐一会儿。

临近学期末，古代文论背诵检查也差不多了，老师对之前同学们的背诵情况做总结点评，同时从宏观上评析中国古代文论的研究现状和未来走向。在这次课上，我又知道了一个关键词——"失语症"，围绕着曹老师抛出来的"失语症"，堂下的同学们展开热烈的讨论，你一句，他一句，你方唱罢我登场，争辩得面红耳赤，课堂好不热闹。临近下课，曹老师总结说："在求异思维的引导下，我们要破除唯西方是从的话语迷信，改变中国学界'失语症'的现状。当下中国古代文论研究面临的最大困境，就是一直缺乏中国文论自身的一套话语规则和言说方式以及研究模式。中国古代文论要走出这个困境就必须要走中国古代文论的中国化道路！"话音未落，堂下掌声一片！震撼！曹老师的这段总结不仅给堂下的同学们指明了研究的方向，而且给每个同学的肩上压上重重的担子——为中国文化自信而奋斗！

最后一堂课，曹老师特意留出一个课时，语重心长地给同学们描述了当下国内学术研究中的怪现象、坏现象、乱现象，先生用一句地道的四川话——"吃屎的把拉屎的给顶喽"——批评了不务正业、不着调的人把干正事儿、干实事儿的人给耽误了的不良风气和现象，并再三叮嘱同学们不要越过学术研究的底线，更不要触碰学术研究的红线，一定要规规矩矩、勤勤恳恳地刻苦钻研，日积月累，不能走歪门邪道。从那以后，我对学术研究更有了几分敬畏，而且还能说一句地道的四川话了。

在川大求学期间，我没有学会曹先生那极具魅力的"经典微笑"，但学会了对待学生更有效的并不是横眉怒斥，而是不露声色、面带微笑的宽中带勉；我没有学会背诵《文心雕龙》，但知道了厚功底需要慢慢积累，才能在科研之路上厚积薄发的道理；我没有学会很多地道的四川话，但知道了学术研究要一丝不苟，做人要清白达观的道理。"弟子事师，敬同于父，习其道也，学其言语。"

读原典，悟思想，做真学问
——记曹顺庆教授的十三经课程

2009 级硕士　蒋明霞[*]

我的导师曹顺庆教授一直以来都很强调读原典，他认为我们当前的教育制度存在一些问题：既不博古，也不通今；既不通中，也不贯西，因此学生学风空疏，基础不好，创新能力不够。要解决这一问题首先要做的就是读原典，因此他提出"失语症"，要求读十三经，背《文心雕龙》《文赋》等，并自 1995 年起在研究生课程中开设"中华文化元典：十三经导读"课程。在研究生求学阶段，我每年都会去旁听这门课程，在课堂上也会碰到不少二刷、三刷的博士师兄师姐，厚厚的书本给我留下了深刻的记忆。曹老师在课堂上经常告诫我们，做学问要踏踏实实，从沉下心阅读和背诵经典开始，只有打下了坚实的原典学习基础，才能够在此基础上进行学术创新。他读原典、悟思想、做真学问的教学理念也深深地印入每一位研究生的心中，对我们之后的求学、工作产生了深刻的影响。

一、课前诵读，体悟经典美

曹老师对学生要求特别严格，《十三经注疏》是一本很厚的书，一个学期读完实属勉强，因此更多的功夫就要花在课外。曹老师要求同学们一定要在课前对下节

---

[*] 蒋明霞，2009 级硕士，1986 年生于四川乐山，2009 级四川大学对外汉语专业本科，2012 级比较文学与世界文学专业硕士，毕业后留校，在四川大学教务处从事教育教学管理工作，现任教学研究科副科长。

课要讲的内容进行诵读,在熟悉内容的基础上,体悟儒家经典的文字美、音乐美;《十三经注疏》是没有标点符号的,如果课下没有做好准备,断句都会成问题,课上被点名朗读的时候就会手足无措。

二、课上导读,探寻源头

课上的导读一般从背诵重要篇目开始,一到这个时候,我们这些没有做好准备的学生就会不自觉地低下头,心里默念:"看不到我……看不到我……"对于一些晦涩难懂的篇目,曹老师也会降低要求,仅仅要求在课堂上朗读,师兄师姐们一个一个对照没有标点句读的文字朗读,直到完全读对为止,没读对的学生总是面红耳赤地坐下,暗暗下定决心要加强课下功夫,力争下一次有更好的表现。令我们惊讶的是,不管读到哪一段,曹老师都能旁征博引地进行详细讲解,许多无法理解的地方在他的讲解中都能豁然开朗。

三、用心细读,厚实基础

《文心雕龙》作为中国文学理论批评史上第一部有严密体系、"体大而虑周"的文学理论专著,是曹老师要求细读的重要原典之一。我到现在还记得《原道》开篇"文之为德也大矣,与天地并生者。何哉?夫玄黄色杂,方圆体分,日月叠璧,以垂丽天之象;山川焕绮,以铺理地之形:此盖道之文也。仰观吐曜,俯察含章,高卑定位,故两仪既生矣。惟人参之,性灵所钟,是谓三才。为五行之秀,实天地之心,心生而言立,言立而文明,自然之道也"。曹老师对此烂熟于心,张口即来,他带领我们细细品读其中奥义,让我们体会到"文"的真谛。

钱理群在《风雨故人来》中谈读原典时说道:"我这里说的'从头读起',就是从老老实实地、一本一本地读中国的原典开始,要抛开各种各样的分析、讲解,不要让别人的意见塞满你的头脑,而要尽可能地处于真空的状态,像婴儿第一次面对与发现世界一样,直接面对古代原典的白文,自己去感悟其内在的意义与神韵,发现其魅力。"我想,曹老师的"中华文化原典:十三经"课程很好地诠释了这种真空状态的"从头读起",他读原典、悟思想、踏实做学问的教导也会在一代又一代的学生中传承下去。

梦回求学时代，又闻书声琅琅

2010级硕士　卓　薇[*]

时光飞逝，离开学校已经快九年了。在课堂上听曹老师讲十三经，仍然是求学时代最难忘的一段记忆。

那时候每周一晚上，大家抱着厚厚的《十三经注疏》赶往教室。除了曹老师指导的硕士生和博士生，还有不少其他专业乃至其他学院的旁听生，济济一堂。每次课上都会轮流由一位同学先背诵原典名篇，这是一开学就约定好的，容不得半点含糊。每次例行背诵时，有的同学气定神闲，胜券在握；有的同学紧张得满脸通红，忐忑不安。但不论当时是如何自信或窘迫，经过严苛的准备和锻炼，大家对传统文化无论在感性体验还是理性认识上都更深入了。

背诵之后，曹老师会逐字逐句地讲解原典，让我们知其然，更知其所以然。讲解的过程让我们领略了先生学识之渊博，见解之深刻，视角之独到。在原典之上，更发散到对文化的探讨。令我印象深刻的是曾经谈到中医，先生说西医让中医在解剖人体后，把经络在肉体上展示出来，这是典型的用西医思维求证中医问题。再联系到先生谈到的"失语症"，就不难理解先生让我们读原典的良苦用心。

有意思的是，曹老师在让大家背诵十三经的同时，又开设了学习伊格尔顿英文原著教材的课程。因为读原典不仅仅是为了恢复我们的传统话语，也是真正了解其他话语的有效方式，是一种具有普适性的、实事求是的学习和研究方法。我们的问题是既不真正理解传统，在翻译愈加便利的今天，也不真正懂得西方。

读原典的理念，不仅体现在曹老师身体力行的教学中，更渗透在曹老师领导的文新学院的教学中。川大教研室自主编写的古代文学教材、文学理论教材，都以呈现原典名篇以及历代相关注解为特色，并不过多体现编者个人的解读。编者的解读仅仅体现在每一章短短的导引中，形成全教材的"纲"，更多的"肉"则是原典节选。这与国内其他文科教材有非常大的区别，甚至可以说是"独一份"的。这既是一种教学理念，也是一种育人自信。

毕业多年，我虽没有从事学术研究相关工作，但翻看曹老师的论文著述，仍觉"气象万千"，而且非常可贵的是，其内容表达非常清晰明了，深入浅出。即便曹老师的博士学位论文《中西比较诗学》，也绝非象牙塔内才能读懂的"学者之书"。如今虽然离校数年，但曹老师对学术"求是"的态度和方法，给我留下了深刻的印象，也成为一笔精神财富，时思时新。

---

[*] 卓薇，2010级硕士，比较文学与世界文学专业。现就职于超星尔雅集团，任课程经理。

强固根基，不断前行

2011级硕士　邝梦雨[*]

犹记得在第一次怀着憧憬和忐忑的心情给曹师发邮件之后，我收到的第一次回复，记忆犹新——"博学之，审问之，慎思之，明辨之，笃行之"。这一句出自《礼记·中庸》的鼓励，在随后我的成长过程中，甚至于今天，依然是最契合的引导和祝福。

在读研究生之前，我的本科教材大多是文本节选，而对于身边大多学生而言，艰涩的古文仿佛有一种解读甲骨文残片的错觉。那时以为这就是本专业的常态，没想到不过是因为自己未入门而已。

在读研第一天，曹师就发布了算是贯穿研究生三年的主线任务，背十三经（这个任务对同年入门的博士生师兄师姐同样适用）。《十三经注疏》算是我通读的第一本繁体竖排经典，现在想起来这是一件很惭愧的事情。所幸，不是最后一本。本以为习惯了节选的碎片感，沉甸甸的两大本《十三经注疏》是很难的。事实上，果然也是很难的，但不是难以逾越的难。从一开始满眼乱舞的文字，不时的串行，因不明其意去看释义却更加茫然……种种困境的突破口，不过是坚持。大约半个月之后，就习惯了竖版，甚至觉得字里行间的间距变得宽阔了，句读也不再陌生，常常出现的字句，甚至在第一眼就能反应过来，此处应是哪种用法，而看到不熟悉的内容也能更加笃定寻找答案的路径。

对于学生，曹师的态度一向很宽和，对于大家求学多样的方式也是鼓励的。这在十三经的学习中，我有着较深刻的体会。在我入学的这一年，不少可以算是师兄师姐的存在，早已站上讲台，成为老师。有的老师相信"十年磨一剑"，在选定其课程后，会要求以半个月一个周期，大量阅读经典及其衍生，写一篇小论文自抒己见。空疏不学者，敷衍附会者，陈词滥调者，可谓在课堂上当众"社死"。有的老师的课堂方式相对普通，不过是梳理体系，学生研读、展示，最后老师点评。然而其不凡也在于此，或切中肯綮，或旁征博引，风采令人心折，让人向往。而无论其中方式如何，阶段各自所求又如何，背诵十三经的确从被动任务变成了一种自我意愿。

如果具体说到"背诵"这部分，可以算得上充满"趣闻"、贯穿三年的快乐集合。就我所知，同门们背诵十三经时虽然不到"卷"的程度，但也可以说很是用心认真。抱着十三经在荷花池、图书馆、操场、寝室等各处背书的中文学子，算是川

---

[*] 邝梦雨，2011级硕士，1988年生，重庆人。现就职于重庆广播电视集团（总台）。

大一景。然而就算如此，面对曹师抽背，也难免紧张，或者说所有学生都有一种"稳中带皮"的惯性。一次大家课前闲聊，说到背不出应该怎样"作弊"，没想到一上课，曹师笑眯眯地先讲了一段师兄师姐们曾经为了抽背过关"八仙过海"的手段，并告知他们毕业时已把所有方式全部"上交"了。可以说，曹师是一个很愿意给学生学习空间，但同时也很了解我们的人。他理解学生们解压的调侃方式，却也不吝花时间用幽默的方式引导孩子们端正学风。

如果说一开始背诵是任务，后来是习惯，那么回头看时，才明白自己收获了什么。且不说之后在学界继续前行的同门，十三经可谓是根基。对于走向社会的我们，这一段学习的经历同样给予了足够的底气，去见识更广阔的世界。百家争鸣的精彩，给予我们更包容的性格；在经籍中反复求索，给予我们更柔韧的心性；在探讨中推陈出新，给予我们更独立的精神。

泰山遍雨，河润千里
——记原典研读体悟及曹门受教点滴

2020 级硕士　明　钰[*]

一、缘起：《中西比较诗学》的指引

2020 年 9 月刚入学，一个人骑着自行车去探索川大的每个角落，初秋蓝天下静静伫立着鸽灰色的文科楼建筑群，我拍下一张照片，发给朋友，说："仍有种不真实的感觉。"此刻坐在江安图书馆里，抬头看到明远湖波光粼粼，周围同学静默而专注，我在即将投递的论文稿件上写下自己的研究方向，才发现已经获得了自己作为一名"比较诗学"专业研究生的踏实感。

最开始对"诗学"感兴趣，还是五年前在陕西师范大学读本科时候的事情。那年冬天图书馆门口竖起一面读书节的海报，大号宋体的宣传语写的是"文徽徽以溢目，音泠泠而盈耳"，我被这个宣传语吸引住了，经过搜寻发现它出自陆机的《文赋》。怀着极大的好奇心我尝试读完了全篇，在读到"于是沉辞怫悦，若游鱼衔钩，而出重渊之深；浮藻联翩，若翰鸟缨缴，而坠曾云之峻"时不由得感叹，这篇论"文"的"赋"，比许多"文"本身还要美。在美的指引下，我开始去了解并学习更多的中国古代文论文本。

大三的时候，我的课程中加入了"中国哲学史""西方哲学""比较文学概论"

---

[*] 明钰，2020 级硕士，比较文学与世界文学专业，研究方向为比较诗学。2016—2020 年本科就读于陕西师范大学文学院，专业为汉语言文学（基地班）。

这三门课，虽然之前就已经比较系统地学习了中国古代文论和西方文学理论，但真正使我思考起诗学"比较"的可能性，还是要归功于这三门课带来的启发。本来我是一个对先秦两汉文学情有独钟的学生，还热衷于古文字学和中国古代物质文化，并且满心以为自己以后会专研于此，但是在逐渐了解中西哲学和比较文学的过程中，我的整个内心开始向更广大的领域敞开，我意识到我应该从中国文学走向世界文学，从文学走向哲学，去探索广阔的人文世界，去寻找一些根基性的东西。我的兴趣非常广泛，有时候可以说是在广袤的知识草原上漫无目的地狂奔，直到我发现了"比较诗学"这一领域，它无限地接纳了所有我感兴趣的事物，包括而又不限于古今中外的文学、哲学、史学和艺术。

记不清是哪一天，怀着一种懵懂的心情，我在图书馆检索系统里输入了"比较诗学"四个字，第一个映入眼帘的书目，便是曹老师的《中西比较诗学》，我借走那本书，又匆匆赶去教室上课，把书放在桌膛里，上课时却又忍不住打开它来读，"为什么艺术能感人至此呢？正因为艺术在有限、偶然的具体形象里充满了生活本质的无限、必然的内容……"[①] "日神如梦，高踞奥林匹斯山上，俯瞰宇宙人生，将人生当做一个迷茫的梦境；酒神则如醉，沉酣人生，狂歌醉舞，在酩酊大醉中感到生命的欢悦……"[②] 这一读，时间的网就将那时的我悄悄地打捞起来，又缓缓安置在如今川大的图书馆中。

二、探索："文论失语症"的思考

在搜寻相关文献以进一步了解比较诗学的研究对象和研究方法时，我读到了曹老师1996年发表在《文艺争鸣》上的《文论失语症与文化病态》一文："我们根本没有一套自己的文论话语，一套自己特有的表达、沟通、解读的学术规则……当文坛上到处泛滥着现实主义、浪漫主义、表现主义、唯美主义、象征、颓废、感伤等等西方文论话语时，中国现当代文论就已经失落了自我。"[③] 这篇文章给了我极大的触动，因为它不仅道出了当时的我不得不用西方文论来分析文本时那种"别扭"的心理，更指出了我尚未弄清楚的更深邃、更广阔的社会和理论背景。

如今想来，其实在我正式成为老师的学生之前，我就已经从老师的著作和文章中获得了启发。仿佛是一位无言的引路人，正式相遇之前，老师就已经尝试着带我穿过思维的迷雾，看到当今理论话语场的面貌和前景。

以曹老师为代表的一批学者发表的讨论中国文论"失语症"的文章，主要关注西方话语权掌控下中国文论的生存焦虑和"西化"的现实处境，分析中国文论"失语症"的成因、特点，以及重建中国文论话语的方式。"重建中国文论话语"这一

---

① 曹顺庆：《中西比较诗学》，北京出版社1988年版，第40页。
② 曹顺庆：《中西比较诗学》，北京出版社1988年版，第40页。
③ 曹顺庆：《文论失语症与文化病态》，《文艺争鸣》，1996年第2期。

任务被自然而然地放置在"中国古代文论"的肩膀上，但是经过反思，学者们发现中国古代文论实际上在当代的文学研究语境中，亦处于软弱无力的状态。所以"中国古代文论的现代转换"问题，也即如何"古为今用"，就成了文学理论研究者们所关注的重心。

这个问题对于大三的我来说无疑是艰深的，但是我不愿放弃这个让我感兴趣的话题，它吸引着我靠近，指明我的方向。经过沉潜式的思考，我发现，对于文论"失语症"的探讨，不论是"转换"，还是"破除西方中心"，我们的视角和争论场域都仍然限制在国内，我们的历史尺度仍然划归在近现代之中，而未进行一种更为纵深的思考。我们思虑更多的，是如何保留自身的文化传统，以及自己与西方文化之间应该保持怎样的文化距离的问题。有时反而忽略了与我们对话的另一方对我们文化的接受程度，也忽略了在"转换"之外，中国古代文论其实也存在着"推广"和"交流"的困境。当时的我正在参与古文字学的读书会，文字学的知识启发了我：交流的困境归根结底，在于语言。与字母文字有着巨大差异的汉字，内蕴着更为隐奥的民族心理和集体潜意识，反映着中国的"文化模子"。汉字有象形的特征，也有"因义构形"的特征，具有"以形表意""据形会义"的性质，所以反过来也可以"见形知义"，通过汉字的形体可以去进一步理解、探求汉字的本义和引申义。"观澜而索源，反本而弥新"，以文字为突破口，以六书造字理论为体系框架，回归文学和文论所赖以存在的形式基础与内涵源头，重返起点，让文字自动言说其更深层的文化内涵，自动言说构形法之下隐藏的民族心理、历史、文化和哲学美学思想，继而能够帮助异质文化更深入地了解根植在此种文化内涵之上的中国古代文论，助力其进入世界对话场。

沿着这个思路，我写了一篇论文，请当时教授比较文学课程的老师修改后，把它放进川大保研夏令营的个人申请材料里。在填写申请表格时，我在第一志愿导师和第二志愿导师的表格里都郑重地填上老师的名字，然后怀着忐忑的心情写上邮政编码，一封沉甸甸的 EMS 快件就从西安寄往成都。我时常猜想，也许正是这篇文章帮助我来到了川大。但是那时的我其实一直怀有一个疑问：我的学术背景看上去太"古代文学"了，会不会不合适？因为我的另一篇作为申请材料的论文是和《史记》有关的。近几个月的时间，我一直在想，我真的适合学习"比较文学"吗？毕竟，有时比较文学甚至被认为基本上和外国文学划等号。

三、入门：原典阅读的体验与实践

来到川大之后，十三经导读课和每周一次的师门读书会渐渐消除了我的疑问。我很幸运遇到曹老师，因为老师认为，一些比较文学研究之所以流于浅显的比附研究，是因为它们在寻找"共同性"之时，忽略了不同文明之间的文化落差，"只有掌握了传统经典，在面对异质文化的时候才能真正知道什么是'异质性'"，传统经典才是"我们的安身立命之所在"。如果失去了自己的话语，又学不好别人的话语，就极易导致"失语"的发生。因此除了了解和学习其他文明的思想和话语，入学以来我也从未放松对传统经典的学习，同时选修中国古代文学批评专题、先秦两汉文学专题研究等课程，更积极地去夯实自己安身立命的"地基"。

无论是十三经导读课，还是师门读书会，曹老师都强调，做研究一定要从原典出发，《诗经》《礼记》《周易》……我们一字一句地来朗读、解释；《文心雕龙》《文赋》《诗大序》……我们整篇地理解和记诵；英语写就的文学理论，我们也要直接从原文本入手。

而且，由于比较文学专业的特殊性，师兄师姐们在英语之外，会学习二外、三外甚至四外。在上东方文学课时，学梵语的怡凡师姐会和尹锡南老师一起为我们解释词义，学日语的李甡师兄和熙靓师姐会突然说出一些我听不懂的日语词，我心里又惊喜又佩服，回到宿舍后会和舍友炫耀，东方文学的课堂有多么的"国际化"。曹门学生在语言上下功夫，是因为曹老师要求自己的学生在掌握原语言的基础上做相关研究。"欲宣其义，先读其书"，古文原典如此，外文原典亦如此，只有在亲身读通、读懂、读透的基础上，才有资格去谈论文本的意义。因为对西方古典学感兴趣，我以师兄师姐们为榜样，利用空余时间去哲学系旁听希腊语课，就是希望能够像老师要求的那样，用原语言、读原文献。在阅读和尝试理解原文献的同时，我提出了一些问题，进行思考后写出了一篇古典学方面的论文，并在2021年7月中国比较文学年会古典学分论坛上宣读了自己的论文。

原典阅读，其实首先考察的是文献学功底，老师要求我们一定要拿中华书局或上海古籍出版社出版的竖排繁体阮刻影印本去上课，因为十三经是经典，但白话译本的十三经不是原典。原典的"原"首先锻炼的就是这样一种学术能力，即在弄清版本源流的基础上，选择一个原始的、完整的、可信的、精校的，可供阅读研究而不是闲暇消遣的好本子。每次去上课前，我都会将沉甸甸的两大本《十三经注疏》放进自行车筐，在晚风中骑车去文科楼，心中除了有可能会被抽查的忐忑，还有一种说不清、道不明的自豪感，想来是十三经给予我的。

原典阅读其次要求的是句读和背诵的功夫。在十三经原典阅读课上，学生们需要依靠自己的理解来识文断句，这和古人读书时采用的方法是一致的。语流何时止、何时行，要通过语意来决断，对文本的理解不同，会导致断句不同，反之亦然。虽然是硕士生，但是老师并不会因此放松对我们的要求，在考察博士师兄师姐的句读能力时，也会抽查我们硕士生。读《尚书·虞书·尧典》时，老师突然点到我，问"日中，星鸟，以殷中春，其民析，鸟兽字微"的"日中，星鸟"是什么意思，我心里虽然有点慌张，但因为课前做了预习，所以也还算有把握。我答："日中，就是春分之日，鸟，是指'南方朱鸟七宿'，春分之日鸟星现，因此可正仲春节气，其实这句话类似于《诗经》中的'七月流火'，意为通过星象来'敬授民时'。"看到学生真从原典阅读里学到知识，老师高兴极了，每周一次的晚课，我对这次印象最为深刻。而每周末的师门读书会上，我们2020级博士、硕士每次都会一起背诵经典古代文论篇目，一人一段，轮流接龙。之所以一定要背诵原文，是因为老师师承《文心雕龙》研究大家杨明照先生，以杨先生为榜样，老师自己就能够背诵许多中国古代文论经典篇目。因此，他认为必须首先严格要求学生筑牢古文功底、国学地基，以中华优秀文化典籍为学术根脉，再放眼全球寰宇，才能培养博古通今、学贯中西的比较文学顶尖人才。

在阅读原典的过程中，个人经验使我意识到，深入的阅读使我对文本不再只是泛泛而谈、走马观花。经历了自我的领悟、深刻的思考，知识真正成为"我学到的"，而不是"我被给予的"，不被"偏见"和他者的观念先入为主，干扰我本应独立完成的自我思考的过程。

而且，这些中外经典文本也提高了我的写作能力，因为它们基本上代表了中外文化史上最可圈可点的一批作品。我尝试去学习经典的遣词造句、文章风格和篇幅体式，从中汲取的养分是取之不尽、用之不竭的。经典作品是包罗万象的，"积学以储宝，酌理以富才"，大量的、多维度的经典作品逐步在脑海中积累，那么在研究一个问题时，即使站立在原处，也能使四方文史向自己奔来。

四、体悟：老师春风化雨，育人无形的教育方式

不过，过度宽泛的知识面也会带来问题，因为注意力分散，很容易导致什么都知道一点，但什么都不专精的后果。因此老师曾经严肃地对我说，要想做出成绩来，就一定要找一个小的切面，专心沉潜下去、深挖下去，不用担心会将路走窄，完全可以由"精"走向"博"。我将这话记在心里，每当思维过于发散或三分钟热度的时候，就从脑海里翻出来鞭策自己。老师给学生们探索的自由，但是当我们失去方向时，他就会轻轻点拨一下，引导我们回到正轨。

想到2020年刚入学的那一学期，我刚来到陌生的环境，要熟悉学校、饮食、课堂、社交……敏感的心灵小心翼翼，尚未从本科生的状态转变过来，什么都懵懵懂懂，不知犯了多少小错误，但是老师总是那么和蔼可亲、和颜悦色。感激的同时，我也尝试学习老师这种大度的气量，使自己的心灵更大方、更舒展，在书本之外，走向一种生活的成熟。

在我逐渐适应环境、走上正轨的同时，我加入了老师组建的学术团队，开始协助比较文学研究基地的一系列工作。我和师兄师姐一起做海报、写推文，推广"比较文学研究基地"公众号。从2020年11月开始，帅东师兄、红艳师姐、欣蕤师姐和我在伍晓明老师的带领下，筹备并保障每一期"国际比较文学博士生论坛"的正常举办。在一次次讲座中，我逐渐在脑海中勾勒出一个优秀的博士生应该有的样子，激励自己向他们学习。尤其是余梦君博士以"海子史诗写作的民族性与世界性"为题的那一讲，给我留下了非常深刻的印象，本来就是海子诗歌拥趸的我，写了一篇饱含个人感情的讲座稿件，再次重温了已然翻旧的《海子的诗》。国际比较文学博士生论坛使我注意到国内外学术的"新鲜血液"们正在做些什么，老师让我

自己去观察，哪些东西是前沿的、青春的、正在发生的，哪些东西是经典的、永恒的、时间无法磨损的，这对我选择未来的学术方向无疑有重要指导意义。

从个人性格来看，每周一次的师门读书会也帮助我变得更加开朗、更加活泼，从一个独来独往的"社交恐惧症"，逐渐变得洒脱和阳光。读书会后，我、溢雅、曹敏三个硕士生常常和师兄师姐一起吃饭，大家谈论生活中的趣事或学术上的新点子，师兄师姐们都那么幽默。有次在西园二食堂，我胆子大起来，说了一个笑话，把怡凡师姐和李甡师兄逗得开怀大笑。还有一次读书会结束后，翟鹿师姐和我一起去超市买第二天博士答辩要用的东西，我坐在师姐小摩托的后座上抱着师姐，感觉非常温暖，不管是工作、学习，还是生活上，翟鹿师姐都非常照顾我、关心我。和周姝师姐拥抱的感觉也是温暖又可靠，就像抱着我自己的姐姐一样。和周姝师姐一起做博士复试秘书时她常常夸我，说遇到任何情况只要喊一声明钰师妹就解决了，其实我想说，正是有周姝师姐引路、陪伴、认可，所以我才安心放手去做。还有常亮师兄，我们一行8个博硕士生坐在火锅店里，师兄一直为我们解答学习和生活上的各种困惑，他一边说着，火锅店里一边响起"朋友一生一起走，那些日子不再有"的歌声，我深受触动，将那一幕刻印在自己脑海里。记得应该是刚入学的师门见面会上，老师嘱咐我们"你们以后要做学术上的兄弟姐妹"，那时感受不深，如今想来，场景历历在目，令人怀念。所以这也是读书会在原典阅读之外的另一个重要意义：师兄、师姐、师弟、师妹，一点点组成了非血缘的兄弟姐妹。

更多故事想说却说不出来，抒情的话语不想多说却怎么也抵挡不住。总之，来到川大，有曹老师的教导和指引，有同门的陪伴和激励，良师益友，启发我在平凡的生活中发现伟大，从日常的功夫中探索浩瀚的思维宇宙。同时，又引导总是"飘在云端"的我落到地面上，学会什么叫脚踏实地、勤恳认真、严谨务实。短短两年时间，我察觉到自己正在蜕变。相信自己会越变越好，相信这段岁月会在日后带给我更多的启发和感悟。

第三节　治学以严　涵养学风

难忘背诵文化原典

2005 级博士　雷文学[*]

日月如梭，一晃博士毕业已经十四年了，我们的导师曹顺庆先生也即将迎来他的七十大寿。老师教诲的情景历历在目，如在昨日。老师的教诲很多，都在心中留下难忘的印象，要说其中印象最深刻的，莫过于老师的文化原典课。

文化原典课可谓是曹老师的品牌课，有自己独到的授课方法：一是直接读原著，二是要背诵原著。初次接触到这门课，我们是既兴奋又紧张，面对以前从没碰过的大部头的文化原典（像《十三经注疏》上下册，一册就有几斤重），我感到兴奋；但听说要背诵这些文化原典，心里不免发怵，因为毕竟年龄大了，记忆力衰退了许多。但看见班上有比我年龄更大的师兄师姐，也就暗暗鼓励自己要坚持下来。

要说在课堂上当着老师和全班同学的面背诵古代文化原著，还真不是一件容易的事，一篇文章明明背得很熟，可到课堂上一紧张，就卡壳了，记得有一次我被抽中了，因为事前做了比较充分的准备，心里并不是十分紧张，但背着背着还是卡住了，那一刻，全班一片静寂，真是尴尬得要命，好在曹老师很体谅学生，说可以找一个同学代替我背诵，我连忙找了一个年轻的师妹代替我顺利背下来了。

后来我老是琢磨这个问题，怎样才能在课堂上顺利地背下来，我终于悟到：不能满足于会背诵，因为课堂上存在有形无形的紧张，记忆会短路，因而要在"会背诵"的基础上"非常熟练地背诵"，要"出口成诵"，所以要"超背诵"，即是说在会背诵的基础上再进一步背诵几遍。悟到这一点后，在以后的背诵中我采取了这个办法，果然在又一次的课堂背诵中我顺利地背下来了。

诚然，背诵是艰难的，体验这种背诵的甘苦记忆最深刻的要算背诵陆机的《文赋》了。这篇文章，不仅长，而且句子难懂，文章的意思也艰涩，背诵这篇文章，我花了整整两个星期的时间，在那两个星期里，不仅每天抽出专门的时间来背诵，而且还养成习惯，早上起床前和午睡起床前都先在床上背一遍前一天或上午背过的

---

[*] 雷文学，2005 级博士，湖北随州市人，四川大学 2005 级文艺学博士，现为福建师范大学文学院教授、博士生导师，在各类核心刊物上发表论文 60 多篇，出版专著 2 部，诗集 1 部，主持国家社科基金项目、省部级项目多项，2016 年被评为全国教育硕士专业学位优秀教师，2017 年获集英助教奖。

文章，背下了再起床。实践证明，这也是一个背书的好办法。

渐渐地，由开始的"怕"背书，到有点喜欢上背书，一篇一篇颇有难度的古文献在自己的努力下出口成诵，这种成就感在那时是让自己颇为得意的；更重要的是，那些以前都没有听说过的古文献知识经过曹老师的课之后变成了常识，变成了自己的知识储备，在后来的研究和论文写作中信手拈来，这不由自主地增加了自己论文的学术含量。现在回想起来，曾经非常辛苦地背书对于打开自己的学术视野，奠定自己的学术功底都起到了莫大的作用。那时听说前几届有的师兄甚至超越曹老师的要求，还多背诵了一些经典篇目，在钦佩之余，心里也在酝酿着多背诵一些篇目，但由于自己的惰性终没有实行，可确曾心向往之。

可以说，如果时间真的能够倒流，我要是再能读一回博士，我一定会挤出时间多多背诵传统文化经典篇目。这个愿望是不可能实现了。但是，这个在我身上不能实现的愿望，我却让它在我的学生身上实现了。

走上工作岗位后，我开始给研究生开设"古代文论专题"课。我不由自主地想起了曹老师讲解文化原典的方法：讲解原典原文和背诵原典，我想用这个方法给研究生上课。可是，决心易下，真正实行起来难度还真不小：一篇古文献，看起来自己知道它的意思了，甚至会背诵，但到课堂上，用通俗易懂的话把它们讲给学生听就不那么简单了。要想流畅地讲下来，需要课前逐字逐句把意思弄懂、嚼透，不然在课堂上会卡壳。我就遇到过这样的情况，所以要想把课上好，就要倒逼着自己熟透古文献，这样就逼着自己不断地查阅资料，把文献吃透，不留一个死角，这样做，不但教好了学生，同时是在给自己充电，让自己再次熟读古文献，甚至达到烂熟于心的地步。

那么学生的状况怎么样呢？每年在上"古代文论专题"第一节课时，我就会宣布我们这门课要背诵原典，学生们先是一阵吃惊的"啊？"；接着我会拿出事先准备好的扑克牌，告诉学生，我会用翻扑克牌的办法确定背诵的人选，学生们又是一片笑声（记得曹老师当年是采用翻书的办法定人选）。翻牌定人的具体办法是，把全班分为若干组，每组10人，我的扑克牌也分为两份，我翻第一份时，确定由哪一组同学背诵；翻第二份牌时，确定由该组的第几位同学背诵。这样很公平，你可能一个学期被选中几次，也有可能一次也选不上。选中的同学各背诵一段。同学们又是一阵笑声。

确定下来后，我让同学们买了原典，同学们听说讲文化原典，积极性都很高，听讲认真，认真做笔记。这样的课堂，虽然不如其他课堂热烈，但安静，只有我的讲课声，同学们在一片静谧的氛围中吸收古典文化的营养。到下一次课背诵时，我发现，同学们几乎都能流畅地背下来，很少有卡壳的情况，这一点超过了我的预期，甚至比我们当年读博士时背得还要好。我想，这可能与他们年轻、记忆力好有关，也与他们认真学习有关。在我的要求下，背诵文化原典成为一种习惯，有时在路边的林荫下，遇到正在背书的同学，师生不免相视会心一笑。后来，有同学告诉我，说同学们都认为"古代文论专题"课实在，看来，学生们认可了我的这种讲课方法。

时间过得真快，转眼之间已有十余届同学从我的"古代文论专题"课上毕业了。这门课是大班，每届都有一百多人，这就意味着有一千多人从这个班毕业，有一千多人背诵过文化原典。我不知道这种背诵对他们的影响如何，也许有的人由于职业的原因，早已忘记了当年的背诵，但总会有同学或多或少地记住一些当年背诵的内容，并在他们各自的职业生涯中亲近原典，如果是这样，我的这门课目的也就达到了。而我当年上曹老师的文化原典课的目的也已经达到了：我们都在完成一种文化传承的接力。

博士研究生学习经历

2007 级博士　崔海妍[*]

读博的三年生活是我一生难忘的经历，也是最充实的三年。难忘曹老师的谆谆教导，难忘同学们的友爱互助。离开川大已经十二载，常常想念川大的图书馆、宿舍楼，想念川大的林荫小道。我曾在那里查阅资料，撰写论文，与师兄、师姐畅谈人生理想与学术。

读硕士研究生时，我想报考比较文学方向的博士，在网上查找相关信息后，发现曹顺庆老师是比较文学方面的著名学者，所以萌生了报考曹老师博士的念头。当时，有同学劝我放弃这一想法，说曹老师名气很大，报考曹老师博士研究生的人肯定非常多，考取的几率很小。这种劝说没有打消我的念头，因为我只想着能够跟随比较文学领域的专家在学术领域开垦，没有顾及其他。多亏青春时期的无畏与懵懂，使我大着胆子报考了曹老师的博士研究生，至今想来无比庆幸。我用一个月的时间看了一遍需要备考的教材，然后凭着本科扎实的基础通过了笔试。我一直没有拜见过曹老师，想着面试时可以一睹曹老师风采，但面试时曹老师出差，所以拿到录取通知书时尚未见过曹老师。

2007年9月到川大报道，从此开启了我读博的三年生活。曹老师的教导至今仍清晰地回响在我的耳边，使我受益终生。首先，曹老师告诫我们要关注时代的发展，走在学术道路的前沿，思考学术领域亟待解决的难题。学术研究不能脱离现实，不能闭门造车，必须与社会接轨，关心国家大事，关注国际学术领域的最新研究，走在学术道路的前沿，为祖国学术的发展贡献自己的力量。

---

[*] 崔海妍，2007级博士，比较文学与世界文学专业。现执教于商丘师范学院，主要研究方向为比较文学、英国文学。

在博士一年级，曹老师为我们上了三门课：十三经、中国古代文论和西方文论。上课的时候，曹老师要求我们阅读、背诵十三经、《文心雕龙》，因为这些典籍是文学理论研究的基础。不熟悉中国古代典籍，何以谈中国古代文论、文化。正是曹老师的督促，使我们为以后的研究打下了坚实的基础，撰写论文时具有严谨性，论证有凭有据。背诵虽然对于记忆力差的学生来说是苦差事，但是我们的课堂苦中有乐，曹老师在课堂上会想出各种招数来活跃课堂气氛，比如翻书页，翻到第几页，就从前往后数几，点到的同学背诵。每次翻书页时，我们都怀着紧张的心情。曹老师的教导使我们认识到学术研究必须首先从阅读原文典籍开始，只有阅读了原文，才能领会古人真正的意思，才能在此基础上做出正确的阐释，才能有所创新。

除了背诵中国古代典籍，曹老师还让我们阅读英文版的西方文学理论著作。我的英文不是太好，所以在阅读过程中遇到了许多生词，只能搬来字典逐个查找，在书上标注读音、释义。有些同学是英文专业出身，课堂上听他们的朗读是一种享受，我对他们标准的发音非常羡慕。曹老师在我们阅读西方文论著作时常常会在重点的地方提出问题，引导我们思考。

在读博之前，我曾经听到一些学者对比较文学研究的批评，他们认为做比较文学研究缺乏扎实的研究基础，名为比较，实则为投机取巧。但经过三年的读博学习经历和曹老师的教诲，我认识到走在比较文学研究道路上的不易和比较文学研究的严谨。博士毕业已有十二年，一直碌碌无为，愧对老师的教诲。

曹老师对我们的教导不仅是学术方面的，还有为人处世、职业操守。公园里、送曹老师回家的路上留下了我们的欢声笑语，曹老师通过他的言传身教为我们青年学子树立了教师的榜样。毕业后我们纷纷走上教师的岗位，恪尽职守。

启悟耳目，保育性情
——曹门读书忆旧

2007 级博士　孔许友[*]

进入曹门至今，十五载过去了，回首当年负笈川大的岁月，沉思良久，最大的体会恐怕还是曹师引领我养成阅读古典传统的端正态度以及在此基础上保持开放活跃的思想视野。尚未考入川大时，我就听闻曹教授与众不同，作为比较文学界的大牛却特别注重中国传统文化原典的教学。这当然不是说别的教授都不重视中国文化原典，而是说像曹师这样几十年如一日坚持在课堂上实践中国原典导读教学的大教

---

[*] 孔许友，2007 级博士，1979 年生，福建莆田人，2010 年毕业于四川大学文学与新闻学院，文艺学博士，2012—2014 年在北京语言大学人文学院做博士后，现供职于四川省社会科学院文学与艺术研究所，副研究员。

授如今已不多见。而且，文新学院博士生招生考试有一特色，即中国语言文学的所有二级学科专业考生都要考一门"中国文化原典"，这在全国也是十分罕见的。很显然，这一举措能够实施并形成传统，曹师起到了关键作用。当时也曾听闻一些非古字头专业的考生对此种考法多有贰言，抱怨此科目与他们的本专业无甚关联。如今想来，曹师之意恰在于冲破现代以来人文学科过度分割的樊篱，以传统经典文献为基石，返本开新，融会贯通，其中蕴含着曹师推动当代中国学术文化"大河改道"的壮志宏心。

曹师开设"中国文化原典"研究生课程，硕士、博士、博士后一起上，还有不少其他老师带的研究生来旁听，常常是济济一堂。曹师选用的教材是中华书局影印的《十三经注疏》阮元校刻本，不仅没有译注，而且没有标点。说老实话，以我当年的学力是不大能读懂的，每次抱着沉甸甸的书去上课，心里直发虚。当时并不能完全理解曹师的良苦用心，只是单纯地以为曹师推荐这个版本只是因为它的价格相对便宜，"性价比"高一些。很久以后，我才意识到，曹师选这个版本是为了让我们感受原汁原味的文化原典，开设这门课也不是真的要求我们在短时间内把它读完，而是意在给我们传授阅读古传经典的基本门径。尼采在《朝霞》序言中讲如何研习古典语文学时曾有一段关于"慢读"的名言："走到一边，闲下来，静下来和慢下来……如果不能缓慢地取得什么东西，它就不能取得任何东西。……在一个'工作'的时代，在一个匆忙、琐碎和让人喘不过气来的时代，在一个想要一下子'干掉一件事情'、干掉每一本新的和旧的著作的时代，这样一种艺术对我们来说不啻沙漠中的清泉，甘美异常。——这种艺术并不在任何事情上立竿见影，但它教我们以好的阅读，即，缓慢地、深入地、有保留和小心地，带着敞开大门的隐秘思想，以灵敏的手指和眼睛，阅读。"读到尼采这段话时，我突然明白了曹师的真正用心之处是希望用我们用一生的时间耐心地去品读古传经典，去领会传统文化的精华，明白曹师教导的是学术人生的品质，而非一时的功利之术。经典常读，自能终身受用不尽，正所谓"经典者，身之文也，皆以陶铸神情，启悟耳目，未有不由学而能成其器，不由习而能利其业"。后来有一次，我和一个朋友聊到《十三经注疏》，朋友说像《十三经注疏》那样的书是写论文时用来查阅出处的工具书，我说不，它是用来慢慢读的。

曹师的原典课还有一大特色是要求背诵《文心雕龙》《文赋》《诗品序》等古代文论经典，其中《文心雕龙》要背诵不少于十篇。曹师绝不是空泛地说说而已，而是真要在课上抽查的。当然，背不出来的不需要等曹师批评，自己脸上就已挂不住。这可愁坏了一些年纪较长的同门师兄，但他们也只能硬着头皮背，没有谁胆敢向曹师请求特批免于这一苦事。我那会还比较年轻，尚能应付，却也颇费了一番功夫。可惜我资器狭小、悟性太低，当时仅知道将其当作完成课程的一项任务而已，未能理解曹师把背诵经典视为"读经的一种延伸"，以使学生"久之自然悟入"的深意。

上曹师原典课那段时间，虽然紧张，但也有一些趣事，至今记忆犹新。有一回曹师带读《周礼·曲礼上》，读到"父母存，不许友以死，不有私财"时，他打趣说，原来孔许友你的名字是从这里来的呀，引得在座同学全体大笑。印象最深刻的还是"5·12"大地震那天中午，我在北八六楼宿舍的床上，正眯着眼睛、口中振振有词地背着《文心雕龙》，突然屋内响声大作，床板突突直跳。我纳闷地说了句"哪里的挖掘机这么大动静"，直到听室友刘智大叫一声："是地震，快跑！"才反应过来，慌忙鼠窜下楼。下楼之后第一时间想到的就是给曹师发短信，那天曹师不在四川，马上回复让我们务必注意安全。后来曹师说，他最早得知地震的消息，就是我那一条短信。

曹师特别注重古学根基，但从不有所拘泥，总是引导我们不断开拓眼界，关注前沿，面向世界，于大关节处发现问题，勇于创新。曹师自己就是最好的表率，他师从龙学大师杨明照先生，古学功底深厚，却着意在比较诗学领域开创出一片新天地，而后又提出"失语症"问题和中国文论话语传承理论，变异学和比较文学中国学派思想，等等，可谓振聋发聩，常领学界风气之先。曹门硕博学位论文选题之新锐，所涉主题范围之广泛，就是曹师学术视野开阔、目光如炬的最佳证明。

令我感佩无比的还有曹师以无私之心提携弟子，这一点常使其他师门的同学羡慕不已。就拿我自己来说，我的毕业论文多年没有机会出版，我也从未向曹师提及，曹师却不嫌鄙陋，将我的论文列入他主持的丛书出版计划，免去了全部出版费用。

比很多同门幸运的是，毕业之后，我留在成都工作，每年师门聚会，我都有机会与曹师欢聚，当面聆听曹师亲切的教诲，如沐春风。愿曹师身体康健，永葆学术风华！

言传身教：学术训练二三事

2009级博士 王一平[*]

2009年，我开始作为博士研究生跟随曹顺庆教授学习。在这一过程中，我接受了诸多学术训练，受到了深刻的启发，并完成了博士学业；同时，我也从中获得了教学经验，形成了未来自身开展教学活动的基础。

记得在开学之初的一次课程介绍中，曹老师特别强调在进行学术研究时，应对

---

[*] 王一平，2009级博士。四川大学文学与新闻学院教授、博导。主要研究方向为当代英美文学、比较文学等。在《外国文学评论》、*English Studies* 等国内外重要学术刊物上发表多篇论文，主持国家社科基金、霍英东青年教师基金等多项课题，入选四川省学术和技术带头人后备人选、四川省"万人计划"社科菁英。

前沿问题有所追踪和把握。这一提示对于如我这样初窥堂奥的研究者有着振聋发聩的作用。在此之前，由于我对"何谓学术""如何研究"等问题尚无深入的体悟，且个性较为闲散，因此研究路径的展开主要依赖于兴趣。这虽然不乏好处，但在真正进行钻研、希望"提出问题"时，却往往由于对各现象的产生缺乏足够的理解，而对真问题、新问题等无从把握。显然，理解和关注前沿并不仅仅是完成简单的文献梳理和综述，而是需要锻炼从学术史的发展本身来观察思想演进的能力。而老师对"前沿"的说明，也让我明白了所谓"热点"和"前沿"的区别——"热点"虽然代表着当下备受瞩目的问题和现象，但未必是真正的问题意义上的"前沿"，也未必一定代表时代所真正需要解决的问题。

正是如此，我学习到了对学术界本身的关注点加以反思。从某种意义上来说，对"前沿"问题的思考与所谓的"一切历史都是当代史"的视角相应。而在此后的教学中，我也尽力提示学生，包括我所指导的本科毕业生、硕士生、博士生等，首先要认真对待文献梳理，同时，绝不能仅将其视为一种形式化的、空洞的"论文程式"，而要深刻地理解文献背后的意味与潮流。

除了对前沿与问题的强调，曹老师一向十分注重治学的严谨性，这集中体现在了他在课堂教学中对于学习原典、查证一手资料的重视上。由于的我的博士学位论文选题主要关注的是西方文学中的恶托邦作品，因此在就读期间，我以公派联合培养博士生的身份到英国高校进行学习。此时我突然进入到一个全新的、非母语的生活与学术环境中，面对扑面而来的大量新信息，想要坚持对原材料的梳理和阅读并非易事，但我很快意识到了其必要性和重要性。比如，在当代的乌托邦研究论著中，Frank E. Manuel 和 Fritzie P. Manuel 的《西方世界的乌托邦思想》（*Utopian Thought in the Western World*）颇具分量。我在国内时曾看到过一些关于该书的评介，称其为"曼纽尔兄弟"的巨著。该书对我所作的恶托邦研究具有一定的参考性，但似乎并非不可或缺——由于其是一部十分厚重的著作，对于尚无科研经费的留学生而言可算价格不菲。但是，想到老师对论文所用参考文献提出的严格要求，我还是购入了该书。而正是通过亲自阅读，我才了解到两位曼纽尔并非兄弟，而是夫妻关系。由此，我得以在论文的简要引述中避免了一个十分显著的错误。

在此之后，我更加深刻地认识到，有效的学术训练不仅包括看得见、摸得着的知识性内容，也充分体现在对"规范性"和规范性所代表的严谨求实的态度的注重上。一旦缺乏这种严谨的态度，就极有可能犯下种种基本错误而不自知。而这也成为我在此后指导学生时同样不断强调的基本理念。

2014年，我完成了在博士后流动站的工作，回到四川大学任教，正式开始了教学生涯。随后，我加入到比较文学、外国文学课程的教学团队中。在老师的启发提示下，我在讲授比较文学课程时，将一些新信息、新方法融入到课堂教学中。比如在讲授"渊源学"时，我就将近期中国科幻研究界对一些现代科幻小说来源的最新考证和发现，以及由此产生的对旧结论的推翻等，加入到了讲授中。由此，学生不仅掌握了相关的知识，意识到考证所能发挥的巨大作用，还对学术研究产生兴趣。此外，在老师的鼓励下，我也自主开设了一些新课程，如本科生课程"西方科幻文学赏析"、研究生课程"类型文学概论"等，同样在课程中引入了较多新内容，实践了一些新的教学方法，并在与学生的交流中不断改进和完善课程的设计。

在回到川大工作后，我近距离地观察到了身兼多职的曹老师极为繁忙的日程安排，但老师依然非常重视日常教学工作和对学生的培养、训练。这种培养不仅意在培育一批掌握一般知识的研究者，更在于训练学生们以对待学术的敬畏之心，不断完善自身知识体系、掌握学术动态、深入观察社会时事、反思学术研究本身等。而在曹老师的言传身教中，我感受到了在严谨治学态度之上形成的勇于创新、敢于提出独特观点的治学风格，也希望自己能对此有所学习和吸收，并努力将之传承给后学。

博士求学之路

2013级博士 杜 萍[*]

A scholar's life is just like a journey, the one that entails sufferings, challenges, surprises, and rewards. The journey is impossible and incomplete if without the guides, companions, hospitalities and love which I am abundantly blessed with. All my thanks－giving words here are just a meager tribute, and I never find I am so speechless.

此刻的我提起笔来，心情久久无法平静，脑海便浮现上面这一小段文字。是的，在这四年的博士旅途中，我遇到过困难，遭受过挫折，承受过压力，也曾痛不欲生，但更多的是感受到爱与帮助。我要感谢我的恩师曹顺庆先生。是恩师把那个刚刚"大病一场"惶惶不可终日的我带进了比较文学的殿堂，让我找到了人生的方向，生活从此变得充实，我感受到了我前半生从未有过的踏实。恩师的循循教导历历在目，课堂上的我们总是先拿出英文课本跟恩师学习弗洛伊德、萨特、伊格尔顿或黑格尔，之后又快速切换为《论语》《尚书》《易经》或《文心雕龙》，游弋在两种语言和两种异质文学与文化的世界里。在一次次学术研究课上，我们如蹒跚学步的孩童一样，渐渐学会了怎样撰写学术文章，直到现在我还清晰记得，第一次文章发表时心中难以抑制的喜悦与鼓舞。在恩师耐心的教导与鼓励以及慷慨给予的机会下，我成长起来了。可以说，没有恩师的教诲与指导，不可能有今天的我。还有那

---

[*] 杜萍，2013级博士，现任广东财经大学外国语学院副院长。美国佩斯大学和澳大利亚西澳大学访问学者。学术专长：比较文学、译介学、翻译学。

美丽动人的师母，每次见到我，总是嘘寒问暖，无微不至地关怀我这个独在异乡的学生。

四年的博士求学之路为我的人生之路平添了许多色彩。还记得在十三经课堂上，我们听到晓清用西北普通话朗读十三经时的忍俊不禁；在《文心雕龙》的课堂上，背诵课文时小美琳总是被老师点"赞"；在西方文论课上，唐震以德语口音、成蕾以法语口音流利地朗读着英文；当然更忘不了美国同学 Aaron 跟我们学习四川方言"瓜娃子"的情形，还有学霸佩娜、莉莉、金正、大师兄、丹青、秦岭……老师的循循教导和同学的友情是我人生旅途中最珍贵的财富。千言万语只能说——有你们真好。

我们从何处来？我们是谁？我们向何处去？

2016级博士　李嘉璐[*]

> 一万步卷帙浩瀚的世界，最初，都由良师开卷。

《我们从何处来？我们是谁？我们向何处去？》是高更的作品，三段式构图从右向左，以平涂的方式勾勒出对生命的思考。几年之后，毛姆以高更为原型，写了《月亮与六便士》一书。他本可以庸碌平常地度过这一生，但在遍地都是六便士的大街上，他抬头看见了月亮，这个月亮抓住了他。在曹门读书仿佛就是沉浸在月光之下，不仅仅是学术的引领，还有传承的师门精神，这抹月光让我们每位学生守住学业的清朗，让我们成为自己守望人生的理想。哪怕已毕业，这股力量仍能让我在琐碎生活中抵御坠落，让我知道我从何处来，将往何处去。

初入曹门颇有一些误打误撞。2011年本科保研，正值艺术学刚上升为学科门类，曹老师高瞻远瞩在文学与新闻学院申请艺术学理论学科点，并创立文学与艺术研究中心，招收第一批艺术学的硕士生与博士生。我幸运地作为艺术生，进入了文新学院，加入曹门大家庭。而"再入"曹门就显得不那么幸运，研究生毕业后工作屡屡不顺，家乡遥远，不免苦闷低落，曹老师听闻后鼓励我读博，为我开启新的人生之门。如果说读研是一次机遇，那读博则是曹老师在我陷入困境时，给我得以改变人生的选择。从那天开始，我才开始觉得"被抓住的我"需要自我生长出一种专业的、得以安身立命的力量。

"背功"是曹门的"独门绝技"，背诵《文心雕龙》可谓是曹门兄弟姐妹们的集体记忆。曹老师常说，现代大学生缺乏对原典的足够敬畏和文本细读，而对原典的忽略就会导致很多学术研究都是二手学问，甚至是伪创新。而熟悉原典最直接的办

---

[*] 李嘉璐，2016级博士，四川大学艺术学院讲师，研究方向为比较艺术学、中国美术史。

法就是背诵，说是背诵《文心雕龙》，实际还包含了《毛诗序》《文赋》等经典论述。仍旧清晰地记得在初春的晚上，宿舍寒冷潮湿，怀揣暖水袋，手捧热水杯，背诵《文赋》，背一遍忘一遍，沮丧之时往往下楼买杯高热量奶茶，于是在那个春天我胖出了读书时代的最高纪录，那些古文不仅在记忆里留下痕迹，在身体的脂肪下也渐渐堆积，同时，这样的教学方法也被我深深记下。几年之后，当我站上讲台，第一节就仿照曹老师要求同学们背诵古文，课堂熙攘，犹记一位女生背诵流畅，自信大方。又几年之后，通过朋友圈得知她也走上学术道路，也是一个春日，她朋友圈写道，"灼灼状桃花之鲜，依依尽杨柳之貌"（刘勰《文心雕龙·物色》），我想总有些共同诗心被传递，总有一个个种子被唤醒。

学术除了积累，还需要批评辩证，论文开题、答辩也是一大难关。曹老师往往在大家准备论文之初就提出，我们的论文要做"国内第一篇"，学位论文是之后研究的重要积累，要严肃对待。故而，曹门的开题比研究生院要求的要更早，自研一、博一就开始。记得研一时候开题，见到一位师姐开到泪眼婆娑，心想我应该不会如此吧。时光如梭，待博一开题，是我生日后第一天，距开心吹蜡烛不到十小时，我就因开题不通过伤心得泪涕俱下。几个月之后拿着新题目再次开题，曹老师问是否还觉得委屈，我回答绝对不会。因为我在再次进行文献综述的时候，发现之前文献体量不足以支撑论文，且我自身水平有限，第一次的选题是根本不可能完成的一份学业论文。在之后的论文写作中，我经常感叹，曹老师当时的及时叫停，是胸中自有丘壑，对问题有全局的把握，更是出自对每位学生的了解。开题是学位论文的第一步，要走实走正，长期学术研究更是如此，时间往复，更加明白"入门须正"的含义，也感叹"因材施教"四个字看似简单，但曹门壮大，曹老师能关注每位同学学业情况，鼓励同学们自我探索，又能在关键节点，将思路引入正途，是无比用心的，而我身为曹门一员，更是无比珍惜。

曹老师在比较文学领域声名斐然，在大文科领域也有独到见解。如前文所谈，曹老师在文新学院申请艺术理论学科点，并构建了比较艺术学、艺术生产与文化产业、艺术人类学、音乐文化学、影视艺术学等多方向的专业布局。《文艺研究》上先后刊登曹老师《失语症：从文学到艺术》《艺术史与现代性知识话语——20世纪以来英语世界的中国艺术通史研究》《本体与镜像——20世纪英语世界的中国艺术史研究》等论文，不仅以比较文学的方式将文学与艺术相比较，更将"比较"思路带入艺术学领域，为"比较艺术学"提供理论体系。2020年11月中国艺术学理论学会比较艺术学专业委员会首届年会，曹老师作为嘉宾致辞，提出"比较"是各学科回应时代的方法，中国艺术学理论学会会长彭吉象更是援引曹老师比较文学方法来搭建比较艺术学研究体系。会间休息，与师兄师姐交流，无不敬佩曹老师的大胸怀，"比较"归根到底是对异质性的尊重，曹老师不仅学术上深耕比较研究，在学风、为人上更是坚持"和而不同"，"美人之美，美美与共"，知行合一实为大师之风。

2012到2022，进入曹门整整十年，何其幸运，恩师指引师门兄妹相扶，人生海海，每每恍然，总能望见月光依旧。十年青春正是如此勾勒，纵向坐标是追随恩师教导，工作、研究、教学，横向坐标是因缘际会师兄成为爱人，同门成为挚友。心中有爱，前方有光，知来时路，向未来闯。

别样教材，育人初心

2021级博士　刘诗诗[*]

曹师顺庆先生从教四十年，不但学术研究硕果累累，人才培养桃李芬芳，而且在教材建设上也成就卓著。曹老师编著的第一部国家教委"九五"教材规划——《东方文论选》（四川人民出版社，1996年版）荣获国家级教学成果（教材）二等奖，他先后提纲编写了《中西比较诗学》（北京出版社，1988年版；中国人民大学出版社，2010年版；莫斯科出版社俄语版，2017年版）、教育部面向21世纪课程教材《世界文学发展比较史》（北京师范大学出版社，2001年版）、普通高等教育"十一五"国家级规划教材《比较文学教程》（高等教育出版社，2006年版）、四川大学全校学生必修课教材《中华文化》（复旦大学出版社，2006年版）、"马克思主义理论研究和建设工程重点教材"《比较文学概论》（高等教育出版社，2015年版）、《比较文学变异学》（商务印书馆，2021年版）等15部重要教材，还担任了17部"教育部教学改革重点项目"系列教材（重庆大学出版社）、7部"中国语言文学专业原典阅读系列教材"（北京师范大学出版社）总主编，除了《东方文论选》获国家级教学成果（教材）二等奖（2001）外，他主编的《中西比较诗学史》获四川省第十四次社科成果奖一等奖（2010）、《比较文学学科史》获四川省第十五次社科成果一等奖（2012）及教育部第六届高等学校科学研究优秀成果奖（人文社科）二等奖（2013）、《中外文论史》获四川省第十六次社科成果一等奖（2014）及教育部第七届高等学校科学研究优秀成果（人文社科）二等奖（2015），所担任总主编的"中国语言文学专业原典阅读系列教材"被多所高校选用推广。曹老师担任第一首席专家，主持的中宣部、教育部"马克思主义理论研究和建设工程重点教材"《比较文学概论》自出版以来累计印刷15次，累计印刷并销售约12万册，被全国258所高校采纳。

曹老师从教以来，践行立德树人，成效突出。获评"国家级教学名师"（2008），主讲课程"中外语言文学与文化专题研究（中华文化——十三经）"获教育部课程思政示范项目（2021）、"比较文学"获国家级精品资源共享课程（2018），

---

[*] 刘诗诗，2021级博士，比较文学与世界文学专业，方向为比较诗学。

主持项目"比较文学学科建设与双语人才培养"获国家级教学成果奖二等奖（2005）、"比较文学教学团队建设与创新人才培养"获国家级教学成果奖二等奖（2009）、"原典阅读与'中华文化'素质课课程改革研究"获省级教学成果奖一等奖（2010），参与的"打造跨校跨地区通识教育联盟，构筑优质教育资源共享体系"项目获国家级教学成果二等奖（2018）。这些成果不仅见证了曹老师几十年的初心与坚守，更展现了其教学理念上的远见卓识。以教材建设为基点改革人才培养、以原典课堂为平台传承人才培养、以科教相长为视野创新人才培养，是曹老师始终探索的教学之道。

一、夯基储学，经典育才——原典阅读系列教材

针对中国人文学科教学过程中过于强调理论知识的框架建设，忽视对中外文化经典作品的研读鉴赏而导致的学科建构空疏问题，曹老师制定了以阅读中外原典为重中之重的教学方案，在他主持的"教育部教学改革重点项目——文化原典导读与本科人才培养"的教改实践和研究基础上，立足"原典阅读"和夯实基础，组织了一批学科带头人、教学名师、著名学者、学术骨干，为培养高素质的中文学科人才群策群力，编写了"高等院校汉语言文学专业系列教材"和"中国语言文学专业原典阅读系列教材"。这两套新型教材特色鲜明，立意高远，以秉承百年名校传统为要，承续严谨学风，培养新一代基础扎实、融汇中西的创新型人才。两套教材共24部，分别由北京师范大学出版社（7部）和重庆大学出版社（17部）出版，目前全国多所高校本科教育都在使用推广。在此基础上曹老师设计了多层次、多范围的原典型教材，如针对四川大学文、理、工、医各学科本科生编写的文化素质必修课程教材《中华文化》，针对硕博研究生编著的《中华文化原典读本》，该读本摘录十三经及历代著名典籍篇章，以此延展的"十三经元典阅读"课程获批教育部课程思政示范项目，在高等院校课程思政建设中形成示范引领效应，其中"溯源经典，文明互鉴"的案例课、微课和说课视频，上线"新华思政"教学服务平台，在全国范围内有效推广了十三经课程思政的经验和做法，为当今理解中华优秀传统文化思想，树立文化自信、推进文明互鉴起到了重要的价值引领作用。

"中国语言文学专业原典阅读系列教材"是基于当下学风空疏，难以培养学术大师的思考，对教材编写实践实施的一项创新性举措。这一系列教材旨在将阅读经典转化为教学内容，以经典、原典为根基，春风化雨，引导学生积极主动阅读经典原文，以期实现中外文化典籍导向式、沉浸式、问题式阅读与一流人才培养模式的双结合，也由此探索了以原典细读展开文明之根溯源的有效路径。

二、科教相长，话语创新——比较文学系列教材

在筑牢中外典籍知识的基础上，长期以来，曹老师秉承"中西融通、科教相长，注重话语理论建设，引领学术前沿、加强文明互鉴与交流合作，理论与实践兼

顾"的创新理念，对比较文学专业教材、课程建设及实践深入研究，积极探索总结教材建设特点和规律，结合国际国内形势的变化，推陈出新，力求出版顺应时代需求的"新"教材，如《比较文学论》（四川教育出版社，2002 年版；台湾扬智文化事业公司，2003 年版）、研究生系列教材《比较文学学》（四川大学出版社，2005 年版）、国家级精品教材《比较文学教程》（高等教育出版社，2006 年版）、《比较文学概论》（中国人民大学出版社，2011 年版）、"马工程"教材《比较文学概论》（高等教育出版社，2015 年版）等，此系列专业教材融"新理论、新材料、新观点"于一体，贯穿本硕博的培养，试图改变现代教学体系中过分注重理论框架建构的现状，破除目前相关课程教学材料落后陈旧的局面，为促进当代教学改革、教材建设做出重要贡献，并在海内外产生了重要影响。

如"马工程"教材《比较文学概论》将学科理论创新有效转化为教学内容，该教材设专章介绍了曹老师近年来在国际上提出的具有重大影响力的比较文学学科新理论"比较文学变异学"（The Variation Theory of Comparative Literature），由此实现了学科理论前沿与教材建设的结合，从而赋予教材以创新性、国际性、开放性、启发性的视野。使用该教材的师生普遍反映，该教材体系明晰、重点突出、繁简适宜、文字准确、拓展资源丰富，易于教师讲授和学生学习，能够在有限的课时内帮助学生打下扎实的专业基础，提升学生的综合能力，并激发了学生在该领域进一步探索的兴趣。

三、垦疆拓土，会通中外——世界文论系列教材

"入门须正，立志须高""基础扎实，做真学问，做大学问"……曹老师不仅以此激励学生，更是以其一生求学、治学、教学实践着这一科教理念，以科研促进教材建设。其博士学位论文《中西比较诗学》为我国第一部中西比较诗学专著，开辟了中西比较诗学的一个新阶段，著名学者杨周翰先生将此书推荐为北京大学研究生教材，也正是受季羡林等诸位先生论文评语的启发，曹老师进一步从世界文论的角度探索比较诗学创新路径，如《中西比较诗学》、《东方文论选》、《世界文学发展比较史》、《中西比较诗学史》（巴蜀书社，2008 年版）、《比较文学学科史》（巴蜀书社，2010 年版）、《中外文论史》（四卷本，巴蜀书社，2012 年）、英文专著 *The Variation of Comparative literature*（德国 Springer 出版社，2013 年版）等。著述规模如此宏大的世界文论虽然使曹老师"吃尽了苦头"，但本本著作都是开山之作，学术价值斐然，并以此研究为基础建设了一系列教材。

以《东方文论选》为例，20 世纪 80 年代末，曹老师有感于国内东方文论资料的严重匮乏，立志编出一本全面而又翔实的《东方文论选》。1991 年春，他初生牛犊不怕虎，拿着拟好的编写大纲远赴北京，拜访了著名的东方文学专家季羡林先生。季羡林先生非常支持，并欣然同意担任本教材的名誉主编，向其推荐了著名梵语文学家金克木先生。金先生不但答应参加编写，还推荐了中国社科院黄宝生研究

员、伊宏研究员参加印度文论与阿拉伯文论的编写工作。季羡林先生亲自约请了北大波斯文学专家负责波斯文论的编译。之后，曹老师又约请了韩国高丽大学许世旭教授和正在日本做客座教授的王晓平教授以及湖南师大蔡镇楚教授、北京第二外国语学院马瑞瑜教授等人负责朝鲜文论、日本文论和阿拉伯文论的编选。这部70万字的《东方文论选》，绝大部分材料是第一次译成中文，被学界认为是第一部较全面地反映东方各国文论概况的文论选，被列入国家教委"九五"教材规划高等学校文科教材序列，2001年获评国家级教学成果（教材）二等奖。

世界文论的探索远不止于此，2019年，曹老师作为首席专家领衔国内东方文论研究专家成功申报国家社科基金重大项目"东方古代文艺理论重要范畴、话语体系研究与资料整理"，在《东方文论选》等著的基础上进一步开疆拓土，延伸至东方古代文艺理论范畴解析、话语体系研究和文献资料的系统整理。这必将成为又一具有跨越性、里程碑式的力作。

四十年来，曹老师始终将中外原典阅读、科教结合创新、世界视野拓展作为教材编撰的基准与导向，以内蕴真学问、大学问的精品教材育人、化人、成人。在互联网+时代，他紧跟技术前沿，利用新科技手段和新媒体技术打造多元化、信息数字化的教材创新平台，以教材建设为基点，构建了"教材编写—课堂教学—人才培养"及"本科—硕士—博士研究生"全阶段培养、全方面发展的高等教育教学的立体创新格局，实效显著，体现了他的育人初心与不懈追求。

慎思笃行，沉淀自己
——曹门求学一年随记

2021级博士　倪逸之[*]

"从来系日乏长绳，水去云回恨不胜。"时间飞逝，一转眼已经快要结束博士一年级的学习。曹老师是国内比较文学界的泰斗，教育部"长江学者"特聘教授，四川大学杰出教授，所提出的比较文学变异学理论令国际比较文学界瞩目。曹老师是国内第一个中国文学批评史方向的博士，不仅自身学术造诣独步学界，在培养学生方面的贡献也是首屈一指的。曹老师1993年开始招收博士生，已经培养出一大批优秀的博士生，并成为各自领域的学科带头人。对于资质平庸的我来说，能够拜入曹门，跟着老师学习，这无疑是非常幸运的。这一年里，让我受益至深、感触至深的不是专业知识上的增长，而是通过老师言传身教式的影响，我明白了怎么求学和

---

[*] 倪逸之，2021级博士，1989年生，湖北恩施人，湖北民族大学文学与传媒学院讲师，主要研究方向：文化传播、影视艺术。

做人，也让自己内心完成了一次超脱。

回想当初，老师和我们2021级新生见面时的场景，至今仍历历在目，老师以"入门须正，立志须高"教导我们，在博一阶段必须有一个扎实的基础，不论是什么专业背景都必须系统学习十三经和《文心雕龙》等古代典籍，每周安排一次伊格尔顿《文学理论导论》的读书会；博一下学期，同学们要根据自身特点，确定自己的毕业选题方向及研究内容，并要做到"天下第一篇"。老师在开学之初，就给我们定下了很高的目标。对于广播电视编导专业背景出身的我来说，学习的压力是巨大的。这一年里，我从起初的迷茫、不知道为何要学习古代文学原典，到逐渐了解其必要性，再到后来内心的确信，这样的转变是老师带领我们系统学习十三经的结果。从《周易》《诗经》《尚书》《周礼》《仪礼》《礼记》《春秋公羊传》《春秋谷梁传》《春秋左传》《孝经》《尔雅》《论语》《孟子》等一部部学下来，我切切实实地近距离领略了中华民族博大精深的传统文化。经过这种严格的原典学习后，老师还要求我们背诵古代经典文论，如《文心雕龙》里的《原道》《征圣》《辨骚》《宗经》《风骨》《通变》、陆机的《文赋》、司空图的《二十四诗品》、严羽的《沧浪诗话》等古代文论。通过这样一年的学习，我们逐渐认识到老师的良苦用心：读原典是为了获得实实在在的知识与智慧，而不是大讲空论，凌空蹈虚。

对于我来说，这一年的十三经学习，让我明白如何选择，在生活上应该怎么做，在专业学习上应该怎么做，内心上更加坚定和通透，也找到了自己内心的"精神家园"。老师很早之前就感叹，这是一个没有"学术大师的时代"，在很长的一段时间内，国内有打压传统文化，甚至抛弃传统文化，认为传统文化是被动挨打的"祸根"，是现代化进程的"绊脚石"的看法，这种看法导致了我们的现当代文化几近处于一种"快断根"的状态，一方面，学术界空疏学风日盛，在国际上没有形成有影响力的中国文学理论，大多是翻译外国的文学理论著作。另一方面，在整个文化发展上，中国没有形成自己的特点，文化出现了一种"空心化"，失去了我们民族的精神家园。

到底什么是精神家园呢？有哪些重要的要素构成它呢？曹老师拿出自己的切身经历给出了回答：首先，对人文学科来说，不能像自然学科那样对每个事物、概念都给出明确、严谨、科学的定义，它是发展的，每个人的答案都不一样。比如我之前长期在国外访学，离开国家后才发现西方的一些价值观念和我们不一样，这是另外的民族价值观念和社会交往原则，我不属于这里，只不过是一个过客。其次，家园并不是空间上的房子概念，也不仅仅是血缘上的亲属关系，更多的是一种价值观念上的认同感、归宿感和一种道德观念，所以中国人在国外必去的地方是唐人街，因为这里有相同的语言、相同的饮食文化习惯。从饮食中，我们可以找到来自家乡的、父母的、童年的记忆。它是深入骨髓的，可以让我们感受到家的存在。最后，是语言和信仰。海德格尔曾经说过"人以语言之家为家"，所以我们才会有他乡遇故知的深切感受。语言并不仅是一种简单的交流工具，语言的本性是连着民族的文化属性和生活方式,让我们感受到家的存在。

听完老师讲精神家园后,我也反思了自己的情况。在当下高度现代化、竞争极度恶劣的环境下,我们每个人都是"现代化机器"中一个小小的齿轮,容不得你停下休息,每个人都在高速运作,不进则退,形成了高度的"内卷"现象。我常常是迷茫、无助、没有安全感的,该如何在精神上找寻一种价值观的归属感呢?其实,这些问题,中国古代的哲学家们都已经给出了答案,只不过我们对中国传统的儒释道文化知之甚少。在面对逆境时,我们要做到"君子固穷",始终坚持初心,不怕困难,迎难而上。在面对人生的悲欢离合时,要有儒家"勿以死伤身"的超脱思想,凡事必须有度,悲欢离合时的悲伤是人之常情,但是要节制,因为生活本身更有意义,每个人还要走自己的人生道路。在面对爱情时,佛家常说"缘起性空",人与人的关系就是缘,缘会起来也会散掉,不要用时间长度来衡量,爱情是永恒的,并不是时间上的永恒,而是彼此内心的共鸣。所以,我们现在所面临种种复杂问题而迷茫、无助时,都可以从中找到解决的办法,寻求精神上的归属感,重要的是深刻了解自己,找到文化的归属感和认同感。

能够跟着老师学习是幸运的,在学术上,老师一丝不苟的治学态度、对学术前沿问题的敏锐性、创新性,深深地影响着每一个学生。从1995年开始,曹老师要求每一位博士生背诵古代经典文论,老师自己对古代经典文化了然于心,对西方文化、东方文化的多个领域学科也是了如指掌。几十年如一日地反复学习,才可以达到这种程度,可想而知,这需要多么大的毅力啊!在生活上,老师经常会组织同门一起聚餐,大家互相沟通交流,互帮互助,老师常常会讲自身的经历,在面对求学、工作等问题上该如何考虑与取舍,以一种言传身教的方式教会我们该如何求学,怎么为人处世,把知识灵活地运用到生活中,不能读死书,要热爱生活。的确如此,当下,全国多个省市地区出现了疫情反扑的现象,从德尔塔到奥密克戎,病毒肆意,让我们的生活面临多重考验,很多行业受到冲击,很多人失业,很多家庭陷入各种各样的困境。越是在这样的境况下,我们越要学会沉淀自己,与其迷茫不知所措,不如静下心来,深度自省。

"行有不得,反求诸己。"经过一年时间的沉淀,在老师的影响下,我已经不是单纯地为了缓解工作压力而读博。而是希望成为像老师那样,把学术作为终身志向的人,并为此而奋斗。愿自己在川大可以做到"博学之,审问之,慎思之,明辨之,笃行之",在磨砺中沉淀,在沉淀中成长!

读原典，固根基，严学风
——记曹师顺庆先生的教导"三言"

2011级博士、2015级博士后　万　燚[*]

从2011年秋走进川大，四时代序，流年似水，仿若瞬间，十年飘然而逝，敲打本篇文字时，已是2022年仲夏。感谢曹师顺庆先生，给我们静静回味与反思这十年时光的契机！跟随先生治学的这十年，是生命最丰盈与从容的十年，心有所安，书香陪伴，沉静恬然。先生不仅教导我潜心读书、勤奋为文，而且让我懂得去做有趣之人。回想求学时每次走进先生课堂的心情，如夏日清扬的惠风，如园里翩飞的蝴蝶。于我，站了五年讲台，抚育了幼孩，初尝了教书与育儿的不易，已入而立之年，还能进入百年学府，师从名师，是多么的幸运！怀着这份对命运和恩师的感激，把在川大求学的每一天都视作节日，尽情地享受着求学问道的充实，感领着同窗情谊的温暖。最难忘的是，先生领着我们走进十三经原典和英文经典著述中，在一字一句的品读呷摸中，领略文字的美妙，沐浴智慧的光芒，品悟文化的精深。

还记得先生第一次课上，他语重心长地对我们说："为什么当代没有大师？钱学森曾经提出这个问题。这一'钱学森之问'值得我们深思。现在的学子，既不读古代原典，也不看外文原著，大都阅读别人翻译和阐释的二手材料。一没有传统国学的功底，二没有直接研读国外文献的语言能力，几乎都在别人咀嚼过的东西里打转，用的都是二手文献，这样怎么可能产生大师呢？所以，我要求你们直接读古文、读外文，读不懂就查阅资料，想办法弄懂，虽然刚开始时很艰难很缓慢，但如果坚持下去，慢慢积累，一定会增强功力，会读出不一样的思想，不一样的感觉。唯有如此，才能产生出创造力非凡的大学者。简言之，就是读原典、固根基、严学风，这样才能培养出大师。"先生的这番话是那么深刻，那么深远，对我们博士阶段乃至一生的治学都有着重大的影响。在之后讲到严羽的《沧浪诗话》时，先生又强调说："严羽认为'学其上，仅得其中；学其中，斯为下矣'。此言极是啊，我们做学问须得定高目标，读书要读原典，要下苦功悟深悟透，不能拾人牙慧，更不能以讹传讹。"还记得先生当时目光深邃、神情严肃，言虽短而意旨长，可谓苦口婆心、谆谆告诫。

那时的我，古文功底薄弱，背诵《诗大序》《典论·论文》《文心雕龙》《诗品》

---

[*] 万燚，2011级博士、2015级博士后，四川轻化工大学教育与心理科学学院副院长、教授、硕士生导师，中国苏轼研究学会理事、四川省比较文学学会理事、四川省学术和技术带头人后备人选、四川省本科高等学校教学指导委员会委员。美国俄亥俄州立大学访问学者、北京外国语大学访问学者。主要从事美国汉学研究、语文教育研究。

《沧浪诗话》等文论名篇，对于非中文科班出身的我来说，难度是相当大的。为了在课堂上可以行云流水般脱口而出，我常常提前三天就开始做功课。先生星期一上午给我们上课，我一般在前一周周五就开始查阅字典与词典疏通文义，理清层次，研究逻辑。掌握好生僻字词与文章大意后，周六与周日就去校园银杏大道或松林里蹲点朗读。大声朗读一遍又一遍，再逐段分解记忆。有时受环境影响总无法精准背诵，往往气恼得不吃饭，回到宿舍就埋头抄写，尽量让自己冷静下来，默默在心里背诵，再默写一遍，如此这般，总算可以完成一篇。每当周一先生的课结束，就如同受到大赦，与同门们集体放松庆祝，隔三天又开始新一轮的"炼狱"。通过这样的苦功夫，渐渐地，我发现自己的古文语感好起来了，有时灵感乍现，不自觉就援用其间的词句，感觉颇为古雅。后来竟然可以比较精准地断句，语言的节奏、韵律、色彩等感觉也都慢慢敏锐起来，有时甚至可以写写文白相间的诗歌，感觉自己有些"文气"了，阅读古文也颇为自信了。虽有时无法理解其中的典故，但大致能准确断句，这与一学期苦读苦背古文息息相关啊！后来，在先生的鼓励下，我从事"美国汉学界的苏轼研究"这一毕业选题的研究，必须熟读苏轼的文、赋、诗、词。借助读原典积淀的自信和功力，我熟读了不少重要篇目，顺利完成毕业论文的撰写，答辩后修改出版，目前是国内第一部系统探讨美国汉学界苏轼研究的论著。基于此，我有幸加入了中国苏轼研究学会，成为理事。每逢举办苏轼研究高端论坛，我大都提交英语世界的苏轼研究成果论析文章，向国内的苏学学者分析他者视野下的理解与阐释，并运用诗学理论将其与国内苏学进行比较，揭示其间所体现的文化差异、思维差异、阅读与阐释传统差异等，为丰富和推动苏学发展、传承与创新中华优秀传统文化尽绵薄之力。

先生不但领着我们读古代文化典籍，还给我们讲授西方文论经典。满满当当的一天课，先生在古今中外的文学文化中自由穿行，且都是笔挺地站着给我们讲课，儒雅温和，像不知疲倦似的，这让我们常感惊奇，也都自愧弗如。在西方文论课堂上，先生一般让我们朗读其间重点段落，再进行细致的分析。然后他再提问，我们回答。先生还会根据我们的回答进行追问，问题会越来越深入，回答不了时就觉得辜负先生厚望，甚感惭愧。因此，为了顺利通过先生的追问，我们往往提前就思考他提问的点在哪里，会追问什么问题，并通过查阅资料，把涉及的理论术语以及相关背景、发展源流等通盘了解，做好笔记，待上课时就紧紧跟随老师思路积极思考、查漏补缺。轮到自己朗读与阐释其间段落时，就不会太紧张，有时还能朗声流畅完成。记得有一次，我读得稍快了些，读完后屏气凝神望着先生，期待着先生提问。没想到先生微笑着问大家："都听清楚了吗？"听到回答说："清楚了。"他微笑着点点头，说："很流畅嘛，不错。"听到先生的鼓励，心里满是感激。之后我学习西方文论原典的兴趣逐渐浓厚，根据先生的指导，我在网上查找相关视频，跟着耶鲁大学、哈佛大学、剑桥大学的文论教授听课，看他们对新批评、结构主义、现代阐释学等流派思想的分析，拓展延伸学习。我逐渐发现，较之读译文版本，读原典时更容易领会思想。译文的语言表达若不够规范，往往会阻碍理解原文意思，倒不如直接读原文，读后再对照一些著名译本，找出其间的差别，再深究根源，这样下来的收获远大于读译文版本。一个学期的训练，丰富了我对西方文论主要流派思想的认识。在撰写毕业论文时，涉及在比较诗学视角下中美苏轼研究的异同，我牢记先生的教导，尽量参考第一手文献，极少译本，如此则避免了先生所言"人云亦云、以讹传讹"的治学弊端，做到立论有据，材料翔实。

完成博士阶段的学业后，我对英语世界的宋诗研究产生了浓厚的兴趣，加之之前搜集博士论文文献时已经涉及不少宋诗部分，因此就申请继续跟从先生从事文化传媒研究，探讨宋诗在英语世界的传播途径、特征与规律，揭示传播过程中因文化差异而产生的诸多过滤、误读甚至是他国化现象，以先生的"比较文学变异学"理论为指导，侧重分析传播背后的文化根源。在撰写过程中，同样遵照先生教导的原典阅读法，在英文文献与古典诗歌之间穿行，啃完其中的代表性文献，感觉自己的学术英语阅读能力与古典诗歌素养都有所提升。尤其在读完由哈佛大学出版社出版的傅君励（Michael A. Fuller）的《漂泊江湖：南宋诗歌与文学史问题》（*Drifting among River and Lakes：Southern Song Poetry and the Problem of Literary History*）一书时，感觉如释重负。该著的学术英语比较艰深，句法复杂，理论繁多，常常需要查阅不少文献才能读懂一章。且该著论析南宋重要诗人的数百首诗篇，往往需要借助文学史以及评论才能精准把握诗意。但读完之后，发现再读其他英文著述就变得轻松了。回想起来，若不是先生谆谆教导我们必须阅读原典，以此强基固本、涵养学风，我何来这样的勇气涉足这一研究领域？自然也与国际汉学无缘，无法从事中华优秀传统文化国际传播的研究。

如今，我作为硕士生导师，领着研究生探讨如何讲授语文，如何阅读文本。在第一次见面会上，我都会将当年跟从先生读原典的经历娓娓道来，慢慢地就思绪翩飞，仿佛回到了川大校园，回到了金黄的银杏道，回到了苍翠的古松林，回到了望江楼公园。那里碧水环绕，绿草如茵，翠竹丛丛，菡萏轻舞，梅林溢香，古榕藏秀。还依稀看见先生带着我们十几个弟子，悠然漫步，在望江公园秀拔苍翠的榕树下，在古朴雅致的崇丽阁里，在姿态万千、妙趣横生的竹海中，先生神采奕奕、温文尔雅，边走边给我们讲《周易》《文心雕龙》《沧浪诗话》，幽篁如海，情趣无穷。一切都未曾走远，一切都在静静地延续。

始于原典，止于至善

2015级硕士　全　文

"大学之道，在明明德，在亲民，在止于至善。"曹老师亲自教授十三经的那段日子，对我而言，是树立个体理性和思辨能力的珍贵时光。我们身处知识爆炸的时代，繁多且杂乱的二手、三手知识层出不穷。这个原典学习的阶段，就是知识甄别和锻炼思考的过程。在往后的学习和工作生涯，我都尽量去接触和理解最原始的材料，而不是假借旁人之脑进行"快餐学习"。

背诵十三经的那段日子，是学生时代最自由、最美好的时光。多年以后，总有那么多美好的片段不曾忘却。还记得儒雅博学的曹老师会自豪地和我们分享杨明照先生研究《文心雕龙》的故事，也会在我们结结巴巴地背诵时笑出两个酒窝；还记得有美丽端庄的师姐捧着十三经款款走进教室，宛如从古画中走出来的伊人；还记得有勤奋踏实的师姐争分夺秒在地铁上背诵，课堂上总是能流利应对曹老师的提问，还能根据曹老师随口提出的问题一天内写出一篇高质量的C刊论文；还记得有沉稳内敛的师兄举手投足间尽显文人气质，能写一手漂亮的书法作品，还能一点一滴指导我们写出国际刊物的论文；还记得总是能在图书馆中遇到可爱的同门看书背诵，会互相帮助记忆十三经，也会推荐一本好书，还会在课堂上提醒遗忘的知识点。与这些努力优秀的同门相遇，让我的研究生时光成为我人生里最闪亮的记忆。

现如今，这些优秀的师兄师姐在学术道路上继续深耕，成为我仰慕的模样。我未能继续在这条学术之路上耕耘，但人生就是多番尝试，也许最初不知道自己最想要的，可在寻寻觅觅中总会慢慢找到。正如一首诗歌所言："黄色的树林里分出两条路，可惜我不能同时去涉足，我在那路口久久伫立，我向着一条路极目望去，直到它消失在丛林深处。但我选了另外一条路……啊，留下一条路等改日再见！"

人生最难得的就是与智者同行，最珍贵的就是懂得何为智慧，或缓或速，但只要在向至善之路不断前进，足矣。

---

* 全文，2015级硕士，比较文学与世界文学专业，现就职于交银金融科技有限公司。

性灵熔匠：曹顺庆教授的原典教学

2020级硕士　曹　敏[*]

2020年9月14日，是2020级学生正式拜见曹老师的日子。听说成都一年天晴的日子只有三十多天，而那天有着难得的好天气，碧空如洗，连老天也助兴，不吝啬它的阳光。前两天旁听博士预答辩时，就已经见过老师了。老师对师兄师姐的严格教诲给我留下了深刻的印象，但当时只是匆匆一面，未能与老师有深入的交谈。拜师会上的老师和蔼随和，听我们说话总是笑吟吟的，一点也没有大学者的架子。严慈相济，就是老师育人的风格。之后的两年里，我跟随老师的脚步，在他的课堂上不断汲取为学为人的道理。

一、师门书会：计深远以树人

《易·大畜》有言："君子多识前言往行，以畜其德。""前言往行"何处可寻？自然要取道经典。曹老师认为，熟读、背诵原典能够扎实学生的研究功底，增强学生的古文底蕴和国学基础。因此，他过去开授的中国古代文论课要求学生背诵古代文论的重要篇章，并在课堂上随机抽背。学生们为了顺利"过关"，与老师斗智斗勇，产生了许多趣闻。在拜师会上，老师为我们绘声绘色地描述了过去学生们背诵时耍的小花招，以及他如何见招拆招。可惜这门课程已经不再开了，无缘享受老师这门课。但曹老师早已为我们做好了安排，他要求我们每周自行组织读书会，按照郭绍虞先生《中国古代文论选》目录的顺序，从《诗大序》开始，一直背诵到《文心雕龙》。一开始听到要背诵文论时，我们几个刚进门的硕士生都面面相觑，面露难色，而博士师兄师姐们却波澜不惊、镇定自如，原来他们早已经历过这一阶段。我突然想起周伯通逼郭靖背《九阴真经》这一段情节，郭靖当时并没有领悟到《九阴真经》的真谛，但"酝酿胸中，久之自然悟入"（严羽《沧浪诗话·诗辨》）。因此，老师这样安排一定有他的道理，我且静心背诵就是。

要从繁忙的研一挤出时间背文论，是十分考验人的。尽管只是自行组织的抽背，但大家都严肃以待，严格监督，不敢敷衍了事。我最爱在阳台背诵，刚好可以一览远处风景，目光所及，内心似乎也充盈着"登山则情满于山，观海则意溢于海"（刘勰《文心雕龙·神思》）的神思。寒来暑往，晨兢夕厉，兴来至此，仿佛也如《诗大序》所说的那般"手之舞之，足之蹈之"。

并且，光死记硬背是不行的，还要针对文论各抒己见，形成自己独特的思考。

---

[*] 曹敏，2020级硕士，中华文化国际传播专业。

每次背诵完,大家都会一起讨论,在抒发见解的时候,往往还会撷取文中的金句,"古为今用"。比如讲到"虽杼轴于予怀,怵他人之我先"(陆机《文赋》)时,师兄便打趣道,写论文时最害怕遇到这种情况,好不容易想到了一个点子,一检索才发现早被人研究过了;甚至写到一半才发现,别人的论文比你先发出去了。在讲到"阙大羹之遗味"(陆机《文赋》)时,师姐便说道,没有文采的文章就是这样,寡淡无味。

除了延续背诵原典的传统,老师还安排我们阅读特里·伊格尔顿的《二十世纪西方文学理论》,选用外研社出版的英文版。每次读一两章的内容,每位同学都要阅读一段原文并讲解文意,顺序是按当天座位排的,每次都由师兄师姐打头阵,我便在下面默数段落,精准定位自己要讲解的那一段,然后开始"组织辞令"。每次读书会还有一位同学充当记录人,会后整理出会议纪要,发给老师审阅。听说之前是没有这一流程的,我们这一级算是开了先河。老师非常赞许这一方式,还说要让下一级的也按照这种方式进行。

读书之余,我们还会组织看电影。记得学期末的最后一次读书会,大家点好奶茶,聚在一起看《八又二分之一》,沉浸在大师的光影艺术中。观看完电影后,大家又分享了各自的观影心得,增进理解。

曹老师安排我们开展读书会,是用心良苦的。我们是来自天南地北的一群人,因为曹老师的缘故才相聚在一起。大家平日里因为各自时间安排不同,很难聚在一起。每周固定一次的读书会,成了我们沟通情感、交流学习的平台。读书会后,大家总会寻一个由头聚餐,火锅、烤肉、中餐……我在成都的美食记忆就是由同门聚餐开启的。每次聚会,酒量好的师兄师姐便会饮酒助兴,酒量不好的以茶代酒,但饮料只是一种拉近距离的手段,未饮酒的人也会被这种气氛带动,融入其中。大家谈天也不拘话题,从学业、学术、未来规划,到日常生活、情感、家庭,大家往往是畅所欲言,分享各自的经验,互相答疑解惑。"天下快意之事莫若友,快友之事莫若谈。"我有幸入曹门,经历了这"快意之事"和"快友之事",也算是学生生涯的一段弥足珍贵的经历了。

二、原典课堂:语谆谆以育英才

早在入门之前,就已经神往老师的中外语言文学与文化专题研究(中华文化——十三经)一课。尽管硕士不能选修,只能旁听,但曹老师依然把我们的名字写在点名册上,一视同仁。这门课的教材用的是上海古籍出版社出版、阮元主持校刻的《十三经注疏》本,该本为繁体竖排影印本,没有句读,字如蝌蚪,既考验我的古文功底,还考验我的视力和体力。

看到老师年逾花甲,依然在讲台上讲授十三经,我的内心是敬佩的,同时也不禁感慨老师在为学上的坚韧。老师的课在晚间,从七点一直上到十点,这个时间点,往往令人疲乏。而老师永远是一副精神十足的样子,为我们耐心授课,如春风醇酒，无声著物。我曾经听说，成大事者总是精力充沛的。如今见了老师，更加赞同这一说法。

老师的课，总是热门，稍去晚了，就没有座位，只能从隔壁教室借来椅子，和同学挤一桌。物理空间上的狭窄，反而拉近了师生之间的距离，允许思维在学术的殿堂漫游驰骋。每次课上，老师总能抛出一些启发性的问题，引发我们去思考。他上课从不因循守旧，往往妙语连珠，引得学生流连至此，浑不知时间流动。

老师讲授十三经，主要靠学生"自学"和老师"课堂点拨"。最主要的是让我们翻开经典，用心阅读。要想理解经典原文，需要花费大量时间来预习。第一次预习《易》的时候，我认认真真读了一个小时，才发现只读完了《乾》，我不禁心生惭愧，感慨自己在学术上的愚钝。

课堂上，老师会进行抽查，检查大家的学习效果。老师在抽查时从心所欲，不拘泥于点名册，他常常随机点名学生，然后在任意位置打断，再抽下一位同学续接上，以考察学生的课堂注意力；并且坚持雨露均沾，抽查的学生中既包括有学分压力的博士生，也包括旁听的硕士生。老师在很长一段时间都没有点我们名字，然而在讲《孝经》的时候，老师突然让硕士读课文，轮到我时，正好是《丧亲》一章，这章的生僻字特别多，异体字也多，我读得磕磕绊绊，想来老师也不是很满意。

老师的严格要求不无道理，他曾在课堂上批评一些学者，古文功底不深，做学问不严谨，常犯一些常识性的错误，有的竟分不清《古文尚书》和《今文尚书》。老师认为，正是因为原典功底不扎实，阅读经典时囫囵吞枣才导致这样的基础性错误，只有回溯经典，枕典席文，才能奠定坚实的国学基础。

"性灵熔匠"，本是《文心雕龙·宗经》中用来形容经典的，但我觉得这个词和曹顺庆教授特别契合。曹老师对学界的贡献之一，就是提倡阅读原典。木铎既起，千里应之。在跟随老师学习的过程中，老师的言传身教，无不影响着我。孟子有言："学问之道无他，求其放心而已矣。"（《孟子·告子上》）在这个浮躁无定的世界里，能够静下心入曹门学习受教，于我而言，就是找回失去的本真之心的历程。

第四节　博古通今 文化自信

从中华原典中生发出来的文化自信

2002级博士　李卫涛[*]

毕业多年了,一直想再次聆听曹老师的教诲,却总不能如愿。求学川大的三年,自己的精神收获最大。或者是课堂,或者是聚会,曹老师总是温和儒雅,谈起学问娓娓道来,对待我们每个同学又分外和蔼可亲。

现在想起来,师友之间的交谈的场景和《论语》中的故事也差不了许多。记得毕业那年春季的一次聚会,曹老师勉励我们几位同学以后为人处世要自强、坚韧、宽容。此后的十多年中,这六个字时刻提醒着我。在《论语·卫灵公》中,子贡问孔子:"有一言而可以终身行之者乎?"孔子回答说是"恕"道;子张向孔子问行,孔子回答之后,子张马上把老师的话写在衣带上。虽然我知道自己没有子贡的才华,也没有子张的志向,但是曹老师的教导却如同金声木铎,常记心中,并希望自己能终身行之。

现在回头看,二十年前跟随曹老师读书,最大的感受是曹老师在学术上的高瞻远瞩,其中最有前瞻性的就是关于"文化自信"的问题。

最近几年,每次读到媒体或者学术著作上频繁出现的"文化自信"这个词语,常常会心一笑,因为在我们刚入学的时候,曹老师已经带领我们师兄弟在课堂上讨论过很多次了。

在2002年的冬天,曹老师每周都会带我们2002级的博士生们上一次文化原典的诵读课。每次到上课的那天,吃过晚饭后,我就和几位师兄骑着自行车从东园十舍有说有笑地一路向北。每个人车篮里的书包都沉甸甸的,放的就是那本可以当枕头用的《十三经注疏》了。几位师兄身材高大,骑车时手里还会替换着拎个八磅的大暖壶。来到图书馆后面那个有点古旧的小楼,走上三楼,就到教室了。

讲桌上,茶水的雾气氤氲,曹老师来了。一身西装,金丝眼镜,面带笑容和我们打招呼。上课开始,老师打开一本厚厚的书,抬头对着大家微微一笑,说:"今天谁来开始读啊?"

---

[*] 李卫涛,2002级博士,1975年生,河南人。现在暨南大学华文学院工作,主要从事对外汉语和华文教育专业的教学和研究工作。

这时候，我常常是赶紧低头，匆忙地翻开厚书的枣红色封面，表现出一副认真而且严肃的样子。心里其实在暗暗祈祷：最好是我的右手边的同桌先读。

古籍没有标点还不是最难的，因为那可以凭着语感来读；最难的是有些繁体字的读音，字典也不好查，只能看着反切连蒙带猜。好在曹老师也不会打断我们，只是让我们读下去，读下去。

一个学期下来，读完了《尚书》、"三礼"，还有《周易》的大部分。没有读完的部分，当时也大致翻了翻。

在课堂上，曹老师会在精要处给予评论，大约每次课都耳提面命要我们把重要的原典读一遍，这样子再做学问就会自然胸有成竹。

人们往往会囿于时代的局限而不自觉，在20世纪初，学术界热衷谈论的是所谓后现代的种种时髦理论，对于中国文化其实是没有什么热情的。当时的学人提起所谓古代文化，说的话或者引用的条目，无非就是中学课本中常常出现的几条而已，对中华文化的面貌或许真的是盲人摸象，更遑论分析研究中华优秀传统文化的精髓了。

当时认真读过的中华原典的学人，估计只有曹老师和他的学生了。上课时，曹老师也会谈起关于"失语症"的来龙去脉，当时我自己只是感到确实对中国古代文化的一种惋惜，对其中的理论深度和广度并没有理解。

曹老师教我们读原典的方法，我也一直保留至今。这些年来，当大致读遍了重要的中华原典之后，我才深深体会到当时曹老师对我们的苦心。曹老师在20年前已经带我们找到了"文化自信"的核心问题：没有对原典的研读，又怎能产生坚定的文化自信呢？

不读十三经，又何以谈中国文化呢？当我们系统读完了十三经之后，自然就可以知道中国文化的根底是什么，这是一种最直观、最深切的认识。

近二十年，中国社会和文化进入了一个新时代，文化自信成为中华民族伟大复兴的一个支柱。当然，我们谈起文化自信，第一个问题就是，我们的文化是什么？没有对原典的阅读，我们就无从谈起我们的文化是什么。

毕业之后到了一个新的岗位，渐渐远离了比较文学的研究和工作，但曹老师的教导却给我打开另外一扇窗户。可以说，曹老师在高校确立的中华原典教育具有高瞻远瞩的学术视野和经世致用的现实价值。在20年前，给博士们开一门原典的课程，这可能和学生的研究领域完全没有关联。而曹老师已经预料到了中华文化复兴的根基正是原典，所以他把一个学术前沿提前十多年给了学生们。虽然当时感觉囫囵吞枣，但是最初的通读带给我们的是中华原典的浸润。当自己每次再谈起中华文化的某个内容，总会自然而然地想起在原典中的关联之处。

2018年，习近平总书记到暨南大学视察时勉励师生，希望我们将中华优秀传统文化传播到五洲四海。在落实习近平总书记的指示时，中华原典又一次发挥了重要的作用。因为工作的需要，我参与了"华文教师证"文化部分的研发、题库建设和培训工作,也参与了多种海外华文教材的编写工作。有时候会庆幸多年前在川大读过一些原典,里面的名言警句还清晰记得,曹老师提点过的理论也常在耳边。

当然,曹老师也告诉我们,学习中华元典不是为了单纯地复现古代,而是为了更好地理解今天的中国和世界。所以曹老师一直要求我们有开放的心态,他一再叮嘱我们师兄弟要把外语学好、写好。记得一次,和另外一个师弟去见曹老师,那时候第一年的第一个学期差不多已经收尾。在客厅坐定后,曹老师和我俩闲聊。过了一会,曹老师盯着我问:"学习有什么问题吗?"我连忙说自己外语不太好。曹老师不假思索回了一句:"那要加强。"一下子脑门的汗就冒出来了,我原来以为老师至少会安慰一下,或者鼓励一下,没想到是一种鞭策。从此之后,我再也不敢说自己外语不好、求安慰的话了,只能自己加倍努力,以达到要求。曹老师对外语要求很严格,第二个学期也要求上课时通读外文原文。这种让我们以更加开放的心态对待世界,避免了盲目自大、故步自封。

博士入学考试的一道题目是从《庄子·齐物论》中选来的:"夫道未始有封,言未始有常,为是而有畛也。"那时候,我还没有读过《庄子》,只能凭感觉回答。等到后来从事对外汉语中华文化的教学工作时读到《庄子》,眼前才有一种豁然开朗的景象。也更加理解了曹老师在课堂上对我们的教导。

今天,我们要把中华优秀传统文化传播到海外去,要先具有文化自信。这种文化自信首先就来自于对文化原典的研读。传播中华优秀传统文化,也就是讲清楚中华文化的根基所在,并且以一种开放的心态,正确理解古代文化和现代文化的关系、中国文化和世界文化的关系。

自己能够在这个时代大潮流中做一些自己能做的事,动力正来自曹老师的教导,来自 20 多年前对中华原典的诵读。

读中外原典,做原创学问
——曹顺庆师课堂教学琐忆

2006 级博士 于 琦[*]

生命历程中总有一些人一些事能超越时空,在记忆中永存。负笈求学阶段的良师益友即属此列。自上小学起,直至博士后出站,每个阶段都有一位或几位特别的老师,或循循善诱,教导有方,或耐心细致,关爱学生,对我的人生经历和学业成

---

[*] 于琦,2006 级博士,1974 年生,山东菏泽人,比较文学与世界文学博士,上海交通大学外国语言文学博士后,美国威斯康星大学访问学者,曾任教于广西师范大学国际文化教育学院,现为浙江工商大学人文与传播学院教授,文艺学硕士生导师。

长影响深远。这其中,我的博士导师曹顺庆先生尤其具有典范意义。先生为学、为师、为人,均树立了一道令人仰望的标杆,指明了我们终生学习的方向。桃李不言,下自成蹊。先生言传身教,对成长阶段的我们产生了有益而持久的影响。追忆往事,随曹师读书的日子如此美好,紧张、充实但非常快乐。朝夕相处间,老师无数次耳提面命,而无论砥砺还是棒喝,总让人心怀温暖与感激。如今虽毕业多年,不常有机会当面聆听教诲,但心中始终珍藏着在川大求学时的点滴。这些细节久经岁月淘洗,仍然清晰如昨,是难以磨灭的记忆。

曹师作为蜚声国内外的著名学者,在思想观点和学术著作方面无疑影响很大,当然,在教书育人方面也极有建树,堪称大家。从教近四十年,先生有教无类,诲人不倦,潜心三尺讲坛,对教育理念有了系统且深入的思考。他待人宽严相济,在研究方向与探讨的具体问题方面非常宽容,尊重学生个人选择,但在理论基础与学术训练上则非常严格,一丝不苟,容不得半点敷衍和马虎。他根据弟子的基础和个性量身定做合适的治学方法,让每个人的优势都得到充分发挥。如今桃李芬芳,已培养出数量众多的优秀学者,其中不乏本学科中的领军人物。诸弟子虽长幼资历有别,成就也有高有低,但无不深以忝列师门为荣,都愿意团结在曹师这面旗帜下,在各自的行业和领域不断努力,以回报老师栽培与扶助之恩。

余虽不敏,能忝列门墙、正式师从曹老师自是倍感幸运。回顾川大求学时光,自然忘不了听曹老师讲课的奇妙感受。老师以口才雄辩闻名,他习惯站着讲,从容、淡定、自信,面带笑容,声音不高但中气很足,侃侃而谈,古今中外文学交互融通的线索特别清晰,而且直指问题要害,颇有四两拨千斤之妙。听他讲课不啻为一种享受,你不可能分神,因为他讲课总是干货满满,兴致飞扬处经典名段信手拈来,有时还吟唱几句,古风十足,令人陶醉。无论怎样旁征博引,都不会偏离主题。经常下课时间已到,师生还意犹未尽,大家簇拥着老师从研究生院大楼出来,一路上继续提问与讨论。弦歌不辍,教泽绵长,莫过于此。老师经常组织同一届的学生周末聚会,大家轮流做东,师生齐聚一堂,一起讨论文学,畅谈人生,既丰富了学习生活,又加深了解,增近彼此的感情。每逢春暖花开或秋高气爽的好时节,我们还有机会到成都市郊一些环境清幽的休闲山庄去做读书报告或探讨论文选题,在花团锦簇和小桥流水间进行学术碰撞和相互切磋。古人云:"暮春者,春服既成……浴乎沂,风乎舞雩,咏而归。"(《论语·先进》)其乐趣、性灵与人文情怀,能意会却难以言传,而我们这种读书的风景,岂不也是"妙处难与君说"?

与曹老师有过交往者,都会感叹他的雅致、谦和,对他强大的个人魅力印象深刻。对我们来说,老师除了学问渊深、眼界高远、格局宏大、勤于笔耕外,在教育的方式方法上也有独到之处,在博士培养方面甚至有不少秘诀。以我个人之浅见,他多年来培养学生的诀窍大致可归纳为8个字:夯实基础,立足前沿。夯实基础需要读通中外文学典籍,立足前沿则不得不大量阅读英文学术原著。在这两个方面下足了功夫、做好了文章,大约就能够成为合格的曹门弟子,再假以时日,即可成为优秀的学者。

在"申请—考核"招生制度成为主流之前，除了个别人本硕博直读或硕博连读，以及论文博士外，大多数学生都是通过统一的招生入学考试得以入学的。而所有报考过川大博士者，都对"文学"门类下各专业必考的科目"中国文学典籍"印象深刻。它准备起来难度极大，因为涉及范围太广，绝非任何一本教科书所能涵盖。从最古老的《尚书》开始，《周易》《老子》《诗经》一路下来，直至近代王国维等人的文论著作，均属于考试的内容。对这么多的、简直难以车载斗量的文学与文化经典，要有足量的阅读储备，还需要读懂，能够释义，做到这些谈何容易！我相信这个考试科目会让不少人知难而退，绕开川大而另投他处。经历这一番痛苦"折磨"，通过了考试，终于坐在课堂上开始博士生活时，我们发现，更大、更严峻的考验还在后面。曹师为我们开设"中国文化元典阅读"课程，竟然要求大家背诵课程涉及的那些文献！后来得知，这一"背书"传统自1995年就已开始，一直未曾中断。文论名篇熟读还不够，还要在课堂上点名背诵，众目睽睽下，若遇到卡壳或背得断断续续，不够熟练流畅，那可是相当尴尬的事儿。于是乎，朗读、吟诵成为我们这些博士生每日的必修功课了。无数个清晨或者黄昏，在望江校园的荷花池畔、小树林中、一教楼、二教楼，随处可见曹门弟子背书的场景。时隔多年，那种摇头晃脑、浅吟低唱的感觉，仍深深烙在记忆中，鲜活如初。我背诵最熟的当属《文心雕龙》的"文之枢纽"5篇和陆机的《文赋》等，尽管这并非我专攻的学术领域，教学和研究中较少运用，但相当多的内容至今记忆犹新，能够随时脱口而出。

曹老师为博士生开设的课程中，还有一门课也是独具特色，那就是自1998年以来，每一届博士生必修的"文学研究方法论：当代西方文论导读"。课程用英文讲授，使用的也是原版教材——英国著名马克思主义文论家伊格尔顿的《二十世纪西方文学理论》。老师希望能为我们日后参与国际学术对话奠定基础。英文系出身或英语基础较好的同学似乎尚能忍受，毕竟无需背诵，但几堂课下来就会发现，尽管老师驾轻就熟，讲得很放松，但随时会叫上某个同学提问，然后再找别的同学或由他亲自点评。若非对整本书内容非常熟悉，想在课堂上从容应对绝非易事。对那些英语基础薄弱者来说更是苦不堪言，压力山大。因为老师的标准实在太高，要求必须熟读且透彻地理解，除了基本内容能够准确地翻译成汉语之外，还要从宏观上把握作者的问题意识、运思过程和文章整体结构等，做到既要有微观具体的了解，也要有宏观的整体把握。几乎每一堂课都在紧张匆忙中度过。当然，等到这门课程结束，整本书完全精读下来，对英文学术写作的理念、框架和规范也就较为熟悉，至少不再望而生畏，或许这就是最大的收获吧。

老师曾经撰文指出原典阅读的重要性，认为中国当代缺少大师的主要原因就是学习的方式不对，所学的古文是"今译"了的古文，西文则是"翻译"过的西文，甚至采用几经转译的文献，不读古文原文和西文原文，造成空疏学风日盛一日，学者不能博古通今、学贯中西，最终大大伤害了学术界和教育界，造成中国文化与文论的严重失语，以及文化创新能力的衰退。这些诊断一针见血，振聋发聩。之后，他在接受媒体访谈时也阐述过自己对"博"与"专"兼具的理想学者的思考，同样满是真知灼见，给人以强烈的思想震撼。曹师不遗余力地倡导原典阅读，还主编了《中华文化原典读本》，先后由复旦大学出版社与北京师范大学出版社出版。了解了这些，便不难明白他锤炼锻打我们这些博士生的良苦用心。他告诫我们须从源头处用力，而不是人云亦云、走那种华而不实的捷径。这些都是我终生不能忘记的。应当说，曹老师的课程设计与学习过程中提出的各项要求，都暗含着他对学生的期待，期待我们读中外原典，做原创学问，有朝一日能成为融通古今、兼顾中西，具有开拓魄力的大学者。

转眼十几年过去了，老师的教诲言犹在耳，虽不常见面，他的笑容和期待的眼神却时常在我脑海中浮现，一切仿佛就在昨天。令人欣喜的是，老师虽近古稀而体愈健，笔力强劲，尤胜往昔，新列门墙者也不知已凡几，越来越多的人受教于曹老师，得益于他的指导。我深深领悟到，老师带给我们的不只是学问本身，更重要的是读书治学的态度、理路和方法，在学术天地寻找真问题、探讨真学术的方式和方法。限于学力，我离要求还差很远，远未达到老师的期待。所幸虽不能至，心向往之。只要朝着老师指出的方向不断努力，日积月累，涓涓细流也能汇成大海，我们也终有超越平凡的那一天。

原典精深蕴至理，粉墨无言写春秋
——忆曹师原典诵读课堂

2006级博士　李　丹[*]

川大七年，浓缩着我书生意气、挥斥方遒的青春。七年间，有过图书馆的夜以继日，有过篮球场的青春飞扬，有过辩论场的唇枪舌剑，有过学术厅的研学深思。然而回首研究生生涯，给我留下最深刻印象的，还是曹顺庆教授的课堂。

在川大，曹老师的原典背诵课绝对是一道独特的风景线。

曹师痛心于当今中国未能产生王国维、钱锺书一般学贯中西的学术大师，溯其缘由，重要的一点是当今学界的空疏学风，学生大多只学"导读""概论"之类的皮毛，而不沉潜于文本本身，既不读古代文化典籍原文，也不读外文原文，所以做起学问来只能大讲空论、凌空蹈虚。有感于此，曹师身体力行地推进教学改革，为研究生们开设了"中国文化元典"的课程，教材直接用阮元校刻的《十三经注疏》

---

[*] 李丹，2006级博士，四川师范大学文学院副教授，硕士生导师，中国比较文学学会教学研究分会理事。

本，不用今译今注本。还开设了"中国古代文论"课程，要求同学们背诵《文心雕龙》《文赋》等中国文论典籍。目的是让同学们沉潜于原典本身，积累深沉的文本体验，"枕籍观之"，"酝酿心中，久之自然悟入"。

记得初读十三经，面对卷帙浩繁的古文原典，同学们都感到困难重重甚至望而生畏，但曹师总是严谨细致地指导我们查阅古典典籍，深入浅出地为我们讲解疑难。印象最深的是曹师讲《周易》。初读《易经》原文，感觉艰深晦涩、不得其要。曹师从卦名、卦辞、爻题、爻辞，到《彖》《象》《文言》《系辞》《说卦》，一一细细讲来，让原本天书一样的存在变得形象生动、深入生活、饱蕴哲理，生僻高冷的卦、爻也顿觉亲切可感。尤其让我深受启发的是曹师深刻活泼的学术思维、精辟指点的入思角度。曹师学贯中西，中国古代文论、西方文论均了然于胸，讲课的时候无论中西信手拈来、随处对比、随处绽放思维火花。如讲《系辞》中"书不尽言、言不尽意""圣人立象以尽意"时，曹师立即联系西方文论讲"言意之辩"，并比较中西不同的语言观。中国传统文化儒释道三家对语言都是不信任的，老子所谓"道可道，非常道"，《庄子》所谓"得意而忘言"，司空图所谓"不著一字，尽得风流"，乃至禅宗主张"不立文字、以心传心"。而西方文论则执着于语言、困在言意之中，以至于20世纪詹姆逊还在讨论"语言的牢笼"。怎样跳出这个牢笼呢？中国古人的思维可予以启示——"立象以尽意"。所以海德格尔借凡·高的《鞋》来阐述"此在"的含义，借荷尔德林的诗来描述真正的"存在"在哪里。经曹师点拨，感觉对中西文论、哲学各自的入思路径、阐说方式的区别豁然开朗，对由此造成的中西文学的不同风貌如"隔与不隔""质实摹写与虚实相生""有我之境与无我之境"也顿觉了然。

这种中西贯通、古今一炉的讲课风格是曹师给予我们最多思想启发之处。记得在"中国古代文论"课上，曹师是真的当场抽背《文心雕龙》。一开始，有幸抽中而又未认真准备的博士们只能惶恐起身、满脸通红、支支吾吾、局促不安。后来深知曹师严格的同学们对每一次抽背都严阵以待，经过一段时间的训练，果然谈及中西文论时能信手拈来且文采斐然。在背诵的基础上曹师会引导我们理解。最令我叹服的是，每论及一个问题时，曹师总是放眼中外、纵论古今，启发我们视人类文学为一整体，触类旁通。如讲"通变"，从《易传》"穷则通，通则变，变则久"，到《文心雕龙》"变则可久，通则不乏"，从汉代董仲舒"奉天法古"到唐代古文运动、明代前后七子、清代叶燮，再到古罗马的贺拉斯、17世纪的布瓦洛及法国的古典主义文学，由此来引导我们认识"继承与创新"这个古今中外文学史的永恒问题。这种宽广的学术视野启发我们融会贯通地观照和思考中外文学现象，令我们受益匪浅。

我在川大度过了七年最宝贵的青春时光，硕士就旁听曹师讲课，博士期间再深刻受教于曹师，如今回望求学生涯，曹师课堂带给我的启发和震撼乃是这热血七年最宝贵的财富。曹师犀利独到的学术见解、大气磅礴的学术视野让我们领略了学术之美。最难能可贵的是，他总是以活泼有趣、循循善诱、带有生活温度的语言风格授课，曹师的脸上也永远挂着温暖和蔼的笑容。在他为我们打开的那扇门中，学术不再是枯燥冰冷的存在，而永远保持着既深刻又活泼的形态。

得遇恩师，春风化雨。有幸得曹师指点，寻一方天地。先生对学生的引领和提点令我终身受益、深刻感念。云山苍苍，江水泱泱，先生之风，山高水长。

鸿儒博学，仰之弥高

——记我的导师曹顺庆先生

2007级博士　王鹏飞*

我于2007年考入四川大学文学与新闻学院，攻读比较文学与世界文学专业博士研究生，师承曹顺庆教授，现将受教于顺庆先生的感悟作一记录，以感恩于曹师教诲，同时也激励我在学术道路上砥砺前行。

一、博古通今，学贯中西

曹顺庆先生声誉卓著，为我国文科杰出教授，国家级教学名师，教育部跨世纪优秀人才，享受政府特殊津贴专家，欧洲科学与艺术院院士。先生在中西文学文化研究、比较文学研究领域著述等身，贡献卓著。先生国学功底深厚，早年师从我国国学大师、龙学泰斗杨明照先生。记得在求学期间，先生讲授中国文化原典，系统讲解十三经，引经据典、信手拈来、纵横捭阖。顺庆先生所编著《中国古代文论史》《中华文化原典读本》《东方文论选》等著作，以原典文献为基础，史论结合，对中国古代文学理论、文化思想、审美观念等方面的发展历史、基本特点进行了系统而全面的梳理与剖析，这些著作已成为高等院校汉语言文学专业学生学习的经典教材。同时，先生也谙熟外国文学文化，曾赴欧、美、日、韩等多个国家的著名高校访学、讲学，能熟练使用英语，对西方文学文化有着深刻的洞察和独到的见解。先生以学术会友，与国外著名学术大师如斯皮瓦克、佛克马、雷马克、宇文所安等多有交集，互动良多，并引荐这些学术大师来华讲学。先生曾编著四卷本的《中外文论史》，对中外文论历史发展进行纵横比较，从总体文学的角度向读者全面展示了中外文学理论发展，让读者全面地认识各国文学理论的不同特征。先生于20世

---

* 王鹏飞，2007级博士、教授，西南交通大学外国语学院副院长，中国加拿大研究学会常务理事，中国红学会常务理事，中国海外汉学研究会理事，教育部硕、博论文评审专家，国家社科基金后期资助项目评审专家，北京外国语大学加拿大研究中心客座教授、西南石油大学客座教授。有《〈红楼梦〉在英语世界的译介与研究》《从滥觞到崛起：华裔美国文学历时性研究》《英美文学的多重探究》等学术专著、编著及译著20部，在国内外学术刊物上发表学术论文40余篇。

纪90年代所著《中西比较诗学》是中国"比较诗学"领域的奠基之作，具体论述了中西艺术的共同规律，更揭示了中西古典文艺理论的不同特色和各自的理论价值，阐发了中国古典文艺理论的世界意义。先生在比较文学领域贡献卓著，为我国比较文学领域的领军人物，著有《比较文学学》《比较文学教程》《比较文学概论》等，这些著作已成为我国大专院校本科生、研究生的必读书目和经典教材，其英文专著 The Variation Theory of Comparative Literature（《比较文学变异学》），2014年由国际著名出版社 Springer 在海德堡、伦敦、纽约同时出版，受到国际学界广泛关注。该著是对比较文学理论的一个重要发展，正如国际著名学者佛克马教授所言："《比较文学变异学》英文著作的出版，是打破长期以来困扰限制中国比较文学学者的语言障碍的一次有益尝试，并由此力图与国外学者展开对话。"

二、春风化雨，润物无声

曹顺庆先生2008年获得国家级教学名师称号，其课堂教学风格独具一格，深受学生欢迎。在我求学期间，凡由他讲授的课程，常常一座难求，座无虚席。无论是本专业还是跨专业的同学，为获得听课座位，经常提早一小时甚至几小时前去占座，有时因教室容量有限，许多同学站在教室后排听课。这样的情形，在当时成为川大校园佳话。先生博闻强记，在授课时能随口吟诵中外经典名篇，让人叹为观止。先生注重培养学生原典阅读能力，要求学生背诵《十三经》。于是，每天清晨川大竹林村朗朗的读书声成为校园的一道独特风景。先生授课另一深刻之处就是循循善诱，善于启发，注重学生思辨能力培养。记得在西方文论课上，先生讲授伊格尔顿文论思想时，让我们小组讨论，学生中有语言学专业、文学专业、史学专业等不同专业背景的同学，大家热烈讨论，相互交流思想，然后先生才为我们厘定诸家观点、梳理纵横脉络、旁征博引，至今记忆犹新。

三、高山仰止，景行行止

先生在教坛辛勤耕耘四十载，如今桃李满天下。顺庆先生于20世纪90年代初开始招收研究生，迄今已培养几百位博士生，其中大多成为各学科领域的栋梁之材和领军人物，傅勇林、王晓路、叶舒宪、徐新建、蒋承勇等均在其领域取得了卓越的成就，成为业界翘楚。先生平易近人、和蔼可亲，亦师亦友，与学生相处如同家人。在传道授业的同时，心系学生成长，关心学生前途，竭力为学生引荐学术资源，搭建学术平台。作为曹门弟子，我受益良多，记得在我撰写《〈红楼梦〉在英语世界的译介与研究》一书过程中，先生耳提面命，引荐红学资源，助我规划章节、指引文本写作并推荐刊印出版。先生的悉心指导与帮助令弟子终身感激。先生也积极关心学生生活，每逢弟子嫁娶喜事，先生定会亲自前去祝福。

顺庆先生虽已花甲之年，但仍不坠青云之志。在学术研究、人才培养方面仍然孜孜以求。近年来，先生作为首席专家，仍带着团队攻克国家社科基金重大研究课题"东方古代文艺理论重要范畴、话语体系研究与资料整理",仍在四川大学、北京师范大学从事教学和博士生培养工作。

东西南北春常在,唯有师恩留心间。先生教我以人道,授我以书华。他深厚的学术造诣、严谨的治学风格、豁达的处世态度无一不令人钦佩。谨以此文感恩先生教诲,亦激励我辈在学术道路上砥砺前行。

曹门基本功:十三经背诵与研读的传奇

2010级博士 周仁成[*]

一、十三经背诵衍生的段子与传奇

十三经,不怕大家笑话,我读研的时候才听说这个词。读大学之时,喜欢看些外国文学作品,对中国古代经典的了解也就停留在文学史介绍的那些作品而已。最多在图书馆翻翻"四书五经"的竖排版,算是见识到了中国古代文献的模样。至于十三经,真还不知道长啥样。

后来在川师读研之时,喜欢听刘朝谦老师(后来才知道,他也是曹门弟子)在课堂讲有关川大的段子,说什么考川大博士要背十三经,要会背《文心雕龙》。说实话,当时以为真的是段子而已。再后来,又不知从哪里听说了另一个段子,不知真假。说有一个准备考曹老师博士的学生成功地进入了面试。(川大文新学院博士入学笔试必考十三经与《文心雕龙》,好多考生因此被拒之门外。)在面试过程中,一直表现不好,眼看快要绝望的时候,突然对面试的老师大声说,"我会背《文心雕龙》"。此语一出,成功地吸引了曹老师的注意。"好呀!那我随便抽一篇,你要是能背出,我就要你了!"结果是,这个学生幸运地成为曹老师门下的一名博士。这个段子听起来更为传奇,当时也就惊讶了一下而已,想不到博士面试还可以这样!久而久之,"曹顺庆"这个名字在我内心便扎下了根,备考川大文新学院博士,挑战十三经,通背《文心雕龙》成了我特别向往的传奇。更想不到的是,后来我居然幸运地成为"会背十三经,会背《文心雕龙》"的博士。当然,成为曹老师的博士,会背点十三经与《文心雕龙》是必须的捷径。

当时看来,"背书",那是小学读书才用的笨方法,怎么也想不到竟然会在我读博士的时候还用。与小学不同的是,我读博士背的是十三经,是《文心雕龙》等中

---

[*] 周仁成,1980年生,汉族,重庆垫江人。现为长江师范学院教授,重庆市一流专业汉语言文学专业负责人,重庆市涪陵区第四届科技拔尖人才,长江师范学院"青年科研人才",三峡大学、重庆三峡学院兼职硕士研究生导师。主要从事中外文学交流传播及英语世界中国家训译介研究。

国古代文化经典。关键是，我的博导曹顺庆先生在正式开讲之前，会来点"开味菜"，那就是抽学生背书。办法非常"老套"，一人一段，人人必背，不知从谁起，不知到哪终，谁也不能偷懒，每篇文章从头到尾通背。每每想起当初上课的情景，既恐惧又酸爽。恐惧的是，害怕轮到自己的时候，一紧张，忘了；酸爽的是，背完之后，紧绷的神经一经释放，立即充当"看客"，期待下一个同学的"失语"。就这样，每堂课都有剧情，每节课都有收获。一学期下来，从《诗大序》到《典论·论文》，直到王国维的《人间词话》，每篇不说横流倒背，基本上能背个八九不离十。直至现在，每当自己讲课之时，讲到十三经，讲到中国古代文论，每每脱口而出，来那么一段，顿时提高了课堂的抬头率，引得学生投来羡慕的眼神，内心便充满了自豪感！我想，只有曹顺庆先生的博士才有这种底气与傲气吧！

二、"机械"暗藏大智慧：文化传承的命脉

背十三经，看似"机械"的方法，却暗藏了曹顺庆先生教学的大智慧：中华优秀传统文化的传承必得口耳相传，牢记于心。

习近平总书记讲："中华优秀传统文化是中华民族的精神命脉，是涵养社会主义核心价值观的重要源泉，也是我们在世界文化激荡中站稳脚跟的坚实根基。"[①]作为中华优秀传统文化的结晶，十三经乃"恒久之至道，不刊之鸿教"。"十三经"传承不仅可以"洞性灵之奥区，极文章之骨髓"，更是理解中华文明脉络，重树社会主义核心价值观的源泉。然而，近代中国在西方文明的冲击下，西学主导之下的中国学术日渐"失语"。为了改变当时学术界"不中不西""凌空蹈虚"的现状，曹顺庆先生从1995年起，在研究生教学中开展了"文化元典与中文学科人才培养"的教学改革实践，以《十三经注疏》《文心雕龙》等原文为教材进行授课，要求研究生们不用今译今注，现场断句，逐句讲解。对于部分经典段落，还要求学生背诵。虽然最初大家都"苦不堪言""提心吊胆""战战兢兢"，可坚持一年之后，大家的古文功底在无形中得到了提高，学术功底得到了前所未有的夯实。

当然，在此过程中，几乎每届学生都会产生一些酸爽的段子。多年以后，这些酸爽的段子便淬成了大家最清晰最珍贵的回忆。每次聚会，每每回忆，都会情不自禁地感慨：要不是这种"老套"的记忆，自己的古文功底大概还停留在大学时代文学史概述中；要不是这种"机械"的背诵，自己的博士生活可没这么惊心动魄！再后来，这些段子又经由这些博士口耳相传给自己的学生，学生的学生。最后，这些段子演变成一个又一个传奇，激起一个又一个的学子不断地投身于曹门。

曹门背诵之法，曹门博士传奇，也是改变当前大学教学顽疾的良方。"大学生不读书，这是当今中国大学最糟糕的情况。"（曹顺庆先生的学生，教育部长江学者特聘教授，浙江师范大学教授高玉先生原话）事实的确如此！在互联网与自媒体时

[①] 习近平：《在文艺工作座谈会上的讲话》，人民出版社2015年版，第25页。

代，大学生们更喜欢短小精悍的短视频，或惊险刺激的玄幻穿越小说，文学经典的阅读大多停留于文学史的介绍，原典的阅读更是寥寥。作为曹门弟子，深受恩师原典阅读的熏陶，我教学中也要求学生每学期必背经典，必看原著，以此强制提升他们的文学素养。最初学生们也是怨声载道，心有戚戚，甚至向领导反映这种教学方法太过老套（还好领导对于曹门这种教学方法甚是赞同），但最后还是坚持了下来。一年下来，学生阅读外国文学经典5部，背诵中国古典诗词300余首，有的学生甚至一年下来在我的鼓励之下能够看完2~3本英文原著，不仅文学素养功底得到大幅提升，连英语语言能力也有了质的飞跃。正所谓"腹有诗书气自华"，大概说的就是咱中文系的学生吧。试想，要是不看这些经典原著，不背诵这些经典诗文，哪来的"气"与"华"呢！否则，他们一生对于文学，对于中国文化的了解仅限于文学史的介绍而已，中华优秀传统文化传承将无从谈起。

再者，试看中华文明几千年的传承，哪一个圣贤不是将经典烂熟于心，口耳相传。从"半部《论语》治天下"，到明代大儒顾炎武，背诵经典是他们不变的追求。据《先正读书诀》记载："林亭（顾炎武）十三经尽皆背诵。每年用三个月温故，余月用以知新。"147000多字的背诵成就了顾炎武这位伟大的思想家、经学家、史地学家与音韵学家。现代国学大师陈寅恪先生也是如此。在家庭环境的熏陶下，他从小就能背诵十三经，广泛阅读经、史、哲学典籍，厚实的国学功底为以后的治史打下了坚实的基础，与当时的梁启超、王国维被称为"清华三巨头"。

三、"老套"潜藏大视野：文化创新的根基

2014年9月24日，习近平总书记在纪念孔子诞辰2565周年国际学术研讨会上讲到，不忘历史才能开辟未来，善于继承才能善于创新。优秀传统文化是一个国家、一个民族传承和发展的根本，如果丢掉了，就割断了精神命脉。我们要善于把弘扬优秀传统文化和发展现实文化有机统一起来，紧密结合起来，在继承中发展，在发展中继承。几千年传承下来的中华优秀传统文化，蕴含着复杂丰富的养分，如何才能在百年未有之大变局中得到传承与发展，如何在文化全球发展中形成中国特有的文化体系与特色，是每一个文化研究工作者必须面对的课题。

在文化创新这条路上，曹顺庆先生在对比中西文化异质性的基础上，提出了比较文学中国学派的变异学理论，是中国话语的世界亮相。这种创新源于中西文化对比的大视野。曹顺庆先生一方面引导学生背诵中国原典，夯实学术研究的中学功底；另一方面又倡导阅读外文原典，拓宽学术研究的西学视野。中西结合，必然碰撞出创新思维的火花。从1998年开始，曹顺庆先生直接用英文教材给研究生开设"文学研究方法论：当代西方文论导读"，要求每位学生都必须在课堂上用英文选读西方文论著作。与十三经背诵一样，课堂上也出现了不少段子。尤其是我们这些来自中文系的学生，英文功底本来就不扎实，最初老师讲的学生听不懂，学生读的其他人听不懂，课堂气氛特别尴尬。还好，先生不急不躁，慢慢尝试着纠正，学生课

后提前预习，慢慢就上路了。

先生招的学生来路很广，既有学古文的，也有学英文的，还有学围棋的，学音乐的，古今中外，文史哲艺，尽收门下，彼此经常开展辩论会，相互交锋，学术论文的选题在此生发。针对不同的学缘结构，先生拟定了四个大的选题方向供博士们研究，一是做纯粹外国文学的，二是做某一外国文论家的，三是做纯粹中国文学的，四是做国外的中国文学研究的。四个选题既满足了不同的学缘结构的学生知识背景，也让彼此在这个小团体中相互生发碰撞。正是在一中一西的原典背诵与学习中，课堂上看似很平常的一次追问，就成为同学们后来的博士论文选题。我想，如果没有这种宏大的学术视野，没有原典的诵读精讲，不可能激发出这种创新的活力。

而它，正是我们中华优秀传统文化继承与创新的文化根基。作为曹门子弟，中华原典的背诵与精读，中华文化的传承与创新既是我们的看家本领，也是我们的责任与义务。这是我们作为曹门子弟的光荣与骄傲！

"痛苦"的过程，一生的收获

2010 级硕士　刘　璐[①]

自 2013 年硕士研究生毕业，不知不觉已近十年。每每回忆起在北京师范大学的研究生学习生涯，思绪总会飘到主楼 7 层的"比较文学与世界文学"会议室——在这里参加了研究生复试，在这里参加了数次师兄师姐的毕业论文答辩，也是在这里曹老师每个月都会集中为我们十几个比较文学专业的硕士研究生授课。

每每临近曹老师授课的时候，心中总是忐忑的，不为其他，只为那本老师亲自选编的、没有注释的"原典"课本！薄薄的一本，涵盖了《易经》《尚书》《尔雅》等中的经典篇目或段落。每次上课时，十几个学生便和曹老师一起围坐在会议桌旁，老师会让我们挨个读课本上的篇目，或是一个段落，或是几句话，并让我们逐句翻译。那可真是"痛苦"的回忆，因为常常要自食课前准备不充分的苦果：遇到生僻字不会读——尴尬，难理解的内容不会翻译——尴尬！现在写着这些文字，又仿佛回到了那个时候，那个常常为读得磕磕绊绊和翻译得乱七八糟而感到窘迫和羞愧的自己就清晰地出现在眼前。好在曹老师从未因此而生气，而是细致地给我们讲解如何在没有注释的情况下，根据上下文去理解文意，还会发散开去，讲解某句话涉及的传统文化或古代文学知识，甚至指点我们哪些地方可以做有意思的研究课题。

印象最深的是读《文心雕龙》的几个选篇。因为老师的老师（杨明照先生）是

[①] 刘璐，2010 级硕士，1985 年生，比较文学与世界文学专业。

研究《文心雕龙》的大家，所以老师还曾要求我们背一些《文心雕龙》的篇目。结果那次上课前没有认真预习准备，上课时才快速浏览了一下要读的篇目——《文心雕龙·神思》，结果发现有几个不会读的字。当时就一直在心中默念"不要点到我，不要点到我……"偏偏怕什么就来什么，那一段就让我来读了，有不会念的字真是尴尬，以至于以前背过的篇目都忘得差不多了，但至今仍记得那句"是以陶钧文思，贵在虚静，疏瀹五脏，澡雪精神"。

虽然那时常常为上课要读这些经典、课后要背这些经典而感到痛苦，但毕业参加工作后却常常因为这"痛苦"的经历而受益。因为从事编辑工作，时常会遇到一些与古文有关的稿子，得益于曹老师为我们安排的原典研读课，现在处理起这类稿件来也是得心应手。而且因为曹老师的讲解与指点，所以一直都对传统文化、古典文论有浓厚的兴趣，虽然没有从事研究工作，但在工作之余，依然会看一些相关的书籍，从中获得精神的愉悦，我想这是我一生的财富。

毕业后已多年未见过老师，借此之机要想老师表达深深的谢意。谢谢您，曹老师！

自强不息，厚德载物

2016级硕士　代丽娜[*]

我是乌克兰人，刚刚来到川大，曹老师的亲切与和蔼让我消除了对陌生环境的担心。但是老师的十三经课程对我来说难度非常大，听说是给博士生开设的，十三经是中国最重要的儒家典籍，最早的都要追溯到周朝，它们代表着中国博大精深、源远流长的文化。我之前的中文学习没有深入到这个层次，我甚至从来没有听说过其中的一些书名，尤其是老师让我们使用的书是繁体竖排版，我很不适应，有的字根本不认识，也不懂句子的意思，我不知道自己能不能顺利读下来。不过，我的中国同学说，他们也很少读这样的书，让我不要太紧张。

我每次上课前都会预习，可是依然有很多不明白的地方，上课的过程也不能说非常顺利，因为我常常只能读一点点。好在老师没有按照中国同学的标准要求我，还是表扬了我，鼓励我多读一些。有时候我因为一些原因，不能去上课，老师也没有责备，老师的教育方式是宽容的。

课程结束，我印象最深的两句话是"天行健，君子以自强不息"和"地势坤，君子以厚德载物"。我不能非常清晰地弄懂每个字的含义，它们的现代文解释都特别长。但是我从中感受到了中文的美，而且我知道了"自强不息"和"厚德载物"

---

[*] 代丽娜，2016级硕士，1993年生，来自乌克兰。

是古人品格的最高典范，也是中国民族精神的核心，其实这两句话也可以对现代社会和其他国家的人有启发作用，我们每个人都应该努力按照这个标准要求自己。感谢老师的教导让我明白了这些。

与《神思》之邂逅

2016级硕士 罗 娜[*]

> 是以陶钧文思，贵在虚静，疏瀹五藏，澡雪精神。
> ——《文心雕龙·神思》

每每写东西无从下笔时，总会想到《文心雕龙·神思》里所总结的——"机敏故造次而成功，虑疑故愈久而致绩。难易虽殊，并资博练。"人写作的才能，有快有慢；文章的篇幅，也有大有小。尽管快慢有别，但都离不开广博的知识储备和创作构思的训练。某种程度上，像是为自己的愚钝找到了借口，心里得到一些慰藉。或许现在自己写文章慢，但一定是处于厚积薄发的过程中，莫急莫急。这个心理路程在每次写作时，都能在《神思》里找到共鸣，可谓是写作构思最佳伴侣。而与《神思》的巧妙邂逅，要归功于引路人曹老师。

在曹老师的文论课上，曹老师要求同学们一一背诵研读《文心雕龙》。我们通常会对西方文论比较关注，但对中国的文论，尤其是古代文论缺乏深刻了解。正如曹老师一直所强调的，要构建起中国比较文学的话语体系，应避免"失语症"。那么，作为比较文学的学习者，更应朝学贯中西、学贯古今的方向看齐。"虽不能至，心向往之。"正因如此，对中国古代文论的学习也是必不可少的。现在回想，一开始对曹老师要求每周背诵《文心雕龙》的要求不太理解，窃以为是初高中为了应试教育所做的功力罢了。但在这个"硬性规定"的课堂监督下，慢慢地领会到了曹老师的用心良苦。正是在一字一句的吟诵之间，才能反复去咂摸、品读中国古代文论的精妙之处——古人的巧思、用词的凝练与意蕴的隽永。尤其是《神思》那堂课，当我背到"登山则情满于山，观海则意溢于海，我才之多少，将与风云而并驱矣"之时，仿佛思绪在顷刻之间随着波涛上下翻涌，一股"我善养吾浩然之气"的豪情壮志油然而生。驰骋在想象的无限空间里，不禁让人去思考语言和思维的联系。这一点，也和西方文论中的对语言、言语和意识的思考异曲同工。同样的，还有曹老师所提到的《风骨》中对内容与形式的思考等问题，都是在中西文论的交流对话中值得探讨的有趣话题。

感谢曹老师在古代文论上的引路，让我能在比较文学的一方天地里，窥探古今

---

[*] 罗娜，2016级硕士，现为爱丁堡大学比较文学研究生。

中外的灯火辉煌，认识他者，观照自身。

文化积淀与原典研读

2017级硕士　李沁洋[*]

有时候我会做梦，梦中又回到了川大江安校区三楼的一间小教室里。那里有我可爱的同门师兄师姐，也有我的同学们，还有来旁听的学生，虽说是面对硕士和博士开放的课程，但往往总能把小小的教室给坐满，其中甚至还有已经在学校任教的教师和初入大学、对中文原典很感兴趣的本科学生。

大家齐聚在这里，是因为我的导师——曹顺庆教授会在这里为我们讲解十三经。每每回忆到此处，总有说不清的话，萦绕在我的心头和脑海里。

开课的时候正是冬日，隆冬时节，我们几个住在望江的学生，需要赶最早班的校车，才能赶在第一节课开始之前，坐到教室里去。出门的时候，天甚至都还是黑暗而阴沉的，校车的玻璃车窗上凝结着早晨的雾气，人们都冻得直哆嗦，但没有人抱怨一句。因为我们都明白一个简单的道理——你付出得越多，收获也就越多。而能在十三经中收获，在所有人看来，都是极其值得的。

曹老师在上课之前，总会给我们一些时间，去记背上节课所讲的经文，于是教室中总能听到朗朗的读书声。有的师兄师姐因为学业繁忙，没来得及记背下来的，便自觉地站到教室外面，用最快的速度，将手头上的资料给读熟，读完了再进入教室。如果没有这一环节，是跟不上老师的节奏的。

虽然我本身也是中文系出身，完整地读过《论语通释》《孟子》《庄子》等原典，但对于十三经这样的大部头，还是很犯难。我们所研读的《十三经注疏》是上海古籍出版社出版的"大家伙"，两本书抱在一起甚至可以充当某些男生的健身器材，任何一本拎在手里都像砖头那么重。但就是这样的文本，我们需要高强度地跟着老师把它给"啃"下来。

原典的阅读和普通的注释本有很大区别。首先，它采用的是传统的竖版印刷，并且全部是繁体字。虽然对于中文系出身的学生来说，这一点是司空见惯的，但是，以往所读的原典，往往都是有学者标点的，并且注疏部分与原文分开，意思比较好理解。现在手头上的《十三经注疏》却是另一番模样，全书没有标点，注疏以小字竖排形式呈现，实在不可谓"不难"。也因此，在真正上十三经的课程时，曹老师往往有预习的要求。

所谓预习，主要由几个部分构成。一是通读原文，查询不认识的生字词，尤其

---

[*] 李沁洋，2017级硕士，目前于某培训机构教授初中语文。

是有些不太熟悉的繁体字，是重中之重。在查询之后，将其读音与注释标注到原文之中。二是用铅笔在原文中断句，按照自己的语感，标注出古文的句读。这一步的目的是将学习前置，更好地调动起学生学习的自主性和积极性。在课堂核对句读时，往往由学生先给出句读的划分，再由曹老师进行点评。如果句读成功，学生会对原典研读充满信心。三是在解读原典之前，先了解原典的背景，包括写作背景和作者的背景，如果有必要，还需要查询相关的历史资料。这种方法与孟子所云"知人论世"是一脉相承的。用中国人自己原本的方式来解读中国人自己的原典，这想必也是老师想告知我们、影响我们的深意。

在以往的授课中，曹老师总是对当前学界普遍存在的顽疾——用西方的支离破碎的文本解构方式去解读中国原典感到痛心疾首、深恶痛绝。也正是因为如此，虽然我们所学的专业是"比较文学与世界文学"，老师也希望我们能够立足中国，立足本土，先把自己的学问做好，才有资格、有底气、有能力在中国文学与外国文学理论之间徜徉却不至于迷失自己的道路。在文学理论学习的时候是如此，在原典学习的时候也是如此。既然古人已经采用了"注"和"疏"的方式去解读原典，作为后人，作为继承者和传承人的我们，又有什么理由不这样去做呢？我们所做的并非单纯地重复，而是站在新时代的立场上，用审美的、历史的、学术的眼光去看待古人的解读，去品味其高妙，去玩味其语言，去领会其精神，去体悟其思想。唯其如此，我们才能真真正正地有底气地说出，我们的的确确是中华民族的文化传承者，才能把这一份来自古人的礼物，原原本本地传递到后来人的手中。

正是因为我们见过太多文化上的悲剧，所以不得不引起足够的警惕。放眼世界，四大文明古国，古巴比伦、古埃及、古印度、古中国，历经了几千年的岁月，至今仍能有完整的文化体系流传下来的，似乎只有中国。经过数次王朝更替，甚至经过几次的异族统治，中国文化却像是一条愈发健壮的树根，更牢牢地抓住了每一个人的心。这是中国的奇迹，也是东亚的奇迹，更是世界的奇迹。看看我们的邻居，日本和韩国在历史上都曾经深受中华文化影响。日本保留了部分汉字，因此仍能与自己的历史文化相联系，毕竟天皇所著的汉诗也是用汉语写就。但韩国的情况就比较糟糕。韩语让韩国与自己的历史文化相脱离。如今的韩国学者，如果不懂汉字，不通汉语，就无法读懂韩国的历史。由此可见，对于文化传承来说，首先便是不能抛弃历史上的文字，否则会造成历史传承的断代和割裂。这种割裂是深刻而显著的，它只会将想要了解历史的群众困在新时代文化的"孤岛"上，一步也踏入不了历史文化这一块"禁区"。总而言之，文化原典的阅读和理解，是打通中华文脉的关键一步，也是绝对不能放弃的一步。

在原典的研读中，曹老师对"背诵"看得很重。他在课堂上玩笑说，以前信任学生，将抽查背诵情况的任务完全下放给班长，但课堂上再抽已经过关的同学来背诵，对方就支支吾吾起来。"原来是我滋生了腐败，"曹老师虽然是当作笑话讲给我们听，但立刻由严肃起来，"同学们，原典的背诵，其实并非背诵给我听。这是我们每一个学文的人肩负的责任啊!"最初我不以为然。背诵这件事,怎么就成了我们每一个学文的人的责任了呢?难道学理科就能免除这份责任?难道不上学就没有这份责任了吗?随后老师徐徐解释道:"同学们,大家想一想,每年全国有多少个大学生选择中文系?又有多少个大学生能在上学的时候拜读十三经这样的原典?在这些读过原典的人之中,又有多少能真正地看懂?在看懂的人中,又有多少能出口成章,引经据典?没有几个。现在老师给你们的是一个别人求也求不来的机会,大家要懂得珍惜。"在听完这段话之后,就像是有一股电流穿越过了我的心房,我的脑海里忽然浮现中国上下五千年的历史尘烟。我仿佛看到了秦始皇那庄严的模样和广阔的四海;又仿佛看到了盛唐时代那个热闹而繁华的世界大都市——长安;还仿佛看到了宋代所受到的屈辱,文人的呻吟与无助;还有那元代的铁骑,踏平中原时的暴虐和无敌;最后,我看到了晚清时期政府官员对外国人那卑躬屈膝的模样。一幕幕,一桩桩,一件件,都好像是我自己所亲身经历过一般。而只在那一瞬间,我仿佛已经走过了祖国所走过的千万年岁月。

是啊,岁月如歌,一去不复返。我们身在和平稳定的今天,不用像宋代文人那样,远望着失去了的故土河山,白白地唱着"王师北定中原日,家祭无忘告乃翁"(陆游《示儿》)的悲歌;也不用如元朝文人那样,眼看着汉族民众被列为第四等"贱民",发出"兴百姓苦,亡百姓苦"(张养浩《山坡羊·潼关怀古》)的无助呼告;更不用像清代文人那样,即便百般维新变法,"杀身成仁",也未能换取在世界列强中的一席之地。所以我们更要珍惜先辈流着血与泪所保存下来的文化财产。背诵只是知识传承的一个途径,未来我们有许多人可能都会站上讲台,用自己的学识,来影响更多的学子。打铁还需自身硬,如果自己没有足够的文化积淀,又何谈"教书育人"?从曹老师的身上,我看到了许多。我看到了为师之人的谦谦君子风度,也看到了"教书之人"对先辈文化遗产的尊重和重视,更从中学习到了为学之道、治学之道、为师之道。

如果再让我回到那间小小的教室,我一定不负师恩,更加努力地将十三经传承下去!

细读原典,精神永续

2018级硕士 王 楠[*]

"文心者,言为文之用心也。"(《文心雕龙·序志》)每当想起曹师,耳畔总是带着3D环绕的背景音。文化典籍课程上背诵的大篇幅古代文论已是不能熟练清晰

---

[*] 王楠,2018级硕士,中华文化国际传播专业。

地复述下来，但只言片语总会在写作时、谈天时、游玩时，甚至观看一些与之有关的电视节目时浮现于脑海中。这些零碎的句子脱口而出时，自身的专业属性就彰显出来，常常令身边的亲人、朋友、同事惊叹不已，自己也有种炫耀的小小骄傲感。我想，曹师于我们的古籍阅读与背诵培训已是沉入血脉之中，永远铭刻在心碑之上。

我硕士研究生期间就读于中华文化国际传播专业，可初探学术的我其实对于"中华文化"的博大精深知之甚少，在进行学术训练和日常写作时总是畏手畏脚、不知所措。研一上半学期，曹师就要求刚入师门的我们必须研习"中国古代典籍"和"中国文化与文论研究"两门课程，一门要通读理解十三经，一门要求背诵经典的古代文论著作。刚开始大家都叫苦不迭，师门会面的经典话题就是"你十三经读了吗？""这周的文论篇目好难背啊！"但非常奇妙的是，正是在这些日常的讨论、问候、小抱怨、小烦恼中，刚进入师门的彼此陌生的我们迅速产生了共同磁场和特定曹门属性，在无时无刻的交流中渐渐拉近了距离，贴近了彼此，曹门的归属感也油然而生。

"王楠，你来接下一段。"曹师上课抽查阅读和背诵情况喜欢采用接龙的方式，我每次都是在惴惴不安中等待自己的宿命段落，这也迫使我总是提前很久就把该周的任务内容记熟、记烂以应对老师的随时提问。可能也是我的"有备而来"让曹师较为满意，上课抽点时总是喜欢随口喊我背诵，这也一度成为我们此届师门里调侃我的必备句式。从一开始沉浸在被随时抽点的恐惧中，到慢慢沉迷于曹师品鉴古代典籍的精妙，心态的转变并没有消耗太多时间。古代典籍崇"简"，短短几句却字字珠玑，每每听曹师娓娓道来其中的深刻意蕴和巧思，总是会激起我对古人及其作品的崇敬之情。"茫茫往代，既沉予闻；眇眇来世，倘尘彼观。"（《文心雕龙·序志》）曹师用精读原典的课程延续了古人的精神，实现了文字传承的不朽。

第三章　互动探究：以问题意识倒逼自主钻研

第一节　以问促思　以思促学

以问促思，以思促学
——曹顺庆老师课堂教学侧记

2002级博士　曾利君[*]

细数人生的重要节点及其大事，2002年进入川大读博、追随曹师求学之事赫然闪现，如刀刻斧凿般清晰。

2002年，年届37岁的我成为曹门弟子，作为曹师门下的"老学生"之一，我心怀忐忑、诚惶诚恐，虽然此前在某高校忝为人师，但其实在知识学问上是"一穷二白"，此番痛下决心来读博，既是为了在比拼学历的时代应对压力渐大的生存挑战，也是不甘在思想的暗昧中沉沦的一种挣扎，却没有料到，进入曹师门下读博，才真正开启我求学问道的大门。

曹师的博学多才，是作为学生的我永难望其项背的，其教书育人的辉煌成就，也是能力有限、言辞笨拙的我无法恰切评说的，这里仅谈谈曹师的课堂教学。

曹师的课堂，通常汇聚了文新学院一个年级、几个专业方向的博士生，包括古代文论方向、比较文学与世界文学方向、文艺学方向的学生，这些学生分属不同的导师，曹师的课程作为基础平台课程和专业核心课程，是他们都要修习的，此外也不乏其他学院来旁听的学生，每次上课时，基本上都有二十多人，课堂显得人气旺盛。曹师的教学最令我难忘的是，他善于以巧妙的发问引导学生作思考探究，由此

---

[*] 曾利君，2002级博士，西南大学文学院教授，博士生导师，中国老舍研究会理事、中国少数民族文学学会理事、重庆市现当代文学研究会理事、重庆市比较文学学会理事。

达成"以问促思，以思促学"的实效，让学生们受益匪浅。

　　苏格拉底说过，教育不是灌输，而是点燃思想的火焰。曹师的教学课堂，不是"教案剧"的舞台表演，也不是一"灌"到底的知识填鸭，而是思想的"实验室"和师生交流分享的场域，曹师那些让人猝不及防的提问与追问虽然让我们每每感到紧张，却激发了我们的思考潜能和学习的热情，在提问、追问以及我们的勉力回答之后，曹师还要作评点或点拨，让我们豁然开朗。也正是在这样的课堂互动中，师生思想发生碰撞，学生们开始注意一些"问题"和思考问题的维度、方式，并学习到相关的知识。归结起来，就是逐渐培养我们的问题意识，唤醒我们的心灵，促使我们成长。

　　做学问自然需要有问题意识，何谓问题意识？书上的说法是：问题意识也称为思维的问题性心理品质，是指人们在认识活动中，经常意识到一些难以解决的、疑惑的实际问题或理论问题，并产生一种怀疑、困惑、焦虑、探究的心理状态。"有问题意识"就是说要带着问题去思考与发现。但问题意识的培养也极为不易。初入川大校门时，曹师对我们这些稚嫩的知识朝圣者经常爱说的一句话，就是"你要有问题意识"或"你没有问题意识"，这一语重心长的教诲或满带遗憾的评判让我们心生羞愧也饱受刺激。尚未在知识学问上入门的我们哪有什么"问题意识"啊？！以前，我从没注意过"问题意识"这个东西，也没有意识到"没有问题意识"就是个问题。如今方才明白，"问题意识"是我等不可缺少的一种素质，有"问题意识"意味着才能发现问题、提出问题、探究问题和解决问题，才能像曹师所说的那样，真正做到对学术问题的"洞见"。

　　那么，怎样才能拥有"问题意识"呢？我想，除了自身的刻苦钻研、自主探索、学养积累外，至关重要的就是导师的引导和提点。而曹师对学生问题意识的培养就包含在课堂提问与师生互动中，经过师生问答中的思想碰撞，我们蓦然发现，那些看似不言自明的知识学问中其实有很多值得反思和探究的问题。比如曹师提问说："什么是文学？这个问题看似简单，要说清楚却很不容易。文学有没有一个放之四海而皆准的说法呢？文学已存在了几千年，但至今人们还在讨论什么是文学，有关的说法还五花八门，不能统一。你可以把它定义为'在虚构意义上的想象的写作'，但是只要想想那些通常被人们指称为'文学'的东西，就会发现这定义不到位，比如十七世纪的英国文学既包括弥尔顿、韦伯斯特、德莱顿等人的作品，也包括约翰·邓恩的布道词和班扬的心灵自传，这样看来真实和虚构的区分意义不大……"曹师抛出的文学定义问题及其相关看法让我们深思，下课后我急忙去翻看相关书籍与理论资料，发现果如曹师所说，试图界定"文学"的观点说法十分繁杂：有人说文学是语言的特殊组合，但这个定义就像是说绘画是颜色线条的组合一样，看似有道理，却没有用；也有人说，文学是一种虚构的写作，但这种说法忽视了它的真实性特征；还有人说，文学是社会现实的反映，这把文学看成了现实的镜子；当代美国文艺理论家艾布拉姆斯说，文学是一种活动，一种以作者和作品为中心，而与世界和读者相联系的活动；俄国形式主义理论家从文学性、文学语言等基点入手来追问文学的本质，英美新批评理论认为文学文本是独立自足的有机整体……这些说法似乎都有一定道理，但又不全对，因为它们只是谈到了文学的某方面的特征，比如说它的语言形式，它的本质、内涵，它的生产过程等，还无法完备地界定文学。这也表明"文学"这一概念还有继续探讨的空间。通过曹师的提点，我们在思考探究中明白了"文学"这个看似简单的概念中的"不简单"之处，也知道了已有的对"文学"言之凿凿的界定其实都是有一定偏颇的"真理"，"文学"这一概念还有留待阐释的空间。

德国哲学家雅思贝尔斯说，真正的教育，是一棵树摇动另一棵树，一朵云推动另一朵云，一个灵魂唤醒另一个灵魂，曹师在课堂教学中正是这样去触动、唤醒学生的。记得是在"中国文学批评史研究"的课堂上，当讲到先秦诸子对文学艺术好坏评价时，曹师点名让我谈谈老子的"大音希声，大象无形"的含义，当我忐忑不安地说出"老子的意思是说最好的音乐几乎是没有声音的，最好的形象是没有形象的"这话时，曹师说，这只是字面上的一种解释，我们的理解不能停留在表层，"大音希声，大象无形"是中国古代文论中老子提出的一种美学观念，所谓最大的音乐没有声音，最大的形象没有形象，这既是老子崇尚自然、顺其自然的"无为之道"思想的体现，也提示了一种"有生于无""无胜于有"的超拔艺术境界。在老子看来，"至高的音乐""至大的器象（事物形象）"和"至尊的道"一样是"希声""无形"的，"自然"而非人为的"大音""大象"才有"大美"。老子是个哲学家，"大音希声，大象无形"也凝结着老子的哲学智慧，这种哲思幽深的思想在老子的"祸兮福所倚，福兮祸所伏""有无相生，难易相成""守柔曰强"等说法中也有所体现，充分彰显了老子思维中的辩证精神。曹师的这一番点拨，让我如醍醐灌顶，开始初步领会老子思想学说的奥义。

类似的例子还很多，曹师总是在一些重要的知识节点上发问，引发学生的思考，并及时地指点迷津。比如在课堂上学习刘勰的《文心雕龙·风骨》时，谈到对"风骨"的理解，曹师指出，"风骨"是《文心雕龙》中一个重要的范畴与术语，学界对"风骨"的含义有多种解释，其中较有代表性的是将"风"理解为形式，"骨"解释为内容；也有与此相反的观点，认为"风"指的是"内容"，"骨"指的是形式。究竟该如何理解刘勰的"风骨"？曹师一边说，一边将询问的目光投向讲台下表情懵懂的我们。这时听到有同学发表意见说"风骨可能是包括内容和形式在内的一个东西"，也有人说"风骨就是指风格"或者"思想艺术风貌"，对于同学们试探性的应答，曹师敛色正容地说：中国古代文论没有"内容/形式"的话语，不宜用今天我们惯常使用的"内容/形式"的文论话语去解释刘勰的"风骨"，"风骨即风格"的说法也存在一定问题，我们不能拿西方的理论来阐释中国的古代文论，不能拿西方的东西来套中国的东西。其实，从《文心雕龙·风骨》的原文出发，我们就知道刘勰所说的"风骨"是什么，《风骨》篇中有这么一段文字——"若风骨乏采，则莺集翰林；采乏风骨，则雉窜文囿；唯藻耀而高翔，固文笔之鸣凤也",这段文字中，刘勰对"风骨"讲得很清楚，他用了野鸡、鹰隼、凤凰三种比喻来谈风骨，在刘勰的表达中，风骨是指文章既有像鹰隼那样刚劲鸷勇的骨力，又有像凤凰那样斑斓的文采与不同凡响的气度，《风骨》篇实际上更多的是在讲一种"力量美"，文章怎样才能实现"力量美"呢？就是要精炼，要漂亮而有气势。曹师关于"风骨"的"发问"与解说让我们茅塞顿开，也认识到读懂原文、理解文本原生含义的重要性，并由此警惕学术研究中的"以西释中""以今释古"的倾向和做法。

说来惭愧，虽然我大学本科读的是中文系，但对中国现当代文学关注较多而疏于对中国古代文学和古代文论的研读和修习。在硕士阶段，我读的是"中国现当代文学"专业，没有中外文论和古代文学文论方面的知识积累。到了博士求学阶段，才真正发现了自身知识结构的不足。曹师有关"大音希声，大象无形""风骨"等问题的提问，不仅提点我由表及里、探源寻绎，也触动我针对短板去"补课"，开始认真去阅读相关著作。

有人说，没有哪个学生不崇拜老师！我们对曹师自然也是无限崇拜的。但这不是那种基于师生身份、年龄差距的简单盲目、神圣化的拜服，而是基于曹师的知识学问、人格魅力的实实在在的服膺，即所谓"高山仰止，景行行止。虽不能至，心向往之"。在我们一众学生眼里，博学多才的曹师是一座巍巍高山，让我等仰望不已，我们幻想着有朝一日在迈向这座高山的路上能够缩短一小步的距离。

曹师不仅学养深厚，也善于春风化雨。单说曹师的课堂，其多维开阔的视野、以问促思和以问促学的教学对学生而言起到了拓视野、强能力的作用。在曹师门下，我读的是"比较文学与世界文学"专业，为强基固本，曹师要求我在学习比较文学课程和西方文艺理论之外，还须和其他专业方向的同学一起修习中国文化元典和古代文论课程。在"中国文化元典研究"和"中国文学批评史研究"的课堂上，他以弘扬中华文明的视野，带领我们研读《十三经注疏》等典籍，学习《典论》《文赋》《文心雕龙》《沧浪诗话》等文论名篇；在"文学研究方法论研究""二十世纪西方文论导读""比较文学"等课堂上，他以中外文明互鉴的视野引领着学生建构中外文学理论的知识谱系和开阔视野，深入钻研思考相关问题，学会运用文学研究的理论工具，创新文学研究的视角方法。顺便说，博士求学生涯结束后，那两本当初捧读时让我心生震撼、眼神迷离的大书——那红皮缀着龙纹图案、如武功秘籍般厚重神秘的《十三经注疏》，现在已成为我的镇宅之宝，它们雄踞在我书架的醒目位置，颇有"傲视群书"的气势。

对我个人而言，更让我受益匪浅的是，在后来的中国文学研究实践中，我开始有了一种"打通"意识，即打破古今中外的文学、理论的界限，在一种广阔的联系和开阔的视野中来观照中国现当代文学，即以古代文学、外国文学为参照系，在古今中外的纵横坐标系中来审视中国现当代文学，由此我形成了较为稳定的研究方向，确定了相应的研究选题，主要着眼于中国现当代文学与古代文学、文化传统及外国文学的关系研究，以及 20 世纪 80 年代以来中国文学的魔幻写作研究。这从博士毕业后我所主持的课题就可见一斑：最初，我主持的教育部人文社科一般项目"加西亚·马尔克斯的汉译传播与接受研究"（2007—2010），主要考察魔幻现实主义代表作家马尔克斯及其作品在中国的译介传播与文学影响，随后主持国家社科基金项目"马尔克斯在中国"（2009—2010），进一步探究马尔克斯对中国作家的影响和影响的本土化转化，之后由影响研究推进到本土魔幻写作的研究，主持教育部人文社科一般项目"1980 年代以来中国小说的魔幻叙事研究"（2014—2017）和国家社科基金规划项目"1980 年代以来中国小说的魔幻叙事与传统文化的关系研究"（2016—2019），着力考察中国当代小说"魔幻叙事"的历史进程、创作实绩及其思想内涵、艺术特征，解析 20 世纪 80 年代以来中国小说的"魔幻叙事"对儒释道文化、传统民间文化的书写及其思想指向与价值立场。这些研究课题的选择、研究实践的开展，无不得益于老师的启发影响和读博期间对中外文学、文论问题的思考历练。

树高千尺有根，水行万里有源。忘不了在川大那些追随曹师求学问道的日子，曹师的教诲与引领让我这个老学生在知识学问上逐渐开悟，其后才能够一直踏实走在上下求索的道路上。如果重回川大，想做的事情很多，比如想要去博士公寓看看那个善良热情的门卫大爷是否还在？看看公寓门口那株曼陀罗花开得可好？要去川大竹林村小店尝尝冒菜的味道是否依旧？还要去位于竹林村深巷的理发店找那个师傅烫个发，当然，最想做的是，重新坐回教室，再一次聆听曹师的讲课，重新体会一下在曹师的逼问中我们紧张得发抖而后又恍然开悟的感觉！

想清楚一个问题，亦是一种人生
——记曹师因材施教开启学生学术人生的点滴

2007 级博士　韩　聘[*]

一、求学，源于困惑

当大学同窗纷纷离开校园奔赴各自工作岗位的时候，我幸运地在当时三十几万人的考研大军中突围成功，考取了东北一所名校的研究生，开始进一步地接触中国古典文论。开学不到两个月的时间，欣喜还未退却，便陷入了焦虑与惶恐之中。从浩繁的经史子集中拣选出的"古典文论"的篇什不似文学作品，许多是概念又不是

---

[*] 韩聘，2007 级博士，1981 年生，现就职于哈尔滨工业大学（威海）语言文学学院，主要从事中日比较文学、东方戏剧美学、日本戏剧史研究。

概念的中国文论话语的理论范畴交织，让我摸不到头绪。花功夫去啃那些艰涩的文本自不待言，但更感到艰辛的是总也找不到门径。现在想来，除了学科性质的特点外，本科阶段的学术训练不足也让我感到力不从心。直到我在国家图书馆完成硕士学位论文的时候，偶然间阅读了曹顺庆教授编写的《沉郁与雄浑》一书，忽然有一种茅塞顿开的感觉。以西方文论体系为参照，中国古典文论的感悟式话语方式呈现出可以理解的意向。在那一瞬间，点燃了我要继续探索下去的好奇心。命运使然，硕士毕业，我从东北赶赴蓉城，有幸成为曹门中的一员，开启了"新天新地"的学术人生。

二、思考，始于相遇

博士一年级，按照专业要求，需要研读中西方文论原典。老师鼓励我们阅读、背诵《典论》《文心雕龙》等中国古典文论。起初不少学生有畏难情绪，但老师总是强调，学好古典文论，背诵是首要的，不能背诵便掌握不了其中之奥义。当时我们也被要求读西方原典，像伊格尔顿的《二十世纪西方文学理论》等。在读西方文论的时候，阅读一个章节之后，老师总是启发学生们运用所学到的理论对文学现象进行分析阐释。为什么要背诵中国古典文论，而要用西方理论来阐释文学作品呢？我开始尝试用中国文论话语来解读文学作品，很快发现困难重重。中国文论的话语方式重感悟，概念范畴不明晰，不能作为解读的"工具"来加以运用。中国文论到底是用来做什么的？既然可以用西方文论来解读文学作品，为什么无法用中国文论来解读呢？或者说，为什么没有办法用中国文论来阐释西方文学作品？在一次讨论课上，我说出了一直以来在我心中的困惑。老师一语中的地回答道："这就是中国文论的'失语症'。"原来早在多年以前，老师就针对这一问题，在学理上梳理、辨识，提出中国缺乏一套自己特有的表达、沟通、解读文学的理论话语，一旦离开了西方语境，就几乎没有办法说话，活生生一个学术"哑巴"。后来我才知道，正值西方文论话语充斥在中国学界而难以拨开云雾之时，曹老师却一直在努力耕耘，致力于构建中国文论话语体系，传递中国声音。

通过大量原典背诵以及课堂内外多元、有效的学术训练，曹老师开始鼓励我们去探寻适合个人学术旨趣的科研路径。一路走来，现在想想，这对于每个要走上科研道路的研究生来说至关重要。当老师了解到我自幼在东北长大，从中学时就开始学习日语，对日本文化感兴趣，就有意让我参与他主持的国家社科基金课题"中外文化与文论"，负责日本文论的修改整理工作。当从师兄那里接过已初步编辑完成的四卷本书稿时，起初我是彷徨的。面向西方，同属于东方文化视阈下的日本文论与中国文论有着内在的关联性，正如老师的好朋友，日本文论专家王向远教授所说，在中日文论的发展进路中，已然呈现出沙子和水融合的状态，将沙子从水中剥离出来实属难事。怎样厘清同属于东方文论话语的日本文论范畴，展示其不同风貌，这个问题始终萦绕在我的心间。正是有了参研国家社科基金课题的机会，在巨大的压力面前，我精读了大量日本文论原典，为日后开启研究道路打下了基础，并在其中找到了激发自己为之努力的研究方向。

三、治学，问题意识

到了博士二年级以后，老师几乎已经为每个学生量身制定了与自己研究兴趣相契合的研究课题，这不能不说是曹门众生的幸运，这不仅是一份幸运，也关系到一个年轻学者如何走进研究领域，在这条道路上如何走下去的问题。老师总说"入门须正，立志须高"，做学术研究像爬山，要有翻越一座山峰的勇气。治学又如在海上乘风破浪，哪里有礁石和险滩，都要尽在掌握之中。进入曹门学习，我从往届师兄师姐那里了解到，论文选题确定以后，因前期调研不充分，研究方法失当而中途放弃的事情常有发生。在曹老师的团队里，我却看到了另外一种景象。选题来源既有学生自主的选题，也有老师启发式教学中提出的，还有一部分是从老师的科研立项中得来。因为老师是比较文学中国学派的创建者，重建了中国文论话语，所以老师的课题始终把握着国际学术最前沿，参研老师的课题，对学生来说是得天独厚的学术训练机会，更是直接瞭望学术前沿的机会。我的论文选题正是在参与东方文论编写之后得到的启迪。

永远难忘的是在一次文论阅读讨论课上，老师讲到一篇日本文论《风姿花传》，这是日本古典戏剧理论，我当即被这个名字深深地吸引了。课后我去翻阅资料才知道在国内只有一本翻译译本，只收录在一部文论选中，而在研究领域引起学术关注的却只有曹老师一人。我感到兴奋，冥冥中预感到这是我要去研究的课题。在曹门有一个传统，在论文预开题时，老师要同我们一起到郊外去品茶。记得曹门众兄弟姐妹一起去过三圣花乡，与老师谈论文选题，道学术困惑，是别样幸福的时刻。老师对我说，选题固然重要，然能尽全力穷尽前人在该领域所取得的研究成果，更是至关重要。不要总想着如何去创新，要想清楚为什么要去做这个研究，要解决什么问题，要有问题意识，只有这样才会做出好的论文。我谨记老师的话，通过调研国内各大日本文化研究机构，整理资料发现，国内对此研究基本上只有散见的单篇论文。从已找到的资料分析来看，这些被定义成戏剧理论的日本文论中有来自周易、宋代禅学、孟子等中国文论话语的阐述。其中包蕴的研究对象，日本古典戏剧"能"是戏剧，但又不符合西方对戏剧的定义，也不符合包括中国在内的其他东方国家对戏剧的理解。这些，都激发了我要继续研究下去的兴趣，也坚定了我要为之努力的决心。

四、前行，教导相伴

选题顺利通过以后，为进一步开展课题研究，我有幸申请到日本国际交流基金项目，以博士论文执笔者的身份，来到了日本国文学研究资料馆，开始为期一年的论文撰写工作。"要穷尽该领域的先行研究成果，才能去发现"这句话几乎每天都回荡在耳畔，让我时刻不曾忘记老师的叮咛。以《风姿花传》为代表的"能乐书"有三十余部，在日本，一度是以秘传书形式被保留下来没有公开。许多外国传教士最先把能乐论介绍到自己的国家，像德国和美国等都有系列的翻译版本。而我国对此的关注停留在对能乐剧本的整理与翻译上面。从入曹门第一天开始，老师就常常启发我们要用比较的视角去看问题，然后再回溯到文化立场中，具体看待每一处细节。西方世界多从诗剧角度对能剧进行审美观照，如叶芝的诗歌与能剧本谣曲的比较研究，在国内也有对中国题材的谣曲（能剧本）分析。然而，当我置身于日本文学界，很快就感受到中日比较文学中的影响研究在日本是备受冷落的。日本学者认为中国文化对日本的影响是老生常谈，日本文化具有"融合"的多样性。我知道，这是文化受入国的一种复杂的心态所致。

老师总是鼓励我们不仅要能坐住冷板凳做学问，也要能走出去多与学界同行交流学习，开拓国际视野。在这方面，老师总是躬身力行，与国际比较文学界建立联系，带领四川大学比较文学团队探索中国比较文学学派的发展道路，在这个领域里的许多国际知名学者都是老师的好朋友。受此鼓舞，在日学习期间，我成为早稻田大学G—COE研究员，与来自世界各地的青年学者一起交流学习，加入日本能乐学会、人类学学会，拜访与自己学术领域接近的日本专家学者，并在这一过程中深切地感受到老师平日里对学生科研能力培养的良苦用心。对于我的博士学位论文，评审专家认为前期调研充分，资料翔实整备，问题意识突出，给予较高的评价。老师在博士阶段所给予我的，远远不止一篇博士论文的指导，更为我打开看世界的一扇门，为我播种一颗不怕艰辛、保持热爱的种子。

五、感恩，学术人生

博士毕业以后，我离开成都，任教于一所西安的高校，有好几年没有再见到曹老师。当西安与成都的第一列高铁刚刚开通的时候，我乘着第一班快车去看望曹老师。老师在课堂下，总是面带温和的笑意，每次拜访老师，都会让疲乏的我感到温暖而有力量。老师在课堂上说过，到成都读书一回，身上要有"成都气"。当离开成都，我才感受到"成都气"就是要有一股不服输的干劲儿，也要有一股洒脱劲儿。因为我教书的学校是一所工科院校，人文气氛淡薄，人文学科的老师有不少都放弃了自己的专业。当再次见到老师的时候，老师问及我申请国家社科基金的事情，鼓励我，说我一定能行。老师让我去北京师范大学拜访他的好朋友王向远教授和张哲俊教授，因为两位教授都是日本学研究的专家。受到老师的鼓励，我一鼓作气，申请到了国家社科基金项目，继续坚持研究自己喜欢的课题。

之后，我工作调动，面临又一次的人生选择。在犹豫不决的时候，我又打电话给曹老师，想听听老师的意见。曹老师在电话里就说："再犹豫，机会又都没有了，要动起来。"好像在每一个关键点上，我都能听到老师的声音，那声音总能让我辨识前面的路。读博期间，老师提出的要求高，布置给我们的任务多，也很严厉。但老师掷地有声地说过，将来你们走到哪里都不会觉得累，因为在曹老师这里的训练能让你们完全应对。离开了成都，我多少也有了些"成都气"，喜欢喝茶，喜欢偶尔和朋友冲壳子，但我知道真正的成都气还是恩师带给我的底气！感恩能在生命中遇到一位授我以渔的好老师，让我有能力坚持去做一件自己喜欢的事情。

我生性胆怯愚钝，倘若未与恩师相遇，想必是不会有跨越山海的勇气。学术研究是登山，是航行，人生又何尝不是呢！无论身处顺境还是逆境，都需要沉着冷静地面对。宛若驾驶一艘船正在驶向深沉广阔的海域，需要思考、判断和坚持下去的意志与决心。有过在曹师身边读书的那段岁月，我注定会变得勇敢起来。想清楚一个问题，辨明一个方向，是做学术研究的开端，亦是面向整个人生的态度。

观澜索源，反本弥新
——与曹师顺庆先生点滴

2008级博士 杨浡伟[*]

跟随曹师顺庆先生读博士时，曾有一个关于"教学名师"的课题需采访先生，主要是想让先生谈谈高校为何以及如何推行"元典教学"的问题。先生一听欣然同意，并说："你叫上几个同学一起去咖啡馆，我请你们吃西餐，边吃边聊，这样比较好。"于是我们三五成群来到先生说的咖啡馆，先生给我们点了店里所有好吃的菜品，还细心地给每人点了一份冰激凌，因为先生觉得"你们年轻人都喜欢吃这个"。那一次，我们的肚子和灵魂都大大地美餐了一顿。

采访中先生说："中国在逐渐走向经济和政治大国的同时，文化教育也得到极大重视，注重培养高、精、尖的人才更成为重中之重。我说这个时代没有学术大师，可能很多人不同意，但这绝不是一个武断的观点。中国当代教育对古代原典和传统教学理念的摒弃，是造成现代教育失败的关键因素之一。钱学森先生曾向温家宝总理坦诚相告，认为'现在中国没有完全发展起来，一个重要原因是没有一所大学能够按照培养科学技术发明创造人才的模式去办学，没有自己独特的、创新的东西，老是冒不出杰出人才，这是很大的问题。'季老研究梵文、吐火罗文，这些东西在中国没有几个人能看懂，他搞这些东西有什么意义？又不会拉动国民经济！但这些恰恰是我们文化积淀的精华，没有这些东西，我们的文化就没有脊梁，没有支柱。所以，重视原典教学不是现代某个人思想火花的迸发，也不是当代教育的创新，古往今来一概如此。西方自柏拉图时代直至现在的世界著名学府牛津、哈佛都

---

[*] 杨浡伟，2008级博士，内蒙古大学讲师，主持省级项目一项，参与国家课题三项，参与省部级课题三项，出版专著一部，担任副主编编写教材一部。

非常注重古代典籍的学习，我国古代教育更是这样，学生必须将四书五经等古代经典倒背如流。解决现代教育的问题，要从打好基础开始，要从学好中国古代原典和西方原典开始，这是我近年来一直倡导元典教学的根本所在，争取在这个问题上对当今教育有所弥补。正因为此，我首先在四川大学给本科生和研究生开设了元典教学平台课，希望通过这个试点，能将元典教学的观念持续推广。另外，原典教学方法、课程设置、教材编写的失当，也是应引起当前高度重视的。原典是文化的源头，是民族精神的支柱，是民族凝聚力之所在，是各学科最基本的东西。当然，我们强调元典教学，但不是要培养书虫，仅将原典学习好、背诵好并不是拔尖人才。"随后先生又强调："在跨文明、跨学科语境中，很多学术术语要实现完整意义的再现是有很大难度的。"学生"不仅要通中，而且通西，中西贯通，这是一个很重要的问题"。所以，"当前教育要培养出非常优秀的人才，必须改变教学理念、研究教学方法，将元典教学贯穿到教育过程的每个学科、每个步骤之中"。先生是这样说的，也是这样做的。

我书房的书桌上多年来一直放着两本厚重的《十三经注疏》，谈不上时常翻阅，但需要找资料时，常常会先想到这两本大书，也常常能想到先生和先生的课。那时最害怕上先生的课。彼时先生主要给我们开两门课，一门是"诵读经典十三经"，一门是"西方文论"，这两门课我都害怕上。不仅是我，大多数先生的博士生、硕士生都是恐惧上这两门课的，但课堂上永远座无虚席，这是非常奇怪的现象。

用恐惧这个词来形容曹门弟子上课的心情绝非虚谈，这是因为先生让他的学生以及他做副导师的学生必须要提前将上课内容全部背熟，并在课堂上逐一检查过关，背不下来倒不会挨先生训斥，先生只是平静地叫下一个接着背。尽管这样，背不下来的同学还是常常羞愧难当，而每一次下课后大家都如释重负，紧接着又压力重重。先生的"元典精读课"一周一次，间隔六天中要将下次上课先生准备精讲的篇目全文背诵。十三经的语言拗口，深奥难懂，甚至没有句读，然而上课检查让背诵的时候，却不能不喘气，要喘气就要加上句读，要句读精准就要完全理解篇章的含义。于是先生所说的预习和背诵，其实就像是每周完成一篇古代文论研究论文。有时真的不会，就想偷懒，偷偷将书放在书桌上，故作平静地坐在桌前，眼睑下垂盯着书"背诵"，每每这时先生总能不动声色地走到旁边站定不离开。那时是很不理解先生的——怎么像盯着小学生一样盯着博士生？直到后来遇到很多其他高校的博士生、硕士生，都用一种类似于看敢死队的眼光地盯着我们说："我可不敢考先生的博士，据说你们要背诵十三经的。"于是，当我们能在别人的惊讶中随意引上几处十三经的典故和文句时，才知先生用心良苦。

这么让人恐惧的课怎么会座无虚席呢？这是因为先生的课实在精彩，而除了曹门弟子，其余来听课的学生是不需要背诵十三经的。其实先生的课，不能仅仅用"精彩"二字形容，而是常常能让人沉入其中、不能自拔。每次课堂上背诵完再听先生讲课，绝对是走进文化盛宴的享受。先生的课从不照本宣科、逐字翻译，方法非常灵活，他常常在学生背诵后让学生们议论句读是否正确？字词读的是否准确？文章表达含义为何？以现代思维反观古人论点是否客观？这时下面几十上百号的学生便叽喳不停，先生则在讲台上微笑地看着。片刻后争论声渐息，先生在听取大家讨论结果的同时开始进行精讲和解读。先生的精讲从来不是照本宣科或者逐字翻译，他都是在学生理解的基础上深挖经典的理论含义和在古代与现代的意义。有时先生会在讲课中插入一些精彩的小故事，这些故事绝对是学生们没听过的，但又非常富有哲理性，于是更加吸引人。所以上先生的课堂常常需要提前占座，即使是曹门弟子，也并不保证一定有位置，还有好多因为没有位置而憾然离场的同学，总免不了一顿抱怨声。因此，可以说每一位曹门弟子都有过这样水深火热和饕餮盛宴并存的双重体验。后来有幸继续和先生做博后，进站时需要先生签字，恰逢先生有十三经的课，不得已硬着头皮去课堂寻先生签字，先生问要不要再听一节课，当时的心情和读博士时竟毫无差别。

  对曹门弟子来说，先生的"西方文论课程"也是一大考验，这个课不是所有学生都愿意来上，因为先生主要以英文授课，教学用书也是英文版本，总要英文好的才能上得了这个课。先生说，"翻译只能力求'信、达、雅'，却不能呈现某些词语的全部含义，尤其在跨文明、跨学科语境中，很多学术术语要实现完整意义的再现是有很大难度的。我们可能很容易地翻译出'cat'（猫），却不能清楚地翻译出'Close reading'（细读），我们可能在不同版本中看到很多关于这个词的译义，读者阅读中或者对'Close reading'本意了解不尽然，或者在多个释义中产生迷惑"。英文特别好的学生还好，像我这种只会俄文的学生绝对如坐针毡。经申请，先生同意我上课时使用汉译本教材，但听不懂也很难参与课堂讨论，于是我课下的学习量就要比其他同学大很多。虽然当时觉得痛苦，现在回想起来，却觉得先生的课非常受益，我们当代学界对于西方文论的误读和生搬硬套，其中一个很大的原因就来自研究对象是各种各样的译本，而非作者的原著。研究对象本身就出现了偏差，到了后期的论证和应用就可能差之千里了。先生特别注重对文论中基本概念的阐释，无论古代文论还是西方文论，先生常常会着重拿出一些概念让学生解释或讨论，甚至有时会故意给出错误的含义让大家辩论是否正确，大家讨论后先生才会明确指出概念本身的含义和范畴，致使大家的印象非常深刻。先生始终将"原著""基本概念"和"基本思想"作为学术研究的根本，以此为原点展开教学和深入研究，这也教会了他的学生们要秉持一种对学术负责的精神去做学问，所以先生的众多弟子都成为学界非常优秀的学者。

  先生对学术论文的写作要求很高，常常能细致到一个字词、一个句读的使用。一次先生非常认真地说："你们的论文写得过于啰嗦，其中一个原因是'的'使用过于频繁，一句话中出现一个'的'就可以了，为什么要用两个、三个呢？"直到现在，先生的教诲还常常在耳边回荡，每每写作，习惯性地要反复斟酌词句，总担心过于繁复啰嗦。毕业论文先生审查得更是详细，我的毕业论文从确定方向到最后

立德树人　传承文明
——曹顺庆教授40年拔尖人才创新培养案例实录

答辩，和先生沟通的次数我已记不清了，最后字数超过十万的时候寒假已经过去一半，又临近过年，从西南的成都到东北的呼伦贝尔几千公里的路程火车需要走三四天，急切回家的心情让我已经无心继续论文的细致打磨。既然已经达到了国家关于博士论文字数最低标准的要求，便匆匆交上论文，不敢等先生回复就踏上了回家的列车。我到家的时候已经腊月二十九了，想到先生总要忙着过年吧，哪有时间看我的论文。正盘算着终于可以舒心地过后半个寒假时，先生的电话在大年初三的早上不期而至。先生语气温和地说："你的论文需要好好打磨，字数至少要再加十万字以上。"然后就具体指出了我论文中的好多问题，包括结构框架都进行了大幅度调整。放下先生的电话我就哭了，慌乱中不断埋怨自己为什么要考先生的博士呢？但也只好赶紧买票回学校，夜以继日地完成毕业论文。和先生反复沟通修改几次后，在学院几次三番地催促下才交了论文。后来当听到答辩评委说我的论文是答辩当天所有学生中最好的时，才知先生之心。

先生一直强调，所谓导师就是要将学生带到学术的前沿去。因此先生非常支持我们积极参加高质量学术会议，还经常自掏腰包带着学生去参会。先生总是带着我们和每一个来参会的专家学者交流，总是积极给学生提供发言的机会，让学生尽力表述自己的学术研究成果。当我们的论述被参会专家批评时，先生也不怒，总是告诉我们客观地看待专家的建议和意见，有错误、有漏洞必须要改正、要弥补，但不要对做学问这件事本身失去信心。

作为先生的学生，是让其他导师的博士生很羡慕的事，因为先生传道授业解惑的形式灵活多样。记得有一次成都有黄梅戏的演出，先生不仅将演出票给我们，还专门开车载我们去。当天的一个剧目讲一个爱国青年接受新文化后出国留学并与另一位志同道合的新青年结为连理，当他们年岁渐长衣锦还乡时在村口遇见一个孩子将他们领到一个妇人家，而这个妇人恰恰是自己无法违抗父命娶的妻子，当时自己因不喜欢这个父母择中的妻子而远离家乡求学，未想到妇人一直坚定地守护这个有名无实的婚姻，因而感到愧疚。这是一出表现新旧文化冲突的剧目，很有代表性。从川大到剧院大概行车要四五十分钟，去时先生一路上给我们普及黄梅戏知识，回时则又讲了一路五四时期很多新文化运动的知识。和先生看一场戏，等于听了先生两场讲座。

跟随先生读博士已经是十几年前的事了，但与先生的点滴却历历在目，仿佛就在昨日今朝。博后出站时和一位同时办理出站手续的同门去看望先生，正遇上某知名大学校长带着两名院长也来看望先生和师母，先生却把我们带到一边，只留师母陪客人，并对客人说："他们是我的学生，也从远道而来，我陪陪他们。"先生起身给我们到了水并嘘寒问暖后，就开始了解我们各自的学术研究情况和工作情况，嘱咐我们要踏实做学问。当今如先生这般对待学问和学生的少矣，先生乃真大师矣！

春风桃李忆师恩
——记曹门学习心得

2016级博士　欧　婧[*]

毕业离校已近三年，时常想念起曾经在成都求学的岁月，作为一名本、硕、博都有幸在四川大学文学与新闻学院就读的"穿山甲"，我至今难忘的是曹师顺庆教授多年来的谆谆教导和广博学识，以及在曹门六年学习时光中，一幕幕让我受惠终生的场景。

在我还是一名本科生的时候，对于曹老师的印象，更多只是本学院的院长领导。虽然曹老师时常出现在学院的公开讲座、讲话上，并曾在大三的"比较文学"专业课团队教学中，作为带头的专家教授为我们08级中基班讲授了提纲挈领的第一课，但出于本科学生对专家学者遥遥仰望的距离，当时的我，尚未深入了解曹老师讲学授业的真正精髓所在。出于对"比较文学与世界文学"这一专业的兴趣与向往，在大四保研期间我选择了这一专业方向作为后续的学习道路，并且最终有幸进入了仰慕已久的曹老师门下。

一、《十三经注疏》：原典研读的基本教学法

当我怀着期待之情在研一开学之际，顺利进入硕士阶段学习时，对"比较文学与世界文学"的具体学习内容，尚未有清晰而全面的认识，只停留在本科阶段专业学习对"比较文学"基础课程的基本认识上。虽然对"外国文学"前期学习有一定的理解与兴趣，但对自己在新的阶段所需要积累的知识较为茫然。进入曹门之后，有幸结识了2012届的博士师兄师姐们和硕士同学们，在逐渐融入这个团结有爱的大家庭的同时，我也了解到大家专业方向上的差异，有的学习比较文学，有的则是文艺学、比较艺术学等——不同的学科领域，为我后续视野的提升打下了基础。

曹老师首先提出要求，让我们这几个硕士生跟着博士生师兄师姐们一起上课，这样一视同仁的教学方式，直接为我们提供了开拓视野、增长学识的宝贵机会。曹老师也用对博士生的教学要求来对待我们这些硕士生，让我们直接使用和博士生同样的教材。我们最开始学习的，就是博士生们的平台课，关于《十三经注疏》的原典研读。从那一天起，我们这一届六个硕士生，每周也和师兄师姐们一样，背着厚厚的清代阮元校刻版《十三经注疏》来到曹老师的课堂上。

---

[*] 欧婧，2016级博士，女，1990年生，重庆人，重庆工商大学文学与新闻学院讲师。主要从事比较文学与外国文学、文学理论研究。

我至今仍清晰记得，曹老师会在第一堂课上，开宗明义地为大家强调为什么我们要研读这样艰深的儒家典籍原文，同时还特意使用繁体字的注疏版本，就是希望我们能够少走弯路，直接阅读古代文化典籍原著，并深入地学习其文思义理，从而近距离接触中华民族千百年来博大精深的文化精髓。这是无论哪个专业方向的学子都应该掌握的一大基础学养，更是众多前辈学者为我们留下的宝贵经验。记得曹老师课上就曾援引师祖杨明照先生的亲身例子，告诉我们杨先生家中的书案上，就常年摆着一套阮元校刻的《十三经注疏》，当他伏案疾书之时，所思所想，都可以随时从原文中翻阅、参考，由此可见经典原文对学术研究的重要性。

曹老师在讲解《十三经注疏》时，会从最基本的各个选本进行介绍，十三经包括的《周易》《诗经》《尚书》《周礼》《礼记》《仪礼》《公羊传》《穀梁传》《左传》《孝经》《论语》《尔雅》《孟子》十三部儒家经典，它们各自的作者出处、由谁作注、由谁作疏、由谁正义等。这些基础的常识性知识看似简单，却能串联出毛亨、郑玄、孔颖达、邢昺等各个朝代具有代表性的鸿儒，让我们借此就能够对儒家经典典籍的历代流传，有一个较为整体的认识。

曹老师讲解每一部原典的基本方法，就是轮流抽读。在一堂课中，按照从博士到硕士的随机顺序，向学生们进行抽读与提问。"抽读"即让被点到的同学对原典的原文进行句读并朗读相关章节，"提问"即进行抽读的同时，让被点到的同学回答相关知识要点。鉴于《十三经注疏》中的原文并没有进行句读标明，一开始大家总会面对着这一困难而变得紧张，有时候读得磕磕巴巴，有时候则会出现断句的错误。曹老师并不会严厉地苛责我们，但是他总能在大家朗读的时候，及时地判断出，什么时候出现了断句上的错误，并及时地进行指正。

曹老师还会提问一些和典籍相关的文献学知识，由此考察大家对原典的熟悉程度，以及是否在课后进行了相关研读的巩固。我至今记得十分清楚的一件小事，就发生在硕士期间，当曹老师讲到《尚书正义》时，向大家提问：现有的十三经目录中，《尚书》的哪些具体篇目，被后世判定为"伪古文尚书"？记得当时是博士生周娇燕师姐当堂回答了曹老师的这一问题，即《舜典》篇首的二十八字、《大禹谟》《五子之歌》《胤征》《仲虺》《汤诰》《伊训》《太甲》（上、中、下三篇）、《咸有一德》《说命》（上、中、下三篇）、《泰誓》（上、中、下三篇）、《武成》《旅獒》《微子之命》《蔡仲之命》《周官》《君陈》《毕命》《君牙》和《冏命》二十余篇。

当时听到这一答案的我，就随即在目录上进行了笔记。机缘巧合的是，四年之后，当我以博士生的身份再次坐在"十三经"的课堂上时，这一次，被曹老师提问到这个问题的是我。而托赖于硕士期间和师兄师姐们一起进行的学习，我非常顺利地回答了这个问题。类似的还有博士期间，曹老师在课上继续提问过我有关"今文尚书与古文尚书的来源"，我也因为曾经学习过"伏生授经"与"鲁恭王坏孔子壁"的相关知识，而积累了一定的前期基础。

曹老师在要求大家能够通读各部典籍原典的同时，还会对重点的选段原文进行阐释与解读，引导同学们加深对儒家文化精神的认识。例如，曹老师会讲解《春秋左传》《春秋公羊传》《春秋穀梁传》，虽然同为解释《春秋》的儒家典籍，即"春秋三传"，但三者在记述方式上存在着各自的差异与特点，同时还引出了"微而显""志而晦""婉而成章""尽而不污""惩恶而劝善"的春秋五例。又如，讲解《诗经》时，曹老师会从"毛诗""大毛小毛"等基本概念介入，进一步介绍《毛诗序》对于儒家文学传统的重要性，同时还会结合具体篇目的原文进行知识讲解，如《诗经》中的《雅》《颂》以十篇为一什，即成"篇什"这一概念，以及"三章章四句""五章章四句"等为何意。

让我印象深刻的是，曹老师在课堂上时刻保持着随和幽默的风采。讲到《诗经·周南·汉广》时，曹老师让我们猜一个谜语，即"汉广"二字，打一大学名称，该是什么——谜底自然是我们的母校，"川大"。课堂上，大家顿时会心一笑，就这样，看似枯燥乏味的原典研读，始终洋溢着井然有序却又和煦亲善的氛围。

二、训练背诵古代文论的基本技能

曹门一直蜚声在外的一项绝学，便是那个"每一位学生都必须背诵《文心雕龙》"的传说与传统。犹记得，当我博士研究生临近毕业，开始参加各大高校的招聘面试时，其中一所高校的面试老师们，在听闻我是曹老师的学生后，便对这一著名传统十分好奇，当即要求我进行《文心雕龙》的背诵——而我则顺利地背出了《原道》篇的开头部分，这也全都来自就读于曹门时，曹老师对我们的鞭策。

这和十三经原典研读一样，同样来自曹老师对我们一视同仁的严格要求。硕士就读期间，在和博士师兄师姐们一起学习古代文论的课堂上，我们硕士生也和博士生一样，被曹老师要求在这一学期里按照规划进行相关文论篇目的背诵。曹老师会在第一堂课上，列出本学期需要进行全文背诵的相关篇目，包括至少10篇的《文心雕龙》原文，例如《原道》《征圣》《宗经》《正纬》《辨骚》《神思》《通变》《体性》等篇目，以及《毛诗序》、曹丕《典论·论文》、陆机《文赋》、司空图《二十四诗品》等古代文论重要篇目。

通过开学时提前的"布置任务"，当讲解到相关具体篇目时，曹老师则会在课堂上依次当场检查大家的背诵情况，往往是每个学生当场站起来背诵一段。看似可以投机取巧，但因抽查顺序不一，大家也不敢抱有侥幸心理。而曹老师有时候也会打乱博士、硕士之间的通常顺序，只为严格地抽查大家是否按照要求认真地背完了全文。

关于曹老师的突击检查，我至今仍记得，在关于陆机《文赋》的那一堂课上，当我被抽到背诵"伫中区以玄览，颐情志于典坟"这一较为靠前的段落后，后续又再次被抽到背诵后面"若夫应感之会，通塞之纪"这一段落。可见曹老师是为了当堂考察学生们对原文全文的理解与记忆。在这样的严格要求下，大家自然而然也就严格地要求自己，避免投机取巧心理下的偷懒或应付，最终等到一学期结束时，背诵相应古代文论原文的有效完成，也使得我们从根本上加深了对重要文论篇目的研读与理解。

这样的浓厚的背书氛围，也助长了曹门学子之间的互帮互助，我到现在仍记得每当上课的时间快要到来时，师兄师姐和同学们最为关心的话题，就是"背得怎么样了？"有时候，大家也会三五相约，一起去文理图书馆附近早读；有时候，也会偶然间在校园里或教学楼里，碰到拿着书本的同门们——他们都来回踱步，认真仔细，口中念念有词。

共同的挑战才能迎来共同的成长，并且共同构成了专属于曹门的一道独特而亮丽的风景线。相信不管再过多少年，每当回忆起这段"背书"生涯，纵然曹门学子们天各一方，也能"天涯共此时"地泛起会心一笑。

三、双语教学与理论研习

在曹老师的另一门"西方文论（双语）"课程的教学上，采用的则是我们在本科学习阶段基本很少接触的中英文双语教学，使用的教材是英国学者特雷·伊格尔顿的《二十世纪西方文学理论》（*Literary Theory: An Introduction*），包括英文原著与中文译本两版。

曹老师要求大家上课时，必须携带两本教材进行中英文对照学习。和十三经元典研读课程类似的是，在课上，无论是博士生或硕士生，都必须按照老师要求的顺序，当堂朗读相关英文原文教材选段，并随后进行文章大义的翻译与解释分析。这就需要大家在课前进行充分的预习，既需要掌握英文生词的发音，熟悉语句连贯的阅读语调，更需要掌握相关内容的中文翻译，及理解其背后的西方文论观点所在，从而避免"哑巴英语"或者"只知其文，不知其意"的弊端。

久而久之，大家就养成了事先进行大量预习的好习惯，并在查找英语生词的过程中，不知不觉地拓宽了词汇积累量，同时，在朗读英文原文的课程中训练了口语发音。这种一举多得的学习方法，既帮助大家通过最贴合文意的中英文对照阅读了解了二十世纪西方文学理论的各大派别的代表学者的主要观点，也借此让大家开拓了理论视野，并对一些曾经有所疑惑的知识概念进行了更为清晰准确的认识。例如，英美新批评理论中提出的"close reading"这一概念，原本我只是断章取义地通过中文翻译，将其理解为"细读"，即"文本细读"。但通过阅读英语原文与曹老师的讲解后，才认识到这一概念更加侧重于指向对于文本内部的理解，约等同于排除历史背景、社会时代、作者传记等外部因素，即"封闭式的阅读"这一定义。

又例如，当曹老师讲解到教材的第二章"现象学、诠释学、接受理论"时，既从发展脉络上为大家理清了各大学者之间的学说影响，又深入浅出地为大家讲解了诸多原本在我看来颇为艰深的文论概念。比如当讲到胡塞尔的"现象学还原"时，曹老师多次强调大家关注"括起"即"放入括号"这一理念，即采用括弧法，将历史经验知识与外部世界知识进行"悬置"，将超出直接经验的一切都放入"括号"

内，从而才能完成"现象学还原"的一大重要环节。

西方文论这门双语课程虽然对我这种中文专业出身的学生存在着一定的难度，也需要我在课余花费许多时间来进行预习研读，但这门课程，确实使我受益匪浅，它让我既了解了众多西方文论代表学说，又锻炼了自己的英语口语能力。

结　语

作为一名曹门2012级的硕士与2016级的博士，我何其有幸能够与同门们结伴同行，共同走过数年的求学生涯；何其有幸能够成为曹老师的学生，时时刻刻聆听恩师的教诲与指导；何其有幸结识了众多同门学子，既承蒙了师兄师姐们的关照提点，也与同门同学们结下了深厚的友谊，共同留下了许多历经多年也不曾忘怀的宝贵回忆。

光阴荏苒，这一段曹门求学岁月留给我的，不仅仅是专业学习与学术研究的更上层楼，更是和诸多同道中人一起走过的，共同学习共同进步的"黄金时代"。相信无论人事如何变迁，镌刻在我们曹门学子心中的，依旧会是那份值得珍惜的情谊，终生难忘的受益，以及对曹老师恩同再造的无限感激，并以这份"高山仰止，景行行止"为榜样，时刻督促着自己在未来的人生道路上继续精进。

跟随曹顺庆老师读博的日子

2020级博士　周　姝[*]

自2020年秋季跟随曹老师读博以来，通过一点一滴的学习与积累，我逐渐融入了曹门这一支充满生机与活力的团队。在实践中，我发现曹老师的教育并不局限于课堂，而是通过丰富多彩的学术活动、学术交流将学生置于一个个不同的学术环境和氛围中，并以耳濡目染、潜移默化和传帮带的形式加深团队中学生们的学术造诣。以下我将从博士备考、趣味课堂和学术研讨三个不同的视角，对曹老师及曹门各位同学帮助我融入这个学术圈中的一些实例进行散文式的叙述。

博士备考

2019年秋天，已经硕士毕业一年多的我对未来充满了无限的迷茫，一种想要继续读书和学习的念头萦绕在心中，只是不知方向在哪里。冥冥之中，好像有一股力量在指引着我走向了与家只有一街之隔的四川大学。记忆中，川大是小时候夏天

---

[*] 周姝，2020级博士，现为四川大学文学与新闻学院在读博士生、四川音乐学院作曲系教师。硕士毕业于四川音乐学院与美国密歇根大学，专业方向为作曲。

爷爷常带我去的荷塘，是长大后常去跑步的操场，也是岁月中洒满阳光的自习室。就在陷入沉思之际，忽然收到一位曹门的师姐发来的四川大学博士招生简章，心中顿时有了主意：去川大读博。

师姐是曹老师2016级艺术学理论方向的博士生李佳璐。据她描述，曹门是一个名副其实的人才济济之地，而要考上曹老师的博士也绝非易事。她笑着形容道，报考曹老师博士生的考生甚至可以坐满几个教室。当时听到后难免惴惴不安，自己本是学音乐作曲出身，而要准备报考曹老师的艺术学理论专业，对我来说具有相当大的挑战。正是在这样一种忐忑与紧张的心态中，在父亲的介绍下，联系上了曹老师。

初见曹老师，便被他身上儒雅的学者气息所折服。曹老师并没有想象中文科教授的那种学究感，相反，他没有任何架子，谈天说地，非常有亲和力。在谈到考博需要准备的研究计划时，曹老师提到了他的重大攻关项目"英语世界中国文学的译介与研究"。据了解，以往曹老师博士生的论文选题也有《英语世界的古琴研究》《英语世界的中国民歌研究》《美国的钢琴教学研究》等与音乐相关的选题方向。这完全能够和我之前的专业方向相结合。通过对英语世界已有的研究成果进行再研究，可以突破对于音乐作品的本体研究，而进入一个崭新的、他者的视野来拓宽研究领域，这不就是创新吗？想到这里，心里不免一阵欣喜。

在准备考试的期间，曹老师和曹门师兄师姐也给予我很多的帮助。曹老师重视基础知识的积累。在他的建议下，我从《辞海之艺术分册》开始一步步了解音乐之外更广阔的艺术世界；同时，在曹老师2015级博士生皮欢师姐的建议下，我开始阅读并背诵曹老师的《中西比较诗学》。这本被称为"中国比较诗学奠基之作"的论著以诗化的笔触和优美的语言展开了对中国古典文学和西方经典文论的比较。其中，老师比较的思维、逻辑和方法给了我很多启发。在备考期间，我也从更广阔的视阈中了解到各门类艺术流派之间的相互联系和影响。比如音乐的印象主义、抽象音乐、极简音乐和美术、视觉艺术中的印象画派、抽象主义和极简主义之间可以说是彼此共融共生且相互影响的关系。这些前期知识的积累也为我后期博士论文的选题和实施提供了必要的储备。

转眼到了2020年6月。由于疫情的原因，博士招生考试的复试被安排在线上进行。在进入视频会议的房间后，曹老师温和、亲切的笑容给了我莫大的鼓励。伴随着博士复试的结束，一段时间紧张的复习备考也告一段落。8月初，我顺利等到了四川大学的博士录取通知书。这意味着，我终于实现了读博的梦想。

趣味课堂

曹老师的教育不仅在课堂，也寓于平常生活中的一点一滴，就像春风化雨般润物无声、潜移默化。进入曹门后，还未开学，就从老师那里领到了第一个任务：编写《当代名家论语文丛》。这本书旨在摘录曹老师论文、著作中的经典语句、段落从而呈现老师学术研究的全貌。在编辑中，我认识了和我一同面试的博士生李甡和翟鹿。他们的专业方向是比较文学与世界文学，且都是从硕士阶段就跟随曹老师学习。虽然年龄比我小，但在专业上他们有很多值得我学习的地方。现在这本书现已经编写完成且交付出版，于我们三人而言，这都是一个深入阅读和学习曹老师经典文论话语的过程。正如在这本书的编后记中所提到的："这些文字，让我们回忆起老师上课时的风采，也使我们更加珍惜在老师身边学习的时光。老师的论述常常让我们有'江海之浸，膏泽之润，涣然冰释，怡然理顺'之感，希望这本书也可以将这种感受带给读者。"①

  曹老师给博士生们开设的十三经是必修课。和我同年级的曹门博士同学几乎都在硕士阶段就旁听过该课，所以是第二遍跟随曹老师学习这个课程了。而对于第一次涉足《十三经注疏》的我来说，这两本厚重的书本让我内心难免感觉无所适从。所幸有曹老师进行导读和博士同学的悉心帮助，我很快适应了对布满密密麻麻注疏的原典的直接阅读。曹老师以每周一部经典的教学节奏进行，这便要求我们在课下要进行大量的自主预习和学习。课堂上，老师采取接龙的方式随机指定一名同学从上一位同学结束处开始朗读。刚开始阅读第一经《周易正义》时感觉特别困难，但随着老师的步伐，我开始逐渐了解了《十三经注疏》的全貌。记得老师每次点到我的名字时我都无比紧张，既害怕自己读不好、断句不对，也害怕老师突然问到其中个别字句的解释而无法应答。在教学过程中，老师对学生既很严厉，又很宽容。同时，他也会补充许多有趣的知识，寓教于乐。比如老师曾讲到，"阴阳"之于"山"与"河"而言是不同的。山的北面因见不到阳光，固称为山阴；山的南面则为山阳。相反，河的南面为河阴，河的北面为河阳。同时，老师又补充，古人在地理上以东为左，以西为右。因此他问："'江东'是指江左还是江右呢？"答曰："江左。"老师点头。

  对我来说，每周六的读书会可以算作博士一年级上学期的"噩梦时刻"。读书会由三个板块组成。首先是中国古代文论的背诵，包括《毛诗序》《典论·论文》《文赋》以及《文心雕龙》中的名篇；第二部分是对伊格尔顿《二十世纪西方文学理论》的阅读；第三部分是对一些优秀小论文的学习，这能够让我们迅速走上学术前沿。对我来说，背诵是最困难的。由于接触的都是从未读过的古代文论，因此必须提前一周就开始背诵且每天不断重复才有可能熟记于心。读书会前一天晚上的熬夜背诵已是常态。记得有一次在背诵陆机的《文赋》时，由于实在不熟练，卡顿了无数次，还好同学们一直提点我，这才顺利通过。由于我硕士阶段曾在美国留学，于是曹老师便给我分配了在读书会上导读伊格尔顿《二十世纪西方文学理论》的任务。这对我来说也并不简单，必须首先读懂英文原文，并在此基础上进行梳理、提炼和总结才能带领大家学习。还记得翟鹿师妹将她之前在曹老师课堂上聆听这门课

---

① 曹顺庆著，李甡、翟鹿、周姝编的《曹顺庆论中国话语》于2022年由中国社会科学出版社出版。

的笔记分享给我，才使我能够以更加清晰的思路领悟到书中的结构和观点。

寻常的读书会阵容包括曹老师2020级的博、硕士生，一共8人。同时，也会有一些临时来参与读书会的"嘉宾"，如曹老师2015级北师大的博士常亮师兄、2018级的博士张帅东师兄，以及后来入学的2021级的王熙靓师妹等。他们的加入让读书会有了更多的学术经验分享。一学期下来，我也逐渐适应了这样的学习强度和氛围，并和同门的兄弟姐妹一起成长、一起进步。

学术研讨

从博士一年级的上半学期开始，由曹老师牵头的四川大学比较文学国家级培育基地便开展了一系列学术活动，包括举办了"三大讲座"——比较文学国际系列讲座、国际比较文学博士生论坛以及四川大学比较文学校友论坛。一时间，系列讲座接踵而来，目不暇接。我担任了比较文学国际系列讲座的联络员，负责联系讲学的外国教授、协调该系列讲座工作的开展以及写作新闻稿。国际系列讲座第一讲的主讲人是曹老师，他讲授的题目为《比较文学变异学》。在两个小时不间断的讲解中，曹老师呈现了逾120页的中英文PPT，吸引了700多位听众到场聆听。除去老师人气爆棚的讲座之外，我印象最深刻的一场是丹麦奥胡斯大学斯文德·埃里克·拉森教授的"文学与文化的相遇——泰戈尔的《家与世界》"讲座。在讲座的评议与讨论环节，拉森教授与评议人金惠敏教授、杨清博士、刘颖博士、杜红艳博士围绕"文学和艺术如何推动了文化对话""文化与物质""世界文学的定义及形成""翻译作为源语言和目标语言之间的对话""读者接受与文学作品之间的相互关系"五个主题展开了有趣的对谈。讲座后，在金惠敏老师的鼓励与帮助下，我将此次对谈的内容记录整理成稿。该对谈稿后来发表在了《东岳论丛》（CSSCI）上。当收到寄来的杂志时，我内心非常激动，博士阶段的第一篇C刊终于有着落啦。

博士阶段的学习历程并不是一帆风顺的。还记得在2021年寒假期间写作了一篇名为《论极简主义音乐的复制技法与美学特征》的论文，当我自信满满地将此文发送给老师后，得到的答复却是文章没有创新性，不能够发表。后来和老师在一起讨论时，他建议我从变异学的视角对这篇文章进行修改。于是，循着这一思路，我重新调整了研究方法，写作了《论简约主义音乐技法在中国当代音乐中的变异》一文。此时，正适逢中国比较文学年会征集发言选题与论文。因此，我便以这个选题提交并参加了在广西大学举办的"时代变革与文化转型中的比较文学——第十三届中国比较文学年会暨国际研讨会"中的比较文学变异学分论坛。

7月的南宁有点闷热。我跟随曹门博士生的大队伍一道来南宁参会。初到南宁，我们一群人便打卡了当地的风味美食，包括油茶、柠檬鸭、荔浦芋头等，还一起逛了南宁的美食街，品尝了最正宗的广西螺蛳粉。此次的研讨会汇聚了很多比较文学界的大咖们，呈现了和南宁美食旗鼓相当的知识盛宴。记得一晚在广西大学的荟萃楼，来自五湖四海的近五十名曹门的学生与老师欢聚一堂，一起聊学术、谈人生。茶话会中，细心而周到的曾诣师姐还为大家准备了蛋糕和点心，氛围温馨而美好。曹门的兄弟姐妹逐一介绍自己。其中，年纪大的已是教授、博导，而年纪小的还是硕士生，这支队伍如此多元而又融洽，让我不禁感叹曹老师海纳百川的胸怀。

最后，不得不提到的就是博士毕业论文的开题了。曹门毕业论文的开题，在所有人看来，都是一场场有目共睹的艰辛与激烈交锋。我们年级共进行了四次开题，从6月持续到10月。每次开题基本都从早上九点开始，一直持续到晚上，参加人员包括五名博士生、三名硕士生以及两名拔尖班本科生。老师每次都会邀请不同的专家对我们的开题报告进行指导、建议与点评。印象最深刻的是，胡志红老师在一次开题中直接指出我行文语言的不流畅与不通顺。这使我意识到我的文字表达能力还有提升和加强的空间。在另一次开题中，支宇老师则建议我在选题《英美学界的极简主义音乐研究》的写作过程中，应尽量多从艺术理论的角度进行概括和梳理，避免走入音乐与舞蹈学的研究范畴。而曹老师则对我论文的结构框架、章节设置等方面提出了很多建议。老师们的指导让我深刻地认识到了自己的短板和不足之处，因此，在具体写作的过程中也应尽量避免"雷区"，为博士论文的写作寻到一条最佳的实施路径。

时光荏苒犹如白驹过隙，在写作这篇稿子时，我的博士生涯也已过半。回忆起来，虽然和老师见面的次数不多，但老师的严谨治学、人格魅力和川大文新学院以及曹门大家庭的温暖却时刻都伴随左右。在这个氛围中，我从未感觉到孤单，而是当中实实在在的一分子。曹老师也经常会将一些学术工作交给我，这让我充分感受到老师对我的信任与鼓励。在曹老师从教40周年之际，也借此衷心祝愿老师身体健康、桃李芬芳！在曹门这个创新团队中，希望我们都能将老师的学术精神发扬下去，将承载着自身学术风格的涓涓细流融入这片生生不息的大海中。

因缘不可思议
——跟随曹老师学比较诗学

2004级博士后　陈开勇[*]

2005年9月，在等待近一年以后，我终于如愿坐上开往成都的列车，到川大中国语言文学博士后流动站报到，跟从曹顺庆先生作博士后研究。

之所以要选择作博士后，盖起因于工作之后，往日读书时期那种"苟日新，日日新，又日新"的充实感渐渐地消失了，知识无所增益的恐慌、对日常事务的厌倦

---

[*] 陈开勇，2004级博士后，男，1968年生，四川阆中人。现为浙江师范大学人文学院教授。主要研究佛教与中国古典文学关系、佛教语言文字学。

不断增加，于是期盼着再次从教师身份转换成学生身份，重新找回读书时期的那种感觉。而之所以选择川大，本愿就是打算从曹先生进一步深入理解比较文学。

早在这之前，虽然我已仔细拜读了曹老师的《中西比较诗学》《比较文学论》《跨文化比较诗学论稿》《中华文化原典读本》等著作，知道老师的一些主要思想主张，诸如跨文化比较、重建中国文论话语、博古通今与学贯中西。然而，由于我自己尚处于中西文化的隔阂的牢笼之中，对于如何融汇古今，往往不能如意。

幸运的是，就在报到的这个学期，曹老师恰巧给硕士、博士研究生开设比较诗学课，我得以旁听。记得第一堂课是从中国的文论著作《文心雕龙》开始的，而且是从原典研读开始的，以《原道》为起点，梳理中国古代文论中的各种观点，然后说到古希腊柏拉图的理念论，古罗马普罗提诺、黑格尔等人的思想，旁及古印度《奥义书》的梵论。两个半小时，先生拿着话筒，引经据典，随机示喻，滔滔不绝。苏东坡《文说》尝言其作文"如万斛泉源，不择地皆可出，在平地滔滔汩汩，虽一日千里无难。及其与山石曲折，随物赋形，而不可知也。所可知者，常行于所当行，常止于不可不止，如是而已矣"，先生讲课极似之。无疑，先生的著述常有发蒙之效，先生之课更丰富、更细腻，精彩纷呈，妙语连珠，思想、譬喻互相映发，使人应接不暇。亲炙受教与读书体味毕竟不是一回事。

其时，读博士时复旦宗教系的校友亦申请跟随陈兵先生作博士后。我们同住川大竹林村单身教工宿舍，常常一起前往旁听陈先生的佛学课、执经叩问疑难，平时则一起讨论佛学，疑义相析，增益佛学见识，多得会心之处。

又，出站后的2009年的一天，原来川师大本科时的同班同学张兄深夜来电，言及他其时正和贵州大学一位朋友谭兄在一起，他告诉谭兄，他与我是本科同学，多年后又同是曹师的博士后；而谭兄呢，与我本是复旦同博士专业但不同方向、不同导师的系友，后来也是曹师的博士后。谭兄觉得不可思议，不敢相信如此巧合，故而打电话求证。

事情就是这么妙不可言。在今天，在这个疫情仍在肆虐的日子里，在窗外繁花似锦而不能外出欣赏的日子里，静静地写下这些点点滴滴的时候，心里涌上的是不可言说的温婉。唐代临济义玄禅师曾告诫大众："大德！莫因循过日。山僧往日未有见处时，黑漫漫地，光阴不可空过，腹热心忙，奔波访道，后还得力，始到今日共道流如是话度。劝诸道流莫为衣食，看世界易过，善知识难遇，如优昙花时一现耳。"人生得遇明师，又因师得聚善友，何其幸哉！

走过望江楼

2000 级博士后　李城希[*]

川大东门进去是一条东西向的校园大道，两旁是高大的法国梧桐，枝干遒劲。二十一年前的金秋十月，在颇费了一番周折，确认自己站在离东门不远的校道左侧望江楼前之后，给远在南京的同学报告自己的行踪，因为此时距毕业已有几个月了。

电话中传来的是他惊讶的吴调："乖乖，你跑到那儿去干什么？"

从第一次在千佛山下远远地看到曹老师，到在望江楼上侧耳聆听曹老师讲十三经，讲伊格尔顿、讲"气"、讲"变异"……实在是一次漫长的旅程。从泉城到粤北，从粤北到金陵，再从金陵溯江而上到蓉城，南北东西，辗转数千里。

2001 年博士毕业前夕，冒出"博士后"这个想法。当时想，既然想做，不妨接着做完。同学中有这想法的，或在南京，或到苏州，更多的是到上海。我没有多想，到川大曹顺庆老师那里去。虽然自己的专业是中国现代文学，但想争取填补一下比较文学、古代文论等方面的知识缺陷。

这个决定并不偶然。1994 年春，中国比较文学学会在济南召开学术会议，其间的一个晚上曹老师等三人做了一个专场报告，我那时也在人群中，算是很专注地听。但是，那时我对比较文学完全不了解，曹老师讲的我一句也没听懂，比较文学在我这里成了玄学。也许正是因为不了解，之后特意去借曹老师的书来看，借到的竟还有他古代文论方面的著述，对此我更是一窍不通，真可谓玄之又玄。听一次讲座，碰到两门玄学。但正是在这玄之又玄中，我意识到那时相当年轻的曹老师学术根基的深厚，讲比较文学的曹老师在我的心中耸然而立。

时隔七年之后的春天，我致信曹老师，表达了自己的意愿。但是，期待的时间内没有期待的回音。我想，也许是专业的原因吧，更可能的是因为没有人推荐，让曹老师觉得贸然和突兀吧。于是不再多想，更没有为博士后而博士后，很快在南京找好了工作。

答辩前不久的一天中午，在宿舍里转悠。挂在门旁的电话铃声响了，我拿了起来，传来的是与吴侬软语构成强烈对比的干脆利落的女性的声音："喂，你是×××哇？你博士后还来不来嘛？"

离开川大虽然已有二十一年之久，但在川大度过的那段时光的记忆似乎从未淡化过，望江楼上曹老师讲课的场景还历历在目，这或许是源于曹老师让人在大冬天

---

[*] 李城希，2000 级博士后，男，厦门大学人文学院中文系副教授，主要从事鲁迅、中国现代文学与传统文化研究。

也能"汗流浃背"的教学方式吧。

他的古代文论课堂上,最让我惊异的是那些"上了年纪"的博士生们背十三经古代文论中的经典篇章。重要的不是背诵时一贯到底,而是一人一段"接龙"式的背诵,这对那些工作了一段时间之后再来读书的博士太难了。背完之后,各人还需解释所背内容的意义。古代文论中的术语如"气",其意义要做出新的解释实在不易。

西方文论课堂上同样麻烦,我去听的那几次课讲的是伊格尔顿,从原著中抽出一章,一人一段,先朗读,后翻译,再解释其意义。这同样不容易,"一名之立,旬月踟蹰",严复曾经遭遇的困境是每一个译者的必然遭遇。

让博士生像小学生一样一段一段地背诵,一段一段地翻译,一个字一个词地解释,再由曹老师作精深的修正和分析,这样的方法和场景给我留下了深刻的印象。曹老师应该是延续了私塾的传统吧,在寻常的空间营构了殊异的氛围,伦理、情感、思想、知识与生活,还有以川音为基调的南腔北调在这样氛围中的无间与交融,对置身其中的个体影响至深至远。

多彩的巴蜀大地,美丽的川大校园,高大梧桐掩映的望江楼,望江楼上曹老师给学生们上课的神情与场景,那些博士生的朗朗诵书声,曹老师的酒量,和他那精妙入微的二胡演奏艺术……在时光的流逝中早已幻化成令我无限眷恋的生命风景!

在启发与点拨之间
——问题意识与自主科研精神的培养

2010级硕士 李桂全[*]

研究生教育是我国高等教育的重要组成部分,研究生的培养质量直接影响着国家高层次人才的质量,因此研究生培养成为众多高校的重要工作内容。如何培养品学兼优的研究生,不同的高校都有自己的培养方案,并且在实践过程中不断地修订和完善方案。在这一过程中,总结现有成功的培养经验和方法对各高校修订和完善研究生培养方案具有重大的意义。曹顺庆先生在几十年的从教生涯中培养出许多优秀的拔尖人才。他们在各自的研究领域做出了许多优秀的学术成果,如张荣翼在文学史哲学领域的推进,蒋承勇关于西方文学"人"的母题研究,叶舒宪、徐新建等人在文学人类学的开拓,吴兴明有关文学理论的洞见,支宇在艺术学理论方面做出的成绩等;也有跨学科的研究,如何云波围棋与文学的结合,曾小月武术与文学的跨越,等等。反思这些优秀学者的学术成就,我们发现,这与他们的问题意识和自

---

[*] 李桂全,2010级硕士,籍贯山东泰安,苏州科技大学讲师。

主科研的学术品质有着重大关系。他们这些优秀学术品质的养成与博士研究生阶段的教育经历有着密切关联。这无疑离不开曹顺庆先生对学生问题意识和自主钻研精神的培养。思考、总结曹顺庆先生的培养经验对高层次人才培养具有借鉴意义。曹顺庆先生对研究生科研素质的培养贯穿到研究生的课堂教学、班级学术讨论以及指导毕业论文等一系列的环节中。在每一个环节，他都重视问题意识的启发和学术讨论之后的点拨。为此，笔者以学生亲历者的视角管窥曹顺庆先生如何以问题意识倒逼学生自主钻研。

一、注重问题意识培养的原典课堂教学

笔者在川大读硕士研究生时，先生针对博士生开设了三门课程，分别是每学年上学期的中国文化原典研究和下学期的西方当代文化与文论、中国文学批评史研究。三门课程虽然具体的内容不一样，但是每门课程几乎都需要阅读原典。笔者非常荣幸刚一入学就和博士同学一起跟着先生走进学术领域，了解学术前沿。先生在课堂上根据课堂内容启发学生思考。从问题引出到激烈讨论，再到先生适时点拨，先生逐渐把问题意识内化到同学们的自主钻研中。这种启发式的教学设计不局限在短暂的课堂时间，他还把一些问题意识的培养延伸到同学们上课之前的准备阶段。每次上课几乎都需要同学们提前花功夫去准备。每次上课前的准备在给同学们带来诸多挑战的同时，也激发了同学们的主动性，培养了同学们的问题意识。具体而言，先生对每门课程的设计又有所差别。

中国文化原典研究课程是夯实学术基本功的重要课程。这门课程以系统研习十三经为主，并且是以传统注、疏、传、笺、解、章句等方式学习。这种学习方式对于中文系科班出身的同学来说也是很大的挑战，正如先生针对学生现状指出的问题："很多学生辛辛苦苦地看完一本本概述，一本本简介，但大多没有认认真真看第一手的作品典籍。"[1] 在这种情况下，学生习得的原典知识大多是经过加工的、模式化的乃至简化的知识。经过这些程序加工、简化、转换之后，原典的意义无疑会有许多失落，甚至偏离原典。针对这种情况，以原典为读本的学习方式可以说非常重要，当然也具有很大的挑战性。同学们不得不从经籍中的词语意义、音读正讹、文字假借、语法修辞、典制等基础开始，这就需要在课前做大量的准备工作，即便如此，同学们依然带着困惑和问题走进课堂。在课堂上，先生一方面在讲解中解答同学们的困惑，另一方面根据具体的内容启发学生并引领大家讨论，如《周易》中的"言不尽意，立象以尽意"，《春秋》中的"春秋笔法"等。这些原典内容经过不同视角的讨论之后，同学们往往还会获得新的阐释空间。这样经过一学期的学习，我们不仅提高了古文水平，加深了对中国文化经典的理解，还通过对一些问题的思考得到学术训练。有些同学的博士论文研究内容就来自十三经学习过程中的

---

[1] 曹顺庆：《中外打通 培养高素质学生》，《中国大学教学》，2006年第11期。

讨论环节。

中国文学批评史研究课程是注重基础与专业训练的课程。这门课程内容是学习中国古代经典文论。说"注重基础"是因为先生要求背诵代表性的篇目，如《尚书·尧典》《毛诗序》《文赋》《文心雕龙》《沧浪诗话》《二十四诗品》《闲情偶寄》《人间词话》等。一些同学觉得通过注释、翻译等手段就可以理解了，怀疑背诵的必要，但是在要求之下还是扎扎实实地背诵下来，最后自己打破自己的疑问，感觉同样一篇文论，背诵之后理解完全不一样了。这种理解可以说渗透到文字的肌理之中、细节之中。不背诵是很难体会到的。通过这样的基础性训练，我们进一步掌握了中国古代文论的话语表达方式，进而也就可以在课堂上深入讨论。在讨论过程中，同学们不知不觉走在了学术前沿。如针对中国古典文论的汉语表达在当代的失语状态所引发的"失语症"探讨；针对"失语症"在学界引起的激烈讨论，思考学界开出的药方：中国古代文论的现代转化，等等。如何解决这些问题，或者解决问题的方案是否合理，这些问题不断地引发同学们做更深层次的思考。在思考过程中，无疑培养着同学们的自主钻研精神。

西方当代文化与文论课程是致力于帮助学生打通中西文化壁垒。这门课程所用的教材为伊格尔顿英文原版的《二十世纪西方文学理论》。在先生的课堂上，每位同学都有阅读、解释、发言的机会。先生在讲某一部分之前，往往先请一位同学阅读、翻译、解释，同学在解释过程中如果遇到问题，先生再鼓励大家发言探讨，让每位同学充分发言，最后适当点拨，达到对同学们问题意识的启发、自主思考的培养。在学习过程中，我们面临的第一个问题就是语言上的问题。由于是英文原文，在阅读过程中遇到难以理解的问题在所难免。为了能够跟上节奏，同学们不得不在外语上用功夫，在无形之中提高了外文阅读的能力。解决了语言问题之后，往往还面临着理解的问题。同学们之前在接受西方文艺理论的时候，往往是借助翻译，但是翻译极易带来理论变异的问题。如学界把新批评的"close reading"翻译成"文本细读"，把"结构主义"理解成表层结构和深层结构而忽视了"Structuralism"在西方语境中的含义，等等。而这种原典导读直接把同学们带入原初语境中理解，减少了翻译转换过程中的误读问题。这种中国原典与西方原典的无缝隙对接，使同学们能够原汁原味地接触中西方文化。

在上课之前，同学们进行预习，积极准备，在准备过程中发现问题、产生疑惑。然后，在课堂上讨论，先生适时地点拨，使课堂变成学生自己内化学习的课堂。这种情况之下，同学们把阅读原典带来的挑战和"痛苦"变成一种乐趣，把对原典的解读内化成一种主动的学术研究。同学们的学术热情完全被先生点燃。这些扎实的基础训练一方面避免了学风的空泛；另一方面，经过集体互动与先生的点拨之后，产生了很多可写的题目，有些题目被同学们写成论文之后发表在高水平的期刊上。

二、鼓励对话与交锋的学术讨论

"纸上得来终觉浅,绝知此事要躬行。"要想不断地内化学到的知识,还是要不断地练习。因此,实践是快速提升学术水平的重要渠道。对于研究生而言,参加学术讨论则是很好的学术实践方式。学术讨论对学术水平提高具有重要意义。先生非常注重这一环节对学生的培养,组织学术讨论,鼓励同学们积极发言、碰撞思想。在这一环节的培养过程中,先生不仅组织办会、引导学生参与高规格的学术交流,更重要的是把这种机制延伸到日常的教学培养过程中。他以班级为单位组织大家进行学术讨论。讨论形式多种多样,如班级周期性的小论文学术讨论、编教材形式的写作讨论、课后相关问题讨论等。这对同学们思路的开拓、知识结构的优化起到重要作用。

小论文讨论是提升科研素养的重要途径。对于在川大读博的同学而言,发三篇C刊的压力可谓很大。因此如何写出高水平的学术论文成为同学们日常思考的主题。为帮助同学们提高论文写作水平,先生引导学生定期举行小论文的学术讨论。每次讨论由一名同学分享自己的一篇论文,让其他同学提出建议。分享过程中对这位同学是一种锻炼,对于聆听的同学也是一次学习。最重要的是这一环节之后,每个同学都要做出评判,指出论文的不足。这些不同观点的碰撞,使论文受到不同维度的审视,从而优化,达到发表的水平。经过一场场激烈的讨论之后,同学们的思辨能力、写作能力得到普遍提高。作为硕士研究生的笔者参加博士同学们的讨论之后深刻认识到自己的不足。在以后自己遇到问题的时候,往往对自己从问题到观点思想路径的形成过程不断地"复盘",不断地审视自己思路的合理性,如影响自己产生这些思路的因素是哪些,如果是别人,将怎样处理自己面临的问题。自己跳出来,重新审视自己,尽可能减少思考的盲区。在这种自我审视中,自己也得到一点点进步。这种进步很大程度上得益于先生引导的班级学术讨论。以班级为单位的学术讨论一直是先生培养研究生的传统。后来我到武汉大学跟随张荣翼先生读书,他回忆起曾经在川大读书的时光,也经常提起先生当年组织他们讨论的场景。他们当年讨论的问题成文之后多以笔谈的形式发表在期刊上。

编写教材是深刻了解学术史的重要渠道。先生除了把小论文定期的学术讨论作为培养学生的环节之外,还举行一些不定期的主题性讨论,如科研项目、编写教材。笔者在川大读书时有幸参与《比较文学概论》教材的编写工作。众所周知,比较文学学科从学科诞生到现在不断遭遇危机与挑战,比较文学的可比性也一直处于丰富与扩容之中。20世纪80年代以来,比较文学这一学科的教材数量不断增多,但是随着学科理论成果的不断推进,有些教材未必能适应对学生的培养要求。为了编写高质量的教材,从教材的定位、章节的安排、最新成果的吸纳等方面,先生进行了全方位的指导。在接到这一任务之后,各位同学也是尽可能全面地收集资料,在收集、分析材料的过程中,自然对比较文学学科的学术史有了深刻的理解。此外，在对待教材的具体问题上，每位同学也都有着不同视角的理解，为此，先生鼓励同学们积极讨论发言。讨论不拘于形式，有时在文科楼，有时在望江楼公园，有时在校园草坪。可以说，这种讨论学习方式是一种非常愉快的学习方式，现在都成为美好的回忆。从观点到教材文本的生成过程中，从观点到观点的碰撞过程中，从初稿到多遍校对成稿定型的过程中，这些亲历参与所获得的直接经验和体会是非常宝贵的。整个流程的训练对同学们的学术水平提升起到极大的帮助。

与先生的互动讨论是学生个人展开研究的重要推力。研究生教育，除了培养学生学习知识的能力外，更重要的是培养创造知识和生产知识的能力。生产和创造知识的能力是衡量研究生培养质量的重要指标，直接关系着研究生的创新能力。而人才培养与知识生产是互通互构的，一方面学校通过既定知识的传递开展人才培养活动，借助人才培养过程实现知识生产的传输机制；另一方面人才培养过程具有知识生产属性，蕴含知识生产行为，新创生的知识以特定形式整合凝结成系统化成果，转换为人才再生产新的"培养基"。[①] 先生特别注重研究生创新能力的培养，一方面他把教学与科研结合起来，把自己在比较文学学科领域取得的成果运用到教学中，如"失语症""比较诗学""变异学""文学他国化"等，通过这些科研成果丰富学生的知识结构；另一方面又在互动探究中鼓励同学们不断地创新。当时，同学们发表的很多期刊论文就是在这些成果的学习过程中，对这些成果的进一步阐发与创新中完成的。这都离不开与先生的互动探讨。在科研训练中，每个同学的学术背景不同，研究方向有所差别，每个人的学术问题也有所不同，遇到问题再与先生有针对性地交流，往往有豁然开朗的感觉，使研究的问题顺利推进。

三、调动自主钻研精神的毕业论文指导

学而不习，不是真正的学习，只有将学到的东西不断地实践才能消化、转化、内化成自己的知识。毕业论文写作是科研实践的重要组成部分，也是研究生培养的重要环节。先生非常注重研究生毕业论文的指导。他经常告诫博士同学，博士论文写作训练是学者成长的重要环节，博士论文质量是衡量学者水平的重要参考。有些同学可能由于时间、精力的分配，在以后的学术道路上很难超越自己的博士学位论文；有些同学的博士学位论文可能就是学术道路上的成名作，因此，他要求同学们好好写毕业论文。为了在这一环节培养学生的自主专研精神，先生充分结合同学们的学术背景，鼓励结合自身优势选择问题，调动学生在研究过程中的主动性。有了问题之后，从开题到写作，再到最后修改，他都给予悉心的指导。在每个环节，他都注重发挥学生自主钻研的精神。

以自主选题倒逼自主钻研。不可否认，一些导师对研究生的培养，往往从入学开始就要求学生加入自己的课题。跟着导师的课题做研究，这无疑有许多优点，研

[①] 马廷奇、李蓉芳：《知识生产模式转型与人才培养模式创新》，《高教发展与评估》，2019年第5期。

究生可以快速地适应科研节奏，也容易较快地出成果。然而，这种培养方式往往缺失了对学生寻找问题能力的培养，导致有些同学在研究生学习阶段只关注某一话题，离开导师的项目之后在相当长的时间找不到自己的研究方向，尤其是在毕业之后。为了培养学生自主钻研的精神，入学一开始先生就鼓励同学们自主选题，并在日常的教学工作中根据课程内容培养学生的问题意识，经过一学年的课程，就留有可供多种选择、不同方向、具有学术价值的问题。问题有了之后，有些问题未必适合学生自己，先生鼓励学生在选择的问题上自主探究，在探究中找到适合自己研究的选题。有些同学选择问题之后，经过一段时间的准备，发现自己之前的预设与后来遇到的问题差距很大，很难做下去，很焦虑地找到先生交流。先生都是很宽心地告诉同学们要大胆探索，有曹老师的"抽屉"托底。先生的"抽屉"里有很多现成的博士论文题目。正是这种托底，同学们不用担心多种尝试带来的时间成本和失败风险。在尝试中，有些问题尽管没有进展下去，但是同学们同样获得了学术训练；而经过不同尝试之后，同学们最终找到了适合自己的选题；最重要的是在这一过程中，同学们逐渐养成了自主钻研的精神。

以开选题会确保论题的严谨。开题报告的写作与审核是研究生学位论文展开写作的第一步。开题报告的准备是在培养学生的科研能力，开题报告的内容反映了学生对研究对象的前瞻性分析和论证思路，开题报告的审核是确保论文高质量完成的必要条件。先生非常重视毕业论文的开题工作，同学们完成一学年的基础学习之后，先生就叮嘱同学们准备开题工作。第二学年的上学期他就安排预开题工作，为了能够让同学们获得高水平的指导，先生经常邀请学院老师和其他高校老师参加同学们的开题指导工作，对同学们的开题报告进行会诊。我们当时预开题就邀请了吴兴明老师和唐小林老师。他们从各个角度对我们的开题报告进行指导，指出了同学们忽视的很多地方。预开题过后除了认识到自己研究的不足，须修改、补充之外，还收获一份鼓励。很多同学在开题报告被质疑之后往往失去信心，老师们对有价值的题目都给予做下去的勇气。记得我们当时预开题安排在成都三圣花乡，空气清新、鸟语花香，在此开题仿佛置身花的海洋、学术的世界，这些都是美好的学习经历。

以互动探究确保论文写作的顺利进行。正式开题报告通过之后要展开研究，还有一个重要的条件是要满足外语的要求。先生对论文的写作要求极高，如果不能阅读涉及研究对象的原典文献，他是不同意写作的。按照先生的话说，如果只从二手或者翻译的文献去研究，难免产生翻译、传播过程中的误读。经过误读之后的研究极可能产生错误的研究结论。因此，在他的要求下，如果研究法语世界中的文学，必须懂法语；如果研究英语世界中的文学，必须英语好。我们这一届中，有些同学研究的主题为"英语世界中的中国某某作家研究"。他们大多都是外语专业出身。当语言和其他条件都满足之后，论文才能展开写作。当然写作过程又充满了各种挑战，开题的设想不可能预料到写作过程中遇到的所有问题，因此困惑往往伴随着写作始终。有幸的是遇到困惑就可以和先生及时交流。就笔者的论文写作而言，每一次和老师交流都好像有一种"柳暗花明"之感，不断地修正自己的想法，直到最后完成论文。

以指导修改确保论文的质量。相信每位写完毕业论文的同学最后都有一种"脱层皮"的感觉，然而，论文的初稿未必完美。但是对于作者来讲，刚写完可能还有另一种感觉，那就是已经尽了全力，除了校对文字，自己不可能超越现在所写的了。因为，每个人在刚结束长时间的专注思考之后，往往处于逻辑的闭环之中，很难跳跃出来换一个视角重新审视自己的论文。俗话说论文是改出来的，这个时候一种高屋建瓴的视角和意见则对论文的修改发挥着重要的作用。对于同学们的论文，先生都能一针见血地指出问题和需要修改补充的地方，打破同学们的认知边界，使得同学们再次钻研、不断地完善。

结　语

研究生培养涉及方方面面，其中科研素质的培养是重要内容，尤其是博士研究生。而科研素质中自主钻研的能力又极其重要，直接影响着创新能力。这种能力的养成不是一蹴而就的，而是需要学校、老师贯彻到研究生培养的整体过程中。先生对研究生的培养贯彻到研究生入学第一学年的课堂教学、日常学习环节中的学术讨论、毕业论文的指导等一系列环节中。在每一个环节，他都非常重视问题意识的培养，并以问题意识倒逼学生自主钻研的能力。经过这一系列培养环节的训练，学生的自主钻研精神得到很大的提升。总体上看，这是非常有价值的经验和方法。当然这对于导师个人也有很高的要求。先生本人就取得了非常优秀的学术成果，并且鼓励学生发言、鼓励学生批判性思维。因此不论是从培养环节的设置，还是对导师的资格要求，这些经验对修订和完善研究生培养方案都有一定的借鉴意义。笔者有幸跟随先生读书，在先生的引领之下，对学术产生了浓厚的兴趣，后来继续读博，现已成为一名教师，这些经验不论对自己的学术思考，还是课堂教学，都有极大的帮助。

"法无定式"的大课堂
——曹门学习二三事

2010级硕士　尚英丽[*]

小时候以为"活到老学到老"是一句励志的话，总想着高中毕业或者大学毕业就可以终结我一生的学习，开始轻松的生活。长大后我才终于明白，终其一生我们

---

[*] 尚英丽，2010级硕士，供职于中国西电集团，兼职从事写作，有儿童史书《统一与动荡——秦-东汉》《帝国的余晖——明清》出版。

都难以避免地在学习中度过。不是在学习书本里的知识，就是在学习人世间的道理，或者在学习一种看待问题的视角和思路。放弃了学习和思考的人生将是空虚和没有意义的。在我的学习生涯中，曹门的学习经历影响了我后来的一切学习，我由此而建立的文化研究思维和看待问题的视角成为我此后学习和思考的基础，更有甚者，成为我做人的原则。

一、没有标准答案的问题

对曹老师的课堂，印象最深的就是"法无定式"。

从小接受的应试教育告诉我，一切问题都有一个标准答案，而老师就是告诉我标准答案的人。我们从老师那里学习的就是问题的标准答案。而在曹老师的课堂上，问题是开放性的，答案也是开放性的。每每提出一个问题，曹老师都鼓励大家各抒己见、展开激烈的讨论。公说公有理，婆说婆有理时，我总是期待着曹老师给我们一个标准答案，最后发现曹老师也是不置可否，很多问题都是保留大家各方的意见，尊重大家对问题的自由思考和独特视角。

慢慢地，我终于明白，这里的文学课堂，大不同于小时候的语文课，我们所面对的大都是深刻的文化问题，而文化是没有标准答案的，只要掌握正确的思考方式，任何角度都是允许的。这也正是文化的魅力所在。如果一定要给文化一个标准答案，那几乎是对文化毁灭性的传播和教学方式。曹老师的这种教学方式，我总认为是一种大文化视角下的教学。记得曹老师在课堂上常常提到的钱学森之问——为什么我们的学校总是培养不出杰出人才？这是中国教育事业发展的命脉性问题。私以为曹老师的教学正是针对这一问题给出的答案和实践探索。

二、不分等级的课堂

曹老师课堂的"法无定式"，还表现在硕士研究生和博士研究生同上一堂课。

在传统的教育体制下，我们早已经习惯了一级一级的进阶式学习，一年级跟二年级都难以被一个课堂包容，在成为曹老师的硕士之前，我从没想过硕士跟博士会在同一个课堂上出现，除非是偷听课程。而只要是曹老师的学生，无论硕士还是博士，都上着同样一堂课、背诵着同样的经典，知识层面的不同，大家对问题的思考角度和深度不同，这给了我们碰撞学术思想的机会，平平淡淡的学习在这种碰撞下，大家灵光四射、激情澎湃，对文化的追求和学术的理想在这种氛围下愈发浓厚和坚定。

在曹老师的课堂上，众多博士探讨起问题来，如武林高手过招一样，精彩纷呈。曹老师便像是武林盟主，明明具有绝对的发言权，却笑而不语，看着大家切磋武艺，最后告诉大家：友谊第一、比赛第二，各有特色、各有所长。我作为一个小小硕士，在曹老师的课堂上观战，看起来是个无法出招的小龙套，却博采众家之长，除了博士们更加丰富的知识点，还学到了书本所不能教给我的思考方式和多种视角。这种开放式的讨论，让我在震撼之余更建立了一种看待文化的视角和思考问题的方式。

而曹老师面对大家的争论，看似不作为，却蕴含着大哲理。这世间，最缺的就是对思想多元性的包容，在一个饱含着文化内容的课堂上，曹老师用他的身体力行，告诉我们，学术探讨中最珍贵的是思维方式和看问题的独特视角，答案并不是唯一的。这种态度不仅成为我后来的学习和思考准则，更是我做人的原则之一。我不再去追求一切问题的标准答案，我也相信每个人的所作所为都有其自己的道理，心就宽敞了许多、路也平坦了许多。

三、"后进生"的快乐

如果你认为，作为硕士，在曹老师的课堂上只有观战的份，那就错了。我惊喜地发现，我在课堂上并不是偷听课程的小透明。曹老师总是能够发现"适合"我的问题，点名叫我来回答。我是个医学专业转文科的学生，与文学专业的博士比起来，我觉得自己基础薄弱，没什么发言权。可是，我却发现曹老师总会找出一些与我的知识背景相关的问题，点名让我回答。

文学的课堂上怎么会遇到医学相关的问题呢？这就是曹老师的高明之处。有一次，老师讲到"方寸之间"的"方寸"，本是简简单单一个词，却突然追究起词源来，问我们为什么要说心是"方寸"。正在大家低声嘀咕之时，曹老师的目光投向了我，问道："你说为什么？"我没有想到曹老师会问到我。在曹老师的课堂上，大多数问题是启发性的，回答问题也是自由开放式的，这种问法比较少见，万一回答不上来也比较尴尬。我有那么一瞬间的慌乱，但是还是在慌乱中说出了心中的答案："因为心就那么大。"虽然我没有表述得很准确，但也获得了曹老师的肯定，曹老师补充说道，人的心脏就是一拳头大小，刚好一寸见方，就有了"方寸"之说。听了曹老师的答案，我稍觉自己的答案草率了一点，却也体会到了曹老师的用心。

正是这点点滴滴，才让每个不同知识背景、不同起点的学生，在同一个课堂上都能获益，这便是曹老师的用心。于我来说，最让我获益匪浅的就是见识到了大家丰富多彩的学术思想和曹门自由的学术精神，可以说，这是曹门整个师门传承的治学精神。

四、发现不同的惊喜

因为喜欢曹老师的讲课方式，我会追着听曹老师的所有课，第一学年上过的课程我会跟着下一届的同门再听一遍，本科生的课程只要我时间能排得开也去听。每次听曹老师讲这些"旧知识"，我都会发现新的惊喜，就像挖掘宝藏一样，你永远不知道下一锄头能挖出什么宝贝。我就这样乐此不疲地在曹老师的课堂上挖掘着属于我的宝藏。

由于曹老师诗书藏腹中，任何一个课堂都是拿着经典脱口而出，随着学生的不同反应选择合适的方式进行授课。在不同的课堂上，我发现同样的问题曹老师每次都会用不同的引导方式。大家的思路随着曹老师独辟蹊径的引导方式前进，最后看到我们该看到的答案，有一种柳暗花明又一村的惊喜和豁然开朗。

印象最深的是在中西方文论的课堂上，老师关于"绘事后素"的引导，最后得出结论时的惊喜和震撼，让我对黑板上最终出现的"绘事后于素"几个字至今难以忘记，连曹老师写下这几个大字的姿势都感觉异常有力和帅气。那一堂课让我意犹未尽，总是念念不忘。到了第二年，我又跟着下一届同门一起上课，到了那一节课，我提前就激动了起来，以为可以重温当时的畅快淋漓和震撼，想重新感受一下曹老师当时的智慧魅力。谁知道，随着大家的提问和反应，曹老师连"绘事后素"的事都没提，倒是又给了一种新的解读方式。所以，曹老师的课堂永远有你没听过的，永远都有学不完的东西。至于学到什么，全看自己，反正宝藏挖不完的。

如今回想起自己在曹师课堂上的"挖宝"经历，依然有点兴奋。这些宝藏在我后来的工作和学习中，都成了我最宝贵的思想财富和精神财富，我才得以如此与众不同又如此平凡，正如曹老师"法无定式"的课堂上，看待文化问题既有新视角又有大容量，独辟蹊径又兼容并蓄。

吾爱吾师，更爱真理，所幸吾师与真理同在。

第二节　君子不器　因材施教

川大三年的"痛苦"生活

2002级博士　杜吉刚[*]

在川大学习的三年，在我的人生历程中应该说是一个相当"痛苦"的阶段。经济上比较拮据，一家人基本上是靠借债来维持生活，而原工作单位在房子问题上的一再无理纠缠也使我不堪其烦。但是这些还并不属于"痛苦"之列。我所说的"痛苦"是一种精神层面的或者说是一种有关于人的认知方式、理解习惯、价值观念方面的心灵煎熬，是一种类似于罗兰·巴特所说的那种"迷失""不适"与"撕裂感"。而这一切之所以能够发生，与我的导师曹顺庆先生所开设的课程及其所采用的教学方式有着密切的关系。

---

[*] 杜吉刚，2002级博士，山东兰陵人，1967年生。现为南昌大学人文学院教授，比较文学与世界文学专业博士生导师，江西省文艺学会比较文学与跨文化研究专业委员会副会长。

曹老师给我们开设的课程，最具挑战性的当属"中国文化元典"与"中国古代文论"。"中国文化元典"课程使用的教材是上海古籍出版社出版的《十三经注疏》，中国古代文论课程使用的教材是郭绍虞主编的《中国历代文论选》。中国文化元典课的主要内容是阅读十三经文本与解释文本文义，当堂随机叫同学起来阅读某段，然后在某处打住让同学解释某处的文义，或者是再随机叫起另一位同学来解释文义；中国古代文论课的主要内容是背诵中国古代文论的经典篇章，比如《毛诗序》《典论·论文》《文赋》《文心雕龙》《诗品序》等，也是当堂随机叫同学起来，基本上是每一堂课每一位同学都有被叫起来的可能，特别是背诵较长的文论篇目时，有的同学甚至会被叫起来数次，也是常常在某处打住，让同学解释文义，或者是再随机叫起另一位同学解释文义。所以，上曹老师的这两门课，我们都比较紧张，生怕一不小心被叫起来读不出，或者背不出，或者解释不出，弄一个脸红脖子粗的尴尬相。为此，我们只能在课下多下功夫，提前做好功课。

我们班上的同学，硕士阶段所学的专业多为比较文学与世界文学、中国现当代文学或外国语言文学，古汉语功底比较薄弱。所以，曹老师的这两门课对于我们这些人来讲就成了最为头痛的课程。为了准备这两门课程，我们这些同门兄弟常常或是坐在书桌前一手把十三经，一手把古汉语字典；或是站在阳台摇头晃脑，口中念念有词背诵些什么。一个礼拜，一个学期，一个学年的时间，我们就这样沉浸其中，以致成了东园学生宿舍十一号楼的一景。其他专业的同学常常笑谈我们说，如若看见十一号楼有什么人傻头傻脑，口中念念叨叨，一副学究模样的，那肯定是比较文学专业的同学在背诵《文心雕龙》。至今我还常常忆起，祝远德师兄伏在书桌前手把《十三经注疏》，或踱着方步在单元大厅背诵《文心雕龙》的情景。祝师兄在我们兄弟几个当中年龄最长，但也最为勤勉，这也无形中给我们带来了不少的压力。

当然，我所说的"痛苦"还不是这些。我所说的"痛苦"是课程本身给我们的认知习惯、价值观念所带来的那种巨大冲击力，以致由此所造成的种种不适感。我们这批同学多出生于 20 世纪 60 年代，所接受的教育多为阶级教育或人文主义教育，而硕士阶段所学的专业又多为比较文学与世界文学、外国语言文学与中国现当代文学。在文化发展观念上，头脑中往往会存有一种或深或浅的西方中心主义倾向，认为世界文化的发展是一元的，是线性进化的，而西方现代、后现代主义文化则在某种程度上代表了世界文化的发展方向。所以，我们讲起文学理论，往往除了俄罗斯的几个斯基，就是什么英美新批评、结构主义、解构主义、后殖民主义、女性批评、文化诗学等；讲起文化文学经典，则也往往是什么柏拉图、亚里士多德、但丁、康德、黑格尔、巴尔扎克、托尔斯泰、乔伊斯、卡夫卡等。至于我们传统的文化经典、文论经典，我们根本就没有怎样去系统地、认真地阅读过。这种情况所造成的恶果是，我们虽然学的是比较文学专业，但我们的治学模式中却缺乏用以"比较"的根基，因为，我们惯常的思维模式中缺失掉了应有的民族立场、民族根基。借用一位哲学家的话来说就是，我们头脑中的认知框架只有一个"存在与时间"的维度，而缺乏一个"存在与空间"的维度。而仅有前一种维度，比较文学研究的"比较"，是实难得以开展的。

曹老师给我们开设的这两门课程，则一下子把民族文化经典、民族文论经典最为核心、最为精粹的部分置放在了我们面前，"强迫"我们去阅读、去背诵、去解释。我们这才长时间地、系统地与民族文化经典、民族文论经典文本接触，这才真切地感受到、认识到了民族文化、民族文论的精深与博大。我们原有的思维模式、认知框架也就在这一过程中开始动摇直至最后崩溃。一种新的思维模式、新的认知框架也在这一过程中开始逐步建立。这一过程充满了迷惑与痛苦、慌乱与不安。从今天的眼光来看，曹老师给我们开设的这两门课程，所采用的上课形式，实在没有多少新异之处。但事实上，这两门课程的开设却体现出曹老师非常深刻的思考，是曹老师针对我们这些学生所存在的问题开出的一剂猛药。学生们不是普遍地缺乏国学功底，普遍地存有西方中心的价值倾向吗？那就补上这一短板，克服这一缺陷。按照曹老师的说法，就是要重新接续上民族的文化血脉，重建民族的文化立场。这是一种强根固本性质的工作，做好了这一工作，我们所要从事的比较文学研究工作，也就真正拥有了可靠的用以比较的根基。

曹老师给我们开课、与我们座谈，除了注重本学科相关知识的传授外，总喜欢创设问题情景，引发讨论，以刺激我们的思维。比如，比较文学学科理论课，课程的主体部分就是由一系列的问题以及由此所引发的讨论构成的。曹老师的许多学生在入学前就已经评上了教授职称，有的甚至是已经有了一定知名度的学者。而我则是一个知识储备比较差的学生，没有上过什么正规大学，是通过函授与进修的方式才拿到的大学文凭。之所以能够获得读博深造的机会，全是靠自己死读书、背死书的功夫。所以，对于我来讲，曹老师的比较文学学科理论课、曹老师组织的座谈会，几乎每一堂或每一次，都充满了挑战性。面对着师兄弟、师姐妹们张口就来的各种新异的理论观点，我除了惊异、惶惑就是痛苦。没有别的什么好的办法，我只能在课下拼命地翻阅相关的专业书籍，不停地思考老师所提出的一个个问题以及师兄弟、师姐妹们所提出的各种各样的理论观点。所以，川大三年，对于我来讲，就是寝食不安、沉思默想、"痛苦"异常的三年。一直到现在，我还常常回想起祝远德师兄、王敬民师弟与我同处一室各自为问题辗转反侧夜不能寐的情景。川大三年，我就是在这种"痛苦"与"焦虑"中完成了自己的学业。我虽然没能像许多师兄弟、师姐妹那样，成为知识渊博的人，但川大三年的磨砺，确实也在很大的程度上提升了我的学术视界。

我离开川大已经有十七个年头了，现在我也已经评上了教授，做了硕导、博导。但是，从川大所感受到的那种"痛苦"与"焦虑"并没有随着博士学业的结束而结束。因为我已经把从川大、从曹老师那里学得的教学理念、教学方法运用到自己的教学工作中去了。我会陪着学生一起学习国学经典，陪着学生一起讨论、一起

293

思考各种各样的学术前沿问题，自然也会陪着学生一起"焦虑"、一起"痛苦"、一起"快乐"。从川大、从曹老师那儿学取来的学术种子，我一直认真地培育、爱护着，希望它能够在江西这片红土地上扎根、发芽，长成树，开花。

无言的"严"，清澈的"爱"
——论曹顺庆教授的拔尖人才培养模式
2006级博士 王 超[*]

恩师曹顺庆教授从未批评过我，但老师严谨治学的师风，本身就是一种无声的威严，神圣不可触犯，激励我老老实实背诵中西元典，小心翼翼探索学术前沿。恩师也从未要求我走一条怎样的路，而是因材施教、不拘一格，但无论在什么岗位，无论岁月变迁，恩师都会关心帮助我思想的成长、学术的进步。敬畏老师无言的严，沐浴老师清澈的爱，不负师恩，不负韶华，把论文写在祖国大地上。

那是在2004年秋，我免试保送到四川大学文学与新闻学院攻读硕士研究生，导师是刘文勇教授。刘老师也是曹老师培养的优秀博士，所以我在接受刘老师指导的同时，旁听曹老师为2004级博士开设的全部课程，一起背诵《文心雕龙》，研读《十三经注疏》，由此和曹老师结缘。2005年，我参加直博生面试，曹老师亲自主持，面试题目是用英文解释"hermeneutic circle"，我的解读得到老师认可。就这样，本科、硕士、博士三次免试保送，我成为曹老师2006级比较文学专业博士生。如果从2004年算起，跟老师学习也近20年了，虽然我辗转川大校区、汶川灾区、秦巴山区、贫困地区、经济特区，但空间的位移从未切断和老师的亲密联系。老师二十年如一日，一丝不苟指导我做学问、写论文、报课题、办会议，教我为人处世，鼓励我放开地想、放手地干，对我的严管厚爱，贯穿我的一生，能成为曹老师的学生，是我这一生最幸运的事情。

一、治学以严："入门须正、立志须高"

20来年，老师随时都是笑呵呵地，但总是让我胆战心惊、如履薄冰、谨言慎行、自思自省，或许正如庄子所说，"真怒未发而威"。老师自己治学和指导学生的态度异常严格，言传身教，容不得半点沙子。刚入学，老师就用严羽《沧浪诗话》中的"入门须正、立志须高"来激励我们，这句话也陪伴了我的博士生涯，至今如是。

老师用这句话告诉我两个道理：第一，要研阅第一手文献。学习古今中外第一

---

[*] 王超，2006级博士，现任海南师范大学文学院副教授，博士生导师。

手原典文献，全盘中化、全盘西化，然后打通中西、"华山论剑"、文明互鉴。所以，老师上课之前就是让我们背诵《文心雕龙》《二十四诗品》等文献。那时只有二十来岁，胆小如鼠，"畏惧"老师的威严，每天早上7点到东区荷花池边背诵1小时古文，然后再去吃早餐，比读本科还辛苦。老师说，杨师明照先生上课之前，都是自己背诵一段《文心雕龙》或其他古文文献，然后再开始讲授，不要拿着各类二手资料翻来翻去，这就是基本功训练，就是"入门须正"。第二，方向比速度更重要。一定要选对方向，站在前辈的肩膀上，志存高远，脚踏实地，努力才可能获得回报。否则，方向错了，再多努力都是南辕北辙。这其实也是曹老师的亲身体会，师爷杨师明照先生被称为"龙学泰斗"，曹老师正是跟着杨先生奠定了扎实的古代文论基础，然后才融贯中西，取得重要成就。川大比较文学学科是国家级重点学科，现在更是学界重镇，曹老师也是学界权威，担任过第四任中国比较文学学会会长，在这样一个优秀的平台，自然要"立志须高"，独上高楼，望尽天涯路，做出有水平的成果，才能无愧于老师的恩情，无愧于曹门的优秀传统。这句话也是曹门弟子做人、做学问的基础，为我们点亮前行的道路。

实际上，比老师学术造诣高的学者也有不少，但是像老师一样自己学问做得好，还善于培养学生、锤炼学生、打造团队，团结带领曹门弟子及学界同仁，为比较文学学科建设，为在英语世界传播中华文明、建构比较文学中国话语鞠躬尽瘁的学者，恐怕也为数不多。

高等教育出版社的张岩老师多次告诉我，无论曹老师多忙，只要是关于学术研究的事情，老师都异常上心、异常严谨、马上安排、高效反馈，变异学就是一个案例。2005年，曹老师在《比较文学学》中正式提出比较文学变异学学科理论创新。2006年刚读博士，我就开始参与撰写老师《比较文学变异学》一书（中文版于2021年商务印书馆出版）。当时对这个问题理解还不够深刻，迷迷糊糊跟着老师和师兄师姐一起撰写，边写边学，边学边写。2012年，我在湖北工作，庄佩娜通知我，将我写的几个章节内容翻译成英文。2013年，曹老师 *The Variation Theory of Comparative Literature* 由施普林格出版社出版，这是中国学者在英语世界出版的第一部比较文学学科理论著作，得到了美国哈佛大学丹穆若什、法国索邦大学弗朗科、前国际比较文学学会主席佛克马等国际权威学者的肯定和推荐。

实际上，这个事就是老师"立志须高"的典范。早在1996年，老师就前瞻性地提出，比较文学"以西释中"的强制阐释模式导致了中国文论"失语症"与文化病态。因此，在世纪之交，老师一方面以东方文论研究为基础，开始探索中国古代文论的中国化道路，另一方面，以变异学为基础，探索西方文论中国化以及中国文论他国化道路，不忘本来、吸收外来、面向未来。尤其是变异学著作以英文形式出版，当时很多人想都不敢想，大家对比较文学中国话语建设不够自信，怕外国人批评指责，怕得不到认同，甚至是讥笑嘲讽。但是，老师就是坚守中华优秀传统文化自信，坚持在英语世界发出中国学者的声音，敢吃螃蟹、敢想敢干、敢为人先、立志甚高、成果够实。基于这些重要成果，老师被推荐担任中国比较文学学会第四任会长。担任会长期间，老师2014年还去奥地利维也纳，向国际比较文学大会现场发布英文申请，最终促成了2019年在中国澳门举办的第二十二届国际比较文学大会。在大会报告及变异学圆桌会议上，欧洲科学与艺术院院士西奥·德汉等著名学者阐发了变异学理论对当今国际比较文学的方法论意义，一批中国学者也得以在国际顶级大会上发出中国声音，融入世界格局，展示中国形象。出英文著作、办国际顶级大会，当时很多人不敢想不敢做的事，老师都组织团队扛起了学科发展的重任，后来我们才明白，老师在国际上发声，建构比较文学中国话语，树立中华文化自信，站在国际学术前沿，从中华民族伟大复兴的立场去搞学术，这就是"入门须正、立志须高"的最好诠释。

另一个生动案例是老师的著作《中西诗学对话》。2006年，老师带领我们申报课题"中国古代文论与当代西方文论的对话阐释"，老师告诉我们，中西诗学话语共时态的对应阐释比较多，例如老师1988年出版的中国第一部以比较诗学命名的著作《中西比较诗学》，以及黄药眠、童庆炳《中西比较诗学体系》等，但是学界普遍认为中国现当代没有建构系统的文论话语体系，所以无法与风起云涌的当代西方文论形成对话。所以，老师大胆做出尝试，认为中国古代文论并没有"死"，不需要"现代转换"，仍然具有生命力和有效性，我们可以用中国古代文论来阐释当代西方文论，不仅证明中国古代文论话语的当代有效性，还可以在"以中释西""中西互释"过程中，弥补以往"以西释中"强制阐释的缺憾，论证比较文学变异学的实践可靠性，填补一个中西错位阐释的研究空白。所以我们就按老师的思路去撰写，果然很多同门发表了很多创新成果，如获至宝，喜笑颜开。不过这本书是我经历过最曲折的一本书，2008年我们就完成了初稿，2013年申报立项了教育部后期资助重点项目，2014年结题后交给高等教育出版社，但是由于参编者比较多，字数也很多，有60多万字，整体架构和书稿内容还有不少缺陷，出版社提出很多修改建议，难度很大，不太好修改，老师就这样一直放着。直到2017年，我从基层回到高校，老师给我打电话、发邮件，把这个光荣而艰巨的任务交给我，我花了2年时间，删去了20多万字，重新补写了10多万字。2019年老师又安排杨清、张帅东、陈思宇、高小珺、杜红艳、刘衍群等师弟师妹协助我，按照出版社要求反复校对、搞索引，很多程序。2020年交稿，50多万字，出版社很满意，但又被教育部抽中做相关检查，又花去1年多的时间，2021年高等教育出版社终于出版《中西诗学对话》，历时15年，这是国内第一部将当代西方文论与中国古代文论进行系统阐释的比较诗学论著，从"以西释中"转向"以中释西"，从"阐释寻同"转向"阐释变异"，从"求同存异"转向"差异互补"，开创了比较文学研究新局面。老师带领曹门弟子不忘初心、久久为功，将"入门须正、立志须高"这句话落实在具体成果之中。

2007年9月，博二期间，老师安排我给川大本科生上一学期中华文化课，那时长得和本科生相仿，所以第一次上课曹老师去江安校区给我壮胆，那些本科生看见我都很惊诧，老师早有所料，于是就站上讲台说："你们是不是看他很年轻，不像一个老师啊？那这样，你们选择《文心雕龙》中的一个篇目，让他来背好不好？"有个同学说，那就《神思》吧，于是我就开始背诵，刚开始还比较顺利，背到第二段有点紧张，卡壳了。老师见状，转过身去，背对学生，靠近我，轻声给我一些关键提示，我就接着老师的提示背下去了。背了几段，大家掌声就响起来了，后来一学期上课都很顺利。现在想起来，还是很后怕，但真的很钦佩老师，一是他这么多年了，还能比我们当学生的更熟悉那些文献，严格要求学生，前提是对他自己要求更加严格，老师背得比我们这些学生还熟，真是了不起。二是能够有艺术地照顾学生的"面子"，他背对着在场的本科生，大家发现不了他在给我小声提示，让我更有自信。否则，我当着三百多学生的面掉链子，不仅这课讲不下去，还会有一生的阴影。老师用行动教育我们做学问的艺术，打铁还需自身硬，同时也教我们做人的艺术，那就是有策略地成全他人、尊重他人、帮助他人。

入曹门很艰难，但付出与收获成正比。2007年10月，老师突然打来电话，让我写一篇命题论文《论中国古代文论的中国化道路》，详细交代了撰写提纲和主要内容，要求两个星期完成，完成后老师反复修改打磨润色。12月，老师带着我去昆明参加了中国古代文论学会年会，这篇论文后来发表于《古代文学理论研究》。这是我第一次公务出差，出四川省，也是我第一次坐飞机。同去的还有李凯、刘朝谦、王庆等同门。飞机上老师闭目养神，我眼睛睁得大大的，舍不得睡，东看西看。一路上特别激动地给老师提包，老师开玩笑说："不是每个学生都有资格给老师提包的哦，我当时读书就是给杨师明照先生提包的呢。"我感到万分自豪，后来老师给我们上完课，每次我都给老师提包，送老师回川大花园，这样一路可以多陪会老师，多向老师请教些问题。会议期间，我和李凯师兄同住一屋，学习了很多。在昆明翠湖旁，按老规矩，参会的曹门弟子相聚，一起吃正宗过桥米线，吃特色菌汤宴，甚是高兴。这篇论文产生了一定影响，为回应学界关切，2013年老师又发表《再论中国古代文论的中国化道路》，两篇论文都收录到老师《南橘北枳：曹顺庆教授讲比较文学变异学》一书之中，这部书2020年获教育部人文社科优秀成果三等奖。

老师的政治敏锐性和学术创新性特别强，一直是立德树人的典范。2008年上半年，老师给我说，今年是改革开放三十年，从出版《中西比较诗学》算起，中国比较诗学也发展了三十年，我们写篇论文反思一下。于是，从选题到内容，从框架到细节，老师都多次给予认真的指导，手把手地教，促使我们在实践中加强学术素养训练。写成初稿《中国比较诗学三十年》后，老师又认真修改，提出很多指导意见，最后在《文艺研究》上发表，产生了较大影响。这样的培养案例还很多，老师对曹门弟子都是如此，给个思路方向，提出具体要求，大胆放手，严格把关，让我们不仅多背、多看、多学，还要多写、多练、多实践，这种学术训练让我们成长很快。

人生哪有尽如意。尽管发表了多篇C刊，但博士论文开题遇到一些挫折，没有顺利开题。那天，通过开题的同学兴高采烈喝酒，不亦乐乎，我本来不胜酒力，也可能与情绪有关，喝了几杯就醉了，被同学们"架"回宿舍。知耻而后勇，在老师指导下，重新选择法国学者弗朗索瓦·于连（朱利安）作为研究对象，不懂法语，看文献太难了，就去电子科大法语联盟学习了两年法语，早上背古文，晚上学外语。赵毅衡老师知道后，很关心我，把他的法文文献借给我，曹老师鼓励我坚持下去，强调这个选题有价值，不要放弃，最终我发现了于连批评钱锺书的一段重要文献，有力论证了曹老师比较文学变异学理论的合理性和前沿性，真是山重水复疑无路，柳暗花明又一村。

在最艰难的时候，是老师给我清澈的爱和坚定的信心。那些年，上午图书馆查资料，下午打篮球，晚上学完法语就蹲在川大南苑401宿舍写书稿。瘦瘦的我，经常穿着T恤，背着书包，骑着九眼桥买来的二手自行车，在校园里风里来雨里去。想犒劳自己的时候，就和几个兄弟去西门外的蜀江春，点上招牌菜活渡花鲢，几个小菜，吹牛到餐馆打烊。

2009年6月，在曹老师的严管厚爱下，我完成了全部学业，走出校门。

二、处事以厚："把论文写在祖国大地上"

从3岁入幼儿园到博士毕业，在校园待了25年。也许是因为没有参加过高考、硕考和博士，一路保送，所以觉得读书很容易很轻松。快毕业时，不想一辈子待在象牙塔，那样无法接触到社会的真实状态，所以有从政的念头，想在基层服务一些时间，再回到高校，这样人生更加充实。当时老师并不知道我这个想法，于是在2008年大年初二，就通知我回成都，说美国哈佛大学Stephen Owen（宇文所安）教授要来川大选博士去燕京学社做访问学者，宇文所安教授是曹老师在美国留学的导师和朋友，老师推荐我去，同时叫我做好留校工作的准备。于是我回到成都，陪宇文所安教授在宽窄巷子、武侯祠边逛边聊，老师还在磨子桥旁边的大妙火锅宴请宇文所安教授，一路谈笑风生。老师对学生的爱是清澈无比的，不仅要培养学术能力、教学能力、处事能力，还要"包分配"。

2008年4月，老师知道了我当时的真实想法，就说四川音乐学院主要负责人需要一个行政秘书，问我是否愿意去。我当时想，既能搞学术，也能搞行政，可以兼顾，所以就答应了。那时已经基本完成博士论文，没有什么事了，9月就正式到川音报到参加工作了。临走时，在曹老师家里，老师给我交代一些事情，当时师母蒋晓丽教授脸上还敷着新鲜黄瓜片，一边美容一边和我交流，蒋老师很舍不得，说："王超，你那么努力，那么年轻，不留在川大，不搞学术，可惜了！"曹老师却笑着说："没事的没事的，自家孩子，不要舍不得，在身边有在身边的好处，出去也有出去的优势，让他去闯闯吧，优秀的人干啥都应该是优秀的，让他把论文写在祖国大地上吧。"这就是老师的厚德载物、大爱无疆。

恰逢汶川大地震灾后重建，省委组织部选派干部到汶川工作，所以 2008 年 11 月，我就到了汶川，担任县委办副主任，暂时放弃了学术研究。老师并没有因为我从政而放弃对我的教育，一如既往激励我干出业绩，为灾后重建多做贡献，实现自己的人生价值，不负曹门培养。

在汶川那段时间，还是没有"断奶"。在川音旁边租了个小房子，每月 400 块，吃饭仍然是在川大食堂，时不时参加曹门聚餐，蹭蹭师兄师姐们组织的饭局。除了行政工作，我还结合专业优势，参与了"崛起之路""灾民心理健康与灾区社会稳定""汶川羌绣非物质文化遗产保护"等灾后重建课题项目，只是时常惦记曹老师和蒋老师。2009 年 4 月，春暖花开，举办完汶川樱桃文化节，我和张雪娇就赶到老师家里，向老师"推销"汶川大樱桃。9 月，汶川的花椒成熟了，香飘数里，我在萝卜寨，看见漫山遍野的花椒树，向村民买了一点花椒，送到老师家里，一进屋蒋老师就说："哇，好香好香。"曹老师趁机介绍了花椒等各种香料的小知识。我们曹门弟子，有时提个西瓜，有时抓点葡萄，有时啥都不带，去老师家里见啥吃啥。老师的客厅就是我们的"会议室"，每逢节假日都会去坐坐，或者请老师出来聚聚。在那里，老师和师母总是那么温文尔雅、谈笑风生，在侃侃而谈之中，教育我们做人、做文和做事。

曹老师和蒋老师都是真正具有大智慧的大学者。对待每一个弟子，都倾注了无数的爱与关怀。那时候，作为曹门弟子，在川大学生之间说话都比较有底气（吹牛的资源比较多），这种底气源于曹老师的严格要求，只有严之又严的规矩，才可能"逼"出越来越多的成果，有的师兄三年发了 8 篇 CSSCI，有的博士论文还入选"全国百篇优秀博士论文"，有的当上了"长江学者"入选"万人计划"，等等，当然，教授博导更是数不胜数。曹老师很少批评人，一句顶百句，但很多弟子都和我一样，在老师面前战战兢兢、如履薄冰。

2008—2010 年，我在汶川 10 个乡镇的土地上，经历过各种危险、痛苦和感动，留下了青春的汗水，2009 年被评为"汶川县劳动模范"，老师知道后很高兴，至今都常常给同学们说起我在汶川工作的那些趣事，也常常鼓励我不忘初心、砥砺前行。

在汶川的锤炼，让我更愿意将所学知识用于社会实践，继续在基层锻炼。2010 年我考到了湖北省十堰市委，离开了从小生活的四川。十堰是个山区城市，处于湖北、河南、陕西、重庆的交界地，以"二汽"、武当山、南水北调闻名。离开的那年春节，我给老师打电话，老师正在欧洲度假，我说："老师，以前在四川，经常还可以看望您和蒋老师，但是弟子趁年轻想多一点历练，湖北离老师远了些，不能呆在您身边学习了，请老师原谅弟子不敬。"老师说："身远，心不远。曹门从政的人也不少，你的师兄傅勇林、郝跃南、黄庆，多得是，好好干，不用怕，干啥都是相通的。"本来可以待在老师身边打点杂的，然而我当时想，"君子不器"，一样的青春不一定有一样的人生，一样的人生不一定有一样的精彩。老师常说，学生是他的第一宝，但老师对宝贝从不娇惯，从不袒护，总是一种开放包容的胸怀。因此，曹门弟子各行各业都有，但内在具有一种很好的学脉传统，曹门受教不仅是一种学术锤炼，更能培养学生追求真善美的价值观、人生观和世界观。老师培养的不仅仅是科研人才，还是一代又一代可堪大任的复合人才。不论在什么岗位，只要能将学历转化成能力，为需要的人做点力所能及的事情，得到社会的认可，就无愧于曹门的荣光。

在市委工作了半年多，我就被派到丹江口市沙沟河村从事南水北调移民搬迁工作。吃住都在村里，白天翻山越岭走村入户，晚上自己煮面条做饭吃，吃完写点民情日记和调查报告。曹老师教给我的东西，依然管用。在村里工作的日子很孤寂很辛苦，时常想念老师和同学，当然老师也始终惦记着我。在老师大力推荐下，2009年我获评四川大学优秀博士毕业生。同年，我的论文获评四川大学优秀博士论文，2011年获评四川省优秀博士论文，2013年又被四川省推荐参加全国百篇优秀博士论文评选。虽然不在老师身边，但是老师的关怀从未缺席，这种清澈的爱，只为学术、只为学科、只为国家。

2011年我从村里回来，被市委安排到竹山任县委常委、宣传部部长。竹山是边远山村，毗邻陕西和重庆、神农架，我走访了全县254个村中的220个村，开展了认真调研，做了前期试点工作，然后在全县创新开展十星级农村精神文明创建，经过一年多的实践，取得良好成效。中央宣传部领导获悉后，专门来调研，调查报告得到中央领导的重要批示，也得到省委主要领导的批示。2013年我编辑出版著作《十星创建——中国农村精神文明建设的竹山模式》，详细介绍了有关工作经验，同年中央宣传部在竹山召开全国农村精神文明建设现场会，向全国推荐十星创建模式，后来我也被推荐到中央宣传部学习培训。

2013—2016年，我从县委常委、宣传部部长调岗为县委常委、县委办公室主任、县委统战部部长、县政协党组副书记。2016—2017年，我又从边远山区竹山调到贫困地区郧阳，负责产业脱贫工作，同时担任郧阳食用菌产业扶贫领导小组组长，以香菇小镇为重点，招商引资，全区打造食用菌脱贫产业，最后以香菇为主导脱贫产业，引导17803人主动参与种植，带动了1935户农户脱贫，户均增收2.5万元，取得良好的产业脱贫成效，2020年被中央电视台记者综合部副主任孙金岭在《郧阳之光》报告文学作品中专门记录，拟申报中宣部"五个一"工程奖。

学术与行政是相通的。老师常常给我说，没有问题意识就不可能创新，"失语症"、比较文学变异学、比较文学阐释学，都是老师从深度上发现问题，然后又从实际上解决问题。我在湖北8年，经历了南水北调移民搬迁，负责了竹山十星级农村精神文明创建，以及郧阳食用菌产业脱贫工作，那些年都是像老师一样，走村入户，在基层一线发现问题，分析问题，然后寻找为人民群众致富增收的好产业好策略，这也是另一种"学术论文"。在曹门读博期间没有任何科研成果，也没有参与过学术活动，就连 2014 年老师在贵阳过 60 岁生日，我都还在村里加班，只能电话祝福，愧对恩师。但是，曹老师一直理解我，不仅从来没有批评过我，还时常鼓励我："论文不一定发在刊物上，也可以写在祖国大地上嘛！"这难道不是师者立德树人的至高胸怀和生动实践吗？

老师一生，本有多次从政机遇，但从教 40 年，总以师者为第一身份，以学生为第一宝贝，以比较文学中国话语建设为第一使命，从来不以个人利益为重，从不让学生为自己打工，从不搞小圈子拉山头，而是常怀"国之大者"，以培养可堪大用能担重任的栋梁之材为己任，为国家培养了 300 多位硕士、博士、博士后、留学生，活跃在学界、政界、商界各个领域，耕耘在祖国大江南北。徒弟、徒孙常常是三辈、四辈、五辈同堂论学，老师不搞一言堂，鼓励学生大胆创新，勤学尚思，用曹门师风将学科建设、文明传承、民族复兴落实在实践行动上，落实在一代又一代的拔尖人才培养之中。

三、为人以宽："别人一辈子，你两辈子"

不忘初心，方得始终。2017 年 3 月，我从政已近 10 年。权力是个好东西，能在一定程度上将你所想的变为现实，但我不是一个执着于权力的人。虽然不在学界，但是时常关注老师发表的论文，出版的著作，参加的会议。老师的著述让我反思，什么是可以持续让我内心触动的东西？什么是我的初心？2017 年，老师在川大花园的家里当面给我说，虽然比较文学变异学提出已经十多年了，但是除了那本英文著作和论文集《南橘北枳》，其他大多数是一些运用变异学方法的论文，还缺乏一些有力度、成体系的成果，愿意在这个领域坐冷板凳的人不多。

老师这些话给我很大启示，我回去后想了很久，最后决定放弃领导岗位，转投到变异学的研究之中。尽管很多人觉得不值得，但是我觉得人一辈子一定要任性那么几次，人生就是一场舍与得的过程，没有什么执念是放不下的，最重要的是尊重自己内心真实的想法。因为热爱，所以选择，做点自己想做的事情，保持初心和激情，老了才不至于后悔。

我当时很冲动，心血来潮，在湖北省委党校学习 3 个月期间，把未来研究计划都做好了，还自己联系了一个高校，给我 80 万引进费。2017 年 4 月，我给老师说了，当时老师正和蒋老师散步，老师批评我："有这个想法很好啊，怎么不给我说？虽然给你待遇好，但是那个学校平台低了点，不容易出成果，或者稍微出点头，别人可能会打压你。我推荐你去海南吧，那里有博士点，生态环境又好，还是经济特区，发展空间大。"老师第一时间通知我找毛明师兄，于是 4 月就面试，7 月就报到了，一切都很顺利，从秦巴山区到了海南经济特区。说句后话，老师真的极有前瞻性，一年后，习近平总书记在海南发表"4.13"重要讲话，要建设海南自由贸易港，恰逢重要的历史发展机遇。

重回老师的学术关怀之中，老师怕我因为迂回了 10 年而自卑。7 月，在河南大学李伟昉师兄那里召开中国比较文学年会,我从海口直接回成都,准备陪老师去开封开会。7月19日晚上,在老师川大花园家里,我说:"老师,弟子回到高校,不是因为仕途遇到了什么困难,也不是说我不喜欢从政了,而是确实想安心做学术研究,对比较文学还是初心不改,依然热爱。弟子这10年没有给您丢脸,回来了您也别嫌弃我,弟子争取弯道超越。"老师害怕我灰心,用一种宽厚仁慈的语气安慰鼓励我说:"回来好,别人活了一辈子,你活了两辈子。你才30多岁,我也是30多岁才开始搞学术研究的,不晚不晚,我给你指条研究路子。"于是,老师当场就给我讲了一些有潜力的研究方向,从当今的学术热点,到未来的发展重心,都为我指点了迷津。老师一般很少开金口,因为老师高屋建瓴,站高望远,看得到关键之处,但老师不会轻易告诉学生你的博士论文应该研究什么,而是让大家自己看书,自己找问题,自己领悟,自己创新,不要依靠老师走捷径,等靠要的依赖思想,培养不了创新人才。但这一次,对我是个例外,老师希望我弯道超越,激励我快马加鞭,所以从开封回来就全身心投入到科研和教学之中。

热爱,是最好的动力。在老师指导下,2018年我主讲的"比较文学"课程获得了海南省高校教师教学大赛第一名,获全国高校教师教学大赛三等奖,还在《人民日报》发表了理论文章。金秋十月,我邀请老师来海南讲学,老师同意了。我、毛明、李安斌兴奋不已,精心设计接待方案。讲学后,在海口南渡江边的"香世界"庄园,先生面江静坐,凉凉的海风吹来,脚下是滔滔的江水,身边簇拥无数娇艳的鲜花,听着淡雅的音乐,默然看那夕阳的余晖柔和地洒在先生可敬而儒雅的面容上,几杯小酒,几盘江鲜海鲜,曹老师侃侃而谈,余音绕梁。

一直以来,我不会放过见到老师的任何一个好机会,于是把关于变异学的研究书稿呈给老师,老师看了提纲就说:"学术敏感性依然很强嘛,我带回去看看。"2019年,我第一部专著《比较文学变异学研究》由中国社会科学出版社出版,这本书是曹老师指导完成的,有些观点不一定正确,但是曹老师却一直包容我的"胆大妄为"。老师看我很努力,就更加热心指导我继续从事学术研究,把一些重要任务交给我来完成,比如让我修改完善《比较文学变异学》《中西诗学对话》等著作。老师也指导我完成了一些学术论文,例如2020年以来和老师合写的《间距/之间与比较文学变异学》《比较文学变异学与世界文学史新建构主义》等,这些论文发表后都被人大复印资料全文转载。曹门比我优秀的同门很多,我常常向他们学习请教,叶舒宪、李清良、代迅、李伟昉、吴兴明、熊木清、高玉、谭佳、邹涛等师兄师姐都帮助过我,我和曹门诸多弟子一样,在曹老师数不清的关心中寻找自己的人生方向,也异常珍惜老师给的每一次锻炼机会,因为老师的学术站位实在太高太高了,见过的世面太多太多了,一句提示性的话,就可以让我们少走很多弯路。

这些年主要借着开会的契机拜见老师,开封、海口、成都、澳门、南宁等,但凡有什么学术会议,管他国内国外、线上线下,只要老师参加,能去都尽量去,珍惜向老师请教的每一个机会,能多看看老师就多看看老师,能帮老师多做点事就尽量多做点事，能多喝两杯尽量多喝两杯，能多陪老师说会话散会步，都是很快乐很幸福的事情。接到老师一个电话、一个信息、一个邮件，都可以兴奋很长时间。不在老师身边的时候，就看看老师2005年送给我的一个金斯顿白色优盘，用了18年都还是好好的，每次插上这个优盘给本科生上"外国文学"课，都会想起当年老师是如何给我们讲课的。

2021年，老师依托川大比较文学研究基地，线上公开讲授比较文学变异学，让我来做评议人，受宠若惊，夜不能寐。西班牙巴塞罗那举行的国际对话自我理论会议，老师也让我参会并发言……老师总是提供各种实践锤炼的机会，但又严格要求，不讲条件，不能掉链子，说一不二。当然，我对老师安排的任务，总是作为第一要务，用最短的时间、最优的方案、最大的努力来完成。2022年春节期间，我正在筹备老师70岁大寿应当呈现的学术成果，老师给我电话说要编辑这本老师从教40年教改论文集，真是心有灵犀。电话结束时，老师说："我相信你能办好，你执行力超强！"听了这句话，高兴至今，这是我一生最得意的评价。

老师从教40年，我跟了老师近20年。这些年常常翻开和曹老师、蒋老师及曹门弟子的合影，那些天真的笑脸，像春阳一样灿烂，永远定格在心间。当然，我也庆幸自己走出了象牙塔，在地震灾区、秦巴山区、民族地区、贫困地区、经济特区，在祖国最基层的土地上工作了十多年，也庆幸自己初心不改，最后回到了老师身边。

我敬畏老师无言的"严"，也沐浴老师清澈的"爱"。不负师恩，不负韶华，我相信，最好的师门，就是老师给学生的严管厚爱，学生给老师的青出于蓝；最好的师德，就是扎实的学问，团结的氛围；最好的师风，就是学脉的传承，文明的弘扬，历史的赓续。曹师和曹门，就是如此。

日子疯长
——忆曹师育我二三事

2007级博士　李伟荣[*]

"日子，慌乱仓皇得像一把疯长的稻草！"

每每忆及在四川大学随曹师顺庆先生学习的日子，便有这种感觉。倏忽之间，十五年过去了。但是，曹老师给我的教益确是终生难忘的。提笔写这篇回忆文章时，在川大受教于曹老师的种种美好回忆纷纷涌上心头，这里择二三事来叙。

---

[*] 李伟荣，2007级博士，湖南大学外国语学院教授，研究兴趣为中外易学比较研究、国外易学范式转变研究和中国文化元关键词研究。

一、到川大读博士去

我到川大文新学院（四川大学文学与新闻学院）去攻读博士学位，有着一段有趣的故事。

2004年硕士毕业之后，我先报考了北京语言大学比较文学所的博士。由于那时受到新制度经济学的吸引，未能好好准备考试。而且，当时的想法就是，这一次考试不能考上，否则便无法学习经济学了。这样的准备和心态，考博的结果肯定是无疾而终了。

从北京语言大学参加完博士生入学考试后回到长沙，我便开始准备报考经济学的博士。记得开始的时候，是准备报考西安交通大学的网络经济学，但经过仔细分析之后，还是决定报考湖南大学经济与贸易学院的国际贸易方向的博士。后来，由于种种原因，这次考试的结果很好，但是最终却不能录取。

这样一来，我便陷入绝境之中，不知道何去何从。不过，经过近三年经济学的学习，我似乎重新对文学研究产生了兴趣。这时，恰巧大学同班同学，已在川大文新学院攻读博士学位的蒋天平到长沙一聚。说起我考博的种种不顺，他建议我报考曹老师的博士。

一开始，我很犹豫，也很忐忑。曹老师在比较文学界的声名日隆，我跟他无缘无分，就这样报考，行吗？天平同学极力劝说我报考，并且说曹老师特别看重具有外语背景的同学攻读他的比较文学方向的博士。于是，我就这样决定了报考川大文新学院的博士。天平同学回到川大后，如约给我寄来了二十多本考试参考书。其中大部分是古籍，尤其是十三经；另外一部分则主要是比较文学方面的著作。

这一次的博士考试，对于我而言，似乎是背水一战，只许成功，不许失败。于是，我便投入到了紧张的博士生入学考试的备考中。大概经过了近八个月心无旁骛的复习，把参考书从薄读到厚，又从厚读到薄。

2006年大约10月份左右，正式报考前，我还借机会到川大联系了曹老师。曹老师百忙之中在文新学院院门前跟我交谈了五分钟，我谈了自己报考博士的动机以及我从英语语言文学转到比较文学的考虑，也说明了我准备考试的情况。曹老师听后当即表示我的基础不错，欢迎我报考他的博士。

有了他的鼓励，我回到长沙后复习的干劲更足了。2007年3月，我正式参加了笔试和面试。考完之后，感觉考得还不错，便回到长沙等候成绩。1个月左右之后成绩终于出来了，我自认为成绩还不错，但又无从比较，于是便壮着胆给曹老师打电话。他看到长沙的电话号码，便问我是谁。我说，我报考了他的比较文学方向博士，目前在湖南大学外国语学院任教，然后把我的成绩告诉了他。他当即就说："你考得这么好呀。你准备过来读书吧。"一颗悬着的心终于有了归属，我激动万分！

于是，当年9月份我就如愿以偿地奔赴川大攻读曹老师的博士去了。

二、为博士论文定题

我对域外易学研究的兴趣，始于 2007 年秋到四川大学攻读博士学位。我的学士、硕士学位都在湖南师范大学外国语学院获得，而且自本科毕业后一直从事大学英语的教学工作，2007 年秋我去四川大学攻读博士学位时，本打算以"文学文本意义研究"为题撰写一份与此前学习相关的博士学位论文。

到了四川大学之后，随着学习的深入，尤其是看到导师曹顺庆先生已经指导博士撰写"英语世界的典籍研究"系列论文，我就琢磨是不是也选择一个经典作品为选题来研究？原因主要有两方面：一是我本科、硕士阶段打下的语言基础有助于我收集相关资料并理解英语世界学者对中国典籍的理解和诠释；二是中国文化对外传播似乎呈增长势态，国家对于中国文化"走出去"的支持力度日益增强。

尽管有这种想法，我却并未完全下定决心。真正让我下决心在这方面选题的是求学中的两个契机。一是曹老师开设的博士生专业课程"中外语言文学与文化专题研究（中华文化——十三经）"给我颇多启发，让我对十三经有了新的认识；二是受到曹老师的多次指导，尤其是有一次在锦江公园的读书例会上他直接问我有关选题的考虑，我回答说准备做"文学文本意义生成研究"。他听到我的回答后，启发我说，《易经》里面不是说"书不尽言，言不尽意"嘛。《易经》里面也讲意义，你看是不是可以做做英语世界的《易经》研究？你先不用急着回答。回去查查资料之后再说。

从锦江公园回宿舍后，我感到很兴奋，感觉选题似乎有方向了。于是，马上开始查阅资料。查完资料，有两个令人惊喜的发现：一是还没有人做这方面的选题；二是这方面的资料还不少。再进行读书报告会时，我便把我的发现告诉了曹老师。他肯定了我的发现，也同意我做这个选题。

那是 2007 年底或 2008 年初的事情，尽管已过去十多年，但是回忆起来还是历历在目，恍如昨日。对我个人而言，这件事情太重要了。

三、再次入选曹师主持的丛书

2021 年上半年，大概是三四月份的时候，我看到花木兰文化有限公司在征集"比较文学与世界文学研究丛书"，而且入选书稿无需支付出版费用。巧合的是，该丛书的主编竟然是我的博士生导师曹顺庆先生。

对此，我很有兴趣。于是按通知上提供的联系方式，联系上了杨清博士，我的同门师妹。曹老师委托她为这一研究丛书收集稿件。正巧，我的国家社科基金项目"英语世界的《易经》研究"（项目编号 12BWW011）已于 2019 年 3 月份结项。结项后，我一边继续修改完善，一边在寻找新的出版机会。得知有这么一个机会，而且丛书主编还是我自己的老师，我便有意将这部书稿在这一套丛书里出版。

我联系上杨清博士和花木兰文化有限公司驻北京办事处负责人杨嘉乐老师，了解清楚了提交书稿的截止日期。之后，我根据计划继续对书稿进行修改，终于在截止日期前提交了书稿。

大约两个月后，我收到书稿已通过评审的邮件通知。经过出版前的编校工作，书稿目前已顺利出版，我大概今年五六月份能够收到样书。按照出版合同，该书稿出版后，将馆配到世界知名图书馆如美国国会图书馆、哈佛大学图书馆、斯坦福大学图书馆、普林斯顿大学图书馆、芝加哥大学图书馆，英国牛津大学图书馆、剑桥大学图书馆和大英博物馆图书馆，以及德国哥廷根大学图书馆以及澳大利亚国会图书馆。

我的博士论文曾入选曹师主编的教育部重大攻关项目"英语世界中国文学的译介与研究"，该结题报告以丛书形式在中国社会科学出版社出版，由曹师主编。这一次，我的书稿能够再次入选曹老师所主持的丛书中，真是荣幸之至啊！桃李不言下自成蹊。

我之所以讲这件事情，是因为曹老师为了学术的发展，为了推动比较文学与世界文学学科的研究，已经主编了多套高质量的学术丛书，他提携后学，嘉惠士林，功不可没。

曹老师给我的教益当然不是一两件事情可以说得尽的，但是这三件事却凸显了曹老师高尚的师德、师风和他对青年学者的不懈提携，值得我一辈子好好学习。

入门须正，立志须高：曹门求学记

2012级博士　刘志超[*]

2012年9月，我有幸拜入曹师顺庆先生门下，攻读文艺学博士研究生。曹门弟子，在曹师顺庆先生教导下，已经为文艺学和中国比较文学的发展，做出了自己应有的学术贡献。大家秉承这种学术传统，为中国学术的发展以及中国传统文化的传播与弘扬，不懈努力。这源于曹先生高尚的人格魅力、兼容并蓄的学术胸怀、高瞻远瞩的学术理想，对学生春风化雨和润物无声的栽培。跟随曹先生六年博士学习生涯，感触很深，这也将影响着我一生做人和为学，以下回顾自己跟随曹师求学问道的切身感受。

拜入曹门的众弟子，涉及文学艺术各领域。曹先生会根据每个学生的专长，因材施教，引导研究方向，指导研究目标。在博士毕业论文选题过程中，曹先生根据我的思路和提出的问题，要求以古代书论与画论文论范畴和术语为中心，进行横向

---

[*] 刘志超，2012级博士，四川大学书法研究所副所长，副教授，硕士生导师，书法专业负责人，中国书法家协会会员，四川省书法家协会教育委员会副主任。

比较各门类同一范畴术语内涵异同，以及纵向比较书法、绘画、文学范畴术语内涵异同，以此阐释比较视域下中国书法理论核心。2018年2月，论文《中国古代书论与画论文论的比较研究：以范畴术语为中心》经过首次预答辩，该选题需要研究者对中国古代文艺理论有宽广的学术视野，同时对其之间关系与逻辑能够条分缕析，对研究者的宏观把握能力以及专业领域的精深研究能力是很大的考验。不对中国古代书论、画论、文论的理论内涵、文艺思想史、文艺美学史，甚至中国通史之脉络有着很深刻的认识和理解，很难研究好此课题。回想在撰写该课题研究过程中，我请教过的师友，无不为曹先生整体文艺视野与比较研究视角点赞。每一次师友为曹先生拟定的选题点赞，我都感到非常自豪，沾沾自喜。和我一同撰写毕业论文的同门李瑞春（现为内蒙古师范大学中文系主任）、黄葵（现为贵州师范大学传媒学院院长）都笑着说："志超啊，你这是要打通中国诗文书画各领域啊，做大学问啊。"我情不自禁地洋溢出无知者无畏般的"自豪"。时常感慨，哎，当曹门弟子，就是不一样啊，我以后肯定是一个做大学问的人，走路都在放光。

在答辩席上，我等待着我答辩的到来，也憧憬着我答辩的光辉模样。真是不成熟，对学术肤浅认识，以及自我过高评价，酿成一场"恶果"。当时预答辩委员是徐新建老师、支宇老师、李凯老师、曹先生，我坐上答辩席，就觉得征兆不祥，曹先生没有平时的微笑，更没有平时的和蔼，脸上冷冰冰的，没有表情。李凯老师第一个开始炮轰我，一脸冷漠，问我："你是学书法的啊？"我答："是的，李老师，我是学书法的。"李老师说："怪不得，你是写字的，你的论文啊，差得太远了啊。"随后开始暴风骤雨般地批评我的论文，文句问题，逻辑问题，理论功底等问题，李老师批评了我接近一个小时。随后徐新建老师说，我赞同李凯老师的意见，支宇老师说，我附和李凯老师的意见，最后曹先生说："这个论文，那就……那就毙了哈，重新来哈。"此刻，我恨不得把楼板打个洞，钻进地里去，但是，理智马上提醒我，不行，必须请教老师，只有请教解决方案，才是上策。经过我与曹先生和几位老师的讨论，决定以英语世界中国书法研究为题，研究中国书法在海外接受与传播。经过半年奋战，我终于在2018年8月顺利通过了博士毕业论文预答辩。

这是其中一段难忘的经历，也是我对曹门深似海的理解与诠释。曹门深似海，我们要做一个学问严谨的人，有格局的人，有胸怀的人，有远大理想的人。在学术方面，要"入门须正，立志须高"，要树立远大理想，立下大目标，做大学问与真学问，既要有中国视野，又能放眼世界学术格局，运用比较方法做研究，融通中西，衍生新的学术话语。运用曹先生的比较方法和学术思想，我进行中国书法与人类学跨学科研究，并组织了"首届中国书法人类学论坛"，先后发表了《构建书法人类学的可能性——记首届书法人类学论坛》《书法人类学》等论文。

锦水泱泱，山高水长，高山仰止，景行行止，锦江之水奔腾不息，曹门学脉绵延不绝。忘不了曹门求学生涯与老师的耳提面命，曹门之精神，将是我一生做人与学术生涯的方向和目标。

求学·读书漫谈记

2016级博士　徐丛丛[①]

时间是长河，蹚过四季的门槛，湿了鞋，也凉了夏。

第一次近距离与曹老师对话，是在一个裹挟着文学气息的夏天。2014年6月28日，首届马识途文学奖在四川大学文华活动中心举行。那天，吃过早饭我便早早地来到会议厅，看到颁奖席上已摆好了参会嘉宾的座位牌，一眼扫去全是"大牛"，有马识途、阿来、曹老师、王火等。上午九点钟，偌大的会议厅便坐满了老师、学生、参会人员，环绕在耳边的颁奖音乐激昂振奋，那高高架起的摄像机时刻准备着捕捉一个个亮眼的镜头。第一次见到这么正式的颁奖盛况，心潮澎湃的我幻想和"演练"着走上颁奖台的情形。颁奖终于开始了，走上颁奖台的那一刻，我发现给我颁奖的嘉宾正是曹老师。本来将要平复的心更加激动了，心里像揣了一只小兔子，怦怦直跳。这是我第一次正面近距离地见到曹老师，他和蔼可亲，脸上洋溢着笑容，还未等他递奖杯，我便怯怯地喊了声："曹老师好。"他递过奖杯轻声道："你就是徐丛丛啊？"我嗯了一声："谢谢老师！"他说着"祝贺"的时候，还跟我握了手，我看到老师的酒窝仿佛绽放了一片涟漪，那样治愈。我红着脸走下颁奖台，久久回不过神来。同学打趣："哎哟，是曹院长给你颁的奖啊！"那天，像喝醉了一样，与曹老师的交集让我蒙上了一种莫名的自豪感。

无情的时光老人就像一阵寒风吹走了万物的新气，喜欢捉弄人的冬，如约而至。

2014年的冬天，我在学业上遇到了困难。那年年末正值研究生中期分流，我大胆做出了提前攻读博士的计划。因为一些原因，我所选的导师带不了我，让我另选导师。年轻气盛的我找到了曹老师。我开门进办公室的时候，他端坐在沙发上，见我进来他笑了笑，除了和蔼，还多了一丝威严。大抵真是初生牛犊不怕虎吧，我滔滔不绝地跟他讲我中期分流是年级第一，现在没有导师带我的状况。他耐心地听我说完，就开始给我一一分析出主意。他说着，我便在手机备忘录上记下来。末了，我说："老师，就这些要注意的吧！"他接过我记录的手机，看了看点点头，最后还翻过我手机背面，看了看我的手机壳。我心想曹老师好可爱。后来寻找博导无果，我便给曹老师打电话，曹老师说他可以收下我，让我年后参加提前攻读博士的复试面试。听到这个消息，我心里的委屈苦闷烟消云散，想到能做曹老师的学生，

[①] 徐丛丛，2016级博士，山东泰安人，四川师范大学影视与传媒学院助理研究员，四川文艺评论家协会会员，四川省写作学会会员，四川省通俗文艺研究会会员。

是多么幸福的一件事啊！

2015年开学伊始，接到研究生院的通知，因我的研究生专业为戏剧与影视学，提前攻读艺术学理论博士是行不通的，两者都为一级学科故不能跨专业读博。而学校没有设立戏剧与影视学的博士点，这就意味着我必须放弃提前攻博了。一天，我正去文科楼交材料，刚好碰到曹老师下楼，我赶紧向他问好，他眼里闪着光，笑着说："看来，你今年和博士无缘了，先准备毕业吧！"我说："好的，老师，之前给您添麻烦了！"那时的我，满脑子里都是这辈子可能做不成曹老师的学生了。罢了，先准备研究生的毕业，至于读博或工作后面另做打算。

日子怎么翻，我就怎么过，颓废似乎成了一种日常。

2015年10月28日第二届马识途文学奖在文科楼召开。很荣幸，再次遇见曹老师。曹老师在发言中谈到这次马识途文学奖的特等奖是空缺的，他称这一届文学奖的获奖者水平和第一届确实差距很大。但是宁缺毋滥，今年没有特别优秀的作品，就空缺了。他说，马识途希望这个文学奖培养更多优秀的作家，所以今后这个奖也会偏向创作。我在心里默默地为曹老师鼓掌，他的实事求是、认真公平以及严谨治学的态度让我感到由衷的敬佩！颁奖完毕后，准备离开的我见曹老师也正准备离开。我快步走向前去，问道："曹老师，能跟您合张影吗？"

还是温暖的笑容，曹老师同意了。合完影，曹老师问我，毕业后有何打算。我表达了自己没有读成博士的无奈和不甘心，说道："其实还是想读书，实在不行就工作吧，不知道……哎。"我红着脸将"不知道哪位导师愿意接收我"的话咽了下去，曹老师看出了我的心思，说喜欢读书是好事，你如果想读，可以参加明年的博士考试，可以报我。听到这句话的时候，我简直要喜极而泣了。激动之余，更多的是感动。也就是从那时起，我又找到了前行的动力。这动力就是曹老师一句同意报考的简单话语，简单却充满肯定和鼓励！

2016年的春夏之交，我如愿以偿考上博士，成为曹老师的学生。我和其他同门一样欢呼雀跃，为能加入曹门大家庭感到无比自豪和快乐。曹老师格外注重师门情感的培养，在新生与导师的见面会上，大家"桃园结义"，按年龄大小组成了一支新的兄弟姐妹队伍。

开启读博的大门，我才意识到自己的浅薄和无知。入学之初面临的最大挑战也是曹老师的课程，第一学期是熟读十三经，第二学期是背诵古代经典文论。每每抱着厚厚的跟砖头似的《十三经注疏》去上课都会引来路人的注意，而前来旁听的学生也不在少数。这门课是新奇、紧张和有趣的。曹老师先让大家读，其次是释义和提问。不要小看这简单的"读"，《十三经注疏》分上下两册，共两千七百多页，字体较小，密密麻麻，为繁体字，从右往左读的竖排版式。有时候一不小心就会读错行，或者断句会断错，生僻的繁体字不认识也容易闹笑话。但曹老师都会一一纠正，虽然是古文，但讲授非常有趣。第二学期的课就更"刺激"了，前两节课曹老师要检查《文心雕龙》的背诵篇章，继而讲授重点及核心，后两节课是学习伊格尔顿的英文原著《二十世纪西方文学理论》。检查背诵的时候，紧张气氛达到了顶点，一个同学背到老师叫停，下一个同学接着背，如此往复几次。如果背不好，卡壳了，脸红脖子粗，一紧张全然乱了阵脚，这时旁边就会传来同门叽叽喳喳的提示。如果背得好，老师会夸奖"背得像机关枪"，受到鼓舞后背诵就开始出现"内卷"，这便导致背诵的难度越来越大，不仅要背诵，还要熟练流利地背诵。后两节课是学习《二十世纪西方文学理论》，这个过程没有背诵古书那么难，但需在课下进行熟读和理解，对于口语不好的我来说是个不小的挑战。当我们英文单词阅读不准确的时候曹老师会示范读一遍，所以每周四的下午，上曹老师的课都是"小心翼翼"，一个下午上完，才能稍稍松一口气。曹老师上课的精神气非常好，一站就是一个下午。

我时常因为文言文和英文的切换学习而感到"痛苦"，但想到我的师兄师姐们都是这么过来的，又顿感无所畏惧。上完课，我们同门会一起陪曹老师走一段路把他送到车上。路上，曹老师也会跟我们聊其他话题，谁谈朋友了，谁发什么文章了，甚至是谁嗓子不舒服老师会推荐他常吃的药。一晃四五年过去了，抱着《十三经注疏》上课的同门们，研究生楼下有说有笑的师生们，开得光彩夺目的簇簇绣球，忐忑紧张的周四下午，都已成为回忆。

眨眼间，就到了博士论文开题。在预开题之前，曹老师先给大家开了小灶，一一进行指导。话说我们那一级的博士和硕士加起来有近二十人，一一指导是非常耗时间和精力的。2017年7月9日，天气异常炎热，曹老师用了一天的时间指导我们开题，每个人的情况和研究方向都各不相同，老师不厌其烦，对症下药，针对每个人的毕业论文提出了不少宝贵建议。在指导学生方面，曹老师从来都是异常有耐心，记得选题定下来之后，我依旧不知如何下手，论文框架一塌糊涂，情急之下给老师打了电话。老师说没关系，让我带着基本大纲去找他看。到了曹老师家才得知老师和师母是专门从新校区赶回来给我指导论文的。感动再次填满胸腔！老师对待我们像对待自己的孩子，他和蒋师母的爱与关怀永远都是那么真切。提到师母——蒋老师，也不得不说。她是我们的"女神"，也是我的人生贵人。她气质温柔，治学严谨，平日里对学生亦是关怀备至。2018年，我先生应考博士，在导师调剂时，蒋老师和曹老师不断协调，帮我们渡过了难关。倘若没有曹老师和蒋老师的帮助，我们的求学之路就戛然而止，停滞不前了。老师的爱是初春里温暖的阳光，柔情地播撒着知识的种子；老师的爱是盛夏里茂密的绿荫，无声的遮蔽着潺溪里的每一泓水流。这人生的旅途，有太多的风景，能遇到曹老师，是我今生最大的荣幸。这人生的旅途，感谢有您的教诲与关爱，是您给了我无尽的信心和勇气！

毕业后，我也成了一名老师，这才真正领悟到"老师"的这一身份和责任。师者，传道授业解惑也，不仅如此，新时代的师者，还应率先垂范，做学生前行的促进者、激发者、引路人。毕业工作后再也回不到曹老师的课堂了。刘勰的《文心雕龙》、陆机的《文赋》、司空图的《二十四诗品》、严羽的《沧浪诗话》……还有那认错的繁体字，不太流利的英文阅读都已成为过去，那些为背诵而发愁的时光竟是我时常怀念的小确幸。

转眼间春去秋来，秋去春来，时间辗转，岁月轮回，日子在不经意间过去。人生是一条没有尽头的路，我走着，走着，不断地走着。当我疲惫懈怠时，就会想起曹老师和蔼的面容，亲切的声音，坚毅的精神。师恩如烛点亮我们前行之路，师情如火照亮我们的心房。谆谆教诲，永记于心，言传身教，铭记一生！

读博这五年

2016级博士　吴　恙*

嘉陵江畔长十载，望江亭边读原典。
三秋岁月论略萨，比文变异引前沿。

2016年是我到四川大学工作的第五年，同年初秋我进入文学与新闻学院比较文学与世界文学专业，开启了博士学习的人生新阶段。2021年底毕业，我结束了在四川大学的又一个五年。前几天与一位在职读博、即将毕业的同事感慨，兼顾工作、学习和孩子的女性们一步一步往前走，其中滋味只有自己能懂。此时此刻，坐在咖啡馆看着艳阳天下来往的行人，回忆起这五年，也许可以用"笑中带泪""苦中有甜"来形容。

跟随导师曹顺庆教授学习的这段时光，我对学术、对世界、对自我都有了全新的认识。不过这段经历似乎是从一系列的"偶然"和"不适"开始，2016年开学前夕，正值中秋、教师节，我鼓起勇气给曹老师打电话，表达了去看望他、咨询开学事宜的想法。一进老师家，客厅里围坐了一圈学生，大家笑脸盈盈地跟老师聊天，好不热闹。看我进门不好意思的样子，曹老师马上介绍了同班的石文婷以及在场的同门和我认识，还交代了一些开学安排和重要时间节点。那天晚上大家天南地北地聊，有的请教老师论文写作中的问题，老师一一解答；有的聊同门的"八卦"，老师顺便关心一些单身同学的恋爱问题。由于聊得太开心没注意时间，最后师母来提醒老师不要拉着学生们聊，让大家早些回家休息。记得那天晚上回到家，我跟丈夫感慨，好久都没有感受过这种和老师畅快聊天的氛围了，还有些不适应，又或者是一种小小的兴奋。殊不知，这样的聚会在接下来的几年成了家常便饭，地点有时换到校园、餐厅、公园、茶吧，成为一种特有的学习交流模式。

第一次课上的是"中外语言文学与文化专题研究——十三经"，关于为什么要读原典老师讲了很多，从"失语症"讲到重建文论话语，复兴中华民族精神，句句

---

* 吴恙，2016级博士，四川大学外国语学院西班牙语系教师。

振奋人心。后来读到《周易》时还说要给我们算算卦，比如能不能顺利毕业、能不能找到对象。大家课上得开心又紧张，紧张的是要轮流读没有标点符号、竖排版的文章，常常不知道在哪断句，或者看错行跳着读，还有好多字不会读。而这样的紧张却只是个开始。下课时大家给曹老师鼓掌，我还傻乎乎地问旁边的石文婷为什么要鼓掌，她一脸诧异。那晚暴雨，我们全班一起送曹老师走回川大花园，一种久违的说不出的感觉再次涌上心头。现在想想可能与我的外语出身有关，和周围的人都随意、自我惯了，竟然不适应尊师重道的传统了。后来参加欧洲学者拉森（Svend Erik Larsen）教授的工作坊，结束时大家很自然地鼓掌，教授吓了一跳，脸红地说："噢，你们还要鼓掌。谢谢！在欧洲从来没有学生给我鼓掌。"我们都笑了，我又想起每次给曹老师鼓掌，他总是笑着摆摆手。

  第二学期的"中外文化与文论"把读原典时的紧张感提升了到极限。首先是因为这门课既要背诵中国古代文论篇章，又要读英语原文的西方文论，对于大部分同学来说都是很大的挑战。记得那时候班里每周一次沙龙，同学们一起提前把古文、英文各梳理一遍心里才踏实。其次，四个小时的中西文论切换，也是对脑力、体力的很大考验。做学生的坐着，老师却站着，说来打心底里觉得该为老师鼓掌。因为要上班时间比较琐碎，我便在网上找相关篇章的录音空时多听，即便背诵不够流利，但也勉强能过关。古文背诵应该是好多研究生学习中的一道坎，几年来只要碰到同门，大都要热火朝天的交流一番背诵古文的课堂情形。

  2017年7月，全班和曹老师在望江楼公园度过了预开题的一天，按老师的说法叫"加餐"，从清晨微风到傍晚落日，每个人带着开题报告和老师、同学一起探讨。整整一天，又是熟悉的疲惫感和兴奋感，大家心满意足地结束了这激情澎湃、干货满满的预开题会。我想，除了十三经和"文论"课，我们班同学们印象最深的应该就是这次初夏的望江楼公园一聚。

  如今回忆起课堂上的点滴，老师侃侃而谈地给我们讲古代文论、讲西方文论、讲比较文学。一次次课后，我内心逐渐被老师渊博的知识体系、深厚的学术功力，他的学贯古今中西和代表中国学术的创新精神所折服。此外，老师也时而和我们说起他年轻时的经历，说现在大家看到他脸上的"酒窝"实际是工农兵时期受伤留下的疤；说他在杨明照先生的研究生课上被先生对学问的信手拈来，先生的博学、慎思、明辨、笃行所折服。我也从同门那听说他坚持每日四、五点起床，甚至还曾冬游长江的故事。通过这些故事和经历，我们看到了老师钻研学问以外，自律、积极的生活形象。曹老师在杨先生的指导下写出了新中国第一篇比较文学博士论文，曹门子弟又在曹老师的指导下发挥特长，继续推动中西文学对话，将优秀的中国文化传向世界。从"龙学"泰斗杨明照先生，到"变异学"提出者曹顺庆教授，中国学问人的优秀传统和品质就这样代代传承，而我也有幸成为这其中的一员，再想想初入学时的种种"不适"，只觉那时的自己见识太浅薄，无比惭愧。

  工作的前五年由于课时繁多，我并未太在意学术工作。读博后，发现曹老师对学术成果十分重视，于是我想翻译一篇变异学文章，老师却提议我直接用西班牙语写一篇论文，并给我提点思路、指导修改，最终成为我博士期间发表的第一成果。老师还时常发送学术会议、期刊征稿的信息，国际学者的讲座、学习坊以及同门答辩都要求大家参加，时刻关心同学们成果发表的进展情况，可以说，在这样的"压力"之下，我才真正开启了自己的学术研究之路。

当然，这五年里最苦最累的还是论文写作的过程。读博第二年，我有了女儿，工作、学习和女儿让论文写作中的我倍感艰难。但每每当我有些怠惰，进展缓慢时总能接到老师的电话，询问论文情况，催促我抓紧完成。由于我是外语专业出身，从预开题到预答辩，曹老师次次都批评我的思路和结构，太纠结于各类细节琐碎，对整体行文的逻辑思考不够，理论支撑不深入等。推翻好几个章节重写，一遍又一遍地修改，整个过程我的心态犹如坐过山车一般起起伏伏，从写作过程的焦虑到预答辩的紧张，再到不停修改通过后的释然，最终应了那句俗话：熬过来了就是重生。

回想刚结束的这段学生时光，甚是美好。冬夜里，抱着厚厚的《十三经注疏》与老师、同门一起读原典；春日午后，紧张地背诵古代文论、译读西方文论。在望江楼公园的茶坊，伴着初夏的微风，老师指导开题报告，大家积极讨论、互提建议。两次预答辩，老师严厉批评了我的问题，又在休息时亲切地嘱咐不要气馁，这些温暖的画面将永远留存在我的记忆里。如今我将继续在川大的下一个五年，而现在我对未来有了更清晰明确的规划，这得益于曹门读博的经历，谢谢曹老师和这个大家庭！

学术传承与拔尖创新人才培养
——曹顺庆从教四十年人才培养实录

2018级博士　陈思宇[*]

时光荏苒，岁月如梭，转眼间我博士毕业已近一年。虽然熬更苦读的日子已离我远去，但我仍时常向家人朋友讲起读博期间恩师曹顺庆教授的谆谆教诲、曹门的点滴趣事，仿佛刻进了我的脑海里，成为我人生的底色。

每逢春日傍晚，微风习习，我总会想起2018年的中华文化元典课堂。座无虚席的教室里，曹老师侃侃而谈，同学们或目不转睛地注视，或奋笔疾书，或低头沉思，师生们共同在经典文学的世界里寻根，在历史长河里穿越，忘却了窗外的喧

---

[*] 陈思宇，2018级博士，主要研究方向为比较文学、比较诗学、中华文化海外传播。现就职于四川大学人事处。

嚣……

　　博士三年的求学生涯是我人生中最宝贵的一段经历。硕士毕业工作了六年后，选择辞职脱产攻读博士，对我来说本就是一次冒险与挑战，但正是这一"大胆"之举，打开了我新世界的大门，开启了我人生的新篇章。

　　曹老师学识渊博、眼界开阔、方法独到。从治学之道到育人之术，从为人处事到眼界格局，老师对我的教导和影响是多维度、全方位的，一时间难以穷尽。今天，我想从格局、传承和中国梦三个关键词来谈一谈我敬爱的曹老师。

格局：入门须正，立志须高

　　"入门须正，立志须高"这句出自《沧浪诗话·诗辨》的话想必是所有曹门弟子最烂熟于心的一句，而我对于这句话的理解是随着对曹老师的了解和认识而不断加深的。

　　关于"入门须正"，起初我简单地以为是进入曹门的意思。曹老师乃四川大学文科杰出教授（院士级）、欧洲科学与艺术院院士、中国比较文学学会第四任会长，我想自己有幸能在曹老师门下拜师求学，想必是"正"的吧。但后来在学习中我渐渐地理解到更深层次的含义。在读博期间，曹老师非常严格地要求我们熟读十三经，背诵中国古代文论，阅读英文原版西方文论。于我而言，起初是极为痛苦的。阮元版本的《十三经注疏》厚达两千七百余页，全篇古文无句读，我常常需要花费大半天的时间才能读完一页。背诵中国古代文论，老师的要求不仅是要能背下来，还要快速流畅、一气呵成。上课时，老师采用随机点名抽背的方式，在无法预判自己被抽背到哪一段的情况下只好将其全文背诵。熟读英文原版西方文论，虽然本硕英文专业的我在这方面稍显优势，但因对西方文论知之甚少，故而学习起来仍然是苦不堪言。就这样经历了一年魔鬼式训练之后，我惊讶于自己在各方面的突飞猛进，甚至因熟背《文心雕龙》还拥有了能偶尔赋诗一首的能力。这大概就是"工夫须从上做下，不可从下做上"的道理。

　　我想，这才是老师所言之"入门须正"。夯基储学，经典育才。对于刚迈入求学之路的学生来说，学习的起点要"正"，要从熟读原典中去领悟中国传统文化之精华，从背诵中对中国古代文论形成更深刻的认知，从英文原版文献的学习中去了解西方文论之真谛。

　　关于"立志须高"，起初我肤浅地以为能进入曹门，就是志向高远的表现。后来，在博士论文选题时，曹老师时常教导我们，"论文要写就写天下第一篇，选题一定是国内没有人做过的"。彼时的我，第一感觉是这个志向高远得难以企及。而正是在老师的高标准严要求下，我硬着头皮，心怀如此高远的志向，竟然完成了国内第一篇关于21世纪英美学界海明威研究的博士论文，首次收集并梳理了大量国内未译介的海明威研究成果，首次对21世纪英美学界与国内海明威研究进行了对比，首次发现变异学理论在海明威研究中的应用案例，并在比较研究中，为国内海明威研究提出了启示,对未来海明威研究作出了展望。

这就是曹老师所言之"立志须高"?绝非如此。在跟随老师求学的过程中,我对于这句话的理解日益深刻。

1988年,曹老师的《中西比较诗学》问世,该书是"我国第一部中西诗学比较研究的专门著作","开辟了中西比较诗学的一个新阶段"[①]。1996年,曹老师的《东方文论选》第一次较为全面地将印度、阿拉伯、波斯、日本、朝鲜等东方各国的文论概况译介到中国。1998年,曹老师的《中外比较文论史》是"国内第一部熔世界各文化圈的文论于一炉,打破中西两极比较而转向总体文学似的全方位比较,并且于东西方文论纵向的历史发展中认真探寻和总结人类文学理论发展规律的探索性专著"[②]。2008年,曹老师的《中西比较诗学史》进一步从学科史层面较为全面地梳理了中西比较诗学在不同发展时期的研究特点。2012年,曹老师的《中外文论史》(四卷本)厘清整个世界文学理论发展的基本线索,勾勒出整个批评史的历史特征及其基本走向,是"中外迄今唯一一本广泛涵盖中外文学理论的史书"[③]。

2019年,曹老师主持国家社会科学基金重大项目"东方古代文艺理论重要范畴、话语体系研究与资料整理",针对近现代以来东方文论边缘化、零散化甚至"失语"的极端状况,致力于全方位地对东方古代文艺理论研究资料进行系统整理,总结东方古代文艺理论的独特特征,梳理东方古代文艺理论的重要范畴,以构建全球视野下的东方文论话语体系,助益于增强东方民族的文化自信,加快东方文化复兴的脚步。

2021年,四川大学启动的"创新2035"五个先导计划之一是由曹老师担任首席科学家的"文明互鉴与全球治理研究计划"。该研究聚焦人类文明多样性、汉语语言文学与世界文明、古文字与中华优秀传统文化传承创新、巴蜀文化与文明传承、全球语境中的儒释道以及世界百年未有之大变局与国家治理,旨在通过世界不同文明之间加强交流、相互借鉴,更加坚定我国的文化自信,加快社会主义文化强国建设,推动中华文明伟大复兴,提出人类命运共同体理论阐释与战略实践的川大方案,推动治理体系和治理能力现代化。

纵观曹老师四十余年笔耕不辍,从中西比较到中外比较、从诗学比较到学术史的比较、从填补东方文论文献资料的空白到构建全球视野下的东方文论话语体系、从传承中华文明到构建人类命运共同体,我恍然明白,或许这才是老师所言之"立志须高",这才是老师的大格局。

---

① 王向远:《中国比较文学研究二十年》,江西教育出版社2003年版,第248—251页。
② 余华:《东西融贯 探本溯源——读曹顺庆新著〈中外比较文论史〉》,《中国比较文学》,1999年第1期。
③ 黄维樑:《宏微并观 纵横比较 彰显中国——曹顺庆主编〈中外文论史〉评介》,《中国比较文学》,2014年第1期。

传承：曹门学派，建构中国话语

曹老师从教四十年来，学生众多，如今已然是桃李满天下。无论是与年龄相仿的大师兄相聚，还是与90后新生交谈，老师总免不了对其嘘寒问暖，关心个人生活，了解学术进展。老师在课堂上常给我们讲起，中国古代有孔子的弟子及再传弟子记录孔子及其弟子的言行，才有了今天的《论语》；国外有柏拉图记述其师苏格拉底与人辩论的对话，才有了今天的《柏拉图对话集》。每次回忆起这段往事，我便能深深感受到老师的殷切期望，希望我们这些学生能够严谨治学、持之以恒，将老师的学术理想与精神在学派中传承，在传承中创新。

那么，曹老师的学术理想是什么呢？我之拙见，在于建构中国话语。

20世纪90年代，在中国现当代文学理论普遍借用西方文论话语的情况下，曹老师看到中国文论处于表达、沟通和解读的"失语"状态。一个患有严重学术"失语症"的学术群体如何在世界文论界发表自己的主张，发出自己的声音？基于此，1995年他提出文论"失语症"，深刻剖析其病因在于对传统文化的彻底否定，在于与传统文化的巨大断裂。于是，他积极探索如何融汇汲取西方文论之精华，重新铸造出一套富有当代气息的有效的中国文论话语。

21世纪初，在比较文学深受西方学界影响片面求同的情况下，曹老师看到，比较文学研究缺乏对"异"的关注，必定会造成不同文明的独特性和复杂性被忽视，因而无法在尊重各自文明特质的基础上进行平等对话与交流。基于此，2005年他提出比较文学变异学，强调对不同文明"异质性"的关注，弥补法国学派和美国学派一味求同的研究思维，建立一套与西方平等对话的话语。

无论是文论"失语症"的提出，还是比较文学变异学理论的诞生，曹老师在建构中国话语之路上开拓创新、奋勇直前。与此同时，老师还致力于将其传播到海外，在国际学界发出中国声音，提升中国文论与文化的国际影响力。2013年，老师的英文专著 *The Variation Theory of Comparative Literature*（《比较文学变异学》）在海外出版，首次以全球通用的英语语言将变异学这一彰显中国特色的比较文学学科理论话语及研究方法呈现给世界。比较文学变异学理论作为比较文学"中国话语"，在国际学界受到了广泛关注与高度评价。

2017年，《中西比较诗学》一书的俄文版 *Поэтика в Китае и на западе* 在莫斯科出版，这是曹老师在海外的又一次重要发声，使这部中国比较诗学领域的奠基之作在俄文世界重获第二次生命，为其进一步的国际传播与影响奠定了坚实的基础。

此外，曹老师还一直积极地撰写英文论文，在 *Comparative Literature and Culture*、*Neohelicon* 等国外知名 A & HCI 学术期刊上发表学术观点，屡次强调中国话语，提出比较文学中国学派，深入探讨中西文论与文化如何进行平等对话与交流。

建构中国话语是曹老师毕生所追求的。"桃李不言，下自成蹊"，正是曹老师的凝聚力，中国话语的向心力，不断激励着曹门子弟为之奋斗。曹老师常言教学相长，也时常教导我们同门之间要加强交流。老师总愿意带领学术团队不断开辟新的研究领域，无论是毕业多年如今已独当一面的教授或副教授，还是在读博士或硕士，每当有研究课题时，老师总会邀请大家参与其中。通过曹门学派，老师让各有所长的同门兄弟姐妹团结起来，相互学习，共同进步，将中国话语传承下去，让中国声音在国际舞台上更加响亮。前有曹老师提出"失语症"，后有芦思宏、杨清等同门致力于探索如何重建中国文论话语；前有曹老师开创"比较文学变异学理论"，后有赵渭绒、王超等同门深入探究变异理论的学科理论基础与实践方法路径；前有曹老师发表英文论文向西方学界大力引介比较文学中国学派，后有庄佩娜、王苗苗等同门在英文期刊上持续发出比较文学的中国声音。我想，这正是学脉相承的体现，这正是曹门学派的意义和价值所在。

中国梦：文化自信，赓续文明血脉

我敬佩老师的大格局，更仰慕于老师一直不忘初心的中国梦。

曹老师总是在各种场合反复强调学习中华文化元典的紧迫性，坚定文化自信的必要性，传承中华文明的重要性。

在课堂上，曹老师讲《礼记》，告诫我们要有"大同之世、天下为公"的文化信仰；讲《周礼》，让我们明白从古至今国家的治理都需要制度的约束；讲《仪礼》，让我们了解在中国自古以来仪式的重要性。

为了增强文化自信，他举办讲座，谈及当今文化自戕的现状，剖析文化不自信的根源是中国人开始逐渐全盘否定传统文化。为了重建中国文论话语，他发表论文，提出西方文论中国化，探讨如何立足于中国学术规则，以中国文化与文论为主创造性地吸收和运用西方理论话语。为了彰显中国文论与文化的风采，他撰写专著，在中外比较中"异中求同""求同存异"实现"和而不同"，在中外诗学交汇互释中发掘中国传统诗学价值。为了弘扬中华文化，他申报课题，积极构建人类命运共同体，在推动文明互鉴与平等对话中，讲好中国故事，传播好中国声音，展现中国文化智慧。

从文论"失语症"到重建中国文论话语，从西方化到西方文论中国化，从西方的比较文学到比较文学中国学派，一路走来，我们见证了曹老师在坚定文化自信的道路上筚路蓝缕、开拓进取，见证了曹老师在赓续中华文明的道路上不忘初心、砥砺前行。

我想，这就是曹老师的中国梦，而我们曹门子弟也定将为之勠力同心、奋楫笃行。

结　语

曹老师弟子众多，我既算不上天资聪颖的，也不是学术涵养很高的。即便是如此普通的我，在曹老师三年的栽培与教导中也能取得莫大的长进。

古有"师者，所以传道授业解惑也"，后有"学高为师、身正为范"，今有"立德树人是教育的根本任务"。曹老师重教育人、科教相长、德沃群芳。人才培养对他而言，从来不是一句口号，而是言传身教、身体力行。正如曹老师在《礼记·中庸》中所喜爱的那句话，"博学之，审问之，慎思之，明辨之，笃行之"，他四十年如一日，心怀中国梦，努力建构中国话语，坚持学脉相承，赓续中华文明。其学术成果嘉惠学林，其治学育人之道垂范后来。

窗外的春风徐徐吹来，沁人心脾，老师的教诲萦绕耳畔，滋润心田。写下这段简短的文字，却道不尽对曹老师的感激与景仰。三年的博士生涯是短暂的，但曹老师对我的影响必将是终生的。衔环结草，不忘师恩；文果载心，余心有寄。

有关曹门的回忆

2017 级硕士　马溶璐[*]

2020 年 6 月 27 日，我从四川大学望江校区离开，结束了自己的研究生生活。也许是疫情的缘故，朋友们都匆匆离去，很多人都没来得及好好告别，便收拾行李，奔赴下一个城市，四散天涯。这和我本科时候的离别记忆完全不同，22 岁的我面对分别时手足无措，脑子里像放电影一样不停地闪回各种记忆片段，而三年以后，当我自己要离开川大，离开成都，离开我生活了七年的地方时，我的脑子里竟然一片空白。

工作两年以来，我曾经无数次想起成都，想起在川大读书的日子，这次适逢曹老师征稿，想借此文好好回想并审视自己的研究生岁月，来弥补毕业时的遗憾。

研究生能拜入曹老师门下是一件很幸运的事，总结起来我觉得有三个关键词：自由、包容、视野。这三点可能在当时的我看来平淡寻常，但是在工作的这两年中，当我回想起自己的读书生活时，我发现这每一点都十分珍贵，只是当时的自己太年轻，没有参透老师的苦心。

首先说自由。做了教育工作者之后才知道，能给予受教育者自由是一件多么需要勇气和自信的事情。曹老师会尊重每一个学生的个性和想法，选课如此，生活如此，毕业论文也是如此。但这种自由并不是不管不顾，当我们需要帮助时，曹老师总能在第一时间指出一条最正确的路。这一点其实对我来说很重要，我相信对每一个学文科的学生来说都很重要。在我从教的很多个时刻，我都需要在"管"和"不管"中做选择，但我明白，不只"管"意味着负责，"不管"，其实也是一种负责，

---

[*] 马溶璐，2017 级硕士。

只是这种责任隐藏在看不见的地方，需要细细揣摩才能发现其中的深意。

再来说包容。现在的同事都有高校中文系的研究生学历，但是我发现，有的古代文学专业的同事看不上外国文学，有的研究西方理论的同事一读古文就头疼。这些现象不是个例，看到这些现象，再回想起曹老师对我们的要求，我深深地体会到，有一位学贯中西的导师是多么幸运的事。背《毛诗序》《典论·论文》等文论、细读十三经、品读比较文学英文原著……曹老师在不知不觉中为我们打下了兼容并包的基础。现在的我，有读古文的耐心，也有读英文原文的信心，对所有文学作品都一视同仁，不会产生一些莫名其妙的优越感，这是我觉得作为一个文科生最基本但又最容易被忽视的能力，而这种能力，我相信每一个曹门的学生都具备。

最后说视野。其实视野和包容有很强的关联性，一个兼收并蓄的人一定能看得到更远的地方。曹老师会经常让我们去参加各种学术研讨活动，如：比较文学年会、杨明照先生诞辰110周年纪念活动等，在这些活动中会接触到很多学术大咖，听到最新最前沿的研究成果，对于开阔视野有很大的帮助。

最近在读昆德拉《小说的艺术》时，读到这样一段话："简化所统领的白蚁大军长久以来一直啃噬着人来的生活……现代社会的特性像恶魔似的，又强化了这个诅咒：人的生活被简化为它的社会功能；一个民族的历史被简化为几个事件，而这些事件又被简化成一个戴着有色眼镜的诠释；社会生活被简化为政治斗争，政治斗争又被简化为仅仅是地球上两大强权的对立。人置身于一个真正的简化的漩涡里……"① 昆德拉或许没预料到智能科技的普及程度，但是他却预言到现在世界的诸多问题，而身处在这个"存在堕入了遗忘之中"的世界的我，常常会觉得无论怎样做，都逃不过这个"简化的漩涡"，但是现在当我回想起研究生时光时，我发现在曹门的三年里，曹老师带领我们所做的，不正是与"简化的漩涡"对抗吗？

明远湖畔沐春风

2018级硕士　孙铭蔚*

2018—2021年，我在四川大学度过了三度春秋。毕业后的我，怀念春日文科楼下盛开的玉兰花和明远湖畔的如茵碧草，更难忘我的导师——曹顺庆教授春风般的谆谆教诲。

一、勇于与专家学者交流

正式成为曹老师的研究生是在2018年9月，但第一次受到曹老师教诲却比这

---

① 米兰·昆德拉：《小说的艺术》，尉迟秀译，上海译文出版社2019年版，第24页。
* 孙铭蔚，2018级硕士，女，1996年生，研究方向为东方文学与文论，现为同济大学出版社编辑。

个时间要早一年多。

2017年7月，还是本科生的我带着曹老师所著的《中西比较诗学》与其主编的《比较文学教程》二书从长春来到成都参加四川大学文学与新闻学院优秀大学生夏令营。夏令营为来自全国各地的有志读研的准大四学生安排了丰富的学术讲座与学术交流活动，涉及文学与新闻学领域的多个学科。而打算学比较文学与世界文学的我，在夏令营的第一天就见到了在该领域闻名中外的曹老师，并听到了曹老师的谆谆教导。

面对讲台下一百余位初步确定读研方向却没什么学术经验的本科生，曹老师讲述了自己的学术研究经历，展示了自己与钱锺书、季羡林、钱学森等知名学者的交流经历。他鼓励大家在学术研究中有疑问或是有新发现时，可以通过写信、发电子邮件等方式主动与知名教授、学者交流，提醒大家不要因自己年龄小、阅历浅而不敢与他们交流，从而错失了宝贵的学术成长机会。

那天，我拍下了幻灯片展示出的钱锺书先生给曹老师的回信，记下了勇于向专家学者提问的真知灼见，决定了若有幸被川大录取，就在导师选择表上只写下曹老师的名字。

成为曹老师的学生后，我时刻铭记着曹老师的这一教诲，无论在川大学习，还是赴外校参加学术会议、活动时，我都积极寻求与知名学者交流的机会，向他们提出了我的困惑与疑问，收获了很多鼓励与建议。而成为一名图书编辑后，当我在工作中遇到问题、产生困惑时，也会利用参加职业技能培训、行业发展讲座的机会，主动向知名出版人提问，获益颇丰。

二、入门须正，立志须高

南宋诗论家严羽《沧浪诗话》有云："入门须正，立志须高，以汉魏晋盛唐为师，不作开元天宝以下人物。""学其上，仅得其中；学其中，斯为下矣。"曹老师常引"入门须正，立志须高"八字，教育我们在做学术和其他方面都要定下有价值的目标。

入学之初，在师生见面会上，曹老师叮嘱我们2018级的8位同学："学校里有很多评奖评优机会，但你们几位同学不要为了金钱和荣誉而不当竞争，要团结一心，共同进步，树立远大学术理想，与全国乃至全世界的优秀研究生良性竞争。"在曹老师的关怀和指引下，我们8位同学互相关心、互相帮助、互相分享学习资料、积极交流学术观点，在学术和实践等多方面都有了很大成长。

进入学位论文选题阶段，某节课后，曹老师让我们8位同学都坐在教室第一排，对我们说："请以'英语世界的某作家或作品研究'为选题，作'天下第一篇文章'"。随后曹老师提醒我们，选择的作家或作品应是知名的、影响大的，确定的题目应是学术界尚无人写过的，只有这样，完成的学位论文才有一定的学术价值。听完曹老师的话，我看到，几位同学的眼中迸发出热情而坚定的光芒，我想，那一定是想完成一篇优秀的学位论文的决心的外化吧。

临近毕业时，曹老师在关心我们论文修改情况的同时，也非常关心我们的就业情况。一次请曹老师签字时，老师询问了王楠同学和我是否确定了就业单位。王楠同学表示自己确定了单位，但尚未确定部门时，老师笑着说"希望你能被分到××部门！"而我表示自己准备去出版社面试时，老师又问了我想做的图书类型，并告诉我要去好的出版单位工作。老师虽未明说，但我想，他一定是希望就业的同学能去往适合自己的单位，在自己喜欢的岗位上努力奋斗，实现更大的价值，为祖国建设贡献力量。

三、爱岗敬业、一丝不苟

2018—2019学年上学期，曹老师负责为川大的硕士研究生讲授"中国文化与文论研究""西方文学批评史"两门课程，为博士研究生讲授"中华文化元典精读"课程，同时每周也要去北京为北京师范大学的研究生讲授课程。

记得深冬的一段时间，曹老师常赴国内外多个城市参加重要学术会议，当不能按照课表规定时间给我们上课时，也会联系每个课程的课代表，让课代表告知大家需要预习的知识及需要背诵的文论篇目。而当老师回到成都时，又会集中时间为我们补课，几次都连续上满了四节课，其间还认真地提问了每一位同学，了解了每位同学的背诵情况。包括我在内的很多同学做15分钟左右的课堂展示都要准备很久，上台讲解时也会觉得累，曹老师备课、讲课之辛劳，可想而知！

曹老师的课是有趣的，遇到不容易理解的文化现象或文论概念时，他常举出生动形象、贴近生活的例子，让同学们在欢声笑语中收获重要知识；曹老师的课是严谨的，在讲解易被误读的字句和被混淆的概念时，他经常提问多位同学，及时指出学生的回答中不准确的地方，并细致地讲解正确的观点，让同学们在反复思考中逐渐接近真知；曹老师的课是引人深思的，他不仅为学生讲授学科知识，还为大家讲授做人的道理，如孝顺父母、尊敬师长、注重细节、锲而不舍等，让同学们在学习知识的同时反思自己的言行举止。

曹老师在教育教学方面真正做到了爱岗敬业，一丝不苟，令每一位学生都深深感动。同时，被曹老师这种精神所感染、鼓舞的同门们，也已经或将要学习曹老师的这种精神，努力在学术研究或其他工作中发光发热。

孟子曰："君子之所以教者五：有如时雨化之者，有成德者，有达财者，有答问者，有私淑艾者。此五者，君子之所以教也。"（《孟子·尽心章句上》）感谢川大的海纳百川，感谢曹老师的悉心教导！愿未来的某一天有机会再赴蓉城，与同门众人，共听曹老师的教诲，如沐春风。

第三节　耳提面命　教学相长

难忘的曹师语录

2005 级博士　王　红[*]

2004 年 12 月，我奔赴了一场影响人生的考试，也让我迎来了拜谒曹师门下的人生旅途。2005 年金秋，怀揣着满腔热情，我从八桂大地来到了天府之国，受业曹师门下。在读博士研究的三年里，曹师耳提面命，诲人不倦，且躬身实践，身体力行，其教学与治学方法一直是我辈孜孜学习的榜样，受益良多。

一、"跑步进入学术前沿"

2005 年 9 月，在四川大学文学与新闻学院博士研究生开学典礼上，时任院长的曹师做了重要的发言。对于如何在博士研究生阶段出成果且出好成果，曹师给我们指出了明确的道路，就是"跑步进入学术前沿"。曹师还详细地讲解了如何通过阅读学术著作与学术期刊、聆听学术讲座等方式来把握学术前沿，参与导师课题，分析学术热点，辨析学术观点，进而形成较好的问题意识。懵懂愚钝的我唯命是从，依葫芦画瓢，按照曹师的"指示"开始广泛的阅读，每周六按时参加学术讲座，但一直未得要领，是否能发表三篇 C 刊学术论文的焦虑一直弥漫心头。在 2005 年 12 月春节前，曹师在筹划申报"比较文学变异学"课题研究之时，借助同门聚会的机会，给我们专门开了学术沙龙，分享了很多自己对"变异学"的创见，并向我们反复强调这是重要"学术前沿"，由于自身是壮族，我当时选择的是从民族、国家论域参与到变异学的思考中。现在看来，曹老师在这次学术沙龙中对我的"点播"正式开启了我的学术旅程，这次学术会议像给我打了一针强心针，带给我重要的思想火花，沉睡的头脑好像幡然醒悟了。紧接着的几个多月，我铆足了劲搜集、阅读了一些少数民族文学文献，发现民族文学、民间文学同样有不少这样"变异"的例子，类似少数民族作家在借鉴汉族文学后的创作变异、民间文学在跨民族跨国的变异，同时脑海里不断复现曹师所说的"传播""语言""文化"等变异学相关问题，经过一番探索，我终于完成一篇有关清代壮族作家对杜甫诗歌的接受与变

---

[*] 王红，2005 级博士，现就职于广西大学文学院，硕士生导师，主要从事民间文学、民俗学与非物质文化遗产研究。

异的论文，而且较为顺利地发表了。尝到学习"变异学"的甜头后，我又如法炮制，从变异学角度关注民间故事的传播与变异，又完成了一篇论文。这些论文的写作让我有了不少把握学术前沿的经验，触碰到一些论文写作的门道，并由此产生了对少数民族文学的浓厚兴趣。工作之后，我结合自己的研究兴趣与工作要求，开始从事民间文学与文艺批评的教学工作，不仅一直以关注学术前沿要求自己，而且在指导学生的时候总是告诫学生曹师的金句"跑步进入学术前沿"，依法炮制了曹师的治学方法，时刻关注学术前沿，并将这些方法运用到自己教授中国语言文学的研究生课程《学术研究前沿与热点》中，学生反映良好。

二、"读好十三经""发现中国文论话语"

2004年夏末，武汉的天气依然很炎热，在与硕士期间的恩师邹建军老师（四川大学本科毕业）商议、决定尝试报考四川大学的博士研究生后，我发现当时四川大学文新学院入学考试中一项重要的内容就是"中国古代文学典籍"，在阅读了当时曹师编著的《中国文化典籍》后，第一次，我深刻地感受了中国传统文化的源远流长与博大精深，尽管有曾小月师姐不断指导如何复习，但考试中填空、翻译、句读、简答、分析、论述等题目让我备受煎熬，现在都依稀记得复习"左昭右穆""二十四史""神思"等内容夜不能寐的日子，记得在考场上奋笔疾书"十三经""四书五经"等考题战战兢兢的场景，记得与同门师兄雷文学在面试场地外临时抱佛脚背《离骚》的"战斗友谊"。入学后，曹师开设"中国文化元典：十三经"课程，我们以中华书局或上海古籍出版社出版的阮元校注的繁体字影印版本《十三经注疏》为教材，先后阅读《周易》《诗经》《尚书》《周礼》《仪记》《礼记》《春秋公羊传》《春秋穀梁传》《春秋左氏传》《孝经》《尔雅》《论语》《孟子》等典籍，曹老师多次强调"读好十三经"，这是传承中国传统文化，避免"失语""文化空心化"，发现中国文论话语，进而进行文化创新的重要途径。在上课过程中，曹师不仅让我们阅读十三经原文，标点、阐释重要篇目，还让我们当堂背诵古代经典文论特别是陆机的《文赋》、刘勰的《文心雕龙》、司空图的《二十四诗品》、严羽的《沧浪诗话》，接受身心双重考验的"魔鬼训练"，即使是一些年纪稍长、平日忙于工作的师兄师姐亦共同享受着这样的"待遇"，但大家在课程结束后都感言，这种阅读、背诵学习是真正深入到了原汁原味的经典中，了解了中国传统文化的智慧。这段读经典经历让我一次次受到传统文化的洗礼，在确定博士论文选题后，我也按照这样的治学方法，查阅当时四川大学港台书库、收藏库的大量竖排繁体字影印文献，认真研读十三经、明清文献，最终完成35万字的学位论文，至今都不能忘记，2008年元旦假期期间，曹师把我和其他两位同门叫到家中，第一句话是"很严肃"地问："王红，你带纸巾了吗？"空气顿时凝固了，曹师看着我们耷拉脑袋难受的样子才笑道："你们的论文初稿没问题，好好修改！"我的心情在过山车式升降中极力恢复平静，翻看了老师批改的文稿，标注的错误虽然只有一处，但竟然是脚注中《十三经注疏》文献的一处标点，我当时就被震惊到了：感慨于曹师对《十三经》的熟悉程度，感叹于曹师治学的严谨。当然，我也有点沾沾自喜的是，得益于经典学习的磨砺，我没有让老师给我大刀阔斧地改动论文，最后在盲审时获得专家的一些好评。在经典学习过程中，我还发现曹师竟然也是少数民族——满族，曾发表过关于少数民族古代文论的"失语"问题，我也跟随老师的步伐，认真地阅读典籍，探讨少数民族文论现代转换、重建"话语"的问题。工作之后，我总是不忘曹师"读好经典""发现中国文论话语"的训导，不仅自己做科研的时候尽力搜集、整理、阅读民族典籍，"close reading"，打牢文献基础，也竭力在少数民族文学中发现民族化、中国式的创作思想，而且在教学过程中，在所开设的"中国文化概论"课程中也贯彻这种阅读经典的思想，让学生抄写、理解《论语》，背诵一些古代经典，希望以此增强学生的文化涵养和文学修养。

三、"选题很重要"

2005年9月入学之后，我越学越发现自己的无知，很多同门师兄师姐的学术成果既让我艳羡不已，又让我如坐针毡，我能干点什么，我要研究点什么，我怎么才能毕业……这些问题一直困扰着我。在曹师晚上下课后，我们几位同门经常步行送曹师回家，名曰"送"老师回家，其实都是在向曹师请教学习，不放过任何"榨取"老师智慧的机会。一次，我跟曹师提出了自己对于毕业选题的疑问，曹师没有直接给指明我选题的方向，但说："选题很重要，需要不断打磨。"谨遵师命，我就开始"翻山倒海"地寻找选题，每次"找到"一个自己"心满意足"的选题后就查资料、买书看，然后把自己想法打印出来，下课后见缝插针地跟曹师交流，结果不言而喻，选题都没有通过"初选"。我往往给自己一两天消化"难过之情"后，又开始新一轮的看书、听课、听讲座，"另起炉灶"，如此反复了数次。2006年6月，在郝跃南师兄的支持下，曹师带领我们去了德阳，在德阳孔庙里，我们开始了隆重而严肃的毕业论文"预选题"学术沙龙，我当时准备了两个选题，很幸运，其中的一个选题方向得到了曹师的大致认可。晚上回到学校后，曹师又不顾一天的劳累继续开学术沙龙探讨毕业论文选题，我又再次提出选题的修改路径，这次经过曹师批评修正，我通过了"预选题"。毕业论文选题数次的"折磨"经历让我在研究选题的道路上积累了很多经验教训，心理承受力也逐渐增强。工作之后，我总是不忘曹师"选题很重要"的谆谆教导，在申报课题、写论文之时都不忘结合自身优势、学术前沿与学科建设反复论证选题，接受不同的声音，一次次打磨，也如法炮制曹师对自己的指导方法来指导学生选题，学生也反馈受益颇多。

四、"我们是一家人，大家要互相帮助"

"你们需要我的帮助，我会竭尽全力帮助大家。"

自加入曹门大家庭之后，曹师经常向我们讲述很多师兄师姐的学习经验，希望大家互相帮助，很多师兄师姐们成为我们科研路上与生活之中的楷模，曹师更是身体力行地帮助我们：探讨学术思想，指导修改发表论文，发布最新学术成果与求职就业资讯，资助生活发生变故的同门……一件件，一桩桩，让我无时无刻不感受着曹师与曹门大家庭的温暖。在读期间，作为科研"小白"，我有幸遇到很多学术有成的师兄师姐，曾请教过李清良师兄解答对古代文论的疑问，曾聆听谭佳师姐的学术报告，曾得到关熔珍师姐在求职中的帮助，曾获得嵇敏师姐生活、学业上的帮助，曾获得刘占祥师兄在论文写作痛苦之时的主动"投食"，曾获得靳义增师兄、荆云波师姐、方志红师姐、曾小月师姐、雷文学师兄的鼓励，曾与付品晶秉烛夜谈……收获了满满的温情与感动，我们这一年级的小伙伴还建立了深厚的兄妹之谊，让我深刻体会到"学术共同体"的含义。工作之后，我也一直与荆云波师姐、关熔珍师姐、曾小月师姐、付品晶等多位同门保持联系，共筑"心灵共同体"，特别是荆云波师姐在多次课题申报中寄予我无私的帮助与支持，靳义增师兄、荆云波师姐还借着出差、开会之际，"访查"了远在西南边地的我。2013年暑假，我有幸参加了贵州师范大学举办的比较文学学术会议，曹师在学术沙龙发言中曾发自肺腑地说："我们是一家人，大家要互相帮助；你们需要我的帮助，我会竭尽全力帮助大家！"短促有力的话语散发着温情与亲情，我当时就热泪盈眶，与身边的同门相拥，深深感动于曹师对学生的拳拳之心。工作之后，曹师曾多次到我所在学校讲学，每次我都会像在读期间一样，在下面认真做笔记、学习。特别是在2021年中国比较文学学会年会召开期间，曹师在繁忙之中还是接受我们的邀请，推脱很多事务，抽空为我们学院的师生做了一场比较文学学术前沿讲座，并与我所在学院院长、学科负责人、教师进行深入交流，毫无保留地指导学院的学科建设。我总是担心曹师事务缠身而不敢叨扰，但曹师总是第一时间为我们提供指导与帮助，在我所在学院很多重要的学科建设工作上都倾注了心血。曹师提携后学，为我们营造和谐的学术氛围，无私地指导我们的学术发展与学科建设。

忝列曹师门下，受益颇多，我时常鞭策自己勤勉工作，勇于探索，但学艺不精，未能得曹师二三学，唯愿能多多吸收曹师为学为师的丰富"养料"，将之传播流散，奋力前行，不辱没师名。

且听风吟

2005级博士 李 艳[*]

确认过眼神，我坐进了教室第四排靠墙的位置，身体在"避风港"安顿下来，但心却像是被一块石头压着，怎么也轻松不起来。在桌面上翻开《十三经注疏》，多希望自己此刻是大方丈案桌上的木鱼，每一次敲击后都能自动弹出经学的要义。然而我不是神仙，变不成木鱼，只有乖乖地把那一行行字记在脑里。

十七年前，这就是我每周一次诵经课的日常，惴惴不安，又充实清醒。曹师对我们的要求是，熟读成诵，经义入耳，更要入心。课程进行中，他会冷不丁地中断讲义，用手轻轻扶住黑框眼镜，镜片收住的灯光和他故作浅笑的眼神辉映游走在我们每个人的脸上，它停住的地方就是"幸运观众"的领奖时刻——我们中的一个会被点起来，曹师起头句，被"钦点"的幸运生需按顺序背诵出下一段经义。那时候，在教室里坐着的都是他的博士生，这中间既有年龄偏长资历颇深的教授、副教授，也有政务缠身的公务员，当然还有我们一群久经考场自以为波澜不惊的愣头青，但在那一刻都无一例外被降服此地，像小学生一样，老老实实诵经、背经。时间像墙上的月影，摇晃着，斗转着，而我们这些曹门弟子也从最初的如坐针毡，暗自埋怨，到后来咬牙坚持、笃行不息，大概是懂了，"无听之于耳而听之以心，无听之于心而听之以气"，进入心斋之境先要凝神静气，任语思的河流自由流淌，最终才能让学问生生不息，潜滋暗长。讲经是为了不讲，不讲是为了自悟，自悟是彼岸的抵达。

自己身为人师之后，才真正明晓学问不在传授，而在传导。两千多年前，孔子和他的弟子，在荫蔽如盖的槐树下，在细流婉转的沂水边，或兴来如答，或琴起音落。这些弟子有的来自乡野，有的出自名门，有的莽撞如野马，有的狡黠似流萤，但这都无碍他们交谈、交心而至神交。思想是长河，淌过峡谷、荡进山野，润物细无声，才是大智慧。曹师面对的是如我们一群，在大学校园里虽浸润多年，腹有点墨但还晃荡的学生，大多已有了自己的学术情结，抑或是人生志趣，也正因此，曹师大概也持守教不若不教的想法，让学生自己浸润在原典的字字句句中，去聆听、去诵读、去感受、去体悟，这样一来也便使流淌千年的思想之河有了承续的方向。

河面微澜，且听风吟。

---

[*] 李艳，2005级博士，女，湖北襄阳人，副教授，任职于湖北经济学院新闻传播学院，研究方向为比较文学、通识教育与创意写作。

学术的召唤与学问的方法
——跟随曹顺庆先生读博经验谈

2008级博士 涂 慧[*]

现代德国著名思想家马克斯·韦伯（Max Weber，1864—1920）曾言："一个人得确信，即使这个世界在他看来愚陋不堪，根本不值得他为之献身，他仍能无悔无怨；尽管面对这样的局面，他仍能够说：'等着瞧吧！'只有做到了这一步，才能说他听到了政治的'召唤'。"[②] 这段充满激情、责任和使命的话语，不仅适用于波谲云诡的政治事业，也适用于寂寞艰辛的学术研究。2008—2011年间，我有幸考入国家级教学名师、长江学者特聘教授曹顺庆先生门下，以先生为学习楷模和努力方向，跟随先生在北京师范大学文学院攻读比较文学与世界文学专业博士学位。在充实忙碌的读博过程中，我不仅从先生那里聆听到学术的崇高召唤，感受到学术的内在魅力，而且深刻体会到以求真务实、批判质疑为核心的学者精神，切身体验到以大胆质疑、小心求证为基础的学术方法。虽然博士期间跟随先生读书思考和求学问道仅有短短三年，弹指一挥之间，但曹老师所给予的人格熏陶和治学方法却伴随终生，影响至为深远，悄然内化为我的学术旨趣、学术个性和学术追求。就个人体会而言，我跟随先生读博的个人经验至少有四点。

其一，大胆质疑小心求证，提倡严谨求真务实。记得在高校课堂或是日常生活中，曹老师曾多次提及，他硕博士期间师从四川大学名师杨明照先生（1909—2003），在学术方法、学术视野和学术态度上受到杨先生的颇多影响。综观杨先生的学术历程，其学术上最大的成就是校注和研究《文心雕龙》，其爬罗剔梳、考辨源流之细致，其考证辩驳、辩章学术之严谨，足以堪当今人治学之典范。无论在资料搜集与文本校勘，还是理论研究与体系建构上，他都能独树一帜。这种严谨、求真、务实的精神，切实影响着包括曹老师在内的众多学人。在杨先生的人格熏陶和悉心指导下，曹老师28岁时写出享有盛誉的学术专著《中西比较诗学》。该书不仅是中国学界第一部以"中西比较诗学"命名的著作，更是中国"比较诗学"领域的奠基之作和扛鼎之作。此时恰逢20世纪80年代，中国学者积极复兴中国的比较文学学科，从此曹老师便走向了比较文学的研究领域。在学术研究上，曹老师一如杨明照先生，提倡求真务实，勇于创新，大胆质疑前人观点，哪怕是大学者、前辈的经典理论著作，亦可以实事求是的精神大胆质疑，并小心求证，细致剖析其中的是

---

[*] 涂慧，2008级博士，华中科技大学人文学院中文系副教授，中国当代写作研究中心成员。
② 马克斯·韦伯：《学术与政治》，冯克利译，生活·读书·新知三联书店2016年版，第117页。

非曲直，成就与失误。

我在北京师范大学求学期间，曹老师给比较文学与世界文学专业博士生上课时，分别讲述朱光潜、钱锺书、王国维等几位大学者理论著作中的缺憾，令在座学生耳目一新。正是在曹老师的启发和指导下，我尝试撰写出《王国维〈红楼梦〉评论之得与失》一文，认为在中国文艺批评史上，王国维最先参照西方文艺理论，经由《〈红楼梦〉评论》等文章而建构相对完整系统的理论批评体系，引领中国现代文学批评的潮流与模式，此乃其文学研究"得"之关键所在。然而，《〈红楼梦〉评论》中也存在着值得反思的学术观点，王国维认为《红楼梦》是彻头彻尾的悲剧，与中国人的精神大相违背，应是一个值得商榷的认知失误。《红楼梦》在中华民族文化土壤中孕育出来，何以会违背国人之精神呢？王国维的理论存在比较明显的逻辑悖谬，其原因应在于他以西释中的阐释模式，即以西方悲剧观和悲剧艺术为标准来衡量中国文学。《〈红楼梦〉评论》表现出以西释中批评模式的局限性，此乃其比较文学研究"失"之体现。其研究之"得"，启迪我们在重建中国文论话语时，要自觉以中国文论话语规则为主来融会西方文论；其研究之"失"，对今日盲目套用西方文学理论解释中国文学的批评模式，则具有不可忽视的警醒作用。该文经过认真修改后，有幸刊发于《文史哲》2011年第2期上。曹老师善于启发学生思考，不仅在课堂上妙语连珠循循善诱，还常常在课外闲谈之际授以治学方法。我至今犹记初入师门之时，曹老师课后踱步于北师大京师广场，温情入理地对我谈起求学之法和治学之道。从十三经的注疏索引谈到期刊论文的浏览阅读，从论文写作创新的路径到论文投稿的方法，曹老师温文尔雅，条分缕析，娓娓道来。一字一句无不饱含着恩师宝贵的治学心得与人生经验，至今仍言犹在耳，恍如昨日，对我有莫大启发。

其二，尊重学生学术个性，提倡自由思考创新。作为当代中国比较文学专业的首位长江学者特聘教授，曹老师不仅在学术研究上卓有建树，成就斐然，而且在学生培养上经验丰富，体系完备。曹门学生众多，各有所学，各有所长，名家辈出，名师涌现，构成当代中国学术界中一个极富有启发的现象级学术生态景观。在曹老师所指导的博士生中，既有人从事中国古代文论研究，也有人从事中国现代文学文论研究，还有人从事围棋文化比较研究；既有人从事中国文论研究，也有人从事西方文论研究，还有人从事东方文论和东方文学研究；既有人从事文学研究，也有人从事电影研究，还有人从事其他艺术门类研究；诸如此类，不一而足。在博士论文选题过程中，曹老师充分尊重学生个人的学术兴趣，并不要求学生的研究与自己的学术研究保持某种一致性，但曹老师非常强调学术研究的创新性、前沿性和国际性。倘若用一句话来概括其核心理念，则是提倡自由思考创新，尊重学术个性特色。

曹老师对于学术是敬畏而严肃的，是执着而真诚的；待人是极其和蔼而坦荡的，说话处事让人如沐春风，如父亲般温暖慈爱。每次和曹老师谈完话后，心中总会充满温暖和激情，向往自己也能如恩师一般，在学术上做出些贡献。曹老师待己则是严格而自律的。有很长时间，曹老师往返于成都与北京之间，为四川大学和北京师范大学两所顶尖高校的学生上课讲学。曹老师很多论文和工作便是在飞机上完成的。曹老师旺盛的精力、极高的工作效率、高度的自律精神，令我辈年轻学子自叹不如。曹老师已经真正达到学术即生活，生活即学术的物我两忘的逍遥境界。无论是严格要求，还是宽厚关怀，曹老师都以自己的身体力行和高尚的人格魅力，在学生心中届届相传，建造了普希金所谓的"一座非人工的纪念碑"。

其三，注重中国传统原典，提倡中西贯通互鉴。多年以来，曹老师一直坚守课堂，坚持给博硕研究生开设两门课程。一门是中国古代原典精读，内容涉及《诗经》、《尚书》、《易经》、"春秋三传"、《论语》、《老子》、《文赋》、《文心雕龙》等古代经书和古代文学理论；另一门是用英语讲授西方文论，以"比较诗学"的视野观照西方文论，在中西方文学理论比照中揭示西方各文学理论流派的基本观点。在硕博课程和学术论著中，曹老师多次强调，中国古代文论与典籍对中国当代文化建设功在当代，利在千秋，对当下的语文教育同样有着无法磨灭的价值。在曹老师看来，当代中国学术界之所以出现所谓的"失语症"，主要因为在中西知识的整体切换中，我们丢失了自己的知识方式和文化自信。唯有现代西学质态的知识才是科学知识，几乎成为中国知识界不言自明的公共论题。20世纪，西方新知识之所以能够全面取代中国旧知识，是因为人们相信分析性质态的西学知识才科学理性。旧知识之所以被取代，是因为人们认为这种知识质态不行了，它在知识质量和形态上都不科学。不行的并非旧知识中某些观念过时，而是这种知识本身。倘若以分析性质态为标志的科学知识为唯一的或标准的诗学知识，那中国人的命运只能是"失语""无语"，甚至"哑语""莫言"。经由一个世纪的演化，移植的知识已成为我们的新传统。我们的知识立场和视野已全面系统地置身于现代西学的知识谱系中，我们对文学、艺术和文化，对一切可以用知识的方式来研究和理解的对象，几乎都用西学的知识原则和理论逻辑来处理。如此一来，中国传统的诗学知识从现代中国的知识系统中逐渐疏离出去，成为异质性的他者存在。传统诗学由此而显得"模糊""含混""不清晰""不准确""无系统性"，成为异质性的知识形态。用西学的知识原则和理论逻辑来理解传统，实质上是将传统知识向现代西学知识质态同质化归，其阐释、分析和评价都是将传统知识转译为现代知识。据此，曹老师提出要重建中国文论话语，要"立足异质，融汇古今"。在对"重建中国文论话语"命题的积极回应中，当代中国学术界开始注意和重视中国传统学术话语规则，许多学者则开始致力于清理和阐释中国古代文论话语。

对于如何重建当代中国文论话语的命题，中国学术界的讨论大致经过了两个阶段。第一个阶段的讨论，主要关注"中国古代文论的现代转换"问题。所谓重建中国文论话语体系，是立足于中国人当代的现实生存样态，潜沉于中国五千年生生不息的文化内蕴，复兴中华民族精神，在坚实的民族文化地基上，吸纳古今中外人类文明的成果，融会中西，从而建立起真正能够成为当代中国人生存状态和文学艺术现象的学术表达并能对其产生影响的、能有效运作的文学理论话语体系。第二个阶段的讨论，则主要研究"西方文论的中国化"和"中国文论的中国化"问题。中国文论因为没有坚实的话语资源，事实上又处于再次"失语"的状态。故应依据中国传统固有的主要话语规则，在异质性原则上走"古今融会"与"中西化合"之路，通过中国古代文论的中国化最终实现中国当代文论话语的重建。为了实现这一设想，对传统话语的发掘整理，并使之进行现代化转型的工作，成为重建过程中至关重要的一环。其具体途径和主要方法是首先发掘整理中国传统话语，使其言说方式和文化精神得以彰明，然后在当代对话运用中实现其现代化转型，最后在广取博收中实现话语重建。正是基于重建中国文论话语体系的学术理想，曹老师多年来致力于开设中国古代元典精读课，用英文原文讲授原汁原味的西方文论。在曹老师看来，只有真正打通古今中西，把脉中西文论话语规则的异质性和相通处，才有可能找到重建中国文论话语体系的路径。曹门弟子回忆当年求学生涯时，往往津津乐道于当年背诵《文心雕龙》《文赋》等原典时的种种趣事或囧事。正是因为当年的勤奋苦读，才迎来今日的硕果累累。曹门师生在该领域中已经产出丰硕的成果，涌现一批高质量高水准的学术精品，这都与曹老师多年来精心设计课程、用心培养人才密不可分。

其四，注重学科沟通跨界，提倡比较对话超越。一般说来，比较是构成学识、获取知识和学术研究的重要方法之一，也是学术创新的基本元素之一。作为国际人文新兴学科中的显学之一，比较文学已走过了一百多年的辉煌历程。如今它在全世界的影响日益扩大，欧美国家的许多大学早有了十分正规的比较文学系，北京大学、四川大学、北京师范大学、南京大学等许多著名高校也先后成立了比较文学研究所。这一切充分表明比较文学学科在21世纪具有勃勃生机。在这种宏观态势和学科背景下，一名优秀的比较文学研究者，必须比其他人文学科具备更高的知识要求和求学素质。这要求学习者要有扎实丰富的学科知识，有献身学术志业的伟大勇气，有敢于坐冷板凳的学术耐心，一如钱锺书先生所言："大抵学问是荒江野老屋中，二三素心人商量培养之事，朝市之显学，必成俗学。"同时，比较文学研究者还应具备多样化和多元化的人文通识，掌握精深系统的专业知识，能够熟练掌握和应用一门以上的外语，能有效与国外学术界展开学术对话和学术合作。注重学科沟通跨界，提倡比较对话超越，在曹老师的课程讲授和论文著述中得到充分的彰显。

毋庸置疑，当代中国学界的比较文学研究还存在一些值得关注的问题，急需引起学界的普遍重视。比较而言，在比较文学研究中应该注意的问题也许大致有三：第一，比较文学中国学派的方法论体系尚待进一步成熟。李达三、徐京安、叶舒宪、刘献彪、孟庆枢等大陆知名学者，张汉良、苏其康、黄美序等港台著名学者都曾深入探讨过此问题。第二，比较文学的理论创新力有待进一步提升。比较文学在中国是一个年轻而蓬勃发展的人文学科，深深植根于中国深厚博大的文化之中，照搬西方的比较文学理论是远远不够的，也是道阻且长的。第三，比较诗学研究有待进一步深入。在中西文明交流和东西文明互鉴的新冷战背景之下，以比较文学跨文明、比较文学变异学和比较文学阐释学为基础的比较文学学科新理论，将有力弥补欧美比较文学学科理论之不足，推动全世界比较文学学科理论建设，有益于促进世界多元文化的发展和不同文明的交流。由此，不同学科之间的跨界融合，多元文化之间的比较分析，异质文明之间的对话互鉴，便具有了鲜明的学科价值和重要的历史意义。

整体而言，大胆质疑小心求证，提倡严谨求真务实，意在积极拓展研究者的学术思维和学术视野，培养实事求是、论从据出的踏实学风。尊重学生学术个性，提倡自由思考创新，意在充分发挥研究者的自身优势，激活研究者的学术潜能，形成兼容并包的研究态势。注重中国传统原典，提倡中西贯通互鉴，意在有力夯实研究者的学问基础和学术根基，探索中国文论话语的建设路径，引领异质文明之间的对话融通和国际学术的话语权；注重学科沟通跨界，提倡比较对话超越，意在不断提升研究者的学术视域和研究方法，建立中国特色社会主义学术自信、学术话语和文化自信。作为具有国际影响力的国家名师，曹老师以中西比较诗学、比较文学跨文明对话、比较文学变异学、比较文学阐释学等原创标志性论著，在求学问道和学生培养等诸多方面建立了一整套体大虑周、完备有效的话语体系，成为国内外比较文学学科的引领者和思想者。在人生最紧要的关头，我很幸运能成为曹门弟子，在学术方法、学术视野、学术个性和学术理想等方面得到科班锻炼和名师引领。若说我的生命之境能不断提升，学问能略有起色，那一定是因为先生那灼亮之光照进了我的生命，温暖了我的人生。从曹老师身上，我深深感受到他高洁的人格魅力，宽阔的个人胸襟，高远的人生追求，先生恰如亘古长明的灯塔，焕发出温暖坚定的光芒，照亮了无数学子脚下的问学之路；又如沁人心脾的芷兰，散发出清雅淡泊之幽香，潜移默化中影响着众多学人的治学之途。

生之有涯，唯思想求索永动而不灭

2012级博士　聂　韬[*]

细数时光，与曹师结缘竟已是 13 年前的秋天，当时以本科专业成绩第二拿到保研名额的我年轻气盛，多了一份不知天高地厚的"踌躇满志"。摆在我面前的深造方向有两种选择：一是北上完成我本科未竟的梦，二是留在四川，跟随在大学期

---

[*] 聂韬，2012级博士，男，1988年生。电子科技大学外国语学院副教授，研究方向为比较文学、先秦两汉海外汉学、美国非裔科幻小说。

间讲座时,有幸近距离体会其博学儒雅的曹顺庆老师。相比前者的"广撒网",后者的"针对性"更是难如登天。从师兄的口中得知,每年想登门师从曹师学术深造的"生源"可谓络绎不绝,如我一般的"愣头青"多如牛毛,更别提许多知名高校老师的深造想法。在长辈的引荐下,我参加了曹门2009年的师生聚会。为了这次聚会,我还专门穿上了我最喜欢的深红色的衬衣,然而到了现场,平时"能言善道"的我却仅坐在离曹师最远的偏桌,紧张得一言不发,等到敬酒阶段时,我也不知道自己哪来的勇气,端着酒杯走到曹师的面前,用他尚可听得清晰又不至于刺耳的声音说道:"曹老师好,我是今年的本科保研生聂韬,我非常敬仰您的学术,想跟着你学习,不知道您愿不愿意收我作弟子?"

这便是我对曹师说的第一句话,现在回想起来,这样的起始疑问句放在其他任何语境里都有些"尴尬",甚至有情景式"道德绑架"之嫌。我再三确认回忆,曹师那时的反映应该是"惊讶"大过被"冒犯"的,他简单询问了我一下我的专业成绩,而后咧嘴一笑,说道:"这几天正在保研申请,你不要错过了。"

多年之后,当我也开始带自己的研究生时,我总会给他们提起这句简单而之于我鼓舞万分的话,我也会接着向他们述说自己从"浮躁"走向学术的心路历程。

在研究生入学后的半年里,我依旧沉浸在如本科一般的"生活模式"里。担任研究生学生会的文艺部部长,积极参加歌手大赛、主持大赛,甚至自荐经过培训,成为成都华图首批公务员培训的申论讲师。然而,对待学业,我始终秉持着"认真"但绝非"求深"的态度。所谓"学术",对那时的我来说,依旧是一件无比陌生、无法触及的事情,就连父母也并不"报以希望",已经开始与我商量研究生毕业后找怎样的工作。

契机总是在不经意的时候萌发。众所周知,曹师的十三经课程是历届曹门学生"又爱又恨"的课程,对于硕士而言,这并非一定要修的课程,但如果与课程不冲突的话,我也希望能够在忙碌的曹师面前"露个脸",刷存在感。在讲先秦学术史时,曹师开启了学术和历史话语权的相关讨论,并提到了秦汉时期"墨家中绝"的现象,他不无遗憾地说:"墨家与儒家在《韩非》里并称为'显学',然而在《史记》的《孟荀列传》里却只简单地列了24个字,之后墨家中绝,而到现在为止都没有学者对这个历史问题进行彻底又具有说服力的探讨。"

当年曹师在课堂上对"墨家中绝"阐述的每一个字我都清清楚楚地记得,但我更深刻体会的是我从未有过想要"追根溯源"的学术冲动,它的突如其来而后体会,有些类似于佛教的"灵光"和"顿悟"。下课后,我一路追曹师到电梯口,这或许是自一年前的"自我介绍"后第二次"仔细"地询问曹师:"老师,您课上提到的'墨家中绝'有没有可能与您'失语症'的理论有一定关系?"

曹师饶有兴致地看着我,等了一会说出一句:"你如果有兴趣的话,写一篇相关的论文给我吧。"

"我害怕我写不好……"当时的担心不无道理,在硕士生涯的大部分时间都在奔跑而没有"沉淀"的我也是实话实说。

"你如果不静下心来尝试，怎么知道你自己写不好？"曹老师直盯着我的眼睛，直击我的灵魂，我真的只是他者眼中的那个"华而不实"的自己吗？

从那时开始，我终于开始直面二十多年来浮躁的心性，我承认外表阳光、性格开朗的特质为我的人生助益太多，我或许可以就此"安生立命"，但也就此放弃了"为天地立心，为生民立命"的文化传承，更不用说追寻我心底"为往圣继绝学，为万世开太平"的属于中国儒生最至高的理想。不成功便成仁的道理昭然若揭，然而，倘若没有"终日乾乾"，如何能够"或跃在渊"，"飞龙在天"？

在曹师课堂上打通的"任督二脉"，也最终成全了我与"墨子"十数年的羁绊。我真正沉下心来阅读文献，专研学术，克服浮躁，习惯坐冷板凳。曹师也在有形和无形中帮助我太多。从2012年的直博机会，到2013年9月奔赴比利时鲁汶大学访学，2015年11月通过博士论文答辩，12月入职电子科技大学外国语学院，时光如流水，润物无声，蒙之教导，如山中出水，又如地火明夷，利艰贞。

当开启了这"有涯又无涯"的学者生涯后，我才真正能切实体会到曹师多年来辛勤耕耘的"不易"。作为"文化大革命"后的第一批大学生，曹师始终肩负着"复兴中国人文"的使命感。从古代文论的积淀到比较文学的开辟，从提出"失语症"到建构中国比较文学话语的"变异学"，从"英语世界的中国文学"梳理到"英语世界的外国文学"中国话语式研究，这可以说是一次从个体的学术建构到致力于中国比较文学学派成立渐进式变革，最终彰显出走向世界的学术野心和抱负，我等之后辈穷尽一生可能都难以望其项背的成就。曹师对学术的诚挚、执着、坚韧和信念，都在鼓舞着如我一般的所有曹门学子们自强不息，上下求索。

故事回到最开始，然后再转瞬十数年，我也成为一名前行的青年学者，路漫漫，却始终有一道光的指引。这一束阳光穿梭进我生命的罅隙，开始于曹师的认可，带领我走进比较文学的崇高殿堂，体会中西异质文化的多样之美，聆听中外文论中古往今来如诗如歌的或吟唱、或低语。在曹师的影响下，我始终怀揣着对世界墨学研究最纯真、最热烈的期待。我能看到在先秦时墨子挣脱孔子思想时的呐喊和政治决心，我也能看到，墨家思想在近代中国复苏以后，在又一次乱世之中向世界发出的中国声音。千古英雄或有成败，而墨子的学说和灵魂将会得到永恒的延续，不会结束，不会枯竭。

从成都到北京、上海，到比利时的天主教鲁汶大学求学，穿梭于巴黎的卢浮宫、罗马城中梵蒂冈博物馆的欧罗巴历史盛衰之中，到达丹麦哥本哈根的尽头体会克伦堡中哈姆雷特的爱与恨，路过了多少一生只能看见一次的风景，告别了太多一生只会对你微笑一次的人。我仍能体会旅程中每一次拿到珍贵文献时的欣喜若狂，完成阶段性研究时的满足与欣慰，却也悉心记录着每一个无从提笔的踌躇夜晚，因为那样的冷夜，尽管在回忆中总是伴随着窗外的雨和黑暗中恶魔似有似无的低语，但长夜过后，总会有许多突破世间一切曲折与困难的阳光给予紧握长笔的我以前行的力量。我始终相信，四季轮回，生死有涯，唯有诗性不灭，思想不灭。

也仅以此拙文，献给博古通今、笃行明辨、开明通达、立人立德的曹师，也浅浅地献给跟随老师的脚步，始终在路上，奋斗不停歇的自己。

学术与科研

2013 级博士　韩晓清[*]

2012 年 9 月，我到四川大学做访问学者，跟随曹顺庆先生学习。在为期一年的学习过程中，我被美丽的川大深深地吸引了。那时候，我就暗自思忖，一定要到川大攻读博士学位，一定要继续跟随曹先生学习。

2013 年 9 月，我如愿做了先生的弟子。由于我是在职攻读博士学位，所以只在川大读了一年半的书就回到了单位。在读书的一年多时间里，说实话，我既是幸福的，又是痛苦的。幸福的是几乎每天都跟几个同学吃饭、聊天、谈论人生，除此之外还能读点"闲书"，痛苦的是要修读先生开设的两门学位课程。一门课要被先生点名背诵十三经篇目，另一门课要被先生提问"伊格尔顿"。我的年龄偏大（在 13 级同学中排名第三），记忆力有些跟不上，理论功底也不够扎实，再加上自己并未努力背诵，所以上先生的课总是很窘。2014 年的秋天，先生为我们的毕业论文举办了预开题，说是预开题，其实就是大致确定个题目。当然，后来我们在川师还是举行了正式的开题报告会。我们一起去了峨眉山，娱乐之余，我"捡了一个好题目"（先生语）作为我的毕业论文的题目——"英语世界的曹禺话剧研究"。我带着这个"好题目"回来后却是惆怅万分，因为通过几天的资料搜集，我发现英语世界的曹禺话剧研究并不多，资料也不够丰富，要写出一篇二十多万字的博士论文难度很大。记得后来我专门找先生谈论过资料的问题，我告诉先生担心资料太少，完不成毕业论文。先生详细问过情况后，告诉我说，英语世界的曹禺话剧研究还没有人写，题目是新的，只要有十几篇硕博学位论文就能做出来。2014 年年底，我带着疑惑回到了单位，在教课之余，又搜集了一些相关的研究资料，最终在 2016 年 7 月间完成了我的博士学位论文，并于 12 月底顺利通过了答辩。跟随先生学习的日子里，我学到了很多知识，也懂得了许多道理。单就学位论文的写作而言，我有两点体会，一是如何为论搜集资料，二是如何为题谋篇布局。我认为以上两点极其重要，所以与诸君共飨。

---

[*] 韩晓清，2013 级博士，男，汉族，甘肃永昌人。西北民族大学文学部副主任兼汉语言文学学院副院长，副教授，博士研究生导师，甘肃省文史哲类教学指导委员会委员。研究方向为比较文学与世界文学、中西比较诗学、西方文艺理论、神话学。

期间先生曾先后两次到我的单位——西北民族大学进行学术交流。作为他的学生，我被指派参与接待工作，所以也就有了再次近距离接触先生的机会。先生为民大的学生开了讲座，讲座十分精彩。先生学识渊博，语言风趣，每次都能引得满堂喝彩。这些情趣，我在修读先生的学位课时已经领教过了，但是民大的学生没有聆听过先生的授课，所以总能引起热议。先生的智慧以及对学术的敏锐，让我惊叹不已，每次和先生接触，都有此感受。先生总能精准地抓住学术前沿问题，提出自己的独到见解，比较文学变异学的提出就是如此。先生除了具有极其敏锐的学术眼光之外，还有一点恐怕是很多人都不知道的，那就是刻苦精神。这一点是我在与先生为数不多的几次接触中发现的。先生平时是非常忙碌的，为了学科，为了学生，他总是奔走于很多城市，但是他并没有止步于现有的成就。记得我们在去敦煌的飞机上，他就利用飞机在空中飞行的那么一点有限的时间进行写作。先生参加完白天繁重的各种工作之后，还要在睡前读书、写作直至凌晨，第二天的早晨还要早起读书和写作。先生对于学术的执着，对于人生的感悟，对于生活的热爱，真是我辈一生学习的榜样！

2016年年底，我参加完博士学位论文的答辩后，回到了单位，并被聘为文学院的业务副院长，分管本科教学工作。在经过了一天繁杂的教学任务和行政工作之后，每每到了夜深人静的时候，我总是想起在川大写毕业论文的那些日日夜夜。还记得那是2016年的春天，为了能够完成毕业论文，我向单位提出了脱产半年的申请，单位批准后，我就去了川大准备毕业论文的写作。到了学校后，我去了先生的家里，并向他说明了返校的原因，先生很高兴，我知道他高兴的原因，因为我比较愚笨，在他心里肯定不止一次地担心他愚笨的弟子能否顺利毕业，但是先生从来没有说出来过。先生只是轻描淡写地告诉我，既然来了就抓紧时间进行论文的写作。我带着愧疚从先生的家里逃了出来，回到东一702寝室下定决心要在半年的时间内完成论文。可是，论文的写作毕竟是一件十分痛苦的事情，在这期间，我没有去找过先生，先生也没有找过我。有的只是单调乏味的生活——写作、睡觉、吃饭。但是，有一件事情却是我最爱做的，那就是吃过晚饭之后，在川大校园里四处乱逛，有时候还会逛到校园旁边的望江楼公园。后来想想，也就是那段时间，我爱上了成都，爱上了川大（以前只爱川大的名，因为成都没有西北的面食，再加上成都的冷，我是真不喜欢），也正是那段时间的闲逛，让我有了独自思考的时间与空间。我一边漫无目的地闲逛，一边想着论文写作中出现的一些问题，有时候也会想想我的生活、我的家人，还有我的女儿。直到今天，我依旧保留了这个习惯，晚饭后，总要到周围逛逛，边走边思考一些问题。学术之路，道阻且长，我们需要静思。

毕业以后，得益于博士论文写作所需资料的搜集和对论题的思考，2018年我获批一项国家社科基金项目"曹禺话剧在国外的传播与接受研究"，2019年又获批国家民委项目"曹禺话剧舞台艺术效果审美研究"，并入选国家民委中青年英才项目培养计划。除此之外，还幸运地分别申请到了甘肃省哲学社会科学规划项目和中央高校西北民族大学重点项目各一项。在做项目的过程中，论文中的一些问题又重新回到了我的脑际，迫使我不得不重拾我的学位论文，对一些问题进行重新思考。这些思考，无疑加深了我对中华传统优秀文化在国外传播价值与意义的理解。2021年，论文几易其稿，终成一部简易的书稿，由中国社会科学出版社正式出版了，在书稿付梓之际，心中涌动着深深的感激之情。学术之路，道阻且跻，我们需要感悟。

至今我还清晰地记得第一次见到先生时的情景，那是我平生第一次坐飞机出远门，也是我第一次直面学术界的知名人物，心中的惶恐难以形容。我带着先生的嘱咐"博学之，审问之，慎思之，明辨之，笃行之"见到了先生。去成都前，我给先生发过邮件，他可能是知道我的。等我表达了来意之后，先生微笑着告诉我"不要紧张，好好复习，一定能考上"。先生的谦和让我震惊，先生的博学叫人惊叹，是先生的鼓励给了我莫大的信心。遇到先生，圆了我的读博之梦。可能是我在学习上不够用功，也可能是我的理论功底不够扎实，我的考博之路异常艰辛，前后一共考过四年，但是一直没有成功，直到遇到恩师。记不清楚在什么场合，我曾经表达过对先生的感激之情，"先生收留了我，给了我再次学习的机会；先生影响了我，使我有机会靠近学术研究之路"。在论文的开题与写作过程中，先生给了我太多太多的帮助和启发。学术之路，道阻且右，但是我才刚刚开始。

师严如歌
——写于吾师曹顺庆教授从教四十载之际

2020级博士　曹峻冰[*]

公元一九九四年
秋天的偶遇
是我与你的第一次近距离接触
你推着自行车

---

[*] 曹峻冰，2020级博士，现任四川大学文学与新闻学院教授、比较电影学研究所所长，泰国皇家理工大学曼谷分校特聘教授，博士生导师，韩国汉阳大学（ERICA校区）国际文化学院文化创意战略研究所特聘研究员，韩国又松大学客座教授（2002—2005）。四川省文联全委会委员，四川省电影家协会副主席，成都市文艺评论家协会副主席，中国电影家协会理事，中国电影评论学会理事，中国高校影视学会理事兼影视评论专业委员会副主任委员（兼副理事长），中国电影家协会理论评论委员会理事，中国电影家协会电影教育与产业发展委员会理事，中国高教学会影视教育专业委员会理事，中国文艺评论家协会会员，中韩人文科学研究会会员，四川省文艺评论家协会常务理事，四川省文学艺术发展促进会会长，四川省校园文联副主席，四川省作家协会会员，四川省学术和技术带头人后备人选，国家社科基金和四川省文旅厅、省电影局、省文联、省作协在库评审专家。2017年被四川省文联"百家推优"工程遴选为优秀文艺家（电影类）。

逸夫楼前
主动告诉跟你打招呼的我
如有合适的作品
你可推荐给《山花》
那是刚从哈佛大学归来
已荣升教授的你
与我，一个素无交往的三年级研究生
第一次真正的对话
你轻松的语调
热情的笑容
透出的严肃与严谨
一直留存于
我数次更新的记忆
温暖如春
洁净而真诚

六年后
公元二〇〇〇年的秋天
调离出版社的我
以青年教师的身份
有幸成了母校
蜀地最知名的学府
最知名的文科学院里
普普通通的一员
作为大名鼎鼎的院长
与我，一个少有来往的下属
第二次真正的对话
你仍是轻松的语调
热情的笑容
在筹建电影电视系的座谈会上
那熟悉的严肃与严谨
依然留存着
与早年一样的温度
一样的色彩
洁净而真诚

很多年了
仰慕你的荣光
或许是那轻松的语调
热情的笑容
透出的严肃与严谨
一种招牌式存在的吸引
想与你第三次真正的对话
还是秋天
公元二〇二〇年
当了十年教授的我
成了你课堂上的常客
一名艺术学理论专业的博士生
虔诚的
抱着比砖还厚的《十三经注疏》
聆听你慢条斯理的教诲
每人一段的阅读
《诗经》《尚书》《礼记》
《左传》《论语》《孟子》……
确乎有着烫手的热度

今天，我常想起那首名为《野子》的歌
"怎么大风越狠
我心越荡
幻如一丝尘土
随风自由地在狂舞
我要握紧手中坚定
却又飘散的勇气
……
吹啊吹啊　我的骄傲放纵
吹啊吹不毁我纯净花园"
它总是响在耳际、心底
我自己选择的一种路上
你轻松的语调
热情的笑容透出的严肃与严谨
融化在激越的旋律里
高扬你的鼓励　我的热爱

昭示你的坚持　我的感恩
洁净而真诚
历久而弥新

老师
从教四十载的你
还奔波忙碌在传道授业解惑的路上
愿你点亮的蜡烛
总闪着睿智的光
愿你引领的道路
总是通向大海
愿你每一次经典的讲述
都同样经典
愿你每一部著述
都充满真知与哲思
愿你众多的"门徒"中
贤者不啻七十二
愿你健康着你的健康
快乐着你的快乐
愿你轻松的语调
热情的笑容透出的严肃与严谨
永远温暖如春
洁净而真诚

思维转换，发现教学与研究的另一种风景

2003 级博士后　赵小琪[*]

在许多人看来，我决定跟随曹老师读博士后这件事不太正常。

这种不正常当然与曹老师没有关系。曹老师是闻名遐迩的大教授，在比较文学界的地位很高，想做他弟子的人数不胜数。

---

[*] 赵小琪，2003 级博士后，男，1962 年生。任中国新文学学会副秘书长、中国世界华文文学学会学术委员会副主任、中国比较文学学会理事、湖北省毛泽东诗词研究会副会长、湖北省比较文学学会秘书长、湖北省社科联第七届委员会委员。

人们主要认为我不太正常。

为什么呢？一般人做博士后，要么是为了延缓一下就业压力，要么是希望留在做博士后的学校工作。

但是这些都不是我做博士后的理由。我当时已经是武汉大学文学院比较文学与世界文学教研室的教授、博士生导师。

博士生导师做博士后，不用说当时极为罕见，就是现在也不常见。

我的一个朋友当面问我："你都已经是博导了，还去做博士后干什么呢？你做博士后还有什么用呢？"说完，他重重地叹了口气，又摇了摇头。

知我者，谓我心忧；不知我者，谓我何求。

我这前半辈子，做了太多让常人不太理解的事了。

20世纪90年代初，社会上有一句流传非常广泛的话：东西南北中，发财到广东。我趁着改革开放的春风来到广州师范学院教书，脑袋中装满的不是发财的欲望，而是读博的念头。

我这么想读博，固然与我的硕士论文的一部分发表在《文学评论》上有关，但更为重要的原因，是我的书呆子气太重。

我在广州的时候，做学问的立场不是没有动摇过。在市场经济潮的冲击下，我也短暂地"下海"炒过股。影音公司的广告总监、刊物的编辑部副主任、信息台的编辑、书商的写手，都是我意志薄弱的时候做过的兼职。

我兼职的一个单位的领导很看好我，建议我辞职"下海"，并说我"下海"后一定会发财。

我本质上是个胆小的人，"下海"后被淹了怎么办？"上岸"以后，硕士学位是不是有用呢？

于是，我坚定了读博的想法。备考的时候，我读到了曹老师的《中西比较诗学》。

可以说，我当时产生了本雅明所说的那种震惊式体验。我从前关于中国古代诗学和西方诗学的知识经验和心理图式无法对这本书中提供的知识进行同化和整合。

我原来的知识经验是：中国古代诗学并没有对范畴进行逻辑严密的科学界定，因而，像"道""气""太极"等中国古代诗学中的范畴意义常常是模糊不清的。中国现代诗学中的"纯诗""本体""意志""象征""知性""张力"等现代性的范畴，都是从西方引进的。但是，这本书巧妙地运用了相互阐发、相互印证的方法，对"意境与典型""和谐与文采""物感与摹仿""文道与理念""神思与想象""迷狂与妙悟""风骨与崇高""滋味与美感"等中西诗学范畴进行了创造性的诠释，彰显了中国古代诗学范畴中隐而未显的现代性价值。

我原来的知识经验是：中国古代诗学观点的展开并不是由进一步的概念判断或范畴组成的，它没有形成由一个观点引出一系列有内部关联性及整体性的论证，没有形成逻辑严密的诗学体系。朱光潜在《诗论·抗战版序》中就告诉我们："诗话大半是偶感随笔，信手拈来。"但是，这本书告诉我，中国古代诗学内部关联性及整体性的诗学框架主要由本质论、起源论、思维论、风格论、鉴赏论等结构要素构成。

可以说，这本书展现出的系统性思维和双向阐发式研究，对我此后的学术研究产生了持久的影响。

此后，我一直期待着见到这位使自己思维开窍的学术大咖。

机会总是在不经意间悄然来到。我博士毕业留在武大教书后，有一段时间，因为突然结束了职业读书生涯，心中一直感到空空荡荡的，总想再找个机会攻读一下博士后。有一天，恩师龙泉明教授打电话给我，说邀请了四川大学的曹顺庆教授来学院讲学，让我去接一下曹老师。

我们学院文艺学学科带头人张荣翼教授是曹老师的博士。知道我一直想攻读博士后，他就对我说，机会来了，你就读曹老师的博士后吧。我对他说，不知道行不行呢？

我这么说，有两个原因。一是担心武大不让老师脱产读博士后，二是担心曹老师不同意我做他的博士后。

我在机场见到了曹老师和蒋老师。当时给我的第一印象就是：他们太像金庸小说中的神雕侠侣了。

在车上，我试探性地问了问曹老师，他招收的博士后是不是都要脱产学习？我记得当时曹老师的脸上露出了会心一笑。他说，博士后一般都要脱产学习，但情况特殊的人也可以特殊对待。

心中的火苗于是哗啦哗啦地燃烧起来。下午，张荣翼教授告诉我，他向曹老师转达了我想跟他做博士后的请求，曹老师与龙老师都同意了。走在路上，我抬起头看天，就想起了姜文导演的电影《阳光灿烂的日子》里，那晃得让人心花怒放的阳光。

但是，天有不测风云。为武汉大学文学院做出杰出贡献的龙泉明先生去世了。先生年富力强，才华横溢，时任武汉大学文学院院长，中国现代文学研究会副会长，正处于事业发展的高峰期。转眼间，他就丢下他的亲人和所钟爱的事业撒手西去了。

那段日子，我总是处于一种失魂落魄的状态。白天走在珞珈山上，我常神思恍惚；夜间躺在床上，我常辗转反侧。许多个晚上，我枯坐在面临东湖的阳台上，眼前是一团浓似一团的黑暗。神思迷乱中，我仿佛听见一个声音在唤我：小赵，小赵……这是龙老师的声音。这是龙老师的声音吗？事实上，在这个世界上，我再也听不到这带着浓重川音的熟悉声音了。

龙老师不在了，但我可以做的，是把老师钟爱的事业延续下去。

我在川大的博士后生涯开始了。但实事求是地说，与曹门中的许多师兄、师姐和师弟、师妹相比，我并不是一个非常合格的学生。由于是在职博士后，在川大待的时间之短,我自己都不好意思去计算。

但是,就是在这少之又少的时间里,曹老师的那种系统性思维和双向阐发式研究方法对我的影响是春风化雨般逐渐深入的。每次见到曹老师,他的脸上总是带着淡淡的笑容,他的话语简明扼要,轻柔,但极具渗透力。我在上海、北京的朋友不断对我提及曹老师的温文尔雅,曹老师的宽容大度。

如果说曹老师在生活上对学生是非常慈爱的,那么,他在学术上对学生的要求却是非常严格的。

我的博士后出站报告的题目是"比较视野下的《野草》研究"。当时选择这个题目的一个重要原因,就是因为我写的系列论文《〈野草〉中的超现实主义倾向》,在学界的反响较好。著名鲁迅研究专家、博士生导师姜振昌在《新世纪鲁迅研究综述》中认为,"在用新的方法研究《野草》的成果中……《〈野草〉的超现实主义倾向——〈野草〉超现实组合形式论》最值得关注"[1]。

专家说我的这两篇论文在方法论上具有重要的创新性意义,我以为曹老师大抵也会认同这种意见。

没想到,曹老师虽然认为我的博士后报告在方法论上具有一定的创新性,但又说这篇报告没有按时提交,另外,它主要采用的还是以西释中的方法,还不是完全采用双向阐发的研究方法。

双向阐发,它就像诗学的体系化一样,成为多少中西诗学比较研究者梦寐以求想解决的问题。这时的我,就像叔本华所说的那样,摇晃成了欲望得不到满足的焦虑的钟摆。

做博士后期间,曹老师让我参加了《比较文学教程》的撰写工作。根据我的研究特长,他让我负责"比较文学形象学"一节的撰写工作。为了写好这本书,曹老师召开了几次编撰讨论会,不断向我们阐述他的"跨越性"的编写理念。

这本书完成后,我对曹老师的系统化思维有了更深的认识。我个人认为,这一教材的最大贡献,就在于它建构了一个以"跨越性"为中心的比较文学学科理论体系。在这一理论聚焦点下,曹老师设置了"实证性影响研究""变异研究""平行研究""总体文学研究"四大研究板块。这四大板块既相互独立,又相互依存、相互作用、相互影响,形成了一个具有严密内在逻辑关系的比较文学学科理论教材的新体系。

榜样的力量是无穷的。四年以后,我在自己主编的《比较文学教程》(北京大学出版社 2010 年版)中,以"主体间性"这一本体论观点为纲,统摄了事实材料间性关系研究、美学价值间性关系研究、文学与其他学科间性关系研究、异质诗学间性关系研究、文学与其他文化理论间性关系研究五个部分。"这就在比较文学性

---

[1] 姜振昌、王世炎、王寒:《新世纪鲁迅研究综述》,《东岳论丛》,2003 年第 3 期。

质和研究对象两个学科主要问题上，构成了对传统比较文学原理系统的整体改造。"①

为了不让自己的人生钟摆摇到叔本华所说的无聊的一端，从2005年曹老师为我设定"文学形象学"这个研究方向后，我就一直在思考一个问题，那就是如何让自己的文学研究变得更有意义？如何让自己的"文学形象学"研究形成一定的特色？

文学中的中国形象一般包含他塑形象与自塑形象两部分，它涉及外国人如何描述、想象、评判中国和华人如何描述、展现、评价中国的问题。迄今关于文学中中国形象的研究成果主要呈现出三个方面的趋向和特点。1. 对西方文学、文化中的中国形象的研究。2. 对海外华人文学中的中国形象的研究。3. 对20世纪中国大陆文学自塑的中国形象的研究。

毫无疑问，已有的"中国形象"研究极大地拓展了形象学研究的内涵与外延，但从曹老师的系统思维论加以观照，我也发现已有成果存在两大突出的问题。一是已有成果存在着偏重个案的微观分析和偏重宏观的现象性描述的问题，而现代西方文学思潮中的中国形象，却没有获得研究者应有的重视。二是现有的成果较为注重中外作家展现了什么样的中国形象类型、形态的问题，而对中外作家"怎么想象中国"的方法的研究很不充分。

有鉴于此，我以"中国想象"作为中心词和基本骨架，借助历时分析与共时分析、微观分析和宏观综合、内部研究与外部研究相结合的研究方法对台湾新世代本土诗人诗歌和19世纪以来西方作家"为何想象中国""想象中国的什么""怎么想象中国""想象中国的功能是什么"等问题展开了研究。

在此基础上，我先后以"台湾新世代本土诗人的中国想象研究""19世纪以来中西文学中的异国形象研究"为题，成功申报了国家社会科学基金课题。

近十多年来，我带着我的研究生们致力于对世界华文文学和西方文学中的中国形象进行研究，取得了一些成绩，也产生了一些影响。在《近十年中国国家形象研究的发展与趋势》一文中，浙江大学著名博导吴飞教授将我列为近十年发表有关中国形象论文数量的国内作者榜单上的第二名。在上海交通大学郇昌鹏、管新潮老师所写的《中国形象研究的话语与翻译转向——基于信息贡献度与文献计量的知识图谱分析（1994—2021）》一文中，我在近七年发表有关中国形象论文数量的作者榜单上排名第三。

而这些成绩的取得，都离不开曹老师对我研究思维的启迪。

一个好的老师，不在于他的每句话都能让学生记住，而在于他能开启学生的思维，让他发现学术研究的另一种风景。对于我来说，曹老师就是这样一位好老师。

---

① 刘圣鹏：《以互为主体理念为核心建构比较文学原理——评赵小琪主编〈比较文学教程〉》，《世界文学评论》，2011年第2期。

高山仰止，景行行止
——忆亲聆曹老师教诲的那些岁月

2008 级硕士　邝彩云[*]

　　至今想来，我是在一个偶然的契机下进入曹门。可以亲聆曹老师教诲，何其幸也！然而，但凭兴趣读书的我，当时并没有意识到机会是多么宝贵，也没有意识到"学非探其花，要自拔其根"，因此从曹老师那里只学了皮毛，何其憾也！又何其悔也！

　　我一直保留着上曹老师所授之课的笔记本，在从事了与学术沾边儿的编辑行业后，对曹老师曾经向我们谈治学的几点意见更有深刻的理解。2009 年 12 月 28 日，在课上，关于治学，曹老师说道：

　　一要学好古文；二要学好外文；三要迅速走到学术前沿（观察老师们的学术探究，关注那些前人未做过的、大家十分关心或困惑的问题）；四要学会动手（学会写东西，写是锻炼出来的）。

　　如果时光可以倒流，我一定把这些话听到心里并且遵其行事。无论是学好古文还是学好外文，都要读原典。只有深入其中、有所理解，才不会轻信"误读"，才不会人云亦云，才能"根本既深实，柯叶自滋繁"。无论古文还是外文，都不免要下一番苦功夫才能有所得，只可惜那时年轻的我总想着去走捷径，以为会几个理论关键词、能有所谓自己的想法就已经是读懂了、弄通了，多年之后才发现在这些"花招"之上是建不起学术大厦的。如今亡羊补牢其实已经晚了，只能勉力"补课"。我不止一次想过，如果当初跟着曹老师苦学，哪怕只有那几年的时间，如今也不会总感觉力不从心。

　　而对我来说，迅速走到学术前沿也绝非易事，非得有曹老师的引导不可。做毕业论文时，一些同学还在为选题茫然无措时，曹老师直接给了我们一个半命题——××的研究在中国。当时真的是非常开心，也心存感激。毕业多年方知命题之深意，做学问非得有中西视野不可，走在学术前沿的那些学者往往都是站得高、看得远、想得深。

　　思行并进方能致远。如果说前三点都是曹老师要求我们要有所"学"、有所"思"，那么学会动手就是曹老师要求我们有所"行"。如今想来，倒不是因为懒惰，多半是因为"自卑"，总觉得写得不好、达不到自己想要的效果，所以"吝于"下笔，仅仅是认真对待每一次论文作业而已。如果光阴可以倒流，我一定多写，哪怕

---

[*] 邝彩云，2008 级硕士，比较文学与世界文学专业，现任四川省社科联《天府新论》编辑部编辑。

写得不堪，也要追着曹老师得到他的亲自指导。

就像在毕业论文中所言，曹老师是"我工作科研终生学习的榜样"。毕业已有十年之余，我还在从曹老师的教诲中汲取能量。多希望有时间机器，回到最青春的岁月，珍惜跟在曹老师身边学习的机会，听其言，遵其言而行，真的不负韶华。然而，时光不能轮转，如今我只能继续按照曹老师的教诲，多学多思多写，以期多年之后能再无遗憾。

忆恩师曹顺庆先生

2016 级硕士　潘　鑫*

遇见一位良师，是一件值得一生庆幸的事。我的硕士导师曹顺庆先生就是这样的良师。

第一次听闻曹老师的大名，是在大三下学期学习"比较文学概论"这门课程的时候。作为比较文学中国学派的代表人物，曹老师提出了比较文学变异学等一系列重要理论，令我印象深刻，心生敬仰。数月后在参加四川大学文新学院夏令营之际，曹老师为营员们带来了一场名为"'没有学术大师时代'的反思"的讲座，一针见血地指出了当下教育界与学术界存在的诸多弊病，处处闪烁着真知灼见，发人深省。这是我与曹老师第一次近距离接触。

后来，我保研至四川大学文新学院比较文学与世界文学专业。在选择导师的时候，我给曹老师发了一封邮件，表达了对他的景仰之情以及跟随他读书学习的渴望。没想到曹老师当晚就回复了，同意做我的导师。我倍感荣幸。

跟随曹老师学习三载，我在学术上最大的收获就是原典研读的读书方法和开阔的视野。曹老师特别重视原典研读，给我们上课的教材就是阮元的《十三经注疏》、郭绍虞的《中国历代文论选》、特里·伊格尔顿（Terry Eagleton）的《文学理论导论》（*Literary Theory: An Introduction*）等。在课堂上，曹老师会挨个让我们诵读十三经、背诵古代文论、朗读并翻译西方文论。这样一来，我们在课前就必须下足功夫，不仅自己要认真读，还要和同门交流讨论，检验各自读书的效果。为此，我们曹门2016级博士和硕士定期举办学术沙龙，共同研读老师上课要讲的原典，并把每次沙龙的讨论内容、争论形成的阶段性结论、有待继续讨论的话题、精彩观点等进行总结，发布在专门的微信公众号"川大望江比较诗学小组"上。通过这样的原典研读，我觉得自己的基本功得到了切实的提高，对相关问题的理解也更深刻了。至于开阔的视野，则是不仅要关注国内学界的研究，还要关注国外学界的相关

---

* 潘鑫，2016级硕士，现为安徽大学文学院博士研究生，研究方向为明清文学与文献。

研究。由于国外学者的学术传统和理论方法自有其特色，他们的研究可以为我们提供不同的思路和有益的借鉴。曹老师时常强调"学贯中西"。我们固然难以达到这样的境界，但至少可以朝着这个方向努力。

曹老师不但在学术上颇有建树，而且多才多艺，对二胡、小提琴等乐器都十分擅长，这更增添了他儒雅的气质。依然记得那一年文新学院的迎新晚会上，曹老师的一曲二胡《赛马》气势磅礴、技惊四座。这让我懂得了学者的生活中不只有学术，还有艺术。受曹老师的影响，我开始学习古筝，提高自己的艺术修养。对于学者而言，艺术并不是谋生的手段，而是起丰富生活、怡情养性的作用，从而使自己更好地投身于学术研究中。

如今，我正在安徽大学攻读博士学位。虽然很遗憾没能继续跟随曹老师读书，但原典研读和开阔的视野仍然让我受益匪浅。今年2月，我去成都顺道拜访了曹老师。两年未见，恩师风采依旧。他鼓励我要继续努力，以顺利取得博士学位。

最后，谨作七律一首以表达对恩师曹顺庆先生的无限感念：

程门立雪久传诵，难忘恩师待我情。
笔下才华云锦灿，胸中气质谷风清。
书山杳杳征途阔，学海茫茫北斗明。
三载承蒙多教诲，而今砥砺更前行。

记曹老师课堂二三事

2019级硕士　张　丹[*]

三年研究生求学时光悠悠而过，许多回忆尚在心头萦绕，在恩师曹顺庆先生教导下走过的这段日子，已然成为我学生生涯里最难忘的时光。

研一上学期，曹老师为我们开授了"中国文论"课程，强调精读原典、通过背诵夯实基础的重要性。记得正式讲授《典论·论文》前，曹老师提出了提前将全文背熟的要求。彼时的我只当作寻常的课堂预习任务，并未足够重视，只在上课前两天将文章读顺读通，把前几段草草背诵了下来。到了正式授课当天，曹老师点名我们三个硕士一个接一个背诵。两位同门皆背得流畅清晰，到我这里却卡了壳，只好老老实实地坦白"我还没有背完"，一时间真是羞得面红耳赤。但曹老师并未生气，他认真、严肃地告诉我们，没有踏踏实实的苦读与背诵，知识就不会真正属于自己，没有认认真真的思考与推敲，理论就不能做到融会贯通。当年杨明照先生为他们上课时也是如此，杨先生走到谁的座位边，敲敲桌子，座位上的学生就要能接着

---

[*] 张丹，2019级硕士，1997年生，河南省开封市人。比较文学与世界文学专业，研究方向为比较文学。

将文章背诵下去。这样的要求似乎表面上看起来有些刻板、过于严格，事实上却是使学术能力与学术精神扎根的第一步，因为如果没有先将文章背熟，完全装进心中，仅仅以读通、读熟来蒙混，根本不可能将知识做到信手拈来，更何谈融会贯通。虽然曹老师并未责怪，我却已深深记住了这个教训，后来的每次上课前，我都会用一周的时间将文章预习疏通、背熟背顺。讲到陆机《文赋》一课时，我早已将文段背得滚瓜烂熟，在课堂上一口气倾泻而出时，曹老师极为欣慰，夸我背得好，那天的成就感和幸福感至今也难以忘怀。"皆收视反听，耽思傍讯，精骛八极，心游万仞……观古今于须臾，抚四海于一瞬。"直至今日，那些在口中反复诵读过的句子依然在我的脑海里，真正内化为我自己的知识，融进了属于我的思索与理解。而在知识之外，那些或在长桥上、或在江安河畔背书的时光，也留给我长久的美好回忆，使我感受到空前的沉静与敏锐，跟着流传了千年的文字，神飞八极之外，心游万仞高空。

曹老师对《文心雕龙》的讲授极为精彩，这门课给我最大的收获，不只在于他对文论本身鞭辟入里的讲解和分析，还在于曹老师对文学批评本身文学性这一问题的看法。曹老师说，我们当今中文系学生的志向和功底很大程度体现在论文写作水平之上，然而数理、社科等学科门类的强势，潜移默化地影响了论文写作的整体范式与风格，在看重"实证""理论"的学术风潮中，我们不再追求论文本身的阅读美感，对于"优美""文学之美"的追求已极大式微。在这样的情况下，中文系学生的论文和其他学科的没有多少差别，能写得简明流畅已是值得表扬的优点，更遑论辞藻优美、富有文学美感了。如今再读《文心雕龙》，曹老师鼓舞我们要有信心，敢于挑战，创作出论证条理清晰、语言精当考究的论文作品，呈现出文学论文的思辨之美与独特的审美品格，才不辜负中文系学生身上的使命。这样的学术志向和精神，也对我们的学术追求产生了深刻的影响，后来在毕业论文的写作中，曹老师的教导也常常出现在我的脑海中，激励着我在大纲结构、行文逻辑、遣词造句方面以高标准要求自己，不断修改调整，创作出令自己满意的文章。

"中国文论"课后紧接着是"西方文论"课，我们放下十三经与《文心雕龙》，翻开了英文版的《文学理论导论》。曹老师做这样的课程设置，让我们真正进入东西碰撞的"比较"研究之中。讲到英美新批评的张力理论、内涵与外延等关键词，曹老师会启发我们尝试用这样的方法分析杜甫的《春望》，在新理论视角之下，为诗作之中的悖论、情感矛盾等找到全新的诠释可能性；讲到索绪尔的能指与所指时，曹老师启发我们思考汉字的符号性问题，通过思考汉字的字符与含义之间的联系，分析结构主义语言学基本原理中可能存在的"缝隙"。海德格尔与老子思想之间的联系、《文心雕龙·神思》与黑格尔"天才与想象"之论的对比分析、西方现象学与中国意境学之间的共通、中国"物感说"与西方"模仿说"的差异……每一个周五的下午，我都在这样充满灵感启迪和思想碰撞的课堂上度过，在真正具有"比较"品格的比较文学课堂中，学到了开放、融通的思考与研究方法，在理论碰撞之间，持续地激发出新的学术灵感。

曹老师的治学精神和学术风格极大地影响了我的学生生涯，这些回忆必将长久地伴随我，也将为我今后的学习工作与生活提供长久的滋养。如今毕业在即，谨以此文，再次向我的恩师表达诚挚的感谢与敬意。

踏实、严谨、坚韧、热情

2021级硕士　耿　莉[*]

"古之学者必有师。"师生传承关系是人类文明学术发展的动力。老师常谈"老师和学生是学术命运共同体"，人类文明源远流长、薪火相传、生生不息，文明学术传承最直接、最重要的就是师生传承关系，师生关系通过教学相长，通过师生之间的学术研究的继承、发展、变革与超越，形成了学派，推动着学术研究不断创新、深化与发展。孔子与他的弟子们建立了儒家学派，影响了中国数千年；苏格拉底、柏拉图、亚里士多德师徒的学术研究影响了欧洲数千年；胡塞尔、黑格尔与伽达默尔三代师生构成的现象学、阐释学派在当代影响深远……

"师者，所以传道授业解惑也。"曹顺庆教授秉承"教学相长"的教学观念，以严谨的治学态度、幽默的治学风格，引领我走上比较文学的学术研究之路。记得刚入学的时候，来到一座陌生的城市，对未来的研究生生活充满了迷茫，对自己的学术研究充满了疑惑，不知道自己该做什么。老师在中秋的时候，带我们新入学的硕士研究生和博士研究生聚餐，在聚餐期间，老师谈到要"踏踏实实做学问"，要以严谨的态度、饱满的热情、坚韧的耐性做研究。在老师的详细解惑中，我逐渐安下心来，在这陌生的城市中，"踏实、严谨、坚韧、热情"这八个字，犹如一盏明灯，在我迷茫之时，能为我照耀脚下的路。在硕士研究生就读期间，老师督促我们夯实学术基础，要求我们踏踏实实做学问，一步一个脚印做真学问，心存高远做大学问。

在老师的带领下，我立足于原典，静下心来阅读经典作品《十三经注疏》并跟着老师系统学习它，直接阅读原汁原味的文言文典籍，进行严格、专业、扎实的古文功底训练，深入了解、学习、钻研中国古代文学。老师推荐我们阅读中华书局或者上海古籍出版社出版的、阮元校注的繁体字版本，我们阅读《十三经注疏》从《周易》开始，最初看着这满是古典气息的繁体字书，常常认错字、读错词、会错意，慢慢地，阅读《诗经》《尚书》《周礼》《仪记》《礼记》《春秋公羊传》《春秋谷梁传》《春秋左氏传》《孝经》《尔雅》《论语》《孟子》等后，再看到这原来陌生的

---

[*] 耿莉，2021级硕士，比较文学与世界文学专业。

繁体字书籍已经不再陌生，虽然还是会偶尔读错字、认错词，但是文章的大意能够基本领会。

除了阅读《十三经注疏》原典，老师还要求我们背诵中国古代经典文论，为我们理解、掌握古代文论打下坚实的基础。最开始的时候，我背诵这些文论要花费大量的时间，甚至会怀疑自己为什么都读研了还要背诵这些东西。但当我真正背熟后，无论是在学术研究中，还是在与同学交流观点的时候，那些经典原文自己可以信手拈来，那些背过的文章都潜移默化地影响着我，为我的学术道路打下了坚固的基础。

"踏实、严谨、坚韧、热情"，这八个字会伴随我的一生，成为我人生道路上最明亮的灯。

第四章　永立前沿：以文化自信激发创新源泉

第一节　中西融通　华山论剑

曹门问学琐记

1995级博士　代　迅*

早在20世纪80年代，我就熟知曹老师的大名，同学们谈及比较文学，言必称曹老师。90年代考博的时候，蒙曹老师不弃，我有幸入曹门求学。三年博士学习对我的学术生涯产生了重要影响。

我于1995年入学，曹老师那时刚从美国回来，显得有些新派，上课有些不拘形式，阳光好的时候还会到室外上课。曹老师上课以讨论为主，每一次上课罗列若干问题，由每一位同学认领，每一次围绕一个问题，一位同学主讲，另一位同学评述，然后大家展开热烈争论。尽管有学界朋友认为"一讲到底"有利于清理自己的思想，但是我始终以为，至少就研究生上课而言，讨论课才是最好的方式。曹老师还有一个特点，就是强调阅读第一手外文文献的重要意义。多年来践行曹老师的这个观点，使我在后来的教学和研究中获益良多。

我博士读的是中国文学批评史专业。上古代文论课，曹老师要求每一次课必须当堂背诵一篇古文论。我当时不太理解。曹老师解释说，背诵的前提是熟读，熟读必然加深理解。当时国内高校中国文学批评史尚未并入文艺学专业，我所熟悉的其他高校的中国文学批评史专业研究生也是这样做的。我后来在研究生教学中曾有一

---

* 代迅，1995级博士，男，1963年生，曾执教于西南大学中文系，2000年破格晋升为教授，博士生导师、美学研究所所长。2015年起，任厦门大学中文系教授，2018年任厦门大学中文系主任，国家社会科学基金重大项目首席专家，教育部艺术学理论类本科教学指导委员会委员，湖北楚天学者特聘教授，福建闽江学者特聘教授，康奈尔大学、艾奥瓦大学访问学者。

段时间内推行这种做法，要求学生每一次课背诵一篇古文论，因有老师持不同意见而终止，我一直引以为憾。

曹老师强调"扎实"的意义。我进入四川大学不久，就发现四川大学中文系的学风有其独到之处。曹老师向我解释说，你可能一开始觉得这种学风死板，但是它有一个优点，就是扎实。我记得亨廷顿《文明的冲突》发表于美国《外交事务》季刊1993年夏季号，这篇文章在国际学术界产生了广泛影响。大约是在1994年，香港中文大学《二十一世纪》杂志组织了专题讨论，我有机会及时读到了这些文献。刚入学不久，在课堂上曹老师突然提问，谁看过亨廷顿《文明的冲突》，我侃侃而谈，讲的都是我对亨廷顿文章的看法。曹老师突然打断我，大意是让我比较客观地介绍这篇文章的内容而不是我的主观看法。我后来体会到曹老师的用心，做学术研究需要扎实的第一手材料阅读功夫。

写博士论文的时候，曹老师反复叮嘱，一定要仔细校对，避免错别字和打印错误。这些事情在研究生们看来都是小事，但是曹老师高度重视。曹老师的研究生导师是《文心雕龙》的专家杨明照先生。杨明照先生的研究生导师是中国文学批评史的开创者郭绍虞先生。熟悉四川大学中文系掌故的师兄告诉我，杨先生对于念错一个字都非常在意，会当众痛批学生。这些使我对扎实的含义和师门师风有了更多的领悟。

曹老师善于因材施教。我读博士前在西南大学（原西南师范大学）中文系文艺学教研室工作，对中国现当代文艺思潮比较熟悉，曹老师决定让我把"中国古代文论的现代转换"作为博士论文选题。王晓路师兄是外文专业出身，曹老师给的题目是"中国古代文论在英语世界的传播"。李清良师弟是古代文论出身，记得曹老师给的题目是"中国古代文论思辨性研究"。曹老师的这些做法便于让我们发挥自身知识积累的长处。尽管曹老师以要求严格著称，但是我们做起来还是感到比较顺手。我后来指导研究生，选题时师法曹老师，受到学生们称赞。学生们把这种选题法称为"量身定做"。

我性格不够平稳，又受到20世纪80年代主张"深刻的片面"、反对"肤浅的全面"、不能"一方面……又一方面……"的影响，时常有一些比较个人化的观点。一次课堂上曹老师提出比较文学要搞中国学派，我当即表示不赞成，认为没有中国学派，只有曹派。在曹老师主办的一次学术会议上，我提出马克思主义来自西方，又已经中国化了，是中西文论融合的最好桥梁。时值苏联解体不久，有的国内同行不以为然，一位海外学者明确表示不赞成。曹老师均不以为忤，一笑置之。

曹老师当时强调中国古代文论和现当代文论的断裂，我的博士论文大约花了一半的篇幅讲中国古代文论和现当代文论的延续，也获曹老师通过。其中有一章讲马克思主义文艺理论中国化的内在逻辑，曹老师评为"是这篇博士论文中最有光彩的部分"。同宿舍的黄金鹏师兄告诉我，说曹老师十分宽容，并转述曹老师以前在课堂上讲过的话，原话我已经记不清了，大意是说，导师要求研究生观点和自己完全一致，会使学生十分痛苦。

同学们在课堂上经常争论得面红耳赤，但曹老师鼓励争论。课堂上的学术论争总是在曹老师和善的笑容中结束。据我的记忆，曹老师从来不以简单的"正确"或"错误"做出结论。曹老师的学术民主作风和兼容并包的胸怀，我始终铭记在心。有师兄评价，曹老师很有风度。我认为这一评价分量不足。我认为这甚至不能简单地说成是"海纳百川，有容乃大"，而是体现了曹老师对真理开放性和多元性的理解，涉及费耶阿本德所说的探索未知世界时引人入胜的复杂性和不确定性，本质上是对真理的谦卑与崇尚。科学容许错误并需要错误。没有错误，科学是不可想象的。在后来的教学生涯中，我把学术思想的民主、开放与多元性视为牵引学术进步的火车头，"真理就像阳光，谁也不能垄断"一直是我的座右铭。

一位朋友讲，有两种科学家，一种是常规科学家，只能做一些具体问题的研究；另一种是战略科学家，能够规划整个科学版图并引领科学的发展。从这个意义上来说，曹老师就是一位战略科学家。曹老师20世纪80年代就编过《中西比较美学文学论文集》，并出版了《中西比较诗学》，开国内学界风气之先。记得20世纪90年代我读博期间，在一次小范围的学术讨论上，曹老师提出一个观点，认为跨文化比较诗学研究将会是21世纪的学术前沿。这个观点给我的印象极为深刻。我至今记得当时是冬天，曹老师穿了一件大衣，坐在办公室靠窗的座位，光线充足而且明亮。

从那以后，将近30年的时间里，跨文化比较诗学与比较美学研究已经为国内外比较文学研究所公认。牛津大学出版社1998年出版的《美学百科全书》第1卷中，撰有"比较美学"词条，认为在大多数情况下，比较美学是在西方和非西方美学之间展开。牛津大学出版社2003年出版的《牛津美学手册》在该书第四部分"美学的未来发展方向"中，也撰有"比较美学"词条，同样把比较美学定义为西方与非西方的艺术和美学思想之间的比较研究，非西方部分同样以东方美学与艺术为主体。

就我个人而言，从2001年开始，我先后主持并完成教育部项目"西方文论中国化问题研究"、国家社会科学基金一般项目"中国美学西化问题研究"、国家社会科学基金重大项目"20世纪域外文论的本土化研究"。我自己的学术研究完全锁定在这个方向上，这是我当时没有想到的。时间证明了曹老师当初的预言是完全正确的。

从科学史的发展视角而言，曹老师的学术轨迹可以用"不断革命论"来概括。他从当年学界熟悉的中国文论"失语症"论，逐渐发展为比较文学"变异论"，还有中国少数民族文学话语权论、中国城市文化论等。曹老师近年来先后主持国家社会科学基金重大项目和教育部重大攻关项目"中国文学在英语世界的传播""东方文论话语体系研究"等。曹老师从一个论域进入另一个论域，其学术思想的不断更新可以说是令人眼花缭乱，跟上曹老师的思路并不容易。2018年曹老师拨冗来厦门大学讲演，题目是"西方文论的中国元素"，后来我去中国知网下载了曹老师的同名论文仔细阅读，深感这是一个富于挑战性和充满诱惑性的重要论域。

在多年的教学和研究中，我也努力践行"不断革命论"，注意追踪国内外学术前沿，与时俱进地更新教学内容，拓展研究论域。尽管已经毕业多年，但是我依然时时阅读曹老师的论著特别是近期论著。曹老师的论著始终保持了理论创新的活力，令人感到常读常新，源源不断地给人以新的启迪。在我看来，阅读曹老师的论著，不仅是理解曹老师本人的学术思想，而且是把握学术前沿、推进学术发展的重要路径。

曹先生的开放学堂

2003级博士　李夫生[*]

读《论语》时，有个场景特别让我十分神往。孔子和一众得意门生春游。在弟子们略感沉闷时，老师突然要弟子谈谈人生理想（"各言其志"）。于是，曾皙就侃侃地谈起了自己的理想："莫春者，春服既成，冠者五六人，童子六七人，浴乎沂，风乎舞雩，咏而归。"试想，在阳光明媚的春天，老师带着一小群弟子漫步于沂水岸边，看杨柳依依，听沂水微波跳荡，在春游中学习各种人生道理和知识……那种情境该多么美妙，多么地生动有趣！以至孔子也不由得赞叹："吾与点也。"

而几乎与孔子同时，在古希腊的雅典城邦中，柏拉图也在开办学园。整天都有一帮人切磋辩论术，探讨修辞、演讲技巧。不夸张地说，雅典学园就是古希腊哲学辩论的"修罗场"。

就在此时，小师妹杨清发来微信，说让写一篇有关当年追随曹师顺庆先生学习的文章。

于是，记忆便如一指划过蓝丝绒，温馨、幸福感漫彻，我似乎穿越时光隧道，回到了在川大望江校区就学的美好时光，回到研究生院那有如迷宫、密室逃脱般的教学楼，回到了曹先生生动有趣的课堂上。

印象最深的当然是第一次上"元典选读"课。记得第一次上课，我们每个同学抱着那本清朝大儒阮元编纂的、商务印馆出版的重约十来斤的《十三经注疏》大书，玩密室逃脱般地穿行于那似乎永远找不着北的研究生教学楼。如果有红色披风，同学们一定像是魔术师哈利·波特一样走进教室。先生早就笑吟吟地候在教室里了，开始上课便跟同学们约法三章：一些重要经典篇章是需要背诵的。比如《论语》《孟子》等。先生还告诉我们，为公平起见，抽名背诵的同学以座位经纬号为

---

[*] 李夫生，2003级博士，现为长沙大学马栏山新媒体学院教授。

依据，他随手所翻《十三经》页码末位数字为指定背诵人。

对于背书，直升的应届同学们优势很大，记忆力超群，被老师抽到也不怯场，站起来脱口就来。而作为同届老大的我则背诵功夫特别差劲。记得有次抽到我背《礼记》中的某个片段，我憋了半天无法完成，搞得十分狼狈，难堪到极点时真恨不得找个地缝钻进去。曹老师对同学们说，对于中华文化原典最好的致敬就是记忆和背诵。按照古人读经的方式，最基本的童子功就是背诵。只有将这些原典烂熟于心，才能更好地赓续中华文化的优良传统。

曹先生在 20 世纪 90 年代初期，就在《文学评论》《文艺争鸣》上发表了若干重要系列论文《文论失语症与文化变态》等，在中国文论界掀起了探讨中国文论话语"失语论"的热潮，引发了文艺理论"中国传统文论话语的现代转换"的持久热论。

曹先生沿着这条思路深入思考下去，触到了中国文论的实质和痛点，从而引领中国当代文艺理论界思想大解放，兴起了文论现代转换的大争议、大讨论。

随着讨论的深入，曹先生渐渐将思想的触角延伸到问题的另一方面，即西方文艺理论的中国化问题。对这个问题的思索，可以从文艺理论发展史上的现象考察得到，即佛教理论引入中土，将其中国化为中国"禅宗"及相应的文艺理论（比如《文赋》和《文心雕龙》等）。另外，从大的范畴而论，也包括马克思主义文论中国化（比如，马克思主义文艺理论与中国具体实践相结合的毛泽东文艺思想等）。

有一天，曹先生通知我们到川大文学院附近的望江楼公园去上课。于是我们一行人追随老师来到望江楼公园的凤尾竹林深处，围坐在老师身边，有一点孔子当年教授门徒的风范，也有置身当年柏拉图开放学园的味道。

曹老师引导我们回顾了"中国古代文论的现代转换"的整个讨论过程，然后引导我们进一步思考，即怎样将文论作现代转换，亦即中国文论如何开辟新的路径？

大家各抒己见，发表了很多有益的见解，曹先生有时颔首表示赞同，有时则只表示部分赞同。而对有的意见，老师则会提出另外的思路供大家参考。在课堂讨论结束时，有关"西方文论的中国转换"的讨论大纲也列出来了。最后，老师根据讨论的情况和学生的个性特长，分配每人写一篇相应的论文作为课程结业考察成绩。这样，这次讨论课后，集团作战，有关"西方文论的中国化"的论文在一段时间内集中在各地的一些权威核心学术期刊发表，形成了一定的学术热点，从而在学术界形成了较大的影响。

转眼到了博士论文开题的时间。2005 年的某个夏日，预开题时，曹先生带着 2003 级博士生一道上了青城山。我记得那晚天色特别暗，大家围坐在一起几米开外就相互看不太清。曹老师让大家挨个讲自己的论文选题及写作计划。我们专业学英语出身的同学特别多。老师建议他们发挥自身优势，从问题意识出发，挑选得心应手的一些课题作为毕业论文选题。所以，他们选择的论题大多是"英语世界中的××研究"这类选题（如《英语世界中的〈论语〉研究》和《英语世界中的〈红楼梦〉研究》之类)。另有几个同学则对某种理论,尤其是热点理论人物特别感兴趣,则选择对某个重要理论家为研究对象,如有同学看中了赛义德及其"后殖民理论"。我当时也对赛义德及其理论很感兴趣,而且有几篇相关论文在《文艺报》《文艺理论与批评》上发表了,写这个选题对我来说还算有一点前期成果做铺垫的。当时想写这个选题的同学还很担心我会和他争选题。但我考虑到自己是2003级博士生的老大,自然得谦让一下,而且写这个选题还有大量的文献需要自行翻译,所以我最终决定扬长避短,主动放弃了这个选题。

最后,曹老师让我讲讲我的打算。记得当时我正在研读国际比较文学学会会长张隆溪先生的专著《"道"与"逻各斯"》,对张先生抽取中西哲学中的古老的关键概念进行比较研究的那种抽丝剥茧、入木三分的论证方法佩服得五体投地。受其启发,一时也不知天高地厚地想要仿效他写一篇类似的论文。因此踌躇满志地就想以"原型"与"宗经"两个范畴作为讨论的对象写上一篇宏文。

讲了我的想法后,曹老师当场予以否定。虽然在夜色中我看不见他的表情,但我能感觉他坚定地摇了摇头。他认为我的设想体系过于庞大,要查阅的论文资料过多,时间不允许,精力也跟不上,因此不建议我写这个选题。

这给了我当头一棒!我顿时陷入自我否定的漩涡,在一个又一个选题被否定之后,我陷入了迷惘的境地之中。几天后再次遇到曹老师,他见我凝思苦虑的样子就提醒我说,马克思主义文论中国化理论还存在着较大的研究空间。到这时,我恍然大悟,曹老师不正是示意我做一篇马克思主义文论中国化的学位论文吗?

我苦思数日之后终于如释重负,有如拨云见日般地顿悟。一个论文选题——《现代中国文论中的马克思主义话语(1919—1949)》从云遮雾罩中清晰浮现。

选题尘埃落定后,我的毕业论文一下有了"主脑",有了构架,写作过程就相对轻松了。17万字的论文在三个月内几乎一气呵成。让我意外的是,内审外审一路绿灯。

毕业后,我以毕业论文为基础的同名专著获得了湖南省第14届社会科学优秀著作出版资助,很快就在湖南人民出版社出版了。

现在想来,在川大就读的时光,是我生命中的一段高光时刻。在这里,我遇到了让我学识见长的曹老师,在这里,我遇见了时时都在进行学术思考和辩论同学们。在这里,我遇见了最好的我们。

曹顺庆主编《中华文化》教材的审美经纬

2007 级博士　张叹凤*

　　由曹顺庆教授担任主编，雷汉卿、粟品孝、李晓宇三位教授分工担任执行主编、四川大学文史哲三院多位教师襄赞编撰的《中华文化》高校教材业经 2006 年复旦大学出版社出版以来，受到教育界和读书界广泛认可和欢迎，一版再版，至 2018 年已加印 6 次，印数颇丰，至今仍是不少高校指定中华文化课程权威教材，荣获国家"教育部教学改革重点项目""文化原典导读与本科人才培养成果"以及四川大学精品课程教材教学一等奖等多项殊荣。在品类繁多、名家卓尔的中华文化通识课程、文化素质教育课程署名教材林中，这部教材为何能一枝独秀、青春常驻，成为一部"长销书"、每学期开课师生人手一册的"掌中宝"？这与四川大学"杰出教授"，著名比较文学、中国古典文学、文论学者，学术带头人曹顺庆教授的主编方针与指导思想密切相关，教材亦堪称其用心良苦之作，正所谓："盖文心之作也，本乎道，师乎圣，体乎经，酌乎纬，变乎骚，文之枢纽，亦云极矣。"（《文心雕龙·序志》系"一朝综文，千年凝锦"（《文心雕龙·才略》）中华文化内容形式相得益彰，在教材体例、思想意识、审美经纬与取舍方面，尤其体现出了曹教授的深思熟虑。在实用功能与现代审美方面，颇宜"因材施教""多元一体"，理论与原典相结合，从而"不至于凌空虚蹈"[②]。中国古代历史文化教材自"五四"以降，品类繁多，名著如林，如梁启超、钱穆、吕思勉、季羡林、余英时等人近乎同题的著作，时见新版，而川大编教材岿然固用，难于他代，历时弥新，自在其体例经纬方面，独擅其妙，有学用结合的鲜明的审美思想体现，"学而时习之"，能够相辅相成，担当"一时之选"，特别切合莘莘学子尤其是当下不同学科专业大学生于中华文化在文、史、哲三方面综合考量，又志在"实现中华民族伟大复兴"学术前沿高地意识，这就是旧籍他著所不能轻易取代之缘故。笔者自四川大学"中华文化"开课不久，即受顺庆师鼓励，参与教学，使用该教材，迄今授课十余年，每次选课生人数都达上限，可称座无虚席。也曾荣膺四川大学教学先进一等奖团队荣誉，榜上列名。故此心得良多，以下就《中华文化》教材主编曹顺庆先生学术思想思辨与平生风度并教材特色等略做管窥忝论，用笔酌兴而谈，不拘一格，兹以见教于大方之家。

---

* 张叹凤，原名张放，2007 级博士，四川大学文学与新闻学院中文系教授、博士研究生导师。
② 曹顺庆：《中华文化》，复旦大学出版社 2018 年版，扉页。

一、"行事之深切著明"

我早在大学本科高年级时，即雅慕曹顺庆先生大名，相见虽只颔首之交，但当时曹师即已为校中才俊名人。其时四川大学中文系研究生屈指可数，博士生更似"江水初发源"，时由著名学者杨明照老先生指导，所以我在很长一段时间内都径称顺庆师为"曹博士"，那时候"博士"可是一个很有分量的称谓，近同"五四"时代人称"胡博士"。多年后厕身曹门，才改口称师。改革开放伊始四川大学中华文化风采，颇可见于中文系三名才华横溢、雄姿英发的学子，他们都是学校文工团首席，"六艺"俱佳。我的同年级同学王岳川，其时有潘安之貌，雅擅胡琴，每其演奏，路人屏息。顺庆师多年后在《中华文化》教材前载访谈录中有道："原先热衷西方后现代文化研究的王岳川教授现在却转过来提出重新'发现东方'，倡导将中国文化'输出'。"[1] 即岳川兄写真。当年岳川兄在读时即已招收弟子，记得有"小红"一名，考取川音胡琴专业。当时另一名同学莫怀戚来自重庆市歌剧团，为专业小提琴师，人有拜伦之相，或血统有中华"多元一体"特征，鼻准挺立，乌发鬈曲，文武双全，还擅长足球，人称"飞毛腿"。再有即为顺庆师，一表人才，学阶最高，所谓"望之俨然，即之以温"。他胡琴提琴兼能，我曾于舞台下边，听其演奏，见其手边变换乐器，目送手挥，驾轻就熟。听说就读复旦大学本科前，即在部队文工团演艺。顺庆师的青年风貌，晚来同学多未及目睹，如果说岳川温润如玉，怀戚刚劲奔放，顺庆师则"岁月静好"，司马相如"美丽闲都"一句，或刘勰《文心雕龙》形容曹氏兄弟"洋洋清绮""诗丽表逸"，都如指顺庆师而言，可称恰到好处。我往年听顺庆师茶话言及有满族血统，曾引敦诚赠曹雪芹"君亦无乃将军后"一句成诗一首相赠，可惜未存留。20世纪80年代班上贵州籍同学颇多，他们不时聚会，黔音浓郁，伴之弦歌，我有几番经过，都见曹师在列，是为领袖。前述三君子堪为当年川大中文系风采缩影，其实也代表了蜀学赓续中华文化儒雅风流、革故鼎新、推己及人的优良传统风气。这也是顺庆师能够主编《中华文化》并在几十年学术生涯中反对文论盲从西方从而"空心化""失语症"的深厚基础。如其主编前言所云："这门课是由学校来推动的，我们想借此慢慢地扭转一种风气。同时，这也体现了我们四川大学扎实严谨的学风和融会中西的教育传统（四川大学最早的校名为'中西学堂'）。"[2] 川大历史上形成蜀学流派特色，即长于经文释典，同时才调风流，艺文兼治，如民国向仙樵、龚向农等教授，据川大校友、著名学者姜亮夫先生言："貌丰腴，汪汪大德，与人无忤。对人无长幼，皆姁姁如父母，故亲友门下无不昵近之者。而持道则坚固，不为苟同……开朗不为崖岸……歌《牡丹亭》'游园'，先生乐曰：孔子三日不去乐，而今所传昆曲，尚得安和平正之义。因知先

---

[1] 曹顺庆：《中华文化》，复旦大学出版社2018年版，第2页。
[2] 曹顺庆：《中华文化》，复旦大学出版社2018年版，第10页。

生虽宴乐亦在礼义之域,呜呼美矣!"① 晚辈同学读此一段行文,是否有感颇近业师的文采风度呢?实际上杨明照、唐正序、王世德、尹在勤等前辈先生,著述之余,亦颇爱文艺体育。另如前辈川大校友、著名国学家王叔岷先生,就读时雅擅古琴,据其自述:"川大同学听说我能弹古琴,再三劝我演奏一次,不得已,我答应了。一夕,礼堂爆满,皆屏息静坐,听弹奏《平沙落雁》……弹奏毕后,欢呼声掌声不绝者久之。"② 据述同学间当时有"梅花五子",也才艺俱佳。王叔岷先生晚年自台湾地区"史语所"退休回故乡成都居住,几度回访母校,与时任文学院长曹顺庆教授交流,颇有远来之乐,赠书数种,今列于学院图书馆。王叔岷先生纪念馆筹划,我受托地方邀请曹师东往龙泉驿洛带古镇与会,师百忙中欣然应允,并带领一班学者同仁,给予热烈支持,地方视为盛事。我大学毕业留校教习写作课长期与顺庆师同系同事,视他如兄长。1992年曹师赴香港中文大学访问交流,我知悉拜托拙著二册赠送心仪而未谋识的中大黄维樑教授,事过自己也就忘了。不月(或一年后)曹师返校,竟招我办公室见面,告之转交已果,还将黄教授《大学小品》一册并题签,郑重交付。师之为人认真仔细,可见一斑。再后我已年四十八九,曹师作为院领导温言劝我攻读博士学位(学校时也号召提高师资学位水平),我以老大婉谢,曹师正色曰学海无涯,切不可废怠,并列举年长于我且成就远大于我者不怠相示范,又引古诗十九首"昼短苦夜长,何不秉烛游"一联开导,我方憬然有悟,遂鼓余勇,重拾外语,絮絮叨叨,更如杜子"晚将末契托年少",与年轻考生甚至是自己学生排队竞技,竟得奏中。而曹师课堂背诵指定中华典籍,也未能开托,只有下死功夫,课前准备。好在我本来就喜古典文学文论,家父执教大专一生,也治古典,藏书甚多,所以几十年内,我与顺庆师君子之交心契相通,良有以也!

曹师主编《中华文化》可称厚积薄发,意图明确:"本教材编写以专题讲授为经,以典籍原文为纬,上编为专题讲授的'导读大纲',下编为辑注原作的'经典选读',力图形成以阅读原文为基础,以专题讲授为引导的教材创新体系。这样编写,既有利于我们的教学安排,也有利于学生亲近文化原典。"③ 这也即前述教材著作如林,而此书能长期立于稳固之地的要领,即在"避免空洞的讲授""不至于凌空虚蹈",他这一主编方针,事实证明非常有效。我们每学期学生学习,经典原文有解有疏有注音,十分便捷实用,而且本来都是历史传世名篇,学生直至考试后都将之心爱保管,时有受用。所以,这一立足于"读经"却又具有现代审美方法方式的编撰体例,我想正如司马迁传:"子曰:'我欲载之空言,不如见之于行事之深切著明也。"(《太史公自序》)

"行事之深切著明",正是顺庆教授数十年如一日的学术思考与践行风度,他在

---

① 姜亮夫:《姜亮夫文录·龚向农先生传》,云南人民出版社1999年版,第33页。
② 王叔岷:《慕庐忆往——王叔岷回忆录》,中华书局2007年版,第33页。
③ 曹顺庆:《中华文化》,复旦大学出版社2018年版,扉页。

答记者问以及散见于国内外的大量中英文论文著述中,多涉及我们文化的"失语症"问题以及中西交流"变异学"现象,从而倡导秉持现代观念,中西文都要正本清源,从而避免"长期的追随西方,我们的创新活力正在丧失,现在似乎只能永远跟在西方的后面,整体性地成了西方文化的'大后方'"[①]。力倡"回到原典",用他的系列论述即形容为"大河改道"与"返本开新",他在答记者问中具体阐述:

"我从 1995 开始开设'中国文化元典'课程,迄今已有十余年了。我觉得开设这门课程非常重要。我以前是研究中国古代文论,也研究中国传统文化、传统文学,我的导师杨明照是研究《文心雕龙》的,因此我对中国传统文化认识、了解比较深。同时,我又是研究比较文学的,我 20 世纪 90 年代初曾去美国做访问学者,对西方文化有个基本的认识。1994 年回来后,我就着手开设以十三经为主的中国文化典籍课,换句话说,我之所以要开设'中国文化元典'课,是与我的经历、思考相关的,我是经过深思熟虑的……我认为我们必须把握住这次文化发展的机遇,顺应这种历史发展的必然,真正实现中华民族的伟大复兴。"[②]

毫无疑问,这一主编思想体系既是需要长期的深思熟虑,也是需要挑战时俗、时流的巨大勇气的(前些年的"崇洋媚外""好大喜空"实已"蔚然成风")。教材在于教育,在于陶冶,潜移默化,教学相长,堪称"兹事体大",仍用太史公话形容,意义更在:"明是非,定犹豫,善善恶恶,贤贤贱不肖,存亡国,继绝世,补敝起废,王道之大者也。"(《太史公自序》)而这个"王道",正是我们中华民族继往开来、推陈出新、笃行不息、勇攀高峰的文化复兴之道。顺庆师身体力行,以一贯之。虽然学术道路是寂寞的、清苦的,但其审美追求,则是一道风景线,"瞻之在前,忽焉在后","景行行止"。综上所述,结合我切身体会,并无闲笔,旨在说明顺庆师著书、编书长年积养,如松竹"咬定青山不放松""岁寒后凋",从中充分体现了"行事之深切著明"这一宗旨风度。

二、"以少总多"与"依经立义"

编撰一部中华文化典籍教材,谈何容易!众所周知,"上下五千年,纵横九万里"。传统文化文学的名篇佳作何其之多,要能一卷在手,要而不烦,方便适用,这没有清晰的文化认知和学术用心,是很难下手的。正如曹师《编写说明》所道:"中华文化,博大精深,任何人穷其毕生精力,也不可能完全精通全部典籍,所以,几乎不可能由一个教师从头到尾讲授本教材所选全部典籍。"[③]故而在编选思想方面,立足文史哲三方面的内容综合考虑,各有侧重,突出"专题","每位授课教师可以根据自己所长,挑选若干专题来讲授,同学也可根据自己的兴趣和爱好,有选

---

① 曹顺庆:《中华文化》,复旦大学出版社 2018 年版,第 3 页。
② 曹顺庆:《中华文化》,复旦大学出版社 2018 年版,第 2 页。
③ 曹顺庆:《中华文化》,复旦大学出版社 2018 年版,扉页。

择地听不同的专题课。这才能符合教学安排及教师授课实际情况，也才能达到深入浅出的效果"①。给予师生充分选择的空间，擅其胜场，求其所需，这无疑是西方高校现代教学的惯例，曹师曾问学哈佛，执教国内外多个地区，应该颇有参照。但是，即便是各擅其胜长，文史哲三方面，熔为一炉，正是"一部二十四史，从何说起"！这就需要主编的精确思想与导向。据我的研究，曹师的主编原则着重在他向来所推崇的中国文化、文学"以少总多""依经立义"乃至"含不尽之义，见于言外"的创作规律特色。虽然在专题讲授分类方面，由诗词散文戏曲直至小说杂言，时间跨度极大。但在经典选入方面，强调"读经"即"依经立义"，重点放在十三经原典选读上，虽然分"经史子集"四部，也选录宋明哲学（理学），但重中之重，还是汉魏以前。这就相当于"集中优势兵力打歼灭战"，在有限的卷帙篇幅中突出"经文"的重要性。这和曹师对研究生执教思想是一致的："我要求研究生阅读原汁原味的中国文化原典，教材直接选用阮元主持校刻的《十三经注疏》本，不用今译今注本。我之所以要选用这个原汁原味的版本，是想让大家体会一下求学的门径。"② 本着这样的思想认知，在大学生教材方面，虽然适当加入了题解注释尤其是注音，但也不用今译今版以及转述，仍然保持"原汁原味"的审美认知。这是给广大学生零距离接触原典的便宜机宜。而中国文化由十三经定下学术基调与重心，这也是学术界贤达比较普遍的共识。曹师对此很执着："初读十三经的确很难，但只要大家咬牙坚持下来，还是很有收获的。翻过十三经和没翻过十三经是不一样的，用过十三经和没用过十三经是不一样的。……这对于我们学生'补课'是很有好处的。""我要求同学们背诵《文心雕龙》（起码背十篇）《文赋》《诗品序》等中国文化典籍，这实质上也是读经的一种延伸。……如果同学能够'枕藉观之''酝酿胸中''久之自然悟入'（严沧浪语），相信有朝一日能够进窥中国文化与文学之堂奥。"③ 虽然研究生教学尺度与本科生要求不一，但这种思想理念，体现于《中华文化》教材，则是有如"观公孙大娘弟子舞剑器行""浏漓顿挫"，风采依旧，能感觉曹师作为学者的执守和强调，一直是相当清晰的。我就听曹师亲自演示讲授"中华文化"课程，讲《文心雕龙》专题一章，其时谢和平校长在座。这些文学原典虽然不是"十三经"范畴，但曹师有"依经立义"、立论的价值观和通透，加之其学贯中西、旁征博引、谈笑风生的教授风采，《文心雕龙》在他课堂上真有"龙飞凤舞""潜龙腾渊"的精彩。

将文化文学的重心放在中古以前特别是与古希腊等世界早期文明近同时期进行重点比较研究，这在曹师早年成名作《中西比较诗学》中即有清晰阐述与认知。他将西方海上冒险文化与我国"安土重迁"的悠久农耕文化作充分比较后指出："从

---

① 曹顺庆：《中华文化》，复旦大学出版社2018年版，扉页。
② 曹顺庆：《中华文化》，复旦大学出版社2018年版，第7页。
③ 曹顺庆：《中华文化》，复旦大学出版社2018年版，第8—9页。

具有农业性特点的中国古代社会的基础上产生起来的文学艺术,自然就具有着以人间的生活为主要题材的现实主义和以感物抒情为主的表现性特征,而这种抒情表现的现实主义文学传统,正是中国文艺理论丰厚的土壤,中国古代文论大讲抒情言志,大讲意境神韵以及浪漫主义文学不很发达,无不与这种文学艺术实践密切相关。"[1] 对于中国文化、文学的早期定调与成型,也有界定:"早在汉朝,统治者就'罢黜百家,独尊儒术',提倡'天不变,道亦不变'的保守思想,儒家的'乐而不淫,哀而不伤'的'中和'文学思想,被奉为万世不易的金科玉律。所以,文学上的复古运动,在中国历史上,层出不穷。唐代复古气焰很盛,宋代又来一次大复古,到了明代,有了前七子复古派,还有一个后七子复古派,'文必秦汉,诗必盛唐',总是很响亮的口号。直至近代,还有那些'桐城谬种''选学妖孽',顽固地坚持复古保守立场,虽然历代皆有反古之论,但从未扭转过这股滚滚洪流。"[2] 虽然持论也不赞同文化一味倒退保守,但同时也肯定中国文化与文学的早熟与成型,后来传统不过是坚守与复兴、发扬、丰富。所以《中华文化》教材将重心放在中古以前,基于经典,从而突出"重新寻根的探讨"[3] 这恰是"抓大放小""直奔主题""以少总多"。我没有参与当初教材讨论与分工,但据教材实际编选体例看,可以肯定,曹老师对中国古代文论思想与学术认知,起到了指导性的关键引领作用。在教材编写上,牢牢把握"先从阅读鉴赏开始,在反复熟读的基础上,将审美直觉中如兔起鹘落般的感悟捕捉住,记下来,三言两语,却往往如沙中之金,闪闪生辉"[4]。这既是对中国古代诗话的总结,实际上也是对中国古代文学"以少总多""微言大义"表现的高度概括。

曹师的主编思想与体例厘定,可以从别的大师认识与强调得到支持。如梁启超《中国文化史》、钱穆《中国文化史导论》,张岱年《文化与哲学》亦有如此阐述:"从上古时代以至两汉,中国文化是独立发展的。先秦诸子的哲学思想,表现了湛深的智慧;先秦时期的自然科学,具有自己独特的面貌;先秦时期的艺术,如商周的青铜器,春秋时代的编钟,其精美的程度至今犹令人赞叹。先秦和西汉文化充分表现了中华民族的创造力。"[5] 吕思勉有言:"学术思想,是一个民族的灵魂。看似虚悬无薄,实则前进的方向全是受其指导。"[6] 吕氏把"自上古至汉魏之际"[7],划为中国文化史三大重要时期(上古、中古、西学输入后)之首要。林庚先生著文学史也特别强调《诗经》《离骚》的重要性,认为"它们的影响是如此之大,而它们

---

[1] 曹顺庆:《中西比较诗学》,北京出版社 1988 年版,第 8 页。
[2] 曹顺庆:《中华文化》,复旦大学出版社 2018 年版,第 14 页。
[3] 曹顺庆:《中华文化》,复旦大学出版社 2018 年版,第 37 页。
[4] 曹顺庆:《中华文化》,复旦大学出版社 2018 年版,第 31 页。
[5] 张岱年:《文化与哲学》,中国人民大学出版社 2009 年版,第 1 页。
[6] 吕思勉:《中国文化史》,北京大学出版社 2010 年版,第 147 页。
[7] 吕思勉:《中国文化史》,北京大学出版社 2010 年版,第 147 页。

的面目又是如此的不同，要解释此后诗歌的传统与流变，非先解释这两部巨制不可"①。这都说明了上古文学的重要性。

像《离骚》这样的作品实际上自东汉起即有"离骚经"的看待与共识，所以"依经立义"，选入《诗经》《楚辞》作为教材文学方面的重点同样是曹师从文学史地位着眼的学术精神体现。是其认识到"大河改道""失语"问题后极力主张"返本开新"并一直呼吁的具体尝试努力。

三、"腹有诗书气自华"

教材在编选方面，突出重点，限于篇幅，未录入中古唐诗宋词元曲等后朝范例，这不表明这些期间的文学作品不重要，恰好相反，而是主编考量轻重得失、难易相间，中近古的内容保留于上编专题讲授教师选择的导读空间内，下编的文选典籍入选即如前所述以"返本开新"、考镜源流、追溯伊始为重中之重。按胡适之《白话文学史（上）》观点，中国文学史的发展总体是由繁而简、由难而易、由贵族化而平民化、由文言化而白话化，"我说，国语文学的进化，在中国近代文学史上，是最重要的中心部分。换句话说，这一千多年中国文学史是古文文学的末路史，是白话文学的发达史"②。胡适于"五四"时期为白话文学开路呼号，其学术观点至今仍存争议，因为他把汉以前文学即上古的文言文多形容为"诘屈聱牙"，多是"死文学"，而当人问及诗经楚辞诸子百家散文等佳作时，则又形容为当时的"活文学""口语文学"。不论如何，从胡适的判断中，我们至少可以得知，"近一千多年"的文学相对来说比较口语化，要通俗好懂些。例如唐诗宋词，当代大学生都是从小就有启蒙诵读，中小学校的语文教材里也选择最多，像中央电视台主办的"诗词大赛""诗歌讲座"等热门节目，万众瞩目，讲诵观听各方面都耳熟能详，知识面比较普及。反之，魏晋以前尤其是先秦文学经典，青年学子直接接触最少，而历史又特别遥远，难度相对较大，文本诠释的必要性和空间效应由此也特别突出。正如曹师答问所指："由于我们都对传统文化不熟悉，这就造成了我们文化上的'失语'时代，造成了当代中国文化创新能力的衰减。""言必称希腊"，"当今的学者包括一些已经有名气的学者，很少有几个人真正地读过十三经、二十五史、读过诸子集成。……整个文化出现了一种'空心化'的趋向。全世界每个民族文化都有自己的精神家园。"③曹师的用意在回归"精神家园""心灵家园"，通过中西文化发展比较，说明先秦典籍的重要性与其灵活性，"如《周易》'天行健，君子以自强不息，''地势坤，君子以厚德载物'，这几句话已成为清华大学的校训，任何人多读两遍都能背下来的"④。而对于大学生，"读经"也有必要，曹师循循善诱："通过读十三

---

① 林庚：《诗人屈原及其作品研究》，上海古籍出版社1981年版，第176页。
② 胡适：《白话文学史（上）》，岳麓书社影印本1986年版，第5页。
③ 曹顺庆：《中华文化》，复旦大学出版社2018年版，第4页。
④ 曹顺庆：《中华文化》，复旦大学出版社2018年版，第7—8页。

经,同学们在知识上、文化体验上、学风上、见解上都得到了开拓,学术功底大大加强。无论是写文章,还是开会发言,同学们对中国文化典籍信手拈来,文采斐然。"[1]

《中华文化》立足文史哲三方面内容,编撰与教学任务分别由四川大学文、史、哲三个学院共同担当,所以在教材编写方面,三名执行主编代表三个学院,颇得均衡发力、雅擅胜场,而每学期开课,四川大学学生都可依自己所好所需,自由选修,各有侧重点,各有特色。严格说来,特别是按"国学"的角度看,我国文史哲本就不分家,是兼容并包的。所谓"你中有我,我中有你"。曹师担任总主编,以民主风度,颇能兼顾与并取,上编"导读大纲"共分四十章,终及"中外交流"。下编"经典选读"则分"经史子集"四大部分,例如"集部",即收入楚辞、骈赋,以及《王弼集》《文心雕龙》《韩愈全集》《周敦颐集》《张载集》《朱熹集》《陆九渊集》《王阳明全集》,并附《八股文三篇》共十一部分,意图显而易见,趋难避易、就冷而不就热(如常见的李杜苏柳等就未必录入),教师可据自己专业,"择善而从"、各得芳菲,有比较充分发挥的余地和增补扩展的空间。

曹师作《编写说明》即谓:"本教材既可作高校'中华文化'课教材,也可作为中华文化爱好者的基本读物,因为有此一本在手,即可略窥中华文化概貌;开卷有益,相信广大读者一定大有收获。"[2] 更以亲切平近甚至是幽默的语调与学生交流畅谈,概括"读经"的三大好处:一是树立正确的认识,二是提高自身修养,三是古为今用、学以致用。他说:"女孩子读了,淑女就出来了;男孩子读了,就有'书卷气',就很有文化,正所谓'腹有诗书气自华'。"[3] 这都是寓教于乐的。

我自参教本门课程标注"文学编"以来,不断增补内容,扩写教案 PPT,以曹师主编教材为基本、母本,同时以相关音像、古今学术名著见解为辅助,择重曹师所认同、强调的学术思想,即"依经立义""以少总多""返本开新",主要选取先秦文学到汉魏代表作而止,师生常有互动,每留作业讨论,一学期内凡开设如下篇章内容讲授,视时间长短或学生兴趣要求或临时略有调换:

第一讲:绪论——中华文化的世界特征

第二讲:《诗经》——早期农业社会的生态文明与人性讴歌

第三讲:孔子身世与《论语》集萃

第四讲:悲观、消极主义哲学兴起的流派与散文

第五讲:史上第一位著名诗人屈原与其楚辞作品

第六讲:相同时代的两位同姓氏天才——司马相如与司马迁

第七讲:曹氏父子并诸葛亮与其时代作品

---

[1] 曹顺庆:《中华文化》,复旦大学出版社 2018 年版,第 8 页。
[2] 曹顺庆:《中华文化》,复旦大学出版社 2018 年版,扉页。
[3] 曹顺庆:《中华文化》,复旦大学出版社 2018 年版,第 10 页。

附讲：中秋节月亮题材专题讲座：李白与苏轼写月（这往往在秋季学期适逢中秋）

期末考试采用闭卷考试形式，半期考试则采用学生分小组（不同专业分派结合）经典名篇吟诵，登台弦歌演绎，如此进行先后坚持十余载春秋，师生怡然有得。教学内容与形式得到曹师充分肯定与鼓励支持，这期间也得到雷汉卿、张朝富、丁淑梅等教授同事热情支持。四川大学的典章吟诵即所谓"正乐"的风气，自曹师一代至今，可称"弦歌未辍"，想想自己也有片寸之功，可称"有荣与焉"。

曹子桓《与吴质书》写及："年行已长大，所怀万端，时有所虑，至通夜不瞑。"实际也写出了我们作为人民教师的辛劳耕耘。曹师则为门人榜样。于今回顾，在所任教多门课程中，我其实最为留恋的还是这一门"中华文化"，不仅自己兴趣所在，教材对路，师生相得益彰，且每能"温故而知新"，学问提升，正如杨明照先生生前以"学不已斋"自勉励人，我执教这门课，也深切感到人生一世，学海无涯，真得"学不已哉"！

即将退休，撰此一文，整理多年心路心得，感慨良多，既为自己执教总结，亦为曹老师预贺"从心"之年福禄寿喜，拙作谨记其德才我所知一二，发乎师之主编《中华文化》教材一端一叶，如掬江河之涓滴也。知我罪我，师友任之。

中外汇通，知己知彼：回忆老师如何带领我们走在学术前沿

2018级博士　杜红艳[*]

我是2018年进入川大文新学院跟随曹老师学习的。还记得博士研究生复试时，我们一共有10人进入面试，但当时老师只有3个招生名额。在开始面试前，老师就将大家叫到一起，说明他今年只有3个名额，但是希望大家不要紧张，好好表现，如果有调剂的机会，他也会尽量推荐大家到其他老师那里攻读博士学位。听到老师这么说，我紧张的心一下子就放下来了。这是我第一次见到老师，原以为他作为一位知名学者，定是高高在上的，但是眼前的他却是那么善解人意、和蔼可亲，在理解大家求学不易的同时不忘鼓励大家，给大家前进的希望，这也让我见识到什么是真正的大家风范。

老师早年跟随龙学泰斗杨明照先生学习，有着深厚的中国文学文论功底，同时他又深入研究外国文学文论，曾多次前往哈佛大学、康奈尔大学等国际知名学府访学，与《镜与灯》的作者艾布拉姆斯（M. H. Abrams）、汉学家宇文所安（Stephen Owen）等人都有深入交流。因此，老师对国外的文学及理论研究也如数家珍，真

---

[*] 杜红艳，2018级博士，比较文学与世界文学专业。

正做到了中外汇通。在跟随老师学习的时日里，他始终以睿智的眼光和开放的胸怀走在国际比较文学研究的前沿，引领着我们不断攀登学术高峰。我主要从三个方面来回忆老师在这一方面对我的指导和帮助。

一、"入门须正，立志须高"

虽然平时老师和蔼可亲，但在学术上对我们却是高要求。在学术研究方面，他常常援引《沧浪诗话》之语"入门须正，立志须高"来要求我们，这也是老师带领我们走在学术前沿的法门之一。

首先说这"入门须正"。作为比较文学专业的研究生，目标定然是如老师般做到中外汇通，但我们往往不得正确的入门之道。老师凭借多年来的研学经验，告诉我们要做好比较文学研究，首先要有扎实的中国文学文论功底，在此基础上研习西方文学文论才能拥有正确的比较视野。例如，我硕士毕业于外国语言文学专业，但老师依然要求我背诵《文心雕龙》《诗品》《沧浪诗话》《人间词话》等中国经典文学理论文本，同时带领我们阅读中华文化原典的集大成者《十三经注疏》。虽然这个过程很艰难，但是经过这一系列的训练，我树立了文化自信，掌握了重要的中国文学文论知识，胸中也有了较为清晰的中国文学文论发展脉络。这样，我在研读外国文学文论之时，自然而然地就有了比较的视野。此外，在要求我们学习中华文化原典的同时，老师还在课上带领我们阅读英文原版的《文学理论导论》（*Literary Theory: An Introduction*）。我原以为自己是外国语言文学出身，阅读这类英语文本定是轻车熟路，殊不知以前都是纸上谈兵，当真正让我逐字逐句地翻译和讲解时，却是磕磕巴巴，半天说不清其中真意。归根结底，还是之前的学习不够扎实，浮于表面。就这样，在老师的高要求之下，通过夯实中华文化原典知识，掌握中国文学文论精华脉络，同时深入学习外国文学文论知识，我慢慢地进入了比较文学研究的殿堂，这应该就是老师所强调的"入门须正"吧！

待我们真正入门之后，老师便开始督促我们确定博士论文选题了。这时老师又提出一个要求，我们的论文必须是"天下第一篇"。这个要求在最初看来是那么困难，我甚至觉得那是不可能实现的，尤其我感兴趣的还是一位外国经典作家，关于他的研究成果在国内外已是汗牛充栋。我一开始觉得这是"mission impossible"，在准备过程中多次想放弃，但是老师一次又一次地鼓励我寻找新的研究视角。老师常说，搞研究无非就是两点创新：材料创新和观点创新。观点创新相对较为困难，积累不够很难能有观点的创新。但是只要我们有心，认真阅读和思考，在材料创新方面也不难出成果。我的博士论文选题虽然是一位经典作家，国内外也已经有了许多研究材料和观点，但是国内外的研究视角和材料却有很大差异。当我将我的调研结果汇报给老师时，老师便鼓励我从英美学界和中国学界的研究异同出发进行比较研究，进而搭建起整篇论文的研究框架。正是在老师的指导和帮助之下，我在浩如烟海的研究材料中找到了新的研究视角，最终得以完成第一篇该研究领域的博士论文，并且顺利毕业。

二、不畏艰难，敢于质疑权威

老师常说，不要畏惧困难，想要把事情做好都会面临困难，争取把事情做到最好，这样才会让你的付出更加值得。我们知道，中国学者尤其是文学研究者很难在国际学界发声，一方面是因为英语写作功底好的外国文学学者的观点很难与西方学者的观点接轨，另一方面是因为我们中国文学或者比较文学学者的英语写作水平尚且需要打磨。虽然我是英语语言文学硕士毕业，但是仍觉得英语学术论文写作是一项艰难的任务，从没想过自己还有可能在国际权威的英文学术期刊上发表论文。老师看出了我的畏难情绪，便一直鼓励我甚至是催促我进行英文论文的写作。还记得刚入学时，我正准备慢吞吞地进入博士学习状态，老师就跟我说他有一篇英文文章约稿，让我写一篇英文文章拿给他看看。虽然我是外国语言文学出身，但是除了硕士学位论文，可以说还没有真正写过一篇英语学术论文，我怕自己写不好，便有所迟疑，老师又鼓励我先写出来看看，并说写作过程中有什么问题可随时去找他。而后在选定题目、写作内容和文章设计的各个方面，老师都不断给予我指导，让我顺利地确定了题目并开始论文写作。就这样，我在老师的指导和帮助之下，完成了第一篇英文学术论文，这也为我之后的英语论文写作奠定了基础，并最终得以在国际权威的学术期刊上发表英文文章。

此外，在论文写作中，老师总是鼓励我们要具有批判思维，要有勇气挑战所谓的权威。以往我在论文写作中常常没有自己的观点，总是跳不出一些传统的思维，老师就鼓励我去挑战别人的观点。记得我在写第一篇中文论文的时候，我说我想写一篇关于"世界文学"的论文，但是不知如何着手，老师立马就给了我建议，他说："你去看看达姆罗什（David Damrosch）的《什么是世界文学？》（*What is World Literature?*）一书，他在书中的观点是不是就毫无破绽呢？你去试着挑战一下他的观点看看。"正是在老师的鼓励下，我鼓起勇气，在阅读该书时始终用一种批判的眼光来思考我们该如何定义"世界文学"，最终我写出了一篇关于"世界文学经典的形成与变异"的文章，并且成功发表出来，这让我对于学术研究更加有信心了。

三、与国际接轨，知己知彼

老师虽然坚持以中国文学文论为本进行比较文学研究，但是始终保持开放的眼光和胸怀来对待国外学者的研究，鼓励同学们与国际接轨，在比较文学研究中能做到知己知彼，不做浅显的比较，不跟风，自信地看待中国的文学文论成果。因此，老师经常会邀请一些国际上著名的比较文学学者到学院来讲学，并鼓励我们与学者们进行面对面交流。记得在博士一年级期间，老师邀请了国际著名的比较文学学者德汉教授（Theo D'haen）来学院讲学，并让我协助德汉教授开展工作，这让我有机会可以与国际比较文学学者进行一次近距离的交流。因为德汉教授同时还是权威学术期刊《欧洲评论》的主编，在德汉教授讲学期间，老师还请德汉教授给我们"开小灶"，为我们讲解如何进行英文学术论文写作，如何在国际学术期刊上成功发表论文等问题。在这个过程中我受益良多，对国际比较文学前沿研究也有了一些认识。正是因为老师我才有了这样的机会，能够快速地成长起来，思考一些国际前沿的比较文学研究论题。

老师不仅邀请了多名国际著名比较文学学者到我们学院来讲学，还鼓励我们走出去，积极寻求机会出国进行交流学习。2019年秋，学院拟选派一批研究生赴海外交流学习，我跟老师说了我想要出国交流的想法，老师第一时间给予我支持和鼓励。也正是在老师的帮助和鼓励之下，即使当时受到美国国家政策的影响我未能前往拟定的宾州州立大学交流学习，后来我也联系到了远在比利时的德汉教授，最终于2019年12月成功赴比利时鲁汶大学进行交流学习。事实上，在我的印象中，每一届的曹门博士研究生总会有机会申请到国家留学基金委的选派资格，相信这其中都离不开老师提供的支持和帮助。我原本申请了2021年赴澳大利亚墨尔本大学交流学习一年，但由于疫情原因迟迟没有拿到签证，只好作罢。

在跟随老师走向国际比较文学研究前沿的过程中，令我印象深刻还有第22届国际比较文学学会大会的召开。这是国际比较文学年会第一次在中国召开，之前我就了解到这次会议是老师任中国比较文学学会会长之时带领学会申请到的主办权。记得在大会筹备期间，老师便鼓励我们加入会务工作，希望我们在帮助会议主办方办好此次会议的同时了解国际会议的组织和协调工作。此外，老师还积极推动硕博研究生们参加此次会议。在年会发布会议通知之初，老师就鼓励大家参会，积极走出校园，去与国际大咖接触，抓住机会了解国际比较文学研究的前沿。在此过程中，老师组织了比较文学变异学论坛，但在得知有较多研究生同学也想参加此次会议，赴澳门与国际学者们交流的情况下，老师又专门组织了比较文学变异学研究生论坛。这是这次会议中唯一一个研究生论坛，足见老师对同学们追求学术前沿的鼓励和支持。在会上，老师不仅邀请了国际知名学者到会进行演讲和交流，还热情地介绍各国的比较文学学者给我们认识，这其中包括芝加哥大学的苏源熙教授（Haun Saussy）、鲁汶大学的德汉教授、宾州州立大学的比比教授（Thomas O. Beebee）、索邦大学的弗朗科教授（Bernard Franco）等国际知名的比较文学学者。就这样，我们这些初入学术论坛的年轻学生有了与国际比较文学研究专家交流和学习的机会，并鼓起勇气去挑战自我和权威观点，在学习中不断突破自己，在老师的引领下得以站在学术前沿、实现学术创新。

川大纪事
——曹顺庆先生教育理念撷谈

1999 级博士后　蒋济永[*]

离开川大刚好二十年，不知不觉中自己也快退休了。学生不才，成果有限，及至目前，我最重要的著作《过程诗学》就是在川大完成的。曹师经常对博士生说，博士论文也许就是你们一生中最重要的成果或标志性成果。其意是希望大家珍惜学习机会，把博士论文做成一个标志。我虽然也有博士论文出版，但就原创力和思想性而言，在川大完成的博士后出站报告，无疑成了我学术生涯中引以为傲的重要成果。回想起来，这要感谢川大，尤其是感恩导师曹顺庆先生营造的独特学术氛围。

感谢川大，就是因为她的宽大和宽松。我在《过程诗学》"后记"里这样记叙："四川大学尽管有一些硬件不太如人意，但她毕竟经营了一百余年。首先她大，学校面积的宽大，给人一种舒适感，思想和学术在这种悠游不迫的环境里自由地流淌，少了时下一些'中心'急功近利的浮躁和泡沫。其次是她宽松、自由的学术环境，在与文学院、宗教所、哲学系的部分老师、博士生交往过程中……"后面提及的就是与曹师及其弟子的交往中获得的收益。遗憾的是，"后记"没有将我在川大感受到的宽松、自由的学术氛围记叙下来，这次趁导师七十寿辰之际，有必要追述当时的氛围和我的感受，以谢母校和恩师。

一、有趣的学术沙龙——喝茶闲聊沙龙

我是 2000 年 3 月 5 日去川大报到的。去之前，我耳闻了一些学术沙龙掌故：比如，浙江大学一位著名理科学者（名字不记得了）在牛津读书，导师每周五下午举办学术沙龙，将学生召集到自己家客厅里，请大家喝咖啡，然后让大家谈一谈最近的读书心得、新发现，导师一般不发言，倾听大家陈述或辩论。如果大家没有什么好说的，导师也依然不发言，而是叨着烟斗吸着雪茄。三年过后，你就这样毕业了。这位学者把这种学习方式称为真正的"熏陶"。又如，我在北师大读博时听到一个掌故，说的是从前北师大一位语言学家陆教授，他的授课方式是变化多样，正常情况下在教室里上课，与学生讨论，但有时觉得在教室里上课没有意思，就将学生拉出去，喝酒，讨论学问了。那时学生普遍没有什么钱，老师掏腰包请客。这类别具一格的、儒雅而不失文人情趣的研讨方式，着实让人着迷向往。遗憾的是，我在北师大读了三年博士，既没有见过也没有听说其他学科有过类似的学术沙龙。

---

[*] 蒋济永，1999 级博士后，华中科技大学文学院教授、博士生导师。

来到川大，倒是参与了几次另类学术沙龙，我将其称为"喝茶闲聊沙龙"。"喝茶闲聊沙龙"不是平日里两三个朋友喝茶闲聊、探讨学术的那种，而是有组织的，规模在七八人，甚至十五六人的那种。记得 2000 年上半年，我到川大不久，叶舒宪教授来川大，他在曹先生门下读在职博士。叶教授读博前在国内已是知名学者了，于是曹先生首先让他在学院做了一场学术报告，然后，组织一众博士生和学院几个本专业老师一起去郊区一家农家乐喝茶，继续讨论学术，气氛非常轻松。从文化人类学到知识全球化、地方性知识等领域，无所不谈。这是我到成都后第一次感受到人文学科的学术是食人间烟火、接地气的。在活动中，我认识了吴兴明、蒋荣昌等同门师兄；同时，也发现成都不仅大街小巷到处是茶馆，郊区也到处是农家乐，确实是一个休闲兼活跃思想的好地方。

最隆重的喝茶闲聊沙龙，应该是邀请黄维樑教授在望江楼公园举行的学术沙龙。这是一次盛会，参与学术沙龙的有十几个人，大家一边喝茶，一边聊天，谈笑风生，终生难忘。黄维樑教授曾任教于香港中文大学，有《从〈文心雕龙〉到〈人间词话〉：中国古典文论新探》等多部著作。作为学界朋友，曹先生盛情邀请他到川大讲学，而且在川大待了好长一段时间。在成都期间，黄教授除了给研究生正式讲课，还参加了这次专门为他组织的望江公园学术沙龙。参与的众多学子或出于好奇，或出于仰慕，济济一堂。大家一边聊望江楼公园的历史及唐代女诗人薛涛的传奇经历，一边向黄教授咨询香港中文大学的研究生培养情况。黄教授年轻时留学美国，在中西文学、文论比较等方面有深入研究，于是很自然地就中西比较文学、比较文论和中国学派等话题侃侃而谈。

就我所知，组织一次"喝茶闲聊沙龙"成本是很高的，往返车乘、吃饭都需要花费。而当时川大老师比较拮据，一位教授的年收入也就五万来块，院系经费紧张，需要另外创收。而曹先生在请专家讲学、交流方面却一点不吝惜钱财，只要能为院里博士生、博士后和本院教师创造学术交流机会的，都会尽可能利用学缘交往，请专家们过来讲学。据我所知，我在川大的两年间，曹先生就请到了学者古添洪、王润华、杨松年、杨义、党圣元、陈尚君等来讲学，其中最大的事件是伦敦大学教授赵毅衡先生想回国任教，而曹先生得到这个消息后，马上联系赵毅衡先生到川大讲学，并有意邀请他加盟川大比较文学所。赵先生最终被曹先生求贤若渴的真诚感动，过了几年正式入职川大。事后证明，凭赵先生对川大和中国学术的贡献看，曹先生的眼界和不拘一格引进人才的魄力确实非同一般。这也表明，曹先生在地缘和经济条件均不占优势的情况下，竭尽一切努力，为学院师生打造了一个良好的学术环境。

二、爱恨交织的文论背诵和读经活动

如果说曹师在院级学术氛围营造上给人以新潮、丰富，同时也不乏闲适、宽松之感，那么在对自己博士生的学养训练上，又是原始、严格的，这就是让人爱恨交织的古典文论背诵和诵读十三经活动。背诵让我们领略到古人的学习方法——学古代文学和文论的童子功，刚刚读的时候，感觉效率极低，与现代人追求效率的习惯背道而驰；但读经增益博士生们对传统原典的认知和修养，大家都清楚这是对现代课程体系的补充，日后将大有裨益，但真正坐下来读古文、看注疏时，个个都感到头痛、纠结和烦恼。

　　幸运的是，曹师对我没有布置这方面的任务。记得2000年3月初来川大，第二次见曹先生时（第一次是1999年7月邀请他去广西师范大学中文系讲学），我主要聊了进站后的想法：一是将博士论文修改好出版，二是想做古代诗学现代阐释方面的研究，但还没有明确具体研究对象。于是曹先生只给了我一个建议，说他给博士生开了一门"十三经导读"课，建议我去听一听，还说有一个本校老师徐新建教授也参加，大家一起讨论，蛮有意思的。

　　"十三经导读"安排在晚上，主要是1999级博士生，也有1998级和其他感兴趣的同学，他们是李凯、晏红、刘文勇、姜源、支宇、侯洪、徐新建、王捷等。导读的程序大致是：班长晏红先将要讲解的章节内容分好，再由同学们抽签排序选择自己负责的内容领读、疏解，最后是集体讨论，讨论中有一个重要的"杀手"，就是徐新建教授，他很有思想，往往能从不同的角度，对经典疏解提出新的看法，最后由曹先生总结。开始我是抱着听听看的想法，也没有借来原著，空着手去的。几次之后，我也购置了北大出版社出版的《十三经》（简体字横排本）一套，并按时参加他们的读经课了。初读时，我对内容还是很陌生，再读时与大家一样感觉效率低，一个晚上读不了多少，后来索性利用其他时间将《周易正义》《论语注疏》《孟子注疏》《尚书正义》《礼记正义》《仪礼注疏》《孝经注疏》等浏览一遍，这让我对传统经典的大致义理做到了心中有数。日后我在《过程诗学》中对中国传统思维精髓的表述，还是比较自信的。至于其他同学，就我所知，李凯的博士论文写的是《儒家原典与中国诗学》，还有李天道写的是《老子美学》，可见读经还是很有实效的。

　　读经典最笨拙的方法要数读郭绍虞主编的《中国历代文论选》，学习的方法是大家轮流背诵。由于大家年纪都不小了，基本上都是三十几岁的老生，记忆力可想而知，轮到谁，谁都战战兢兢。前面谈过，我没有背诵任务，是个旁观者，但是我知道，练就背诵经典的童子功，会给日后教学、科研带来很多便利。就我的经历来说，我在读大学本科三年级时选修了"中国历代诗话词话"课，授课教授彭庆山，南开大学毕业，第一节课上讲了大概后，接下来就让我们从《毛诗序》开始背诵，"诗话词话"课最后成了背诵课，考试也尽是些要求默写的填空题。直接效果是对考研考博相当有好处，比如考研复习侯敏泽的《中国文学理论批评史》，考博复习张少康、刘三富的《中国文学理论批评发展史》，一周左右就将基本观点梳理完毕。眼下都是博士生了，这样要求是否合适，不得而知，但人人自危，这倒是亲眼所见。

二十多年后，回过头来看，川大能一直坚持让博士生诵读十三经和背诵历代文论，作为治学的看家本领，与曹先生对中国文化传承矢志不渝的信念和实现中国古代文论现代转化的远大目标密切相关。用现在流行的话就是——不忘初心，方得始终！

三、解密课程设置背后的学术成果生产机制

曹先生还有一门课，叫"比较文学论"，也安排在晚上。研讨的主要章节内容是按照曹先生主持的教育部 95 规划课题"比较文学学科理论研究"的写作大纲展开的。我是半途加入，各写作章节早已分配完毕，去听课，基本上是听一听负责撰写某章节内容的同学收集资料情况和撰写进展的汇报。就自己参与的几次讨论而言，收获还是挺大的。之前我对比较文学理论的了解若明若暗，而同学们在课堂讨论上，将法国的影响派理论家的思想发展脉络梳理得非常清晰，对美国的平行研究理论和韦勒克将其讽喻为"X＋Y"的思想理解透彻，这给我留下了很深的印象。同时，对我日后指导硕士、博士生做比较文学或文论的选题影响至深，一旦学生提交比较类选题上来，我想到的第一个问题是：可比性在哪里？有哪些证据？

此外，还有一个至深的感触是，在如何建立"比较文学的中国学派"这一问题上，同学们的讨论受"话语"理论观念的影响很大。自从 1996 年曹先生提出"中国文论话语失语症"观点后，在他门下的李杰博士于 1999 年率先出版《中国诗学话语》。后来进入曹门的学子，也自觉接受了尼采的"谱系学"、福柯等解构主义"话语"思想影响，将古代诗学理论变成"话语"理论来探讨传统文论的现代转换问题。待我离开川大后，2003 年曹师和吴兴明教授发表的《正在消失的乌托邦——论美学视野的解体与文学理论的自主性》一文，反思了文艺学、美学在西学现代建制中的精神建构及理论解体的原因，是消费时代文学理论自主性的退场。看来曹师对话语转换理论在中国当代的境遇是相当清醒的。

我之所以将曹师设置的以上三门课程连接起来叙述，是因为我发现这三门课程的设置构成了一个巨大的张力系统，它们是深入了解川大文艺学、比较文学博士生和博士后论文选题来源的秘密所在。如果十三经导读和文论背诵强调的是打基础、强专业功底，那么比较文学理论则是用现代西方新的思想理论和世界其他地区产生的新思想方法，来撞击传统的文化和文学思想，通过相互比较、对话，激荡出新的思想火花。比较文学理论与文艺学一样，包罗所有的文学比较和比较方法论，包括文论比较，性别比较、文化诗学理论、文学人类学等。在现代新思想的参照下，传统的文化和文论思想有了新的阐释空间，进而形成了传统思想、诗学话语的现代转化问题。这种在古典与现代、中国与世界的二元格局中，形成了以新释旧，依旧换新的"文化互参""学科互释"模式，它与 20 世纪以来整个中国传统文明向现代转化的趋势一致，也是中国实现新文明转型必须面对和解决的核心问题。

就文艺学和比较文学学科的发展而言，也只有在现代新思想和方法的观照下，传统文论的思想和观念才能重新焕发生命力。据我了解，2002届博士毕业论文除了支宇（《韦勒克诗学研究》）、罗婷（《克里斯蒂娃诗学研究》）选的是西方文论，李凯的《儒家元典与中国诗学》、李文勇的《价值理性与中国文论》、张荣翼的《冲突与重建——全球化视野中的中国文论境遇》、向天渊的《现代汉语诗学话语（1917—1937）》、徐新建的《民歌与国学——民国时期"歌谣运动"的兴起与演变》、彭兆荣的《仪式谱系：文学人类学的一个视野——酒神及其祭祀仪式的发生学原理》、阎嘉的《多元文化与汉语文学批评新传统》，都是与这些课程的设置和当时讨论的话题密切相关。曹师2003届、2004届博士毕业的14篇论文，也都是在这一课程话语框架中。如果大家有兴趣根据"中国知网"上的统计，将曹师带的所有博士、硕士论文分一下类，那谜底就彻底被揭开了。

四、成一代黉门的秘诀：包容、灵活、原则、彼此成就

我在跟曹门的几位师兄弟私下交流中，大家不约而同地谈到：曹师长期做行政工作，事务烦琐，不但没有对他的学术产生消极影响，反而屡见他发文提出新见，不断出版高水平的著作和教材，为什么学术生命力如此强大？这似乎是个谜。

依我浅见，应有两大外在因素和三大内在因素的作用。两大外在因素主要是行政和先师基础，但最主要的还是三大内在因素，即：一是学科选择的方向好，具有生长性，比较文学理论学科是一门新兴学科，学科发展的空间巨大；二是学科课程设置的点位高、结构张力巨大，导师在与学生的研讨、对话、交流过程中可生发的思想潜力、空间几乎是无限的；三是曹师独特的人格魅力与超强的发现（敏感）力和抓取问题的能力。

外在因素之一是国家资源的分配有地域特色，川大虽不如北京上海的高校，但地处西部，国家为了平衡发展需要，川大作为西部高校重镇，川大的条件还是得天独厚的；此外，学校、单位资源分配也有向行政领导倾斜的特点等。

外在因素之二是先师的深厚学养和声望根基铺垫，曹先生的老师是杨明照先生，其影响力和奠基作用是不可忽视的。但需要指出的是，在同门弟子中，为什么曹先生行？这就与导师的聪慧、眼界，尤其是个人的人格魅力有关，而这些因素体现在学科建设和弟子培养上，就是我上面归纳的三大内在因素。

内在因素之一、之二前面已经谈及，需要补充说明的是，学科方向的选择和课程的设置都体现了导师的眼界和格局。当然，我认为最最重要的是内在因素之三：独特的人格魅力与超强的发现（敏感）力和抓取问题的能力。

首先是独特的人格魅力，主要体现在包容、灵活、原则、彼此成就四方面。凡在曹先生门下待过的，都会感受到他的平易近人、包容、不计前嫌。面对行政方面的种种陈规旧章，在处理具体事务上表现出高度的灵活性。对曹先生而言，只要是人才，就不拘格套，尽力延揽。记得1999年7月曹师接受我入川大做博士后，而

我实际进站是 2000 年 3 月，中间隔一个学期，是因为曹先生说他去台湾南华大学讲学一个学期。具体联系事宜和接待由冯宪光教授负责，在这里我要由衷感谢冯教授。但在当时让我无法理解的是，曹先生是文学与新闻学院的院长，一个学院在院长一个学期不在的情况下如何运行？后来通过接触才明白，那就是曹师超强的行政能力！放在今天的行政管理政策下，为什么许多兼职行政的学人经常怨声载道、抱怨不已？能否从曹师这里得到某些启示呢？然而，在学术上，曹师可谓是坚持学术标准绝不动摇，开题不过关、论文写得不好推倒重来，这是经常发生的事。

最后想谈的人格魅力中的第四点，彼此成就。这一点非常重要，我们常听说"大树底下寸草不生"，说的是名导师下，成就了他一个人，弟子和同事都倒下了。今观曹门，越来越繁昌，这是为什么？就是因为师生相互成就。曹先生有这样的雅量：有资源尽可能与同事、学生分享，还不断寻找资源和机会将自己的弟子推出去；而弟子们也不断利用自己的才学拓展出一片新天地，从而形成正向回馈。如此形成良性循环后，即便地处偏远、不在中心，曹先生也能获得学界最新动态和思想。他从中西比较诗学－"失语症"到中国学派－跨文明传播遭遇异质文化的变异学，一路引领文艺学和比较文学理论学术潮流，也就不足为奇了。当然，一切的一切与曹先生的勤奋、视学术为生命的信念有关。从我的观察来看，勤奋和信念是普通学者常备的，而作为一个具有领导学术潮流的学者，最根本的还是他超强的敏感力和抓取问题的能力。

结　语

我有幸在曹师门下研习，见证了当代学人如何运用自己的智慧、才学、眼界、格局，尤其是个人独特的人格魅力，聚集一批又一批学人，赓续传统文学理论和文化，开拓现代新的学术范式。

每当我想起从川大图书馆出来，徜徉在安静的荷花池、望江楼公园，回望文科楼，心想这一片领地，就像一个传统中国的书院、西方柏拉图学园，一批批学子为什么要在这里进进出出，因为这里有曹师那样的灵魂人物。

对曹顺庆老师的三个误解

2008级博士后 宋德发[*]

我曾对曹顺庆老师有三个误解。

误解一，曹顺庆老师是研究中国古代文论的

1980年，曹顺庆老师毕业于复旦大学，同年考入四川大学攻读"中国文学批评史"的硕士研究生，导师是"龙学泰斗"杨明照先生。1983年曹顺庆老师硕士毕业并留校任教。1984年，曹顺庆老师继续攻读博士学位，导师还是杨明照先生。1987年，曹顺庆老师博士毕业，由此成为中国"中国文学批评史"方向的第一位博士。

看曹顺庆老师的求学简历，很自然地以为他是研究中国古代文论的。但再看曹顺庆老师的学术简历，发现这是一个误解：曹顺庆老师的确研究中国古代文论，但远不止研究中国古代文论。他的博士学位论文《中西比较诗学》由北京出版社1988年出版。这是他的处女作，也是他的成名作之一。这本书原本想借用比较文学的方法研究中国古代文论，却一不小心，成为一部比较文学研究名著。学术界这样理解和定位它的学术史地位：《中西比较诗学》是我国学界第一部以"中西比较诗学"命名的著作，更是中国"比较诗学"领域的奠基之作。

正是从《中西比较诗学》开始，曹顺庆老师从中国古代文论研究"跨界"到方兴未艾的"比较文学"研究。然后，在意料之外又在情理之中，他成为中国乃至世界比较文学夜空中"那颗最亮的星"。文论"失语症"、中国学派、阐发研究、跨文明研究、比较文学变异学、比较文学阐释学……他不断提出影响广泛的新思想、新概念、新方法、新理论，引领比较文学研究的方向，拓展了比较文学研究的"疆域"，增添了比较文学研究的活力。

由于在比较文学领域取得的成就过于辉煌和耀眼，曹顺庆老师在中国古代文论研究方面的光芒多少被遮蔽了。这很容易让人产生误解：作为"龙学泰斗"杨明照先生的亲传弟子，曹顺庆老师并没有继续导师的"龙学"事业，是不是有些遗憾？答案是否定的，因为曹顺庆老师虽然没有继承导师的"龙学"事业，但是，他继承了导师的学术方法和学术精神，并且通过他的弟子以及弟子的弟子们，一代代传承下去，从而从另一个角度，以另一种方式实现了学术的薪火相传。这就像尼采所言

---

[*] 宋德发，2008级博士后，1979年生，安徽庐江人。湘潭大学文学与新闻学院教授，博士研究生导师。主要从事比较文学与世界文学、文学教育研究。

的那样，当你离老师最远的时候，你才真正回到了老师那里。

误解二，曹顺庆老师不可亲近

曹顺庆老师这个"级别"的学者，民间有一个很形象的说法："学界大牛"。在我的印象中，"学界大牛"是可敬但不可亲的，我平时好好读他们的书，安安静静地崇拜他们就好了。何况我还是一个"社恐症"患者，在讲台上自顾自地讲课和做报告还凑合，和他们在私底下面对面地讲话简直要我的命。但在和曹顺庆老师有限的交往和交流中，我发现他是一个很慈祥、很温和、很包容的人。曹顺庆老师的慈祥和温和，这是很直观的感受。曹顺庆老师的包容，我有着更切身的体会。

我出生在安徽省一个很闭塞、很落后的山村，加上自身资质有限，因此我小学、初中、高中和大学都是在"非重点"学校读的。后来硕士研究生好不容易读了一个全国重点大学——湘潭大学，我便极为自豪和珍惜。硕士研究生毕业后，我留校任教，更是得意扬扬了很久。2007年，我获得天津师范大学的博士学位。天津师范大学和湘潭大学一样，是非常好的学校，但不能算狭义上的"名牌大学"。这样，我心中一直留有一个遗憾：这辈子还没有在"名校"求过学呢。

带着这样的虚荣心——当然不仅仅是虚荣心，我渴望去一所名牌大学做个博士后。当时我并不太清楚如何申请做博士后，就给一些可能招博士后的名校和名师去信咨询，或杳无音讯，或收到不好的消息——暂无名额，有机会再说。我正感到"名校梦"破灭的时候，却意外收到曹顺庆老师的回复，文字简短，却令人振奋："来吧，欢迎！"

我2008年11月进站，直到2011年11月才出站。之所以延期一年出站，主要是因为我"一心多用"——既要在原单位上课，还要写跟博士后出站报告无关的论著。曹顺庆老师给我布置的题目是"文化软实力与美国文学的发展"。他可能认为我已经是副教授，也发表了不少成果，完全有能力完成这个题目。但其实我只擅长写一些小文章，对于此类比较宏大的课题是有心无力。但不善与人沟通的我不敢提出自己的想法，导致老师并不知道我真实的困难。

川大多次询问我是否能按时出站后，我才"斗胆"向老师申请更换题目，没想到老师立刻表示理解和支持。后来，我便以"19世纪欧洲作家笔下的拿破仑"为题，通过博士后出站答辩。再后来，我听闻何云波老师讲他们当年博士论文选题的故事，才知道，对于弟子们的学术志趣和学术选题，老师向来都是包容和赞赏的。

误解三，曹顺庆老师很无趣

据我个人的观察，学者多少有些迂——我本人就是典型的代表。尤其是大学者们，完全沉浸在自己的内心，与现实的世界格格不入，因此他们只懂学术但不懂生活。加上我听过不少大学者们怪异的故事，更加确信他们在现实生活中都是很无趣的人。但由此认为曹顺庆老师也很无趣，那不仅是误解，而且是"天大的误解"。

首先，曹顺庆老师既英俊又潇洒。"英俊"说的是外貌，"潇洒"说的是气质。据说人的水平和他的长相是成反比的，所以在学术界，有水平的学者不少，但既有水平又长得好看的学者却鲜见。如果说"英俊"是天生的，那么"潇洒"则是后天努力的结果。"腹有诗书气自华""人美皆因读书多"这样的理由就不多说了，单说曹老师对"仪表美"的注重。曹老师的头发永远是"一丝不苟"的，显得清爽、干净、自然和妥帖。曹老师的"衣品"很高，这大大吻合了他的书卷气、儒雅气和绅士风度，让人赏心悦目。

其次，曹顺庆老师会唱歌。2013年在贵阳的一次学术会议间隙，我第一次听曹老师唱歌。如果没有记错的话，他唱的是难度系数很高的《青藏高原》。他的歌声或许称不上天籁之音，但绝对算得上悦耳动听。在我的经验中，学者都是没有业余爱好的，就算有业余爱好，做学问后也会丢掉。可曹老师居然会唱歌，而且唱得很专业（说明他一直在坚持自己的爱好）。后来我才发现，曹老师本来就是专业的乐手——1971至1976年，他在贵州省军区文工团乐队工作，这说明曹老师不仅会唱歌，而且精通一门以上的乐器。原来曹老师最大的"跨界"不是从"古代文论"跨到"比较文学"，而是从"音乐"跨到"文学研究"。

最后，曹顺庆老师非常有幽默感。我在四川大学旁听曹老师的"元典选读"课，发现他非常会讲课，是"名嘴"和"讲课艺术家"。如果用深入浅出、雅俗共赏、寓教于乐、既"架天线"又"接地气"、既有学术性又有艺术性等词汇来形容他的讲课，那是非常贴切的。曹老师讲课最大的特点是有幽默感。可惜没有现场录像和录音，导致现在无法"现场还原"他的幽默感。记得他讲庄子时模仿骷髅露出鄙夷和不解的神情，惟妙惟肖，达到"金像奖影帝"的水平。还记得他在湘潭大学做讲座，为了更生动地解释一个学术话题，他讲了一个台湾大学生找工作难的笑话。大意是说，又到了毕业季，一个台湾清华大学的毕业生因为找不到工作，只好到动物园扮演熊猫，却一不小心跑到老虎的园子里。望着身边威风凛凛的老虎，这位大学生吓得浑身发抖。不料老虎很温柔地说话了："同学，你不要害怕，我是台大（台湾大学）的。"话音未落，现场笑声和掌声一片。在我的印象中，湘大学生好久没有这么放肆地开心过了。

随着时间的推移，更随着我对曹顺庆老师了解的增多，我对曹老师上述的三个误解都一一消除了。如今在我的心目中，曹顺庆老师的形象不仅更高大了，而且更立体了；不仅更可敬可佩了，而且更可爱可亲了。

永续文化血脉，厚植家国情怀
——记随曹师顺庆先生学习的二三事

2010级硕士 赵媛媛*

读本科时，在曹师中华文化课上折服于老师博古通今的风采和中华传统文化魅力，暗下决心努力奋进，终于如愿随老师学习，攻读硕士。在与老师、同门兄弟姐妹们话前沿、谈古今、论中西的学术研讨会上灵感乍现、奋笔疾书的"小白"，如今已工作九年，为人妻、为人母、亦为人师，恩师的教诲却从未忘记，师门烙印在我身上的文化自信、学科交叉意识和国际视野一直滋养我至今，也必已融入所有曹门学生的血脉，内化于心，并在社会各界发光发热。

一、夯实原典基础 树牢文化自信

早在2010年，我读硕士时，曹老师就特别重视中华传统文化的传播，以超前敏锐的判断和传承中华文化精粹的使命担当，教导我们一定要打好中华文化原典的基础，再难、再枯燥，都要读，不仅要读还要成诵，百遍之后，其意自现。

最初的我只觉背诵痛苦，汉语国际教育不同于比较文学研究，是专业型硕士，真的需要这样严格地吃透原典吗？虽有疑问，但曹老师对所有学生的要求都非常严格，受师兄师姐们良好的学风影响，我坚持下来了，而这样坚持一段时间后，发现两年后在海外教育学院教学实践讲授语言、语法时，能够贯通古今，讲明文化渊源，深受中级汉语班的海外留学生欢迎。

徜徉中华文化原典浩海的过程中，那些灿烂的文化瑰宝、传承五千年的文明史一幕幕随书卷在脑海中展开，融入血脉的文化自信不是由外向内的灌输，而是由内向外的散发。2013年我硕士毕业留校，成为一名辅导员，在给青年学生讲授形势与政策课、开展各类思想政治教育的时候，也将文化自信的火种播撒至青年学生的心田。2018年，凭借鲜明的个人风格和扎实的专业功底，我获得了四川省第六届高校辅导员素质能力大赛的二等奖，成为学院的团委书记，曹门的文化火种在更多青年学生心中燎原。

二、打破学科壁垒 强化交叉意识

我是曹老师2010级硕士，当时同级的博士师兄师姐，有的是比较文学方向，有的是文艺学方向，还有的是文学与音乐跨学科研究方向。作为汉语国际教育的硕

---

* 赵媛媛，2010级硕士，四川大学发展规划处重大项目规划管理科副科长、讲师。

士，我非常喜欢听老师组织的学术研讨，来自不同研究方向的优秀同门们各抒己见，从不同的视域来谈同一个问题常常令人感觉惊喜。

曹老师从不设任何学术壁垒，他总鼓励我们多从人文社会科学的各个学科领域汲取营养。这种思想一直影响着我，也成为我后来攻读马克思主义理论博士生的底气和动力，我相信扎实的文学功底和曹门的文化浸润，在与马克思主义理论碰撞时，一定会产生新的火花，进入一个跨学科的研究领域并不可怕。2021年年底，我调至学校发展规划处工作，在推进学校"双一流"建设的过程中，擘画"创新2035"五大先导计划发展蓝图，强调学科交叉，让我感慨的是，十二年前我读硕士的时候，曹老师就已开始提倡并身体力行。

三、融通中西文化 开拓国际视野

曹老师桃李芬芳，他爱每一个学生，他关心我们的学业、更关心我们的成长，他为我们哪怕一点点的小进步感到骄傲，也为我们一点点的小愁苦而挂心。这个同门要去国外交换了、那个师姐也顺利留校了、这个师兄找不到女朋友、那个师兄为工作而烦恼……他学术工作繁忙、心系一流学科群建设，但却记挂着学生们的点点滴滴。

我工作后，曹老师也常叮嘱我，要养成终身学习的习惯，努力争取深造，以汉语言文学和汉语国际教育的学科背景去做跨文明阐发研究，为建构中国的国际话语权找到突破点，发出中国声音。我心生向往，也铭记在心，工作之余就会关注曹老师分享的文章和观点，虽然未能考上老师的博士，但这样的跨文明国际视野和为国家话语权建构而努力的家国情怀深深影响着我，在如今的马克思主义中国化的研究上，我专注于从马克思主义理论与中华优秀传统文化相结合的角度对"家国一体"进行理论和现实的逻辑论证，同时重视在研究中的国际视野，服务于中国国际话语权的建构。

总之，曹老师的人才培养是言传身教春风化雨的培养，是永立前沿，以文化自信激发创新源泉的培养，更是树牢文化自信厚植家国情怀的培养。直到今天，望江楼公园中，儒雅博学的曹老师带着一众或活跃或静雅但都对学术充满热情的青年饮茶研讨的条桌，仍是我最想去的地方。

学术的汲取与传承

2011级硕士　万红雨[*]

在我收到恩师"曹顺庆从教四十年"题目的时候，心中涌起一阵尘封已久的回忆。之所以说"尘封"，是因为加入曹门已经是十年前的事情了。2011年入校，2014年毕业，其间接受曹老师在学术方面的指导，可以用学术的汲取与传承来概括。

汲 取

如果一件事情的时间计量单位可以用"十年"，那么这的确代表着久远，但因为在曹门受教对我整个人生都是获益匪浅的事情，所以这段回忆又弥足珍贵。论在曹门的学术汲取，首先想到的便是对《十三经注疏》等原典的学习。因为学习用书极为厚重，每个星期都是一场体力与智力的大考验。按曹老师的要求，原典需要被诵读、铭记，才能吸收消化。镌刻在纸页上的字迹，是原版典籍的影印，吟诵阅读之间，又给人带来一种古今对话的感受。这种与先人智慧的真实交流，是曹老师扎根于文化传统、文化底蕴的教学方法与经验，迄今也让我极为受用。

而对《文心雕龙》的学习，则是我另一个难以忘怀的记忆点。这是每个曹门弟子都必须要跨过的一道难关：全文背诵。除了课后自己将内容嚼碎吞进肚子，课上还会被曹老师抽背，联想到被抽背后"卡壳"的尴尬，或者用今天的话来讲是"社死"，在课后自学背诵的时间里又多了些紧张。我的背诵秘诀与技巧是阅读、聆听和抄写。阅读的重点在于随时随地，我将全文缩印成可以一手掌握的小方块纸片，这样就可以随时拿在手里观看。而聆听则是将要背诵的篇目录成音频，作为背景音循环播放——就像听一首歌一样，如果脑袋记不住"歌词"，至少耳朵先听熟"旋律"。不知道这个方法有没有其他同门也在使用。

传 承

作为曹老师的学生，有一个额外的"青史留名"机会，就是有大量机会参与曹老师的各项课题工作，例如校订曹老师的书稿，或为后继门生编写一本教材，为学术传承出力。

即使在这么多年后，我也仍然记得编写高等教育出版社《中华文化概论》时的情景。这是一本对中华文化进行全面介绍的通识读本，每一章节由论述与原典选读

---

[*] 万红雨，2011级硕士，男，四川都江堰人，比较文学与世界文学专业。

组成。而我负责的，就是《三大史诗》与《中医文化》两章的原典摘选。

原典摘选说难不难，说简单不简单。怎么选，从哪里摘，怎么注释，都是需要慎重考虑的问题。《三大史诗》是《格萨尔》《江格尔》《玛纳斯》三篇，指向性明确。难点在于《中医文化》这章。

我向师姐孙小钧请教，得益于她提供的书目，我在华西校区医学图书馆的浩瀚书架中找到了1959年版的《伤寒来苏集》，1963年版的《黄帝内经》，1964年版的《类经》，1973年版的《医宗金鉴》等原版古籍。将相关篇目录入电脑时，有古代汉字在现代字库中找不到的情况，也有同一篇目存在不同版本的情况，这些问题都一一找出来，并与师姐确认。最后也是最重要的工作，就是为原文进行注释。若原文有注释则照录，若注释不足的则以《古代汉语词典》为基础，原则是在注音解释之后尽可能提供例句，以供读者学习。详细注释之后，全文交付编写组。

这本《中华文化概论》在我毕业半年后出版。亦算得上是我为学术传承进献的绵薄之力。

第二节　守正出新　引领前沿

科研与教改创新之路的内源性动因

1999级博士　侯　洪[*]

一、阿里阿德涅的彩线

自1995年从国家出版社文艺编辑岗位调入四川大学文新学院从事教学与科研工作，已有近30年的光阴。在我的编辑身份发生转换的前后一段时间，我接触到了曹顺庆教授从事比较文学研究的一些活动与信息，依稀记得他曾赠我《中西比较诗学》和《中外比较文论史》大作，其间还耳闻他编撰《东方文论选》的佳话与传闻。经过几年在编辑出版、外国文学与影视艺术直至新闻传播方向的教学与科研工作的潜心沉淀，我又于1999年考上了四川大学文新学院世界文学与比较文学专业博士研究生，在曹顺庆教授的指导下研习比较诗学，其间"中国古代文论""中外

---

[*] 侯洪，1999级博士，男，1960年生，成都人，文学博士，四川大学文学与新闻学院教授、博士研究生导师，兼任四川大学世界纪录影像创作与传播研究中心主任、中央电视台特邀评奖专家、中国（广州）国际纪录片节大学生纪录片大赛评委。主要从事新闻传播与国际传播、影视艺术与批评、比较文学与跨文化传播的教学科研工作。

诗学发展比较"等课程的学习，尤其是十三经典籍、《文心雕龙》的讲疏，以及将此置于世界诗学发展比较史的视域通观，先生那份破除欧洲中心主义习见的定力和葆有中华文化自信的淡定与从容，至今还令我印象深刻。

抚今追昔，往事历历在目。每每与昔日的同窗、今日的同学们分享彼时在川大的研习经历与感悟，不由得感慨万千：一方面是潜心研读曹师《中西比较诗学》《东方文论选》《中外比较文论史》等著述，另一方面也是在先生"围炉诗话"般的课堂圆桌对话、如沐春风之洗礼的教学模式创新（今曰"模块课程""反转课堂"）的培育与实践中，方才逐步坚定了治学的方向感与方法论，进而在中西诗学的比较中，景行行止，致力于中华优秀经典文化与诗学精神的弘扬与再生性阐释。正是投身于先生领衔而呼吁的比较文学"中国学派"的创新实践中，我参与了曹师主持的《世界文学发展比较史》（96AZW015，国家社科基金"九五"规划重点项目1996—2000）和《比较文学学科理论研究》（98JAQ750，教育部人文社科基金"九五"规划项目1998—2001）的课题组撰稿，经过包括这两次在内的学术专研的积淀，我在当时学院中青年教师中较早地承担了国家社科基金项目负责人的工作——《中法比较诗学》的立项（国家社科基金"十五"规划一般项目01BWW006），十年磨一剑，最终出版了《中法近现代诗学生成之道比较研究》（专著，54万字，光明日报出版社2010年版）。尔后，曹师引领的比较文学之治学方法和葆有中华文化自信的定力，随着我在影视艺术和新闻传播研究领域的不断拓展与深化，更是显得历久弥新，志向笃定。21世纪的第二个十年之开端，在影视艺术史与批评的专论领域，经历了六年研究的成果再一次得到国家社科基金后期资助的认可——我撰写的《纪录片历史与文本研究》（110万字）获得了2020年度的立项（20FXWB003，2020—2021）。以上的难忘经历似乎验证了布尔迪厄的那段名言："学习不是创造，但是自我创造……从更广泛的意义上讲，学习不是生产，而是制造能够进行生产的自我。"[①] 缘此，我认为高等教育及研究生教学的目标和任务，应当是培养文化实践的行动者与探索者。

二、林中路

一般而言，对高校教育工作者来讲，教学与科研是相互促进、相得益彰的。如果说上文谈及的是我注重自我的研习与学术品格的养成，那么，接下来，我将着重回顾一下我在高校教学岗位上的经验所得。

第一个案例是发生在研究生教学环节中，鉴于我院作为部属高校在蓉的"省部"共建新闻学院单位，从地缘及区域发展的情势看，成都、四川、中国的发展乃至"一带一路"国际合作共赢战略的实施与推进，都离不开新闻传播与国家新闻传播的积极参与和人才队伍的培养，社会的需求和学科的发展都与新闻与国际传播的

---

① 布尔迪厄：《继承人：大学生与文化》，邢克超译，商务印书馆2002年版，第72页。

教学密切相关。为此，我带领团队对我校新闻传播的相关课程进行了创新性的教学改革试验，于2018年推出了"国际新闻传播实践的创意与案例研究"的课程改革项目，其目的是培育具有全球化视野和国际传播专业素养的新闻传播创新性人才和跨文化交流与传播的复合人才。课程将追踪国际新闻传播和跨文化全球传播的发展趋势，紧跟国家发展战略与人类命运共同体的倡议目标，重点关注从国际传播到全球传播的历史与理论、实践创新以及国际传播和全球传播面临的挑战。于是，我们通过课程内容和教学模式的改革与创新，尝试走出一条产、学、研相结合的课程改革之路。

明确了课程目标后，我们首先成立了教改协作指导团队，走访了中共成都市委外宣办及市新闻办以及广州国际纪录片节组委会，由业界凤凰卫视中文台副台长黄海波、中央广播电视总台资深纪录片编导周兵、王智以及成都电视台专题部国际纪录片奖获得者赵刚编导和广州国际纪录片节组委会办公室副秘书长张鹏女士做校外指导，我院年轻博士刘娜讲师做后援，并联合成都音像出版社有限公司共建产、学、研基地，这样就极大地整合与优化了课程的教学资源，能够提升学生的关注度、参与度和服务于社会的就业率。课程的目标是既能明显地调动和触发本专业研究生以及本科高年级学生的学习和创新意识，其课程成果又能给国家相关职能部门、传媒机构提供智库型资源保障。

该教改项目在特色创新方面主要体现出以下特点。

一、在内容设计上，遵循跨学科融合发展的思路，围绕理论创新与实践创新的创意性思维，兼顾理论与实践层面，把握中国与世界的向度，把国际（新闻）传播的理论与实践的发展趋势同中国在国际传播格局中的位置与话语权的博弈结合起来，同国家治理与全球治理的中国方案结合起来；同高校思政工作融入课堂结合起来。

二、在教学模式上，受当年参与曹师领衔组织的"中国比较文学学会第六届年会暨国际学术研讨会"在蓉成功举办的办会经验之启发，我们决定走产、学、研相结合的道路，请进来与走出去相结合，与省市外宣办、新闻办、中央广播电视总台、凤凰卫视、华西都市报封面新闻以及四川电视节和广州国际纪录片节结盟，让相关专家走进课堂，实行体验式与开放式授课方式，以创意与设计为轴心，参与国家、省市发展战略及顶层设计，完成相关项目设计任务和课程论文。

三、在教学方法上，我们制定了科学的教学方案规划，课程紧跟国内外时事动态，引导学习者关注国际（新闻）传播动向，关注新闻话语的博弈，探究国际新闻的发展脉络和动态发展，采用理论资源的引导与推荐同课题讨论及案例实践分析并重的策略，从根本上培育学习者认识国际（新闻）传播的本质与话语形态，注重教学双主体的互动及学习者的主动创新精神，让学习者通过阅读学习大量的相关学术专著、期刊论文，形成丰富多彩的专题论域与演讲稿、幻灯片资料以及课程论文成果；同时，课堂也邀请校内外专家来校进行学术专题讲座。

经过团队的共同努力，该项目继获得"四川大学研究生教育人才培养质量和教学改革项目"立项之后，又被推选到四川省，最终获得"四川省 2018—2020 年高等教育人才培养质量和教学改革重点项目"的立项，并于 2020 年下半年取得等级为优秀的结项成果，较完满地实现了课程的预期成果。

一、通过优化、整合近三年的课程教学内容，经多次讨论、修改，我们完善了创新性课程教学大纲，并编撰了课程教材（讲义稿）《国际新闻传播实践的创意与案例研究》，该成果注重理论和实践两大层面的相互作用与印证，体现出跨学科的整合研究范式，将创意思维与国际传播及国际新闻传播的实践活动有机结合起来，阐明国际新闻传播的本质和国际传播、跨文化传播以及全球传播的区别，同时又将国外近期的专业理论成果引进课堂，如《理解国际新闻：批判性导论》《全球新闻传播：理论架构、从业者以及公共传播》《全球传播：理论、利益相关者和趋势》等，并围绕相关专题展开研讨：1. 主场外交的媒体创意与实践；2. 国际重大体育赛事及活动的国际传播和国际新闻传播；3. 国际传播及对外传播个性化传播与传播渠道的合力研究；4. 国际（国家）安全与重大公共事件报道与传播研究：（1）国际反恐不见硝烟战场的博弈研究专题；（2）全球突发公共卫生事件报道与传播研究专题；5. "一带一路"与人类命运共同体·跨文化交流的途径与品牌塑造；6. 科技新闻及科幻文艺（影视）的全球传播。结合全媒体时代媒介融合的行业特征，展开交流与互动教学。

二、在本团队的积极努力下，2019 年 7 月，我们成功促成并实现了四川大学文学与新闻学院联合成都音像出版社有限公司共建产、学、研基地的挂牌仪式，从而把课堂教学与社会实践紧密结合了起来，同年借助课堂联动效应，还策划了跨文化交流的文创艺术产品《梦见·中法经典艺术之对望》。此创意的灵感源头还要追索到读博期间曹师开设"中国文学批评史"课程，讲到魏晋南北朝曹氏兄弟时被他那场声情并茂的精妙解读所感染而心神摇曳，曹丕的《典论·论文》的"文气说"与表现曹植《洛神赋》诗歌语言之美感效应的名句体现了东方诗学的独特魅力与视觉造型的灵动感。在我对产品主题的策划与开发的构思阐释与同学们进行的对话与交流中，自然运用比较诗学与跨文化传播理论来奠定此文创产品的地基，对中国古代卓越诗人曹植的《洛神赋》和法国具有世界影响力的象征主义诗人马拉美《牧神的午后》之整体艺术风格的共性与差异性进行了分析。

三、应本项目之邀，课程教改创新联合指导团队成员凤凰卫视中文台副台长黄海波、中央广播电视总台资深纪录片编导王智，分别于 2019 年 12 月和 2020 年 1 月，专程来我校文新学院学术会议厅分别做了"凤凰卫视国际传播策略与经典案例剖析"和"'一带一路'微记录的生命与影像建构"的精彩学术讲座；同时，还加强了与四川大学世界纪录影像创作与传播研究中心的教学科研合作，将凤凰卫视 2019 年的最新节目作品合集 DVD 赠送给中心，拓展同学们国际化传播的眼界。此外，项目组又策划邀请了著名科幻电影研究专家厦门大学黄鸣奋教授为我院师生做了"科幻电影创意与新媒体伦理"的学术讲座（2020年）；同时还邀请我校当代俄罗斯研究中心主任刘亚丁教授和我院中国古代文学教研室张朝富副教授分别就"中俄文化交流：新闻与旧闻"和"剑桥学术漫游"做了学术报告和座谈，以此形成一种打通学界和业界和跨专业、跨学科的研究氛围，从而有利于培养国际传播及国际新闻传播的复合型人才队伍。

四、教改过程中我们还注意互动式教学与开发第二课堂的实践环节，围绕近年来国际传播的创意与实践案例，组织学生针对世界重要的影视传播渠道——国际电影节，展开学术研讨，最终编辑成电子杂志《光影中国：对话世界》，展示了同学们学与思的积极能动精神。另外，还打破课程传统教学的模式，根据当今网络时代的新趋势，将过去单一的以实体课堂为主延伸到网络的虚拟空间，创立了"国际新闻传播课程微信讨论群"，增强了师生间的交流与互动和课程教学的效果。

五、积极响应和贯彻习近平总书记提出的高校思政教育"全程、全方位育人"的讲话精神，我们坚持在近年来的国际新闻传播课程中，从教学理念、教学方式及课程共享成果方面，引导学生探索与认知中国特色与国际传播的方法与路径，树立道路自信与文化自信，同时要认清国际新闻传播的本质与特点以及国际关系新格局面临的挑战与重塑的世界乱局。为此，在两个时段形成了教学成果：一是带领学生撰写了《高校专业课融入思想政治工作的"全方位"育人探索：以研究生课程〈国际新闻传播研究〉为例》（载《立德树人：四川大学全课程核心价值观建设的思考与探索》论文集）；二是在《广播电视研究前沿》课程中，加强国际传播及国际新闻传播方向的研究力度，针对全媒体时代的媒介发展新趋势，精选我国对外传播及国际传播的两位著名专家金灿荣（中国人民大学国际关系学院副院长）教授和张维为教授（复旦大学特聘教授、中国发展模式研究中心主任）的个案系列，围绕"个性化传播与传播渠道的合力打造"，阐明道路自信与现代传播理念如何提升我国的全球传播与国际传播的力度，为此也增强了课程间国际传播研究的互通互动教学合力。

六、通过课堂上《国际重大体育赛事及活动的国际传播和国际新闻传播专题》的案例学习，结合四川及成都的地缘优势，特别是针对2021年将在成都举办的世界大学生运动会的契机，这是一次考验我们的（体育）主场外交及对外传播和跨文化交流与传播的极好机会。为此，项目组与成都电视台专题部合作，协助配合他们拍摄此届大运会开闭幕式纪录片，专门组织学生前往拍摄基地，在斩获第56届德国莱比锡国际纪录片电影节评委会大奖者赵刚导演的带领下，观摩与学习纪录片的拍摄与制作。同时，随着各项准备工作的推进，将参与到开闭幕式的前期拍摄工作中去，通过这一活动，将极大提升我校新闻传播专业硕士的实操水平和加深同学们对外传播的理解和运用体验。

七、通过课程创新性的理念与设计，课程互动式教学的成果，以题为《讲好中国故事、促进对外传播：以G20杭州峰会文艺晚会的文化创意及主场外交运作为例》的文章，入选"第五届全国对外传播理论研讨会"论文集（载《讲好中国故事、传播好中国声音："第五届全国对外传播理论研讨会"论文集》，外文出版社2019年出版），这就使得课堂内与课堂外打通了，体现了教学服务于国家的发展战略和课堂的理论联系实践的重要性。

八、团队成果还有刘娜博士等人的两篇论文《看得见的客人：外国领导人访华的国际媒体可见性及其影响因素（1978—2018）》（《新闻界》2019年第8期）和《国事访问的国际媒体可见性及其影响因素：以1978—2018年我国领导人出访的报道为例》（《新闻记者》，2019年第4期），还翻译出版了美国社会学的重要奠基人罗伯特·E. 帕克的《新闻与舆论》一书（台北双叶书廊2020年版），该书展现了帕克对"新闻""报刊""舆论"以及"社会控制"等方面的思考。

总的来说，此次课程教育改革是取得了丰硕成果，效果十分积极，是一次成功的课程教育实践创新。当然，一些经验和不足还值得进一步总结与完善。

第二个案例则是有关本科教学中，校级"通识教育"精品课程教改创新的实践经验回顾。在追求创新课程教改理念，实现建立集约化课程群的教改目标的驱动下，探索和构建校级通识课教改创新模式的征程中，由我领衔的系列课程群教学团队，突出"教、学、观、践"一体化的先进教学理念，实现课堂教改的内容创新、模式创新，使模块化教学与可视化手段相融合，打通主课堂与第二课堂，旨在开拓学生的文化视野，以提高其综合素质和创新能力为主，增强学生服务国家、服务人民的使命感，引导学生建立主体意识与健全人格的全面发展，实践大学文化传承创新的社会责任，坚定其为实现中华民族伟大复兴而贡献力量的决心。

本系列课程群力图打造出一门具有世界眼光和中国声音的校级通识课创新课程体系，解决"如何真正实现学生知行合一""如何开拓学生文化视野""如何解决传统教学方法单一""如何激发学生自主学习"的问题，从而促进我校人文学科的核心竞争力，提升大学生"双创"实践能力。鉴于此，我们首先通过课程"媒介视听形象赏析"的创新设计与教改创新实践，探索出模块化组合＋互动自主、打通主课堂与第二课堂教学渠道的成功经验，从传统大班化教育走向小班化探索之路，团队力量进一步扩大，又开启了全校"通识教育模块课程"之一"科学与艺术融合的创意与实践"和"创新创业教育特色课程"之一"中法艺术经典文本创新工作坊"的模式创新课程教改实践之路。

最终形成的成果创新点如下：

第一，创新课程教学模式与建立集约化课程群的通识教育课程体系。

一是打破艺术美育与新闻传播互为隔绝的传统教学模式。二是打造强大的教学团队，整合跨学科、跨院系教学资源，对接大学生双创及社会实践。三是创新教学手段，建立课堂教学开放性平台，发挥学生的自主创新精神，结合课程教学内容，打通主课堂与第二课堂及实行创新工作坊制，增强了教学的互动性、自主性和知识的增量及文创产品的生产与竞争力。四是实现课程教改目标——建立集约化课程群,其显著特征是既有模块化创新的知识共性,又有差异化的培养目标而形成的集约课程群的模态化格局——课程一是模块化+主题集约全球化,课程二为模块化+主题集约的中国化,课程三则是模块化+主题集约的点状化与跨文化性,以此形成模块化知识共性与差异化培养目标的个性追求。尤其是课程三"创新工作坊"制——首创通识教育课程"工作坊"制度,突破传统教学空间概念,一是有形课堂变为无形课堂,从制度性的单一上课教室,到弹性制的"野外"多点采集与互动作业;二是师徒式的教学模式革新——以独特的文创产品的设计、制作与推广一体化的团队协同自主创新模式为目标,在艺术跨界与跨文化传播的广阔世界,立足中国,与世界互动,夯实学生的学术潜能和提升双创竞争、服务社会的能力。这也体现了我们的教改历程从面向大班化转向小班化精准授课即全方式推进个性化培养的转变。

第二,课程教学内容创新与教学主体学术视界的多样化格局的支撑。

以主题、创意、互动和自主创新四大要素和一个鼓励为依托,融基本理论和典型案例为一体,实现教学内容主题化编排的三个融合:一是媒介艺术与国家认同、生态文明建设和文化创意的有机结合;二是艺术跨界及跨文化传播的中外视界相结合;三是思政工作与通识课程教育的有机融合,注重培养学生的综合素养和文化品质。最后是鼓励同学们自主创新参与大学生双创实践。同时,师资学术力量的丰厚与多样化学科视野的观照——文化人类学与中华文化多民族共同体的国家社科基金重大项目成果、跨文化国家传播理论与实践,中国语言学、古典文献学、敦煌俗文化研究的新成果、现代摄影理论与技术教材及优秀作品选本,计算机三维视觉及软件开发技术的运用成果,动态图形设计研究成果运用、《游戏与艺术》教材的出版及AI艺术的开发运用,环保科学与工程技术实践案例,音乐理论与创作实践的知识普及与鉴赏,为课程群落教学内容的创新奠定了良好基础,对各知识点的建立与文本研究及体验提供了技术保障。

第三,教材编写形态创新与诸多参考教材的互动。

本系列课程群一方面注重创建新型数字化教材《国家公关时代:视听媒介与国家形象塑造》,摆脱纸质教材的局限性,实现多介质媒介艺术的重组,形成文字与视听艺术形象紧密结合的立体课程感知体验系统,将审美体验与娱乐同教学主题思想融为一体;另一方面团队师资提供诸多自创自编自撰的成熟教材与著作——《诗学生成比较研究:以中法近现代诗学为视角》、《多民族国家的文学与文化》、《唐研究》(第二十五卷)、《敦煌吐鲁番研究》(第十六卷),以及《摄影基础教材》《立德树人:四川大学全课程核心价值观建设的思考与探索》《多维视角下的新时代微影像》《游戏与艺术》。

第四,考核制度创新与动态化成绩评估。

对学生成绩的认定采取平时成绩+阶段性考核成绩相结合,实行全过程非标学业评价的课程成绩评定模式。

第五，以课促研与课外互动的共生教学体系的建立。

围绕系列课程的创建，群落团队成员相继推出教学科研文章。本人在《中国大学教育》（2014）期刊上发表了《课程建设与大学生生态文明素养培育》的教改文章，还陆续发表了《中国电视生态节目的兴起、表现形态及发展思考》[《西南民族大学学报（人文社科版）》2017年第5期]、《人工智能的城市想象：基于电视文化的构建》（《中国传媒报告》2017年第1期）和《大学生认知中国特色与世界发展的方法与路径探索：以四川大学校级公选课〈媒介视听形象赏析〉课程建设为例》（《立德树人：四川大学全课程核心价值观建设的思考与探索》，四川大学出版社2018年版）等文。张皋鹏副教授发表了《探究式研究性多样化——四川大学课堂教学创新实践》等相关文章。冉玉杰教授发表了系列摄影专题作品《中国西南天生桥》（《中国国家地理》，2015年第4期）等和多篇摄影评论及论文《人景互动的主观意识》（《人民摄影》，2018年第3期）等。李茂成副教授当选四川大学智能艺术团队计算艺术研究组成员（智能绘画研究方向）。

此外，在第二课堂建设方面，本人指导同学们创建三门课程的相关电子网络产品——微信公众号《艺鸣江安》（2017），课程同名电子杂志（2017），以及课程宣传片和结课典礼的视频和微纪录片，极大地提高了同学们的课程参与意识，真正形成了课堂、课下的教学互动与知识的延展和共享。

第六，成果效应及辐射作用。

系列课程一《媒介视听形象赏析》的教改创新实践最终获得四川大学教学成果一等奖（2021）。该课程此前已出版了《国家公关时代：视听媒介与国家形象塑造》教材（电子音像产品，2015），因其实用性和创新性，在蓉高校的相关教学单位将其作为参考资料。团队成员冉玉杰教授多次获四川大学"课堂教学质量优秀奖"（2013—2015），李茂副教授指导学生参加全国大学生移动游戏设计大赛（2015、2017）、第三届galaboa杯大学生手机游戏App创意与开发大赛并获优秀指导教师奖，还荣获四川大学通识模块课程最受欢迎教师称号（2020）。蒋维刚副教授指导学生获"金熊猫"国际大学生影视作品动画片最佳视觉效果提名奖（《炫像》）、第20届上海电视节亚洲动画创投会优秀作品奖（《有一个小姑娘》）。张皋鹏副教授指导学生并荣获第八届"国教华腾杯"服装创意设计团体赛特等奖获奖团队最佳指导教师奖（教育部2013）、首届中国"互联网＋"大学生创新创业大赛金奖获奖团队优秀指导教师（省教厅2016），还结合课程协同实践，论文《发挥综合性大学优势构建服装专业创新创业人才培养新机制》，获中国纺织工业联合颁发的教学成果三等奖（2017）。

此外，系列课程的创新性教学内容和教学理念还发挥了辐射作用，本人受四川省环保厅之邀在其举办的环境新闻管理培训班上做了《环境危机事件传播与管理》的学术报告（2013），在"生态文明贵阳国际论坛·生态教育合作与展望论坛"上发表题为《面向21世纪的高等教育：课程建设与大学生生态文明素养的培育》的专题演讲（2013），同年又成功申报四川省社科规划项目《地方政府环境事件网络舆情危机管理研究》（SC13B049），还在四川大学人文大讲堂第60讲，做了题为《大众传媒与生态传播兼及大学生生态文明素养的培育》的演讲（2014）。近年来团队成员相继指导我校本科同学们获得大学生双创实践成果——国家级〔《学府新韵：中国新诗文献馆纪实》（2019）、《重建文化记忆——李劼人"大河三部曲"的文学人类学考察研究》〕、省级〔《"讲好中国故事"的跨文化传播：基于新媒体社交平台的设计》（2018）、《重大危机事件中国对外新闻的国家形象建构：以全球新冠疫情事件为例》（2021）〕和校级〔《锦城街韵：从街巷名称看成都文化传承与发展创新》（2018）〕以及指导学生参加四川省教育厅主办的"首届中国互联网＋大学生创新创业大赛"（2016.01）（获金奖团队优秀指导教师）、中共四川省委主办的第三届"创青春"四川青年创新创业大赛暨第七届高校毕业生创业大赛（2016.5，获银奖团队优秀指导教师）。教育部重点研究基地重大项目《西南多民族生死观与民俗考察研究》（2017—2020）也在系列课程教改实践案例分析中让同学们获益受用。

以上是我所领衔的教改创新团队在近十年的教学实践中取得的一点点成绩和经验性审视。作为我当年的博士论文指导老师，曹顺庆先生所秉有的中华文化自信、勇于探索的学术精神和与时俱进的态度，以及其立足中国、放眼世界的胸怀，时刻激励着我从事在教育战线默默地耕耘。

快速走上学术前沿

2002级博士　侯传文[*]

2002年9月，我进入四川大学文学与新闻学院，跟随曹顺庆老师攻读比较文学与世界文学博士学位，这是我学术生涯的一个重要转折点。曹老师指导博士研究生的一个重要理念是让学生快速走上学术前沿，其治学经验的传授，前沿学术话题的设置与讨论，博士论文选题指导等，都使学生受益匪浅。

首先是治学经验的传授。记得在第一学期开学不久的一次课上，曹老师讲了一个关于治学的专题，题目叫做"怎样快速走上学术前沿"。内容除了通常的多读、多听、多思、多交流、多动笔，我印象最深的是老师的如下观点：不要一味追热点、跟潮流，因为热点和潮流在刚刚兴起的时候可能具有前沿性，但当你认为追上了热点、跟上了潮流的时候，它可能已经不再是前沿；真正的前沿应该是领潮流，

---

[*] 侯传文，2002级博士，男，1959年生于山东泰安。文学博士，二级教授，博士生导师。现任青岛大学文学与新闻传播学院特聘教授、比较文学与世界文学学科负责人，兼任教育部重点研究基地北京大学东方文学研究中心研究员，中国外国文学学会印度文学研究分会会长。长期从事东方文学与比较文学研究，在印度文学与佛教文学、东方文学与文化总体研究等领域取得了显著成绩。

甚至是反潮流的；要有怀疑精神，多疑，甚至无疑故疑；要有挑战权威的勇气，敢于在最权威的观点中找裂缝，善于在最关键的地方想问题。

曹老师的上述观点属于经验之谈，他本人就特别擅长反潮流和领潮流，善于"在最权威的观点中找裂缝，在最关键的地方想问题"。20世纪90年代，中国改革开放不久，西方的各种文化和文学思潮纷纷涌入，欧美文学中不断花样翻新的文学理论和批评方式也纷至沓来，国人趋之若鹜。大家越来越习惯用西方的文学理论和批评方式分析中国文学现象、解读中国文学作品。曹老师敏锐地发现了其中的问题，连续发表了《文论失语症与文化病态》（《文艺争鸣》，1996年第2期）、《重建中国文论话语的基本路径与方法》（《文艺研究》，1996年第2期）、《再论重建中国文论话语》（《文学评论》，1997年第4期）等系列论文，提出中国文论"失语症"和重建中国文论话语的重大理论问题，在学术界一石激起千层浪，引起广泛深入的讨论。在20世纪后期西风劲吹的大潮中，曹老师敏锐地发现其中的问题，不仅提出中国文论"失语症"现象，而且将其根源归结为"文化病态"，不仅在当时振聋发聩，至今更显出其先见之明。这种反潮流之举，源于其"敢于在最权威的观点中找裂缝，善于在最关键的地方想问题"的治学理念。对曹老师来说，这样的理念不是一时一事偶尔为之，而是一以贯之。举其大者，在比较文学领域，国内外权威学者都认为比较文学的宗旨是探寻共同的文心，只有相同相通才有可比性。针对这样的权威观点，曹老师提出了比较文学研究的"异质性"问题，进而发展出比较文学"变异学"，产生了广泛的影响，得到广泛的认同，成为比较文学一个重要的研究领域或分支学科。曹老师将这样的治学理念作为经验传授给博士研究生，言传身教，对学生的成长无疑具有非常重要的指导作用。

其次是前沿学术话题的设置和引导。我们这届博士生入学前的暑期，曹老师在中国比较文学学会第七届年会上发表了自己的学术论文，提出"跨文明比较文学研究"理论，引起热烈反响。秋季学期开学之后，曹老师便将"跨文明比较文学研究"这一具有前沿性的课题交给我们讨论。跨文明研究是对传统的比较文学理念和方法的超越，因此传统的比较文学研究的理论和方法，如可比性问题、影响研究、接受研究、平行研究中的相关问题，都需要重新检验和审视。就"跨文明比较文学研究"这个前沿性的学术话题，曹老师亲自设计了十多个相关论题，如"跨文明比较文学研究的可比性""跨文明比较文学研究的异质性""对话与跨文明比较文学""中国文论与跨文明比较文学""西方文论与跨文明比较文学"等，让我们在课余时间以学术沙龙的形式进行讨论，在讨论的基础上选择自己感兴趣的题目写成论文。由于我在这一届博士生中比较年长，曹老师指定我来组织并主持讨论。记得一个晚上，班长胡志红找了一个茶馆，我们大家一边品茶，一边就相关话题展开讨论。讨论气氛非常热烈，大家各抒己见，畅所欲言，互相争辩，互相激发，效果非常好，一直持续了两个多小时，大家仍意犹未尽，在回宿舍的路上还不时争论。讨论结束后，大家开始选择自己感兴趣的题目。我作为主持人，既要体现公平，还要有所照顾，提出让女同学和年龄小的同学先选，由此我就排在了最后。一轮选下来，我感兴趣的题目已经被同学选走了，为了避免重复，我只好来一个跨文明比较文学的总体研究，题目是"为'跨文明比较文学研究'一辩"，这好像是曹老师原设计中没有的。我之所以选择这样一个论题，是因为曹老师在学术会议上提出"跨文明比较文学研究"理论之后，会上会下都有热烈的讨论，其中有支持者，也有不少反对意见。一些反对意见或者出于对"跨文明"提法的误解，或者出于偏见，陷入误区。为了使跨文明比较文学研究健康发展，我们有必要对这些反对意见进行回应，对误解进行澄清，对误区加以辩正。同学们写成论文之后，经过曹老师指导修改，大部分都得以在核心期刊发表。这不仅有助于激发同学们的学术研究热情，对学业有所推进，而且直接把博士研究生引向学术前沿，体现了曹老师博士研究生培养的一个重要特点，即通过学术论题设置和引导，带领学生走上学术之路。

最后是博士论文选题的前沿性导向。博士学位论文是博士研究生培养的一个关键环节，其中选题是做博士论文的开始，尤为重要，因为"好的选题是成功的一半"。曹老师对博士论文选题要求非常高，特别注重前沿性。记得入学第一学期，我们参加了上一届同学的开题报告会，有两个同学的课题没有通过，原因主要是不够前沿。第一学期末，我向导师汇报自己的选题思路，导师鼓励我在自己熟悉的领域选题。由于我在读博士之前对泰戈尔有一定的研究基础，发表过系列论文，出版了《寂园飞鸟——泰戈尔传》《〈泰戈尔诗选〉导读》等著作，便决定在泰戈尔研究领域进行选择。泰戈尔是一个跨度非常大的人物，他既是诗人、作家，又是思想家、理论家。从文学艺术到社会政治、宗教哲学和文化教育，都是他的活动领域。在文学艺术领域，从创作到理论，他都有所建树。所有这一切的交汇点就是他的文艺思想，即所谓诗学。当时泰戈尔作品研究已经非常普遍且比较成熟，但对其文学思想的研究还非常薄弱，应该从这方面下手。我进而思考，导师是以比较诗学研究著称的，应该向导师的方向靠拢，于是便将比较诗学与泰戈尔结合，以"泰戈尔诗学比较研究"作为博士论文选题。"泰戈尔诗学"概念此前还没有人提出，相对于具体作品研究和一般的影响研究，"诗学研究"是更有深度的文学理论研究，属于学术前沿的"新度"与"高度"的结合点。泰戈尔诗学是在近现代西学东渐的大背景上产生的，不仅跨越了传统与现代，而且跨越了东方与西方，因此适宜进行比较诗学的研究。泰戈尔诗学是东方诗学话语从传统向现代转型的范本，对东方诗学的话语转型具有示范作用。于是我决定以"话语转型与诗学对话"作为研究主题，最终形成了《话语转型与诗学对话——泰戈尔诗学比较研究》这样的博士论文题目。

在博士论文构思的过程中，曹老师关于跨文明比较文学研究的理论也给我很大的启发。从影响研究的角度说，泰戈尔是跨文明影响的代表。由于特定时代的文化语境以及个人修养和个人机遇的影响，泰戈尔的诗学思想与西方诗学有着很深的渊源和复杂的纠葛。泰戈尔诗学的对外影响也跨越了文明圈。从平行研究的角度说，泰戈尔跨越印度、中国和西方不同文明圈，与许多西方诗人诗心会通，又与古今东方诗人同气连枝，是跨文明比较诗学平行研究的典型案例。跨文明研究强调不同文明之间的对话。中国、印度和欧洲诗学都自成体系，都是不同文明的产物，有不同的话语系统。不同诗学话语之间的比较研究，实际上就是不同文明之间的对话。从这个意义上说，泰戈尔诗学便是一个跨文明对话的平台。在当今文明冲突愈演愈烈的时代，在全球化和本土化既矛盾对立又互相推进的时代，通过比较文学进行跨文明对话具有更重要的现实意义。

曹老师对我的博士论文选题和开题报告都非常满意，认为非常具有前沿性：一是在泰戈尔研究方面超越一般的作家作品研究进入诗学领域，可以说既有新的开拓，又有高的立足点；二是在比较诗学方面，"话语转型"从传统与现代着眼，"诗学对话"从东方与西方、中国与印度着眼，都是比较文学与世界文学领域的前沿高地，可以纵横捭阖，多角度开拓。曹老师在充分肯定我的博士论文选题和开题报告的同时，还鼓励我申报国家项目。2003年，我的博士论文开题通过，同时获批国家社科基金项目"话语转型与诗学对话——泰戈尔诗学比较研究"。2004年12月，我以优异的成绩通过博士论文答辩，获得四川大学文学博士学位。2005年12月，我的国家课题也按计划完成并顺利结项。做博士论文和国家课题使我的学术研究迈上新的台阶，期间发表相关学术论文20余篇，大部分为核心期刊论文，其中有许多发表于《文学评论》《外国文学评论》《外国文学研究》等本专业权威核心期刊；我的专著《话语转型与诗学对话——泰戈尔诗学比较研究》于2010年由中国社会科学出版社出版，赢得国内外同行专家的好评。

对我来说，攻读博士学位期间的学习收获不仅是完成博士论文获得博士学位，也不仅是促成了我的第一个国家课题的立项，而且对我后来的学术研究不断发挥持续影响。比如佛教文学是我学术研究的一个重要领域，也可以说是我学术的起点。我硕士研究生读的是北京大学东语系的东方文学专业，因为导师是著名印度学家刘安武先生，所以方向偏印度文学。毕业后分配到青岛大学工作，这是一所新成立的普通高校，我到大学图书馆转了一圈，发现和印度相关的图书只有半套《中华大藏经》，于是便将佛教文学作为研究课题。去川大读博之前，我已经发表相关论文十余篇，出版了《佛教文学的开拓者——马鸣大师传》《佛经的文学性解读》等专著，在学术界产生了一定的影响。因为做博士论文和国家项目，我一度中断了佛教文学研究。泰戈尔诗学比较研究著作杀青之后，我开始探索新的研究方向和研究课题，由于特定机缘，不久又回到了佛教文学。2008年秋，我到中国社会科学院外国文学研究所跟随黄宝生先生做访问学者。当时赶上黄老师为社科院和北大有关专业的博士硕士开梵文课，我便跟着一起听课。黄老师将正在进行的"佛经梵汉对勘"工作与梵语教学相结合，带领我们通过研读佛经学习梵文。以佛经为读本的梵文学习，让我再度回到佛教文学这片蓝海中。当然，佛教文学是一个广阔的领域，如何在其中确定研究目标，找到适合自己的赛道，选择具有学术意义和理论价值的研究课题，颇费思量。这时候，跟随曹老师读博养成的比较文学意识发挥了作用。我在后来出版的专著中这样写道:"佛教文学是跨民族、跨文化、跨学科的文学现象,为比较文学研究提供了丰富的素材和巨大的空间。在早期专著《佛经的文学性解读》中,已经有《佛经的比较文学意义》等有关比较的章节,但意犹未尽。经过博士阶段比较文学的研究学习,比较文学的思路和方法对我来说已经驾轻就熟,当我重新回到佛教文学领域时,很自然地将重心转移到比较研究方面,希望通过中印佛教文学比较研究,在比较文学和佛教文学领域都能有新的开拓。"[1] 2010年访学结束后,我开始着手准备,2011年以"中印佛教文学比较研究"为题申报国家社科基金项目获得批准。看起来,我的治学道路峰回路转又来到了读博士之前的老路,但境界和格局已大不相同。《中印佛教文学比较研究》在梳理总结印度与中国佛教文学现象的基础上,从影响与接受、主题学、文类学、诗学等方面对中印佛教文学展开深入细致的比较研究。中国佛教文学研究和印度佛教文学研究都有比较长的学术史和比较多的研究成果,但中印佛教文学比较研究相对薄弱,全面系统的研究成果更为罕见,可以开拓出新的空间,实现新的突破。经过团队同仁近5年的辛勤努力,课题以优秀成绩结项,鉴定专家认为我们的研究初步构建起中印佛教文学比较研究的学术体系,为比较文学研究的理论与实践提供经典案例。结项成果于2017年入选《国家哲学社会科学成果文库》,专著《中印佛教文学比较研究》出版后于2018年获得山东省社科优秀成果特等奖。有学者发表书评认为,该书"具有非常清晰的方法论意识和理论自觉。作者充分运用比较文学的理论和方法,将比较意识贯穿于总体规划和整个研究过程。根据国内外佛教文学研究中比较研究尤其平行比较研究薄弱的现状,该书在本体研究与比较研究相结合的基础上,重点突出比较研究,在比较研究方面则突出主题学、文类学、比较诗学等平行比较研究,在这些方面都有新的发现和深的开掘,因而具有很高的学术价值"[2]。这样的比较文学方法论意识和理论自觉自然是攻读博士学位期间曹老师培养的结果,此外,从研究思路中也可以看出曹老师治学理念的影响,那就是从大处着眼,在关键地方想问题。

曹顺庆老师指导博士研究生快速走上学术前沿的教学理念和方法,不仅使我本人受益匪浅,打开了研究思路,提升了学术境界,在学术研究道路上不断迈上新台阶,而且影响到我的教学和研究生指导工作。我有意或无意地将曹师的理念和方法运用于自己的研究生指导过程,形成一种行之有效的培养范式,这大概就是薪火相传的意义所在吧。

---

[1] 侯传文:《中印佛教文学比较研究》,中华书局2018年版,第644页。
[2] 尹锡南:《佛教文学与比较文学研究新开拓——简评〈中印佛教文学比较研究〉》,《中国社会科学报》2019年7月19日。

桃李芬芳季,群星闪耀时

2012级硕士 李 莎*

茨威格著《人类群星闪耀时》,借历史之手,为那些如同照亮夜空的星辰之人做出美妙的注脚。在将思绪拨回十年前,恩师曹先生言传身教的回忆之始,第一念想到的,便是这本书。"我试图描述极不同的时代、极不同的地域的若干星光闪耀的时刻,我之所以这样称呼它们,乃是因为它们有如星辰放射光芒,而且亘古不变,照亮空幻的暗夜。"在曹门求学,就如仰望夜空中无数闪耀光芒的星辰。而恩师曹先生,则是最亮的那一颗,让漫长的求学之路浸沐在至真、至纯、至明的光辉之中。而这光辉所带来的引领、传承和坚守,更将浸润和改变我的一生。

回想本科之时遥在武汉,已与中文系结下不解之缘,而当时最中意的方向便是"比较文学与世界文学"。初学皮毛之时,已听闻川大有一位在比较文学领域德高望重的大师——曹先生,于是大三时我开始学习曹师的论著,感慨叹之。2011年夏,幸运地参加川大文新学院保研夏令营,慕名而来,见识曹师风采,更加笃定要保研川大,师从曹门。2012年秋,幸运再次降临,如愿以偿。犹记第一次与曹师见面时,我十分忐忑,但是曹师以明朗的笑容表达了对大家的欢迎,来自五湖四海的师兄师姐们毫无嫌隙地自我介绍、吐露心迹,让大家很快冰雪消融,聚成一团。我们那一级,大家的求学领域不尽相同,有文艺学、比较诗学、比较艺术学等,有科班外语出身,亦有建筑学傍身的,有书法大拿,还有精通易经的……实"海纳百川、有容乃大",在充满"比较"的氛围中习"比较",不知不觉格局和视野就渐次打开。

一、习学:基础要实,功夫要深

无论博士生、硕士生,曹先生对每一个学生都一样的严格要求。我们那届六个硕士生,打一开始就要求与博士师兄姐们一同上课、一同做科研课题、一同参加期末考试。这对于当时还是"小毛孩子"似的我们,无疑是巨大的考验,也是难能可贵的机会。从开学的第一堂课开始,我们便只能打起十足的精神,"像模像样"地抱着厚厚的典籍,穿梭在教学楼、图书馆、自习室……

想必每一位经历感受过曹师课堂的学子,对于老师对精研原典和古籍的要求,都会记忆犹新。这么多年过去了,学习十三经的时光犹然在目。曹师关于"没有学

---

* 李莎,2012级硕士,比较文学与世界文学专业,现主要从事成都市人才政策研究规划、人才招引等相关工作。

术大师的时代""钱学森之问"的深刻思考,致使他对每一位曹门学子的用心良苦,首先便体现在要原汁原味地领略中华文化的博大精深、感受古文大家的博闻强识上。从《易经》《尚书》《诗经》到《论语》《孟子》《尔雅》……繁体注疏、没有标点断句的艰深古文,成为摆在我们每个人面前的一道道坎,需我们以勤奋和刻苦的脚印一道道迈过。课堂刚开始时的抽读就是检验,导致每次上课铃一响教室的空气都几乎凝固,大家鸦雀无声的紧张气氛,令曹师有时甚至忍俊不禁。

十三经如此,《文心雕龙》亦是。进入曹门之前,便听说了这一门每人都需要掌握的"绝活"。而曹师的用意,更是希望大家通过背诵这一传统又最有效的方式,真正学习到原汁原味的经典古代文论。正如孔子言"欲速则不达",曹师让我们深刻地领悟到,求学之路,慢即是快。

于是清晨的荷花池畔、午间的自习室、夜晚的图书馆,都留下了我们读背《文心雕龙》的身影,几乎成为一道独特的风景。轶事自然也有,开始几次,曹师按照座位顺序依次抽背,导致我们固定位置、按部就班,大家对"预备"抽到的那段更加胸有成竹。然后来,老师仿佛"识破"了我们的"不谋而合",跳开顺序"不按常理出牌",于是乎,大家又老老实实对所有段落都"一视同仁"。

二、作文:视野要宽,眼光要新

勤勤恳恳做学问,实实在在写文章,在科研课题方面,曹师给学子们搭建了极佳的平台、给予了学生诸多边学习边实践的机会。犹记得读研时期,我们已有机会跟着博士师兄师姐们一起,参与《艺术学概论》《中华文化》等教材书籍的编撰,是幸事,更是责任。从研读到转化为言简意赅的文字,一字一推敲、一步一脚印,曹师要求都非常高,但一直鼓励、从未放弃过我们,每次编撰会的碰撞,都会给我们带来新的火花和心得。从参加书籍编撰、集体讨论、会议交流到参与科研课题,从踏进曹门开始,曹师便给了我们各种各样的机会和场景,在实践中培养锻炼学术科研能力。

曹师常常鼓励我们打开眼界、创新思维、转化落笔。犹记得研一那年,在曹师的指点下,切入"话语霸权""文论失语"的视角,一步步完成一篇真正"结实"的论文创作,从白昼到黑夜、再到白昼,浸泡在无数书籍、论文的一整月,从无到有,视野被打开、知识面被扩宽,感慨系之。直至毕业课题开题,曹师也是鼓励我们在所学所识的基础上,结合兴趣、充分发挥自身优势,不断鼓励弟子们打开一个新的领域、走出一条新的道路。师兄师姐们的博士论文,可谓百花齐放、百家争鸣,不乏各领域的开山之作、顶峰之论,以至于我们高山仰止,不得不对选题慎之又慎,曹师亦不厌其烦地指导,磨之又磨,回想起来,过程的确漫长而艰苦,但穿越幽暗狭长之隧道,终迎来尽头的明亮与晴朗。

三、做人：入门须正，立志须高

时光若白驹过隙，忽然而已。入曹门十载，毕业近七年，念资质愚钝未步入博士深造之路，每每想到总有几分惭愧。然而回想起当时进入师门的第一课，那八个大字——入门须正、立志须高，仿佛一面明镜，早已镌刻于心，于无声处影响了人生的诸多抉择。曹门的群星璀璨之光，冥冥中不断鞭策我们"见贤思齐"，不可在一如既往向前的道路上有所懈怠和躺平。而曹师的言传身教，"譬如北辰，居其所而众星拱之"，更是潜移默化地浸润和改变了我们为人处世做事之道。大象无形，大音希声。获之，甚幸。

曹门桃李芬芳季，是群星闪耀，亦和光同尘，
融汇成生生不息的岁月寓言。

大　师

2015 级硕士　陈　越[*]

犹记得那是一个慵懒的春日午后，导师抽背完了佶屈聱牙的古文，拿出伊格尔顿的《文学理论导读》，整个教室的气氛都活跃起来了。窗外，是一派绿色的景象，叶子泛着阳光的色泽，微风轻拂，枝叶摇曳，很是适合"浴乎沂，风乎舞雩，咏而归"的意境。

我导却并没有开始讲伊格尔顿，他推了推眼镜，开口："同学们"，听着似乎有什么大事要宣布，"比较文学的发展现在正是关键时期，而这份重任就落在了你们的肩上。比较文学危机论，从这门学科的诞生之日起就一直存在。"他环视四周，继续说："西方学者一直鼓吹'比较文学死了'（Comparative Literature as a discipline has had its day），苏珊·巴斯奈特专门写了一本书——《学科之死》，甚至要把比较文学转到翻译的道路上去，这都是明显偏离了学科的正确发展轨道而转移到了文化研究的大领域里。现在我们强调，要回到比较，回到文学，从比较文学名称的定义上来重新发现这门学科的生命力和应有之义。"导师的声音愈发有力："不能西方学者说什么我们就跟风说什么，这显然是不对的。比较文学走过了欧洲阶段和美洲阶段，每个阶段的发展都有其历史原因。当前的阶段，正是我们所处的阶段，正是要我们来创造的阶段。比较文学的何去何从，关涉到在座的每一位同学。这门学科的未来，由你们来掌握！"

---

[*] 陈越，2015 级硕士，就职于上海市质量技术监督局业务受理中心。

就在这一刻，我肃然起敬，心神激荡。我看到的，不是院长、书记，不是平日里谈笑风生的老师，而是一位对于学术充满热情、饱含热血的学者，一位对于学科发展居安思危、积极寻求新突破的领路人！

就在这一刻，他的表情是严肃的、担忧的，但他却没有丝毫的怯意，从他身上迸发出一种对于挑战未知困难的巨大活力，一种绝不屈服、甘愿承受的信念！我仿佛看到一个又一个深夜，孤灯伏案的背影；一个又一个春秋，日渐堆满的书橱；摒弃尘世的浮躁，专心研究，日积月累，岁月回报他以智慧的纹路，更让他增添了直面未来的无限能量。

就在这一刻，窗外的微风似乎也停止了，枝叶依旧展示着春的气息、阳光的色泽。教室里安静了，我细细回想导师刚刚的话，内心充满了动力：学术的道路充满曲折和荆棘，也许我们在黑暗中摸索，但前方是光的召唤，是导师殷切的目光。不经一番彻骨寒，哪得梅花扑鼻香？没有十年磨一剑的决心，怎么会有学术上的硕果呢？我们攀登的高峰也许永无止境，但前进的每一步，都是坚实的；我们探潜的海洋也许无边无际，但摸索的每一处，都是有印记的。高山仰止，景行行止。跟随大师，走出属于自己的学术之路，让中国比较文学的发展之路越走越开阔！

第三节　道器并举　道立学成

道器并举，道立学成

2002级博士　胡志红[*]

时光荏苒，日月如梭，我还没有想到要回味一下与曹师顺庆相处的二十多年甜蜜时光，转眼便从他曾习惯当面叫"小胡"的爱称，改口叫我"志红"了。当然，学界的其他一些前辈仍然称我为"小胡"。对此，我都有点不好意思，因为我的确不"小"了，怎能对"青春时光"有太多的奢望呢？看来，我师父的改称是对的。一方面是为了表明我年龄真的不小了，因为他在我那个年龄的时候，早已是博导了，另一方面是告诉我在学术上应该"长大了、自立了"。只可惜，直到今天，我还没"自立"，还时常向他讨教学术之事和为人之道。在从"小胡"到"志红"的

---

[*] 胡志红，2002级博士，西南交通大学人文学院教授，博士生导师，四川省有突出贡献的优秀专家，四川省比较文学学会副会长，四川省社科联理事会理事，美国爱达荷大学访问学者（国家公派）。主要从事英美文学和文化、比较文学及生态批评的研究与教学。

时间隧道中既充满了许许多多的欢乐，曹师不厌其烦的谆谆教诲，师母蒋晓丽先生温馨的鼓励，也饱含我的艰辛和我的进步，不，还有与曹师相聚时留下的酒的飘香。当然，我也在穿越这段时间隧道过程中被冶炼成了"砖家"。然而，我对曹师的尊称却一直未变，也永远不会变。我认识他没多久，不知从何时起，在非正式场合我都尊称他为"师父"，他也愉快地应答。我这样尊称曹师，不仅仅是因为在中国文化传统里"天地君亲师"中"师"尊享崇高的地位，更在于"师父"二字才能传达我对曹师应有的尊重，既蕴含师者的传道、授业和解惑，也承载父亲的宽厚、仁慈和奉献。

人们常说，严师出高徒，但我师父却一点都"不严"，甚至还很"宽松"，他常常以戏谑的言语与大家交谈，时常逗得大家捧腹大笑，在欢笑中与弟子们拉近了距离，弟子们也在笑中受到启发。所以，在他面前，弟子们尽可放松，无防可设，尤其在觥筹交错的酒桌上更是如此。弟子们几杯酒下肚，即使平日沉默寡言者，顿时也变得"胆大包天"，尽显英雄本色，个个口若悬河，一吐为快，让人见识了什么叫"知无不言，言无不尽"。而我们的师父却总是和颜悦色，让弟子们吐露心声。"和其光，同其尘。"他眼观六路，耳听八方，边听边聊，谈古希腊时期的苏格拉底、柏拉图和亚里士多德之间的思想传承与创新，儒家学派的创立及其经典地位的确立，以及胡塞尔、海德格尔及伽达默尔之间的师承关系等；讲他的趣闻轶事，讲他的人生"三宝"：他立身之本的学术，坚强后盾的幸福家庭，当然，师母是家庭的中心，还有他可爱的众弟子。他甚至这样说：是学生成就了老师。听到这里，弟子们知道了自己在导师心目中的重要位置，无不欢呼雀跃，倍感自豪，并请师父、有时是"逼"师父亮出自己的拿手好戏：或引吭高歌，或二胡独奏。甚至可以这样说，弟子们与曹师的聚会就是一场狂欢盛宴，一场师徒之间及师兄姐弟妹之间心与心的交流和学术观点的碰撞。于我而言，每一次这样的聚会都是一场头脑风暴，要过好几天才能平静下来，因为聚会带给我太多的精神食粮需要消化。他宛如一位医术精湛的老中医，通过这样的方式，似乎对每个弟子的性情、长短、困惑，甚至苦恼都了解得一清二楚。在不经意间，弟子们也都中了他的"圈套"。接下来，他会针对各个弟子的"病情""对症下药"，开出个性化的处方。认真"服药"，并能持之以恒者，大多能收到奇效。如果通过电子邮件与他联系，他还会在邮件结尾处附上"博学之，审问之，慎思之，明辨之，笃行之"的名句，以启迪弟子。在曹师构建的多元共生的学术共同体里，迄今未见真正病态的"躺平"，更没有诸如抑郁症之类的当代疾病存在的空间，弟子中有的即使已历尽千帆，看遍沉舟枯木，仍然不忘初心，逍遥自在，听从自己内心的召唤，踏着欢快、稳健的脚步往前走！

至于我本人，知道师父的大名已近30年了。1993—1996年间，我是四川大学外国语学院英美文学方向的硕士生，与我隔壁寝室的两位文学与新闻学院的博士生黄金鹏和代迅在闲聊中经常提到曹师的大名。顺便提一下，多年后，代迅成了我的师兄，至于黄金鹏，其身份好像介于师叔与师兄之间。关于曹师研究的什么，为何如此有名，我真的一无所知，因为那时学外语的与学中文的似乎在两条平行流淌的河流中游泳，没有太多的交集，大多"相忘于江湖"。硕士毕业后，由于急于找"饭碗"，忙"脱贫"，奔"钱程"，就几乎没有考虑进一步深造之事。折腾了好几年，贫算是脱了，但离富还很遥远，至于前程，还真不知它是何物。所以，新千年之交，我似乎也感染了世纪病：不明的迷茫、困惑和失落时常困扰我。曾经指点江山的雄心不见了，万丈的豪情麻木了，棱角也变钝了，满脸的沧桑倒是很抢眼，这令我年近古稀的硕士生导师、四川大学外国语学院的教授罗义蕴先生颇感担忧。我是罗教授的关门弟子，她一直视我为子，总是给我母亲般的关怀和温暖，直到今天，尽管她已近鲐背之年，依然如此。那时，她对我说，你去读博士吧，我给你写一封介绍信，去找文学与新闻学院的曹顺庆院长。我拿着罗老师写的介绍信，怀着忐忑不安的心情去拜见了我今天的师父，后有幸考上被录取，于2002年9月入学，总算正式进入曹门，成了一位正规的"比较文学"学科的博士生。

我已追随曹老师20多年，从曾经的无知黑发少年，已变成头顶雪花的中年了。作为一位高校老师，于我而言最值得庆幸的是，这么多年来，我一直在曹老师这棵大树下乘凉，在他的阳光照耀下成长、学习和工作。我们的师生情缘一如既往，正如我曾经在一本书的后记里所说的，尽管我博士学位已经拿到了多年，照体制行规，我早就毕业了，但在日常的教学、学术生涯中我却似乎从未毕业，就像是一位毕不了业、赖着不走的老学生。博士毕业后多年，无论在申报课题，还是在做课题，抑或其他方面，我一直在向曹老师请教，有时还向师母请教，他们总是和颜悦色，不厌其烦地指点迷津。

回望与曹老师相处的快乐时光，我想讲讲曹老师培养我的故事，与大家分享，希望对大家也有所启发。在讲我的故事前，我首先想说的是，曹老师不仅仅是一位思想深邃的学术大师，也是一位深谙教育之道的教育家。尽管当今世界"大师"称号满天飞，但在我看来，"大师"名头，真不是戴在谁的头上都适合，因为"大师"是"天生的"，但学者却是"造就的"（A great master is born, but a scholar is created），因而大师是不可复制的。基于此，于我而言，在作为学术大师的曹老师面前，我从未想过去追赶，我甘愿望尘，踏着自己的脚步前行；在作为教育家的曹老师面前，我倒一直都在认真地向他学习，观察他与个性迥异的众弟子的相处之道，借鉴他如何在学科背景不同的弟子身上落实因材施教的原则，体悟他如何向弟子传道受业解惑，感悟他如何能将手把手的、可见可闻的技巧传授与仙风道骨、润物无声的熏陶感染有机融合，等等。

2002年9月，我有幸成为曹门下的一名正式弟子，由于我的学科背景是外语，外国文学名著，尤其是英美文学名著倒还是读了一些，在外语圈似乎还混得下去。但是学术，说实话，于我而言几乎算得上"陌生"。硕士阶段，对令人眼花缭乱的西方文艺批评理论倒是在老师的引导下如蜻蜓点水般跑过一遍，但关于中国的学术真的一窍不通，再加上硕士毕业后的几年折腾，曾经有的一点点可怜的老本几近荒废。当时我脑子里曾经还闪现过这样的疑问：曹老师要把我打造"成才"，从哪儿着手？

接下来，就是课程学习，诸如中华原典、中国古代文论、当代西方文艺理论及比较文学前沿理论，等等。对我来说，前两项最难，尤其是原典的学习，其内容主要是十三经。说真的，经书上的不少繁体字我都不认识，何谈研究？最让我困惑的是，如何将课程学习与学术挂钩？简单地说，就是怎样写学术论文？关于这个问题，我还问过曹老师。曹老师说，刚进来，不着急，先打好基础吧。他让我认真学习原典，领会和背诵古代文论经典篇章，诸如《毛诗序》《典论·论文》《文赋》及《文心雕龙》等。

经过近一年的课程学习，曹老师正式开始对我实施他的博士"量身"培养计划了。他说，读博士，做学问，打好基础是前提，但这还远远不够。好比一个人要学会游泳，老是站在岸上，是学不会的，你必须下水。为此，你就得跳进河里，我想，也许这就是人们常说的"熏陶"的真实内涵吧。

我还记得，2003年9月，曹老师还在外地出差，他给我打电话，让我"代替"他去贵州师范大学参加一个生态批评学术会议。他还叮嘱我，不能空手去，要带着论文去参会。后来我才知道，这是他特意安排我去结识生态同行们的，因为我曾经告诉他我的硕士论文重点探讨的是被当今西方生态批评学者尊为"生态圣人"的亨利·戴维·梭罗的名篇《瓦尔登湖》，他还说那你以后就去研究生态批评吧。在这次会议上，我聆听了多位学者精彩的生态学术发言，尤其幸运的是，我认识了国内生态批评先行者曾繁仁老师、王诺老师以及其他多位生态学者。更让我惊喜的是，《贵州师范大学学报》编辑郭老师还向我约稿。这次会议让我大开眼界，提振了我的学术信心，并认定"生态"这条路适合我。

之后，由于晏红师兄调离四川大学，曹老师让我接替他做四川省比较文学学会秘书长。在这个位置，我有机会认识了很多国内外知名学者，像学会老理事、国内生态批评先驱曾永成教授、国内比较文学知名专家王宁教授，等等。曹老师还引荐我认识了著名学者、生态批评大咖鲁枢元教授。在我做博士论文期间及以后的生态学术路上，这些学界前辈们都以不同的方式给予我慷慨的帮助。正是承蒙曹老师的厚爱、谋划、指导、提携和各位前辈始终如一的大力支持、帮助和启迪，再加上我们这个伟大时代的不断推动和每况愈下的全球生态形势的催逼，我的生态学术视野不断开拓，学术思想逐渐深化，学术业绩也获得越来越多人的认可，这种认可不仅限于学术圈，还延及普通大众，产生了广泛的涟漪效应和社会共鸣。这一切似乎都正在凸显生态文学、文化及其研究是唤醒大众沉睡的生态良知，培育其生态情怀，激发其生态意识，进而推动文化生态转型的一支重要文化力量。2022年1月15日，我受北京大学博雅讲坛之邀，携专著《生态文学讲读》，以"生态文学：一种生活方式和美学"为题与四川省社会科学院文学研究所所长艾莲教授进行了两个小时的谈话，中国出版传媒商报"好书探"、北大博雅讲坛App、丹曾中国App、丹曾人文商城、成都日报锦观文化传播中心、百度、腾讯新闻、微博等十余家平台进行网络直播，来自各个行业的观众达到20多万人，这算是我对生态文明建设所尽的一点绵薄之力吧。

为了锻炼我，曹老师还亮出了关键的一招，那就是让我"先扬长避短，后扬长补短"。我还清楚记得2003年12月，我在做博士论文开题时，报告题目是《中西生态批评的跨文化研究》，报告长达30多页。对此，曹老师在当众表扬我学习态度端正、刻苦的同时，也指出了我的严重不足。他告知我，将研究内容缩减一半。换言之，根据我的学科背景和长处，博士论文应该集中研究如火如荼的西方生态批评，至于中国生态批评，我应该暂时回避。其原因有二：一是撰写博士论文的时间有限，个人精力也有限，能把西方生态批评研究好就足够了；二是与国内中文专业背景的学者相比，我的"中文"欠佳，所以于我而言，研究中国学术是短板，从长计议，留着以后去研究吧。听闻曹老师的一席话，恰如醍醐灌顶，甘露滋心，我遂全盘采纳了曹老师的建议，将博士论文题目定为《西方生态批评研究》。经过艰苦努力，我终于如期完成了博士论文并得到了曾繁仁、鲁枢元、孙景尧、谢天振及陈建华等知名专家教授的高度肯定。2005年5月，论文答辩通过后，我紧接着又根据专家们指出的问题和提出的建议对它做了进一步修改、完善和充实，2006年以同名将其成书出版。该著问世后，受到国内学界的广泛关注，并产生了良好的学术影响。

弹指一挥间，我在高校教书也快30年了，博士学位论文答辩也已是近20年前的事了，"多年的媳妇熬成婆"，先后指导了几十名硕士生完成了学业，也正在经受做博导的苦恼和煎熬。"养儿方知娘辛苦，养女方知谢娘恩"，尤其在做了博导后，我才切身体会到做博导并不是什么美差，做一位称职的导师难，做一位让众弟子都满意的博导可谓难上加难！尽管如此，我一直在行进的路上，一直品味、体会、借鉴曹老师与他的几百位弟子相处之道和个性化培养的全过程，或许从中能领悟到什么真知灼见。在这里，我还想补充一句，我的弟子们，我绞尽脑汁试图做一位让你们满意的导师，你们也做好足够的准备了吗？

曹顺庆先生教学琐忆

2002级博士　马建智[*]

在四川大学师从曹顺庆先生读博的时光已过去快20年了，曹老师上课的情景仍历历在目。睿智的目光，温和的笑容，是曹老师永久的标识。

---

[*] 马建智，2002级博士，男，教授，现任职于西南民族大学中国语言文学学院，主要从事中国古代文论与文化、中国古典美学和比较文学的教学和研究。

有"杀手"的讨论

曹老师设计的讨论课别具特色。他梳理了当下文艺学的前沿问题，归纳为二十多个专题。曹老师先做引导式的讲解，然后把这些专题分配给我们所有选课的博士生。大家分头准备，查资料，写讲稿，按顺序在课堂上交流讲析。最有意思的是，曹老师要求每位主讲的同学要配对一位"杀手"。"杀手"实际上就是点评人，点评的时候不讲主讲人的优点，专讲缺点，"杀"得越凶越好。课堂上我们最担心的是"杀手"出场，最精彩的却也是"杀手"出场。同学们各抒己见，甚至针锋相对，争得面红耳赤。这个时候，曹老师却笑而不语，还不时地记录着什么。

这样的讨论课常常让我们发现，精心准备的讲稿原来有许多不周全的地方，不同角度、不同观点的交锋，让我们看到认知的多面性，也看到自己某些知识、见解的欠缺。强烈的刺激引起了我们浓厚的兴趣，也激发了我们深入探究的欲望，课后我们为了弄明白，还要再看书查资料，补充完善。

后来我在本科教学中借鉴采用了这种方法，课堂气氛非常活跃，教学效果甚好。我的一些学生若干年后聊起，都说他们不一定记得讨论的内容，但常常记得课堂讨论的情景对思维能力的激发。

连环式的追问

读原典难，读中国古代原典更难。曹顺庆先生给我们开了一门中国古代文化原典选读课，内容是选读中国古代的十三经，读的就是厚厚两大本的清代阮元校刻的《十三经注疏》。课堂上要轮流读，曹老师时不时会提出问题。这些古文都是繁体字，没有标点符号。我们首先要认得这些繁体字，而后要会断句，还要读懂注疏的文字，了解有关的文史知识和文化背景。虽然我之前硕士读的是古代文学，但是课前不做好预习，也常常被曹老师问得无言以对。

还有一门课选读原版的英文著作，要读，要翻译，要讲解，要讨论。对我这样外文不是很好的人，确实更为艰难。每次都要花大量的时间提前预习，硬是一点一点往下啃。功夫不负有心人，文本的细读让我收获良多。曹老师的提问也是猝不及防，他总是面带笑容注视着你，有时会不断地追问一系列相关的问题，引导你去刨根问底。

我切身体会到了细读文本、不断追问的好处，因此在研究生的教学中我也经常使用这种方法，在课堂提问中接连追问，我的研究生将其总结为"连环追问法"，我笑称是从曹老师那里学来的。

难并快乐的背书

曹老师要求我们背诵中国古代文论的名篇，布置了陆机的《文赋》、刘勰的《文心雕龙》和司空图的《二十四诗品》等数十篇。我们这些老大不小的学生记忆力毕竟比不上年轻人了，但是又必须完成学习任务，真的有些犯难。曹老师鼓励我们时，常提起他的导师——"龙学"泰斗杨明照老先生，讲《文心雕龙》倒背如流，上课从不翻书。曹老师讲课也是出口成诵。为了能记得住，我就把这些名篇分段做成小卡片，揣在衣兜里，有空就拿出来瞅两眼，静下来也默念回想一番，终究还是背下来了。曹老师在课堂上要抽背，每次大家内心多少都有些紧张。他还是面带微笑，睿智的目光扫过我们，随意点名让我们分别背诵其中的一段或一篇。

尽管当时很难，过后仍清楚地意识到背诵的益处。古人云："书读百遍，其义自见。"这些名篇以前我们读过，甚至读过好几遍，但总不是那么清晰。背过之后，再看到相关的文章书籍，理解的深度就大不一样了，遇到一些理论问题，自然就联想起背过的篇目中的表述。

我现在给研究生讲授《文心雕龙》也要求背诵若干篇目。当学生面露难色，有畏难情绪时，我就现身说法，告诉他们学习古代文论时背诵的重要性。

好的老师，不仅传授你知识，也教会你方法，更重要的是，让你睁大眼睛，看到了更远的世界。曹顺庆先生就是这样一位老师！他睿智的目光看得深，看得广；他温和的笑容可亲可近，"望之俨然，即之也温"。

睿智的目光，温和的笑容，这就是我印象中的导师——曹顺庆先生。

不愤不启，笃行不息

2003级博士　谢　梅[*]

《论语·述而》中有述："不愤不启，不悱不发。举一隅不以三隅反，则不复也。"孔子说："不到学生努力想弄明白，但仍然想不透的程度时，先不要去开导他；不到学生心里明白，却又不能完善表达出来的程度时，也不要去启发他。如果他不能举一反三，就先不要往下进行了。"正是这样的教学思想一直如影随形，不断地推动着我在教学改革中踔厉奋发，诲人不倦。

我所在的大学是一所理工科大学，里面除了计算机专业，就是通信或者电子元器件专业，人文社会科学也就只有政治与公共管理学院、外语学院和马列学院。我所在的政治与公共管理学院仅有公共管理、法学、心理学和新闻传播四个专业。我的教学任务是面向全校开设新闻学课程，属于公共选修课，同时也为新闻传播硕士研究生开设"大众传播理论与方法应用"和"媒体的伦理与法规"等课程，与文学

---

[*] 谢梅，2003级博士，女，1963年生，重庆人，汉族，中共党员，教授，四川大学文艺与传媒专业博士。美国北卡罗来纳大学教堂山分校访问学者、牛津大学访问学者。四川省"天府青城计划"文化领军人才、四川省学术与技术带头人、成都市有突出贡献专家。现任电子科技大学数字文化与传媒研究中心主任。致力于文艺理论与传媒、文化产业战略管理、文博资源与文化遗产经济、数字技术与文化创新研究。

几乎没有什么关系，更别说文学研究了。我只是对中国古代论文情有独钟而已。

工作17年以后，入学博士。老师要求同学们读无标点的《十三经注疏》，从此我就痴迷于背诵《典论》《诗品》《文心雕龙》等经典著作。

课上，曹老师一般会这样开头："今天哪位同学开始啊？"因为紧张，大家都会低下头去。曹老师仿佛早已料知，"请大家翻一个页码出来吧，我们按照页码来确定开始的人"，温和而笃定。印象中班里有几个年轻的同学背得不错，比如尹锡南、王富。因为怕被老师批评，所以大家都很努力。

得之于那时的学习，我才能在自己所在的学校开设"品味国学"新生探讨课，一直上到今天，依然受到学生的喜爱。回想起来真是觉得荣幸之至！如果没有与老师的相遇，如果没有老师的施教，这人生恐怕就是另外一番光景了。

尽管我出身汉语言文学专业，但对中国传统文化的系统阅读和掌握是零碎而浅显的。从考进曹门，师从曹师顺庆，才从必读课中习得了系统的文学理论知识。但对学问的深究依然懵懂。因为是在职读博，孩子尚幼，工作也没有要求，所以总有许多借口让自己躲避对学问的深究。直到2004年下半年，要开题了，我尚无法确定自己的开题方向，也不能凝练出有价值的研究问题。

一次聚会的时候，我很贸然地向曹老师报告："曹老师，从西方文学理论入手，研究文论与新闻传播的关系，您看如何？"我期望着老师能给我明确的问题指导，或者干脆就给我一个题目，这样可以节约时间，也少走弯路！

对于这个选题，我的简单理由就是有相关的教学工作，也有一些相关的知识积累，且以后可以用得上。至于在这个领域有哪些有代表性的研究成果，有哪些相关的经典理论以及国内外的学术前沿动态，新闻传播的理论性特征以及与西方文学理论的关联如何，等等，我均未熟悉掌握。

曹老师沉吟不语，温和而笃定地说："那，你准备做什么呢？"显然，这很让老师失望！我陷入沉默。没有直接的"yes"或"no"，也没有明确的指示，一个不软不硬的钉子。碰了钉子的我开始反省。在随后的一段时间里，我没日没夜地收集文献、阅读理论，同时流连于川大图书馆一楼书店以及图书馆背后的弘文书店，时刻与师弟师妹们切磋请教。

那时的我已经是副教授，读了一年的博士，还没有找到一个有创新价值的问题！曹老师的发问和他特有的温和笃定的神情，就像一剂猛药，刺激了我敏感的神经。

"曹老师，姚斯的接受美学认为作品的教育功能和娱乐功能要在读者阅读中实现，而实现过程即是作品获得生命力和最后完成的过程。读者是推动文学创作的动力；文学的接受活动，不仅受作品的性质制约，也受读者制约。受众是文学中重要的甚至是全部的因素，阅读决定了文学是否成为文学。这是否适用于新闻传播的效果研究？"

"嗯，你可以将两者结合起来研究，不过你是否考虑研究消费行为的影响呢？

新闻如何受到了消费的影响？"

一个月后，我向曹老师汇报："西方有马尔库塞、弗洛姆、鲍德里亚众多的消费文化理论，他们都认为消费文化已经成了社会控制的新形式。消费社会中商品并不仅是物质产品，还内蕴执政者的思想意识和价值观念。各种社会实践可视为文化的符号。新闻是一种话语符号，它存在于各种因素相互博弈的场域中，同时技术裹挟着消费，让大众深度参与其中，共同构建出意义。这其中，消费影响下的新闻意义建构有了新的路径和新的模式。我是否可以从消费影响下的新闻报道形式和新闻话语特征分析入手，研究消费影响下的新闻生产机制？"

"可以啊！"这次曹老师脸上有了些喜色，"未来，一切都是消费的产品，新闻也是，比如新闻需要购买，而不是完全免费提供资讯，你可以用西方消费社会理论去研究新闻与消费以之间的关系以及未来的趋势"。

如醍醐灌顶，我猛然发现，所谓的文学理论与文化研究理论是一脉相承的。正如老师所言，消费社会是当代不可回避的历史现实，对消费社会的深刻批判精神一直贯穿在西方马克思主义者的理论当中。众多的西方学者，如鲍德里亚、鲍曼、列斐伏尔等，都对消费机制对社会的建构进行了反思和批判。而在中国结合现实对其进行理论反思和批判恰逢其时。

老师的指点和提示，让我拨开层层迷雾，研究的问题和思路逐步清晰了起来。

新闻与消费聚焦的内容应该是分析当下新闻传播中过度娱乐化、低俗化对新闻业带来的负面影响以及对主流新闻话语的冲击。那么，在越来越复杂的新闻场域中认识新闻娱乐化、低俗化产生的消费文化环境和产生机制以及探索在未来建构主流的新闻话语建构的路径和方法就是一个值得研究的问题了。

可是，我要怎么样去建立起一个合理的逻辑分析框架呢？"新闻与消费"既是一个新闻理论的研究课题，又是一个新闻实践变迁的反映。它受到信息传播中各种新技术的影响，比如图像制作技术的日趋完善，新闻的图像式、动漫式传播以及多手段传播越来越受到受众的青睐和新闻工作者的追逐；而微博的出现，则加强了新闻主旨的显赫性和形式的随意性，就需要对此时代的新闻进行细致的辨析、梳理和深入研究。二是新闻无学，我却试图利用当代西方理论资源对当下中国的新闻理论、新闻现象进行深入的分析，这要求既要掌握好当下晦涩难懂的西方文学理论，又要将它与新闻研究相结合——好艰难的思考！

在曹老师的一次次追问和启发下，2004年下半年我最终确定了博士论文题目：《新闻与消费》。

不愤不启，不悱不发！温和而笃定的老师总是这样激发学习者前进的动力。就像在天空下放风筝的人，无论空中的风筝如何飘忽不定、上下起伏，抑或直接掉落地面，曹老师都紧握着风筝线，引导和调整着我们的思维和研究，成为坚定的支撑力量。后来博士论文《新闻与消费》在评审中获得包括喻国明、党圣元、杨伯溆等在内的著名学者的一致认可，喻国明认为，"论文以消费作为新闻形态研究的切入点是一个较具价值的研究视角,其对传统新闻价值观的反思,具有一定的开拓性与创新性";北京大学新闻与传播学院教授杨伯溆评价"结论可靠,并有创新性";党圣元教授的评价是"选题具有重大的理论与现实意义,选题综合性上具有相当的学术难度和理论挑战性,研究角度和方法新颖、独特,对有关问题做出了富于理论穿透力的诠释"。

10年过去了,20年过去了,那个温和而笃定的长者——曹师顺庆,一如既往地引领着一届又一届的学生学习、研究、探索——直到今日,曹老师谆谆教诲的场景仍时常浮现在我的脑海:

"大家知道什么是文学吗?"台下的同学们顿时一怔,旋即教室散开了轻松的笑声和细细的问答声,只有一两个同学沉默着,若有所思,"这么简单的问题,还用回答吗?"不过就是一个常规的而简单的教学引入吧,学生总会这样猜想。

"有哪位同学来回答呢?"曹老师依然满脸温和地微笑着望着大家。同学们发现曹老师上课并不特别用眼神与大家交流,而是站在问题背后,用问题激发大家的探索欲望。

通常,大家会透过曹老师的眼镜和语气感觉到所提问题的不同寻常。

也许有同学站起来回答,"嗯,好像是伊格尔顿提出的一个文学理论的什么问题,陌生化,嗯,具体是怎么说的不太清楚了。"

"有没有同学能补充一下呢?"

依然是温和而笃定的语气,几乎所有的同学都会低下头,越发紧张起来。或者羞红了脸,僵硬地坐着。好像过了很久。

曹老师温和而笃定的话语总会在耳边响起,"请大家翻开书,一起来读读前面几小段",是伊格尔顿那本《文学理论导论》……

文学是什么?回答有种种,曹老师会有这样的总结,"伊格尔顿认为文学根本不是一种客观的、描述性的范畴,而是人们根据更深层的种种信念结构所做出的价值判断","文学不是自在之物,而是观念认识的结果,文学是一种认识"。曹老师在总结的时候从不批评或者否定谁,而是不露痕迹地给出正确的答案。他这是尊重学生们发言的权利,更是细心地保护着大家的自尊心,激发着我们每一个人的探求欲和好奇心。

回想学术之路,我感慨,从一个不知学术为何物的行者,成为一个有良好学养的研究者,从一个教书匠成为一名受学生欢迎的良师。衷心地感谢曹先生给予我的学术指导和思想滋养,先生给予我的不仅有长进的学问,更有崇高之师德,这实乃我一生的幸事。每每回想先生为我们授课的情景,常有厚德载物的情怀萦绕心间。先生的博学与睿智、严格与包容,使我一生受益。曹老师造就的岂止是一篇篇高质量的博士论文,一个个学而有成的社会栋梁,更是培育了曹门"踔厉奋发,笃行不息"的现代精神气质。正因如此,曹门才这样根深叶茂、生生不息。

曹顺庆先生博士培养中的四个意识

2003 级博士　童　真[*]

曹顺庆先生，欧洲科学与艺术院院士，四川大学文科杰出教授，国家级重点学科比较文学与世界文学学科带头人，国务院学位委员会学科评议组成员，教育部跨世纪优秀人才，中国比较文学学会第四任会长。作为国内学界的顶尖人物，先生学术成果斐然：20 世纪 80 年代，其《中西比较诗学》出版，这是我国学界第一部以"中西比较诗学"命名的著作，更是中国比较诗学领域的奠基之作，该著作的出版引发国内学界一致好评；20 世纪 90 年代中期，他的一系列关于中国文论"失语症"的论文引发国内文学理论界的广泛讨论与反思，其影响扩展至艺术、法律、教育和传媒等研究领域；21 世纪初，他提出的比较文学中国学派变异学理论更是令国内外学界瞩目。先生在人才培养方面的成就也是首屈一指的：他是国家级教学名师，国务院学位委员会批准的博士生导师（1993 年），教育部教学指导委员会中文学科副主任委员，霍英东教师基金获得者，教育部百篇优秀博士论文指导教师，国家级精品资源公开课负责人。

作为一位优秀的博士生导师，曹先生有着自己独特的博士培养理念，他以成为学术大师的远大目标激励博士生，以写出能成为自己代表作的学位论文来要求博士生。笔者有幸成为先生招收的第 10 届博士研究生，记得先生的第一讲就是"如何迅速走上学术前沿"。他除了要求每一位学生打好基础、站稳脚跟，注重学术规范，严谨治学外，还特别强调培养学术前沿意识的四个方面，即价值意识、问题意识、方法意识和超前意识，先生将这四个意识贯穿于他的博士培养工作中。

一、价值意识

博士生一进校就面临博士论文选题的问题。什么样的选题是有价值的，值得研究，博士生导师的意见尤为关键且具有重要的引领作用。先生认为，并非新的、没人写过的选题都是好的，真正有学术价值的选题，是填补学术空白的、具有开创性的。先生鼓励博士生们要有远大的学术理想和抱负，要立志把博士论文写成自己的学术代表作，并使之成为将来学术研究的基石，为未来学术研究奠定方向。所以，有价值的博士学位论文的选题不仅是创新性的，还应是开放性的、可不断拓展深入的。

---

[*] 童真，2003 级博士，1965 年生，四川乐山人，汉族。现为湘潭大学文学与新闻学院教授，博士生导师。研究方向为比较文学与世界文学。

价值意识的确立建立在扎实的学术基础上。亚里士多德若没有师从柏拉图 20 年,就不可能有他对柏拉图思想的全方位的否定,也不可能说出"吾爱吾师,吾更爱真理"的名言。先生在《"没有学术大师时代"的反思》一文中指出,一个没有学术大师的时代,其根本原因就是"空疏学风日盛":一些学者没有真正地读过原汁原味的十三经、诸子集成,就以批判传统文化为标榜;一些学者在基本上看不懂外文原文或者干脆不读外文原文的情况下,就夸夸其谈地大肆向国人贩卖西方理论。[①]

为打牢学术功底,博士生们在中国文化元典研究课上读阮元主持校刻的《十三经注疏》,在文学研究方法论研究课上读伊格尔顿的《文学理论导论》英文原著,在比较诗学课上不仅要读讲文论,还要背诵近 30 篇中国古典文论名篇。通过这种学习,博士生们获得了原汁原味的学术养分,英文和古文的阅读水平都大大提高了。我这样一个学英语出身、从事外国文学教学的学生,博士在读期间不太明白读《十三经注疏》的意义,毕业后在工作中才发现,通过对原典的阅读,自己拥有了实实在在的知识与智慧,大大提高了对学术价值的判断力。再听学者谈中华传统文化的问题,也能辨其真伪,知其高下,不会被某些头衔唬住。

在选题方面,博士生们有极大的自主性,可以根据自己的兴趣或已有的学术积累选取研究对象。先生充分尊重博士生们的选择,但他会在原则上引导博士生们寻找真正有价值的研究对象,放弃那些逼仄的研究对象,选取有拓展空间的研究对象,让博士阶段的学习成为学生们未来学术研究的一个新的起点。

从先生的学术之路来看,他的硕士论文《〈文心雕龙〉中的灵感论》(1983)就已经开启他中西比较诗学的研究之路。博士论文《中西比较诗学》(1987)则系统地从艺术本质、艺术起源、艺术思维、艺术风格、艺术鉴赏等五个方面,较为全面系统地对中西诗学作了总体的比较研究。季羡林先生充分肯定了先生的博士论文价值,并提出"倘若将来能扩而大之,把印度古代文论包括起来,把三者进行对比,其成就必将有更大的意义"[②]。这一期望激发了先生致力中外文论史的研究,先后编写了《东方文论选》(1996)和《中外比较文论史》(1998)等著作,最终完成了《中外文论史》(2012)。先生从具有世界性眼光的中国文论研究走向中西比较诗学研究,最后实现中外文论研究。可见,博士阶段的选题对其学术影响非常重大。

先生的价值意识体现了科学发展观。它以学生为本,充分了考虑了博士生们的实际情况,具有可行性。同时,它又兼具宏观、发展视野,使博士生们获得可以不断拓展、向前推进的课题,有了未来可期的学术发展方向。

二、问题意识

先生特别重视对博士生问题意识的培养,先生所说的问题意识,就是对现有

[①] 曹顺庆:《"没有学术大师时代"的反思》,《湖南师范大学社会科学学报》2005 年第 3 期。
[②] 曹顺庆:《我的学术之路》,《当代外语研究》2016 年第 4 期。

的、"无疑是"的观点和知识不盲目相信，敢于提出质疑，真正做到"大胆提问，小心求证"。究其根本是培养学生严谨求实精神及独立思辨能力，追求学术真理。

钱锺书先生从《旧文四篇》到《谈艺录》再到《管锥编》一直在探讨"神韵"这一中国传统文艺理论中的重要问题。在《谈艺录》和《管锥编》中多次征引严羽所谓的"诗之有神韵者"，有许多研究者出于对钱先生学术地位的信任，不加辨析直接引用这一错误观点。而曹先生受杨明照先生的影响，注重学术规范，注重原始资料的收集和引用，他仔细阅读严羽《沧浪诗话》全文，发现其中根本没有"诗之有神韵者"一句。[①] 先生治学中这种唯实求真精神，对我们这些弟子的影响很大。

先生还教导我们，在学习中不仅要学会发现问题，还应该思考和解决问题。朱光潜先生是中国现当代著名美学家、文艺理论家，他的《悲剧心理学》被视为"中国现代戏剧美学思想史上的一座丰碑"[②]，但里面有些观点却值得商榷，如中国"没有产生过一部严格意义的悲剧"[③]。先生分析了朱先生观点提出的背景及原因，指出《悲剧心理学》的许多观点都是根源于西方悲剧理论体系及哲学，忽略了中西方文化的差异。先生的比较文学变异学理论，正是建立在对文化异质问题不断追问探寻基础上的。

先生培养博士生的问题意识的方法有二：一是向学生提问，二是让学生相互点评。

先生在上课时经常会突如其来地抛出问题，并点名让同学回答，常常还伴有追问。这让同学们每一次上课都"胆战心惊"，生怕被问得哑口无言。为了避免回答不出问题的尴尬，同学们都认真预习上课的内容，预设可能会被问到的问题。这一次次课前的预习过程培养了学生的问题意识，使学生学会了向书本提出问题并试着解答这些问题。

先生在上比较文学理论研究这门课时，拟定了一些题目让我们自己来讲评，每一位同学至少主讲一次、主评一次。主讲对于大多数博士生来说并不陌生，其实就是写一篇论文，而主评对于很多同学都是一个挑战。先生要求主评人的评议要实，而且一定要谈存在的问题，就是要认认真真"找茬儿"。这对主评人的要求非常高，他需要吃透主讲人文章的内容，针对文章存在的问题向主讲人提问，并展开一对一论战，其他同学也可加入论战。这种讲评模式让身为教师的我受益匪浅，通过这种学术训练，我在指导学生撰写论文或参加学生论文答辩时，能切中要害，一针见血地指出学生论文中存在的问题。

此外，先生还常常鼓励博士生们做到口勤，即敢说、敢讲、敢提问题。先生爱惜学生们的求知欲、好奇心，无论什么样的问题（即便幼稚），先生都认真对待，

---

① 参见曹顺庆、郑澈：《钱锺书对严羽〈沧浪诗话〉的误解与原因》，《学术月刊》2011年第5期。
② 焦尚志：《中国现代戏剧美学史上的一座丰碑——试评朱光潜的〈悲剧心理学〉》，《戏剧文学》1995年第7期。
③ 朱光潜：《朱光潜全集》（第2卷），安徽教育出版社1987年版，第420页。

从不搪塞。上课时遇到问题向先生请教，先生总是笑而不答，反问我们对这个问题的看法，就在这一问一答、再问再答的过程中，我们渐渐掌握了找寻问题的方法，学会了解答问题的思路。

总的来说，要能提出有价值的问题，需要提问者踏踏实实细读文本，读懂原文。这需要花苦功夫、使"笨"力气，不能自作聪明、使"巧"劲儿，比如使用一些二手的材料，卖弄一些花哨的概念术语。通过对问题意识的培养，博士生们养成了严谨治学的态度和独立治学的能力。

三、方法意识

比较文学研究方向的学生在研究方法上最容易落入简单的"A+B"的比较模式。究其原因，在于"比较文学"学科之名与实的差异容易引发研究者对研究目的与手段的混淆。上比较文学理论研究课时，先生不止一次问学生"为什么比较文学不是文学比较？""中西比较诗学与中西诗学比较有何异同？"刚开始回答这些问题时我总是流于表面，只看到比较不是研究目的而是研究手段这一层。就如最初读先生的《中西比较诗学》一样，看到的是先生从艺术本质、艺术起源、艺术思维、艺术风格、艺术鉴赏等五个方面对中西古典文论的异同进行了理论上的对比研究，认为其研究方法就是"比较"二字，其学术创新在于用中西比较的视角进行中国古代文论研究。先生从不直接否定学生，他会追问："比较是所有学科都会用到的方法，为什么比较文学却成为一门学科？"对于"愚钝"的学生，先生并不着急，他会提及某些人名或书名引导学生去阅读和思考，耐心又充满信心地等学生自己去领悟和发现。

我自己是通过对先生《中西比较诗学》的不断阅读，才认识到隐含在比较中的总体文学研究视角的。先生倡导在总体文学研究的视野下对具体的文论问题进行整体研究。先生文学研究的方法意识是既具体又宏观，即既细读文本、研究具体问题，又跳出文本和具体问题本身从整体上对研究对象进行观照。他倡导以一种"真正世界性的宏观眼光"进行研究，从而克服研究中的偏狭。

先生的《从总体文学角度认识〈文心雕龙〉的民族特色和理论价值》一文从纵向的文论史发展角度和综合性的理论内涵比较分析两方面，探讨了《文心雕龙》在世界文学批评史上的地位、价值和特色。如文中谈到学界对古代文论的看法，认为西方偏重摹仿再现，中国偏重抒情表现时，肯定这种看法具有一定的道理，但同时指出中国古代与印度古代文论都不缺乏摹仿理论。文章提到印度《舞论》中提到"戏剧就是模仿"，《周易》中有"观物取象"之说，谢赫提出了"应物象形"说，《乐记》则有"物感说"，这些都涉及摹仿再现的问题。再通过《文心雕龙·物色篇》论述"感物摹形与抒情言志相结合的理论"，得出这正是《文心雕龙》乃至整个中国古代文论的一大民族特色这一论点。① 这篇文章的价值,正如《文学评论》编后记中所说:"曹顺庆谈《文心雕龙》的文章,对国内'龙学'研究的沉闷局面开出了一条新门径,作者推导的结论意见及其论述的示范作用,也是值得注目的。"②

先生以具体文本例证支撑其总体文学的研究,不流于空谈,其观点有着坚实的基础;同时开阔的视野拓宽了思维空间和研究领域,避免了研究中"只见树木,不见森林"的片面性。

先生既立足具体问题,又关注整体研究的方法论极大影响着博士生们。从傅勇林的《诗性智慧的和弦——中外古代文论诗学语言学比较研究》、王晓路的《中西诗学对话——英语世界的中国古代文论研究》、李杰的《中国诗学话语》、代迅的《断裂与延续——中国古代文论的现代转换的历史回顾》等博士论文中可以看到他们对中国古代文论研究中的世界的、整体的观照;叶舒宪的《文学与人类学——知识全球化时代的文学研究》和彭兆荣的《仪式谱系:文学人类学的一个视野——酒神及其祭祀仪式的发生学原理》是总体文学研究视域下的文学与文化研究;李伟昉的《英国哥特小说与中国六朝志怪小说比较研究》和钟华的《思与诗的对话——海德格尔与庄子诗学思想比较》都是总体文学视角下的比较研究;尹锡南的《英语世界中的印度书写——以十九世纪以来的英国作家为例》、谭佳的《现代性影响下的"晚明叙事"研究》等论文,虽然属于国别文学研究,其中却不乏世界的宏观眼光和历史的纵向思考。

四、超前意识

先生认为,想要真正走上学术前沿,不是追赶学术研究的热点,被潮流裹挟,而是要具有超前意识,做时代的弄潮儿。超前意识的获得不仅需要有开阔的学术视野,还需要有关怀现实的精神,并对各种学术热点和流行话语保持反省的自觉。

先生曾谈到,在19世纪末、20世纪初,中国传统学术话语面临着现代转型,向西方学习,"求新声于异邦",代表的是这一时期学术的发展方向。乾嘉学派采用了汉代儒生训诂、考订的治学方法,虽然在训诂、音韵、文字、校勘、辑佚、辨伪、金石、地理、天文、历法、数学等学术的细枝末节上功夫很深,但其研究厚古薄今、舍本求末,且严重脱离社会现实,是极端保守的象征,即便学术功底再深,也是逆历史发展的潮流,其学术价值极其有限。而洋务派、维新派及新文化运动的倡导者,主张向西方学习,其思想代表历史前进的方向,具有超前意识,其学术价值和现实意义都非常重大。

但五四以后,随着"打倒孔家店"口号的提出,中国的传统文化遭到否定,中

---

① 参见曹顺庆:《从总体文学角度认识〈文心雕龙〉的民族特色和理论价值》,《文学评论》1989年第2期。
② 《文学评论》编辑部:《编后记》,《文学评论》1989年第2期。

国传统文化遭到破坏，造成中国学术与中国传统文化的断裂。改革开放以来，西方各种文论学说被译介引进中国，在 20 世纪 80 年代中期形成了开放性多样化的文学批评和研究的热潮，也出现了许多有价值的研究。在学界纷纷学习西方文论，追随西方学说之时，先生对此进行了深刻的反思，发表了《文论失语症和文化病态》一文，指出中国现当代文艺理论基本上是借用西方的一整套话语，处于文论表达、沟通和解读的"失语"状态；中国文论没有一套自己特有的表达、沟通、解读的学术规则，一旦离开西方文论话语，就几乎没办法说话，患上了严重的"失语症"。文章分析了"失语症"产生的原因在于文化自卑和文化破坏，并提出了重建中国文论话语的主张。[①] 这篇文章引起很大反响，揭开了文论界关于古代文论现代转换讨论的帷幕，甚至对教育、法学等学科也产生了一定的影响。

回望世界文论发展史，其三大源头——中国、希腊、印度在古代都取得了辉煌的成就。在中世纪西方文论沉寂之时，中国、印度和阿拉伯的文论正处于繁荣兴旺的黄金时代；公元 14 世纪起，西方文论重新崛起，东方文论继续发展；17—19 世纪，西方文论走向高峰，东方古典文论衰落；进入 20 世纪后，文学理论进入了西方文论一枝独秀，甚至一家独霸的时期，而东方在现代几乎没有自己的文论（日本除外）。西方文论话语霸权的确立和东方文论的失语是伴随着全球化的进程而逐步形成的。近代世界经历了三次大的全球化浪潮。通过这三次全球化浪潮，西方经历了从"西方中心主义"到西方文化"以自己的文化话语作为解释一切非西方文化的基础和核心话语"[②] 的文化霸权主义的产生，再到文化霸权主义的确立三个阶段。在此背景下，从属于西方文化的西方文论也被视为现代的、具有普遍性的文论，其话语霸权地位也得以确立。[③]

虽然帝国主义在 19 和 20 世纪得到了大发展，但对它的反抗也在增强。19 世纪末至 20 世纪，亚非拉人民的民族解放运动风起云涌，这些曾沦为殖民地、半殖民地和附属国的地区在建立独立的国家后，拼命追赶西方发达国家，开始西化之路。但在 20 世纪六七十年代以后，亚非拉人民开始发出自己的声音，用自己的方式讲述自己的故事，文学创作空前繁荣。与此同时，文论界也出现了后殖民主义文化理论，它将现代性、民族国家、知识生产和文化霸权纳入自己的批评视野。"希望我们的声音能被听到"，寻求的是一种对民族身份、民族传统的认同。可以说 20 世纪后期，第三世界国家纷纷开启了文化和传统的"回归"之路，这种"回归"就是学术发展的潮流。

先生对中国文论"失语"问题的思考，对阅读中华文化原典的倡导，正是这种潮流的代表。在国内学界西方文论热的背景下探讨古代文论话语的现代转换等问题

[①] 曹顺庆：《文论失语症和文化病态》，《文艺争鸣》1996 年第 2 期。
[②] 丁立群：《文化全球化：价值断裂与融合》，《哲学研究》2000 年第 12 期。
[③] 童真：《西方文论话语霸权的确立与东方文论的"失语"》，《求索》2005 年第 6 期。

无疑是具有前瞻性的超前的意识。这种超前意识不仅仅是学术的、理论的，更是人文的、现实的。先生关于比较文学中国学派、中国文论话语重建、重写中国文学史等问题的研究，其背后有着更大的现实命题，即中华文化复兴。从学术研究到现实观照，体现了先生对国家和民族未来发展的忧患意识及积极入世的儒家文化精神。这种研究的眼光和情怀也影响着博士生们的学术研究。

先生在博士培养中强调的四个意识，是希望博士生们通过博士阶段的学习，打下扎实的学术功底、树立唯实求真的精神、掌握整体研究的方法、拥有开阔的学术视野。这些治学之道正是先生对杨明照先生的治学之道的继承和发扬。作为弟子，我们也会在研究生培养中运用从先生这里学到的教学方法，将这种治学之道传承下去。先生在纪念杨明照先生110周年诞辰的访谈中曾说："师承关系是人类传承文明最重要、最直接的手段。在人类数千年的文明进程和学术实践中，正是这种师承关系构建起了无数的重要学派，树立起了人类文明史上的一座座学术丰碑。"[①] 我们也可以看到，先生关于"比较文学变异学"理论的建构正在通过他及他的弟子们的学术研究日臻完善，这就是博士培养的重要意义吧。

三千桃李颜色好，化蜀兴教称曹公
——贺恩师从教40周年暨七十大寿有感而作

2004级博士　曾洪伟[*]

虎年新春之际，忽然从同门处得知2023年将是曹师从教40周年和七十大寿之时，我内心骤然生发"时光荏苒、白驹过隙"的感喟，也突然觉得自己有一阵强烈的触动，想借此特别有意义的时刻写一点个人感受，以抒发、表达自己心中多年隐而未发的感念与感动。

从内心真实感受而言，对我人生影响至深至大的人，除了自己的父亲，另外一位就非恩师莫属了。应该说，曹师对我的影响是全方位的，不仅仅体现在学业、学术上，还体现在为人、做事、教学、管理、人生等诸多方面。我2004年有幸拜在曹师门下研读、治学，虽然迄今已近20年，但老师的学问指导、课堂风采、人格魅力、生活情趣等依然历历在目，令人回味感动不已。下文是笔者关于曹师的一些点滴回忆和个人感悟、感受、感想，与各位同门分享。

[①] 曹顺庆、李采真：《纪念杨明照先生110周年诞辰访谈录》，《中外文化与文论》2020年第4期。

[*] 曾洪伟，2004级博士，男，汉，四川三台人，1972年10月生，上海外国语大学博士后，重庆交通大学外国语学院教授（二级）。曾任西华师范大学外国语学院副院长、公共外语学院院长、教务处处长，民革西华师范大学主委，政协南充市第六届委员会委员，四川欧美同学会第一、二届理事会理事，南充市侨联常务理事。获得"四川省学术和技术带头人""四川省有突出贡献的优秀专家""四川省学术和技术带头人后备人选"等荣誉称号。

一、在学术研究中凸显问题意识

　　曹师经常在课堂上和学术研讨会中强调问题意识，认为发现问题、提出问题比解决问题更重要，而能发现一个好问题、真问题、大问题则尤其重要。纵观老师的学术人生，在这一方面他是真正身体力行，他的学术研究成果就充分体现出这一点，因而在学界影响卓著深远，比如他发现和提出中国文论"失语症"，对于当时学界流行甚广的新批评"细读"概念的误读的矫正，发现和提出比较文学文化交流中的变异现象，等等。当然，发现问题、提出问题的背后，是问题提出者扎实丰厚的学识、敏锐的思维、洞穿现象看本质的眼光以及足够的胆识。这些品质，曹师无疑都完全具备。

　　应该说，曹师对于问题意识的强调深深地影响了我的学术人生，使我在之后的治学中自觉运用这一思维方法进行学术研究。比如我从曹师提出的"中国文论失语"命题中获得启发，对自己此前一直从事的外国语言文学教学与研究进行检视、审思，发现了其中存在类似的"失语症"，这些问题甚至比中国语言文学领域的"失语症"更为严重，而且在当时20世纪末、21世纪初"英语热""西方文化热"的背景下较少有人觉醒或意识到这一问题。例如，我通过调研发现，在当时中国的大学英语教学中（含教材、教法、教师、考试等）存在着严重的中国文化失语现象，即西方文化独白，而中国文化缺席，这实际上已经严重背离了外语学习和教育的初衷，不符合外语教育的双重、双向目的与宗旨，即在引进西方先进的语言文化的同时又向外传播优秀的中国民族文化；同时，随着国家的发展，这也不符合当下国家倡导的"中华文化走出去"的号召，也无法满足世界和异域了解中国文化的希冀与诉求。由于自身历史原因和西方文化的侵入，中国文化已陷入了失语与被殖民的境遇之中。由此我提出建议，在大学英语教材、教学与考试等环节中融入中国文化内容，将大学英语教学与中国文化教育有效结合起来并最终实现双赢。

　　而在后续的调查中，我又发现我国幼儿英语教育中深藏的民族语言文化缺席和失语现象，并通过研究指出，在当前中国语言文化严重失语的大背景与大形势下，学前教育中民族文化不在场的幼儿英语教育会从语言之根、文化之根上加深当前国家语言文化安全危机。在幼儿教育阶段，语言文化教育的主要任务应是加强幼儿对民族语言文化的认知和理解，初步建构其民族文化身份，铸造其文化主体意识，并形成初步的文化认同。从国家语言文化安全的角度着眼，在幼儿教育阶段不宜推广和施行英语教育。

　　而在随后的学术研究中，我又进一步将视野投向了学术研究本身，借用"失语症"的视角与思维，发现了学术研究中存在的"失语症"现象，并探讨其与国家安全问题的关联。通过长期研究我发现当前中国的民族学术正遭遇安全危机，并提出了"学术安全"的概念。学术安全是指由于学者们自身失当的学术行为使具有中国特色的传统学术语言、话语、资源、方式等被有意或无意地遮蔽、遗忘、遗弃，本土学术被西方学术侵蚀、殖民和置换，并遭遇严重的生态与生存危机。学术安全问题产生的诱因在于作为文化精英的学者在学术上的全面失语，这些失语行为和安全问题包括学术语言、学术话语、思维模式、写作范式、学术文体、学术评价标准等诸多方面，又在整体上导致和加重了民族学术安全问题。学者的学术失语与文化大众的失语一起，共同引发了国家文化安全问题。要捍卫中国的学术安全与文化安全，必须着手推进中国学术的中国化。捍卫中国学术安全，并非出于冲动的文化民族主义情绪或狭隘的文化原教旨主义心理，亦非盲目的、非理性的文化排外主义或曰文化自我封闭行为，它不仅是对自身民族文化、学术负责，同时也是对世界、人类文化、学术负责，因而具有十分重大和深远的意义。

而在哈罗德·布鲁姆（著名美国文学批评家）研究领域，我也常常保持着自觉的问题意识，往往会有一些新的发现。例如，我前期通过阅读文献发现，国内的哈罗德·布鲁姆研究在一些基本问题上还缺乏问题意识和质疑精神，还缺乏深入、系统、专门的思考与探究。这极大地影响了相关研究的结果或性质。例如，哈罗德·布鲁姆是不是耶鲁学派的成员？在论及这个问题时，学界往往要么并不将其视为一个问题，要么在分析、解决这个问题时发生思维方向上的迷失，从而得出错误的结论。有鉴于此，我将这个基本而重要的问题提出来，进行专门讨论，并针对已有的见解和观点中存在的问题，提出自己解决方式与路径，以为该问题的有效解决提供启迪与思考。

又如，哈罗德·布鲁姆的理论身份归属，即哈罗德·布鲁姆是不是解构主义者，已成为国内布鲁姆研究中的一个重要问题。然而，此前却没有学者对该问题进行专门、系统的梳理与研究。基于此，我对哈罗德·布鲁姆的理论身份问题史进行了系统的爬梳与考察，找出和分析其中存在的问题，并在此基础上尝试性地提出了自己解决问题的方案。

再如，"陌生化"是西方现代诗学中的一个重要概念和论题。在对"陌生化"近百年的接受史中，各种误读不断出现。我选取了两个重要的、典型的误读案例进行分析、澄清，以清理和促进学界的"陌生化"接受与研究：第一，俄国形式主义"陌生化"是否意味着唯形式主义和唯美主义？第二，哈罗德·布鲁姆的"陌生性"是否等同于俄国形式主义"陌生化"？然后循着这两个问题，我进行了深入剖析与探究。

这些成果基本都发表在国内核心期刊上，有些论文还被转载，在国内学界产生了一定的影响。而能够有幸取得这些成果，应该说是与曹师的教诲密不可分的。

二、把握前沿，勇立潮头，引领时代

在学术研究尤其是选题上，曹师经常教诲我们，选题要注意三性：前沿性、价值性、独创性。特别是博士论文选题，还要注意研究的可持续性，即从长远的目光来衡量，选题应该具备足够的体量和价值，即使博士毕业之后，仍然能够将其作为今后较长时间段内的研究对象。曹师还要求我们，在研究上要立志高远，争做第一，力争成为某个学术领域的开拓者，成为同行绕不开的学术参照与借鉴，而且研究成果应该成为研究者的重要身份标识。我曾经因为不堪寻找选题时的巨大压力，想打退堂鼓，拟拿一个小题目应付开题，不想被曹师火眼金睛识破，他坚决否定了我的"小家子气"选题，并同时给予我鼓励。后来在老师的选题原则指引下，在自己的艰辛努力下，最终选择了"哈罗德·布鲁姆诗学研究"这个比较新颖、前沿和可持续的博士论文题目（2005年正值布鲁姆《西方正典》一书在中国大陆翻译出版，在全国学界和文化界的"经典热"中影响很大，但当时国内学界对于布鲁姆文学批评的系统研究还比较少，成果不多，我的选题是国内第一个关于哈罗德·布鲁姆的博士论文选题）。自那以后，布鲁姆研究就成为我至今的学术研究重心，随着研究的持续推进和深入，我也取得了一系列成果，很多文章都被核心期刊刊载，之后又获转载，在国内学界产生了较大的影响。毕业多年以后，我真切感悟到老师对我们的谆谆教诲和良苦用心，使我们在学术研究上一开始就树立远大理想，走上"正道"，少走弯路。现在看来，曹师对我们在学术起点上的高标准、严要求是对的，他的学术理念使我们终身受益。现在，我又将曹师的学术理念应用于指导我所带的研究生们。

就我所知，我们很多同学都是基于曹师的学术理念和选题原则而选择了自己"依靠"终生，得以在学术界立足、立言、立名的新颖、前沿、有价值的题目，如关熔珍的斯皮瓦克研究、王富的赛义德研究、张金梅的经学研究、胡志红的生态批评研究等，都以特色选题和研究成果在各自的领域闯出了一片天地，得到了学界的公认和好评。另外，近些年来，曹师带领弟子们从事中国文学与文化在异域的传播研究，在全国产生了持续的、重大的影响，成为国家"中华文化走出去"学术倡议的潮头和先声。曹师以其敏锐、超前的眼光和丰硕、影响巨大的研究实绩引领了时代主潮，并为国家、民族的文化发展、传播、弘扬和世界文化的交流与繁荣做出了贡献。

三、注重朗读和背诵在文学学习中的重要作用

曹师的课堂教学方法也有独门秘技。无论是在十三经讲读课上，还是在20世纪西方文论和中国文学批评史课上，老师或让我们高声朗读，或命我们背诵，从教学效果来看，这既活跃了课堂，使课堂显得有"声"有色，同时又能充分调动大家学习的主动性、积极性和专注力，同时还极富趣味，因为背诵或朗读不是按照机械的座次顺序来进行的，而是通过随机翻书的页码来确定的，这样课堂上的每一个人既充满了期待，又紧张不已，同学们经常在"压力山大"（被抽中的同学）和放松舒气（未被抽中的同学）之间经历过山车一般的心情，一张一弛、亦庄亦谐、充满张力的课堂给大家带来了无穷的乐趣和雅趣，而与此同时，大家在学业上也收获颇丰。这样的课堂真正体现了寓教于乐的追求和境界，以及教师为主导、学生为主体

的现代教育理念。这无疑是值得我们学习的。在我自己后来的本科和研究生课堂上，我也常常借用老师的教学方法，并取得了良好的教学效果。总之，曹师不仅学问好，而且在教书和育人方法上也特别用心，体现出一位优秀的教育工作者的深厚育人情怀和独特的教学艺术。

当然，可能会有人质疑，对于博士生而言，朗读或背诵是否有必要呢？其实，这一方面曹师拟借此传达一种文学学习的重要方法或理念，即对文学作品的深刻理解与领悟往往是在机械的、枯燥的、重复的细读和记忆中获得的，也即"观千剑而后识器，操千曲而后晓声"。然而这种自古以来在中国文学的学习和教育中形成的、延续上千年、行之有效的良好的文学教育传统，在快节奏的现代社会常被抛弃，而这种传统方法的恢复、寻回与重拾，无疑有利于让学习者和研究者的心态、心境沉静，并在一种沉潜、熟稔、精审、深悟的基础上作出扎实的学问。另一方面，无论是中国古代和近代，老一辈的传统学者都非常注重朗读和背诵的功夫，所谓"书读百遍其义自见"，他们以自身实践证明了朗读和背诵的重要性和必要性；而国外的一些当代著名文学学者也非常注重朗读与背诵，并身体力行。例如，著名的美国文学批评家哈罗德·布鲁姆，虽然具有过目不忘的异禀和天赋，但也非常看重这一"笨功夫"。他在论著中经常自述，他常常独自朗读和背诵诗歌经典，达到信手拈来、脱口而出、出口成章的境界，写作和上课时亦不用翻查参考书或文本，而是靠记忆力进行写作和教学。这并非是一种炫技，布鲁姆指出，他自己从中受益匪浅，因为大量的背诵可以使不同的文本在主体的脑海里通过熟练的记忆勾连、交汇、融通而形成丰富而海量的互文，并能使主体由此发现贯通或隐藏于文本之间的规律，他著名的"影响诗学"即是在悟解大量文本的互文性关联中渐渐浮现、凸显并总结而得出的。因此，不难看出，古今中外学者的实践证明，朗读和背诵对于文学学习而言是一种非常行之有效的方法，仍然值得当代学者学习、传承和弘扬。而应该说在这一方面，曹师是独具慧眼的，这同时也体现出他对于传统学术方法的一种珍视。另外，顺便说一句，曹师的记忆力也非常好，在我们的印象中，他与我们见过一次面之后就能一字不差地说出每个人的名字，真让我们佩服、敬重不已。

四、课程思政，立德树人，为人师表，育人有方

作为文学研究领域的博士生，毕业之后大家大都在大学当老师，从事教学工作，而对于如何做一名优秀教师，如何搞好教学，如何对待职业，如何传道受业解惑，如何与学生相处，应该说当时作为学生的我们还是懵懵懂懂的。而曹师作为业师，在课堂上和生活中，以其桃李不言、言传身教，对我们潜移默化，润物无声，感染着后来从事教师职业的每一位曹门弟子，给未来走上教师岗位的我们指引了方向。虽然"课程思政、立德树人"是国家近几年才提出的，但实际上曹师在很多年前执教时即以其实际教学行动践行这一理念，体现出了"学高为师、身正为范"的优秀品格与精神，堪称师表和楷模。很多年以后，我们都意识到，这是老师传授和

赠予我们的一笔宝贵的人生财富。

例如，21世纪初，曹师已是国内学界知名学者，并身兼学院领导之职，但在我们的记忆、印象和感知中，曹师把课堂看得很严肃、很神圣，即使再忙，他也从未因事或因故缺过一节课或调过、停过一次课，而且每次课前均提早到课堂与学生开展交流，亲切、随和、耐心地解答学生的疑难，备课认真充分，并以饱满的精神和热情上好每一堂课。与此同时，他也非常注重教学艺术，教学效果良好，课堂讲授亦庄亦谐，富有节奏感，他广博的学识和深刻的见解时而启发我们深思，时而让我们遐想，课堂气氛活跃，充满活力、张力、动力。他的课吸引了不同专业、不同学历（本科、硕士、博士）、不同年级的学生慕名前来聆听，教室经常人满为患，我们作为他的"嫡亲"门生也必须提前赶到教室抢占座位。在师生关系上，曹师非常注重与学生平等相处，平等相待。我们经常遇见曹师在课间休息时与博士生们讨论学术问题，非常平易近人、和蔼可亲、和颜悦色，没有一点架子，学生们没有对他敬而远之，而是经常簇拥在他周围，或专注聆听或积极请教。

但曹师对学生又并不是无原则、无底线、无要求的，他对学生是宽严相济的，尤其在学习和学术上，他是严肃、严格甚至严厉的，不容许大家有半点马虎，他在原则问题上绝不会退步和允许"商量"。例如，我还清晰地记得，在课堂上背诵中国文学批评史经典作品时，有同学怕自己背不下来，就会想出一些"巧"招、"妙"招，企图在课堂背诵上作弊、蒙混过关，这时曹师是非常严厉的，不容许任何人有不诚信的行为，一旦发现便立即制止，严厉批评，不留情面。最后大家只好打消作弊念头，老老实实、规规矩矩地做好准备。现在回想起来，这实际上是曹师在教我们做人的道理，教育我们做人、做学问、做老师要诚信、诚实。在人的品格的培养上，老师是严要求、高标准的。

当然，曹师对于我们的影响并不仅限于上述几点，还有很多值得我们弟子学习、承继、弘扬之处，如他多才多艺（二胡拉得好、歌也唱得好）、行政管理能力强（曹师在担任四川大学文学与新闻学院院长期间引进了国内外多位知名学者加盟川大，大大提升了川大的知名度、美誉度和学科实力，其时川大的中国语言文学在全国的学科评估中排名前五，而比较文学与世界文学则排名第一），等等。曹师是我们"高山仰止、景行行止"的对象。多年以后，特别期待着能够再回川大，回到老师身边继续学习，继续接受教诲、继续成长！衷心感谢恩师多年的教诲！祝愿恩师七十大寿身体康健、生活愉快！期盼老师在学术上再立高地，再筑高峰，再绘蓝图！

曹门求学小记

2017级博士　杨　清[*]

2017年夏，我刚刚结束硕士论文答辩和学位授位仪式，从广州飞回成都。回到成都，一切是那么的熟悉。炙热的空气中弥漫着丝丝甜蜜的冰西瓜味儿，老街巷子里热气腾腾的老火锅，街边小店的玫瑰糍粑冰粉，还有常常被吐槽"深一脚浅一脚"的成都公交司机……一切又是那么的新奇，因为我即将开启一段新的旅程。期待，却也惶恐。期待的是新旅程上的新体味；惶恐的是，老早就听说在曹门，从老师到学生，个个身怀绝技，吹拉弹唱，诗词歌赋，琴棋书画，十八般武艺样样俱全。万一经实践证明自己是那类"人菜又爱玩"的"学术菜鸟"，要是哪天被"逐出师门"可如何是好？两种心情交织，织出一封回味无穷的信，留待未来开启。

想起五年前的我初来乍到，俨然是学术"小白"。我是学外语的，本硕都在外语系，从未系统学习过中国古代文论，只是在考博期间把老师主编的那本《中华文化原典读本》翻来覆去读了几遍，再翻了翻郭绍虞先生的《中国历代文论选》。一边感叹中华文化博大精深，一边抓耳挠腮，诸多内容一知半解，却也觉得有趣。"初生牛犊不怕虎"，受好奇心的驱使，草草写就几篇中西比较的文章。其中一篇关于《文心雕龙》"德"之新释的文章受到老师表扬。这是第一次自己写的东西受到老师的表扬，给了我做学术的莫大信心。后来这篇文章有幸在老师的推荐之下，发表在《中山大学学报（社会科学版）》（2018年第5期），成了自己学术研究的起点。

这篇文章是怎么来的呢？其实源于跟随老师学习十三经的经历。犹清晰记得博士一年级赶上老师休学术假，并未安排任何课程。我们几个2017级的博士生欢呼雀跃，以为可以"逃"过传闻中魔鬼般的十三经学习与中国古代文论背诵，从此在博士求学阶段逍遥自在。然而，老师要求我们自己开读书会，务必每周打卡学习古代文论典籍和西方文论，生怕我们几个落下功课。不仅如此，老师在辗转全国各地讲学之余不忘给我们"开小灶"，每周坚持不懈地给我们几个博士生和硕士生讲十三经、西方文论，一如既往地要求我们必须背诵中国古代文论中的经典篇目，熟读伊格尔顿那本鼎鼎有名的《文学理论导论》，以求打通中西。一日，老师讲到《文心雕龙》的原道篇，说学界对开篇第一句"文之为德也大矣"中"德"字的解释众说纷纭，却始终没有解释正确。其实，大家可以从黑格尔"美是理念的感性显现"

---

[*] 杨清，2017级博士，四川乐山人，1991年12月生，研究领域为比较诗学、文艺理论。四川大学文学与新闻学院教师，四川大学中国语言文学博士后流动站博士后，四川省比较文学学会副秘书长，《中外文化与文论》（CSSCI）执行编辑，成都市武侯区作家协会会员。

这个观点来看看，可以写一篇好文章。因为"菜"，所以把老师说的要点都记在了笔记本上。回去翻看笔记，心里琢磨：到底"德"字怎么理解呢？要不写写试试？就当作一次学术训练吧。

2018年4月初，我开始动笔。那个时候有多魔怔？除了一日三餐下楼去望江东园食堂吃饭外，偶尔操场上溜达几圈，每天就窝在宿舍中码字。把凡是能够搜到的《文心雕龙》研究都下载下来，别的也不看，就是直奔主题，看别人是怎么解释"德"这个字的。一经梳理，确如老师所言，学界对这个字的理解五花八门，都不太准确。随后又把黑格尔的《美学》找来，读第一遍，云里雾里，不知所云。读第二遍，好像明白了一点。管他呢，反正老师说要大胆搞学问，那就先凭自己的理解阐释一通吧。用了一个月的时间写完《比较诗学视野下〈文心雕龙〉"文之为德"新释》一文，诚惶诚恐地交给老师，请老师批评指正。从邮件发出的那一刻起，无时无刻不在心中猜想，老师审阅此文后，脸上挂着的会是何种嫌弃的表情，心中又会是何种恨铁不成钢的心情。《诗经·小雅》有言"战战兢兢，如临深渊，如履薄冰"。当时大概就是这个心情。很快，我便收到了老师的回复。老师说，写得好，推荐给了《中山大学学报》。我愣住了，不敢相信！同年9月，文章正式见刊，随即收到了编辑部寄来的纸质期刊，我还是不敢相信。拿着期刊请老师审阅，老师对我说，他讲这个问题讲了十多年了，没有一个学生注意，我还是第一个把这个问题写成论文的学生。心里先是一阵狂喜，受到学术"大佬"的表扬，可太不容易了呀！狂喜之余，又倍感自信，原来自己也没有那么"菜"，努努力说不定还可以写点儿东西，从此坚定了我走学术之路的信念。这份来之不易的信念自然要归功于老师的点拨与信任。老师就是这样，从来不吝啬分享自己的新发现和学术观点，反而是一有机会就给我们讲，这个话题可以这么写，可以那么思考，鼓励我们大胆搞学问，引导青年学子一步步走向学术，走向前沿。

而今毕业已整整两年，踏上工作岗位，自己也成为一名高校教师，老师的教诲始终响彻耳畔。记得老师在讲授中国古代文论时，突然点名让我背诵《沧浪诗话·诗辨》。我一下懵住，彼时背的时候就没太背熟，时间一久，这么长的篇目老早就忘记了。于是尴尬地只从嘴里蹦出了几个字：入门须正，立志须高。老师欣然一笑，意味深长地说："能记住这几个字也够你用一辈子的了。"所谓"入门须正，立志须高"，用句通俗的话来讲，就是老师常常教导我们的"要做天下第一个吃螃蟹的人"。首先要树立远大的志向，然后要勇于探索、敢于创新。这得需要多大的格局才能真正实践这句话呀！

但老师做到了。老师始终以此高标准、严要求来要求自己，围绕中国学术话语建设展开研究。比如，带领弟子围绕中华文化典籍全球传播进行研究，开辟"英语世界"系列研究，以此指导研究生完成英语世界系列研究博士论文56部，申请到国家社科基金项目15项，教育部社科基金12项，出版16部英语世界研究系列丛书，内容涵盖《诗经》《周易》《论语》《礼记》《孟子》等中华文化典籍；或带领学生直接研究典籍，传承中华文化，编写了"马工程"重点教材《比较文学概论》、24部"中国语言文学专业原典阅读系列教材"，带领学生走向学科前沿。再如，带领弟子进行文明互鉴的学术研究，或创新国际比较文学学术话语，提出的比较文学变异学理论引起包括美国哈佛大学教授达姆罗什、法国索邦大学教授佛朗科、荷兰鲁汶大学教授德汉等国际众多著名学者广泛讨论；或推动比较文学学科理论与中国学派建设，促进中国学术话语建构，推出《比较文学概论》《中外比较文论史》《世界文学发展比较史》《比较文学变异学》等优秀成果，其中探讨的"中国学派"理论体系建设问题，被中国台湾学者古添洪认为是"中国学派"在大陆再出发与实践的蓝图。

从1995年"中国文论失语症"的提出，到比较文学第三阶段的跨文明比较研究，再到如今国际性学术话语"比较文学变异学"的开创，老师以宽广的胸怀、宏大的视野、非凡的毅力，以话语创新、打造中国特色理论话语为己任，不仅要求"讲好中国故事"，更要将"中国故事"讲出去。老师身体力行，感染了一众学子。"桃李不言，下自成蹊"，如今，老师桃李满天下，先后培养出博士250人，分布在国内外122所高校，其中成长为教授的有123人，副教授81人，博士生导师59人，获得国家级人才称号5人，享受国务院特殊津贴专家7人，任全国学会会长3人，任高校校级领导4人，任高校学院领导27人，获首届教材建设先进个人1人，成为曹门学子的榜样。

老师这些话深深烙在了我的心里，以至于后来自己开始指导学生的论文了，时不时地想起老师教导我们的那句"要做天下第一个吃螃蟹的人"，也要求自己的学生有所创新与推进。也记得老师一直强调原典阅读的重要性，要读就要读原文，不能做文献的"二道贩子"。这样的思想深深影响了我，以至于自己在撰写论文时会先去把原文找来看看，不能人云亦云；甚至在登上讲台讲授比较文学、比较诗学、文学理论等课程时，下意识地会先去把诸如王国维的《人间词话》《〈红楼梦〉评论》、亚里士多德的《诗学》、朗吉努斯的《论崇高》等作品翻出来，带领学生一起读一读，以此来理解中西比较中的相关问题。师生传承，大概就是如此吧！

曹门求学期间，有诸多与老师互动的有趣事情，大概三天三夜也讲不完。细细想来，似乎求学生涯中每一件印象深刻、意义非凡的事情都在老师的见证下发生。或者说，正是因为有老师的引领，才会有如此有滋有味的求学经历。比如，第一次在国际学术会议上发言，是老师带我去的，尽管紧张到语速加快，但老师从来都是鼓励；第一次去匈牙利社会科学院参加"第2届中匈文学研究工作坊：变异学与世界文学"，结束后领略多瑙河的蓝色意蕴，是老师带我去的；第一次去美国宾夕法尼亚州立大学参加"第八届中美双边比较文学与世界文学会议"，是老师带我去的；第一次参加国家社科基金重大项目的研究，有机会近距离与专家前辈交流、与同辈学子探讨，是老师带领我进行的……当然，第一次在匈牙利首都布达佩斯的一家网红餐厅里吃鹅肝吃到撑，喝啤酒喝到晕，还不忘探讨学术问题，也有老师在场。大概，求学求学，所求一切皆学问。我想，我是幸运的。

回归原典，探索传统精神文化内核

2019级博士　金书妍[*]

对于原典，诸如《诗经》《尚书》《论语》等，除了零星篇章见诸课本，人们大都没有机会接触。因为我们比之古人，有太多的事情需要应付，学生时期也有太多的科目需要花费精力，能够接触一点片段，已经十分难得了。对大多数青年人而言，诵读原典不啻是一种苛求。人们对于原典的阐释、争论千万倍于原典本身。我们花费不少的时间在阅读别人对经典的解读，殊不知这些内容，大多带有解释者个人的因素。任何一种语言和表达，都有其特定的语境。

在曹老师的严格要求下，课堂上诵读、讲解，课后研读、翻译十三经，令我进入了此前从未接触的原典世界，打开了重新认识文学世界的大门。课堂上，曹老师要求我们一一诵读原典及注疏，通过诵读及断句来理解其意，配合老师的讲解，更深入地理解原典的精髓。课后，曹老师要求同学们背诵原典，以加深对经典的更深层次领会。将原典研读纳入博士及硕士的必修课，除了有助于我们增加知识储备，另一个重要的作用是帮助我们"知行合一"。先贤创说自己观点的时候，他的感受全部来自自己的体验。孔子心目中的"仁"，依据他个人的身体力行和对周围的观察、感悟而来；而一般人没有孔子的智慧和体验，往往从一己偏见出发来解读经典，出现种种错讹自属难免。比如一个"孝"的概念，每个人大概都知道，可如果没有身体力行，就无法获得了真知。"修身"的概念，包含的不仅仅是读书明理，更重要的是在生活中体悟和积累。一个天性质朴的人，比较接近"仁"的状态，也一定比较接近"道"，但就算他内心体悟到，也不一定说得出来。我们对原典的研读和躬行，从本质上来讲是要发现、唤醒这种状态，纠正我们的妄想和偏执。曹老师正是以此来强基固本，涵养学生学风操守的。

当下文化传承的核心便是回归原典，以纠正诸多问题和乱象。曹老师紧扣这一核心，多年前便开始将原典研读纳入必修范围并将此传统延续至今，这是一种良好的尝试，也取得了极大的成功，还形成了独具一格的硕博士培养特色，多年来令无数学子受益匪浅。

---

[*] 金书妍，2019级博士，现任广西艺术学院音乐教育学院教育理论系专任教师，主要教授音乐教育学、中外音乐教育史、教师职业技能训练、毕业论文写作指导等课程。

第五章　学术交流：以办会参会建构国际视野

第一节　群贤毕至　以会促学

平行与交汇：深圳、澳门"双城记"

1999 级博士　徐新建*

引　言

2019 年 7—8 月，国际比较文学学会（ICLA）第 22 届年会和中国比较文学学会（CCLA）高峰论坛相继在中国深圳和澳门举行。与会学者围绕"世界各地文学与比较文学的未来"的议题展开对话讨论。曹顺庆教授带领众多毕业于川大的比较文学学子出席盛会。大家从不同角度参与年会，不是担任圆桌主持、评议便是参与会议发言，并与来自各国的学者做了深入交流，从一侧面展示了同门学人的学术风采和团队实力。

在该年 7 月 26 日于深圳举行的国际比较文学高峰论坛上，曹顺庆教授作了题为"文学交流的变异与世界文学经典的形成"（Variation in Literary Exchanges and the Formation of World Literary Canons）的主题演讲，进一步阐述比较文学变异学议题，引起学界关注和热议。接下来的澳门大会上，笔者与叶舒宪教授等组织的"文学人类学研究"与"民间与民族：世界少数族裔文学比较"两个专场，则凸显了文学研究的人类学转向。

---

* 徐新建（1955—），1999 级博士，四川大学文学与新闻学院教授，文学人类学专业博士生导师，研究方向为文学人类学、多民族文学。

本文曾刊于《文学人类学研究》2020 年总第 5 辑，收录稿做了补充修订。

第五章　学术交流：以办会参会建构国际视野

国际比较文学澳门年会合影

本文由亲历者视角出发，借用人类学"参与观察"的实证方式对会议场景予以再现描述；意在通过交错展开的时空格局，将文学人类学的表述理论引入会议田野，从而揭示作为文化文本的学术生产过程，并回应奈吉尔·拉波特所言——历史境遇中具有创造性主体意识的个体都是作家。

一

2019年7月28日20时，国际编号为1907的海洋风暴在太平洋上空形成，风向偏西北，以每小时10公里速度移动。所至之地——主要是华南沿海地区，将出现8~10级大风，并连续遭受暴雨和大暴雨袭击。

消息说，本次台风被称为"韦帕"（Tropical Storm Wipha），名字由泰国提供，意为"女娃"。由于仍处于形成中，有关方面对"韦帕"的威力和可能造成的破坏未做评定，不敢断言其是否与2005年的"麦莎"（Matsa）匹敌。"麦莎"出自东南亚母语，指"美人鱼"。此"鱼"威力无比，2005年席卷东南亚之后给沿途造成了巨大灾害。

2019年7月28日傍晚，国际比较文学学会（ICLA）第22届年会的第一部分刚好在深圳闭幕。盛大晚宴之后，主要与会者准备动身，转场至数十公里外的另一座城市——需办出入境手续方能抵达的澳门特别行政区，出席将在澳门大学继续进行的下半场会议。

为何选择澳门？作为东道主之一的深

澳门会议手册

423

圳大学的领导做了别开生面的阐发,指出议程采用"双城记"设计,意在通过"一会两地"的方式,展现"一国两制"的中国特色。他说:

> 一个会议两个城市,这可能是国际比协大会的第一次;两个城市"一国两制",这在世界上绝无仅有;两个城市,一个经济特区,一个特别行政区,历史不同、制度不同、社会文化形态也不同,因为比较文学联结在一起,这实在是一次奇妙的跨文化旅程,也为本次世界比较文学大会注入了特别的内涵和意义。①

其实,结合当时国际"贸易战"前后的世界演变格局来看,真正的缘由与时局相关,远比台面的致辞复杂得多。

二

7月29日下午,不同国家和地区的学者陆续抵达澳门,在对大会主题"世界各地文学与比较文学的未来"进行全面研讨与交流的殷切期待中,澳门会议第一天的开幕仪式和大会演讲如期完成。在主办方悉心筹划下,大会以极富地方特色的民间狮舞开场,以喧闹热烈的锣鼓声引发跨学科、跨文明的国际对话,接着即转入了分组数量达三十以上的平行论坛。

澳门狮舞登上国际比较文学舞台,笔者拍摄

不料,接下来真正的"平行"是人与自然较量。当时,台风"韦帕"的速度与威力击碎了大会的议程设计。30日的分组论坛才告结束,31日一早,各界就收到了气象部门有关台风险情的紧急通报,预警级别骤然从3号飙升至8号。于是大批航班宣告停飞,商铺关门,学校停课,公交停运,连接离岛的桥梁也统统关闭。

这意味着澳门大学与外界交通就此中断,一千多名学者中的大部分成员将无法

---

① 刘洪一(开幕式致辞):《从深圳到澳门:比较文学双城记》,2019年7月27日于深圳、29日于澳门。

到达会场。迫于严峻现实，主办方不得采取紧急措施，宣告中断议程，取消31日下午和晚上的全部发言讨论。突如其来的改变，令来自世界各地的学者措手不及，深感遗憾。不少人只能放弃至少半年前就精心准备好的主题演讲，与之相关的主持、评议也成泡影，原本有可能碰撞出来的学术火花还未及点燃便消失殆尽。

更令人遗憾的是，等待一天的台风似乎并没到来，或者已经来过却并非预报那般猛烈。就像老天爷开了个玩笑，除了一阵阵来了又去的大雨外，31日下午和晚上的天气与头一天并没有太大区别，以至待在室内躲避的学者们大多不以性命保全而欣喜，反倒为议程终止倍感遗憾。

有什么办法呢？自然的力量超乎人类所想。

无奈，借昆德拉小说《玩笑》描绘的境况作隐喻，已作出的改变无法挽回，历史在此遭遇了意外的时空折叠。

三

天气状况时好时坏，令人无可捉摸。一阵猛烈暴雨之后又是烈日暴晒。由于文学人类学与世界少数族裔文学的两个分组讨论都已在30日完成，成员们便利用议程更改的时机，离开校园，考察市区。出于学科考虑，这部分学者大多选择了澳门博物馆作为第一站，并在那里鸟瞰了本地古今场景。

澳门在哪里呢？在眼前，在地图上，在历史和特定的行政区划中，在当地居民的生活世界，也在每一个到访者的观感和游记里。

作为一片有方位和边界的实存土地，澳门的地理特征被表述如下：

（澳门）位于中国大陆东南沿海，地处珠江三角洲的西岸，毗邻广东省，与香港相距60公里，距离广州145公里……原点地理坐标为北纬22°12′40″，东经113°32′22″。[①]

作为历经演变的动态区域，澳门的面积因填海造地而不断扩大，故"自有记录的1912年的11.6平方公里逐步扩展至今年的32.9平方公里"[②]。

官方正式文件里，澳门则以地图的方式被予以了更精确的呈现。

相比之下，澳门的地名却难以做到精确呈现和标准划一。相反，呈现出来的是中外并置，古今交替。

"澳门"，原为"濠镜"或"濠镜澳"。"澳"意为泊口，所以原地名指的是"规圆如镜"的可泊船港湾。对此，明清以来的史籍即有记载。[③] 16世纪后，伴随着欧

[①] 澳门特别行政区官网："地理和人口"，https://www.gcs.gov.mo/files/factsheet/geography.php?PageLang=C，2019年8月3日下载.

[②] 澳门特别行政区官网："地理和人口"，https://www.gcs.gov.mo/files/factsheet/geography.php?PageLang=C，2019年8月3日下载.

[③] 《澳门纪略》记曰："濠镜之名著于《明史》。东西五六里，南北半之，有南北二湾，可以泊船。或曰南北二湾，规圆如镜，故曰濠镜。"

洲殖民者沿海路向亚洲的拓展，澳门的地名又增加了西式称谓，即葡萄牙语的 Macau、英语的 Macao 等。这些"洋名"读音相近，都是对本地自称的替换，据说与葡萄牙殖民者的最早登陆点叫"妈祖阁"相关。"妈祖阁"的简称"妈阁"，在地方话里的读音接近 Macao。

人们若不了解这些背景，对如今用普通话念出来的 Ao Men（澳门），无论与其方言古称还是外语转移对照，都难以明白指的是同一个地方。

可见，这个曾以"濠镜"自称、后被以"澳门"、Macau（Macao）等称谓交错命名的港湾之地，自各方表述叠加时起，便被卷入了多元文化的并置过程。这样的并置，在澳门博物馆的展示布局中，得到了完整、突出的体现。

四

2019 年 7 月 26 号下午 14 点 30 分，在主持人以汉英双语开场的宣告下，国际比较文学年会在深圳拉开序幕。会议以"国际比协执委会及中国比协（CCLA）高峰论坛"之名召开。会场设在著名的五洲宾馆。根据议程设计，有 9 位中外学者分别在开幕后与闭幕前作大会演讲。话题由"普希金的流放"起头，以"中国当代文学的世界主义"收场。在张隆溪强调东西方比较文学的文本基础及哈利什表达对"世界文学时代"的担忧之后，刘小枫阐述了"轴心时代"与"天下时代"的差异及主张。与多年前出版的《拯救与逍遥》模式相似，刘小枫的发言仍以中国与西方为对照，将世界压缩为二元图示，表面似乎以沃格林取代了雅斯贝斯，实际是彰显了被重新解说为华夏根基的天下观。不过站在国际比较文学大会的闭幕台上，刘小枫并没有阐发自己的原创性论述，而是通过文本转引，让另一位西方学者——沃格林降临到深圳舞台。

无疑经过事前的周密考虑，借助此次特定场所与特别议题，刘小枫还表现了与目前大多数流行论点的区别——他并没有把能与"轴心观念"抗衡的"天下意识"奉为华夏独创继并沉湎于"东学西送"的新梦想，而是通过对沃格林的认同，勾画了东西方平行展开的"天下时代"，即：在西方，"从波斯帝国到罗马帝国的帝国更替"；以及在东方，与此平行的"中华帝国在远东的崛起"。[①]

沃格林说："它（指中国地区）将自身转化成了一个以帝国方式组织起来的文明，并将自身理解为帝国的天下（t'ien-hsia，ecumene）。"[②] 在这句里，沃格林正式将汉语的"天下"与西方语言中的 ecumene 并提，还用音译方式加以标注说明，以表示两种拼写在概念上的对等性和平行性，也就是说，尽管出现在不同地区、符号不一，但"天下"就是 ecumene，ecumene 就是"天下"。然而也正因如此，问

---

① 刘小枫：《从"轴心时代"到"天下时代"——论沃格林〈天下时代〉中的核心问题》，2019 年 7 月 28 日，深圳五洲宾馆大会演讲稿，参见 2019 年国际比较文学学会执委会会议暨国际比较文学高峰论坛《会议手册》，第 14 页。

② 沃格林：《天下时代》，叶颖译，译林出版社 2018 年版，第 371 页。

题随之而来，那就是该如何面对人类社会的"多个天下"？

沃格林提出了自己的化解步骤。他说：

> 多个天下对历史哲学提出了一些棘手问题。作为解决这些问题的第一步，厘清 oikoumene 这个西方符号的各种含义，以确定它们在什么意义上适用于那个远东现象。①

以上论述是从沃格林著作的汉译本中摘录的，书名就叫《天下时代》，译林出版社 2018 年出版。译本厚达 500 多页，其中蕴含着驱使刘小枫将其引上舞台的重要意图，那就是通过符号与史料的对比，使 ecumene 适用于也曾出现过"天下意识"的中国，亦即与西方和近东平行的"远东现象"。

深圳会场：一台两戏

回到深圳舞台。刘小枫做完前述转引及新一轮"天下主义"的中西对应后，他的结论出人预料：几乎就是亨廷顿"文明冲突"说的翻版。刘小枫这样说：

> 中国文明秩序的传统德性必将与盎格鲁-撒克逊和美利坚主义的历史秩序决一雌雄。②

为何这样断言呢？理由是从"天下意识"归结出的世界本质，即"世界因群体

---

① 沃格林：《天下时代》，叶颖译，译林出版社 2018 年版，第 371 页。
② 刘小枫：《从"轴心时代"到"天下时代"》，2019 年 7 月 28 日，深圳五洲宾馆大会演讲稿，参见 2019 年国际比较文学学会执委会会议暨国际比较文学高峰论坛《会议手册》，第 14 页。

或政治单位之间的冲突永远充满暴力、不幸和灾变"[1]。

或许由于时间仓促以及与文学文本距离较远等原因,"多天下"的世界必将决一雌雄的论断未能在现场引起回应,随后的报道也鲜有提及。刘小枫式的危机警示差不多被淹没在媒体关于有多少欧洲院士、长江学者莅临会议的渲染之中。[2] 可见即便进入同一会场,转述的情景也是裁剪不一、各显一面。

在我看来,如果说本届大会果真因为一会两地的空间格局上演了"双城记"的话,刘小枫对《天下时代》的转引则构成了戏中之戏:通过演讲,成为替身;借助替身,引发时评。个中玄妙,用学界的时尚术语说,在于展现了互为主体(或主体互换)的一台两戏。

这时,国际的比较文学又在何处呢?

作为一种动词性践行,此刻的比较文学已体现为以文本阐述为核心的历史对话;而历史本身,则呈现为剧本、剧场与剧评的三位一体。

值得回溯的是,在这一时刻,舞台上下及会场内外的参与者还大多不知晓台风"韦帕"将临,故无法预测"天文界"与"人文界"平行交汇时的另一种挑战。

五

澳门,"大炮台"景区。没有被台风"韦帕"吓走的游人一波接一波来到博物馆参观,或许来观光消遣,或许来探寻史迹,或许什么目的都没有,只是到此一游,拍几张自拍留影就离开。

与如今常见的博物馆有别,澳门博物馆的地址不在繁华老街或新建景区,而是在当地代表性古迹之一的"大炮台"山顶。亦即博物馆通过新建展馆与古迹相结合的方式,使往昔与当下、史迹与记忆合为了一体。[3]

不过在我看来,此博物馆还有更重要的一个特征,那就是它的叙事没有采用惯常所见的进化模式,没有按原始社会到现代文明的编年套路讲述澳门,而是通过东西方对照的各自进程,用堪称"双墙记"的陈列方式,呈现了以澳门为基点、中外并置的复线历史。

---

[1] 刘小枫:《从"轴心时代"到"天下时代"》,2019年7月28日,深圳五洲宾馆大会演讲稿,参见2019年国际比较文学学会执委会会议暨国际比较文学高峰论坛《会议手册》,第14页。
[2] 《深圳特区报》倒是作了少有的报道,但对最重要的"危机"结语却作了省略处理。参见(记者)韩文嘉:《刘小枫在深演讲:从"轴心时代"到"天下时代"》,《深圳特区报》,2019年7月29日。
[3] 澳门博物馆印制散的《展览导览》介绍说,澳门博物馆坐落在17世纪初由耶稣会教士兴建的大炮台上,最大限度地保留了大炮台原有的建筑风格和地貌特征。

第五章　学术交流：以办会参会建构国际视野

"时间廊"设计：步入历史（展厅）的"交汇之路"，笔者拍摄

"双墙记"的正式名称叫"交汇之路"，在陈列解说词及博物馆印制的宣传简介里还有一个富有创意的象征之名——"时间廊"。它的陈列手法，就是把博物馆入口布置为既各自表述又彼此映照的双向进程，寓意着东西方并行的文明之路，让由此前行的观众体会"轴心时代"多元分立——或"天下时代"帝国并存的历史轨迹。观众步行其间，西方在左，东方在右，形成了上北下南的地图格局。左边是从苏格拉底、柏拉图到耶稣与"十字架"的"两希"历史，右边是由老庄、孔孟至秦始皇与"兵马俑"的中华历史传承，两相映照，各显其辉。

顺着此路缓慢前行，故事的重点出现了：随着利玛窦等人的到来，在双向进程的不断接触中，澳门逐渐演变为东西方文明的交汇地。

对于这条被陈列出来的"交汇之路"，悬挂于墙的介绍文字这样写道：

　　……葡萄牙人的到来使中西方两大文明走上了持续交汇之路。然而，在此之前数千年，中西两大文明经历了不同的发展历程，形成了各自鲜明的特点。

行文至此，馆方——也就是幕后布展人——引出了一段最能体现展览初衷的关键提示："如果不了解这一点，就无法正确解读两大文明之间的交互。"作为千百名观众中的一员，在我看来，此话的深意在于强调：中西之间各行其道，彼此是对等的，交汇也是平行的，不存在谁强于谁，谁恩惠于谁。于是，展览人再度点明了设此长廊的意图，称：

　　"时间廊"着重展示中国和西方两大文明的发展历程以及所取得的伟大成就，以便参观者对两大文明在十六世纪初交汇之前各自走过的路径进行比较和

429

对照。

博物馆叙事：葡萄牙人绘制其早期与明朝士绅的交往，笔者拍摄

正如世界各地的展览场地一样，开展于1999年回归后的"澳门博物馆"及其陈列布局也如一部打开的书，同样需要顺其章节，以布展人的主位视角来精心品味，反复细读。依我的初读之见，该馆的主题就在于"平行与交汇"。平行的陈述起于双墙映照的"时间廊"，交汇之点则在由此延伸的"海行图"及利玛窦与明朝士绅的交往。其中的成果，结合沃格林的论述来看，便是多元世界的逐渐合一，平行的"天下"演化为交互的"国际"，全球化（或整体化）以后的世界再演化为不同的民族国家。

尽管我此行因参加国际比较文学年会而来，面对博物馆如此完整的表述，却也感到比较文学无处不在，绝非仅限于学院派的书斋、讲稿或会场。当然，令利玛窦和明朝士绅想不到的是，正是这样的演变才为几百年后国际比较文学学会在深圳－澳门举办的年会预设了议题——"世界各国文学与比较文学的未来"。

除了精心设置的文物陈列与精准措辞的语词文句外，作为区域表述的文化文本，澳门博物馆的进出路线也很有意思。我们从柿山路一侧登临，沿哪吒庙斜巷的陡坡上行到达大炮台顶，最先见到的不是西方文明的逐渐东进，而是体现本土信仰的哪吒小庙，还有传授狮舞龙舞的"结义堂"武馆。[①] 参观结束后乘梯下山，在另一个方向的入口才望见游人如织的"大三巴"。"三巴"是"圣保罗"（S. Paulo）

[①] 柿山哪吒庙对面的"结义堂"是澳门有名的民间武馆，以传统方式教年轻人练习武术，传承舞龙舞狮，"绝活之一是三叠狮，三个人叠罗汉能用狮头踩到六七米高"。参见（特约记者）王晨曦：《大隐于市：繁华背后的澳门武林》，中国新闻网：http://www.sohu.com/a/115598866_123753，2016年10月8号刊登，2019年8月10日下载。

的粤语俗称，指的是建于16世纪、后毁于大火的天主教堂。据说当年利玛窦就在此绘《万国全图》，从而改变了中国精英的天下视野。如今楼去墙缺，非但教堂成了残址，连名称都变为毫无圣辉且不知所云的"大三巴"（牌坊）。

无论如何，历史的故事都已消逝在漫长的岁月里，留下的是不一样的纪念和选择。于是，虽然都是发生在澳门的文明交汇，倘若人们的起点不同、选择有别，所见的效果也将截然相反。从小巷出发，重现的历史场景是"哪吒遥望圣保罗"；沿正门而上，则成了"利玛窦背靠哪吒神"。

更令人回味的是，无论从哪一面上顶，最后的交汇处都是大炮台——多方冲突后遗留的交锋遗迹。[①] 若单从哪吒庙前行，则见不到被博物馆"时间廊"以双墙对照方式隆重推出的孔孟、老庄、秦皇汉武——亦即被当作文明标志的精英传统，取而代之的是哪吒小庙、舞狮会所等街头巷隅的民间传承。问题是，精英与百姓，谁更能代表国别传统与地域文明呢？

澳门景观：炮台（景点）与酒店（赌场）的平行交汇，笔者拍摄

可见，面对同样的历史，不但因出发点有别会产生不同所见，并且还将因表述的筛选而获得记忆重现。说得深一点：尽管存在同样的过去，却没有相同的历史，因为历史就是再表述。[②]

六

延伸而论，由哪吒庙与狮子舞引出的雅俗对举，恰好揭示了为何在从深圳到澳

---

① 澳门博物馆的《展馆导览》说，大炮台不仅由耶稣会教士兴建，在长达三个多世纪的时间里，"一直是澳门防御系统的核心"。炮台的火力据说击溃过入侵的荷兰战舰。
② 徐新建：《历史就是再表述——兼论民族、历史与国家叙事》，《文艺理论研究》，2014年第4期，第72—76页。

门的国际比较文学会上，会接续出现以"神话与科幻""民族与民间"等为题而设立的论坛。文学人类学的参与者们不仅借"印第安与华夏创世鸟神话及其萨满幻象原型"[①] "萨满、巫觋和仲肯：美亚文化的跨界关联"[②] "地域性、族裔性与世界文学"[③] 及"'三月三'仪式的声音人类学研究"[④] 与"科幻与佛学的未来展望"[⑤] 等议题，彰显了对"大小传统"的特有立场，并且表达了对人类文学的多元整体观。

其中，在澳门大学 E3 楼的 3046 教室，"世界少数族裔文学"圆桌论坛召集者阐述论坛主旨如下：

> 近年来，世界少数族裔文学研究在不同的层面上被重新激活："世界文学""多民族文学"的多维入场，使原本以民族群体为单位划界展开的文学研究得到了拓展。与此同时，数字化实践也给各民族的文学生活带来了新的景观和气象。
>
> 本分论坛召集了 20 余名学者参与（实际到会 12 人），从世界性的比较和变迁视野出发，将民间与民族相关联，对中国、北美及亚洲其他地区各族群文学的不同文本与实践进行了跨学科研究。[⑥]

平行意味着多元和并立。云集了一千多位各国学者的国际比较文学年会，表面上轰轰烈烈、热闹非凡，然而由于数十个分组专题与圆桌论坛的同步分设，实际的情形更多是互不相关的。人们在同一时间里被分割在不同空间，彼此隔绝、各说各话。这便是学术世界的真实现象，很大程度上又何尝不是人类社会的一个缩影？人们渴望交汇，努力交汇，也真的交汇到一起了，但因为要平等、分权，要人人表达，且受制于议程乃至技术的原因，最终依然摆脱不了面对面的散居。于是乎，近在咫尺、相隔千里，大家都只见到自我，难以见到全体的人和世界整体。由此一来，从深圳到澳门，尽管在文学人类学专题等分论坛中，学者们论及了数字时代的影响、神话与科幻的文学关联乃至"本届人类"有可能在后人类时代退场的预

---

① 叶舒宪：《烟与酒：印第安与华夏创世鸟神话及其萨满幻象原型》，参见 2019 年国际比较文学学会执委会会议暨国际比较文学高峰论坛《会议手册》。
② 徐新建：《萨满、巫觋和仲肯：美亚文化的跨界关联》，2019 年国际比较文学学会第 22 届年会澳门会议发言稿（未刊）。
③ 陈靓：《地域性、族裔性与世界文学》，2019 年国际比较文学学会第 22 届年会澳门会议发言稿（未刊）。
④ 梁昭：《节日的声音：广西武鸣"三月三"仪式的声音人类学研究》，2019 年国际比较文学学会第 22 届年会澳门会议发言稿（未刊）。
⑤ 完德加：《人类世与大千世：科幻与佛学的未来展望》，2019 年国际比较文学学会第 22 届年会澳门会议发言稿（未刊）。
⑥ "民族与民间：世界少数族裔文学"小组《议程说明》，2019 年 7 月 29 日，微信群发布（梁昭拟写）。

警[①]，但由于与大会演讲及其他分组的平行隔离，实际的内容又有多少与会者知晓并产生共鸣呢？至于同一年度早些时候，在中国西南的城市成都，先于 ICLA 年会和 CCLA 高峰论坛举行的 SCLA（四川省比较文学学会）年会，尽管以"数字时代的文学和文化"为主题做了专门讨论，[②] 但由于会议太多，生产过剩，又有多少同行关心了解并作出回应呢？

2019 年夏季，从 7 月底至 8 月初，由深圳到澳门，从"双狮"对舞到"韦帕"台风，从会场演讲到实地探寻，第 22 届国际比较文学年会自议程方案顺势走来，又在多方力量参与中渐渐远去。其中，登台的"双狮"由人扮演，在连接民间信仰的寓意中，称得上是天地交汇，人神合一；从神话与民俗的传承意义来看，堪与希腊神话中狮身人面的"斯芬克斯"相比。彼此差异在于：澳门的民间信仰已融入世俗，更接地气，可称为"人狮"；希腊神话的"斯芬克斯"由神扮人，通过生死谜语挑战人类，更朝向天界，故堪称"狮人"（或"狮神"）。更重要的是，经过历代学者的理论化处理，以斯芬克斯闻名的"狮人"已被奉为"世界文学"中的经典乃至核心和原型；中国"人狮"的民间实践却只能以地方信仰和传统武术的方式蜷缩在世界边缘。

问题何在呢？或许在于虽然人类早期都有相似的神圣信仰和神灵谱系，但随着明显的世俗化过程，"中国狮"由神而人，游离出神灵谱系，并且雅俗分野，变为信仰碎片，缺少俄狄浦斯悲剧及其衍生的"恋母情结"那样的结构性搭配，因而不会呈现西方文学那样的整体传承。

从另一个角度看，问题也许恰恰出在"西方"的干扰——不但作为普遍的学理坐标而且作为映照他者的历史镜像出现于非西方场域。换句话说，正由于"斯芬克斯"式的"狮神"映衬，澳门会议上登台的"狮人"方显现出与本土精英的疏离及其背后的神谱破碎。

不过，无论如何，澳门会议主办方请出本地狮舞在开幕式上隆重登场，不管有意无意，都已产生意外的平行与交汇之效，其与博物馆参观等其他本地考察行程一道，构成了与大会演讲、圆桌论坛等主要安排相并行的会议副文本或副议程，也就是让澳门作为一部东西交汇的实证文本，叠置到比较文学系列之中。

[①] 本届比较文学的国际会议设立了关注人工智能与科幻文学的特别专题，有相当多的学者提交了专题论文，但由于时间和场地安排所限，就连此同一组专题的发言也被分割在若干个不同时段内进行，导致彼此之间既难以相遇也难以交流。提交的相关论文包括陈跃红《诗学、人工智能、跨学科研究》、吕超《美国科幻小说中的人工智能伦理范式》及王悦心《"忘记意义"的危机——探讨"数据流"模式下的跨文化文本阅读》等，参见 2019 年国际比较文学学会执委会会议暨国际比较文学高峰论坛《会议手册》。笔者提交的是压缩修订过的《数智时代的文学幻想》，全文可参见《文学人类学研究》2019 年第 1 期，社会科学文献出版社，第 3—15 页。

[②] 四川省比较文学学会第 12 届年会于 2019 年 4 月 19—21 日在成都召开，来自国内 60 余所高校及研究机构的 170 余位学者出席。参见张明眸：《数字时代的文学与文化学术讨论会暨四川省比较文学学会第 12 届年会成功召开》，川大比较文学公众号，2019 年 4 月 24 日：https://mp. weixin. qq. com/s? src = 11&timestamp = 1566003809&ver = 1795&signature = XDj5pIBYm9xS * 52MxMUOyFXsN698RASOkCS * WyA2N6Zbe0Vw0fm2 − 6vrhEEe1Y7pt7qOzIMp15THQxoXDqPTBRMmgI4xL0TfEJNScG0MF−cEDAIVYceFQblovktjzrrp&new=1.

由此观之，我们不难见到多维交错的学术图景，可谓：精英在"上"，民间在"下"；经验在内，表述在外；平行作纬，交汇为经。人类世界就这样被生成于学术与实践的文本之中。至于面对彼此干扰的历史场景，能否走出交汇后的十字路困局——就像刘洪一教授表述的那样，是走向"反面乌托邦"还是迎接"普惠文明"①，则取决于如何上演已见端倪的人类新剧本和怎样迈入正待合拢的世界竞技场。

七

2011年8月，上海。天气异常闷热。中国比较文学学会（CCLA）第10届年会正在举行。会场也分设两地，前半场在复旦大学（双子楼），后半场在上海师大。②

应会议之邀，弗朗索瓦·于连（François Jullien）作为外国嘉宾到会，作了题为"对比较的重新思考"的主题演讲。于连首先坦陈，重新思考"比较"是他在中国与欧洲之间展开研究的必要条件，继而提出中国思想和欧洲思想的相遇是一种机遇，彼此间的比较是平行的，亦是相互的，即是一种"多样可理解性里的流通"，可以由此打开一个新的"作坊"。于连认为："根据中国文明和西方文明的彼此独立发展，并直到近代才相遇这样一个为人熟知的事实，比较文学研究将不能建立在两者互相的客观影响、前后演变或传播关系上。"③那么应该如何呢？他的看法是：

> 看起来最令人满意的（比较研究）方法似乎是由那些我们所构想的最普遍的范畴组成，并且在平行模式下，透过这些范畴能够系统记录一领域与另一领域之间对应关系的特殊观念。④

于连在此把中西文明的关系视为平行的，并把平行看作一种最可能完成比较工作的模式。他强调并不存在对双方都同时有效的"普遍范畴"。在他看来，平行是客观事实，交汇——包括人为的交流和比较，则倾向于主观建构。可惜与如今大多数会议的情形一样，他的演讲未在会上引起及时回应，连当时坐在听众席里的我也没有清晰印象，如今的叙述是通过再度"迂回与进入"才获得的历史呈现。这种呈现的功用很多，其中之一是能跳出记忆边界，使此前于连与张隆溪的相关论争产生事实性的勾连。

在以期刊为替身的文本世界，双方表达了对"比较"的不同观点。张隆溪不赞同于连在《迂回与进入》中显露的倾向，即把中国思想简单当作西方哲学的"他

---

① 刘洪一：《文明通鉴与普惠文明——人类命运共同体的文明路径》，会议发言摘要，参见2019年国际比较文学学会执委会会议暨国际比较文学高峰论坛《会议手册》，第10页。
② 参见张静：《回归文学性：当代比较文学与方法论——"第10届中国比较文学年会暨国际学术研讨会"综述》，《中国比较文学》2011年第4期，第150—154页。
③ 于连：《对比较的重新思考》，萧盈盈译，载杨乃乔主编：《当代比较文学与方法论建构》，复旦大学出版社2014年版。
④ 于连：《对比较的重新思考》，萧盈盈译，载杨乃乔主编：《当代比较文学与方法论建构》，复旦大学出版社2014年版。

者"和与其对立的反面。此后,于连通过直接对话与间接对话,回复张隆溪的质疑和挑战,否认自己的论述仅在于把中国思想当作西方哲学的他者和陪衬,而是主张通过在两者间穿行,促成彼此的理解。

时光回到 2019 年,7 月 28 日。下午,深圳大会闭幕式。

特邀与会的美籍学者成中英以"人性全球化——论世界的文学性与文学的世界性"为题发表主旨演讲,他从哲学角度强调了人类世界本身具有的文学特征。[①] 在此之前,按维特根斯坦的说法,世界就是一个故事,我们只是活在其中的角色。[②] 于是除非叙述者死去,否则永恒不会到来。

再进一步,从文学人类学视角来看,人类的存在特征就是表述——通过文化文本展示并反观生命价值和意义。[③] 一如奈吉尔·拉波特强调的那样,"通过对世界的书写成为一种叙事,与这一世界同时展开"[④]。

由此观之,由比较文学国际会议串联在一起的深圳和澳门,都像兼收并蓄的博物馆和实景舞台——在平行中展现交汇,在交汇间保持平行。来来往往的人们在这里上演各自为主或为辅的戏剧,继而再经由各式各样的筛选陈列和话语竞争,把自己化为宛若命定的历史古迹。

2019 年 8 月 2 日。澳门的台风警报由八级降到三级,随后逐渐平静。令人担忧的"韦帕"来了又去,最后不见踪影。商铺重新开张,市民照常出行,本届会议也终告结束。

这时,利玛窦等绘制的《万国全图》依旧悬挂在澳门博物馆的展墙上,宛如一部展开的古书,静候各方观众阅读,由中及外,联想今昔。

八

澳门就是一个文本,坐落在古今中西的十字路口上。在文明交汇意义上,澳门还可被视为中西比较文学的起点。明万历年间,曾在澳门神学院讲学的艾儒略(Jules Aleni)就最早把"Literature"一词引入了汉语世界,而且他采用的方法不是如今通用的旧瓶装新酒,即并不沿用古汉语的"文学"作为对应,而是另外造出了一个力图与西学本义更接近的音译新词"勒铎里加"[⑤]。

[①] 成中英:《人性全球化——论世界的文学性与文学的世界性》,会议发言摘要,参见 2019 年国际比较文学学会执委会会议暨国际比较文学高峰论坛《会议手册》,第 14 页。

[②] 按照维特根斯坦的分析,世界是"所有事实的总和,而非物的总和";事实由对象的逻辑关系构成,更是通过语言表述呈现。因此存在可理解为词与物的关系,世界即是可依靠语言讲述的故事。参见维特根斯坦:《逻辑哲学论》,郭英译,商务印书馆 1962 年版。

[③] 徐新建:《文化即表述》,载叶舒宪主编《文化符号学——大小传统新视野》,陕西师范大学出版社 2018 年版。

[④] 拉波特:《关注创造性个体的文学性和人文性》,王傑婷译,《文学人类学研究》,社会科学文献出版社 2019 年版,第 161—162 页。

[⑤] 艾儒略:《西学凡》,载《天学初函》(第一册),台湾学生书局 1966 年版。

时间回到当下。2019年的7月31号下午，暴雨很大，越下越大。雨水冲刷着柿山路至炮台顶的山街小巷，溅起一阵阵很高的水花。山路狭窄弯曲，倾盆而下的雨柱遮挡了人们所有的视线，眼前几乎什么也看不见了。

我们无处可去，只得躲进路边的哪吒古庙避雨。守庙的老婆婆细声解释说，庙不大，很古老。一百多年了，和街对面的"结义堂"一样，都是政府出资修复的。她还说：

> 有什么活动吗？有的呢。平时会有人来上香、烧纸，最热闹的是哪吒生日，要办庙会。还会抬起哪吒太子到大街上去出巡……热闹啊！

哪吒是谁？哪吒是从印度传入中国的神，根据澳门《文化杂志》前不久登载的论文，哪吒或许还与埃及的莲花信仰相关。该文解释了哪吒从梵文"Nalakūvara"或"Nalakūbala"的音译由来，全称叫做那罗鸠婆、那罗鸠钵罗、那吒俱伐罗等。[1] 哪吒的形象经历了漫长的时空和类型流变，从印度神谱到汉地佛寺及道教神龛，一直传入在"文学中国"影响深远的《西游记》和《封神演义》等刻本和说唱中。

那么，在渊源深厚的脉络里，哪吒又是怎样来到澳门的呢？经过对文献档案与民俗活动的梳理，有的学者论述说：

> 澳门的哪吒信仰大致出现在清代初年，原因是当地民众相传哪吒显灵，化身为丫髻兜肚童子，保佑儿童，所以民众建其庙崇祀。以后大家相信哪吒能够驱除病魔，所以来求医者熙来攘往；由于有求必应，所以香火很旺。
>
> 据此，哪吒的关键功能就是庇护儿童，驱除病魔。[2]

可见，对于坐落在澳门斜坡小巷里的此尊神灵，我们切不可小看，他实在是源远流长，不同凡响，虽表面上地远景偏，内在却称得上庙小神大，法力无穷。结合曹顺庆教授演讲的"变异学"观点来看[3]，作为跨文化存在的哪吒尊神，仅凭其形象流传的经历就足以列入因变异而生成的世界文学殿堂了。只不过问题将接踵而来：与澳门狮舞的命运相似，哪吒神灵将莅临的世界是上层还是民间？作为一个通过口传、文本、泥塑及仪式传播的跨界形象，"哪吒"是属于印度的、中国的还是世界的？澳门民众将其抬上市街的万人巡游，算不算文学？如果算，文学又是什么？[4] 存在世界通用的"文学"概念吗？

暴雨继续，无人应答。

唯一可答的是本次会议及其设计的主题。如若回到筹办与参与的层面，我的看法是：比较文学既是一种视野、一门学科、一种知识方式，也是一个组织、无数人

---

[1] 杨斌：《莲上男童：哪吒的埃及来源》，《文化杂志》2019年第2期。
[2] 杨斌：《莲上男童：哪吒的埃及来源》，《文化杂志》2019年第2期。
[3] 曹顺庆：《文学交流的变异与世界文学经典的形成》，参见2019年国际比较文学学会执委会会议暨国际比较文学高峰论坛《会议手册》，第14页。
[4] 参见徐新建：《"文学"词变：现代中国的新文学创建》，《文艺理论研究》2019年第3期，第11—34页。

的聚会和流动的学术共同体。在这里，无论"川比"（SCLA）、"中比"（CCLA）还是"国比"（ICLA），尽管都与文学相关，但与作为艺术门类的文学虚构不同，学者们以生产知识为己任：借助文学，阐释人生、干预世界、成就自己。如此来看，对这个行当的很多从业者来说，文学只是对象，比较不只为了文学。

7月28日晚，深圳的大会宣告结束之后，为与澳门会议开幕式的双狮舞表演形成呼应，会方安排了一场特别的"会后会"（会间会）——邀请作家王安忆上台，与深圳作家对话，就中国小说与比较文学议题发表看法。王安忆以自己的经验和上海特点为例，阐述了文学交往和比较的历史必然及其对上海写作的积极影响。在她看来，上海近代的开埠历史铺垫了它的国际文化性，市民阶层的兴起与报刊印刷业的领先进一步决定了小说繁荣的必然性。因此，她应邀到此来谈比较文学与中国今日小说家的关联，不仅恰如其分，而且体现了作家的责任和义务。[①]

此时的场景，使我回忆起1991年参加的国际比较文学学会在东京举行的第13届年会。那一次会议邀请了日本作家登台，与学者们交流对于文学的意见，并且还安排了展示日本传统的能乐表演。[②] 两相对照，使人感受到会议筹办者们的一种相同理念、诉求和结构，亦即力图构建作家与学者、创作与学术的对话共同体。在那样的舞台上，作家如同学者，学者也是作家。

或许，这才是文学领域中更隐蔽的平行与交汇？

九

台风是地球上的自然现象。科学的话语将其解释为一种热带气旋，属于"地球大气运动的一种表现"，一般形成于北纬5—30度之间的西北太平洋上，每年7—8月出现频率最高，路线通常是经由西太平洋海面向西和向北曲线移动。科学家们通过实证观察和理论分析了解到，地球的行星风系自成一体，欧亚大陆和美洲大陆的影响，会使北半球的副热带高气压带遭受切割，分离为不同的高气压带。[③]

文学及文学研究属于人文领域。一切地方、民族和国家间的界限都是人为的。这既是比较文学的前提，也是它的局限；或许也正因如此，又才成了其魅力所在。

2019年的夏天，与台风"韦帕"一道，国际比较文学年会途经深圳、澳门，与它自20世纪来在巴黎、东京、维也纳、开普敦等地的经历一样，携带学术设计

---

① 参见（记者）张锐：《著名作家王安忆来深讲述"今日中国的小说家"》，《深圳特区报》，2019年7月30日。值得注意的是，王安忆同时具有作家之外的另一重头衔——复旦大学中文系教授，因而体现了作家与学者双重身份的平行和交汇。
② 参见张弘：《国际比较文学协会第十三届年会在东京举行》，《学术月刊》，1991年第11期；徐新建《东京印象》，《公关之窗》1992年第1期。
③ 参阅：公众号"一起看地图"：《风王"利奇马"来袭，台风为何总是"造访"中国?》，2019年8月10日：https://mp.weixin.qq.com/s?src=11&timestamp=1565842153&ver=1791&signature=PQ0uiJ0oCnkcczO8G0eXmmV8IiJDdbWYVBgRBTIZLYtrxf0c6I*gkq6iUrjbUeQWHHFGxEsqLbobpRTUAyXhsxeoCKNTBhI-NxTDlJXJeBDgA5YCxt6DzwqU9u8I70gj&new=1.

和思想议程而来,留下因地而异的遭遇而去。

一会两城,中外联系。千余学者,多重文本;两个作家,一对舞狮;既平行交汇,更互为主体,最重要的是通过对文学的再表述,呈现了彼此关联的三个世界,即因现实的生活世界源生,由文学的虚拟世界而变,最后在学术的论述世界作结。

尾声

世界的生活由所有碎片构成。学术和会议也自成一体。我们与之连接的方式有多种可能:预想它、参与它、忘记它,抑或用文学人类学方式——讲述它。而从文学教育的维度看,以集体参与方式体现的会议实践,何尝不是四川大学比较文学团队参与"跨文化对话"与"建构国际视野"的具身体现?

2019 比较文学国际会议:文学人类学研究专题会场

曹老师在东京过生日

2002 级博士 靳明全[*]

2013年寒假,曹师顺庆偕师母蒋晓丽教授随旅行团来日本,旅行线路:成都—北海道—东京—成都。旅行时间一周,时间紧凑,在东京仅待两天。受日本国际交流基金会邀请,当时我在东京撰写《日本文论史》书稿,接待老师和师母是学生的心愿。曹老师向导游提出申请,导游只允许他们脱团半天,因为旅日团出现过团员脱队不归的事故。

我拟定了两套接待方案,其中首选去歌舞伎町。

当天上午9点,我们在东京塔顶楼见了面。听了我的首选方案,曹老师委婉地说,东京大学、庆应大学乃世界名校,实地观察,了解更深。原来,曹老师的意见与我拟定的第二套方案不谋而合。

---

[*] 靳明全,2002级博士,1950年11月生于重庆,曾任四川大学教授、博导,重庆师范大学教授、硕导、院长,贵州大学教授、副系主任,日本九州大学和庆应大学访问教授,明治大学客座教授。

东京大学的门是红色，所谓东大赤门，原为加贺藩的御守殿门，因门皆漆为朱红色而得名，有上百年历史。1946年，冰心随丈夫赴日本，她受聘于东京大学客座教授，这在日本属凤毛麟角。日本人称冰心为赤门女教授。对于"赤门"历史，曾任中国比较文学学会会长的曹老师在教学中讲授过，如数家珍，给学生留下的印象极深。我们饶有兴趣地在赤门前合影，随即又来到东京大学正门前。正门高不过5米，宽不过10米。曹老师和我意味深长地对望一笑，又是不谋而合。倘若以校门华丽程度论"小巫见大巫"，东大正门较重庆师大的只是小巫而已。从正门进入，周围楼房大多外观陈旧、年代悠久，学部楼和实验楼的楼层在四层以下。日本人忌讳"四"，四发音"し"，是"死"的谐音。因此，日本历史悠久楼房的楼层、房间、铺位等，序号标明1、2、3到5、6、7等。曹老师对日本人这个忌讳一清二楚。他只是关心地问："这里实验楼的设备如何？"

我回答："按经济价值（指作者写本文的十年前），一栋实验楼的设备，超过国内一所普通大学全部设备。"

"工欲善其事，必先利其器。有好设备如同做好学问有厚功底。"说完这句话，曹老师沉思不语。

好设备需要购置，厚功底需要砥砺。我想起曹老师教十三经。讲授三节课需两小时半，他只讲半小时。一天，我被点名站起念一段《周礼》。书未断句，我古文功底又不深，念书则捉襟见肘。我额头冒汗，结结巴巴地念出文字，牛头不对马嘴。一段未念完，曹老师叫我打住。他指令另一学生重新念，那位老兄逻辑混乱地念了两句就哑口无言。曹老师又叫一人站起来，这位学友功底深厚、准备充分，一气呵成地念完了，众人啧啧赞誉。曹老师叫我们三人坐下，又指令另一个学生站起念下一段，念错换人，如此继续，直到学生念正确为止。念十三经，学生们"在劫难逃"，谁也休想侥幸逃脱。下课前半小时，曹老师有的放矢地点评讲解。这种教学方式让学生听课专心致志，不敢在课堂上昏昏欲睡。难怪川大比较文学、中国现当代文学专业的博士生写文章，都能恰当引用十三经。

迎面是一条笔直的小马路，路尽头有一座楼房，哥特式楼顶，屋外观颜色土黄，古色古香，是一座高档的古建筑。这就是世界著名的东大安田讲堂。以华丽程度而论，讲堂比不上国内沿海地市的许多大楼。但是，能被邀请来此讲堂进行学术讲座的，非世界级别学者不可，荣获诺贝尔奖者也以能来此演讲为荣。

望着安田讲堂，曹老师沉思无语。睿智尽在无言中。

曹老师在比较文学学界首次指出文学阐释的一个弊端——"失语症"，即中国文论传播的失语现象。他认为："失语"并非哑巴不能发声，中国文论通过译介走向世界，将融汇西方诗学形成的变异而发扬光大。这种理论也体现在他的英文专著 *The Variation Theory of Comparative Literature*（《比较文学变异学》）书中。

离开东大，我们乘坐轻轨，约一小时后来到庆应大学。这座由福泽谕吉办起的私立大学，培养了数百名亿万富豪和世界名流。可是，校园小得可怜，令国人大失所望。房屋倒不像东大那么陈旧，但整个校舍面积还不敢与川大新校区图书馆及其附加设施比宽。

二战时期，美军轰炸东京，庆应大学校址成为一片废墟，但其中的一座二层楼房，美军有意保存，没有损坏，那就是1907年建立的庆应大学旧图书馆，其中一部分现在是收藏汉籍文献的斯道文库。这座八角形的老式楼房只有两层，加上地下一层，书架的空间远远不及成都市属区图书馆。可是，里面馆藏的世间稀有珍本书至今完好。一天，文学部部长关根谦教授领我进去，看《梁昭明文选》明精写刻珍本。珍本经过技术处理，手触纸的感觉有现代纸的质感，丝毫不担心以手触摸碎片落地。

曹老师一直情系世间珍本。遗憾的是，庆应大学看珍本有一套严格手续。我只好说，对面的高楼是学术楼，作为访问教授，我有幸占据了一间研究室，去喝一杯茶吧。研究室3平方米，一张桌子、一把椅子、一个书架，几乎挤满室内空间。访问教授可以进入旧图书馆，借书回研究室使用。

"只要随时可用图书馆的书，一张桌，一把椅，做学问，足矣。"曹老师此话与中国社科院杨义先生曾给我说的又不谋而合。

随后，我们按曹老师所说的地点，来到上野的一条小巷，选了一个居酒屋。这家居酒屋不过10平方米，置放三张桌子，但食客满座，只能背靠背。听到曹老师说今日是他的生日，我面带难色，来如此简陋的地方甚觉不安。曹老师明白我的苦衷，有的放矢地说出为人处事中令人深思的话："明全，今天所见所闻，特别有意义。山不在高，有仙则名；水不在深，有龙则灵；名校不在规模华丽，有大师则成；过生日不在排场，一张桌，一盘花生米，一壶酒，一个朋友，则行。"曹老师的话顿时让我兴奋起来，忘记了这是在酒馆，举杯大喊："曹老师！祝您生日快乐！"

背后一个衣着像教授的日本人嘀咕道："うるさい（吵闹了）。"我放低声音，对曹老师说："十年后，老师办七十大寿，我和您划拳助兴。"

睿智的曹老师明白我放低声音的含义，他比画出两根手指，轻轻地说："两兄弟好。"

轻声的话语提高了师生的情意。

我的"比较"之路

2008 级博士　杨玉英[*]

一、"比较"之缘

2007 年 6 月 29 日，一次偶然，让我决定考博。因为我在硕士研究生阶段学的是英美文学，2006 年 6 月毕业后进乐山师范学院外国语学院教的也是英美文学，因此我决定选择与文学相关的比较文学专业。那时女儿芷蘅已经上高中二年级，为了离女儿和哥哥近些，周末偶尔能回趟家，我选择了四川大学文新学院的比较文学专业。

之所以选择顺庆先生，一是因为先生的学术声望，二是因为我自己那时根本不认识任何一位四川大学文新学院的老师。第一次见顺庆先生是在考博复试的时候。待面试的 5 位老师问完问题，其中一位问坐在答辩秘书对面的先生："曹老师，您有什么问题要问吗？"我转过头去，吃了一惊。啊！他就是曹老师呀！我还以为他是另一位答辩秘书呢。

毕业后，先生有一次到乐山师范学院检查工作，有书记、校长、人事处处长和乐山师院文新学院院长陪同。先生笑容满面地对他们说："还是我们玉英最牛了。复试的时候都不知道曹老师就是我呢。"

乐山师院文新学院的院长趁机请求："曹老师，让你的高足到我们文新学院嘛。我们有比较文学专业，但是还没有一位比较文学专业的博士。"

因为我自己更喜欢用英语上英美文学课，也因为当时引进我的外国语学院院长放言："你们文新学院借人可以，借了总是要还的嘛。但谁要跟我抢人，那可不行。"于是，我这个他们口中的"复合型人才"，便活动在乐山师院外国语学院和文新学院之间。偶尔为文新学院的学生和老师做一场与比较文学相关的讲座，也曾为学生上过一学期的"中外文化比较"课。

二、比较视野下"中国经典在英语世界的传播与接受"系列研究

因为我来自郭沫若的故乡乐山，所以顺庆先生给了我一个"命题作文"，建议我博士论文做"英语世界的郭沫若研究"。乐山师范学院有"四川省郭沫若研究中心"，也有国内和国外唯一的一本郭沫若研究专门刊物《郭沫若学刊》，且因为写论

---

[*] 杨玉英，2008 级博士，女，1969 年生，长江师范学院外国语学院教授，文学博士。主要从事英美文学和文学翻译教学。研究方向为英美文学、比较文学和海外汉学。

文的缘故，我常到研究中心请教郭沫若研究专家陈莉教授和廖久明教授，而且，我还与国内外的郭沫若研究专家，包括郭沫若在日本东京国士馆大学做副校长的外孙女藤田梨那老师比较熟，在他们的帮助下，海外的郭沫若研究资料我获取得比较全面且顺利。毕业论文也是我 2010 年获得的教育部课题"英语世界的郭沫若研究"。《英语世界的郭沫若研究》一文完成时，有 35 万字。专著和开题报告都成了后面好几届做"英语世界的……研究"系列博士论文的师弟师妹们人手一册的样本。

在做毕业论文的同时，我也顺便搜集和重复利用这些珍稀的海外研究资料。当时想着要给后来想做"英语世界的……研究"的同门师弟师妹们更多的文学研究空间，我便刻意选择了不那么纯文学的研究课题。于是，就这么一路做了下来，形成了自己十多年来的"中国经典在英语世界的传播与接受"系列研究。从课题到专著，已成了系列。迄今为止，已完成系列专著 14 本，其中已出版 11 本。另外 3 本，一本在 3 年前完成交予了出版社，另一本在 2022 年 3 月初已完成，还有一本已完成 665 页。按完成和出版的时间，专译著依次为：《英语世界的郭沫若研究》《比较视野下英语世界的毛泽东研究》《英语世界的〈孙子兵法〉英译研究》《英语世界的〈道德经〉英译研究》《茅盾与中国现代文学批评》（译著，马立安·高利克著）、《马立安·高利克的汉学研究》《郭沫若在英语世界的传播与接受研究》《〈孙子兵法〉在英语世界的传播与接受研究》《〈道德经〉在英语世界的传播与接受研究》《中国俗文学史》（译著，郑振铎著）、《林语堂在英语世界的传播与接受研究》。另三本为：《中国文学的三幅素描》（译著，雅罗斯拉夫·普实克著）、《朱熹在英语世界的传播与接受研究》和《中国女子教育通史》（译著，杜学元著）。

三、比较视野下的中国典籍英译与教学

从 2007 年接触比较文学以来，我一直是教学和科研相辅相成。不论是在课上还是在课下，我都会用比较研究的理论和方法，来进行课堂教学和对学生毕业论文予以指导。这些年，我陆陆续续上过如下几门课，都是"比较视野与方法"的切实呈现："英美文学""中外文化比较""文学翻译""诗歌赏析""中国文学与海外翻译研究""典籍英译"。除"英美文学"，都是自编讲义，有效利用比较文学的研究理论和方法向学生传播中国优秀传统文化。

2020 年，我让同组 7 位同学英译阎纯德先生的《世纪末的中国文学论稿》，3 位同学汉译 *Sun Tzu Was a Sissy: The Real Art of War*。

2021 年，我让同组 6 位同学根据乐黛云老师的《跨文化之桥》，分专题做乐黛云老师的比较文学研究论文。

2022 年，我让同组 7 位同学做"闽籍翻译家群像——……研究"，分别撰写关于林纾、严复、辜鸿铭、林语堂、郑振铎、冰心、张培基的翻译研究论文。

而我自己，则在不多的课堂教学之余时间，申请了专职科研进行比较视野下的中国典籍英译工作。2018 年，我成功申请到国家社科基金中华学术外译项目《中

国俗文学史》的英译。文学大家郑振铎先生的这本名著原书 698 页。原文有一半左右是文言文，内容涉及先秦的歌谣，汉代的俗文学，六朝的民歌，唐代的民间歌赋，宋金的"杂剧"词、鼓子词与诸宫调，元代的散曲，明代的民歌、宝卷、弹词、鼓词与子弟书和清代的民歌。50 多万字的译稿最终顺利通过国家社科基金委评审，由 Springer 集团在新加坡出版发行。

除了上述这本中国经典的英译本，我于 2015 年开始断断续续英译另一本难度与之不相上下，原文本字数 68 万字左右的《中国女子教育通史》。两本中国经典的英译外宣，既是对比较视野下的中国优秀传统文化的传播，也是对我自己的比较文学研究功底的学术检验。

四、比较视野下的比较文学大家译介：马立安·高利克与雅罗斯拉夫·普实克

2013 年 2—3 月，中国茅盾研究会计划推出一套"茅盾研究八十年书系"，全套 60 册。编委会选中了马立安·高利克先生那本英文专著 *Mao Tun and Modern Chinese Literary Criticism*（《茅盾与中国现代文学批评》）。高利克先生收到邮件后非常高兴，同意让编委会翻译出版。不过，先生坚持要让我来翻译他这本 1969 年出版的、欧洲第一本用英文撰写的茅盾研究著作。因为我替顺庆先生邀请高利克先生到四川大学讲学的缘故，那一个月我和高利克先生联系频繁。先生知道我当时特别忙，除了每周的 12 节课，当时手头还有 5 个在研课题，所以每次提及翻译他这本书时，已满 80 岁的他总是安慰我：I am still young. I can wait. 先生的宽慰，却在无形中给了我更大的压力。于是，在高利克先生完成四川大学的讲学即将离开成都去北京的那天下午（2013 年 3 月 26 日），我下定决心放下手头所有的科研工作和杂事，接下了这本书的翻译任务，然后电话与中国茅盾研究会的会长钱振刚老师、北京语言大学的李玲老师和阎纯德老师、中国茅盾研究会的秘书长许建辉老师等联系好在北京的著作翻译授权协议书签字事宜。

我从 2013 年 5 月 1 日开始，用 4 个月的时间完成了这本 35 万字的英文著作的翻译工作。高利克先生非常严谨，中间给他预留了一个半月的时间，他亲自数次校订、审阅译稿，与我商榷书稿的翻译细节。原书涉及 8 个国家的语言，而且内容广博、引用文献繁多且出处年代久远，这些都给书稿的翻译和校阅带来了相当大的困难。通过夜以继日、全力以赴的拼命工作，我终于在约定的时间内完成了全书的翻译和校阅工作。

"茅盾研究八十年书系"精装本的书系共 60 册，由台湾花木兰文化出版社出版。遗憾的是，60 册书不单卖，全套标价 12 万新台币，折合人民币 2.5 万元，所以很多图书馆都买不了这套书。高利克先生授意，让我从我的赠书中送给赵毅衡老师和乐黛云老师各一本。我自己送了顺庆先生和我的副博导罗婷老师一本。

2018 年 1 月 23 日一早，我突然萌发了把撰写有关郭沫若的毕业论文时，在美国买到的一本雅罗斯拉夫·普实克研究中国现当代文学的珍稀小册子 *Three Sketches of Chinese Literature*（《中国文学的三幅素描》）翻译出版的念头［该书的珍稀之处还在于，它是美国汉学家芮效卫（David Tod Roy）亲笔签名的旧书］。当天上午我与阎纯德老先生商量此事，他非常赞同。于是，我1月25日带着这本珍稀书飞到北京，和阎老师一起，于26日到北京大学朗润园乐黛云老师的家中拜访了她。乐老师见到书，听了我的计划后非常开心，赞成我即刻着手准备翻译工作。第二天我和阎老师又到丰台区拜访了北京外国语大学的张西平老师。他听说我的翻译计划后很激动，当时就表示可以收入他的书系出版。因为阎老师为他主编的"列国汉学史书系"约稿在先，所以我只好婉拒了张西平老师的美意。

我与普实克先生的孙子，捷克查理大学的中国史前史研究专家、汉学家马三礼先生取得联系并办理好翻译授权书仅用了一个月时间。从高利克先生那儿获得马三礼先生的联系方式并发邮件与他商榷后，马三礼先生激动万分，邮件中他代表家人对我的工作表示了诚挚的谢意。原书稿仅由三篇普实克研究郁达夫、茅盾和郭沫若的论文构成。若单独成书，内容显得有些单薄。在与阎老师和马三礼先生多次商榷后，我们决定增加相关珍贵资料使书稿丰满可读。马三礼先生请查理大学的中国文学研究专家安德昌先生为该书写了序言，我将其译成中文并首先在陈子善老师主编的《现代中文学刊》发表。除保留原书的144条注释外，我增加了马三礼先生提供的3幅普实克先生的珍稀黑白照、10张普实克先生著作书影以及四篇难得的具有史料价值的附录：附录一是法国汉学家谢和耐为普实克先生写的法文版讣闻（由我翻译成汉语）；附录二是雅罗斯拉夫·普实克为我翻译的高利克先生那本《茅盾与中国现代文学批评》所写的序言；附录三是马立安·高利克先生的文章《雅罗斯拉夫·普实克：学生眼中的神话与现实》（由我翻译成汉语）；附录四是我整理的"雅罗斯拉夫·普实克研究在中国"。

译稿完成后，于2018年7月交与阎纯德老师。译稿原定2019年出版。遗憾的是，由于疫情和经费的缘故，该书迟迟未能按出版合同约定时间出版。期待该书面世的捷克汉学家马三礼和安德昌先生，德高望重的中国比较文学终身成就奖获得者乐黛云老师和钱林森老师，还有不少搞中国现当代文学研究的朋友们，心里都有些着急。

五、比较视野下的汉学研究

从2010年开始，我一直受邀为《郭沫若学刊》《汉学研究》《女作家学刊》等刊物做目录英译。这些刊物每期中数量可观的比较研究成果，也是我诸多课程中的讲授内容。这些文章的比较研究方法、比较研究视野、比较研究内容，都是我讲课时选择的对象。

我自己也在这些刊物上发表了比较研究的学术文章或译文。如发表在《郭沫若学刊》上的《文学变异学视角下的郭沫若〈英诗译稿〉》；发表在《汉学研究》中的

《卡尔思罗普〈孙子兵法〉英译本与翟林奈英译本之比较研究》《承与变——克拉维尔〈孙子兵法〉英译本对翟林奈译本的改写》和《哲理文学的"白矮星"——〈道德经〉在英语世界的传播与接受研究》以及发表在《毛泽东思想研究》中的《英语世界的毛泽东诗词研究》和《战地黄花分外香：论毛泽东诗词的反向主题》等。

我也为期刊组织比较研究的文稿，如为《中华老学》2022 年第 7 辑"老子的海外传播"栏目组稿 5 篇，其中 2 篇是比较研究老子的：何莹的译文《五味与道家思想：老子〈道德经〉第十二章》和我的译文《战略圣人与宇宙将领：道家视角下〈道德经〉与〈孙子兵法〉之间的互文性》。再如，为 2022 年秋冬卷《女作家学刊》组"海外王安忆研究专栏"稿件。

六、受顺庆先生所托，为母校邀请马立安·高利克先生作"比较文学与世界文学"系列讲座

2011 年 12 月 23 日，我去顺庆先生家看望先生和蒋师母，聊及高利克先生曾把国内数据库中可检索到但无法获得的所有关于他的研究资料先后分三次带给我，他给予我高度信任，希望我能好好利用这些资料。听我介绍后，顺庆先生笑着说："我在之前的两次中国比较文学年会上邀请过高利克先生到四川大学来为我们的老师和博士生做专题讲座，但是都没有成功。那看看我们玉英够不够牛，能不能把高利克先生邀请来为我们讲学呢？什么时候来？讲多长时间？讲什么内容？都可以由高利克先生自己决定。"

回家后，我在给高利克先生发圣诞节问候邮件的时候，把顺庆先生的邀请告诉了他。高利克先生第二天就回复我邮件，说 2012 年 2 月 28 日 20：00 前会回复邮件告知我他的决定。2012 年 2 月 28 日晚上 6：30，我收到高利克先生的邮件回复，他告诉我说决定接受顺庆先生的邀请来四川大学做学术讲座。时间定在 2013 年的 2—3 月，因为他 2012 年全年在世界各地的 6 场学术讲座已经把时间占满了。邮件中，先生详细告诉我这 6 场讲座的具体时间段、地点和讲座内容。

顺庆先生得知高利克先生同意来讲学的消息后非常开心。其后，高利克先生来四川大学讲学的所有材料，包括四川大学发给他的"被授权单位邀请函"、四川大学"985 工程"平台/基地引进人员审批表、四川大学聘请短期外国专家来访申办签证表、高利克先生的中英文简介等，都是我替他准备完成的。

2013 年 2 月 26 日，高利克先生在其彼时在维也纳大学东方研究所读研的外孙女白璧的陪同下，乘坐 13 个小时左右的飞机到达双流国际机场。我到机场接舟车劳顿的先生。高利克先生大概深谙中国的学术之道，主动提出要先到我当时工作的乐山师范学院外国语学院为师生们做一场讲座。讲座结束后，我的女儿芷蘅和学生青青陪白璧去了乐山大佛玩，先生与外国语学院和文新学院的师生交流。然后去了郭沫若研究中心参观。再然后，他、白璧和北京郭沫若纪念馆的蔡震先生（彼时受邀在郭沫若研究中心做客座研究员）一起受邀去了我家。

2月28日，我开车将高利克先生和白璧送到四川大学。那边早有顺庆先生安排好的师妹师弟们接待。在红瓦宾馆安顿好先生后，我才放心返回。白璧只在成都待了两天，便去了北京。先生的讲座，从2月28日开始，到3月26日结束，一共8场，每周2场，内容都是他之前的汉学文学研究成果。1933年2月21日出生的先生，其时刚过80岁生日，精神状态还不错。但把他一个人留在陌生的成都，我还是不太放心。于是，我每天晚上都会给他打长途电话，每个周末都会买了他之前告诉我想吃的水果和点心去四川大学陪他。我带他在校园内外走走看看聊聊，然后"耍赖"让先生请我在红瓦宾馆吃午餐。毕生节俭的高利克先生，每次都规定好一人只点一个菜。在我的强烈要求下，两个人加了一份汤。

为期一个月的讲学，让四川大学的师弟师妹们受益匪浅。不知曹门还有多少师弟师妹们记得给他们讲学时神采飞扬、手舞足蹈、满头爱因斯坦式白发的高利克先生。

一切都刚刚好。如果再一晚点，就都来不及了。我敬爱的高利克先生，在2017年10月7日与乐黛云老师、阎纯德老师和我分别后，从此再未相见。先生和我在北京西郊宾馆吻别时哭红了双眼，嘶哑着嗓音说：玉英，我们以后天堂再见了。我年纪大了，女儿Henka不让我再到中国来讲学了。以后我不能为你做的事，就让白璧来替我为你做吧。

去年5月，在他口中的天使们——北京语言大学的李玲教授、北京第二外国语大学的刘燕教授和我坚持不懈的询问后，我们终于从国外友人的口中得知，高利克先生患了阿尔茨海默病，无法再工作，也无法再与外界交往。我们伫顿时哭成了泪人。

从1952年即开始研究比较文学的高利克先生，到去年彻底与比较文学告别，历时整整70周年。

2012—2013年间，我在高利克先生的建议和引导下申请了国家留学基金委的国际高访项目，有幸在2013年成功获批，成为斯洛伐克科学院终生院士马立安·高利克先生的关门弟子。而我2013年决定翻译和撰写的那两本书：《茅盾与中国现代文学批评》和《马立安·高利克的汉学研究》，也成了我献给先生、让他感激不尽的80岁生辰大礼。

记 2019 年参与澳门国际比较文学大会

2018 级博士　陈　鑫[*]

不知不觉，自 2014 年考入北京师范大学以来，弹指间已当了八年的曹门后生。在此期间参加了多次学术会议，而规模最大、给我印象最深的是 2019 年在澳门举办的世界比较文学大会。这次大会云集了全世界最有名望的比较文学学者，而曹老师毫无疑问是中国方面的代表性学者。曹老师的变异学不但整合了中国学术界的相关研究成果，同时也引发了世界比较文学界的热烈讨论。这次大会专门为曹老师辟出变异学话题的分论坛，而本人也有幸参与到论坛的讨论和分享当中。

本人在分论坛上展示的论文题目是"袁枚在英语世界的接受形象"。这个题目展示的内容脱胎于本人的硕士论文《袁枚在英语世界的译介与研究》。从硕士研究生入学开始，曹老师便有意识地培养我们关注海外汉学以及相关比较研究，并强调我们应该站在跨文化和跨学科的视角上来看待这些研究。因此尽管粗浅，本人在论文中还是希望尽量运用变异学的框架和思路来考察袁枚这位特立独行的清代诗人在英美学界乃至大众之中的接受形象。

而彼时还有好几位来自北师大的曹门同门一起参加了这次会议，会议当中主持人和其他参会人都毫无保留地参与了交流。在闲暇之时，本人还参观了其他很多分论坛的精彩展示。不得不感叹：现在比较文学学界在新问题、新视角和新潮流上的不断开拓，使我们这个强调多元性和异质性的学科真正做到了百花齐放、百家争鸣。而本次大会也是一个结交更多优秀同侪的好机会。在首日的大会晚宴上，本人就结识了非常多来自其他地方的优秀学者。

同时在为期三天的大会当中，我们和其他很多曹门与非曹门的小伙伴们都领略了澳门这座城市的独特魅力。会议期间，来自各个地方的曹门同门和老师一起组织了一次曹门"澳门临时分会"聚餐。席间既有像叶舒宪老师等曹门的大师兄和真正的泰斗级人物，也有来自川大和北师大的刚入校园的研究生同学。本次聚餐可谓其乐融融。席间，曹老师提出了学派传承的重要性，并勉励我们为变异学乃至中国的比较文学研究开拓出新的道路。

时间总是过得很快，虽然是国际性会议，且本次大会议程已经算是比较长的了，但仍然让人觉得意犹未尽。大会第一天，还难得地遇到了台风和大雨，反倒成了让人印象更加深刻的一段插曲。

---

[*] 陈鑫，2018 级博士，北京师范大学比较文学与世界文学专业，现研究兴趣为英语世界的萧伯纳及英国戏剧相关的研究。

得遇良师，何其有幸

2015 级博士后　王苗苗[*]

每次我给老师发送电子邮件后，都会收到带有"博学之，审问之，慎思之，明辨之，笃行之"签名档的自动回复。这句出自《中庸》的经典名句给了每一位收件人以激励与鼓励，同时也正是老师从教四十年来在学术传承与教书育人过程中的真实写照。

老师博学笃志，四十年如一日，将全部身心投入学术研究与教书育人，始终致力中国话语体系的建构与中华优秀传统文化国际传播及创新人才的培养。老师提出的比较文学变异学理论（The Variation Theory of Comparative Literature），创建了比较文学中国话语体系，让世界听到了中国的声音，同时也获得了国际学界的高度评价。

老师身体力行，力行近乎仁。他既是学术的传承者，也是文化的传播者；始终立足中国文化自信，以其渊博的知识、创新的意识和求真笃行的高尚品质，在教学实践与教书育人之中施惠于人，为国家培养了许多具有家国情怀、国际视野和学术创新精神的高素质人才。古语说，读万卷书，行万里路。老师总是在百忙之中尽可能多地抽时间带领师生团队举办或参加国内外高端学术会议，也经常带队远赴国外学习交流，为师生搭建了更多、更高的学术交流平台，创造了到国外知名高等学府留学深造的机会。我十分有幸能够在老师的指导下学习成长，在老师的带领下多次参与办会与参会交流学习。其中，最令人难忘也是最意义非凡的一次，是 2016 年 7 月跟随老师一同远赴奥地利维也纳参加"国际比较文学学会第 21 届年会"（XXI. Congress of the International Comparative Literature Association）。这次会议是由国际比较文学学会主办、维也纳大学承办的；会上有来自美国哈佛大学，英国牛津大学、剑桥大学，法国索邦大学，荷兰乌特勒支大学，德国慕尼黑大学，中国四川大学、北京大学、清华大学、香港城市大学等世界各地高校比较文学及相关学界 1500 多位专家学者参加。会议的主题是"比较文学的多语言性"（The Many Languages of Comparative Literature）；同时还设有 5 个分议题：1. 作为通用符码的艺术（The Arts as Universal Code）；2. 语言：世界文学的根本（Language—The Essence of World Literature）；3. 多样文化、多种习惯用语（Many Cultures, Many

---

[*] 王苗苗，2015 级博士后，华北电力大学外国语学院副教授、硕导，英国牛津大学访问学者。兼任国际学术期刊 *Comparative Literature and World Literature* 助理编辑，*Comparative Literature: East & West* 审稿人。学术专长为比较文学、英美文学。

Idioms); 4. 主题学的语言（The Language of the Thematics）; 5. 比较文学学者在行动——专业交流（Comparatists at Work-Professional Communication）。此外，会议还设有 5 场主旨报告，120 组圆桌论坛，1500 多场次学者发言。大会的主要工作语言是英语，来自世界各地的与会学者广泛交流了比较文学领域的各种思想和方法及其研究成果。其中，比较受关注的论题有：作为"国族"习惯用语的语言，文学翻译中的源语言或目标语言，文学表现形式构成的世界文学，当今世界文学所关注的语言标准，学术研究的元语言与诗学术语。从以上论题可以看出，本次大会的关注点极具特色，涉及不同社会语境和民族团体的语言运用，主题和话语中的符码，文学的各种研究对象及其关键问题和思想的表达等。这一切都直接与文学比较的具体方法有关，当然也关乎语言风格和形态。与会学者运用比较的方式来阐释全球文学所关注的热点问题，从语言、翻译、世界文学等视角，充分交流和探讨了比较文学多语言性的研究成果及思想，对促进全球视阈下文学与文化的汇通与交融具有重要意义与参考价值。

老师在此次会议中做了题为"比较文学变异学理论与比较文学的发展与未来"的主旨发言。他从世界文学研究、跨文明研究与比较文学变异学研究的视角出发，展望了比较文学学科的未来。首先，他从比较文学的学科之争切入，分析阐释了比较文学学科的现状与身份问题。其中，英国著名学者巴斯奈特（Susan Bassnett）和美国著名学者斯皮瓦克（Gayatri C. Spivak）都认为比较文学已死，他们的研究泛文化、不比较、不文学。而美国著名学者苏源熙（Haun Saussy）和达姆罗什（David Damrosch）则坚称比较文学没有死，且比较文学的未来是世界文学。针对以上争议，老师指出，世界文学研究仍存在问题，如缺少可比性，缺少系统理论。世界文学与跨文明研究有着相同的历史背景，都得益于全球化，都希望通过对不同文明之间的比较，找到文学作品的新价值和新关系。然而，世界文学与跨文明研究又有着不同的理论立场。世界文学往往会提供相同或相似的价值观。跨文明研究基于不同文化和不同文明之间的异质性，为比较文学的发展提供了另一种可能性。因此，比较文学变异学理论实为一个新的突破。老师的精彩发言，推动了中国文学话语的建构及其世界性影响，同时也是中国文化走出去的杰出代表，引起了在座学者极大的学术兴趣及热烈反响。此外，在美国佩珀代因大学博鲁斯克（Graciela Boruszko）教授主持的题为"比较文学、世界文学及比较文化中的数字人文研究"论坛中，我也有幸和与会学者交流探讨了新媒体中的巴金研究及相关问题，受益匪浅。在与老师一同参会学习交流的过程中，我更加深切地感受到了以老师为代表的中国比较文学的进步与发展，也更加坚定了中国文化自信的信念：继续在世界文学中研究中国文学，努力向世界讲好中国故事，同时，也将中国比较文学与文化介绍给世界。

这次参会的另一重要使命与任务是：老师作为时任中国比较文学学会会长，代表中国比较文学学会申请"国际比较文学学会第 22 届年会"在中国深圳的举办权。

闭幕式上，千人礼堂座无虚席。老师站在讲台中央，用流利的英语与精美的图文向国际比较文学学会组委会成员及在座的诸位专家学者介绍了中国比较文学研究的渊源及深圳优越的地理位置与发达的经济。深圳大学作为一所发展中的国际化高校，不但与全球120多所大学及研究机构有着广泛的合作交流，还与比较文学有着不解之缘：1985年，中国比较文学学会在此创立；2005年，中国比较文学学会成立20周年国际学术会议也在此召开。此外，老师还详细介绍了对第22届年会的周密规划及已经启动的充分的前期筹备工作等。申报发言获得国际比较文学学会组委会的一致好评与支持。因此，中国深圳成功获得了"国际比较文学学会第22届年会"的承办权。这次中国申会的成功，意义非凡。其中既饱含着老师带领的中国比较文学学会及师生团队付出的无数艰辛与努力，也体现了中华民族的文化自信与民族自豪感，还充分体现了国际学术界对以老师为代表的中国人文社会科学研究的高度认可与鼓励。中国申会的成功，是中国比较文学走向世界的强有力证明，也是这一学术领域的一个新的里程碑。

虽然这次会议已经过去数年，中国成功举办"国际比较文学学会第22届年会"的历史也已载入史册，但是老师带领团队为之努力的美好回忆却历历在目。虽然我和很多同门兄弟姐妹一样已毕业多年，但是我们在曹门大家庭中仍联系紧密，在老师的带领与指导下、严管与厚爱中，继续勇攀学术高峰。同时，我们也切身感受着老师严谨治学、宽容待人的人格魅力，博学笃志、格物明德的修身之理。最后但重要的是，还有一个人尽皆知的"小秘密"，就是我们还幸运地拥有另一位良师益友：我们敬爱的、可爱的、亲爱的师母。她美丽善良、优雅智慧、博学多才、温柔可亲，是无数师生崇拜的偶像与榜样。她不仅是求学、教学、治学中的佼佼者，还对学生（包括曹门学生）关爱有加；给我们提供学术指导建议，与我们分享生活中的喜怒哀乐，还教给我们做人的道理等。非常幸运能够拥有老师和师母两位导师，在他们共同的、双倍的关爱与指导下，学习与生活，成长与进步。同时，非常感谢老师和师母给予我们的无限的爱……

春风化雨，师恩难忘；桃李不言，下自成蹊。得遇良师，何其有幸！

第二节　如切如磋 如琢如磨

曹门学术会议带给我的收获与启示

1999级博士　向天渊[*]

我认识曹老师的时间是1995年秋。当时，我是西南师范大学中国新诗研究所的硕士研究生，在邹绛、陈本益两位导师的带领下，到成都参加由四川比较文学学会、四川大学汉语语言文学研究所等单位联合主办的"四川国际文化交流暨比较文学研讨会"。开幕式上，刚四十出头的曹老师，身着白色西装、红色领带，意气风发，先后用中文和英文进行开幕致辞，给我留下了特别深刻的印象。这次会议，除川渝地区，还有来自全国其他省市和国外高校的学者参加，是一次真正意义上的国际学术研讨会。大会议题非常丰富，包括"中外文化交流""中西诗学对话""中西比较文学研究""文学翻译研究"和"中国文学在国外"等，与会学者各抒己见，尤其是围绕"比较文学中国学派""重建中国诗学话语"展开了具体而深入的探讨，甚至还出现了针锋相对、彼此辩论的情况。这次会议，不仅大大拓展了我的学术视野，还让我下定决心要报考曹老师的博士研究生。

硕士毕业后，我留在西南师大中国新诗研究所任教，三年之后，我如愿考上四川大学比较文学专业的博士研究生。令我倍感惊奇的是，还没有正式报到入学，我们就提前参加了一场学术盛会——中国比较文学学会第六届年会暨国际学术研讨会，会议时间是1999年8月15—18日，这次会议由中国比较文学学会、四川比较文学学会、四川大学主办，四川大学文学与新闻学院承办。作为博士生，我当时拥有双重身份，既是参会学者，又是会务组成员，毕竟这是一次将近三百人参加的大型学术研讨会，人数比前几届中国比较文学年会有大幅增长，会务工作相当繁重。不用说，这次会议对我的冲击和影响十分大，此前只能在杂志、书本上见到，抑或是听闻的著名学者，几乎悉数到场，包括中国比较文学学会的会长乐黛云，副会长曹顺庆、钱中文、陈惇、饶芃子、谢天振、孙景尧，以及刘象愚、钱林森、黄维樑、陈鹏翔、许子东、刘介民、王宁、叶舒宪、孟华，等等。更加难得的是，国际

---

[*] 向天渊（1966—），1999级博士，男，重庆巫山人。现为西南大学中国诗学研究中心主任、中国新诗研究所所长，教授，博士生导师。中国闻一多研究会副会长，重庆市现当代文学研究会副会长，《中外诗歌研究》主编、《诗学》联合主编。

比较文学学会的名誉主席佛克马、国际比较文学学会前会长谢佛莱尔、美国学派的代表性人物雷马克、美国比较文学学会前会长欧阳桢、法国跨文化研究院院长李比雄也出席了大会并做学术发言。那时网络尚未普及，我们除了课堂上老师的言传身教，主要还是通过阅读纸质文本获取知识。能有机会参加如此规模的学术盛会，目睹学界大佬的风采，聆听他们的高见，让刚刚获得博士生资格的我喜悦、兴奋之情溢于言表。更重要的是，通过高密度的信息接收，我短短几天就大体掌握了本专业的学术热点，收获之大，可以说超过自己数月甚至数年的独自摸索。现在回想起来，我的博士学位论文之所以选择从话语主体、话语方式、话语文本、话语理路等几个维度去阐释"现代汉语诗学话语"，也与此次会议对我的启发密切相关。正是在这次会议上，曹老师率领众弟子对"汉语批评"展开集中研讨，可谓是"文论失语症""重建中国文论话语"等学术命题的自然延伸。我提交会议的论文题目是《调和折衷：朱光潜诗学建构方法论》，没有加入曹老师主持的"汉语批评：从失语到重建"的会议笔谈，但会上的耳濡目染，给予了我潜移默化的影响。

　　2001年4月下旬，博士二年级时，我又一次参加了曹老师组织的"四川省比较文学学会第四届年会暨学术研讨会"，会议在四川省宜宾学院召开。宜宾有"万里长江第一城"的美誉，五粮液集团是当地的龙头企业。我们不仅欣赏了美景，还品尝了美酒，更重要的是围绕会议主题"当代语境中的比较文学"，就各种前沿理论和教学问题展开了热烈而充分的研讨。我于2002年6月博士毕业，回到西南师范大学中国新诗研究所工作，但我仍然找机会参加曹老师组织的学术会议。2004年9月下旬，四川比较文学学学会和乐山师范学院联合举办了"'比较文学与比较文化'国际学术研讨会暨四川省比较文学学会第六届年会"。当时，我大病初愈，但仍然参加了这次会议；因为我知道，曹老师带领下的四川比较文学学会，在学科理论建设、比较诗学研究、比较文学专业人才培养等方面都取得了非常显著的成绩，在全国占有举足轻重的地位。每次年会设计的议题在本专业领域都具有前沿性，年会就是充电学习的好机会。殊为可惜的是，此后由于工作繁忙，我再也未能参加四川比较文学学会的年会。

　　岁月不居，时节如流，转眼之间到了2011年。6月下旬，四川大学文学与新闻学院、中国中外文艺理论学会联合主办了"中国中外文艺理论学会年会暨'国外马克思主义文论与中国当代文论建构'国际学术会议"。收到邀请函后，我立即决定参加，原因有二：第一，我是中外文艺理论学会的会员，理应参会；第二，又能回到四川大学，重温求学时光。这次会议的规模很大，文艺学领域的重要人物悉数到场，我也从中获得了很多启示，想到了我随后若干年从事的研究课题——"域外文论本土化机制研究"。当时，我在会场听到不少学者的发言都涉及西方马克思主义文论与中国马克思主义文论的关系问题，他们强调研究者应该避免"中马是马、西马非马"式的二元对立思维，在突显实践性、中国化的同时，又要有"守正创新"的理论边界意识。他们的看法虽然只是针对马克思主义文论，但已然属于域外文论本土化的题中应有之义，我当时感到这些反思与期许颇为中肯，但主要还是从观念入手。这就意味着，域外文论本土化的具体方式还有进一步讨论的空间。而这与我的博士学位论文从话语形式层面入手讨论现代汉语诗学，有诸多相通之处，也促使我在十来年之后换个视角重新思考此一话题。经过多年努力，我终于在2021年出版专著《20世纪域外文论本土化机制研究》。

除了以上这些由曹老师组织的学术会议，我还参加过其他比较文学相关的会议，几乎都能见到曹老师。不仅如此，这些会议每次都有大量曹门弟子参加。国内的比较文学大会，遇上十数人甚至数十人同门，并不稀奇。让我感到震惊的是，2019年7月底8月初，国际比较文学学会在澳门特别行政区举办第22届年会，有近50个国家和地区的千余名学者参会。会议期间，曹门聚会，不算提前离会者，仍有50来人。虽然这次大会在我国举办，但也不是谁都可以参会，需要提交论文并经过学术委员会的严格评审。仅此情形，就可以窥见曹老师在人才培养上所取得的成绩是多么可观！

最近30多年，曹老师依托四川大学比较文学学科、四川比较文学学会、中国比较文学学会组织了大量的学术会议，跟着他攻读学位的硕士研究生、博士研究生，以及访问学者、博士后研究人员，都从中受益匪浅，既锻炼了学术组织能力，也开阔了学术视野，提高了学术水平。我只能算是并非典型的一个例子。

曹师教育模式分享之我说

2004级博士　关熔珍[*]

引　言

2003年秋季，是我读硕士的最后一年。因为要做毕业论文的调研，我就直接去了四川大学。其间，正好遇见曹顺庆教授在研究生楼给博士生们授课。他在台上讲中国典籍十三经，讲中国古代文论的精彩之处，娓娓道来，循循诱导，完全符合我心目中对中国学者的最高期待。我突然心生向往，期待做他的学生。于是，那天我鼓足平生最大的勇气，在课间休息的时候，冲到讲台上，激动地直接问他："老师，我可以考您的博士吗？"

我永远记得，回复我的首先是老师的微笑，是"当然可以"，还有那一句"要

---

[*] 关熔珍，2004级博士，1971年4月生，汉族，广西浦北县人，现为广西大学国际学院教授、党委书记，广西本科高等学校英语类教学指导委员会委员、中国比较文学学会常务理事、广西外国文学研究会副会长、中国对外话语体系研究会委员、广西翻译协会常务理事、中国对外话语体系研究会委员。

考十三经哦"。接下来就自然而然进入畅谈模式。短短的课间几分钟，我询问了老师有关考博需要注意的事项，甚至大胆要到了联系电话。如今每每回想起来，我都感谢那时那个勇敢大胆的我。同时我也深刻领悟到：求学路上，需要勇敢，需要主动，因为真正的学者是福泽后辈，帮扶后生的。这一理念后来成了我识别学者的准则，是我见贤思齐的标杆，是我进入一个个相互成就、相互帮扶的正态学术圈的源动力。我的从教生涯也一直秉承这样的学术帮扶理念，对同事、对后辈、对学生，都是如此。成就别人，成就自己。

调研回来，我就兴冲冲地准备报考四川大学比较文学与世界文学的博士。川大博士考试很有意思。笔试不难，要得高分却不容易。面试非常有挑战性，中英文双语并行，重点应该是看考生的学术前沿意识和创新意识。我那一年面试的核心问题是对《荷马史诗》的理解和对"失语症"的看法。很幸运的是我备考期间，正好看过当时阳光卫视关于《荷马史诗》的一期节目，其中的分析恰恰是一种颠覆传统文学文本与历史文本的新解读，而且是从阐释学的新角度出发的。"失语症"是曹顺庆教授提出的前沿学术观点，这一点，我在多年的高校英语教学中有着最最深刻的体会，"失语症"事实上是对当时学术界最一针见血的批判。毕业多年后，我参与中国对外话语体系研究委员会正是这种体会的行动延伸，同样更深层次理解了习近平总书记提出的四个自信尤其是文化自信和理论自信的重要性。"失语症"必须根治，中国需要同等位置的国际话语权，而文科能够贡献的，恰恰在这一个维度。

接到录取通知书的时候，我欣喜若狂。那种喜悦超越拿到大学录取通知书时的开心，也超过拿到研究生录取通知书的激动。毕竟对我而言，大学录取通知书，是摆脱叛逆青春而努力的一种必然，包裹着沉甸甸的父母期待和超越同学的青葱霸气；研究生录取通知书，是一种职业向上的迫切需求，镶嵌着职业的功利和生存压力。而2004年的博士录取通知书，是一种为了小家、为了某人感动我自己的选择，更是我后来经历人生挫折时无数次感谢自己的选择。最初发自内心地挑起家庭重担的爱情使命，让我的川大读博生涯无比认真、无比努力。这种认真和努力恰恰对接了曹老师培养博士的高水平要求。

一直好奇曹老师选我做弟子的原因，但是我清楚地知道自己选曹老师做导师的原因。真正的求学！我不知道别人是如何努力成为导师弟子的，在我，很简单。拿到录取通知书的时候，我发了一个直白的短信给导师，具体文字我已经记不清楚，核心内容是：我希望成为您的弟子。如果有幸，我会努力成为您最优秀的弟子之一。虽然是豪言壮语，事实上还是耍了一点点"小心机"，玩了一把文字修辞——最优秀的弟子之一嘛。然而，直到今天，我都可以无愧地说，我真的一直在努力。也许我还不够优秀，但是，我还会一直努力。这是我读博的最初承诺，坚持至今，将来依然会努力。

入了师门，见面会的那天。一位学长在会上做学生代表发言，痛诉自己读博的不努力和严重拖延症，还有可能面临的无法毕业和重新考博的悲惨。记忆中的核心关键词是"三篇C刊"和"重新考博"。对我而言，那是超万点的暴击力！好不容易考上博士，然后还不得毕业？！那岂不是读了个"寂寞"？！无论是精神，还是时间，还是面子，还是其他……都说不过去。于是我牢牢记住了"三篇C刊"这一川大博士毕业铁律。直到今天，2022年了，三篇C刊方可毕业这一铁律依然让川大排名难读博士之高校前列。在我震惊于四川大学博士毕业之难难于上青天的时候，导师说让我来当班长。小学我是班上的隐性存在，与班干部无缘；中学我是负面例子，班干部也与我无缘；大学我是勤奋好学的插班生，有小组长之资，与班长无缘；研究生的时候我开始受到关注，但还是不够优秀，靠近班长，副班长封顶；博士阶段，导师让我当班长。从此，我就是曹门第十一代弟子中的班长，相当于大师姐。就这样，我开启了川大读博的生涯。

一、三篇C刊的隐性鞭策

三篇C刊才可以毕业的铁律，可以说是我读博的隐性鞭子，时时猎猎作响。发表论文就意味着学术的输出。我是一个英语教育本科生，外国语言学及应用语言学专业翻译学方向的文科硕士，就读比较文学与世界文学专业欧美文学方向的博士。从知识结构来说我的求学生涯涵盖了英语语言文学的整个学科体系，而读博正是我构建知识体系网络，从语言学、翻译学、西方文学跨到中国文学的时候，深入课程的学术输入才能打下比较文学的整个学科基础，这样才有可能进入东西方文学比较的深度和广度拓展阶段。可以说，我的读博岁月，还属于在学术占山头打根基的时期，学术输出几乎是不可能的任务。

因此，论文发表的焦虑就一直存在。于是，我从各种途径向学长、学姐们学习和打听。结果发现，学长学姐们同样焦虑。我实在忍不住了就直接向曹老师问询，是否有论文发表的路子或者途径。导师很淡定地看着我回答说："没有。论文写得好，自然就可以发表。要比较就要先打好东西方文学文化的基础。要振叶以溯源，回到文学研究的原初，要读好中国古典文学，才可以真正进行东西对话，根治中西文论对话过程中的失语。"于是，我们一边认认真真地学习中国经典十三经，一边老老实实地啃伊格尔顿的《西方文论》；我一边背诵十三经感受中国古典文学以心传心的精湛，一边细细研读《西方文论》体会西方学术话语体系构建的严谨逻辑。

曹老师的教学方式让我充分体会到启发式教学的精髓。跟着老师的课程讲述，附加自己每一次课程前的综述准备，一步一步进入老师引导的学术前沿。课程中老师引导批评，引导发言，引导思想火花碰撞。同学中，佼佼者往往可以跟导师"华山论剑"或者"武当比武"，而英语专业出身的我往往是认真聆听的围观者之一。每一次课程，我都老老实实拿起笔记本，学习、学习再学习。老师上课的模式很有意思，往往讲着讲着就会说："嗯，这里很有意思，可以深入思考，可以做个小论题。"这个时候，我总能心领神会：来了，来了，论文发表的机会来了。于是，我赶紧记录，认真记录，统统记录。至于做得出来还是做不出来，那是以后的事情，先记录下来再说。三年博士读下来，我记录的可能会成为论文题目的笔记积累了许多。老师提过的那些学术角度和入思路径，有些我做出论文来了，有些迄今依然是笔记。但是，记录和思考的过程，培养了我的学术思维和学术习惯，让我在日常阅读、教学、参加会议或者论坛时，一旦有好的想法就赶紧记录下来，做好实施的思考和准备，渐渐养成了列出入思角度、选题、关键词、核心观点，然后思考论证的学术构思习惯。正是因为曹老师课堂的启发，我读博期间顺利完成了三篇C刊论文的发表，最终得以如愿按期博士毕业。之后，靠着读博期间养成的学术思维习惯及产生的成果，我顺利发表了多篇核心期刊论文，拿下国家社科基金项目，评上副教授，又评上教授，成为单位最年轻的教授之一。直到今天，在指导本科生毕业论文和硕士研究生毕业论文过程中，我传承的依然是从四川大学曹老师那里习来的学术传统和学术规范。

纸上说来很容易，但在其中是很辛苦的。毕竟，有了好的入思角度和选题后，还要有好的论文框架以及翔实的论证材料。依然记得2004年那一级的博士课程不多，因此，我有很多的时间可以泡图书馆，认真钻研。往往是为了一个概念术语的界定，就可以耗时无数。谁提出的？什么时候提出的？什么情况下提出的？核心概念是什么？内涵是什么，外延是什么？如何发展？如何进化？如何成为理论体系？创新性在哪儿？局限性在哪儿？于是，看完中文文献，还要看英文文献；看完当下文献，还要看历史文献。要前沿，还要根基牢固；要创新，还有引经据典；要尖锐，还要海纳百川……曹老师总是在适当的时候指点我。而那种指点往往是让我豁然开朗，是顿悟，是胜读十年书的喜悦。悟道，是非常重要的一环。

就算论文最终被期刊编辑接纳了，修改还是一遍又一遍，一轮又一轮。事实上，很多时候论文投稿只是第一步，后面还有各式各样的修改要求。格式、排版、布局、字数、字体……读博士那三年，仿佛就是在投稿和修改论文的路上奔波，甚至梦里都是无休止的修改意见。但是，精彩的论文答辩以及按期顺利毕业，完全可以抚平所有读博期间的艰苦。一分辛苦，一分收获，十分的成功感。

二、学术打磨的融会贯通

如果说完成3篇C刊是川大读博的必需，那么学术打磨就是必然。四川大学比较文学与世界文学的博士遵循的是统一的文学博士培养模式，其中就有参与一定数量的学术讲座的要求，每次都有学生会的干部考勤。讲座一般都安排在周末，身为班长，我必须提前到场，还肩负考勤职责。优秀的同学们往往是"C位"就座，光芒万丈，宛如可以到擂台对决般兴奋不已。而我往往坐在边缘，不敢不来，也不敢不用心。因为导师说过："不会提问题，往往说明根本没有进入那个学术领域。要提问，还要会提问题。"那个不会提问题的，我总觉得是在说我，虽然我没有证据。于是，我总是努力地去思考如何提问题。说实在的，我是直到博二才真正懂得要提问题有多难，多不容易。那简直就是默默无闻的武林新秀恳求参与华山论剑的自我推荐信。一位要对讲座专家提问题的博士，不可能口若悬河，仅仅是引发讨论的气氛。那是一次学术的真正交流或交锋。虽不至于刀光剑影，但往往也是剑拔弩张，你来我往。如果不是惺惺相惜，至少也是点到为止。

因此，真正要做学术讲座的提问，就需要每次在专家讲座前，先了解讲座专家的简介，涉及其出生年月、生平著述、学术成就、现任职级，等等；了解专家课题的国内外研究现状；讲座的主题核心观点以及未来研究展望等。这样，才有可能进入专家讲座的研究领域，也才有可能真正进入学术的对话和交流。真正进入对话以后，会发现专家的知识集合，其广度和深度，往往也是提问的精彩交锋之处。因此，再也不能够每次听讲座只是去应个卯。听讲座成了我最忙碌的读博任务之一。导师请来的专家，大多是比较文学研究的国内外学术大咖或名人作家，他们的讲座往往让我觉得自己所做的专家综述根本派不上用场，光是努力记录讲座之精要就已经疲于奔命。我很多学术上的思想火花源自川大讲座，也养成了积极听学术讲座的好习惯：在讲座过程中，记录火花碰撞的点，思考如何让这个火花落地生根，形成学术论文的框架；在讲座之后，具体论证和落实，思考科学性和可行性，尽快推进论文的写作。我后来担任硕士生导师和学院研究生院副院长的时候，也一直用这个讲座学习大法要求研究生：要求他们讲座前做好学术准备，要求他们提问要契合研究，要求他们尽量去靠近讲座专家的研究领域。悟到的，学术飞进；悟不到的，点到应卯。因此，我自己指导的研究生好几个读博成功。

曹老师除了要求我们学会提学术问题，还要求我们积极发声，阐述自己的学术观点。课堂上，让我们组织辩论，积极批判，相互提升。课后，让我们举办学术沙龙，多交流，多促进。十多年过去了，我迄今依然记得我们班同学在望江楼公园开展的博士学术沙龙活动。那种纯纯的一心一意谈论博士学业研究和发展的沙龙，仅仅是一壶清茶就可以支撑一个下午的认真。曹老师经常给我们创造观摩和学习的机会。比如，师兄师姐回来拜访老师的时候，老师就会让我们这些师弟师妹一起过去见面。师兄弟姐妹相互学习，是曹门之中非常好的传帮带传统。正是在这样的交流中，我收获良多，传承师门优良传统的认知不知不觉地形成了。我毕业之后任职高校，有能力的时候，帮助师弟师妹仿佛成了本能。当师弟师妹说谢谢的时候，我仿佛回到了读博时的腼腆状态，那时我也曾对师兄师姐们说谢谢。又比如，导师的学术朋友过来拜访时，导师也会让我们这些弟子一起过去见面。每一次，导师都会提前告诉我们他朋友的研究领域或兴趣，让我们提前做好准备，以便跟进学习。最重要的是，导师总是能够根据你的研究兴趣和研究领域给你机会，让你结识可能需要结识的"大咖"。比如，导师引荐我认识了王宁教授、谢天振教授、聂珍钊教授等。他们对我帮助良多，特别是王宁教授。我博士论文的写作，甚至是毕业后的专著出版，王宁教授指导很多。他还为我的专著《斯皮瓦克理论研究》作序，发表在《文汇报》上。这是令我感恩不尽的荣幸。追根究底，要感谢我在川大读博期间曹老师给予的机会、搭建的平台。曹老师的指导并不仅停留在我的博士生涯那短短三年。这个教学模式一直延续到我毕业,直到当下。2015年,已经毕业8年的我,依然会接到导师的短信:我研究的对象斯皮瓦克教授要来川大讲座。收到短信的那一刻,我内心感慨不已。做曹老师的弟子,真的很幸福!

在更大的学术平台上,曹老师总是定期带我们参与国内外学术会议或学术论坛。每次都要求我们要带上论文去宣读,或参与会晤,或组建小组论坛。总之,去,而且带着任务去!这是一种非常好的任务型教学模式,一种非常锻炼人、促进快速成才的培养模式。我从博士一年级起就跟着老师参会,观摩学习。到博士二年级的时候,我就敢于做学术发言了。我积极参与了2005年在深圳大学举办的中国比较文学学会第八届年会暨国际学术研讨会,并在会议上宣读了自己的论文。这篇论文后来发表在《解放军外国语学院学报》上,是我完成的三篇C刊论文之一。最为重要的是,在这一次的会议上,我认识了来自印度德里大学当时的英语系主任哈里斯·特里维迪(Harish Trivedi)。这是一位国际级的后殖民理论研究"大咖",著有《世界各地的国家:后殖民时代文学表征、文学和英国与印度1800—1990》(*The Nation across the World*:*Postcolonial Literary Representations*,*Literature*,*and Nation Britain and India 1800—1990*)、《殖民学报:英国文学与印度》(*Colonial Transactions*:*English Literature and India*)、《比较文学的跨学科选择》(*Interdisciplinary Alter-natives in Comparative Literature*)等。后来他的帮助让我更好地完成了博士论文中涉及印度寡妇自焚等传统文化部分的内容。

读博期间,每一次在学术会议上的发言都让我感到无比的紧张,甚至是浑身冒冷汗,小腿直发抖,但是,每一次的收获都是充实无比的。那种感觉,完全可以媲美在华山论剑上首秀出场就赢了对手、晋升一级的喜悦。而参与这样的学术会议,并不仅停留在四川大学读博期间。毕业后的我们,依然在导师的学术群里。那是我们为了联系导师而建立的信息群,几乎汇集了曹老师的所有弟子,包括研究生、博士生和博士后以及访问学者。在这个群里,毕业后的我们依然可以了解四川大学和北京师范大学的学术前沿活动,可以了解导师指导师弟师妹们的活动,还可以一起邀约参与各式各样的国内外学术会议或学术论坛。这个微信群,是我们维系缘分的地方。

除了参与学术会议,曹老师还高瞻远瞩地规划了我们的学术未来。读博期间的我们,参与会议不仅仅是要努力发声,还要参与会务工作。这样的锻炼对我而言是非常有价值和意义的。在我后来的职业生涯中,我所承办的学术会议场场圆满,尤其是2021年的中国比较文学学会第十三届年会暨国际学术研讨会,受到了与会专家的高度赞扬。

每一次的成功背后,我总能够想到最初的缘由。我的导师曹顺庆教授,在我的读博生涯中,以一种任务型教学的形式,一种润物细无声的模式,悄悄在我的学术道路上贴满了成功的指向标,不断地帮扶我,让我在不知不觉中走上既定的路。曹老师总能激发每一个博士弟子的学术欲望，让大家都渴望成为导师最优秀的弟子，然后铆足了劲表现自己。学术领域的探索，学业上的精进，是博士的学术追求。随着一次又一次任务型教学顺利完成，我们最终戴上了梦寐以求的博士帽。曹老师的指导，从在校时持续到了当下，是真正的师者典范。一日为师，终身为父。付出是他的信仰，感恩是我们的动力。

三、中国站位的理论建设基点

我到四川大学，努力攻读博士，就是想攀登学术高位，看看真正的学术天空，尤其是学术中国的天空。作为一名高校外语教师，在多年的外语教学中，我遭遇过那种"西方月亮更圆"的荒谬认知；在指导和评审学生毕业论文的时候，我阅读过比来比去最终西方更好、更优越的偏激观点；在学术交流或学术讲座的时候，我见识过那种留过洋就高高在上的傲慢。我甚至听说过什么"一流二流走西方，三流四流守国门"的段子。我们是三四流吗？我不这么认为。但是我不知道如何反驳，我失语，像中国文论一样失语一样。这是我对导师警钟一般的中国文论"失语症"这一命题的深刻体会。

在我看来，失语的并不仅仅是中国古代文论，还有很多很多。打开知网，文科的理论指导，大多是西方理论，再看理工科，情况也相差无几。努力学习西方之后，如何固本培元、守卫本土在我看来才是最重要的。作为比较文学的博士，入门首先要了解的就是比较文学究竟比较什么。以我浅薄而又简单的理解，比较文学对于中国而言，首先是中国文学与他国文学的比较。那么，比较之前，我们首先要熟知中国文学，对中国道路自信，对中国理论自信，对中国制度自信，对中国文化自信，归根结底就如同斯皮瓦克所说的一样，要热爱这个文化，谙熟这个文化，才有可能真正进行比较，比较才有意义。2005 年，深圳大学举办的中国比较文学学会第八届年会暨国际学术研讨会上，我亲耳听见我所在小组中一个外籍学者的讲话。他的大概意思是："我是来学习交流的，但是我看到你们的研究无一不是论证我们西方学者的理论的中国适应性。所以，抱歉，我们没有什么好交流的。"他用的是英文，我当时觉得很尴尬。但是，那一刻我意识到导师所提出的"失语症"是无比正确的。

曹老师发现了"失语症"的问题及其存在的严重性，并身体力行解决问题。于是，我们的博士课程中加入了研读中国典籍十三经。这个课程让我们川大博士扬名中国比较文学学术界。因为读博期间，每次学术交流，我只要跟别人说起自己是四川大学的在读博士，基本都会被问及是不是要背诵十三经。好奇者有之，害怕者有之，嘲笑者也有之。但是，在我看来，这门课程的学术意义远远大过其学分意义。我们每次上这门课的时候，的确都要站起来一个接一个背诵，人人有份。这样的背诵模式让已经是高龄读书郎的我们苦不堪言，但是我们又深刻领悟到课程设置的意义。于是，大家一起痛并快乐着，课堂气氛莫名喜感。这种要根治"失语症"的思想,因在课堂上站起来承受背书的苦楚,根植于我们每一个博士的心田,使我们在学术中遭遇西方话语的时候,会更加理性客观,更加注意中国站位和深入思考。从川大毕业离校,就职高校教育领域,读博时导师润物细无声播下的种子仍渐渐生根发芽,不知不觉开花结果。因为,我总是自然而然地引导学生去关注中国文化,牢记四个自信,面对西方的时候要更加客观,要从中国站位出发,不卑不亢。中国站位的学术思维浑然天成,而这,是理论建设的基点。

由此,导师进一步提出了比较文学的"中国学派"说。显然,站在学术前沿的曹老师注意到了西方比较文学界一片"文学已死"的悲观论断,注意到了中国比较文学研究的这方独好。不可否认,中国学者的加入,使世界比较文学焕发了生机。导师的论断有理有据,让我感受到了一个中国学者的学术自信。尽管对此,国内学者各有言说,纷争不断,但是看多了西方学者一本专著或一篇论文就可以到处受到吹捧,甚至是大肆出版各种新论断的学术样态,我觉得中国学者应该放下纷争,积极抢占国际学术高地,争取中国学者在国际学术界的一席之地,争取国际学术论坛的发声渠道。有本事的,就应该到国际学术高地上去对决!我支持中国学派的提法,也努力想为之奋斗一把,奈何才疏学浅。我是搞外国文学的,尚无学术建树,惭愧。惊喜的是,导师身体力行,充分展现了如何在国际学术高地上发出中国的声音。

2013年,曹老师《比较文学变异学》在国外的发表,进一步验证了比较文学中国学派的努力,同时也是对"失语症"的一种最好医治。在我简单的理解中,比较文学就是要在共性中比较差异,在差异中寻求共通。绝对的差异是不存在的;若存在,则将是无法逾越的鸿沟,是相互交流和交往的障碍。变异是相互沟通的彼此之间的让步和靠近。因此,基于中国古代文论的"和而不同"观,比较文学变异学是允许差异,允许变异的。这样才有可能最大限度地减少失语,增加对话与交流。这一点与当下的中国文化走出去,少数民族文化译有异曲同工之妙。中国文化外被译为英文,事实上就是用西方的语言文化来言说中国文化,中西方文化本身就是异质文化,差异巨大。如果不允许变异,从某种意义上来说,翻译就是不可能的。但是,如果允许了差异,往往又容易造成对中国文化的误读或歪曲,这也有悖中国文化走出去。因此,从某种意义上来说,比较文学变异学理论解决了中国文化走出去的差异障碍问题。允许翻译中国文化时存在变异,但是,我们又要关注变异的根源、表现和结果。而这一点,正是当前中国学者一直努力寻求的解决中国话语构建问题的方式之一。

结　语

我已经毕业15年,回想曹老师的博士培养模式,我发现他一直在带头践行并明明白白回答"培养什么人、怎样培养人、为谁培养人"的问题。入学之初,导师就已经给我们做了最好的学术规划,努力培养我们成为中国站位的学者,以解决当前中国文论"失语症"的严峻问题。曹老师的学生基本都是高校的教师，我们应该是中国学术最好的火种，一代一代，一批一批。我们作为导师的弟子，总能够身体力行，真正践行导师学术中国的理念，培养更多中国理论建设的接班人和传承者，真正打造比较文学的中国学派。

作为导师的亲传弟子，我一直紧跟导师，步步向前。从入门迄今，导师未曾停止对我的指导。曹老师不是那种持"师者中心论"的教育者，相反，他是那种启发式的以学生为中心的教育者。他言传身教，时时点拨，虽不至于以心传心，但基本也是启发式的悟性教学。尽管我们每一届学生都不少，但是导师总是喜欢带上我们，让我们亲身体验课堂、沙龙、讲座、论坛、会议、交流等。他仿佛古代的大师名儒，又深谙当下的教育精髓，让人如沐清风，见贤思齐；又仿佛长者父辈，循循诱导，娓娓道来，让人自觉躬身庭训，身体力行。他不需要我们如孔子弟子般虔诚，我们却不知不觉中成了他的传承者。

中国古训说"穷则独善其身，达则兼济天下"。导师却明明白白告诉我们，我们的学术站位是什么，我们的使命在哪里。换言之，导师对我们期望极高。从中国文论"失语症"到比较文学中国学派再到比较文学变异学研究，我们已经身在其中。中国理论自信和文化自信的建设，仿佛在步入曹门的第一天就已经开始了。

读博之前，我曾思考过中国高校教育何去何从。博士毕业之后，我忽然有了使命感，感觉任重道远，且行且努力。我愿尽我最大的努力，不负韶华，不负师门。道路方向标明确，愿与同门前行，尽微薄之力，以慰吾师。

十年续十年中的二三事

2008级博士　王　涛[*]

我进曹门的时候，老师已经是非常有名的学者了。我比不得前面的师兄师姐们，特别是"曹门十子歌"榜单的那一批师兄师姐，他们基本上是可以和老师促膝相谈，把酒言欢的。而到了我们这一届，可能更多的是对老师的敬畏了。随着岁月的流逝，转眼在曹门已经可以说是"十年续十年"了，而这份对老师的敬畏也沉淀下来，让我也想来聊聊这里面的二三事。

在我的记忆里，我们这一届的每一个人，或多或少都有点敬畏老师的，总之，在对待学业上，我们都是不敢掉以轻心的。曹门有两门经典课程，一门是中国文化元典阅读，一门是西方文论课。前者的教材是中华书局出版的上下两卷十三经（影印版）。由于课上老师会随时点名，让我们做朗读和讲解，为了保证每次课能顺利

---

[*] 王涛，2008级博士，成都大学副教授，美国亚利桑那大学博士后出站。

过关，我们这群寒窗苦读了差不多二十年书的博士们瞬间都变成了戴红领巾的小学生，自觉地开启预习模式：认真朗读，查工具书，标识生僻字的读音，仔细看"注"、认真读"疏"，对经文进行句读、疏通经文内容，可谓是战战兢兢地度过了一学期。对于我而言，印象最深的还是西方文论课。当时老师选用的教材是原版的英国学者伊格尔顿的《二十世纪西方文学理论》。由于我们这一届基本上都是英文专业出身，所以在读硕士研究生、博士研究生期间英语都免修。但是我阅读原版时仍很紧张，偷偷地准备了一本翻译本，打算对照着去理解英文。上课的时候，放眼一看，基本上所有同学都准备了一本中文版，瞬间心安。除了这些，还有"折磨"了每一届曹门弟子的背"文论"，在当时也无异于是我们的一场"噩梦"。在我印象中，我们还为如何背文论做过小范围的经验交流，比如我是一大早起来后，在宿舍的楼道里叽里呱啦地反复诵读，谢藜是把要背的文论拷进MP3，走路和坐公交的时候反复听和默记，也有同门是晚上睡觉的时候戴着耳机默记。即便是在这样的苦背下，也总是有卡壳的时候，为了应对被抽背的危险，我们也有过各种对策，比如变被动为主动，选出背得最熟的同学上课的时候主动出击，换我们"后方安稳"。尽管"苦不堪言"，但是这样的经历却令我们受益匪浅。多年以后，我翻开十三经，当年的笔记还可以震慑住孩子，换来小朋友崇拜的眼光。而我这个畏惧英文的人，居然有幸参与了英文学术著作 *Gender and Media* 的翻译，也能混迹于美国课堂，这些都得益于那个时候的苦读。除此之外，老师在教学过程中使用的那种回到原典去学习的方法，便是曹门第一课"入门须正"的示范化教育。只是当时我们身在其中，未得就里。除了硬着头皮应对老师的"折磨"，我们内心还是多少有点犯嘀咕：学界鼎鼎有名的大牛，为什么不给我们讲点深邃的思想，却让我们反复诵读、理解，甚至背诵呢？在十多年的岁月流逝后，我方才悟到受益之处。正是这种"入门须正"的学习方法，让我们在真正意义上从最基础，其实亦是最富有思想内涵的原典出发构建我们的知识架构。也让我们自觉在后面的学习中少走了许多弯路，节约了很多宝贵的时间。而这种让我们现场读解的教学方法，实际上是老师一贯主张的"博学之，审问之，慎思之，明辨之，笃行之"的治学方法。

曹门第一课的上半句"入门须正"前面已经讲过了。下面我要讲的是曹门第一课的后半句"立志须高"。这句话也是老师常年挂在嘴边的，但是，我最初一直不大能真正感知到这句话的力量。直到博士二年级，老师让我整理四川比较文学三十年的资料，为当时四川比较文学年会的会议做准备的时候，我才逐渐领悟到这句话的含义。刚接到这个任务时，我还以为很轻松，原计划两周做好资料整理，可真正做起来，足足花了差不多一个月的时间。四川比较文学，虽然只是短短的三十年，而且地域又限制在四川，但是三十年变迁中，学者、论文多如牛毛，错综庞杂。整理的过程中，四川比较文学三十年的脉络逐渐清晰，我对老师的学术思想也才有了比较深刻的认识。四川比较文学的三十年，是其逐步成长为中国比较文学"四大方面军"之一的三十年。而老师从早期的比较诗学研究，到提出"失语症""重建中国文论"等重大学术命题,不但对四川比较文学,甚至对整个中国比较文学的发展都起到了积极的推动作用。再到其提出的比较文学"变异学""跨文明研究"的学科理论,突破性地重建了比较文学的学理构架,推动了以中国学者为核心、以"跨文明研究"为基本特征、以变异学等理论为核心的世界比较文学的形成。看上去不算长的一段时间里,最后沉淀出的是一位大家。这恐怕就是老师口中一直所说的"立志须高"吧。

同时,老师对我们博士论文的期待和要求也很高,一直希望我们能以博士毕业论文成一家之言,还时不时以一些大家的立身之作是从博士论文开始的故事来激励我们。尽管我们曾私下讨论,觉得这种励志事迹在我们而言只是故事,但是,这种期望所带来的压力还是一直存在。不然也不会有我们这一届有名的"峨眉山山脚一游"的笑话了。当年开题的时候,大家选择去峨眉山,本想着开完题,可以尽兴游峨眉山,结果在山脚下开完题之后,我们全都垂头丧气地打道回府,修改开题报告。最值得一提的是,在准备开题的那一学期,确定选题占据了我们大部分课余时间。我现在还记得,有一次下了晚自习,我去学校的水果店买水果,偶遇刘延超师兄。我们从寒暄一句"选题定了吗"开始,迅速进入讨论,甚至索性搬了两个小凳子,缩在水果店一角,展开激烈的论证。后来还加入了路过的杨一铎师兄。论争了差不多两小时后,我们的一致结论却是几乎让人崩溃的"革命尚未成功,同志仍需努力"。霎时间,昏暗而宁静的校园里,真有一种奔赴茫茫前程的悲伤与豪迈。后来,刘延超师兄的选题,不仅写成博士毕业论文受到好评,也助力他申请教育部课题,参与国家级研究工作。这些成果可能或多或少受益于当时的这种压力吧。很惭愧,我自己始终没有成一家之言。

在传道、授业、解惑方面,老师可谓严师。但是生活中的老师,永远都是那个和和气气,一笑两个酒窝,善解人意的大家长。学生走过的弯弯曲曲的路,老师一直包容。学生博士毕业后无论选择什么职业,老师都不会过多干涉,但是在每一个想要重新回归学术的时刻,老师都会给予坚定的支持并主动伸出援手。除此之外,老师还是个非常细心体贴的大家长。记得有一年,曹门在贵阳有个大聚会。但我当天要参加国家留学基金委员会的留学面试,无论如何也调不开时间,不得已放弃了参会。事后大概都有一两年了,有一次在老师家中,无意间看到当时的会议集子,我很遗憾地说了一句"这个我没有呢"。话说完自己都忘了,没想到没过几天我就接到了赵师姐的电话,问我要地址,给我寄了一套会议集来。可见,生活上的老师,也给我们树立了大家的风范,总是鞭策着学生们时刻都应该"向上,向善,向美",才能不愧曹门。说到"向美",我还要补充一点老师的多才多艺。我记得早年间,老师的家里有一幅他年轻时候的肖像画。第一次看到这幅画的时候,我简直大吃一惊,画中的老师居然在拉小提琴。后来我才知道老师还是文艺骨干,完全颠覆了我对学者的想象。

不知不觉,入曹门十年已过,续十年又始。在曹门里,我耳目濡染的不仅是老师的大家风范，还有同门的诸多情谊，一路上的共同成长及相互支持，故事太多，来不及一一叙说。前路山高水长，愿所有的同门一程更一程。

难忘的美国之行

2018级博士　张帅东[*]

几年前我研究生毕业刚回国时，还非常迷茫，对于学术没有具体的认知，对于未来也并无什么清晰的规划。幸得老师指导，我才走上了博士之路。虽然我读的一直是比较文学专业，但我的知识背景实际上一直以西方为主，在中国传统文学与文化上的积累相对薄弱，因此课程上最初的要求于我而言是非常具有挑战性的：每周我们都需要背诵《文心雕龙》中的指定篇目以及其他古代文论，课上会以抽背的形式考查。于是我第一次深入到古代原典当中，也逐渐学会从跨越东西的视角去看待许多学术问题。生活里老师亲切随和，课后我们总是像一群孩子一样簇拥着他；在学术上老师治学严谨，从一开始便对我的学位论文提出了高标准、严要求，我先后经历了三次开题、两次预答辩，其间老师为我设计框架、细化方向、反复修改。

回想博士期间老师对我们的指导，可以说非常严格了。记得刚开学时我曾信心满满地拿出一篇论文请老师指导，邮件中也透露着自得的语气，预计将要得到的应该是好评与肯定；然而不久老师给出的反馈却让我立马清醒了。如今我依然会时不时拿出那篇论文看一看，想一想老师的批评，看一看脚下的路，让自己脚踏实地沉下心来。

老师为学生们的成长提供了广阔的舞台与宝贵的机会。幸得老师的栽培，国际学术交流活动上才有我自信的发言、科研项目中才有我参与的身影。在人才培养方面，老师从不吝于为学生提供平台、创造机会。2019年，"第8届中美双边比较文学论坛"在美国宾夕法尼亚州立大学举行。中美双边比较文学论坛是由中美双方轮流主办的国际学术会议，在学界有着广泛的影响。1983年首届会议在北京举办，由钱锺书先生和美国著名比较文学学者厄尔·迈纳教授共同发起，迄今已在中国与美国连续举办多次，对中国比较文学学科的复兴及中外学术交往起着重要的推动作用。中美比较文学界一直致力国内外学者的对话、交流与合作。历届会议成功地继承了中美双方比较文学界平等对话的传统，在主题和探讨领域上进行了深刻、广泛、有力的拓展，在一定程度上助益了中美双方比较文学学科的发展。

"第8届中美双边比较文学论坛"的主题为"比较文学和世界文学的物质性、基础设施和传播"。老师受邀出席，我也非常荣幸能一同参会，与中美两国部分高

---

[*] 张帅东，2018级博士，比较文学与世界文学专业，四川大学文学与新闻学院助理研究员。

校的近 30 名学者进行了深入交流。在主旨发言部分，老师突然提出，将他 15 分钟的报告时间分出一半给我，我们共同就"文学交流中的变异与世界文学的生成"（Variation in Literary Communication and the Generating of World Literature）这一题目进行发言。

因为此前并没有国际大会发言的经验，事先也并未做好主旨发言的心理准备，面对台下满座的专家与学者，我紧张得一塌糊涂。事后老师才跟我讲，他在台上风趣地为我做铺垫介绍，是为了让我放松。首先，老师在发言中介绍了"世界文学"产生的背景：第二次世界大战之后，随着民族主义情绪逐渐淡化，早已被提起的世界文学概念在全球范围内再次引起了人们的高度关注。相应的，比较文学研究也迈向了一个更广阔的领域。然而，世界文学的概念总是具有欺骗性。至少在很长一段时间里，它并不像听起来那样全面。世界文学概念最初是用德语提出的，在早期阶段，它大多是在局限于西欧经典的范围内讨论。它的欧洲中心主义的起源决定了它在过去的偏颇视野，但世界已然是一个多极系统。在这个全球化进程空前发展的时代，我们需要重新考虑一种真正意义上的世界文学的形成。随后我补充发言：歌德看似振奋人心的预言，即将到来的世界文学时代将很快终结民族文学，但他错误地估计了世界文学与民族文学之间的关系，在这里不会出现他所假设的这种替代。西欧现代民族国家在 19 世纪的广泛建立使各国的民族语言得到了发展，这极大地促进了民族文学的繁荣。同时，从前孤立的部分在人类历史上从未如此紧密联系过。

同老师一道参与学术会议，除了使我学识上进步、视野上拓宽，旅行途中也让我更好地了解了老师。他向我们讲述了年轻时在哈佛大学与康奈尔大学访学的许多回忆，为我们讲解美国的文化历史。老师精力旺盛，会后带着团队一行人"暴走"费城。才半天，我已经精疲力竭，瘫坐在商店外的橱窗前，而老师却精神饱满、兴趣不减，拿着咖啡和我们聊着整个城市的建筑与文化。如今回看，美国之行成了我博士学习生涯的高光时刻，我在其中培养了自信、开阔了眼界，这段经历也始终激励着我成为一名更好的学者。

师恩伴我成长

1990 级硕士　刘波涛[*]

我是曹顺庆老师 1990 年招收的硕士研究生，也是曹老师单独招录的第一批研究生。专业是中国文学批评史，研究方向是中国文化与中国诗学。1990 年曹老师

---

[*] 刘波涛，1990 级硕士，1967 年 8 月出生，1990 年考入四川大学中文系曹顺庆先生门下，攻读中国文学批评史硕士研究生，方向是中国文化与中国诗学。现任中共阿坝州委常委、州委秘书长、州直机关工委书记。

招收了3名学生,其中师兄是福建漳州中学老师黄金鹏,师妹是川大中文系本科综合成绩第一名、免试推荐研究生王红芯,我以康定师专中文系助教身份考进曹门。曹老师培养研究生的方法很独特,既注重专业基本功的训练,又注重学术视野的拓展,给我们的成长营造了良好氛围;更重要的是他言传身教,为我们树立了为学为人之标杆。我研究生毕业后即从警,又转岗到其他公职岗位,虽然离学术很远,但川大曹门3年求学经历,曹老师的引领示范、谆谆教诲让我终身受益,是我终身之幸、终身之荣。

一、带领学生深度参与课题,训练其学术思维与学术能力

刚进入川大时,我得知当时有一种"朴学"观点——板凳要坐十年冷;主张研究生不要急着发表文章,要更注重学术积累,但曹老师主张打基础与做学问两不误。1990年6月底,面试刚结束,曹老师就安排拟录取的研究生撰写《中国古代文论辞典》的个别词条,这是我第一次接触学术写作。同年9月,曹老师为研究生开设中国文化与中国文论课,第一堂课前,就被告知这门课是师生共同研讨、完成一个课题。我们新生有些懵,1988级师兄张志怀就释疑说:曹老师以前也这样。原来曹老师两年前就这样与李建中、张志怀共同完成了《非性文化的奇花异果》。我们此次课程是师生共同完成曹老师与唐正序老师的一个国家教委博士点基金项目。

当时,这是一种充满创新色彩的研究生授课方式,在四川大学中文系中属首创,极受研究生欢迎。参与这门课程的研究生有师祖杨明照先生的博士生李建中、88级研究生张志怀、李社教,1989级研究生高云君,1990级研究生陈勇、黄金鹏、王红芯、杨敏诸君及我。第一堂课,曹老师就将该课题已拟好的提纲分发给大家,让大家畅谈总体思考,并听取大家意见,每人主动认领执笔章节。从第二堂课开始,即开始逐章研讨,一周一课,一课一章(或一节),一学期结束,课题就完成了。上课方式,先由撰写该章(节)的同学主讲思路、主要内容,次由其他同学逐一发言补充,最后由曹老师精彩点评、引向深入。上课讨论时大家唇枪舌剑,颇有硝烟;有的功力深厚,如李建中老师开讲时已有较成熟的稿子。这对我们刚进校的"菜鸟"研究生极富挑战,大家的知识储备除了教材,颇为苍白。这样的授课让我们既兴奋又紧张,逼着我们新生恶补基础,挑灯夜战找冯友兰、李泽厚、徐复观、陈鼓应等大家的作品一阵恶补,我也把曹老师的博士论文《中西比较诗学》再读了一遍,力图缩小差距。我挑了第一章"生命的起源——气",开课讲得非常苍白,但曹老师给予鼓励、指导,让我燃起信心,虽一再延迟交稿,但总算完成了这门课的作业。课程结束后,曹老师汇总审定全稿,大量修改,并作序《生命之树长青》,汇成《生命的光环——中国文化与中国文论》一书,由四川文艺出版社于1996年出版。二十余年后,我再读曹老师为本书所作后记,很吃惊:其中居然引用了亨廷顿1993年10月出版的《文明的冲突》的论述——那时互联网距离我们还

很遥远。参与这门课、共同完成这一课题，像经历一次洗礼，有蜕变的感觉：一是感受到了学术交锋的快乐，二是有初识门径的浅悟。

1991年下半年，曹老师即筹划为我们三位同学的毕业论文开题，并征求大家的意见。我们当时都不知如何着手。曹老师为我们三人规划毕业论文大的方向为"中国文化与中国文论"，共5个部分"人的价值与文的价值""人道与文道""人心与文心""人情与文情""人思与文思"。除了我们三位同学，曹老师还安排了刘朝谦老师、李蓓师妹参与。我承担了"人的价值与文的价值"部分。曹老师要求我们写出各部分的框架，召集我们反复研究提纲。提纲一通过，我们就提前一年半着手写作，因此写毕业论文的时间较为充分。后来曹老师到美国康奈尔大学、哈佛大学访学，特委托师祖杨明照先生、成都大学白敦仁先生、川大陈应鸾先生作我们的答辩老师。对我们的答辩，各位老师给予了悉心指导和较高评价。曹老师汇聚我们五人所作，审定修改并作长篇绪论，成书后2000年由内蒙古教育出版社出版。曹老师在后记中说："这部著作，正是我与我的学生们的一些思考的轨迹，是我们迎接21世纪的一点小小探索……我很高兴与我的学生们共同奋斗，这本书也可以说是我们师生情谊的结晶和升华。"

二、要求学生熟读原典，夯实学术基础

曹老师要求研究生读原典，我的《十三经注疏》《全唐诗》就是在那时购买的。1991年第一学期，曹老师为我们三名1990级研究生开设了古代文论经典选读课，每周一课。第一堂课，曹老师就列出拟选授的名篇，我们三人依次分别领受三分之一。上课方式：领受任务的同学先背诵该篇再简释，然后其他同学补充，最后曹老师点评阐释。这门课重点在背诵，有的较易，如《诗大序》《典论·论文》《二十四诗品》；有的较难，如《文心雕龙》《文赋》《沧浪诗话》。师妹王红芯美丽聪慧，每次背诵不见其难；我与金鹏师兄就压力特大。有时下午要讲某章，我们中午还背不下来。于是来不及午餐，在盥洗间大声诵读，引得同楼的研究生同学（中文系、化学系、生物工程系）侧目而视。下午如果背得结结巴巴，在曹老师面前就会一脸汗颜。经过这般魔鬼训练，我对经典熟悉了不少，写毕业论文也感觉心中有货，增色不少。

曹老师还恭请师祖杨明照先生为研究生授课，主讲文献学与古籍整理。杨先生如泰山北斗，美髯飘飘。我有幸去家中迎候杨先生，感受先生智者之风、如初童心。杨先生"朴学"功力深厚雄浑，各类典籍信手拈来，喜欢拿《辞源》之误举例。上杨先生的课，我们既有高山仰止的崇敬，又有聆听其闲谈学术典故的快乐，还有其评说一些"荒腔走板"的研究引来的满堂大笑。得益于杨先生与曹老师情同父子，我们才得以入杨先生之室管窥。杨先生每堂课后，研究生们总是津津乐道数日，多年后忆起仍快乐不已。

三、支持学生参加学术活动，开阔眼界

1991年12月2—7日，全国古代文学理论学会年会在厦门大学召开。杨明照先生是学会会长，曹老师是学会副秘书长。曹老师安排我们三名学生参会。在年会上，我们见到了全国古代文学理论界许多大名如雷贯耳的大家，大开眼界。曹老师向大家引荐我们，让我们如沐春风。年会上我们与复旦大学、厦门大学、湖北大学的参会研究生也有互动。在厦门大学，我们住在进校门路左旁的洋楼里，很有风情。由于只是列席研究生，所以我们在校内办了饭卡，感受厦大每餐8毛钱两道海鲜的伙食。

曹老师也鼓励我们行万里路，并多次与我们分享美国访学时与师母互相牵挂及在机场送别的动人细节。借厦门年会之机，老师支持我们到其他名校去调研走访，感受不同校园文化与不同城市之美。出发前，曹老师还一再叮嘱我们到广州一定要品尝鱼片粥、炒螺。我们三位同学提前十余天出发，经重庆坐客轮下三峡到武汉大学，乘火车抵广州中山大学，坐长途客车到漳州黄金鹏师兄家，然后到厦门大学与乘机抵达的杨明照先生、曹老师会合。会中，曹老师还带着我们游鼓浪屿，在日光岩上以厦门为背景留影。会后，送别老师，我们又继续乘火车到杭州大学、复旦大学、陕西师大，一路食宿大学校园、畅游各大城市，感受校园之美、祖国之伟大。畅行一个月，这是我迄今历时最久的一次，也是最难忘的旅行之一。

1991年，曹老师约请黄维樑先生到川大讲学，为研究生开了一次讲座并互动。其中有提问环节，我提的问题是：翻译作品出现过译作比原作更精彩的现象，如何评价这部作品？但由于紧张，我表述得不流畅，黄先生也耐心作答。座谈会毕，我有些遗憾——觉得准备不充分。这给我深刻教训：任何工作前，都要用心做足功课。

曹老师总是为我们提供一些参与学术活动的机会，锻炼、提升我们。比如曹老师主编《东方文论选》时，让我担任学术秘书。比如安排我为杨先生校对《抱朴子外篇校笺》清样部分内容，近距离感受杨先生的大师风采；我发现原文中有一处引文笔误，报告杨先生，杨先生写了一个小便签给我，注明正确的引文，以示鼓励。比如安排我们研究生参与《比较文学报》的编辑与发行，我们的工作做得并不多，曹老师仍会在报中打上我们的名字，那是很让我们自豪的。我与金鹏师兄骑着自行车到新南路观看工人用活字排版，校对清样，并将报纸捆在自行车后座上驮回川大。多年后，我在省公安厅治安总队工作，望着旁边锦江监狱搬迁后留下的那片空地，回忆当年往事，无比快乐。

第三节　他山之石 可以攻玉

当时明月在

2000 级博士　姜　飞[*]

时隔 21 年，我依然能想起宜宾的比较文学年会。我会想起那一轮春天的上弦月，月色如水而明，月形似舟可乘，而天空是那般幽蓝和高深。

那时我青春鼎盛，还有一点不切实际的学术野心，却又不知学术为何物，与我们的人生有什么关系，知闻简陋，见识短少，只能跟随那些雄强的背影，亦步亦趋。那些背影是曹师顺庆和杨武能先生的，以及黄维樑和徐新建先生的。他们在前，领导我们穿过酒香隐约的长街，到月光之下的流杯池——是为学术会议之后的轻松雅集。曹杨黄徐诸师和众生列坐石凳之上，众生皆叹，好清雅，好凉快。曹师环视生等，笑意深邃，问：你们知道曲水流觞吗？无论知与不知，众生皆不敢应，料到曹师将有训诲，唯做向阳花状，敛神谛听。

曹师笑言，时维暮春，"群贤毕至，少长咸集，此地有崇山峻岭，茂林修竹，又有清流激湍，映带左右，引以为流觞曲水，列坐其次，虽无丝竹管弦之盛，一觞一咏，亦足以畅叙幽情"。我感觉耳熟，然而反应慢，半天才醒悟是王羲之《兰亭集序》，于是叹服。徐新建先生说，今天是真的"群贤毕至，少长咸集"，宜宾是真的"有崇山峻岭，茂林修竹"，至于那个"丝竹管弦"，大家知道吗，曹老师可是二胡演奏家啊，要是今天能够听曹老师一曲，那可真是良辰嘉会。众生不禁齐声哇噻，涌出万千敬意。早有人递上二胡，曹师微笑接过，好久没有拉拉扯扯啦，今晚月色清幽静美，大家听着玩吧。随后是《二泉映月》，乐声缠绵婉转，如清流激湍，映带左右，众生摇摇如醉。曹师停奏之时，众生沉沉未醒，少顷，又是齐声哇噻。有高明的师兄说，这哪是音乐，这是用来曲水流觞的五粮液啊。

曹师笑问，王羲之的兰亭在哪里？有一位高明的师兄说，在会稽山阴，也就是今天的绍兴。曹师又问，那他的曲水流觞，流到哪里去了呢？纵是高明的师兄们，一时也是思滞语迟。曹师笑言，流到宜宾了啊，黄山谷贬谪到戎州，在这里也修了

---

[*] 姜飞，2000 级博士，1974 年生，四川资中人。四川大学教授，四川大学创意写作中心主任；《现代中国文化与文学》（CSSCI 来源集刊）副主编，成都市作家协会副主席，四川大学文学与新闻学院中国现当代文学教研室主任。

流觞曲水的流杯池，这就是易地重建了王羲之的风雅传统啊。于是一名高明的师兄说道，啊，真是如此，就像曹老师重建中国文论话语一样，可不仅是重建某种文论思想体系而已，更是重建某种风雅的生活方式，和诗情画意。曹师微笑不语，当时月光遍地。

多年过去，我依然记得那个春天的雅集。我那时没什么学问，至今也毫无起色，然而我已经明白，学问并不是枯燥的概念和逻辑，而是蓬勃如春的生命，是从王羲之到黄山谷，从杨先生明照到曹师顺庆，再到那些学问好、人品高的师兄弟姐妹，如曲水流觞，顺次传递，带着温情。我以愚钝粗直著称，只是旁观，已觉嘉盛，虽无所成，已有所悟。翻阅当年的笔记，那一天是 2001 年 4 月 27 日。

博观圆照，平理若衡
——记曹师顺庆二三事

2003 级博士 刘 颖[*]

《文心雕龙》云："圆照之象，必先博观。阅乔岳以形培塿，酌沧波以喻畎浍。无私于轻重，不偏于憎爱，然后能平理若衡，照辞如镜矣。"刘勰原本讲的是论文必先博览，只有将天下文章尽收眼底，在品评作家及作品时才能如权衡一般客观、明镜一般洞见。这段话放在学术研究中来看，也不无道理。一名合格的学者应当有广博的学术视野，才能以敏锐的学术眼光，在自己的领域中专精而不隘，畅思而不滞。否则，不免陷入一隅之解，"东向而望，不见西墙"。我个人的学术研究远谈不上精深，但在科研、教学的道路上也已经跌跌撞撞摸索多年。一路上，总有师友伴我前行，助我去往更辽阔的世界。这期间，真正引我"睁眼看世界"的，正是曹顺庆先生。

2003 年秋，我随曹先生攻读比较文学与世界文学博士学位。记得曹先生同一学期开了两门课，一门是中国古代文论，另一门是西方文论，两门课都特别重视原著研读。我们一面背诵《文赋》《文心雕龙》，一面啃读英文原版伊格尔顿。那时我已是四川大学文学与新闻学院的一名教师，听讲之余，自己也要上讲台，为新人备课，不免惶恐。又因从前的学科背景比较杂，虽然是语言文学爱好者，毕竟缺乏系统的学习。于是下了讲台就在这中西切换里忙得团团转，倒也算是痛并快乐着。课上先生常感叹中国古代文学思想之精妙优美，又时时告诫我们：作为中国人，若是

---

[*] 刘颖，2003 级博士，汉族，湖南新邵人，1978 年生于湖南双峰。哈佛燕京访问学人（2005—2006），密歇根大学安娜堡分校比较文学系访问学者（2016—2017），现为四川大学文学与新闻学院教授，主要研究方向为比较文学翻译研究、海外汉学、语言学及应用语言学等。

对自己老祖宗留下的经典都不了解，那真是太丢脸了。同时，我们也要学习他者的长处，了解西方学者的思想源泉，才能从根本上走出"失语症"，不卑不亢地与西方平等对话。

一学期下来，在中西经典的碰撞中，我深受震撼，更觉学海无涯，自叹颛愚。时不时因自己的短浅而满心焦灼，偶尔又因某句妙论而茅塞顿开，醍醐灌顶，从而感到一种莫名的小小欢喜。这就像一个长期只能看清近处的近视患者，终于戴上一副眼镜，虽然一开始有些不适，很快却因能望到远处的风景而欣喜。在研读和讨论中，我越来越好奇西方学者究竟如何看待中国古代文论，渐渐有了研究他者眼里《文心雕龙》的想法。和先生一提，当即得到他的大力支持："研究《文心雕龙》好啊！说起来你可是杨先生的徒孙，正可以在海外'龙学'研究方面好好拓展！你英语又好，不如就做英语世界的《文心雕龙》研究吧！"于是，我的博士论文选题就顺利定了下来。

一日课后，先生向我招手："刘颖，你过来一下！"他掏出一份打印的英文会议通知，我一看，原来是第十七届国际比较文学年会将于2004年夏天在香港举行。先生说国际比较文学年会第一次离内地学者这么近，一定要抓住机会去长长见识。因为我英文还不错，就让我负责与会务组联系参会事宜。

这是我平生第一次接触国际会议，曹先生把这个任务交给我，我当晚立刻通过电子邮件向组委会发去参会申请，提交了有关文化关键词翻译研究的论文摘要。不久后，我收到香港会务组负责人的回执，落款是当时任教于岭南大学的欧阳桢教授。欧阳教授不但发来了会议邀请函，还对我的论文题目提出一个小小的修改意见，最后将题目定为"Translingual Commensurability and Reciprocal Translatability—Foreign Terms and Their Cultural Nuances in the Chinese Context"。欧阳教授肯定早就不记得这种小事，但我一直为他这种对后学的关爱和提携深深感动。

收到会议邀请函，下一步就是准备出行。当时香港虽已回归多年，但对我这种从未出过海关的人来说还是充满了未知。那时到海外参会算是一笔不小的花费，我这样的年轻教师也还不像现在手头总有些科研经费；此外，赴港参会以及出差经费申请的种种手续，也颇让我头疼。曹先生那时已经做了好多年文新学院的院长，他呵呵一笑，露出标志性的单酒窝："经费你不用担心，学院是支持学术交流的。咱们就报个旅行团，机票比我们自己单买要便宜好多倍，还包住宿，入港证的办理也由他们解决啦。我们过去就高高兴兴参会！"这种方法在我听来真是闻所未闻，在那个年代真是一个大胆、睿智的决策，一下子解决了所有问题。同行的还有几位同学，包括现中国社科院谭佳、电子科技大学谢梅等。我们顺利出行，碰到的唯一问题是旅行社导游发现我们居然不跟团购物，没少给我们脸色看，扬言以后再碰到高校教师一定要额外收费。

正是在这一次会议上，我第一次与许多来自世界各地的学者面对面交流，不同文化背景的学者看问题的视角和解决问题的思路确实很不一样，这让我对自己将要进行的英语世界《文心雕龙》研究有了进一步思考。也正是在这一次会议上，我第一次见到乐黛云、李达三等著名比较文学学者。乐先生在会上做了英文主题发言，我才知道她竟然是年过半百才开始真正投身比较文学，不知要怎样的勤奋努力才能取得那样的斐然成绩。会议那几天，我除了报告自己的论文，就是四处旁听，只恨自己没有三头六臂，无法参加所有的小组讨论。会议结束后，曹先生自掏腰包请我们几个学生在香港科技大学附近的一幢高楼上用餐。坐在通透的玻璃旁，曹先生对我们几个说："看看，在这个地方吃饭感觉舒服吧？还是高处视野好呀！"当时我透过玻璃窗，望着满城灯火，听到周围餐桌传来粤语、普通话、英语或别的什么语言，回想那几天头脑风暴式的会议轰炸，感慨良多。

从香港回来不久，一次课后，曹先生又向我招手，从包里掏出一张打印纸。这次是哈佛大学燕京学社在全国范围内遴选访问学人的通知。我作为在读博士生和青年教师，正可以申请这个项目。曹先生说："你是第一个做英语世界《文心雕龙》研究的，一定要去国外搜集资料，多和外国学者交流。你有语言优势，我看这个项目很适合你！"我深受鼓舞，立即去报了最近一次 TOEFL 考试，同时马上开始着手准备研究计划和自荐信。曹先生一直关心这个事情，他不但亲自给我写了推荐信，还告诉我俄亥俄州立大学李敏儒教授来访，引荐我去拜会。原来李先生在美国读博士时论文做的恰是《文心雕龙》之"文心"理论。我联系李先生并说明缘由，他非常热心地指导我的研究计划，给了许多中肯的意见，还决定为我写一封推荐信。

材料准备好全部寄出后，我就把这事放到了一边，直到 2004 年圣诞前夕，我终于收到来自哈佛的通知书，我入选 2005—2006 年度哈佛－燕京访问学人了！这真是最好的圣诞礼物！我把这个好消息告诉曹先生，曹先生连声说："好！好！好！这是个不可多得的机会，一定要好好把握！"后来我在哈佛访学一年半，聆听了宇文所安、霍米·巴巴、包弼德、李慧怡、普鸣等知名学者的课程，还有了跨校"追星"听乔姆斯基讲课的机会，同时与一众来自中国和亚洲其他地区的青年学者结下了深厚的友谊，至今回想起来仍十分怀念。那段日子不论是在学术研究上还是文化视野上都给我不少启发，成为我求知道路上最重要的一段经历。在那期间，我遇到一些问题，还会和曹先生越洋通话，他在百忙之中总是耐心地给我提出建议，电话那头温和、亲切的声音，总是让我感到心安、倍受鼓舞。

2007 年年初回国以后，很快我就完成了自己的博士论文，并得到包括涂光社、张思齐、吴承学等专家的一致认可，几年后以《英语世界〈文心雕龙〉研究》为书名出版。此后，我逐渐确定了自己的主要研究方向和领域，慢慢成长起来。如果说我在学术研究和教书育人上也有寸进，自是得益于曹先生的言传身教。

后来的师弟师妹有不少研究英语世界的中国文学译介问题，又逐渐拓展到英语世界的莎士比亚研究、庞德研究、日本文论研究、印度艺术理论研究等更广阔的天地，曹门弟子的名字频繁出现在各种国际学术会议和国际学术刊物上。曹先生本人更是笔耕不辍，将中国比较文学的声音传播到世界，他的英文著作《比较文学变异学》已经成为比较文学中国学派在世界发声的典范。正是因为有曹先生这样睿智、温和的引路人，以其开阔的国际视野和宽广的学术胸襟，引领学生不断前行，中国比较文学才可能后浪继起，越来越醒目地走向世界。

《礼记》云："凡学之道，严师为难。师严然后道尊，道尊然后民知敬学。"曹先生性情温和风趣，在学术上对弟子却异常严厉，职是之故，我们对他既尊敬，又亲近。如果说我们对学术始终有敬畏与热忱，很大程度上都应该感谢曹先生的"师严道尊"。

谨以此文致谢我们的恩师曹先生！

师恩难忘，砥砺前行

2006级博士　邱　岚[*]

2019年9月我赴美国新罕布什尔大学英文系访问学习，美丽的新罕布什尔大学校园让我怀念至今。教室、图书馆、宿舍三点一线的规律生活，我仿若又回到了学生时代。坐在宽敞明亮的图书馆，查阅各种书籍，认真准备着与美国教授见面的读书报告，这样的学习生活忙碌而充实。尤其是冬天，坐在图书馆透明的大玻璃窗前，抬头凝望窗外漫天飞舞的大雪，思绪总会飞回十多年前自己在川大读书时的情景。

五年的川大求学生活，充满欢笑、泪水、愁苦、焦急与不安。记得在开始博士学习生活前的那个暑假，导师曹顺庆教授委派我和另外一位同学作为助手陪同一位台湾教授做唐诗现地的文化考察。这位教授一本正经地介绍说："现地研究"就是回到作品产生的现地，以科学的方法验证相关的古代文献，提供贴近研究诗人作品及其生活的新资讯。这是一种极其接地气的古文研究方法，我带着好奇心跟着教授，登上陈子昂的读书台，停留在李白、杜甫诗中提到过的地方，蜿蜒曲折的山路间我们走走停停，用GPS现代科技不断地测试、记录、验证、思考……后来，这次文化考察取得的一手研究资料被这位台湾教授写进了《唐诗现地研究》一书。当我手捧着老师从台湾寄来的书时，内心还是抑制不住一阵激动，感谢曹老师给予的这次难得的学习经历，它让我明白做学问还真是一件考验耐力、毅力、恒心的事。

我还记得第一次见到曹老师时的心情，有一丝敬畏、一丝胆怯。我至今都不敢让老师和同级师兄姐知道自己上十三经和《文心雕龙》译注两门课程时的窘迫。对于为什么要开设中国文化元典课程，老师在《跨越异质文化》一书中给出了回答：

---

[*] 邱岚，2006级博士，成都大学文学与新闻传播学院副教授。

"大家对十三经的不熟悉,造成了对传统文化的不熟悉,造成了我们文化上的'失语'时代,……'失语',其根本的害处就是缺乏创新力,缺乏自主创新性。"所以,老师给自己的博士生开设了学习十三经和《文心雕龙》的两门课程,规定每位同学都要背诵《文心雕龙》的指定篇目、指定段落。每次的古文背诵都让我感到痛苦,万般无奈时只能把自己藏在身材高大的师兄背后,趁老师低头之际,赶紧偷看两眼,我就在这样的忐忑不安中完成了这两门课程的学习。

除了诵读古代经典原著,老师还开设了西方文学理论课程,课堂使用全英文教材 Literary Theory: An Introduction,我们首先要阅读英文原文,接着对所阅读的内容展开分析,最后是回答老师提出的问题。"一问一答"的教学方式,没有传统课堂填鸭式的无聊与枯燥,大家还可以在别人回答问题后提出自己的见解,真知灼见就在所有人的全程参与、讨论的针锋相对中迸发出来,你会在精彩的瞬间看到别人思想的闪光之处,也能反省自己内在知识储备的不足。严肃、活泼的学习氛围,使每位同学的思维都得到了潜移默化的提升。

除了紧凑的课程学习,为了开拓大家的学术视野,老师还经常邀请国内外著名学者开设文化讲座,并把这些学者请进课堂跟大家做近距离的交流,他们中有写作《二十世纪文学理论》的荷兰乌特勒支大学杜威·佛克马教授及其夫人易布斯教授,也有对中国现当代文学颇有研究的欧洲汉学家冯铁教授……每一场讲座都让我激动不已,每一次静听都让我生出无限感慨,原来知识可以让一个人充满魅力。

为了培养大家学术参与的积极性,老师经常带着学生参加学术会议,鼓励大家参会发言。让我印象深刻的是在"跨文明对话——视界融合与文化互动"国际学术研讨会上,海内外学者们就与会议题各抒己见:佛克马教授提出了"Loose Ends Are No Dead Ends"(松散的结尾并非终结),从"形式、互文性和文类"三个角度探讨文学与文本;美国俄亥俄州立大学的 Mark Bender 教授从民族论的角度来解读阿库乌雾的诗歌;德国学者 Klaus Kufeld 从东西方诗歌角度来解读欧洲文化,著名的符号学专家赵毅衡教授提出了"如何把韦伯切成两半——新儒家与'继发型资本主义'的伦理价值"……看着台上儒雅风趣的学者,再经过最初一段时间的学习、工作和生活,我庆幸自己做了坚持读博的决定,尽管当时并没有意识到博士这份殊荣的背后是常人所无法体会的艰辛与付出。

老师最初师从杨明照先生研究中国古代文学,也从事比较文学研究,且在比较文学领域已经成为领军人物,先后出版了《世界文学发展比较史》《中外文论史》《中外比较文论史》等多部著作。对于当今世界文论中"完全没有我们中国的声音"(黄维樑教授语)的话题,老师于1996年提出了中国文学理论的"失语症",并由此引发了学术界长久的热议与论争,也才有了前文提及的对中国传统经典的阅读。在系统梳理了比较文学学科理论发展之后,老师又提出了"重建中国文化论语""跨文化/跨文明比较文学研究"和"比较文学变异学"的理论研究,回答了季羡林老先生提出的"中国没有一个人创立出什么比较有影响的文艺理论体系"的问题。

之后，老师的英文专著 The Variation Theory of Comparative Literature（《比较文学变异学理论》）由斯普林格出版社出版，再后来，老师成为欧洲科学与艺术院院士，还被聘为"中国语言文学与中华文化全球传播"学科群首席科学家，老师的成就达到了常人无法企及的高度。

跟随老师读书期间，很多同学都通过参与老师的课题项目来锻炼、提升自己的科研能力。我也有幸参与了老师的两个国家社科基金规划项目，在撰写、编辑项目成果（《中外文论比较研究》《比较文学变异学理论研究》）相关章节的过程中，我再一次体会到了做学问的不易。如果说这些只是前奏的话，那真正的战斗是在博士论文写作中打响的。我至今都不太有勇气回忆自己写作博士论文的过程：从最初选题的兜兜转转，开题过程的有惊无险，再到写作过程的一波三折，直至最后答辩的波澜不惊，一路跌跌撞撞，正如老师后来在我的第一本专著序言中写的："邱岚在四川大学读博士时是一位懵懂的学生，对学问该如何做还充满了未知……虽然其间的过程走得很辛苦，但她勤奋努力的态度和精神终于伴她克服了许多困难。"是的，是勤奋、努力让我坚持完成了博士论文的写作，拿到了渴望已久的博士学位，我的人生也即将翻开新的篇章。

从学生到老师的角色转变，我很快就适应了。成为大学老师后，我也一直谨记老师的教诲：把博士论文当作自己的第一部学术专著。秉持这样的理念，经过无数次的修改（据说负责我这本书的编辑当时被我折磨得都快得强迫症了），我终于在参加工作后的第三年出版了自己的博士论文《格林布拉特诗学思想研究》。手捧着自己教师生涯的第一本专著，心中五味杂陈：真不容易啊，我现在也是一名学者了。我不禁在心中反复告诫自己：要像老师那样，把著书立说、教书育人当成自己终身的使命。随着年龄、阅历、见识的增长，再翻开自己这本书，才发现书中的一些语言是那么幼稚，一些见解也谈得不够深入，只能寄希望于将来自己能够不断进步了。

大学任教至今已有 11 年光景，其间有喜有悲、有苦有乐。高兴的是每年都能收到已经毕业的学生的问候，看到那些发自内心的肯定、鼓励与认可，我的内心充满了无以言表的开心与满足。灰心丧气、心灰意懒时常想起老师挂在嘴边的话："做人要大度一点，心胸要开阔一点。"再仔细回想与老师相处的点点滴滴：老师走到今天一定也很不容易吧？迈过的坎、跨过的沟一定也不少，为何他看上去总是那么云淡风轻，总是面带微笑？我想，应该是老师对教师这份职业的热爱、对事业的不懈追求、对学生的认真培养，才让他拥有了今天的成就。

认真培养学生，是为人师者首要的目标，也是最重要的任务。我对自己的要求是：认真上好每一节课，认真指导每一个学生，就像当年老师指导我们那样。每当收到学生上交的论文，若写得不好，我都会感觉血液直冲头顶，想要火冒三丈时，脑海里都会浮现出自己将第一篇论文交到老师手里时，老师眼中的失望、言语中的无奈，至今想来都惭愧万分，但老师依然耐心地指导我进行修改，这也许是我应该学习的为人师者最可贵的品质——耐心与包容。

如今老师已经桃李满天下,培养出了很多在各自领域独树一帜的佼佼者,优秀的师兄姐、披荆斩棘的师弟妹,让这个大家庭充满了良性竞争的气氛,却又不失幽默与风趣。曹老师常说:"你们大家都是在学术上有血缘关系的,应该相互帮助。"在这个大家庭中,曹老师也以身作则地告诉了我们,不管是做学问还是做人都应该"博学之、审问之、慎思之、明辨之、笃行之"。

学之美乐
——"春服既成"

2007级博士 颜 青[*]

小女子不才,私以为读书之最美最乐乃随老师、同门一起出游。每想起"暮春者,春服既成,冠者五六人,童子六七人,浴乎沂,风乎舞雩,咏而归",一幅生动的出游图便浮现在眼前。此情景之至美,非外在之所见,而在内心之所感。常道人生苦短,又道人生实难,工作学习之余,偶有闲暇出游,心无挂碍,安享当下,可谓得真自由,岂不美哉乐哉!

自入曹门,师常率众弟子游。白日赏景,晡夕之后,众人齐聚,载歌载舞,施才展艺,好不热闹。师擅提琴、二胡,师娘擅歌舞,每奏演完,众人欢呼,安可声不绝。夜色昏昏,人声鼎沸,光乐采采,快意人生。至情至性,皆在其中。

一次,师率众弟子赏荷,行于乡间荷塘小路,寻"误入藕花深处"之趣。然,未惊起一滩鸥鹭,只闻一声尖叫:一女弟子不慎脚下打滑。歪身险坠荷塘之际,师眼疾手快,只手将其拎回,叹道:"哎呀呀,你们现在这些孩子,都走不惯乡野之路咯。"语气满是宠溺与嫌弃,又咸又甜。时值初夏,日渐烈,一时半刻后,师依旧身轻如燕,行于田埂之上,但觉人声渐远,回望,见众人神色疲惫,落于其后。师惊叹"还未到藕花深处哩",然体恤弟子,遂曰返,归途中嘱众人勤锻炼,强健体魄。后有人私语:冤哉,非吾辈体弱,实乃师强,我等难及也!

出游途中,师偶八卦,众人喜闻,紧随其左右。然至最后,师常以大道至理终,众人受益匪浅。一次聊及识人选偶,师曰:需观其待身边人之道,此其真面目也。又有读博艰辛,几闻有抑郁者,师曰:从心所向,重在行动,勿使其抑。师见众喜闻八卦,嘱曰:勿盲从人言,亲观之,察之,慎审之。

师善言,更善不言。一年,师率众人前往巴金文学院。翠竹隔着小窗,酒香伴着论争。师听而不语,稳稳如深渊之水。待及众人争执不下、疑惑无解之时,师方

---

[*] 颜青,2007级博士,重庆人,重庆师范大学文学院副教授。

语出如空灵映石之响，众人顿似拨云见日，昏镜重明。平日背诵，时常错忘。"子政简易，故趣昭而事博，趣昭而事博，呃，呃，事博，那个……"前排师兄即刻高举典籍，后排师姐连忙小声提醒，师皆知而不言，低头不语，为弟子存留互助情谊与小小情趣。又，时有出行与会，遇意见不合者，为免争论升级过火，师常沉默不语，不辩一词。年少不知其所以然，多年后方懂师为贤良得聚，愿求同存异，克己让他，正如海纳百川有容乃大，委实令人钦佩。

师育众徒，严于学业，关乎身心。教育，最动人莫过于春风化雨，点化人心，陶冶性情。人世间，多为平凡普通之人，一生不会有惊天动地之为。若能学会做好普通人，过好一生，经得起风雨，看得淡得失，放得下名利，渡得了悲喜，不论逆顺，皆能享春服既成之美，浴风咏归之乐，实乃生之幸事。若善其身之后，其才其能还能贡献社会，兼济天下，更是美哉。

教育，育英才，利国民。曹公克勤，曹门济济。愿吾中华教育兴盛，国泰民安，年年岁岁，人人皆能享春服既成之美，浴风咏归之乐。

第六章　实践锻炼：以学术训练培养科研能力

第一节　慎思笃行 勤学苦练

博士论文是怎样磨成的

1996 级博士　郝跃南[*]

考入曹师门下，中榜的喜悦很快散去，取而代之的是压力和焦虑——众多的必修课、选修课，大量的阅读背诵，一次又一次的讨论激辩，必须发表的数篇论文……而我是在职攻读，时间上如何安排？更何况博士论文如大山般矗立，何从登临？

记得那是 1995 年 9 月，新入学同学第一次汇聚曹门上课，曹师部署整体教学培养计划，特别强调了博士论文极其重要，他要求各位同学先构思论文研究方向，拟制提纲框架，待时再集中讨论开题报告。课后，我专门请教曹师，我该选择什么课题才能出新创新。曹师点拨：魏晋南北朝与唐代文论呈现不同风貌，可研究其话语差异，这一课题学界尚未更多涉及，大有深入发掘价值。导师指明方向，学生心情开朗，一下轻松了许多。我遵循先生教诲，开始大量阅读，冥思苦想，日积月累，随时而进，逐渐心有所得：两个时代文论差异，其深层历史文化原因之一，就在于两个时代士人价值倾重的不同，而这个问题也未见学界有专题论及。

时光如水，转眼到了 1996 年秋，先生召集众弟子作博士论文开题报告。同学们照例各抒己见，唇枪舌剑。听了我的论文构思，同学大多认为，历史文化分析是

---

[*] 郝跃南，1996 级博士，男，1954 年 12 月出生，祖籍山西省静乐县，出生地四川省西昌县（现西昌市）。曾任中共德阳市委常委、宣传部部长，中共四川省委对外宣传办公室、四川省人民政府新闻办公室副主任，中共四川省委宣传部巡视员，现已退休。

传统的研究方法，比较常见，还是应该从话语分析入手，比较容易出新。我思忖，曹师指定的就是话语分析，可能会赞同那些同学的观点。不料，曹师却拍板道：跃南适合历史文化方法，他这个思路还可以，关键是如何从传统的方法中切入新视角，提炼出新的思想观点，得出新结论。我不由得内心感慨，先生这是海涵包容，因材施教啊！

又是一年过去了，时值1998年夏末，我将论文磨出了近10万字，自我感觉还可以，兴冲冲呈导师审阅，大有"画眉深浅入时无"之意。不料，先生连连摇头：不行，这样写不行！闻得此言，我一下不知如何是好。看到我的不自然，先生微笑了，点明要害：说文化多了，说文论少了，喧宾夺主。看我有点失落，先生又鼓励道：有这样一个基础，再写就会顺利得多。辛苦一年，只落得如此收获，心头一股沮丧之情。足足十多天，我才将心情从低落中调节出来，拍胸自励，从头再来！

一晃两年又过去了，已是千禧之年。2000年元旦翌日，我向先生呈上博士论文全稿，洋洋30余万字。这次行吗？能入导师法眼吗？我心悬等待。十余天后，先生召见。先生面现常见的微笑，说道：基本可以。存在的问题是，结构上章节过长，阅读费力，核心观点的论述容易被遮盖，考虑到跃南你在职攻读，时间太紧，博士论文就这样吧。

闻得先生此语，我释然，又惘然，再决然。释然者，总算过关了；惘然者，过得太勉强；决然者，下功夫再改一遍！我听得出，先生是在委婉地激励我，他是希望我改得更好。

于是，在春节加上其后的二十余天里，我将自己关在四川工业学院的空房中，伏案奋战，咬牙将整部论文拆开了，再增删重组。原先的四章十三节，调整为三大篇、十章、二十八小节，增删字数竟达十余万字，最后成文二十八万余字，再呈先生。曹师阅后，笑曰：可以！不错！抓紧印刷，送同行专家评议评阅，准备答辩。四年磨砺，终获成果。各方资深专家学者，对拙作奖掖有加，如："是一篇优秀博士论文""研究上了新台阶""理论上的提升""体现了学术识度与文化胸襟""很有学理深度""说理清晰，言之有据，逻辑严密，文笔老辣""颇有创建与功力""对于古代文论的现代转换有现实意义""对于当前如何制定和调整文艺政策以利文艺沿着正确方向发展和繁荣也有一定的借鉴意义"，等等。答辩委员会专家在答辩会上当即推荐：将我的论文纳入四川大学"211工程"项目"中国古典文献学研究丛书"出版。其后，拙作由巴蜀书社于2000年11月正式出版发行，并于翌年被评为省政府2000年度四川优秀图书奖三等奖、四川大学2000年优秀博士论文鼓励奖。

逝者如斯。27年前我有幸进入曹门攻博，五年苦读磨砺，此段人生体验，弥足珍贵，至今历历在目。学生在学业上有所收获，倾注着导师曹顺庆先生的心血。撰写博士论文的过程，从选题之确定，论纲之推敲，初稿之反复打磨，先生耳提面命，悉心教诲。先生栽培之恩，学生永远铭记。

先生的文章学问，师德风范，学生亲身经历，深切体悟，举其大略有三。

其一，文化胸怀，高远阔大。针对"西方中心主义"背景下的中国文论失语，他努力在中西对话中构建中国文论话语体系，建设中国学派，为中华文化复兴，立于世界之林，做出文论界应有的贡献。这是曹老师做学问的大目标，而在教学中，他又将此等胸襟视野传道于学生，激励大家立志高远，有所作为。

其二，胸有蓝图，统筹推进。曹老师将大目标具体化，形成一个个学术课题，组织协调学术团队分工合作，一步步向前推进。培养博士，指导博士论文，均有这样的安排。如我的博士论文中涉及魏晋南北朝的部分，就被纳入曹师主编的皇皇四卷本《中外文论史》。

其三，平等相待，亦师亦友。在指导学生选题时，他既通盘考虑，指定课题，又鼓励支持学生独立思考，发挥所长，自成一家。先生对学生学业要求极高，非常严格，但又总是和颜悦色，如同兄长。学生持有不同意见，先生海涵容纳，平等相待，依据论理，循循善诱。

我的论文完成后，呈送各方专家学者评阅评议，答辩委员会专家评审并答辩，诸先生奖掖创获，教正疏误，其文风学识，人格品性，惠泽后学，永当铭记。在此，谨向诸位先生致以高山之敬！评议评阅专家：张少康先生（北京大学）、蔡钟翔先生（中国人民大学）、童庆炳先生（北京师范大学）、胡明先生（中国社会科学院）、漆绪邦先生（首都师范大学）、齐森华先生（华东师范大学）、张文勋先生（云南大学）、王运熙先生（复旦大学）、顾易生先生（复旦大学）、霍松林先生（陕西师范大学）；答辩委员会专家：主席唐正序先生（四川大学），成员王润华先生（新加坡国立大学）、皮朝纲先生（四川师范大学）、张志烈先生（四川大学）、冯宪光先生（四川大学）、曹顺庆先生（四川大学）。

曹师门下，学兄学弟学妹多矣！众人切磋学问、争执论辩，于教室、于宿舍、于茶铺、于农家乐……此中乐趣与收益同样多矣！更有杨玉华、王南、刘文勇、刘朝谦、王晓路、李清良、李杰等同窗友人，或不辞繁难助我收集整理资料，或合作撰文期刊发表，或提供建议启发思路，如此等等，此中谢忱，一言难尽。

遗憾的是，毕业后，因工作原因，我未能坚持将学术进行到底，每每思及，总是满满的失落自责。聊可慰藉的是，在自己的工作岗位上，我做出了学以致用的努力，这一点，也是先生对我的教诲与冀望。在打磨博士论文过程中，我对"道"——中国古代知识分子优秀的文化价值——给予了特别的倾重，并将此"道"贯注于政务工作实践中。我在履职的地域，提出思路，形成方案，通过决策程序，以市委市政府之力组织动员，在全社会努力推行时日持久的文化工程，诸如"文化德阳"建设、"全民素质提升工程"、"弘扬城市精神"、"5·12汶川大地震灾后文化重建"，等等；利用地域文化资源组织举办社会科学学术研讨会，如"三星堆与长江文明国际学术研讨会""构建和谐社会与国学现代化"，等等。所有这些实践，旨归在于，在以经济建设为中心的大背景下，尽力为地域发展注入文化的力量，真正实现全面发展。于此，可向先生报告：努力践"道"，不负所学，我尽力了。

再次，

感谢恩师曹顺庆先生！

感谢人生各个阶段所有予我教诲的老师！

感谢我的母校——四川大学！

曹门勉学记

2001级博士　程丽蓉*

今天的"比较文学"双语课主要是给大三学生讲"可比性"问题，比较分析不同学者对这个概念的不同表述及其逻辑理路。我又一次在课堂上搬来曹老师2018年11月13日来浙商大讲座的PPT，借用里面关于"可比性"问题的阐述，重温老师讲座的情景，又一次对比分析不同学者的治学思路。

众多学者将"可比性"问题作为比较文学学科理路的原则或基石，从理论推演层面去讨论这个问题，没有以此为理论生发点，去发展出中国的原创理论体系。曹老师却另辟蹊径，从对学科发展史的梳理中，提出"同源性"和"类同性"之外的"异质性"和"变异性"问题，揭了西方比较文学理论逻辑的"老底"，发展出系统的变异学理论，指导和改变了比较文学的研究实践，成为世界同行公认的重要理论贡献。这种高屋建瓴的学科理论建构意识和魄力，堪为学人学术创新之典范。言及于此，我总是骄傲地告诉学生们，曹老师是我的导师。

课后，好几个学生围上来，问我报考川大研究生的事情，问曹老师是否还带研究生，还有没有机会拜入曹门，问什么时候可以请曹老师来讲学，想亲身体会老师的风采，眼睛里满是急切和渴望。我说："别急，你们也算是曹老师的徒孙啦，会有机会的。"是啊，曹门弟子本硕博何止三千，曹老师亲自指导、授课加上参与国家级精品课程网络听课的，国内外也怕不止万人呢。桃李遍天下，恩泽布四方，杰出英才朋辈出，思想师德天下传，这也许是身为教师最大的荣耀吧。这时，一个大眼睛、长头发的女孩子笑嘻嘻地说："老师，啥时候咱们约个餐，跟我们聊聊您跟曹老师这样的名师大家求学的心得体会呗。"我口里答着好呀，心里惦记着恩师七十大寿将至，正好写一写曹门勉学记以资纪念。

时间倒回2001年。

刚从北京师范大学读完研究生回到四川，我闷头报考了四川大学比较文学与世界文学博士，只是一门心思想要读一个比以前专业视野更开阔、更国际化的专业。

---

* 程丽蓉，2001级博士，浙江工商大学教授，美国马里兰大学、英国伦敦大学访问学者，浙江省高校中青年学科带头人，主要研究领域为中西小说及叙事理论比较研究，性别与传媒、文艺与传媒跨学科研究。

后来才明白，我真是无知者无畏，没有联系过导师，也不知道读十三经会是啥况味，更不知道将要面对的是怎样广阔的海，就这样一头扎进去了。考试结束后我苦等结果，鼓足十二分勇气给曹老师打电话，听到电话那头一个男声轻柔的"喂"，我已经吓得手心冒汗，连忙自我介绍，斗胆问考试结果如何，电话那头先生哈哈笑了笑，反问我："你觉得考得如何呢？"停顿的这几秒，对我就像一个世纪。大概先生隔着电话也猜到我的反应了，就不疾不徐地告诉我被录取了，还是公费。好一个跌宕起伏，至今铭心刻骨。唉，我们亲爱的老师，有时候是真调皮呢。

曹老师给我们开了两门课，"十三经研读"与"当代西方文论"，一中一西、一古一今、一汉一英，恰似给比较文学范围画了个圈。我们年级不同专业弟子12人，课前各自查典抠字，朗读苦背，聚首课堂，则挨个诵读解释。最痛苦是读《易经》，仿佛一朝打回幼儿园小班，仿佛一字不识。最难忘是背《文心雕龙》，文字既美，意涵亦深，小师妹背功了得总替师兄背锅，师兄弟们津津乐道，阐释滔滔不绝。最是"神思"妙不可言，小师妹口若悬河背来："文之思也，其神远矣。故寂然凝虑，思接千载；悄焉动容，视通万里；吟咏之间，吐纳珠玉之声；眉睫之前，卷舒风云之色；其思理之致乎！故思理为妙，神与物游……夫神思方运，万涂竞萌，规矩虚位，刻镂无形。登山则情满于山，观海则意溢于海，我才之多少，将与风云而并驱矣。"一众师兄神色凛然，颇有入定之态。我正努力跟上小师妹的节奏，猛然间，被老师点将，那时候就只求小师妹一口气背到下课！愚钝如我，后来才知道，原来是师兄们抓阄，故意让小师妹多扛了好多背诵的活儿，顺带也解救我不少。老师何尝不知端倪，他总是笑笑，让师兄们多做阐释的活儿，弟子们取长补短，相互成就。后来想想，这也真是曹门师兄弟互帮互助、相互扶持的写照。学海无涯，有师有友共渡，实乃人生之一大幸事！

西方文论课比较好玩，英文好一点点就可以轻松拿下，更好玩的是可以观跨届师兄弟斗技。既然是斗技，小小教室哪里安放得下这些学界大侠，上有师尊坐镇，素有川大才子之称的某君常常加入我们这届的唇枪舌剑，往往数十人缠斗，阵势拉开，颇为可观，唯有望江楼公园的坝坝茶，容得下曹门的一场场理论大战。竹林青青，桃花夭夭，口沫横飞，张目眦牙，搅动川茶的幽香，惊醒沉睡的薛涛。"失语症"、西方文论中国化、中国文论西方化、海德格尔、福柯、德里达、理性主义、非理性主义、日常生活审美化、哈贝马斯、霍克海默、葛兰西、赛义德……召之即来、挥之即去、游龙飞凤、吞云吐雾。某两君可谓海德格尔信徒，张口存在主义，闭口诗意栖居；某两君膜拜法兰克福学派，没有灵韵的东西都嗤之以鼻；某君捍卫美学独立性，如有质疑而将美学归于哲学或他学者，则红脸怒目，几欲拔剑决斗；某君浸淫西方马克思主义，动辄以霸权论挑动神经；某君纵论文心，横跨东西古今，话语立中间；某君捍卫福柯，时时进行知识考古与话语离析；某君偏爱译介，孜孜以辩翻译政治；某君钟情围棋，安坐喧嚣众侠之中雅谈棋道与文论……初出茅庐的小字辈们，支起耳朵捕捉信息，抓紧为自己干瘪的知识思想口袋装货。半天时间飞驰而过,战事渐息,各方都有些倦怠。这时,师尊方开口定锚。只见老师面带微笑,浅浅酒窝微露,柔和又坚定的声音随右手摆动从容起落,一一点睛,点拨延伸,却不下评判,放各位大侠各自思考生路。多番论战,把我从书本读来的东西激活了,有了血肉,有了生气,贯通融汇,催得我的脑瓜也逐渐开动,至今停不下来。

时间倒回 2003 年。

那时我开始写博士论文。经历过的都知道这个修炼过程。在老师支持下,课题顺利立项为省政府项目,内容框架也搭起来了。一开始挺顺利,绪论、第一章、第二章,到第三章卡壳了,一个月焦头烂额,一个字也写不出来。我泡图书馆、跑书店,翻看笔记资料,越想越乱,越乱越难以下笔。眼看时光飞逝,怎一个愁字了得?自己琢磨实在不得其要,只好跑去老师家里讨教。美丽温柔的师母招呼我坐下喝茶,闲说家里养的孔雀。老师接过我打印的半部稿子,迅速翻看,然后合上,手指点在封面上的题目,徐徐地说:"这两个字删掉,不就全盘皆活啦!"我一看,"三方"删掉,直接就是"对话场景",啊呀,可不是吗?"三方"把论域给限死了,不要这个限定词,不就可以游刃有余了?这一句醍醐灌顶,一语点醒梦中人。解开这个结后,接下来的写作一路顺畅,论文发表、内容调整、撰写并翻译摘要、翻译、润色,又得师兄们施以援手,终于踏上同届节奏,携腹中犬子答辩授位。那天答辩结束,老师笑眯眯地说:"这下子你可以安心当妈妈了。"老师温暖的话,师兄们的帮助,今天想起都还暖在心里。

时间倒回 2017 年和 2018 年。

曹老师应邀来浙商大讲学。师尊驾临,应蒋师兄号召,师兄弟们应声而来,仿佛重回课堂,聆听老师现场论析"失语症"与古代文论的现代转换问题,比较文学变异学研究问题。老师的演讲一如既往地旁征博引、推理严密,而又妙趣横生、幽默风趣,再度激活了我们多年来研读和征引的有关论著,捋清了其中的逻辑理路与要领关节。讲座结束,学生问老师可否分享讲座课件,老师欣然应允,让我们拷贝下来,留备教学所用,成为我们宝贵的教学资料。

课后师生欢聚,师兄弟们你一言我一语,问长问短,互通信息。十余年师友重聚,各自几经蹉跎辗转,有的早已功成名就、独成一家,有的青云直上、仕途顺达,有的著作频出、学问精进,有的勤恳耕耘、学有所成;有的丰仪依然,有的鬓已染霜,有的豪侠如旧,有的和光同尘。坐在众弟子之中,曹老师时而微笑会意,时而哈哈大笑,时而凝神细听,时而敛容而谈,却还是当年一般的俊朗从容。无怪乎曹门微信群里,每每有老师和师母靓照被贴出,就引来一片惊呼:"永远的男神和女神!"能几十年如一日,超越时间的熬炼,保持如此神采,这得修炼到什么境界才做得到呢?

2020 年,广西会议。曹门师兄弟再聚首,满屋人才济济,自己的学生辈也已是曹门博士。师弟师妹各显神通,如后浪涌来。师尊话筒在手,点兵点将,准确无误，指挥若定。就这样，又一茬学界"大侠"成长起来，且看此番战局若何……

学术的体贴与温度
——博士论文是怎么"养"成的

2001级博士 何云波[*]

2013年，为庆贺曹顺庆老师60寿辰，我写过一篇《我的2001》，讲述与曹老师结下师生之缘及受教的经历。2021年，疫情中闲来容易怀旧，我又写《往事依依：博士是怎么炼成的》，述曹门往事，博士生涯甘苦。时光匆匆，转眼曹师七十大寿与从教40年将至，我来说说自己博士论文写作的经历，以此表达对老师的敬意和感恩。

一

且说1996年，那时我33岁，因为俄罗斯文学方面的研究成果，被破格评为教授。那时真有一点春风得意的感觉。

美中不足的是，虽忝为青年教授，但没有博士学位，便算不得"双高"人才。可要让自己放下身段，跟学生辈在考场里同场竞技，总觉得拉不下脸面。于是，犹豫着，考博还是不考，这是一个问题。

正在纠结的时候，2000年已入曹门的好友罗婷来电，说川大招"论文博士"，不用考，符合种种条件即可，曹老师很欢迎你来。

天上还有这样的"馅饼"啊？得，赶紧接住吧！

2001年，一个秋雨绵绵的日子，我来到川大。

第一次跟曹老师见面，是在望江楼公园的一个茶室，大家介绍自己，说一说博士选题的意向。那年，我关于围棋文化研究的第一本书《围棋与中国文化》即将由人民出版社出版。对围棋之恋，正热乎着。我问：能不能以围棋做博士论文？

曹老师却问："你在俄罗斯文学研究方面，已经有了很好的基础，为什么不想再做了？"

确实，我的教授头衔，就是凭借俄苏文学研究、特别是陀思妥耶夫斯基研究拿到的。但那时我的研究已面临一个瓶颈，写的书、发的论文不少，但对一手材料的掌握，受语言和地域的影响，很有局限。想再突破自己，就必须去俄罗斯待几年，收集足够的材料，才能重新出发，不然很容易陷入自我重复、坐井观天。但那时我

---

[*] 何云波，2001级博士，男，生于1963年。现任湘潭大学文学与新闻学院二级教授、博士生导师。主要从事俄罗斯文学、比较文学、围棋文化教学与研究。

对俄罗斯文学已经有些厌倦，总觉得再怎么弄，你在"他者"那里，永远不过是"学生"，没劲；还不如回到中国传统，在琴棋书画中去感受一番传统的魅力。

我对曹老师说：琴棋书画，乃中国传统"四艺"，而如今之"棋"，仅仅被当作一种竞技游戏，很少有人以之为学术研究对象，我们需要把"棋"重新纳入中国传统艺术体系中，去发掘它的文化和审美意义。

曹师点头，表示首肯。

其实，还有一层意思，我没有表达，就是做陀思妥耶夫斯基研究，太痛苦，做围棋，更好玩。

然后，就是确定论文的具体选题：《中国古代棋论与文论比较研究》。但这种平行研究的套路，我一向敬而远之。况且，我的重心在棋论，我等外国文学出身，于中国古典文论本就隔膜，平行研究，就要平均分配笔墨，于文论的探讨，恐很难出新。那就取个巧，改为《围棋与中国文艺精神》，看起来像比较文学跨学科研究的题目，写作上又有很大的自由度，有可供发挥的空间，而不用像"X＋Y"，阿猫阿狗似的比来比去，落入程式化的陷阱。

有一次，曹老师生病住院，我和罗婷去看他，说起博士论文选题，我滔滔不绝……据后来各年级的师弟师妹们描述，说曹老师经常在课堂上提到这一"情节"，绘声绘色。我听了大感惭愧，自己那时颇有乘老师之危达个人目的之嫌。

选题定下来，下一步自然就是资料的收集与阅读了。

在川大读博，我并未脱产，那时工作单位在中南大学外国语学院，每个学期的课照上，然后，半个学期上课，半个学期去川大修课、完成学分。住学生宿舍，吃食堂，除了上课，就是读书，准备论文资料。

我曾在湘潭大学张铁夫老师门下读硕士，据后来张门的师弟师妹们说，张老师经常夸我，说我才气横溢，别人十个材料只够写一篇论文，而我一个材料可以写出十篇论文。我听了却大感惭愧。在俄苏文学研究界，我经常被誉为"才子"，但在一些大家眼中，未必是真正的"学人"，就是因为"料"不够，常常"才气"来凑。

其实，这也是我转向围棋文化研究的一个原因。因为写《围棋与中国文化》（属人民出版社"中国文化新论"丛书之一，后来被纳入中国"专门史文库"，更名《中国围棋文化史》，武汉大学出版社再版），我已经掌握了较丰富的"料"。准备博士论文期间，我继续广为收罗各种围棋古籍。围棋之外，又把《二十五史》中的"艺文志"以及"艺"在中国古代知识体系中的演变过程及现代转型通通梳理了一遍，终于有了一点写作的自信。

还有，我之前的教学与研究，主要集中在外国文学，于中国传统，我虽感兴趣，但毕竟缺少系统学习。于是，博士论文的准备过程，也就成了补课、完善自己知识结构的过程。中国古代文论、琴棋书画理论的书籍就成了阅读的重点。

当然，这里还有一个读什么、怎么读的问题。一切阅读都围绕博士论文，有的浏览即可，有的需要重点阅读。一边阅读，一边把重要段落摘抄下来，注明版本、页码，分门别类，以备论文写作之用；在资料阅读过程中的所思所想，也随时记录下来，以之备忘。

就这样，每个学期，在川大的那两个月，仿佛比平时几年读的书都多。

除了个人的阅读、思考，在曹老师的课堂，也收获颇多。读经、背书，那是"站桩功夫"。另外，在不同阶段，曹老师会不断提出一些新的概念。比如"失语症""中国学派""古代文论话语的现代转换""跨文明研究""比较文学变异学"，等等，然后让不同年级的学生针对不同的问题展开讨论，撰写论文，或者参与有关著作的编撰。这样既有自由活跃的课堂讨论，又让学生学以致用，不断有成果问世，让讨论落到实处，而不至陷于空谈。

曹老师也特别善于引导学生，在博士论文选题中，帮助学生展开对某一领域的系统研究，如中国古代文论的思维、话语体系、现代转换研究，英语（西语）世界中的中国文学、文论研究，等等。这些论文一篇篇出来，就自然形成了一个体系、一种能量场，形成了学术的聚核效应，在学界产生重要影响。

当然，曹老师又有着足够的宽容性、灵活性、自由度。比如我们2001级，"老童生"较多，难以"教化"，老师就让我们自由选题，各展所长。这样，才有我等如此"另类"的博士论文。虽然拿的是比较文学学位，毕业后，无意间，我却成了世界首位"围棋博士"。还经常出去传"经"送"宝"，所以说学术研究的新的生长点，往往就在不同学科的边缘、交叉地带。

当然，这"经"是从老师那里取来的。

曹老师经常出差，比较文学专业课程便经常会由川大其他的老师、已毕业的曹门弟子代上。于是，从徐新建师兄那里，我了解到文学人类学的路数；从王晓路师兄那里，我汲取了西哲的智慧。其中，代课最多的是吴兴明兄。他在课堂上言必称福柯，也引发了我对福柯的兴趣。福柯的知识考古学，着重探讨在一种知识体系中，世界如何被呈现，其视野如何展开，一种知识体系如何建构、如何分类，其背后有着怎样的文化机制。这也启发了我博士论文的思路，追踪围棋的意义生成、建构过程。"弈"作为形而下的游戏，何以成为"艺"、成为形而上之"道"，其背后有着怎样的知识生成机制。

还有，我的博士同门，上课之外，每周总有好几次，在公园，在茶楼，在河边，在树荫下，聚在一起，一边品茶，一边畅聊。我们同届的师兄妹都有不同的专业背景，古代文学、现代文学、文艺学、美学、外国文学……应有尽有。大家互相辩难、切磋，相互启发、促进，收获多多。讨论完后，去酒楼喝酒，意气风发，学问也就在酒水、茶水中被浸染得生气勃勃、温润无限。

我在《往事依依：博士是怎么炼成的》中说：

在汗水里煮三次，在酒水里熏三次，在茶水里泡三次，博士就可以出炉了。

这大约也可算是在成都这么一个烟火气十足的城市，在川大"海纳百川，有容乃大"的精神滋养下，在曹老师的敏锐、宽容与大气中炼得的"独家秘方"。

也许，我的博士论文就是这样"养"成的。

"养"者，养育、养成、包孕、滋养也，关乎生命的孕育。

之所以不说"写"，太程式化，"熬"呢，又太悲情。

生命的孕育，痛且快也，所谓甘苦自知。

而学术就像生命，它也是有悲喜、有温度的，需要一份体贴与会心。

二

博士修业，第一年修完学分，第二年回到中南大学，一边上课，一边写论文。

写作前，我会先确定一个大致的思路。

《围棋与中国文艺精神》除绪论，共五章。

第一章，"弈与艺"，考察"弈"之为"艺"的过程，"弈"与"艺"在中国古代知识谱系中的类属及其历史流变，同时以西方之"艺"为参照探讨20世纪中国艺术理论话语的转型，包容了各类竞技性游戏的古代艺术向现代学科体系中的艺术的转换，归根结底，乃是一种知识范式的转型。

第二章，"弈与道"，探讨作为"艺"的围棋是怎样被赋予"道"的意义的，弈与天地之象，与儒家、道家的关系。

第三章，"弈与文"，具体考察围棋与中国文论及诗歌、小说的关系，不同的文学类型，怎么赋予弈以不同的意义。文，介乎道、艺之间，上以通道，下即为技。弈本为技，黑白相间而文成，依乎天理，遂成天地之文。弈与文，也就取得了沟通。

第四章，"思与言"，清理中国古代棋论的思维与言说方式。中国古代棋论有着两套话语：道与术。它们分别对应两种思维：玄象与数理。这背后又隐含着两种文化：精英文化和民间文化、雅文化与俗文化。它们相辅相成，共同建构了弈之丰富复杂的意义。

第五章，"游戏精神与艺术精神"。在跨文化、跨学科的背景上，考察东西方游戏与竞技、艺术的关系。游戏精神本质上是一种艺术精神。以"气"为本，以"入神"为上品，虚实相生、动静结合，冲突中达成和谐，正构成了围棋的艺术境界。

当然，写作之前，许多问题我未必想清楚了，但有了"纲"，纲举目张，这大致的思路，就构成了一条主线，把各种"珠子"串起来。写作讲究逻辑清晰，文气贯通，起承转合，相互照应，如行云流水，招断意连。切忌今天先写这一节，明天又跳到另一节，最后才补绪论，把鲜活的生命大卸八块，然后再去拼接、组装。

而每一章、每一节，最重要的是开篇的"引言"，提纲挈领，要言不烦，把这一章、这一节的要点说明白，而不要让阅读者费尽心思，从正文中去寻"微言大义"。以论文的第二章《弈与道》开篇为例：

> "夫弈之为艺也"，"今夫弈之为数，小数也"，"弈之为言，易也"，"弈之为道"，成了历代棋论对围棋之"是"的最常见的表述。围棋是技，是戏，是

艺，是道。技、戏、艺，是围棋存在的方式，而道，则往往构成了围棋之存在的最终的依据。本章所要探讨的就是作为"艺"的围棋是怎样被赋予"道"的意义的，它如何与天道、地道、人道沟通，所谓究天人之际，通古今之变，从而成就"弈"之三种境界：天地之境、道德之境、审美之境。

专业评审者或者普通读者一看，写作者的心思、观点，清清爽爽，一目了然。

博士论文写作的过程，既有临产的阵痛，也有新生命日益临近的喜悦。关键是要用志不分、持之以恒。我让院里把我的课都安排在下午或晚上。每天上午，从8点到11点，是我雷打不动的写作时间，下午或晚上如无事，就把第二天要写的内容的相关资料找出来，放在一边备用，或重温一下相关的文献。就这样，保证每周有五到六天的时间，每天三个小时，完成2000字左右，如此锱铢累积，积少成多，每月四五万字，四个多月，论文大功告成。

在写作的过程中，或滞涩，或苦思，或豁然开朗，或行云流水，为穷途末路而苦恼，为柳暗花明而欣悦，甘苦自知，正所谓痛且快也。

博士第三个学期，12月我写完论文初稿，交给曹老师看。他提了几点意见，然后说：可以了。

就此，心里的一块石头落了地。

我经常跟学生说，平生最骄傲的，就是代表人生两个阶段的硕士、博士论文，都没让导师改过一个字。因为对一个学生而言，全力以赴，做好一篇论文，事前不让导师操心，日后让他为你感到骄傲，这就是报答师恩最好的方式。

2003年，第四个学期，等着论文答辩。

因为"非典"，答辩推迟了一个学期。

2003年12月，我通过论文答辩，两年半的博士生涯就这样结束了。

谢师宴上，感慨多多。感恩之余，更多的是不舍。

对我来说，博士生涯最大的收获就是，以围棋为切入点，找到了一条进入中国文化的路径，也明白了中国传统知识的一套生成机制。论文写完，我感到自己对中国文化开始入门了，自己的知识结构也由此完善了。在中、西之间，我有了汇通的可能。

还有，借助围棋，在学术与生命之间，我找到了连接之点。如果说陀思妥耶夫斯基代表了西方文化的拯救精神，十字架上的苦难救赎，围棋则代表了中国式的逍遥，一种审美的、诗意的人生。我们既需要逍遥，也需要救赎。

学术，归根结底，是寻找自己的安身立命之道，寻找精神的故乡。

我在博士论文"后记"中说：

> 暑期蜗居在长沙的斗室里，一边读书，一边寻找博士论文写作的感觉。寻寻觅觅，灵感千呼万唤难出来，索性抛开书本，漂流去。
>
> 地处湘南的东江，那水清得真是可以透彻人的肺腑。在漂流的起点，我坐

在长条形的橡皮船上。闸门一开，船嗖的一声冲了下去，一个浪接着又一个浪，船似乎随时都有被掀翻的可能，惊险，刺激。慢慢的，大家都习惯了，于是，每过一个险滩，我们都撺掇船工奔最大的浪去。船工也很卖力，很配合。到最后一个滩，船工兴之所至，说，再来一个更刺激的。他把船横过来，对着浪头而去。险滩，巨浪，尖叫声中，船已颠了过去。一切平息下来，我们与船工聊天，说有的船为图省力和安全，往往有意避开大浪，还是我们的师傅技艺高超。船工说，他刚开始也翻过船，挺紧张的，现在根本不当回事了，就跟玩似的。

听着船工无不自得的话语，我马上联想起庖丁解牛，"奏刀騞然，莫不中音，合于桑林之舞"，"以神遇而不以目视，官知止而神欲行。……提刀而立，为之四顾，为之踌躇满志"。玩者，戏也，将某种劳作化作了精神的游戏，且具有了艺术之美，此即技进于道之谓乎？

我一直很向往，如果做学问就是我的工作，我也可以做到像船工那样的境界，"就跟玩似的"。所以我在从事文学研究之余，又挑了一样"好玩"的东西——围棋作为副业。起初是把玩，玩着玩着就发现，这里面其实大有学问。写完《围棋与中国文化》，便想着把围棋与中国文学艺术的关系做一些清理。导师开明，同意我以此做博士论文。曹老师在开题报告会上谈到同意的理由：现在不少学者都在清理中国传统的文学、艺术理论话语，我以围棋之艺为切入点，作比较研究，也许可以从形而下的层面，开辟一条新的路径。

确实，围棋是一种游戏，一种形而下之技，但它又被当作艺术，虽小道而通于大道。形而下之技与形而上之道究竟是怎么被打通的？围棋这类竞技性游戏，为什么有着审美的意义？弈何以成为艺，艺在中国古代又为何物？弈境与艺境有何相通处？一个又一个的问题接踵而来，深入下去，便涉及整个中国传统知识的构型、意义生成。以游玩的心情进去，越往里走，越像走进了一个诱人的迷宫。歧路彷徨，乱花渐欲迷人眼，不知今夕是何夕。但在寻寻觅觅中，一旦自觉有所发现，有所会心，那种快乐的心情，用棋迷的一句话说，就跟下棋吃了对手大龙似的。

感谢我的硕士导师张铁夫教授，是他把我领进俄罗斯文学那块广袤的土地。感谢博士导师曹顺庆教授，在他的指点下，我得以完善自己的知识结构，在中国文化、文论领域感受别样的风景。感谢川大的其他师长和学友们。非常怀念在川大的那些日子，学友们在望江楼旁，黄龙溪的乌篷船上，大榕树下，喝茶下棋，谈学问。常常，我们在清谈时，边上麻将、棋牌一字儿排开，大家各就其位，各得其乐。这真是一幅意味深长的画面。也许，这就是生活。至今回想起来，犹有一份让人心动的感觉。

有同门看了这篇"后记"，说完全不见惯有的"诉苦悲情"套路，而是活色生香、诗性满满。这是因为，博士求学与写作的过程，留给我更多的是精神的收获，

489

是美好的记忆。

学术是志业，同时也应该是好玩的，有生命、有温度的。

感谢曹师！感谢川大！感谢成都！感谢生活！

——2022年2月23日于潇湘听弈庐

如 愿

2010级博士 魏登攀*

我都记不清"博士"这个词是什么时候进入我的认知领域的，但我能确定的是，从我知道"博士"这个概念以后似乎内心最深处就有一种强烈的冲动，期盼着与之相拥。即便这只是一个触不可及的梦想，我也愿这个梦想能够时刻伴随我。

梦想总是美好的，而现实总是残酷的。我从小读书不算优秀，跟跟跄跄读完本科，似乎从来没有把考博作为学习规划中的目标。因为本科所学专业的特殊性，在2004年，硕士研究生学历就已经是国内该专业的最高学历了。① 因此，当年能够考上硕士研究生就算"登顶"了，未能拿下博士，也可以找到非常舒适的理由说服自己。

就这样，2004年至2009年，这五年我经历了、学习了、懂得了人生中的喜怒哀乐；这五年我顺利地完成了硕士研究生的学习并留校参加工作，过着中国人传统认知中知足常乐的日子；这五年似乎内心深处已经完全将"博士"的理想小心翼翼地封存了起来，直到那一天……

一、读博缘起

2009年9月，参加工作已经三年的我正按照工作经验，有条不紊地进行着开学前的准备工作。其中，最重要的就是参加开学前的教学行政会议，聆听领导在新学年的教学安排、教学目标以及布置的教学任务。

会后，分管我院教学的易院长看着我，停顿了几秒，说道："你是硕士？去试试能不能考上四川大学的博士。你是硕士，不用考政治了，只考英语和两门专业课即可，搞跨学科研究。"说完便微微一笑准备离开。

在他离开前，我环顾四周，确定了他是在对我说话后，礼节性地回答："我是

---

* 魏登攀，2010级博士，男，1981年10月出生于四川成都。2000年9月至2006年就读于四川音乐学院管弦系，音乐表演（单簧管演奏）专业。2006年留校任教至今。现任人事处师资科科长。

① 2004年国内音乐表演专业最高学位就是硕士。如果需要深造，只有出国，去具有博士培养资格的音乐院校攻读。2006年年初，我毕业之前曾联系了英国皇家音乐学院，打算先再读一个硕士，适应后再看能不能读博士。但因家中有事，最终未能如愿。

硕士，2004年的，2006年毕业的。"① 现在回忆起来，我都感觉当时回答得很生硬。主要原因是院领导说的这些信息量太大了。不，主要原因应该是说我能考博士。考英语不怕，还有点底子，那两门专业课是什么？全国都没有我这个专业的博导，川大有？哦，对了！是跨学科研究？怎么跨？……

从那一刻开始，我仿佛进入了另一个时空，感觉工作和生活的节奏都发生了变化。当晚，我整夜无法入睡，决定明天去把这个事情问清楚。虽然不知道要面临什么，但我当时似乎就已经决定了要去试一试。

待了解完一切，我才得知我们需要马上跟随四川大学文学与新闻学院的曹顺庆教授的2009级博士生上课，学习博士一年级的必修课之一，也是考博的专业课之一——中国文学典籍。

二、初见恩师

作为旁听生，第一次上课就已经落下了两节课，课程怎么补都是小事，还没有考就已经给导师留下了不好的印象，该不该解释一下？怎么解释呢？这个尴尬如何化解？我和我的同事们怀揣着太多假设，惴惴不安地进入了教室，和其他同学一样，静静地等待曹老师的到来。

即便来之前我们已经从各种信息渠道了解过曹老师，但还是很期盼能见到他本人。当曹老师步入课堂的时候，我能感觉到全班同学似乎都在屏息注视着他走向讲台。

师生相互问好后，开始上课。

看其他同学都掏出"字典"，而我们来得仓促，只有默默拿出笔记本，捡自己觉得重要的知识要点不停地记录，时不时还借旁边同学的"字典"看一看，掩饰慌张。

课间，我们组队向曹老师问好，并把自己的专业简要向曹老师做了汇报。上课后，曹老师还专门对包括我们在内的旁听生表示欢迎和鼓励。此时此刻，我第一次感受到曹门的融洽氛围，同时很羡慕博士一年级的同学。

三、备考阶段

每周一晚上的课程时刻考验着备考的同学。天气逐渐变冷，旁听生的人数也变得不稳定，作为其中的一员，我完全可以理解。因为不仅需要完成好自己的教学任务，还需要克服身边的各种诱惑，很难，而放弃则简单多了。这一学期，我们还利用周末时间恶补了另外一门专业课——比较文学教程。第一学期的"中国文学典

---

① 作为四川音乐学院管弦系（共48名学生）唯一一名考上硕士研究生的学生，2004年，我校艺术类研究生学制是2年，学费全免。研究生毕业要求之一就是在读期间需开一场个人专场音乐会，因我是管弦系"独苗"，享受了2005年学年音乐会和2006年毕业音乐会两场个人专场音乐会的"殊荣"。因此，分管教学的院长可能对我有一点印象。

籍"课程即将结束,已经面露疲态的我们再次组队向曹老师汇报现状,并认真聆听曹老师的指点。

不上课还好,凭借匹夫之勇,感觉考个博士也没什么可害怕的。上了一学期课,反而觉得自己的知识储备是那么缺乏,因此信心严重不足。曹老师早已察觉我们的心思,便再次鼓励我们,让我们利用寒假时间再好好准备一下。

于是,人生中第一段大年三十还在看书的经历来了。

寒假结束后,我和几个同学已经进入全力备考阶段,除了吃饭、睡觉就是复习,甚至连睡觉的时间都不断压缩,不断探索自己的极限。直到清明时节,考试结束。

四、又过五载

考试结果,几家欢喜几家愁,我和另外两名同学有幸加入曹门,光荣成为曹老师 2010 级博士研究生,方向是文学与音乐跨学科研究。就在我们认为人生从此走向巅峰的时候,学长们的温馨提示就像寒夜的冷雨把我从头到脚淋了个透彻。看,这位师兄开题没有过,还在天天泡图书馆,头发越来越少了;看,这位师姐还差两篇 C 刊,男朋友都顾不上谈;看,这位,哎……论文外审被毙了,惨啊!

其实,我当时还意识不到这些困难是什么概念,当时心里就一个想法:能考上还能毕不了业?

博士一年级,抽背环节,令人瑟瑟发抖。所有同学,各显神通,这个时候你会发现曹老师在讲台上的目光更加炯炯有神,似一个俯冲轰炸,几乎无人能挡。唯有认认真真背诵了的同学,才能从容自若坐在教室里,任凭周围有多尴尬、难受也不在意。更多细节不再赘述。

博士一年级下学期,开题报告时间到了。正式开题之前,我们班组织了论文写作的讨论,我心里多少还是有点底。但开题结果很残忍,我感受到了比掉头发更痛苦的煎熬。

事后,我多次找到曹老师和他沟通我的写作思路,但从我当时搜集的材料来看,无法支撑我继续深入写作。于是,我又走上了天天泡图书馆的道路,经过近半年的挣扎,最终,还是无法达到博士论文的要求。曹老师及时给出了最为中肯的建议,按照当时的写作思路,论文的深度不够,建议暂停写作,更换题目。

那是临近圣诞节的一个晚上,大约 8 时左右,接完曹老师的电话,我呆在原地。窗外的寒风凛冽地吹着,把家外那棵老梧桐树最后仅存的枯叶无情地扫落。我以为深入研究下去,或许就能有新的学术发现。虽然当时我已经没有底气继续写下去了。但我更清楚重写论文对我来说会是一个多大的挑战,重写的过程会有多么煎熬。资料需要重新搜集,写作思路需要更换,按照论文管理的要求还需要重新开题。问题的关键在于,仍然存在无法通过的可能。这就像一场长跑比赛,同学们都到冲刺阶段了,而我却需要回到起跑线,重新面对跑道上的障碍,一切重来。

正逢跨年，曹老师邀请我参加了曹门的一次聚会，不仅耐心指导了我，鼓励了我，也让我感受到了曹门学子的上进和励志。

五、博士论文

调整思路后，根据拟定的提纲，我每天见缝插针不断往每个章节码材料，到了晚上就对材料进行加工、修改。最终完成了《美国爵士乐在中国的传播与接受》初稿。这次的写作过程很艰辛，但在部分章节也体会到了写作带来的快感。最后，我只是庆幸自己能够坚持下来。虽然整个写作过程与曹老师保持着沟通，在递交初稿之前也做了反复检查和校对，仍感到十分忐忑。

总的来说，我的博士论文是根据国际音乐界的共识而来，从美国爵士乐的发端，谈到美国爵士乐于20世纪初随着西方殖民主义者的入侵被带入中国，并于20世纪上半叶在中国土壤中扎根和发展的历史。

作为"入赘"曹门的学生，我力图运用比较文学影响研究与变异研究的理论方法，梳理爵士乐一百多年来在中国的传播与发展，结合本人从事音乐演奏、教学的学术思考，在这片尚少为人重视的领域初步探索。

因此，对于自己写作的定位，我时刻清醒地将其放在梳理爵士乐的发展史以及爵士乐在中国传播和接受的过程上。在一个多世纪以来中西方文化交流的大背景下，爵士乐在中国经历了从无到有、从外来到逐步本土化创新的历史过程。同时，我也力图探索其背后社会文化交流和变迁的特定历史语境、文化动因和精神内涵。

在历时与共时并重的框架中展开研究，论文具体分为以下三个部分：

第一部分，历时性梳理：传播与发展。

包括第一、二、三章。以明清时期西方音乐、文化在中国的传播和影响为基础，以清末民初为起点，将美国爵士乐在中国的传播和接受作为一个历史过程，在纵向时间线索中梳理其传播与发展的各个社会历史阶段，并勾勒出各阶段的基本面貌和特征。

第二部分，跨文化对话：接受与影响。

包括第四、五章。美国爵士乐在中国的传播导致音乐领域和更大范围的社会领域发生了跨文化的对话和交流。一方面，美国爵士乐的各个流派、代表人物和代表作品在中国音乐界和社会中得到了不同程度的传播和接受；另一方面，中国民众聆听美国爵士乐，借以想象其背后所表征的特定社会群体及其文化，因而爵士乐也成了中国民众建构和认知异文化"他者"——美国黑人音乐及其文化的重要途径和手段。

第三部分，本土化进程：创新与变异。

包括第六、七章。按照比较文学研究中国学派的观点，作为"他者"文化符号的美国爵士乐在中国传播和接受的过程，也即是其在中国特定社会历史语境中发生变异的过程。① 这一文化变异进程在两个层面上得以凸显：其一，在音乐界内部，在一批本土爵士乐先行者的推动下，一种可称为"中国化爵士乐"的创新音乐形式开始萌芽，为未来爵士乐在中国的本土化发展开启了新的可能；其二，爵士乐作为一种音乐形式，更作为一种文化符号，其影响日益跨越音乐艺术的边界，不仅对其他艺术实践产生了重要的影响，也在更广阔的范围内催生了"爵士风"这一社会文化风潮的出现。"爵士风"已成为当代中国社会文化的一道独特景观。

总之，我的论文借鉴了比较文学影响研究与变异学的相关理论，梳理了百年来爵士乐在中国传播与发展的历史过程，并指出爵士乐不仅是一种音乐艺术形式，同时也是一种社会文化实践方式。作为社会文化符号的爵士乐，在中国传播与发展的历史过程中，既受到特定社会时代背景的深刻影响，也反过来表达和影响了这一历史进程，成为人们得以理解特定社会现实、参与社会实践的一种文化表达工具。

在曹老师的耐心指导下，论文经过反复修改、加工，最终定稿。

当然，最后的查重、送审和答辩依旧惊心动魄，虽然步履维艰，好在最后还是坚持下来了。

六、博士毕业

毕业时，成都的 6 月骄阳似火，闷人的热浪拍打着户外每一位行人。穿在身上的博士服很快就被汗水浸湿，额上很快就沿博士帽形成了一圈整齐的盐渍。毕业照拍摄结束，我手捧毕业证伫立在原地，静静地感受着炎热夏日中的丝丝凉风，回首读博的五年经历，五味杂陈。总而言之，能够毕业，我觉得自己是幸运的，感谢曹老师的耐心指导和鼓励，感谢所有帮助我、陪伴我度过这五年的人。

有人问我，读博苦吗？客观而言，苦。但主观上讲，乐大于苦。从我读博的经历来看，不是每个博士生都非得成天把自己整成苦兮兮的样子才能毕业。我很幸运在埋头苦读的过程中，有身边的人时刻提醒我："享受读博的过程，不要带着强烈的目的性，一定要学会品，学会体会这个过程，不然你会很累，好好享受只看书写文章的日子。"

还有人问我，读博是不是一定得找一个好导师才行？我认为是的。正如《沧浪诗话》中所说的"入门须正，立志须高"。我很庆幸能够跟随曹老师，并和曹门的同学共同向着一个目标砥砺前行。不管遭遇什么，身后都有老师和同门的支持、鼓励。成功了，有人为你喝彩；失败了，有人安慰你，鼓励你。

读博对于我来说不为名、不为利，可能就是为了却一桩心愿，也可能就是在自己无比困惑，不知该如何前行、了解这个复杂世界时的一种解决问题的办法。至于读博的收获，我觉得更多是通过读博过程中各个环节的磨炼，学会了分析问题、解决问题和独立思考。更重要的是，我认识了一帮能够互相激励的小伙伴，以及在逆

---

① 曹顺庆：《变异学：比较文学学科理论的重大突破》，《中山大学学报》2008 年第 4 期。

境中仍然能展示出正能量的人。他们求真的执着总能让我感动，让我在各种纷扰中平静下来，继续前行。

博我以文，约我以礼
——曹顺庆教授门下求学小记

2021级博士　王熙靓*

2017年，我入学川大跟随曹师攻读比较文学与世界文学专业的硕士研究生学位。这个专业因为语言等藩篱，一度让我萌生退却之心，入学前我仍满心忐忑，对于这个专业、对于学术以及何为学术前沿并没有明晰的认识。而能够师从曹师，进入曹门这个温暖的大家庭是我一生之幸事。我仍记得，入学后首次和曹师聚餐，曹师就点出学术研究"入门须正，立志须高"，并叮嘱我们在日常的学习生活中须关注学术前沿问题，培养对学术的敏锐眼光。

2017年恰逢曹师学术休假一年，但是曹师并未放松对我们的严格要求。虽然这年曹师没有开设十三经、西方文学理论等课程，却每周带领我们进行读书会。在读书会上，曹师曾就毕业论文的创新性问题进行了专门的指导。曹师一直强调，毕业论文选题须具有创新性，不可徒劳地重复前人已有的研究成果，而应当立足学术前沿开辟新的研究视角和领域。从20世纪90年代至今，曹师已指导了60余部英语世界中国文学研究的博硕士论文，并于2012年主持了教育部哲学社会科学重大课题攻关项目"英语世界中国文学的译介与研究"。"英语世界的中国文学研究"系列博硕士论文突破了中国文学研究和中外文学关系研究的原有模式，从跨文明视角审视中国文学，是对传统中国文学研究模式的突破，同时也将中国文学在西方的影响纳入中外文学关系研究的范围，具有创新意义。同时，曹师也指出比较文学专业本身就具有跨语言、跨民族、跨文化、跨学科的特点，因此在进行论文选题时须视野开阔，并根据自身所长进行选择。以往届的师兄师姐们的博士论文为例，如何云波师兄爱好下围棋，最终他的博士学位论文为《围棋与中国文艺精神》；曾小月师姐喜爱武术，博士学位论文就以《武术与中国文学精神》为题。这些跨学科的选题视角新颖独特，研究成果容易取得创新突破，因此更具有创新性价值。

在曹师的指导下，我开始思考自己的毕业论文选题方向。因为我对日本文学有较为浓厚的兴趣，且一直在自学日语，具有一定的语言基础。因此，我便将研究的视野转向了日本文学。在进行研究对象选定时，我想起曹师曾言毕业论文的研究对

---

* 王熙靓，2021级博士，比较文学与世界文学专业。

象需要具备较高的研究价值,不能仅凭兴趣。经过多重考虑,我最终将我的毕业论文选题定为"谷崎润一郎在英语世界的译介与研究"。之所以选择谷崎润一郎作为研究对象,首先是兴趣使然,其次是谷崎在日本乃至世界文学中的重要地位。谷崎是日本唯美主义文学的杰出代表作家,他的作品多次斩获国内外大奖。同时,1964年谷崎作为首位日本作家获得"全美艺术院、文学艺术协会"名誉会员的荣誉称号。另据诺贝尔奖官网公布的资料,谷崎曾于1958年首次入围诺贝尔文学奖,并且在其后的1960—1965年间,每年都位列诺贝尔文学奖候选人名单,其中1960年还被列入最终五名候选人名单。至2000年,谷崎共76部作品以7种语言263种翻译版本被介绍到西方世界,而谷崎在英语世界的译介自1917年由《刺青》开始,至今已有丰富的译介成果。同时,英语世界也涌现了一批研究译介谷崎的学者,他们的研究角度多样,具有极大参考价值。这些丰富且具有一定数量和规模的资料,在国内却尚未有一部论文对其进行梳理归纳,甚至少有提及。因此我认为,以"谷崎润一郎在英语世界的译介与研究"作为毕业论文的选题既能满足曹师对于论文创新性及研究对象具有价值性的要求,又能丰富国内的谷崎研究,使中英研究在相互对话碰撞中产生新的火花。

在开题答辩时我的论文选题得到了曹师的肯定,同时曹师也指出了我存在的问题,如论文框架逻辑不明晰、行文不够学术化、格式存在问题、引用文献不够权威等。曹师所给出的指导对于刚刚踏入学术之门的我而言,具有极大的意义。我开始反复对自己的论文框架进行推敲,也得到了往届师兄师姐们的帮助和指导。

2020年的毕业答辩,由于疫情的原因我们都被困在家中未能返校,但是曹师并未因此而放松对我们的要求,预答辩时曹师和其余老师在线上对我们的论文初稿提出了详尽的修改意见。曹师亦勉励我们,在困难的时局之中,更要发奋求取,做好自己能做的事情。在返校后的毕业论文答辩中,我的论文得到了其余老师们的认可。我之所以能较为顺利地完成硕士毕业论文,与曹师在之前的学习生涯中对我的谆谆教诲息息相关。正是在曹师的指导下,我才逐渐具有了学术创新以及立足学术前沿的自觉意识。

在追随曹师求学的过程中,曹师始终鼓励我们进行小论文的写作,在课堂上、在读书会上,曹师均不吝分享自己的创新观点,并激励我们找寻自己感兴趣的方向撰写论文。而"变异学"作为曹师颇为重要的理论创新成果,亦使我受益良多。

2005年曹师正式在《比较文学学》一书中提出比较文学变异学,承认异质文化间文学的可比性,使中国学者在学界发出了自己的声音。2013年曹师的英文专著《比较文学变异学》(*The Variation Theory of Comparative Literature*)由全球著名出版社——斯普林格(Springer)出版发行。该专著系统梳理了比较文学法国学派与美国学派研究范式的特点及局限,首次以全球通用的英语语言提出了中国比较文学学科理论话语——比较文学变异学,并受到国际学界的广泛关注与高度评价。2021年,曹师的新作《比较文学变异学》由商务印书馆出版发行,该书是国家社科基金结项优秀成果,也是曹师自 2005 年提出比较文学变异学迄今,在国内出版的第一部比较文学变异学学术专著。变异学理论主张的"异质性"与"变异性",为比较文学学科的发展提供了新的研究视角,构建了比较文学理论的第三阶段,为跨文明间的东西方文学比较奠定了合法性,凸显出了不同国家、不同文明的文学现象在交流与影响过程中呈现出的变异状态,对世界比较文学的学科发展产生了积极的促进作用。"马工程"教材《比较文学概论》(高等教育出版社 2015 年初版,2018 年再版),设专章介绍了"比较文学变异学",将"变异学"纳入比较文学的学科理论之中,使之与法国学派的"影响研究"和美国学派的"平行研究"共同构成比较文学的理论基石,对比较文学的理论体系进行了涟漪式的渐进修正。

在追随曹师耳濡目染的学习中,我逐渐认识到曹师提出的变异学理论尤其体现在文学的传播过程中,因为在文学的传播与接受这条"经过路线"中,作为流传对象的文学本身并不是始终如一的,它往往伴随着诸多变异。这种感受尤其体现在我阅读谷崎润一郎的作品时。谷崎一直在东西方文化间摆渡,他的创作不仅深受西方唯美主义的影响,同时因为他具有高超的汉文学素养,他也创作了一系列中国题材的中短篇小说。《麒麟》是他第一部直接取材于中国典籍而创作的短篇小说,主要以《史记》和《论语》中"子见南子"的故事为核心。《麒麟》虽然取材于汉学典籍,但是谷崎并不是单纯地转述这个故事。因此,我尝试以《〈论语〉"子见南子"在日本作家谷崎润一郎〈麒麟〉中的变异》为题写作了一篇小论文。这篇小论文得到了曹师的赞赏,并被曹师推荐至《山西师范大学学报(社会科学版)》发表,随后被人大复印资料《外国文学研究》全文转载。这对我而言是一种莫大的鼓励,也正是以此为契机,我更坚定了想要跟随曹师继续攻读博士研究生的想法。

2021 年,我顺利成为曹师的博士研究生,得以留在川大和曹门继续我的求学生涯。回想跟随曹师读书的这五年,我从对学术懵懂无知到逐渐有所体悟并有所收获,这与曹师平日的言传身教以及曹门众多优秀师兄师姐们的帮助息息相关。人生很多至关重要的转折点来得无声无息,小径分岔的路口深处各有繁花和落叶。感恩曹师,引领我走上学术之路,亦愿在往后的日子上下求索,不负师恩。

为人美风仪，宽厚有器量
——小记曹师顺庆先生

2007级博士后 刘永丽[*]

现在，我有了一个常常惦记的地方，离我住的小区两公里处的一个小院，那是个有香花美草的小院，有我喜欢的各类香花——黄桷兰、柠檬花、米兰、茉莉、桂花……其中有各色品种的月季——伊丽莎白、玛格丽特王妃、安琪儿、莫奈、彩蝶、朱丽叶、瑞典女王、比利时、美人抓破脸……据说有20多个品种。我常常想每个季节的小院的样子：春天各色鲜花竞相开放，夏日有仲夏夜之梦般的音乐环绕，秋来桂花香里月色澄明，冬季看一地落叶的诗意。每一天，小院的主人读书、品茗、打乒乓球。读书累了的时候，听雨听风，有花香袭人，真是怡人怡情。小院里的神仙眷侣闲淡宁静，安然地过着每一天的美好时光——祈愿他们永远有美好的清风明月、书香花香相伴。小院的主人就是我的博士后合作导师曹顺庆先生和师母蒋晓丽女士。每当想起他们，我总是不由得想起形容魏晋名士的这些话："为人美风仪，宽厚有器量。"曹师顺庆先生年轻时文工团出身，拉一手优美的小提琴曲，能歌善舞，一介文人，诗文之外，又胸有丘壑，有大格局、大视野。师母蒋晓丽女士腹有诗书，温婉知性——那个让我惦记的小院，更美丽的风景是因为有这样丰厚的底蕴。我身临其中时的快乐，不仅因为感受到自然的美好，更是因为能聆听到先生和师母有生命智慧的话语。

2006年，我经历了人生的灾难，几近抑郁，当时觉得，必须走出家门自救，才有出路，于是我选择了来川大作博士后。

我对比较文学一直很感兴趣，特别是一直想从事日本文学和中国文学的比较研究。所以，得知能有机会跟曹老师合作，真是开心。

我本来以为，博士后只是和导师合作，完成课题。但曹老师这里的博士后，也要跟博士生一样上课，跟博士生一样开题。最新奇的是上曹老师课的时候，每一堂课都要背诵原典，诸如《文心雕龙》《文赋》《典论·论文》《二十四诗品》《人间词话》里面的段落。曹老师要求博士生们课下背，课上抽查。我当时想，都博士后了，咋还像小学生一样背这个？后来才知道曹老师的良苦用心。他让学生读《十三经注疏》，读一切原始的文献，是为了强化学生对基础文献重要性的认识。确实，文化原典是我们进行研究重要的知识储备，熟悉并掌握原典的深言大义，才能谈得

---

[*] 刘永丽，2007级博士后，女，山东烟台人，南京大学中文系博士。现为四川师范大学文学院教授，博士生导师，中国茅盾研究会常务理事。

上进一步的研究。后来在我的研究生涯中，我一直注重看史料，看原始文献，而不再多费时间看只有空洞理论而不讲证据的文章，以至于现在有时候看学者的研究文章，我更多关注的是用了哪些史料。有一次看到一篇文章说陈寅恪为文"有一点名门公子卖弄旧学的趣味"，"挟带着旧式文人学士好炫耀自家博学的气息"，还忍不住和写文章的人的学生辩论。因为我的观念就是，能穷尽史料，多方论证，是非常了不起的一件事情。我想，我的这些治学理念，是和这样潜移默化的教育方式有密切关系的吧。

选博士后研究的课题时，我想继续完成我的国家社会科学基金项目"20世纪中国文学中的上海"，开题时便提交了这个题目。当时和我一起开题的博士后同学说，卢翎早就做过这方面的研究了。曹老师当即对我说：那你一定要查查卢翎的书和文章，看人家做到哪一步了。如果不能超越，是不能做的，国家社科基金项目也不行。我回来后，把卢翎老师所有的文章和书都细细读了一遍，向曹老师提交材料，详细论析我将要进行的研究和卢翎老师的区别，才获得批准。通过选题的波折，我深深感受到了曹老师的严谨及对学问的认真态度。

所以，虽然曹老师是我的博士后合作导师，但我作为学生的畏惧之心似乎一直存在，平时是不敢轻易打扰曹老师的。直到后来，曹老师住到离我家小区不远的地方，和他有了稍多一点的接触，才发现，其实曹老师是一个亲切大度、简单明了的人。

曹老师家的院子种满了月季。我因为爱花，所以就有了前来看望老师的借口。每次去，老师都带着我们走遍全院，每一棵花木都被我们用心巡视一遍，曹老师采下香花，摘下果实，放在我手里，我很享受这样的时光，心中如音乐般美丽，把曹老师送给我的花花草草视为珍宝。曹老师会很骄傲地说：我花园里的每一棵花、树和草，都是我亲手种的。我深深地感觉，勤奋能吃苦，专注自己的工作，不在无谓的事情上费口舌和精力，是他优秀的品质，也是他能取得成就的一个重要原因。一起聊天的时候，我记得曹老师说的每一句话，我也引为座右铭。比如他说，每一个人活在世上，无论如何选择做事，都会伤害到某一部分人的利益，都会得罪人的，但只要能做到公平公正，就不要想太多。川大文学与新闻学院自20世纪90年代以来，得到了良好的发展，这一切毫无疑问是与曹老师的运筹帷幄分不开的。曹老师以宽阔的心胸荐举各类人才，奖掖后进。他说，文学院就是应该有几个有个性的人嘛，如果都循规蹈矩，那会是多么平庸的文学院。这是多大的气魄与胸襟！

现在想来，博士后工作对我来讲算是一次浴火重生的过程。有了这样的机会，我参加比较文学年会，认识了多才多艺的曹门师兄师妹，开阔了视野，也开阔了眼界，增长了人生智慧。此后余生，唯求多去几次曹师家的小院，去看花、看草、品茗，聆听老师的教诲。

川大博士后二三事

2002级博士后 谭德兴[*]

一

2002年7月我博士毕业，尽管那是20年前的往事，但有些人与事至今记忆犹新。首先自然是毕业找工作的事情。应该说二十年前的博士数量不是很多，就业还算吃香，特别是复旦大学的中文博士。但每个人的具体情况不一，尤其是像我等成了家，有小孩的人，考虑的情况自然与单身的完全不同。当时联系了诸如湖南师大、湘潭大学等，还利用寒假回家之际专程去了长沙、湘潭，也与两所大学文学院的院长、老师们吃了饭。当然，对方均表示极大的热情与强烈欢迎加盟的态度。可是我，还是因为家属的工作问题、待遇问题等，与湖南最适合我专业方向的两所高校失之交臂，回乡就业的路就这样断了。我本来打算回湖南就业，现实却让回乡梦瞬间破灭。临近毕业的我突然有些慌张，不知所措。那时已经是2002年4月份，社会上已经基本没有可择业的单位了，似乎只有一条路可走，那就是做博士后。导师顾易生先生看到我的窘状，主动给我写博士后推荐信。至今犹记那天下午，80高龄的先生打着雨伞走在复旦南院的巷子里，与我谈着做博士后的可能性。北京大学、南京大学、南开大学、中山大学、浙江大学当年的博士后申请早已结束。于是，我决定试着联系一下川大。之所以想到川大，还是因为博士答辩时的触动。我们博士答辩会后，请老师们用餐。参加答辩的有顾易生、蒋凡、陈永吉、曹旭、刘永祥、朱易安、杨明等先生。席间听先生们谈论复旦往事、学界趣事，就谈到了川大曹顺庆老师。曹旭老师的原话是：学界众人都在熙熙攘攘争论谁坐比较文学界第一把交椅时，突然抬眼一望，人家曹顺庆先生已经高高地坐上去了。那一刻，我对曹顺庆老师有了无限景仰。虽然我是做古代文学的，但学界的动态还是略知一二，早就知道曹顺庆老师名声很大，但真正从曹旭等先生们口中听来，更是无比佩服。查阅了曹顺庆老师的资料，才知曹老师也是复旦本科毕业，博士时期是杨明照先生的高足，这些更坚定了我申请曹老师博士后的决心。辗转打听到了曹老师家的座机号码，带着稍许紧张拨通了电话，电话通了，是师母先接的。我问：请问今年曹老师还有博士后名额吗？师母答：有的。后来曹老师接了电话，问了我的一些情况，

---

[*] 谭德兴，2002级博士后，男，湖南麻阳人，复旦大学博士，四川大学博士后。现为贵州大学文学与传媒学院院长、二级教授、省管专家、研究生导师，教育部中国语言文学类教学指导委员会委员，中国《诗经》学会常务理事，贵州省人大常委会咨询专家，贵州省学科评议组专家，贵州大学学术、学科带头人，国家级一流专业汉语言文学负责人。

诸如导师等，最后让我申请，特别强调，发表论文等只要填写名称等信息，不要复印件，因为这些文章川大都可以查阅得到的。那一刻，我感到川大的学术信息系统很先进，因为在当时电脑都还未普及的情况下，远在西部的川大一点也不比上海信息滞后。

此后，我一直未收到川大博士后入站资料，以为此事未成，在毕业前的个把月，赶紧联系了贵州大学，毕竟是西部学校，家属工作问题解决起来要好商议点。虽然其间因家属工作有些波折，但最终还是谈妥了。就在我收拾行李，准备离开复旦的前一天，在楼下传达室收到川大博士后入站资料。好悬！如果资料晚到一天，或者我早走一天，那么我就与川大错过了。或许，这就是缘分。川大博士后的入站资料，我是到贵大报到后才填写的，因为其中需要工作单位意见。我拿给贵大人事处相关人员签意见盖章，那位办事员很崇敬地说，哇，博士后啊，不得了！后来顺利盖章批准了。我是复旦大学毕业博士中到西部工作的第一人，为此复旦还奖励了我两千元，难怪西部的人惊讶了。我也是贵大人文学院的第一个博士，第一个博士后，当时的人事处不清楚做博士要单位批准，签协议等也是很正常的。也许，是复旦、川大的名气太大，镇住了一切。

我大概是2002年10月去川大完成博士后入站手续的，当时我是在职博士后，现在已经没有在职博士后了，均为脱产。在没有上课的空隙，我迅速完成了博士后报到手续，拿到一套房子钥匙，在东风村，一两天之内搬好家居，打扫好卫生。川大博士后流动及后勤相关人员十分关照我，进站手续办得十分顺利。因为那学期我担任的授课任务较多，又是利用上课间隙来成都，所以没来得及与导师曹顺庆老师联系，又匆匆赶回了贵阳。

二

第一次与曹老师见面，是第二年春天的事情了。我再次入蜀，到了文新学院，见到了刘志远老师，当时还不确定地问，我是跟着曹顺庆老师做博士后的吗？刘老师说，当然啊。唉，我这个博士后也太不知事了。通过曹老师的博士生，我与曹老师联系上，到了曹老师家里，曹老师吃了晚饭，刚放下碗，就很热情地接待我们，问了很多方面的情况。我特别向曹老师汇报了我的博士后研究选题——宋代《诗经》学研究。这个选题实际上是陈永吉老师建议的。博士论文答辩时，我的《汉代诗学研究》获得了答辩委员们一致好评，特别是陈永吉老师给出了极高评价，并极力推荐我去南开大学罗宗强老师那里做博士后。这是因为答辩时，本来因喉咙疾病禁声的顾易生先生给各位先生谈到了我的工作，说到我只能做博士后了。陈永吉老师说，中国的学术有汉学、宋学，《汉代诗学研究》在汉学方面做了很好的开拓，应该继续在宋学方面拓展，并建议我做宋代《诗经》学研究。曹顺庆老师完全同意我的博士后研究选题。此后，因为在职工作原因，我去川大次数并不多。一次听曹老师的博士生课，曹老师讲到《离骚》，突然点名，要我解释一下"惟庚寅吾以降"

这句，还好，我本来就是学先秦文学的，回答得比较完美，并获得了曹老师的赞许。当时不知曹老师为什么喊我回答问题，现在想起来，应该是找个机会，将我介绍给同班的各位博士生吧，因为课间休息时，曹老师对班长说，你们以后要多联系谭德兴。很感激，曹老师如此细致入微地关心一个博士后学生。有次我请曹老师出来吃饭，原本以为老师架子大，不会随便答应一个博士后的邀请，哪知老师很爽快地答应了。老师的学生多，早就听曹门博士们讲，曹老师不但能记住每一位学生，还对其情况非常熟悉。在复旦时，就常常感激复旦诸位老师对学生的关爱，至今犹记答辩时，曹旭老师的一句话：都说顾先生关爱学生，今天真正感受到了！谁能想到，处在禁声期间的顾先生（开场的导师论文审读意见还是请徐志啸老师代读的）怕我回答不了老师们的复杂问题，主动发声说明，并在会上主动与各位老师谈论我的就业难题。做博士后入蜀，又感受到曹顺庆老师对学生的关爱与宽容。有一次，我在博士后宿舍，突然接到一个在川大访学的韩国学者的电话，说他本想选修曹顺庆老师的经学课，但本学期未开课，曹老师推荐我来给他讲讲。韩国学者在川大食堂请我吃饭，说他想做《诗经》中的乐文化研究。这是我的强项，我的硕、博、博士后均研究《诗经》，自然给了他很多建议，包括去布依族村寨体验何谓"八音坐唱"。能获得曹老师的学术信任，那一刻我无比高兴。曹老师能利用各种机会推荐自己的学生，其对学生的培养与促进颇费心思。曹老师对学生的关爱，与复旦诸位老师异曲同工。曹老师秉承的是复旦精神，还是川大精神？或许这是曹顺庆老师独特的师生理念与精神。

在川大做博士后的时间很快过去，到了出站时间。曹老师电话通知我2005年5月答辩，我在电话里说我的出站报告已经完成，曹老师说了句：你是不是得先给我看一下？那一刻，我感觉自己很失礼，似乎自信过头了。很感谢曹老师对学生的宽容。通话结束后，我立即将我的博士后出站报告寄给了曹老师，听取曹老师的修改意见。博士后出站答辩那天，上午安排的是曹老师的博士生答辩，下午轮到我。中午吃饭后我坐曹老师的车返回答辩现场，曹老师驾驶，我坐副驾驶座，冯宪光老师对我开玩笑说：今天你的级别太高了，居然由曹老师给你担任驾驶员。虽是玩笑之辞，但足见曹老师平易近人，没有等级观念，对学生无微不至地关心。我的博士后出站答辩过程十分顺利。关于博士后答辩有个细节，即答辩的委员都是曹老师亲自定的，包括外审的专家，其中曹老师将答辩委员名单用笔写好给我，由我提前去送论文。我误将其中的一位看成是向熹先生。我想当然以为关于《诗经》研究的答辩应该是向熹先生参加的。后来我发现失误了，给曹老师说，结果曹老师没有任何批评我的意思，可见老师对学生的包容与处事机智。

三

博士后出站后，我与曹老师的联系很少，但老师从不见怪，仍然一直关注我的成长。有次我去南充参加有关《诗经》的研讨会议，碰到曹老师在川师大的学生刘谦，刘谦说，听曹老师说，你博士后一出站就评上教授了。看来，曹老师应该是带着赞许的语气给他们说的。老师不会因为学生毕业了，远离了，联系少了而忽视学生，这就是老师的境界。一次，贵大请曹顺庆老师来给学校学科建设"把脉"，我请曹老师给我院师生讲座。我很兴奋地给老师汇报，我又获得了第二个国家社科基金项目，曹老师说他知道，而且说在川大能获得两个国家社科基金的老师也不多。听到老师话语，我的心里暖洋洋的，得到老师随时的默默关注，又获得老师的赞许，这是多么幸福的事情。之后，见到曹老师的机会不多，每次与老师联系，都是有事相求，多因为学生考硕士、博士的事相烦。我曾经自豪地给我院学生说，川大为什么给你们夏令营机会，那是因为曹老师在川大。曹老师关心贵州、关心贵大、关心贵大的学生及学生的学生。这种情怀，我在教育部教指委会议推举贵州一流本科专业时再次感受到了。曹老师在会前就电话与我及易闻晓老师，精心布置和商议贵州一流本科专业推荐，会中还请求各位委员支持贵州教育发展。

"高山仰止，景行行止"，曹顺庆老师的这种大胸怀、大格局、大境界，是我等学生辈永远学习的榜样。

砥砺前行，不忘旧师恩

2016级硕士　张　越[*]

我是曹顺庆老师2016级硕士生，2016至2019年就读于北京师范大学文学院。硕士三年的曹门就读经历使我打牢了学术论文写作的基本功，也为我点亮了通往学术研究道路的明灯。

研一时，曹老师为我们开设了两门课程：元典阅读与研究和比较文学与跨文化研究。在元典阅读与研究课上，从《礼记》到《文心雕龙》，从诸子百家思想到明清哲学，曹老师带领我们阅读各类典籍。老师一再强调，虽然我们专业名为"比较文学与世界文学"，但学生必须打好研究中国文学与文化的基础，在大量阅读典籍过程中积累相关知识。在这门课上，老师与助教师兄为了锻炼我们阅读古籍的能力，鼓励我们借助各家注疏理解原文，而不是直接查阅白话译文。在阅读过程中，《管锥编》等后世名家的评注也是值得参考的资料。

如果说"元典阅读与研究"侧重夯实基础，"比较文学与跨文化研究"则侧重实战演练。课上，曹老师要求我们每位同学在学期中撰写一篇论文，并将论文发给全班同学，课上供师生讨论，争取每位同学都为论文提出意见。无论是作为作者还是作为评阅者，我们讨论的过程也是实操论文写作技能的过程。我正式发表的第一

---

[*] 张越，2016级硕士，北京大学艺术学院博士。

篇学术论文，初稿就源自本课论文。我在课上将论文初稿展示并供讨论时，老师与同学们为我指出了大量问题，比如内容冗长，参考文献与引文格式不符合学术规范，摘要没有完整主语，且没有准确地概括文章的内容等。刚入学的我在讨论课后看着满篇密密麻麻需要修改的地方，确实有不小的受挫感。但在数易其稿并完成最后可供投稿的文章后，其中的失落感也随之烟消云散。我十分感谢中肯地为我提出修改意见的老师与同学，正是大家的意见与论争激励我不断反思自己的不足。每周一晚上的课前氛围如"黑云压城城欲摧"，结课后，我们却如同"拨云寻古道，倚石听流泉"的寻路人，在填充知识库的满足感中满载而归。

在这门课上，曹老师主要为我们讲解了论文写作的基本要点。首先是定题。曹老师不断告诫我们，定题是写好文章的第一步，一步有误，后面将举步维艰。因此，选题一定要做到"天下第一"：进行前人没有研究过的课题，或者在"旧对象"中找到新的视角、新的方法以及新的材料。其次，在定题过程中，要勤于关注最新的研究成果与学术热点。这是找到合适选题的关键。这涉及如何全面查找文献的问题。我也非常感激老师与同门前辈为我们传授各种找文献的技巧与途径，包括如何利用国家图书馆与各高校图书馆的数据库，如何利用国外开放数据库，如何寻找古籍资源等。再次，曹老师一再教导我们，写文章要旁征博引，在撰写论文时，我们还需要分辨所引用的文献质量，尤其是引用后人对原典的研究时，要筛选出在观点、材料、方法、视角等方面有创新的文献，不可堆砌文献，要在综述中切入自己的总结与观点。初学学术论文写作会有诸多不适应，但这一过程也为我们毕业论文顺利开题打下了基础。最后，曹老师虽然为我们讲授比较文学理论，但要求我们必须以实例为基础，找到合适的案例才能结合理论。作为研究者，理论创新固然重要，但对于研一学生来说，理论更应该作为研究的辅助，而不是纸上谈兵。

在毕业论文的开题与撰写过程中，曹老师也在每一步严格要求我们。我在定题的几个月内更换过几次选题，在不断"自我否定"与"被老师否定"的过程中矫正自己的一些错误。特别是在"如何看待前人研究"问题上，曹老师强调一定要客观看待前人研究中的优缺点，切忌站在自己的视角随意褒贬前人。此外，有些作家与作品没有出现在前人研究的课题、书目、篇目上，并不代表"前人没有研究过"，尤其是隶属于某一流派的作者、作品，前人很可能已经在该流派研究上产生了数量可观的成果。在这种情况下，需要谨慎选择这一作者或作品。

我们那一届硕士研究生还没有毕业论文预答辩环节，但老师也要求我们与博士生一起在预答辩前提交初稿，尽早发现毕业论文初稿中的问题。如果在论文正式审查阶段才发现硬伤，就为时已晚。整个研三，曹老师不断督促我们尽早写完毕业论文，给修改论文、升学和找工作留下足够的时间与精力。曹老师也在细致阅读我们的初稿后，为我们指出了从标点错误、错别字、病句和引文错误到观点偏颇、方法张冠李戴与结论模糊不清等方面的问题。

在修改论文初稿时，我正备考博士，面对这些大大小小的问题，产生过挫败感，也质疑过自己的能力是否配得上师门，甚至一度害怕直面导师，但曹老师始终严而不苛，在学术上严格要求我们，却不苛求我们将所有的精力投入到毕业论文，甚至会鼓励和祝福备考的我们。曹老师在日常授课与课外讲座上，始终使我们如沐春风，老师不仅讲课内容精彩、观点新颖，也颇有大家风范地将自己的思路与想法慷慨共享，并留下自己的邮箱，欢迎在座听众们通过邮件与他进行学术交流，真正做到了传道、授业、解惑。

硕士毕业已三年，如今的我距离博士毕业仅剩一年。我依然会怀念课上师生就一篇论文唇枪舌剑的情景，也会怀念课下与同门前辈讨论论文时那种灵感如泉涌的愉悦。曾经的我沉默寡言，因为害怕犯错而一度在课上、课下三缄其口。曹老师与师大同门不断鼓励我找到畅所欲言的勇气与自信，也为我提供了敢于试错、在试错中不断进步的平台。曹老师既是一位学术大家，也是一位谆谆教导学生的良师，更是科研道路上的益友。

忆我与曹师的学术训练小片段

2016级硕士　刘　娜[*]

曹师顺庆先生是我研究生时期的导师，2016年4月13日，我通过一封电邮与老师取得联系，后来幸运地成了他的学生。从内蒙古的广袤苍茫到成都的温暖闲适，因为有曹师的关爱与帮助，作为外乡人的我在这里有了家的感觉，愉快地度过了三年难忘的学生时光。如今毕业即将三年，每每回忆起学生时代，我脑海中总浮现出老师挂着笑意的面庞，回想起他指导我开展学术训练、勉励我多读书，耳边甚至还会回响起他拉的《万马奔腾》以及他爽朗的笑声。

"叮咚！"一阵门铃声响起，屋内传出师母熟悉的声音——"来了"。虽然提早就和曹师约好了时间，但这次和以往来看望老师时嘻嘻哈哈的情形不一样，这是毕业论文定题后第一次来老师家，要把写作大纲交给老师把关。之前听说有师兄师姐的报告被打回去重写，想到这里，站在门口的我就不由得紧张起来，血液随着门铃声的响起"噌"一下直冲脑门，脸上发热，手心也开始冒汗。师母笑盈盈看着我，朝屋内道："小刘来了。"

曹师正靠在沙发上低头看书，抬头一看我来了，轻轻合上了书页，招牌的酒窝笑立刻浮现在了脸上，慈祥地说："小刘过来坐，这里有水，别客气哈，大纲给我看看呢。"我赶忙双手递给老师，坐在沙发一头紧张地等待着接下来的"训示"。大纲只有一页纸，曹师静静地浏览一遍后，问道："小刘，你写的这个作家，简单给

---

[*] 刘娜，2016级硕士，现在单位为成都市教育局。

我介绍一下呢?"老师不愠不火的神情,让我也放松下来,便开始答话。"老师,我打算写《英语世界的玛丽安·摩尔研究》,主人公是一位女性作家,她在诗歌领域获誉颇丰,但是却少有人研究,我打算从这几个方面研究……"老师静静地听着,中间我说得磕磕巴巴,他也没打断我,依然微笑点头示意我继续。直到我完全停下来后,他才接话道:"首先,选题不错,有研究价值。其次嘛,我刚看你的大纲,与你刚才说的内容两相对照,我更欣赏后者的逻辑。写论文就像庖丁解牛,必须有分明的脉络和严谨的逻辑,你刚才说的内容,总结起来是不是这样:先介绍作家,然后梳理已有研究,其中包括西方研究和东方研究,再说你的想法。"我点点头。"那西方研究和东方研究的差异,是不是也要拿来做下对比会更好些,我总讲'他山之石可以攻玉',那么针对'他'和'我'的差异也要做辨析,不能记流水账。所以你的最后一部分,不仅要就事论事,也要举一反三,有引申的话更好些。"我边听边记,一边不住地说"对对对",心里暗想怎么自己没想到。不过,好在有老师点拨,他引导我说出自己的写作思路,反而比我闷头想的结构更符合底层逻辑,论文主体结构立刻从点线联系变成了线面联系。

接着,老师还给我提供了"工具箱","做英语世界的研究,最考验的是基本功,需要积累大量的外文文献资料,这方面有需要的话可以直接和我说,之前分享给你们的外文资料库要用起来。如果这还不够的话,有几个师兄师姐在国外留学,我把联系方式给你,到时候请他们也帮你找找资料"。知我莫若师,这几天正在"抠脑壳"该去哪里找资料,老师这些话对我真是"及时雨"。虽然大纲还要再修改,材料还要再搜寻,但是我的心情瞬间轻松了,感激地和老师连声道谢。

曹师是个很谦和的人,在学界也是泰斗级别的人物,却从没见过他生气,和学生说话总是笑容满面,课程堂堂爆满,甚至还有不少理科生慕名而来,他深受学生们欢迎。我们2016级的博士、硕士一共19人,受老师影响,大家亲如一家,每人还有一件定制的"曹门"文化衫,每当上十三经课时,大家都会不约而同穿上它,心里满满都是自豪感,头都不自觉地扬起了。

三年研究生生活倏忽而逝,工作后我常常怀念学生时期,但受疫情影响,再也没能进校去听老师的课程。好在和老师同处一城,也把他当亲人般的存在,还可在周末、节假日去看他,也算慰藉。曹师和师母琴瑟和谐,在学术方面比翼齐飞,也是一段佳话,期冀自己也能有这样的缘分。工作后有同事说我比同龄人沉稳,我总说,受曹师影响,大抵得了他温润如玉的一成功力。

是严师，也是益友

2019 级硕士　胡钊颖[*]

第一次见到曹老师真容是在 2019 届硕博生的首次聚会上，我成功考入四川大学文学与新闻学院，拜入曹老师门下。那天我非常紧张，想象中曹老师会是不苟言笑的样子，一副标准的严师风范。意外的是我不是先见到老师的面容，倒是先听见他爽朗的笑声，他边笑边说着"大家都早到啦！"我闻声看去，曹老师正迎面大步走来，满面春风，笑容可掬。

初次见面，曹老师就实实在在让我感受到了他巨大的人格魅力——光凭一件事或是一个词很难概括他，仅仅是一顿饭的工夫，我就见到了曹老师的多面性。老师一个一个问我们的出生年月、籍贯、以往的学习经历，等等，谈至深处还侃起天儿来，大家聊欢了，笑声一阵接一阵的，此时的曹老师和我们就像多年未见的朋友突然有一天碰了面，好几年的人生经历、奇闻逸事通通说了出来。接着曹老师与我们几个刚入曹门的硕博生一起聚了餐，我们轮流向曹老师敬酒、说祝词，我现在还深刻地记得，那时 21 岁的我怀着欣喜欢愉与些许忐忑，意气风发地对曹老师说着："定不辜负曹老师期望！"曹老师端举着酒杯，脸上始终带着笑，听完点点头说道："好，好。"这时的曹老师仿佛是我自己家中的长辈，和蔼可亲，欣慰孩子们的志气昂扬，给予稚气未脱的晚辈以鼓励。除了唠叨家常，曹老师亦表现出了学术大师的风范，并未落下我们此聚最重要的话题——学术探讨。曹老师对我们的培养有非常明晰具体的规划，开学的第一节课上就告诫大家要尽早地开始小论文的创作发表，对博士生提出发表社科 A 类级别刊物的希望，同时鼓励硕士生努力发表社科 C 类级别刊物，并提出研一就完成目标任务的要求。也就是在那时，我第一次体会到了曹老师作为真正耕耘学术、培养人才的教授，对学生们的高标准、严要求。

之后每一堂课上，讲到某个知识点时，老师总是引经据典，再发散出多种奇思妙想，启发我们写作论文的灵感。例如讲到《毛诗序》："诗者，志之所之也。在心为志，发言为诗。情动于中而形于言，言之不足故嗟叹之，嗟叹之不足故咏歌之，咏歌之不足，不知手之舞之，足之蹈之也。""情发于声，声成文谓之音。"此段也是文学发声论的佐证，曹老师解释道，此"文"指"宫、商、角、徵、羽之调"，衍生到中国的文学之美，从比较文学的视野来看，此中国之"文"与西方之"美"既有异曲同工之处，又有一定的差异，可根据这个思路考证钻研，写出一篇有价值的论文。

---

[*] 胡钊颖，2019 级硕士，湖南省邵阳市武冈市人，比较文学与世界文学专业，研究方向为比较文学。

又如讲到《文赋》中以音乐比文章时："或遗理以存异，徒寻虚以逐微，言寡情而鲜爱，辞浮漂而不归；犹弦么而徽急，故虽和而不悲。或奔放以谐和，务嘈囋而妖冶，徒悦目而偶俗，故高声而曲下；寤《防露》与《桑间》，又虽悲而不雅。"曹老师指出，古人讲音乐好求悲，音以悲为上，诗词歌赋亦求悲，实际上我国传统非常看重愁与悲之感情，"悲"也是中国文学的核心。继而引出对"中国不出悲剧"的质疑，启发我们在主流思想"西方有悲剧而中国无悲剧"的争论中比较中西文化的异同，形成自己的思考并写作论文。

老师最费尽心力的是指导我们的毕业论文。为了让我们真正写出一篇高质量的毕业论文，曹老师决定举办三次开题答辩和三次预答辩，迫使我们在正式答辩之前真真正正把论文写透，如此严格的程序在整个文学院都是独此一家的，老师常说，"如切如磋，如琢如磨"。

曹老师是真正的科研创新者，每当指导论文时，他总是反复提出一个要求：要写"天下第一篇"。从最开始的选题，曹老师就细心指导，给我们一个大框架——即研究英语世界的某位文学大家或某作品，需要搜集并分析大量国外一手文献资料，用意是填补国内资料的空缺。在动笔创作之前，曹老师要求我们做足前提准备，首先要保证国内迄今还没有其他人写过该课题，其次要保证写作中用到的参考文献必须尽可能翔实且权威。因为老师的这个高要求，我的毕业论文撰写中途还遇上了些许波折：本来我打算毕业论文研究英语世界的福楼拜，花了一两周的时间查阅了不少资料，突然查到一篇许久以前完稿的博士论文与我的课题雷同，只得作罢从头再来。

有压力的同时我也有了动力，于是从确定选题到正式拟写初稿，光搜集筛选资料就花了一个多月的时间。论文写作过程是我与老师交流最多的时期，曹老师会耐心指出每位学生的问题，同时也会根据每位学生的不同进展提出不同的修改意见。每一次的答辩会上，曹老师都会叫上另外三位指导老师一起，每位老师都会仔细看完论文并给出自己的意见，小到一个词语的用法、一个概念的明晰，大到论文整体框架结构的变换，仅仅我毕业论文目录部分的增删修改就有三次。

最初接触比较文学这门学科时，它让我感受到了跨民族、跨语言、跨文化的文明互鉴的魅力，当时我就对比较文学的教授心存敬仰，想必他们定是学识渊博又开放包容的人。如今与曹老师相处已三个年头，发觉曹师对学术科研有独特的高标准与严要求，为人处事又和蔼可亲，确是一位严师益友。

第二节　不拘一格　有教无类

曹老师的有教无类和因材施教

1999级博士　蒋荣昌[*]

回想起来，我可能从没有在小学、初高中得到过老师什么好评，我父母从老师那里听到的多半是对我读书时不守纪律的种种劣行的描述。

当然，照今天的观点，我们那个时候也真可以说是无书可读，以至于听说同学家里收藏了一本有趣的书，会上当受骗随他白走十几里乡村小路。这样看来，我自然应该对当年满地乱走的学习经历感到欣幸，因为复盘回去，无能怎样努力，也不会有所不同——除了白白损失掉十余年好玩的时光。

直到意外的高考成功，才改变了我是一个坏学生的形象。当然，这种高考方式仍然是另类的。

我在高中1978级第一学期休学一年半去湖南医治病腿——这是我妈借了150元巨款，下定决心要做的事情。母子俩买了三等船票顺江而下，在湖北沙市下船再转道去湖南澧县。在那个县的中医院待了一个星期，我坚决要求和老妈原路返回，我们家负担不起哪怕半年的费用。那个时候，三峡大坝沿途的壮阔风景和让人印象鲜明的不同风土人情显然丰富了我的人生，一年半载回不去学校的我不得不和唯一一个没有得到高中"offer"的儿时伙伴每天相守在一起以5、10、15扑克牌打发晨昏。

休学生涯终于结束了。我这个不求上进的学生被扔进了在初中课堂已饱读改革开放新时代课本、怀抱着强烈高考梦的一群学生中间，至少有一个星期不知所措，直到我向同桌请教了一个愚蠢的"问题"："二分之一"是啥意思？这同学显然觉得不值得先看我一眼再和颜悦色开导，他直视老师正在指点的黑板，牙缝里挤出一句"这个你都不晓得嗦？"

我终于有了学习动力。把我们小镇那条街上从小学三年级到高中一年级的数学书借了个遍。大概是花了两个月时间，自己终于看出门道，并暗自盘算，离高考的全省预考只有区区数月，我不可能有时间像我们班的学习标兵那样每天熬夜做海量

---

[*] 蒋荣昌，1999级博士，男，四川大学教授，1963年生，重庆市璧山区人，毕业于四川大学中文系。研究兴趣方向及专长为历史哲学、经济哲学、政治哲学、艺术哲学（或新美学）、消费社会理论、符号学。

习题，看懂公理、定理和例题是关键，至于会碰到什么题，那就只能考场上见了。也是基于同样的理由，我拒绝了所有作业，并且决定购历史、地理教材自学文科。我早已是老师们放弃、只要我不主动找事儿就不会有什么事儿那个差生。每当我看见我们班公认的"高考种子"（班主任把自己的寝室也借给他"学习"）在路上以一分钟也不会耽误的那种表情走路，我就觉得我是这整件事情的局外人。

作为新增人口峰年诞生的一员，我参加了那个毕业季新设的全省预考。这轮考试旨在预先筛掉大部分不值得把高考卷子送到省上去批阅的学生。我考了全县文科第一名。从得到消息那一天起，我们学校的领导和班主任等一干老师，在学校远远碰见我就会加快脚步绕行。他们显然觉得这是一个试卷被人张冠李戴的玩笑——这倒不完全是对我个人人品的疑问，本校自1978级开班以来，一个中专学生尚未成功输出，怎么可能突然就赶超当年几乎垄断了全部高考业绩的两所省级重点中学和更多的完中？

当然，一个月之后的国家统考给出了答案，我仍然得到了"那个"第一。但是，县医院的体检对我并不友好，合格线是两腿长度差不超过3厘米，他们给我整出了6.5厘米的惊人数值。我与北大图书馆学系就此别过。

川大图书馆学系是我当年高考的第三志愿（全部三个志愿都选了图书馆学，乃是基于一个长辈对小儿麻痹症后遗症患者就业前途的远见），直到1984年春末我才第一次有机会以绕场一周的方式踏进川大校园。那年美学专业的复试直到今天我也认为是成功的，因为现场问答对背了一桶包书来附近招待所蹲守的我来说"太简单了"。和初试成绩第一的吴兴明教授携手离开文科楼时，我甚至忍不住吼了一句："仰天大笑出门去，我辈岂是蓬蒿人。"

中午，吴兴明在某个我从未见过的那种豪华餐厅请我吃饭，席上第一次吃了风干猪蹄筋做的某种名菜。餐毕，吴兄豪迈地拍出据称为"稿费"的8元大洋，从此我就欠下了江湖中历史悠久的一笔情债。

直到另一位同年美学兄弟李杰教授把我调进川大广告系，我才第一次有了川大图书馆的借阅证。调入川大时，我既无名校学历，又无高级职称，除了李杰兄力荐，没有任何来历。当时做院长的顺庆师为了调入我这个"口说无凭"的人才，肯定是经历了无数"行政楼磨难"。所以，人还没到川大，知遇之恩先已悬在那里。

我大概是1999年春天到了川大，几乎是刚开学，吴兴明教授曰："蒋荣昌，报曹老师的博士嘛。"续曰："纵观天下，谁可教导你我，读哪个的不是读！曹公心胸宽大，待人和悦，正你我可以投奔也！"想来正是。时间不到一个月，匆忙应考，蒙曹师不弃，忝列1999届。

似乎说了半天还没到正文，乃是因为我在曹门的经历需要这段上文才好铺垫。

记得刚入门，我就赶上曹老师组织的比较文学国际盛会。除了应一些跑腿工作，也被安排在青年论坛发言。发言的具体内容早已忘却，只是隐约记得我对在场的"腕儿"们颇无敬意,下来在席间被资深师兄提醒说,在座的都是学界封神拜帅的一方英雄——我才猛然意识到,学界流行文化不复当年,这的确已不是和吴兴明兄在成都火车站坝坝茶那场为"真理"而战的下午时光——何况多年以来,我其实就像当年一个人的高考那样,一直居住在只有自己一个人的"学术界"。

我这种重庆话所说的"怪物",的确也只有在曹门这般宽松的环境里才可以成活。曹师从没有想过要用一种模子来要求学生,或者强作最终解人,让学生必须做什么和不能做什么。充分尊重和发扬学生的个性,在曹老师那里不是一个宣告,而是师生交道的活生生过程。

读博四年半,我一直受困于论文题目。最初想写一篇回应当时国内后现代思潮的文章,开题报告做了六万字,现场似乎也是一片好评。下来却决定放弃,和曹老师说,想写一篇研究朱熹文论的文章,曹师笑曰:"可以呀。"买了朱熹全集,又做了一次开题报告。开题结束未久,又去和曹师说,这个题目不做了,想换一个,曹师还是笑吟吟地说:"可以呀。"直到第三次开题"消费社会的文学文本",我才终于完成博士学位论文。记得答辩现场,冯宪光老师问:"你是'中国文化与文论'方向,有啥理由来写'消费社会的文学文本'?"如果一定要固守"中国文化与文论"的研究范围,我那篇论文肯定不会得到以博士学位论文的方式出生的机会。从个人这段论文选题的经历可见,因材施教确乎是曹门的镇山之宝!

另外一段和我有关的曹门逸事也见证了曹师的别样因材施教。曹师在本届入学首期照例开设了"十三经讲读"。通常是我们班的八位同门环坐曹师周围,由曹师讲解,各位诵读。那段时间我本人内外交困,坐在那里常常鼾声如雷——诸位同门替我捏了把汗,而曹师则视我的酣睡如无物。多年之后,想起那些日子的课堂失态,仍然愧不自胜。直到有一天,与川大出版社王军兄小酌,王兄提起曹老师和他笑谈过我在课堂上的种种好玩状态,才得以大笑释然。而曹师当年的不动声色,其实于我已不啻棒喝。没有宽阔的胸怀和爱惜弟子的衷心,恐怕是既难以做到有教无类,也没有办法让不同材质的学生或鳅寝淤泥而自得,或猿处危木而高蹈。

拉拉杂杂说了这些,似乎也拉拉杂杂难以说完。万语千言化为一句话:在此吉日良辰,祝曹老师和师母鹣鲽情深,福如东海、寿比南山。

言传身教，春风化雨
——记曹师顺庆先生培养学生论文写作能力

2006级博士　邱明丰[*]

初识曹老师是在文字上。2002年，我准备考硕士研究生，阅读文献时拜读到曹老师关于文论"失语症"的高论，那时根本没有想到能成为曹老师的学生。2004年6月，我在四川师范大学读硕士研究生，当时川师承办全国"消费时代的文学与文化研究"学术研讨会，我和同学一起做会务工作。那是我第一次见到曹老师，聆听了他在研讨会上的发言《消费社会：文学研究的新语境》。2005年，在准备考博时，硕士生导师钟仕伦教授力荐我报考曹老师的博士，我当时根本没有信心，因为听说要考曹老师博士的学生很多，加上要考"中华文化元典"，可谓"压力山大"。既然决定要考入曹老师门下，就必须努力做好准备，我打听到曹老师给研究生上中华文化元典研究课程的时间，于是每周二晚上蹬自行车从川师到川大听课。教室里的人特别多，有时候晚到就没有座位了，我发现旁边有很多同学也是为了考博来听课的。曹老师带着大家一起读原文，并从跨学科的角度深入讲授中华文化元典的价值，我受益匪浅。旁听最后一节课后，我大胆"拦住"了曹老师，将准备好的一页简历交给曹老师，并表达了考入门下的愿望，曹老师微笑表示欢迎，并给予了鼓励。

2006年9月，我正式进入曹老师门下学习，攻读文艺学专业博士。在曹老师和2006级研究生的第一次见面聚会上，曹老师介绍每一个学生的情况，介绍内容包括硕士毕业的院校、工作的单位等，甚至涵盖了主要研究成果，可见曹老师对学生的熟悉和关爱。川大对博士毕业要求是很高的，要发表3篇CSSCI论文，完成毕业论文，才能获得"双证"。曹老师鼓励大家深入研读，并努力将在学习和研读过程中的学术观点撰写成文，一遍遍打磨，形成可以投稿的论文。我是从应届一直读上来的，学术积累还严重不足，论文撰写情况不甚理想。或许曹老师发现了我的短板，根据我的专业给我下了"命题论文"的任务，让我重点关注范缜在中华文化话语建设中的作用，合写一篇论文。当时我既兴奋，又紧张。兴奋的是川大规定，发表在CSSCI刊物上的文章，如果第一作者是导师，可以认定为学生的论文；紧张的是担心自己不能很好地完成。经过一个月的研读、思考，我起草了《范缜：中华文化话语的持护者》初稿，并请曹老师指导。曹老师指导我进一步梳理思路，重

---

[*] 邱明丰，2006级博士，男，1980年11月生，江西玉山人，新闻传播学博士后。四川省社会科学院副研究员、硕士生导师，四川省文艺理论研究会秘书长、四川省创意产业协会副秘书长、四川省比较文学学会理事。

新调整框架，补充文献资料，修改 3 次后定稿。这篇文章本来是投给一个 CSSCI 刊物的，但因为编辑工作变动，文章最后发表在《社会科学报》2007 年 1 月 11 日第 5 版上，多少有些遗憾。令人欣慰的是，人大复印资料《文化研究》2007 年第 4 期全文转载了论文，颇有点"失而复得"的幸运感，因为人大复印资料在认定上是等同于 C 刊的，更重要的是没有辜负曹老师的耐心细致指导。曹老师指导我撰写的第二篇论文是《〈文心雕龙〉与比较文学研究》，论文是为台湾地区主办的"2007 年文心雕龙学术研讨会"准备的，后来因为工作关系，未能成行。

在准备毕业论文选题时，曹老师鼓励我从文论话语建设的角度展开思考，我先后从佛教中国化、媒介技术与现代文论发展等层面进行了探索，但都不是很理想。曹老师建议我以中国古代文论学科史为切入点查阅资料、研读文献、找准问题、明确思路，并带领我撰写了第三篇论文《失语症与现代性变异》（发表在《社会科学战线》2009 年第 4 期），基本确立了毕业论文的方向。在后来的研究过程中，曹老师指导我完成了第四篇论文《重建中国文论话语的三条路径》（《思想战线》2009 年第 11 期）、第五篇论文《中国文论的西化历程》（《西南民族大学学报》2010 年第 1 期），这两篇文章发表时我已经在四川省社会科学院工作了。

曹老师培养学生时，除了细心指导论文写作，还通过科研项目引领的方式，帮助学生紧跟学术前沿，拓宽研究视野。读博期间，我参加了曹老师主持的"中外文论史""比较文学变异学"等项目的研究，并承担了项目成果《中外文论史》书稿第三编的修改工作。通过项目驱动，我分别撰写了《中日诗话的影响与比较——十至十三世纪中日诗话关系探析》《从变异学审视平行研究的理论缺陷》《学科建制：中国文论中国化的实践之路》等论文，均发表在 CSSCI 来源期刊上。而曹老师指导完成的毕业论文《中国文论的中国化研究》经修改完善后于 2019 年出版，并获得了四川省第十九次社会科学优秀成果三等奖（2021 年）。

博士毕业后，因工作需要，我转向了文化产业研究，并在高校行政岗位上工作了 8 年多，原来的很多研究没有持续跟进。2019 年，我重回学术机构，曹老师鼓励我延续原来的研究领域，融合基础研究和应用研究。在曹老师的指导下，我开始着力研究网络文艺理论话语，同时兼顾文化产业和人才培养，努力做到跨学科、跨领域。

回顾曹老师对我的帮助和培养，有几个重点让我敬佩，并深刻影响了我培养学生的思路：第一，尊重学生，了解学生的学术成长脉络，帮助学生找到清晰的学术发展方向；第二，因材施教，根据学生所处的不同学术发展阶段，给予针对性指导，快速提升学生学术能力；第三，支持学生，曹老师鼓励学生将研读和写作相结合，支持学生将学术感想转化提升为学术论文，使学生能够在写作中进一步厘清思路，深入思考学术问题；第四，倡导"教学相长、同门互促"，引导学生加强学术传承，同门相互启发，共促学术发展。学术之路艰且辛，幸得曹师未嫌弃，细心指导找方向，回顾过往谢师恩！曹老师指导我写论文的稿子，我一直珍藏，那是老师培养我的见证，也是鞭策我帮助学生的动力。

我的求学苦旅

2006级博士 蔡 俊[*]

一、考博：好事多磨

当年硕士毕业留校任教，一边忙教学，一边看着书，希望更上层楼再考个博，报名的时候，领导就说了：你要是走了，你那三四门课谁来接呀？当然死活不同意。过了几年，系里陆陆续续进了人，就再也没有理由拦着了。也是年少轻狂，我考过上海外国语大学，考过华东师大，希望到一个"小资"的地方，念一个"小资"的专业，将来过一种"小资"的生活，可惜，理想很丰满，现实很骨感，两次都被拒之门外，虽然两次都上线了，却都没被录取，或许是自己不够优秀，或许是运气不佳吧。博士没考上，倒是落下一堆毛病，神经衰弱，胃溃疡，还时常耳鸣。后来师兄杜吉刚建议我考川大，于是来年三月兴冲冲踏上了西行的火车。拿准考证的时候直接给吓蒙了："我的个天，考曹老师博士的有将近三十个，我何德何能啊，这不是陪考吗？哎，既来之则安之，权当旅游吧。"没想到第一门考试缺了三四个，第二门又有五六个没来，考第三门的时候人更少了，面试的时候只剩下十几个，当时就莫名惊诧，敢情考博也有闹着玩儿的，不禁想起人生如戏、戏如人生之类的话来。笔试完了就是面试，我被排在下午，然后就到楼下的钟亭等着，貌似看书，其实心不在焉。轮到我的时候，一个爆炸式头发的老师拿一张A4纸，上面密密麻麻似乎写着些题目，他头也不抬，只管用抑扬顿挫的四川话向我提问。有的问题都没听懂，我也就硬着头皮似是而非地回答了一通。另外一个戴眼镜的老师，面带微笑，但是目光犀利，他问我喜欢哪些英美文学作品，看没看过"额瑞君涝"。我问：老师"额瑞君涝"是什么？他很不屑地答：原著。我说：哦，original，那看过。心里寻思：听说有椒盐普通话，没想到还有椒盐英语。"看过哪些？" "*Jane Erye*, *Wuthering Height*, *David Copperfield*,"我还想往下说，老师说"Got it"。我还没反应过来，负责记录的秘书就说"好了"，当时心想"完了"，指定没戏了。四月底成绩出来，侥幸通过了。感谢那些灰色的日子，那些曾经的诗与远方。

二、读博：苦乐相伴

每周二晚上，总有一帮目光呆滞然而自我感觉不错的家伙，抱着十多斤重的

---

[*] 蔡俊（1959—），2006级博士，男，江西九江人，南昌大学副教授，教研室主任，硕士生导师。

《十三经注疏》去研究生院上课，晚上九、十点上完课，送老师回川大花园，再抱着十多斤重的《十三经注疏》回寝室，这就是当年曹老师给我们上中国文化元典课的独特景观。背古代文论时压力很大，我们2006级个个都很用功，有的用电脑，有的用mp3，我什么都不会，就买了录音机，自己先录好，然后洗脑式重复听。上课的时候如临大敌，有的抄纸条，有的抄手上，还有的贴前座儿，可以说无所不用其极。上西方文论课要读伊格尔顿的《文学理论导论》，老师是非常注重理论课的，他不止一次和我们强调过理论的重要性，他说，拿下《文心雕龙》和伊格尔顿，无论你是搞文学教学、文学批评，还是写各种论文，可以打遍学界无敌手。

老师凭他的人脉请了一些比较文学界的著名学者来川大做讲座，听讲座是件让人兴奋的事情，可以一睹学界大佬们的风采，也是难得的精神会餐。给我们做过讲座的有荷兰的佛克马，佛克马是人高马大的欧洲人，可是他的夫人蚁布思身型娇小，高差有点大。瑞士的冯铁，他说汉语不讲四声，听他的课比听外语费劲，我经常在学生食堂见到他，他比较能吃辣。还有清华的王宁，王宁的英语写下来一定很棒，可惜语音很中国。北师大的王一川，他的个子很小，声音也不大，他主编过几本西方文论的书，我的学生说，对写论文帮助挺大。

平时除了上课，就是去图书馆，川大的几个图书馆我是常客，要找的书放在什么位置，藏书的大致情况，那是门儿清，工学馆英语书很多，考研英语、出国英语尤其多。文理馆的港台书是一大特色，让我大开眼界，缺点是只能看，不能外借，不太方便，而且繁体、竖排看着不习惯。江安的图书馆很是气派，川大的好书、新书，都放在江安，不过复本也不少，而且从望江到江安，坐校车来回要折腾两三个小时。

三、毕业：涅槃重生

川大几年，虽苦犹乐，最后的挑战是学位论文的写作，首先是选题之难。Do the right thing 不是那么容易的，感兴趣的题，有话可说，老师却认为是老生常谈，写不出新意；貌似新颖、所谓前沿的题，自己没把握，恐怕难以驾驭。一位2005级的师兄准备写庄子与海德格尔美学思想的比较，在我看来很是高大上，开题也通过了，可是最后还是没写出来。开题的时候，几家欢乐几家愁，有的如释重负，有的哭鼻子、甩脸子，干啥的都有。我选的是赛珍珠，可是在老师看来，这是个古董级的题目，当场就给否定了，我感到很郁闷。私下固执地认为，尽管赛珍珠有很多人做过，只要肯挖掘，还是有东西可写的。后来，我的学生写毕业论文，我就建议他们写赛珍珠，有的写赛珍珠小说中的中国农民，有的写赛珍珠小说中的女性主义，开题通过了，论文写出来了，答辩的时候评价似乎也不错。后来老师要我做《儒林外史》英译本研究，我感觉资料不好找，还是米兰·昆德拉好写，介绍一下，评论一番，一篇论文就齐活儿。老师不同意，坚持要我做《儒林外史》英译本研究,他说英文资料问题好办,有同学在国外,可以让他们帮忙复印。我执意要做昆德拉,当时也不晓得哪儿来的勇气,直接跑到老师上课的教室,把写好的开题报告塞给老师就回了南昌。感谢老师的宽容,最终还是同意我写昆德拉,没有坚持让我做《儒林外史》英译本研究,请老师原谅我的无知。

其次是写作之难。Do things right 更难,论文的写作过程难以尽述,总的感觉就是两个字:煎熬。那半年,经常是面对电脑枯坐终日,着急上火冒虚汗,一天写不出几行字。夜半时分,思及论文,忽然惊醒,掩面独坐,不知过了多久,忽听楼下扫地声起,不觉通宵达旦,如斯而已。在论文陷入胶着,心情处于低谷时,是师友的鼓励、家人的支持,让我支撑下来。余琦兄来东一宿舍看过我,还带了些吃的,毕业前的表格也是由他代劳,他一手秀气的楷书,让我羡慕妒忌。论文出来,思考的痛苦、写作的艰辛,也就成了甜蜜的回忆。后来回到单位,学位论文申请了课题,还出了专著,一分耕耘一分收获,昔日的辛苦总算没有白费。

回顾在川大跟随老师从游问津的经历,我的体会是,读十三经可以打下一定的文史基础,入门需正,以圣贤为师,将来可以做一个有境界的学者,而不仅仅是一个教书匠。背中国古典文论,读西方文学理论,可以了解中西文学理论,为走向研究现场做一定准备。老师领着我们做课题,要求我们写论文、发论文,是知行合一。为生也愚,没成什么器,不过,收获还是不小的。

求学的经历虽然艰辛,读天下好书,晤天下好友,赏天下美食,却是个中乐事。不知不觉十几年过去了,当年指点江山激扬文字的豪气也灰飞烟灭,而川大,是我曾经拥有且将继续守候的精神家园。

川大求学二三事
——忆恩师曹顺庆教授

2006 级博士　陈　丕[*]

犹记得 2006 年,我考入四川大学文新学院,在此攻读比较文学与世界文学专业博士。炎炎夏日之中,川大校园中的参天古木投下了凉爽的树影,正如接下来的几年里,恩师曹顺庆教授以丰厚学养和备至关怀给我的荫蔽与感动。那些时日至今仍历历在目,令我难以忘怀。

---

[*] 陈丕,2006 级博士,陆军专业技术大校,陆军军医大学基础医学院外语教研室主任、教授,现任军队院校英语教学联席会副主任委员、中国人民解放军第十届科学技术委员会生物军控与履约专业委员会副主任委员,重庆市外文学会语言测试专委会常务理事。

在川大校园和文新学院里，我算是一个"异类"。我应该是曹老师门下唯一的一名现役军人，学外语出身，硕士的专业方向是外国语言学，这在文新学院中恐怕是少见的。那时，我正因为自己的身份惴惴不安，曹老师却没有表现出丝毫"嫌弃"，反而十分欢迎我的到来。他常常颇具深意地提问我们几个学外语出身的学生：中国古典的"风骨"应该如何用英语进行表达？文学的"变异"又该怎样翻译呢？在这些问题背后，是曹老师长期以来对跨文明比较文学研究的关注。也正因如此，他富有独创性地提出了"跨文明研究"这一全新视域，从而为比较文学中国学派奠基。而在曹老师的影响下，我的博士学位论文以文学翻译为方向，多次得到他精到的指点，并荣幸地收到曹老师亲赠的书籍资料。

除了学术上的格局视野，我还深切感受到了曹老师的家国情怀和对我这个"特殊"学生的"特殊"照顾。惭愧地说，我是曹老师门下缺课最多的学生——2006年刚入学，我就请假3个月，赴南京参加联合国军事观察员培训；2007年11月至2008年12月，我被派遣至非洲执行维和任务，为期一年；2010年，我又受命参加另一项重大任务，再次请假3个月。我的博士毕业答辩也因此一再延期。从始至终，曹老师的态度很明确，他只对我说了一句话："国家和军队需要，去吧！"这样毫不犹豫的支持，激励着我圆满完成了自己的任务，获颁联合国维和勋章，并多次受到国家和军队表彰。

此外，曹老师严谨治学的态度也令我终生难忘。那时，曹老师上课总要抽背《文心雕龙》，而我每次都像个小学生那样胆战心惊，生怕自己被点名抽中，生怕背不出来或背得磕磕巴巴。我倒也不是怕丢这张"老脸"，而是每每感受到曹老师殷切期待的目光，总觉得学习不用功，实在是有负曹老师教诲，愧为曹老师的学生，甚是惶恐。还有一次，我交付的书稿有多处没有标明文献出处，曹老师亲自打来电话过问，语气平静而严肃。虽然他的话语中没有一句严词呵斥，但语重心长的叮嘱和教诲却更加令我警醒，我羞愧得汗流不止。这次经历给我留下了深刻的印象，我从恩师身上学到了严谨细致的治学精神。

值此时节，谨以此文字回忆恩师对我的教导与关怀。如月之恒，如日之升，如南山之寿，不骞不崩，如松柏之茂，无不尔或承。嘉宾旨酒，笑指青山来献寿；百岁平安，人共梅花老岁寒！

有教无类，诲人不倦
——记恩师对博士生论文选题指导
2006级博士 王 蕾[*]

逝去的时光中包含的东西很多，面对时间的河流而生发出来的，可以是对过去的追忆，也可以是对未来的展望。时光太宝贵，也太轻快，悄悄地从指尖滑过，然后溜走，怎么握也握不住。一转身，那一季三年的求学时光就与我已隔十多年之久。当三年的时光已从身边悄无声息地与我渐行渐远的时候，我才深刻地明白，年轮或带着忙碌，或带着沉思，或带着艰辛，或带着欢乐离开了，我才明白几多个春花、夏雨、秋风和冬月已经逃离了我的指尖。回忆那三年的求学时光，每日书香、沉思、手指敲击键盘的声音反而更加清晰，对于味道、思绪和声音的记忆并未在时光的隧道中渐渐远逝，其间研读十三经的冬夜，吟咏《文心雕龙》的午后，反而愈加清晰，而恩师曹顺庆的笑容也每每出现在眼前。

2006年的我刚刚拿到英语语言文学硕士学位不久，跨专业考进了四川大学比较文学与世界文学专业攻读博士。入学的第一学期虽然和同学们一起研读十三经，背诵中国古代文学典籍，精读伊格尔顿英文版的《文学批评导论》，但仍时时刻刻处于对博士毕业论文选题和按时毕业的焦虑中。三篇CSSCI论文和一篇20万字左右的博士论文都让我惶恐不已。

2007年3月的一天，我坐在川大东七宿舍里，刚刚打开电脑，登上MSN，便收到了家师转发来的一封邮件，告诉我国际知名比较文学学者杜威·佛克马（Douwe Fokkema）教授将于4月7日至4月30日在四川大学进行为期三周的讲学，要我与佛克马教授沟通他来川大讲学的诸多事宜。彼时，对于国际比较文学界的知名学者，我全靠各位同门在不到一年的时间里不断"科普"，才略知一二。看到邮件里Douwe Fokkema的名字时，我激动不已的心情难以平复，发邮件说明了自己的身份和意图，告诉佛克马教授自己主要负责沟通他在川大讲学的具体时间表和每场讲座内容。

在和佛克马教授沟通过程中，我开始熟悉他的思想和理论。佛克马教授到达四川大学后，导师又让我负责佛克马教授讲学期间的陪同和翻译任务。佛克马教授在四川大学授课的主要内容是他从乌特勒支大学退休后的主要研究成果。他在全部课程内容中极力贯穿的一条思路是科学研究与文学创作是源于不同方法、不同文化的

---

[*] 王蕾，2006级博士，辽宁大连人，鞍山师范学院教授，研究生院副院长，硕士生导师，从事外国语言文学研究及英语教育。

知识。科学研究与文学研究都是人类心智活动所创造出的,因此也都受到了人类表达和理解的局限。虽然两者的差异可以在社会、语言和认识层面上进行剖析,但文学研究离不开科学的方法。为了建构名副其实的"文学科学"体系,佛克马教授进一步区分出了"文学语言研究"与"文学意义阐释"。前者涵盖文学形式技巧、风格、叙事技巧和文类等文学文本层面,研究结果具有可重复性;而后者与文学作品受众的文化、教育背景密切相关。从这一方法论视角出发,佛克马教授在文学理论研究系列讲座中重新回顾并整合了俄国形式主义、互文性、重写以及文类的研究;在比较文学研究系列讲座中,鞭辟入里地分析了现代主义和后现代主义在欧洲、北美洲以及中国流传接受的不同文化及历史语境,以及所呈现出的不同特点;在四川大学的"名师大讲堂"讲座中,佛克马教授分享了他最后一部比较文学巨作《走向完美世界:中西乌托邦小说研究》的前期成果。

我攻读博士期间,"文化研究"气息弥漫国际和国内学界,让我多少有些无所适从。本科的学术训练让我很关注作家的文本特征与时代的关系,硕士的训练又让我格外注重研究的客观性和科学性,而到了博士时,整天被包围在"文化研究"中,我不知道文学研究如果放弃了文本特征和时代的关系应该怎么办,我也对研究的科学性和客观性深表怀疑。佛克马教授一贯坚持以科学的方法研究文学现象和文化问题,用动态的眼光审视作为一种文化参与形式的文学生产和接受,这种理论立场让我怦然心动,慢慢萌生了要研究佛克马文学理论的想法,但害怕导师不认同。

6月的成都骄阳似火,远不似春日那样明媚而温和,曹师在百忙之中带我们到成都近郊指导了毕业论文的选题。在开题过程中,我抱着忐忑不安的心情和恩师说了我要研究佛克马文学理论的想法和研究的种种利弊。没有想到导师欣然同意,并说:"你们这种外语背景的学生就应该做这类外国理论、理论家的选题,或者中国文学作品在国外的接受与传播的选题,发挥原有的专业优势。"随后,曹老师进一步指导与批评了我论文的整体构思和论文框架。在写作过程中,佛克马教授寄来的资料和曹老师从家里找到的资料都为我的研究顺利进行提供了保障。我一直担心的三篇CSSCI论文,也在博士论文写作过程中酝酿完成,我总结论文各部分的重点内容进行改编投稿,毕业前全部成功发表。

2013年我整理了博士学位论文《佛克马研究》,准备出版时请曹老师写序,曹老师欣然同意。序中对我的称赞,让我自愧不如。曹老师就是这样一位导师,对学生永远和蔼可亲,如春风拂面,记忆中从未见他斥责过哪个学生,对待学生永远是引导、夸奖和鼓励。2018年我的这本小书在辽宁省第六届哲学社会科学成果奖(政府奖)评选中被评为三等奖,算是我不枉入曹门学习一场。

海内存知己,天涯若毗邻
——曹门留学生培养侧记

2013级博士 秦 岭[*]

当我第一次看到这个高个子白人男子的时候,我真觉得他只是一个小男孩。幼稚的脸上点缀着稀疏的雀斑,金色头发留长的时候,他整个脑袋就像个巨大的泡芙。有时候我想,他会不会就是马克·吐温笔下的汤姆·索亚,或者是狄更斯心中的大卫·科波菲尔。其实他的年纪不小了,按照我们中国人的说法就是已到而立之年。他是一个很安静的人,跟大多数活跃的美国人并不一样。很多时候我觉得这家伙肯定还没有适应在中国的生活,要不干吗那么羞涩?后来一了解,我发现他居然在中国还有两年的任教经历,现在又来攻读比较文学与世界文学的博士学位。他叫莫俊伦(Aaron Moore),文新学院2013级博士研究生,师从曹顺庆先生,我的同门师弟。

我们在川大的学习很快就进入了正轨。按照曹老师的要求,曹门弟子需要系统地学习《十三经注疏》专题研究和《文心雕龙》专题研究这样的课程,这些深奥的中国古代典籍,卷帙浩繁、意高旨远,即便是中国学生研读起来也是困难重重,须在名师指导下用心学习才能小有所得。莫俊伦到底行不行啊?这是很多同学心中的疑问。

有一天,这个问题有了答案。

那是一个炎热的星期三下午,曹老师如同以往的每个星期三下午一样,来到教室为博士生们讲授《文心雕龙》。按照老师的要求,曹门弟子每人须能背诵《文心雕龙》中的十个篇章,上课时候要人人背诵、个个过关,这是一个非常严格却有极大好处的要求。"龇牙咧嘴",这个形容词最能形容博士生们完成这个要求的状态。有的同学是在职读博的,还在单位担任着领导职务,有繁重的工作;有的同学初为人母,家中尚有嗷嗷待哺的幼儿等着照顾;有的同学年龄稍大,记忆力不如年轻时候那么好,背起来总是很费力。所以无论是平时练习,还是堂上过关,每个人都是龇牙咧嘴、汗流浃背的。时间一长,一种畏难情绪和偷懒的想法在班级里悄悄蔓延开来。

这天的内容是背诵《知音》《情采》两篇。曹老师来到课堂,在讲台上站定,露出了标志性的微笑:"同学们准备好了吗?我们开始背诵今天的内容。"平时看到

---

[*] 秦岭,2013级博士,1979年生,重庆人,现为成都恩泽梓源文化传播有限公司合伙人。研究方向为比较文学与比较诗学。

曹老师的笑容，大家都有一种如沐春风的温暖感觉，但是每到背书的时候，即便是有比较充分的准备，大家都有一种无形的压力。曹老师这天没按常理出牌，一句话让大家都吃了一惊："莫俊伦，你会不会背？要试一下吗？"同学们都认为莫俊伦每次上课只是尽量地听老师讲的内容，回去通过查字典和中国同学的帮助才能比较粗略地理解学习内容，他怎么可能背诵中国古文？

莫俊伦站了起来："知音何其难哉！音实难知，知实难逢；逢其知音，千载其一乎！……"他的汉语发音无疑是蹩脚的，如同所有搞不清普通话四个声调的外国人一样；他背诵的速度无疑是缓慢的，就像所有对中国古文的语言特征感到困惑的人一样；他就一个人站在那里，如同以往的很多节课他独自静静地待在那个角落一样。他的白色T恤已经有点旧了，泡芙似的头发依然是杂乱的，脸上稀疏的雀斑随着读书的节奏在轻轻地跳动着。我从未像今天这样仔细地观察这个同学，这个普通得似乎有点寒酸的老外。我从未想过他是怎样努力地做到这一切的。

曹老师曾经说过，现代的中国人往往不认同、不理解古代的中国文化，而我们确实也能感觉到我们的传统和文化从我们自己的手中悄悄流逝。可是这种几千年沉淀的巨大精神力量，正从一个外国学生艰难背诵的口中缓缓地充溢着整个教室、沁润着每个人的心灵。"知音何其难哉"！当年刘勰留下的这句话一语成谶，作为当代中国人的我们，很多已不再是我们传统文化精神和知识的知音。

教室里鸦雀无声，大家都静静地看着莫俊伦，每个人都陷入了深深的思考。"……酱瓿之议，岂多叹哉？"第一段背诵完了。莫俊伦轻轻地坐下了，曹老师依然微笑看着他。教室里响起了热烈的掌声。这掌声表达了对莫俊伦由衷的敬意，对我们自己的反思和惭愧，对文化传统的重新认识。

下课走出教室，也同往常一样，大家又一起往东门文科楼走去。我看到图书馆外边的路上，好多留学生正在匆匆地行走，白皮肤黑皮肤，还有黄皮肤，不知道他们来自哪个地方，将来还会去哪里。可是我感觉到，对精神升华和人类文明共同发展的追求，在这些被称作知识分子的年轻人心中，是永远不变的。也许就是这种力量，在推动着我们这个世界转动，在鼓励越来越多的人，行走在这个美丽的蓝色星球上。

总有一天你们会张开翅膀飞走

2013级博士 张莉莉[*]

海纳百川，有容乃大。这是川大的校训。

2013年3月底，我再次参加了四川大学博士生入学考试的复试，至今我还清晰地记得当时的主考官傅勇林教授的提问，他问我本科学习了哪些课程，我回答得结结巴巴，傅老师显然不太满意，我向他解释，自初中毕业后我就去读了中师，课余时间准备自考本科考试，所以记忆有点模糊。话毕，房间片刻寂静，我忐忑不安，即便我从未因非科班出身的学历而自卑过，但确实在找工作时曾遭受过莫名的歧视。令我意外的是，包括傅老师在内的几位老师都点头赞许我的努力。我想这也是"海纳百川，有容乃大"最好的诠释吧。后来才得知，当时面试的几位老师都是曹门师兄师姐。

2013年6月，我接到四川大学的博士生录取通知书时，正带着一群孩子迎接他们的初中毕业会考。就这样，我也跟他们一样又成了学生，随后遇见了我求学生涯以来最为重要的老师——曹顺庆教授。我在湘潭大学就读硕士期间，有幸听过曹老师的讲座，那是他第一次将变异学理论介绍到川大之外的学校，他说自己是半个湖南人，脸上带着温暖的笑容。我记住了他那笑时的酒窝，觉得他很亲切，甚至在硕士论文里也引用过他的文学观点，只是未曾想过有一天会成为他的学生，更未曾想到，做他的学生是一件何其幸福的事情。

曹门人才济济，最初我诚惶诚恐，论外语水平、家庭条件、自身素质，我都没有出色的地方，我为此沮丧了很久。而且很久之后我才得知，自己是同门当中唯一考进来之后才跟曹老师见面的，曹老师之前并不认识我，我就这样误打误撞地成了曹门弟子。就读博士第一年背诵中国文学典籍，特别是《文心雕龙》，大概是每一个曹门弟子独一无二的上课体验了吧。我们这一届年龄偏大，大家又喜欢没事凑在一起吃吃喝喝，每每到上课，自然就特别紧张。我每周都会花很长的时间坐在荷花池旁的椅子上背书，背了又忘，忘了又背。曹老师有时按照年龄大小提问背诵，有时按照性别提问背诵。我会偶尔帮同学打掩护，曹老师怎么可能不发现呢？现在想来，大概他以博大的胸怀包容了我们这顽劣的行为吧。曹老师将比较文学理论和西方文学理论两门课连在一起开课，每每上完一下午课，收获颇丰。曹老师力图打通中西文学的学科壁垒，在课堂上引经据典，讲述国内比较文学的学术热点，解读西

---

[*] 张莉莉，2013级博士，1980年6月出生，湖南怀化人。怀化学院文学与新闻传播学院副教授、硕士生导师。研究方向为比较文学、海外汉学等。

方文学理论经典。我至今还记得最后一次课，曹老师略带感伤地说道："我就像一只老母鸡，教会了你们生存本领后，总有一天你们会翅膀长硬的，然后张开翅膀就飞走了。"我默默地坐在座位上，看着站在讲台上的曹老师，我装作什么事也没有发生，和同学跑到小西门外吃饭喝茶闲聊。

曹老师身为比较文学界泰斗级的人物，学识渊博，风趣幽默，总是给予学生最大的鼓励。每一次发短信给他，他总会及时回复。老师虽然很忙，但见他似乎不难，只要约好时间即可。后来我自己成为一名大学老师，学生只要发信息给我，我也会及时回复并力所能及地帮助他们。这大概就是最好的言传身教吧。

读博的三年，他推荐我发文章，给我机会参与编写教材并担任副主编，带我参加学术会议等，我在这些活动中逐渐增强了信心。特别是博士学位论文的选题，我几次变换题目，曹老师总是不厌其烦地给予我指导，告诉我选择的题目一定要新颖，是别人没有研究过的领域，这样不仅可以作为博士学位论文题目，未来还可以申请高级别的科研项目。在这样的思路下，我最终确定了题目。当然，博士学位论文的选题确定也是一波三折。学外语的同学选的题目都是英语世界的中国文学研究，我并非外语专业出身，自觉底气不足，胡乱选择了一个题目匆匆参加预开题。在乘车前往开题讨论地点的路上，曹老师就否定了我的选题，询问我英语水平怎样。我答道阅读还不错，口语和听力不够好。曹老师点点头，说完全可以跟其他同学一样研究英语世界的中国文学接受情况。在这之后我着手搜集资料，看看这块领域还有哪些内容可选，似乎名气大一点的中国作家和作品都被研究了，选题寻找陷入瓶颈。我东找西找，发现李渔在英语世界的研究挺多的，赶紧查找并整理资料，写好了开题报告，结果临开题时才发现已经有人在前一年以这个选题申请到教育部课题。我顿时没了主意，跑去征求曹老师的意见，曹老师说赶紧换题。我又是一番查找，决定研究《三国演义》在英语世界的流传。资料找齐全了，没过几天，又发现台湾出版了一本著作，书名叫作《美国的〈三国演义〉研究》。要不要换题呢？我心存侥幸，想着还可以研究这本书在英国的传播。我前前后后折腾了很久，完全泄气了，只想着赶紧找个题目确定下来。曹老师听完我的汇报后，当即让我换题。这时我才发现，能遇到好的选题其实很难，就像你看中了一个人，结果发现对方心有所属，那种难过之情无以言表。好在我及时给电子科技大学的师姐何敏打电话，她的博士学位论文选题是英语世界的清代小说，对古代小说较为熟悉的她建议我找找唐传奇的资料，在她的印象中似乎有英美汉学家研究，但不太多。她安慰我别着急，说总会找到合适的题目。放下电话，我赶紧在网上查找起相关的英文资料，这一下子，就像挖掘到了宝藏，英语世界唐传奇资料不少，赶紧整理好发给曹老师，很快得到了曹老师的认可。在正式开题时，我的选题得到了王宁教授的认可，他表扬我的资料找得挺齐全的，问我是不是跑到国外查资料了。当然没有，得益于川大丰富的图书馆资源以及便捷强大的馆际互借功能，我找到了大量的唐传奇在英语世界的研究文本。而且，在写作过程中，曹老师总是以他独特的学术眼光为我答疑解惑。得益于博士学位论文选题，毕业后我以英语世界的唐代小说为研究对象，取得了一批学术研究成果，包括主持教育部人文社科项目1项、湖南省社科基金项目1项、湖南省教育厅青年项目1项；发表相关论文4篇；主持校内相关的学术讲座1次。另外，主持湖南省社科成果评审委员会项目1项，出版专著2部及教材1部，并顺利地评上了职称。我们这一届的同学，如韩晓清同学研究英语世界的曹禺，成蕾同学研究法语世界的孔子，韩雪同学研究德语世界的老子，庄佩娜同学研究英语世界的中国古代文学史等，都拿到了国家社科基金或者教育部项目。不得不惊叹曹老师对前沿学术问题的把控能力。

2016年1月，我如期交上了博士学位论文的初稿。坐在曹老师家的沙发上，我焦急地等待着他的意见。他说，你在学校等一周我再答复你吧。顿时，我的心情变得沉重起来，其实我已经买好了回家的车票。我怯怯地问："可不可以回家修改？家里的小朋友想我了。"师母听到我这番话，立即跟曹老师说让我回家修改，不会耽误事儿。还是师母的话好使，曹老师立马应允了。师母一直都是我们心目中的女神，事业和家庭都相当成功，也是我学习的楷模。

2016年6月我如期毕业，那一年是我的本命年，谢谢自己的勇气与坚持，我终于不留遗憾地享受了一把大学生活。上一个本命年，我在沈从文的《长河》里所描写的那条河边教书育人，从那里出发，我艰难地跟过去的自己告别，跨过一道道或高或低的门槛。在川大那些哭过笑过的日子，都是我生命中美好的一部分，我愿意善待它们。未来，我愿意继续保留一份孩子气和对世界的好奇，我依然渴望活得自由与快乐。

现在是2022年的初夏，离开川大已经六年了。中途只回去过一次，匆匆拜访了曹老师和师母，他依然笑容满面，师母也是笑意盈盈。曾经的那只看见我就汪汪叫的小狗不见了踪迹，我转身跟老师告别，走下楼梯，不知为何，心里突然难过起来。我确实可以独自张开翅膀飞走，飞远，但是没有了老师如亲人般的庇护，翅膀上面有了些许伤痕，时常需要在老师的鼓励和帮助中展翅飞翔。

师生情，一生缘。前路慢慢亦漫漫，前路漫漫亦满满。

曹师引领我走上文学研究之路

2018级硕士　罗　荔[*]

作为一名从化学跨专业考研到比较文学的学生，我在研究生入学伊始充满了期待与忐忑，既期待自己向往已久的文学学习生活，又忐忑于自己的基础较为薄弱，

---

[*] 罗荔，2018级硕士，比较文学与世界文学专业。

担心不能很好地完成硕士期间的学术任务。幸运的是，自己有幸进入曹门大家庭，跟随曹老师学习，这三年令我受益良多，不仅更加深入理解了比较文学这一学科，完成了相关课程的学习，还在老师的指导下顺利完成了硕士论文的写作，可以说这段学习经历是我人生中一笔宝贵的精神财富。

记得与老师初见时，我表达了对跨专业学习的焦虑，老师耐心地教导我要相信自己，发挥好跨专业背景在学习比较文学这一具有跨学科视野学科时的优势，做一名对国家有用的文理兼备的复合型人才，并向我推荐了相关的专业书籍。老师的信任令我非常感动，在之后的学习过程中遇到困难与挫折时，我也经常用老师的话语来鼓励自己坚持下去，不轻言放弃。在北京师范大学的比较文学与跨文化研究课堂上，老师不仅带领我们背诵学习十三经、西方文论等中外经典，也经常以生动的例子教导我们要有问题意识，关注学界热点问题，结合自己的兴趣确立最适合自己的研究方向，并耐心解答我们的问题。在师门的日常交流中，老师也经常关注我们的学业进展，向我们讲授最新的学术动态，经过研一一年的学习与积累，我的学习能力与问题意识有了明显的提高，自己也开始从一个文学专业的"门外汉"逐渐体会到文学研究的乐趣与意义。进入研二硕士学位论文选题阶段，老师结合我个人的学习情况与兴趣点，向我提出了具有针对性的建议，即选择经典作家，结合中西方最新研究成果，利用变异学等文学理论进行具有创新性的研究。在确定以英国著名作家托马斯·哈代作为研究对象后，我与老师多次沟通具体方向，起初打算以 21 世纪英美学界的哈代研究为主题，但在具体操作的过程中发现相关材料过于庞杂，处理起来较为吃力。老师一针见血地指出这个选题的问题所在，即主题过大，对硕士生来说不好把握，同时老师结合国内外哈代研究现状及现有成果，建议我从英美学界的哈代传记研究入手。我在搜集相关材料的过程中，不禁为老师的前瞻性所叹服，英美学界对哈代传记的相关研究已渐趋成熟，产生了大量与之相关的专著与论文，但由于种种原因，国内对哈代传记的研究成果数量较少，几近空白，因此这个选题对拓宽国内的哈代研究范围无疑具有重要价值。老师经常对我们说，曹门同学要写作"第一"的论文，即具有创新性、不与前人雷同的文章。在老师的帮助下，我确定了具有创新性的硕士学位论文选题《英美学界哈代传记研究》，并在搜集整理材料的过程中，开拓了研究视野，接触到了尚需引进的一手英文材料，从而逐步提高了自己对英文材料的阅读与理解分类能力。

但在深入论文写作的过程中，我也逐渐感受到因缺乏文科论文写作经验而产生的吃力感，论文的完成难免有些磕磕绊绊，质量也不尽如人意，在初稿完成后，我不安地等待着老师的批评，但老师一如既往充满耐心地鼓励我，肯定了我论文中的优点，同时指出目前论文存在的结构问题，并给予了我切实可行的修改建议。在老师的指导下，我修改了论文的原有结构，重点关注几部具有代表性的英美哈代传记，去除了略显冗杂的传记介绍，并对哈代传记的自传性研究这一章进行了扩展。为了确保论文的质量，曹老师每年都积极组织硕士生进行论文预答辩，在预答辩的过程中，各位老师都给予了宝贵的意见，尤以曹老师的意见最为详尽中肯。曹老师多次强调，要以认真踏实的态度对待学术，因此面对论文存在的一些低级错误如语病与格式不规范问题，老师也提出了严厉的批评，这些都令我反省自己存在的不足，从而更尊重学术研究，不断端正自己的写作态度。论文从初稿完成到最终送审，进行过多次修改，每次老师都耐心地予以鼓励与指导。在论文终于定稿后，看着自己的最终研究成果，尽管略显稚嫩，但仍然感受到三年来的学习与付出收获了回报。我体会到了曹老师的良苦用心，为学正如为人一般，不能马虎敷衍，而要以勤奋钻研的态度与精神，不断应对学习与生活中的挑战。

这三年的硕士生活在老师的帮助与鼓励下画上了圆满的句号，唯一感到遗憾的是自己总是羞于多与老师交流，但老师始终以耐心的态度理解、包容着每位学生，结合实际情况为每位同学指明学术方向，面对不太自信的我，老师给予了许多关注与鼓励。尽管我已经毕业，离开了熟悉的校园，但老师的教导让我走近了文学研究。回顾当年选择跨专业考研这一决定，我感到无比幸运，正是因为选择了文学，才有幸在老师的指导下从最初对文学研究一知半解的状态再到后来成功获得了文学硕士学位。这三年来我成长了许多，在对文学的热爱中更增添了一份对文学研究者的敬意。老师的教诲会继续指引我，使我在工作中不断向前，成为对国家、对社会有用的人才，不愧于曹门大家庭。那些没有当面说出口的对老师的感谢，就一一写在这里。

人尽之才，庖丁解牛

2009级本科留学生　朴性日[*]

2012年冬天，我正好是大四，当时北京师范大学举办"思想与方法——全球化时代中西对话的可能"论坛，文学院请了不少著名专家。我当年正好在读申泰秀师兄韩文翻译的曹老师专著《跨文化比较文学》，阅读过程中就想要见曹老师真人。颇为幸运的是，曹老师正是与会专家之一。我下决心直接去活动现场，求曹老师签名。当年我又要写本科毕业论文，顺便问老师可不可以当我本科学位论文指导老师。曹老师的座位正好在听众座前面。中途茶歇时间，我直接说："曹老师，我是来自韩国的留学生。我读过您学生翻译的专著。可不可以求您签名？"曹老师面带

---

[*] 朴性日（PARK SOUNGIL，박성일），1991年生于韩国大田市，韩国人。2006年来华留学，北京师范大学文学院本科（2009—2013），学士学位指导老师为曹顺庆教授。北京大学中文系比较文学与比较文化研究所硕士（2013—2016年），师从戴锦华教授学习文化研究。目前就读于北京大学中文系比较文学与比较文化研究所（2016—），攻读博士学位，师从陈跃红教授学习比较诗学。研究方向为中韩比较文学、东亚汉学（侧重于儒家）、文化研究。韩国陆军第九师兵役（2019.8—2021.2），最终军衔为兵长。

微笑，回答说："好。没问题。这是我的联系方式，欢迎你随时联系。"我鼓起勇气问曹老师，说："不好意思，老师。可以问您一个事情吗？老师，我是大四学生。本学期找指导老师，下学期要完成本科论文。不知老师可不可以当我论文指导教师？"曹老师欣然地回答说："没问题啊！我当然很愿意指导你啊！那我们导师见面会当天见吧！"

两周之后，北师大文学院组织毕业班的论文导师见面会。我那时候决定写比较文学方向，就被分配到比较文学研究所见面会。当天姚建彬老师主持比较文学方向导师分配。在场的老师有曹老师、杨俊杰老师、张哲俊老师、张欣老师等。曹老师一看到我就跟姚老师说："我已跟那个韩国同学说好了。他就是我指导组的第一个学生成员。"我当时非常激动。我原来没有读研究生的志向，突然觉得曹老师就是"知我"的老师。《史记》云"士为知己者死"嘛，只要曹老师愿意收我为徒，我此生无憾，是我一生中的荣耀。

在曹老师指导的小组成员里，我是唯一的男生。有一天，老师问我："你有没有读研的想法啊？"我回答说："老师，我当然有这想法的。可是我本科期间不怎么认真学习，成绩也不怎么样，哪个院校会录我呢？"曹老师一听完我回答，突然牵着我手说："你跟我来，我们有个地方一起去。"曹老师带我去的地方，竟然是文学院招生办公室。曹老师到招生办公室说："我愿意招他。学校就是要多招国际优秀人才！"当时我很惭愧我不是优秀学生，又没有什么特别的才干。刚出招生办公室门，我说："老师，非常感谢您亲自带我去招生办公室推荐我。但我真不是您想象的那种优秀学生。真抱歉！"曹老师笑着回答说："你太谦虚了。我去过好几次韩国，也指导过韩国学生。他们都很谦虚。你一定是过谦的。在我眼中，你已经是一名很优秀的外国学者了，加油啊！"

回宿舍之后，我内心忐忑。我第一次见曹老师当天，刚提交清华和北大研究生报名表。曹老师昨天明明带我去招生办公室推荐我。我该不该去考？我就这样纠结了三四个月。考试前一天，我给曹老师发短信说："老师，我明天去复试。下周我们正好有本科生论文答辩，估计那时候已出结果。"等了几天，没收到曹老师回信。我很担心，不知该怎么解释。这明明是忘恩负义。曹老师一定非常愤怒。

答辩当天，曹老师到答辩现场，问我考试结果有没有出来。我说我已收到清华和北大的录取通知消息了。到我做本科论文答辩时，曹老师介绍我说："朴性日是韩国学生。他写的论文在我指导学生小组里最好。又考上清华硕士，又考上北大硕士，确实很厉害的。你答辩结束后，一定和我吃吃饭。"我内心很感动。《近思录·政事篇》载："故圣人者，天地之量也。圣人之量，道也。常人之有量者，天资也。天资之量须有限。"曹老师指导我们本科论文时，反复强调写作"一定要天下第一"。先了解学界对我们感兴趣的话题做得如何，然后决定写作方策。今天想来，曹老师该指点正与《文心雕龙》里的"通变"和"典故援用"一脉相通。《文心雕龙·通变篇》云："参伍因革，通变之数也。是以规略文统，宜宏大体。先博览以精阅，总纲纪而摄契；然后拓衢路，置关键，长辔远驭，从容按节。"老师的指点不仅限于做学问，在处事上也要这样。做人上的"天下第一"并非指一定要立志于治天下。让每个人找出才能，帮他们充分发挥各自的长处。横渠先生云："必尽人之材，乃不误人。观可及处，然后告之。圣人之教，直若庖丁解牛。皆知其隙，刃投余地无全牛矣。"

第三节　宽严相济 授之以渔

老师教我们写论文

2001级博士　段宗社[*]

我们2001级博士研究生入学的时候，川大和国内大部分高校一样，参照南京大学核心期刊的名录，出台了一个规定，博士研究生在读期间必须在CSSCI级别刊物上发表学术论文三篇，方有毕业答辩的资格。这个要求是曹老师在望江楼公园召集第一次见面会时就讲清楚的。老师还提到核心期刊对博士生而言是相当稀缺的，如四川省只有两家，陕西省也就三家而已。老师当时还提到了《社会科学战线》这样的学术刊物，后来知道是吉林省社会科学院办的，属于核心级别。老师告诉我们，除了一些重点大学的学报，全国社科院系统的学术刊物也在核心期刊之列，叮嘱我们要瞄准核心刊物积极投稿。总而言之，我们师徒的首次见面会实际上就是一次"发表"总动员。在过后数年的博士阶段学习中，写论文、发论文就成了最令人煎熬的事情。而师兄弟们每每有失望难过的神色时，老师总会淡淡地鼓励我们："要有信心，全国那么多刊物，就是给我们准备的；要多写、快写，只要投稿，总有几篇会发出来的。"确实如此，反正我们那一级8名博士生，到毕业的时候都发够了文章。李伟昉师兄还在权威级别的《外国文学评论》上发表了两篇文章。时光如流水，不知不觉间过去了二十年。二十年来我们作为高校教师继续在"发表"的路上奔波跋涉，还指导自己的研究生发表论文。而一直以来，支撑我们持续从事这方面工作的意识和底气，正来自老师的言传身教。

一

"我要引导你们尽快进入学术前沿。"这是老师在文学研究方法课上说的一句

---

[*] 段宗社，2001级博士，男，陕西凤翔人。现为陕西师范大学文学院副教授，硕士研究生导师，主要研究方向为中国古代文化与文论。

话。因为心有疑惑，所以一直清晰地记得。我当时的疑惑就是，阐释《文心雕龙》《沧浪诗话》这样的古代典籍，哪里有什么学术前沿？而且我们这些无名小辈，有资格跻身"前沿"吗？后来有机会和老师讨论这个话题，老师说，"学术前沿"其实就是一种当代性的关切。什么叫古代文论的现代转换？——老师知道我来自陕西师大，还顺便提到在我们陕西师大召开过"古代文论的现代转换"这样的学术会议——就是从现代问题出发和古人对话。对于这种颇为抽象的解释，我后来从拜读老师的文章中获得了一点启发。例如老师的一篇有关《文心雕龙》理论体系和民族特色的文章，此前发表在《文学遗产》上，老师拿美国康奈尔大学教授艾布拉姆斯《镜与灯》序言中关于文学四要素和批评的四种形态（摹仿说、表现说、实用说和客观说）作为参照，论证我国古代批评著作《文心雕龙》也存在四种批评形态，并对比论述了《文心雕龙》所具有的民族特色。艾布拉姆斯"文学四要素"说在20世纪90年代是热门话题，代表着一种文论视域的创新，属于"学术前沿"。北师大童庆炳先生主编的《文学理论教程》（1996年版），即按照四要素说所建立的理论体系编写。进入"学术前沿"，就是构建一种具有时代性的问题意识与视域，在古代和现代的"视域融合"中，展开一种具有当代特征和民族特色的学术研究。

　　我在攻读博士学位期间撰写并发表的第一篇论文题为《诗性体悟与诗性言说——试论"妙悟"的创作论特性》[《宝鸡文理学院学报（社会科学版）》2003年第2期]，题目和构思缘于老师课堂上给的一道思考题："妙悟"与现象学。老师在文学研究方法课上预先出示了十余道题目供大家选择思考。我选择了"'妙悟'与现象学"这道题。老师在《中西比较诗学》中拿"妙悟"和"灵感"进行比较。我想如果"灵感"是一种创作心理的话，那么"妙悟"应该具有同等性质，即"妙悟"也是一种创作论范畴。老师还提到他曾经就钱锺书先生《谈艺录》中有关《沧浪诗话》的论述，给钱先生写过一封信，并收到钱先生的回信。我就阅读该书，又看到周振甫先生编撰的《钱锺书谈艺录读本》。周振甫先生解释"妙悟"说："诗有了妙悟之后，还要结合景物来透露情思，还有神韵。"对比《谈艺录》所言："沧浪……在学诗工夫之外，另拈出成诗后之境界，妙悟而外，尚有神韵。"我觉得周振甫先生是把妙悟理解为获得"情思"的心理过程，类似于《礼记·乐记》所说的"感物"，他以王维"雨中山果落，灯下草虫鸣"为例，说诗人从雨中、灯下体会到一种幽静的情思，这是"妙悟"；而把这种幽静感结合景物，用一种直观的、描摹物象的诗句表现出来，就是"神韵"。周振甫先生是用传统认识论来理解"妙悟"的，而胡塞尔现象学的原初用意就在于反思传统主客二元认识论。我一下子来了想法，不能从传统的主观情思再结合客观景物这样的思路理解具有禅学色彩的"妙悟"，创作论意义上的"妙悟"是浑成的，它不需要"情思—物象—语言"这样一个流程，诗人体悟到情思之时，就已经浑成物象了，而在诗人的心智中，物象与语言具有同一性。我得出的结论是"妙悟"具有形象性和语言性；诗人一旦"妙悟"，则"万象冥会，呻吟咳唾，动触天真"（胡应麟《诗薮》语）。"妙悟"就是一下子到达的创造力高度爆发的状态，类似于柏拉图所说的"灵感"。

现象学是一个深奥的哲学课题，学者们终其一生也不一定能详尽理解。我们之所以有勇气触摸现象学，全在于老师那个赫然在目的问题的指引。记得在图书馆查阅过几本现象学方面的书，最后在相对浅近的朱立元主编的《当代西方文艺理论》中理解了现象学"意向性"原理，获得了一种消解主客对立的思路，这不就是"前沿"吗？"进入学术前沿"，就是不断拓展理解视域，将中国古代文论中的一些问题导入现代视域，实现一种现代理解和转换。

二

老师还讲，要使论文便于发表，文章开头一定要体现出一种"问题导向"。你的论文要让编辑觉得有价值，一定有意显示一个"问题"来。我当时拿我的一篇题为《谢榛诗学的矛盾性》的论文请老师指导。老师说：这样直接就事论事的开头不足以显示你研究的价值。应该说，谢榛诗学最为人所关注的是哪方面，而你论文里提出的这个问题是否为人所关注，如果很多人关注，那么就是"重要问题"；如果很少人关注，那你的论述就是"填补空缺"；还有，你这个问题对于了解谢榛整体诗学乃至整个明代诗学，有怎样的意义。如此说下来，既梳理了前人的研究成果，又顺理成章地阐明了你的研究的意义。

我的这篇论文要阐述谢榛《四溟诗话》中提出的"以兴为主"和"相因之法"的矛盾性。按照老师"显示问题"的思路，我找到了宋明诗学史上次第出现的"以意为主"和"以词为主"两大命题，与"以兴为主"并列为三，形成一个问题序列，进而把全文内容组织在"兴与意""兴与词"两大标题之下，清晰地论述了谢榛诗歌创作学中的原初理想与实际操作之间的矛盾性。刘勰《文心雕龙·神思》云："意翻空而易奇，言征实而难巧。"创作构想与实际操作之间存在矛盾，这一恒久的难题几乎在每一个诗人那里都存在。谢榛诗论中矛盾的观点，正是这一恒久难题的具体表现之一。这篇文章后来发表于《四川大学学报》，又被中国人民大学复印报刊资料转载，成为我日后毕业和找工作时拿得出手的成果。

毕业论文的选题是博士阶段的重要任务。因为我硕士学位论文写明代七子派诗学思想，涉及七子派对严羽的继承和对江西诗派的批判，便想以"妙悟"与"诗法"的对立为主题，梳理宋以后诗歌创作思想。大约是二年级第二学期开学，我当面向老师提出我的构想。老师说："妙悟"不好把握，你最好主要研究"诗法"。跟老师商议之后确定题目为《中国诗法论》，也就是在中国诗学史上关注技巧和用心的思想传统。早在西晋，陆机（261—303）《文赋》就开始关注作家的"用心"，刘勰《文心雕龙》之"文心"，即"为文之用心"。在创作上，刘勰主张"执术驭篇"，反对"弃术任心"，并对创作技巧进行多方论述。到唐宋，杜甫精研"诗律"，黄庭坚谨于"布置"，都是讲究诗艺的。在中国古代，有一个源远流长的讲究诗艺和"艺术用心"的传统。但在20世纪重视文学内容而批判"形式主义"的大背景下，对这部分的专门研究与论述并不多见。老师对论文选题价值给以充分肯定，其后的工作就是收集资料，撰写论文。开题答辩时，王晓路老师进一步提醒，可以在英语百科全书中找到"中国诗歌"（ancient Chinese poetry）词条，找到一些诗歌术语的英文表述。我随之想到20世纪西方哲学"语言论转向"大背景下，对于文学语言和形式的关注也是一种当代性的课题，如俄国形式主义文论家什克洛夫斯基的论文《作为程式的艺术》，就是将艺术视为某种"程式化"的构建。

承蒙老师的精心指导，我确实选了一个好题目。可惜学养不足，毕业论文写得极为一般。毕业后我继续研究这个课题，2010年以《中国古代文论中"法"的形态和理论的现代阐释研究》为题，居然成功申报了国家社科基金一般项目，验证了老师当年帮我确立论文选题时的慧眼独具。

三

我到陕西师范大学工作以来，写了一些有关文学技巧的论文，如《〈聊斋志异〉的视角控制技巧》等，一方面是博士学位论文研究课题的延续，另一方面缘于讲授比较文学课程时的课堂教学案例。

我在工作第三年（2007年），被安排为学院对外汉语教学专业本科生讲授比较文学课程。博士研究生在读期间，我的主要学习方向并不在比较文学，而在古代文论。只是因为导师在国内比较文学界的知名度，我也被认定能够胜任这门课程的教学。仔细研读老师写的几种比较文学教材，通过网络聆听老师的课程讲座，初步确立了一位曹门弟子关于比较文学课程的基本知识，奠定了我在陕西师大开设该课程的基础：

第一，《比较文学》是一种关于文学研究方法的学科。文学研究必然采用"比较"方法，作品的价值认定、作家的优劣权衡，都离不开"比较"。王充《论衡》云："两刃相割，利钝乃知；两论相订，是非乃见。"《论衡》的主旨是"铨轻重之言，立真伪之平"，即审查言论的真伪与价值，其方法就是"两论相订"。鲁迅先生《中国小说史略》也是比较批评的典范，如他说宋初徐铉《稽神录》："其文平实简率，既失六朝志怪之古质，复无唐人传奇之缠绵。"拿北宋时期的小说和六朝志怪、唐人传奇进行对比，其不足之处就十分明显了。

第二，正如曹老师所说："'比较文学不是文学比较'，这句名言是挡住克罗齐等学者攻击的最好盾牌。"[1] 意大利美学家克罗齐认为，比较是任何学科都可以应用的方法，因此"比较"不可能成为独立学科的基石，这样比较文学就没有成为一门学科的可能。其实比较文学学科成立于20世纪20年代，有一种全球化时代的"总体文学"背景，与"文学比较"关注有所区别且各自特性不同，"比较文学"更加注重不同文学之间的关联与契合。

---

[1] 曹顺庆《比较文学理论发展的三个阶段》，《中国比较文学》2001年第3期。

第三，中国在 20 世纪加入全球化进程。从此以后，一切学术皆为中西融通之学术，"未有西学不兴而中学兴者，亦未有中学不兴而西学兴者"（王国维）。20 世纪二三十年代，曹禺、郭沫若、朱光潜、宗白华等学者积极吸收西方艺术和学术精华，创造了具有现代性的艺术和学术成就，而像桐城派姚永朴这样依旧在北大讲坛教授桐城文法的抱残守缺的老师，终免不了"下课"的结局。所以比较文学不单有方法论，更具有总体的、开放的价值取向。如此的"世界眼光"正是对外汉语教学专业的学生所需要的。

第四，从老师的《比较文学教程》（中国人民大学出版社出版）及教学实例中，我还得到一个启示，就是"方法"要通过研究实例来展示："我欲载诸空言，不如见之于行事之深切著明也。"而且从一开始，我就决定自己直接"下水"，将阅读和研究所得撰写为规范的学术论文，引导学生体会学术思考和学术表述的规范。我对比了 20 世纪中西两位戏剧家曹禺和布莱希特，他们的创作有一个共同的取向就是借鉴异域的戏剧创作观念，实现对本民族戏剧传统的变革，从中可以理解"文明互鉴"的意义。我还从西方现代叙事学理论视域，发现蒲松龄《聊斋志异》的众多篇目中都存在单一视角叙事，作家结撰狐妖鬼女传奇故事时，总是从一个作为视点人物的书生（如《聂小倩》中的宁采臣）的视角出发，而且严格遵循限知视角叙事原则，小说叙事内容仅限于视点人物能够看到和感知到的事情。这是"阐发法"的一个实例。

对于案例的积累成为我结撰论文的动力，我发表的多篇有关《聊斋志异》文本解读的论文就来自教学案例的提炼。后来，我又将比较文学课程讲义中讲文学研究方法的内容进一步提炼为文学作品解读方法导论课程，2018 年成功入选陕西师大研究生精品课程建设项目。同时也围绕着课程教学撰写了多篇论文，真正做到了"教学相长"。

老师在我们毕业论文开题的时候就说过，毕业选题可能就是各位一生的学术方向了。现在想来，我在老师门下所奠定的学养根基，不但确立了我的学术方向，还引导了我整个教学和科研工作的取向。从老师言传身教中获得的前沿意识、问题导向以及比较方法，一直是我教学科研工作中安身立命之本。总而言之，师门塑造了我，让我能够在大学教师这个工作岗位上传道授业，实现人生价值。

师恩难忘！

曹师授我"金钥匙"

2005级博士　刘占祥[*]

追随曹顺庆先生攻读博士学位，探讨中外文学理论，实为我人生路上的一大幸事。岁月如歌，在曹门求学的日子如今已渐行渐远，却历久弥新，每每引发心中美好的追忆。在那无比珍贵的三年半读博时光中，曹师用他独有的教育方式授我以渔，授我以能，授我以道，促成了我的一次"脱胎换骨"。而今想来，曹师指导学生撰写博士学位论文，其实并非一个孤立环节，而是从学生的知识积累、学术训练到研究拓展的全过程指引，从而使每位弟子获得一把"金钥匙"，通过读博增加了自己的底色、底蕴、底气。

一、传递知识，授人以渔

与曹师的大多数博士生不同，我是为圆梦而考入四川大学文学与新闻学院，蒙曹师不弃而忝列门墙。自小我就喜读文学作品，爱好舞文弄墨。记得念小学时，稚嫩的作文竟然经常被语文老师作为范文在课堂上诵读，给小小少年的虚荣心带来不小的满足，文学梦也由此在心中生根发芽。

20世纪80年代，大学门槛很高，简直是千军万马过独木桥，我在高考中成为幸运儿；但大学录取专业却并非汉语言文学，这于我不啻一大憾事。因此，入川大攻读文学博士，我确乎是满怀着好奇与渴望。

曹师为我们开设了"中国文化元典阅读"及中国古代文论、西方文学理论等课程。授课方式是基于原著、老师导读与学生讲读相结合。我在念大学时，也曾大量阅读中国古代文学作品，诸如汉赋、唐诗、宋词、元曲等，用功最勤的是抄写、背诵《古文观止》，打下了一点古代文学的底子。但曹师为我们指定的是《十三经注疏》这样的经典著作，并要求我们背诵诸如曹丕《典论·论文》、陆机《文赋》、钟嵘《诗品序》、刘勰《文心雕龙》（《原道》《宗经》《明诗》《辨骚》《神思》《体性》《通变》《风骨》《知音》《序志》十篇）、司空图《诗品》等中国古代文论的重要篇目。大学阶段记忆力好，并且心境纯净，背书于我本非难事，甚至乐此不疲；但到念博士时，我已非翩翩少年且工作繁忙，老大徒伤悲，背诵经典篇章竟成了一大难事！然而，曹师并不因此而放松对我们的要求，亲自在课堂上抽查督导，无论长幼，一个也不放过。师命难违，自己只好硬着头皮混迹于一群小哥哥、小姐姐中间

---

[*] 刘占祥，2005级博士，男，山东莱州人。2009年6月毕业于四川大学文学与新闻学院比较文学与世界文学专业，获文学博士学位。研究方向为比较诗学。现为西南交通大学人文学院执行院长、教授、博士生导师。

目视口诵，念念有词。或许当年我在苦不堪言时，也曾心生怨嗟吧；但时过境迁，如今当自己脑海中时常飘过"每一顾而掩泣，叹君门之九重""幽厉昏而《板》《荡》怒，平王微而《黍》《离》哀"等名句，张口即可诵出大段美文如"至于楚臣去境，汉妾辞宫；或骨横朔野，或魂逐飞蓬，或负戈外戍，杀气雄边；塞客衣单，孀闺泪尽；或士有解佩出朝，一去忘返；女有扬蛾入宠，再盼倾国"时，我顿然领悟了曹师的用心良苦——他用看似最朴拙的逼学生背书方式奠定了我们的知识基础，塑造了大家多方面的修养。"会当凌绝顶，一览众山小"，向中国古代最优秀的作品学习，与历代最有才华的人跨时空对话，其实就是传承"入门须正，立意须高"的古训，绕开枝枝节节，直接登堂入室或置身群山之巅；如此一来，人的视野、胸襟、格局、境界自然会发生巨大变化——曹师功德可谓大矣！

另一门课程是西方文学理论，曹师指定教材为英国学者伊格尔顿的原版著作，这于我就更难了。对于西方文论，我原本就基础薄弱，现在要直接读英文学术著作，把那一大堆陌生的概念术语命题连接起来，悟透其中原理，谈何容易。更何况，西方"语言论转向"进入中国学界在当时还不算太长，那些皇皇大论很不符合我的思维习惯，我也缺少相应的既有知识接引，无法借力于"前阅读"。所以，这门课程对我也构成了巨大挑战。但说来奇怪，我就是借此明白了西方文论学习的重要性，认识到比较诗学的精髓之所在。之后，我恶补西方文艺理论知识，努力以跨文化视野去审视中国和西方诗学的短长，透析种种文学现象及本质规律。

因此，在我看来，撰写博士学位论文其实是从追随曹师研读中西方诗学著作、中华原典十三经开始的。曹师引领着我们，徜徉于专业知识的殿堂回廊，厚植学术之基；与此同时，他也特别注意教给学生获得知识的方法。及至撰写博士学位论文开题报告、创作博士学位论文阶段，弟子们就可以不再那么四顾茫然了；只要遵循他在课堂上传授的知识和点化的方法，围绕博士学位论文选题继续大量阅读，不断积累，自可以水滴石穿之功，一窥学问之堂奥。

二、训练学术，授人以能

我的博士学位论文选题侧重于《老子》研究，这缘于自己大学时代的学习经历。那时，我特别嗜读老庄著作，打心眼里服膺道家的自然、真朴、淡泊；虽也欣赏儒家齐鲁春风式的人间乐境，但似乎更崇尚道家的光风霁月、洒脱不羁。更何况，一部《老子》不满五千字，所谓"五千精妙"，何以引来中国历代那么多解读，以至于形成一部"老子学说史"？据学者高亨研究，历代为《老子》作注者有代表性的达四百多家；改革开放后，《老子》研究成果更如雨后春笋般涌现，涉及哲学、宗教、政治、经济、军事、法律、教育、自然科学、伦理、医学、心理学、史学、文学、美学、语言学、逻辑学、文献学，乃至于建筑、环保、气功、养生、管理、谋略、处世等诸多方面。我想弄明白何以如此，特别是怎样从文学研究视角深度探究《老子》以及道家诗学。

博士学位论文开题并不顺利。一年半的读博日子，虽然自己竭尽全力，但仍难掩知识贫乏、学养薄弱之窘迫，尤其是学术内功严重不足。"水之积也不厚，其负大舟也无力"，诚哉斯言。开题受挫，我一度深深陷入苦恼之中，虽反复琢磨，屡屡修改，怎奈总难跳出窠臼，无法突破原初思维以及初期设立的论文框架；本质上乃是由于自己没能立于学术前沿，论文的创新性不强。

曹师以其因材施教、循循善诱，引导我于山重水复之后走向柳暗花明。在详细了解我的心思后，他肯定了我选择《老子》开展相关研究的设想。一位老练的师长，其实非常清楚好奇心、热爱、激情对于学术研究何等宝贵——这就是曹师的睿智通达。我依稀记得，那个秋高气爽、阳光和煦的午后，曹师把我递交的开题报告第四稿轻轻反扣过来，在背面奋笔疾书"《老子》与中国诗学话语"这个标题，接着又写下几行字：《老子》的意义生成方式，诗性言说方式，与西方诗学的比较，等等。他微笑着说："拿去吧。好好写！"多年后，回味这些细节，我恍然大悟：以自己当时的基础，很难一下子找出该研究领域的关键；犹如一个蹒跚学步的稚子，如何可能一夜之间就健步如飞呢？曹师这是用他特有的方式，将弟子直接带进学术前沿！

于是，带着曹师的点化和期许，我开始起步了。但那时，曹师担负着学术、教学、管理等诸多工作，其繁忙程度自不待言，我不好意思经常打扰；敬其师，信其道，我找了一个便捷的办法——精读他的著述特别是《中外比较文论史》（上古时期），从中细细品味学术旨趣、知识架构、思维逻辑、行文语言。以曹师之博大精深，恰如孔门弟子所说："仰之弥高，钻之弥坚，瞻之在前，忽焉在后"，像我这样愚拙的学生当然难以洞悉其学术三昧；不过苦读既久，倒也获取了一些学术科研的心得体会——如何立意，如何布局，如何表达，等等。如今我带博士生、硕士生，特别强调以各类原典著作立基，强调"内练思维，外练表达"，其实都是源于追随曹师读博那段时光的积淀。

在曹师费心点拨的基础上，我充分发挥自己的想象力，进行深度拓展。由道家而入儒家，比较老子与孔子意义生成方式的不同；进而回溯到哲学层面，比较老子与孔子两种哲学范式的不同。与此同时，由老子诗学而入西方诗学，比较其意义生成方式、言说方式的不同，并回溯到古希腊哲学，重读柏拉图、亚里士多德等思想家的著作，用心探索西方诗学传统形成的脉络、演变的历程……

经由这样的学术训练，我得以迈入一个新的学术领域。及至撰写几篇小论文，我忽然发现自己拥有了一些比较诗学知识，初步掌握了那套话语体系，具备了一定的逻辑推理论证能力和学术语言表达能力。这些当然得益于曹师的悉心指导，让我通过学术训练提升了不少内功。

三、春风化雨，授人以道

"道"是中国传统文化学术极其重要的范畴。老子重道，《道德经》开篇即言

"道可道，非常道"；孔子重道，曾曰"吾道一以贯之"。不过对于这个难以言说的道，向来仁者见仁、智者见智。曹师授徒育人之道，门人弟子的理解各不相同。作为叨陪末座的小徒，我只能就自己念博士时的切身体会浅谈一二。

曹师授徒育人之道，一曰"自立"。所谓"己欲立而立人"，但如何"立人"呢？要知道，人之不同，各如其面；每个学生都有其禀赋、短长。立人渡人，非大智慧者难为也。据我观察，曹师指导学生，格外注重因势利导。曹门弟子众多，他却能循着每个门人的天性、特长，帮助大家确立各自的研究领域。记得2005级博士生初次酝酿开题是在德阳文庙，谦和温厚的郝跃南师兄为此提供了不少方便。众弟子侍坐，曹师一一询问大家的选题意向，或提点，或追问，或启发。我发现，他尽量尊重弟子的想法，在此基础上梳理、凝练、提升。再次探讨开题，是在川大望江校区附近的农家乐，仍是采用师生问答方式，曹师耐心询问，逐一点化。总之，他很少出"命题作文"，不搞越俎代庖，而是希望论文选题尽可能是学生自己真心喜欢的，然后再追踪学术前沿加以提炼。这样的安排设计，足以让学生在未来较长时间里具有一定开拓空间，在"学术江湖"中拥有自己可以深耕的"领地"。曹师之思虑谋划可谓远矣。

曹师授徒育人之道，二曰"圆融"。他似乎特别敬重那些学贯中西的民国大师，无论在课堂上还是在指导学生的博士学位论文时，都格外强调"中外融会，古今贯通"。对于曹师这种风格，学比较文学与世界文学专业的我感受就更深了。他自己率先垂范，其著述具有十分鲜明的跨文化、跨文明特征，直追民国先贤"两脚踏中西文化，一心写宇宙文章"之风。受曹师影响以及在他的耳提面命下，我也邯郸学步，努力进行中西方文化知识的积累，夯实两种文化的基础。在钻研老子、道家诗学的同时也留意孔子、儒家诗学，探索中国诗学的同时也探究西方诗学。这些都是拜曹师所赐。曹师之德可谓大矣。

曹师授徒育人之道，三曰"日新"，"苟日新，日日新，又日新"。再高明的老师也无法把自己的全部学问一点不落地传给学生，这不仅如庄子所说"得之于心而应之于手"，"虽在父兄而不能以移子弟"，还由于接受者受禀赋、气质、兴趣、爱好等多因素所限。曹师的办法是点亮学生的心灯，激发大家的潜能，促使学生自己去积蓄能量，寻求突破。这大约有些像禅宗诗说的"人人有个灵山塔，好向灵山塔下修"吧。记得一次晋谒曹师，他简短垂询了我的论文进展情况，似乎于不经意间突然发问："×××这方面的书，你读过没有？"接下来又讲出一连串名字，顿时让我心中一紧：呀！自己读书太少、眼界太窄了！辞别曹师后，我一路飞奔至书店，马上购书给自己"充电"，尽快更新知识。还有一次是在提交博士学位论文后，曹师找我面谈，他忽然说："你的文献综述太单薄，至少须补上三四万字。"我心下大悟：三四万字？差不多一篇硕士论文的体量了！但曹师既然这么说，肯定有他的道理。辞别曹师后，我收敛身心，抓紧"补课"。后来自己为学日久，方才明白：学术创造基于知识基础，知识储备并非一劳永逸，而是需要不断充实，其前提在于对学术史的全面考察。这样的细节还有很多很多。曹师指引博士生日新学问之技巧可谓妙矣。

曹师传授自己的道德学问，方法多样。概括而言，大约分两类：其一为春风化雨润物无声，其二为当头"棒喝"；前一种常用，后一种不常用。谦谦君子，温润如玉，以曹师的修养境界，当然主要是处无为之事，行不言之教。记得入学不久的一次课间，有同窗请教曹师论文开题，他似乎一愣，随即笑着连连摇头："太早了，太早了。不急，不急。"我感觉，这是委婉含蓄地提醒大家：先把基础打好，欲速则不达。在我的记忆中，读博期间我们每次与曹师小聚，他似乎很少谈学问——"非不能也，实不为也"，博士生学业繁重，大家常常感到悲苦压抑，如此珍贵的小聚，不如暂且让弟子们放松身心吧；但若有学生请教问题，他也不拒绝回答，往往点化一二，一语点醒梦中人。这种"不主动，不拒绝"，也是典型的曹师风格。我后来带博硕士生，也采用了曹师的方式，把学术与生活严格划开，宽严有度，张弛有度，绝不让学生时刻处于焦虑之中。

但曹师偶尔也使用棒喝方式。他有句话不常说，不过读博期间我还是听他在课堂上讲过两次——"曹老师很凶的哟！"有次课间休息，他还径直走到我们几个在职博士生面前，目光如炬，不怒自威："工作再忙，也必须来上课！"入学之初，有次我有机会与曹师单独在一起，他不无严肃地说："你是跨学科读书，而且干办公室工作，像你这种情况在我这里没有一个能够毕业的呢！"我顿时遍体流汗，只有唯唯连声。当然，我心中清楚，"靡不有初，鲜克有终"，曹师这是以棒喝方式提醒我时刻勿忘那颗求学初心，千方百计克服重重困难，不达目的绝不罢休。毕业时，曹师轻轻拍了一下我的肩膀，讲了三个字："不简单！"啊，敬爱的曹老师，倘若不是您的不离不弃，金针度人，像我这样底子薄、悟性差的弟子恐怕至今还在临渊羡鱼、望洋兴叹吧！

"高山仰止，景行行止，虽不能至，然心向往之。"谨以此小文，恭祝曹师七秩华诞和从教40周年！

恩师与"利维斯"研究

2007 级博士　周芸芳[*]

2018年10月，我的第一部学术专著《利维斯研究》终于出版了，曹老师为我这部书作序："……表明周芸芳找到了自己的学术定位，能够在自己的研究领域独

---

[*] 周芸芳，2007级博士，西华师范大学文学院教授，讲授世界文学史、比较文学、中西文化交流史等本科专业课程，及比较文学和世界文学方法论、中西比较诗学等研究生专业课程。

立地撑起一片天空了，一种由衷的喜悦油然而生，让我们预祝她在未来的学术道路上走得更远吧！"我的博士学位论文最终出版为专著，这一切归功于我的恩师曹顺庆先生，我的学术之路得益于曹老师如下几个方面的引导和教诲。

一、问题意识

在课堂教学中，曹老师常常提醒我们，"学而不思则罔"，强调读书中思考的重要性，而体现思考的根本在于发现书本中的问题。

2007年9月，我开始在川大攻读比较文学博士学位，曹老师在给我们讲授英国学者特里·伊格尔顿的《二十世纪西方文学理论》时提醒我们，伊格尔顿多次提到利维斯，足以看出利维斯在英国学界的影响。老师和我们探讨利维斯为何在英国这样有影响力，为何中国学者对他关注并不多，等等。下课后，出于对这些问题的强烈关注，我查阅了很多资料，并找空闲时间和曹老师谈了我的见解。2008年暑假，在曹老师的建议下，我决心将"利维斯研究"作为自己的博士学位论文选题，试图回答为何利维斯在当时中国默默无闻的问题。

我查阅了很多资料，发现中国学者最初关注利维斯的时间是20世纪三四十年代，几乎和欧美学界是同步的。叶公超最先发现利维斯，随后，清华大学的学生常风曾撰《利维斯的三本书》一文发表在《新月》杂志上，初步介绍利维斯的文学批评思想，陈述较为平面化，未作进一步的阐释；钱锺书、夏志清留学期间受利氏理论影响较大，但研究资料很少。西南联大师生和当时的《现代》杂志提到归属在新批评成员中的利维斯，对他的了解仍然处于浅表层次。这一时期主要在新批评范畴下探讨他和中国现代文化的关系，出现了将利维斯和新批评混为一谈的现象，说明这个阶段利维斯的成就完全被新批评遮蔽了，从新批评的影响程度来说，利维斯显然在译介中是关注较少的对象。由于左派文艺思想和"文化大革命"的影响，20世纪50年代到70年代，国内研究一度中断，直到80年代之后才恢复。赵毅衡将利维斯与新批评区别开："但他们除了'细读法'和语意分析批评方法与新批评相近，其它方面很不相同，他们更着眼于道德批评。"[①] 赵老师为利维斯的思想正本清源，为后来的学者进一步深入研究利维斯的思想奠定了基础。

随后的三十多年，中国学界对利维斯的研究走向纵深阶段，最终在21世纪初将利维斯研究推向高潮。如学者陆建德、聂珍钊、曹莉、张瑞卿、高兰、殷企平，等等，这些学者对利维斯的道德批评、文化研究、文学史观等展开了不同程度的研究。陆建德曾于1990年获得英国剑桥大学博士学位，他的博士学位论文《利维斯：他的批评思想和浪漫主义之间的关系》（*F. R. Leavis: His Criticism in Relation to Romanticism*）对利维斯作了一定的研究，并且把利维斯的思想介绍到中国学术界。他的主要论文有《弗·雷·利维斯与〈伟大的传统〉》（上、中、下）、《文学史家也

---

① 赵毅衡：《新批评：一种独特的形式文论》，中国社会科学出版社1986年版。

是批评家——重读利维斯与贝特森争论有感》（上、下）、《"放弃文学批评吧！"——利维斯回忆维特根斯坦二三事》等。他从利维斯的著作文献入手，评价利维斯在英国文学批评史上的地位，论证其"文学是对生活的批评"重要论点。认为利维斯的成功在于《伟大的传统》记述历史发展中真实的文学事实，提供了编写文学史的新模式。在《文学史家也是批评家——贝特森与利维斯的争论有感》中赞赏利维斯编写文学史应注重历史真实和批评的观点，认为在那个时代提出这样的观点是难能可贵的。吉林大学高兰的博士学位论文《利维斯与英国小说传统的重估》充分肯定利维斯小说批评的成就和意义，指出其存在的不足，在文学研究日趋边缘化的时代，需要通过利维斯这样的批评家唤醒一种毫不含糊的甄别意识，重新认识伟大的文学传统在当今文化建设中不可替代的作用。高兰对利维斯的研究放在文学传统上，仅围绕文学批评来展开，强调利维斯在小说批评方面的贡献，但对利维斯在文化批评方面所起的作用关注甚少。聂珍钊在论文《剑桥学术传统与研究方法：从利维斯谈起》（《外国文学研究》2004年第6期）中指出利维斯从文本出发的文学批评方法，是建立在文化批评和社会批评基础上的阅读批评，有较强的道德批评倾向，并指出他的批评范式无疑对我国当代理论泛滥的局面有启示作用。殷企平的《用理论支撑阅读——也谈利维斯的启示》于1999年在《外国文学》第5期发表，文中认为利维斯反对文学批评的哲学化倾向，他是具体阅读的代表，作者认为阅读是需要理论支撑的，利维斯反理论只是他的策略罢了。

进入21世纪之后，中国日益与国际接轨，文化呈现多元化趋势，一方面继续研究利维斯的文学批评，如陆扬、高兰的《谈弗·雷·利维斯小说批评中的非个性化原则》于2007年在《北华大学学报（社会科学版）》第5期发表，文章认为非个性化是利维斯衡量其伟大小说和小说家的重要尺度。早在2007年，重庆师范大学刘智勇的硕士论文《弗·雷·利维斯与"利维斯"批评研究》以利维斯批评为示范，坚持"非功利性"的态度，以"道德"为标尺，通过对其具体的批评实践进行梳理，把利维斯放在历史中去考察，认为他的真正目的在于挽救工业革命带来的文化危机，恢复人文精神。继这篇论文后又有3篇硕士论文出来，主要从文学史入手分析。随之，博士学位论文陆续出现，高兰的《利维斯与英国小说传统的重估》通过对其小说批评实践的细致梳理，辨析其小说批评的基本概念，在充分肯定利维斯批评成就和启示意义的同时，也对他的种种缺憾作了分析和评价，孟祥春的《利维斯文学批评研究》把利维斯置于当时的历史与文化语境，旨在全面系统地"细读"、还原、阐发并评判利维斯批评的三大方面，即文化批评、诗歌批评与小说批评，并探讨其内容、维度、性质、得失、历史地位及当下意义。王宁、陆扬、江玉琴等人开始关注利维斯的文化批评，挖掘利维斯的文化理论和中国现代文化进程的内在关联。陆建德在《弗·雷·利维斯与〈伟大的传统〉》一文中提到利维斯的精英文化立场及其对媒体的批判，认为他是文化研究的先祖，但论述不多。另外一些学者把利维斯的文化批评和文学批评结合起来进行研究。陆扬的文章《利维斯主义与文化批判》发表在《外国文学研究》2002年第1期，他讨论利维斯和他妻子的文化批判思想，以确立文学批评的核心地位来抵制大众文化的全面冲击，但重建古典公共领域的企图时过境迁。① 江玉琴的《文化批评：当代文化研究的一种视野——兼论诺斯洛普·弗莱与F. R. 利维斯的文化批评观》一文指出利维斯在文化语境中观照文学、理解经典文学的作用并在大学教育中发挥文学的人文性等观点，推动文化批评在当代文化研究中的发展。② 曹莉在《文学、批评与大学——从阿诺德、瑞恰慈和利维斯谈起》一文中谈到，以阿诺德等人为代表的英国人文主义批评家是文学、批评和大学的开拓者和守护者，对于构建与中国现代化进程相适应的文学批评、文化传承和大学教育新模式将是非常有益和必要的。③ 还有张瑞卿的专著《利维斯文化诗学研究》和其他论文对利维斯的思想作文化层面上的总体考察，同时将之下衔于50年代伊始的文化研究经历，对利维斯所代表的前文化研究与霍加特、威廉斯的文化研究之间在转承过程中经历的复杂性、矛盾性、斗争性方面作探索性考证。④ 这些学者的研究确定了利维斯在文化研究领域中的学术地位，更多的论文肯定了利维斯对伯明翰学派的影响和价值。

而我对利维斯的问题追踪始于2008年，在老师的指导下，我对利维斯的研究实时地跟上了国内研究的步伐，2015年年底，我以书稿的形式申请到了国家社会科学基金后期资助项目，开启了新的研究窗口。

二、大胆沟通

曹老师多次提到，我们不能局限在书斋研究，要积极主动和国内外学者交流，他鼓励我们参加国内外学术会议，胆子要足够大，要敢于和学术大家讨论问题。

2008年金秋十月，北京语言大学召开中国比较文学学会第九届年会暨国际学术讨论会，曹老师建议我们参加这个国际会议，鼓励我们拓展学术视野。当时，我对自己的博士论文还没有任何规划，但参加这次会议后，我感觉自己的眼界一下开阔起来了。曹老师带着我们这群博士生去了北京，这是我第一次参加国际会议，曹老师鼓励我们多听、多看、多交流，要大胆和与会学者们多交流。

会议期间，我遇到了颇有绅士风度的赵毅衡先生，他曾在英国伦敦大学任教多年，撰写了《英美新批评》《再评新批评》等书，对英国文论家利维斯所处的学术环境有深入的研究。我向他请教怎样研究利维斯时，他非常热情，告诉我以挖掘史料为重点，关注18世纪末至20世纪80年代的学术环境，等等。会后，我就在北

---

① 陆扬：《利维斯主义与文化批判》，《外国文学研究》2002年第1期。
② 江玉琴：《文化批评：当代文化研究的一种视野——兼论诺斯洛普·弗莱与F·R·利维斯的文化批评观》，载《深圳大学学报（人文社会科学版）》2007年第2期。
③ 曹莉：《文学、批评与大学——从阿诺德、瑞恰慈和利维斯谈起》，《清华大学学报（人文社会科学版）》2013年第2期。
④ 参见张瑞卿：《F. R. 利维斯与文化研究——从利维斯到霍加特，再到威廉斯》，《文艺理论研究》2015年第1期。

京待了二十来天，在国家图书馆、清华大学、北京大学等搜集了很多原始资料，我如获至宝，心中充满了开始写作博士学位论文的信心。会后，曹老师建议我们以后多参加类似的会议，要多跟同行交流学术心得。有了这次北京会议的经历后，我开始主动参加各种会议，积极和很多学者交流学术问题。2015年10月22日，我参加了中国中外文艺理论学会第十二届年会，当时，我计划把博士学位论文进一步拓展成专著，拿着书稿咨询了几位专家，他们有的对框架提出了修改观点，有的对利维斯的文化观点提出了自己的看法，等等。2017年7月，我参加在清华大学举办的"剑桥批评：中国与世界"国际研讨会。与会的很多学者在研究利维斯，当时，我在大会上谈到了利维斯关于生态学研究的问题，一位澳大利亚学者肯定了我的见解，并介绍了相关的文献给我参考。同时，陆建德、曹莉、张瑞卿等给我研究利维斯提供了很多资料和建议。其中，陆建德老师和我分享了他在英国剑桥大学研究利维斯的心得和方法，对我启发很大。曹莉老师给我提了很多修改建议，张瑞卿论证的严谨态度给我很多启发。

通过这些交流活动，我深深知道，当代学者只有走出书斋，和他人展开对话和交流，才能拓展自己的学术视野。

三、严谨治学

撰写博士学位论文是一个严谨治学的过程，曹老师告诫我们对待学术问题要有科学务实的态度。因此，我们会花一年多的时间来甄选博士学位论文课题。曹老师很少告知我们选择哪块研究领域，而是给我们确定几个大的方向，如海外汉学研究、译介研究、国外文学在中国的传播研究、西方文论研究等。这对刚成为博士研究生的我们无疑是比较难的，可以说，我们对这些领域研究的广度和深度还一无所知。曹老师鼓励我们不要畏难，要踏实去做才能有所收获。我知道，这是老师在训练我们寻找学术问题的能力。

为此，我们在图书馆、学术网站、学术会议了解学术前沿，不断筛选选题。刚开始，我花了一个多月时间，选择研究一个美国作家，但曹老师认为他的作品不多，很难深入展开研究。接着我选择一个德国文论家，可是，曹老师认为不会德语就不要考虑研究德国文论。一年之后，我还是没法确定选题，很是焦虑。曹老师鼓励我，博士学位论文是开启学术之路的起点，是取得学术成功的基础，要沉住气。于是，在炎热的暑假，我一边继续翻阅资料，一边思考，利维斯在国内的研究成果很少，甚至只有一篇硕士学位论文，还没有相关的博士学位论文。联想到曹老师在上课提起利维斯的问题，于是，我眼前一亮，就是它了。当我打电话给曹老师时，曹老师建议我尝试这个选题。那时，我感觉一下轻松多了。

博士论文开题答辩时，曹老师眉头紧锁，我心里比较慌，他对我说："虽然你开题通过，但个人观点不足，需要下力气深入利维斯所处的那个时代环境去研究。要严谨对待学术问题。"人文学科研究要讲究科学方法，用什么有效的方法才能把握对利维斯的客观研究呢？要评价利维斯在英国的学术地位，那就把他和其他学者进行共时和历时的比较。我感觉自己的研究思路打通了，利维斯的思想超越前辈柯勒律治、阿诺德等，具体体现在文学批评方法和文化研究上，他的思想又影响威廉斯、伊格尔顿等著名学者。

利维斯的思想主要由文学观、文学批评方法、文学史观、文化思想、生态学思想等组成，利维斯是搞文学批评的，那他怎么又专注于文化批评呢，这二者之间又是如何联系的呢？

于是，我根据利维斯生活的时代，注意到那时的一批英国剑桥学者将文学视为替代宗教的重要工具。他们几乎一致认为文学具有宗教的功能。例如，关注人的心灵，诉诸情感，追寻终极价值，等等。他们也认为文学是传承文化的重要方式。据此，我分析了利维斯反复提到"文学文化"的主要原因。利维斯注意到了语言的多义性，指出"文化"就是"语言"的定义。他呼唤一种强有力的批评潮流，敦促大学培养经过严格文学训练的人。从这里，利维斯把文学和文化有机地连在一起，简而言之，对文学语言的解读就是对文化的理解，这种有力的批评便是文化批评。他在剑桥大学着力推进文学研究。为了保持鲜活而强有力的文化传统，以及为了丰富人类意识，利维斯着力发展大学的英语文学，也就是借助人文教育来传承文化传统。和当时专注语义批评或者后期新批评的学者相比，利维斯一开始就通过文学批评来关注文化问题，这种对文化的关注便带动了文化批评的兴起，使得他的批评视域更为开阔，也和传统的批评模式和现代新批评拉开了距离。

据此，我把利维斯的诗学分成文学和文化研究两个部分，突出文化批评源于文学这门学科这个核心观点。根据这个框架，我摸索出了文化研究最初采用文学文本批评方法，随后吸纳了社会学方法等路径。如果没有曹老师提议我还原利维斯的文化语境，从共时和历时两方面展开分析，我的研究无异于断章取义、盲人摸象了。

四、研无止境

曹老师鼓励我们要坚持探索科学真理，既然选择了一个研究领域，就要往广往深拓展。博士学位论文完成后，我又花了三年时间修改，把它拓展成35万字的书稿。终于，2015年，我申报的课题"利维斯研究"入选国家社会科学基金后期资助项目。2021年，我的专著《利维斯研究》获2021年四川省第十九次社会科学优秀成果三等奖。

完成了对利维斯作为文论家的个案研究后，我曾感觉研究领域无法再拓宽了，利维斯影响的伯明翰学派在中国学界早就是研究热点，研究成果可谓汗牛充栋，利维斯之前柯勒律治、马修·阿诺德、理查兹等曾经也是热点，是继续深究还是另寻研究领域，我陷入了困惑。2021年7月，广西大学召开全国比较文学研讨会，我见到与会的曹老师，谈了自己的困惑，曹老师建议我还是继续原来的利维斯问题："为什么利维斯对中国影响没有欧美大，你还要追问下去。"我当时想，难道我的专著《利维斯研究》还没有充分回答这个问题？看来，这是个较难的问题。为此，我又把有关利维斯的文献仔细研读了一遍。注意到克里斯托弗·希利亚德（Christopher Hilliard）在《被视为使命的英语文学：〈细察〉（Scrutiny）运动》（2012）中说的："唐宁英语学院是利维斯影响的两个互补基础的一个，而另一个则是细察。"① 对呀，影响利维斯的一个重要因子就是文学期刊《细察》，为什么不从《细察》入手追下去呢？

的确，20世纪初，中国传媒业还未发展起来。《细察》文学季刊由利维斯夫妇于1932年创办，1953年停刊，主要在英美两国发行。它在人文知识界展开了颇有影响的学术思潮运动：构建了文学批评的范式，为英语文学学科地位的牢固奠定了基石；推动了文学教育改革，培养了一批优秀的评论家；持续引领了文学的审美趣味，代表了文学批评和文化研究等思潮发展的走向，其所捍卫的人文精神传统已经成为文学批评中的自觉意识。

利维斯领导的细察派试图拔高文学的学科地位，认为文学肩负着传承文化和道德精神的使命。将文学与现实生活密切联系起来，强调文学批评的本质是对生活的批评，细察时代热点问题，建构文学批评话语，凸显了科学严肃的学术品格。

因此，我决心去探索《细察》，继续把这块领域拓宽延伸。回想利维斯研究的整个过程，曹老师在学术领域中的高瞻远瞩带给我一个明确的方向。如今的我不再懵懂无知，而是自信踏实。曹老师倾注心血，点亮了我们智慧的火花，滋润着我们的心田。

往事思如昨

——川大求学琐忆

2009级博士 王 姝[*]

岁月长河流逝无声，而风平浪静下的喧嚣，旁人又如何能轻易看到？它只会埋藏在心底，时不时化作浪花绽放，等待着与人分享的时刻。

2009年9月初，我参加博士新生入学典礼，那是我第一次见到我的导师。当天我只意识到自己在经历快乐，在历尽艰辛跋山涉水之后，终于站到了久慕的大山面前，我无比愉悦和满足。但快乐的炙热总是被随即而来的冷风驱散，只有在冷却之后，在漫长的秋凉中，现实才会告诉你：见到导师只是找到了仰望的方向，要

---

① 转引自 Christopher Hilliard, *English as a Vocation: The Scrutiny Movement*. London: Oxford University Press, 2012. p. 5.

[*] 王姝，2009级博士，女，1975年生，西南科技大学外国语学院副教授。主要研究方向为比较文学、英美文学。

想看到心中向往的风景，还得披荆斩棘、继续前行！

川大文新学院是个有趣的地方，我希望能尽早摆脱原先学科研究的枯燥和思维固化，渴望能尽快融入更宏大、更诗意的文学氛围，去做一个有趣的人、开阔的人。内在的充实只有慢慢来，先从外在做起，一定要知道尼采、萨特、海德格尔、哈贝马斯、赛义德、德里达……这些人写着我似乎永远都读不懂的东西。日子一天天过去，我通过读博披上了文学青年的外衣，这外衣让我既心仪沉醉，又深感惶恐。

我素来景仰知识渊博的人，他们睿智、警敏，洞察一切，他们在现世给予我们心灵慰藉的空间。而对他们的领域，我又心怀敬畏，像一个局外人，一次次努力靠近，又一次次深感被疏离。读博之于跨专业的我，是一次身心疲惫的历程，我彷徨迷茫过、挣扎苦痛过；我也孜孜求索过、苦苦坚持过，几度想到放弃……好在，一路跌跌撞撞，终于撑到了毕业。

远去的日子总会在记忆深处熠熠生辉。开学典礼结束后，曹老师召集他的新生见面。第一次，我就坐在老师近旁，那么近，那么静，虽然我的心其实快要蹦出来了。中场休息时，大家站起来四处走动，彼此相识，我仍旧坐在座位上，原地不动。老师突然转向我，镜片后面是一双智慧、沉静的眼，他对我说："我所有的弟子中，后来个人发展得最好的几个，恰恰是当年入学时不怎么被看好的学生。"我当时真心觉得受到莫大的鼓励。如今想来，老师这句话，其时于我是鼓励，也暗含着提醒，不过当时，更是对一个不知所措的新生的安慰，老师那种自然平和的待人风格成为我日后时时警醒自己的参照——我是否能像他待我一样对待我自己的学生？

快乐的炙热只有冷却成记忆后才会清晰定格。重新进入校园当学生，远没有想象中的轻松。

曹老师的课，我从不缺席，不敢，也不愿。课堂上，我最怕的是被老师点名，让我背诵《文心雕龙》的某部分，或是对英文版文论中的某一段落进行释义，直到现在我依然能想起当时紧张的心跳和颤抖的嗓音。而我最喜欢的则是老师抛出一个话题，就像一枚石子投入水中，迅即在课堂上激起千层浪。同学们各抒己见，一下子就炸开了锅。师兄师姐的思想总是标杆在前、独有见地，师弟师妹自然也不甘人后，各出奇思。就这样一来一回辩论开来。不可开交时总会有人忽然发言，或以为他们争论的观点各有其理，但已然不在同一个层面；或以为两方早已跑马脱缰，鸡同鸭讲。彼时彼境，总是让我感叹再三，不知道自己何时才能企及：无论是识见，还是胆量，哪怕是接近那歪理邪说的一方呢。这期间，老师一直很绅士地站在讲台旁认真倾听，嘴角时而上扬，时而也会笑得有点夸张，露出他左腮那个标志性的酒窝，似乎整个脸颊都抵住眼镜的圆边了。但大多数时间他总是笑而不语，任随学生在思想的海洋里自由争锋，有时甚至会不失时机地插上三言两语，或火上浇油，或四两拨千斤，巧妙地转移或者拉回话题。

这时候反倒是我最轻松的时候，我只需要静静坐在那儿听着就好，我自知还不具备辩论甚或质疑的学问资本，知识层的断裂和学科的隔膜让我心中隐隐作痛。众多曹老师的弟子中，我甚至感觉不到自己的存在，还生怕一不留神跟丢了大家，而这样的课堂，让我有机会慢慢地弥补这断裂，甚至偶尔还会因着这种学科的跨越而意外得到做学问中想象不到的思路和好处。作为一个从其他专业考入曹师门下的学生，我付出了超乎他人的艰辛，也心存超乎他人的惶恐，这样也算值得吧，我不断地安慰也鼓励着自己。

这种力不从心的感觉就如同多年后隔着门辨别我的小孩回家的脚步声，或是确定我的心跳一样清晰，准确无误。

其实，曹老师何尝不了解自己的学生，我们就如同他的孩子一样。和老师在一起的时候，氛围总是轻松且舒适。老师温文尔雅、博学多才，满腹经纶却平易近人。我们跟着老师去望江楼公园进行学术讨论，在三圣乡举行开题答辩，坐车前往汶川三江进行研学之旅。每次班级讨论会，老师都会谈到我们的师兄师姐，对他们在学术、工作、人生上的成就如数家珍，欣慰之情溢于言表。

和老师在一起，我们弟子落座是要讲规矩的：在班上的年龄越大，座次越靠近老师，这可能是老师采取的一种最客观又最合理的规矩吧。我就坐在靠近老师的"一环路"的座位。大家围坐在一起，探讨哲理，切磋学术，映射人生，有时候还有葡萄酒助兴，同学们各显其能、谈古论今，偶尔还要八卦一下名师们的感情生活和学术怪癖。套用一句陈与义的诗，可谓"忆昔府南河畔饮，座中多是豪英"。生活和学术水乳交融，好不快活！

2011年博士学位论文选题时，我多次和曹老师沟通，考虑毕业后我要回外国语学院工作，因此想做外国作家作品研究的课题。而曹老师觉得我更适合做再研究，因而有意让我做"英语世界的中国文学研究"，先从基础的资料梳理工作扎实做起。但我那时对戈尔丁小说研究无比自信，一意孤行。每一次面见曹老师前，我都会做足功课，预想出种种可能被问到的问题，然后准备好可能解决的答案，就为说服曹老师同意我做戈尔丁小说的一手研究。面对我的固执和坚持，最终曹老师让步了。我为自己的自不量力付出了该有的代价，博士学位论文送审被"毙"，我不得不推倒再来，重新写一本论文。

我也不知道哪儿来的勇气，第一时间去见曹老师，强忍着哭鼻子的冲动。老师说，让我重新写一本论文也是他的意思。这狠心的"父母"！我憋足了一口气坚决不哭。老师安慰我，我是在职攻读博士学位，有时间有精力也有能力，论文是我的人生大事，不应草草了结，要沉下心来把这本论文做好。

应该说老师的眼光极准，他了解我们每一个人，清楚每个人的兴趣和专长所在。一开始他就看出了我性格中的倔强，也赞赏和珍惜自己的学生在学术方面的坚持和倔强，且愿意给予学生尝试的机会，哪怕明知是试错的过程，也总比不敢想、不敢做要好。而我当时只一门心思想着我一定要完成、要做好，并没想到这深层的期许和磨砺，直到后来在面对自己的学生时，才慢慢体会到这样洞察入微、宽宏大度是多么稀有和可贵。

回想起那些年，诸事历历在目。

2014年12月24日，我参加了博士学位论文答辩，顺利获得博士学位。在答辩现场，符号学专家赵毅衡老师感叹再三，他说他已经有好多年没有看见学生能这样认认真真、踏踏实实地做学问了。感谢我的恩师，这本耗时最久但迄今我依旧绝不敢言好的论文《英美的戈尔丁小说研究》——题目也是老师定的——让我深味老师为人师格局的高远，老师为学术的精严和宽宏，我终生难以望其项背。

有幸成为曹门一员，得益于老师当年的不弃。在随后的学习生活中，曹老师经常毫不吝啬地鼓励我，减轻我作为"跨学科生"的自卑感。师从先生，我知道了"长幼有序、兄友弟恭"，知道了"夸而有节，饰而不诬"，知道了"善为文人者，富于万篇，贫于一字"……追随先生，我从门外渐入门内，既体验到了学术的要眇深微，也学到了为人的道理。

岁月无声，老师的教诲润物无声。

毕业之后天南地北，再没更多的机会见到曹老师，这也是让我每每内疚之处，更觉往日之弥足珍贵。曹老师说过，人生三宝，第一就是学生，每个学生都是他宝贵的财富，当然也包括我。我想，在我的教学生涯中，体会和学习他教书育人的方式，教导好我的学生，是我对老师最好的报答和感恩吧。

文学、文化、文明
——曹师指导下的《大唐西域记》研究

2015级博士后　王汝良[*]

我于2015年到曹师门下做博士后研究，到2019年出站，算起来，亲承曹师教泽计四年之久。但实际上，从读研时就仰慕曹师名望，出站后至今，仍不断从曹师学术思想的浩瀚海洋中汲取所需。难以全面和准确地总结曹师治学育人的成就，只能从自身受教的方面谈起，结合自己的求学、教研之路，对曹师雍容的学术气度、广阔的理论视野和前沿的治学方法尝试进行探骊。在这里，着重以曹师从文学、文化、文明等视角对《大唐西域记》研究进行的指导和影响作一回顾。也借此，向老师从教40周年致敬。

---

[*] 王汝良，2015级博士后，1973年生于山东胶南，文学博士，2015年4月—2019年9月在四川大学中国语言文学科研流动站做博士后研究，导师为曹顺庆教授。现为青岛大学文学与传播学院教授，特聘教授，中文系主任，青岛大学东亚文学与文化研究中心副主任，中国印度文学研究会理事，中国南亚语种学会常务理事。主要教学与科研方向为东方文学与文化、中外文化关系史。

第六章　实践锻炼：以学术训练培养科研能力

一

到川大后不久，我便着手考虑出站报告选题，当时考虑了很多：要有一定的基础，不太可能在一个全新的研究领域中选择；对研究对象要有较强烈的研究兴趣，否则做起来难以持久；要便于老师指导，在这方面，曹师主持下的川大比较文学学科有强调经典阅读和研究的传统。如此，研究对象非《大唐西域记》莫属了：在博士学位论文写作期间，曾大量涉及《大唐西域记》这一文本，对其学术史有一定的掌握，中印文化关系也一直是自己教学科研的主要方向；玄奘作为一代伟人自不待言，广博深湛的《大唐西域记》是中古时期的一部经典之作，自己最清楚对这部作品的兴趣和热情；曹师学术视野融通东西，老师的指导对《大唐西域记》研究肯定会有大的促进。

有了这个想法，便跟曹师汇报。曹师肯定了《大唐西域记》作为研究对象的意义和价值，同时认为我初步拟定的研究题目过于宽泛，研究难度过大，建议我将研究范围缩小至文学领域的研究。的确，眼高手低是做研究的一个致命缺陷，曹师的指导对于我不啻为一剂及时的清醒剂。对于《大唐西域记》，历史地理、宗教等领域的研究成果已很丰富，但国内外对其文学价值的重视和研究还不够，若能从这一角度切入，对其文学价值进行系统发掘、整理和研究，重新确立其文学史地位，无疑将有助于拓展和深化其研究空间，对于中国典籍中的同类作品研究，也将起到一个示范作用。于是，我将研究题目定为"比较文学视域下的《大唐西域记》研究"，收集材料，分类阅读，梳理学术史，拟定提纲，动笔写作。研究主要分为本体研究和比较研究两部分。本体研究聚焦《大唐西域记》文本本身，对其外显的艺术特征、内蕴的人文精神和丝路内涵进行研究，深入认识和把握其审美魅力和文化意蕴。比较研究则从纵横两个向度展开：一是《大唐西域记》对本土文学的传承、影响，二是《大唐西域记》对异域文学（中亚、南亚为主）的借鉴、传播。最后，在本体研究和比较研究的基础上，阐发《大唐西域记》对于比较文学学科的意义。写作总体是顺利的，其间发表了几篇中期成果，并在曹师的指导支持下，以《大唐西域记》为研究基础，申报并顺利获批博士后科学基金一等资助和特别资助。我清晰地记得，申报前就选择哪个学科门类这一问题向曹师请教。曹师回复我说，《大唐西域记》是汉语文本，选择"中国文学"是可以的，但其内容上记载的以异域神话、传说为主，在此意义上，选择"外国文学"更为合适。老师的建议及时、合理，一扫我的纠结和困惑。因在原单位有教学科研任务，自己又一向拖沓，导致出站报告的完成持续了较长时间。对此，曹师先是通过我的同级同学予以提醒，后又几次亲自来电话询问和鼓励，现在想起来仍觉惭愧。终于，2019年暑假前，我完成了出站报告，参加出站答辩。答辩会上，老师们对我的出站报告给予了肯定，但也有质疑，其中之一是，出站报告字数并不令人满意。这时，全程基本不发言的曹师主动替我解释说，因为字号选择才显得这样（原文用的是五号字体），为答辩席上的我消除了尴尬。直到今天，我仍不时想起这一幕、这一细节，深切感受到老师的宽厚和温暖。

出站后，以文学视角对《大唐西域记》进行研究，依然是我的主攻方向，几篇学术论文的发表也得益于曹师的比较文学变异学理论和方法，如《影响与变异：〈大唐西域记〉"烈士"传说与后世杜子春故事》一文，对《大唐西域记》卷七所记载的"烈士"传说如何影响后世以杜子春为题材的文学作品，在日本近代作家芥川龙之介的笔下又发生何种变异，进行了梳理和分析。论文发表后有一定反响，因为前人对"烈士"传说与后世杜子春题材作品之间的影响关系已有研究，但对这一题材在东亚文化圈内的传播和变异现象并未有深入关注。此外，自己指导的硕士学位论文，在探究日本说话文学《今昔物语集》与《大唐西域记》的关系时，发现前者对后者的记载并非一味地袭用和借鉴，从主题到形式均发生了不同程度的变化，这时，曹师的变异学理论又成为极佳的释读支撑。得益于老师的教诲又传承下去，感激和欣慰相交织，想必也是诸多同门的相同经历和感受。

二

文学不是无源之水、无本之木，《大唐西域记》也不是一部纯文学文本，对其进行深入观照，还需要广阔的文化视野。这种认识，也与曹师有着深切的学术因缘。曹师的比较文学研究，始终强调比较文学学科的"跨文化"这一特征，也较早地阐明，在世界文学视野下，古典样态的纯文学研究转型为现代样态的文化研究，非但不是文学的消亡，反而是传统文学变革的必然趋势和深层提升。[①] 曹师自身的比较诗学研究也一直建立在文化探源和文化阐释的基础之上，如曹师专著《中西比较诗学》，是内地首部系统的中西比较诗学论著，该著注重从中西文化背景中探寻中西诗学差异的根源，对中西诗学范畴所展开的比较研究中也都有深入的文化追索；曹师主编的《中外比较文论史》，也是在对各个历史时期的中外文化哲学进行比较探源的基础上展开的。

如此，对《大唐西域记》进行的研究，既可立足文学本位，欣赏到这部中古要籍的枝叶之丰美，又应跳出纯文学探讨的圈子，触摸其文化根脉之深实；文本细读与文化观照相结合，既可览胜作者玄奘这一参天巨树，又可探幽东方文化这一广袤森林。从玄奘的文化背景来看，他生于儒学世家，出家后南北游学、遍访名师，奠定了深厚的佛学根基。到达印度后，访名寺，从名师，精研佛典，勇于论辩，享誉五天竺。归国后开宗立派，培养了包括日本、朝鲜、西域僧人在内的佛教人才。同时，组织译场，翻译经书，创立翻译理论，开一代新译之风。他行经中国内地、边疆、中亚、西亚和南亚等广大地区，熟悉沿途各地的佛教文化、印度教文化、耆那

[①] 曹顺庆、蒋荣昌：《从"文学研究"到"文化研究"：世界性文学审美特性之变革》，《河北学刊》2003年第5期。

教文化、袄教文化等，是一个多元文化的体验者和创造者。《大唐西域记》便是以上多元文化或冲突或交融的客观体现，这一珍贵文化遗产是东方三大文化圈源远流长的文化交往与相互影响的历史见证，主要体现在三个向度：中国与南亚之间，中国与中亚之间，中亚与南亚之间。[①] 其中，《大唐西域记》对中国与南亚间佛教文化交流的记载，是继《法显传》以来最为详细的。卷二中首次明确记载梨、桃等由中国传入印度，是对长期以来中印文化交往"单向流动说"的有力反驳。卷十二对桑蚕丝织术西传这一史实以传说的形式进行了还原，这个记载与《新唐书》和藏文《于阗国史》相互印证，也被斯坦因在丹丹乌里克遗址发现的木版画所证实。今天，仍有国外学者认为桑蚕丝织术起源于中亚，《大唐西域记》的此处记载成为反驳这一观点的珍贵文献依据。我撰写的《〈大唐西域记〉：文化交流与文明探异》《〈大唐西域记〉"烈士"传说的宗教背景辨析》《〈大唐西域记〉与丝绸之路》等论文，均是曹师学术思想影响下对《大唐西域记》进行的文化探源。

曹师多次强调阐释学对于比较文学研究的意义，"在阐释学尤其是比较文学阐释学中，文本是开放的，意义是敞开的，经典的'无时间性'使其可以跨越时空。经典文本像一个取之不尽用之不竭的宝库，在古往今来的新情境中得到重新阐释"[②]。文学是阐释之学，《大唐西域记》也是适宜进行现代阐释的示范文本。从文学归属上来看，《大唐西域记》是较为典型的佛教文学作品，属于宗教文学范畴。从宗教的角度看，它所蕴含的思想资源大多为宗教文学的固有表现内容。然而，现代视野下的宗教文学，不应只是单纯为宗教服务的文学，对这一重要现象的观照，可借助阐释学理论，着重发掘传统宗教性内涵中有益于人、有益于现代社会的积极因素，突显其人文价值和现代意义。具体说来，《大唐西域记》的价值，不止于客观的文献记载，作品还内蕴着超越宗教、超越时代、超越国界的文化精神，如包容心态、生态意识、求真精神、利他主义等，值得进行系统发掘、整理和阐释。作品体现出的背恶向善、慈悲奉献、自渡渡他、众生平等的宗教伦理，也同现代社会的伦理需求相契合。这种文化阐释，同样是对《大唐西域记》研究空间的拓展和深化，是使这部中古名著焕发新生机的一个途径。在曹师学术思想的浸润下，我在这方面也进行了一些尝试，发表了《〈大唐西域记〉的人文价值》《〈大唐西域记〉的文学归属》等文章。

三

十多年前，曹师在国内提出"跨文明研究"的学科理论和方法建构，将比较文学研究又推进一大步。"跨文化"是比较文学的主要特征之一，"跨异质文化"研究便是"跨文明"研究，只是常被混淆和误解，曹师便用后者来替代前者。然而，替

[①] 拙文《〈大唐西域记〉：文化交流与文明探异》，《中外文化与文论》2018年第1期。
[②] 曹顺庆、翟鹿：《强制阐释与比较文学阐释学》，《天津社会科学》2021年第6期。

代的意义却不止于字面,而是比较文学研究范式的一次变革,"跨文明研究是比较文学发展至第三阶段,也就是东西方异质文化间的文学研究成为比较文学研究最主要的视野后的根本特征,所以在这种研究中,文化异质性与互补性应当成为关注焦点"①。换言之,以往的比较文学研究,不论是影响研究,还是平行研究,均着重"求同",而第三阶段的跨文明研究,却致力于"探异",聚焦于不同文明间的文化异质性与互补性研究。曹师的这一理论建构,又为《大唐西域记》研究提供了新的启示。

"文明",是指"具有相同文化传承(包括信仰体系、价值观念、思维方式等)的社会共同体"②,从这个意义上看,玄奘的行迹跨越中国、中亚、西亚、南亚等几大文明区域。跨文明研究的视角下,玄奘西行不仅是对遥远地理空间的一次开拓,还是对域外文明精神空间的一次主动"探异",《大唐西域记》正是这次探异活动的结晶:以出世离欲为主要特征、富蕴终极关怀和超越性审美的南亚文明,以粟特人重商传统为主要特征的中亚商业文明,以及来世信仰色彩浓厚的西亚文明,为汲汲入世、实用理性、重农轻商、安土重迁的中国传统文明注入了众多新鲜因子。事实也证明,正是对外来文明的兼收并蓄,才成就了中华文明史上继汉朝之后的又一盛世——唐朝,对此,向达先生曾有精当的概括,"李唐一代之历史,上汲汉、魏、六朝之余波,下启两宋文明之新运。而其取精用宏,于继袭旧文物而外,并时采撷外来之菁英",所谓"外来之菁英",显然包括上述几大异质文明的优秀因素。③ 如此,跨文明观照将《大唐西域记》研究提升到了一个新的高度。

然而,较之于同一文明体系间的互补和交流,曹师的跨文明研究更为关注和强调的,是东西方这两大文明体系间的互动和对话,因为这二者的异质性更鲜明、互补性更强烈。在这方面,《大唐西域记》又是一个适宜的研究实践。19世纪以来,西方认识和探索东方的热情持续高涨,《大唐西域记》已然成为东西方两大文明体系进行对话的有效中介。法国学者儒莲(S. Julien),英国学者比尔(S. Beal)和沃特斯(T. Watters)对《大唐西域记》均有翻译和研究,英籍匈牙利探险家斯坦因(A. Stein),英国考古学家坎宁安(A. Cunningham),法国汉学家伯希和(P. Pelliot),德国地理学家李希霍芬(F. P. W. Richthofen)等,在对东方进行实地考察时都曾倚重《大唐西域记》。季羡林、范祥雍、章巽、薛克翘、王邦维等中国学者,堀谦德、足立喜六、水谷真成等日本学者,塔帕尔(R. Thapar)、古普塔(D. K. Gupta)、乔希(L. Joshi)、高善必(D. D. Kosambi)、马宗达(R. C. Majumdar)、阿里(S. A. Ali)等印度学者,在对《大唐西域记》的研究中都曾不同程度地借鉴过前述西方学者的成果。在研究方法上,西方学者翻译与研究并重,案头研究与田野考察相结合,这对

---

① 曹顺庆:《跨文明比较文学研究——比较文学学科理论的转折与建构》,《中国比较文学》2003 年第 1 期。
② 曹顺庆:《比较文学学》,四川大学出版社 2005 年版,第 84 页。
③ 拙文《〈大唐西域记〉的人文价值》,《东方论坛》2019 年第 4 期。

长期囿于书斋、埋头于故纸堆的中国学者，更有着重要的借鉴意义。如，冯其庸先生为确认玄奘东归入境路线，曾多次进行田野考察，登上帕米尔高原，寻访公主堡方位，亲闻揭盘陀故事，确定玄奘东归山口；也曾深入罗布泊、楼兰、白龙堆、玉门关，验证玄奘回归长安的最后路段。自然，东方学者对西方学者的研究有借鉴，也有超越，例如，距离《大唐西域记》的两个现有英译本问世已有一个多世纪，译本中的一些不当和错讹之处陆续显现，为纠正这些错讹，中国学者刘建正在完成一个新的英译本[①]，这也是比较文学跨文明对话强调对等地位和双向进行的体现。

（笔力笨拙，言不尽意。仿佛又回到成都，在它绵长浓郁的市井烟火中流连忘返。仿佛又回到川大，在其海纳百川的博大胸怀中沉潜陶冶。再次致敬仁厚、儒雅的曹师，也感谢真诚、热情的同门们！）

引导、开放与个性
——曹顺庆先生论文及课题指导原则

2015 级博士后　王　涛[*]

现代学术体制中，论文与课题占有关键的地位，作为学术评价与影响的核心参考，直接构成学术成果的标志。曹顺庆先生在这一方面成绩卓绝，有目共睹。他在自己学术生涯的每个阶段都能发表重要的论文，引起学界的关注与讨论，引导时代的学术话语与潮流，同时也多次主持国家级包括重点与重大科研项目，对学术界产生过不可忽视的影响。为此，曹先生在论文写作与课题申报上有着宝贵的成功经验，他将此融入教学，对培养学生的学术思维和科研能力有着重要的助益。作为他的博士后弟子，我对此深有所感，在与先生的沟通中，受惠于他的指导与帮助，从而有了很大的成长。我也感受并领会到先生在论文与课题上的一些重要的指导态度与思想，其中最关键的可概括为三点：引导性、开放性、个性化。

一、引导性

引导性又包括两个方面：一是指曹先生对学生研究方向的引导，二是指研究课题本身具有对时代的引导性。两方面互为一体，学生接受好的建议与引导，所设计的课题更能够产生较高的学术价值，从而对学术话题形成引导。也可以说，引导学生做出有引导性的学术成果，就是引导性的双重意味。

就第一方面来说，先生在学术上的建树与研究方向会直接构成引导力。学生会

[①] 参见拙文《〈大唐西域记〉综合价值论要》，《北方工业大学学报》2018 年第 4 期。
[*] 王涛，2015 级博士后，现任山西师范大学文学院教师。

自然受到先生的卓越思想与创造意识的吸引和启发，向着先生所指引的方向前进。先生也会通过各种方式创造出良好的学术条件与环境，以激发学生的学术兴趣，锻炼学生的科研能力。除了直接的课堂教学与相关讨论，曹先生还会以主持项目与举办会议的形式，建立合作性质的学术共同体，鼓励学生参与其中，和谐互动的学术活动可以直接对学生的学术实践产生积极的引导。对此我有着切身体验，在四川大学做博士后期间，我就参加过曹先生主持的教育部重大项目"英语世界中国文学的译介与研究"的相关会议，并加入了其中子课题的研究团队，参与了相关文稿的撰写工作。

结合自己的亲身体会，参考曹先生的研究成果以及这些会议与课题的方向，可以总结出先生在引导学生选题时的几个重要原则，分别是世界视野、比较思维、本土意识及前沿观念。

首先世界视野与比较思维本就是比较文学专业的基本意识。但在具体的研究中，人们常会有所忽视和误解，比如做文本研究时，就容易忽略文本与理论在不同文化语境中的变异。曹先生所关注的各种重要问题往往都离不开这两种意识，比如对跨文明比较的强调及建构"变异学"理论体系，都源于其开阔的世界视野与比较思维。并且，这种意识的关键性并不限于比较文学学科自身，它同时可以作为整个人文学科得以拓展的基本思路。曹先生不仅是比较文学领域的顶尖人物，同时在文艺学、新闻传播学、艺术学等不同学科都有重要的贡献，这与他能够贯通比较思维，以比较文学的包容性精神去沟通不同领域的问题，有着莫大的关系。

在这一基础上，曹先生又进一步强调学术研究的本土意识，即我们的研究在根本上是为了弘扬民族文化，在发挥本土文化的积极影响中，促进世界文化的繁荣。对于这一点，先生主要从两方面去着手引导：一是要求学生学习中国传统文化，由此先生一直在强调精读古典文本、学习十三经的重要性；二是主张中国与世界的对话。曹先生的许多研究都以此为基点，从早期专著《中西比较诗学》就可见出。[①]该著作对中国比较诗学学科的建立有着关键性的意义。在这之后，先生在比较文学上的学术路线主要沿着两个方向发展：一是坚持本土的话语姿态，关注中国文化在世界文化语境中的处境及可能性，如20世纪90年代中期倡导比较文学"中国学派"、提出"重建中国文论话语"及"失语症"问题；二是将中西诗学的两极比较扩展为世界诗学的多维比较，这在他的另一部著作《中外比较文论史》中有更直接的展现。而他在2000年后提出的"跨文明比较"与"变异学"等思想，是从更开阔的视角及新的方法论层面推进了这两条路径。近些年他先后主持的两项重大课题，目标也非常明确，都是在强调中国以至东方文学和文化对于世界的意义。所有这些都鲜明展现出曹先生对本土意识与世界视野的重视。

[①] 我在跟随先生做博士后之前，曾写过专文介绍这部著作。可参见曾艳兵：《比较诗学：理论与实践》，北京大学出版社2017年版，第168—183页。其中上编第九章"曹顺庆及《中西比较诗学》"即为此文，该文在介绍这部著作的同时，对曹先生在比较诗学上的整体思路也作了一定的总结。

然后，以此为目标，也就自然会具有前沿观念。世界视野本身就是要了解世界的学术前沿，本土意识则是要将中国问题推向学术的前端。曹先生以自己的学术成果证明了前沿的重要性，并直接让自己的研究成为学术的前沿问题。他身体力行，让我们认识到做学术先要充分了解前沿动态，然后再努力去创造前沿话题。在对青年学生的引导上，他首先指出了解前沿是创造前沿的基础，鼓励学生参与课题、参加会议的目的也在于此。比如先生主持的教育部重大项目关注中国文学在世界的研究情况，就是在世界视野与本土意识的要求下去了解前沿的现状，然后为之后的研究也就是为创造新的前沿研究打下良好的基础。

曹先生的很多博士与博士后都参与了该项目，其中最重要的一批中国文学成就在世界中的影响被整理得差不多之后，先生又鼓励学生拓展研究领域，开拓新的关注点。比如他倡导学生可进一步研究世界各国的经典作家作品在英语世界的译介与研究情况，又申请新的国家重大项目，关注整个东方古代文论的研究情况。这些都体现出他不断带动学生去认识前沿和创造前沿的良苦用心。在我与先生讨论博后的出站报告选题时，得知我对卡夫卡很感兴趣，他就建议我去整理卡夫卡在英语世界里的译介与研究情况。我理解先生的用心，但因为自己很早以前就有一直关注的问题，所以当时并没有做这一选择；而曹先生也完全支持我的想法。由此可见，先生在积极引导学生的同时，还有另一种重要的指导意识，就是选题的开放性。

二、开放性

在曹先生的指导原则中，引导性与开放性有着辩证的关系。引导的方向不是被限定的，它本身就是开放的。另外，在做引导的同时，他也以开放的姿态，鼓励学生不受限制地按照自己的想法与所长去寻找合适的研究方向。

世界视野与比较思维就是一种开放的意识与思维。比较文学本就是具有极大开放性的学科，只有以开放的视野和心态去探索，才能发现新问题，找到新路径。就前沿性来说，任何问题域是否属于前沿也是相对的，即使面对传统或陈旧的问题，只要有新的发现，也可以将其变成前沿话题。比如，我在与先生确定出站报告的选题时，提到自己对"现代性"问题一直感兴趣。先生首先指出，国内对现代性的研究热潮已经过去，对现代性问题的挖掘也很深入，要有新的拓展比较困难。相对来说，现代性已经从曾经的前沿变成了一个较为陈旧的话题。但先生并没有因此直接否决我的选题，而是在沟通中进一步了解我的想法。

我认为审美现代性与文化现代性的研究确实已经汗牛充栋，但文学自身的现代性轨迹仍然有许多晦暗不明之处。这些年我一直在阅读各种现代及后现代作品，发现有三条重要的文学现代性脉络，分别是本体论脉络、存在学脉络和伦理性脉络。三条脉络各有不同的代表作家和作品，它们既有各自的轨迹，又相互交叉缠绕，我借助艺术领域的相关概念将它们分别命名为"装置文学""观念文学"和"朋克文学"。当时在报告中我想做的是"朋克文学"研究，意图从朋克文化引出延续在整个文学现代性发展中的"朋克意识",将狭义的"朋克文"现象扩展为广义的"朋克文学"问题,找到一条以"朋克精神"为代表的文学现代性在伦理上的突进路线。

"朋克"的文学问题更多是在民间批评中被提及,很少被学界关注,所以我有些担心曹先生不会轻易认同我的选题。但在交流之后,先生让我先写出开题报告,在看过后,他立刻就同意了我的选择。由此充分见出先生在指导原则上的开放性。同时,我也受教于先生所注重的世界视野和本土意识,在对这一特定的现代性文学现象的研究中,同样将其放在整个世界文学的发展中去理解其历史进程与文学史价值,并且专门设置了有关中国朋克文学的章节。不过在开题时,因为其中对中国相关作家的评价容易引起争议,先生也建议我先不要将其放入报告之中,以后进一步研究时再具体展开。由此也可以看出先生的开放性姿态,强调本土性并非要求时刻都要谈中国,关键是要有本土意识,而具体的研究项目可以根据情况,按照步骤循序展开。在完成了开题报告之后,曹先生就建议我们去申报国家课题,而出站报告还需要一定周期才能申请,所以我又立刻撰写了与其相关的另一部关于文学现代性的作品,又在先生的鼓励之下申报了国家社科基金后期资助项目,最终以"文学现代性的本体路径研究"为题成功获得了立项。

曹先生以开放性的姿态,支持选题的多样性,也倡导大家从不同方面去考虑选题。这种开放性又具体表现在专业的开放性、视域的开放性、方法的开放性等不同方面。先生自己就同时在多个专业方向有所建树,他的弟子众多,来源广泛,其中既有出身文学专业不同方向的,也有来自外语、新闻、哲学、历史、音乐、美术等各种专业的学生。所以在论文选题上,先生也建议大家超越专业的局限,以跨学科思维关注文学与不同学科之间的多重可能。我的"朋克文学"研究,就属于文学与音乐的跨学科研究。相近几期的博士与博后中,就有好几位同门从音乐、绘画、传播学等不同学科来进行文学和文化研究。其中关注音乐的就有多位,而每个人的研究视域和方法各不相同,有的是音乐专业出身,偏重音乐本身的艺术问题,而我更关注其中的文学精神问题,还有人更注重文化问题。这些都见出了研究的多元化思路。也正是在曹先生兼容并包的开放性理念之下,大家才能更好地打开视野,发挥各自的长处,让比较文学的研究呈现出多样的可能性。并且,正是这种开放性,进一步导向了研究的个性化可能。

三、个性化

可以说,研究在本质上都要追求个性化。曹先生以自身为榜样,让我们看到了只有做到思他人之未思,才能发现问题,找到遗漏的缺口,提出有价值的新观点。学术创新就来自个性化。但在通达个性化的路上,因为每个人的特质不同,先生也会因材施教、因人而异地提出不同建议。如此,偏重"引导"与偏重"开放"就构成了两条不同的通向个性化的路径。

在曹先生的多种引导方式中,让学生参与课题是最直接的实践方式。这一形式呈现了先生的两个关键考量。一是以此建立必要的学术共同体，形成学术研究的合力，共同推动学术发展。一些重大的课题本来就不是靠几个人就能完成的，必须要有一个和谐的团队一起来合作。曹先生作为成功的学者，发挥带头人的作用，创造了这样一种可能。在某种意义上，这是一种团队式的个性化，借以实现学术潮流与学术流派的个性化。在这其中，每一位参与者虽然自己的研究会受到整体的限制，但依然可以在一定空间中发挥个性。这也是一种非常必要的学术生态，能够更好地实现学术的规模效应，推动整个学术在重大问题上突破的可能。

另一个考虑是，不同学生的成长方式与学术个性是有差异的。有些人一开始就走在非常个性化的路上，而有些人需要经历规范化路径的引导，接受更完整而专业的训练。在特定的学术共同体之中，不同的人也能通过彼此的互助与交流，得到更健康的成长。也正是在先生的帮助和引导之下，很多硕博士生能够通过参与课题和会议，发挥自己的作用，得到成长。但同时，课题一定会结束，会议的主题也会发生变化。这种引导与辅助也只是存在于一定的阶段，先生为学生提供的这些优质资源，最终是让学生在成长为合格的学者之后，进一步探索属于自己的学术道路，最后超越这些引导，走向开放，实现自我的个性化创造。

很多学生的学术背景不同、个性不同，所以直接按照一个给定方向去走的是少数，更多学生还是会选择不同的道路。相对来说，一开始就走个性化道路的，也许会走一些弯路，甚至会遭遇更多的挫折，但也有可能找到更符合自己的独特的学术路线。不同的道路各有利弊，没有优劣之别，关键是看是否合适。这也是曹先生保持开放原则的重要原因。当学生提出自己的想法时，先生都会给予尊重，并谨慎考虑，认真给出合理的建议。相对来说，要求学生只能研究设定好的课题，或者对学生完全放任自流，这两种态度都有些偏激。只有根据学生的不同秉性与需求给出对应性建议的，才是真正替学生考虑的负责任的老师，而曹先生就是这样一位出色的老师。对于这一点，我深有所感，为此非常感激先生。

先生的众多弟子在跟随先生学习的历程中，既能够获得多方面的积极引导，又能够以开放的方式发挥自己的优势，实现自我的个性化发展。虽然每个人最后能发展到什么程度，跟各自的天性与选择、努力与机缘都有关系，但先生为大家提供了最好的发展资源与条件，而他所持有的引导、开放与个性的指导原则，也让我们能够以最佳的方式去选择自己的道路，进而创造自己的学术天地。作为学生的我们多数也成了老师，又可以将这些重要的原则贯彻下去，发扬光大，为学术的繁荣做出自己的贡献。

立德树人 传承文明
——曹顺庆教授40年拔尖人才创新培养案例实录

与曹顺庆先生的师生缘

2010级博士后 周 航[*]

2007年至2010年还在北京师范大学读博期间，就听说过曹顺庆先生学贯中西，在比较文学领域颇有造诣，既是四川大学文学与新闻学院的院长，还在北师大任博导。2010年6月，我从北京师范大学文学院毕业，获得博士学位。这一年，我来到了中国西部重庆的一所地方院校从事教学工作。学无止境，不久，我就斗胆联系了曹顺庆先生，表达了想在他名下做博士后研究的愿望。宽厚仁慈、乐于提携后进的曹老师慷慨地接受了我，于是我于2010年12月15日正式办理了入站手续，从此也成为一个"川大人"，成为曹顺庆先生的学生。

入站后，与曹老师几经商讨，我确定做海外华文作家严歌苓小说的研究。在最终确定这个选题的一次会面交谈中，曹先生多数时候只是静静地听我陈述，有时似有所思，有时又颔首默许。先生很温和，总是微笑着，让我感觉不到一丝紧张感，不经意间他还幽默地说出一些什么话来，让人顿觉轻松自在。看得出来，曹先生是想最大限度地任我自由发挥，他对学生似乎总是充满信心。

本来充满了信心与豪情，想把严歌苓小说研究做好，但无奈工作十分繁杂，精力终觉不济，直到2012年年底该出站的时候，我的博后研究报告仍没完成，只得申请延期一年。接下来的一年我是在焦虑之中度过的。先生似乎感觉到了我的困难，数次鼓励我坚持下去，这给了我莫大的勇气和坚持下去的决心。后来，我把写成的《严歌苓小说叙事三元素》给先生看，先生表示肯定并提出很多中肯的意见。2013年12月13日，我迎来博后出站报告答辩的日子。冯宪光教授主持答辩，张放教授、唐小林教授、马睿教授、白浩教授是答辩组成员，答辩老师们在提出各自意见时也对我的出站报告表示了肯定，这些都为我日后修改研究报告指明了方向。他们都是令人敬佩的学者，也是我学习的榜样。那天，先生仍是很匆忙的样子，总在跑上跑下地忙着，尽管如此，他仍过来与答辩老师们寒暄，并与我们合影留念。我终于顺利出站了。

自2010年12月进站以来，我结合学科研究领域的最新发展趋势，发表学术论文30余篇，其中CSSCI期刊文章9篇，人大复印报刊资料全文转载4篇，产生了一定的影响；还出版学术专著2部和诗集1部。让我开心的是，2012年在四川大

---

[*] 周航，2010级博士后，长江师范学院文学院教授，硕士生导师，重庆当代作家研究中心主任，中国当代文学研究会理事，中国文艺评论家协会会员，重庆文艺评论家协会理事，重庆现当代文学研究会理事，重庆比较文学学会理事，重庆市作协全委，重庆市文联全委。

学近 600 名博士后中，我被评为优秀，那次评选一共有 17 名博士后获此荣誉。回首那几年的博后历程，研究虽然不太尽如人意，谈不上取得了可观的研究成果，但在这个过程之中，我收获的又何止是学术成果呢？我知道，这些成果和荣誉的取得，与先生的鼓励和支持是分不开的。我唯有感恩！特别要感谢学识渊博、受人景仰的先生。在学术道路上，先生指引我走过一段艰难的路程。我钦佩先生的为人和为学之道，先生是我终身学习的楷模。

可惜的是，我未能在川大全职做博后工作，未能常常在课堂上聆听先生的教诲，实在遗憾得很。2015 年 3 月，我从美国弗吉尼亚大学英语系访学归国，随后又进入鲁迅文学院高级作家班学习。其间，先生在国家教育行政学院做"马工程"教材与精品课程的培训讲座，我急急赶去全程参加。讲座结束后，先生招呼曹门弟子在一家酒店小聚。一次国家级的培训，没想到就有来自全国各地的二三十名先生的学生参加，说先生桃李满天下一点都没夸张。

与先生相聚的机会并不多，那次北京的相遇，我竟与先生感觉不到陌生。那天在酒店就餐时，曹门满座，大家互致问候。我记得，先生热情地招呼我："周航，周航，过来坐，坐我身边！"顿时有一股暖流涌遍全身。我还记得，2012 年夏天先生在贵阳举行六十寿宴，我从重庆坐火车赶过去参加，我不知道具体有多少曹门学生参加，只知道整层酒店的大厅被塞得满满的，那天的场面真是热闹非凡！满面红光的先生，那天十分开心、激动，我想，来自天南地北的学生送来的祝福，让先生感觉到了人生的意义。

没有什么能阻挡得了时间的脚步，一晃就到了 2022 年，即将迎来先生的七十寿辰。十年弹指一挥间，但我与先生的师生缘，又何止让我今生难忘！

曹门的"张"与"弛"

2019 级硕士 孙 雯[*]

第一次见到曹老师，是在研一上学期的师生见面会上。当时，我尚未选择自己的导师，陈述了自己的本科毕业论文选题与对文学与艺术史的跨学科研究的兴趣之后，曹老师十分爽利地"收留"了我，这是我研究生生涯中最幸运的时刻之一。进入师门后的三年，我目睹了学者与读书人独有的自适、松弛与趣味，也经历了写作毕业论文时的苦涩、紧张与艰辛——用"张弛有度"来形容曹门的教学风格应该是合适的。

第一年的教师节，曹老师来京与我们相聚，席间提起山林中的游学、旅途上的

---

[*] 孙雯，2019 级硕士，湖北人，比较文学与世界文学专业。

答辩、与学生相处时发生的趣事，老师的健谈、风趣与对每一位学生的关心与爱护，使人觉得他在师者的威严与学养之外，更有长者的和蔼与可亲。由于疫情与地域的阻隔，和曹老师面对面交流的机会并不多，但只要学生有问题或困难需要请教，老师都会在电话那头给予详尽的指导与精神上的支持。研一时，由于学习内容的强度、深度与难度与本科截然不同，在强烈的不适应与学业的压力下，我在很长一段时间陷入了焦虑与迷茫，曹老师得知后，特意在百忙之中抽出时间给我打了很长的电话，告诉我要对自己有信心，不能畏难。虽然事后叙述起来似乎平平无奇，但任何在硕士生或博士生时期经历过研究困境的学生，或许都能体会在自我怀疑中得到来自老师的支持与肯定是一种多么大的慰藉。那通电话始终是支撑我走完这三年的最大力量来源。

曹老师对待学生态度宽和，给予了我们在研究对象选择上高度的自由，但宽中有严，曹老师也给我们提出了选题的要求：要做"第一篇"，研究要出新意。曹门的师兄师姐众多，各人遵循自己的兴趣选题。其中，不少前辈在画论、艺术史甚至电影史研究方面已经颇有心得，面对后辈的请教更是知无不言、慷慨相助。受曹老师嘱咐，师大的学生在博士师兄师姐的带领下定期举行读书会，交流学业上的困难与心得。曹门内部融洽、互助的氛围，使我在求学过程中获益良多。

写作毕业论文时，曹老师为我们举行了三次线上预答辩，不厌其烦地指出论文中存在的诸多问题，从标题拟定、格式调整，到增删章节、修订结构、优化观点……每次硕博联合预答辩都会持续五六个小时，曹老师从头至尾一直聚精会神，未显一丝倦色。

临毕业之际，回顾在曹老师门下受教的三年，即使经历了一些挫折，整体上我仍然觉得自由而幸运。衷心希望这种珍贵的、适度的自由在师门中可以一直传递下去，并经由在曹门中度过一小段时光或者更多时光的人们，传递到更广的人群中去。

严慈相济，师恩难忘

2019 级硕士　王艺涵[*]

想必对于每个学习过比较文学课程的 95 后中文系学生来说，曹老师主编的《比较文学教程》都是绕不开的一本专著。于我而言，曹老师之名曾是课本上的铅字，那时的我翻着厚厚的教材，从未想过能成为曹老师的学生。

其实早在正式成为曹老师学生的两年前，我已偶然得以聆听曹师教诲。"学术

---

[*] 王艺涵，2019 级硕士，比较文学与世界文学专业。

话语理论"讲座,这是我与曹老师结下师生缘分的开始。五年前,在我还是一名大二学生时,偶然得知了曹老师举办讲座的信息。赶到现场,我晚了一步,挤在最后一排,曹老师的讲座也将至尾声。听着老师在台上讲着文化变异理论,虽然隔了整间会堂,坐在最后一排的我依然对比较文学这门学科萌发了一丝好奇。到了讲座尾声,我鼓起勇气问了全场最后一个问题,也是曹老师为我解答的第一个问题,"对比较文学感兴趣的中文系的学生,平日应该多做哪些积累呢?"曹老师答,多读书,学外语。那年大二的我突然就默默下了决心,不仅要继续读文学专业,还要选曹老师执教的比较文学方向。曹老师可能不会知道,他五年前回答的一个问题,后来让我们两年后在北京师范大学相遇。而这一次,曹老师成了我的导师。从没想过这么顽劣的我可以成为曹老师的学生,师生的缘分,在那次讲座时就悄悄埋下了种子。

曹老师在谈及恩师杨明照教授的执教风格时,道:"杨先生宽严有度,既严格要求自己,也严格要求自己的学生,同时又充分培养学生的自主性。"作为曹老师的学生,我深感曹老师同样秉持了宽严相济的指导风格。

师者何为?传道授业解惑。疫情阻拦之下,能顺利坐在教室里听课时常变成一种奢望。也是曹老师让我明白,传道授业,不必拘泥于教室讲台。除了在课堂上为我们答疑解惑,曹老师无数次在生活中、在论文写作中向学生伸出援手。平日学习中,曹老师十分尊重我们的个人兴趣,在引导我们选题和撰写提纲的同时,又最大限度保证论文选题与个人兴趣相结合。疫情期间,面对毕业论文和择业的双重重压,我一次次拨通曹老师的电话,远隔千山万水,曹老师也对我的问题一一耐心指点,三言两语就抚平了毕业季的焦躁。虽然不能当场聆听老师教诲,但一通通电话仿佛成了毕业的解忧专线,浇灭了学生的急躁心火。

曹老师日常开朗风趣,但在学术教导上可谓严师。毕业将至,老师耐心组织了两次预答辩和一次书面评审,为毕业生层层把关论文质量。虽然我们时常只能隔着屏幕和老师沟通论文进度,但老师的指导从未缺位。犹记得每次答辩,从论文结构、整体行文乃至标点格式,老师都会严谨细致地一一指正疏漏之处。我们度过了长达半年的论文写作时光,有时像是一场漫长的修行,恰似在曹老师的指点下修剪一棵小树,一次次剪断旁逸斜出的杂乱枝节,慢慢修剪出一棵树该有的模样。一笔一画,都少不了老师的从旁耐心指教。

三年读研时光弹指而过,行将走进告别的六月,曹老师教会我的值得我铭记一生,无论作文还是做人,都务必戒骄戒躁,踏实为上。曹师风范,山高水长,永志不忘。

第四节 千淘万漉 百炼成金

比较文学跨学科研究的创新实践
——从曹顺庆教授指导我撰写博士学位论文谈起

2004 级博士 曾小月[*]

今年是恩师曹顺庆教授从教 40 周年，非常值得纪念！回顾曹老师 40 年来的教学历程，先生教书育人、立德立言、桃李满园。改革开放以来，中国比较文学乘着学术的春风发展迅猛。曹老师不仅在比较文学学科建设上推陈出新，更在拔尖人才培育事业上巧妙运思。比较文学跨学科研究一直以来便受困于比较文学本体论和方法论的纷争。如何开辟一条务实有效的跨学科研究路径，怎样夯实跨学科研究的学术基础，成为曹老师博士生培养工作的重中之重。本人无法对曹老师的跨学科研究思想作系统探讨，只想结合个人撰写博士学位论文的亲身感受，来谈一谈曹老师对于比较文学学界的意义和启示。

一、面对选择，敢于创新：跨学科研究的基石

萨特哲学，常言选择。

他指的是人生，是政治。

其实，在学术，在具体论文，首为重要，亦是选择。

那时，作为曹老师的博士生，论文写作任务已迫在眉睫。作何选题，我陷入沉思。

我攻读的是比较文学与世界文学专业。顺着中外文学比较之路，我想：可否研究郭沫若与日本文学的关系？或者，郭沫若剧作与莎士比亚剧作的比较？但这种选题可能他人已经做过，难以超越。忽而我又想到，能否选择家乡著名小说家叶紫来展开比较文学研究，因为他曾受过俄罗斯文学的影响。我把上述想法向曹老师汇报。曹老师听后，先是肯定了我的积极思考态度，但也直陈：找选题，既要撒开网寻找，又要结合自己的积累，不能东一榔头，西一棒槌。我面露难色，曹老师继而

---

[*] 曾小月，2004 级博士，女，湖南益阳人，2005 年跟随曹顺庆教授攻读博士学位，2008 年获得比较文学与世界文学专业博士学位。副教授，现任教于汕头大学文学院。《华文文学》编委，中国文学地理学研究中心研究员。研究领域为海外华人文学、文学地理学研究。

开导我说:"不要着急,找选题,不妨跳出固有思维,走一个新路子!"

这就是曹老师所讲的"第一选择"。

接着他又给我讲了"第二选择":走新路子,不是做无头苍蝇去瞎碰,而是要瞄准一个方向走,这个方向或许可以从你自己的"回忆领域"中去找。

曹老师接着又说:"人间的写者,其实都是在写'回忆'。"作家们的确是这样,他们的作品,其实都是一个广义的自传。而人文学者写论著,其实也是来自他们的"回忆领域"。思考选题时,他们常常是回过头去,从自己读过的书里,从老师讲过的课里,从自己的材料库、思维库里,去找到那些自己最为熟稔,曾经点燃过自己思维火花的点滴,要回看自己走过的路,如同作家一样,要"从自己的生活中来找!"

先生引导,我就放飞思绪。忽想起:幼年时,我住在一个剧团的大院里,剧团排戏,排的是武戏,那些武打吸引了我。而那些能翻跟斗的叔叔们,有的还是武术好手呢!——中国武术!我的脑海中亮光一闪。

放眼全球,想想人类的早年,各民族各个部落,都要和野兽搏斗,于是自然地有"武"!可令人惊奇的,唯有在东方,在中华民族,才形成了这种独有的武术!

中国武术,中国独有!而这武术,就和中国的艺术有极大的关系啊!

中国武术深深地影响着中国戏曲。这不仅仅是中国京戏里的那种狭义武打,而是说,在整个戏曲里,从演员在台上的独有的戏曲步伐,到整个的唱念做打,都浸透了中国武术的审美浓味!而由此扩展开来,到中国书法、中国绘画,等等,都和中国武术有千丝万缕的联系!

我很兴奋,赶快找曹师汇报这个想法。曹师是稳健学者,听后没立即表态,说:"我先想一想。"

过几天,曹师找到我,微笑着说道:"你这选题可以做。"顿了顿,曹师又说:"我给你们讲课时讲到过,比较文学有三大路径,第一条是影响研究,第二条是平行研究,这第三条就是——跨学科研究!"

是的。1961年,美国学者雷马克首次提出比较文学跨学科研究,后来法国学者巴利塞里又再次强调可以从"多学科"和"跨学科"来进行文学的比较研究。从20世纪80年代开始,中国学者就开始关注文学的跨学科研究。

曹师接着讲道:"中国武术和武学是一门大学问,对中国艺术影响弥深。这个跨学科研究是可以的。"

曹师还给我带来一个参考文本,是何云波师兄的博士学位论文:《围棋和中国艺术精神》。

这真是太好啦!我如获至宝般接过这个论文。

这是第二次选择,选中了。

然而到第三次选择,我的论文选题才最后落定。其中原因是,曹师认为"武术与中国艺术精神"体量太大,担心我难以驾驭,因此建议我将选题确定为"武术与中国文学精神"。

二、超越学科，不忘根本：跨学科研究的宗旨

博士论文选题确定之后，曹老师在百忙中询问我论文写作的准备情况。为此，我向曹师上交了一个写作提纲。曹师看后，既有肯定也有批评，其中的主要问题是：写作思路模糊，且有些游离于文学领域。曹师进一步指出："跨学科研究是比较难的，你既要熟悉这个学科，又要兼顾那个学科，两方面都要擅长，所以就比较难做。然而一旦展开比较文学的跨学科研究，你就要记住：虽然是跨学科，但重点还是文学。你要始终守住'文学'这个根本。"曹师一席话，令我茅塞顿开，返回宿舍后连夜改写论文提纲，将偏离主干的部分又拉了回来。最后我的论文提纲便是这样：

绪论
第一章　武术与中国文学的相通
第二章　武术与中国文学的交流
第三章　武术与中国文学的体道思维
第四章　武术与中国文学的审美维度
第五章　武术与中国文学的游戏精神
结语

具体而言，我的博士学位论文写作思路是：首先概述中国武术的发展历程，然后从发生学视角指明武术与中国文学构成跨学科比较研究的学理依据，爬梳武术与中国文学作品的交往历史。这些论述都为论文的核心论证部分打下了坚实的可比性基础。"道""审美"与"游戏"，是我在对武术与中国文学进行跨学科比较研究过程中提炼出来的三个维度，这三维度共同架构起了论文的主体。这体道思维，几千年来始终在引领着武术与中国文学，尤其体现在"太极""气""象数"等层面；审美旨趣，则将哲理思想辉映于人间，使得武术与文学互为参照，彼此呼应；游戏精神，则是我借助西方游戏理论来打通文、武的"任督二脉"，从而能深入堂奥，探秘艺术的至高而自由的顶层境界。

三、依托原典精读，打造中国话语

曹老师是中国比较文学界的领军人物，其宏阔的学术视野与融贯的研究方法不仅令国内学者折服，更引起了国际比较文学界的热切关注。我想，这与曹师依托中国文化原典，始终坚持建立中国话语的初心分不开。

记得，在川大攻读博士学位期间，不仅在课堂上认真聆听教诲，而且常常在课后"尾随"曹师，所以，对曹师的治学观点印象深深。先生说："作为中国人，不知道十三经是什么，是非常不应该的。"这是说，文化人对于传统经典要充满敬意。

那么我写《武术与中国文学精神》就要注意：要从我们老祖宗的原始根蒂上，来对武术与中国文学的交集溯本求源，寻根深掘。

先生还讲道："很多学术研究，都是二手学问，甚至是伪创新。放眼比较文学学界——当然也包括其他人文学科领域，大多数研究成果都是人云亦云，缺乏创新能力……"这是批评，也是对我们的警醒：做学问写论文，不能专抄名词术语，拾人牙慧，而要有创新，笔下之言，应该是真正的发自内心的发现和创见！

通过博士学位论文的写作，我体验到了跨学科研究对于学养功夫和思辨能力的高强度磨砺，也常常感受到"柳暗花明又一村"的惊喜。毕业已有 14 个年头，现在回顾，却觉得曹老师当年的谆谆教诲和教学理路，依旧是那么真切，那么清晰！

曹老师不愧是中国的一流学者，他的学术思想与教学经验给吾辈诸多启示。我这篇小文只不过是触摸到他庞大教学体系中的小小一角。但愿此文能给当下比较文学教学界带来一点有益的启发。

喜闻曹老师七十华诞将至，我在粤地黉门，遥祝先生吉祥幸福，喜乐安康。小诗一首，敬祝先生寿比南山，福如东海：

> 幸当桃李列曹门，
> 浩荡师恩忆论文。
> 百岁年华今庆七，
> 粤乡遥祝蜀乡春！

人生得遇良师，犹如航行中灯塔指引

2005 级博士　荆云波[*]

5 月初，栀子花开，香气四溢，仿佛又将我带到川大望江校园那个散发阵阵书香之地。在川大求学的日子，青春升腾着朝阳气息，一切都是那样美好，有博学多才、传道授业的良师开启心智，有亲如兄妹、同窗共读的同学切磋讨论，做学问、写论文已经不觉苦累，而是成为一种提升人生境界的乐事。最让人欣慰和愉快的，无疑是遇到恩师曹顺庆先生了。曹老师谈笑风生、和蔼可亲的待人态度，循循善诱、因材施教的教育方式，谈古论今、深入浅出的教学模式都值得一再回味。这里，重点谈谈曹老师针对不同学生的特点进行学术训练、深入钻研学问的点滴趣事。

---

[*] 荆云波，2005 级博士，女，河南三门峡人，郑州航空工业管理学院三级教授，硕士生导师，中国外国文学学会教学研究会理事，河南省外国文学与比较文学学会常务理事。2008 年 6 月毕业于四川大学文学与新闻学院，获文学博士学位。研究方向为比较文学与世界文学、文化人类学。

一、课堂提问，切中肯綮，层层深入

曹老师给博士生开出的课程有十三经导读、中国古代文论、文学理论研究（伊格尔顿英文原版教材）、比较文学研究等。课堂上，老师喜欢读一段，讲一段，先以提问的方式鼓励学生谈自己的理解和看法，后再向有不同看法的同学提问，大家进行论争和深入思考之后，曹老师再点评和总结，这样，同学们往往印象深刻，直达问题要害。比如，有一次随机让同学翻书，翻到的页码对应的数字（第几排第几列）正好是李国辉，国辉师弟背诵完刘勰的《文心雕龙·风骨》篇之后，曹老师问了几位同学对于"风骨"的理解。有同学说，"风骨"就是有风格、有骨力；有同学说，"风骨"就是建安时期社会动荡文人笔下的苍凉悲怆的凄凉美感；李国辉师弟的回答是"风骨就是老鹰"。正当同学们迷茫不解时，曹老师微笑着评论道："我同意李国辉的看法，风骨就是老鹰。"大家更加茫然了，教室里顿时一片寂静。

曹老师用慈祥的目光看了看同学们，然后解释道："的确，单纯去理解，风骨很难解释清楚。用比喻或者比较的方法去理解，就相对容易。刘勰的'鹰隼乏采而翰飞戾天，骨劲而气猛也'说的就是老鹰扇动有力的翅膀一飞冲天的风骨，它并不在意文采。但这还不够，如果将'风骨'和朗吉努斯的'崇高'进行比较，两者都包含有'力量'的阳刚之美，都强调情感，前者有志气，后者有庄严肃穆之情。再结合'风骨'产生的社会时代背景，战乱四起，饿殍遍野，民不聊生，就能理解在当时那样一个特殊的时代，为什么'文采'与'风骨'相比显得不是那么重要了。"我听后恍然大悟，对风骨的理解终生难忘。

像这样启人心智的提问和对问题意识的训练，例子还有许多。一次，在上比较文学课时，曹老师讲到文学人类学中的三重证据法，点名让我回答什么是三重证据法。我根据自己看过的《文学与人类学》的记忆与理解，回答道："一重证据指的是传世文献，二重证据是考古发现的地下文字材料，比如甲骨文、帛书、竹简等，三重证据是目前依然存在于民间的民俗活态文化材料。"曹老师首先肯定了我的回答，然后进行了补充，"跨文化的文献与论据也属于三重证据"，接着充分肯定了叶舒宪先生在文学人类学的开拓与贡献：他首先提出三重证据法的创新，开拓了用西方文化人类学的理论来阐释中国文化原典的研究领域，为比较文学在中国的发展另辟蹊径，取得了丰硕成果。曹老师鼓励我跟随叶老师的步伐，在这一领域继续前行。曹老师当时担任川大文学与新闻学院院长，事务繁忙，所以为我指定了叶舒宪老师作为我的博士生导师，指导我的学业和博士学位论文。又比如，对于现象学，大家都一头雾水，胡塞尔的现象学就已经很令人费解了，海德格尔更加艰深难懂，记得曹老师在课堂上很生动地拿画家笔下的鞋子作比喻，同学们还是不理解，他就拿庄子的"目击道存"来类比，尽管大家不一定完全明白，但也打开了通往现象学玄奥之境的大门。

二、学术训练，讲读研讨，固本培元

除了培养同学们的问题意识之外，曹老师还非常注重训练做学问的基本功，即分析能力、概括能力与表达能力。当时并不觉得有什么特别之处，但毕业以后才深深体会到曹老师的良苦用心，以至于自己在教学过程中也自觉效仿。曹老师对我们的训练有几点特别值得我们学习。

一是他在课堂上会先让一名同学大声朗读原文，在读的过程中大家用心体会意义，读完之后，再让另外的同学解释这段文字的意思。然后老师作解释或者补充。需要详细解释的地方他会通过举例、比较、回溯历史、还原场景等方式浓墨重彩地铺展开来，大家都熟知的或不重要的地方他会一带而过，最后再总结概括这段文字的主要意思。研读中国文化原典，研读古代文论，研读英文文论都如此。一开始，我有些吃力，特别是十三经和伊格尔顿《二十世纪西方文学理论》，对于古文功底和英文功底均欠佳的我，其难度之大可想而知。好在曹老师每次下课都会预告下次上课的内容，我就在课下下大功夫预习，查资料、查词典，上课认真听，认真做笔记，课堂上没弄懂的课后再细细研读，渐渐才跟上了曹老师上课的节奏。经过这样的训练，加上曹老师让我们背诵古代文论名篇，我的中西文论知识很快就丰富了，有了一定的理论基础，以至于博士毕业后许多人误以为我是学文艺理论的。

二是他注重训练同学们的讲读能力，在讲读中让大家互相点评、挑刺，然后改进。曹老师在研究中国文论和西方文论的过程中，发现近代西学东渐以来，中国的文论话语逐渐被西方文论的强势话语替代，中国文论处在失语的状态，要想扭转这种"失语症"的局面，就必须发出中国批评话语的声音，古代文论的现代转换、中西诗学的对话、以中释西都是有益的尝试。第一步，都是要厘清中国文论话语的范畴、语境、源流发展、影响、现状等问题，然后才可以进行和西方文论的比较对话。他鼓励我们每人选一个文论话题，在课堂上讲读，然后由一到两名同学进行主点评，其他同学进行辅助点评，每位同学都要讲读，也都至少担任一次主点评。这样下来，不仅自己的古代文论知识大大拓展，强固了学术认知中的薄弱环节，还提升了批评能力。我选的话题是关于"灵感"的问题，中国文论中陆机《文赋》中的"天机"、刘勰《文心雕龙·神思》中的"应感""神会"，再到严羽《沧浪诗话》引入佛教用语"妙悟"（"禅道唯在妙悟，诗道亦在妙悟"），都是关于灵感的论述，但西方文论话语关于灵感的来源以柏拉图的"迷狂说"最为典型，而中国文论话语认为灵感的降临与精神修炼（"陶钧文思，贵在虚静"）、学识积累（"积学以储宝"）、思维训练（"酌理以富才"）、借鉴对照（"研阅以穷照"）、勤奋写作（"驯致以怿辞"）分不开。后来在此基础上我又进一步拓展到考察梳理更广阔的文论范畴"神思"，并写出了学术论文《神思与神话》，在中国神话学学术会议上受到好评，此论文发表在《郑州大学学报（哲学社会科学版）》2007年第4期。之后，又写了中国古代文论中关于"才略""指瑕"批评的论文，以及《中国文论对现实主义的文化过滤》，并公开发表。这些都得益于曹老师对我们进行的学术训练。据了解，其他同学在课堂上的讲读内容经过修改提炼，有发表出来的，也有参与到曹老师课题中的。

三、基于兴趣，各扬其长，自主选题

读博期间，最揪心的莫过于博士学位论文的选题了。博二下学期，同学们就操心自己该选怎样的题目，有的同学利用课间向曹老师说明自己想写的方向，征询曹老师的意见。曹老师安抚大家不要着急，要深入思考，等到思考成熟了，我们会找时间开一个博士学位论文选题讨论会，专门讨论。博士学位论文不仅是对读博几年学术水平的检验，也关乎今后学术研究道路的持久性，所以一定要慎重，既要考虑自己兴趣所在，也要考虑学术的延展性和生命力以及自己能够获得的学术资源。机敏的"骏发之士"固然可贵，但虑久的"覃思之人"也能出彩，只要各尽其才，坚持笃定，都能取得成就。我们先是在成都东湖公园的茶社开了一个选题摸底讨论会，曹老师一一了解大家的选题动向，讨论其学术价值和可行性。对于那些选题新颖、切合前沿又有一定学术积累的题目，曹老师果断肯定，令其做进一步准备；对于没有新意、选题过大或过小的予以否定，曹老师或点评其不足，或启发与之关联的新方向，但并不代替学生选题目、列思路，而是令大家继续思考完善，等到下次开选题汇报会再进一步讨论。

期待已久的选题汇报会在郝跃南师兄的联络安排下于德阳文庙如期举行。在千古先贤孔圣雕像的注视下，曹老师和我们围坐成一圈，坐而论道，讨论着每位同学的选题以及思路。当时的环境氛围有一种浓浓的仪式感，我感受到了曹老师选择此地作为选题讨论会的用意，感受到肃穆庄严氛围下学术精神的代代传承。时间不知不觉过去了，有的同学还没来得及汇报，但天色已晚。曹老师说，不能落下一个人。我们回到成都，在望江楼公园湖边又秉烛夜谈，曹老师不顾口干舌燥和路途奔波的劳累，听取了每一位同学的汇报，并提出了令人茅塞顿开的建议和意见。经过选题讨论，同学们都感觉心里有底、踏实多了。

我选择的题目是"婚礼的神话原型与仪式叙事"，得到了曹老师的充分肯定，他认为这个题目非常有意义，在比较文学当中属于文学人类学的方向，很有学术潜力，鼓励我认真做。后来叶舒宪老师给我布置了"人类学破译中国文化元典"系列题目之一《仪礼》的文化人类学阐释，我觉得《仪礼》难以读懂，做论文的难度太大，曾向曹老师征求意见，曹老师鼓励我按照叶老师说的去做，叶老师的安排是有计划、成体系的。在叶老师的指导下，经过努力，我的博士学位论文顺利完成，并被收入叶老师主编的"神话历史"系列丛书，2010年由广东省重点出版项目资助出版。后来，"婚礼的神话原型与仪式传承研究"获得了国家社会科学基金项目资助。这些成绩在曹老师、叶老师那里只能算九牛一毛，和优秀的曹门弟子相比也不值一提，但是，也算是我个人学术道路上进步的印记和老师辛勤培养的结果吧，

今后还应继续努力。

记忆的闸门一旦打开，老师许许多多的教诲以及同门弟子一起探讨的美好时刻一幕一幕又回到眼前，曹老师在思想上、信念上的训导叮咛仿佛还在耳边。他教育我们，同门之间要像兄弟姐妹一样互相帮助、互相关爱；要严格遵守学术规范，绝不能抄袭剽窃他人的学术成果，即便是在一起讨论问题，也不能把他人的观点抢先拿来发表；他还经常告诫我们做学问要耐得住寂寞，要朝着目标坚定不移地探索下去，一定会有收获。曹老师的谦谦君子之风、培育爱护学生的慈爱目光以及他对我们说过的话——"什么时候需要帮助，老师永远站在你们身边"，都成为永恒美好的回忆。

如果说父母给了我们生命，那么导师则赋予了我们学术生命。个人不懈的努力加上良师引路，才能让我们在事业上走得更远。星光不负赶路人。

理性＋信仰：博士学习记

2005 级博士　欧阳灿灿[*]

意大利著名作家但丁在其名著《神曲》中，为世人指出了实现理想、臻于完美境界的途径。他在古罗马诗人维吉尔的引导下，游历了地狱和炼狱，并最终在纯洁的恋人贝阿特丽采的引领下，游历了天堂。通过这个故事，但丁想说明，只有在理性和信仰的指引下，世人才能最终获得精神的提升。回忆我在导师曹顺庆先生指导下的博士学习经历，我最大的体会与收获是，学术成长之路既需要理性的方法与态度，也需要信仰的修炼与引领。

2005 年 9 月，我如愿进入川大校园，开始博士学习生活。我在华中师范大学中文系的本科经历让我打下了较为扎实的基础，我以四年总分全年级第一名的成绩被免试推荐至广西师范大学；在广西师大的三年硕士学习则让我初步掌握了论文写作方法，并对本专业的知识体系、理论方法与国内外学界的基本状况有了一定了解，我的硕士毕业论文也被评为优秀。但是，我知道自己的论文写作仍然比较稚嫩，在视野、格局、选题、论述、行文等各方面还有待提高，学术研究之路刚刚开始。想来曹老师对我们入校时的状态十分清楚，在川大博士学习期间，曹老师在开拓视野、提升理论素养、确定选题甚至优化论文行文结构等各方面给予了精心指导，使我们掌握并锤炼学术研究的理性之"术"。

---

[*] 欧阳灿灿，2005 级博士，女，1980 年生，湖南沅陵人。杭州师范大学人文学院教授，硕士生导师。主要从事身体理论研究。在《外国文学评论》《外国文学研究》《外国文学》《国外文学》《当代外国文学》《文艺理论研究》等刊物上发表论文数十篇。

博士生一年级，曹老师开设了十三经释读和英文理论原作解读等方面的课程。在十三经的课堂上，我们要熟读背诵某些篇章段落甚至全文，总结其基本意思；在英文理论原作解读的课堂上，我们要把英文翻译成中文，总结讲解其意思，然后曹老师再进行点评解释。曹老师对我们可能不熟悉的字词句进行详细讲解，对相关的中西著作观点进行勾连解释，或者对国内外相关的研究进行介绍点评……每次上课，教室里总是坐满了人，很多都是其他专业甚至其他学院慕名前来听课的博士生。曹老师的课不仅弥补了我们古文原典与英文原著阅读不足的缺陷，更极大地开阔了我们的视野，让我们在面对一个研究对象的时候，能在更广阔的学术视域中提炼问题、把握特色。

这些课程也提升了我的理论素养。我的硕士论文研究的是俄裔美籍作家纳博科夫的时间意识。研究文学作品，需要理论支撑，更需要能自圆其说的、对作品的理解与领悟。换句话说，硕士三年，我囫囵吞枣般地读了一些理论书籍，但是真正对文学理论的理解有较大提升，还是在攻读博士学位阶段。曹老师在课上往往会精炼地总结出理论流派的基本观点，以及各流派的历史发展脉络及某些著名理论家之间的师承关系，让我以往印象中干巴枯燥的理论观点变成了生动活泼的理论史，也让我有勇气以西方身体理论的发展流变这一关联甚广的问题作为博士论文的选题。

曹老师非常重视博士论文的选题。选题关系着博士论文的质量，不仅是对博士阶段学习成果的检验，还是初出茅庐学者的名片，甚至是毕业之后工作几年内学术研究的起点。曹老师会仔细了解选题意图与研究计划，再结合已有的学术研究现状及博士生本人的学术积累，对各种选题进行仔细衡量、推敲与拓展。曹老师指导学生选题不仅关注学术界通常强调的新意及价值，还很重视选题的延展性，也就是说，选题在博士论文完成后还有继续深挖延展的可能。我毕业之后第一次成功申报国家社科基金项目，就以博士学位论文为基础。这样的例子不胜枚举。"爱学生，则为之计深远。"我们从中体会到曹老师深厚的学养和敏锐的学术眼光，更深深感受到了曹老师对学生的关爱。

在培养学生掌握学术之"术"方面，曹老师还有很多方法。比如让学生一起讨论各自写的论文，在讨论中打开思路，挖掘问题，找到更精确、明晰的表达。更重要的是，通过讨论论文培养学生以旁观者的态度审视论文，在论述中把握与读者对话的某种张力，这也使我受益良多。但是，最让我印象深刻的，还是在曹门所体验到的对学术的信仰，也就是以平静、认真、执着的态度追寻真理。

曹老师数十年如一日，发表论文、编撰论著、申请课题，从不间断；他推崇才学，也对有才华的学生由衷地喜爱；他从不 push 学生，第一次见学生就能记住学生的名字；无论何时看到学生，脸上总是挂着和煦的笑容……也许就是在这样的亲身传授、以身作则的氛围中，曹门的学生总能在当前学术界激烈的竞争环境中保持清正，认真务实，取得丰硕成果。我的一位同学毕业至今，每天坚持工作 9 小时；一位师兄 4 年间写出了 140 万字的成果，得到学界的一致好评。

在曹老师的指导和同门的激励下，我读博时幸运地在本专业的著名期刊《外国文学评论》和《外国文学研究》上发表论文，毕业之后又陆续在《外国文学》《国外文学》《当代外国文学》和《文艺理论研究》等名刊上发表了论文；我面向本科生开设的外国文学史、东方文学研究和比较文学等课程也得到了学生的热情肯定，学生对课程的评分多次超过 97 分；我所指导的硕士生有的考上了名校的博士，2021 年所指导的硕士生论文在匿名评审中全 A 通过……我的这些成果与同门相比，实在是微不足道。无论是锤炼做学问理性之"术"，还是修炼对学问执着认真的信仰与精神，我还有相当长的路要走。曹老师对博士生在理性与信仰方面的培育与指导，已成为曹门弟子的精神标记，将一直伴随着我们在学术研究上的成长，并终将一代代传承下去。

仰山而铸铜，煮海而为盐
——曹顺庆先生的学术训练思想纪实

2012 级博士　李　媛[*]

每每回忆自己在曹老师门下的求学经历，都感慨颇深，常常暗地里庆幸能成为老师众多弟子中的一员。深知自己才疏学浅，常提笔就有"方其搦翰，气倍辞前"之感，只能以粗浅的文辞来记录老师给予我们的学术训练与指导，以此感念老师的教诲之恩。

2012 年，一个值得记忆的年份！这一年艺术学上升成为门类学，四川大学在这一年开始招收艺术学博士，而我也有幸考中，成为曹老师的博士。"予齿在逾立，尝夜梦执丹漆之礼器，随仲尼而南行"，老师在中国文学批评史课上提及刘勰此语，瞬间击中了我的心。再没有比这句话更能形容我当时内心感受的了，我绝不敢自比先贤，只因与刘勰年过三十梦到他能追随先哲之路时大喜的心情相似，我也时时因能过了三十岁还能成为老师的学生而深感三生有幸。正所谓"不忘来时路，方知向何行"，曹老师是杨明照先生的弟子，他讲刘勰的《文心雕龙》给我留下的印象最为深刻，而这也影响了我后来的学术研究。

刘勰会通玄、佛、儒而著《文心雕龙》，曹老师融会东西方文论，开拓出比较文学的中国学派，在我看来都是毕生难以企及的高度，唯有保持仰望的姿势，亦步亦趋地紧随老师的脚步，仔细思考。曹先生对我们的学术训练可谓遵循了传统的治学方法，若要概括曹老师的治学精神，我以为"仰山而铸铜，煮海而为盐"最为恰当。虽然刘勰是用"仰山而铸铜，煮海而为盐"形容经书之于写文章的好处，但也

---

[*] 李媛，2012 级博士，西华师范大学文学院教授，硕士生导师。主要从事艺术学理论、比较艺术学研究。

从一个侧面说明做学问需要厚积薄发，不仅要下苦功夫，还要持之以恒，方能有所成就。曹先生的学术传承与创新正是秉持这一精神发展而来的，因此在教导研究生时，他同样秉持这一理念予以训练，总结起来体现在三个方面：首先"入门须正，立志须高"，必须端正严谨治学的态度，立下高远的志向；其次要切实做到"积学以储宝"，以经典为基础，夯实学识；最后则是"研阅以穷照"，做到广泛地实践与思考，以问题精神为导向，打开视野，一以贯之。

一、入门须正，立志须高

犹记刚入学时，曹老师开座谈会让大家相互交流认识，每个人都精神饱满，我也很兴奋，但这个劲头随着大家各自的自我介绍逐渐弱下去了。在座诸君都各有特点和强项，让我自觉汗颜，因为自己年龄不小了，而能力并没有与之成正比。真正进入学习之后，曹老师有一天讲：你们青年学生应当向古人学习，如严羽的《沧浪诗话》所说"夫学诗以识为主：入门须正，立志须高；以汉、魏、盛唐为师，不作开元、天宝以下人物"，因此你们做学问方面也要"入门须正，立志须高"，这句话的意思是说做学问要摆正路子，要端正态度，要以高的榜样要求自己。我当时缺少悟性，只当是老师对大家的勉励，在后来的学习中，我才领悟到了这番教诲的用意。所谓"入门须正"，是指我们应该以严格标准要求自己，做好学术的基本训练。做学问最忌讳的是投机取巧、不求甚解，要做好学问，必须有客观务实的态度，以及对海量学术文献的仔细梳理与考证，只有这样，论著才具有学术的厚重性。曹老师的论著无一不是建立在深厚的学术积累之上，其获得霍英东青年教师基金奖励的代表论著《东方文论选》四卷本、百余万字，正是在广泛地占有资料和分析资料的基础上完成的。所谓"立志须高"，指的是要以高的学术标准要求自己，争取学问上的不断精进。曹先生可以说就是这一要求的践行者，他做了第一流的学问，成为第一流的学者，不仅担任了中国比较文学学会的会长，还作为比较文学中国学派的代表学者之一，于2018年入选欧洲科学与艺术院院士。曹先生在自己的学术生涯中不仅熟读与背诵了古代典籍，在传统文论方面学术积淀厚重，还致力古代文论的现代转化研究，在读博期间就拓展至对中西方比较文论的研究，完成了《中西比较诗学》论著。该书一经出版就受到了学术界的好评，得到了季羡林先生的高度评价，至今仍是我等学科教学与研究的重要文献。曹老师具有一个严谨学者不断探索和求知的精神，在获得博士学位后，他没有停下自己的脚步，而是尽力了解西方学术理论界的研究现状和水平，先后在世界一流的康奈尔大学和哈佛大学做访问学者。通过长期积累，在艰苦的学术训练基础上，曹老师又以问题意识为导向，贯通中西方文论，沿着比较诗学的道路探索，最终进入了中西比较文学领域，在面对法国比较文学学派"比较文学不是文学比较"以及美国学派的"无边的比较文学"的主张时，曹老师在中国传统文论领域坚实的学术积淀就发挥了它无与伦比的价值，他以《周易》"易有三义"的"变异"思想为基础，提出比较文学的变异学说，而这奠定了比较文学中国学派学科理论的基石，使中国比较文学学派跃升世界比较文学学科研究前沿，成为世界文学学派一只新生力量。曹老师的英文论著 *The Variation Theory of Comparative Literature*（《比较文学变异学》）于 2014 年出版，此作在国内外均引起了强烈的反响，受到美国科学院院士苏源熙、哈佛大学教授达姆罗什、欧洲科学院院士多明戈等兹的高度评价，真可谓"藏之名山，传之其人"。正因为有曹先生这样第一流的学者做第一流的学问，优良的学术传统才得以薪火相传。

当时曹老师的教导犹如"当头棒喝"，只可惜自己才短思涩，没能即时领悟。而在真正领悟这一要求之后，我决定以严格标准要求自己，向优秀的同门学习，以务实求真的态度对待学术研究，争取准时毕业，早日拿到高一级别的科研项目。而在此后几年的学习中，我全力以赴去兑现自己的诺言，终于在入学的第 4 个年头，作为定向学生顺利毕业了，较早地返回了工作岗位。回到工作单位之后也未敢懈怠，钝学累功，连续 3 年申报国家课题终而如愿，当时立下的目标也一一实现。至今耳边仍然回响着老师"入门须正，立志须高"的教导，而这也成为我在做新生入学教育时提出的要求。"入门须正，立志须高"所提出的是做学问的基础要求，在此基础上还要做到"积学"与"研阅"，才能培养出融会贯通、纵横分析的综合能力。

二、积学以储宝

上曹老师的课，是一件既令人兴奋又让人高度紧张的事。之所以说让人兴奋，是因为曹老师的课总能让人耳目一新，信息量之大又让人应接不暇，有心潮澎湃的感觉。而让人高度紧张的原因在于曹老师每节课都会让人起来朗读十三经，或是背诵《文心雕龙》《二十四诗品》《沧浪诗话》这些经典论著。每个同学都要打起十二分精神，虽然都提前准备和背诵了，但一旦被曹老师点到名，还是紧张万分。在这届同学中，我是年纪较大的几个之一，背书觉得吃力，背了后面又忘了前面，前一刻还在嘴边的句子，下一刻就从脑中消失，这个时候总感觉头皮都在发热，禁不住暗自嘀咕：这背诵于我还有益处吗？现在教师上课不是都用多媒体了吗？曹老师在一次上课中，给我们解释了为什么要背诵经典论著：做学问来不得半点惜力，脚踏实地地记忆和诵读才能做到深刻地理解，让理论的思维根植于自己的头脑，这是一种最基本和最艰苦的学术训练。接着曹先生举了自己求学经历的例子来教育我们。曹先生的老师是"龙学"泰斗杨明照先生，杨先生在上课时就能随口背诵《文心雕龙》的篇章，正是因为谙熟典籍，所以当学者马宏山提出《文心雕龙》是"以佛统儒，佛儒合一"的观点时，杨先生能迅速地驳斥对方的论点，指出《文心雕龙》本为骈文写作，"玄圣创典，素王述训"中的"玄圣"并非释迦牟尼，而是和"素王"意思相同，都是指"孔子"，因此所谓的"以佛统儒"的观点就失去了立论的基础。曹先生自己同样熟悉典籍，当他发现钱锺书《谈艺录》在引用《文心雕龙》的错误之后立即进行了求证,并写信给钱先生告知,自此钱先生与曹老师保持了长期的学术联系与交往。

  这些生动的例子让当时的我备受感动,愈发重视对原典的学习,每日清晨起床背诵,夜晚睡前复习,虽无法做到背诵所有的经典论著,但对其中的重要篇章也能做到烂熟于胸了,这样的积累更激发了我对中国古代文艺理论的热爱。毕业回校任教后,在给研究生们讲授中国文学批评史时,我随口背诵出《神思》《知音》中的经典字句,学生投以仰望的目光,让我真正懂得了老师的话。能随口背出正是因为领悟得深刻,而深刻的领悟又反过来加强了记忆;只有积累丰富,才能做到知识迁移,真正融会贯通,有种修炼武功打通了经脉的感觉。我的学生经常问我:"老师,我已经明白了教材的内容,理解了它们的观点,也梳理了思想的大致脉络,却发现自己仍然没法用观点和理论分析具体的问题,怎么办?"还有学生问道:"老师,古代文学经典论著像是《文心雕龙》我读完了,可是我感觉没留下任何印象,没有深入理解,这是怎么回事?"对于这些问题,我认为都是缘于没有深入地诵读和记忆,流于表层,没有以理解为基础的阅读,就无法达到对知识的掌握,也就无法自由地运用。由对古代文艺理论的研究,我又自然延伸到了对中国画论思想的认识与探讨,拓展了自己的学术视野,关注到了中国传统艺术史的现代建构问题,这也为我后来的国家项目申报打下了坚实的基础。

三、研阅以穷照

  在攻读博士学位的相当长一段时间,我都保持着旺盛的学习劲头,迫切地想让自己化身为海绵尽可能地看更多的书,总以为这样就能确定自己的研究方向,却没有认识到"积学以储宝"固然很重要,"研阅以穷照"同样不可少。前者是通过大量的阅读积累知识,增强认识力,拓宽视野;后者则是要深入实践,做到"仰观俯察",进行比较、分析,达到深刻理解。人通常对自己的问题都有"不自见之患",所以在很长一段时间,我都处在毫无方向的忙碌之中。直到有一天曹老师突然让我参加了一个期刊团队,这个团队由胡易容师兄带领,做《艺术研究与评论》的编辑工作。在参与了第一期的后期审稿、编排与邮寄等工作之后,我突然发现自己被带领进入了一个新的领域,从以前只知道埋头读书的状态进入一个用更广阔的视野看世界的状态,通过审阅他人的稿件,跟随团队成员一起学习编辑,广泛地了解了艺术学研究的各个分支学科与领域的发展现状,从艺术门类研究、艺术史学研究、艺术人类学到艺术管理学、艺术教育学等,从论著评论、艺术家访谈、非物质文化遗产保护的调查到博物馆、画廊等策展机构的展评。这个阶段,我顿悟曹老师学术训练的真正用意;所有的理论学习最终的目的都是要与实践相结合,离开生活实践的理论研究只是空中楼阁,没有深刻的理解和认识是没法做到融会贯通的。不仅如此,曹老师又给我布置了一个作业,让我去做一个近十年来西方关于中国当代艺术海外研究与拍卖的综述。当时我不是很理解,觉得自己的方向是艺术学理论研究,为什么要去综述海外关于中国当代艺术研究和拍卖的现状呢？两者有什么关联吗？而当我一头扎进文献中，才逐渐明白了老师的用心，自己果然识见太少，没有对学界研究现状的准确把握和定位，怎么能找到自己的方向？没有对具体艺术作品的了解，就没法做到理论和实践相结合。

而在返回工作单位后的教学研究过程中，我十分庆幸当年认真地完成了老师给我布置的学术任务。我连续两年申报国家课题无果，转回头去发掘自己已有的前期科研成果时，根据老师给我布置的学术训练——海外中国艺术研究的现状综述，结合博士论文选题所做的西方学者贡布里希的艺术方法论研究，重新确定研究方向，并拿下了课题。俗话说得好，"人生没有白走的路，也没有白吃的苦"，我以为人不是不懂得付出就有回报的道理，而是大多数情况下潜意识里避重就轻，忽略了"积学"与"研阅"的重要性，而这恰恰是做学问的基础。

"若禀经以制式，酌雅以富言，是仰山而铸铜，煮海而为盐也。"若能根据经书来确定文章的格式，学习经书的词语来丰富自己的语言，就好比靠近了矿山去炼铜，在临近海水的旁边熬盐。刘勰用打比方的方式阐释道，经书是座巨大的宝藏，而要获取宝藏绝非轻而易举的事情；对待学问，只能保持虔诚的态度，以严谨扎实的方式去治学，持之以恒。学问可以有利钝，文章可以有巧拙，但为学不可不勤，立志不可不坚。曹老师正是以儒家"士不可以不弘毅，任重而道远"思想为旨归，做第一流的学问，成为第一流的学者，成为我等后学的楷模，他走过的这条道路绝不是轻松的，而他将自己所有治学的经验和方法都一一凝聚在经典上，以言传身教的方式教导我们，常让我有醍醐灌顶之感，我想此生都难以忘记在老师门下求学的日子，也必将在有生之年把所学的治学方式传承下去，以此向吾师致以最高的敬意。

漫长的毕业论文通关路

2013级博士　林　何[*]

"入门须正，立志须高。"恩师曹顺庆先生在课堂上讲解《沧浪诗话》时的话语总是回响在耳畔。这句话既是说诗，也是说人。十分幸运在辗转求学路上遇见曹师，蒙先生不弃收入门下。怎料我这个弟子太过愚笨，志高才短，毕业论文写作一直以龟速推进。写写停停，不断修订，经历了三次预答辩，终于在"博七"通关成功。与众多才华横溢的同门相比，我肯定是先生最笨的学生。回首来路，幸得先生

---

[*] 林何，2013级博士，1975年4月出生，四川平昌人，现为电子科技大学外国语学院副教授、硕士生导师。研究方向为比较文学与比较诗学。

的指导和勉励，我才能够最终拿到博士学位。

一、修课阶段

我是学外语出身的，考博阶段最担心中国古代典籍一科，因此蒙学长指点，旁听了先生为四川大学硕博士生开设的中国文化元典阅读课。记得近百人的教室坐得满满当当，人手一本厚厚的影印版《十三经注疏》，"自天地开辟，阴阳运行；寒暑迭来，日月更出，孚萌庶类，亭毒群品，新新不停，生生相续，莫非资变化之力，换代之功……"整齐的读书声响彻教学楼。刹那间，我已置身在一个中国文化"生生相续"的时空。先生的课堂打开的这个时空对我来说既古典又新奇，它不断生成，一直将我引向博士学位论文的选题和写作。

工作多年后重返校园，师从比较文学大家，心中自然难掩激动。这种激动感成为我们2013级同门在博一时的普遍状态。现在想起来，先生对此肯定是洞若观火，明察秋毫。先生很快便将我们的单纯激动引向做好学问的更深层的激动。先生为比较文学方向的同学们开设了中国古代文论、当代西方文论和中外语言文学与文化专题研究三门课程。前两门属于比较文学研究基础课，后一门属于比较文学研究高阶课。

先生特别注重培养我们阅读、背诵和领会原典的功夫。中国古代文论这门课程要求我们背诵大量的中国古代文学理论核心文本，如《毛诗序》《典论·论文》《文赋》《文心雕龙》(《序志》《原道》《宗经》《辨骚》《明诗》《神思》《体性》《情采》《风骨》《知音》十篇)和《诗品·序》《二十四诗品》《沧浪诗话·诗辨》等。当时我们背诵得异常艰苦，但先生传授的"依经立义"的方法，却让我们甘之如饴，先生作讲解并引导我们讨论，夯实了我们的中国古代文学理论基本功。而当代西方文论这门课，则选用英国著名文论家伊格尔顿的《文学理论导论》英文原版作为教材，以其为门径，通过文本细读和学理辨析来追踪西方现代文学理论流派的经典人物和经典文本。这两门课形成了一种有趣的呼应和对话关系。这种中西互照互参的模式，正是先生课堂教学的特色。"课虚无以责有，叩寂寞而求音"与西方文论讲的虚构性，中国古典文论的"文笔"与黑格尔对"美"的定义，西方现象学与中国文艺理论的沟通性问题，等等，先生用诸多横跨中西的话题开启了我们对中西比较诗学的新认识。

而作为高阶课程的中外语言文学与文化专题研究，不仅强调思辨，更强调论辩，课堂成为观点展示与思想交锋的战场。先生不时的点评与提问，更是让课堂讨论充满"火药味"。从比较文学学科发展史到比较文学变异学、比较文学个案研究，这门课给了我们更开阔的视野和更纵深的思考。这门课不仅注重实战，还注重对实战的检验——要求每位同学在课堂辩论的基础上形成可供发表的论文，而且最好是英文论文，我们最终都获益匪浅，不少同学在国际核心刊物上发表了文章，既完成了课程的要求，也完成了博士在读期间的基本科研任务。

在这些学术训练的基础上，我们进入了学位论文开题阶段。

二、开题阶段

先生对博士学位论文选题有着睿智的眼光。在中外语言文学与文化专题研究课程尾声，先生向我们传授了"独门秘籍"：其一，要学会自己找题目，忌追"热"，不要一哄而上，别人研究什么我就研究什么；其二，选题要有重大的学术价值和现实意义；其三，选题贵在创新，要写"第一个"，要学会找"空白"；其四，要结合自身的知识结构和兴趣爱好选题；其五，要做前沿性的研究。

先生的真经启人心智，我这个愚笨的学生好像也开了一点窍。

考虑到自己的知识结构，我决意将选题锁定在英语世界中的中国古典文学译介与研究这个领域。于是在开题之前我准备了三个题目，似有让先生来选择之意。《英语世界的〈镜花缘〉研究》是我首选的题目，是我认定的没人研究过的"空白"，我觉得通过的希望很大。但先生只问了我两个问题："《镜花缘》有多少个译本？英语世界有多少学者研究过它？"我就知道这个题目没戏了，因为根据当时掌握的情况，已知的译本只有一个，英语世界的研究者更是寥寥。对于我次选的题目《英语世界的禅宗美学研究》，先生再问："你对佛教有过研究吗？你以前了解美学吗？"先生这个"温而厉"的提问让我发虚，我知道又没戏了。

但令我意外的是，最后一个选题《英语世界的李白研究》却直接获得了先生的同意。对于先生的选择，我始终未能参透。直到次年，兼在川大宗教所学习的师弟告诉我，他的《英语世界的禅宗文学研究》选题在先生那儿通过了，我才恍然大悟，终于明白先生是"因材施教"，选题还须"因人而异""量力而行"。

三、艰难的预答辩

将李白这位大诗人作为研究对象，我当时似乎并未完全清楚其分量，更没有领会到先生同意这个选题，其实是对我这个笨学生有着某种期望。开完题后到文新学院交表，办公室的老师说道："同学，你能成为曹老师的学生很幸运，他的学生的毕业论文没有不过的。但你一定要珍惜机会，好好写！"我心中一阵狂喜，已开始想象即将通过答辩的画面，无暇去细想这句话的真正内涵。

先生嘱咐我，研究英语世界的李白，自然要关注李白作品在英语世界的译介、研究和接受，但这需要建立在翔实的材料之上，需要有扎实的文献收集、整理和归纳的功夫。我开始通过四川大学图书馆、国家图书馆和馆际互借渠道搜寻相关资料，但很快发现，国内关于英语世界的李白译介和研究的资料委实太少，不足以支撑博士毕业论文的研究。在沮丧之际，先生指点我：何不利用自身的优势去国外查阅资料？经过一番准备和申请，我很幸运联系上外方导师，得以在"博四"时前往美国留学一年。得益于先生课堂上高强度的文献阅读训练，我已具备快速提炼要点的基本功。经过漫长的搜寻、阅读和整理，最终梳理出英语世界中的李白译介和研究概貌，待到回国时已完成了约15万字的论文初稿。

掌握了大量新材料，我对自己的论文信心满满，便向先生申请参加预答辩。先生看过论文后并未多说什么，同意我参加。我想起当初办公室老师说的话，觉得通过预答辩定是十拿九稳的事了。但没想到这才是我将要参加的一系列预答辩的第一次。

其实当时一进场就感受到了征兆。一起参加答辩的两位师姐手里论文的厚度，几乎是我的论文的两倍！心中开始忐忑。待进入点评环节，"厄运"正式降临。先生和另外两位答辩老师提出了很多批评意见，包括工作量不足、材料堆砌、思路不清楚，等等。先生最后问道："你现在写的这个'论文'怎么对得起李白呢？"很明显，先生很失望。我羞愧不已，博士学位论文几乎被我写成了"资料汇编"。

这场预答辩看来只能铩羽而归了。我心底觉得当初办公室那位老师骗了我，明明是曹老师连学生的预答辩都不让通过嘛。看出我的失望与惶惑，先生为我指明了方向："你要继续努力，要写得厚实，写得厚重！"

有了先生的指引和鼓励，我将失望转变为希望，继续写作，在原先只注重资料收集和整理的基础上，增加了对英语世界相关译介和研究的研究。为了体现出先生所说的"厚"，我不仅将眼光对准英美汉学家的研究，也对准一批华裔学者和以英文发表研究成果的华人学者，此外还将李白诗歌在英美诗界的接受问题也纳入视野。经过大半年的写作，字数已逾20万，论题扩展，字数增加，我的信心恢复了，决定再次申请预答辩。

第二次预答辩，对面坐的还是三位老师，除了先生，另外两位老师并不是去年的预答辩老师。老师们对我的论文给予了许多肯定，但他们指出的问题却要多得多，其中最严重的问题是论文整体上缺少比较文学学理的支撑，用先生的话说，"写得不深刻"。先生提醒我，可以深挖比较文学变异学理论的潜力，来分析李白诗歌的英译问题和李诗在英美诗界的接受问题。这场预答辩自然是又没有通过。"你再努努力！"先生安慰我。先生鼓励的眼神令我感动。

接下来的一年中，在完成单位工作的余暇，我继续修改论文。按照先生的指点增加了若干章节，并完善了论文的结构，但总体上并不令人满意，因此我没有申请这一年的预答辩。等字数写到差不多30万字，论文稍有先生所说的"厚重"和"深刻"之感的时候，我到了博士延期的极限，于是我再次申请预答辩。

第三次预答辩，顺利通过！答辩结束后，我看见了先生温暖的笑容。

尾　声

最终的论文外审结果四优一良，毕业正式答辩会上也得到了老师们的好评。我想我终于领悟到了当初先生为何同意我的选题，领悟到了为何每次预答辩都会出现不同的老师，也领悟到了办公室老师所说的话的真正含义。

能入曹门，何其有幸！

回首来路，感谢师恩！

学术之旅引路人
——曹顺庆先生指导博士毕业论文写作点滴感悟

2018级博士　高小珺*

如果说做学问的过程是一场探险之旅，那么只有作为一名探险者深入其中，跋山涉水，不断求索，方能发现泉眼，开凿出涓涓细流，并沿着学术源流继续前行，不断有新的成长与收获。

提起读博的经历，对所有探险者而言，毕业论文的撰写无疑是其中最刻骨铭心的记忆，于我亦是如此。在这趟充满挑战和艰险的学术旅途中，我毕生的恩师曹顺庆先生是我最重要的引路人，对我的学术生涯具有决定性的重要影响。正是在先生循循善诱的指导和启发下，我才初步找到一片自己的学术园地。

一、入门须正，立志须高

2019年3月，我们刚刚步入博二阶段，先生便告诫大家，本学期的重点和目标除了平时认真上课、写好小论文，就是基于日常的积累，确定毕业论文选题。记得在一次《十三经注疏》讲读课后，先生专门将我们这一届的同门召集起来，语重心长地叮嘱我们毕业论文选题需要注意的几个重要方面。

首先，先生让我们谨记"入门须正，立志须高"。这是先生平素在中国古代文学理论课上要求我们背诵过的宋代著名文论家严羽《沧浪诗话·诗辨》中的一句，先生将这短短几字送给我们，作为治学的重要准则和论文立论的第一要旨。先生以此教诲我们：踏上做学问的道路是光荣而又肩负使命的，初学者入门要正，要肯沉下心来，做真学问、走正道，这是治学之本，更是做人之本。同时，要怀有高远的学术理想、端正的学习态度和开阔的学术视野，尽可能地多向优秀的大师、前辈学习，如此，对学术与人生都富有教益。在当下，要想真正建构起具有中华民族特色的学术话语体系、实现学术话语创新，整顿忽视文献基础、使用二手文献等浮躁空疏的学术风气，首先离不开对中国传统文化的"辨章学术，考镜源流"，练就扎实的基本功底，由此才能厚积薄发，真正发挥学术和文化的创新力。只要求真务实、勤勉善思，即使是起步较晚的初学者，随着积累的增多，也一定会有所收获和进步。

其次，先生教导我们要知难而进，怀有无畏的学术勇气，要敢于打破常规、开拓创新，努力在前人研究的基础上做有开拓性、创新性的研究，这也是衡量一部博

---

* 高小珺，2018级博士，比较文学与世界文学专业。

士学位论文质量最重要的标准。例如，关注学术界目前集中讨论的重要问题、难题；聚焦某一研究领域有待解决的问题，在某一方面有所突破，以便加深或促进对某一领域的认识。对此，先生鼓励我们，不要因为自己是初学者就望而却步，畏惧退缩，或是盲目追随学术界的主流，亦步亦趋地埋头跟随他人的脚步，重复他人的研究，从而失去学术中的主体性、独立性。相反，我们应当在尽可能全面掌握相关领域研究资料和总体情况的基础上，努力思考前人研究中有待深入垦拓和未来具有可持续发展潜力的突破点。

一个好的博士学位论文选题，不仅是一部博士学位论文立论的重要基础，也是创新性和学术价值之所在。如今，虽然许多选题看似都有人研究过，但是不同的人在关注点、思维模式、知识结构及研究视角等许多方面都存在差异，如果能够将学术与个体生命体验关联起来，通过理性的思考与实践，深化认识并总结规律，再用规律指导实践，循环往复，就极有可能从中发现新的学术生长点。

二、兴趣为源，勇于垦拓

在充分考虑论文的前沿性、创新性和可持续性的同时，先生也指出，个人的研究兴趣同样是论文选题中不可或缺的一个重要因素。因此，对于我们的选题，先生从不过多干预，而是任由我们心游万仞。先生常言：兴趣是最好的老师，要叩问内心，找到自己热爱的论文选题和研究方向，充分结合自己的积累，各尽所长。只有做自己真正热爱的研究，才能产生内在驱动力，激发出更多潜在的创造力。以兴趣为源，也更容易达到全神贯注的"心流"之境，以苦为乐，真正体会到做学问的乐趣，这是一种弥足珍贵的体验。

听先生一席教诲，我踌躇满志、兴致勃勃地着手准备。事情却远不如预想中的那般顺利。虽然平时也有意识地注意收集选题，但经过几轮资料的查找与分析，发现原来不少记录在案的选题都已被前人研究过，于我而言，可继续深入拓展的空间较为有限。一晃半年，我们一届的多数同门都与先生讨论过开题报告，并征得先生同意，确定了选题，进入毕业论文撰写阶段，而我仍进展缓慢，无数个夜晚辗转反侧，无尽的焦虑和担忧涌上心头。

如何才能找到自己真正热爱并擅长的选题？或许，正如先生所言，只有叩问内心才会找到答案。一天傍晚，我像往常一样，独自徘徊在江安校区明远湖边苦苦思考，突然灵感袭来：我想到自己从小就喜爱奇幻类文学与艺术，那些天马行空的想象总是神秘莫测又令人着迷。21世纪之交，奇幻文学的发展也正是国内外学术界密切关注的一个现象，其前沿性较为突出。何不索性以此大胆展开探索呢？那一瞬间，我仿佛看到了一扇奇幻世界的大门正向我徐徐敞开。现在想来，仿佛是从小就有的与奇幻文学的某种隐秘而不可割舍的联系，无形中吸引着我慢慢靠近。

很快，在经过一番广泛细致的资料查找、梳理与分析后，我惊喜地发现奇幻文学是一个极具发展空间和研究潜力的领域，是学术研究中的一座"富矿"。其中，托尔金作为"现代奇幻文学之父"、20世纪奇幻文学的引领性人物，带动着百年来西方奇幻文学及奇幻文学批评研究的热潮，具有承前启后的重要意义。如今，托尔金奇幻文学以显性或隐性的方式融入当代奇幻文学、现代视觉艺术、大众文化等许多领域，以此为核心形成了一种独特的衍生文化景观。目前，虽然国内一些学者已经及时关注到托尔金及其作品在英美本土语境的研究动向和前沿发展趋势，并以综述的形式进行了阶段性的跟进，为国内学者把握英美学术界托尔金研究的总体情况发挥着重要作用，但还有不少内容值得深耕。

发现了这一"新大陆"，我很快撰写好开题报告并怀着激动的心情第一时间向先生请教。不过想到先生多年来专攻中国古代文论、文艺学及比较文学领域，对于这类另辟蹊径的选题能否得到认可，我心中仍较为忐忑。出乎意料的是，先生仔细看了我的开题报告，听了我的研究思路后，十分支持我的决定。同时，先生基于多年来深厚的学术积淀和恢宏的见识，引导我以发散式的思维和更为开阔的学术视野追溯托尔金奇幻文学研究在其源文化语境发生、发展的历史脉络。先生前瞻性地指出：目前虽然国内学术界对托尔金的研究已经取得较为显著的成绩，不过在学术史研究方面还有很大空间。从学术史视角对英美学界托尔金百年研究历程进行回顾、探究，能较为全面、深入地为国内学术界呈现英美学界托尔金百年学术史研究的文化图景，为国内开展托尔金研究形成"他山之石，可以攻玉"的学术意义，由此，以从学术史中得到的经验和教训反观国内的托尔金研究，为国内提供一些具有学术价值的参考，这是较有意义和贡献的。再者，从未来的发展前景来看，在人工智能、数字人文、视觉媒介、大众文化蓬勃发展的当下，以托尔金作品为核心的奇幻文学领域同样具有较大的研究潜力与学术价值。在随后的数轮预答辩和毕业论文的外审中，我的论文选题也得到了一致认可。

就这样，在先生的鼓励和指导下，我也如同托尔金笔下的霍比特人一样，踏上了我的"奇幻之旅"。在论文撰写过程中，先生进一步帮助我准确把握创新点，并引导我在对相关研究旁搜博寻、深入分析的基础上，进行自主探索。我想，先生对于学生研究兴趣的全力支持与"放手"策略，或许是一种师门传承。常听先生回顾当年，以"龙学泰斗"著称、精于校注考证的祖师爷杨明照先生在耐心辅导先生研读大量古代典籍，打牢古文功底之余，鼓励先生充分结合自身的研究兴趣与学术专长，开拓视野，进行中西比较研究，在更广阔的世界文苑中探寻与总结文学、文化发展的复杂规律。由此，20世纪80年代末，中国比较诗学领域的奠基之作——《中西比较诗学》才得以诞生，先生的这部力作不仅弥补了中西古典文艺理论研究、国内比较诗学研究领域的空缺，对国内比较文学历史发展进程同样产生了重要而深远的影响。正如英国哲学家、数学家艾尔弗雷德·诺思·怀特海在其经典著作《教育的目的》中所言：教育应当充满生机与活力，是教人们掌握如何运用知识的艺术，应当尊重并承认学生的智力类型，并引导学生实现多元的自我发展，而不是将其局限于固化、生硬的教育实践中，向学生一味灌输知识，从而束缚住学生的创造力与想象力。

三、精研细节，自我修正

在学术探索的过程中，不可避免地会遭遇挫折和失败，正所谓"失败为成功之母"，正是通过各种各样的历练，才能更快地成长。多年来，先生一向以求真务实、严谨精进的治学风范和育人理念在学术界著称，深受众多学者的敬仰。先生亦言传身教，对我们一律高标准、严要求，毫不含糊，可谓"宽而栗，严而温"。

在完成论文初稿后，先生便请相关领域的导师作为我们的预答辩专家，开始对我们进行数轮严格而漫长的"魔鬼训练"。对论文选题、资料的选择与分析、章节设计、谋篇布局、行文措辞、排版、注释等各方面的细节均严格把关，从不同视角给我们提出各种修改意见，敦促我们反复修改、精益求精。例如：论文选题的学术价值及创新性表述要恰如其分、实事求是；研究资料要加以甄别、去粗取精、去伪存真；谋篇布局要层次清晰、脉络分明、环环相扣；行文要力求流畅自然、词达意畅、简明扼要；每个注释都要逐一核实原文出处且格式规范；全文的排版也要美观且符合学术规范等。无论是宏观层面的把握，还是微观细节的打磨，都要尽自己最大的努力在有限的时间内做到最好。先生常教导我们，要学会从浩如烟海的研究资料中总结出规律，发现研究对象的独特性。在此过程中，需要审慎地分析不同的观点，不要过度推崇或迷信权威，应当始终保持独立分析与批判能力，敢于发出自己的声音，用自己的观点统领材料、贯穿行文，使得论文的观点鲜明、主题突出。

每位同学论文的修改一定要得到先生及答辩导师们的认可，才允许送外审。在先生及专家们的一番严格要求下，我也着实吃了不少"苦头"。刚开始的几轮预答辩，我的论文常被改得"面目全非"。有时，还来不及懊恼自责，先生便又早早定下了下一轮预答辩的时间，以此让我们形成一种紧迫感，促使我们一鼓作气、提高效率。那段时间，我真切地体会到光阴似箭，恨不得将每一秒钟再掰成三秒来用，如此一来，修改的效率自然也提升了不少。其间，我不敢有一丝懈怠，也尽量不让自己陷入无意义的情绪内耗，而是有意识地提醒自己保持专注，尽可能集中所有注意力，将思考引向深入。

记得在一次预答辩中，先生意味深长地教导我们：不要一味地依赖导师的指导，而要学会努力进行自我修正。学术的旨趣在于探索和发现事物的规律，在不断的观察、模仿、反思中，自主地发现问题、分析问题、探索规律，这样才更能从中获益，这也是向独立从事科研之路的重要迈进。事实上，跟随先生学习多年，我深切地感受到先生对于独立治学能力的重视，对于学生由被动接受知识到主动创造知识与探索知识意识的培养，正所谓"师父领进门，修行靠个人"。一旦确定某个选题，深入其中，便如同独自进入一片未知的海域。在此过程中，导师是指引我们前行的灯塔，而自己才是航行的舵手。在灯塔的指引下，唯有努力进行自我修正，才能逐步领悟其中要义。体察到先生的深刻用意后，每轮预答辩结束，我便不再不假思索地仓促提笔修改，而是有意识地先调整思路，反复琢磨先生及专家们提出的宝贵意见，并将自己的写作思路与他们的批评视角加以比较，然后跳出自己的作者身份，从他者的视角来反观，努力发现自己的思维漏洞，并积极寻找下一步修改论文的策略。在此过程中，我逐渐学会向自己发问与自我修正，自主调整章节框架、修改内容、聚焦重点。在每一次精疲力竭之余，看到自己每一个微小的进步，都发自内心地觉得一切努力都很值得。

四、锲而不舍，贵在虚静

酝酿文思，贵在内心的沉浸与摆脱杂念。只有心境空明，方可明察事物，这样写出来的论文才有深度。在正式进入博士学位论文选题前，先生反复向我们强调，学术研究，贵在专攻与精深，做学问不能急于求成，要有长远的眼光，持之以恒。学习是一个终生的过程，治学是一项长久的事业，只要坚持不懈地努力，定会有所收获。博士学位论文是我们未来若干年学术研究的起点和立身之本，将成为奠定我们学术发展的重要基石，因此一定要心无旁骛地认真对待。

一部长篇毕业论文写作，如同一场探险，其中不免要经历许多坎坷。唯有沉心静气、乐观积极、迎难而上，方得始终。收集整理英美学界浩如烟海的托尔金研究资料，是一项极其耗费时间和精力的慢功夫。在此基础上，不仅要对重点研究资料进行细致剖析，还要努力从纷繁复杂的文学现象中发现普遍规律、总结研究特点，并提出自己的观点，对我而言，这是一项巨大的磨砺与挑战。有时，我坐在图书馆文思顺畅；有时，含笔而腐毫，连续几天思路都停滞不前，对一个措辞、一句表述或某一段落分析，在字斟句酌、反复修改后，仍不够满意，似陷于"山重水复疑无路"的困境，深夜突然有了灵感，又将之前写的推倒重来，尤其是进入修改后期阶段，愈发体会到学术之路的艰辛。因此，读博期间，从早晨一直忙碌到凌晨两三点已成常态。

跋山涉水、翻越山丘，让人身心俱疲。每当彷徨和迷茫时，我总想起先生为了教育我们耗费的大量精力与心血，想起先生的谆谆教诲和对治学的满腔热忱。多年来，先生带领团队开疆拓土，攻克了一个又一个学术界的难题，从英语世界的中国文学译介与研究、中国文论话语重建的探索、比较文学变异学重要学科理论的实践拓展至东方古代文艺理论重要范畴、话语体系研究和文献资料的系统整理和研究等。这种壮心不已、迎难而上、坚持不懈的精神深深感动着我，给予我很大的内心力量和希望，激励我不畏挫折，在否定之否定中曲折前行。

随着研究的深入，我愈发感受到自己正身处一个信息爆炸的时代，纷繁错杂的信息流在无形中分散着人们的专注力，消解人们的理性、逻辑性与深度思考的能力，取而代之的是脱离语境的碎片化和表象化的思考方式。人们很容易通过各种娱乐化的体验获得某种情感上的满足，以至于留给做学问的时间、精力和专注力所剩无几。尤其是面对极为耗时耗力的博士学位论文写作工程，深入而持久的定力显得尤为重要，否则研究将流于表面。在当下，能够有时间和机会专注、持续地做好一件有意义的事，在学术园地有一点新的发现，实在是一种不可多得的幸福体验。

高山仰止，景行行止。在先生的指引下，初出茅庐的我终于翻越了人生中的一座高山，也深感自己的渺小与不足。重要的是，在积累知识、提升学术能力的过程中，我们需要保有对生命、生活敏锐的感知力，由此个性才得以张扬，自我才能获得成长与蜕变。这不仅是一场严格的学术训练或学术探险，亦是一次心灵之旅，对治学与人生都是一笔宝贵的财富。

回想起先生数十年来诲人不倦、弦歌不辍，无不让人深切地感受到先生对学生的良苦用心和殷切期盼，对学术发展与现状的密切关注与巨大贡献，而先生为人师表、立德树人，也令人由衷地心生敬意，先生实为教学之楷模、治学之典范。

行者无疆，步履不停。学术的征程永无止境，未来还有更多的山峰有待探索与攀登，而我们也将在先生的引领下继续前进，并将先生这种求真务实、勇于创新、严谨精进、锲而不舍的治学态度和精神继续传承下去。

记硕士学位论文开题

2020级博士　李　甡[*]

平时鲜有机会回忆过往，这次全赖老师和师兄师姐的策划组织，我才得以写下这篇"往回看"的文字，以此作为一种纪念。但漫无目的的叙述和感怀难免容易形成平淡杂冗的记录，有违这本书整体的安排和旨趣。回顾跟随老师学习至今的时光，印象尤为深刻的是老师指导学位论文选题的过程，我就将这一点作为以下内容的中心。

我本科在西南交通大学学习日语，在那四年里，我们的培养目标更侧重于语言的掌握和实际应用，我们经常练习写作千字左右的日语作文，但在完成本科学位论文之前，我对学术论文的写作毫无概念。跨专业考入川大读硕士之后，我才发现学术写作是不可缺少的任务之一，而自己的经验甚少。最让我紧张的是，一年级下学期刚刚开始，老师就通知我们在学年结束的时候进行一次学位论文预开题。这样的紧张伴随了我一个学期，在那段时间里，我不断挑选着可能适合自己的题目，并思考如何对自己的想法进行有效表达和合理论证。

结合自己的本科专业和跟随老师读十三经、背诵古代文论的经历，我将论文选题方向定为梳理日本学者的《文心雕龙》研究成果，以此为基础达成对日本龙学的

---

[*] 李甡，2020级博士，男，1994年出生，河北邢台人。专业为比较文学与世界文学，主要研究方向为东方文学与文论。

整体研究。现在想来，这个题目远远超出了一个积淀尚浅的硕士生的能力范围，但在老师常引述的"立志须高"的鼓励下，我还是决定着手尝试。梳理现有成果、阅读相关文献、构思论文大纲的工作延续了整个学期，最终我带着一份自己还算满意的报告参加了预开题。

那天是7月初，夏日的阳光从一早就炽热明亮，但望江楼公园的竹丛为我们带来了缕缕清凉。上午是准博士师兄师姐的汇报，老师要求每个同学都必须发表意见，不要担心说错，更不要怕在争论中惹怒对方，学术讨论应该实实在在、切中要害，并鼓励硕士生勇于向博士生提出质疑，哪怕仅仅是指出语言表达方面的瑕疵。汇报的过程十分紧张，但我们在讨论中却渐渐不再拘束。听到有趣的观点和有价值的建议，老师也不吝表扬。我第一次感受到同门之间互相交流切磋的快乐。我汇报结束后，老师认可了我的想法，说《日本的〈文心雕龙〉研究》这个选题很好地兼顾了自己的优势与师门的学术传统。结合杨明照先生的学术历程，老师告诉我们，研究对象的经典程度在一定程度上决定了研究成果的价值，不要怯于研究经典。但老师提醒我，说这个选题有价值、有分量，同时难度高、工作量很大，需要扎扎实实地积累和打磨。我在老师的表扬和提醒下，坚定了做好这个选题的信心和决心。

预开题之后，我加快了搜集资料的进度，进一步完善开题报告，为之后的正式开题做更加充分的准备。但就在即将完成资料索引时，我发现了与自己的选题极为相似的国家社科基金项目。虽然该项目当时还没有阶段性成果，但根据项目计划和预期成果的描述，我初步判断它已经涵盖了我的体系，这样一来，我的选题就失去了材料方面的创新。

我一时间非常矛盾，一方面觉得自己可能需要更换选题，这就意味着之前半年多的工作要推翻重来；另一方面我又幻想可以在前期工作的基础上转变写作角度，挖掘新的创新点，这样就能保留住目前的进度。我无法做出决定，于是给老师发邮件汇报了自己的发现和疑虑。老师很快回复了邮件，直截了当地让我重新选题，并给了我明确的建议。这封邮件彻底打消了我的侥幸心理，更重要的是，老师也为我指点了迷津，引导我思考新的方向。同时，我反思了自己的想法：问题的出现实际上暴露出我在资料搜集方面存在很大的盲区，但我没有思考如何改正，而是以牺牲创新性为代价，寄希望于一种看似简单的方法，在遇到困难的时候没有恪守老师"立志须高"的教导，降低了对自己的要求。后来，我吸取教训，重新向老师汇报了选题，并完成了正式开题。

硕士学位论文的开题虽然有波折，但在这个过程中我得到了最初的学术训练，老师的鼓励和指导帮助我渡过了这一阶段。多年后，作为一名博士生的我已经完成了博士学位论文的开题，这次开题更加严格，老师组织了多次集中汇报与指导，才最终将题目确定下来。

回忆老师对学位论文选题的指导，也是对自己研究生生涯的反思，通过回忆和反思，我更深刻地明白了老师对我们高标准、严要求的用心。就我的个人感受来说，老师的指导可以概括为以下几点：

第一，引导独立思考。老师给了我们充分的时间思考选题，在这个阶段并不多加干预，每个人都可以根据自己的兴趣和实际情况自由选择方向。这对学术研究来说是非常重要的起点，即使之后更换了选题，这个调查、思考的过程也是可贵的锻炼。

第二，鼓励相互交流。老师常说"独学而无友，则孤陋而寡闻"，建议我们多组织研讨会，汇报近期的想法和进展，让大家互相解决各自的困惑。预开题就有着明显的研讨会性质，同学先发言，不分学历高低、年纪长幼，直接针对问题展开辩论，充分表达自己的观点，老师最后再做总结，进行更深入的指导。

第三，重视学术创新。老师强调学术论文的创新性，要求我们敢为人先。在发现相似的项目之后，我仍想坚持原来的方向，试图通过微调避开内容的重复。老师基于对创新性的坚持和要求，否定了我的想法，让我重新选题。虽然前期进度归零，但是确保了论文的价值和意义，长远来看并非弯路。

第四，及时解答解惑。在学生无法独立做出判断时，老师及时指导、指明方向，这会让学生缩短困惑迷茫的时间，尽快调整心态开始推进新的工作。老师对选题方向的指点把我引上了一条越走越宽的路，如果我继续按照自己的想法进行下去，或许会浪费大量的时间，并且事倍功半。

我硕士毕业后跟随老师继续读博，虽然直到现在我仍然不能算是真正踏上了学术研究的道路，但是在经历了博士学位论文开题之后，回首之前那个稚气未脱的自己的开题经历，还是十分庆幸老师的指导帮我打下了基础，让我较早地明白了"立志须高"绝非空言，学术创新更需要严格要求自己。

日月如跳丸，数年时光匆匆而过，未来也在飞速奔来，写下这篇短文的时候，那些和老师、同学相处的时光历历在目，让我充满暖意，也让我更加珍惜现在。老师的指导不会过时，它们将在我接下来的学习中继续发挥作用，成为我受用无穷的财富。

循循善诱，严谨治学

2021级博士　夏　甜[*]

犹记得2018年3月的某天，曹老师来到我的母校厦门大学，进行题为《比较文学前沿》的讲座。那是阳光明媚的一天，曹老师和我们围坐在人文学院的圆桌会议室里，给我们讲比较文学发展的三个阶段，指出比较文学研究领域所出现的一些

---

[*] 夏甜，2021级博士，比较文学与世界文学专业。

"乱比较"的现象,并分享他所关注到的比较文学前沿问题,向我们阐释他所提出的创新性理论——比较文学变异学。那天曹老师说道,"当今中国作家获得世界级文学奖项、中国学者成为欧洲科学与艺术院院士等现象背后,体现的正是中国学者越来越靠近世界中心",他满怀希冀期盼着中国的比较文学研究应有所作为。那是我自夏令营以后第一次见到曹老师,老师的讲座幽默风趣,聆听一场,如沐春风,而轻快幽默的语言背后又蕴含着他对当今比较文学研究的深刻反思,蕴藏着他对中国学者走向世界、中国比较文学研究有所作为的热切盼望和雄心壮志。我当时已被四川大学比较文学与世界文学专业拟录取,正在考虑选哪位老师当我的研究生导师,听这场讲座时,我坚定了要选曹老师当导师的决心。但曹老师声名远播,我担心因选曹老师当导师的人过多而落选,于是我打算在曹老师面前"露个脸"。讲座结束后,我在人文学院楼门口等待了几分钟,看见代迅老师陪着曹老师有说有笑地走出来。代老师是这场讲座的主持人,他在介绍曹老师的时候,提及自己是曹老师的学生,曹老师做讲座的时候,代老师一直面带微笑,专注地看着曹老师。我想,当曹老师的学生一定非常幸福吧,因为他的学生看起来都非常喜欢和尊敬他。我鼓起勇气走向前去,匆匆向曹老师介绍了自己,并表达了自己希望成为他的硕士生的愿望。曹老师带着笑容频频点头,说道:"好,好!欢迎,欢迎!"脸颊上的酒窝让老师显得更为亲切和蔼。代老师也在一旁笑道:"能当曹老师的学生可是非常好的呦,你要珍惜这个机会了!"我点着头,谢过两位老师。也不知道曹老师对最初这匆匆一面是否有印象,但我仍能清晰回想起那一瞬间,内心填满了欣喜,心情如同厦门3月的天气那般:晴朗明媚,清风徐来。

那年9月,我如愿成为老师的硕士生,成功缔结这段师生之缘。开学初,曹老师将我们2018级8位硕博士聚在一起,让我们介绍自己、相互认识,并让我们自己选出班长、副班长。曹老师仍旧带着他那亲切的笑容,叮嘱我们要相互友爱、团结一心,学业上多多交流、帮助。我们几个被小珺姐拉进了曹门大群,才知道老师有这么多学生,曹门原来是一个"大家庭"。但我们每个年级,我和我的2018级硕士同门,和我的2021级博士同门,又组成了一个个"小家庭"。我们一起背《文心雕龙》,一起读十三经,一起讨论伊格尔顿,一起开题,一起完成各种课题项目……我们就像家人一样,相互陪伴着、彼此扶持着前进。做学术和搞研究本是孤独的事情,我却在曹门家庭里,获得了某种归属感,缓解了这种孤独。作为曹门家庭的"大家长",曹老师虽然平时很忙,却不会忘记关心自己的学生,时不时会来询问我们的近况,每年中秋佳节都会给我们这些在读同学分发月饼。

曹老师虽然平时和蔼可亲,看起来很好说话,但一管起我们的论文来,就会变得十分严格、不容差错。旁听师兄师姐们的预答辩、答辩时,曹老师经常说,"学术是一件非常严谨的事情",因此老师让我们尽早思考自己的选题,早做准备。研、博一年级第一学期最后一节课结束后,曹老师都会把我们整个年级的同学聚在一起,叮嘱我们要开始想毕业论文的选题,并指导我们应该怎么选题:一是选题的立志要高，不拾人唾余，要做"天下第一篇"，选题要有充分的创新价值，而判断选题是否具备创新性需要做很多前期的资料收集工作；二是现实意义要强，我们的毕业论文选题要面向当下的学术问题，要攻坚克难，解决当前学术界的重要问题；三是要量身裁衣，扬长避短，结合自身的兴趣、长处选题，只有这样，以后写起来才不至于感到过于枯燥乏味和困难重重。比如擅长日语和对日本文学感兴趣的比较文学专业同学，可以进行日本文学的研究或日本文学史研究的梳理，而擅长东方文学和文论的同学，则可以东方文学与文论为对象进行研究；四是选题要有可行性，要在研究方向的范围内，根据所掌握的或可能掌握的资料来进行，并考虑到选题是否缺乏实现的必要条件，比如资料太少，无法就此写成一篇论文；五是材料要丰富，思路要清晰。曹老师要求我们做英语世界"研究的研究"，因此就需要广泛地收集英语世界对我们所选定的研究对象的研究成果，从而对英语世界的研究情况有一个较为全面的了解，再进一步对这些材料进行梳理和筛选，在和国内研究进行比较的基础上，判断英语世界的研究有哪些是新颖前沿、具有研究价值，并适合成为我们的毕业论文材料的。

还记得研一的时候，我们第二学期末就进行了预开题，研二上学期又经历了两次正式的开题答辩。每次开题答辩，曹老师都让我们轮流把自己的选题创新性、国内外研究情况、论文框架阐述一遍，让胡志红老师、嵇敏老师两位答辩导师指出我们的问题所在，有时还会让我们相互指出问题或提建议。曹老师很注重"天下第一篇"这个标准，反复叮嘱我们一定要把材料搜索全面，要有创新性，做前人没有做过的研究；同时，老师还很强调材料组织与框架制定上的内在逻辑性。对于我们在开题报告中所出现的材料不全面、框架逻辑不合理等问题，曹老师总能一针见血地指出，并提出一些建设性的意见，或给予我们一些方向上的新指引。对于那些并非"天下第一篇"的选题，或是材料、框架上不可行的选题，曹老师会毫不留情地否定说"你这个题目这次不能通过，下次重新来过"。每次曹老师总结的时候，我们都战战兢兢，非常害怕听到老师说这句话，但实际上，我们其中不少人都历经了多次开题，"重新来过"两三次，才最终确定选题，正式进入论文写作阶段。或许正是由于开了好几次题，很多问题都在开题的时候及时改正，所以正式写起来反倒是较为得心应手、顺理成章。由于近年来学位论文要求愈加严格，我们那年硕士预答辩也历经了两次，曹老师和赵渭绒、王一平两位老师反复评阅我们的论文初稿，一条条指出我们在行文语句或格式规范上的问题，我们根据老师们的意见又修改了两三遍，曹老师才放心让我们正式送审。能够成为曹老师的学生，其实是一件十分幸运的事情。老师不仅花时间组织一场又一场预答辩、答辩，耐心帮我们看论文、提建议，同时还给我们提供了丰富的学术实践平台与机会。作为曹老师的学生，我们可以参与诸多课题与项目，比如参与《比较文学变异学》一书的撰写，参与老师主持的国家社科基金重大项目"东方古代文艺理论重要范畴、话语体系研究与资料整理"等；或是跟着老师参加国内外学术会议，开拓视野。我们在各项学术实践中不断成长，提升着科研素养，也为毕业论文写作打下了一定基础。

转眼间，我在曹老师身边已经度过了将近四年的求学时光，完成了从硕士生到博士生的身份转换。我与2018级同门初次和曹老师见面时，得知在厦大时非常尊敬的彭兆荣教授也是老师的博士，当时只觉得开心和荣幸，想着我以后就是彭兆荣教授的"师妹"了！如今自己也成了老师的博士生，再加上此前帮忙编辑"曹门同学录"，了解到曹师门下多得是名闻全国的教授学者，或是已在学界崭露头角的青年才俊，赞叹之余又多了些许惶恐。时常觉得自己知识浅薄、资质平平，如今正为博士选题发愁，绞尽脑汁寻找着自身学术兴趣点所在，也不知道日后能否学成、能走多远，能否获得一星半点的成就。就目前阶段来看，只希望自己可以顺利毕业、不辱师门吧。当然，我也并非是为未来忧虑过多的人，大多数时候都享受着这种在学术道路中不断前行的过程。

千淘万漉，百炼成金
——曹老师学术论文指导回忆

2022级博士　李歆蕤*

跟随曹老师学习三载，回忆起其中的点点滴滴，每一次在学术上的探索、反思与前进，似乎都浸染着来自老师言传身教的或显或隐的影响。然而，若说其中最让人印象深刻的，当属老师在指导硕士、博士生学位论文时那令人难忘的严格要求与精益求精。三年中旁听过许多次同门师兄师姐的答辩，每一次都像是参加一场小型学术交流会，过后总能得到珍贵的体悟与经验。从刚开始的畏惧，到后来的坦然，也正是在这个过程中，我不断磨砺自己的向学之心，"书山有路勤为径，学海无涯苦作舟"，倘若未能明了求学前路上的荆棘，又怎能参透这句话的真谛？对我而言，如果说最初促使我迈入学术研究门槛的是对于文学的理想化的热忱，那么这些发挥了学术训练作用的独特经历，则为我指引了在这一殿堂中继续前行的方向，它们不是授课，却胜似教学，正是曹老师为学生开设的宝贵的一课。

回想初入川大时，完全不意能够有幸成为曹老师的学生。还记得与老师的第一次会面，老师和蔼亲切，言谈风趣，我却一直处于对未知的硕士生生活的紧张与兴奋交织的情绪裹挟下，其间战战兢兢、诚惶诚恐的情态，现在想起来还让自己哂笑。大概也正因为精神太过紧绷，当老师话锋一转，从治学讲到他对于指导学生论文的高标准时，即使是忽然变得微微凝重的气氛也并未让我意识到其中蕴含的深意。事实上，在此之前我对学术研究怀有的只不过是隐约的概念和浅薄的理解，本

---

* 李歆蕤，2022级博士，比较文学与世界文学专业。

科期间撰写的大多是最为基础的课程论文，这类论文对规范性、创新性与学理性并无太多要求，就连毕业论文也相对宽松。完成这些论文虽然让我在大体上对学术研究如何开展有所认知，但究其本质，更近似于按图索骥的作业，对做学问的真正艰辛之处我知之甚少。不过，这种感受很快就被接连到来的师兄师姐们的各式答辩所打破，如同当头棒喝，给予我对学术研究全新的体会。

对最初旁听的数次答辩的印象，都伴随着我和两位同门在朦胧清晨或刚下课的午后匆匆乘校车赶往望江校区的记忆。旁听通常会一直持续到夜幕降临，随后，踏着老校区那些参差小径上的灯影，我们又要尽量加快脚步，希望能够赶上更早一班返程校车。近两个小时的往返途中，有期望和收获，也有疲倦和意想不到的琐碎烦恼，这一过程或许也构造了我对"答辩"这件事最初的模糊感知。记忆犹新，第一次聆听的是三位较为年长的准博士师兄师姐的毕业答辩，当秘书报出答辩人信息的那一刻，对学术研究还摸不着头脑的我们在台下茫然对望——如此漫长而遍布荆棘的求学之旅，对于过去二十年中从来都是按部就班地进入下一阶段学习生活的"愣头青"来说多么难以想象啊！更何况眼前还厚厚地摞着几乎小山的论文，借来小心翼翼翻阅，只觉得从标题到内容都深奥难言，令人五体投地——这样呕心沥血的大作已历经数载增删。听着台上老师们屡出锐评，不禁也如坐针毡，仿佛一股凉意直贯天灵，大概是人生中第一次发自内心感觉到：做学问太难！如此冒着冷汗直到答辩通过，再抬头却不期然地看到台上换了一副场景，正襟危坐的老师们纷纷慈和展颜，推门而入的曹老师重重握住激动的师兄的手，表情中几多宽慰与期许。而旁观的我们方才还胆战心惊，也不由自主地为了这得偿所愿的一幕变得轻快、雀跃，洋溢着道不明的感动。日后分享这段过山车般的心路历程，不出所料赢来许多啧啧称叹，其中一个朋友戏谑"五十少进士"，当时只觉促狭，过后却生出其他感慨。原来虽然从小到大总自诩为一个立志于学术的人，以前却还是太过肤浅和想当然，做研究需要投入的耐性与心血远超想象，真是"什么时候开始都不晚，什么时候结束也都不晚"。自此以后，我总是不免加倍警惕身上的浮躁之气，再被问到诸如读书是否蹉跎光阴之类的尴尬问题，也发自内心坦然许多。《文心雕龙·神思》云"陶钧文思，贵在虚静"，老师虽未发一言，想来在他带领弟子们见识的这"下马威"中，也正蕴含着如此的谆谆教诲吧。

见识久矣，渐渐从忐忑不安变得习以为常，最后终于也轮到了自己上阵的一天。就连坊间也传闻，都知道曹门无论博士、硕士，写论文一律要闯过九九八十一关，方能修成正果。开题便是第一道险关，"入门须正，立志须高"，曹老师总是如此再三强调，要求做"天下第一篇"，若是选题重复、单薄，或有其他"阿喀琉斯之踵"，当场"枪毙"；即使侥幸大体可行，也总还有下一次、再一次的修改。这样的考验在第一年年末就会开始，最久可持续到来年年初，与老师和颜悦色的面容相对的，是他宛如铁律般严格的标准，如果无法达到，无论改得多么辛苦也不予通过。于是应届的学生们几乎从入学起便要为此冥思苦想，如果没有先前的旁听帮助理清些许头绪，恐怕还要更加焦头烂额。虽然困扰，但一想到老师微笑道出"开头的严格把关是为了结尾稍减痛苦"的情景，便又立刻心甘情愿地投入返修选题之中了。不过，结尾恐怕才是最能体现老师有始有终的高标准的地方。随着对学术质量与规范的日益强调，最终答辩前过关斩将的考验也愈发严峻。在那张一届又一届师兄师姐都反反复复坐过的预答辩圆桌前，曹老师依然以重申治学的严谨与勤勉作为开场，此时他永远是会议室里的定海神针，他的话是所有人都屏息等待的压轴"判决"，有时他会驳回其余老师的勉励之语，有时又会在批评后出其不意地允许通过。无论面对多么冷僻的主题或是厚重的篇幅，曹老师的修改都举重若轻、信手拈来，往往醍醐灌顶。他总会不厌其烦地教导我们如何规避师兄师姐的论文中曾出现过的通病，或是新出现的意外情况。这些建议从不会高深莫测，而是鞭辟入里又具体而微，易于理解与实践。也正是因为老师的教诲，我才明白，原来在论文写作以外的部分，在评价与审查的领域，还存在许多意想不到的暗礁。即使是在我眼中仿佛完美无缺、已被老师反复打磨的成果，也有可能不被他人赞同，甚至是遭遇意想不到的批评。想来这大概是我在惊讶中得到的第二条感悟：学术研究可能是一个需要终身按捺性情、虚怀若谷却又坚持自我的过程，"文无第一，武无第二"，正是真实写照啊！

回首三年硕士生学习，曹老师的"论文指导小型学术交流会"带给我无数感触与收获，如上种种，不一而足。想来，在下一个阶段，这种旁听与参与还会继续下去，推动着我在学术上的成长。写到这里，竟不期然想起首次预答辩结束时听到新入学的师妹紧张言语："我觉得师姐已经写得非常好了啊！"殊不知当初我也曾对师姐说过一字不差的话，此刻顿时理解了师姐那时莞尔的心情，实在让人忍俊不禁。学无止境，只有在千锤百炼之中才能次次更上一层，大概这也是老师所留下的、我们心中浓墨重彩的"传承"之一吧。

第七章 团队意识：以传帮带领打造创新团队

第一节 搭建平台 协同创新

曹门述学十八首

1996级博士 杨玉华[*]

厚德

因材施教易为功，德厚才高自不同。三千桃李颜色好，化蜀兴教称曹公。

立志

开宗立派谱新篇，要上昆仑最高层。运会轮转当正位，神州文化会复兴！

选题

立身之本重选题，学科标杆正所期。截断众流开新境，学海书山赖航梯。

博览

古今中外一例收，契情符性应深求。储学成宝期广厚，左右逢源得自由。

精思

读书问学求道真，精思冥想能通神。一朝悟透正法眼，云在青山月在天。

---

[*] 杨玉华，1996级博士，男，1963年1月生，云南楚雄市人，任成都大学党委常委、副校长，成都大学文新学院教授，四川大学文新学院客座教授、博士生导师，四川省比较文学学会副会长，中国比较艺术学专委会副会长。

创新
新变代雄藏化机，蝶蜕从来孕新知。挈云覆雨夸好手，正是脱胎换骨时。

论难
唇枪舌剑正反方，一泻千里势难当。狮吼龙吟断缴绕，剥笋见心入毫芒。

涵咏
涵咏养气意自深，茎寸凌云长风烟。鸢飞鱼跃道气象，吾与点也正会心。

讽诵
古人已逝三千春，清词丽句在人间。吟哦揣想浃肌骨，相视莫逆謦欬声。

尊经
生徒苦读《十三经》，佶屈聱牙脑目昏。渐深渐妙天远大，顿悟华夏真精神。

中国学派
并法齐美自一家，化危为机展风华。羸弱引得西洋种，繁花似锦满天涯。

文论失语
《雕龙》夭矫展雄姿，希印鼎足世所稀。而今东施尽楚语，越吟苦怀有谁知？

比较文学变异学
差别异同比较生，同异互鉴本相成。枳橘南北变有迹，横侧峰岭各有因。

同学
四科同门恺悌情，济困扶危重友生。道义相砥堪世范，不作狂简墙外人。

游艺
道艺圆融仰圣贤，风光霁月见天人。履杖侍坐欢聚乐，丝管纷纷又赋成。

俊彦
门庭广大堂奥深，学林艺苑任驰骋。五音繁会成咸韶，会继绝学写六经。

曹师
一自申江入剑门，四纪丹成见天心。绛帐高足擎大纛，东西南北尽郑生！

> 立德树人　传承文明
> ——曹顺庆教授40年拔尖人才创新培养案例实录

曹门

曹门济济乐融融，道义诗酒自雍容。薪火传承育桃李，山高水长日正东。

壬寅仲春吉旦曹门弟子楚雄杨玉华敬撰

追随曹先生研究中西文化话语

2008级博士　徐扬尚[*]

2008年，历经"三战"，外加2006年曾在四川大学访学，最终有幸考取曹先生的博士研究生。其实，早在2001年我便已经是教授了，之所以选择跟随先生攻读博士学位，显然更多的是为了学习。原来，当我1981年考进大学时，先生便在《江汉论坛》同年第6期发表了论文《亚里士多德的"Katharsis"与孔子的"发和说"——中西美学理论研究札记》，踏上比较诗学研究的征程；当我的比较诗学研究本科毕业论文《柏拉图与庄周的文艺观比较》有幸刊载于《江汉论坛》1988年第1期时，先生致力比较诗学研究的博士学位论文《中西比较诗学》同年由北京出版社出版；随后，我又在《江汉论坛》1990年第8期发表比较诗学研究论文《亚里斯多德与荀况的文艺观比较》，且于1985年大学毕业留校任教，讲授《文学概论》，先生则是由古代文论切入比较诗学。如此这般，我无形中成了先生的"fans"。这里就同读者诸君分享我追随先生研究文化话语的所思所为。

1987年，我开始写作《中国比较文学源流》（中州古籍出版社1998年），接触台湾学者在1985年进行的"比较文学中国化"大讨论[②]，产生了五个疑问：比较文学中国化的命题，显然是将作为一门学科的比较文学理论认定为"非中国"的西方学科理论，因此才有"中国化"的必要。那么，中国文化拿什么去"化"来自西方的比较文学理论，使之体现"中国性"？"中国性"的具体内涵是什么？"化"的具体内涵又是什么？或说比较文学中国化就是将西方比较文学理论应用于中国学术实践，那么，西方比较文学理论应用于中国实践的"中国性"何在？如何"化"为中国学科？总不能说西方比较文学理论被中国人应用于中国文学研究就算中国化吧！为此，我想到了"中国文化精神"，为此而撰写《一元暨多元主义：一种属于比较文学的学术精神》（《潍坊学院学报》2003年第1期），随后也曾想到用"中国文化风骨"来表述中国文化精神，当我在2006年来到先生身边，"蓦然回首"，发

---

[*] 徐扬尚，2008级博士，河南罗山人，南通大学比较文学与世界文学方向学科带头人、硕士生导师、三级教授。中国比较文学教学研究会首任秘书长、现任理事，中国外国文学学会教学研究分会常务理事，教育部学位中心评审专家。

② 徐扬尚：《"比较文学中国化"座谈会纪要》，《文讯月刊》1985年第17期。

现我"众里寻他千百度"的比较文学中国化的意义生成机制，就是先生《文论失语症与文化病态》(《文艺争鸣》1996年第2期)、《重建中国文论话语的基本路径及其方法》(《文艺研究》1996年第2期)、《再论重建中国文论话语》(《文学评论》1997年第4期)、《重建中国文论话语的基本立场》(《文艺报》1999年6月8日)、《从失语症、话语重建到异质性》(《文艺研究》1999年第4期)、《汉语批评：从失语到重建》(《求索》2001年第4期)、《在对话中建设文学理论的中国话语》(《社会科学研究》2003年第4期)、《中西文论的杂语共生态与中国文论的更新过程》(《思想战线》2004年第4期)、《西方文论话语的中国化：移植切换还是嫁接改良》(《河北学刊》2004年第5期)、《再说"失语症"》(《浙江大学学报》2006年第1期)等系列论文所讲，潜藏在现代中国现代文论失语症与重建中国文论话语背后，植根西方"话语分析（Discourse Analysis）"理论的"话语（Discourse）"、"中国话语（The Discourse of Chinese）"、"中国文化话语（The Discourse of Chinese Cultural）"。

于是，我在以学科话语为切入点，从事中国化比较文学理论建构的同时，着力进行中西文化比较研究，为本科生与硕士生同时开设"中西文化话语比较"课程，具体从事中西文化话语及其话语模式、认知模式、思维模式、哲理模式四大模式比较，在2011年将中西文化话语模式比较与认知模式比较两部分内容交由安徽师范大学出版社出版，又在2020年获得教育部社科规划项目立项，成果《中西文化话语四大模式比较》列入先生主编的《比较文学与世界文学研究丛书》，由台湾花木兰出版社于2022年出版。《中西文化话语四大模式比较》写道：

话语概念的汉语表达，归纳起来，意义或说用法主要有三类：一是指日常、世俗层面的交际言语，意义等同于"话""语""说话"；二是指体系、学理层面的术语、概念、套语、说法乃至理论体系建构；三是指植根西方话语分析理论，方式、规则层面的文化意义建构方式、表述方式、解读方式。三类用法所指不同，但相辅相成，有时甚至是同时具有三层用意，由此形成话语概念能指的一名三义。显然，我们所谓"赢得民族文化话语权"乃至"反思现代民族文化失语"等所谓"话语""话语权（Discourse Power）""失语（Lack of self）"，都只能是指植根西方话语分析理论，方式、规则层面的文化意义建构方式、表述方式、解读方式。也就是说，与话语权、文化失语等密切相关，超越日常交际，走向学理体系乃至文化规则，彰显权力关系的话语，就是植根语言文字而又超越语言文字，在一定社会历史、文化传统、文化背景之下，体现于言说与书写、行动与交际、认知与思维、信仰与身份的意义建构方式、表述方式、解读方式，我们简称为"话语模式（Discourse Patterns）"，或说"言说方式（Ways of Expression）"。一定文化的话语模式又体现为相应的"认知模式（Cognitive Patterns）"或说"认知方式（Cognitive Style）"与"思维模式（Thinking Patterns）"或说"思维方式（Way of Thinking）"，三者进而体现为相应的"哲理模式（Philosophy Patterns）"或说"哲学理念

(Philosophy)"，四者共同构成相应文化话语的四个层面，我们简称为"文化话语四大模式"或说"文化话语四个层面"。从而使文化话语有了狭义与广义之分：狭义的文化话语，就是文化意义建构方式、表述方式、解读方式，即话语模式或说言说方式；广义的文化话语，就是话语模式及其相关的认知模式、思维模式、哲理模式，即文化话语四大模式或说四个层面。在某种程度与意义上，文化话语就是言说方式，就是认知方式，就是思维方式，就是哲学理念。

在某种意义上，中西文化话语，就是作为中西文化及其相应学科门类生成机制，意义建构指向"集体无意识（Collective Unconsciousness）"的中西文化"原型（The Prototype）"，我们分别称之为"一元暨多元主义（Monism is pluralism）"与"一元暨中心主义（Monism is centralism）"。一元暨多元主义中国文化话语，以对中国民众生活形成决定性影响的一元暨多元、一体多元、二元相生相克、互包互孕，多元互为主导与中心，内容涵盖"三元立局结构""太极阴阳模式""四季模式""五行模式""八卦模式""十二支模式"的"太极阴阳五行八卦模式"的成熟为标志；以《互纠式阴阳鱼太极图》为徽标。体现在话语模式上，那就是植根于意音文字汉字，立象尽意、象形会意、依经立义、比物连类、意义激发、语境成义、读象悟义的话语模式，习惯以非我的话语言说自我，以人说我、以物说人、以人证我、以物证人、以彼说此、互为中心，从而形成自我、他者、第三者的相辅相成，相反相成，互证互释，由此形成"言—象—意""言—不言—言不言""我（物）—物（我）—物我""相克—相生—顺生而反克""正—对—合"三元立局结构的意义建构方式、表述方式、解读方式，我们称作"习惯以非我的话语言说自我、互为中心"的话语模式。上述由"引入第三者"所建构的三元立局结构，因以伏羲作八卦与仓颉创书契为原型，而成为"三元谱系结构"。体现在认知模式上，那就是青睐天人合德、物我为一、人己不二的天人物我合一，"正"因有"反"而生成、"反"因有"正"而成立、正反相互成就而成就事物的相反相成、相对相成、相辅相成，将天地人、人鬼神、自我与他者、人类与自然、个人与社会五大关系（后文简称"五大关系"），置于互为主导、互为中心、互为因果、对应对等的境地，我们称作"青睐天人物我合一、相反相成"的认知模式。体现在思维模式上，那就是以感悟、联想、比拟、连类为能事，倾向意象思维、诗性思维、感悟思维、经验思维的人文性思维，双向思维、动态思维、圆象思维、全息思维的太极思维，我们称作"倾向人文思维、太极思维"的思维模式。落实于哲理模式及其形态结构，那就是一元事物由多元因子构成、多元事物复归一元形态的一元暨多元，事物的二元结构"显二含三"，成就于二元因子对应反生的互包互孕，我们称作"一元暨多元、二元互包互孕"的哲理模式。一元暨中心主义的西方文化话语，以对西方民众生活形成决定性影响的一元暨中心，二元对立统一，合作竞争，多元服从主导与中心的"基督教"定型为标志；以"十字架"为徽标。体现在话语模式上，那就是植根于表音文字希腊文、拉丁文、英文、法文、德文、俄文等，意义假设、约定俗成、归纳演绎、描绘叙述、意义规定、词句成义、读音识义的话语模式，习惯以自我的话语言说非我、以我说人、以人说物、以我证人、以人证物、以此说彼、自我中心，从而形成自我与非我、中心与边缘、主动与被动的二元对立，由此形成"言—意""言—在""主—客""正—反"二元体系结构的意义建构方式、表述方式、解读方式，我们称作"习惯以自我的话语言说非我、自我中心"的话语模式。体现在认知模式上，那就是青睐天人两性、物我两界、人己两立的天人物我自立，合作或竞争、与彼合作而与此竞争、物竞天择、适者生存的合作竞争成就事物的二元对立、强势主导、优胜劣汰，将天地人、人鬼神、自我与他者、人类与自然、个人与社会等"五大关系"，置于中心与边缘、主导与服从、是与非、善与恶、盟友与对手、非此即彼、彼此对立、合作竞争、同而不和的境地，我们称作"青睐天人物我自立、合作竞争"的认知模式。体现在思维模式上，那就是以假设、验证、分析、归纳为能事，倾向抽象思维、分析思维、演绎思维、假证思维的科学思维，单向思维、静态思维、因果思维、维度思维的逻辑思维，我们称作"倾向科学思维、逻辑思维"的思维模式。落实于哲理模式及其形态结构，那就是一元的强势及其主导之下多元的弱势、多元的边缘因子服从一元的中心因子的一元暨中心，事物的二元结构相互依存，相互转化，成就于对立统一，我们称作"一元暨中心、二元对立统一"的哲理模式。

当我们以一元暨多元主义中国文化话语作为中国化比较文学理论建构的中国比较文学学科话语时，上述比较文学中国化话语所面临的问题便迎刃而解。所谓比较文学中国化，那就是立足中西文化话语转换，针对以一元暨中心主义西方文化话语为生成机制的西方比较文学理论，贯彻一元暨多元主义中国文化话语的重新解读、重新言说、重新书写，由此赋予西方比较文学理论以新的内涵、新的形态、新的品质，实现重构与新生。贯彻中国文化话语的比较文学理论建构的中国性也就是"中国元素"，不言自明。2012 年，我以一元暨多元主义的中国文化话语作为中国化比较文学学科话语，也就是意义生成机制的比较文学理论建构，获得国家社科基金后期资助项目立项，成果《比较文学中国化》由中央编译出版社 2013 年出版，相关论文《会通研究：比较文学的研究方法》载《甘肃社会科学》2011 年第 4 期，《论比较文学的可比性》载《江西社会科学》2010 年第 6 期，《无用之用：比较文学的学科特性》载《中外文化与文论》第 15 辑（2008 年），《文学关系：比较文学的研究对象》分别收入曹顺庆、徐行言主编《跨文明对话：视界融合与文化互动》（巴蜀书社 2008 年）、高旭东主编《多元文化互动中的文学对话》（"中国比较文学学会第九届年会暨国际学术研讨会"文集，北京大学出版社 2010 年），《"一元暨多元主义"、"打通研究"、"文学关系"——比较文学的研究对象、方法、精神范式和个性特质》收入郁龙余主编《承接古今，汇通中外：中国比较文学学会第八届年会暨国际学术研讨会文集》（宁夏人民出版社 2008 年）。

《比较文学中国化》写道：

所谓比较文学，作为与世界文学/总体文学、区域文学、国别文学/民族文学，或文学理论、文学批评、文学史并存的文学研究"第四只眼"，就是以超越本位中心的国际视野、开放胸怀、对话姿态，本着一元暨多元主义的学科话语，沿着维护世界文学的差异性和多样性，促进另类异质的文学对话，会通共同的诗心与文心，寻求共同的文学规律的方向目的，坚持同源类同性、另类异质性、证释发明性的可比性，致力于无用之用，会通语际、族际、国际、科际文学关系的"文学学（Literary Studies）"边缘学科/交叉学科。简言之，比较文学就是致力无用之用，贯彻一元暨多元主义学科话语，坚持可比性的四际文学关系会通研究。这是个内含学科属性、学科话语、方向目的、学科特性、研究对象、研究方法、可比性七个基本构成要素，志在中国化的比较文学学科定义。换句话说，这个比较文学学科定义所谓一元暨多元主义的学科话语，无用之用的学科特性，四际文学关系的研究对象，会通研究的研究方法的提出，在某种意义上，就是比较文学中国化的具体表现。

其实，我们立足一元暨多元主义与一元暨中心主义的中西文化话语转换的比较文学中国化之说，完全乱用于西方学说中国化定位。所谓西方学说中国化，就是实现中西文化话语的转换，针对生成于西方文化语境，贯彻西方文化话语，立足西方历史经验教训总结，体现为假设推论的西方学说，贯彻中国文化话语的重读与重写，由此赋予其新的内涵与形态，拓展其生命的时间与空间。不仅如此，20世纪，中国迎来了民族文化复兴时代，而致力中华民族共同体与东亚文化共同体建设，实现西方学说中国化，赢得民族文化话语权等，无疑是民族文化复兴的应有内涵。而中华民族共同体与东亚文化共同体建设的前提与基础则是中国文化话语认同，赢得民族文化话语权，依旧是赢得中国文化话语认同。反过来说，一元暨多元主义中国文化话语，正是中华民族共同体、东亚文化共同体、中国文化话语权建设的意义生成机制，为此，我正试图对一元暨多元主义中国文化话语"习惯以非我的话语言说自我、互为中心"的言说方式及其"立象尽意、依经立义、比物连类、以人说我"四项原则，予以更加全面而深入的阐释，在此基础上，继之以"西方化近现代中国叙事"的失语批判，以此回报曹先生的教导。

师承与学问
——在曹顺庆先生门下的读书生涯

2010级博士　黄文虎[*]

一、缘起

我自幼偏爱文学，与文学结下不解之缘。在少年时代，我坚信作家是一个无比神圣的身份。成年之后，我也一直怀有作家梦，但由于个人天赋不够，未能圆梦。不过，我却依然对文学殿堂流连忘返，不愿离去。

出于对文学本身的热爱，我大学选择了汉语言文学专业，并逐渐了解到"比较文学与世界文学"这门学科。我当时参阅了不少同类型的比较文学教材，但印象最为深刻的正是曹顺庆先生主编的《比较文学教程》。[①] 该教材由多位比较文学界的知名学者共同合作完成，其中一章正是由中南大学何云波教授所编写。恰巧，何老师是曹老师2001级的博士，他读博之时已是湖湘知识界的名人，算是曹门的"学术明星"之一。后来我有幸成为何老师的硕士研究生，可谓为今后踏入了曹门的学术领地埋下了伏笔。

何老师是一位风度翩翩的"传统士人"。在我读硕士期间，他就经常向我们提及对他成长影响最为深远的三位老师——中国著名诗人彭燕郊先生，普希金研究专家张铁夫先生，比较文学变异学的开拓者曹顺庆先生。彭燕郊先生指引何老师步入诗歌的天堂，使他从此对文学这片"温柔乡"欲罢不能。张铁夫先生最早把何老师领进苏俄文学的新天地，指导他写下了《陀思妥耶夫斯基与俄罗斯文化精神》这部学术名著。在曹顺庆先生门下，何老师完成了中国首部真正具有跨学科意义的博士论文——《围棋与中国文艺精神》。在比较文学领域，何老师的围棋与文学的跨学科研究是一个不折不扣的"异类"，常常引发争议。有批评者认为，围棋怎么能算文学研究呢？但曹老师却以一种开明的态度，将棋论也纳入比较文学跨学科的范畴。曹老师也经常以此为例，教导我们千万不要"画地为牢"，而要敢于开拓比较文学的"处女地"。

得益于何老师的鼓励和悉心帮助，我最终有机会进入到曹门这个学术大家庭，让我备感荣幸，终生受益。实际上，在考博期间，我也曾犹豫不定，是何老师让我

---

[*] 黄文虎，2010级博士，男，土家族，祖籍湖南张家界，现就职于华侨大学新闻与传播学院，副教授，硕士生导师。

[①] 曹顺庆：《比较文学教程》，高等教育出版社2013年版。

打消杂念，潜心复习，使我最终下定决心报考四川大学曹顺庆先生的博士研究生。当时我并未见过曹顺庆先生，但已通过阅读比较文学变异学、"失语症"、中国学派等前沿学术理论著述逐渐了解到先生的学术脉络之初貌。在曹老师的著述中，我能够深切感受到理论和文本原是思与美的完美结合。只啃抽象的理论，而疏于领略文学经典之美，必将偏离文学的审美特性。若只是沉浸在文学世界之中而轻视理论，也无法揭示文学的深刻规律。由此来看，缺乏美的思想让人无法接近，而缺乏思想的美又往往流于浮华，只有将二者有机融合，才能真正领会到学术对现实的穿透力。

二、入门

人生充满无常，但冥冥之中却有一种无法言说的力量决定了个人命运的走向。当我得知有幸踏入川大校园的那一刻，我深知这将决定我未来人生的轨迹。在读博期间，引我一步一步迈入"学术殿堂"的正是曹顺庆先生。

在曹老师的引荐之下，我有幸得到了傅勇林老师的指导。我记得当时曹老师专门给我打了个电话，告知我将由傅勇林老师和他联合培养。傅老师曾是西南交通大学外国语学院的院长，时任成都市副市长，分管科教文卫。傅老师是曹老师最早一届的博士生，他可谓是曹门在政界的佼佼者。何云波老师与傅勇林老师甚为交好，在读硕士期间，曾听何老师说起，傅老师的治学风格向来是以严谨著称，让我辈颇有些紧张，怕写出来的文章让傅老师笑话。尽管在学术上傅老师要求严格，不过，在生活中，傅老师待学生十分随和。同门经常开玩笑说，傅老师想必是国内英文最好的市级领导，与外宾交流都无需翻译！此话毫不夸张，傅老师曾获"戈宝权文学翻译奖"，在译介学、中西比较诗学等领域颇有成就，出版《文化范式：译学研究与比较文学》等学术著作及译著十余部。

百忙之中，傅老师每学期都会抽空找我们做一次"非正式谈话"，聊聊学术与人生，谈谈未来和理想。傅老师阅历深厚，视野开阔，每每让我们能够接触到象牙塔中学不到的为人为学之道，让我辈一生受益。记得有一次，傅老师聊到《红楼梦》，他就问道："《红楼梦》中讲，人情练达即文章，世事洞明皆学问！怎么解？"我们一时不知如何回答，傅老师又接着问："若你要给街头卖菜的老太太讲《红楼梦》，你怎么讲？"他微微一笑，说："你们自然不能讲锦绣文章，而要用刘姥姥的市井语言和她聊聊菜价，聊聊收成，这才叫读懂《红楼梦》！"傅老师的意思是说，做学问的本质是学会如何与人打交道。在傅老师看来，读书人难免有点清高，不容易合群，所以一定要学会"圆融"。"圆融"不是"圆滑"，而是真正能够与你交流的对象感同身受。所谓文学即人学，读文学的根本目的是读懂人，而不能只是成为一个不懂人情世故的知"道"分子。

傅老师对于曹老师的学问也十分敬重。由于傅老师平日公务十分繁忙，所以他让我遇到具体问题一定要多多请教曹老师。说实话，当时我挺怕见曹老师。不过，曹老师都是把我当成自己的学生，凡是学术研讨，都会让我和同门一同切磋交流。在曹老师门下长期学习的过程中，我逐渐感受到，曹先生不仅仅强调为学之道，更重视将为人之道与为学之道完美融为一体。曹老师身体力行，并以此勉励曹门弟子。所谓"入门须正，立意须高"，如果只是带着功利心和走捷径的心态来混个博士学位，曹老师是绝对不接收的。进入曹门，第一条规矩就是要追求人品与学品的相互融通，二者不可偏废，方能入得师门。

曹老师的育人之道，若借用北宋时期著名学者张载的话，可谓："为天地立心，为生民立命，为往圣继绝学，为万世开太平。""为天地立心"意为勇于探索宇宙万物之道。曹老师在平日教导我们为学之道的时候，特别强调一点，勤于思，敏于行，做学问绝不可怠惰！若懒于探求新知，作茧自缚，拾人牙慧，抱着随波逐流的心态，就是不敢"为天地立心"的表现。"立心"就是始终保有对"求学问之道"的赤诚与执着！

对于教育而言，"为生民立命"在于"教"，而"修道之谓教"。曹老师严于律己，修身治学，一言一行都堪为学生之楷模。记得读博期间，曹老师给我们上"古代文论"的课程，几乎都是脱稿讲课，像《文心雕龙》《典论·论文》《诗品序》《文赋》《沧浪诗话》等经典名篇，曹老师出口成诵，分毫不差，让我辈汗颜。曹老师的博学强记正是继承了师尊杨明照先生的遗风。杨先生一辈子钻研《文心雕龙》，被誉为"龙学泰斗"，其盛名享誉古代文学界。曹老师经常告诫我们，既然选择了川大的比较文学专业，就要能下得了"苦功"。曹老师强调的"苦功"，正是古代私塾教育所强调的"背功"。背得越熟，表明所下功夫越深，看似古板，却着实管用。唯有将先贤之经典烂熟于心，下笔之时方能真正体会到为何写文章乃"经国之大业，不朽之盛事"。无疑，背书的过程是一种"煎熬"，同学们都觉得"苦不堪言"，不过，到了提笔之时，才慢慢体会到曹老师的良苦用心，所谓"背书破万卷，下笔如有神"。

"为往圣继绝学"意为继承传统之精髓，汇入时代之精神。曹老师一生致力比较文学领域，倡导复兴中华传统优秀文化，提出极具独创性的变异学理论，一针见血点出文化界的失语症，为了构建具有民族特质和国际视野的中国学派费尽心力，矢志不渝。曹老师醉心于学术，立意高远，笔耕不辍，出版学术专著以及各类著述多达三十余部，在海内外学界产生了极为深远的影响。其中，既有具有开拓意义的《中西比较诗学》[①]，同时，也有深入浅出的比较文学教材，还有享誉国际比较文学界的 *The Variation Theory of Comparative Literature*（《比较文学变异学》）。[②] 曹老师的著述中始终承载着一种"敢为天下先"的学术精神。曹老师经常教导我们，创新是学术的本质。创新的起点是延续传统，但创新的终点却在于超越传统。若对

---

① 曹顺庆：《中西比较诗学》，北京出版社1988年版。
② Shunqing, Cao, *The Variation Theory of Comparative Literature*, Springer, 2013.

传统文化了解甚浅,那么追求创新无疑是缘木求鱼。若仅仅是对前辈学人亦步亦趋,不敢越雷池半步,遑论学术创新。

"为万世开太平"意为做学问必须为人生、为社会服务,切不可只是沉迷于脱离现实的文字游戏。抱着"躲进小楼成一统,管他冬夏与春秋"的心态是不可能将学问做好的。曹老师经常教导我们,学术是立身之本,但学问切不可脱离人生。理论总要关照现实,此之谓"道不远人"。学问之道不仅要求知明理,还要能够指导人生。在教书与做学问之外,曹老师会利用业余时间参加一些文化类的主题讲座和社会活动,借此宣讲介于学问与人生之间的"人文之道"。

所谓"人文之道",实际上强调的是文化的力量。曹老师针砭丧失民族主体意识的"失语症",倡导东西文明互鉴、互补和互识,这既是做学问的态度,也是人生的态度。在学术界,当时盛行"言必称希腊"的西方中心论;在日常生活中,则流行盲目崇拜西方的"媚外"现象。因此,曹老师反复强调,唯有重建文化自信和文化自觉,才能真正打破"西方中心论"。唯有发展软实力,才能真正实现民族复兴。一个中国人假如连自己的文化都看不起,何谈爱国?从这个角度来看,曹老师强调背诵经典的重要性,实际上是希冀能够将优秀传统文化的基因深刻植入我们每一个曹门子弟的血脉之中,让我们在一个众声喧哗的时代,守住祖宗流传下来的文化根基,无论何时何地,绝不忘本!

三、解惑

对我而言,读博生涯是一场自我发现的精神之旅。刚入门时总觉得接触到的一切新知都可爱可亲,但很快就进入迷惘彷徨,就像是步入了迷宫,岔路越来越多,不知如何选择了。随着课程的深入,要求阅读的书目也越来越庞杂,有了几分困顿。不过,曹老师认为,困惑是求知过程中的一种常态。做学术首先必须沉得下去。心若不定,则学问不成。而困惑正表明想要下沉又未能下沉的一种中间状态。有困惑,才有沉思,有沉思,才有可能找到与自身相契合的学术问题。所以,困惑并不可怕。

如何解除困惑?如何因材施教,让每一个禀赋迥异的学生找到属于自己的学术之路?曹老师对此有一套独特的育人心法。首先是"深挖地基"。做学问就像建房子,房子根基不稳,学术大厦是不可能立得住脚的,所以夯实基础必不可少。曹老师的弟子有着不同的知识背景,比如,王姝、李艾岭、吴澜是学外语出身的,语言功底过硬,但理论基础偏弱;而像我这种学中文出身的则对理论接触相对较多一点,但外语功底比外语出身的同学要薄弱。曹老师一向重视学生的知识贯通能力。要达到贯通,就既要避免知识单一和知识僵化,又要注重"查漏补缺",不可出现明显的短板。为了培养博士生的跨中西文化的研究能力,曹老师既开设了"中国语言文学与文化专题研究"与"中国古代文学批评史研究"课程,为我们系统讲解博大精深的十三经以及《文心雕龙》等古代文论名篇。同时,曹老师又用中英双语讲授"西方当代文化与文论"课程，采用的教材是英国著名理论家伊格尔顿的英文原著。这三门课程交相呼应，象征了民族话语与西方话语之间的互通与互补，这也是比较文学学科的题中应有之义。

为了学习中华文化经典课程，我们都买了《十三经注疏》，厚厚的上下两卷，有同学戏称为"红砖"（红色封面）。尽管注疏上有前人的解释，但对于文辞的理解仍然颇有难度。不过，曹老师总能穿透"故纸堆"，引申出经典背后所蕴涵的学术问题，将传统文化与时代精神相结合。曹老师在20世纪90年代中期曾指出"文论失语症"这一深刻的学术"症状"，其出发点就在于当时的中国文学研究界出现了盲目推崇西方文论而忽视中国传统经典的不良现象。班长罗富明对曹老师的采访文章《"失语症"与中国文论的"话语转换"》针对这一问题进行了深入的讨论。① 文章提出一个重要观点，"失语症"的本质原因在于我们总是试图将中国古代文论话语转换成适合西方文论话语体系所能认可的形式，这实际上是用西方话语统摄传统话语。曹老师认为，所谓"话语转换"，是指在承认中西两套话语的差异性这一前提条件之下，运用中国文论话语来主动融汇西方话语。如王国维的《人间词话》就是一个比较成功的范例。可以说，通过"硬啃"古文经典，我们才真正对古代文论有了直观的感受和发自内心的崇敬，避免了被崇洋媚外的风气侵蚀。

不过，以传统话语为本，并不意味着排斥西方话语，也不是所谓的"原教旨主义"，而是要致力打通传统话语与西方话语这两种异质性话语。在"二十世纪西方文学理论"这门课上，曹老师用的是英文版的教材，而我们大多数同学都手持中英两个版本对照着读。曹老师经常告诫我们，不要过于依赖译本，有时候，翻译家自己可能没有把理论吃透，从而造成"以讹传讹"。凡是碰到关键术语，一定要拿英文原版来核对，仔细辨识在原文语境中的原意。否则，有些概念译成中文，反而变得"非驴非马"，让人越看越糊涂。付飞亮同学在《曹顺庆先生如何培养比较文学博士生》一文中就曾谈到这门课上的一个鲜活案例。曹老师在讲解新批评的"close reading"这一概念的时候感叹道，很多译者将其翻译成"细读"或理解成"仔细地阅读"，实际上完全曲解了原意。该词其实传达的是新批评学派强调去除文本外部因素（如作者、读者、文本产生的历史背景等）的影响，回归文本本身这一基本主张，因此，"close reading"翻译成"封闭式阅读"才能真正传达这一概念的准确涵义。②

在讲授20世纪西方文论这一专题的时候，曹老师用深入浅出的语言为我们勾勒出了一幅精细而深刻的"学术地图"，为同学们日后确定学术方向打下了坚实的基础。如黄宗喜同学对美国著名文化批评家弗雷德里克·詹姆逊很感兴趣，曹老师就引导她去探究詹姆逊对中国的影响以及发生了何种跨文化层面的变异。于是，黄

---

① 曹顺庆、罗富明：《"失语症"与中国文论的"话语转换"》，《重庆评论》2011年第2期。
② 付飞亮：《曹顺庆先生如何培养比较文学博士生》，《学位与研究生教育》2012年第7期。

宗喜将其作为博士毕业论文选题，并顺着这条思路开展了深入研究。在毕业之后，她顺利拿到了教育部人文社科项目"批评的踪迹：弗雷德里克·詹姆逊与中国"以及国家社科一般项目"詹姆逊与当代中国马克思主义文论话语的建构研究"。无疑，曹老师这种将问题意识与学生们自身的学术兴趣有机融合的教学方法极大提升了博士生的研究能力。

其次是"遍览风景"。学术生态原本多彩多姿，"遍览风景"就是要不断开阔学术视野。曹老师特别强调参与学术讲座和学术会议的重要性。川大文新学院也十分注重与海内外学界的互动与交流，像宇文所安、浦安迪、王宁、丁帆等一批国内外知名学者都曾应邀来川大讲学。名家作客川大，曹门弟子往往都是踊跃参与，绝不放过任何一次学习机会。浦安迪作为国际汉学的研究专家，给我留下十分深刻的印象，他的《明代小说四大奇书》《中国叙事学》等著述，都给我耳目一新的感觉，对我的博士论文选题也有很重要的启发。

除了学术讲座，曹老师一有机会，就会鼓励学生们外出参加学术会议。在2012年，由哈佛大学东亚系、《文学评论》编辑部、武汉大学文学院联合举办了"现当代中国文学史书写的反思与重构"国际高端学术论坛，曹老师是受邀嘉宾之一。为了提携后辈，曹老师资助我和黄丹青师妹参加了此次会议，并指导我们合作撰写了参会论文《残缺的中国现当代文学史》。[①] 文章的核心观点指出：中国现当代文学史的书写受制于白话文学霸权，忽视了旧体诗词应有的位置。若要重构一部多元、完整的中国现当代文学史，就必须正确对待文言文学与白话文学、传统话语与西方话语之间的关系。该文激起了与会学者的共鸣，并引发了热烈的讨论。而这次参会经历，也大大开阔了我个人的学术视野，让我深刻意识到，做学术切不可闭门造车，一定要了解学术前沿，与"学术共同体"形成互动，才能够获得学术界的充分认可。

最后是"敢攀险峰"。"敢攀险峰"就是要培育创新精神。曹老师经常教导我们，做学术既不可避重就轻，也不可过于循规蹈矩，而要敢于"言前人之未言"，敢于推陈出新。学术之路犹如登山，所谓"无尽风光在险峰"，要想实现学术创新，就必须敢于突破惯性思维，敢于打破旧有的学科框架。为了有效激发同学们的学术创新能力，曹老师经常会利用课余时间主持一些小型的学术讨论会，让学生们一起切磋交流。参会者不局限于博士生，也包括李桂全、党聆嘉、尚英丽等好学的硕士同学，讨论会的地点往往会选择像望江楼公园这类风景怡人之处，既赏心悦目，又能让大家灵感倍出。每次研讨都是有的放矢，收货满满，所谓"他山之石，可以攻玉"。在一次次辩论与争鸣之中，大家的研究方向也逐渐清晰明了。

在我们这届同学中，魏登攀、郑艳丽和杨立立都是学音乐出身。相对而言，他

[①] 黄丹青、黄文虎、曹顺庆：《残缺的中国现当代文学史》，《四川师范大学学报（社会科学版）》，2013年第6期。

们的文学理论功底薄弱一些，若是换了其他导师，可能还不敢招进来。不过，在曹老师看来，这反倒能形成做跨学科研究的优势。魏登攀的《比较文学视阈下的爵士乐音乐形象接受研究》《中国化爵士乐：跨文化视野下的音乐变异研究》等论文[①]，正是运用了曹老师的变异学理论和"他国化"的概念来分析美国爵士乐在中国的创造性接受现象，算是在文学与音乐这一跨学科领域开辟了新的天地。

最考验我辈是否"敢攀险峰"的当属博士学位论文选题。我们读书期间，曹老师正在开展教育部重大攻关项目"英语世界中国文学的译介与研究"。顺着曹老师提供的思路和方向，我们不少同学开始从国际汉学入手，尝试探究中国文学经典在海外的传播和接受状况，如大师兄郭晓春的博士学位论文选题就是《英语世界中的〈楚辞〉研究》，毕业之后，他也在这一领域拿到教育部项目。前辈学人也为我们提供了好的榜样。哈佛燕京访问学者刘颖师姐所做的《英语世界的〈文心雕龙〉研究》就得到了曹老师的充分肯定，并获得国家社科基金资助，为国内"龙学"研究提供了一个极具参考价值的国际视野。

我也沿着"英语世界"这条学术脉络，选择了"英语世界中的《金瓶梅》研究"。《金瓶梅》是明代四大奇书之一，哈佛大学教授田晓菲甚至认为《金瓶梅》在很多方面超越了《红楼梦》。然而，或许是其"淫书"之名，反而让很多古代小说领域的学者敬而远之。在国际汉学界，关于《红楼梦》的研究与翻译是一门显学，师兄王鹏飞的博士学位论文做的正是《英语世界的〈红楼梦〉译介与研究》。而我十分欣喜地发现，《金瓶梅》这部响当当的名著在海外学界的研究和传播状况居然尚未得到国内学界的充分关注和系统性研究。

与此同时，我通过搜索英文资料库得知，在欧美地区，光是研究《金瓶梅》的英文学位论文就有30篇左右，其他资料还包括相关学术专著、期刊论文以及述评文章等等。对比而言，在英语世界，《金瓶梅》作为中国古典名著之一，其关注度仅次于《红楼梦》，远甚于《三国演义》《西游记》《水浒传》几部经典名著。美国著名翻译家、普林斯顿大学芮效卫教授从17岁开始迷恋《金瓶梅》，花了一辈子来翻译这部奇书。2016年，芮效卫在临终前还对此书念念不忘，自称能完成《金瓶梅》的翻译，死了也值！

鉴于《金瓶梅》在海外学界的广泛影响，我向曹老师汇报了做这一选题的想法。曹老师凭着敏锐的学术直觉，十分爽快地认可了我的选题。我记得曹老师当时说过，只要海外的研究资料足以支撑博士学位论文，且在国内尚未有人做过，那么不管你做得如何，你都是"第一个吃螃蟹的人"，至少在资料梳理这一块，总能给后人留下一些有益的材料。坦白地说，正是在曹老师所构建的英语世界这一宏大学术背景之下，我们作为学生，才真正能够找到既有学术价值，又切合自身学术能力

---

① 魏登攀：《比较文学视阈下的爵士乐音乐形象接受研究》，《中外文化与文论》2014年第2期；《"中国化爵士乐"：跨文化视野下的音乐变异研究》，《中外文化与文论》2015年第4期。

和兴趣的选题。

在曹老师"深挖地基""遍览风景""勇攀险峰"这套心法所形成的合力之下，我们这届博士生一个个都从刚入门时的"迷惘"逐渐跳脱出来，在学术的汪洋大海中纷纷找到了自己的研究方向，颇有一种豁然开朗的感觉。在经历了博士学习期间的艰辛和磨炼之后，同学们都会有种翻越高山、登上高峰的无尽欢喜与成就感。尽管面对真正的学术之巅，博士期间的学习和研究可能只算是"万里长征第一步"，但相对于读博之前，我们每一个人可谓都已经经历了一次脱胎换骨般的学术成长之旅。未来的学术之路充满着挑战与不可预知的困难，但我们坚信，只要笃定选择了学术之道，心存明灯，敢于探索，就终会有圆满之日。而曹老师就犹如驱散黑暗的那盏希望之灯，始终激励着曹门学子沿着崎岖不平的学术山路勇往直前。

四、遥念

曹门是一个学术共同体，同时也是一个充满亲情与友情的大家庭。

毕业之后，同学们各奔东西，即便相隔不远，也因俗务所缠，要想团聚，实属不易。唯有借曹老师出席的全国性大型会议之机会，曹门兄弟姐妹才可能相聚一堂。每次学术会议都能结识不少早已闻名的曹门同学。现如今，曹门博士硕士同学已多达三百之众，很多同门可能素未谋面，甚至只是在网络上聊过，但我却能深刻感受到一种天然的默契与信任。若遇到困难，只要向同门报上曹师名号，大家总是倾力相助，毫无保留，让人感动。

所谓"患难见真情"，特殊变故愈发凸显曹门同学情谊。2021年12月11日是一个悲伤的日子，年仅45岁的付飞亮同学因病离开了这个世界。飞亮的溘然长逝犹如一场"地震"。曹老师闻此噩耗，万分痛心！曹门的同学们在微信群上也纷纷表达哀思。大家赶紧凑了一笔慰问费，由西南大学孙太师兄全权处理。孙太师兄通宵达旦统计曹门捐助的慰问费，并登门慰问家属，甚为辛劳！由于疫情，曹老师和我们同届很多同学无法到场，班长罗富明代表2010级博士同学奔赴重庆向飞亮家人表达慰问。此前，飞亮病重之际，罗富明、周仁成与龙娟也特意赶往医院看望。当时，仁成兄其实也刚动了一个大手术，行走并不方便，但还是坚持要去。事后，乔艳、郭晓春、黄宗喜等同门同学都撰文表达了对飞亮的深切悼念。

追忆往昔，我与飞亮兄在2010年相识于古朴典雅的川大校园，有幸一同拜师于比较文学界的泰斗曹顺庆先生门下。在我的印象中，飞亮兄身材魁梧，肌肉发达，皮肤黝黑发亮，那副体格有点像健身教练，怎么看也不像是满腹经纶的书生。与他相比，我则显得特别瘦弱，一看就手无缚鸡之力。不过，说到读书，飞亮兄一点不含糊。

曹老师有两门课让我们同届的很多博士同学"闻之色变"，即便是毕业之后，我还会梦到自己在课上和同学们一同背书的情形，甚至会冒出一头冷汗，生怕自己背不出来。这两门课分别涉及西方文论与中国古代文论，一门是学习伊格尔顿所著的《二十世纪西方文学理论》；另一门是背诵《文心雕龙》以及古代文论名篇。曹老师对这两门课要求颇为严格,可谓用心良苦。记得曹老师曾给我们讲过一个"玩笑",说有个学生慕名而来,想考他的博士。曹老师就问,你古文好不好?学生坦诚地说,不好,所以学不了古代文学。曹老师又问,你外语好不好?对方又坦白,不好,所以学不了外国文学。曹老师哈哈一笑,原来在此君看来,比较文学是门"讨巧"的专业。事实恰好相反,在曹老师看来,古文与外语功底如同比较文学专业的"任督二脉",二者缺一不可,曹门的子弟必须要将此二脉打通方能顺利毕业。

在啃读英文原版《二十世纪西方文学理论》一书的过程中,飞亮铁定是下足了"硬工夫"。在我们同门的记忆中,他学英文其实挺费劲,尤其是口语。龙娟就曾在一篇纪念文章中写了她和戴月行"帮衬"飞亮通过英语口语课的情形。在曹老师的西方文论课上,同学们都要轮番朗读英文原文,碰到不懂之处,曹老师再悉心解读。感觉每次轮到飞亮读的时候,他都读得特别费劲。同学们偶尔还会发出一丝丝窃笑。当然,大家并没有恶意,只是觉得飞亮用江西腔调说出的英文颇有些喜感。对于班上英文专业出身的同学来说,语言本身并无难度,难就难在理论。对于飞亮和我辈这种中文系出生的同学来说,语言就构成了挑战。不过,飞亮偏偏就和英文结成了"欢喜冤家"。

在曹老师的首肯之下,飞亮最终的博士学位论文题目是研究著名的西方文论家克林思·布鲁克斯。在当时,布鲁克斯的很多经典著作尚未翻译成中文,这意味着他所研究的几乎全部是清一色的英文资料。然而,也正是语言上的屏障,使他关于布鲁克斯的研究凸显出特有的学术价值。作为第一个"啃硬骨头"的学人,飞亮经过多年的打磨和锤炼,终于成了钻研布鲁克斯的专家。如果去知网搜,就能查到他所写的一系列关于布鲁克斯的学术论文。从川大毕业之后,他入职西南大学文学院,顺利以布鲁克斯为主题拿下国家社科基金与教育部项目。可见飞亮为了学术研究,一定在英文上做足了功夫。光从学习英文这一点上,就足以见出飞亮的性格中蕴涵着一种敢于迎难而上的韧劲,这种拼劲让我辈深为佩服。

在 2018 年,飞亮兄还专门写下了《曹顺庆先生学术思想研究》一文。[1] 在文中,他总结了曹老师四次重要的学术转向,将学术思想划分为"中国古典文学研究""比较诗学研究""比较文学学科理论研究""重建中国文论话语"和"变异学"五个阶段。同时,他还认为,曹老师的学术思想无论如何转向,却坚守两个重要维度,一是"始终守望中国传统文化,尊重传统经典,扎根于本土";二是"主动汲取西方文化知识,在比较文学领域不断创新"。该文发表之后,在比较文学界引发了不俗的反响。

正值盛年的飞亮兄原本前程似锦,却遭此噩运,悲哉痛哉!尽管毕业之后与飞亮兄联系不多,但在曹老师门下读书时的场景历历在目,时常浮现在心头,让人唏嘘不已。"妙手著文章"是飞亮表达师恩的重要方式。相比于飞亮,我无以回报师

---

[1] 付飞亮:《曹顺庆先生学术思想研究》,《天中学刊》2018 年第 2 期。

恩，现在想来，颇为惭愧。在毕业之后，我仍然屡受曹老师的恩惠，如《英语世界中的〈金瓶梅〉研究》这一学术专著就是在曹老师的帮助下顺利出版的。[①] 此次趁"曹顺庆老师从教四十周年人才培养实录"征稿的机会，我作为曹门弟子，写下此文，也略表对曹老师长久以来"春风化雨、教书育人"之师者情怀的感恩！

古人言，"立德""立功""立言"可谓"三不朽"。无论是在学术领域还是在日常生活中，曹老师一向都是严于律己，宽以待人，可谓"立德"。曹门桃李多达三百之众，不乏各行各业的精英，可谓"立功"。曹老师著作等身，获得海内外比较文学界的一致认可，可谓"立言"。想起当初在川大读书之时，曹老师不嫌我辈愚钝，对学生悉心教导，可谓呕心沥血，让我等终身受益。我辈能够有幸在曹老师门下读书，能够有幸与2010级才华横溢的博士同学们同窗，能够跻身曹门这个有情有义的学术大家庭，实乃三生有幸！

最后，我想将读书期间与付飞亮等同班同学一同作词的《曹师吟》附于文末，以表达我们2010级博士同学对于曹老师的无限感激和敬重之情。

曹师吟

秦时明月汉时风，
翩翩少年入梦来。
梧桐清音，复旦楼前，
你闲看日月精华，云起云落。
跋巴山，涉蜀水。
从此扎根在川大。
长江学者，川大书生。
先生之风，似水流长。

桃李春风秋硕果，
弟子贤人满天下。
文心雕龙案头间，
诸子集成列架上。
为继国学操心劳，
十三经，自难忘。
长江学者，川大书生。
先生之风，似水流长。

古音难续你轻轻叹，
"失语"一词掀起千层浪。

---

① 黄文虎：《英语世界中的〈金瓶梅〉研究》，中国社会科学出版社2019年版。

先贤竹简已野草漫，

杏林黄，高坛长。

一曲高歌，道不尽历史沧桑，

沉寂百年的呼唤，东方文明的脊梁。

长江学者，川大书生。

先生之风，似水流长。

传承与通变

——曹老师的家国情怀

2019级博士 张 峰[*]

听闻老师之名，大概是20多年前。当时正读大二，在图书馆偶尔翻到了《中西比较诗学》这本书。一打开书本，就被书中的内容所吸引。曹老师的这本书是第一部全面观照与比较中西古典诗学的专著。全书以"文化寻根"为宗旨，探讨了中西文学艺术审美特质的异同，对理解中西诗学的文化动因以及中国古典诗学的民族特色与世界意义，有着独到的见解与深邃的理论价值。当时只知道，曹师顺庆是四川大学的知名学者，也从没想到自己会和老师有什么交集。然而，从那时起，心中已不自觉地暗下决心，要考取川大的研究生，跟着真正有家国情怀的学者读书治学。

2009年9月，我来到梦想的川大攻读研究生。按照惯例，入学后的第一次动员大会上，蜚声学界的知名学者要为新生举办五场讲座，讲解读书治学的规范与心得。曹老师当然是学院第一位讲学的老师，那次也是我第一次目睹老师的风采。当我来到礼堂，两三百人的会场早已满满当当、座无虚席，只在最后一排的角落找到了位置。虽然离得很远，但是老师激励后辈治学的话语却萦绕耳旁。如今回忆这段往事，虽已时隔十三四年，却依然记忆犹新。老师演讲中的一句话让我印象深刻，终生难忘。这句话的大意是：你们到四川大学文新学院读书，就等于加入了"国家队"，就要担负家国重任，追本溯源，为中华文化的传承贡献力量。

何谓"国家队"？私以为，是一支荣耀与责任集于一身的队伍，它不仅享受"国家"二字赋予的荣耀，同时也要担负为国争光的责任。运动员为国争光是在体育的赛场上，学者则是在国际学术的舞台上，既然都是为国争光，当然也都可以用"国家队"来称呼。学者为国争光又与运动员有很大的不同。运动员在赛场上拼搏竞技，冠、亚、季军通常一目了然，但也会出现天时、地利、人和等诸多因素导致

---

[*] 张峰，2019级博士，1983年出生，黑龙江省齐齐哈尔市人。研究方向为中国古代文论。

偶然的胜利的情况，再有风度的对手也难免心中不服。学者则不同，他们虽然不需同场竞技，但是要获得认可，就要使自己的学说和理论为人所接受，是真正的心服口服。对中国学者来说，在以西方学者为主流的国际学界要得到普遍认可，显然并非易事。不过，就像运动员在赛场上为了更高、更快、更强而拼搏，中国学者在学术界同样付出了艰辛的努力，并得到了国际学界的认可。让我倍感骄傲的是，这其中就有我的老师曹顺庆先生。2018年3月，老师被欧洲科学与艺术院聘请为院士，成为该院为数不多的中国籍院士。欧洲科学与艺术院评选院士的方式是：提名及评选过程不告知当事人，候选者由多名国际学者及院士推荐，再由欧洲科学与艺术院根据成就来严格判定。听老师讲，因为对提名和评选完全不知情，通知他获奖的邮件在办公桌上放了两个星期，如果再放两个星期不回复的话，就默认为自动放弃了。这次当选，说明老师提出的"比较文学变异学"得到了国际学界的肯定和好评，产生了世界性的影响，是对老师在国际学界不遗余力地推广中国话语的一个肯定。成就的背后是他作为一名中国学者的担当和责任，是为了在国际学界为中国人争取一席之地，用中国人自己的话语与西方学者开展平等对话，以此提升中国文化软实力，打破一直以来西方主导世界的话语霸权。

  十年后，得入曹门跟随老师读书治学，对曹师治学思路之精微，治学范围之广博，传道授业之风采，每每感佩于心，亦时常喜忧参半，喜因得遇名师，忧则唯恐落于人后。作为一位担负道义的学者，曹师身上自然地展现出"任重而道远"的儒者情怀。老师的志向是不仅要让中国的比较文学走向国际，更要让中国文化的独特价值得到广泛的重视和肯定。在老师看来，传统文化在今天依然具有重要价值，依然具有世界性的意义。和谐包容、自强不息、世界大同这些中华民族的宝贵精神，不仅有助于中华民族实现伟大复兴，同时也对全世界的文明互鉴、和谐共处，对人类命运共同体的构建具有重要意义。因此，老师非常热心传统文化的赓续，不失时机地宣传其价值和意义，自己也开设了中国文化元典研究课程，指导我们阅读、释训十三经，另一门课程"中国文化与文论及西方文学批评史"则要求大家背诵中国古代文论，反复的诵读、默记增强了我们对古文、古诗、古代文化的理解和把握。老师提出的"跨文明研究""失语症""比较文学变异学"等概念和理论，从根本上说也是在强调中国传统文化的价值。"跨文明研究"旨在突破西方文明的界限，在中西方之间开展比较文学、文化的研究；重建中国文论话语以解决现当代文艺理论中的"失语症"问题，首先要做的也是接上传统文化的命脉；"比较文学变异学"作为中国学者的原创理论，本身就植根于中国文化的土壤之中，是对《周易》的"变异"思想、刘勰的"通变"观念等的继承、发展和创新。如今，老师已年近七十，本可安享天伦，却依然为学术事业而奔走，除了热爱，更多的是对责任的坚守。

  曹老师时常以"入门须正，立志须高"教诲我们，这句话也成为曹门弟子鞭策自己在学术道路上努力探索的座右铭。我常想，曹老师对弟子们意味着什么？听老师论学，笑容和蔼，如沐春风。观老师教书，循循善诱，传道解惑。曹老师治学的精神底蕴在何处？在我看来，就是：传千古道义，观古今通变，蕴家国情怀。薪火相传，道亦大矣！进入曹门，就要沿着老师开拓的学术之路，再接再厉，不负师恩，为文化传承、学术振兴略尽绵薄之力。

第二节　团队合作　集思广益

卜算子·忆

1998级博士　邓时忠[*]

博士毕业二十余载，每忆及当年求学情景和导师教诲提携，感慨良多。填此词以谢恩师。

立定本土根，优点多家采。古典西学汇一炉，新路曹门开。拜师望江园，继晷游书海。两岸求学获益深，永念师恩在。

贺曹师从教四十载

2003级博士　黄　立[**]

二十年前入师门，大儒垂训视野新。
融通中西弘国学，曹门弟子敢争先。
望江品茗读史书，青城论道品经典。
呕心沥血育英才，元典诵读益匪浅。
诗学新论失语症，比较文学谱新篇。
今又倡导变异学，中华诗学何西传。
负笈学子络绎至，中比重镇在西南。
大师文名播四海，文坛薪火代代传。

---

[*] 邓时忠，1998级博士，1956年11月出生，四川泸州人。现为西南财经大学国际教育学院副院长、教授、研究生导师。

[**] 黄立，2003级博士，上海师范大学外国语学院教授，四川省学术技术带头人后备人选。研究方向为海外汉学，文学翻译。

吹响传承集结号的智者
——曹顺庆先生独特治学方法侧影

2005级博士　嵇　敏[*]

百年大计，教育为本；教育大计，教师为本。曹顺庆先生堪称吹响教育变革新曲的国字号大师。世纪之交的中国大学还被高墙深院圈围着，那时，凡谈学术必哈佛耶鲁，凡立标准必牛津剑桥。而地处中国西南的四川大学则出现了一位不同凡响的学者。他百思不得其解：当下的中国为什么会出现如此严重的人才断层？为什么追随五花八门西方理论潮流的"二道贩子"及其模仿品能在中国大行其道？为什么西方价值标准在国内被推上了唯一的、至高无上的地位？……

在探索的终端，困惑迎刃而解："中国要想真正强盛起来，恐怕必须直面这一严峻问题。"[①] 这位给中国学界把脉开药方的就是顺庆师。他一针见血地指出"关键的一步在于如何接上传统文化的血脉"[②]，即便"非常棘手""非常困难"，"呐喊与铺路"势在必行。自20世纪90年代初起，顺庆师选择了艰难的重建中国文论话语之旅，带领弟子们苦苦寻求一条切实可行的、可操作性的重建中国文论话语的路径。他深知学术的本质在于颠覆人类固有的僵化思维，自信创造新的开始。

是他，奋战在教学、科研两条线，致力"传统话语系统的发掘、复苏、中西诗学对话、中国文论话语的当代有效性等方面"[③] 的开创性工作。是他，率先在四川大学博士生中开设中国文化元典研究课程。也是他，主持的"原典导读与中文学科人才培养"入选教育部教学改革重点项目。还是他，相继出版《中华文化概论》《中华文化原典读本》。正是因为他，中华文化原典被重新纳入高校本科人才培养体系。传承、弘扬中华优秀文化随之也进入硕博人才培养目标，成为业内评价研究生质量的金标准。顺庆师高度的文化自觉和文化自信源于他革故鼎新的执着，也根植于求索者生生不息的学术使命。

忆当年，上顺庆先生的课，苦并快乐着！难怪，为能了解他的学术思想，有走廊上站着的，有抢先占位的，还有仗义的铁哥/姐们儿帮着占位的……时下校园里暗传着一句顺口溜（必须加以批判！）：必修课选逃，选修课必逃。照此推论，曹先

---

[*] 嵇敏，2005级博士，女，四川师范大学外国语学院教授。1999年创建四川师范大学女性研究中心并担任主任至今。曾任外国语学院院长。担任国家哲学社会科学基金评审项目同行评议专家、教育部国家级特色专业（英语）负责人、教育部学位与研究生教育学科评估专家、中国妇女研究会理事、四川省比较文学学会理事等。

① 曹顺庆：《中华文化原典读本》，北京师范大学出版社2011年版，引言。
② 曹顺庆：《文论失语症与文化病态》，《文艺争鸣》1996年第2期。
③ 曹顺庆：《文论失语症与文化病态》，《文艺争鸣》1996年第2期。

生开设的"中国文化元典阅读"定在那帮人的必逃之列。实际情况却是每堂课座无虚席！老子曰："天下大事，必作于细，天下难事，必作于易。"置身于这样的求学状态，经历这样的反复锤炼，学子们日后能不结出累累硕果吗？曹先生独具匠心的课程建设、勇于创新的教学态度、行云流水的上课方式、掷地有声的治学效果，与古今圣贤之文心一脉相承。

曹先生不仅学问广博，智慧与情商超群，而且师德高尚，诲人不倦。虽然总不见先生动怒，和颜悦色之下却是不折不扣的曹式风格：弟子们从不敢寻找借口逃脱"十三经"堂上抽查。曹先生讲授国学原典与众不同，除精讲精练外还多了一道特殊工序——名篇名段的即席抽背，要求学生烂熟于心，堂上人人过关。这一招实在是够"狠"的，不分老少不管资历，十三经面前人人平等。可喜的是，普遍"先天不足"的外文系学子经过这番恶补，自然填平了不少坑洼，功底倍增。当然，这只是曹先生独特治学方法的一个缩影。经过点石成金的学术训练，学子们脱胎换骨，三百多名曹门弟子如今战斗在大文科各个领域，构成盛世华章的一个个优美音符。

有人诟病中国很多高校教师不能贯通中西方文化和语言，学文学的国学功底深厚却短于英文，搞外文的口语挺流利却疏于古文功底。讲西方文论时，曹先生偏偏选用了英文原著。众所周知，曹先生并不是学外语的，却选用英文原著进行讲解，英语专业出身的学子一阵子暗喜：这下可找到了知音，听着听着，微笑渐渐淡去……且不说 *Phenomenology*，*Hermeneutics*，*and Reception Theory: Contemporary Literary Theory* 这样的文论专著，就连 *Literary Theory：an Introduction* 这类入门之作，我等外文系学子读起来也很不轻松，只有发扬笨鸟精神，方才有光明出路。这门课教会我抛弃平庸、执着勇敢、接受挑战、不惧失败！

十多年过去了，现在回想起来，求学的场景是那般生动、历历在目。曹先生总是以抓铁有痕、踏石留印的精神对待教学，在内容上绝不死扣知识点，而是把学术性、前沿性和科学研究有机融合起来，重视吸收本学科的最新成果，适度穿插讨论式、启发式、探究式的教学方法，以问题为导向，以案例为基础来组织教学。

曹先生的魅力不仅仅停留在学术上，更有渗入骨髓的情感张力。无论对待教学还是从事科研或别的工作，曹先生一贯以身作则，要求学生始终充满奋发向上的精气神，对学问保持经久不衰的热爱甚至产生持续的、终生的喜欢！识大局才能做大事，知国策才能明方向，要不断突破认识与知识的边界……曹先生传授给学生的无价之宝使学生受益终生。

芬芳桃李满天下，树人育才为中华

2012级博士 李 泉[*]

承蒙恩师不弃，我于2012年从电子科技大学外国语学院毕业后，有幸进入川大学习，加入曹门。终于拜得名师门下，实现了在历史悠久、底蕴深厚的四川大学文学与新闻学院读书的梦想。一直都想专门写一篇文章回忆在曹老师门下读书的经历和收获，今日终于如愿。谨以此文致敬恩师，感谢先生栽培。

还没考入川大之前，就对川大文学与新闻学院和曹老师抱着一种仰望和憧憬之情。博士备考期间，我专门买了一辆二手自行车，以便去川大旁听曹老师上课。那一年不断往返于电子科技大学沙河校区和四川大学望江校区之间，有时刻意在不同的时节、时间和天气选择走同一条路线，有时特意选择不同的路线，骑着自行车在成都走街串巷，领略锦江畔的动人风景，种下深情，也留下了对成都建设发展的文化记忆与文化认同。每次去川大都带着一种奋斗的乐观和对未来的向往，回来时又带着学有所得的满满收获感和喜悦感。看到课间不断有学生向曹老师请教问题和汇报工作，我一直觉得十分胆怯，惭愧不是挂名弟子，只是旁听外人，不敢打扰曹老师的师生交流，只敢远远望着，看到曹老师和蔼的颜色和眼神里流露出的对学生的关爱，下决心以后一定也做一个真心关爱学生、支持学生发展的好老师。下课时，曹老师又有很多学生陪同，送他走回家或者停车场，这种学生对老师发自深心的爱戴，可以说是不需要任何数据去量化的师德标兵的靓丽风景线。每次趁着有同学跟曹老师说完话的几秒钟间隙，我才有机会鼓足勇气凑上去跟曹老师打个招呼，说我来听您的课了。有时候汇报的同学比较多，不敢打断，就没有机会刷这几秒的"存在感"，自感不是入门弟子还是略有自卑，再加上诗人特有的矫情、矜持、敏感和害羞，唯有默默地保持不远不近的距离，跟着听曹门师生的欢声笑语。当时就觉得，如果我能成为正式的入门弟子，那该是多好的事情！

谢天谢地，这个梦想终于变成了现实。自从加入曹门后，我的人生轨迹和精神状态都大大不一样了。我这个英语专业出身的学生本科、研究生阶段并没有系统性地接受过中国古代文论，所以学习起来十分困难。虽然从小就对古代文学非常感兴趣，但只是在写作层面，而没有涉入文论层面。在系统性学习中国古代典籍《易经》《诗经》《尚书》《周礼》《礼记》《仪礼》《公羊传》《谷梁传》《左传》《孝经》《论语》《尔雅》《孟子》之后，尤其是深入感悟《易经》之后，我的思想和视野、

---

[*] 李泉，2012级博士，1987年2月生，汉族，河南安阳人。现为电子科技大学外国语学院副教授、研究生导师。

思维方式和行为方式被彻底改变，不但在学问上受益匪浅，而且在精神上找到了人生的信仰定位。同时我还深深认识到，单从文学研究的学术角度来讲，只把英语学好是远远不够的，因为丧失了本我的文化之根，永远都是邯郸学步、亦步亦趋，总会局限于介绍西方先进成果的"照着讲"，而没法在推进研究、超越创新，实现"接着讲"，更没办法在他山之石的基础上"自立门户"、自主创新。同时，曹师对英文原著的重视也让我更加坚信，把英语学好是非常重要的，英语是个不可缺少的工具。学习英语的重点应该是学习英语文化，而不是记单词。从此我养成了像西方人定期阅读圣经一样读十三经的习惯。我一定会做到，一生都会坚持。曹师对我有重塑之恩，在我心中简直就是神明般的人物，因此每次跟曹师通电话时我都仍会不由自主地垂首示礼，每次面师之前我也绝不会忘先师孔子之教诲，必先沐浴更衣。

在还没有入学的那个暑假，我就接到了师姐万燚的电话，给我安排了任务。她通知了我一个喜讯，即曹老师已经拿到教育部重大项目"英语世界中国文学的译介与研究"，任命我为课题秘书组副组长，协助组长万燚师姐服务课题推进工作。当时感到无上荣光，终于可以略尽绵薄之力报效师恩了。同时也感到还没入学就提前进入学术状态的开心，深知川大人才济济、卧虎藏龙，自己终于可以"笨鸟先飞"了。看到曹老师在安排研究任务的名单里把我归到了"英语世界的《论语》翻译与研究"范畴，我还是挺开心的。很感谢老师给我安排这个研究对象，我虽出身英语专业，但一直对古文深感兴趣，而古文翻译与跨文化传播又是结合我专业优势的强项。于是我决定再推进"笨鸟先飞"，在博士一年级入学之前，就已经写出了关于《论语》翻译研究的文章，达两万字。想着还没开题就已经完成了博士学位论文的十分之一，不禁内心有点沾沾自喜，后来的经历才证明自己不该耍小聪明。

写作的确锻炼了自己的分析能力，不过曹老师并没有同意我继续写下去，而是改成了另外的选题。还记得博士学位论文开题报告会曹老师有意选在了风景宜人的三圣乡万亩荷塘，一边赏花一边谈学术。曹老师在行政、教学、科研三驾马车并驾齐驱且都能做到极致的前提下还没有耽误享受人生乐趣，也给了我很大启发。后来我还有意模仿曹老师的做法，把给研究生修改论文的地点定在了百花潭公园和浣花溪公园，没承想突下大雨、气温骤降，我和学生都冻得瑟瑟发抖。没看天气就出门，真是大写的尴尬。不过当天曹门同学的心情大都很紧张，生怕自己的选题过不了。可怕什么就来什么，还是有几位同门的初步想法被曹老师否决。曹老师一脸微笑，但态度十分坚决，真应了"笑着让你挂"。曹老师对于选题没有半点马虎，不改《沧浪诗话》中"入门须正、立志须高"的选题原则，别人写过的话题坚决不准写，没有创新价值的选题坚决不准写。后来事实证明曹老师的坚持是对的，按照曹老师指导的方向开疆拓土的同门都获取了成功，而自作主张、自立山头的可能就会无功而返，最后还是调转方向，回到曹老师的正路。

当时我还特意关注了前几届师兄师姐的论文选题，试图妄自推测曹老师的选题倾向和路数，想为自己避免试错。回想起自己的幼稚和好笑，也是年少无知的表现吧！看上几届，好像学古代文论的做文论话语体系性建构，学外语的倾向于做中国文学外传或是外国文学中国传播，学艺术的倾向于做文学与艺术跨学科研究。当有人对未来研究方向茫然无措之时，我还内心窃喜，我这个选题是曹老师预定的，应该不会被否定吧？结果那天我也惨遭打击，被批得灰头土脸。曹老师说，目前英语世界《论语》翻译和研究写的人太多了，很难出成果，命我不要再做了。当时还有点不甘心，也是因为那时也已经写了将近两万字，舍不得放弃前期成果。奋力争取了两次，结果都被曹老师否决。我又提出想继续做硕士阶段做过的乔治·奥威尔研究、翻译意义变异研究，或者是新的《红楼梦》叙述符号学研究、文学社会功能的跨学科研究，也都被曹老师一一否决。曹老师坚称，用理论去阐释一种文本，怎么都能说出一些道理，但是对理论来说并没有什么推进、创新作用。博士阶段要学会立足于扎实的文献材料、稳扎稳打，完成阶段性学习，避免空疏的治学方式，而且选题要避开别人的领域，自己开拓新的疆域。如果做到这一领域的第一人，那起点就会更高，更容易做好。

曹老师的决定让我当时内心也真的是慌了，不知以后的学术道路要何去何从。但是，后来回忆思考，曹老师的只言片语深远影响了曹门，让学生们受益匪浅，从入门就强调出新，学术品格自然不会低。

当时中国文学经典作品在英语世界的翻译与传播研究都快被"抢"完了，无路可走了。曹老师提到了现当代八大家，记得金永平还提到了金庸，自称因为他本人姓金，没好意思选金庸，留给我们。于是曹老师让我们自己抢。我当时出于自己的爱好，当仁不让地抢了金庸，周娇燕师妹留得了茅盾。后来师妹提起我"抢饭碗"，怕是有怪罪之意，回想起来也惭愧。当时犹如饿虎扑食，只因一心想做古代文学的跨文化传播，践行自己试图学跨中西的学术理想，而金庸作品是剩下"口粮"中最接近古代文学的，于是就当仁不让了。

武侠小说研究的选题是我极大的兴趣所在。从儿时我就对玄幻至极、经典至极的金庸武侠作品情有独钟。还记得小学放暑假时端坐在电视机前，收看金庸武侠小说改编的电视剧《射雕英雄传》《神雕侠侣》《天龙八部》《鹿鼎记》时的场景，当时对武艺高强、侠肝义胆的大英雄和秀外慧中、楚楚动人的美女之间的恩仇传奇和浪漫故事心驰神往，简直到了痴迷的地步。再大一些，我开始一部部地阅读金庸武侠小说原著。读到《天龙八部》阿朱为成全所爱而香消玉殒、《神雕侠侣》小龙女与杨过彼此深爱却总被分离的情节，身心大为触动，频频滴泪湿书。进入大学之后，我开始更为深入地研究金庸武侠小说，也由此更加领会到金庸武侠小说的人文情怀和文化特质。我真切地感受到了金庸笔下男女侠客身上体现出的除暴安良、替天行道的人文主义情怀，同时也领会到了金庸武侠小说涵纳的武术、书法、音乐、文学、医药、宗教、绘画、历史等中国传统文化的经典特质。于是我认识到，武侠文化中英勇果敢、见义勇为的价值理念体现了中华民族的国民性格，金庸武侠小说中汇聚的多彩传统文化更是经典武侠文学文化的完美凝聚。因此我心中产生了强烈的使命感,希望能学好、研究好文言文和英语,把中国的尤其是金庸的武侠小说文化传播到海外,让全世界了解中国特有的武侠文化。

很高兴,这个选题完成了我的心愿。它总结归纳了英语世界武侠小说的译介与研究状况,分析了英语世界武侠小说译介与研究中的不足之处和值得国内学界借鉴的研究视角、研究方法,提出国内外研究中可以增加沟通、互为参照的方式,以此促进武侠小说的国际性认可和研究整体上的深化与发展。作为我从事学术科研项目的初次努力与尝试,我对它的确付出了很大的心血。研究这个选题需要深厚的学术功底,不仅要求有良好的英语基础和严谨的西学素养,还要有深厚的国学底蕴和高超的语言驾驭能力。对于金庸,从一种个人喜爱到一种学术志业的转变,让人很难不担心能否成功。过了几天,我还怕研究资料不多,只有几部博士学位论文,想投机取巧走老路,被曹老师一口回绝。曹老师说资料够了,只要新就好。这也给我了继续做下去的勇气。学有不足的我,才懂得书到用时方恨少,提笔难成文,论文行进起来倍感艰难。不过研究这个课题是痛并快乐着。很高兴,论文写作期间不断进步的莫大喜悦总没有被迟缓步履带来的压抑与困顿压倒。定稿之后再细细品读,倍感轻松、喜悦,又觉感伤、抑郁。忆起字里行间饱含的辛勤汗水,行文炼字凝聚的冥想苦思,几多唏嘘,几多感慨。结果三年后博士学位论文做出来,得到了预答辩委员会主席、欧洲科学院院士王宁教授的夸奖,我此后有幸和王老师建立了联络,后来因做博后要辞职,就跟着王老师做了上海交通大学的访问学者。

王宁教授有着广阔的国际视野和向世界传播中国话语的立场,为学孜孜不倦、精益求精,为人慷慨仁厚、提拔后学,是当之无愧的学界大师,让学生深深为之敬仰和叹服。王老师有着宏大的全球视野、独特的钻研精神、厚道的为人风范和高深的学术造诣,他将一直是后学的经典楷模。在邀请王老师赴电子科技大学进行的一场讲座中,王老师曾豪言道:"将军带兵打仗,决胜岂止在战场?教授培养人才,施教岂止在课堂?"王老师不以上课时间为界限,全方位、各层面不遗余力地提携学生,培养出了数位高端人才。王老师认为基于博士学位论文可以进一步做下去,拿高级别课题。之后我也有幸拿到了国家社科基金青年项目"中国武侠小说在英语世界的翻译与接受研究",充分证明了曹、王两位大师在培育选题方面的前瞻性和前沿性。曹、王二位老师以人才培养为教育中心的理念和不拘一格的培养模式,也让从学生转变老师的我常思之、通览之、内化之、外行之。

当时作为正式毕业答辩主席的傅勇林大师兄任成都市副市长,主管科教文卫工作。我基于英语世界金庸武侠小说译介与研究的成果提出了以后成都发展武侠文旅产业的构想,作为下一步的研究规划,也得到了傅老师的认可和鼓励。曹门大师兄从更宏观、更多维的视野看待学术研究和成果转化,也让我认识到了学术研究之学和学术统一的重要性,学术不只是象牙塔内的文字工作,还要努力服务国家战略和地方发展。在读博期间,格外注重国际视野和海外背景的曹老师鼓励我们申请中国留学基金委的联合培养博士生项目,于是在曹老师的引导下,我有幸成功获得到了公派留学的机会,到美国亚利桑那大学留学了一年。后来才知道导师李点教授也是曹老师的故人好友,还是得感谢曹老师种下的善缘。也感谢李点老师给我了海外求学的机会,让我的生命开启了一个崭新的维度。

记得同门董首一还准备了写满三页纸的备用选题,说一个曹老师不同意,再说一个曹老师还不同意,他几乎都快要说完全没办法,只有让曹老师指定了。我还说曹老师重大项目当头,肯定我们还是要围绕这个中心去选题。董首一表示自己英语不行,做不下来。被一一否定之后,董首一鉴于自己的古文功底优势,提出了"英语世界的《三言二拍》研究"这一选题,一经提出即获同意。后来他基于此选题获得了国家社科基金青年项目,足见曹老师选题把关的高瞻远瞩。曹老师提前谋划选题、为选题严格把关的教育理念,给我指导研究生以很大启发。

不仅在治学方面,曹老师对于师生同门情谊也格外重视。曹老师在开学第一天的见面会就强调说,亲戚之间有血缘关系,而你们身上有割不断的"学缘"关系,你们以后都是曹门弟子,要亲如一家、互相帮助,如果有事打电话给师兄师姐,他(她)不认账,那告诉曹老师,曹老师亲自给他(她)打电话,让他(她)帮忙。听到这些,弟子内心感到无比温暖,曹老师的关爱,春风化雨般温和,一言九鼎的霸气,让所有弟子对曹老师产生了深深的认同和热爱。这一段话,也是我跟学生第一次见面会所必引话语。第一次上课一定要交代清楚郭绍虞先生、杨明照先生和曹顺庆先生这一师门传承关系,因为只有知往,才能惜今,古来学艺都要敬拜祖师爷,这是中国优秀传统,应该传承下去。个人认为,作为老师也应当告知学生祖上的师承关系,做好学术传承的桥梁纽带,不能让学生对自己的祖师爷一无所知。考取川大文学与新闻学院博士,修曹老师的"中国文化元典阅读"课程都要背诵《文心雕龙》十篇以上,应该也是曹老师引导众弟子致敬恩师——龙学泰斗杨明照先生的特别学术方式吧!曹老师作为当之无愧的大师、教育家,从来都是深入浅出,以深潭微澜的方式给学生如沐春风的教化,从不会用华而不实、令人听不懂的高谈阔论故弄玄虚,只会把饱满的深情寄予最简洁的话语,让人身心感动。曹老师和蔼可亲,谦逊朴实,没有架子,为人厚道,乐于助人,勇于担当,不求回报、不遗余力地帮助学生。尤为重要的是,"师门亲如一家"的凝聚力和亲和力这一理念普惠众人。有次暑假在开封开会时,曹老师再次提起,你们要注重师门传承。曹老师说,名师出高徒,师出名门是有历史依据的。中国古代有孔子,弟子三千,又有孟子、朱熹等。西方亦是如此,古希腊有三贤苏格拉底、柏拉图、亚里士多德的师门传承,现代有胡塞尔、海德格尔、伽达默尔的师门传承。当时我就在老师面前郑重承诺,在受益于恩师学术荣光的同时,一定会大力培养后备力量,一定鞭策自己不断前进、维护好师门招牌,上对得起老师,下对得起学生。为学求知方面,曹老师严格要求、绝不手软。坚持学贯中西的比较文化思维,要求学生读背古文和英文经典。不由想起川大读博时和同门师兄弟姐妹一起相约东门荷花池,每天早起苦读十三经,背诵《文心雕龙》《文赋》《诗品序》等十多篇长篇古文。师门有两道川大特色的靓丽风景线，一是上"中国文化"课程，一大帮人抱着两大本《十三经注疏》，引来路人奇异的眼光；一是学术会同门默契地追随曹老师学习。与学生同学、与学生同乐，这也是难得的为师风范。曹老师与蒋师母恩爱有加，让我们羡慕不已。二位大师还会讲起他们怎么走到一起的众多传说。尤其是曹老师说自己靠拉小提琴追求蒋师母，蒋师母则透露二人在美国访学期间，不畏长途相会，限于当时经济实力，为了节约开支，两人执子之手，共喝一杯咖啡，极度暖心。齐家治国平天下，曹老师样样堪称楷模。聚会时曹老师还会安排已婚的同学坐在一桌互取"育儿经"，未婚的坐一桌共议"终身大事"。这一点我也想学过来在自己的研究生中实行，遗憾外语学院女生居多，唯有后续有机会再当"月老导师"吧！同门董首一说，想要找一个曹门师妹做女朋友，还在曹门聚会公开承认单身，比文招亲，当时觉得很喜剧，后面想想觉得这种想法很有道理，看着曹门师兄妹几位佳人肥水不流外人田、恩爱有加，也想模仿，找到一个曹门师妹。遗憾自身魅力不行，没有机缘，盼望以后能先找一个女朋友，再考取曹老师的学生，实现曲线救国的战略，使曹门一家亲更亲吧！

我从品读武侠小说开启了不同寻常的求学之路，同时也从阅读体验和自身经历感受到了中国风格的师门之道。在曹门求学的感受，就是一种师出名门的荣耀感。这种荣耀感不是骄傲自满、故步自封，而是不断敦促自己努力，严格自我要求和要求自己的研究生追求卓越，不能自甘平庸，要对得起祖师爷，不能砸了祖师爷的招牌。

一个方面，从武侠小说看为师之道。作为一名教有所成的老师，育人必定是第一位的。教育的最终目的，并非其他，而是为了塑造一个更好、更善的人。武侠小说中不乏收徒不慎者，最后养出专业技能高超却心术不正、祸害众人的孽徒，甚至犯下欺师灭祖的大罪。比如说《天龙八部》里的丁春秋、《倚天屠龙记》里的宋青书，都是为人所不齿之徒。如此无德之人，若不加培养，作为平庸之人伤害尚小，否则能力越大、危害越大。因此，感恩和向善，具有服务的公心而非精致的利己主义者，可谓是收徒育人的首要准则。

作为一名教有所成的老师，育才必定也是非常重要的。所谓才，包括《论语》中提到的"生而知之"的先天之才，也包括"学而知之"的后天之才。武侠小说中有很多"带艺投师"的角色，比如说令狐冲，自身已经天赋异禀，需要武功大师贵人援手、提携点化；当然也有相对，比如郭靖，更需要为师不厌其烦、充满耐心地坚持教诲，终能水滴石穿、学有所成。此两种"才"，其实都需要自身有一种"志"，才能够得大师之真传，成为下一个大师。所谓的"志"，就是具有自我意识（Self-Awareness，或者 Self-Consciousness）的"客观目标"与"主观坚持"。所以，"才"和是"志"不可分割的。无志之才，可谓废材。有志之才，方为人才。曹老师识人有方、御人有术、诲人有道，善于发掘弟子潜能，处处为学生考虑，从而让曹门弟子人尽其能、人尽其力，实现了集体力量最大化。

| 立德树人　传承文明
| ——曹顺庆教授40年拔尖人才创新培养案例实录

《天龙八部》中的逍遥子选传承人不但要求悟性高、品德好，而且要求长得帅，这可为难了众人，幸好最终折中选择了虚竹子，也算逍遥派武功后继有人。《射雕英雄传》《神雕侠侣》与《倚天屠龙记》中，武功大师王重阳和张三丰去世，虽都有七位嫡传弟子作为全真七子和武当七子，却无一人有武功兼管理的二元才能将门派发扬光大，两派都因师门内讧而祸起萧墙，不复王重阳的神通和张三丰的巅峰辉煌。《神雕侠侣》中金轮法王遇到敌人女儿郭襄还想收为徒弟，《连城诀》中的大反派血刀老祖对名为徒孙、实则敌人的狄云都十分仗义，也可谓武功大师善待弟子、传承衣钵的精神寄托所在了。从自身经历看师门之道，武侠小说中门派林立，拜得名师是为武功快速进阶、行走江湖安然无恙之基础。在我的求学生涯中，也有幸得遇名师，成为日后行走"学术江湖"的身份标识符号，每每思之，与有荣焉。武侠小说大师金庸在《神雕侠侣》中提出："侠之大者，为国为民。"与之相应，我们可以提出："师之大者，育人育才。名师高徒，为公为民。"大师之为大师，因其春风化雨之教，栽培有德之人，有用之才也。曹老师就是这样"芬芳桃李满天下，树人育才为中华"的大师。

曹老师尊重学生、关爱学生、寓教于乐、教学相长的教育理念给了我很大启发，让我也知道了真诚善待学生的重要性，推动我形成了一种教育情怀，并把长期坚守的教师情怀和教育理念由理想变成现实。上课时大家专注而期待的眼神、积极的互动、课下的交流，让我的心血没有白费，让我的教育生命有了意义。这种眼神是一种莫大的信任和支持，我不断在感恩、报恩中告诫自己，要对得起台下的学生，万不可敷衍了事。让我感到极大成就感的，也是课下学生相遇问好时的真诚而喜悦的眼神。学生是不是真心喜欢你，这种眼神一下就看出来了。这种眼神是不会骗人的，也装不出来。有这种眼神作为回报，比追求豪车、别墅等物质享受更有价值，更有意义。值得庆幸，我遇到了很多亦师亦友、能够教学相长、成为好友的学生，没有他们的支持我的热情可能很快就会褪去。一种情怀，一种信念，让人变得不一样。希望同学们也能让这种能够改善自己、改善他人的理念影响自己，变得更好。可能我没办法做到让所有人都满意、让所有人都开心，但我一定尽力做到公平、公正，言论自由，允许批评和否定，总结反思自我。必须做到问心无愧、对得起自己的良心。难免有做得不对或不当之处，但问心无愧，则无遗憾。

曹门求学经历还让我领悟到了下面几点求知和做人的理念：

第一，求知与生活。学习是为了改善生活，而不是废掉生活。这是学习的唯一目的。要沉得下去读书，更要参与社会、享受生活。能进能出，出入自由，这是学习的境界，万不可死板僵化，学傻了。求知有时不是有趣的，是很枯燥的。我们要区别喜欢和需要，从需要出发来学习。否则老师都成了说相声的、放电影的，大家喜欢却学不到什么东西。要博览群书，一专多能，重在领悟，培养灵性。

第二，学习与做人。（1）看书与看人。看书，一定要从批判的反面看起，这样才能完善不足、开拓创新，避免盲从迷信、死板僵化；看人，一定要从欣赏的正面看起,这样才能博采众长、补己之短,避免吹毛求疵、心胸狭隘。(2)为学与为人。要把知识学好,更要把人做好。读书只是生活的一小部分,而做人才是生活的一大部分。(3)见贤思齐,见不贤而内自省。多交上进乐观的朋友,无形之中会影响带动你不断进步。酒肉玩乐朋友往往靠不住,让你堕落或停止不前。(4)要在集体共同进步中拼搏,切忌个人单枪匹马战斗。学来的知识不能用于造福他人,读书再多也没用。读书的最高境界是改善人性,而非改善利益。

第三,师风传承。我曾说过,对学生可能没其他要求,但不变的一点是,一定要厚待你们的学生。我把从恩师受来的无私帮助、巨大益处返还给我的学生,要求他们也要把老师那里得来的益处返还给自己的学生。不要端架子,搞等级制的那一套,只有个人虚荣心得到了极大的满足,但必然阻碍交流和进步,是对学生的不负责。同时敢于接受学生的批评与否定,长江后浪推前浪,"吾爱吾师,但更爱真理",如果不能批判革新,将会一代不如一代,社会就没办法进步了。

第四,读书与理性的培养。坚持独立判断、清醒认知,不盲目相信、不盲目服从。"To know and to believe, this is totally different."有些知识,我们需要知道,而不是非要去相信。"Just do it. Don't ask why."这是一种专制逻辑。在相信别人观点、做一件事之前,先要理性地问自己、问清楚,为什么要做,然后三思而后行,不要盲目听从他人的观点。所谓迷信,就是不知其所以然而坚定相信。而信仰是固守正确与真理而坚信。所以,读书不是生搬硬套地背诵死板条文,而是要培养我们发现问题、分析问题、解决问题的能力。读书是为了思考,为了改善现状。魏徵曾劝唐太宗说:"兼听则明,偏信则暗。"广纳群言,吸取真知,是很重要的。但自己要有主见,不能盲目服从。越是虚伪狡诈的人的言论越是会伪装、会花言巧语,我们最需要的就是冷静、理性,保持自我,坚定清醒判断。

第五,生活学习要有规划。不能没有目的地乱打乱撞。规划需要有最高目标和最低目标,需要有长期规划和短期规划,需要有日常方案和应急方案,需要有不改的规划和变动的考量。

第六,学会感恩。感恩父母,感恩亲人,感恩朋友,感恩众人。要善于表达,学会沟通。灵活处理矛盾,善于化解危机。多反思自己的不足,宽容别人的过错。

第七,志存高远,追求卓越。要有精英意识,严格要求自己。不做不符合自己身份的事情,更不可做违反和违背道德的事情。

第八,做一个有情有义的人。像《水浒传》中的柴大官人一样,具有人心凝聚力和重情轻利的气度。曹老师就是曹门的旗帜、精神领袖,是曹门的核心灵魂,是曹门凝聚力和向心力的指向。听说西南民大有一老教授称赞曹老师为"十分厚道且极为聪明之人",这一评价可谓一语中的。厚道为首,更显聪明。世上多少人聪明绝顶,机关算尽,坑蒙拐骗总想害人,只是一个虚情假意、薄情寡义的好演员,抵不上一个厚道高人境界之万一!

第九,多背四书五经等古文和英语美文。这是成为我的学生,也就是曹老师徒子徒孙的雷打不动的要求，没有任何商量的余地。学贯中西的传统，肇始于祖师爷、"龙学泰斗"杨明照先生，延续自曹顺庆先生，万不可在我这里断裂，愧对先师。

总之，教育，内在修个人品格、涵养，外在修个人体格、礼节。只有正向温暖的相互影响才能集体改善，创建更好的明天。

今年过年专程去看望了曹老师，还没走到，老师已经在门口等候，等走出院子之外，回头望见曹老师还在门口目送，等走远了曹老师才进门，举手投足种种细节，处处透露着对师生情谊发自内心的珍惜，想想真的非常感动。偶尔谈到工作的压力和困难，曹老师还主动提出需要帮助的时候告诉他，他一定尽力，此时就觉得既感动又惭愧。本来是纯粹来看望老师，由于自己说话不得体、表达不到位，好像是功利性很强地因为混不下去来求助于老师。真不应该说负能量的话，让老师担心。平时不敢打扰老师，怕给老师带来麻烦，生怕透支老师的信任和关爱。所以每次见老师，还是诚惶诚恐，倍感紧张。可能一路走来读书的宝贵机会来得太不容易，对师生之情格外珍惜吧！

行至文末，请允许我再向博士阶段授业恩师曹师顺庆君由衷地表达诚挚的感谢。在为学上曹师学贯中西、高瞻远瞩，以其前沿性学术视野和深厚的学术功底树立了"高山仰止"的大师风范，是后辈学人心目中永远的高峰。他那"入门须正、立志须高"的治学风范，如今依然在我耳畔回响。在为人上曹师儒雅谦和、厚德载物，给我们营造了一个互帮互助、团结友爱的曹门大家庭，使得每个弟子都在"如切如磋，如琢如磨"的学术交流与学术探讨中得到思想上的升华与精神上的归属。有时还会梦见曹老师，种种情节，每每思之，深心感动。至此再次想起备考时每早苦读《十三经注疏》、考上后每天早晨相约东门荷花池一起背书的日子，以及众同门兄弟姐妹在先生带领下学习《十三经注疏》的欢乐光阴。对我个人来说，更要感谢曹师的引领与教诲。有幸得遇大师点拨，我这块冥顽不灵之石才有开化之机。正如有位老师所言，有些人读博士只是收获了一个文凭，而你则是收获了一种人生。感谢曹老师给了我求学的机会，并教会了我该如何治学、怎样做人，感谢曹老师改变了我人生的轨迹，给了我无数优秀且厚道的同门，成为我生命中最宝贵的财富。祝愿老师师母健康快乐、万事顺心！

曹顺庆先生的教育思想

2017级博士　王昌宇[*]

曹顺庆先生是当今中国比较文学界的核心人物，也是我国当代的教育大家。先生从教近40年来，不仅学术研究硕果累累，而且人才培养桃李芬芳，由于先生的学术贡献和学术地位太过显耀，我们往往对他的关注和研究集中于学术思想、学术观点和学术成就等方面，而较少对先生的教育思想、教学理念进行介绍。在先生从教40周年之际，很荣幸作为曹门子弟来介绍先生的教育教学思想，以供大家参考。

一、以立德树人为根本

自1983年四川大学中国文学批评史专业硕士毕业留校任教至今，曹顺庆先生从教近40年了。受导师杨明照先生学术思想和教学理念的影响，先生对传统经典始终充满敬意，在教育教学中长期践行"中华元典阅读、文明互鉴与话语创新"的教育理念，引领学生熟读原典十三经，背诵古代文论名篇佳作。记得先生在"中华文化元典"课程中都会讲到《左传》的"三立"，即"立德、立功、立言"，先生认为"三立"之中"立德"是最重要的，一个人首先要修养完美的道德品行，有了立德，才能立功、立言。儒家的"三立"思想是先生一直践行的准则，更是教育学生的基本原则。

"学高为师，德高为范"，40年来，先生潜心教书育人、著书立说，为四川大学上万名本科生教授"中华文化"等课程，已为国家培养了硕士、博士、博士后等各层次人才400余人；主编了《比较文学概论》《东方文论选》《中西比较诗学史》等39部优秀教材。同时，先生学贯中西，运用比较的方法研析古代诗学，探讨中西文论，以此首倡的比较文学变异学为比较文学中国学派提供了方法论基础，并致力重建中国文论话语，让世界倾听中国声音，为中国学术赢得了荣耀。先生如今是国家级教学名师奖获得者、全国教材建设先进个人、四川大学杰出教授、欧洲科学与艺术院院士、马克思主义理论研究和建设工程"比较文学概论"首席专家，等等，可谓荣誉等身，为我国教育教学改革和人才培养做出了重要贡献。

先生德高望重却平易近人，温良恭俭却严谨不苟。惠泽于先生的"传道、授业、解惑"，众多曹门子弟已经成为国内高校的教师骨干、专家学者，部分学生现已成为国家级重要人才，活跃在国内外教育教学科研一线，大家薪火相传，将先生

---

[*] 王昌宇，2017级博士，四川仪陇人，1985年3月生，助理研究员，中国书法家协会会员、成都市书法家协会理事，专业为文艺学（文化与文论方向），研究方向为文化与文论、中西艺术比较、书法艺术史等。

的教育思想、学术思想和治学精神发扬光大并代代传承下去。

二、以培养杰出人才为目标

1. 重视本科生教育和通识教育

首先,作为四川大学的杰出教授,先生一直身在教学一线,除了为硕士生、博士生上课,还坚持为本科生上课。先生倡导和推动文学与新闻学院在本科阶段设立了"中国语言文学拔尖班",并且担任了中国语言文学"拔尖计划2.0"首席专家。2020年,中国语言文学拔尖学生培养基地(锦江书院)还入选了教育部首批基础学科拔尖学生培养计划2.0基地名单,为四川大学入选的5个基地之一。

其次,先生还一直致力为理工医科的学生开设通识教育课,建议除了学习专业知识,理工医科的学生还应学习优秀的中华传统文化,他认为"杰出人才培养要重视科学知识,更要注重人文素养,文理皆通、中西贯通、富有创新精神是杰出人才的三大特征,重理轻文的教育理念,会导致人才培养的重大缺陷"。2005年,先生发表了《没有学术大师的时代的反思》,拾起钱学森之问,深刻地指出了中国现在已经进入了没有学术大师的时代,并认为这与当代教育多年以来"重理轻文"的倾向有极大关系。2006年,为了弥补本科教育课程体系的缺陷与不足,时为川大文学与新闻学院院长的先生组织编写了通识教育课程教材《中华文化》,16年以来,该教材一直是四川大学全校学生的必修课。以经典导读继承先人思想,通过优质的教育教学资源和培养模式,构建了川大特色的教育教学体系,为学生的成长成才与全面发展做出了积极的贡献。

此外,先生还非常注重对本科生学术能力的培养,他认为当前教育的重心已经从扩大教育范围转向了提高教育质量,而提高学术质量、教育质量、人才培养质量需要从多个方面入手,本科生学术能力的培养是其中非常重要的一环,他鼓励本科生要善于利用优质学习资源,写出好论文,做出好学问。

2. 严格研究生教育与培养

与本科生的通识教育不同,先生对于硕士研究生、博士研究生始终以高标准、严要求来培养,促进学生养成做学问读原典的良好治学之风。在研究生的培养过程中,先生对研究生的入学考试、课程体系、论文写作、毕业答辩等各个教学、培养环节都制定了严苛的要求和条件。

首先是入学考试难度极大。参加过川大文新学院博士研究生考试的学生都知道,文新学院大多数专业都要考一门科目——中国文学典籍,考题中不仅涉及经史子集,涵盖面极广,还有大量的填空、古文断句、翻译、名词解释、论述等题型,这对每一位考生来说都是"硬骨头"。

其次,要精研原典,背诵名篇。我们硕士生、博士生在研究生学习期间必上的十三经课程,主要涉及《毛诗序》《文赋》《文心雕龙》《诗品序》《二十四诗品》《沧浪诗话》等,先生要求学生必须背诵其中的名目篇章。每一次的原典阅读课,背诵篇目不定，接龙背诵并且随机点名，大家不知抽背哪篇、哪段、哪句，个个神经紧绷、屏气敛息、生怕"中奖"，其中的忐忑滋味只有曹门学生才能体会，现在回想起来不免是最为难忘的一段经历。先生是希望学生通过严格的古文功底训练，为将来学术研究和教育教学打下坚实基础。

再者，强调"入门须正，立志须高"。先生每年在给新生上的第一堂课上都会援引严羽在《沧浪诗话》中讲的"入门须正，立志须高"，作为学生做学问的基本要求和目标，这也是曹门的"门规"。在指导研究生选题时，先生要求已经有人写过的题目不能再选，论文要做"天下第一篇"，并且对论文的质量和水平要求极高，文新学院的论文答辩要求据说是川大文科中最严格的，很多同学的文章都经过三番五次修改。

此外还注重对学生学术思维的全面训练。先生要求学生既要学习中国的文论传统，也要研习西方文论。他也常常将中国古代文论和西方文论两节课排在同一天，进行比较教学，鼓励学生开展跨语言、跨民族、跨文化、跨学科的比较研究。

三、以教学团队建设为基础

先生在1996年至2017年期间担任文新学院的院长，在任期间，先生十分尊重人才、爱惜人才，不仅注重学院内部培养，而且大力引进具有重要影响力的学者到川大任教，如赵毅衡、张弘（普惠）等先生，虽然大部分学者的研究并不是先生的专业和方向，但是只要对川大新闻学院的教育教学、人才培养和学科发展有帮助，他就极力去争取，他对人才的渴望与尊重让这些学者深为感动。

记得印象最深的就是，2010年文新学院全职引进英国伦敦大学赵毅衡先生到学校任教。赵先生长期在英国工作生活，彼时已经是顶尖的符号学专家，他2001年开始在川大任兼职教授，在先生的多次真诚邀请下，赵先生在川大兼职9年后"转正"，放弃了他16年的英国国籍和伦敦大学的优厚待遇，全职加盟文新学院。文新学院也为赵毅衡先生提供了良好的工作环境及生活保障等，这使得赵先生可以全身心地投入川大工作。他也不负众望，带领川大符号学专业在学科发展和人才培养等方面都取得了重大突破。

此外，先生十分重视人才梯队建设，文新学院比较文学团队，形成了一支底蕴深厚、教学经验丰富、专业多样的教学研究队伍，良好的教学团队为川大的人才培养和学科发展奠定了坚实的基础和保障。如今，四川大学已成为中国比较文学研究的领先基地，近十年来四川大学比较文学学科在各类排名中一直位列全国第一。

四、以教材体系建设为关键

"做真学问，做大学问""要教好学生，必须要有好教材"，先生不仅以此激励学生，更是以其求学、治学、教学实践着这一科教理念，以科研促进教材建设。先生几十年来编著本科生、研究生的教材数十部，多部教材已经成为全国众多高校采用的官方教材,比如先生担任第一首席专家主持编写的中宣部、教育部"马克思主义理论研究和建设工程重点教材"《比较文学概论》,自出版以来累计印刷15次,被全国250余所高校采用。

先生十分重视学生对原典的学习。针对中文专业学生,制定了以阅读中外原典为重中之重的教学方案,同时组织编写了"高等院校汉语言文学专业系列教材"和"中国语言文学专业原典阅读系列教材",目前全国多所高校本科教育都在使用推广;针对本科生通识教育编写了文化素质必修课程教材《中华文化》(复旦大学出版社,2006年版);针对硕博士研究生编著了《中华文化原典读本》(北京师范大学出版社,2011年版);等等。

近40年来,先生始终将中外原典阅读、科教结合创新、立德树人作为教材编撰的基准与导向,构建了"本科—硕士—博士研究生"全阶段培养、全方面发展的高等教育教学的立体创新格局。2021年,在教育部公布的首届全国教材建设奖名单中,先生获评首届"全国教材建设先进个人"奖,这也是对先生长期致力优秀教材编写工作的高度肯定与认可。

锦水泱泱,山高水长。先生从教40年来,以教育为己任,视学术为生命,于大处讲,先生致力于传承中华文明、构建中国话语、传播中国声音的伟大事业;于其个人来讲,先生做了三件事,即教书、育人、做学问,正如儒家"三立"思想所阐释的那样,先生的"德""功""言"早已立于高位,为世人景仰,如锦江之水,绵延不绝,惠泽后人。

十年沐杏雨,终身感师恩

2019级博士　辜佳丽[*]

时光匆匆,在四川大学学习不觉已十年。在川大学习生活的十年,是我不断成长的青春。回想这十年,让我最感恩的便是我的恩师——曹师顺庆先生!

记得大学三年级开设比较文学课,课程由曹老师领衔团队授课,结课时要求同学们自由分组、自主选题,准备一个课堂展示。同学们戏称为"比较文学打擂赛"。课堂汇报展示结束,与老师们合影时,曹老师亲切地对我说:"你们小组的课堂展示很精彩,你的汇报体现出高素质,希望你继续努力,争取攻读研究生。"彼时的我,正在考虑是继续攻读研究生还是就业的问题。老师的鼓励,坚定了我继续深造的决心,跟随曹老师学习,攻读文艺学专业硕士学位。2019年,我通过文新学院博士申请考核,继续跟从恩师,攻读文艺学专业博士学位。我一直记得,研究生入

---

[*] 辜佳丽,2019级博士,1992年11月生,文艺学专业。

学第一次师门座谈会，老师教导我们"入门须正、立志须高"，老师说，"大学的使命是传承文明、研究创新"，鼓励我们以学术大师为目标树立学贯中西的意识和决心，要求我们研读原典、夯实基础。"十三经元典阅读"课程更是让我永生难忘：每周课前紧锣密鼓的预习，识生字、断句读；课堂上老师的随时抽读，让我片刻不敢分神，他引经据典、旁征博引的讲解，让我舍不得分神。课后合上书页，心中便开始惦记着下周功课的预习。如此循环往复的学术训练，让我感受到学术上的成长与进步，一种犹如海绵吸水般充实自己的幸福感和成就感。回顾学业之路，我的每一点进步都离不开老师的殷切关怀和耐心指导，我衷心地感谢老师对我的谆谆教诲和悉心关怀。

老师是曹门的家长，是这个学术大家庭的凝聚力核心。生活中老师和蔼亲切，儒雅宽厚，如父亲般关爱大家。攻读硕士期间，我结识人生的另一半，与我的爱人步入婚姻的殿堂，婚礼时很荣幸邀请到老师作为主婚人致辞，很高兴 2014 级的师兄弟姐妹们参加我们的婚礼，一起见证我们的幸福。记得老师致辞时说道："洞房花烛夜、金榜题名时，祝福你们新婚快乐，也鼓励佳丽继续攻读博士研究生。"在我人生之路上的每一个重要十字路口，在我犹豫不决、徘徊、彷徨时，是老师每一次的鼓励和肯定，坚定我勇往直前的决心；是老师旺盛的学术生命力和创造力，鼓舞我坚持不懈的动力。

记得第一次见到师母，她温婉优雅、端庄干练的气质深深地吸引了我，心中仰望羡慕，想着何时才能如同师母般优雅。与师母交流时，没有让人担忧的距离感，师母温暖的笑容、亲切的声音、细致周到的考虑关爱、中肯切实的经验心得，如同春日暖阳般温润心田，让我感受到师母春风化雨的人格魅力。

老师和师母的学术成就和人格魅力不断地激励着我，给予我无限的前进动力。老师和师母的幸福家庭和伉俪深情，深深地感染着我，给予我修身齐家的生活智慧。老师和师母对我而言，不仅是师恩与教导，更是我的亲人！

第三节　传帮带领　互助进取

记得当年

2005级博士　罗　坚*

绿皮火车
摇晃着不安的梦与现实，
天空中的飞鸟
见证我跨越秦岭的旅程。
钢铁长蛇
穿越无数的高山，
奔离幽深的洞谷，
终于，一声汽笛长鸣，
我走进全新的世界，
遇见广袤的
成都平原。

红楼书香，
锦江鸟语，
静夜的细雨，
四季的光华，
清心，凝神，
我们聆听杏坛之上
先生的讲学。

那时的我，那时的我们
多么欢喜！
数年时光，
抛却人间事，唯有思想

---

* 罗坚，2005级博士，湖南长沙人。湖南师范大学外国语学院副教授、硕士生导师。

与学识的
闪亮!

记得当年,
青城山的茶,
都江堰的风,
那潺潺的流水,奔腾的河流,
滋养了多少年月,多少人家!
也鲜活了我们来自四方
的理想!
满目青翠,
张开双臂
毫无保留
拥抱我们逐梦的年华!

记得当年,
我们对着青山结拜,
从此兄妹一生,
天涯契阔,那时的阳光,身影,
那时的誓言
犹在耳际,
多少年后,
我们仍守望相助,
仍相互想念。

如今,我须发已白,
眼中星落,
然而一直不灭的
是当年燃起的一团火,
一盏灯,伴我前行,
脚步坚定,和你们一起
走向未来!

最美摆渡人

2005 级博士　付品晶[*]

人的一生有很多劫难，从呱呱坠地来到人世间的那一刻，我们就开始了这一生渡劫的历程，每一次劫难都会遇到一个摆渡人，带我们渡过劫难，飞升一级。

小的时候遇到劫难，常常是父母和长辈，甚至是小伙伴们，助我们一臂之力，帮我们渡过童年和少年时期的种种劫难，成为我们生命中的贵客——摆渡人。待我们远离他乡，漂洋过海，求学追术的时候，老师便是这渡劫路上最可贵的摆渡人！

在我一路求学的征途中，遇到过很多关爱我的恩师，每一位恩师都帮我渡过学业路上大小不等的劫难。恩师曹顺庆是我博士阶段的导师，也是帮我渡过人生最多最大劫难的最美摆渡人。之所以称曹老师是最美摆渡人，是因为老师既修身齐家治学名天下，又帮助他的众多弟子成就学业，提升人品，飞升上仙（成才）。

读硕士研究生期间，我遇到了亲爱的恩师曹顺庆老师。那是一个春天的下午，草长莺飞，风和日丽，曹老师信步来到我们学校，给我们做比较文学讲座。老师的博学多才、幽默风趣和广阔胸襟深深吸引了我，尤其是老师对中国文学的坚守和忧虑，无声地震撼了我，那场讲座之后，我就决定考曹老师的博士。在我们这一级同学中，虽然大家都很仰慕曹老师，但是没有一个敢考曹老师的博士，因为江湖传说，竞争极大。而我认定了目标，刀山火海，也要坚持下去。于是，开始每周骑自行车去四川大学听曹老师给他的博士生上的两门专业课。一直坚持了两个学期，最后一次旁听曹老师课的时候，我从街边买了一束简花，送给了老师，同时写了一个"无知"的卡片，之所以说"无知"，是因为上面写的内容略显轻狂，不自知。卡片上的内容源于最后一次上课的时候老师自谦地说：希望我的课起到抛砖引玉的作用。我放在花里的卡片上写着：谢谢老师抛给我们的免费砖，希望我是您引出的那一块玉。后来被老师多次拿来和我们这一级同学开玩笑，每当这时，我总是觉得既无地自容，又开心快乐…

2005 年 9 月入了曹门之后，才知道老师是多么的大公无私，同一届的曹门同学中有政府官员，有大学教授，还有和我一样的应届毕业生，他们家境优渥，成绩也非常棒。而老师考虑到我的家庭条件不太好，便给了我仅有的公费名额，我才免去了多年读书的经济压力，得以轻松地在博士期间进行学术探索，完成学业。感谢我的恩师和我的同学，让我在异乡找到了家的温暖，被爱环绕。

老师和师母都是非常善良、睿智的学者，也是充满热情和博爱的长辈，老师希

---

[*] 付品晶，2005 级博士，河南汝南人。西南交通大学人文学院副教授，硕士生导师。

望我们曹门同学互相帮助，团结一心，在老师的带领下，共同渡过博士这一劫。为此，老师带我们去望江楼公园，去德阳孔庙预开题、预答辩，这个同学不适合做的选题，换给另外一个同学做，同学之间资料共享，勇闯博士关。那个时候我们2005级曹门10多个博士在老师的号召下，在刘师兄的资助下每个月聚餐畅谈，聚餐既是大家讨论阶段性学术困惑的时候，也是同门师兄弟姐妹联络感情、表演才艺的欢乐时刻。有的同学的博士学位论文题目就来自这个时候大家集思广益而来的灵感，有的同学阶段性论文发表出去，也是这个时候资源共享的结果。最忘不了的是国辉的诗歌朗诵，最忘不了的是荆师姐的女人花，最忘不了的是刘师兄的魔笛音，最忘不了的还有王红的段子和幽默笑话，最忘不了的是方方那善解人意的举杯倒茶，最难忘的还有靳师兄那带着南阳独山玉味的普通话……聚会的时候我们一个个又疯又傻，一会儿哭，一会儿笑，一会儿安慰，一会儿"责骂"。后来这些都变成了一幅幅画，挂在我们记忆的墙壁上，永不褪色，开出心花……

  对于博士研究生而言，最大的三个劫是：开题、发论文和学位论文答辩。于我而言，每一次渡劫都离不开我的最美摆渡人——曹老师的助力。开题前，我把写好的开题报告拿给老师看，老师当时刚上完课，拖着疲惫的身躯往家赶，在路上不到五分钟的时间，给我提出了三个问题，我一一改过。开题答辩的时候，所有答辩委员都露出赞赏的目光，没有一句反对意见，我在心里默想：老师目光真老辣！论文发表的关键时刻，也是老师使出各种摆渡法，其中有一篇是老师讲座的高见由我整理出来，师徒联名发表在国家级A刊上，超额完成毕业要求。2008年毕业答辩时，德语教授和英语委员们不惧怕6级以上余震威力，对我的论文提出了很多问题，也给出了很多建议。答辩快要结束的时候，老师用非常委婉的话语护我于翼下，留出成长需要的缝隙，让我们这些初生的学术幼苗，得以探到阳光，茁壮成长……

  如果博士能够顺利毕业，那么还要面对的一个劫，就是人生最关键的劫：找到称心如意的工作。我的恩师在这个人生的关键点，渡我到西南交通大学，顺利开启成都人的悠闲人生和比较文学人的跨学科视野。

  工作后，我常常在备课的过程中想起当年背诵十三经的生动画面，常常和同事们讨论导师和师母引吭高歌的才华与和睦，常常与学生们分享老师对中国文化的热爱与坚守，常常与同门师兄弟姐妹回悟：导师帮我们渡劫，他早已成为我们人生风景线上最美的摆渡人——

最美摆渡人

（写给我的恩师曹顺庆先生）

一湾碧水
一顶斗笠
您撑着竹篙
不急不徐

荡起
一层层
涟漪

山林中走出
一行
一行
又一行
踏着泥泞
怀着热望的
追梦者

斗笠
在岸边
伫立
一双双
年轻的脚印
画在船边
充满生机

一划
三年
斗笠在
热望者
背篓里
装满
信念和力
欢笑和勇气
叮咛和祝语

灯塔处
一双双
笑眼
望着斗笠
不舍离
炙热的目光

汇聚塔尖
写下一行
心字
最美摆渡人
最美一斗笠

弟子品晶作于 2022 年 5 月 5 日晚

记曹老师育人二三事

2006 级博士　张　雨[*]

我是 2006 级学生张雨，从学于曹老师三年，至今已离开川大校园十二载，但每每西望仍觉高山巍峨，老师的言笑与美德仿若暖阳照耀！

记得入学报到时，因为是曹老师的学生，我感受到了别人投来的艳羡的目光，知道曹门人才济济，不禁惶然，然入学后十三经课堂上看到老师端坐讲台，言谈间只是笑看我们背不出书的窘态，恍然间觉得这般慈祥之态似乎是在孔圣先贤尊像上看到过。多年后记起这一幕，想念老师，不禁眼泪潸然。心里也谨记老师教诲，记得他笑着教训我们要看原典，要背书，背熟十三经与《文心雕龙》才算够格当他的学生。

曹老师对学生学业严要求，研究多襄助，使我们求学期间获益良深。多年后同门颇多感触，感谢老师引领我们扎实求学之路，铺就我们初学之途，永远无私地为学生提供学术方面的帮助。感激之言从未曾在老师面前提起，但每每想起都会不禁热泪盈眶！

博士期间高龄求学，多有压力，老师除了在学业上个别耐心指导，生活上也给予关照。在协助老师整理编辑文集《跨越异质文化》期间，因为涉及要从老师先期论文节选片段，增删文字，我与出版社老师沟通时表现出畏难情绪。老师知道后打电话笑着打趣我："听说你被吓坏了哇！"老师的风趣与耐心鼓励我顺利完成工作。读书期间我怀孕产子，以忐忑心情面对老师时，他却笑着说："你是双成果嘛！"老师的宽容与耐心、信任与尊重是我求学路上感受到的最大的关怀，并将永远温暖我和我的家庭！

曹老师学高德韶，风范卓然，他给予学生的是学术深耕的引领，是德行修养的濡染，是美好风度的熏陶，更是温暖的人生关怀！我们忘不了每年的联欢会上他或

---

[*] 张雨，2006 级博士，1976 生，西安文理学院学前教育学院教师，从事儿童文学与早期教育教学研究工作。担任陕西省学前教育研究会早教专委会副主任、陕西省幼儿教师"国培计划"专家库专家。

拉小提琴，或拉二胡，压轴助兴，风度翩翩；忘不了每次课后他被学生簇拥着离开，笑着回答我们的各种问题；忘不了在自己家乡的学术讲坛上看到老师时的亲切和骄傲，久别后温暖的笑！借用当下一句流行的话，曹老师的笑可以融化一切啊！确实，曹老师就是当年学生心目中的"男神"啊！

高山景行，明德惟馨，师恩难忘，一生感怀，有幸学于曹老师门下，我将永远仰望曹老师以卓然风范为我们树起的旗帜，并志学志教，砥砺前行，不辱师名！

曹顺庆先生的治学精神与育人思想

2017级博士　李采真[*]

在曹先生广阔的学术生涯中，除了辉煌的学术成就、渊博的学识思想，先生严谨的治学精神和育人思想也值得我们深入传承和研究。

一、以坚守传统文化为治学起点

曹先生以古代文论的学习和研究作为学术生涯的起点，通过大量诵读传统经典文献，打下了坚实的古代文论的基础。大学期间，他写了一篇关于孔子美学思想的论文，经蒋孔阳、王运熙等老师的指导与修改，发表在复旦大学学生论文集中。大学毕业后他考入四川大学，师从杨明照先生攻读硕士学位。杨明照先生是文学界的泰斗，他对《文心雕龙》的研究达到了前所未有的高度。同时，他对古文的重视和精深的学术理念引导启发了曹先生的学术理想。

同样，曹先生也将这种治学精神传承给学生，重视古文已经成了曹先生标志性的育人理念，了解国学经典、熟读《十三经注疏》已经成为曹先生学生的入门基础。在入门之后的第一节课，曹先生便为学生讲述传统文化的重要性，通过多种生动的案例激发学生对传统文化的自信和热爱。随后，他便带领学生们潜心原典的阅读和背诵，逐字逐句地为学生讲解晦涩难懂的原典，并通过提问、交流、背诵等方式要求学生们真实有效地掌握知识。虽然对学生们来说，每周一次的背诵检查都是极大的挑战和历练，但也正是这种紧迫感更加激发了大家的学习潜力。学生在理解中学习，通过背诵让这些中华传统经典文化流入血脉。

二、以坚定求实创新为育人理念

曹先生常说"入门须正，立志须高"，做学问要做"天下第一"，这个"天下第

---

[*] 李采真，2017级博士，山东日照人，1991年8月生，艺术学博士，四川省音乐家协会会员。研究领域为比较艺术学、民族音乐学、声乐表演教学与研究。

一"便是指研究方向的创新。众所周知,引导硕博士学生找到自己感兴趣的学术道路十分重要,因此在研究方向的选择上,曹先生从不要求学生按照自己的研究方向走,而是鼓励学生自辟蹊径,根据自己的研究兴趣和所长,找到一条适合自己的方向,制定研究提纲,而后不断地为其辅导完善,这样既培养了学生独立治学的能力,能够让学生主动思考、自主研究,又使学生对自己的研究充满兴趣,成为"天下第一"。

除此之外,曹先生会要求我们对待文章一丝不苟、严谨求实,哪怕是一个脚注,也要正确地引经据典,要去找到该文献具体在哪一页、哪一行,尽量避免不查据就二次引用,以免出现以讹传讹的情况。这种严格的要求让我们养成了良好的研究习惯,细节往往决定成败,这种习惯为我们日后的学术研究道路提供了坚实的保障。

在从教的40年中,曹先生以独到的育人思想和治学理念培养了大批学术人才,他们在全国教育岗位上贯彻着先生传播中华文明、弘扬传统文化的学术精神,同时也将先生的治学思想和育人理念代代相传,为当代社会的文化传承做出更多贡献。

得遇良师,幸甚为至

2020级硕士 张 欢[*]

"精师易遇,人师难求。"幸运如我,在人生的道路上,遇到了曹老师,也遇到了我的"精师"与"人师"。研究生期间,曹老师及曹门弟子在学习和生活上深深影响着我,使我不断向好、向善发展。

曹老师学养深厚,在影响研究和平行研究的基础上,不蹈前人旧路,提出"变异学"理论,对比较文学学科进行理论创新,让我们看到比较文学学科从求"同源性"到求"变异性"的转变以及中国学派比较文学学科话语体系的建立。

在教学中,曹老师采取中国古代经典与西方理论双管齐下式教学,注重以中国自身的文化传统为基础,激发学生对其在当代文化语境下现代意义的理解,因此,熟读十三经是曹门弟子的基本素养。对学生,曹老师谆谆教诲,要求也总是先人一步。进入研究生阶段伊始,曹老师便要求我们明确自己的研究方向,逐步确定毕业论文选题,并组织老师不断对学生的开题报告及毕业论文进行预答辩,不厌其烦,重复多次,直至论文完成。"预预答辩""预答辩"甚至成为曹门特色。此外,曹老师还会要求学生定期组织读书会。"文律运周,日新其业,变则其久,通则不匮",曹老师要求曹门弟子长期学习,不断创新,从观点创新、材料创新、方法创新三个

---

[*] 张欢,2020级硕士,比较文学与世界文学专业。

方面严格要求学生,把控论文写作质量,务求论文写作要做"天下第一篇"。

在生活中,曹老师关心学生成长,与学生保持密切联系。在曹老师的带领下,整个曹门充盈着互助、友好的氛围。刚入校时,师兄师姐们带我熟悉校园和专业课程,针对我在学习和生活上的迷茫与疑惑,根据自身经验提出了宝贵意见。在曹老师和众位师门的身上,有一种温柔而坚定的力量持久而细微地感染着我,使我在新的大学生活中找到了组织,也找到了方向。他们对待学术专注、纯粹,对待他人真诚、热情,在精神上自足、常乐,在灵魂上丰盈、充实,在实践中坚毅而笃行。这种精神上的感染与任何学理知识相比,毫不逊色,甚至其影响更为深入、久远。在一次次与曹老师与师门的交往中,我在精神和感情上也逐渐成熟。在曹门,谨慎的逻辑、审慎的思辨、踏实的态度,都在一次次学习中不断得以强化。曹门精神塑造着我,曹门力量滋养着我,使我在未来的路上能够行稳致远。

遇曹老师为师,此生之幸,承曹门之学,此生之幸。

建班研学,育人无形
——回忆初入曹门受教的点滴
2020 级硕士　杨溢雅[*]

一、初入曹门,班级建立

2020 年初秋,天气还有些夏日的余味,我已进入研究生阶段的学习,面临的第一个选择便是选择自己的导师,我毫不犹豫地选择了曹顺庆教授。这种笃定一方面是因为早就听说老师在比较文学研究上的开拓与成就,另一方面也是因为我在本科阶段与老师曾有一课的缘分。这门课便是"比较文学",是我们川大中文系的必修课程。每每想起这门课程,我的耳畔总是响起老师幽默、睿智的话语,正是这些话语将我引领进了"比较文学"这一学科的浩瀚星空。十分幸运,我如愿成为曹门一员,一时间,包含着惊讶、喜悦、忐忑的复杂情绪如浪袭来。一系列的疑问也在我的心中悄然而生:进入研究生阶段后,我究竟该怎样学习呢?以现在的能力,我能否达到老师的要求呢?

还没有琢磨清楚,我便收到了一次别样的见面通知——老师让我们 2020 级博士生与硕士生都来旁听开题报告会。这对我来说十分新奇,毕竟我刚刚进入研究生阶段的学习,"开题报告会"听起来十分遥远。但等我一个个地听完师兄师姐的开题陈述后,我渐渐地了解了老师的用意。旁听开题报告会,不仅让我们清晰地感受

---

[*] 杨溢雅,2020 级硕士,比较文学与世界文学专业,研究方向为东方文学与文论。

到曹门严谨、创新的治学风格,也让我们直接地了解究竟什么是比较文学研究。听完开题报告会,我不禁开始思考,一年后的自己究竟要做怎样的研究?怎样能做到老师所说的"天下第一篇"?

在这次稍显随意却颇有收获的见面后,我们2020级博士生与硕士生有了第一次正式见面。在接到消息后,我的忐忑又从内心深处冒了出来。但当曹老师一走进来,这种忐忑便烟消云散了。老师还是像往常一样露出了笑容,这让聚会一下洋溢起轻松愉悦的气氛。本以为此次聚会将以"学术讨论"开场,老师却先与我们唠起了家常。老师的和蔼让紧张的我一下放松了不少,听着师兄师姐们各自聊起的家乡趣事,我忽然发现与师兄师姐们的距离拉近了不少。就在我们彼此熟络后,曹老师让我们2020级组成一个班级。虽然"班级"这一概念在我的学习生涯中已出现许久,但之前的班级大多还是由同龄人组成,而如今这样的班级组成让我觉得有些意外。这种感觉对于习惯独自学习与思考的我来说有些奇妙,自信不足的我在心里打起了退堂鼓:不善言辞的我能否和同门师兄师姐们好好相处?

经过一年多时间的学习,我逐渐寻找到了这些问题的答案,也越发感谢老师教导我们的良苦用心。"班级"的建立让我与师兄师姐们的联系十分频繁,而就在与他们的交流中我收获颇多。回顾以往学习之路,多是从比较文学名家的文章读起,虽获益良多,但对于刚刚踏入比较文学研究领域的我来说未免有高山仰止之感。而"班级"的建立却让这些问题迎刃而解,在学习上有琢磨不透之处,请教同门师兄师姐们后总是能有所领悟,读到文章妙句心中有感时,也有了可畅聊之人。每到此时,总在心中感叹:老师育人之无形,诲人之不倦。

二、以文治班,设会研学

说起我们这一班级的最大特色,恐怕就是每周一聚的读书会了吧。"读书会"是曹老师安排我们"班级"所要做的任务。虽说是任务,但我对此还是颇有期待的。谈书论道,从古至今都是文人志士倡导之法。有了这层原因,读书会在我心中的分量就更重了几分。

读书会一共分为三个部分。第一部分是学习中国古代文论。这本是曹老师为培养研究生所开设的课程之一,但因为课程安排的调整,这门课在我入学的第一学期没有开设。但老师并没有因为客观因素而放弃培养我们的古代文论素养,而是将其放入了我们每周的读书会之中。这门课的"威名",我是有所耳闻的,在本科阶段就听研究生学姐提起过曹老师学生洗衣服时也在背古代文论的逸闻。第一次听到,还是颇感惊讶的,毕竟背诵古文这种学习方式好像自我进入大学学习后便很少再用了。所以从那时起,我便对老师治学育人的方法颇有好奇。但当自己真的背诵时,还是惧怕占了上风,因为自己在古代文论上的知识储备是不足的。而且正如老师所说,虽说仅仅是"背诵",但里面的门道可不少。不求理解、囫囵吞枣式的背诵是万万不可取的,因为这种方法就算能一字不差地背诵下来,但总是不能达到长时间的记忆。而若想能长时间记下来，达到信手拈来的程度，所要花费的功夫就太多了——了解背景、理解字义、自我感悟，每一环节都不可马虎对待。所以为了背好古代文论，我也下了不少苦工，对比版本，查找字义，但总有几处自己把握不定。这时，老师的先见之明又一次体现，因为师兄师姐们在硕士阶段上过这门课，老师便安排翟鹿师姐作为此部分的负责人。而翟鹿师姐也十分用心，每次我的疑问总能得到解决。我们古代文论的学习也不止背诵，在背诵后师门每个人都要轮流释义，遇到可供探讨之处，也畅所欲言。就这样，我们通过一学期的读书会，背诵了《毛诗序》《文赋》《文心雕龙》等经典名篇。

第二部分是研读西方文论。老师所安排的西方文论研读也有其鲜明的特色，用的是伊格尔顿的《二十世纪西方文学理论》，不是中文译本，而是英文原版。虽然，英文阅读对我来说难度不高，但是因为该书中文学理论术语较多，真要弄懂还是得下一番功夫，所以"偷懒"阅读译文的念头慢慢涌上了心头。正当此时，心中突然想起曹老师的话语。曹老师曾说，安排阅读英文文本，一是因为文学理论从英文翻译到中文难免内容观点会有错漏，一知半解不是做学术的态度；二是作为比较文学专业的研究生，英文阅读能力一定要是很好的。一想到老师此话，我不免心生佩服，老师对学术的敬畏心是如此坚定，对学生的洞察力是如此透彻。当然，老师绝没有揠苗助长，他特意安排了曾在英国留学的周姝师姐来主持这一部分的阅读。周姝师姐也十分负责，阅读的节奏把握得非常好，对待文本也十分仔细。和古代文论学习一样，师门每个人轮流归纳段意，并挑出其中的重点词句进行探讨。正如老师所说，阅读英文文献真的大有裨益，一学期下来我们的英文阅读能力提升了不少。更为令人惊喜的是，因为读的是英文原文，我们发现了不少以往理解错误之处。

第三部分是研读优秀论文。以往我阅读论文总是在初步确定论文选题后，用来查找相关资料，自己很少以其他的目的阅读文献。所以听到老师这一安排后，我有些不知所措，不知从何处下手。但老师的点拨让我豁然开朗——老师说，阅读他人的论文，一要看其选题是如何创新的，这就得结合这一论文写作时的学术背景；二是看其章节安排，如何从资料中形成观点并有条理地表述出来；三是看其学术的规范性，这是做学术的基本素养。这三点"秘籍"让我阅读论文时有了不一样的发现：对于选题，我不再仅仅依靠阅读书本，而是进一步地关注学术动态；对于内容，我也不再仅仅关注其观点本身，而是学会分析观点从何而来。这一部分，老师也安排了负责人——李甡师兄。与其余两部分不同，优秀论文的研读不仅内容丰富，形式也十分多样。李甡师兄不仅自己推荐优秀论文，也让我们每个人都参与推荐，在这一学期还邀请张帅东师兄进行了论文写作分享会。

值得一提的是，读书会并没有拘泥于老师的安排，而是有了更丰富的内容。比如，由于有艺术学理论专业的师兄师姐，我们举行了一次观影会。观影会上，师兄师姐们耐心地向我深入浅出地介绍电影的拍摄手法、发展历史等专业知识，这让甚少接触电影学的我对电影有了新的认知。这时我忽然明白了老师组建我们这一班级的深意，班级中的每个人都有不同的专业背景，互相学习、取长补短，正是学术之道。

三、特色团队，交流互鉴

老师执教四十载，桃李满天下，带领了一支又一支特色团队。比如，在比较文学研究基地系列讲座的举办就可体现老师在组建团队方面的"独门秘籍"。这一系列讲座邀请国内外比较文学学者，依托线上会议平台，从2020年10月开始每月举办，于2021年6月结束。讲座涉及人员众多，不仅有外籍比较文学学者，又有国内著名比较文学研究人员，还有优秀的比较文学专业博士生。此外，讲座的审批、宣传也需要细致的工作。面对这些情况，老师有条不紊地组建了一个团队，一一对应，分工明晰，让讲座顺利进行。果不其然，在老师的统筹下，系列讲座举办得十分成功。每次讲座都能看到百余名师生在线上隔空相聚，共同倾听主讲人的学术分享。在提问环节，听者与主讲人隔空对话，对学术焦点问题展开了热烈交流与探讨。

还令我印象深刻的是，老师不仅仅将自己的学术成果与比较文学学者分享，还毫不吝啬地将自身的学术思考讲给公众。犹记2021年初夏时节，我忽然接到了翟鹿师姐的通知——让我们参与思政典范课程的录制，主题是"'十三经'中的和谐思想与文明互鉴"。一听到这一通知，我是既熟悉又兴奋。熟悉是因为第一学期旁听了老师的"十三经元典阅读"课程，对于十三经有了初步了解；兴奋是一方面因为参与课程录制对我而言实在是少有的，另一方面"'十三经'中的和谐思想与文明互鉴"这一题目也让我耳目一新。带着这样的心情，我参加了这一次的课程录制，录制途中老师依然用他不高不低的语调解读十三经中的和谐思想，娓娓道来，却又掷地有声。

入学两年，深感老师育人之无形。困顿不前时，有老师点拨；琢磨不透时，有师兄师姐解惑。何其幸哉！

归　属

2021级硕士　高璐嫄[*]

我是2021级北京师范大学硕士生，写下这篇文章时，正式进入曹门还不满一年。然而，就是在这短短的不足一年的时间里，我就已经从曹门的许多前辈身上受益匪浅，这主要得益于曹老师在我刚入学时就做出的安排：北师大曹门在校学生至少每两周需要聚会一次，坐在一起交流学业、生活各方面的想法。

---

[*] 高璐嫄，2021级硕士，比较文学与世界文学专业。

对我来说，这样的聚会意义重大。因为硕士阶段与本科阶段的学习本就有所不同，再加上过去四年我原本在南方学习，现在来到北方，即将在一个新的环境开始新阶段的学习，无论从生活习惯、心态转变方面来说，还是从具体地接受新环境中老师们的教学形式而言，都需要一个较长时间的磨合、适应过程。开学阶段的种种不适应曾困扰着我，还记得刚入学的时候，我一度非常焦虑，茫然、懵懂又急迫，归属感缺失，急切地想要找到一块灵敏的罗盘，一台响亮的节拍器、一把清晰的刻度尺，我想要确定自己该按何种方向向前走、明确自己的生活，应以何种节奏如何推进、明确自己的道路……当我作为新生和曹老师初次见面的时候，自己并没有把这些想法宣之于口。但是，老师可能早就洞悉了新生在研究生初期会遇到的困境。而他为我提供的解决方法，也是我在硕士生入学就收获的宝藏，那就是：北师大在校曹门小沙龙。正是在曹老师的安排以及师兄师姐的积极推动下，北师大在校曹门小沙龙在 2021 年 10 月中旬正式组建，这个曹门小沙龙，也是一个小小的班级，由师兄师姐们担任班长，定时组织在校的曹门博士生、硕士生们聚在一起，聊聊学习上、生活上发生的事情。正是在这样一个温暖的团队中，我和大家逐渐熟悉起来，能够真切感到自己不再是在学校独自战斗，而是拥有非常强烈的归属感。在这里，我能够放松心情，和同门的师兄师姐们坐在一起，探讨自己在课业上遇到的问题，并向他们学习许多方面的经验知识，无论是文献的收集途径，还是论文论证思路的构建，前辈们总是能够给予我很大的帮助和启发。我非常感谢参加聚会的前辈们愿意认真倾听我这样一个莽撞的晚辈叽叽喳喳，很多时候甚至是语无伦次地提出的一堆五花八门的问题，感谢前辈们会在每次聚会后依旧记得我还有哪些尚未解决的疑惑，并在之后的日子里仍然不放弃带领我沿着这些问题继续追索，并及时指出我的问题，带领我发现一片更加瑰丽有趣的学术妙境。

此外，曹老师也给刚入学的我带来了很多观摩前辈们论文开题、答辩的机会。正是借由这些旁听会议以及做会议答辩秘书的机会，我从老师们的评语和建议中学到了很多：大到研究框架的构建、理论知识的运用，小到论文字句措辞、用语规范、标点符号的使用、格式的安排……每次旁听会议都为自己未来的开题和论文写作积累了丰富的知识。

研究生生活才刚刚开始，我知道，属于自己的这条求学之路才刚刚起头。然而，能够在刚起步时就加入如此温暖的团队，能够从老师和曹门的各位师兄师姐们身上学到如此宝贵的知识和经验，实属莫大荣幸。就这样，刚入学时那颗焦虑不安的心慢慢沉淀下来，我知道，前路漫漫，纵然偶有迷茫，可只要留心观察，总能寻得行进方向；纵然偶有失落，可只要坚定信念，进一寸总有一寸的欢喜。因为，在这里，我有归属，有一整个温暖的团队在我身侧，我们彼此支持，互相鼓励，共同前行。

立德树人，友爱天涯

2021级硕士　张庆琳[*]

2021年的暑假，我收到了一通电话，那是我和曹门缘分的开始，曹老师给了我支持，让我得到别人梦寐以求的好机会。从新闻专业跨到中文专业，对我来说是有一定的挑战的，但没有挑战的人生太过乏味，一切都刚刚好。我怀着这样的憧憬和期待进入了研究生的学习和生活之中。

师姐在平时的学习生活中帮了我很多很多，四位博士生师姐在这一年里给了我太多太多的指引和帮助。

在研究生期间，往往只有研一需要上课、考试，其他时间我们的重心更集中在论文的准备与撰写上。学习的内容更专注于导师给出的研究方向和任务，而不是像本科那样要学很多学科。而且学习的途径更多是文献阅读和学习，所以师姐早早就提醒我们要做好读大量文献的准备。这一年，我的生活充实且忙碌，师姐在适当的时候会给我足够的指引，学习方向上也不会产生茫然的感觉。

给了我最多帮助的甜甜师姐和诗诗师姐，一个在学习生活中毫不保留地帮助我，在我松懈时督促我不要掉以轻心，在我失落时安慰我，我的文献梳理写得并不十分好，但师姐包容我，告诉我应该如何如何。一个在茶余饭后教我搜索文献的方法，告诉我应该如何正确对待人际关系，抓住珍贵的机会，在每一个重要时刻提醒我。她们热情的招呼和阳光的声音，让我感受到如家一般的温暖。

曹老师的"十三经元典阅读"课程，对我来说是很有挑战，但也很有意义的。那些或耳熟能详或生僻难懂的古文，突然又在校园里重拾，其中意义可见一斑。啃书，我并不是最认真的，但我能从中得知很多意义，这是不可替代的。

我们四个一年级的硕士，彼此之间关系很好，互相帮助，互相支持，互相支撑，互相依靠。我想我们会永远记住这同门的情谊，更像是武侠小说里同门派互相练功的江湖好友，你在我需要的时候伸来一只手，我在你悲伤的时候递来一壶酒。更多了几分潇洒不羁的率真。

这学期在曹老师的组织安排下，我和甜甜师姐、莉莉，一起参与了硕士生毕业答辩、博士生毕业答辩，好长一段时间的体力活，但一整天下来受益良多。那一天我突然理解什么叫厚积薄发，什么叫"厚厚的一本书里藏着这个人这一生的见识"，大家在曹门收获、学习、成长，情谊深厚。

未来的一段时间，我应该把握当下，好好学习，多看书，读书期间的经验实在

---

[*] 张庆琳，2021级硕士，中华文化国际传播专业。

是太难得了，可遇不可求的故事在未来的二三十年都值得拿出来品味、称道。我非常感谢曹老师给了我这样的机会和机遇，这样的故事凑成了我人生中闪光的碎片，曹门的经历给了我太多的人生方向，它们或是建设性的指导意见，或是师姐在生活中的指点迷津，或是老师上课时的诗文底蕴，绵延不绝，我就像是武侠世界里的"小白"，在一路过五关斩六将的过程中得到了师门精心指点，这是何等的荣幸！我也由衷希望曹门越来越好。

云山苍苍，江水泱泱，曹门之风，山高水长。

第八章　学脉相传：以话语建设传播文明之光

第一节　变异理论　扬名四海

"主义"的"他国化"旅行及变异
——曹顺庆"变异学"理论与文学思潮研究

2001级博士　蒋承勇[*]

"变异学"概念由曹顺庆先生于2005年在《比较文学学》一书中首次提出，2006年，他又在《比较文学学科理论的"跨越性"特征与"变异学"的提出》一文中进一步予以完善。他认为"比较文学的文学变异学将变异性和文学性作为自己的支点，它通过研究不同国家之间的文学现象交流的变异状态，以及研究文学现象之间在同一范畴上存在的文学表达上的变异，从而探究文学现象变异的内规律性所在"，它可以从四个层面来展开，即语言层面变异学、民族国家形象变异学、文学文本变异学及文化变异学。[①] 此后，曹顺庆先生围绕着变异学的基本概念与理论、方法等，又在诸多论文与著作中展开深入研究与阐发，不断丰富、完善自己的理论体系。比较文学变异学的提出与创立，代表着比较文学之中国学派的一种重要声音。"比较文学变异学的提出，除了弥补旧有影响研究和平行研究的缺憾，更重要的是从可比性上为当代比较文学研究建立了可靠的理论基础。"[②] "变异学研究实现

---

[*] 蒋承勇，2001级博士，2002年获四川大学比较文学与世界文学博士学位，浙江工商大学文科资深教授、博士生导师，西方文学与文化研究院院长，全国五一劳动奖章获得者，国家社科基金重大项目首席专家，中国外国文学学会副会长，国家"万人计划"教学名师，1993年起享受国务院政府特殊津贴。教育部"面向21世纪系列教材"《外国文学史》主编之一，教育部"马工程"重大项目《外国文学史》首席专家之一。

① 曹顺庆：《比较文学学科理论的"跨越性"特征与"变异学"的提出》，《中外文化与文论》2006年第1期，第116—126页。

② 曹顺庆：《南橘北枳：曹顺庆教授讲比较文学变异学》，中央编译出版社2014年版，第34页。

了比较文学可比性的一个根本性转变，就是从传统学科理论的求同性可比性转向变异性可比性。"[1] 而变异的可比性则从根本上克服了影响研究中曾经存在并备受诟病的"鸡零狗碎"式的文学"外贸"和平行研究中声名狼藉的"X+Y"式"比附研究"。[2] 在此，笔者特别想强调的是变异学对文学思潮研究的理念与方法论意义与价值，本人长期从事的文学思潮研究就得益于曹顺庆教授的变异学理论。

西方文学史的展开明显呈"思潮""运动"的形态，具有"革新""革命"的特征。从文艺复兴开始的人文主义、古典主义、启蒙文学、浪漫主义、现实主义、自然主义、唯美主义、象征主义、颓废主义到20世纪的现代主义等，一系列文学思潮和运动在交替或交叉中奔腾向前，牵引并勾勒出了西方文学史发展的脉络与轮廓。可以说，文学思潮是西方文学发展的一条红线，把握住了它，就等于把握住了西方文学史发展的基本线索和总体风貌。"批评家和文学史家都确信，虽然古典主义、浪漫主义和现实主义这类宽泛的描述性术语含义多样，但它们却是有价值且不可或缺的。把作家、作品、主题或体裁描述为古典主义的、浪漫主义的或现实主义的，就是运用一个有效的参照标准并由此展开进一步的考察和讨论。"[3] 也许正是基于此种原因，在西方学界，文学思潮研究历来是文学史研究的主战场，其研究成果亦可谓车载斗量、汗牛充栋。与之相比，国内学界这方面的研究则显得十分薄弱，亟待拓展与深化。

所谓"文学思潮"（literary trends），是指在特定历史时期社会文化思潮影响下形成的具有某种共同思想倾向、艺术追求和广泛影响的文学潮流。一般情况下，可以从四个层面来对某一文学思潮进行观察和界定：其一，往往凝结为哲学世界观的特定社会文化思潮（其核心是关于人的观念），此乃该文学思潮产生发展的深层文化逻辑（文学是人学）；其二，完整、独特的诗学系统，此乃该文学思潮的理论表达；其三，文学流派与文学社团的大量涌现，并往往以文学运动的形式推进文学的发展，此乃该文学思潮在作家生态层面的现象显现；其四，新的文本实验和技巧创新，乃该文学思潮推进文学创作发展的最终成果展示。通常，文学史的研究往往面临相互勾连的三个层面的基本问题：作品研究、作家研究和思潮研究。其中，文学思潮研究是"史"和"论"的结合，同时又与作家、作品的研究密切相关；"史"的梳理与论证以作家作品为基础和个案，"论"的展开与提炼以作家作品为依据和归宿。因此，文学思潮研究是文学史研究的基础性、理论性、宏观性和综合性工程。"基础性"意味着文学思潮的研究为作家、作品和文学现象的研究提供基本的坐标和指向，赋予文学史的研究以系统的目标指向和整体的纲领统摄；"理论性"意味着通过文学思潮的研究，可能对作家作品和文学史现象的研究在理论概括与抽

---

[1] 曹顺庆：《南橘北枳：曹顺庆教授讲比较文学变异学》，中央编译出版社2014年版，第35页。
[2] 曹顺庆：《南橘北枳：曹顺庆教授讲比较文学变异学》，中央编译出版社2014年版，第35页。
[3] Donald Pizer, *Realism and Naturalism in Nineteenth-Century American Literature*. Carbondale: Southern Illinois University Press, 1984, p. 1.

象提炼后上升到文学理论和美学理论的层面;"宏观性"意味着文学思潮的研究虽然离不开具体的作家作品,但又不拘泥于作家作品,而是从"源"与"流"的角度梳理文学史演变与发展的渊源关系和流变方式及路径、影响,使文学史研究具有宏阔的视野;"综合性"意味着文学思潮的研究是作家作品、文学批评、文学理论、文学史和思想史等多个领域的研究,使文学史研究的全面性、系统性成为可能。有鉴于此,我们可以说,与个案化的作家、作品研究相比,以基础性、理论性、宏观性与综合性见长的西方文学思潮研究在西方文学史研究中处于最高阶位,也就合乎逻辑地使其成为西方文学史研究中的中枢地带,这决定了其在西方文学史研究中的难度和重要性,以及在外国文学学科建设中的举足轻重的作用。换言之,研究西方文学史和重构外国文学学科体系、学术体系和话语体系,如果不重视对文学思潮的研究,势必会因缺失对文学史的宏观思维、深度把握与理论考辨,而失之简单化与浅表化。笔者以为,比较文学变异学理论对促进西方文学思潮的研究有重要启迪与实践意义。

变异学倡导跨文化背景下的文学现象的变异性。"按照变异学的理论,影响关系和平行比较中都存在文学变异现象,影响研究和平行研究不能无视这些变异现象,因为这些变异现象正凸显了关系和类同背后的差异性因素,认识这些差异性因素,才可能真正全面地揭示了比较文学学科理论的全貌,也才能真正全面解释比较文学的可比性。"[1] 文学思潮的研究特别需要关注影响与传播过程中"文学的他国化"[2] 变异。文学思潮的产生与传播通常是国际性的,对文学思潮的研究也必然属于文学的跨文化比较研究。跨文化研究是比较文学的基本范畴之一,它要求对不同文化、不同民族和语言的文学进行比较研究,其间,"跨文化"是前提,"比较"是基本手段与方法;反之,比较文学之跨文化研究必然具有超文化、超民族的国际意识。就文学研究的视野、理念和方法论而言,任何形态和国别的文学的研究,都离不开跨文化比较的宏观透视和大视野参照,借以辨析、阐发异质文化背景下文学的差异性、同一性和人类文学之可通约性。对此,笔者曾经有过专题论述:

> 比较文学之本质属性是文学的跨文化研究,这种研究至少在两种异质文化之间展开。比较文学的研究可以增进不同文化背景下的文学的理解与交流,促进异质文化环境中文学的发展,进而推动人类总体文学的发展。尤其是,比较文学可以通过异质文化背景下的文学的研究,促进异质文化之间的互相理解、对话与交流与认同。因此,比较文学不仅以异质文化视野为研究的前提,而且以异质文化的互认、互补为终极目的,它有助于异质文化间的交流,使之在互认的基础上达到互补共存,使人类文学与文化处于普适性与多元化的良性生存

---

[1] 曹顺庆:《南橘北枳:曹顺庆教授讲比较文学变异学》,中央编译出版社2014年版,第35页。
[2] "文学的他国化"是曹顺庆先生提出的,是其变异学理论的一个重要内容。参见曹顺庆:《南橘北枳:曹顺庆教授讲比较文学变异学》,中央编译出版社2014年版,第12页。

状态。①

从西方文学史发展的角度看,一种文学思潮产生后通常都会蔓延至多个国家、民族和地区,其国际性和世界性特征十分明显。就以19世纪西方浪漫主义与现实主义等文学思潮的流变而言,其蔓延与传播远不止于"欧洲"或"西方"国家之地理范畴。在当时的社会背景下,这两大文学思潮是在世界性、国际化的欧洲资本主义历史条件下产生的,或者说,是19世纪前后欧洲资本主义物质生产方式的世界性、国际化大趋势催生了这两大文学思潮,并且促其流行、蔓延于欧美的大部分国家和地区。在那时的交通与传播媒介条件下,文学思潮如此的传播与盛行可以说是相当世界性和国际化的,或者可以说,这两大文学思潮实际上就是世界性、国际化的。随着这个时代西方资本主义物质生产方式的世界性发展,特别是各民族间文化交流、国际交往的普遍展开,与东方国家和民族之间的文学交流也开始蓬勃发展起来了,并且主要是西方文学向东方国家和民族的传播。当时和稍晚一些时候,国门逐步打开后的中国也深受西方文学思潮的影响,现代中国文坛上回荡着浪漫主义、现实主义等文学思潮的高亢之声。日本文学则受其影响更早更大。就此而论,浪漫主义和现实主义文学思潮以及19世纪末西方的其他文学思潮,其"世界文学"属性与特征是显而易见的,它们的产生、发展与流变,称得上宽泛意义上的"世界文学"范式。因此,西方文学思潮研究在方法与理念上必然是跨文化、跨国别、跨民族的。

恰恰是借着19世纪西方文学跨民族、跨国别、跨文化的国际性、世界性发展的历史潮流,"比较文学"这种文学研究的新类型(以后发展为新学科)应运而生。因为没有文化的差异性和他者性,就没有可比性;有了民族的与文化的差异性的存在,就有了异质文学的存在,文学研究者也才可以在"世界文学"的大花园中采集不同的样本,通过跨文化、跨民族的比较研究,去追寻异质文学存在与发展的奥秘,并深化对人类文学规律的研究。正是19世纪欧洲国际性文学思潮的出现与传播激活了文学研究者对民族文学和文化差异性审视的自觉,文学研究者的跨文化比较意识方由此凸显,比较文学也就应运而生,而其间的变异性是问题的要害和症结。西方文学思潮与生俱来就是一种国际化和世界性的文学现象,而传播过程中每个思潮的"他国"旅行必然是在不断地变异中实现的。因此,西方文学思潮的研究需要比较文学的变异性方法与理念;换言之,对西方文学思潮的研究必须重视跨文化乃至跨文明传播过程中的变异现象。

较早对欧洲19世纪文学思潮进行系统研究的是著名的丹麦文学史家、文学批评家格奥尔格·勃兰兑斯(Georg Brandes,1842—1927)。他的六卷本皇皇巨著《十九世纪文学主流》(*Main Currents in Nineteenth Century Literature*)虽然没有

---

① 蒋承勇:《走向融合与融通——跨文化比较与外国文学研究方法更新》,《外国语(上海外国语大学学报)》2019年第1期,第103—110页。

出现"文学思潮""文学流派"之类的概念（这种概念是后人概括出来的），但是，其以文学"主流"（main currents）为研究主体这一客观事实，便足以说明这种研究既属于文学史研究，也属于文学思潮研究。就此而论，勃兰兑斯的《十九世纪文学主流》就是对19世纪流行于欧洲各国的国际化、世界性文学思潮的开拓性、总结性研究，这部巨著既是特定时期的"欧洲文学史"著作，也是"欧洲文学思潮发展史"著作。不仅如此，还特别值得我们注意的是，《十九世纪文学主流》又是一种"比较文学"的代表性著作——因为该著作是对不同国家、不同民族和不同文化背景下的文学思潮、文学史现象及作家作品的比较研究，其研究理念与方法属于比较文学范畴。

勃兰兑斯在该著作中以纵横恣肆的笔触和比较文学的方法，对这一时期的文学主潮予以对照研究，分析同一文学思潮在不同国家的不同风格与特点，同时归纳、提炼其共同特征和发展的一般规律，体现了比较文学研究的一般方法与理念。就像全书只字未提文学"思潮"而只有"主流"（main currents）一样，勃兰兑斯也没有在书中提到"比较文学"这个术语，但在全书一开头的引言中就反复提到了方法意义上的"比较研究"。他说，19世纪欧洲文学中存在着"某些主要作家集团和运动"，要对它们进行深入了解，"只有对欧洲文学作一番比较研究"[①]。"在进行这样的研究时，我打算同时对法国、德国和英国文学中最重要运动的发展过程加以描述。这样的比较研究有两个好处，一是把外国文学摆到我们跟前，便于我们吸收，一是把我们自己的文学摆到一定的距离，使我们对它获得符合实际的认识。离眼睛太近和太远的东西都看不真切。"[②] 勃兰兑斯的"比较研究"既包括了本国（丹麦）之外不同国家（法国、德国和英国）文学之间的比较，也包括了它们与本国文学的比较。按照我们今天的"比较文学"概念来看，这属于跨国别、跨民族和跨文化比较研究，所以我们认定这种研究属于比较文学的范畴，是顺理成章的。从这个意义上讲，勃兰兑斯是最早从变异的角度从事比较文学研究实践的文学史家和文学评论家之一，其《十九世纪文学主流》是最早的比较文学研究典籍之一。

从文学史研究与写作的角度看，勃兰兑斯的这种注重文学思潮传播中的变异的研究有什么优点呢？在此，笔者联想到了日本文学史家、文学理论家厨川白村（1880—1923）的《文艺思潮论》。该著可以说是日本乃至亚洲最早系统研究西方文学思潮的著作。厨川白村自称，他写作该著的原因是要突破传统的文学史研究那种缺乏"系统的组织的机制"[③] 的现象。他说："讲到西洋文艺研究，则其第一步，当先说明近世一切文艺所要求的历史的发展。即奔流于文艺根底的思潮，其源系来自何处，到了今日经过了怎样的变迁，现代文艺的主潮当加以怎样的历史解释。关

[①] 勃兰兑斯：《十九世纪文学主流》（第一册），张道真等译，人民文学出版社2009年版，第1页。
[②] 勃兰兑斯：《十九世纪文学主流》（第一册），张道真等译，人民文学出版社2009年版，第1页。
[③] 厨川白村：《文艺思潮论》，樊从子译，上海商务印书馆1924年版，第2页。

于这一点，我想竭力的加以首尾一贯的、综合的说明：这便是本书的目的。"① 正是出于这种追根溯源、系统思维的研究理念，他认为，过去的"许多的文学史和美术史"研究，"徒将著名的作品及作家，依着年代的顺序，罗列叙述"，"单说这作品有味、那作品美妙等不着边际的话"。② 这样的研究在他看来就缺乏"系统的组织的机制"。厨川白村的这种理念正好与勃兰兑斯不谋而合。作为一种文学史研究，勃兰兑斯的《十九世纪文学主流》既有个别国家、个别作家作品的局部研究，更有作家群体和多国文学现象的比较研究，能够从个别上升到群体与一般、从特殊性上升到普遍性，显示了研究的"系统的组织的机制"。对此，勃兰兑斯在《十九世纪文学主流》的前言中有一段生动、精辟的表述：

> 一本书，如果单纯从美学的观点看，只看做是一件艺术品，那么它就是一个独自存在的完备的整体，和周围的世界没有任何联系。但是如果从历史的观点看，尽管一本书是一件完美、完整的艺术品，它却只是从无边无际的一张网上剪下来的一小块。从美学上考虑，它的内容，它创作的主导思想，本身就足以说明问题，无需把作者和创作环境当作一个组成部分来加以考察，而从历史的角度考虑，这本书却透露了作者的思想特点，就像"果"反映了"因"一样……要了解作者的思想特点，又必须对影响他发展的知识界和他周围的气氛有所了解。
>
> 这些互相影响、文学阐释的思想界杰出人物形成了一些自然的集团。③

勃兰兑斯在上述文字中把文学史比作"一张网"，把一部作品比作从网上剪下来的"一小块"。只有将这"一小块"放到"一张网"中——特定阶段的文学史网络、文学思潮历史境遇以及互相影响的文学"集团"中——进行比照研究，才可以透析出这个作家或作品与众不同的个性特质、创新性贡献和历史地位等。如果这种比照仅仅陷于国别文学史之内，那只不过是一种比较的研究方法，这种研究就缺失了国际的、世界的和跨文化的视野，而像《十九世纪文学主流》从国际的视野和范围进行跨文化、跨民族比较研究时，就进入了比较文学变异性的同中求异的范畴，也就拥有了厨川白村所说的"系统的组织的机制"。在这部不可多得的鸿篇巨制中，勃兰兑斯从整体的、局部的和联系的理念出发，用比较文学的方法，把作家、作品和国别的文学现象视作特定历史阶段之时代精神的局部，并把它们放在文学思潮发展的国际性网络中予以比较分析与研究，从而揭示其共性与个性，也即同中之异。比如，他把欧洲的浪漫主义文学思潮"分作六个不同的文学集团"，"把它们看做是构成一部大戏的六个场景"，"是一个带有戏剧的形式与特征的历史运动"。④ 第一

---

① 厨川白村：《文艺思潮论》，樊从予译，上海商务印书馆1924年版，第3页。
② 厨川白村：《文艺思潮论》，樊从予译，上海商务印书馆1924年版，第2页。
③ 勃兰兑斯：《十九世纪文学主流》（第一册），张道真等译，人民文学出版社2009年版，第2页。
④ 勃兰兑斯：《十九世纪文学主流》（第一册），张道真等译，人民文学出版社2009年版，第3页。

个场景是卢梭启发下的法国流亡文学,第二个场景是德国天主教性质的浪漫派,第三个场景是法国王政复辟后拉马丁和雨果等作家,第四个场景是英国的拜伦及其同时代的诗人们,第五个场景是七月革命前不久的法国浪漫派,主要是马奈、雨果、拉马丁、缪塞、乔治·桑等,第六个场景是青年德意志的作家海涅、波内尔以及同时代的部分法国作家。勃兰兑斯通过对不同国家、不同团体的浪漫派作家和作品在时代的、精神的、历史的、空间的诸多方面的纵横交错的比较分析,揭示了不同文学集团(场景)的盛衰流变和个性变异。可以说,仅仅凭借一部宏伟的《十九世纪文学主流》,勃兰兑斯就足以是比较文学领域最早的和卓有成就的开拓者之一,孕育着变异研究的基因。

后来,法国著名的比较文学学者保罗·梵·第根(Paul van Tieghem)于1948年撰写的《欧洲文学中的浪漫主义》,则是从更广泛的范围研究浪漫主义文学思潮,涉及的国家有德国、英国、法国、西班牙、葡萄牙、荷兰、匈牙利等,这是一种更自觉的比较文学,但其研究的对象和内容也是文学思潮。意大利著名的比较文学学者马里奥·普拉兹(Mario Praz)《浪漫的痛苦》(1933)则从性爱引起的痛苦的角度比较分析了欧洲不同国家的浪漫主义文学。美国的比较文学学者亨利·雷马克(Henry Remak)的论文《西欧浪漫主义的定义和范围》,较为详细地比较了西欧不同国家浪漫主义文学思潮的产生和发展的特点,以及浪漫主义观念在欧洲主要国家的异同。美国的文学理论家雷纳·韦勒克(René Wellek)通过一系列的论文考察了古典主义、浪漫主义、现实主义和象征主义等文学思潮的流变,其研究都蕴含了比较文学变异性的思维基因。他指出了"浪漫主义怎样首先在德国形成思潮,施莱格尔兄弟怎样首先提出浪漫主义是进步的、有机的、可塑的概念,以与保守的、机械的、平面的古典主义相区别,浪漫主义的概念如何传入英、法诸国,而后形成一个全欧性的运动"[①]。这是在比较分析中论述浪漫主义文学思潮的国际性传播及其本质特征。韦勒克对现实主义的研究也是这样,他在《文学研究中现实主义的概念》中,就从"现实主义"名词术语的考证分析拓展到现实主义思潮的产生和跨国别发展,其间辨析了不同国家和文化背景下的"现实主义"文学思潮的各自特征和异同等。[②] 这种在比较文学理念与方法指导下的求异的研究所达到的理论的和历史的高度,是通常仅限于国别的作家作品研究所难以企及的,并且也避免了厨川白村所说的那种"单说这作品有味、那作品美妙等不着边际的话"的弊端。

可以说,深度且全面的外国文学史研究离不开西方文学思潮的研究,而西方文学思潮的研究也必然离不开比较文学变异学的理念与方法;自觉的比较文学变异学方法的运用,则是拓展与深化西方文学思潮研究的一个重要维度。也正是在这种意

[①] R. 韦勒克:《文学思潮和文学运动的概念》,刘象愚选编,中国社会科学出版社1989年版,前言。
[②] 《文学研究中现实主义的概念》,高建为译,参见 R. 韦勒克:《文学思潮和文学运动的概念》,刘象愚选编,中国社会科学出版社1989年版,第214—250页。

义上，西方文学思潮研究不仅属于比较文学的范畴，而且属于比较文学变异学的范畴。

正是在这种意义上，我们对一些文学思潮的跨国传播，没有必要非得用"某某主义"的原生模子去硬套该文学思潮在不同国家传播后的特征与内涵，否则我们的研究就可能削足适履或者无所适从。比如说"现实主义"，作为一种文学思潮，其核心特质是"写实"。在跨文化乃至跨文明传播的过程中，由于"他国"文化和时代之选择的需要，"写"什么样的"实"和怎么"写"，都会各有不同，现实主义之"写实"概念也就在内涵上常常处于游弋动荡与外延无限膨胀的"变数"状态，于是就有了各种各样名目繁多的"现实主义"新形式、新组合，现实主义就呈现为一种"复数"状态——在西方有：批判现实主义、心理现实主义、虚幻现实主义、怪诞现实主义、反讽现实主义、理想现实主义、朴素现实主义、传奇现实主义、乐观现实主义、超现实主义、魔幻现实主义，等等，不一而足；在苏联，文学理论家卢那察尔斯基一人就曾用过无产阶级现实主义、社会现实主义、英雄现实主义、宏伟现实主义等多种术语，此外还有沃隆斯基的新现实主义、波隆斯基的浪漫现实主义、马雅可夫斯基的倾向现实主义、阿·托尔斯泰的宏伟现实主义、列日涅夫的辩证现实主义，等等，五花八门。在众多"现实主义"的"复数"形态中，特别著名的是高尔基的"批判现实主义"和1934年全苏第一次作家代表大会正式写进作家协会章程并规定为苏联文学基本创作方法的"社会主义现实主义"。在中国，除20世纪五六十年代被热烈讨论并一度被确定为文学创作基本方法的"社会主义现实主义"及其"与革命浪漫主义相结合"的"革命现实主义"外，相应的还有新民主主义现实主义（周扬）、进步的现实主义（周扬）以及改革开放以后的新现实主义小说等。"现实主义"惊人的繁殖力，一方面所表征的是其作为"变数"的"写实"概念之开放性与多变性，另一方面是文学思潮传播的"他国化"变异。当然，这些"复数"的"主义"不应简单地冠以"文学思潮"的概念，而仅仅是19世纪现实主义或写实主义在创作方法、创作原则层面上的变体，有的至多也不过是某时期、某国度文学的一种流派而已①。"复数"的诸种"现实主义"通常也体现了传统现实主义之"写实"精神在不同时空的延续、流变、创新与发展。在这种意义上，所有新形态的"复数"的"现实主义"，与19世纪现实主义皆有历史的传承关系，其"写实"之内涵与文学创作之真实性呈现，都既有共同性又有差异性。具有世界性影响的魔幻现实主义文学，是当代拉美"爆炸文学"中的重要文学现象。它发端于20世纪20年代末，形成于50年代，盛行于六七十年代，对欧美当代文学也产生过一定的作用。魔幻现实主义主张"变现实为魔幻而又不失其为真"，强调反映现实生活，反映社会的、政治的等方面的现实问题，使文学创作具有现实意义。它对

---

① 文学思潮是一个大概念，文学流派是一个小概念；某个文学思潮可以囊括多个文学流派，但流派不能涵盖思潮。

现实之"真"的追求，恰恰是传统现实主义文学最基本的创作原则，然而，其"写实"求真的方法又迥然不同于传统现实主义文学，主要是因为这种"写实"手法融入了拉美本土的和特定时代的"魔幻"艺术元素，还融入了欧洲超现实主义文学元素。马尔克斯是拉美魔幻现实主义文学的杰出代表，他的代表作《百年孤独》用时间循环结构、象征隐喻、神奇虚幻等"魔幻"手法，表现了哥伦比亚和拉美大陆的现实矛盾，传达出作者对拉美民族深层精神与心理的开掘与把握，以及对人类原始意识和情感经验的体悟，表达了作者对民族和人类命运深深的关切与艰难思索。这部小说典型地表现出了变现实为"魔幻"，但又不失生活之"真"的"写实"原则与理念；作品通过"魔幻"的折光表现出来的现实社会生活，不像传统现实主义文学所表现的那样清晰明朗的透明度，但又到达了本源意义上的"真"；其所再现的艺术世界既是神奇的又是真实的，既是虚幻的又是写实的。所以，魔幻现实主义文学的"写实"是由传统现实主义文学或者写实倾向文学之"写实"衍生而来的一个变体，魔幻现实主义则是现实主义在新时代、新国度形成的"复数"形式——新形态的现实主义。笔者作如是说，并非刻意要把魔幻现实主义纳入现实主义文学的范畴——因为学术界有人将其视为后现代文学范畴，但事实上许多研究者又把它当作20世纪新的现实主义文学来对待——而是想强调指出：传统现实主义及其"写实"精神是在变异中呈包容、开放姿态的，魔幻现实主义接纳了其"写实"之精髓，又有明显的创新性拓展；魔幻现实主义与传统现实主义文学和写实倾向的文学存在斩不断的血缘关系。

显而易见，任何文学思潮的传播都不可避免地伴随着变异，因此，文学思潮研究离不开变异思维；变异学揭示和总结了文学现象传播过程中客观存在的他国化变异之规律，又对文学思潮研究颇有理论与方法的指导价值与启迪意义。本人长期从事西方文学思潮研究，在理念与方法上均受到曹顺庆先生比较文学变异学理论的启迪。

"合同异"：比较文学变异学的应然之道

2002级博士　王敬民[*]

经过业师曹顺庆先生及其团队长时间的学术积累和知识生产，比较文学变异学已经成为颇具中国特色的学术话语，不仅推动了中国比较文学学科理论和研究实践的发展，还对世界比较文学产生了重要影响，受到了佛克马等一众国际学术名家的

---

[*] 王敬民，2002级博士，文学博士，河北大学外国语学院教授，主要从事英美文学、西方文论和比较文学研究。

高度评价。① 这一学术话语，刷新了比较文学学科理论的疆界和图景，启迪了中外学人比较文学研究的视域和范式，体现着中国学人的创新意识和学术勇气，是我国哲学社会科学"三大体系"建设的标识性成果。"在全面建设中国特色学术话语的时代背景下，'变异学'作为中国学者率先提出的重要学科理论，与国际学术界开展平等学术交流和学术对话，已经成为弥补学科缺陷、完善学科理论、促进学科发展的典型代表。"②

然而，对于比较文学变异学，学界不乏谬误之见，有些理解颇有简单化之虞。表面上看，既然变异是文学和文化跨国、跨学科、跨文明交流中显见的事实，甄别和总结这些变异就是其题中应有之义，比较文学也就由"求同"思维转向"辨异"研究，这是顺理成章的事情。殊不知，这就把"变异学"降格为"辨异"方法，失却了比较文学变异学的学理要义。作为一种新的研究范式，比较文学变异学固然有方法论的维度，但更重要的是其背后有着独特的价值追求，这种追求包括但绝不限于方法，借助中华优秀传统文化资源，笔者认为"合同异"是比较文学变异学的核心旨归。那么，究竟何为"合同异"，它如何区隔于单纯的"求同"和"辨异"，它与比较文学变异学因缘何在，它对于比较文学研究又有何助益，这些问题均需详加辨正和厘清。

一、辨异的合法化及其不满

在经典化的学术论说中，弗洛伊德有《文明及其不满》，约瑟夫·斯蒂格利茨有《全球化及其不满》，雅克·朗西埃有《美学及其不满》，史蒂文·史密斯有《现代性及其不满》，齐格蒙特·鲍曼有《后现代性及其不满》，黄子平有《文本及其不满》，周宪有《美学及其不满》，周濂有《自由主义及其不满》，如此种种，不一而足。其中所谓"不满"，对应的英语表达为"discontent"的复数形式，该词或可译为"缺憾"，但笔者认为"不满"之说更为妥帖，更能体现其学术的描述力和生产性，毕竟"缺憾"往往指向一种既定状态的负面形容，而"不满"则预示着改进和完善的动能。此种情形，恰与比较文学变异学的学术境遇相关，我们不妨借用这一思路加以辨析。

纵观比较文学学科发展的历史，无论是注重同源性的影响研究，还是寻觅类同性的平行研究，两者虽在各自的发展阶段取得了扎实的成果，但一味沿袭求同思维的圭臬也渐露弊端，特别是在异质文化间的文学交流中举步维艰，在跨文明的研究实践中捉襟见肘，很难满足和适应比较文学的时代需求。韦斯坦因干脆断言："只有在一个单一的文明范围内，才能在思想、感情、想象力中发现有意识或无意识地

---

① See Douwe Fokkema, "Foreword", in Cao Shunqing, *The Variation Theory of Comparative Literature*. Springer, 2013, pp. Ⅴ-Ⅷ. 另外，Hans Bertens, Haun Saussy, Bernard Franco, Svend Erik Larsen, Theo D'haen, David Damrosch 等学者也在专著、编著、论文、书评、书信中对比较文学变异学给予积极评价。

② 曹顺庆、王超等：《比较文学变异学》，商务印书馆2021年版，第81页。

维护传统的共同因素……而企图在西方和中东或远东之间发现相似的模式则较难言之成理。"[1] 这就将比较文学限制在特定文化圈的内部,对跨异质文化的文学比较置之不理,其狭隘性和封闭性尽显无遗,其根本症结还在于"求同"。而比较文学变异学"打破了求同性思维模式和研究模式的局限,将差异性作为比较文学可比性的重要研究内容"[2]。差异性一旦作为比较文学的重要内容,可比性就面临着新的界定,学科理论就亟待新的调整,研究实践也将迎来更为广阔的空间。"关注差异、尊重差异、承认文明的异质性,在此前提下进行沟通与交流,是比较文学变异学的精神旨归。"[3] 这一精神旨归,保障了比较文学在 21 世纪的人文交流和文明互鉴中能够发挥更为积极的作用。

客观地讲,求同思维盛行,也曾让比较文学的法国学派和美国学派取得了不俗的研究成绩,但如果这种求同性研究成为封闭的范式,势必阻碍比较文学的新发展。"陈陈相因,涂涂递附,故大方之家,每不屑道焉。"[4] 梁任公此处的"不屑道哉",明显含有期待创新之意,其实对于比较文学而言,倘若拘囿于求同研究,不但难有创新,更将在封闭的循环中走入死胡同,在全球化进程和地球村演进的时代潮流中日渐孱弱、日趋缄默,在跨文明的文学和文化交往中失去发声的机会,这明显有悖于比较文学学科设置的初衷。在比较文学面临新的学科困顿之际,比较文学变异学应时而生,为中外学人带来了新的希望,提供了新的研究方法,"'变异学'理论的成功,归根到底是方法论的成功"[5]。求同研究作为比较文学的学术范式和价值追求,在历史上发挥了巨大的作用,为学科发展奠定了根基、提供了保障,即便在今天也仍将大有可为;变异学并未从根本上置换和取代求同式的比较研究,而是在认可求同研究价值的同时,为比较文学的学科大厦浇铸起新的柱石,确保比较文学在 21 世纪的新发展。比较文学变异学很自然地将人们的目光引向变异,引出跨文明比较文学研究的方法路径——甄别变异现象,简而言之,我们不妨称之为"辨异"方法。比较文学变异学的创生,似乎隐含着一种不言自明的学理逻辑,那就是在比较研究中"辨异"的合法化。

辨异的合法化有其学理依据,也在实际研究中成为卓有成效的研究方法,但它的合法化同时兼具种种"不满":它消解了"变异学"中的"学",以方法替换了学理,以操作置换了价值,走向了唯方法主义的泥淖,其结果便是沉湎于变异现象的直陈和描述,难有理论的升华和提炼;倘若比较文学研究只重"辨异",只是唯"辨异"马首是瞻,既以"辨异"为出发点又以"辨异"为落脚点,比较文学研究

---

[1] 乌尔利希·韦斯坦因:《比较文学与文学理论》,刘象愚译,辽宁人民出版社 1987 年版,第 5—6 页。
[2] 曹顺庆、秦鹏举:《变异学的中国文化语境与世界差异诗学图景:曹顺庆教授访谈录》,《比较文学与跨文化研究》2018 年第 2 期。
[3] 赵渭绒、曹顺庆:《比较文学学科理论体系新思考》,《外国文学研究》2012 年第 3 期。
[4] 梁启超:《译印政治小说序》,见汤志钧、汤仁泽:《梁启超全集(第一集)》,中国人民大学出版社 2018 年版,第 680 页。
[5] 曹顺庆、王超等:《比较文学变异学》,商务印书馆 2021 年版,第 90 页。

必然步入差异的迷宫和陷阱。一言以蔽之，辨异固然有其合理性和必要性，但关键在于，我们的辨异在揭示了诸多变异现象之后究竟意欲何为？用辨异方法甄别出种种变异现象，难道不是强化了冲突和对立吗？难道这就是我们从事比较文学的最终旨归吗？

其实不然。辨异固然有其方法论意义上的合理性和必要性，但它的"不满"同样预示着我们有所作为的巨大空间。辨异的结果是对变异现象的钩沉，但工作至此远未结束，毕竟"变异是一个文学与文化交流的基本事实，更是文化交流与文明交融及创新的基本规律。……不同文明的异质性导致了不同文明在阐释与碰撞中必然会产生变异"[1]，变异现象的堆砌并非比较研究的目的，关键是要考虑"变异如何从'现象'成为一种'学'呢?"[2]可以说，变异学已经成为颇为流行的研究范式，但很多具体研究倚重于辨异方法，聚焦于变异现象，恰恰忽略了"变异学"的"学"，倘若将变异学降格为辨异方法，那无疑压缩和湮没了变异学的价值空间。

变异学不止于辨异方法，经由辨异而澄明的变异现象更非比较研究的鹄的，关键在于揭示变异背后的制约因素，秉持看待和对待变异的正确态度，尽力发挥这些变异积极的能动作用。这就首先需要厘定求同与辨异的辩证关系，诚如有学者指出的那样："认'同'易，辨'异'难，'接受—变异'研究应该是对'影响—趋同'研究的推进和超越。"[3]而变异学则在"难"的基础上进行了更深的探索，不仅"推进和超越"了既往的"影响—趋同"研究模式，更是从学理的层面对变异与辨异进行了学理性论证。"需要指出的是，变异学强调异质性的可比性，是有严格限定的"[4]，"比较文学变异学方法本质上是研究发生变异的根本，即文化和主体的认知如何导致变异，该变异又是如何与前者进行反作用，对前者进行更新和重塑"[5]。这里需要强调的有两点：一是变异学绝不止步于文学变异现象的辨析，而是要深究发生变异的根本缘由；二是变异学旨在辨析变异现象的反作用力，借以达到"更新和重塑"的目的，促进文学新质的产生和形成。因此，"比较文学不仅仅是求同存异，也可以是以异求同、异质互补，在文学性的基础上，摆脱彼此的思想关联，迂回到一种无关性的语境中，与原生主体进行对视，继而进入新的话语建构模式。"[6]这才是变异学之于辨异方法的根本分野。

比较文学变异学之所以能够成为一门"学"，成为一种颇具世界性意义的中国学术话语，是与其扎根中国传统哲学思想文化密不可分的。中国古代哲学的价值路标与西方哲学判然有别，它更为强调"互为异体的对象范畴"是"如何融合、交

---

[1] 曹顺庆、王超等：《比较文学变异学》，商务印书馆2021年版，第2页。
[2] 曹顺庆、王超等：《比较文学变异学》，商务印书馆2021年版，第36页。
[3] 陈希：《西方象征主义的中国化》，中山大学出版社2018年版，第1页。
[4] 曹顺庆：《东西方不同文明文学比较的合法性与比较文学变异学研究》，《外国文学研究》2013年第5期。
[5] 曹顺庆、王超等：《比较文学变异学》，商务印书馆2021年版，第58页。
[6] 曹顺庆、王超等：《比较文学变异学》，商务印书馆2021年版，第76页。

织、彼此影响"的。① 这就构成了变异学的学理根基，变异学"通过关注差异性，深入挖掘不同文学之间互相渗透、互为补充的价值，通过比较文学这座桥梁来实现整个世界文化的沟通与融合，并进而构建一个'和而不同'的世界"②。正是在这个意义上，我们才从根本上明晰了变异学作为一门"学"的合理性，而使其屈尊纡贵地成为"辨异"方法，从根本上消解了变异学的潜在学术价值和现实意义。辨异固然有其合理性和必要性，但它本身也蕴含着种种"不满"，这种"不满"引发我们去思考差异的独有价值。

二、"散同以为异"与"合异以为同"

比较文学的发展历程表明，过于强调求同的研究很容易在共通性的迷恋中弱化甚至漠视异质性因素的重要性，最终导致不同文明间文学异质性的失落，其结果必然是"以同稗同"式的比较，在特定的文化圈内循环重复，最终丧失了对话的可能性，丧失了不同文明间文学互为补充、彼此激发的成长机制。"如果不注意异质文明的探源，不注意异质文明的学术规则和话语差异，则这种比较必然成为浅度的'比附'文学。"③ 但话说回来，自索绪尔开创现代语言学以来，差异性就从语言系统内不同符号的属性延展到整个人文社会科学之中，加之宏大叙事的解体、解构思潮的风行、身份认同思想的传播，人们对独特性和差异性的追逐达到了世所罕见的地步。差异性言说横贯学界，对学术思想进行了新的统治和支配。比较文学变异学引导我们去关注差异，将研究的焦点由求同转向变异，但这种辨异不是目的，而是在直陈这些变异之后，对其加以研究，进而言之，就是要我们去关注变异的价值和作用。言下之意，比较文学变异学若想成就新的科学的研究范式，也必须确立自身的同异观，这种同异观蕴含着深刻的哲思，而不是简单地由求同转为辨异。中国古代的哲学智慧对此提供了启发性的见解，特别是"散同以为异"和"合异以为同"的思想。

我们需要明确，有关差异性和相通性的论述基于两个层次，一是万事万物的本然属性，一是人们看待和取用的方式。从第一层次说，差异性和相通性，或者其他不同的概念标签，无论什么称谓，无疑都是对事物某一方面的认知，这种认知的概念化暂时忽视或搁置了事物另一方面的蕴涵，将两者孤立和割裂开来，就会犯不完整、不周全的错误。"在不同语境下，对差异性、多样性与共同性，适当地强调其中的这一方面（差异、多样、多元等）或那一方面（共同、协同、共识等）都有可取性，但整体上不能用其中的一方面去完全瓦解和消解另一方面。对普遍主义、共同主义产生的单一向度可以进行矫正，但不可以用差异主义和多样主义去取代。"④

---

① 曹顺庆、王超等：《比较文学变异学》，商务印书馆 2021 年版，第 53 页。
② 曹顺庆：《南橘北枳：曹顺庆教授讲比较文学变异学》，中央编译出版社 2014 年版，第 2 页。
③ 曹顺庆：《东西方不同文明文学比较的合法性与比较文学变异学研究》，《外国文学研究》2013 年第 5 期。
④ 王中江：《中国古典语境中的差异性、多样性和共同性话语》，《哲学动态》2018 年第 11 期。

一般而言，若想准确把握事物的根本属性，我们就不可固执一端而偏废另一端，不能片面突出相同的一面，也不能刻意彰显差异的一面，务必做到两者兼顾，才可全面而辩证地认识和把握事物的全貌。而从第二个层次讲，如果说事物之间本就蕴含着相同和差异的两端，那为什么在人类的历史上，时而有相通性的诉求，时而又陷入差异性的言说呢？这其实就是具体语境使然，更是人们基于特定语境对事物某一面属性的强调而已。说到底，事物本身固然有其本质属性，但人们如何看待这些属性，如何发挥这些属性的作用，让这些属性发挥什么样的作用，则难有一定之规，需要具体情况具体分析，需要看具体的语境需求。倘若求同盛行，达到了无以复加的程度，甚至有封闭僵化的风险，那么就适时强调差异的价值；如果差异的言说甚嚣尘上，导致了彼此的隔阂与分化，人们陷入孤岛化的生存境地，共同体的愿景化成泡影，则需伸张求同的意义。此间的辩证实乃万物之理，只可叹西方学界却往往充耳不闻、视若无睹，这既是思想的因循守旧，更是某些学人痴迷于西方中心主义而弃绝世界眼光和胸怀的必然结果。令人欣慰的是，这种同与异的辩证，在我国早有古圣先贤的界说，且已经融化在中国人的血脉之中。从这一意义上说，比较文学变异学实乃文化自信生发的具有鲜明中国标识的学术话语。

《庄子·则阳》明确提出的"合异以为同"和"散同以为异"，就是对同异辩证关系的精彩论述。按照王中江的解释，"'合异'是指将不同的部分统一起来而看到的事物的整体，'散同'则是指在整体的、统一体中看出它的各个部分的不同"[①]。推而广之，"合异"就是要在差异性中觅得统一，其结果必然导向更高层面或曰更为综合性的相同与相通，而"散同"则反其道而行之，就是要在相同处看到差异，"以差观之"，即便是相同的事物也会表现出具体的差异。

具体到比较文学研究，真正给学界带来困扰的是，传统的求同研究往往纠结于同源性的回溯和类同性的追索，"同"构成了研究的起点，也构成了研究的归宿，考虑到西方文化的同质性，这样的求同研究究竟价值几何需要加以审问，即便它是有效的研究，也仅仅局限在特定的文化圈中，而一旦跨越到异质文化，一旦进入跨文明文学研究的视野，其有效性必然大打折扣。可以说，西方的比较文学学科理论，是以"同"奠基、从"同"出发的，最终的目的也是达到"同"的结果；而比较文学变异学，虽然以"变异"为标识，但绝非为了"异"而"异"，而是要在揭橥变异之后发挥"异"的能动作用，借以寻绎更高层次的同异辩证，实现比较文学的价值理想。

借鉴"散同以为异"和"合异以为同"的智慧，我们的比较文学研究既不能满足于"同"，又不能满足于"异"，而是要在"同"中见异，要在"异"中寻同，在求同研究中发掘异质要素并彰显其价值，在辨异过程中寻求共通之道，让比较文学成为文化沟通的桥梁，成为文明互鉴的津渡。表面上看这样的做法似显平庸，好像

---

① 王中江：《"差异性"和"多样性"的世界：庄子的"物之不齐论"》，《社会科学战线》2021年第4期。

毫无创新性可言，其实不然，我们在求同研究中对异质性给予关注并不难，可在辨异过程中达成更高层面的共识和共通却绝非易事。比较文学变异学深谙此道，它窥探到"同中之异"和"异中之同"的核心密码，从而将比较文学的研究范式和价值旨归提升到了前所未有的高度。借用《墨经·经上》里的典型表述，这就叫作"同异交得"，也就是要强调事物同异两面之间的交互影响关系，恰如张岱年先生所言，"同异交得"的意思其实就是"同中有异，异中有同，于同可以得异，于异可以得同"[1]。比较文学变异学是一种创新的学科理论，是力图纾解比较文学跨异质文化研究困境的真知灼见，不仅体现了"同异交得"的精神诉求和运行逻辑，更为关键的是，它还在此基础上推进了一大步，揭示出"异"的价值和作用，而这实乃当下比较文学面临的紧迫任务。

叶维廉指出："我们不要只找同而消除异（所谓获得淡如水的'普遍'而消灭浓如蜜的'特殊'），我们还要借异而识同，借无而得有。"[2]"借异而识同"的高见有着深刻的思想性和学术价值，却长期遭到学界忽略或简单化对待，如今在比较文学变异学的观照下才有机会得到具体落实。这种思维模式不同于西方"通过概念、判断和推理，以实有为基础，直向抵达真理，是'正的哲学'"，它"化用了中国哲学以少总多、计白当黑、以无为有的话语资源。……是'负的哲学'，负阴而抱阳，冲气以为和，所以'以进为进'是比较，'以退为进'同样也是比较"[3]。原本根据"影响研究"和"平行研究"的理论预设，"同"消失的地方可比性也即荡然无存，比较文学也就止步不前了。现在，"比较文学的可比性还可以定义在差异性上。正是因为有差异，比较文学才显得那么重要，才真正站在了学术的前沿"[4]。一种文学现象在另一种异质文化中很难找到严丝合缝的对应物，甚至付之阙如，表现出根本性的差异。这种差异不是"影响研究"和"平行研究"的关切，而比较文学变异学却将其纳入研究范畴之中，对差异背后的文化要素、思维模式、话语系统、学术表征、知识形态等加以剖析，于"差异"处探赜，在"阙如"里索隐，从而"无"中生"有"，"异"中识"同"，在比较的更高层面提出全新的判断，廓清认知的迷误，同时为真正的对话铺平了道路。

"一部恢弘的人类发展史，就是一部各种文明相互影响、相互滋养、交融互进的历史。"[5] 这种"相互影响、相互滋养、交融互进"当然有求同研究的身影，但更为重要的却还是辨异，是在变异现象背后挖掘产生变异的文化基因，并在此基础上让"异"的价值得到彰显，从而"异"彩纷呈地实现"反者道之动"的理想，真

---

[1] 张岱年：《中国古典哲学概念范畴要论》，中国社会科学出版社1989年版，第112页。
[2] 叶维廉：《寻求跨中西文化的共同文学规律》，见温儒敏、李细尧：《寻找跨中西文化的共同文学规律——叶维廉比较文学论文选》，北京大学出版社1986年版，第32页。
[3] 曹顺庆、王超等：《比较文学变异学》，商务印书馆2021年版，第79页。
[4] 曹顺庆、王超等：《比较文学变异学》，商务印书馆2021年版，第79页。
[5] 季思：《美国"对华文明冲突论"的背后是冷战思维和种族主义》，《当代世界》2019年第6期。

正促发文学新质和文化变革的产生。诚如乐黛云所言："全球化和多元化的相互作用，其结果并不是'趋同'乃至'混一'，而是在新的基础上产生新质和新的差异。"①"新质"是我们乐见其成的，这就不要顾忌差异，而要主动迎接它，将它纳入学科理论建构和研究实践当中，比较文学变异学做到了这一点，既拓展了学科的研究范式，又重塑了学科的价值信念，这种信念简而言之，就是"合同异"。

三、"合同异"：比较文学的新视界

"散同以为异"和"合异以为同"，是同异辩证中互为对立的两个方面，虽然每个方面之中都含有正与反的对立与统一，但毕竟各有侧重，而"同异交得"一语则各有所取，实现了表面的均衡，却不免折中之嫌。真正契合21世纪比较文学本意与新意的学术概念是"合同异"。如果说"散同以为异""合异以为同""同异交得"体现的更多是方法论的价值，那么，"合同异"则不仅堪称比较文学的学术范式，更标识出比较文学的价值关怀，而这均得益于比较文学变异学的开掘之功。

那么，究竟什么是"合同异"呢？"合同异"语出《庄子》，是庄子与惠施争辩之余难能可贵的共识。据王中江判断，"一般认为，惠施所说的'合同异'是强调事物的相对性和共同性，它同公孙龙夸大事物的差异性形成了明显的对比，整体上同庄子的'齐物论'一致。但同时我们也要承认，惠施主张'合同异'（'毕同'）的时候，他同时承认了事物的"毕异"，也就是承认事物又都是不同的，是多样的"②。要言之，"合同异"也即在差异性的基础上寻求共同性。这样说，不是要重蹈比较文学既往求同研究的覆辙，这当然不是比较文学变异学的初衷和目的，而是要充分发挥差异的能动作用，在更高的层面上达致新的融通，在更高的境界中实现共同的诗学愿景。

传统的求同研究与"合同异"有着显著的不同。传统的求同研究虽然也在异中求同，却有意无意间忽略和规避了诸多异质元素，是从不同的文学现象中抽绎出共同的因子，从而构建起"同源性"和"类同性"的比较学理；"合同异"则是直面差异，特别是跨越异质文化和文明的文学差异，将这些差异直接作为研究对象，不仅对其加以理论概括和描述，更要对其展开解释和辨析，搞清楚这些差异的样态和来由，在跨异质文化和文明的视野中加以比照参详，从而得出有益的见解，实现比较文学学科建构的世纪目标。变异学"不仅关注比较文学中的异质性问题，更试图在此基础上达到不同文明下文学间的互补性，最终实现世界文学的总体性。变异学动态的特征超越了民族性，具有普适性。因此，变异学范式为处理异质性提供了一种变化的、动态的新模式"③。由此可见，比较文学变异学作为一种"新模式"，就

---

① 乐黛云：《多元文化发展与跨文化对话》，《民间文化论坛》2016年第5期。
② 王中江：《"差异性"和"多样性"的世界：庄子的"物之不齐论"》，《社会科学战线》2021年第4期。
③ 曹顺庆、王超等：《比较文学变异学》，商务印书馆2021年版，第15页。

是要在差异性的基础上建构共同性,也即"世界文学的总体性",说到底,变异学就是将我们的注意力由"求同"转向"辨异",但辨异并非以直陈变异现象为宗旨,而是通过差异的动能达到文学总体上的共通与共融。这才是"合同异"的要义,更是比较文学变异学的精神追求。

比较文学变异学的"合同异",首要的任务便是识别差异的动能与作用。"差异性、多样性是造就整体性和共同性的创造性力量……事物的整体性和共同性力量,都是通过差异性、多样性造就的。没有事物的差异性、多样性,没有事物各自的作用,就没有创造性,也就没有事物的整体力量。"[1] 差异的创造性品格由此彰显无遗,这一品格决定了差异本身蕴含着积极的动能和巨大的力量,会在整体性形塑中发挥至关重要的作用。《国语·郑语》的名言"和实生物,同则不继"讲的其实就是这个道理。如果万事万物彼此相同,那么就缺少彼此生发的作用机制,难有新生事物的出现,此乃万物之理,放诸比较文学研究,同样切中肯綮。比较文学应有的题中之义是,在跨国、跨学科、跨文明的文学比较中,一方面觅得同源性和类同性特质,一方面辨识多样化和差异性要素,在同异的辩证关系中互为补充和生发,为21世纪的比较文学开辟新的境界。而要达此目的,就离不开"合同异",离不开比较文学变异学所指明的研究路向。

钱锺书就此曾发警世宏论:"《鬼谷子·反应》篇不云乎:'以反求覆?'正如自省可以忖人,而观人亦资自知;鉴古足佐明今,而察今亦俾识古;鸟之两翼、剪之双刃,缺一孤行,未见其可。"[2] 这句话是钱先生在论述大与小、本与末交互往复关系的语境中提出的,同样适用于共同与差异的辩证。漠视差异的存在,置差异于不顾,将差异排斥在研究视野之外,一味沉湎于求同思维,必然流于浅度的"比附",将比较文学研究引入歧途和窄路。张隆溪认为,由于语言和文化不同,差异俯拾皆是,即便在同一文化内部,这种差异也在所难免,文学的完全一致和文化的决然对立都是骗人的假象。[3] 职是之故,似乎比较文学的上佳之选就是规避差异,就是在中西方之间寻求共同性与共通之处。我们固然要"避免长期以来东方与西方文化的分割,尤其有可能避免文化研究中的种族优越论,避免把一种文化中的价值和概念强加给另一种文化的不良做法,也避免把中国和西方的文学作品随意拼凑在一处,做一些牵强附会、肤浅浮泛的比较"[4],但这绝不是搁置和取消差异的理由,恰恰相反,鉴于中西比较文学的本质是跨越异质文化和文明的,研究者想要漠视差异也极为困难,真正的出路在于"合同异",在于辨识差异和阐释差异,在于为差异赋予创新的动能,从而拓宽比较文学的研究视野和学术空间,让21世纪的比较文学具备应有的境界和视界。诚然,过度突出共同、一致和融通的一面,很容易滑

---

[1] 王中江:《中国古典语境中的差异性、多样性和共同性话语》,《哲学动态》2018年第11期。
[2] 钱锺书:《管锥编(第一册)》,中华书局1979年版,第171页。
[3] 参见张隆溪:《比较文学研究入门》,复旦大学出版社2009年版,第48页。
[4] 蒋洪新:《博采中西 积力久入——漫谈张隆溪与钱锺书学问之道》,《东南学术》2012年第5期。

入文化和文学沙文主义的泥淖,而只是强调异质性和差异性,又有可能堕入狭隘地方主义和民族主义的陷阱。两者皆不足取,都是我们在比较文学研究中应尽力避免的弊端。试想,之所以有着两种不良倾向,其根源不恰恰就是在同异辩证中偏执一端而不计其余的后果吗?这也从反面验证了"合同异"在学理上的合法性与必要性。

"合同异"开启了比较文学研究的新视界,这种视界为真正意义上的对话提供了保障。"为了共存于一个日益联系紧密的、生死与共的世界,人类需要不断合作开发新的理念,透过差异找到更多更深层的共同之处。"① 对话,尤其是跨文明对话,自然有着独特的时代价值,但要达成有效的对话,就必须明确:我们实际需要的对话"是一种能产生新的理解和认知,从而为双方带来新的发展的'生成性对话',也就是一种互识、互动、互为主观的发展之道,即通过差异性之间的对话而得到发展"②。这样的对话,只有立足异质性,立足差异性,"才能透过事实表面去挖掘变异现象发生背后的深层原因,才能在尊重不同文明、文化差异的基础上,实现平等、友好的交流与对话,而非以一方的话语规则欺压另一方,又或是不理解双方文明、文化的差异性,强行作出阐释"③。这种阐释常常失之简单化,是一种强制性的无效阐释,若要加以改观,就必须在真正意义上满足对话的条件,走"合同异"的道路,首先把异质性、差异性和多样性的现实状态和未来形态搞清楚,然后让其展现自己的创造性动能。由此出发,我们才能获得更为正面的认知,这种认知超越了比较文学既往研究中对差异的定见,再也不会过于夸大微不足道的差别和彼此间的仇恨,那样做将大错特错;必须明白,人类要想获得拯救,就必须聚焦于彼此间的相通之处,就必须尽可能地不再强化差异,而是在差异中力求通约和发展。④ 有了比较文学变异学的"合同异"做基础,我们的认知有了飞升,既辨识差异,又疏导差异,还在差异里面寻求融通,从而为 21 世纪的比较文学研究赋予新的可能。

当今时代,"我们需要全球的共识和认同,需要将每一个自我都变成共同的自我,并采取一些共同的行动;但现在的世界也越来越复杂,越来越多样,人们的情趣、愿望、偏好也越来越不同,因此我们更需要多元和差异,以使每一个自我亦能成为他者的自我。我们既要在共同的世界中充分共享共同性,也要在不同的世界中分享差异性"⑤。言尽于此,无疑还遗漏了重要的内容,那就是:21 世纪的比较文学研究面临着新的任务,承担着新的使命,这不仅体现在跨异质文化的研究中,还

---

① 乐黛云:《乐黛云讲比较文学》,生活·读书·新知三联书店 2019 年版,第 25 页。
② 乐黛云:《乐黛云讲比较文学》,生活·读书·新知三联书店 2019 年版,第 13 页。
③ 曹顺庆、王超等:《比较文学变异学》,商务印书馆 2021 年版,第 134 页。
④ See Jorge Luis Borges, *Twenty-Four Conversations with Borges, Including a Selection of Poems*. Trans. Nicomedes Suáres Araúz et al. Housatonic: Lascaux Publishers, 1984, p. 12.
⑤ 王中江:《中国古典语境中的差异性、多样性和共同性话语》,《哲学动态》2018 年第 11 期。

反映在数字化生存际遇的应对和反思里。前者要求我们在跨文化研究中,"不仅要求其同,也应知其异……正确认知文明的多样性,跨越傲慢与偏见,把不同文化思想看作互相联系互相影响的整体。唯此,不同价值体系的交融方能更加活跃,'殊声而合响,异翮而同飞'的世界文化愿景才能真正实现"[①];而后者则提示我们须正视新语境加诸文学研究的新课题,正视数字人文带来的种种"差异",而"比较文学必须以对'差异'的思考为前提,并在具体的方法论中始终为它的伸展营造空间。学科独特理论的建立,才是确保比较文学和人文学科中其他诸种跨学科领域有所区别、并获得充足合法性的依据"[②]。故而,我们要共享共同性,分享差异性,更要完善由差异到共同的转化机制,积极构建独特的学科理论,对时代命题做出有效的回应,也为比较文学赢得更大的发展空间。比较文学变异学就是这样的学科理论话语,而"合同异"构成了它稳固的学理基础。"合同异"的价值趋向和研究取向,体现着比较文学变异学的精神实质,是比较文学变异学的应然之道,也是21世纪比较文学的应然之道。

从文学变异学到中国文论现代性研究
——我的比较文学研究心得

2002级博士　王钦峰[*]

在9·11事件爆发一周年之际的翌日,我乘机抵达成都,开启了我在四川大学比较文学专业的读博之路。自从我国学界开始形成比较文学学科思维的那一天起,尤其在世纪之交的那些年,我们的比较文学和文化理论几乎每天都在滋养着和强化着我们民族的后辈那种宽容、尊重和友善的心理,这使我们绝大多数的高校授业者几乎从很年轻时起就已成为潜在的比较文学中国学派。在当时的中国大学里,曹顺庆教授可谓是这类比较文学和文化理论家中的佼佼者。

从20世纪90年代至21世纪20年代,曹顺庆教授及其领衔的四川大学比较文学学科团队已经在理论上完成了"失语症""跨文明研究"和"文学变异学"等多种理论话语的建构,堪称比较文学中国学派最具代表性的理论贡献。在加入川大比较文学学科团队之前,我对"失语症"相关著作已拜读数年,颇有共鸣,并深切体会到,所谓"失语症",不过是一种对于西方理论体系的"膜拜症",同时尝试基于理论的平等对话,为比较文学理论建构提供自己的思路,其结果就是我写于20世

---

① 郑燕虹:《"构建人类命运共同体"理念对跨文化研究的启示》,《中国比较文学》2021年第1期。
② 张露露:《数字人文时代"差异"与"边界"问题的新思考——评〈比较文学的未来:美国比较文学学会学科状况报告〉》,《中国比较文学》2021年第3期。
* 王钦峰,2002级博士,1965年生,汉族,安徽省砀山县人,岭南师范学院教授。

纪90年代末的一篇文章《巴赫金与比较文学的方法》(《中国比较文学》1998年第3期，人大复印资料全文转载)，提出对话理论或不同文化的平等对话应该进入比较文学理论思想的核心。在加入川大比较文学学科团队之后，我一方面着手进行新立项的国家社科课题"福楼拜与近代以来的科学、哲学和文艺思潮"的研究以及博士论文《福楼拜与现代思想》的撰写，另一方面则是在曹顺庆教授的指导下，把较多精力用于比较文学理论问题的思考，集中研究了不同民族国家间的文学关系，以及"东方""西方""异质性""对话性""差异""文化本土化""文化普遍主义"等比较文学的理论范畴，发表了《论"东方"概念的流动性》(《外国文学研究》2003年第3期)、《从"异质"到"对话"的二度界说》(与肖黎合作，《求索》2003年第5期)、《文化"本土化"、本土普遍主义刍议——兼论全球化时代"本土化"策略的开放性和未来性》(《河南社会科学》2005年第6期)等学术论文，参加了曹顺庆教授主编的《比较文学学》(四川大学出版社，2005年版)的编写工作。上述发表于川大读博期间的理论文章，在方法上自然属于"跨文明研究"范畴，在内容上则是后来"比较文学变异学"讨论的问题，其写作意图在于探讨或比较文学关键词的复杂内涵，同时在坚持开放性本土化和异质性文化对话的基础上，反对所谓的"文化普遍主义"的思维模式和价值观，但由于受视野局限，我的上述探讨并没有被系统化地扩充为对于比较文学理论的一般性建构。根据当时课堂教学和师生讨论研究的情况，我们感到一种新的比较文学理论形态正在酝酿之中，可能就要成熟了。

很快，曹顺庆教授就把他在授课中表达的思想整理成文章，并以《比较文学学科中的文学变异学研究》为题发表(《复旦学报》2006年第1期)。这篇文章既是曹顺庆教授对自己多年理论主张的系统化概括，是他对自己所提出的"跨文明研究"理论的进一步深化和发展，也是他为比较文学学科做出的最具代表性的贡献。比较文学变异学，其学术任务在于研究跨越不同民族国家间文学现象流动的变异性和本体论的异质性，属于一种"存同求异"的比较文学(它不同于钱锺书先生所追求的"求同存异"，当然也更不同于西方主流学界那种单纯"求同""求普遍"或"求唯一"的比较文学)，内容上则囊括译介变异学、国家形象变异学、文学接受变异学和文化过滤变异学等诸多分支，极大地拓展了比较文学研究的视野，发掘出新的理论空间。尤其是其中所列的第四个分支，即文化过滤变异学，是最能代表中国特色、中国风格和中国气派的理论分支，是当下中国话语实践的核心部分，其核心课题在于话语现象的他国化、本土化或在地化研究，以及外来话语的创造性误读研究，对于中国话语实践而言其重点则是西方话语的中国化研究，涵盖马克思主义中国化、西方文论中国化、现代性话语中国化等重要理论课题。

从2005年开始，我继续沿着曹顺庆教授和川大比较文学学科团队的既定学术方向进一步掘进，通过现代性话语旅行研究和中国文论现代性问题研究，与比较文学变异学和文化过滤变异学取得了会合。现代性问题研究，是数十年来国际学术界的理论热点,而在现代性话语东渐或理论旅行的背景下,现代性问题研究也成为20世纪90年代后期至2005年间(当然在2005年以后仍然持续存在)我国学术界出现的跨越人文社会科学各学科领域的最大学术热点之一,其中,中国文论现代性问题研究则是当时我国文学理论界和比较文学界,尤其是文化过滤变异学研究、西方理论中国化研究的理论重心。在各种西方原教旨主义理论主张(从西方正宗现代说到东方别现代说)的包围下,我被迫进行理论的回应,为一百年来中国人民的现代性(现代化)追求一辩,为一百年来中国人民对西方现代性的质疑一辩,为一百年来中国人民对西方现代性话语理论的创造性误读、文化过滤与重写一辩,写下了《当代中国文学理论现代性反思的误区》(《文艺报》2005年3月24日,《新华文摘》摘要转载)、《中国文论社会主义现代性命名的意义》(《中国文学研究》2007年第1期)、《社会主义与中国文学理论的现代性》(《文艺研究》2008年第1期,人大复印资料全文转载,并收入方宁主编《理论的声音》,西南师范大学出版社,2009年版)等系列论文。这段时间所写的文学接受变异学研究文章则有《中国新文化场域中的外国文学经典》(《文艺理论研究》2008年第5期)等。

　　诚如上文所言,当时我是因受到国内"各种西方原教旨主义理论主张(从正宗现代到别现代)的包围",才"被迫进行理论的回应",究竟是什么情况?让我们回顾一下当时中国文论现代性问题论争的背景。世纪之交,中国文论界现代性论争中存在一个最大问题,就是一批学者对于西方的现代性概念进行不假思索地原样搬用,把西方的现代性概念和理论在中国做"普世化"推广。我当时非常吃惊地看到,现代性这一原本出自西方制度背景和话语系统的概念竟然被众多学者直接拿来分析我国的社会文化诸现象,包括直接援用西方的现代性概念、现代性话语体系去分析我国本土的文论和审美现象,他们动辄长篇大论地引用卢梭、尼采、韦伯、利奥塔、哈贝马斯,却不去细审这些西方学者对西方现代性实际所作的沉痛反思和论述为何可以直接拿来分析我国本土的现代性话语实践,其合理合法依据究竟何在?表面看,不同的学者似乎在不尽相同的意义上使用着现代性概念,对同一文艺文论现象所下的结论可能大相径庭,但他们要么不假思索地盗用西方的现代性概念,要么主张以西方的现代性实践作为中国现代性方案的标准,且对该概念与作为所指对象的我国现代性实践是否符合、该概念在中国是否发生了歧义等诸多问题不去进行深入研究。这些理论搬运工的话语操弄行为,无异于放弃了自己作为中国学者对于西方概念理论的文化过滤权。

　　对于西方现代性概念和理论的无过滤误用,导致文论界出现了对中国现代文学和文论美学进行极端否定和隐在否定的观点。其中持极端否定观点的学者认为,中国根本不存在现代性问题,具体来说则是认为20世纪的中国文学、文论与美学并不具有任何的现代性特征,而只具有"前现代性"或"近代性",因为我们的文学、文论与美学并不具有超越、反抗或反思"世俗现代性"的品格,显然这种观点完全是机械套用西方学者尤其是卡林内斯库现代性概念的结果。有的学者则似乎温和一些，认为20世纪的中国文学、文论与美学具有某种现代性，但还发展得不充分，不具有西方现代性那样的"张力结构"，因此是一种"畸形"的或有"缺陷"的现代性。这几年最新的论说则是所谓的"别现代"说，在这种学说的表述中，我们看到的是表述的模棱两可和无所适从，说明国内西教东传的"普世派"现代性话语已经式微了，与此对应，比较文学中国学派和文学变异学的声音越来越大了，代表中国道路、讲述中国故事的现代性话语路径选择已经成为学术界的理论自觉。

如果再回到曹顺庆教授对于中国文论"失语症"的诊断，我们就会明白中国文论界出现如此重大理论失误的症结所在，这也是我的现代性讨论与曹顺庆教授的理论贡献的又一次对接之处。在西方话语中国旅行的后半程，国内"普世派"一度主导的现代性话语和论争已经走向了终结甚至失败，这种话语之所以没有出路，主要源于其刻舟求剑般的理论方法错误和对现代中国的现实生活与社会主义现代化实践（其核心是社会主义现代性方案设计，包括社会、政治、意识形态和文化审美的一体化实践）的背离，他们用西方自由主义、资本主义的那套话语来表达中国特色社会主义现代性追求的现实，因此也就患上了"失语症"。正如曹顺庆教授所说，"我们根本没有一套自己的话语，一套自己特有的表达、沟通、解读的学术规则。我们一旦离开了西方文论话语，就几乎没有办法说话，活生生一个学术'哑巴'"[①]。而根据医学的解释，"失语症"是一种源于脑组织病变的人类语言能力丧失症（包括理解能力和表达能力的丧失），如果把这种医学的解释用之于文论"失语症"的诊断，其实也是非常准确的，因为文论"失语症"的根源其实并不在于"失语"本身，而在于"脑病变"，即思想认识和情感出了问题，归根结底，"普世论"者并不喜欢、也并不情愿正视和正确地讲述百年中国的现代化故事和民族复兴，甚至对真实的"现代中国"带着一种情感的憎恶或敌意，这才是问题的关键所在。也就是说，在他们的话语行为中，"失语"是表，"脑病变"才是本。这种文论"失语症"与"文化病态"，其不良后果之一，是在我们的高校讲坛滋养出少量年轻不更事的"小公知"，以至于给学术界、教育界造成了某种不良的影响。

总之，自20世纪90年代以来，从文论"失语症"，到"跨文明研究"，再到"比较文学变异学"，曹顺庆教授破立结合，病症诊断与治疗并举，始终引领着中国比较文学和文论的健康发展，给整个学科团队带来了非常好的影响。正如上文所揭示的，我本人就是这个学科团队的一名成员和受益者，对于我本人的精神塑造而言，这无疑是一件值得庆幸的事情。

---

① 曹顺庆：《文论失语症与文化病态》，载《文艺争鸣》，1996年第2期。

比较文学研究中的返本开新
——曹顺庆的学问之道

2010级博士 黄宗喜[*]

四川大学曹顺庆教授是我国著名的比较文学研究者。他在比较文学学科领域和中西比较诗学研究方面做出了突出的贡献，他非常重视中国的传统文化，注重培养学生细读原典的习惯，同时他也重视培养学生的国际视野，强调外语原文阅读的重要性。他在比较文学学科理论和中西比较诗学领域做出了突出成绩，同时注重培养比较文学研究后备力量，为我国比较文学研究做出了很大贡献。

一、提出比较文学变异学

在学术研究中，我们要在继承优秀传统文化的同时创新中国学术，使中国学术在世界发出声音。曹顺庆努力建构的比较文学学科理论，便是当代中国学术创新的范例。

20世纪以来，王国维率先用叔本华的理论分析《红楼梦》，开启了中国文学批评的新潮流与新范式；钱锺书的《管锥编》以中国经、史为轴，对同一主题与意象在中西文学中的表现进行了探讨，旁征博引，蔚为大观；季羡林将《西游记》中孙悟空形象的来源追溯到印度神话中的"哈奴曼"，拓展了中印文学比较。凡此种种，均是前辈学者在比较文学研究领域取得的丰硕成果。

曹顺庆的"比较文学变异学"是在分析比较文学学科现有学科理论的基础上，结合中国学术研究传统建构而来的。从比较文学学科发展史来看，比较文学法国学派坚持学术研究中的实证精神，强调国与国之间的文学关系史的研究；比较文学美国学派强调"平行研究"与"跨学科研究"。这两个学派都注重求同，而忽视了不同文明与文化中的异质性，以及文化在传播过程中的变异。不管是平行研究还是影响研究，文学关系都是包含着变异的，而已有的两个学派都忽略了变异性的一面。曹顺庆敏锐地意识到，在比较文学研究中，"同源性""类同性"固然是"可比性"的立足点，但是差异性与变异性同样具有独特价值。比如说对于《红楼梦》的翻译，中国人觉得杨宪益的版本很好，可是西方人更容易接受牛津大学教授霍克斯（David Hawkes）翻译的版本，因为霍克斯在翻译的时候注意到中西不同思维习惯

---

[*] 黄宗喜，2010级博士，土家族，湖北省建始县人。湘潭大学文学与新闻学院副教授，主要从事后现代马克思主义文艺理论研究。现担任"美学""基础写作"本科课程的教学和"文学理论专题研究"研究生课程的教学工作。

和接受语境,对西方人排斥或者反感的词汇或者颜色做了适当的调整与变异。在文化交流频繁的东方国家内部、近代东西文化交汇的大背景下,文学的变异性有较大的学术价值与理论意义。因此,曹顺庆提出的比较文学变异学理论,拓展了比较文学学科理论研究。他不仅提出比较文学变异学的学科理论,而且带领学术团队系统地构建了比较文学变异学理论,出版英文版,把中国人对比较文学的思考推向世界。

曹顺庆理论创新的基础源自他深厚的文化底蕴与开阔的国际视野。他师从杨明照研习《文心雕龙》,对中国古代文论的理论体系、话语表达谙熟于心。20世纪90年代,曹顺庆又负笈美国,对欧美的文学理论有直接了解。曹顺庆是中国学术界较早有意识地将中西诗学进行比较研究的学者之一,他的中西诗学比较不是要简单地寻找两者之间的异同,其真正目的在于通过比较凸显中国传统文论中蕴含的文化价值,打破长时间以来中国学术界盲从西方,以西方的学术逻辑作为我们的思考范式的现象,从而构建中西比较诗学的学术理论,言说自己的文化经验。

在全球化的今天,不同文明之间的碰撞和交流越来越频繁,曹顺庆提出的比较文学变异学,是中国学者言说自己文化经验的代表,也是中国学者自己的理论走向世界的实践。

二、反思文论"失语症"

语言是存在的家园,话语是民族思维的直接体现。中国传统的文学理论,体例上多为诗话、笺注,主旨上关注意境、风骨、兴味,本体上立足情本位,追求文以载道。20世纪80年代以来,随着当代西方文论的引入,中国学界存在过度依赖西方理论、缺乏自主创新的现象。针对这种现象,曹顺庆认为中国文论患了"失语症",这一命题提出后,引发了文学理论界的广泛讨论。

曹顺庆透彻地分析了我们患上"失语症"的原因。他认为要改变学术界的"失语症",就必须客观、正确地认识我们自己的优秀文化传统,重读中国文学典籍,认识到中国古代文论在当代的作用并进行适当的现代转换。

曹顺庆不仅能提出命题,直指中国文论的"病灶",还能根据当下理论现状,开出"药方",积极实践,从具体层面重构中国现代文论话语。第一,他在任教和任职的四川大学文学与新闻学院非常注重中国文学典籍的知识考核。在四川大学文学与新闻学院攻读硕士和博士的学生必须参加中国文学典籍的考试,并且研究生课程要求诵读十三经和背诵从《毛诗序》到王国维《人间词话》的中国经典文论;同时开设"西方文学理论导读"课程,读英文原典,让学生们既具有传统的知识积淀,又具有国际视野的人文素养。第二,对于博士生的选题,曹顺庆把关非常严格。一方面,他带领博士生团队对西方文论在中国的一些问题进行关注与研究,思考如何在遵循中国传统话语规则的前提下有效地让西方文论成为中国文论的有机组成部分;另一方面,他对于中国文化走向世界,以及中国文化的对外传播也有深入思考，并于 2012 年获得教育部哲学社会科学研究重大课题攻关项目"英语世界中国文学的译介与研究"。他表示："通过梳理和探讨英语世界中国文学的翻译与研究，总结中国文学在英语世界中的传播机制及接受规律，有利于促进中国文学和文化更好地走向世界，提升我国的文化软实力，扩大中华文化在异质文明的影响。"

曹顺庆认为，"返本"要与"开新"并举，只有在研习中国古典文学理论的基础上，吸纳域外新知，熟知国际话语，方可真正重塑中国文论的主体性。在中国经济实力日益增强的今天，中国的文学与文化在世界的影响力与地位，也是我们需要重点思考的一个问题。因此，创建具有国际意义的文学理论和学术研讨方法，培养新时代的学术青年，让中国文学与文化走向世界，扩大中国文学与文化的国际影响力及世界意义，提高中华民族的文化自信，都是他重建中国文论话语的重要主题。

三、潜心教育，言传身教

到目前为止，曹顺庆有著作 20 多部，论文 200 多篇。影响最大的是他的第一部中文专著《中西比较诗学》和第一本英文专著《比较文学变异学》（*The Variation Theory of Comparative Literature*）。1988 年，曹顺庆的博士学位论文、第一本专著《中西比较诗学》由北京出版社出版，这一成果受到中外学者的高度评价。北京大学教授季羡林评之为"一篇非常精彩的论文"；新加坡国立大学教授王润华称之为"一篇难度很大的国际一流的论文"；饶芃子教授在其《论中西诗学之比较》一文中评价说，曹顺庆的《中西比较诗学》"是我国文艺理论界第一本系统的研究中西比较诗学的专著……眼光和视野已超出了本国的文化系统，这就使他所阐发的理论具有创意和特色"。该书荣获 1990 年全国首届比较文学图书专著一等奖，后来被翻译成俄文在莫斯科出版。

2013 年，曹顺庆的《比较文学变异学》在国际著名出版社 Springer 出版，由国际比较文学学会前主席、著名的比较文学学者杜威·佛克马（Douwe Fokkema）作序。他说："曹顺庆教授的《比较文学变异学》英文著作的出版，对于中国比较文学学者跨越语言障碍以及摆脱文化封闭性局限来说，是一次极其有益的尝试。该书旨在与欧洲、美国、印度、俄罗斯以及南非和阿拉伯世界的国外学者进行对话。"曹顺庆此部英文著作的出版，赢得普遍认可并引起广泛讨论。

曹顺庆的学术研究遵循既注重传统文化，又注重国际视野的原则。既要守住中国文化之根，又不能陷入封闭的文化圈。他自己是这样提倡文学研究的理论原则的，也是这样实践的。同时他要求自己的学生也要如此。他不仅自己在学术界秉持创新理念，也培养了一批优秀的人才。他要求学生背诵中国文学典籍和熟读古代文论，注重精研原典，传承中国传统优秀文化；同时又注重研读英语文论教材，培养学生的国际视野，在比较文学研究和教学中做到返本开新。

曹顺庆教授答比较文学变异学问题

2014级博士　张　叉

张　叉：什么是比较文学变异学？

曹顺庆：比较文学变异学是将跨越性和文学性作为研究支点，通过研究不同国家间文学交流的变异状态及研究没有事实关系的文学现象之间在同一个范畴上存在的文学表达的异质性和变异性，探究文学现象差异与变异的内在规律性的一门学科。[①] 通过研究文学现象在影响交流以及相互阐发中呈现的变异，探究比较文学变异学的规律，把文学研究的重点由"同"转向"异"。

张　叉：中国在中西比较文学方面取得了很大的成绩，产生了像王国维、钱锺书、季羡林这样的学术大家，西方学术界认同他们吗？

曹顺庆：在西方比较文学学科理论看来，王国维、钱锺书、季羡林等学术大家的中西比较文学是没有理论合法性的乱比，因此不予认同。出现这种论断的根本原因在于中国缺乏自己的比较文学学科理论话语，始终束缚在西方的"求同"研究之中，导致的结果是，虽然中国学者在中西研究领域的研究成果汗牛充栋，但是得不到西方学术界的认可。

张　叉：您能否就中国学派异质性研究所面临的挑战作适当的剖析？

曹顺庆：亟须首先加以解决的问题是，是否承认"异质性"，换言之，跨文明文学间的可比性能否成立？在比较文学理论教学和研究中，向来是西方求同式比较文学理论话语主导学术界。在西方原有的求同式比较文学学科理论框架中，东西方不同文明之间文学比较的合法性是受到怀疑的。法国学派为了坚决捍卫同源性的文学关系比较，索性抛弃了平行比较，提出"比较文学不是文学比较"的口号，实际上是宣称"比较文学不是平行比较"，这是十分奇怪、令人费解的。法国学派之所以反对平行比较，是因为欧洲比较文学的危机，根本原因是所谓"乱比"，或者说是没有相同可比性的比较。巴登斯贝格提出："仅仅对两个不同的对象同时看上一眼就作比较，仅仅靠记忆和印象的拼凑，靠一些主观臆想把可能游移不定的东西扯

---

[*] 基金项目：2016年四川省社科规划基地四川省比较文学研究基地项目"比较文学中外名人访谈录"（项目编号：SC16E036）阶段性研究成果。

[**] 张叉，2014级博士，1965年生，四川省盐亭县人。四川师范大学文学院教授，四川省比较文学研究基地兼职研究员，成都理工大学客座教授，四川师范大学外国语学院比较文学与跨文化研究专业、学科教学（英语）专业、英语笔译专业硕士研究生导师，四川师范大学文学院比较文学与世界文学专业硕士研究生导师，四川师范大学文学院比较文学与世界文学研究生点负责人，成都翻译协会乡土文学翻译专委会主任，成都市武侯区作家协会常务副主席兼秘书长。

[①] 曹顺庆：《比较文学概论》，中国人民大学出版社2011年版，第150页。

在一起来找点类似点，这样的比较决不可能产生论证的明晰性。"① 在他看来，这种隐约相似，其实是不相似的。显然，他是不同意差异比较的。卡雷认为："并非随便什么事物，随便什么时间地点都可以拿来比较。""比较文学是文学史的一个分支；它研究在拜伦与普希金、歌德与卡莱尔、瓦尔特·司各特与维尼之间，在属于一种以上文学背景的不同作品、不同构思以至不同作家的生平之间所曾存在过的跨国度的精神交往与实际联系。"②

张　叉：对于东西方不同文明之间的文学比较合法性的问题，国外学术界的主要看法是什么？

曹顺庆：不同的学者有不同的看法。美国比较文学学者、国际比较文学权威专家乌尔利希·韦斯坦因（Ulrich Weisstein）不以为然，他在《比较文学与文学理论》（*Comparative Literature and Literary Theory*）一书中写道："我不否认有些研究是可以的……但却对把文学现象的平行研究扩大到两个不同的文明之间仍然迟疑不决，因为在我看来，只有在一个单一的文明范围内，才能在思想、感情、想象力中发现有意识或无意识地维系传统的共同因素……而企图在西方和中东或远东的诗歌之间发现相似的模式则较难言之成理。"③ 韦斯坦因的这一观点，国内外许多学者都是不完全赞同的。他们认为，东西方不同文明之间的文学是可以比较的，不过，他们的立足点大多还是放在相同性的可比性基础之上。美国比较文学知名学者雷纳·韦勒克（René Wellek，1903—1995）认为，应该以相同性来认识东西方比较文学的合法性，全人类在人性上具有相通之处，各民族在文学上具有共同之处，因而东西方不同文明的文学是可以比较的。他主张，将全世界文学"看作一个整体，并且不考虑语言上的区别，去探索文学的发生和发展"，"研究各国文学及其共同倾向、研究整个西方传统——在我看来总是包括斯拉夫传统——同最终比较研究包括远东文学在内的一切文学之间，会产生相互影响"。④

张　叉：对于东西方不同文明之间的文学比较的合法性的问题，国内学术界的主要看法是什么？

曹顺庆：中国比较文学著名学者钱锺书也持同样的观点，认为东西方文学的可比性在于共同性，希望通过比较寻找到普天之下共同的诗心文心、共同的艺术规律、共同的人类心声。他对不同时空、不同文化背景之下人性、人心、人情的相通相融充满了信心。他多次声称，自己要寻求的是普天之下共同的诗心、文心，是中学、西学、南学、北学之间共同的规律。显然，无论是韦勒克还是钱锺书，他们都

---

① 巴登斯贝格：《比较文学：名称与实质》，《比较文学研究译文集》，干永昌等译，上海译文出版社1985年版，第33页。
② 卡雷：《〈比较文学〉序言》，《比较文学研究资料》，李清安译，北京师范大学出版社1986年版，第1页。
③ 韦斯坦因：《比较文学与文学理论》，刘象愚译，辽宁人民出版社1987年版，第5页。
④ 韦勒克：《今日之比较文学》，《比较文学研究译文集》，干永昌等译，上海译文出版社1985年版，第165页。

将东西方不同文明文学的可比性建立在相同性之上,他们的看法是对韦斯坦因反对东西方文学比较的观点的有力批判和纠正。他们也用事实来证明,中西文学与文论是有共同性的,是可以比较的。

张　叉:对于韦勒克与钱锺书关于不同文明间文学可以比较的观点,您有何评价?

曹顺庆:不管是韦勒克还是钱锺书,都没有真正解决韦斯坦因的差异性困惑。他们所主张的可比性是基于不同文明中的共同人性。换句话说,"人性相通,人心相同"这个观点,并没有正面回答韦斯坦因所担忧的不同文明的差异性问题。不同文化之间存在着根本的差异,在许多方面无法兼容,有着不可通约性,这是一个不容否认的客观事实。跨文明比较文学研究绝不是为了简单的求同,而是在相互尊重差异性、保持各自文化个性与特质的前提下进行平等对话。在进行跨文明比较文学研究时,如果只"求同"而不辨析"异",势必会忽略不同文化的独特个性,忽略文化的复杂性与多样性,最终使研究流于肤浅。这恰恰是西方比较文学理论所忽略的重要问题。变异学重新为东西方文学比较奠定其合法性,这个合法性就是异质性和变异性,变异学肯定了差异也是具有可比性的,这就从正面回答了韦斯坦因的困惑,奠定了东西方不同文明文学比较的合法性。

张　叉:一提到钱锺书,不禁让人想起他在《谈艺录》序中留下的一大论断:"东海西海,心理攸同;南学北学,道术未裂。"① 您怎样评价他的这一论断?

曹顺庆:确实,钱锺书的这一论断非常有名,也为学术界所广为引用,产生了很大的影响。但恰恰也正是这一论断,暴露了钱锺书比较研究的一个很大的缺陷或者说是致命的要害,那就是,他把"比较"视同于"类比",认为比较在于追求意义的近似,甚至是一味地求"同"。忽略不同文明间文学现象的异质性,这是一个要害问题。只有在充分认识到不同文明间的异质性基础上,平行研究才能在一种"对话"的视野下展开,才能实现不同文明间的互证、互释、互补,才有利于不同文化间的融合。

张　叉:法国当代著名哲学家、学者弗朗索瓦·于连评论钱锺书说:"他的比较方法是一种近似法,一种不断接近的方法:一句话的意思和另一句话的意思最终是相同的。我觉得这种比较收效不大。"② 您认为于连对钱锺书的这一批评中肯吗?

曹顺庆:于连尽管对钱锺书的学识、人格都赞叹、钦佩,但是对他的比较法还是持批评态度的。于连所牵涉出的差异性问题,不仅是汉学的问题,更是中国比较文学乃至世界比较文学发展的一个关键性和前沿性的问题,也就是东西方不同文明比较文学的可比性与合法性问题。只有在这个比较文学学科理论问题上做出推进,中国比较文学乃至世界比较文学才能摆脱"危机论"和"死亡论",才能获得"重

---

① 钱锺书:《谈艺录》,中华书局1984年版,第1页。
② 秦海鹰:《关于中西诗学的对话——于连访谈录》,《中国比较文学》1996年第2期,第79页。

生"。在不同文明的文学研究成为当前比较文学研究的大趋势背景下，主张平行研究只在同一个文明圈中展开，甚至拒绝探寻不同文明的异质性因素，这已经是包括韦斯坦因在内的许多西方学者持有的陈旧的观点。遗憾的是我们现有的比较文学学科理论（基本上还是西方的理论）还没有充分认识到差异的可比性问题，也没有对这个问题给予正面的回答及相应的解决。因此，当前比较文学学科理论面对的最紧迫的问题是对差异的可比性问题的认识和探讨。时代在呼唤新的比较文学学科理论，中国比较文学学者提出的变异学，正是从差异这个角度来解决这个难题的。

张　叉：欧洲科学院院士、国际比较文学学会会长张隆溪说："要展开东西方的比较研究，就必须首先克服将不同文化机械对立的倾向，寻求东西方之间的共同点。只有在此基础上，在异中求同，又在同中求异，比较研究才得以成立。"[1] 您赞同张隆溪的观点吗？

曹顺庆：张隆溪的观点涉及比较文学变异学的基本内涵问题，非常好。从学科理论建构方面来看，提出比较文学变异学将是一个观念上的变革。它的提出，让我们看到了比较文学学科从最初求"同源性"向现在求"变异性"的转变。所以对于张隆溪的观点，我是赞同的。

张　叉：中国学派是怎样应对没有自己的学科理论话语这一巨大挑战的？

曹顺庆：虽然从西方输入的比较文学学科理论的确实促进了中国比较文学发展，但是西方比较文学学科理论自身也有不完善之处甚至不合理之处，岂能不问青红皂白、照单全收？我们要知道，西方比较文学的危机也很可能就是比较文学新话语建构的转机，这正是中国学派的机遇。可以说，比较文学不比较的泛滥和忽略异质性的缺憾就构成当今比较文学学科危机的成因。挖掘隐藏在两大成因背后的深层原因，应是西方中心主义的局限。作为东方大国的中国，若不建设自己的比较文学理论话语，不以自己的比较文学理论刷新西方现有的比较文学理论，就难以避免陷入当前国际比较文学学科的危机。所以对于这一巨大挑战，中国学派的应对可以用"别无选择，唯有迎接"八个字来概括。

张　叉：为什么必须承认不同文明间具有可比性？

曹顺庆：在全球化的文化语境中，如果不承认不同文明间的可比性，比较文学就不可能是真正全球性的理论学科。跨文明比较文学研究绝不是为了简单的求同，而是在相互尊重差异性、保持各自文化个性与特质的前提下进行平等对话。在进行跨文明比较文学研究时，如果只求"同"，不辨"异"，势必会忽略不同文化的独特个性，忽略文化的复杂性与多样性，最终使研究流于肤浅。这恰恰是西方比较文学理论所忽略的重要问题。实际上，文学的跨国、跨语言、跨学科、跨文化、跨文化的流传影响过程中，更多的是变异性；文学的影响关系应当是追寻同源与探索变异的一个复杂的历程。比较文学不比较的泛滥与忽略异质性的缺憾，构成了当前比较

---

[1] 张隆溪：《中西文化研究十论》，复旦大学出版社2005年版，第2页。

文学学科危机的成因，根本原因当是西方中心主义的局限。作为东方大国的中国，若不建设自己的比较文学理论话语，不以自己的比较文学理论刷新西方现有的比较文学理论，就难以避免陷入西方面临的危机。而西方比较文学面临的危机，恰好成为比较文学中国话语的建构的转机。① 变异学的提出打破了比较文学界"X＋Y"式的浅层比附，使研究视角转向前人所忽略的异质性和变异性，重新奠定了东西文学的合法性，为东西不同文明的比较提供了坚实的理论基础。变异学为比较文学的进一步发展提供了可行的新方向，它既保证了学科边界的科学性、合法性，又大大拓展了研究方法与研究视角；既打破了求同性思维模式和研究模式的局限，将差异性作为比较文学可比性的重要研究内容，能集中体现比较文学中国学派治学的方法论特点，又为世界比较文学的研究注入新的活力，拓展了国际比较文学新的空间，为比较文学中国学派学科理论奠定了学理基础。

张　叉：比较文学变异学的理论意义是什么？

曹顺庆：比较文学变异学有两大理论意义。首先，变异学建构起的文学变异研究体系包括对翻译变异、文化过滤、文化误读现象、异国形象他国化、文学主题迁移等文学横向交流比较中出现的文学变异现象研究，而这些文学变异都是无法用实证性影响研究概括和解释的。其次，变异学倡导的异质性对话、跨文明交流，奠定了破除当今学界中顽固的"一元文明中心论"的基础，它打出的反对西方霸权主义的理论旗帜倡导学术公正，有利于"多元共存、和平共处"的文化交往机制在世界全球化中的确立。② 变异学弥补了西方比较文学学科理论的重大缺陷，从而建设真正的全球化的比较文学学科理论话语，让全世界比较文学走出危机，重返生机。

张　叉：您提出比较文学变异学理论是基于怎样的考虑？

曹顺庆：我主要基于五个方面的考虑。第一个考虑是，从人类文学史的历时发展形态上，不同文学体系在横向交流和碰撞中产生了文学新质，使得本土固有的传统得以变迁。这样的文学变异现象丰富而复杂，所以对文学变异学的研究理当成为比较文学研究的主要视角之一。第二个考虑是，在没有实际影响关系的文学现象之间，文学变异学研究仍然是存在的。不同文明体系的文学变异现象的比较研究一度遭受西方学者的求同思维的质疑，这种"迟疑不决"③ 的心态正是比较文学求同思维的具体写照，所以需要走出比较文学的求同，而从差异、变化、变异入手重新考察与界定比较文学的文学变异学领域。第三个考虑是，从文学的审美性特点来看，比较文学的研究必然包括文学史的实证研究与文学审美批评的研究。完全可以将影响研究并入比较文学的变异学研究，它不再只注意文学现象之间的外在影响研究，而是把文学的审美价值引入比较研究，从非实证性的角度进一步探讨文学现象之间

---

① 曹顺庆：《建构比较文学的中国话语》，《当代文坛》2018年第6期，第8页。
② 曹顺庆、李泉：《比较文学变异学学科理论体系的新建构》，《思想战线》2016年第4期，第133—134页。
③ 利希·韦斯坦因：《比较文学与文学理论》，刘象愚译，辽宁人民出版社1987年版，第5页。

的艺术与美学价值上的新的变异所在。[①] 第四个考虑是，中国比较文学缺乏自己的、切合中国比较文学研究与教学实践的学科理论，这已成为中国比较文学学科理论当前面临的一个严峻问题，必须加以解决。提出比较文学变异学理论，是构建中国比较文学自己的、符合中国比较文学研究与教学实践学科理论的有益尝试。第五个考虑是，对异质性的强调已经成为比较文学中国学派的一个突出特征，中国人文学术的创新也需要在异质性的基础上进行。

张　叉：如何准确把握您提出的比较文学变异学理论的内涵？

曹顺庆：我在《复旦学报》2006年第1期发表的《比较文学学科中的文学变异学研究》文章中，对比较文学变异学理论做了这样的定义："变异学是指不同国家、不同文明的文学现象在影响交流中呈现出的变异状态的研究，以及对不同国家、不同文明的文学相互阐发中呈现的变异，探究比较文学变异的规律。变异学研究的重点在求'异'的可比性，研究范围包括跨国变异研究、跨语际变异研究、跨文化变异研究、跨文明变异研究、文学的他国化研究等方面。"[②] 从这里可以看出，我们主张的异质研究是建立在有着同源或类同基础上的差异性和变异性研究，这才是变异学的真正内涵。

张　叉：为什么差异性问题成了当今全世界学术研究的核心问题？

曹顺庆：从哲学层面而言，异质性的探讨其实是当代学术界一个重要的理论问题，现当代西方的解构主义和跨文明研究两大思潮都是关注和强调差异性的，没有对异质性的关注，就不可能产生亨廷顿的文明冲突论，不可能产生德里达的解构主义，也不可能出现赛义德的东方主义。在解构主义和跨文明研究两大思潮的影响下，差异性问题已经成为当今全世界学术研究的核心问题，是全球学术界关注的焦点。中国当下的比较文学研究应该直面异质文明间的冲突与对话问题，正是在这样的学术背景下，中国学者提出了比较文学变异学的理论。[③]

张　叉：为什么异质性研究能够导致世界性与总体诗学？

曹顺庆：对于这一问题，可以从两个方面来认识。第一，世界性基于文明间的对话而不是某一文明的独白。某一文明内部的比较研究只能导致区域性，世界性有赖于文明间的比较。20世纪70年代港台比较文学界主张用西方的文学理论来解释中国的文学文本；20世纪80年代大陆学者执着于中西间的类同探索，拒斥异质性研究、盲目求同，中国的文本成了西方理论的一个注脚本，本质上依然是西方话语的独白，是放大了的区域性。国内学术界所广泛接受的"和而不同"观点，其实说的也是这个道理。"和而不同"其前提即在于"不同"，即异质性或差异性，这才是

[①] 曹顺庆：《比较文学学科理论的"跨越性"特征与"变异学"的提出》，《中外文化与文论（第13辑）》，四川大学出版社2006年版，第123—124页。

[②] 曹顺庆、李卫涛：《比较文学学科中的文学变异学研究》，《复旦学报（社会科学版）》2006年第1期，第79—83页。

[③] 曹顺庆：《建构比较文学的中国话语》，《当代文坛》2018年第6期，第8页。

真正意义上的世界性的比较文学研究。第二，异质性比较所导致的互补是克服民族主义狭隘性的有效途径，也是导致总体诗学的有效途径。对于异质性进行比较研究，一方面是各文明圈内人们对本身文学、文化观念可靠性、合法性的怀疑，另一方面则是对他文明特殊价值的认识。在这种怀疑与认识中，民族主义狭隘性得以克服。每一个文明都存在着文化盲点，而异质性比较则可以相互"照亮"从而形成互补。这种对于文明间异质性的比较研究，可能最终会形成一种各文明相对合法又相互补充的研究态势，并在此基础上达成一种"多层论域的异质开启和'世界文心'的多声部协同"的"世界性文学理论"。①

张　叉：变异学理论的研究范围主要有哪些？

曹顺庆：变异学理论主张的"异质性"与"变异性"，在承认中西方异质文化差异的基础之上，进行跨文明交流与对话，研究文学作品在传播过程中呈现出的变异。变异学理论的研究范围主要有五个。其一，跨国变异研究，典型代表是关于形象的变异学研究。形象学研究的对象是在一国文学作品中表现出来的他国形象，而这种他国形象就是一种"社会集体想象物"②，正因为它是一种想象，所以必然会产生变异现象，而变异学研究的关注点即在于他国形象变化的原因。其二，跨语际变异研究，典型代表是译介学。文学作品在翻译的过程中，将跨越语言的藩篱，在接受国的文化和语言环境中被改造，在此过程中形成的变化即是变异学研究的焦点。其三，文学文本变异，典型代表是文学接受学研究。在文学的接受过程中，渗入了美学和心理学等因素，因而是无法进行实证性考察的，属于文学变异学的研究范围。其四，文化变异学研究，典型代表是文化过滤。文学从传播方转向接受方的过程中，接受方基于自身文化背景而对传播方文学做出的选择、修改、创新等行为，这就构成了变异学的研究对象。其五，跨文明研究，典型理论是跨文明研究中的话语变异。由于中西方文论产生的文化背景迥异，因此二者之间存在着巨大的差异。在西方文论与中国文学的阐发和碰撞中，双方都会产生变异现象，因此中国学者提出了"双向阐发"的理论，主张在用西方文论阐释中国文学作品的同时，用后者来反观前者，这是变异学从差异性角度出发对跨文明研究所做出的有益突破。③

张　叉：变异学对比较文学学科理论有哪些主要的拓展？

曹顺庆：从变异学的学科理论建构来看，变异学对比较文学学科理论主要有三大拓展。第一，变异学批判性地继承了法国影响研究的理论遗产，在吸收法国对国际文学关系史的影响研究的基础上，创造性地提出了"影响关系变异研究"，解释了影响研究中求同思维模式倾向所无法有效解释的文学交往中发生的心理层面的变异问题。与此同时，它对不同文明中文学现象的本质性差异和跨文明交往变异的探

---

① 曹顺庆、杜吉刚：《跨文明比较文学研究的可比性问题》，《求索》2003年第5期，第190—191页。
② 让-马克莫哈：《试论文学形象学的研究史及方法论》，孟华，《比较文学形象学》，北京大学出版社2001年版，第29页。
③ 曹顺庆：《建构比较文学的中国话语》，《当代文坛》2018年第6期，第9页。

索,还弥补了法美研究者存在的内在理论缺陷。第二,变异学对语言层面展开的变异研究,用批判性视角重新审视了传统翻译学定义的"信达雅"翻译标准,确立了极具后现代特色的新视角,将翻译中出现的意义差异归为一种"创造性叛逆",为翻译中的变异现象和变异机制研究确立了合法性、正当性和可比性,从而为深入考察文学翻译中的相对可译性和异质性导致变异的必然性提供了理论基础。第三,变异学对形象变异的研究,把文学形象的变异研究从文学文本层面提升到立体的文学文化层面,把文学变异的研究范围界定在异质文明圈的文学交流中,让研究者能够从文化过滤与文学变异、文学误读与文学变异的角度切入,对文学形象变异中文化过滤与文学误读的概念、机制及形成动因的影响进行深入发掘。[①]

张　叉：变异学的主要贡献是什么？

曹顺庆：变异学的主要有四大贡献。第一，"变异性"与"异质性"首次成为比较文学的可比性基础。法国著名学者佛朗索瓦·于连对求同模式的批判指出："我们正处在一个西方概念模式标准化的时代。"中国学者习惯套用西方理论，并将其视为放诸四海而皆准的公理，失去了自己的理论话语。我们在引进西方理论的时候，应该注意它的异质性和差异性，注意到文化与文学在传播影响中的变异和阐发中的变异性。第二，明确指出了比较文学的可比性是由共同性与差异性构成的。影响研究，是由影响的同源性与文学与文化传播中的变异性共同构成的，缺一不可。平行研究，是由文学的类同、相似的对比，以及对比中的相互阐释与误读、变异共同构成的，缺一不可。可以说只有包含变异性的研究，比较文学可比性才是完整的。第三，从学科理论建构方面来看，比较文学变异学是一个观念上的变革。变异学的提出，让我们看到了比较文学学科从最初求"同源性"走向现在求"变异性"的转变。也就是说，它使得比较文学研究不仅关注同源性、共通性，也关注差异性、变异性，如此比较文学的学科大厦才会完满。我们中国学者提出异质性是比较文学的可比性，也就是说比较文学可比性的基础之一是异质性，这无疑就从正面回答了韦斯坦因的疑问，为东西方文学比较奠定了合法性基础，建立起了新的比较文学学科理论体系。第四，变异是文化创新的重要路径。人们讲文化创新，常常强调文化的杂交，提倡文学的比较、对话、互补，同样是希望实现跨文化对话中的创新。但是，对于比较文化与比较文学究竟是怎样实现创新的，我们还缺乏学理上的清晰认识。[②]

张　叉：变异学弥补性的贡献是什么？

曹顺庆：对于比较文学，变异学主要有两个弥补性的贡献。第一，变异学弥补了法国学派学科理论的缺憾。法国学派从求同出发，提出了国际文学影响关系的同一性，这确实保证了实证性关系研究的可靠性和科学性，但是忽略了文学流传过程

---

① 曹顺庆、李泉：《比较文学变异学学科理论体系的新建构》，《思想战线》2016年第4期，第134页。
② 曹顺庆：《建构比较文学的中国话语》，《当代文坛》2018年第6期，第9页。

中的变异性。法国学派所倡导的文学影响研究，实际上是求同性的同源的影响研究，仅仅关注同源性文学关系，忽略了其中的复杂的变异过程和变异事实。事实上，文学的跨国、跨语言、跨学科、跨文化/跨文明的流传影响过程中，更多的是变异性；文学的影响关系应当是追寻同源与探索变异的一个复杂的历程。国际文学关系研究或影响研究影响关系的变异性是指国际文学关系和相互影响中，由于不同的文化、心理、意识形态、历史语境等因素，在译介、流传、接受的过程中，存在着语言、形象、主题等方面的变异。文学与文化从一国传到另一国必然会面对语言翻译的变异、接受的变异等问题，会产生文化过滤、误读与甚至翻译上的"创造性叛逆"，甚至发生"他国化"变异。而这些都是文学流传、影响、接受中不可回避也不可否认的变异现象。应当说，国际文学关系和相互影响中的变异性和同一性实际上是共存的，是影响过程的一体两面。以往的影响研究只注重同一影响的一面，而忽视接受变异的一面，这样就导致流传学、渊源学、媒介学研究中只关注"同"的一面，而忽视"异"的一面，把影响关系只理解为同一性的关系而忽视了其中也有变异性的关系。第二，变异学弥补了美国学派中的平行研究中的变异，尤其是东西方文学阐发中的变异。跨越异质文明对于不同文明有着互相补充、互为参照的现实意义。突出异质性，有利于实现不同文明之间的沟通和融合，更有利于我们建构一个"和而不同"的世界。这是我们比较文学变异学研究的最终目的。①

张　叉：变异学发现的重要的文化创新规律、文学创新的路径是什么？

曹顺庆：文化与文学交流变异中的创造性，以及文学阐发变异中的创新性，这是比较文学变异学研究又一个重要理论收获。变异学研究发现，准确的翻译不一定就有好的传播效果，而创造性翻译的变异常常是创新的起点。从创新视角出发，变异学可以解释当前许多令人困惑的学术争议性问题。例如，翻译文学是不是外国文学、创造性叛逆的合理性、西方文学中国化的理论依据、比较文学阐发研究的学理性、日本文学的变异体，等等。总之，变异学提供了一个崭新的学术视野。②

张　叉："文学变异学"确立为比较文学的一个研究领域是出于什么考虑？

曹顺庆：是出于三个综合考虑。第一，当下比较文学学科研究领域出现了失范的现象，亦即比较文学自身的研究领域没有一个明确的研究对象和研究范围，而且有些理论阐述还存在很多纷乱之处。其中存在于影响研究中的实证性与审美性的纷争中就突出地表现了这种比较文学学科领域的失范现象。第二，从人类文学的历史发展形态上看，文学形式和内容最具有创造力和活力的时代，往往是不同国家民族文学、乃至不同文化/文明之间碰撞、互相激荡的时代，因此提出文学变异学的研究领域是有充分的文学历史发展实践的支持的。第三，我们当下的比较文学学科拓

---

① 曹顺庆、秦鹏举：《变异学：比较文学学科理论的新进展与话语创新——曹顺庆教授访谈》，《衡阳师范学院学报》2019年第1期，第113页。

② 曹顺庆：《建构比较文学的中国话语》，《当代文坛》2018年第6期，第9页。

展已经改变了最初的求同思维,而走入求异思维的阶段。虽然美国学派平行研究强调的文学现象之间的"某种关联性"[①]与韦斯坦因的类同或者平行研究中的"亲和性"[②]在单一的西方文学/文明体系中是很实际的一种研究范式,但是无法解决不同文明体系中的文学比较遇到的文学变异问题。我们现在要做的就是要走出比较文学的求同,而要从异质性与变异性入手来重新考察和界定比较文学的文学变异学领域,文学变异学的提出正是这种思维拓展的最好体现。[③]

张　叉:比较文学变异学正式提出的基础是什么?

曹顺庆:变异学并非无中生有的理论,更不是突如其来、拍脑袋想出来的理论,而是渊源有自的。早在变异学正式提出之前,国内外若干著名学者对东西文学的异质性与变异性就有所认识、探讨和论述。例如,1975年,台湾学者叶维廉在《东西比较文学中"模子"的应用》一文中认识到,东西文学各有自己的一套不同"模子",不同"模子"之间存在差异,如果局限于各自的文化"模子",不可避免会对异质文化产生歪曲。爱德华·沃第尔·赛义德(Edward Wadie Said,1935—2003)1983年发表论文《理论旅行》("Travelling Theory"),提出"理论旅行说",时隔12年后的1994年,又发表论文《理论旅行再思考》("Travelling Theory Revisited"),形成"理论旅行与越界说"。这一学说强调批评意识的重要性和理论变异与时空变动之间的关系。大陆学者盛宁认为,赛义德撰写《理论旅行》的"本意是以卢卡契为例来说明任何一种理论在其传播的过程中必然要发生变异这样一个道理"[④]。国内外学术界的这些研究为变异学的正式提出奠定了坚实的学术基础。

张　叉:比较文学变异学是怎样正式提出的?

曹顺庆:2005年,我在专著《比较文学学》中正式提出比较文学变异学,主张比较文学研究应该从"求同"思维中走出来,从"变异"的角度出发,拓宽比较文学的研究。2006年,我在文章《比较文学学科中的文学变异学研究》中给变异学下了一个明确定义。[⑤]同年,我在教材《比较文学教程》中对变异学定义做了进一步补充。[⑥]2013年,我在专著《比较文学变异学》中系统梳理了比较文学法国学派和美国学派研究范式的特点及局限,首次以全球通用的语言——英语提出了中国比较文学学科理论话语比较文学变异学,将这一彰显中国特色的比较文学学科理论话语及研究方法呈现给世界。[⑦]比较文学变异学理论作为比较文学"中国话语",

---

① 闻一多:《文学发展中的予和受》,约翰J·迪尼、刘介民,《现代中国比较文学研究(第一册)》,四川人民出版社1988年版,第71页。
② 乌尔利希·韦斯坦因:《比较文学与文学理论》,刘象愚译,辽宁人民出版社1987年版,第36页。
③ 曹顺庆、李卫涛:《比较文学学科中的文学变异学研究》,《复旦学报(社会科学版)》2006年第1期,第79—81页。
④ 盛宁:《"卢卡契思想"的与时俱进和衍变》,《当代外国文学》2005年第4期,第31页。
⑤ 曹顺庆:《比较文学学》,四川大学出版社2005年版,第184页。
⑥ 曹顺庆:《比较文学学科中的文学变异学研究》,《复旦学报(社会科学版)》2006年第2期,第82页。
⑦ 曹顺庆:《比较文学教程》,高等教育出版社2006年版,第97页。

受到了国际学界的广泛关注与高度评价。

张　叉：如何从比较文学的角度整体把握变异学？

曹顺庆：主要可以从两方面来把握。第一，变异学的提出首次使变异性、异质性成为比较文学可比性的基础。当今世界对不同文化、不同文明之间差异性的重视及比较文学近年来在东方的兴起，使得比较文学研究中的异质性问题越发突出明显。比较文学学科今后的发展若无法解决跨文明语境下的异质性与变异性等现实问题，则其将长期陷于学科的欧美中心主义泥潭中无法自拔。其中，关键之处在于对其求同思维的突破。在此之前的比较文学可比性，都是以共同性为基本理论的依据的。变异学提出了差异也是有可比性的这一创新性观点，成为比较文学学科理论的突破点。第二，比较文学的可比性，是由共同性与差异性共同构成的。可以说，有了变异性，比较文学可比性才是完整的。

张　叉：变异学理论是否还需要进一步加以实践与检验？

曹顺庆：变异学理论正式提出于 2005 年，时间不长，所以还需要进一步实践与检验，而且其进一步实践与检验的空间还很大，这也是任何一门创新性理论的必经之路。

张　叉：在实践与检验变异学的工作中需要注意什么问题？

曹顺庆：在今后实践与检验变异学理论的工作中，需要注意三个方面的问题。其一，要注意处理横向与纵向的关系问题。从世界文学发展史来看，文学发展的确有着一纵一横两条线。所谓纵向的发展，是指各民族与自己历史传统的纵向联系过程，是本民族的既往文学如何影响后世文学，后世文学如何沿革传统的发展；这种发展形态寓含着本民族历代文学之间的承传、流变关系，显示着文学史延续、演变的历史轨迹。所谓文学的横向发展，则是指各民族文学在历史演进中由各自封闭到互相开放，由彼此隔绝到频繁交往，从而逐步在世界范围形成普遍联系的过程；在这种发展形态里，各民族文学相互碰撞，彼此交融，展示了世界文学从分散发展到整体联系的历史动势。可以说，文学的发展正是这一纵一横织成的五彩斑斓的文学历史画卷，正是这纵横交织中波澜起伏、滔滔不绝的文学发展洪流。具体到变异学来说，不仅要考察各学派之间的历史传承关系与衍进路径，更要注意变异学与影响研究、平行研究的横向动态交流。也就是说，在历史语境中的影响研究与平行研究在现实语境中发生了哪些变化。相比于这些变化，变异学研究范式的优势与独特价值体现在何处。其二，要注重各种方法的交叉融合问题。针对我上面说的第一点，变异学要交叉运用各种比较文学研究方法，使影响研究、平行研究和变异学研究形成一个网状的交叉共同体，而不是彼此分割，相互拆台。从影响研究和平行研究来看变异学研究，就会得出不同的结果。不能单单只从变异学来审视影响研究和平行研究，而是把这几种研究方法在研究中融会贯通形成我们学术研究的一种强势和优势。其三，要注意在更丰富的实践基础上提出问题。变异学是一门年轻的学科理论，它需要在后来的实践中进一步总结规律和探索规律。比如，在研究中要搞清变异是怎么发生的，为什么及在哪里发生变异，变异的度及规律性是什么，等等。如果我们在变异学研究中不掌握好变异的度，不对其范围及本质进行一定的界定，就可能导致其意义的无限延散，从而在此过程消解其自身。

张　叉：在比较文学发展史上，不时传来"狼来了"的吆喝声，危机之中伴随比较文学，如影随形。您怎样看待比较文学发展史上出现的"危机论"？

曹顺庆：比较文学就是在危机与转机的辩证关系中不断发展的。第一次比较文学的危机，是法国学派面临克罗齐等学者的攻击而采取的学科不断收缩的策略。第二次比较文学的危机，是美国学派对法国学派只重视实证性而忽视审美性的学科无限扩张导致的比较文学无边论的结局。第三次比较文学的危机，是西方比较文学界只注重"同"的研究而忽略对"异"的研究，西方中心主义倾向明显。变异学正在这样的国际文化语境中出现，及时纠正和弥补了西方比较文学界的缺憾，并且契合中国文化实际，展开了有针对性的文学文化研究。事物往往具有两面性，对比较文学学科的质疑也同时给它带来了转机。20世纪末和21世纪初，英国学者苏珊·巴斯奈特（Susan Bassnett）和美国学者佳亚特里·斯皮瓦克（Gayatri Chakravorty Spivak）相继提出了比较文学学科的"死亡论"。但事实上，比较文学在东方特别是在中国正蓬勃展开。以变异学为基础的比较文学"中国学派"正以其原创性的理论勇气和坚实的文学文化实践改变着比较文学界的危机现状，并推动全世界比较文学的发展。这也正是我们构建比较文学"中国学派"和提出第三阶段比较文学源于中国的前提和基础。①

张　叉：变异学对中国学术理论话语建设有什么借鉴意义？

曹顺庆：在学术话语权竞争日益激烈的今天，如何构建中国人文社会科学的话语体系，受到了学界内外的广泛关注。话语问题，是当下中华文化传播最重要的问题，重建中国话语也成为国家的文化发展战略。目前，中国文化在世界上基本没有话语权，在对外交流中往往没有自己的文化身份和立场。这种现象不仅存在于中外交往之间，甚至在国内研究中也是如此。变异学理论的成功案例证明了中国学者有能力建构起既有中国特色，又具有普遍意义的世界性比较文学学科理论话语。在传统文化的基础上创造出新的理论话语，用新的话语来引起世界上的研究和讨论，是我们为之努力的奋斗目标。"变异"一词是《周易》思想的重要部分，而文化传播中最重要的现象就是变异，变异学理论恰好解决了西方面临的"比较文学危机"问题。其他人文学科也是如此，如何能以我们自身的文化传统为基础，激活其在当代文化语境下的现代意义，是所有人文科学研究者应该时刻注意的。变异学的理论贡献不仅体现在比较文学领域，更为人文学科的话语建设提供了先例，对于中国话语

---

① 曹顺庆、秦鹏举：《变异学：比较文学学科理论的新进展与话语创新——曹顺庆教授访谈》，《衡阳师范学院学报》2019年第1期，第120页。

体系的建构也将起到积极的借鉴意义。①

比较文学变异学的"问题意识"对英语世界学术史研究的启示

2016 级博士　林家钊*

曹顺庆教授于 2005 年在《比较文学学》一书中首次提出了比较文学变异学理论，该理论在过去接近二十年的历程中发展壮大，逐渐从比较文学研究界"出圈"，受到了外国文学、艺术学、符号学等各个领域学者的关注。在该理论生命年近二十之际，在思考这一理论为何能够获得持久的生命力的时候，我将其中一个重要原因归结为该理论鲜明的问题意识，这既是该理论产生的原因，也是它能够在讨论乃至争论中逐渐走向成熟的关键所在。因此，本文将围绕比较文学变异学的问题意识，结合受曹顺庆教授指导完成博士学位论文《英语世界的马克·吐温研究》过程中的切身经历，谈谈问题意识在比较文学变异学治学思想中的重要性、必要性及其对英语世界学术史研究的启示。

比较文学变异学作为一个理论话语被提出，本身是为了解决比较文学的两大传统学派——法国学派和美国学派研究中存在的问题。产生于 19 世纪后半叶的法国学派是以实证性的影响研究为其基本特征的，它坚持实证的科学精神，建立起了一流传学、媒介学、渊源学三大范式。但是，法国学派实证倾向的研究"回避谈论审美判断与平行比较的问题，也没有认识到在影响研究中存在着的变异"②，这构成了法国学派学科理论的两大缺憾。比较文学学科理论的第二阶段，美国学派突破了法国学派的壁垒，倡导"平行研究"与"跨学科研究"，但是美国学者对如何平行、如何跨越的问题又表现出了过分的谨慎，西方文学之间易于进行平行比较，但是文化差异较大的东西方文学呢？对此，美国学者显得犹豫不决。这证明了美国学派的起点和终点均是建立在"求同"的基础上，没有对文明和文学之间的异质性与变异性问题做出深度探究。因此，曹顺庆教授在其阐述变异学的重要论文《变异学：比较文学学科理论的重大突破》中倡导应该在比较文学领域更注重异质性和变异性研究，并将比较文学变异学研究范畴界定为包括译介学、形象学、接受学、主题学、文类学和文化过滤与文学误读六个方面，探讨在文学的交流与对话中接受者因为自身文化背景的因素而有意无意间对传播方面的文学信息进行选择、删除、改造和移植的文化过滤、文学误读现象等。

---

① 曹顺庆：《建构比较文学的中国话语》，《当代文坛》2018 年第 6 期，第 10—11 页。

* 林家钊，2016 级博士，现任深圳大学外国语学院助理教授。

② 曹顺庆：《变异学：比较文学学科理论的重大突破》，《中山大学学报（社会科学版）》2008 年第 4 期，第 35 页。

变异学的提出始于对比较文学学科存在问题的精准发现，其讨论过程也始终浸润着浓厚的问题意识，形成了"发现问题—讨论问题—解决部分问题—问题再发现"的良性循环，这一治学理念在曹顺庆教授指导我完成《英语世界的马克·吐温研究》博士论文的过程中也得到了贯彻。曹顺庆教授在所主编的《英语世界中外文学与艺术研究丛书》总序中说道："倘若没有梳理英语世界外国文学与艺术的研究，我们就不会发现相对于国内研究而言的新材料、新方法和新视阈，就不会反过来促进国内研究……倘若我们没有进行英语世界研究，我们就不会去深入探究中华文化海外传播的接受问题、仲系文学与艺术研究的比较问题、中国文论话语建设的他者视阈问题，等等。"[1] 由此可见，梳理英语世界学术史并非该论题的最终目的，英语世界研究的终极目的在于，在比较的视阈中发现问题、解决问题并促进中西文化、文学、文论的对话和交流，这理应成为任何从事于英语世界学术史研究学者的重要使命。实际上，这种对学术史研究问题意识的重视并非一家之言，对于学术史研究的意义，当代学术界已经开始有了认识。中国社科院外国文学研究所陈众议主编了"外国文学学术史研究大系"丛书，包括32部著作，分为两个系列，研究的作家包括俄苏文学中的高尔基、肖洛霍夫、普希金、茨维塔耶娃，美国的庞德、海明威、菲茨杰拉德等人。陈众议论述了学术史研究问题意识的价值所在："'外国文学学术史研究工程'的中长期目标是在作家作品和流派思潮研究的同时，进行更具问题意识的学术史乃至学科史研究，以期点面结合，庶乎'既见树木，又见森林'"[2]，只有这样才能做到"杜绝和避免低水平重复"[3]。而我国学界的另外一位学者陈平原对于学术史研究的问题意识更加看重，他在《"当代学术"如何成"史"》中直截了当地写道："谈论学术史研究，我倾向于以问题为中心，而不是编写各种通史。"[4] 可以说，对问题意识重要性的认识已经成为学界的共识之一，而我的博士论文的书写正是建立在这种共识的基础之上。

我的研究对象是英语世界的马克·吐温学术史，马克·吐温作为一位经典作家，其研究者多如牛毛。实际上，任何一个博士研究生在师从曹顺庆教授进行学术史研究的时候，都会面临这样的一种焦虑，那就是任何一位作家都有无数的研究文本在那里，在动笔之前，就必须要不断追问自己：既然学术史的各家各派门类繁多，那么选定的标准是什么？这些研究者具有代表性吗？如何选定？我解决的办法是以问题为中心，关注的是那些在英语世界的马克·吐温学术研究中引起过较大争论的研究者及其论述。这些研究者当然无法包罗万象，例如菲斯金、阿拉克的研究主要涉及种族议题，而对性别、宗教等都无涉足，阿拉克甚至承认自己只是一个哈克贝里·费恩研究学者。但是，这些学者的共同特点在于，他们之间都存在着直接

---

[1] 《英语世界中外文学与艺术研究丛书》，中国社会科学出版社2021年版，第3页。
[2] 陈众议：《外国文学学术史研究——经典作家作品系列总序》，《东吴学术》2011年第2期，第105页。
[3] 陈众议：《学术史研究及其方法论辨正》，《外国文学动态研究》2020年第3期，第7页。
[4] 陈平原：《当代学术如何成史》，《云梦学刊》2005年第4期，第8页。

的对话、争论和互相的批评，他们的争论得到了大多数学者的回应，或赞成，或反对，或有所保留。沿着这个思路，我用近30万字的篇幅基本厘清了英语世界的马克·吐温研究自20世纪初至今的重要一手文献、方法运用、创新领域以及中国马克·吐温研究的脉络和问题。我发现，英语世界的马克·吐温研究已经在文献、方法和问题上形成了良性的互动，英语世界尤其是美国学界一直致力马克·吐温文集的出版工作，这些文集的出版背后是一连串已经解决或尚未解决的问题，学者们不断追问马克·吐温是不是一位伟大的作家，他的艺术才能是否受到了压制，他的《哈克贝里·费恩历险记》是不是一部伟大的小说，他的晚年为何走向了对人性的赌咒，等等，这些问题是英语世界马克·吐温研究文献不断得到出版、方法不断得到创新、观点不断得到推进的动力所在，换言之，英语世界的马克·吐温研究正是靠着"问题意识"和"解决问题的意识"而前进的。

问题意识驱动下，英语世界马克·吐温研究的观点创新就显得水到渠成了。从20世纪三四十年代的德·沃托到五十年代的迪克森·维克多，到六十年代的贾斯丁·凯普兰，七十年代的哈姆林·希尔，八九十年代的安德鲁·霍夫曼等人。在不断演化的学术谱系中，德·沃托力挺美国西部文化，并与布鲁克斯形成观点的交锋，凯普兰假设了马克·吐温的作者人格和真实人格之间的分裂，哈姆林·希尔提出了一个反布鲁克斯式的性别研究命题，揭示出一个在精神上压迫女性的马克·吐温形象，再到霍夫曼怀疑马克·吐温是生理意义上的同性恋，等等。其中部分观点看上去甚至是荒谬的，实际上，它们也确实遭受到了大量的批评，但是为何这样"创新的荒诞"能够层出不穷呢？在荒诞的背后是否蕴含着至少某些层面的真理的因子呢？假若仔细研读这些观点背后厚实的一手文献，我们就会发现，这些荒诞不经的表达背后是以始终如一的问题意识为驱动，以对问题的追问为目标，以扎实的史料作为支撑的，因此，马克·吐温研究的演进正是建立在"发现问题—史料挖掘—观点创新—史料再挖掘—观点反驳"这样的一条学术运作链条之上的，它确保了马克·吐温研究能够在其去世一百多年后依然保有强大的生命力。

"情以物迁，辞以情发。"这是我在曹顺庆教授《文心雕龙》的课堂上学到的一句话。如刘勰所言，文学创作的生命力也许是在于作家对万事万物的情感触动，但是学术思想的形成则必然来自对某个抽象问题的准确定位和不断追问，这种对于问题、对于困惑、对于缺憾的关注，已然成为曹顺庆教授治学思想中的重要特征和脉络，也是从事英语世界学术史研究前的必修功课。在日益专业化、精细化的当代学术研究中，"究天人之际，通古今之变"已经变得越来越难，但是以问题为起点，将学术的外延稍微扩展一些，最终"成一家之言"，又是可能的。

中国视角与比较文学研究
——曹顺庆教授的学术创新

2020级博士 董智元[*]

作为一名刚刚踏入学术殿堂的博士生，我在学术之路上迈出的每一步都受到曹顺庆教授的启迪。早在本科时，我就通过阅读曹老师主编的《比较文学教程》，了解到比较文学的发展史和研究路径，并立志将来成为曹老师的学生，跟随曹老师深入学习这门学科。后来，我考入四川大学文学与新闻学院读研，并荣幸地成为曹门的一员，在曹老师的指导下进行比较文学与世界文学的专业学习。川大的三年读书生涯极大地提高了我的专业知识水平与学术研究能力，也激励我在追寻知识的道路上不断前进。此后，我考入北京师范大学文学院读博，继续在曹老师门下学习比较文学。正是曹老师的引领和鼓励，确立了我的人生理想和研究方向，促使我不断探索未知的学术领域。

曹老师对我们曹门弟子的教导体现于课堂上和生活中的方方面面。他介绍钱锺书、季羡林等学术大家的人生历程，激励我们不断攀登高峰；他讲述自己与中外知名学者的交流沟通，开阔了我们的视野；他描述自己的求学与学术生涯，使我们了解了近半个世纪来中国人文学科的发展脉络；他指导我们阅读《十三经注疏》《文心雕龙》等经典，使年轻学子们的文化积淀更为深厚；他将每位同学的学术兴趣和专业前沿相结合，帮助同学们选择适合自己的研究方向；他还非常关心同学们的生活状况，积极热心地帮助大家面对挑战，不断成长。而我在此想着重介绍的，是曹老师以中国视角为基础的比较文学研究。他既了解比较文学一个多世纪以来的发展史，也明白当今国际比较文学研究界的前沿理论和问题焦点。在此基础上，他以中国视角参与国际学界的研讨，以独创的变异学理论赢得了国内外学者的好评，为国内学者开辟了新的研究领域。

比较文学与其他很多学科一样，都起源于近代欧洲。鉴于这些学科以及与它们紧密相关的大学教育制度和科研评价体系都是西方的产物，它们自然不可避免地带有西方文化和社会的印记。就比较文学而言，它起源于19世纪，在那个欧洲各国试图确立民族国家的历史时期，比较文学的作用是在各种独立的民族文学之间建立桥梁，探讨各民族文学相互影响、交流的历史。进入20世纪之后，因为世界大战等原因，极端的民族主义不再受到推崇，此时的比较文学又肩负起塑造西方文明共同体的责任，它通过梳理欧美各国文学在主题、文类、文学理论等方面的相似，推

---

[*] 董智元，2020级博士，辽宁丹东人，比较文学与世界文学专业。

动西方文明内部的统一与和平。

比较文学早在20世纪初便传入中国,由西方学者总结出的上述研究方法也被不同时期的中国学者借鉴和应用,并出现了不少学术成果。但随之而来的也有不少问题,其中最明显的就是中国本土学术思想的边缘化。无论是人文学科的分类,还是各学科具体的研究方法,甚至"文学"和"文论"等基础性的词汇,都经过了西方学术话语的改造。在这种情况下,许多学者也往往不自觉地以西方话语和思维分析中国本土文献资料,这自然会导致中国学术思想遭受西方思想的挤压,还可能使中国学者成为外国学者的传声筒。这对中国文化的独立性和中国学术的世界地位都产生了一定程度的不利影响。

曹老师早在20世纪90年代就注意到这一现象,他将其命名为"失语症",即中国传统文论话语在面对强势的西方文论时失去了表述自我的权利,并逐渐将理论的创造权和阐释权交给了来自域外的现代西方文论,最终使西方文论思想成为中国文学研究界的主流思想。曹老师的论述引发了当时全国学术界的热烈探讨,许多学者纷纷尝试探索改变这种状况的方法。而曹老师提出的解决办法,则是重建中国文论话语。他率先进行教学改革,将《十三经注疏》等古代典籍纳入比较文学教学,不仅使中国古代典籍成为川大考研和考博的必考内容,还要求同学们熟读文化典籍、背诵文论经典,并在课堂上向大家提问,考查大家的学习成果。这样的古典文化教学提高了学生们的传统文化素养,使大家能更加得心应手地进行中西文学的比较研究。与此同时,曹老师也不断创造立足于中国本土的比较文学理论,在数年潜心研究后,他提出了全新的理论——比较文学变异学,并因此得到了国内外学者的广泛关注。

曹老师认为,以往的比较文学理论大都重视"求同",即探索各国文学的相似之处。这固然是有价值的研究方向,但它很容易抹杀不同文化之间的差别。特别是在跨文明的东西方文学比较研究中,这种局限就更加明显。由于长期以来比较文学界的主要学者大都出身于欧洲和北美,他们掌握的也主要是欧洲的各种语言,因此比较文学自然着重于对西方各国文学的比较,并挖掘它们的相通之处。而倘若跨越西方文明的界限,进行东西方比较,这种旧式的求同目标很容易导致西方理论对非西方文化的误读。这不仅会扭曲非西方文化的本来面貌,还容易使它们沦为西方理论和思想的附庸。因此曹老师指出,在当今全球化的时代,不同文明的对话沟通已经成为常态,这势必要求比较文学研究者改进研究方法,探索倡导不同文明平等对话的新理论。

比较文学变异学就是这样的理论。曹老师发现,跨文明的文学交流具有普遍的规律,因为不同的文明都具有独特的文化背景和文学传统,某种文学作品或思潮在传入另一个文明之后,往往不会保留原貌,而是会发生形形色色的变异。这种变异一方面体现为文学影响的变异,另一方面体现为文学阐释的变异。曹老师在课堂上介绍变异学理论时,既引用《赵氏孤儿》在欧洲的传播史等经典案例,描述变异学在比较文学研究中的具体应用,又通过介绍各种生动有趣的新案例,展现变异学应用的广泛前景。例如曹老师曾介绍过《西游记》在世界各国的影视改编,美国和日本的接受者所创造的《西游记》人物形象与中国读者熟知的形象有着不小的差异。曹老师还介绍过以西方理论阐述中国古典文学时的种种误读和文学翻译中的误译,这些妙趣横生的案例既使课堂氛围更加活跃,也激发了大家对专业知识的浓厚兴趣。此外,对变异学产生兴趣的还包括国内外知名学者,比如达姆罗什、苏源熙等人都在其著作中介绍了这一新兴理论,还有的外国学者应用变异学方法从事文学研究。这些事实说明,变异学作为来自中国本土的理论,成功地走向世界,为世界带来了来自中国的声音,促进了中国学界与世界学界的平等对话。

  曹老师在指导学生撰写论文时,也鼓励大家基于中国视角探索前人未曾研究过的新问题。比如他发现,中国文学研究者习惯于关注中国学术界已有的研究成果,对外国同行的论著关注不够。于是他带领同学们搜集、整理海外学者关于中国作家与文学典籍的研究成果,并以此为基础撰写学位论文。这种研究既为国内学界带来了大量新鲜的一手文献资料,也启发大家思考中国文化在海外传播的历史和未来。再如曹老师在思考中西方文论话语的关系时,发现许多西方文学批评家都关注过中国,中国文化对歌德、海德格尔、德里达、詹姆逊等批评家的学术思想产生过不少启发意义,许多西方文论家还在其著作中直接指明中国文化的启发性。鉴于这些事实长期以来被国内学者忽略,曹老师鼓励学生们精读西方文论,从中梳理出中国文化的印记,并分析中国文化如何影响了西方文论家的批评思想。这些研究证明近代以来的中国文化并非一直被动接受西方理论阐释,它同样会主动走出国门,得到西方知名思想家的学习和认可,甚至对诸多西方主流思想的形成产生巨大的促进作用。曹老师开创的这些新领域不仅拓宽了比较文学研究的范围,也提高了年轻学子的外语能力和问题意识,更促使研究者和读者通过了解中国文化在海外的巨大影响力,提高了自身的文化自信。此外,曹老师还积极鼓励同学们与国内外知名学者交流。他多次邀请拉森、德汉等西方学者来川大访学,让学生们了解西方学术界的前沿理论。曹老师还带领学生参加国际学术交流活动,例如在 2019 年,他率领许多曹门学子来到澳门,参加国际比较文学大会,与国内外学者交流探讨,使曹门的学术成果得到世界各地学者的关注和好评。

  纵观曹老师数十年来的学术生涯,他始终将中国意识作为思考与研究的立论之本。从 20 世纪 80 年代出版的《中西比较诗学》,到 90 年代提出的中国文论"失语症",再到 21 世纪以来诞生的比较文学变异学等新理论新成果,都充满了他对中国传统文化与文论的热爱之情。他清楚地意识到中国文论长期以来所遭受的冲击,并开创了许多解决这些问题的理论与方法。它们既创造出全新的研究领域,又提高了国内比较文学研究界的文化自信。在经过近一个多世纪的"西潮"之后,中国比较文学界诞生了源自本土且行之有效的新理论。这就是曹老师为中国人文学科研究带来的重要突破。在曹老师的指引下,广大曹门弟子必将再接再厉,为比较文学研究的开拓创新做出更多的贡献。

话语互构：比较文学变异学理论对中国符号学研究的启示
——兼论曹顺庆教授如何培养博士后

2015级博士后　赵星植[*]

2015年11月—2022年5月，我有幸跟随曹顺庆教授从事文艺学博士后研究工作。先生不仅对本人的研究项目和学术规划进行细致指导，同时不吝分享自己的治学方法和育人理念。先生通过学术传承、文明互鉴和话语互构等方式，系统建构比较文学变异学理论，努力让中国学术、中国话语与中国文化走向世界舞台，这些都令我受益匪浅。本文将结合本人的博士后研究题目，具体阐释先生的变异学理论对中国人文社会科学发展与中国话语体系建构的重大启示意义；同时说明在这一宏大主题下，先生如何启迪和引领青年学者特别是初入学术界的青年博士后，为中国学术话语的建构贡献力量。

一、变异学与中国学术话语建设

曹顺庆教授的比较文学变异学是比较文学学科理论的重大突破，获得到了中外学者的高度赞誉。从话语建设的角度来看，先生提出的变异学理论是对中国文论"失语症"和"重构中国文论话语"的回应，是中国学者在世界学界发出中国声音的典范，更是比较文学中国学派建构的重要里程碑。变异学理论的创立与发展，必然将激活中国乃至世界同仁的学术探索与创新。

先生在20世纪90年代初致力建构比较文学学派时，便指出了中国学术话语建设的一系列关键问题。先生指出，中国学者除了面对西方文化霸权和中心主义的挑战，自身在应对西方文艺理论思潮方面也存在一定的认知问题。这便是盲目依赖西方理论，缺乏自主创新精神；西方当下流行什么理论，中国学者就跟着学习并运用这些理论。但遗憾的是，无论中国学界如何炒作这些西方理论，都会或多或少发现这些理论在中国学界有"水土不服"的现象。这便是先生提出的知名的"失语症"问题[②]，即我们学者在追逐西方理论的同时，忘了中国传统文论；在学习用西方学术话语阐述问题时，忘了中国学术话语。因此，中国文论要创新，要摆脱西方文论的强势入侵，必须重建中国文论话语，并在此基础上与西方文论平等对话。

---

[*] 赵星植，2015级博士后，四川大学外国语学院英文系副教授、硕导，哈佛燕京学者，四川大学符号学－传媒学研究所成员。

[②] 曹顺庆：《文论失语症与文化病态》，《文艺争鸣》1996年第2期。

笔者认为，先生自21世纪初开始对比较文学变异学理论的建构，正是他对中国文论失语症问题提出的解决方案，同时也为如何建构中国话语体现提供了可借鉴的典范。变异学理论之妙，就在于始终以问题为中心，为中国当下的文化建设服务；既尊重中国传统又不保守，放眼世界又不忘中国文化。文明的交流与变异不是西方或中国社会特有的，而是世界上各个文明存在的普遍问题；而只有这种对文明间的共项所提出分析方法和解决方案，才能在世界学界激起回响，产生广泛共识。

变异学作为比较文学发展的第三个阶段，是比较文学中国学派就人类社会共通的文明变异问题提出的独特且有效的理论体系。先生指出，无论是比较文学法国学派的影响研究，还是美国学派的平行研究，都在理论上存在明显的缺憾[1]。尽管二者在学术旨趣和追求上截然不同，但在元理论层面却有着相同的趋势即"求同"，寻找"同源性"或"类同性"。这恰恰忽视了不同文学之间、文学与其他学科之间、不同文化与文明之间的异质性，同时更忽视了文学与文化在传播过程之中的变异性。

比较文学变异学以变异性、异质性研究为主，强调对不同国家文学的关系，无论其间有无相互影响，皆应重视它们的不同，而且正是这种不同，更具有研究的价值与意义[2]。同时，变异学理论还有极强的操作实践性，例如我们可以从语言翻译、文学形象、文学文本和文化层面等方面探寻异质性与传播中的变异性。因此，比较文学变异学理论突破了比较文学西方学派的求同性思维定式，大胆地将异质性、变异性和差异性纳入可比性的范畴。重视差异性，与当下世界强调多元文化与多元文明的思潮是契合的，也与中国和而不同的传统思想一脉相承[3]。

比较文学变异学理的建构，也为如何推进中国学术话语建设和促进中外学术对话提供了宝贵的经验。中外学术的对话关键在于有话可对，有话可说。学术研究绝对不是"跟着说"，不做西方里的跟随者，要做到言之有物。曹老师的比较文学变异学理论没有跟随西方学界的主流观点，而是在跨国界和跨学科基础上，结合中国比较文学研究实际，独创性地提出以异质性和变异性为重要可比性的跨文明研究，进而超越了法国学派的"同源性"和美国学派的"类同性"。更难能可贵的是，变异学理论坚持跨国、跨语际、跨文化变异研究和文学文化他国化研究，既弥补了比较文学学科的理论缺陷，又为跨学科、跨文明研究建构了一个清晰的理论脉络。

二、变异学理论对中国符号学研究的启示

笔者的博士后工作报告，便是在曹先生的变异学理论启发和指导下进行的。本

---

[1] 曹顺庆：《变异学：比较文学学科理论研究的重大突破》，《比较文学与跨文化研究》2018年第12期。
[2] 曹顺庆：《比较文学学科理论的"跨越性"特征与"变异学"的提出》，《中外文化与文论》2006年第1期。
[3] 庄佩娜：《填补世界比较文学学科理论的空白——曹顺庆教授英文专著〈比较文学变异学〉评介》，《外国文学研究》2014年第3期。

人在站期间主要关注全球符号学研究自20世纪80年代至今的发展趋势与规律,并且及时总结中国符号学研究在这一阶段所取得的成果。

我们都知道"符号学"一词是舶来品;自索绪尔和皮尔斯开创这一理论传统以来,现代符号学作为一个学科已经有一个多世纪的历史。但是,用符号来表达意义、交流思想则是无问西东的,中国先民在长期的社会历史实践中创造了丰富多彩的思想文化,为今人留下了丰厚的符号学思想资源

正如曹顺庆教授的论断,中国符号学研究也同中国的比较文学研究一样,呈现出失语现象。这首先是因为西方长久以来的学术话语霸权,符号学的核心概念、理论与框架都是以西方的理论为中心的。大部分时候中国学者都在学习西方符号理论或应用相关理论对中国文化中的特定现象进行研究。但是,这恰恰忽略了中国自身所具有的丰富符号学资源。中国古代易学、诸子学、阴阳五行、河图洛书、唐宋佛学以及阳明心学中都具有丰富的符号表意和符号伦理思想,亟须人们仔细整理。尽管中国符号学最近十几年来发展迅速,并且国际符号学界也越来越重视中国符号学者的声音。然而,重视并不代表双方能进行有效地沟通和交流;在国际学术会议、学术期刊、学术专著中,中国学者的声音有待加强,中西方各自的符号学术话语体系之间还缺乏有效交融。

基于上述原因并在曹老师的鼓励下,本人决定在博士后期间展开当今符号学新流派与新思考的跨学科变异学研究,其根本目的就是检视中国符号学在当今世界符号学术话语体系中的现状和发展趋势,为建构符号学中国学派打下一定的文献基础。所谓当今符号学新潮流,主要是指20世纪80年至今国际符号学界在经历了后结构主义、解构主义运动之后的最新发展趋势。该阶段的符号学,重心在于理论模式的拓新——经典理论在现阶段依然有效——而在于理论与流派间的整合、符号学理论与其他跨学科理论的融合,"整合各种模式成为一新的运动"[①]。这种跨地域、跨学派、跨学科的共生发展方式是迄今世界符号学运动最主要的推动力,由此衍生出了不同的流派和主张,就是"符号学新潮流"[②]。

笔者对这些新流派的研究便采取了变异学理论的异质性和变异性立场,重点说明符号理论在流派内部、流派与流派之间的传播和交流过程中的变异情况。换言之,交流、冲突与变异恰恰是当今符号学新流派呈现出来的主导特征,因此变异学理论可为当代符号学新潮流的研究提供理论路径。我们关注学派与学派的整合,不仅需要关注共同性,更需要关注差异性;正是差异性,才体现出各流派的特征以及流派交流的趋势。

举例来说,尽管新塔尔图学派和哥本哈根学派都关注生物符号模式,但是二者直接的差异性却同样是明显的,前者关注生物学机制的符号学阐述,而后者则是用

[①] 赵毅衡:《符号学:原理与推演》(修订本),南京:南京大学出版社,2016年版,第15页。
[②] 赵星植:《当代符号学新潮流研究1980—2020》,四川大学出版社2021年版,第1—2页。

生物符号学模式接近生态文化问题。以此类推，当今符号学流派在理论旅行与传播过程中均存在各种各样的变异现象；更重要的是，中西方符号学学术交流也同样存在这种突出的变异现象。比如，中国学者在翻译、应用西方符号学理论时，必然经历创造性叛逆的翻译过程，即学者们必然会根据自身文化与语境，对相关理论进行改造或拓展，进而形成自己特有的新模式。反之亦然，国外学界对中国传统符号思想的译介，同样会呈现出这种变异特征。

当今符号运动的这种多理论中心的发展特性，给中国符号学走向世界舞台提供了绝佳机会。中国符号学在最近十几年来异军突起，成为符号学前两个发展阶段未曾出现的新学科增长点。中国学者吸收西方符号学理论，充分挖掘中国传统符号学资源，形成独具中国特色的符号学理论体系。这算是新符号学运动的又一个显著特征。相对于西方符号学，中国符号学研究起步较晚，真正成规模是从 20 世纪 80 年代才开始[①]，但"起点较高，并且在非常短的时间内基本上追赶上了国际研究潮流"[②]。特别是最近十年来，中国符号学研究正逐渐成为全球符号学运动中的一支主力军。迄今，国内已经形成了六大符号学研究中心，并于 2017 年成立了中国符号学基地联盟，出版了诸如《符号与传媒》《中国符号学研究》《语言与符号研究》等中英文专业刊物。国际上的学术交流也日益频繁：第 11 届世界符号学大会于 2012 年在南京师范大学召开，首届文化与传播符号学国际学术研讨会于 2015 年在四川大学召开，至今已连续举行了五届年会。中国有望成为继美国、法国、俄罗斯以后的"第四大符号学王国"[③]。

变异学的理论与方法，同样为我们发展中国符号学研究带来了诸多启示。首先，我们应注重中国符号学原创性理论的开拓与建构，特别是中国传统符号学思想与现代符号学理论的勾连，进而建立别具一格的理论体系，成为当今全球符号学运动的一个重要阵地。其次，中国符号学研究应当鼓励跨学科、跨学派与跨文明研究，即把相关研究拓展到文学、艺术、哲学、文化、大众传媒、广告与品牌、人类学等人文社会科学多个领域，通过对具体文本的分析发现新问题，进而拓展当代符号学理论的基础。再次，中国符号学研究应当注意自身话语建设，通过各种形式和国际学界展开深入有效的交流以及平等和谐的对话。这意味着我们不仅需要把自己的特色理论体系引介给西方同仁，也需要在同一西方的理论体系中（如皮尔斯研究等）发出中国学者的声音。能就国际前沿问题与西方展开对话，也是中国学术话语提升的重要表现。

三、话语互构与文明互鉴：曹顺庆教授如何指导博士后

本节从曹顺庆教授的变异学理论及其学术话语创新点出发，说明其独树一帜的

[①] 赵毅衡：《中国符号学六十年》，《四川大学学报（哲学社会科学版）》2012 第 1 期。
[②] 王铭玉、宋尧：《中国符号学研究 20 年》，《外国语（上海外国语大学学报）》2003 年第 1 期。
[③] 郑一哲：《中国有望成为第四个符号学王国》，《中国社会科学报》2012 年 10 月 12 日，第 A02 版。

理论体系是如何具体影响本人的博士后研究工作的,最终目的是想结合本人与先生的学术交往,具体说明曹顺庆教授如何培养博士后。曹老师是中国乃至世界比较文学研究的旗帜和标杆,他在培养博士、博士后等方面所做出的贡献是首屈一指的。1998年,他以学术带头人的身份为四川大学成功申报了"比较文学与世界文学";同年,四川大学获批"中国语言文学博士后流动站"。迄今,曹老师已经培养了诸多优秀的博士、博士后;他们中许多人已经成为中国学界的带头人。

关于曹老师如何培养博士生,已有多篇优秀的文章进行过专题探讨①,本节则结合笔者经历,大致总结先生是如何指导和激励博士后从事科研工作的。博士后不同于博士,前者已经具备了独立科研的能力,同时已在博士阶段有一定的学术积累,因此博士后的科研工作更具针对性、独特性和跨学科性。针对博士后的这些特征,曹老师总是能发现他们的学术爱好并给予及时指导。概而论之,曹老师在培养和指导博士后科研工作方面,大致有如下几个特征:

第一,注重中西原典学习,夯实科研基本功。我们都知道,曹老师的博士培养方针中,最具特色的就是要求他的所有博士生系统学习十三经,并且能够背诵古代经典文论。这种严格的原典训练,不仅夯实了学生的基本功,也让学生对古代文论有了直接的体悟,原典是中国学术话语建构的基石。曹老师也强调学习要打通中西,鼓励同学们直接细读西文原典和作品,吃透中西方原典及其核心精神。在此方面,曹老师同样严格要求他自己指导的博士后,要求青年学者们要学贯中西,吃透自己课题的中外文献。例如,笔者博士后课题既要面对中国古代经典中的符号学思想,又要处理当今西方世界的符号前沿理论。曹老师鼓励笔者从中西原典、原著下功夫,尽量避免二手文献,唯有深入原文以及原语境中,才能静下心来做真正的学问,才不会出现照抄照搬术语理论、套用模板的窘境。

符号学研究也同样应当如此。符号学的基础理论框架主要来自索绪尔和皮尔斯,然而我们中很多学者其实并没有真正读过两位创始人的原著。为此,笔者立志吃透皮尔斯符号学手稿,潜心考据皮尔斯符号学思想,试图就符号基础理论研究方面在国际学术界发出中国学者的声音。为此,本人出版了中国第一本皮尔斯符号学论述译集;获得皮尔斯符号学手稿研究国家社科基金项目;受邀在国际皮尔斯学界权威学术指南撰写专文论述中国符号学研究进展;获哈佛燕京学社邀请,赴美从事皮尔斯符号学与语言人类学的交叉研究,等等。本人所取得的这些小成绩,显然是受到了先生学贯中西思想的深刻影响,在实际工作中时刻践行中西交流、中西对话,树立中国话语、中国立场。

第二,注重跨学科、跨文明探索,培养多元包容的学术视角。曹老师的变异学理论启发我们对文明内部与文明之间进行跨学科、跨文明的交流与探索。做学术研究更需要如此宽广的路径与视野。事实上,曹老师在指导博士后学方面正是践行这

---

① 付飞亮:《曹顺庆先生如何培养比较文学博士生》,《学位与研究生教育》2012年第7期。

一理念。他指导的博士后都有着多元的学术背景,中国文学、外国文学、比较文学、艺术学、音乐学、传播学、符号学、人类学等。曹老师非常乐意和这些具有不同背景的博士后合作,常常鼓励博士后一定要具备跨学科的探索精神,对同一研究对象展开多角度、多层次的研究。

第三,鼓励交流实践,探索求真。博士后们大多是"初入职场"的新人,无论是教学还是科研都还于起步阶段;博士后们同时面临着巨大的考核压力。曹老师总是能及时地鼓励和安慰学生,也鼓励学生积极参与各种学术交流、学术会议,申报和参与各级课题,编撰教材等。先生常常对博士后的申报书提出详细的修改意见,并邀请其他同门一起相互点评;在曹老师组织各种各样的国内外专题研讨会中,同门们总是积极参与;先生同时鼓励学生要有开阔的视野,多吸收不同的学术思想,以期在相互学习中产生思维的火花。

第四,立德树人,以学生发展为中心。曹老师关爱学生,用心呵护学生成长,始终以学生发展为中心。他不仅关注学生在学术上的进步,也关心学生的身心健康,强调全面发展。例如,曹老师组织各式各样丰富多彩的活动——文艺晚会、茶话会、学术会议等,鼓励已毕业和在读同门都积极参与。这不仅促进了学术交流,增进了师生情谊,也缓解了学生平时的科研压力。正是因为曹老师的以身作则和积极带领,敬重学术、劳逸结合、团结和谐、尊师重教已成为曹门大家庭每位同门的共识。

综上,曹顺庆教授通过学术传承、文明互鉴和话语互构等方式,系统建构比较文学变异学理理论,努力让中国学术、中国话语与中国文化走向世界舞台。先生不仅是比较文学领域的大师,更是中国教育学界的一面旗帜。先生以学贯中西的治学思想、先进的育人理念,立德树人、诲人不倦,启迪与引领青年学者树立正确的学术信念,为中国学术话语的建构贡献力量。

变异学:从理论到实践

2014级硕士 车 安[*]

2014年秋,我有幸加入曹门大家庭,成为曹师顺庆先生2014级的"八师弟"。我本科专业为五年制医学英语,硕士跨专业转攻汉语国际教育,中文功底不深厚,但研一跟着博士师兄师姐一起修了曹老师的"十三经元典阅读"课程,收获颇丰,明白了传统经典里有最本真和核心的中国哲学、文艺理论甚至科学思想,如果想要

---

[*] 车安,2014级硕士,1990年生,陕西渭南人,现在四川大学华西第二医院党委办公室工作,研究方向为卫生事业管理。2014年至2017年拜于曹顺庆先生门下汉语国际教育专业攻读硕士学位。

进行真正的学术创新，一定要从原典开始读起的道理。

在一次专业平台课上，曹老师首先开讲，他通过《西游记》在不同国家的影视剧制作流传版本给同学们深入浅出地讲解变异学理论，也是在那堂课上我第一次听到变异学理论。后来我又拜读了曹老师的相关论著，如《南橘北枳：曹顺庆教授讲比较文学变异学》《跨越异质文化》《比较文学：东方与西方》《比较文学学》等，明确了研究方向，奠定了理论基础。

2015 年，我通过国家汉办汉语教师志愿者项目选拔，成功赴泰国春蓬府朗逊城市中学担任汉语老师。在泰国 10 个月期间，我运用曹老师的变异学理论探索出了在泰国面向泰国学生教授汉语和传播中国文化的变异学方法。面向不同国籍、不同人种、不同宗教信仰、不同性别、不同年龄段、不同性格的人教授汉语和传播中华文化时，所面临的国家政策、师资组成、所用教材、教学方法、教学策略以及所取得的效果等也都不尽相同，也正是因为这些不同（即"异质性"）才使汉语和中华文化在到了异国他乡后出现"水土不服"的症状，导致教师在他国及地区教授汉语和传播中华文化时不得不采取不同程度的"变异"。主要分为"语言变异"和"文化变异"，"语言变异"包括语音、文字、语法差异等，"文化变异"源自政体、宗教信仰、礼仪、节日活动、时间观念、颜色观、禁忌等。结合泰国教学实践，我最终确定了毕业论文选题——变异学视角下的汉语教学。期间通过多次与曹老师的沟通，得到曹老师的悉心指引及教导，最终论文成功通过外审和答辩。

硕士毕业后我进入学校附属医院从事医院管理工作，虽然与所学专业看起来不那么对口，但是曹老师的变异学理论仍然为我的工作提供了新的视角，我也先后发表了《变异学理论视角下的公立医院应用微信公众号开展健康科普的实践与探索》《变异学理论视角下的纵向紧密型医联体医院文化融合的实践与探索》等文章。在以后的工作生活中，我将继续紧跟老师研究步伐，争取获得更大进步。

第二节　文明互鉴　差异对话

丝路天行健，全息文明出
——为曹门跨文明共生学业而写的《丝绸之路学》序代师生会作业

2002级博士　皇甫晓涛[*]

健体首在健身，健身首在健脑，健脑首在健心，健心首在养神，养神首在立魂，立魂首在立道。立天人之道，则身心苍生健体可济；立人民之道，则高下优劣进退沉浮之志可周；立寰宇山海之道，则安危存亡之身可泰；立昆仑河洛之道，则纵横经纬总极八荒江山可为；立人类共生之道，则宇内全息生命文明可往；立民族家国之道，则民生人民文化主权领土可耘；立全息政府之道，则为人民服务愚公移山之路可开；立企业产业创新创业之道，则全息市场资本财富价值可乾；立前生今生他生可度之道，则宗教人文文化艺术科学量子纠缠可全；立儒学人文之道，则开疆列土内圣外王日新天健自强不息龙门可为可加可持可志可业可学可教可育可才可劝可勉；立道学自然宇心之道，则身心宇宙天人之身养，人间俗尘物欲余念可减，非我非功非名非物老子出关闭关守关玄关之身可生，自我新我大我无我之境可开，正气浩气大气之魂之身之命可立；立释家佛学之道，则往生今生他生去者来者亲在此在他在共在之身之神可立，事实、逻辑、科学、物质、宇宙之物之理可超，天人命数往复飞天之运可乘，万物相乘而不相悖之身可开，爱情艺术神话宗教之魂可会，飞天环宇嫦娥奔月天路可开；立法家天人之道，则人类宇类合约可通，人民家国世界公约可算，万物财富资本市场契约可金可融可证可业可治，方圆规矩天人之患可除，从一无所有到所有一无安危存亡一票否决之数可除；立墨学民生之道，则和平和合和谐和解非攻之世可为，民生主权小康安康之业可立，天工开物之匠身艺神可出，熵增热寂周期可越。立人类共同命运丝路文明之道，则文明全息共生天人物我身心家国可往，宇宙生命物质全息价值可新，从文明渊源体到新兴市场体、从文明共生体到文明创新体、从全息文明体到文明成熟体天人通证可为，女娲补天之

---

[*] 皇甫晓涛，2002级博士，北京交通大学经济管理学院教授、博导，中国产业安全研究中心教授、博士后导师，北京交通大学中国丝路发展研究院院长、中国文化产业研究院执行院长，北京邮电大学兼职教授、管理科学与工程方向博士生导师，中国传媒大学博士生导师，北京大学、四川大学、巴黎索邦大学、蒙古农业大学等国内外多所高校访问、客座、讲席教授、博导、研究员及外籍院士，兼任联合国教科文组织国际教育中心专家委员会副主席。

神、嫦娥奔月之路、鸿蒙齐天之开、桃源天人之图、钟馗打鬼之魄、应天立人之教、法天治世之安、通天丝路之道、青天尧舜之世、天眼如来之慧、天安伏羲之计、天河大禹之治、天火祝融能源之续、天宇鲁班城市之匠、天能范蠡产业商圣智圣兵圣情圣之贤、天日商鞅发展改革之天人日新、庚天神农基因安全种子粮食之安、食天后稷生态农业食品安全原产地非农药非转基因非化肥地标知识产权、空气环境水土壤基因原生态数字版权、原创品牌知识产权小康安康社会大道出，人类全文明复兴之路通，全人类共同价值创造之道立。人民江山治，绿水青山广，金山银山安，愚公移山行，儒释道可道，天人丝路行，人民道路立，全球价值观重塑，全球公共秩序重建，全球共生基因重塑，全球知识体系重建，全球公共产品重塑，全息文明之魂新，全域天人通证可往，物质出科学，非物出文化，超物出艺术，暗物全息出。丝路元宇宙，数字文明往。文化新基建，宇宙新基建，生命新基建，人类生命新意象，宇宙生命新意境，全息美学魂，天健日新路。何往而不治？何世而不兴？停战不可止？非冲突共生，非殖民共赢，非线性共享，非饱和共建。天地可立心，立镜为宇称，波粒二象性，宇称不守衡，进化非线性，全息文明通。

负笈南北，回望时光

2003级博士 谭 佳[*]

蜀地物华天宝，人杰地灵。蜀道难，拦不住蜀学异彩流芳。早自西汉，蜀地已比于齐鲁，与关学、洛学、闽学、楚学、徽学齐光耀。至南宋，经南轩、鹤山二派，理学至臻，蜀学"三苏"与二程"洛学"、王安石"新学"鼎足华夏。至晚清，蜀地与江浙、湖湘比肩学术气象，尤与"湘学"共筑晚清学术重镇，蜀人廖平与粤地维新志士呼应，将传统经学推向现代新形态。民初大家蒙文通任四川大学教授，兼任中国科学院历史研究所一所研究员、学术委员。与蜀学先贤一样，蜀地治学，南北奔波，名满天下。

其实，上述点滴，在蜀地土生土长的我，于曼妙蓬勃的求学期间，并未多上心。蓉城十年，满眼花重狮子山，既有恣享芳华的"小确幸"条件，又有浸润书香的奢侈时间资本。到了攻读博士期间，天时地利，所谓学术生态及其各派师承，方成为暗忖思量的内容。

---

[*] 谭佳，2003级博士，哲学硕士，文学博士，现任中国社会科学院文学研究所研究员，中国社会科学院大学教授，博士生导师，从事早期中国思想史、比较神话学、文学人类学研究。现任文学所比较文学研究室副主任、中国社会科学院比较文学研究中心副主任、中国社科院创新工程首席研究员。兼任中国比较文学学会文学人类学研究会副会长，《文学人类学研究》副主编，《中华文艺思想通史·原始卷》主编，中宣部"中国民间文学大系"神话学专家组委员。

2003年6月，我取得硕士学位，9月，博士入学，求学之路马不停蹄。初入师门，一切陌生而新鲜，尚未来得及谒见师爷——"龙学泰斗"杨明照先生。2003年隆冬，锦城萧瑟，北风凛冽。12月6日中午，天地同悲，杨先生在四川大学的家里、于睡梦中千秋永诀，享年95岁。杨先生的入室及开门弟子，导师曹顺庆教授带领大家沉痛治丧。室迩人远，曹师优见忾闻，难掩悲伤，安排众弟子守灵。我与虞蓉师姐同组，负责7日中午至下午守灵吊唁。杨先生五福全归，寿终德望，灵柩置放在杨邸中堂，棺木里的先生仙髯鹤骨，如安详睡去。

万象归宗，我之后的学习内容与治学方法，其实都与杨先生有关系。立足中国文化传统、立足经典和个案、立足古今学术转型来研究中外问题，这是曹门的底色和特色之一。无论具体研究什么领域，曹门新生在第一学年必须双管齐下——熟背一批古代名篇，细读一批英文原典。其中，重中之重当数《文心雕龙》。每周课堂上，曹师会让大家随意翻书，凭页码数目抽人背诵并讲解。我用百分之两百的热情投入博士课程的学习，书生意气，以至滋生出一马平川的幸福幻觉，带着些许年少轻狂，好一个春风得意马蹄疾！正因此故吧，2004年仲夏傍晚，在校晚自习，突然接到师兄Y电话。他一改往日腼腆，又恼又急，在电话那端大声说："谭师妹，我和他们说不清楚，你来说吧。"

我摸不着头脑，大声问："和谁？说什么？"

师兄道："我在北京开文论会，有学者议论'失语症'，持不同观点……唉，我不赞成，但说不清楚，你成绩好，来和他们说。"

我不禁一笑，Y师兄高高瘦瘦，戴着黑框厚镜片，严肃认真的模样浮现眼前。我宽慰道："电话里怎么争论？别理他们呗。"事后与曹师提及这一幕，师父仅自信笑笑，洒脱大气，成竹在胸，并不多言语。

当代中国学术中心，京城问鼎无疑。尤在人文领域，论红专精进、波涛大浪、先锋垂范必是北京。论兼容多元，气韵悠长，也有海派争先。地处西南的四川大学，已习惯当好西部领头羊和中心的配角。21世纪以来，评估分等、立项设点、学科建设成为各高校发展重点，最终裁判在京城，各省俯首也是必然。历史上南北东西、五湖四海互映霞彩、此消彼长的学术交响曲已翻新章，蜀学作为一个群像，似烟云已散。蜀地高校建设与师资力量，整体上落后于中心重镇，也是不争事实。

尽管如此，四川大学的文学理论和比较文学算是异数和例外。在我入学前两年——2001年，在各项评估中胜出的四川大学，成为当时全国唯一的比较文学与世界文学国家级重点学科基地。同期，曹师创办了全国目前唯一的英文比较文学集刊（*Comparative Literature: East and West*）。作为学术带头人，早在20世纪90年代中期，在《文论失语症与文化病态》（《文艺争鸣》1996年第2期）和《重建中国文论话语的基本路径及其方法》（《文艺研究》1996年第2期）两文中，曹师就提出"失语症"与"重建中国文论话语"，一时激起学界千层浪，至今余音未了，讨论者众。在比较文学领域，90年代的另两篇宏文《跨文化：21世纪中国比较文学研究主潮》(《中国比较文学》1998年第1期)和《比较文学中国学派基本理论特征及其方法论》(《中国比较文学》1995年第1期),则一直是中国比较文学界持续讨论的焦点话题。21世纪以来,曹师陆续提出"跨文明研究""中国化""变异学"等学术理念与概念,一直是国际和国内学界争论热点。从学术观点到学科建设途径,老师的研究及其影响已经进入各教材和当代学术史。如今同为职业学者,我由衷佩服,深感这些成就之不易与卓越!

现在回想起来,2003—2006年我攻读博士的那三年,应是曹师学术事业在各方争鸣中不断夯实和不断壮大的关键期。这需要勇气,更需要过人的眼力、毅力和魄力。正如完全可以继承杨明照先生衣钵,赓续已然成气候的古代文论研究,曹师却选择了中西比较诗学的新领域跋涉;本可以坐享学术声望,耽在蜀地悠哉乐哉,曹师却选择了在争议中壮大四川大学比较文学学科发展,深耕学科理论建设。在比较文学领域,蜀地蜀学不仅从未失彩或黯然,而且在曹师引领下,一直是焦点和主角。老师如民国在川大任职的顾颉刚、朱光潜等大家,不会局限在蜀地安居一隅,而是周游各地交流讲学。2007年至今,曹师在北京师范大学文学院兼任教授,穿梭南北,桃李满溪。

静水深流必有渊源。1936年秋,杨明照先生考入燕京大学研究院国文部,师从著名文学批评史专家郭绍虞。1978年,杨先生出任川大中文系主任,1981年成为我国"中国文学批评史"学科首批博士生导师。曹师即是我国第一个以"古代文学批评"获得博士学位的学子。1988年,曹师的博士学位论文出版,这是中国第一部比较诗学专著——《中西比较诗学》。1994年,40岁的曹师开始招收比较诗学的博士生,至我入学,已近十年。当时的川大在学科建设上开疆拓土,一年招两次博士生,成名学者还能申请论文博士,老师的学生确实不少,师门热闹,自成一景。

1999年9月,四川大学、中国社会科学院文学研究所、《文学评论》《文学遗产》编辑部、中华书局等单位联合举办"中国古典文献学国际学术研讨会暨杨明照教授九十华诞庆典"。冥冥中似有定数,毕业后,我与中国社科院文学研究所的缘分,原来竟有前辈渊源。

临近毕业,我准备申请留在四川大学艺术学院,有曹师助力,一切逐步推进。2006年春节后,乍暖还寒,博士学位论文初稿修改完毕,老师和师母在科华北路餐厅犒劳大家,推杯换盏,笑言谈谈,好生愉快。席毕,大家乘月散步。我与曹师走在队伍最末聊论文修改,老师忽然话锋一转,对我说:"你一定要工作吗?你衣食无忧,并不急于挣钱。我觉得,你还是更适合读书做学问。不要停留在四川,要出去走走,去北京,去北大、社科院都可以。"月色斑驳,月影婆娑。《赵州录》有个著名的禅趣故事,讲的是有秀才见师,乃赞叹师云:"和尚是古佛。"师云:"秀才是新如来。"当晚,我在日记本记入此事。真和尚不以香火旺和被膜拜作论,而是有光风霁月之性,能用"佛心"看透平常心,能指出弟子"当下心",洞察弟子真性情,并为其开缘度化。

在老师的指点与介绍下，我在博士期间发表了四篇学术论文，反响尚可。博士学位论文《"晚明叙事"的现代性话语转型与建构》以清代文人的观点为参照，剖析现代学术界对晚明文艺思潮的叙事构建，以此作为曹师提出"失语症"的个案。从当初选题到今日今时所思，我一直心系于研究一个社会共同体所公认的，或被强加的那些关于历史和意义的理念从何而来——这种追问历史、叩问现实的角度，来源于曹师为我打开的学术景象和治学方法。值得庆幸，博士论文获得答辩专家一致好评，并获得 2009 年"四川省优秀博士学位论文"，入选"中国社会科学博士论文文库"，以《叙事的神话：晚明叙事的现代性话语建构》为书名出版（中国社会科学出版社 2009 年 8 月）。曹师很高兴，亲自作序。这是我人生第一部专著，我曾动容地在拙著"后记"中写下："一路求学，在井然规范的体制和时间限制内完成研究，把兴趣转化成学问、将感悟转化为知识，注定要享用神圣与荒谬、陶醉与沮丧。所幸能求学于我的导师——曹师顺庆先生。在先生的授业解惑下方能完成学业、在理解和宽容中方能换题易稿、在不断地教诲和鼓励中方能成稿答辩。几年光景弹指而逝，心头仍熟记老师的许多批评、激将、赞许与劝诫，这些都化作人生珍贵的典藏伴着我前行。"

博士毕业后，在曹师建议与推荐下，我入职中国社会科学院文学所，做比较文学专业博士后研究，跟随叶舒宪教授继续学习，出站后留所工作至今。从博士后开始，我的研究领域从诗学转向文学人类学，但是，博士求学所得始终影响着我：关注文化传统、文本经典和古今学术转型的旨趣，不仅没有褪去丝毫，在跨学科视野中更显清晰；自己从没彷徨过学术志趣，不曾游离醉心与擅长之处。最难得，无论任何阶段，只要有事找到曹师，永远有求必应，和蔼亲切、侠义旷达如初。

十余年来，自己著书立说，微有收获，评上了教授，也成为博导和项目主持人，蓦然回首，不禁感叹：其实，自己一直在回应三十年前曹师向中国学界提出的"失语""转化"和"重建"问题，在摸索"跨文明"比较的具体路径。即使当年争执并否定"失语"，否定"重建中国话语"的学者，也无法回避国家在导向上持续诉诸"中国性"探索，力主基于古今转型和中外比较视野的理论话语创新。当下，国家顶层设计不断调整文化战略，做出一系列围绕中国话语建设的重要工作部署和重要理论阐述，例如："我国哲学社会科学在国际上的声音还比较小，还处于有理说不清、说了传不开的境地""在学术命题、学术思想、学术观点、学术标准、学术话语上的能力和水平同我国综合国力和国际地位还不太相称"，因此务必全力"构建中国特色哲学社会科学"，等等。显而易见，中国特色哲学社会科学体系的新要求，让比较文学研究者必须更加关注中国文化和社会在全球中的地位和范围，更加确认和加强中国在跨文化议题中的主体性角度，更加关注阐释文明差异和文明互鉴。同时，伴随国家倡导"中华文明发展与中华传统文化创造性转化与创新性发展研究"，比较文学只有有助于更好推动对中华文明发展和中国文学发展的纵深认识，才能得到国家支持和获得长足发展。凡此种种，无不说明了曹师学术探索的前沿性

695

和与时俱进性。

光阴倏逝，近二十年韶华瞬间划过。前文的 Y 师兄与我，在 2020 年 8 月，又有了联系。添加了微信，师兄发来文字：

"我昨夜推荐几个博士生看你的文章。"

"每一次上课我都要提你的大名，说你当年背书最优秀，尤其背《文心雕龙》。因为我一般不服气哪个比我记性好。"

"但是我服师妹你一个。"

"你确实记忆力好。"

已过不惑之年，常叹力不从心、一地鸡毛、记忆力衰退的自己，看到这些文字，竟鼻子一酸，眼圈发红，喟然静伫。学海无涯，道阻且长，既不乏探幽采撷之乐，也有过晦朔不安之郁。世人熙熙攘攘，大多名来利往。读书人与时代、读书人的面目与姿态，读书的自洽感，这些切己问题并不会随着自己鬓角生华发而豁然开朗。真正开朗明媚、无所忌惮的，还是读书岁月！师兄的文字，把我拉回到最朝气蓬勃、最有闯劲的读博时光。常言道故人心易变。殊不知，雪泥鸿爪处，总有些灯塔处似北斗极星，河汉纵横，照入心扉。老师谆谆殷殷，一直为自己启明，不论何时，不问成败，不问回报，不曾有变。

曹顺庆比较诗学思想发展略论

2004 级博士　周晓风[*]

曹顺庆先生自 1981 年在湖北《江汉论坛》第 6 期发表比较诗学论文《亚里士多德的"Katharsis"与孔子的"发和说"——中西美学理论研究札记》，迄今已逾 40 年。40 年在历史长河中只是一瞬间，但这 40 年是中国当代社会发生天翻地覆变化的 40 年，也是中国当代比较诗学正式建立和迅速发展的 40 年。曹顺庆先生敏锐感应到学术思潮的发展趋势，勇于开拓创新，不但对于中国当代比较诗学有开拓之功，而且他的比较诗学思想也经历了一个不断发展的过程，留下了弥足珍贵的学术印痕，带给我们许多值得重视的启示和需要进一步深入研究的课题。本文拟就曹顺庆先生比较诗学思想的发展进行简要的回顾和评述，希望得到曹顺庆先生和各位关注中国当代比较诗学同道的指正。

---

[*] 周晓风，2004 级博士，现为重庆师范大学副校级干部、文学院二级教授，主要从事中国现当代文学及文艺学教学研究。重庆市学术技术带头人、重庆市宣传文化"五个一批"市级人才、重庆市重点学科带头人，兼任中国当代文学研究会常务理事、重庆市文联副主席、重庆市作协副主席。

一

  四川大学文科杰出教授曹顺庆先生有许多重要的学术头衔。在学界一般人的印象中，曹顺庆先生担任过中国比较文学研究会会长，是海内外公认的比较文学研究大家。他所带领的四川大学比较文学团队也是国内外有重要影响的比较文学研究队伍，取得过诸多骄人的学术成就。不过在我看来，曹顺庆老师在学术上的成就和影响其实远不只是比较文学研究，他其实主要从事的是比较文学中的诗学研究，也可以说是文艺学中的比较诗学研究。曹顺庆先生迄今为止最重要的比较文学研究成果实际上也主要体现在比较诗学方面，包括博士学位论文《中西比较诗学》（北京出版社 1988 年），以及《中外比较文论史》（山东教育出版社 1998 年）、《跨文化比较诗学论稿》（广西师范大学出版社 2004 年）等几部代表作。而且我还注意到，曹顺庆先生近年出版的几部有影响的学术著作和教材其实也主要是文学理论或理论色彩浓厚的文学研究著述，如曹顺庆著《南橘北枳：曹顺庆教授讲比较文学变异学》（中央编译出版社 2014 年），曹顺庆、李凯主编《中国古代文论》（重庆大学出版社 2015 年）、曹顺庆主编"中国语言文学专业原典阅读系列教材"《文学概论》（北京师范大学出版社 2017 年）、曹顺庆等著《比较文学变异学》（商务印书馆 2021 年）等，无不具有浓厚的诗学理论色彩。我之所以试图对曹顺庆先生的学术研究做这样一个梳理，是想借此引出接下来对问题的讨论，更重要的是，这样或许更能有助于揭示曹顺庆先生的学术成就对中国当代文艺学研究的独特贡献。

  正如大家所知道的那样，曹顺庆先生出版的第一部著作正是《中西比较诗学》。该书是在曹顺庆先生博士学位论文基础上修订而成的，也是中国当代第一部中西比较诗学著作，由北京出版社于 1988 年出版。该书出版后，引起海内外比较文学界广泛重视和好评。但该书对曹顺庆先生本人的学术思想以及中国当代比较诗学的发展究竟意味着什么？我认为这是一个值得探究的问题。首先，从曹顺庆先生学术思想的角度看，《中西比较诗学》的出版一开始就明确显示了著者的学术根底在中国古代文论，学术旨趣则在比较诗学。曹顺庆先生在《中西比较诗学》"绪论"中开宗明义指出："中西比较诗学正是从理论的高度来辨析中西文艺的不同美学品格并深探其根源的尝试。"[1] 紧接着，他又简要概括了中国古代文论的形态特征："中国古代文论著者，主要有四种形态：第一种是子书中散见的文论，如《论语》《庄子》《论衡》《抱朴子》。第二种是选家的序跋，如《昭明文选序》《河岳英灵集序》《古文约选序》。第三种是卷帙浩繁的诗话词话，如《诗品》《六一诗话》《石林诗话》《沧浪诗话》《诗薮》《原诗》《姜斋诗话》《渔洋诗话》《人间词话》。第四种是小说评点。（至于'体大虑周'的《文心雕龙》，则兼有各类论著之特点。）这四大类诗学论著，都有一个基本特征，即在审美直观中，从下而上地进行审美经验总结，由

---

[1] 曹顺庆：《中西比较诗学》，北京出版社 1988 年版，第 2 页。

此而构成自己的诗学体系。"[①] 以如此高屋建瓴的姿态准确概括中国古代文论的形态特征，非长期浸淫于此中者断不可能。该书除"绪论"外共有五章：一、艺术本质论，二、艺术起源论，三、艺术思维论，四、艺术风格论，五、艺术鉴赏论。以我个人印象和趣味而言，我认为这些标题初看平淡，似乎缺乏足够的诗学风采，但该书关于中国古代文论的精彩论述却弥补了上述不足。如该书"艺术思维论"一章关于"神思与想象"的讨论，一开始谈到古希腊亚里士多德的模仿说抑制了艺术想象的思想；罗马时代的斐罗斯屈拉特指出，想象比模仿高明，因为想象塑造了作品；后来又经历了中世纪思想的禁锢，一直到 18 世纪启蒙主义运动，艺术想象论才开始赢得了诗人们的青睐。而中国的情形则大不相同。早在汉代，以"观物取象"为特征的比、兴，就被尊为中国诗学的正宗。汉末魏初的大诗人曹植第一次提出了"神思"一词，陆机在《文赋》中极力描绘神思的奇妙，堪称中国古代艺术想象论中的奇葩！稍后的刘勰则在《文心雕龙》一书中设"神思"专论，全面深入探讨了神思的特征、功能和方法，代表了中国古代艺术思维研究的一个高峰。该书还进一步讲到"神思"论在刘勰以后的发展，并与意大利著名学者维科的艺术思维理论相互阐发。论述"神思与想象"的这一部分，我认为是全书最为精彩之处。我甚至私下认为该书个别章节的标题与书中内容多少存在某些不够协调之处，也可以说反映了中国诗学与受西方语文影响的现代文论话语之间的龃龉，同时反映了著者此书运用中国古代文论话语进入比较诗学领域还处于草创的阶段，需要有一个进一步融合的过程。所以我们可以说，《中西比较诗学》一书一开始就显示了曹顺庆先生中国古代文论的坚实根底和超越传统中国文论研究开展比较诗学研究的努力。从中国当代文艺学学科的发展来看，曹顺庆先生的《中西比较诗学》实际上奠定了中国当代比较诗学的基础，成为中国当代比较诗学的开创之作。中国现代比较诗学的早期实践开始于 20 世纪初期，王国维的《红楼梦评论》运用叔本华、康德的悲剧美学观评论中国古代文学名著《红楼梦》，被认为是中国现代比较诗学的发端。此后梁宗岱、朱光潜、宗白华、钱锺书等都在他们的著述中从不同侧面论及比较诗学的话题，但曹顺庆先生的《中西比较诗学》则可以说是中国当代学者对"中西比较诗学"的第一次命名，也标志了中国当代比较诗学的正式成立。在此我们可以提出一个问题：中西比较诗学中的"西"很明显，指的是西方诗学，包括自亚里士多德《诗学》以来建立在逻各斯和模仿说基础之上的现实主义诗学和形式主义诗学，然而"中西比较诗学"中的"中"又是指的什么呢？是中国传统诗学，还是中国现代诗学，抑或就是中国诗学？中国现代诗学本身就是中西结合的产物。显然，这里的所说的"中"主要是建立在中国古代文论基础上的中国诗学，抑或是以中国传统诗学为根底的发展到现代的中国诗学。而前面我们已经提到，曹顺庆先生从事中西比较诗学的学术根底正在于中国古代文论。所以，由曹顺庆先生的《中西比较诗学》

---

① 曹顺庆：《中西比较诗学》，北京出版社 1988 年版，第 31 页。

所开创的中国当代比较诗学的建设其实不是偶然的。中国比较诗学在当代的形成和发展既是时代的需要，也是对文艺学学术思想传统的一种继承和选择的结果。从古代文论到比较诗学既是曹顺庆先生中西比较诗学研究的发端，也反映了中国当代比较诗学产生的某些必然。

二

关于曹顺庆先生的中西比较诗学尚有不少话题值得讨论，其中最重要的是他1999年开始招收比较文学学科博士研究生以来在四川大学逐渐建立起一个从事比较诗学研究的学术平台和学术团队，以及曹顺庆先生比较诗学中一些重要诗学思想，诸如比较文学的学科理论、"失语症"、重建中国文论话语、跨文化研究、变异理论等的逐渐展开。所有这些都有必要在另外的论题中做进一步的研究和展开，但本文特别关注的是曹顺庆先生比较诗学思想理路的发展。曹顺庆先生在他的《中西比较诗学》一书的"后记"中曾写道："比较不是理由，只是研究手段。比较的最终目标，应当是探索相同或相异现象之中的深层意蕴，发现人类共同的'诗心'，寻找各民族对世界文论的独特贡献，更重要的是从这种共同的'诗心'和'独特的贡献'中去发现文学艺术的本质特征和基本规律，以建立一种更新、更科学、更完善的文艺理论体系。"[①] 这其实已经昭示曹顺庆先生中西比较诗学思想的进一步发展必然是要探索和追求建立一种超越中西比较诗学的总体性诗学。这样一种总体性诗学的追求在他的另一部重要著作《中外比较文论史》中得到了突出体现。

《中外比较文论史》是曹顺庆先生获香港霍英东青年教师基金资助的一个项目成果。全书共四卷，其中的"上古时期"部分于1998年由山东教育出版社出版。全书完成后于2012年改名为《中外文论史》由巴蜀书社出版，该书在"引言"中开宗明义地指出："迄今为止，在中国乃至在全世界范围内，尚没有一部跨越东西方文化圈，融全世界文学理论为一体的文学批评（文学理论、文学思想）史专著。现有的文学批评史专著，虽汗牛充栋，但或仅限于一国文学批评之论述，或囿于同一文化圈的文学理论述评。这种'东向而望，不见西墙'，东西方文论天各一方的状况，显然不免各执一隅之解，而难拟万端之变；既不利于全世界文学思想的相互交流和理解，亦不利于深入认识各国、各文化圈文学理论的民族特色及其理论价值，更不利于建设总体文学理论或曰一般的文学理论（General Literary Theory）。"[②] 这就非常明确地表明曹顺庆先生此书的总体性诗学追求。著者自己在该书后记中亦进一步强调了该书在方法上的跨文化总体式全方位多极比较特征，写道："有心的读者不难看出，虽然我在研究目的上并没有改变，但在比较研究的方法上却已经有所变化，这种变化体现在如下两个方面：其一是从中西两极比较，转

---

① 曹顺庆：《中西比较诗学》，北京出版社1988年版，第270—271页。
② 曹顺庆：《中外比较文论史》，山东教育出版社1998年版，第1页。

向了总体文学式的全方位多极比较；其二是从文论范畴的对比研究走向文化探源式的跨文化比较文学研究。这两大变化可以说是我在比较诗学研究漫漫求索途中的重要收获。而这部《中外比较文论史》，正是我这些年研究探索的结晶和总结。"[1] 可见，从《中西比较诗学》到《中外比较文论史》，实际上反映出曹顺庆先生比较诗学思想的重要发展，那就是从中西比较诗学到总体性诗学的重要跨越。正因为如此，曹顺庆先生自己非常看重他的这部著作，比较文学界也对该书的出版高度重视。评论者不仅对该书给予高度评价，认为该书"体大虑周，弥纶群言"，是一部"突出体现了中国学派跨文化研究理论特征的集大成之作"，而且对该书所反映出的曹顺庆比较诗学思想的发展给予高度关注，认为该书体现了一种"总体文学理论的新架构"[2]。更有学者认为："在曹教授学术研究的心路历程中，这是一次关键性突破，也可以说，是他比较文学研究十几年里，终至从'比较'视野出发，而达到对如何立足本土解决当代中外文论系列难题所作出的总体性突破与回应。"[3]

把《中外比较文论史》的写作定位于世界性的总体性诗学而不只是中西诗学的比较，意味着该书所关注的视野不再只是此前的中国和西方，而是世界上有代表性的文化圈和文论系统；所追求的目标也不只是揭示跨文化诗学的异质性和重建中国文论话语，而是一种更具有普遍性价值的总体性诗学理论。这反映了曹顺庆先生学术思想的重要跨越，也表现出中国学者的学术胸襟和学术自信。这样一种指导思想在该书中得到了充分体现。首先，该书在视界的设定和材料的选取上，以世界上三大文明体系西方、印度和中国的文论为主，兼及阿拉伯及波斯、日本、朝鲜、越南等国文论，在一种广阔的历史文化视野下，综论其文论与文化的关系，以及三大文明系统中文论的纵向发展和横向比较，给人一种全新的超越之感。其次，该书在处理上述三大文明系统中文论之间的关系时，亦表现出独特的理论框架和体例创新。全书共四卷八编，第一编从总体文论的视角论述"中外文论的纵向发展与横向比较"的关系，第二编从中外文论探源的视角论述"中外文论的滥觞与奠基"，第三编论述"中国两汉、古罗马与印度孔雀王朝及贵霜帝国时期文论"，第四编论述"公元三至六世纪的中外文论"，第五编论述"公元七至九世纪的中外文论"，第六编论述"公元十至十三世纪的中外文论"，第七编论述"公元十四至十六世纪的中外文论"，第八编论述"公元十七至十九世纪的中外文论"。其中第一编所体现的总体诗学特征尤其值得重视。该编共分三章。第一章"中外文论纵向发展的基本脉络"，描述"世界文论的三大源头"和确认"中西文论的奠基时期"，即西方古希腊罗马时期文论、中国汉代文论以及公元前后出现的印度早期戏剧理论《舞论》，直

---

[1] 曹顺庆：《中外比较文论史》，山东教育出版社1998年版，第761页。
[2] 刘介民：《总体文学理论的新架构——曹顺庆〈中外比较文论史〉评述》，《广州大学学报（社会科学版）》2002年第4期。
[3] 吴兴明：《理路探微：诗学如何从"比较"走向世界性——对曹顺庆比较诗学研究的一种解读》，《中国比较文学》1999年第3期。

到公元 6 世纪，阿拉伯和波斯文艺理论开始崛起，公元 8 世纪后日本文论受中国影响的兴起和朝鲜文论的肇端，世界文论的发展逐渐形成独自发展的源流格局，为中外文论的横向关联奠定了基础。第二章论述"中外文论横向比较的基本理论与方法"，是全书中外文论比较研究的理论依据，其中所讲到的中外文论的可比性问题、跨文化比较研究的形成和发展、中外比较文论史研究的目标和中国文论的重建等，均属中外比较文论研究需要着力解决的基本理论方法和前沿性问题。在此基础上，该编第三章才有可能具体论述"上古中外文化与文论的横向比较"所涉及的相关问题，也才有了该书第二编"中外文论的滥觞与奠基"。该编用了七章的篇幅对上古时期中外文论一些重要的共通性问题进行了具体梳理和总体阐释。因此，该书的第三个特点表现在中外文论的比较和超越比较的论述上，全书对中外文论的比较研究，均能在一种总体性框架下具体展开，同时又超越具体的比较而趋向总体性框架，构成了我们所说的总体性诗学的努力的组成部分，如第二编所论及的"毕达哥拉斯、老子与赫拉克利特"（第一章）、"德谟克利特与墨子"（第三章）等。该书第二编在论及"孔子""亚里士多德""庄子"等中外文论大家时，虽然在表面上并没有过多涉及具体的比较，但在深层内涵上却设立起一个或多个"他者"的语境，以便在此语境下显示其文论的某种跨文化意义，终于使比较诗学获得超越而达到某种总体性诗学。这可以说是本书最重要的特点，也是该书对中国比较诗学的主要贡献所在。

三

正如大家所知道的那样，德国大诗人歌德在 1827 年与爱克曼的谈话中提出了"世界文学"的理想。美国著名学者韦勒克等也提出应该建立一种"从国际的角度来展望建立全球文学史"的总体性文学。所谓总体性诗学正是循着这样一种思路所做出努力的一个重要组成部分。但总体性诗学的建立谈何容易！曹顺庆先生在其研究中亦深有感触地说道："由于多种因素的制约，这种超越民族界线，尤其是超越东西方民族界线，堪称全球文学史的专著却千呼万唤难出来。至于跨越东西方文化圈的文学批评史，更是茫然无序。"[1] 其中的难题，包括曹顺庆先生此前一直关注并不断推进研究的一系列课题，诸如中国文论"失语症"和文化病、重建中国文论话语、变异学、跨文化比较诗学研究等，都是所谓总体性诗学建设必须加以解决的问题。其中，跨文化比较诗学研究是一个提纲挈领的问题，涉及中外文论的异质性关系以及中外文论传播交流过程中的变异性问题。所以，我在这里还要提到曹顺庆先生近期另一本重要著作，也就是他的《跨文化比较诗学论稿》[2]。

首先需要解释的是，跨文化比较诗学从逻辑上讲，其实是先于总体性诗学的。

---

[1] 曹顺庆：《中外比较文论史》，山东教育出版社 1998 年版，第 28 页。
[2] 参见曹顺庆：《跨文化比较诗学论稿》，广西师范大学出版社 2004 年版。

拟议中的总体性诗学理应形成在跨文化比较诗学成熟之后。然而，在当前世界多极文化冲突日趋严重的语境下，跨文化比较诗学在当今不仅是一个远未完成的课题，而且还是一个遥遥无期的难以解决的问题。从这个意义上讲，当前所谓总体性诗学所取得的成就还只是万里长征的一小步，甚至总体性诗学本身也还只能是某种理论上的预设。当今世界各国诸多民族的和文化隔膜和冲突等问题不仅远未得到解决，有的甚至愈演愈烈，进一步成为全球性的影响人们生存和发展的重大问题。或许正是因为这个原因，曹顺庆先生在提出和架构自己的总体性诗学框架的同时，仍然花费了大量精力，集中研究和推进跨文化比较诗学中的一些重点和难点问题。这些问题中的大多数在这部《跨文化比较诗学论稿》中得到集中体现。从某种意义上讲，对于比较诗学中的这些重要问题的探讨，其实也就是总体诗学建构中的重要方面。我想结合该书中较多谈论到的几个话题谈谈个人的阅读体会。

《跨文化比较诗学论稿》是曹顺庆先生20世纪80年代以来有关比较诗学研究的论文集，被收入钱中文、童庆炳主编的"新时期文艺学建设丛书"第6辑，2004年由广西师范大学出版社出版。全书共收录曹顺庆先生25篇论文，按论题的相关性分为6辑。这些论文在发表时可谓新意迭出，在比较诗学界产生了强烈反响，极大丰富了中国新时期文艺学建设。其中多篇论文涉及总体性诗学建设，尤以"比较文学的中国学派""文论失语症与文化病态""中国诗学的异质性"等几个既相联系又有区别的论题最为引人注目。

"比较文学的中国学派"的概念最早是由李达三在20世纪70年代提出的。李达三在《比较文学中国学派》一文中提出："我们仅此提出一种新的观点，以期与比较文学中早已定于一尊的西方思想模式分庭抗礼。由于这些观念是源于对中国文学及比较文学有兴趣的学者，我们就将含有这些观念的学者统称为比较文学的'中国学派'。所谓'中国学派'，如果改称为'中庸'学派，也许更为恰当。不过，法国学派与美国学派已经奠定了以国名为命名的形式，为了配合起见，本文乃采用'中国学派'这一名称。"① 曹顺庆先生1995年在《中国比较文学》第1期上发表了《比较文学中国学派基本理论特征及其方法论体系初探》，较早提出比较文学中国学派的理论和方法自觉，引发海内外热烈反响。该文后被收入《比较文学新开拓》（重庆大学出版社1996年）及《跨文化比较诗学论稿》（广西师范大学出版社2004年）。曹顺庆先生在该文中指出："如果以1983年天津第一次全国比较文学学术会议和1985年深圳全国比较文学学会成立为起点，中国比较文学的复兴已有十余年了。十余年来，中国比较文学以其庞大的阵容，丰硕的成果，给中国学术界注入了一股强大的活力，令全世界的同行们刮目相看。在这种学术背景上来总结和概括比较文学的中国学派，就有了坚实的学术基础。如果再加上台、港及海外华人的比较

---

① 李达三：《比较文学中国学派》，周树华、张汉良译，《中外文学》1977年第6卷第5期。另见迪尼、刘介民：《现代中西比较文学研究》第一册，四川人民出版社1988年版，第200页。

文学研究实践，则中国学派的理论特点和方法论体系，实际上已经显露雏形，呼之欲出了。"① 那么所谓比较文学中国学派的理论特点和方法论体系究竟包括哪些内容呢？曹顺庆先生在该文中做了一个简明扼要的归纳："如果说法国学派以'影响研究'为基本特色，美国学派以'平行研究'为基本特色，中国学派可以说是以'跨文化研究'为基本特色。如果说法国学派以文学的'输出'与'输入'为基本框架，构筑起了由'流传学'（誉舆学）、'渊源学'、'媒介学'等研究方法为支柱的'影响研究'大厦；美国学派以文学的'审美本质'及'世界文学'的构想为基本框架，构筑起了以'类比'、'综合'及'跨学科'会通等方法为支柱的'平行研究'的大厦的话，那么中国学派则将以跨文化的'双向阐发法'、中西互补'异同比较法'，探求民族特色及文化根源的'模子寻根法'，促进中西沟通的'对话法'及旨在追求理论重构的'整合与建构'法等五种方法为支柱，正在和即将构筑起中国学派'跨文化研究'的理论大厦。"② 曹顺庆先生对比较文学中国学派理论方法的总结和提倡的努力，自然还有待进一步完善。例如跨文化比较研究产生了重建中国文论话语的需要以及引起了对各民族文化异质性问题的重视，其中包含诸多复杂的文化和学术的问题，有待学者的不懈努力。曹顺庆先生的这部《跨文化比较诗学论稿》正是这种努力的重要组成部分。而且我们应该意识到，比较文学中国学派本身也有一个形成和发展的过程，中国学者对比较文学中国学派的期待和努力更是一种历史和文化的使命感使然。遗憾的是，有的学者仅仅因为比较文学跨文化研究的不成熟，以及某些门户之见，不仅简单否定了比较文学的中国学派，而且认为也根本不存在比较文学的法国学派和美国学派。言下之意，比较文学中国学派的提法也不过是一种臆想而已。且不说学术研究中学派的形成既是一个自然的过程，也需要学者的提倡和努力，更重要的是，这样一种看法显然未能正视比较文学发展的现状和存在的问题。其中最核心的问题就是跨文化研究的问题。这其实并不只是曹顺庆先生的学术兴趣所在，更是学者的学术责任所在。这同时是比较文学发展本身的需要，尤其是解决中国近代以来社会文化发展所面临的困境的需要。曹顺庆先生在《跨文化比较诗学论稿》一书开篇就指出："中国比较文学的发展，其根基在建立在中西方文化剧烈碰撞、交流与对话的基础之上的，认识到这一点至为关键，因为这是我们正确认识和评价并进一步展望中国比较文学研究的根本立足点，是制订我们21世纪长期的研究战略，指导下个世纪中国比较文学进一步深入发展的基本立场。"③ 如果不能在面对西方强势话语面前既做到理性汲取西方学术精华，又能够正视中国学术话语所存在的种种积弊，以改中国学术话语之衰颓，那就只能亦步亦趋走在西方主流学术话语之后。这显然是没有出息的。所以，无论是比较文学自身

---

① 曹顺庆：《跨文化比较诗学论稿》，广西师范大学出版社 2004 年版，第 29 页。
② 曹顺庆：《跨文化比较诗学论稿》，广西师范大学出版社 2004 年版，第 31 页。
③ 曹顺庆：《跨文化比较诗学论稿》，广西师范大学出版社 2004 年版，第 3 页。

的建设，还是更大范围的中国文化建设，我们都应该对比较文学中国学派的提倡持一种积极的态度，并期望这样一种文化自觉变成学术上的更大收获。因此，我们理应对曹顺庆先生及其学术团队在建设比较文学中国学派方面所做出的不懈努力及其取得的成就给予热切的期待。

曹师顺庆先生学术研究中的"文明互鉴"思想

2020级博士　曹怡凡[*]

> 恰逢恩师曹顺庆先生从教40周年，弟子承蒙先生昔日谆谆教导，感念师恩，欲作小文以述恩师治学经历，择其中西比较诗学、东方文学文论研究、比较文学学科理论话语建设等领域重要成果，分而述之，总其核心学术观点。回顾曹师治学之路，其文明互鉴之思贯彻始终，愈发深刻。故作《曹师顺庆先生学术研究中的"文明互鉴"思想》一文，聊表寸心。
>
> ——题记

2014年习近平总书记在联合国教科文组织总部发表演讲时提出："文明因交流而多彩，文明因互鉴而丰富。"[①] 互鉴即相互理解、交流和借鉴。文明互鉴是构建人类命运共同体的基础，是打造和谐、友爱国际关系的前提。回顾曹师顺庆先生的学术研究之路，从最早扎根于中国古典文论，开拓至中西诗学比较研究，编撰《中外文学史》《中外文论史》《东方文论选》等书籍，提出"失语症""变异学"等理论话语，建构比较文学中国学派……其诸多成果不仅填补了国内学界的部分空白，也促使曹师的学术研究在"文明互鉴"的道路上越走越远。

一、中西互鉴：扎根中国原典，开垦中西比较诗学荒地

1977年，曹顺庆先生进入复旦大学中文系学习。在复旦大学期间，曹先生受陈望道、朱东润、郭绍虞、刘大杰、蒋孔阳、王运熙等名师的熏陶，对中国传统文化兴趣颇深，开始钻研中国古典文学，并写作了第一篇学术论文——《略论孔子的美学思想》，此文后收录于复旦大学学生论文集之中。1980年曹先生又报考了研究生，并于9月来到位于蓉城的四川大学，师从龙学大家杨明照先生攻读中国文学批评史专业的硕士研究生。曹先生深受恩师杨明照先生的影响。尤其在杨先生的言传身教下，曹顺庆先生根植中国古典文论，探索比较诗学的研究路径。读研期间，曹顺庆先生就发表了《亚里士多德的"Katharsisi"与孔子的"发和说"》《"风骨"与

---

[*] 曹怡凡，2020级博士，艺术学理论专业，研究方向为比较艺术学。
[①] 习近平：《文明交流互鉴是推动人类文明进步和世界和平发展的重要动力》，《求是》2019年第9期。

"崇高"》《"移情说"、"距离说"与"出入说"》等多篇论文，其中的几篇还陆续被《新华文摘》等权威刊物转载。后来，曹先生以"《文心雕龙》中的灵感论"为硕士学位论文的选题，其研究成果后发表于《古代文学理论研究丛刊》（第 6 辑），并受到了学界的关注和肯定。著名科学家钱学森先生阅读了此文后，写信至曹先生，称其阅读完此文后颇受启发，故写信以表感谢。由于受到了各位学界泰斗的肯定，曹先生奋发图强、刻苦耕耘，继续师从杨明照先生攻读中国文学批评史专业的博士学位，成为川大中文系第一个博士生。读博后，先生继续在中西比较文学、比较诗学领域钻研，最终写成了博士毕业论文——《中西比较诗学》。该论文获得了季羡林、杨周翰、张松如、周来祥、钱仲联等评审专家的高度评价。这篇博士学位论文最终作为我国第一部中西比较诗学专著于 1988 年在北京出版社出版。可以说，《中西比较诗学》是曹先生学术研究之路的第一个里程碑。

要想做好中西比较诗学的研究，曹顺庆先生认为务必要做好两件事。一是深入了解中、西方文化，对中、西方文论了然于胸。于是，曹教授主张要回归原典，既要回归中国原典，对代表性的中国古代文论熟稔于心，又要阅读西方原典，阅读外语一手文献。正因如此，曹教授为川大学子开设了"十三经元典阅读"和"西方文论导论"等课程，培养人才。二是在研究中，需立足于中国古代文论，改变中国文论在中西比较诗学以往的研究中的"他者"角色。事实上，比较文学、比较诗学学科自诞生就面临定于一尊的比较文学西方话语。曹教授认为，要改变这种现状，须树立对我国文化的自信，从中国原典中寻求资源。2021 年 11 月，曹顺庆先生及其研究团队历时 15 年的著作——《中西诗学对话》由高等教育出版社出版发行。此著是曹先生继《中西比较诗学》之后的又一研究力作，也是国内第一部将当代西方文论和中国古代文论进行系统比较研究的学术专著，代表着曹顺庆先生对中西比较诗学研究的最新探索。本书开创性地以中为本，一方面利用中国古代文论来阐释西方文论，另一方面探索了以海德格尔、福柯、德里达等为代表的思想家的文艺理论中的中国因素，标志着中西比较诗学由"以西释中"转向"以中释西"，开启了中西诗学对话的新局面。

可以发现，开阔的中西文明互鉴视野令曹教授从中国古代文论转向中西比较诗学。与此同时，扎根中国传统文化，回归原典，以中释西，彰显中国传统文化魅力亦是曹教授中西比较诗学研究的宗旨。

二、东西兼通：填补学界东方文学与文论研究之空白

相较中西比较研究，东方文学和文论的研究在中国比较文学研究领域并未得到应有的关注。在出版《中西比较诗学》之后，曹顺庆先生意识到不能仅仅将眼光局限于中西比较，而应具有更加包容、开阔的研究视野。在这方面，他坦言自己受到了季羡林先生的鼓励和启发。季先生在其博士学位论文的评语中曾写道："我常常感觉到，世界上文学理论能独立成为体系的不外三家：中国、印度、希腊（包括近

代西方各国)。此文只对比了中国和西方的文论。倘若将来能扩而大之,把印度古代文论也包括起来,把三者进行对比。其成就必将有更大的意义。"① 于是,曹先生准备探索一条新的研究路径,即从总体文学的角度来研究比较诗学。正如其在《从总体文学角度认识〈文心雕龙〉的民族特色和理论价值》一文中所写:"仅仅以西方文论为参考系,从中西文论的比较中来确定《文心雕龙》的历史地位,尚缺乏一种真正世界性的宏观眼光。"② 正如西方哲学史、西方文学史、西方文明史等类著作都从古希腊谈起,忽略了以中国文明、印度文明等为代表的东方文明。具体而言,在文论研究中则表现为对以古希腊、罗马为源头的西方文论的重视以及对中国、印度、阿拉伯、波斯、日本、朝鲜、越南等古代文论的忽略。"只有在充分考虑了世界各国(各文明圈)的文学理论批评的基础上,才可以真正确定《文心雕龙》(或中国古代文论)在世界文论史上所应有的历史地位和理论价值。"③ 在这样的思路下,曹顺庆先生决定撰写一部新的《比较文学史》。该著作于1991年由四川大学出版社出版。此书克服了以往世界文学史中对东方文学的忽视和西方中心主义倾向,将文学发展的纵向的历史进程与横向的交流影响相结合,勾勒出了一幅较完整的世界文学发展图景。在《比较文学史》的基础上,他又开始了《东方文论选》和《中外文论史》的编撰工作。

1990年,曹顺庆教授着手《东方文论选》的准备工作。他发现,当时国内学界十分缺乏东方文论的相关资料。除了中国古代文论,金克木、季羡林等前辈翻译的少量印度梵语文论,以及部分日本文论翻译资料外,其他东方国家的文论资料寥寥无几。为了《东方文论选》的编写,曹教授于1991年春赴京拜访了季羡林先生、金克木先生,并在两位先生的推荐下约请了黄宝生先生、伊宏先生等参与本书的编写工作。1996年,《东方文论选》由四川人民出版社出版。本书选译了中国、日本、阿拉伯、印度、波斯等国古代文论的重要篇章,绝大部分的材料都是首次被译为中文,因此该著被认为是第一部较全面反映东方各国文论概括的文论选,被学界誉为"填补学界的一个重要空白"之作。季羡林先生认为曹顺庆教授编撰的《东方文论选》实属"雪里送炭之举","读此一书,东西兼通。有识有志之士定能'沉浸浓郁,含英咀华',融汇东西,以东为主,创建出新的文艺理论体系,把中国文艺理论的研究水平,东方的文艺理论的研究水平和世界的文艺理论的研究水平,大大地提高到一个崭新的高度和水平上,岂不猗欤休哉!"④ 正如曹先生在本书的绪论中所写的那样:"强调东方文论,并非是要与西方文论争强赌胜,而是从文学理论发展的角度思考人类文学理论发展的规律,实事求是地、全面地总结人类个民族文学理论的成就,并在此基础上,重新建构一般的文学理论,这是世界各民族文学和

---

① 曹顺庆:《我的学术之路》,《当代外语研究》2016年第4期。
② 曹顺庆:《从总体文学角度认识〈文心雕龙〉的民族特色和理论价值》,《文学评论》1989第2期。
③ 曹顺庆:《我的学术之路》,《当代外语研究》2016年第4期。
④ 曹顺庆编:《东方文论选》,四川人民出版社1996年版,序言第3页。

文论发展的基本的和必然的趋势。"①

酝酿已久的《中外比较文论史》《中外文论史》分别于1998年和2012年出版。曹顺庆先生这部《中外比较文论史》是迄今中外唯一一部涵盖中外文学理论的史书。该书把古希腊、中国和印度作为世界文学理论史发展的第一个阶段。包含了中国、希腊、印度、罗马、埃及、阿拉伯、波斯、意大利、英国、法国、德国、日本、朝鲜、越南、泰国、美国，跨越欧、亚、非、美四洲，跨越不同的文明。简言之，此书堪称一部跨时代的巨著，既具有宏观的全球视野，又在具体的文论分析中细致入微、鞭辟入里。作为跨文化、跨文明研究的又一力作，曹先生的《中外文论史》寻求东西方异质文明所赖以形成、发展的基本生成机制和学术规则，从"意义的产生方式""话语解读方式"和"话语表述方式"等方面进行探索，以期梳理和总结文论范畴群及其文化架构、文化运作机制和文化发展规律。可以说，《中外文论史》在《中外文学史》《东方文论选》和《中外比较文论史》的基础上进一步深入探索世界各异质文化、文明。在研究中，曹顺庆先生对学界定于一尊的西方话语始终保持警惕，他深知东方文艺理论的重要价值，故而进一步深化了东西方文明互鉴的思想。

虽然曹顺庆先生后来将学术研究重心放到了比较文学学科理论的建构，但这并不意味着他不再关注或关心东方文学或东方文艺理论领域。事实上，曹顺庆先生一直贯彻着融贯东西、文明互鉴的思想。2020年，曹顺庆教授担任首席专家的国家社科基金重大项目"东方古代文艺理论重要范畴、话语体系研究与资料整理"正式启动。在该项目的开题会议上，曹教授指出，东方文论不仅长期被西方忽略，甚至被东方自身忽略。长期以来，国内外学者关于东方古代文艺理论的研究要么停留在零散式、片段化的研究层面，要么沦为西方定义东方的注脚，在国际交流中处于"失语"困境，始终缺乏东方人自己对东方古代文艺理论特点、话语体系的系统梳理与研究。于是，该课题要在《东方文论选》的基础上，进一步系统梳理东方古代文艺理论重要范畴和话语特征，力图从东方文化视域出发来构建东方文论话语体系。这对于增强东方民族的文化自信，加快文化复兴的脚步，有着重要的现实意义。② 此项目聚集了国内东方文艺理论研究的中青年专家，既能对东方文艺理论进行一次更加系统、完整、深入的清理，又能为东方文艺理论研究收集和整理大量的一手文献。此外，该项目还以培养一批东方文艺理论研究与翻译人才为己任，为中国东方学学科的发展提供人才储备。

赛义德的《东方学》揭示了被西方人所建构的东方不过是一个虚假的想象。在西方人眼中，西方文明是先进的、科学的、优秀的，相反东方则是落后、愚昧和低

---

① 曹顺庆编：《东方文论选》，四川人民出版社1996年版，第2页。
② 《国家社科基金重大项目"东方古代文艺理论重要范畴、话语体系研究与资料整理"举行开题报告会》，2020年5月1日，https://lj.scu.edu.cn/info/1039/5002.html。

级的。例如黑格尔就曾在其《哲学史讲演录》中指出，东方哲学对于特定事物的考察是"缺乏思想的，没有系统的"①。事实上，比较文学学科诞生于西方，一直以来被西方话语统摄。要想摆脱西方话语，需回归东方文明的原始语境，为东方文艺理论正名。从《东方文论选》到《中外文学史》《中外比较文论史》《中外文论史》再到"东方古代文艺理论重要范畴、话语体系研究与资料整理"国家社科基金重大项目，曹顺庆教授始终对西方中心主义的理论话语保持警惕，力图呈现东方文艺理论真实面貌，体现东方文明独特的魅力与价值。

三、问题与反思："中国文论失语症"与"比较文学中国学派"的提出

1993年，曹顺庆教授在美求学时被国务院学位委员会批准为博士生导师，次年回国。回国后他结合在国外求学的经历，反思国内比较文学和文学理论研究中存在的问题，提出了两个轰动学界的观点，即"中国文论的失语症"和"比较文学中国学派"。

在《文论失语症与文化病态》一文中，曹先生认为当今文艺理论研究中最严峻的问题就是文化"失语症"。② 具体而言，中国现当代文艺理论基本借用西方话语，长期处于文论表达、沟通和解读的"失语"状态。尽管造成"失语"的症结与某些复杂的历史社会因素分不开，但随着我国经济、政治实力与国际地位的不断提升，已经到了必须反思和解决这个问题的时候。如何解开文论"失语"的症结？曹先生认为归根结底是民族不自信的问题。事实上，我国有着丰富的历史文化传统和优秀的民族精神。但是自五四运动以来对中国传统文化的否定促使现当代文论与中国古代文化产生巨大断裂。要摆脱这种"失语"的病症，需反思学界存在的西方中心主义现象，重新建构中国的文论话语，重新打通中国传统文化与现当代文论。很快，"失语症"在中国学界引起了巨大反响，许多学者都认为曹先生的文章具有真知灼见，因为这的确是一个意义重大的问题，关系着中国文化发展的战略与未来中国文学理论的命运。③

1995年，曹顺庆先生在《比较文学中国学派基本理论特征及其方法论体系初探》一文中梳理了比较文学在中国学界的发展和实践，并首次总结归纳了其研究方法和特点。该文一发表便引发了学界的高度关注和热烈讨论。针对"建立比较文学中国学派"的主张，学界存在不同的声音。有学者认为："研究刚刚起步，便匆匆地来树中国学派的旗帜。这些做法都误导中国研究者……学术史告诉我们，'学派'常常是后人加以总结的，今人大可不必为自己树'学派'。"④ "学派的建立永远不

---

① 黑格尔：《哲学史讲演录》（第一卷），贺麟、王太庆等译，上海人民出版社2013年版，第152页。
② 曹顺庆：《文论失语症与文化病态》，《文艺争鸣》1996年第2期。
③ 曹顺庆：《21世纪中国文化发展战略与重建中国文论话语》，《东方丛刊》1995年第3期。
④ 严绍璗：《双边文化关系研究与"原典性的实证"的方法论问题》，《中国比较文学》1996年第1期。

会是自封的。"① 事实上,并不是所有学派都是后人总结的,也有许多自封的,如:印象主义、分离派、表现主义、超现实主义等。学派能否建立的关键不在于"自封"或"他封",而是能否建立一个完整、独立、兼具建设性与创新性的理论体系。另外,具有"学派意识"并不是一件坏事,因为学派本身就与文化软实力挂钩。② 比较文学诞生于欧洲,却只有"法国学派",就是因为法国学者有学派意识,建立起了属于自己的理论话语体系。事实告诉我们:"落后就要挨打,贫穷就要挨饿,失语就要挨骂……别人就是信口雌黄,我们也往往有理说不出,或者说了传不开,一个重要原因是我们的话语体系还没有建立起来。"③ 因此,建立"中国学派"是通往理论自信、文化自信的道路。

四、变异学:文明交流互鉴规律的探索

在《比较文学学科理论发展的三个阶段》一文中,曹顺庆教授归纳总结了比较文学法国学派与美国学派的特征,即前者重视影响研究,后者主张平行研究。二者都将重心放在了"求同"上面。不同于法国学派和美国学派,比较文学中国学派应关注之前被比较文学学科理论忽略的"异质性"问题。影响研究与平行研究是在西方文明中产生的,影响研究将可比性建立在同源性的基础之上,平行研究则以类同性作为比较的基础。曹教授认为这种"求同"思维具有一定的局限性,忽略了跨文明比较中的异质性。正因为此,曹先生经过长期的思考和探索后,提出了比较文学变异学理论,并在 2006 年发表了《比较文学学科中的文学变异研究》一文。该文指出变异学研究的重点在于"异",研究范围包括跨国别变异研究、跨语际变异研究、跨文化变异研究、跨文明变异研究、文学的他过话研究等方面。④

2014 年,曹顺庆先生的英文专著《比较文学变异学》(*The Variation Theory of Comparative Literature*)由 Springer 出版社出版,广受国内外学界的关注。欧洲科学院院士多明戈(Cesar Dominguez)、美国科学院院士苏源熙(Haun Saussy)等专家都给予了该书高度评价。从比较文学学科内部来看,变异学打破了法国学派和美国学派的求同性思维模式和其研究局限性,从学理性上开拓了比较文学研究的视角和方法,为比较文学学科注入了新的活力,也为丰富、多元的异质文明给予了肯定并提供了理论支持。比较文学法国学派认为"比较文学不是文学的比较",他们的比较研究立足于"同源性",主张实证性的研究,反对胡乱比较。美国学派则在法国学派的基础上,恢复了"平行研究",认为世界各国的文学存在"共同的诗心",不能局限于法国学派的影响研究。可见,无论是美国学派还是法国学派,都有着明显的求同思维。变异学是完全不同于法国学派和美国学派的理论话语。它并

---

① 纪建勋:《中国比较文学复兴四十年学科方法论整体观》,《学术月刊》2018 年 10 月(第 50 卷)。
② 参见曹顺庆、王庆:《从比较文学学科发展史看文化软实力》,《江汉论坛》2009 年第 1 期。
③ 《习近平总书记系列重要讲话读本》(2016 年版),学习出版社、人民出版社 2016 年版,第 210 页。
④ 曹顺庆、李卫涛:《比较文学学科中的文学变异学研究》,《复旦学报(社会科学版)》2006 年第 2 期。

非完全否定法、美学派的研究方法，而是强调在跨文化（文明）比较中，应重视异质性和变异性特征，摆脱西方固有的求同思维。可以说，曹顺庆先生的变异学成为比较文学中国学派的一个重大理论突破。同时，变异学对于异质文明的交流、对话和与互鉴具有重要作用。"在进行不同文明的比较研究时，如果只是一味'求同'，而不辨析'异质'和'变异'，势必会忽略各自独特的个性，忽略文学、文化、文明交流的复杂性与多样性，最终使研究流于肤浅。"[①] 求同思维往往会造成对异质文明的偏见或无视。在西方理论话语的统摄之下，非西方文明只能沦为比较研究中的"他者"。因此，变异学正是基于对目前比较文学学科中存在的问题的思考，提出将变异性和异质性作为研究中的重心。事实上，异质性和变异性是人类文明呈现其丰富多彩、各具特色的面貌的前提。因此，变异学在探寻其文化交流、文明互鉴的规律上具有重要意义。

从中西比较诗学的中西互鉴，到东西兼通的世界文学（文论）研究，从发现中国古代文论与东方文论之"失语"，再到中国理论话语建设和变异学理论的提出，曹顺庆先生用其40年的治学历程践行了他对文明互鉴的不断思考。文明互鉴所倡导的文化交流与学习应建立在文明平等的基础之上。不同于亨廷顿的文明冲突论，曹顺庆先生认为文明本没有优劣之分，以英美为首的西方所奉行的西方中心主义文明观在本质上是一种文明优越论。从文明史实及文化发展来看，文明是多元生成的，是人类智慧共同的结晶。[②] 因此，破除西方中心主义，建构平等、和谐、包容的世界多元文明新格局则显得尤其重要。曹先生的变异学高举"异质性"和"变异性"两面旗帜，主张异质文明的平等对话、交流互鉴，对构建人类命运共同体、世界文明新格局具有重要的理论价值。

---

① 曹顺庆、李甡：《变异学：探究人类文明交流互鉴的规律》，《成都大学学报（社会科学版）》2020年第3期。

② 曹顺庆：《世界多元文明史诗与西方中心文明观的破除》，《人民论坛》2019年第26期。

文明对话与文化变异：比较文学变异学的人类学阐释
——兼记我与曹顺庆教授的师生之谊

2015级博士后 牛 乐[*]

一、文明对话与交流互鉴：文学变异学的发生场域

就属性而言，人类学并非一个封闭的学科，而是综合了科学、人文与艺术基因的开放性学术传统，其既体现了科学精神与人文精神的整合与实践，亦体现了人类型塑和建构自身文化价值的实践形式。人类学内部，为了调和科学和人文两种看似对立的研究路径，极为重视对科学霸权和表征主义的批判，亦致力用科学方法制衡漫无边际的文本阐释，体现了人本价值观与脱离生活世界的文本权力的话语对抗。[②]

差异性是人类学研究的起点，在文化人类学研究传统中，差异性和异质性被视为分析起点，尤其在文化相对论的视野下，差异性并非一个暗含不可化解矛盾的敏感话题，而是文化多样性之所以存在和发生的基础。在寻求普遍性的西方社会学传统中，差异性同样是其展开实证分析的基础和实践抓手，却并不是其理论终点，其始终被视作事实之表象或者某种关系的表征，故寻求差异性背后的普遍规则始终是贯穿西方哲学观和科学观的思想轴线。

对于21世纪以来的社会科学研究，尤其对于跨文化研究而言，"文明对话"既是一个学术命题，也是隐含了多重话语交锋的文化议题，更是文化普遍性和差异性在全球政治领域的显现。学术领域的相关探讨始于哈佛大学杜维明教授力主的"文明对话论"，代表了学术界对于亨廷顿"文明冲突论"的普遍质疑和反驳。杜维明用"文明对话"一词对"全球化""现代性"及"多元性"的关系进行了辨析[③]，并以"人类共同体"为基准，对文明对话的理念和策略进行了一系列价值化处理。显而易见的是，文明冲突论将"差异"作为文明交往隐性的前置条件，用矛盾关系置换了其他关系范畴，同时忽视了基于差异性文化的社会生产和交往行动在塑造社

---

[*] 牛乐，2015级博士后，工作单位为西北民族大学美术学院，博士生导师（文艺学、民族学），博士后合作导师。国家社科基金重大项目首席专家，全国中青年德艺双馨文艺工作者，全国非物质文化遗产保护先进个人，甘肃省领军人才、国家民委领军人才。兼任甘肃省民间文艺家协会副主席，中国艺术人类学学会（国家一级学会）常务理事，文化和旅游部"中国非物质文化遗产传承人群研培计划"咨询专家，《光明日报》"非遗传播委员会"专家委员。国家社科基金同行评议专家、教育部人文社科项目、国家艺术基金评审专家，被国内多所大学聘任为兼职教授、研究员，在艺术学、民族学（少数民族艺术）及非物质文化遗产等领域均具有广泛的学术影响。

[②] 牛乐：《知识史与生活史——口述史研究的理论转向与实践策略》，《民族文学研究》2022年第2期。

[③] 杜维明：《全球化与多元化中的文明对话》，《深圳大学学报》2005年第2期。

会结构、社会制度、社会关系方面的能动作用。[①] 从历史情况来看，中华文明与其他文明之间的融合与互动并非总基于差异性产生的冲突效应，而是呈现出由"差异"而追求"共相"的文化间性特征。作为交往、交流、交融的底层机制，文明对话的基本动力学是什么？推而广之，这不只是一个学科问题，也是涵盖了政治学、人类学、社会学及文化研究的基本问题。

在西方文化观念领域，作为文明对话的次级问题中心，文化差异性（异质性）与文化变异性是一体两面的事实，前者表征普遍的现象，后者则暗含复杂的能动机制，二者在持续的过程和开放的结果中交替呈现。在文明对话的宏观层面，即使暂时搁置文化的差异性，基于语言本身的差异和变异，在普遍模式下解构语言层面的二元对立性并非易事，这也是以普遍语言结构（逻各斯中心）为思考模式和分析基础的西方哲学体系最大的困境。在文明对话的社会中观层面，这种基于语言差异的对立性甚至可以转化为多层次的矛盾关系。

中华传统哲学关于文化的差异性和普遍性（共同性）有其独特的认识和解释、实践路径。如孟子之"物之不齐，物之情也"，孔子之"和而不同"均承认事物的差异性和多样性。《周易·系辞传下》："天下同归而殊途，一致而百虑。"宋明道学家说的"理一分殊"，则既承认普遍性，也承认差异性。中国现代著名哲学家冯友兰则说："同无妨异，异不害同；五色交辉，相得益彰；八音合奏，终和且平。"这一理论恰当地处理了一与多、共识与多元、普遍与特殊的关系。更为重要的是，其事实上阐明了异质文化交融的具体形式，即生活意义上的交流互鉴。

客观的分析，文明间的对话首先包括多个言说主体，亦包括多个实践主体，其不只停留在某一层面，也包括其所表征、关联、衍生的任何历史事件或文化形式。基于文明对话的深度与广度，亦基于业已成为事实的大数据背景，实证研究在面向社会问题时仍旧有广阔的用武之地，甚至可以支配传统媒体以及种种新兴技术文本，并对文明对话的发展构成反身性的影响与建构。与实证主义相抗衡的是，文学艺术研究中由灵性所支配的审美潜能从人本视角切入了问题的中心，并赋予"对话"这一广义的形式乃至具体的实践本身以本体论意义。

与科学和哲学的真理化路径不同，文学艺术作为人类文化体系的间性形式和重要沟通介质，其本体并未局限于追求绝对的真理性，而讲求以差异性、建构性、创新性为主的文化实践。作为对科学和哲学两种认识观和真理路径的调适，在文明的传播与对话中，文学艺术活动以及其所呈现的差异叙事无疑具有双向的文化能动性，其对于文明和语言的差异性起到了良好的调和作用，并显著地填补了文字和语言所不能涉及的心理范畴。在此意义上，文学艺术活动是一种具体的、被不断建构的社会实践，对于文明的传承与融汇使其具有鲜明的实践性，故成为文明交流互鉴最直观的表现形式。

[①] 彭树智：《文明交往和文明对话》，《西北大学学报（哲学社会科学版）》2006年第4期。

二、从变异到求异：文学变异学的话语创新

除了心理学意义的"主体间性"和符号学的"三元结构"策略，解构语言学二元对立的关键并不在于寻求人类固有思维模式之外的逻辑路径，而在于对封闭的语言空间和思考维度的超越，其需要对学理之内涵与外延、结构性和能动性关系在高层次上的把握。

在深入梳理了比较文学之学派、学术史及学理关系的基础上，异质性、变异性、跨文明、话语创新常作为曹顺庆教授学术理论的关键词，尽管很难用简单的思维图示统御诸要素之间的学理关系，但是仍可以从不同空间、时间维度展开分析，从中一窥其学术理论鲜明的实践性与建构价值。

在比较文学领域，不论是关注文学之外部结构和关系形态的"实证研究"，还是承认其多样性的"平行研究"（内部研究、跨学科研究），[1] 事实上都囿于学科本位，产生了研究策略层面对立的"内"和"外"之别，从而形成了学科内外的话语对立。这种话语对立事实上遮蔽了多元文化主体的生态联系（有机性、共在性、变异性），并再次陷入"结构"或者"能动"的二元对立机制中，实质仍然是在不同方向和层面"求同"的过程，[2] 其本身并无法超越西方哲学的形而上本体或逻各斯中心主义的语言学屏障。

首先，变异学之所以成为创新之学，其根本在于阐明了"求异"的合理性和可能性，其创新性即在于从实践方法上避开了此种基于二元对立的求同过程。文学变异学首先从本体论角度搁置了"异"与"同"的对立性，进而从现象视角悬置对立的二项问题，从文学话语的"失语症"[3] 找到文明对话中不可避免的心理症结，在差异化言说主体的共在场域（文明对话）中消解了语言学的逻辑矛盾，证实了差异化策略之合理性。在此基础上，文学变异学立足于中华文化的本原话语形式和文化伦理，与当代社会科学共有的前沿认识观产生了极富策略的对话。在此意义上，其并非某种言说技巧，而是一个"应变—建构—创新—超越"的实践过程。

其次，文学变异学并不关注西方哲学意义上的普遍性与特殊性的二元对立孰优孰劣，抑或是二者是否有解构或调和的可能，而是从动态演进的文化事实以及差异化、灵性的人本视角和审美维度思考这一问题，这一实践不仅与西方当代社会科学的本体论转向、栖居视角、生态视角等前沿问题产生了对话，并进一步通过本土话语的建构强化了差异性在文化创新中的建构作用。

在学科理论层面，比较文学变异学代表了文化之文本意义与科学含义之间的调适与互动，亦贯穿着解决文化结构性与能动性矛盾的实践策略。在宏观的文化研究

---

[1] 曹顺庆：《变异学：比较文学学科理论的重大突破》，《中山大学学报（社会科学版）》2008年第4期。
[2] 曹顺庆、李卫涛：《比较文学学科中的文学变异学研究》，《复旦学报（社会科学版）》2006年第1期。
[3] 曹顺庆：《21世纪中国文论发展战略与重建中国文论话语》，《东方丛刊》1995年第2期。

层面，比较文学变异学并未停留在比较文学之学科性和学术史的维度，其既是一种视野，也是一种行动策略。在此意义上，其关心的并非文化之异同形成的共时关系，也并非文化差异之某种历史化的演进过程，而是暂时搁置这种纵横的语言学时空坐标，用现实、侧向、动态的行动关系调和"文本"和"语境"之间的异质冲突，用多层次文明对话场域中差异性文化的互生与互动重新描述"比较"一词的生命活力。

综上所述，文学变异学理论事实上已经超越了比较文学的范畴，回归基本的生活事实与生命形态，试图以东西方文学研究的话语实践为坐标，在"历史"与"现实"之间、"分界"与"跨界"之间、"求同"与"求异"之间、"异质"与"同质"之间寻求解决路径。其关注并提出的问题并不是如何赋能于某一具体的文化因素，使之具有"科学的"或者"审美的"普遍效能，而是意味着在持续变迁的全球化环境中，文明的"共相"基因如何在"差异"的形式中形成多层面的互动，建构具有创新性的沟通路径，并激发出多元而自主的话语形式。

三、我的博士后生涯：与曹顺庆教授的师生之谊

2015年夏天，曹顺庆教授莅临西北民族大学举办学术讲座，此前我虽然久仰曹老师的大名，但是一直没有机会谋面。彼时我爱人正在本校攻读中国语言文学博士学位，故首先得到曹老师学术讲座的消息，随邀约我一同到会场聆听。

讲座结束后我向曹老师呈上一部自己的获奖专著请求指导，曹老师很快翻阅了一遍，和我简单交流了几个问题，随后便很认真地建议我去做他的博士后。我记得自己当时毫不犹豫地接受了曹老师的建议，做出这个决定既出于我对曹老师学术声誉的仰慕，更是基于自己的直觉。其后的发展也证明，这个决定不仅使我在事业发展上获益良多，更从实质上影响了我一生的学术道路。

当时正是我自觉事业发展陷入停顿、止步不前的几年。事实也是如此，其时，我虽然已经博士毕业几年，也评上了正高职称，并且在艺术理论领域积累了一些研究成果，但是对于自身的学术发展仍然缺乏明晰的想法，也没有找到真正适合的路径。我当时并不知道问题出在哪里，只是觉得面对一大堆研究课题和素材无处发力，不清楚哪个理论方向可以继续发展，也不明确何种路径可以使我的学术研究获得突破。

我是美术学专业背景，本科毕业后在高校从事了多年艺术理论教学，在研究生阶段又开始转型专门从事艺术理论研究，所以始终拥有画家和理论研究者的双重身份，特殊的学习经历和知识背景使我自然养成了跨界研究的思维方式和实践能力。博士毕业后我开始痴迷于西北多民族地区的文化艺术和非物质文化遗产，正在学习运用人类学、民族学理论方法进行研究和实践。我当时尽管对跨学科进入中国语言文学流动站做博士后抱有很大的兴趣，但是对于这种偏离研究惯习的跨界尝试并无十足的把握。

2015年秋天，我从意大利考察回国后收到了博后办的通知，即刻去四川大学办理了进站手续，开始了我的博士后工作生涯。当时曹老师的麾下已经聚集了一大批不同专业背景的博士后，这让我感到喜悦和放松，我知道自己遇到了一位思想开放、包容，具有高度人格魅力和学术凝聚力的合作导师。更让我意外的是，曹老师早年的艺术经历和不凡的文艺才华对我产生了巨大的吸引力，使我不自觉地就和曹老师产生了情感上的默契。

2016年春节刚过，我开始准备博士后开题，当时的想法首先是探讨艺术实践的具身经验如何与文化研究的理论范式统一起来，其次是基于民族志范式和人类学视野的写作如何与文论取得学理上的默契。

基于此前的几次交流，曹老师很自然地肯定了我当时的选题——"河湟多民族聚居区艺术文化的共生与交流"，使我顺利通过了博士后开题。曹老师当时并没有要求我写出一部合乎文艺理论范式的成果，而是就这个选题本身的内涵进行了极具智慧的分析，并给予了很多切中要害的学术建议，使我很顺利地理清了理论思路，进入了研究状态。

此后几年，我在单位从事教学科研，同时持续在甘青地区开展田野调查，又定期带着最新成果到成都请曹老师指导，虽然极为繁忙，但是十分充实。在此期间，四川大学给我的印象和我对曹老师的感觉高度一致，就是生活化的学术氛围，透露出爽朗、自然、透彻、亲和的文化韵味，又充满内在的精神活力。更重要的是，我在博士后工作期间的事业发展完全超出了自己的预期。在曹老师的指导下，我在两年内很顺利地发表了一批新的学术成果，连续获批了几项国家级科研项目，同时由于博士后工作经历，我顺理成章地获得了中国语言文学博导资格。

每次见到曹老师，他对于我的指导总是极为简洁中肯："嗯，这个写得很好，你有很好的学术基础，就这么做。对了，这个选题很有潜力，一般项目还不够，你要申请重大项目。"起初我觉得这只是曹老师对我的鼓励，反复多次后，我忽然明白，曹老师是认真的。

2018年开始，我开始整合多年的研究成果和学术思路，很认真地准备国家社科基金重大项目的选题。相对而言，我的多数研究涉及民族宗教文化和民族社会的现实问题，有一定的学术难度和政策敏感度，故对此事常心存犹豫，举棋不定。但是曹老师每次总是能肯定我的想法，并提出一些很关键的建议。经过两年的准备，我反复调整思路，凝练内涵，选题于2020年中标。曹老师得到这个消息后十分高兴，要求我必须全力以赴地准备招标，我也为此投入了全部精力，苦战45天撰写论证材料，最终顺利获批。

作为一名有28年高校教学经历的教师，我的教育生涯始终在教学和受教两种完全不同的方式中行进，这种看似矛盾的生活和频繁的角色转换反而使我觉得心安理得、内心充实。

从曹老师的教育策略中，我不仅窥见鲜明的科学态度和人文基因，亦感受到强烈的艺术气息，并由此产生如下感想：教育，不仅要求实、求精，亦要求心、求意。严谨求实的科学作风与挥洒写意的艺术精神在某种层面上甚至可以相辅相成，产生纵深的实践意义。这种类似艺术创作原则的教育方式既是我和曹老师沟通的灵犀，也是曹老师教育策略的过人之处。曹老师因材施教、知人善任，成就了诸多学生的事业，而其直面社会、沟通自然，融贯学理、顺势而为，励志奋进、行健而致远的学术品格已经超越学术研究和教书育人的范畴，甚至具有更广泛的文化建构和创新价值。

从世纪焦虑到文化复兴

2012级博士后　尹　泓[*]

20世纪末，曹顺庆教授将"失语症"这一医学领域的概念引入文学研究，提出了文学理论研究的"失语症"，并分析了其折射的文化病态，由此引发了关于"失语"的论争，进而向相关领域衍生，由"文论失语"到"中国文化失语"，成为世纪之交影响深远的论题。如果将"失语症"放入更加广阔的历史文化空间，其实质上是中国社会由传统向现代转型过程中的现代性焦虑的大爆发，也是中国知识分子面对西方文化的强势影响，向传统文化寻求身份建构的原创的焦虑。这种世纪焦虑推动着中国学者的不懈探讨与理论建构，中国文论话语体系的建构与变异学的理论创新，为中华优秀传统文化的创造性转化与创新性发展树立了成功的典范。

一、失语的世纪焦虑

近现代以来，中国社会经历了由传统向现代、后现代的转型。社会转型是全方位的经济、政治、文化的变化。其中，文化的变化往往滞后于政治经济，因而成为社会发展的阻力。在有着悠久传统的中国，传统文化的惰性表现得更加突出，这也使传统与现代的矛盾空前尖锐。1919年爆发的五四运动实质上是一场适应政治经济转型的文化运动。这场运动向传统文化发起了最猛烈的攻击，是传统文化面临的最大挑战。对于当时的知识分子，似乎只有彻底放弃传统，改变自我，才是最终的出路。中国在当时的文学中常常被表现为一个急需医生的病人，其病因则是传统。"疾病和传统被划上等号，以至于现代性成了推翻偶像的代名词。直到今天中国的语言空间中还存留着一个被低估的过去和一个被高估的当代观念的影响。"[①]"黑暗"的旧中国与"光明"的当代成为五四时期的流行对比。

---

[*] 尹泓，2012级博士后，1972年生，河南固始人。研究领域为文艺美学、文化产业。
[①] 顾彬：《二十世纪中国文学史》，范劲等译，华东师范大学出版社2008年版，第8页。

在中国近现代的社会转型过程中，中国传统文化始终是社会变革过程中激进派革命的对象。这种文化激进运动对传统文化的负面命名，在一定程度上造成了传统的断裂。伴随着传统的政治制度、经济秩序和社会体制的瓦解，各种思想观念、政治主张、宗教信仰纷纷涌入，使知识分子陷入了身份的焦虑：他们"放弃了自身中的身份，但是结果表明，他们并未能在他者中获得完全的身份"[①]。在一个没有传统的社会中成长起来的个体，面临着严重的身份认同危机。同时，由于文化传统中深层次的观念形态文化的稳固性与影响的隐蔽性，想彻底祛除传统文化对于个体的影响不是一件轻而易举的事情。伊格尔顿曾经用一个"提起自己的鞋袢想把自己提起来"的比喻来说明传统对个体的影响：一方面人们拼命要摆脱传统，另一方面这种行为又宿命般的徒劳无功。于是一代中国知识分子陷入了空前的身份焦虑。

对于肩负着文化传承与创新使命的知识分子，这种焦虑还有另一重维度。哈罗德·布鲁姆在研究诗人与传统的关系时以"影响的焦虑"来命名前辈诗人对后来者的影响。对于后来者而言，只有对前辈进行巧妙的修正、误读，才能走出前人的阴影而有所建树。这种影响的焦虑实质上是创新的焦虑。近现代以来，中国传统文化随着社会的现代转型，不断遭遇着现代化的冲击，在起落沉浮中，现代中国人不仅时时承受着无根的焦虑，也始终无法摆脱传统的束缚。如何实现传统与现代的对接，是困扰中国知识分子的难题。他们在传统文化的现代转化路径上进行了多方探索：对于中西方文化进行比较，分析二者的相通与异同；利用西方的方法来研究中国学术；利用西方理论框架来建构中国的学术体系；利用西方理论阐释中国文本，等等。其中具有代表性的如：20世纪初王国维利用西方理论对《红楼梦》进行文本阐释，五四时期胡适倡导的"整理国故运动"以西方的学术方法研究中国历史，以《为中国文化敬告世界人士宣言》为标志的海外新儒学、20世纪末的文化寻根思潮、中国古代文论的"现代转化"，等等。一代代知识分子上下求索，试图打通传统与现代的隔膜，实现二者的对接，建构民族文化身份认同。中国知识分子致力传统文化现代化的努力遍及人文社会科学研究的不同领域，中国传统的伦理思想、价值观、中国古典美学思想、中国艺术精神等，都受到关注，可以说传统文化的现代化贯穿了整个20世纪学术史。在这一大潮中怎样才能有所建树，是当代知识分子背负的原创的焦虑。

随着时代的发展，这种坚守传统、寻求身份认同，面向未来、实现文化创新的焦虑没有缓解，反而因社会的迅速变化而加剧。20世纪末"失语症"的提出，将这一世纪焦虑置于知识界关注的焦点，引发了全面的论争。

二、中国话语的建构

1995年，曹顺庆教授在《21世纪中国文化发展战略与重建中国文论话语》一

[①] 顾彬：《二十世纪中国文学史》，范劲等译，华东师范大学出版社2008年版，第26页。

文中指出了当代文艺理论研究中的"失语"问题，并在随后的一系列论文中进行了深入的分析：中国现当代文艺理论是在西方话语体系中建构起来的，知识分子长期处于文论表达、沟通和解读的"失语"状态，丧失了话语权与言说方式。"失语症"的病因可溯源至20世纪中国社会转型过程中文化领域的种种矛盾冲突：中西方文化的冲突、传统与现代的冲突、文化传统断裂与知识分子身份建构的冲突……失语的实质是文化的失语，其背后则连接着众多深层次的问题：对传统文化独特性及其价值的认知、传统文化现代化的路径探索、对内的文化身份建构、对外的文化交流传播，等等。让失语的中国传统文化重新发声，使传统文化走进现代社会生活，在现代语境下重建中国文化传统，在全球化时代建构东方的中国文化身份与话语体系，以实现中华文脉的传承与中国文化的传播，是解决这些问题的关键环节。显然，尽管"失语症"这一病灶意义密集，但也不过是建构中国文论话语实践过程中的一个副产品。这一病灶的根除最终还需诉诸中国话语的建构。据此，立足于自身的研究领域，曹顺庆教授以文学理论的中国话语重建为基点进行了全面深入的探究，其从理论研究的话语创建到实践领域的传统文化传承，为中国传统文化的传承与发展做出了巨大的贡献。

早在1988年，曹顺庆教授通过分析当代文学理论界存在"别人的丰富、自己的贫乏"的二律背反态势，提出中国文学理论的根本出路是建构融合了各民族文学理论精华的、科学系统的"一般的文学理论"[①]，并对中国文论话语的重建提出了发掘、运用、对话"三步走"的建设性构想：首先，认识中国文论所独具的话语模式与特色；其次，运用中国文论话语进行阐释；最后，促进中国文论话语与西方文论话语的对话。话语的存在价值在于通过言说传达意义，实现交流沟通。中国文论的重建不仅仅是要进入当代的文学阐释活动，而且还要突破汉语文化圈，实现跨文化交流与东西方文明间的对话。

第一，关于中国文论的认知。先生从中西文化比较的视角，以"异质性"来命名中国传统文化的独特性：异质性"是指从根本质地上相异的东西"，它是一个知识学概念。中国传统文论的异质性表现在，其知识质态、谱系构成、思维空间和话语方式等均与西方诗学有着性质上的根本差异。[②] 产生这一现象的根源在于孕育两种文论的东西方文明的差异。与西方文论相比中国文论的独特性主要表现在：中国诗学的知识体系、求知意向、求知路径是与实践活动密切相关的，这也是中华民族以实践理性为特征的民族审美意识的体现。这种立足于实践的知识生产方式与西方以严整学科分类建立的知识系统有着本质的不同。

埃利亚斯在研究英法语言的"文明"与德语中的"文化"之间的差异时指出，

---

① 曹顺庆：《中国文学理论的断裂与延续》，《当代文坛》1988年第6期。
② 曹顺庆：《中国文论的"异质性"笔谈——为什么要研究中国文论的异质性》，《文学评论》2000年第6期。

"文化"的概念强调的是民族差异和群体特性，它表现了一个民族的自我意识。"文明"使各民族之间的差异有了某种程度的减少，因为它强调的是人类共同的东西，[①] 即文化强调独特性，文明则突出普遍性。从时间的向度看，文化与传统相关，文明则面向未来，它总是不断侵蚀文化，表现出殖民和扩张的倾向。正是各个民族独特的文化构成了世界文化的丰富性与多样性。因此，文化的核心价值在其特殊性，即异质性。中国文学理论的核心价值就在于中国传统文论不同于西方文论的异质性，它提供了独特的视域，"可以据之从另一个'异质知识'的立场和视角来反省和调整现代诗学作为一种诗学知识形态的偏差"[②]。

第二，在中国文论话语运用方面，先生提出建构汉语批评，以解决失语的困境。汉语批评是针对20世纪中国文学批评从语体、知识谱系到生存经验、思维方式的西化现状提出的。汉语批评就是汉语性的复归，从语体、知识到精神价值、文化建构，全面摆脱西方化的影响，发掘、激活本土资源，建构原创性的批评话语体系。[③] 在提出中国文论建设的理论构想的同时，先生还身体力行推动中国文论话语走进当代大学课堂，在教育体制、课程设置、教材建设方面进行创新。1995年开始开设"十三经元典阅读"课程，要求学生背诵《文心雕龙》《文赋》《诗品序》等中国古代文论名作名篇，为青年学生提供学习中国传统经典话语的平台，促进中国文论话语的传承传播。针对大学的文学理论教材中存在的西化倾向，以中国文论话语为主建构文学概论课程的基本框架，引导学生对中国古代文学形成良好的认知习惯。

第三，在中西对话方面，"失语症""异质性"都预置了中西比较的文化背景，即具有"异质性"的中国传统文论的失语是因为采用了西方他者的话语。在重建中国文论的探索过程中，还有一个中西比较的跨文化维度，即如何在文明交流互鉴中发出中国声音。"变异学"理论的提出与中国学派建设使以中国文化为代表的东方成为相对于西方的一个独立的存在。据此，东方文化由失语到发声，中国学派在法国学派的影响研究与美国学派的平行研究之外开创的跨文化研究范式，打破了"西方中心论"的窠臼。这一理论创新完善了比较文学理论，极大地拓展了比较文学的研究视阈，促进了全球化的学科理论话语建设。中国学派的"变异学"方法，在尊重不同文明的异质性的同时，关注文明交流中产生的变异现象，体现了全球化时代开放包容的胸襟与求真务实的文化创新意识。

三、传统文化的复兴

2014年2月，习近平总书记在主持中央政治局第十三次集体学习时指出，弘

---

① 诺贝特·埃利亚斯：《文明的进程起源的研究：文明社会起源的心理》第1卷《西方国家世俗上层行为的变化》，王佩莉译，生活·读书·新知三联书店1998年版，第63页。
② 曹顺庆：《从"失语症""话语重建"到"异质性"》，《文艺研究》1999年第4期。
③ 曹顺庆：《论文学批评中的汉语性》，《求索》2001年第4期。

扬中华优秀传统文化，要处理好继承和创造性发展的关系，重点做好创造性转化和创新性发展。"创造性转化，就是要按照时代特点和要求，对那些至今仍有借鉴价值的内涵和陈旧的表现形式加以改造，赋予其新的时代内涵和现代表达形式，激活其生命力。创新性发展，就是要按照时代的新进步新进展，对中华优秀传统文化的内涵加以补充、拓展、完善，增强其影响力和感召力。"[①] 中华优秀传统文化的创造性转化与创新性发展成为新的历史时期文化建设的行动纲领，推动着传统文化在当代的全面复兴。具体地说，"创造性转化"是指要根据时代发展状况将古老的文化内涵和形式转化为符合现代人需要的新内涵和新样式；"创新性发展"是指随着社会历史的发展进程，在保留"旧文化"之中合理因素的基础上发展出符合时代要求的"新文化"，进而"新文化"又不断发展为"更新的文化"的过程。"创造性转化"重在"继往"，即在整理、筛选中华传统文化母体的基础上，对优秀传统文化进行现代解读和当代转化；"创新性发展"重在"开来"，即在创造性转化的基础上，对富有当代价值的内涵和形式在实践中进行淬炼和发展。

回顾20世纪以来中国传统文化由断裂而失语再复兴的境遇，曹顺庆教授无疑是中华优秀传统文化创造性转化与创新性发展的先行者与实干家。在建构中国文论话语过程中，"失语症"的诊断是对中国现代性问题与中华优秀传统文化价值的敏锐洞察，"异质性"的界定则是对中国传统文化深刻内涵的整体把握。先生对中国古代文论价值的全面发掘、对中国文论话语的建构是中华优秀传统文化创造性转化的典范。变异是文化创新的重要路径，变异学理论的提出，回应了全球化时代更加广泛的文化交流对理论创新的要求，也体现了中国学者立足本土文化，关注异质文明间交流实践的恢宏气度与面向未来、开拓创新的文化自信。

文化是一个民族在历史长河中的承续与发展中形成的独特的身份印记，这种独特性既体现了一个族群的精神传承，也是民族自信的源头与根基。如果说中国传统文化是面向过去对于祖先文化基因的延续，那么面向未来，它必须融入当代社会生活，才能得到传承与发展。回顾20世纪以来中国传统文化的变迁，从世纪焦虑到文化复兴，中国传统文化的传承与发展离不开一代代知识分子孜孜以求的探索。只有立足强大的文化传统，才不会失语、焦虑；只有不断推动传统创新发展，才能走出有中国特色的文化复兴之路。

---

① 中共中央宣传部：《习近平新时代中国特色社会主义思想学习纲要》，学习出版社2019年版，第147页。

第三节　话语创建　学脉相传

论曹顺庆教授的教育观

1999级博士　李　凯[*]

作为著名学者，曹顺庆教授已经为众人所熟悉，但是对他国家级教学名师的称号，知者并不多。作为他指导的博士研究生，我此前也没有注意到。其实，曹顺庆教授早在2008年就已经获得这一荣誉。与一般著名学者不同的是，曹顺庆教授还有教学方面的诸多职务，这说明他对教育教学的重视。最近两三年的师生聚会，曹老师多次提到一句话："学生是我人生的第一宝。"最初以为这是玩笑话，后来听得多了，才感到这话含有深意，这是曹顺庆教授自觉而清醒的认识，是他对教育事业热爱和追求的缘由。或许这是了解和认识曹顺庆教授的一个重要方面，是他作为杰出的教育工作者和教学名师的育人之道，也可以说是他教育思想中的"学生观"。的确，从1983年开始，曹顺庆教授一直是一名教师，教书育人是他的本职工作，教师是他的第一身份。40年来，曹顺庆教授指导的硕士研究生、博士研究生、博士后，估计至少在350人以上。他的学生大多成为各行各业的人才，尤其是培养了一大批知名学者。总结曹顺庆教授的教育思想、教学经验，对所有高校教师都有借鉴意义。下面试就曹顺庆教授的教育观进行粗浅的分析。

一、"学生是我人生的第一宝"

所谓教育观，一般是指关于教育现象和问题的基本观念体系，诸如对教育的本质、目的、功能、体制、内容、方法、教师和学生等的基本看法。不是只有哲学家、教育家才有教育观，但也不是所有教师都有教育观，因为仅仅着眼于具体课程和教法的讨论和研究只是对教学活动的探讨，而非对"教育"的认识。只有那些对教育的本质、目的、功能、内容、方法等有深刻认识并积极反思的教师才会形成教育观。一般说来，凡是优秀的教师，都有他的教育观念和教学理念，都有他的育人之道。这就是我所谓的教育观。

---

[*] 李凯，1999级博士，四川省简阳人。现为西南民族大学中国语言文学学院教授、博士生导师，四川省第十三批学术与技术带头人，中国古代文学理论学会常务理事，四川省文艺理论研究会副会长。曾担任四川师范大学文学院副院长（2004—2012）、院长（2012—2015），四川师范大学研究生工作部部长、研究生院常务副院长（2015—2018）。主要研究方向为文艺学和中国古代文学。

我们都知道，教师和学生是教育活动构成的两个要素。教师和学生是相辅相成的。作为教师，自然不可能没有学生。但真正把学生当作自己人生的"第一宝"，可能不是所有教师的共识，甚至可以说相当部分的教师并没有这样明确的观念。我想，曹顺庆教授之所以热爱教育事业，之所以成为国家教学名师，之所以培养出众多杰出人才，一定有他自己的教育理念和教育思想。这其中首先是他的学生观。前面提到的曹顺庆教授这句话，就是他教育观中非常重要的一个方面，即如何对待、如何认识教育活动的对象——学生。"宝"当然是人视为珍贵和重要的，曹顺庆教授将学生视为"第一宝"，也就是他热爱教育、乐于招收培养学生的动力。

为什么曹顺庆教授会说"学生是我人生的第一宝"？他认为是学生成就了他的人生事业，是学生让他体现了人生价值。古人讲天地君亲师，强调这五者都是人应该尊重和敬重的。一般都认为，是老师成就了学生。曹顺庆教授却反而认为是学生成就了他，这是境界的不同。这和古人所谓"教学相长"还不是一回事。因为教学相长仅仅是说教育教学活动促进学生和教师双方成长，强调教学不仅是学生在成长，教师也在成长。

在国内人文学界，尤其是中文学科，以曹顺庆教授的年龄而论，他指导的博士生数量是多的，但是人们并不清楚曹顺庆教授为什么喜欢招收、培养学生。最近几年屡屡听到他说"学生是我人生的第一宝"，我才恍然大悟。曹顺庆教授愿意多招收、指导学生，当然不是为了完成工作量，更不是为了增加薪酬，而是发自内心热爱教育事业，发自内心喜欢学生、重视学生。

孟子谈到自己的人生"三乐"，其中之一就是"得天下英才而教育之"[①]。曹顺庆教授的"学生是我人生的第一宝"，实际上也是对中国古代优秀教育传统的传承。曹顺庆教授不止一次谈到孔子和学生的关系，谈到学术发展中弟子薪火相传的重要性。结合曹顺庆教授前面的话，可以看出，曹顺庆教授的学生观也就是他的教育观，是他的学术文化传承发展观。

曹顺庆教授不仅这样说，也是这样做的。他学生虽多，但他对自己指导的每个学生都很熟悉，甚至学生的一些"八卦"，他都很清楚。因为曹顺庆教授的人才培养大量采用各种活动形式，包括学术活动、文艺活动、师生聚会等，尤其是组织参加学术会议、学术合作（如撰写教材、合作文章、专著）、小型学术讨论等。一句话，曹顺庆教授和学生接触的时间很多，这既是他培养人才的重要方式，也是他了解和熟悉学生的重要手段。曹顺庆教授不仅熟悉在校学生，而且对毕业多年的学生情况也很了解，说明曹顺庆教授对学生的喜爱和培养是持续不断的。

二、"学会做文，先学做人"

对学生的重视和喜爱，只是曹顺庆教授教育观的一个方面，另一方面是曹顺庆

---

① 朱熹：《四书集注》，陈成国标点，岳麓书社 2004 年版，第 390 页。

教授的育人观，即如何培养人、培养什么样的人。此点，同门方志红曾有一篇曹顺庆教授的访谈，转录如下：

> 方：我觉得要想成为一名真正的学者，除了学养这一关键，摆在第一位的恐怕还是素质问题。也就是常说的"学会做文，先学做人"，您认为呢？
>
> 曹：现在有一种倡导说要加强大学生的素质教育，这实际上是看出我们国家教育的另外一个毛病。什么毛病呢？那就是我们培养的方向有些问题。问题在哪里呢？就是原来我们培养多半注意培养学生的知识和能力。你要学一些知识比如数学的、物理的，你要有一定的实践能力比如动手能力、操作能力等，这是我们大学过分注重知识和能力的培养。但是我们大学不能仅仅培养知识和能力，这样培养出来的学生只能当将，而不是一个真正的合格的人才，更不是一个能够成为学术大师、成为真正大学问家的人才。所以真正的大学素质培养是要培养"人"的，培养全面发展的人。所谓全面发展的人就是说他不仅要学知识、学技能，他还要学方方面面的。[①]

其实，任何成功的教育工作者，都不仅要有热爱教育、喜欢学生之心，还要知道如何培养学生、把学生培养成什么人。自然，在中国当代培养人才需要遵照国家的教育方针，需要服务于国家的建设大计，但教育还有古往今来共同的地方，这就是做人和为学两方面都必须重视。这里仅以清代顾炎武的话为例。顾炎武"博学于文，行己有耻"是对自己的要求，也是对所有读书人的要求，对教育的要求。曹顺庆教授熟悉中国传统文化，对中国古代经典和中国古代文论有深入的研究，他自然是熟悉上述言论的。曹顺庆教授不仅熟悉这些古代的名言，重要的是他在自己的教学、指导活动中，把学生的品德培养放到第一位，强调立德树人是教育学生的根本，这不仅符合国家和时代的要求，更是有意识传承中国古代优秀的教育经验和教育理论。

曹顺庆教授在教学和指导工作中强调"做人在先"，他自己也是这样做的。他对学生的关心爱护、严格要求，对同龄或年长学者的尊重，对年轻学者的提携帮助，对兄弟院校中文学科建设的支持扶持，对社会活动的热心和付出等，都说明了这一点。曹顺庆教授在自己的工作和其他事情上得到普遍的尊重和支持，这本身就是其个人修为的证明。至于曹顺庆教授个人的学术思想和学术成就，同门向天渊、杨浈伟、付飞亮等已有分析[②]，兹不赘。

三、"立志须高"

曹顺庆教授跟随杨明照教授读的博士。杨明照教授是国内外著名的《文心雕

---

① 方志红：《求学之径与治学之方——曹顺庆教授访谈录》，《文学教育》2007年第1期，第5页。
② 向天渊：《取熔中外　志铸伟辞——曹顺庆及其比较诗学学术团队述评》，《当代文坛》2006年第5期；杨浈伟：《观澜而索源　反本而弥新——曹顺庆文学理论研究述评》，《东方丛刊》2009年第3期；付飞亮：《曹顺庆先生学术思想研究》，《天中学刊》2018年第1期。

龙》专家，被誉为"龙学泰斗"。虽然曹顺庆教授的博士学位论文题目是《中西比较诗学》，但其对中国古代典籍，特别是对中国古代文论熟稔。他经常用宋代严羽《沧浪诗话》中的"入门须正，立志须高"教育学生。据他讲，杨明照先生就是这样要求他的。因此，他对自己学生也提同样的要求。在博士生论文选题上，曹顺庆教授有一句话，"做天下第一的论文"。这不是一句空话，他对学生毕业论文的要求从培养研究生开始就如此。如果有心人愿意去看一看曹顺庆教授指导的博士生论文题目，就知道他指导的博士生论文选题不仅丰富多样，而且很多都是国内学界前沿的题目。他的很多学生已经成为国内学界某个领域或某个方向的知名专家，这里就不一一列举了。

为什么曹顺庆教授对学生要求"立志须高"？曹顺庆教授曾说："偌大一个中国，十几亿众生，当钱锺书等大师级人物相继去世之后，竟再也找不出人来承续其学术香火者，在近期内，几乎不可能再产生这样学贯中西的学术大师了。"[①] 他一再说这是"一个没有学术大师的时代"。这既是他对当代中国教育缺陷的反思，也是他寻求教育教学改革之道的原因。为什么当今没有学术大师？原因当然很复杂。曹顺庆教授自己在教学和指导中也一直在探求如何突破和解决这一难题。他的意见是要"中外打通，培养高素质学生"，因此，他在本科生、硕士生、博士生的培养中明确要求"原典教学"，不仅要学生熟读掌握中国原典，也要求学生熟读西方原著。曹顺庆教授自己说：

> 一方面是要阅读原典，打好国学基础。
>
> 虽然从中学到大学，学生所学的课本中，也都有中国原典的选文，但是老师在讲解上，不注重培养学生的自学能力，对课文的讲解，也多停留在时代背景、社会意义等问题上，再加上应试教育的压力，学生大都对文外的知识感兴趣，而对文内的东西不加注意，不愿意亲自读原典，这使得学生的阅读能力不高。解决这些问题的办法，就是让学生有更多的时间，并愿意去接触原典，熟悉原典。
>
> 在对硕士生、博士生的教学中，我们进行了一些有益的尝试。我开了一门"中国文学典籍"课，让学生直接从阅读典籍入手。上课采用阮元校刻的《十三经注疏》，不搞译注，直接让学生阅读。一个学期下来，学生们普遍地感觉到视野开阔，对儒家文化经典有了具体的了解。第二个学期，在对文论进行讲解的同时，进而让学生背诵《典论·论文》、《文赋》、《文心雕龙》等众多文论著作，加深理解，如此以专带博，产生了很好的效果。
>
> 在阅读原典中，如何发掘原典的意义，培养学生的阅读兴趣很重要。我常常在指导学生们阅读中，提醒学生古籍中某些句子的重要意义，对于后来学术的深远影响等等。比讲到"立象以尽意"，我就和中国的哲学、文学联系起来，

---

① 曹顺庆：《中华文化原典读本》，北京师范大学出版社2011年版，前言第1页。

说明中国"诗性哲学"的特点,以及对文学审美、文学创作上的意义。这既使学生们能够融会贯通,又能使其认识到原典的重要作用,促进了他们的求知欲。

这说明阅读原典是一剂良药,确实能打好学生的基础,并使学生的能力得到了很大的飞跃。

另一个方面是阅读西方原著。

学生不愿意阅读西方原著,一是阅读语言上的障碍,二是理解上的障碍。我给研究生开设了"文学研究方法论:当代西方文论导读"一课,直接用西方原著作为教材,促使学生阅读,提高阅读能力,并对其中的疑难问题进行讲解,让学生明白翻译本存在的缺点,促使其培养阅读西方原著的兴趣。[①]

以上是曹顺庆教授总结的教学经验。"原典教学"不仅是一种教学方法,实际上也体现一种教育观,涉及怎样培养学生和培养出怎样的学生的关键问题。曹顺庆教授认为"文理皆通、中西贯通、富有创新精神是杰出人才的三大特征",他的目标是要培养创新的杰出人才。"立志须高"既是他对学生的要求,也是他对杰出人才培养目标的追求。经过近三十年硕士生、博士生培养实践,曹顺庆教授这一人才培养观已经结出了丰硕的果实。他培养出了全国第一个比较文学的"百优"博士论文,其博士生成为博士生导师的已经三十余人,不少人成为学界的知名学者。

四、尊重个性、因材施教

关于曹顺庆教授如何因材施教,英年早逝的付飞亮师弟(1977—2021)十年前曾撰文分析,转录如下:

在教学过程中,先生凭着丰富的经验和洞察能力,对每位博士生的优点和不足了如指掌。他善于根据各位博士生的学术兴趣、爱好与特长,因材施教,结合比较文学与世界文学专业研究范畴跨语言、跨民族、跨文化、跨学科的特点,指导他们扬长避短,确立自己的毕业选题方向及研究内容。

对于古文功底好且思辨能力强的博士生,先生就鼓励他们做中国文论话语的研究,如代迅的《断裂与延续——中国古代文论现代转换的历史回顾》、李杰的《中国诗学话语》等;对于外语好的博士生,先生就鼓励他们充分发挥外语的优势,研究中国文学在西方,或西方文学在中国的流传与影响,如王晓路的《中西诗学对话——英语世界的中国古代文论研究》;那些外语好而且且思辨能力也强的,先生就鼓励他们做纯西方文论的研究,如蒋承勇的《西方文学"人"的母题研究——从古希腊到18世纪》;对古文与英文皆好的博士生,先生就鼓励他们做跨文化的比较研究,如傅勇林的《诗性智慧的和弦——中外古

[①] 曹顺庆:《中外打通 培养高素质学生》,《中国大学教学》2006年第11期,第19页。

代文论诗学语言学比较研究》。

对那些掌握小语种的博士生，先生更是鼓励他们将小语种优势充分发挥出来，与导师研究的方向相结合。如靳明全日语好，他的博士学位论文是《中国现代文学运动、社团流派兴起和发展中的"日本影响"因素》。有一位博士生，是学法语出身的，法语非常好。先生在了解到当时还没有法语全译本的《文心雕龙》后，就鼓励这位博士生把《文心雕龙》全部译出，并且作为博士学位论文的组成部分。最后写出博士学位论文《〈文心雕龙〉法语全译及其研究》，大获成功。因为单凭她把《文心雕龙》全文译成法语，填补了空白，就非常有价值，就已经是世界第一人了。

对有跨学科特长的博士生，先生就鼓励他们将其跨学科的优势发挥出来。如彭兆荣、徐新建等对人类学感兴趣，他们的博士学位论文就分别做了《仪式谱系：文学人类学的一个视野》、《民歌与国学》；何云波爱好下围棋，最后他的博士学位论文为《围棋与中国文艺精神》；曾小月喜爱武术，博士学位论文就写了《武术与中国文学精神》。

由先生指导的博士学位论文来看，真的是不拘一格、精彩纷呈。在多年的博士生培养中，先生带领其弟子，已逐渐形成了几个颇具特色的毕业论文研究方向与模式，而且都做得非常好。这些已经证明行之有效的研究方向与方式，是从实践中得来的一笔珍贵的财富。但是，他并不满足于这些研究领域与研究模式。虽然博士们选题保持了较为稳定的方向，他还是不断地鼓励博士们开创新的研究领域，打破已有研究模式与套路。[①]

这里仅是对曹顺庆教授如何培养比较文学博士生的分析，其实在曹顺庆教授指导的其他专业，如文艺学、艺术学理论、中华文化国际传播等专业，皆是如此。

曹顺庆教授尊重个性、因材施教的教育思想在我个人身上体现得就很明显。我在硕士研究生阶段学习的是中国古典文献学，跟随曹顺庆教授学习文艺学专业。虽然此前已在学校讲授过文学概论、美学等课程，但基础还是在中国古代文学、中国古代文论上。根据我有一定古代文献基础的情况，曹顺庆教授指导我加强西方文论和比较诗学的学习，将来的论文选题主要考虑中国古代文论。后来我选择"儒家元典与中国诗学"作为博士学位论文选题，系统讨论了儒家文化与中国古代诗学的关联。论文主要采用话语理论、阐释学、文化诗学、比较诗学等研究方法，写出了一定新意。论文外审中，暨南大学蒋述卓教授评价说："此论文第一次系统地从儒家元典的角度分析了儒家诗学生成的文化背景、文化精神、诗学精神，从文化学、阐述学视角对儒家元典与儒家诗学作了重读和评价、发掘，选题较有意义。资料掌握较丰富，反映出作者较坚实的理论知识和较宽厚的专业知识，不少论点体现出创

[①] 付飞亮：《曹顺庆先生如何培养比较文学博士生》，《学位与研究生教育》2012年第7期，第68页。

新。尤其是论文的第四章,贯串不少新见。"[①] 后来中国社会科学出版社将我的博士学位论文纳入"中国社会科学博士论文文库"出版,说明论文有一定质量,也说明曹顺庆教授指导有方。顺便说一句,当时这套丛书还没有收入过中国社科院之外的博士论文。

曹顺庆教授指导的学生生源广,既有国内学生,也有国际学生;专业多,有比较文学、文艺学、艺术学理论、中华文化国际传播等不同学科门类;生源构成复杂,既有应届硕士研究生,也有硕士毕业多年或以同等学力报考攻读的;学生年龄参差不齐,既有年长于他的学生,又有年岁相仿的学生,还有很多小于他的学生;至于学生读博前的专业情况,更是五花八门。面对如此复杂、个性差异极大的学生群体,曹顺庆教授均能根据每个人的不同情况,做到因材施教。单就他为众多学生规划、确定论文选题并指导学生顺利毕业这一点,就不仅说明他的学术视野和学术能力,还说明他了解学生每个人的情况。

总之,一个优秀的教师必定有其明确的教育思想和教育理念,必定有其独特的教育方式和手段。曹顺庆教授的教育观包含了他爱护关心学生的学生观、培养创新人才的素质教育观、因材施教的方法论。曹顺庆教授培养学生的成功经验体现了他对社会主义教育事业的热爱,体现了他作为教师"立德树人"的情怀,也体现了作为国家教学名师的风范。本文对曹顺庆教授教育观的粗浅分析,挂一漏万,不当之处,敬希同门和方家指正。

愿随前薪作后薪
——我的学术成长

2001级博士　李伟昉[*]

川大读博阶段,是促使我学术研究渐趋成熟的关键期和转折点。读博士前,自己做学术研究比较散、比较杂,随兴而写,英国的、法国的、德国的、俄国的、美国的都在做,结果每个方面都不深入,缺少一个长远的较为稳定的学术计划和目标。在学术上真正有想法,是从2001年跟随曹老师读博士开始的。

我当初之所以报考曹老师的博士,主要目的有两个:一是系统学习、研读比较文学理论,二是调整自己的知识结构,弥补在中国古典文论和儒家原典知识方面的

[①] 蒋述卓先生之语见李凯《儒家元典与中国诗学》封底,中国社会科学出版社2002年版。

[*] 李伟昉,2001级博士,博士后,二级教授,博士生导师,中共党员,中共河南大学第十届委员会委员,2008—2018年任河南大学文学院院长,2010年创刊《汉语言文学研究》,兼任主编至2019年,现任《河南大学学报》编辑部主任、主编,河南大学莎士比亚与跨文化研究中心主任,河南大学中国语言文学博士点一级学科带头人、国家级一流本科专业负责人。

欠缺，以利于今后更好地展开中西文学的跨文化比较研究。因此读博期间，研读十三经，背诵《文心雕龙》及学习外文西方文论经典，皆十分勤奋、刻苦、用功。记得曹老师讲十三经前，就要求我们选用更具学术价值的中华书局出版的《十三经注疏》，其繁体、竖排、无句读的体例，便于学习者了解十三经的原本状态，可以起到锻炼并提高学习者感知和阅读古典文献的功力，因此曹老师不主张我们看简体、横排、标点本的《十三经注疏》。每次上课，他都会按照一定的顺序，让我们通过阅读的方式把握相关的学习内容，寻找语感加以句读，再依次让我们进行解释和评点，然后他总结讲授。起初学习时，确实有阅读障碍，颇感费劲，但渐渐地就适应了，确实受益匪浅。曹老师总是说，如果我们连老祖宗留下来的文化遗产都不认识，都如此隔膜，还谈什么继承与创新啊！

师从曹老师后，知道了应该凝聚精力攻其一处，尽可能在一个关联点上精细耕耘，然后逐步拓展。每每面临困惑与迷惘之时，曹老师一席话的启发性点拨，都会让我柳暗花明，豁然开朗，如同拨云见日一般。曹老师古典文论功底深厚，学术比较视野开阔，问题意识敏锐鲜明，常能给我以新的理念，使我能自觉立足于一个新的角度、一个更为广阔的空间去梳理、分析问题，使我学会了站在学术前沿思考问题，追求创新。我开始深切地体会到，只有不断地积累知识，让知识触类旁通，并且不断激发跨界思维，才有可能站在学术前沿，才有创新可言，否则就只能步人后尘，无法走出别人的观点，更难以呈现自己的精彩。我能取得一点成绩，就源于学术研究中强烈的问题意识和创新意识。围绕一个中心展开研究，围绕学术兴趣逐渐建立自己的知识体系和学术体系，不再东一榔头西一斧。同时，我也感到，若要取得学术进步，必然要沉下心来，耐得住寂寞，做到心无旁骛，专心致志。

博士学位论文《英国哥特小说与中国六朝志怪小说比较研究》就是学习中国古典文论、十三经、比较文学理论以及调整完善知识结构后初步取得的收获。论文首次对英国和中国两类小说及其背后不同的文化底蕴做了富有成效的比较研究，在中西小说比较研究领域具有原创性的重要贡献，在该学科研究领域产生了广泛影响。论文 2004 年被收入"中国社会科学博士论文文库"，由中国社会科学出版社出版，2011 年和 2017 年又两次重印出版。该成果先是获得了 2004 年度河南社会科学优秀成果一等奖，2007 年又入选全国优秀博士学位论文，我也成为中国比较文学与世界文学学科领域第一个全国百篇优秀博士学位论文奖获得者。教育部《中国研究生》杂志 2008 年第 6 期对我做了专题采访报道并配发了封面照片。

得知我的博士学位论文获奖后，亲朋好友纷纷祝贺，表达羡慕之情，我总是回答自己幸运而已。的确，我是幸运的。不过，回顾过往的一切，又深感，所谓的幸运，都是前期努力与付出的结果。哪儿有不劳而获的幸运啊！我相信天道酬勤，痛苦尽头便有希望。当然，这与曹老师的悉心指导是分不开的。

回顾当初开题报告通过时，自己选定的并不是"英国哥特小说与中国六朝志怪小说比较研究"这个题目，而是"比较文学视域中的英国哥特小说研究"。当时选择这个课题，主要是因为自己翻译出版了 18 世纪英国哥特小说家马修·刘易斯的长篇小说《修道士》，这方面的文献资料也有一些积累，更为重要的是，国内学术界尚缺乏对哥特小说的系统研究。入学的当月，我就从川大来到北京图书馆查阅外文资料。馆内的资料复印价格是 5 毛钱一张，我总计花了近三千块钱，一次就把大箱子装了个满满当当。在查阅资料的过程中，我开始萌生做英国哥特小说和"丛残小语"的六朝志怪小说的比较研究的念头，并隐约感觉到对两者进行比较研究有着更为广阔的跨文化的学术价值。但当时要把这一课题作为博士学位论文进行深入研究，我认为自己的积累还不够，况且两者之间虽有一些相似处，但是否真正具有可比性，我一时没有把握，考虑也不成熟，就未敢轻易触碰它。此后也就集中精力开始"比较文学视域中的英国哥特小说研究"的写作。进展还是比较顺利的，很快就完成了十万余字的初稿。不过，比较研究英国哥特小说与中国六朝志怪小说的想法，却一直深藏在心，牵肠挂肚，挥之不去。

2002 年 9 月至 2003 年 1 月，在曹老师的安排下，我赴台湾佛光大学做访问研究，并为研究生讲授莎士比亚研究和西洋戏剧史两门课程。课余主要是在学校图书馆查资料、看书。有时，仅仅是将馆内一排排书架上的书名看过去，对我都有莫大的启发，让我感悟到学术研究中竟然可以有这么多新颖的思考和独特的角度。过去的学术积淀以及萦绕在脑中的学术问题，在新的氛围中，渐渐地都被激发出来。更重要的是，我开始站在新的视角重新审视自己的选题方向，下决心挑战自我。在认真梳理了近百年来学界对哥特小说和六朝志怪小说的研究文献后，更加感到这两种小说之间确有可比性，并且具有原创性的比较价值和意义。于是我马上改变思路，调整论文题目为《英国哥特小说与中国六朝志怪小说比较研究》。2002 年 12 月的一天，我从台湾电话联系曹老师，告诉他自己的决定，并征求他的意见。导师鼓励我说："从比较文学的视域研究哥特小说，在国内已经是一个很新的题目，不过如果你将六朝志怪小说与哥特小说加以比较研究，这个选题无疑更具有开创性和跨文化视野。但其难度也是显而易见的，你要有充分的思想准备。"回川大后，曹老师对我的写作进度以及对面临困难的解决情况都非常关注、关心，并时时提醒我不仅一定要把"可比性"做实做细，而且一定要把可比性背后的价值和意义，尤其是跨异质文化的启示价值和意义突显出来；同时提醒我注意研究对象各自的特色。老师的耳提面命对我后期论文写作起到了十分重要的方向作用。

现在回想起来，着实有些后怕。后来的事情也越来越让我意识到，确定一个有价值的题目不易，要把这个题目写好更是十二分的难。因为就这个题目的变动而言，不是局部的调整，而是从研究思路、研究对象、研究立场、研究方法到研究材料的根本性调整，加之这些年来自己一直主要从事西方文学的教学和研究，对六朝志怪小说以及中国古代文论等没有任何先期研究储备，难度可想而知。在这一课题的写作过程中，不止一次遇到困难，不止一次地有写不下去要半途而废的感觉。面对电脑，长时间写不出一个字，着急、发虚、冒冷汗是常有的事。有时候甚至非常后悔自己的这一改变，并萌发重新回归原来论题的念头。但六朝志怪小说的魅力及其研究中存在的问题，又不断诱惑着我去思考，使我欲罢不能。既然选择，就无怨无悔；既然前行，就一往无前。经过365个日夜通宵伏案、浑然忘我的求索和研究，终于在规定的时间——2003年12月底完成了论文初稿。其间的辛苦、痛苦与波折，真可谓冷暖自知，难以历数。那真是一段拼命三郎般的生活：每天晚上10点开始写作，一直持续到早上6点。白天睡几个小时后又继续查阅资料，酝酿思路，到了晚上又开始在电脑前敲击键盘。我在书的后记中写道："正是在这种状态下，自己吃力地把学位论文写成了现在这个样子。虽然深感论文完成后研究才真正开始，虽然论文还有这样或那样的不足，但也权且是向导师、向社会交上一份也许还不成熟却属于自己的答卷，作为三年来读书、思考的小结。""写作过程的艰辛、思考过程的痛苦以及成稿后的轻松、喜悦都已化为难忘的回忆，并将成为自己今后学术生涯中一笔值得珍视的财富。"

在博士论文答辩前，我还利用闲暇时间开始整理过去给本科生讲授莎士比亚研究选修课的讲稿和已有的英国哥特小说研究成稿。这就是中国社会科学出版社2004年底出版的《说不尽的莎士比亚》和2005年年初出版的《黑色经典：英国哥特小说论》。《黑色经典：英国哥特小说论》是国内第一部英国哥特小说研究专著，首次较为系统地论述了英国哥特小说在西方文学史上的重要地位与美学价值，获2005年度河南省社会科学优秀成果二等奖，被陆建德、聂珍钊等著名学者认为代表着我国在哥特小说研究方面的重要成果。《说不尽的莎士比亚》获2007年河南省第四届文学艺术优秀成果一等奖。

2004年6月我从四川大学博士毕业返回母校河南大学。我深知，学术研究无止境，创新也永无止境。一点成绩面前，我不敢沾沾自喜，也不能放松歇脚，止步不前，应该向着下一个目标继续努力。

经过慎重考虑，我选择了"梁实秋莎评研究"作为学术攻坚的课题。梁实秋是中国现代著名学者、文学批评家、散文家和翻译家，不仅是莎士比亚全集的翻译者，也是著名的莎评专家，著有《雅舍小品》《英国文学史》等。他的翻译与相关评论对于我们吸收人类优秀文化成果、推动中国莎学的健康发展功不可没。然而，我发现，无论是中国现代文学界，还是比较文学界，对梁实秋在近现代中国莎士比亚接受与批评史上的贡献和意义还都缺乏应有的学理探讨。例如，究竟是什么原因让梁实秋付出近四十年的宝贵年华去执着地翻译和研究莎士比亚，他的莎评主要涉及哪些内容，有什么特色，其价值和意义是什么，等等，都是值得关注和研究的问题。我希望把梁实秋莎评置于中国近现代莎士比亚接受史的大背景下，去探讨他对莎士比亚接受的个性特征及其意义。在2005年举行的博士后报告开题论证会上，我的研究设想得到了华东师范大学陈子善教授，清华大学王中忱教授、解志熙教授，中国现代文学馆吴福辉研究员，河南大学刘增杰教授、刘思谦教授等著名学者的充分肯定。其间，在一个莎士比亚学术研讨会上，我有幸认识了上海戏剧学院教授、中国莎士比亚研究会原副会长的曹树钧先生。曹先生是我国著名的曹禺研究、莎士比亚研究专家。当得知我正在作梁实秋的莎评研究时，他特别兴奋地告诉我，当年作为中国莎士比亚研究会会长的曹禺就对包括他在内的几位副会长说："梁实秋值得重视，他对莎士比亚的研究以及莎士比亚在中国的译介做出了重要贡献。"并且叮嘱我一定要做好这项有意义的工作。他的这一席话，更增添了我完成这一课题研究的信心和力量。

2006年年初，我向曹老师汇报，准备以"梁实秋莎评研究"为课题申报国家社科基金项目和中国博士后科学基金项目。曹老师认真审阅了我的论证申报书，并提出了宝贵的修改建议。这两个申报项目当年均获得了立项。这一课题不仅是我从事研究工作以来入选的第一个国家社科基金项目，也是河南大学博士后科研流动站建站以来拿到的第一个中国博士后基金项目，实现了零的突破，为此学校新闻网做了专题报道。

2007年11月至2008年11月，受国家留学基金资助，我赴英国剑桥大学英语系进行为期一年的访学研究。其间一直未中断课题的思考与写作。2011年，《梁实秋莎评研究》一书由商务印书馆出版。该成果填补了国内梁实秋莎评研究的空白，在比较文学研究领域和中国现代文学研究领域都具有创新性价值。该成果在宏阔的中西方莎士比亚接受与批评史的比较视野下，首次在国内对梁实秋对莎士比亚的独特接受及其莎评做了较为详尽、系统的学理研究，揭示了梁实秋莎评的内涵与特色，探讨其译文形态与批评态度的内在联系，公允评价其在中国莎士比亚传播与批评史上所做出的贡献和意义，并探讨其莎评研究所表现出来的试图将西方文学批评精神与中国传统文学思想加以沟通、融合且付诸实践的可贵的批评思想，无论在探讨中国学人对外国作家的接受批评规律方面或者在推动国内进一步的梁实秋研究方面，均具重要理论价值与实践意义。时任中国社会科学院文学研究所所长、《文学评论》主编的陆建德研究员认为，该书"将梁实秋的莎评置于特定的文化语境之中，追溯其来源，讨论其特色，评价其意义，体现出很强的历史意识，不愧为中国莎评史上的个案研究力作"。著名英美文学专家聂珍钊教授认为，该书"是一项极有价值的比较文学研究成果"，"在三个方面具有重要开拓性价值"。2012年第4期《外国文学研究》刊发《梁实秋莎评之于中华莎学——评李伟昉的〈梁实秋莎评研究〉》，2012年5月2日《中国社会科学报》刊发《梁实秋：翻译和写作互相生发——〈梁实秋莎评研究〉评介》，2012年11月21日《文艺报》刊发《中国莎学弥久常新》，2012年11月14日《中华读书报》刊发《如何评价梁实秋的莎译、莎评》，分别对《梁实秋莎评研究》的学术贡献给予了高度评价。

2012年2月至5月，我应邀赴美国哈佛大学东亚系做访问研究。这一年，我获批了第二个国家社科基金项目"比较文学实证方法与审美批评关系研究"。同样，该项目得到了曹老师的指导与支持。

比较文学实证方法与审美批评关系问题，是一个值得高度关注、认真梳理的重要学术课题。但这一重要而又最基本的理论问题却被长期忽视了。在比较文学发展史上，法国学派与美国学派两个学派之争，紧紧关涉着比较文学是实证批评还是审美批评的关键问题。要说清楚这个问题，就离不开，或者说，就必须聚焦比较文学法国学派与比较文学美国学派本身及其相互关系。法国比较文学以对不同国家文学之间实际存在过的精神交往与联系作实证性考察为鲜明特色并著称于世，这一特色更因20世纪50年代末美国学者韦勒克向法国比较文学发难的那篇著名文章《比较文学的危机》而被进一步强化、突显。由此人们普遍认为：法国比较文学是影响研究，影响研究就是注重事实求证，排斥审美批评；而美国比较文学则是平行研究，平行研究淡化事实求证，强调审美价值判断。这种二元对立的思维定式，把法国比较文学与美国比较文学区分得过于泾渭分明，甚至把它们放在了相互割裂、彼此不容的位置，致使人们错误地认为比较文学中的实证研究与审美批评研究完全分属两种不同的研究类型，两者不仅各异其趣，而且互不关联。同时，研究比较文学实证与审美批评的关系，还直接涉及以下两个互为关联的问题：一是比较文学研究究竟是属于文学批评还是文学史分支，还是两者兼而有之？二是如何认识跨学科研究与影响研究的关系？全面、辩证理解比较文学研究中实证与审美批评之间的关系，是无法绕开这两个问题的。长期以来，学界缺乏对上述问题的专题研究，很少认真思考、客观梳理实证与审美批评这两种不同的研究类型之间实际存在的一致性和辩证关联，疏于对研究中实证与审美批评并重的有效倡导，致使比较文学实证与审美批评关系问题长期未能从根本上得到合理解决，结果在比较文学批评实践中也造成了学术研究的混乱。因此，实证与审美批评关系这一问题并未随着比较文学法国学派与美国学派理论纷争的渐渐平息而获得根本解决，而且，国内通行的各种版本的比较文学教材也有意无意地回避了这一问题，所以有进一步探究的必要。

该项目于2016年顺利完成，2017年《比较文学实证方法与审美批评关系研究》由中国社会科学出版社出版，2018年获河南省社会科学优秀成果一等奖。

2017年，我申请的国家社科基金重点项目"比较视域中的哥特小说创作传统及其文化意蕴研究"又获批立项。记得那年曹老师作为会长来河南大学出席我主办的中国比较文学学会第十二届年会时，夸赞我能拿到重点项目不容易，表扬我学术理路越来越成熟流畅，越来越融会贯通了。我心里很清楚，这都是从老师那里"学"和"悟"出来的。时隔15年，我终于重新回到了哥特小说研究课题上。之所以执着地想接着做这个课题，是因为依然有许多问题值得继续深挖。

自20世纪90年代以来，国内学术界对哥特小说的研究获得了长足的可喜进展，且呈现多元态势，不仅梳理、探讨英国哥特小说的产生与发展，而且从多维度深入解读经典哥特小说文本，还对哥特小说的美学理论及其渊源进行追溯和探究，从比较文学角度，将英国哥特小说与中国志怪小说加以比较研究，产生了一批重要成果；而且近年来，英语语言文学和比较文学与世界文学专业的研究生学位论文有不少都涉足哥特小说研究。不过，总体而言，国内对哥特小说的研究仍然处在零碎散乱、重复雷同、视野受限的状态,特别缺乏对哥特小说创作传统及其文化意蕴、影响的深入系统的梳理、探究与整体观照。有鉴于此,我想突破狭隘的文学史断面研究和零碎散乱的具体作品研究,将哥特小说这一独特的文学现象置于西方文学和文化发展史的大叙事传统中,从比较视域中考察其文学传统的渊源、形成、流变及其世界性影响,挖掘哥特小说的政治、文化、人性、生存本质等层面的普遍性意义,从而整体观照西方哥特小说的创作传统及其文化意蕴。同时,我还特别想突显莎士比亚与哥特小说创作的内在关联。因为研究发现,莎士比亚就被英国哥特小说家与文学批评家尊为"我们的哥特诗人"。莎士比亚作为"哥特诗人"是18世纪英国哥特小说家与文学批评家不断提高莎士比亚的声名、合力共同建构的结果,他们根据自己的美学原则不断发掘、解释莎士比亚的作品与哥特文学之间的内在关系。一方面,在借鉴莎士比亚的优秀遗产时,小说家自觉地有选择地将莎士比亚创作中相关的因素融入自己的小说中并加以强化,使莎士比亚因素化作早期哥特小说的重要文学特征,客观上又让莎士比亚的戏剧带有了现代意义上的哥特式色彩,成为哥特小说创作之源;另一方面,文学批评家对莎士比亚的价值进行重新评估,给莎士比亚打上"哥特诗人"的鲜明印迹,使其成为反古典主义的典范。莎士比亚"哥特诗人"的形象构建是在18世纪英国特定的历史文化语境中完成的,是英国民族主义高涨的产物。他在古希腊罗马、中世纪基督教文化传统与哥特小说创作之间实际上又起着承前启后的重要桥梁作用。

总之,哥特元素已经构成西方文学文化的一种常态,是支撑西方文学文化传统的重要支柱之一。缺少、忽视这一文化因子、文化常态的研究,就不能完整、理性地认知西方文学与西方文化,客观上也就割裂了西方文学与西方文化的完整性。因此,该课题研究不仅可以丰富、深化对哥特小说内涵的认知和理解,而且可以强化对西方文学文化传统的全面把握和深入理解。这也是课题相对于已有研究的独到学术价值所在。目前,这一课题研究已顺利完成,正在申请结项。

2019年,我作为首席专家申报的国家社科基金重大项目"莎士比亚戏剧本源系统整理与传承比较研究"成功获批。视线又再次聚焦在莎士比亚身上。为什么呢?从本·琼生提出莎士比亚的作品"超凡入圣",并认为"只要你的书在,你就还活着",到哈罗德·布鲁姆盛赞莎士比亚不仅是西方经典的中心,而且将持续占据着西方经典的中心,具有强大的辐射力与影响力,学人对莎士比亚进行研究的重心日益从莎士比亚自身走向莎翁与西方文史经典的关系、莎翁的认知创见,乃至莎翁在西方思想史上的定位,等等。省思四百年莎评史可以发现,过往莎评或对莎士比亚文本进行内部剖析,或对舞台表演、戏剧改编、社会历史、跨媒介比较等进行外部探究,尚鲜见将莎士比亚作为西方古典文化文学接受者、集大成者的研究出现。为了能更好地界定莎士比亚的思想内涵、历史地位,乃至更好地认识西方,我们需要"往回看",分析莎士比亚所受的影响,对"莎士比亚何以成为莎士比亚"进行客观研究,换言之,我们需要对莎士比亚戏剧创作来源进行钩沉,期待通过史料的系统整理与比较研究，还原莎士比亚的阅读史、思想起点、核心关注，以及莎翁在传承中对重大问题的创造性洞见。可以预见，借助这种溯源研究以及知识考古，我们将更好地厘定莎士比亚取得旷世成就的深层原因，这对于完善莎评史、认清西方思想的原貌，以及更准确地定位莎士比亚，都有着不可或缺的价值和意义。因此，该重大项目的完成有助于读者全方位、多角度、立体化认识莎士比亚戏剧创作对西方传统文化的传承与创新发展，细致领悟莎士比亚从哪里来、到哪里去的"经典化"诞生轨迹，深刻理解莎士比亚是西方传统文化集大成者或生动体现的真正内涵。探讨他的创作成功、经典化过程及其对西方文化的吸纳接受与创新传播，对中国传统文化文学如何经过创造性继承与创新发展并传播到世界各地，极具借鉴价值与现实意义。

当然，项目申请下来不容易，高质量完成更不容易。任重道远！

自 2001 年入川大读博迄今，已经过去 22 个年头了。有时候觉得，这么多年产出的学术成果实在有限，不足挂齿，与学界一些同道与朋友相比，十分惭愧。可转念一想，自己能力有限，启动原本就慢且迟，难以求多，更不可能遍地开花，能集中精力做好一件事也值得欣慰，只要没有虚度光阴，只要还走在探寻的路上。这些年我的学术兴趣主要集中在比较文学和英国文学研究方面，并把对比较文学相关理论的思考运用到批评实践中，借以不断拓宽认知领域，切切实实提高自己中外文化文学的综合素养，进而努力在一个更高的基点上更好地履行教学与科研任务。

在求索创新的学术成长道路上，一路走来，收获了一系列国家及省部级层面的荣誉奖励，曹老师的深刻影响始终存在，成绩的取得离不开曹老师的关爱、提携和鼎力支持。在人才培养的理念、创新意识的启发、协作精神的厚植、谦逊豁达的情怀等方面，曹老师都给我们做出了杰出表率，为我们留下了一笔弥足珍贵的精神财富，我们理应把这笔精神财富继续传递给我们的学生。

"智山慧海传真火，愿随前薪作后薪。"我想，作为学生，积极进取，培育人才，力求至善，才是对老师最好的回报！

跨越边界的力量
——曹顺庆先生比较文学思想对我的学术引领

2004级博士 陈佑松[*]

我是曹老师2004级的博士。读博三年半,曹老师上课和指导我们学习的许多细节都还历历在目。曹老师的学术思想十分精深,教给我们的也非常广博。我感受最深和受教最深的则是曹老师提出的"跨文明"和"跨学科"的比较文学新特征。在我看来,这两个概念不仅提示了非常宏阔的视野,而且极具前瞻性。直到今天,这两点都是指导我进行学术研究的基本思想视阈。

记得当年我在准备博士生入学考试的时候,细读曹老师主编的《比较文学概论》,了解到比较文学三个阶段的发展:法国学派、美国学派和中国学派。教材上描述,法国学派的特点是"影响研究",是在欧洲实证主义思潮影响下的国际文学交流史研究;美国学派的特点是"平行研究",是在新批评的形式主义文学思潮影响下的美学研究;而到了中国学派,则是"跨文明研究"和"跨学科研究"。这一崭新的提法让我一震,觉得眼前出现了一片宏阔的天地,我能立刻体会到曹老师不同于比较文学前人的视野和胸襟,也能立刻感觉到曹老师对于中国社会和文化发展趋势、人类命运的走向的某种敏感。若干年后,当国家提出"人类命运共同体"观念的时候,我马上想到,曹老师在20年前就已经在比较文学研究中表现出这种意识。

我的本科是汉语言文学专业,毕业后在电视台工作多年,又回到大学攻读"中国近代对外关系史"的硕士学位。中外关系史的知识让我体会到近代以来的世界文化交流趋势,这种趋势持续长达百年。中国从被强行纳入现代化体系到自觉的现代化焦虑,都是以西方为标准的。从哲学上讲,西方的现代主体性形而上学形塑了中国的现代文化、文学。为追求现代化,为追逐强大的西方文明,我们不惜削足适履。举个简单的例子:自马建忠引入西方语言学理论,发表《马氏文通》以来,西方语言学理论就一直统治着中国的汉语研究。但凡学过《现代汉语》的人都有体会,现代汉语理论学习中最麻烦的就是句法分析,因为已有的分析方法是从西方语言中总结出来的(熟悉哲学的人还会了解,西方语言学与哲学关系极为密切,大量语言学家就是哲学家,如乔姆斯基,而当代分析哲学、语言哲学直接就是基于语言展开的),用它来分析汉语,很难适应。汉语所植根的基础是非形而上学的文化,

---

[*] 陈佑松,2004级博士,现任四川师范大学人文社科处处长,教授,博士生导师。研究领域为文艺学、电影学。

与西方的形而上学文化系统（理性与信仰）全然不同。根基不同，使用同样的分析工具当然不适合。在曾经很长一段时间里，有人不断要求"汉语拼音化"，其结果恐怕不仅仅是貌似"便于书写"，更可能会推动中国文化彻底西化。

学术是世界文明格局的表征。在东方处于殖民地或半殖民地，或落后的第三世界的时候，国家和文明之间的权势关系必然会体现在文化和学术上。但是20世纪70年代以后，亚洲开始崛起，特别是中国在改革开放之后飞速发展，东西方的权势关系开始发生微妙的变化。很多人体会到中国的发展，但对中西力量对比的趋势并不敏感。1996年，在中国社会还特别热衷于"与世界接轨"的时候，曹老师突然提出了"中国文化失语症"的观念。语惊四座，且冒天下之大不韪。有人甚至攻之以"文化原教旨主义"。快30年了，今天回过头去看，曹老师哪里是冬烘的文化复辟主义老学究，他明明是对世界大势超前敏感！结合曹老师比较文学理论所提到的"跨文明研究"，他当年提出"文化失语症"，也绝不是自高自大的民族沙文主义，而是预感到东西方文明权势将要达到平衡，我们将要恢复自己的主体意识。但是这一过程并不是要经过你死我活的斗争，而是文明之间平等对话交流，求同存异，和而不同，最终实现世界文明的和睦共处，互鉴发展。

我的博士学位论文《主体性与中国文学现代性的缘起》，就是在对曹老师"跨文明研究"思想的理解下做的初步尝试。我当时试图讨论西方主体性形而上学对早期现代中国文论思想建构过程起到的规范性作用。论文得到了曹老师的认可，也得到了答辩委员的肯定。论文出版后，获得省哲社奖。几年后，我的国家社科基金课题"全球史视阈下中国电影与国家认同研究"，则聚焦于全球史与现当代中国民族国家建构史之间的关系问题，也是沿着曹老师"跨文明研究"所开拓的视野和问题意识进行的思考。

几天前，曹老师在参加李凯师兄博士生答辩的过程中，针对一个名词翻译问题，谈到一些观念，说明曹老师对当下学术研究依然保持高度的敏感和活力。一位博士生研究的"宋代话体批评"，在翻译"话体批评"时颇费周章。曹老师建议："可不可以翻译为 talking criticism？话体就是说话、闲话、对话、谈话。"真乃醍醐灌顶。曹老师接着说，是不是只有中国有"话体批评"呢？柏拉图的算不算？西方也有很多，能不能作为一个类型进行比较研究呢？

这场答辩我是作为答辩委员参加的，却似乎回到当年曹老师的课堂上，实实在在地作为学生上了一堂课。顺着曹老师的指引，我想，中西方文化对话的可能性或许真的就可以从"talking criticism"这个点切入了。近代以来，我们是按照西方形而上学的模式在努力规范我们的现代文化形态。20世纪中叶以后，西方后现代语境下，形而上学遭到前所未有的冲击，西方人以尼采式的"积极虚无主义""奋勇地"应对形而上学瓦解之后的一地鸡毛。当他们望向东方时，他们发现，从未有过形而上学的中国传统文化竟然悠闲地走过了几千年。于是真正的对话平台似乎展开了：从海德格尔到弗朗索瓦·朱利安，一种真正的"跨文明"的交流态势逐渐开始了！之所以是真正的跨文明，是因为此前东方对于西方来说是他者，是被无视的。现在，一种主体间的"交往行为"取代了"主－客体"的关系。"Talking criticism"是西方僵硬的理性主义传统的另类，是一种对形而上学的消解性力量，它自古希腊就有，到尼采那里，达到最强音。所以，"talking criticism"可不可以作为东西方文化对话的一条通道、一个平台和一个契机呢？这番思考算是我听曹老师这堂课的课后练习吧。

"跨文明研究"之外，还有"跨学科研究"。我的学习和工作经历使我对这一问题感受很深。我本科学中文，硕士学历史，博士又学比较诗学；从事过电视台的编导工作、杂志社的采编工作，在大学教学教过影视传媒，也教过文艺理论。虽是"样样瘟"，却也都蜻蜓点水，了解了一点皮毛。就是这样的跨学科，一方面让我体会到学科之间在深层结构上的交融性，另一方面更让我理解了"文学"在今天技术高速发展的冲击下遭遇的重大"危机"！真是没有"比较"，就没有"伤害"！

电视台的实操工作和传媒经营的工作经验，使我对艺术形式、技法、媒介和技术特别关注。后来在大学进行电影教学和研究的过程中，我突然意识到，电影的本体在技术革新中发生了巨大转移。"电影"的英文是"film"，意为胶片，其实反映了它的媒介技术是基于胶片照相技术发展起来的。但是当进入数字技术时代，胶片已经走向终结了。最后一个胶片生产商柯达宣布停产。数字技术成为新的电影媒介技术。这一变化非同小可。因为数字技术除了实现高清晰度的视觉呈现，更改变了电影的本质特征。"Film"的原本特征包括现实照相、胶片组接、静态观影等，但是在数字技术条件下，不再需要现实照相了，摄影机可以消失了。这意味着电影的"复制"功能，乃至西方文艺观念中延续了两千多年的艺术"模仿论"，正在现实中被波德里亚式的"超级真实""拟像"替代，柏拉图《理想国》中描述的形而上学正式终结。胶片组接被非线性的数字剪辑技术替代，更多的叙事方式被发明出来。最为重要的是，那种残留着本雅明"灵韵"的艺术将被数字交互技术替代，静观的膜拜式观影将被沉浸式的 VR 模式取代。

终结电影了。这不仅仅是一种艺术方式的改变，更重要的是它所表征的"人本主义"正在终结。技术不再是为人服务的工具，如用作模仿、复制、创作，而是变成了生成性的，超乎人的，甚至是反过来成了直接改造人和控制人的力量。

技术的力量不仅在改变电影，而且在改变整个人文学科。人文学科的地基是建立在人本主义之上的。人本主义在哲学上经过了从笛卡尔到康德到黑格尔等人的构建，为现代人文学科打下了坚实的基础。其中要义就是确立了人的"类本质"：自由。自由是超越于自然而生成的，它标志了人与所有其他物种之不同。就算要消解本质主义的海德格尔，也不得不将其存在论奠基于"基础存在论"——"此在"即"人"之上。但是在数字技术和生物技术的极速发展状况下，"后人类"乃至"非人类"正在逼近，人之本质和人与物、人与世界之关系发生着重大改变。人本主义正在消解。于是我们也正面对着人文学科的范式转移甚至瓦解状态。作为人文学科重镇的文学，面临着空前的危机：文学会死去吗？

在跨学科的视野下，我目前正与数字技术、传播媒介、艺术哲学和文艺学的同行展开合作，准备在数字人文领域展开研究。不久前，我们一行到电子科技大学，与谢梅师姐交流，探讨合作空间。在我们看来，目前的数字人文领域还没有上升到这个系统的理论高度，主要还是把数字技术作为人文学科研究的补充工具。我认为，其主要原因是很多研究者不具备真正的跨学科的视野，很多人还是固守一个学科领域，学科间性的意识、跨越的意识还不是太清晰。

在我攻读博士学位期间，我的所学大概不只是背了《文心雕龙》、十三经的篇章，不只是在课堂上刀光剑影地打学术攻防战，更重要的是，体会到老师所带来的跨越边界的学术思想方法、学术勇气及其强大力量。

有人评价曹老师是"学术战略家"。过了这么多年，我才慢慢体会到"学术战略家"的意义，它意味着思想大师推动知识生产的发展，意味着学术领袖指引文明发展的方向！

盛德励耘，上善乐育
——曹老师在北京师范大学的教学及人才培养工作

2010级博士　冯　欣[*]

自2007年起，曹师顺庆先生在北京师范大学文学院比较文学与世界文学专业任教。我何其有幸，与王光坚、韩会玲两位同门一并成为曹老师在师大招收的第一届学生。荣为曹老师在师大的"开门弟子"，自然偏得了许多厚爱。"盛德励耘，上善乐育"，15年来我见证着曹老师在北师大辛勤耕耘、春风化雨助力北师大比较文学学科发展、致力科研育人工作，始终秉持传承文明，构建中国话语、传播中华文明，坚持求实创新、科教相长的教学理念。

一、学为人师：曹老师在北师大的课堂教学

在北京师范大学，曹老师为硕士生开设的课程包括中国元典精读、比较文学与当代文化理论等，为博士生开设的课程包括比较文学学科理论、比较文学理论与跨文化研究等。硕士阶段侧重引导学生学习好中华优秀文化、充分了解中国古代文论话语与西方文论话语（尤其是20世纪西方文论），促进学生养成做学问读原典的良好治学之风，指引学生接触学术前沿并努力尝试学术创新；博士阶段则将学术前沿

---

[*] 冯欣，2010级博士，供职于北京师范大学文化创新与传播研究院，主要从事比较文学理论、跨文化传播等研究。

带入课堂，启发学生有意识地关注中国话语建设，从文明冲突与文明互鉴、文化自信与文明对话、西方文明的多元化因素及中西方文论话语特色等方面，引导学生担负起中国话语建设的重任。

（一）守正出新、开明开放——认真上好每一节课

作为师范院校最高学府，北师大历来高度重视教学工作。在北师大的教师群体中流传着"课比天大"的说法。曹老师在为北师大学生上课的日子里，总是会早早地来到教室（或讲座地点），一直坚持站在教室讲台上授课，按时按点严格遵守学校的各项教学规定。可以说，曹老师在教学科研等各方面都堪称"有理想信念、有道德情操、有扎实学识、有仁爱之心"的"四有"好老师。

在曹老师前瞻性的学术目光及对学生的严格要求下，北师大比较文学与世界文学专业所培养出的学生成为汇通中国古代文论话语与西方理论话语的实践者与受益者。曹老师的中国元典精读课程，要求硕士生在课堂上系统学习十三经，一届届学生须在课堂上背诵《道德经》《文心雕龙》《文赋》等经典篇目。《周易》《诗经》《尚书》《周礼》《仪记》《礼记》《春秋公羊传》《春秋穀梁传》《春秋左氏传》《孝经》《尔雅》《论语》《孟子》，同学们一部部读下来、学下来、讨论下来，获得实实在在的知识与智慧，为今后的学术研究打下深厚的古文基础，同时避免空谈阔论、凌空蹈虚。

从 2007 年开始，曹老师从原文入手、重视原典的教学改革一直贯穿北师大比较文学与世界文学专业课程。以十三经为支点深入读懂中国、以 20 世纪西方文论为切口了解国外思潮，曹老师以贯通中西、深入浅出的授课方式，既有对中西文化源头的爬梳，又有对当下文化发展现状及问题的深刻揭示，每每让听课的学生们获益良多。

曹老师的课堂总是充满启发性，曹老师一直致力启发学生独立思考，鼓励学生笔头勤快，有灵感后要赶紧动笔。在课堂上，我们总会听到曹老师针对某一项被学界忽略的重要问题点拨思路；曹老师还会敦促大家结合课堂上谈及的问题形成文章："曹老师不收版权费""某某同学就是在听到这个问题后回去马上写了一篇文章，发表在某某刊物上"，此类鼓励话语几乎出现在每一次课堂上。

每一次开新课前或讲座前，曹老师总会在 PPT 上公布自己的手机号码和邮箱，曹老师的英文著作电子版也总会无偿分享给每一位听众。"同学们听过我的课，我们就是师生，欢迎大家有问题跟我交流"，曹老师总是这样以开放的姿态欢迎每一位同学的疑问和思考，鼓励学生们与老师深入探讨交流。

（二）笃行致远、开拓开创——多种形式启发学生思考

曹老师一直敦促学生们以读书会、论文分享会等多种形式实现在课堂外的集体研讨。"现当代西方文论一直在向中国文论、中国文化学习，了解西方文论的中国元素，有助于我们改变心态，重新认识中国文论的价值"，曹老师鼓励大家以莱布尼茨、康德、叔本华、笛卡尔及海德格尔等西方哲人为例分析当代西方文学与文论

构成具有的中国文化与文论因素，对中国文论的再构建进行深刻反思。北师大曹门小分队的同学们通过民主投票选出每学期的集体阅读书目和个人自选书目，读书会上大家一起分享集体必读书目，每次读书会有指定同学分享自己自选书目的阅读体会，另外还有论文材料分享和写作研讨。读书会聚合了茶话会、论文问诊会、心理建设等多项功能。另外北师大曹门小分队的同学们还有个自发性的保留项目：用方言阅读论文致谢。每一年的毕业季，大家在答辩完成后，会用自己当地的方言阅读毕业班同学的论文致谢。欢声笑语、乐趣和回忆载满每个夏季。

曹门学生总是令许多同专业、同学院的同学羡慕。在曹门存在多种可能：中期考核开题不必拘泥于研究所会议室，预答辩可以不限于硕博士阶段；答辩能有全场为长江学者的超豪华阵容……2009级石嵩博士、郑澈博士的博士论文开题会是在北京香山举行的；2014级张占军博士、常亮博士的博士论文开题会是在北京到承德的车厢内、在大雪覆盖的承德避暑山庄内。"曹门餐桌论辩"是让每位曹门人内心温暖的记忆；曹老师会在上完课后带着大家到教授餐厅用餐，用餐期间继续讨论课堂上的重要问题；曹门学生会自发地组织聚餐，在写论文关键的月份里，大家几乎每日都会聚在一起，餐桌上既有对各自论文写作疑惑的探讨，又是各种信息的汇集地、各种情绪的纾解地。

二、行为世范：曹老师在北师大的人才培养

（一）领航师大比较文学学科建设，为中外文明互鉴持续输送人才

自2007年起，曹老师开始担任北师大比较文学与世界文学研究所学科带头人。在曹老师的带领下，北师大比较文学与世界文学专业取得了卓越的成就：近5年主持国家社科基金重大项目2项；主持国家精品在线开放课程1门，主持教育部人文社会科学重点研究基地重大项目1项，主持国家社科基金项目1项，北京市社科基金项目1项。除此之外，曹老师还带领团队创办了英文学术期刊 *Comparative Literature & World Literature*（纸质版与网络版）。

在学术发展方向上，曹老师领航的北师大比较文学与世界文学所基于比较文学理论发展趋势推进比较文学学科理论研究，基于比较文学视阈推进东方文学研究、西方文学研究以及中国文学海外传播研究；研究所积极筹划新的集体研究和出版项目，对现有科研力量进行整合、挖掘和补充，加大力度拓展国际与国内交往合作，加强对比较文学研究与比较文学理论研究的相关性进行研究，加强对外国文学研究与中国文学研究的相关性进行研究，致力打造一支具有敏锐理论创新意识与鲜明文本解读特色的团队，持续保持北师大比较文学与世界文学学科在国内的领先水平，同时学术研究为促进中外学术及文化交流、提高中国理论话语的国际影响力贡献了卓越的力量。

自2007年9月至2022年5月，包括在校的学生在内，曹老师在北师大共培养27名硕士（其中有8名学生继续攻读博士学位）、15名博士。硕士生毕业后，除选

择继续攻读博士学位外，一般选择教育行业，学生们在北京、浙江、广东等地从事大中小学人文教育工作，在各自工作岗位上为中外文明互鉴作出努力。陈远馨、侯冬琛两位硕士在毕业后赴美国深造，目前都在北美从事比较文学研究工作；曹老师在北师大培养的博士生也都在各自的工作岗位上，为中外文化交流做出努力。石嵩等博士已成为中央民族大学等高校相关学科的中坚力量，同时指导学生汇入中外文明交流互鉴的研究队伍之中。

（二）破除门第障碍，慧眼识珠发现学术苗子，为学界发掘优秀人才

曹老师对学生的定义是宽厚又深远的，正像每次课后曹老师总喜欢跟学生们说"大家通过上课便结成了师生关系"。曹老师指导学生写作论文、推荐优秀的文章到优质期刊发表，这里的"学生"也并不仅仅限于曹老师自己所带的硕博士研究生。在北师大任教期间，除为自己所带的研究生修改、完善论文思路外，曹老师也悉心点拨比较文学与世界文学研究所其他学生。在曹老师的帮助下，杨俊杰老师指导的硕士生齐思原同学在硕士就读期间，便在2017年第6期《文艺争鸣》上发表了《争议中的"世界文学"——对"世界文学"概念的反思》一文。这样的案例还有很多，比如寇舒婷同学在北师大读博期间师从王向远教授，后到四川大学跟随曹老师做博士后，现已是四川大学比较文学与世界文学专业的青年教师；曹老师为包括美国哥伦比亚大学研究意第绪语文学的包安若博士等同学撰写推荐信，积极鼓励同学们开展国际交流活动，力所能及地为同学们搭建学术发展平台等。

（三）高度重视来华留学生培养，学高身正垂范文明之光

在曹门的北师大学生群体中，有一类特殊且不可或缺的群体：来自世界各地的留学生。他们往往说着流利的中文，如数家珍般分享出与曹老师相关的很多动人的故事。现于北京大学中文系比较文学与世界文学专业攻读博士学位的"小朴"——朴性日同学对曹老师的真挚情谊总是令人动容。在北师大文学院本科就读期间，因为写作本科毕业论文，来自韩国的朴性日同学与曹老师结缘，从此开启了绵长厚重的师生情谊。在曹老师的指导下，朴性日同学顺利完成《中英韩诗文中的杜鹃鸟形象之比较研究》这篇高质量的本科毕业论文。虽然本科毕业之后朴性日同学在北京大学攻读硕士、博士学位，但每次曹门的重要活动小朴总是积极参加。小朴不止一次说：曹老师是自己的学术启蒙恩师，正是因为曹老师的指引，自己方能在比较文学与世界文学领域走得更远。

像小朴这样对曹老师充满感激的留学生还有很多：来自马来西亚的方莉循同学的本科论文写了四万余字，她的同班同学、来自日本的高野梓同学论文修改了数十稿；在新冠肺炎疫情防控期间毕业的两位同学双双获得北师大优秀毕业生称号。来自韩国的许桐赫同学关注余华作品在韩国的传播情况、张宇璨同学则关注中韩白娘子传说故事，两位同学在曹老师的敦促指导下高质量完成毕业论文，顺利完成学业回到韩国，许桐赫同学走入军营后仍对战友说起他在中国的难忘经历。

正身处韩国军营的郑导敬同学，本科就读于清华大学中文系，受到朴性日等同学的引荐后，一直想跟随曹老师攻读硕士学位。数日前，郑导敬同学已经收到了北师大比较文学与世界文学专业的录取通知书，兵役结束后即可回到北京跟随曹老师学习深造。一届又一届的留学生在曹老师的熏陶下对比较文学研究充满兴趣，今年曹老师指导的马来西亚学生刘靖腾同学，正是在本科论文写作过程中深入学习了曹老师的变异学理论，随着《〈三国演义〉在马来西亚的译介与变异》这篇论文的完善，刘靖腾同学慢慢被曹老师宽厚待人、严谨问学的精神感染，原本在人生岔路口迷茫的刘靖腾同学毅然决定申请比较文学与世界文学专业的研究生。曹老师听闻此消息后非常欣慰，毫不犹豫地为他写了推荐信。

（四）高度重视学生论文写作，通过指导论文培育拔尖专业人才

曹老师素来重视研究生学位论文写作，这已被无数同门印证，在无数篇论文致谢中都能看到各位同门在论文写作过程中的暖心动情故事。作为曹老师在北师大指导的第一届学生，我有幸年复一年见证老师在北师大指导本科学生写作论文的细节。因毕业后仍在北师大从事研究工作，我也有幸多次参加本科生论文答辩等相关工作。每一年都有留学生或文学院以外专业、辅修文学学位的跨专业学生选择曹老师作为论文指导老师。

在北师大，数年前曹老师最早开创了硕士生预答辩的惯例，之后这项工作被比较文学与世界文学专业吸纳，全所培养的硕士研究生均需参加论文预答辩；而从2021年开始，曹老师又进行了另一项创新工程：自己指导的本科生需参加论文预答辩。如一次不通过，则需根据论文指导老师及答辩老师的意见认真修改，之后再根据需要安排预答辩。2022年度，曹老师在北师大共指导三名本科生写作毕业论文：其中陶奕舟同学来自文学院，欧阳瑞美同学来自艺术与传媒学院，另外一名则是前文提到的来自马来西亚的留学生刘靖腾。从2月至今，三位同学共进行了三次论文预答辩。

陶奕舟同学的毕业论文"英美学界米兰·昆德拉《不能承受的生命之轻》的研究"共计六万余字，在论文进入查重流程前，陶奕舟动情地说："写论文的旅程终于将要结束啦，一路走来磕磕绊绊，真的非常感谢曹老师的细心教导，回头看看初稿，才发现自己走了有多远。最感谢的当然是老师向我展现的态度，一种对学术、对文学赤诚而朴素的爱。言语的确难以表达感谢，只能说师恩难忘！"欧阳瑞美同学的论文也是几易其稿，在冬奥会速滑馆做志愿者的同时还在进行论文预答辩的经历自然十分难忘。曹老师的严格要求也为欧阳瑞美同学未来的学术之路奠定了坚实的基础。对于即将赴香港大学攻读比较文学专业研究生的她来说，撰写本科论文是她在比较文学研究领域所进行的第一次认真尝试，这次尝试意义重大且影响深远。

像陶奕舟、欧阳瑞美和刘靖腾三位同学一样有幸在曹老师的指导下完成人生第一篇学位论文的同学还有很多，在英国利物浦大学读传播学研究生的黄梓灵同学、在武汉大学文学院攻读比较文学与世界文学硕士学位的梅蓝月同学、在北师大艺

与传媒学院攻读戏剧与影视学硕士学位的张雨露同学……无数同学在曹老师的指引下开启了他们在各自领域的学术探索。他们带着对学术的敬意、对文明的尊重以及对曹老师的无限感激，沿着曹老师的学术脉络，积极担负起中外文明交流的厚重责任。

附录：曹老师在北京师范大学培养的硕博士学生名录

王光坚（2007级硕士）

韩会玲（2007级硕士）

冯　欣（2007级硕士）

温　艳（2008级硕士）

袁　博（2008级硕士）

涂　慧（2008级博士）

陈远馨（2009级硕士）

侯冬琛（2009级硕士）

石　嵩（2009级博士）

郑　澈（2009级博士）

刘　璐（2010级硕士）

常茜薇（2010级硕士）

冯　欣（2010级博士）

于桢桢（2011级硕士）

李安光（2011级博士）

时　光（2012级硕士）

王亚茹（2012级硕士）

熊　璨（2012级博士）

曾　诣（2013级硕士）

苗　蓓（2013级硕士）

范利伟（2013级博士）

张浩然（2014级硕士）

常　亮（2014级硕士）

张占军（2014级博士）

陈　鑫（2015级硕士）

一　非（2015级硕士）

时　光（2015级博士）

丹　阳（2016级硕士）

张　越（2016级硕士）

曾　诣（2016级博士）

任　鑫（2017级硕士）

张诗琦（2017级硕士）

代　莉（2017级博士）

黄　文（2018级硕士）

罗　荔（2018级硕士）

陈　鑫（2018级博士）

王艺涵（2019级硕士）

孙　雯（2019级硕士）

张　欢（2020级硕士）

董智元（2020级博士）

高璐嫄（2021级硕士）

刘阿平（2021级博士）

江畔的春风，如歌的岁月
——曹顺庆先生的治学与教学*

2015级博士　韩周琨**

"精神到处文章老，学问深时意气平。"从"奇花初胎"到"碧桃满树"，是一个精神充实，然后硕果累累的渐进过程；"如矿出金，如铅出银"，今日流水洁净，皆因明月前身。曹师顺庆先生从小即有过人的天资，外加勤奋刻苦，这条学术道路也就在天赋加勤奋的结合中不断突破，在接连的突破中不断获得肯定。先生慨叹"失语"的"文化病态"，"这是一个没有大师的时代"，言论犀利，可贵的是他以身作则，在自我砥砺和洗练中经由"比较文学助推'中国话语'"，进而让"世界倾听中国声音"。先生的学术之路如一首歌，唱出岁月弥痕；先生的教化亦如锦江河畔的春风，偕来好雨、润物无声，后得有桃李满园竞芬芳。

一、治学：重积淀、辟新路、硕果累累

博通古今，可立一家之说；学贯中西，或成经国之才。

曹先生年少便多才多艺，中学时期因为能够娴熟地拉二胡和小提琴而入学校宣传队，后来当了文艺兵，跟着部队扛着重重的行李穿梭在崎岖的山间，吃过很多

---

* 此文原撰写于2017年冬，彼时《中国教育报》意欲刊登曹老师的教学与科研事迹，以彰其名师品格与卓越贡献，后以《曹顺庆：让世界倾听中国声音》之名发表。现在思路与内容方面做出适当增删，以实录为主的形式还原作者在曹门求学期间的真切见闻。

** 韩周琨，2015级博士，现执教于四川农业大学人文学院英语系。主要研究方向为比较文学学科理论、英美文学与文化。

苦，也历练了良好的身体素质。他家里的客厅挂着一幅他年轻时候拉小提琴的油画，画中的先生面庞英俊、目光炯炯有神，这正是他年轻时候的写照；得益于过去的磨炼，如今的先生虽年逾耳顺之年，然身体依旧健朗，甚至还能下海游泳。

后来因为机缘，他进入复旦大学中文系学习，在那里他聆听了很多著名学者的授课，还经常在图书馆一泡一整天，优良的学习环境、过人的天分和勤勉让他很快从学生中脱颖而出。而后他又到四川大学师从"龙学泰斗"杨明照先生攻读硕士和博士研究生，这段求学经历让他和钱学森、季羡林、杨周翰等专家学者产生了交集。通过自身的努力积淀和老一辈学者的鼓励，先生的学术成果逐渐获得了广泛的肯定。以前在研究生课堂上他给学生讲他与钱锺书先生的通信，后来因为搬家有些信件搞丢了，幸好还有部分保存下来。他拍了些钱先生亲笔信的照片给学生看，引得台下一片惊呼，在今天看来那些信件已俨然无价之宝。还有 20 世纪 80 年代他作为内地比较文学学科的骨干去香港交流学习的故事，他用在当时来说很高的补贴工资带回了很多珍贵的书籍资料，以及当时内地极其少见的微波炉、洗衣机和索尼彩电。学生们很爱听他讲这些，大家听得既羡慕又感慨。

20 世纪七八十年代的时候，中国比较文学的中心在港台地区，那边的学者较大陆学者更早接触到西方的学术前沿，在了解法国学派、美国学派基本观点的基础上，台湾有学者提出：我们援引西方理论来阐发中国文学的研究方法便是比较文学中国学派的特色。然而，这种阐发研究只是一种一般的文学研究，并不能成为一个学派的立足特色。港台地区的研究成果为大陆比较文学的腾飞提供了条件，很快，大陆就有了很多与比较文学相关的讨论成果涌现。先生的博士学位论文《中西比较诗学》是中国第一部比较诗学专著，其后，先生还与很多高校的老一辈及中青年学者合作主编了一些关于比较文学史和中外文论史的著作。尤其是《中外文论史》的编写，前前后后耗费了 22 年的时间，其中核心的东方文论部分汇聚了很多以前国内没有关注过的文献资料，意义重大。此外，20 世纪 90 年代先生还有两篇文章在学界引起了极大反响，一篇是《比较文学中国学派基本理论特征及其方法论体系初探》（《中国比较文学》1995 年第 1 期）。文章开篇即指出"跨文化研究"是中国学派的基本特色，他的理论大厦由跨文化的"阐发法"、中西互补的"异同比较法"、探求民族特色及文化根源的"模子寻根法"、促进中西沟通的"对话法"及旨在追求理论重构的"整合与建构法"五种方法论支柱撑起。这套基于中国比较文学研究的实践经验总结出来的理论框架，得到了同道的高度评价，例如台湾著名学者古添洪称赞道："最为体大思精，可谓已综合了台湾与大陆两地比较文学中国学派的策略与指归，实可作为'中国学派'在大陆再出发与实践的蓝图。"另一篇是《文论失语症与文化病态》（《文艺争鸣》1996 年第 2 期），文章尖锐地指出，当前国内文艺理论研究最严峻的问题是"失语症"，我们不会用属于自己的理论话语，只能借助西方的整套话语来发声，所以导致了严重的失语状态。这背后有文化冲击的原因，反映了一个民族心态的失衡和价值判断的扭曲。文章呼吁我们要"接上传统文化的血脉",要学会模仿,更要懂得创新。二十年过去了,问题依然存在,因此这个话题一直都处于讨论之中,这篇文章至今仍被大量引用。

先生深刻地意识到,要改变"失语"现状,必须要有自己的学科理论体系创新。靠着敏锐的学术嗅觉,他大胆地提出了比较文学的重心正在由法国学派和美国学派主导的西方阵地向东方转移。中国作为这个学科发展第三阶段的重镇,必定能有所作为,我们需要有一种属于自己的理论之音!比较文学变异学正是中国学派长期摸索、总结出来的理论结晶。先生早在 2005 年就明确提出过变异学理论,其后在多部著作和论文中对之进行了深化和完善。2013 年,该理论的英文版专著 *The Variation Theory of Comparative Literature* 由德国知名出版社 Springer 出版。该书系统地归纳了法国学派和美国学派的研究范式的特点及弊端,进而提出了适用于当前多元文化时代和全球化大背景下的新型方法论体系——变异学。国内学界很珍惜这套理论与方法,新近编订的比较文学类教材与读物通常都要呈现它的内容并突出它的意义。国外同道也不吝惜溢美之词,如国际比较文学学会前会长杜威·佛克马说:"先前的'法国学派'片面地强调影响研究,'美国学派'聚焦受启于新批评的美学价值的发觉,可惜没有重视欧洲语言范围外的文学,而变异学就是对这些(研究范式)弊端的一个回应。"汉斯·伯顿也曾担任过国际比较文学学会会长,他专门致信先生,表达他"很享受阅读(这本专著)的过程"。欧洲科学院院士西奥·德汉教授非常确定地说,变异学"将成为比较文学发展的重要阶段,以将其从西方中心主义方法的泥潭中解脱出来,拉向一种更为普遍的范畴"。美国哈佛大学达姆罗什教授也对先生提供的中国视角表示欢迎,认为它"对变异的强调提供了很好的一个视角,一则超越了亨廷顿式简单的文化冲突模式,再者也跨越了普遍的同质化趋向"。此外,美国科学院院士苏源熙、欧洲科学院院士多明戈等学者合著的比较文学专著 *Introducing Comparative Literature: New Trends and Applications*,以及法国索邦大学比较文学系主任 Bernard Franco 教授的专著(*La litterature comparee histoire, domaines, methode*)均提及先生的变异学理论,并给予高度评价,认为是中国学者对世界比较文学的重要贡献。

中国学派这一提法不再是一种自我标榜,而是一种逐步得到越来越多认可的名副其实的学术派别,中国比较文学朝国际学术前沿又迈上了新的台阶。2014 年,中国比较文学学会第 11 届年会推选先生为中国比较文学学会第四任会长。今年上半年结题的"英语世界的中国文学译介与研究",是先生主持的一个教育部重大社科项目,它以超过 440 万字的厚重成果,用大量的案例材料为辅助,全面系统地总结了中国文学在英语世界的传播和接受规律,为我国文化建设及中国文化走出去战略提供了有益借鉴。

二、教学:背原典、严要求、桃李芬芳

令公桃李满天下,何用堂前更种花。

先生是个严格的老师，很直接的一个体现就在他的课堂。他给博士生开设有十三经导读和中外文论课，十三经课程用的教材是上海古籍出版社出版的《十三经注疏》，分为上下两册，每次学生们抱着这样两本厚厚的繁体竖排版影印本古籍走在去上课的路上总是能吸引很多好奇的目光。先生要求学生能比较流利地朗读这些原典，其中的繁体字和异体字就要难倒一大批人，更别说那些断句，还有他时不时提出的一些问题，据先生的学生反映，每次大家上这个课都要提前预习通读下一节课的所有内容，上课更是神经一直处于紧绷的状态。不过最让学生胆战心惊的课堂是中外文论，这门课分为两个部分，上半节课是中国古代文论部分，主要涉及《毛诗序》《典论·论文》《文赋》《文心雕龙》《诗品序》《二十四诗品》《沧浪诗话》等。先生非常重视这部分的基础，要求学生必须将这些文论全部背诵出来！比如上课的时候讲到《文赋》，一开始就随机点名学生起来背诵一段，然后打断，又抽点下一位同学接上，如此每个同学每节课都会有两次左右的机会被叫起来背诵。为鼓舞大家的学习热情，他常常跟学生们讲师祖杨明照先生的故事，说杨先生给学生讲《文心雕龙》，先把书合上，然后"文之为德也大矣……"顺畅地将《原道》篇给大家背诵一遍，学生无不目瞪口呆。受此感染，学生也自觉地提高背诵要求。当然，在课堂上总是会有很多年纪稍大的在职学生，平时工作很忙，记忆力又不如年轻点的师弟师妹们，于是在背诵过程中难免会磕磕绊绊，相当吃力，卡壳处先生会表示理解并予以提示，周边同学也会悄悄地低声说出下一句；若实在背不出，他会开玩笑式地小批评一两句，但足以让学生心生愧疚、引以为戒。

下半节课讲当代西方文论，教材用的是英国理论名家特里·伊格尔顿的英文原著 *Literary Theory: An Introduction*，因为时间有限，主要选讲"形式主义""新批评""现象学""阐释学""结构主义"和"解构主义"。此举措是针对国内一些理论译著整体水平不足，甚至错讹屡出的状况而采取的。有一位博士生入学前曾在一所高校教授西方文论课程多年，在学习《文学理论导论》英文原著时，他恍然大悟："新批评的'细读'原来是这样的！"原来他信奉一些中文译本或是改编教材，以为"细读"就是"仔细地阅读"，殊不知"细读"是对英文原文"close reading"不准确的翻译。根据新批评理论的整体情况来看，"close reading"这一术语是指"封闭式阅读"，即把那些传统批评理论中的历史因素、传记材料、读者反应等与文本剥离，而只注重文本，重视文本内部的分析。所以，先生曾在课堂上一再强调，应该将"close reading"翻译为"封闭式阅读"，这样更能体现此一术语的内涵，而且不会像"细读"那样容易导致误解和误读。也正是因为类似原因，先生才大力提倡使用英文原文理论教材。回归原文，这不仅是对学生们外语能力的严格要求，更是对理论原本面目的解蔽尝试。

先生令学生非常感动的一幕表现在：先生前半节课在讲中国古代文论的时候，全程站着；只在下半节课学生阅读英文段落的时候偶尔坐下，待讲解教材观点的时候又站起来，而这门课一上就是一下午，从两点到六点，整整四小时！他的讲解几乎从不重复众所周知的字句意思和浅显观点，侧重的往往是那些大家容易忽略的知识和存在争议的问题；他的论述旁征博引，联想贯通中西，启发点到为止。

除了课堂上背诵原典要求严格，先生对学生的毕业论文要求也高。"入门须正，立志须高"是他在指导学生选题时的严格要求。他向来认为，博士生写博士学位论文，正当人年轻气盛、思维活跃之时，应把握机会将学位论文当作立身之著、学术代表作来完成；它关乎学生未来的学术方向，关乎学生在学术领域的影响力，所以要在读博期间倾尽全力来对待。好的选题等于成功的一半，所以选个好题目至关重要。先生要求学生要写就写学界第一篇，要敢于当第一个吃螃蟹的人，别人写过的坚决不写，学术价值、现实意义不足的坚决不写；然后就是要有创新，可以根据选题和自身能力从观点创新、方法创新和材料创新三个方面来着手。尽管学生的专业方向不同，基础不一样，爱好也不尽相同，但是先生的总体要求是不变的，即务必要有博士学位论文该有的气象。每一届的学生要有预开题和正式开题，正式开题一次没过，再给一次机会，还是没过，那就延期半年；到论文写完，先要进行预答辩，预答辩没过，则没有资格参加正式答辩，同时也意味着至少延期半年毕业。有一次一个学生在正式开题的时候准备不充分，大的方面框架不完整，小的方面则多处出现类似格式不规范等常识性的失误，先生看到其开题材料后，对该学生的态度感到不满意，遂先指出其开题材料的诸多不足，有理有据，然后斥责其态度不端正，平时不够细致认真，认为其作为一名985高校的研究生不应当如此对待论文开题这样一件重要的事情。先生当时虽表情平静、语气温和，然言辞激烈、理据结合，让在场的学生无不自省。对于那些提交答辩申请的学生，他则严格把关，绝不勉强同意学生马马虎虎地就参与答辩，哪怕是面对很多反复修改过多次、延期数年尚未能毕业的学生，先生也坚持论文质量第一的原则，可以就通过，不行就继续延期，绝不凑合。

当然，先生也是一个很有人情味的老师，他常跟学生们"唠叨"说："我不仅要关心你们的学业，有时候也要过问下你们的'终身大事'。"在每一届新生见面会，以及其他一些跨年级同门同学聚餐的场合，他常常要让大家进行自我介绍，而介绍中必不可少的一项就是要汇报是否有对象。他鼓励同门"内部消化"，大家多交流感情，有时候还会热情地帮忙介绍。在他看来，博士生的学业固然重要，但在学习之余若能兼顾感情则更佳。所以他时不时要提醒所带的学生们多留意身边合适的对象人选，结婚了的则可以考虑是否要小孩等。让先生倍感欣慰并常常拿来讲给大家听的一个故事就是，同门的一个博士生和一个硕士生相识，后来两人走进了婚姻的殿堂，在婚礼上新郎和新娘对对子，新郎出"爱国、爱家、爱师妹"，新娘则回应"防火、防盗、防师兄"，让在场的嘉宾捧腹大笑。因为女博士通常年龄都较大，面对毕业带来的压力，很多女博士会选择毕业后再要孩子，而先生则不这么看。他告诫他带的女博士应该在博士第二年或第三年的时候要一个孩子，毕竟女性随着年龄的增长易遇上生育的困难。

除此之外，先生有时候还会带自己的博士生出去开会或讲学，这是学生们和恩师近距离接触的最好机会。通常人们都会以为老师带学生出去就是把学生当秘书使唤的，而他则从不让学生产生这种距离感。如果是男生，他不会介意和学生共住一个房间，甚至睡在同一张床上，晚上还愿意和学生谈天说地到深夜，俨然就是和学生在同一个频道上的谈友。先生关爱学生，自然也关注年轻一代接触的事物，诸如手机微信、QQ等工具，他都能玩转，就连每天晒出的微信步数也绝不落下风，所以他和学生总是能找到共同话题。如果是学生们已经听过的讲座，他还让学生可以不必陪同，而是建议学生在宾馆房间偷闲睡懒觉或出去转悠。在讲学的空闲，他也常饶有兴致地和学生出去透透气，就算进个小酒馆，要俩小菜，也能和学生尽兴，且坚决不让学生破费。

凡斯种种，感人的故事和细节很多，书不尽言，言不尽意。

学生们在学校攻读博士学位的几年固然艰辛，但在先生的指引和鼓励中，学生们收获了知识，先生则收获了芬芳桃李。他的很多学生业已成为各自领域的知名学者，或者在国家机关担任要职。毕业多年后，许多学生回忆起过往时光时，常常感慨："真想重回川大，再当一回曹老师的学生！"因此，每当有曹老师的线上或线下的讲座，在现场或网络直播间总是可以看到许多往届的曹门学生加入聆听。其中缘由既有听取老师带来的新观点、新内容，更有许久未见、思念有加的情感动因。当见到老师熟悉的面容，听到他熟悉的声音，那种亲切感仿佛一下子又回到了从前。

理论链接和话语化用
——追随曹先生做比较诗学博士后

2002级博士后　刘圣鹏[*]

我是暨南大学1998级文艺学博士，博士毕业的第二年，在2002年的南京全国比较文学年会上，当面向曹先生申请做比较诗学博士后。2003年元旦前，从任教的深圳大学中文系前往四川大学中文系报到入站。

按照当时国家博士后研究的相关规定，博士后一般是对博士专业的拓展性跨学科研究。鉴于博士后与博士学位之间的学术关联，我更注重对博士期间培育的理论元素与博士后期间接受的理论话语之间的理论链接和话语化用。暨南大学因隶属于国务院侨办，特别注重海外华人华裔与母国中国关系的比较研究，当然这也与改革

---

[*] 刘圣鹏，2002级博士后，文艺学博士，浙江工业大学人文学院教授。比较文学专业研究生导师。先后师从英语语言文学名家常耀信教授、刘世聪教授，文艺学名家胡经之教授、饶芃子教授、蒋述卓教授、曹顺庆教授，先后任教于深圳、苏州、北京、杭州等地高校。

开放后二十年中国比较文学尚处于知识复兴阶段，文学文化学相关学科无不以比较文学为热点有关，这大概是暨大文艺学博士点内设比较文艺学方向的意图：注重在跨文化材料中对文艺学基本规律的发掘和发现。正是因为这个着重点，当时有答辩的比较文艺学方向的博士论文因太过偏重资料梳理研究而被答辩委员会要求加大理论凝聚力度。暨大文艺学设立的比较文艺学研究方向，在全国也是独树一帜，大约是受了美国比较文学的影响，把文艺学暨文学理论作为比较文学的核心，而不是像后来成立的比较文学与世界文学学科命名那样将二者简单并列。所以，对于当时的暨大来说，文艺学和比较文学是合一的，而且构成了文艺学对中国比较文学的美式改造。当时的川大比较文学脱胎于文艺学博士点之内的中国文学批评史研究方向，注重以中国原创诗学及其跨文化阐释为基础的中西比较文论。通过对暨大和川大相关学科的命名及其学术特色的比较可以看出，无论是暨大的文艺学，还是川大的中国古代文论，都以基础文论为根本，再辅以跨文化材料，但并未以流行的比较诗学为名，或者虽然在其他场合也沿用比较诗学这个名称，但在实际的比较文艺学和比较文学学术操作中，都不约而同地将文学基础理论作为研究核心，从而陷入流行的偏重平行研究的比较诗学的形式比较窠臼，仅仅纳入知识基础而不是学术主流，这也是当时曹门学术所特别强调应予排斥的比较文学"A＋B"模式，从而形成了学科内部注重文艺学基础理论与跨文化原理相链接，文化差异性理论与文化批判理论相并重的总体学理格局，使各自的学术研究体系和硕博培养体系形成基础理论扎实、各有所长、扬长避短的研究风气。这在当时以及后来的全国文艺学硕博培养体系中，可以说特点鲜明，一时传为文艺学和美学研究界的美谈，吸引学子纷至沓来，大有酝酿比较文学中国学派之势。

我做博士后期间，还在其他高校任教，作为兼职博士后，在校时间没有特别规定，但在每年博士后流动站所要求的到校时间长度内，我也特别关注曹先生的博士教学班以及博士讨论课，对曹先生的课堂教学印象颇深。除了硕博必修的十三经诵读之外，还有伊格尔顿《二十世纪西方文学理论导》（英文版）的课堂教学，无论是中国经典理论还是西方热门理论，都成为文艺学和比较文学的基础课程，这就给相关硕博的专业知识打下了坚实的中外理论基础。20世纪90年代，曹先生将追随其导师杨明照老先生亲传以及赴美留学体验的诸多话语带到硕博中间，加上曹先生与其最早的一批弟子们年龄相仿，年轻的师生间形成了讨论热烈、教学相长的课堂风格，虽然这些都是在校时遇到的同学们口传的，但仍然感觉到盛况空前，学术热浪逼人。其实，讨论课在美国高校中早成风气，但在中国高校更适合于硕博研究生，曹先生近距离感受中国古代文论和西方文论精义而在中国学术界首创的一系列批评话语，在师生讨论及其研究倾向中从川大校园陆续走向全国，成为学术热点并构成了理论潮流。像在20世纪90年代陆续形成的跨文化、"失语症"、中国古代文论的现代转换，以及在2000年后形成的跨文明、变异学，都是在师生论学中率先得到发挥，然后在全国学界形成学术热点的。

从比较诗学的学术史来看，注重原创诗学即所谓寻根诗学及其跨文化阐释，确实是普遍性文学理论形成的必要过程，从叶维廉主张的普遍美学规律的共同诗学自中国古典差异诗学及其跨文化阐释中来，到厄尔·迈纳享受盛誉的欧洲和日本的原创诗学基础，都可以看到比较诗学的做法已经从跨文化诗学的平行比较，转移到跨文化诗学的寻根研究及其跨文化阐释，以及由跨文化阐释导致的文化碰撞和文化批判上来。叶维廉所做的大量的中国道家诗学元素在古代直至现代的阐释性批判，以及中国意境诗学在西方现代诗歌直至后现代诗歌的阐释性应用，构成了中国古代理论的现代转换以及西方阐释的必要环节，其中凸显的是跨文化阐释诗学的中国范式。当然，这种跨文化阐释诗学，在叶维廉比较诗学传播到中国大陆后，一方面在文艺学博士点中蔚然成风，另一方面也由于其海量的原创诗学积累而少人敢于问津，另外，由于原创诗学的认知受制于文化背景的认知，也可以说有什么样的文化，就有什么样的诗学，在这种基本认知导向下，各种各样的文化诗学也顺势萌生，像20世纪90年代北师大文艺学的掌门人童庆炳先生，2000年后暨大文艺学的继任掌门人蒋述卓先生，就先后打造出他们的文化诗学体系。文化诗学在中国由于叶维廉比较诗学的引领，又相继启发了与20世纪60年代法国文化理论及其传播到美国的后殖民理论的遇合，单纯以原创诗学为基础的平行研究类型的比较诗学不论在中国还是在美国就开始消亡了，尤其是以中西比较诗学见长的华裔学术主流开始转型为文化批判理论，并将文化批判理论运用于中国文化研究，美国的比较诗学也就此转型为文化批判理论，并在美国学界被指为"比较诗学已死"。这种比较诗学的发展动向也被暨大文艺学早期博士余虹率先体会到，并以原创诗学之间的文类及其配套诗学的根本性不相容为由，否定了比较诗学的逻辑存在可能性，而他自己则以广义修辞学的名义转型为文化批判理论，这是饶门和曹门在学术上相遇的又一学术案例。固然概念、范畴之间的平行比较从此不再流行，比较诗学仍然以跨文化阐释及其文化批判理论转向的形式流传下来。曹先生主张的以中国古代诗学为基础的中西比较诗学，正是承接了叶维廉的寻根诗学以及厄尔·迈纳的原创诗学的余脉，并发展为古代理论的现代转换以及中国经典在西方的变异和相继的跨文化阐释。当然这里面也包含着曹先生的受业导师、我们的师祖杨明照老先生的学术遗产。曹先生追随杨老先生所做的《中西比较诗学》作为改革开放初期的中国比较诗学的开山之作，也由此成为比较诗学的业界必读书。

曹先生在20世纪90年代中期考察台湾以及西方比较文学的学术史时，率先指出比较文学的跨文化研究动向，并在2000年后发展为跨文明研究动向，这对比较文学摆脱比较文学学术史上的法国学派影响研究和美国学派平行研究教条的禁锢非常重要，并有机会发展为古代理论的现代转换和中国经典的西方变异命题，包括发展为中国古代理论的现代阐释和西方阐释的跨文化阐释诗学。其中，中国古代文论的现代"失语症"命题，又起着理论引导作用。我本人正是融合了博士期间饶先生的华人华裔比较诗学话题和博士后期间曹先生的中国古代文论的比较诗学话语，对跨文化（文明）异质性加以深度考察，运用西方现代哲学中的非本质主义"家族类似"理论，将文化（文明）异质性解读为差异性，并以最简命题给予定义：适度差异、有限同一，使之成为对比较文学的性质，也可以说是对比较文学可比性问题的基本描述。后期，我又将跨文化与变异学深度融合，发展出跨文化阐释诗学，附着于文化批判理论之上，使前期的差异性认知与后期的跨文化阐释相匹配，构成比较文学的基本结构。当然，从比较诗学到跨文化阐释诗学的演化还预示着比较文学研究范式的进展或进步，因为跨文化阐释导致的理论碰撞和文化碰撞必然产生理论的批判性创生和文化的批判性进步，而且远比文化内部和理论内部因路径依赖导致的惰性自我批判更为有效，更能摆脱理论的惰性和文化的惰性，这已成为文明互鉴时代的知识现实和理论走向。其中的理论逻辑从曹先生近期的学术话语就可见出，在2021年的南宁全国比较文学年会上，曹老师主持了以比较文学阐释学命名的专题研讨，这也算是曹先生和我作为师徒的又一次学术融合案例吧。

多次聆听曹先生关于做学问先做人和学术传承的谆谆教诲，最近一次就是在南宁全国比较文学年会期间召集的曹门师生聚会上，师兄弟们听后，热情高涨，掌声不停，由先生这样学理和感情合一的话语感发的学术激情，想来是师兄弟们不约而同报名参加这一学术集会的共同原因。高等级学术研究的学养要求人格的养育与学术的养育统一起来，还需注意博士专业与博士后专业之间的学术传承以及博士后与合作导师之间的学术传承，构成既有所联系又有所发散的历时性和扩张性关系，使得导师这棵大树之根不断生出新根、新枝、新叶，成就代系交错生长的茂盛格局。我想，这也是曹门比较文学能够在国内众多文艺学和比较文学重镇中不断发展壮大的根本原因吧，从学人聚集和话语生成两方面来看，实际上的中国比较文学川大学派已经事实性生成。

比较文学新话语视域下的外国文学教研反思[*]

2015级博士后　秦鹏举[**]

比较文学的打通意识，从学科高度和人文生态视角实现了传统外国文学教研的突围。更为关键的是，外国文学教研要走出西方中心主义的窠臼，必须凝练中国话语，以中国人的主体思维展开个性化研究。非洲诗学就是典型个例。非洲诗学的提出，不仅从人性视域展示了非洲文学文化的普遍性，而且从政治意识形态上表现了

---

[*] 本文同时为2021年湖北省社科基金项目"非洲现代文学之父阿契贝小说的文化诗学研究"（项目编号：2021276）、2022年长江大学第七批在线开放课程项目"20世纪西方文学经典品读"的阶段性成果。

[**] 秦鹏举，2015级博士后，湖北仙桃人，长江大学人文与新媒体学院副教授，文学博士，硕士生导师，主要从事非洲文学与比较文学研究。

其人文生态性。在此，曹顺庆先生的比较文学新话语——变异学理论为外国文学教研的独立理论话语提供了原创性阐释和启发意义。

一、外国文学教学的人文生态建构：比较文学的打通

（一）外国文学教学存在的问题

1. 教学方法老套

中国传统的外国文学教学基于国别文学史展开。外国文学在中国的规模性传播始于近代以来的中西文化碰撞与交融，而进入中国教育领域的外国文学开端在20世纪初，如辜鸿铭1914年于北京大学讲授的英国文学课程和周作人1917年于北京大学讲授的欧洲文学史课程。1926年，清华大学成立"西洋文学系"，其宗旨为：不分国家民族，将整个西方文学从古至今看作一个整体。从外国文学在中国的教学实践来看，1980年以前，受苏联模式的影响，外国文学教学注重现实性和阶级性；1980年以后，外国文学教学才开始迈向开放化和多元化阶段。短短30余年，外国文学看似是在跟随时代脚步和针对不同历史文化语境而开展教学，但实际情形仍然是在有意无意地模仿中国文学的传统教学方式方法。无论是以人民性和阶级性为主导，还是目前运用各种西方文化批评方法开展教学的外国文学教学，都脱离不了"作家＋作品"的分析模式。而这种传统教学模式恰好是中国文学教育教学一贯视为主导的教育理念和教学方法。此外，部分外国文学教学者在语言上的缺憾和实际教学中孤立为阵的做法也成为人们诟病的因由。

2. 过于工具化和技术化

当前的外国文学教学深一层的弊病在于陷入物质工具的泥淖而失去了人文主义的教育意义。信息化时代，各种数字媒体的出现和高端科技的运用使得外国文学教学不断跟进时代脚步，呈现日新月异的面貌。这对于及时掌握外国文学教学前沿，节省教学时间，改进传统外国文学的教育方式方法都是必要的。然而，过于依赖物质工具，把作为辅助的物质工具当作外国文学教学的全部过程和最终目的，则失去了外国文学的初衷。比如，PPT的展示贯穿课堂教学的全部过程，作为课堂内容补充的视频播放占据了课堂主导地位，作为传统课堂的个性化板书则用冰冷的数字教鞭替代，充满生机与情感画面的答疑与讨论则完全被所谓的人机互动取代，等等。

3. "失语症"

在整体效果上，外国文学教学研究更大的危机则是陷入了严重失语的境地。著名比较文学学者曹顺庆先生认为："所谓'失语'，并非指现当代文论没有一套话语规则，而是指她没有一套自己的而非别人的话语规则……她并没有一套属于自己的独特话语系统，而仅仅是承袭了西方文论的话语系统。"[①] 围绕此一问题域，国内

---

① 曹顺庆：《文论失语症与文化病态》，《文艺争鸣》1996年第2期，第53页。

外学人展开了激烈的讨论、辩难、分析与思考,由此给中国传统文论的现代命运带来了新的转型思考与发展契机。这种争辩和影响持续到 21 世纪,在国家提倡"文化自信"和构建"人类命运共同体"的背景下,中华文化不断从失语走向重建,融入世界文论体系,从而构建人类多元文化,"失语症"的解决更具有重要文化战略的高度。从教学研究视角而言,外国文学教学研究没有自己独立的话语规则和独特的言说方式,只能跟在西方人背后人云亦云,西方各种文化批评思潮各领风骚几十年,近年来在中国社会和校园的迅急上演便是明证。

中国自近代以来的文学发展,便整体沉浸在西方科学主义理性思维主导下的注重学科细分的逻辑中。其分析文学的科学态度和形成评判文学的概念、判断、推理的分析思维,以量化为标准的价值评价体系在中国文化场域占了极大比重。中国传统的印象主义批评与以审美感悟为特质的独特鉴赏方式被置换为科学主义的文学分析研究。不仅中国文学教学面临着失语,外国文学教学更是面临着更大的挤压,一方面要面对中国文学的话语霸权的压迫,另一方面与中国文学共同面对世界科技主义潮流的压迫。

因此,外国文学教学不仅要在教学内容、教学物质形式上更新观念,转变思维模式,走出单一化和极端化思维的弊症,更要在话语方面提出和凝练自己独立的见解,有所作用。要解决上述弊端,必须引入比较文学的教学方法。

(二)比较文学方法论的引入

比较文学在学科意义上以比较思维介入文学研究,贯通外国文学教学中纵向史的勾勒与横向文化比较和文化诗学的联通,从而实现外国文学教学上的打通。比较文学跨学科的研究方法为外国文学的教学提供了富于人文诗意的启发,其学科互融和专业兼容的发展趋向为建构人类整体意义上的世界文学提供了宏伟构图。而要解决目前外国文学教学研究中的失语问题,则必须引入比较文学的新话语——变异学理论,实现他国文论中国化尤其是西方文化与文论的中国化[①],重塑外国文学教学研究的独立话语,重构中国文化的大国地位,为实施中国文化走出去战略和实现文化自信命意下的中国梦奠定坚实基础。

比较文学的比较并不是一般的比较,而是作为一门学科存在前提的比较思维与比较方法,这种方法并不同于事物之间的任意比照和随意比附。因此,仅仅从知识论和方法论意义上认识比较的含义还不足以构成比较文学作为一门学科的比较,应当将比较当作本体论来观照。如果将这种学科存在意义上的比较含义纳入外国文学的教学中,则会实现二者教学过程和教学方法的打通,形成完整的文学教学。

以讲授外国文学"莎士比亚"一节为例,在展开哈姆莱特人物悲剧蕴含和行为延宕的文本分析时,通常会提到这是文化转型时期的典型悲剧。就阐释学而言,"一千个读者就有一千个哈姆莱特"不仅说明了不同读者的接受语境和个性阅读的

[①] 曹顺庆、王超等:《比较文学变异学》,商务印书馆 2021 年版,第 185 页。

相异，更是在中西古今对话的意义上阐明了文学文本的历史性和跨文化沟通实践的合理性。任何历史阶段和个人的阐释都具有独一无二的不可替代性，然而，在剔除了"强制阐释"而寻求相对客观的"文本意图"的过程中，在历史的文化语境中探求哈姆莱特的"延宕"真相，一种文化转型时期新旧思想观念的矛盾、冲突就凸显于读者面前，从文化转型的视角出发，哈姆莱特的种种矛盾、忧郁、犹疑、彷徨与焦虑就都可以得到合理的说明。把眼光放在世界文学的历史演进中，以比较的视域看视同时期中国的汤显祖，其显然具有某种类同性的思考。《莎士比亚》和《牡丹亭》分别思考的是"生还是死，这是一个问题"与"生者可以死，死者可以生"的不同文化向度问题。而更为深层的中西文化追问却是：死生问题在莎士比亚看来是一种无法解决的文化苦恼，但在汤显祖这儿却成为畅通无碍、由生死方显"至情"的方法论美学。从深层的文化传统看，汤显祖的"至情"论显然有着深厚的文化底蕴和人性依据。而对于莎士比亚而言，人的生死考验着人的善恶。沿着这个思路，我们还能继续深入地思考一个大课题：中西文化转型时期觉醒者文学形象比较与当代价值研究。可以举出若干此类例子以及关联因素：但丁与屈原（神幻小说，爱国主义），歌德与曹雪芹（诗体小说，揭露黑暗纯审美），哈代与鲁迅（乡土小说现代转型），等等。比较文学的类同性思考和世界性视域奠定了中国文学与外国文学的平行比较，在具体的教学过程中，则需要讲授者主动贯穿比较文学视野和世界文学胸怀，才能实现"外国文学就是比较文学"的命题意涵。如果外国文学是基础，那么，比较文学就是桥梁，最终的目的就是实现总体文学和世界文学。外国文学教学研究只有从人类总体文学高度进行宏观思考，以本体性比较思维介入，才能构建人文生态型的教学研究。

比较文学的打通意识实现了外国文学教学内容的人文生态建构，此外还需要在物质教学形态上建立"人机合一"的数字人文式外国文学教学模式。"人依然是第一位的，机器只能起到辅助人生活和工作的作用，但永远不能全然取代人。"[①] 所有的机器最终的目的都是服务于人，人与机器的关系应该是在机器的辅助下人的情感性和生命实践得到提升。这是人与物的生态关系。而在学生主体与教师主体之间的哲学关系上，则应该建立以学生和教师互为主体的课堂学习氛围和学习方式。

二、外国文学研究的多维立体探寻：以阿契贝为考察中心

（一）外国文学研究中的比较思维

一如外国文学教学，外国文学研究同样需要构建数字人文式的研究模式，形成数字与人文的和谐统一。只有如此，大数据时代冰冷的数据研究才会充满人文情感。而人文研究也需要靠大数据来充实和支撑，从而具备可靠性和客观性。

外国文学研究需要掌握至少一门外国语言，从而熟悉对象国文化，掌握文化主

[①] 王宁：《"后理论时代"的后人文研究：兼论文学与机器的关系》，《外国文学》2013年第2期，第125页。

动权与话语权，实现跨文化交流。外国文学研究也需要推动文学与宗教、哲学、心理学、艺术和社会学等方面的关联研究，从而实现跨学科、跨文化诗学对话中的世界文学图景。

以宗教为例，在佛教向世界传播的过程中，中国是重要的一站。佛教本来源于印度，但其在本土沦寂后，在异域中国却风生水起，发展为后来中国的禅宗。中国以玄奘、鸠摩罗什、真谛为代表的佛经翻译家，以"格义"的翻译形式形象地解读了不为人所知的大量包含文学信息的佛教经典，乃至在唐代产生了"变文"这一文类，后来在中国文化语境中又产生了"妙悟""意境"等文论范畴，都与佛教息息相关。就外国文学研究而言，研究印度文学时，必然要涉及佛教和佛教经典及其传播与衍异等流通问题，于是，一种基于影响传播的实证分析便映入眼帘，其比较文学的视域和跨学科的研究特性表露无遗。通过比较文学的中介性关联，外国文学研究在"文学与宗教"的跨学科性中得到了贯通，加深了联系，为人类从总体文学的高度瞻望一种世界性的文学提供了研究前提。在当前，各种版本的"世界文学史"读本，就充分说明了人类不断找寻共同的文心与诗心的努力与探索。钱锺书就曾言："东海西海，心理攸同；南学北学，道术未裂。"①

不独佛教如此，从基督教的传播史和中国本土道教的发展史中都可以看到文学研究中的跨学科性。从人类早期的文学发展来说，文学、宗教、哲学、艺术本就是相融共生于一体的，如中国最早的诗歌这一文学类型就是诗、乐、舞的融汇，只是到了一定历史阶段，文学才作为一门独立的学科存在，但其与各门类的学科兼容性和相通性却是真实存在的，对此需要在教学研究中给予高度的关注和总结，才能使学生获得深刻的教益。人类历史上早期民族的宗教经典本身既是文学典籍，又是宗教圣典，其文学上的跨学科性通过宗教这一重要维度得以体现，从而实现外国文学研究上的密切联姻，如基督教的《圣经》、伊斯兰教的《古兰经》、印度教的《吠陀》，等等。在上古时代，"文学与历史、哲学、宗教、政治、法律、道德伦理的著作没有严格的区分，既是民族、国家的文献汇编，也是文学创作集子。印度的《吠陀》《摩诃婆罗多》，埃及的《亡灵书》、希伯来的《塔纳赫》、古波斯的《阿维斯塔》都是这样的'百科全书'"②。这些都在外国文学的研究中深有体现，并通过比较文学的桥梁，与宗教主题深深地结合在一起。比如有明一代基督教东传与中国以徐光启为代表的文人文学的交流影响，泰戈尔的宗教观对中国文人徐志摩、冰心等人的深远影响，日本的佛教和茶道等宗教艺术观在以中国为师后历经本土改造又对中国造成的回返影响，等等。

（二）外国文学研究的失语与话语重建——以非洲诗学为例

外国文学研究中的失语问题，不是一时一事造成的，而是所有非西方文化文学

---

① 钱锺书：《谈艺录》，生活·读书·新知三联书店2008年版，序言第1页。
② 王立新、黎跃进主编：《外国文学史》（东方卷），高等教育出版社2013年版，第35页。

都要面临的重大文化转型问题，是世界整体现代文化思潮（主要是西方文化思潮）影响下的文学文化的失语问题。要解决目前教学研究中的失语问题，必须引入比较文学的原创性理论"变异学"。曹顺庆先生是变异学理论的创立者，他提出："变异学是指不同国家、不同文明的文学现象在影响交流中呈现出的变异状态的研究，以及对不同国家、不同文明的文学相互阐发中呈现的变异，探究比较文学变异的规律。变异学研究的重点在求'异'的可比性，研究范围包括跨国变异研究、跨语际变异研究、跨文化变异研究、跨文明变异研究、文学的他国化研究等方面。"[①] 无论是针对比较文学的形象学、接受学和译介学，还是针对比较文学的主题学、文类学，都存在文学的变异现象。而以往我们教学研究的主要关注点在于求"同"，殊不知求"异"也是需要关注的重点。其中，"文学的他国化"在处理外国文学教学研究中的失语问题和争取外国文学研究的话语权方面尤其意义重大。

1. 阿契贝研究的立体化

以非洲尼日利亚作家钦努阿·阿契贝（Chinua Achebe）为例。在平行贯通的研究中，可以之与鲁迅做对比研究。同作为"现代文学之父"[②]，阿契贝和鲁迅在文学从传统到现代的转型中表现出了与异质文化的某种深刻关联性。阿契贝学习西方的主要视角在于借鉴西方的表现技巧，立足本土，从非洲内部描写非洲人眼中的真实非洲，以达到抵抗殖民文本歪曲非洲的文化政治诉求；鲁迅学习西方的主要视角在于借用西方的眼光，批判传统，启蒙民智，以达到提高国民素质从而自立于民族之林的鹄的。由此，在世界文学领域建立了横向的平行对比研究，将阿契贝摆在世界文学史的高度来进行研究，从而形成一个立体多维的阿契贝形象，而不是传统研究中僵死的阿契贝形象。以此类推，我们也可以将阿契贝与同样具有文化转型意味的作家进行比较，如日本的夏目漱石、印度的泰戈尔等，得出的结论都会有助于形成世界文学图谱中的阿契贝形象，具有国际文化交流的意义。

最关键的在于阿契贝研究要有自己的话语权和文化灵魂。正如已故的外国文学研究大家杨周翰先生所言："研究外国文学的中国人，尤其要有一个中国人的灵魂。"而"话语权是一种具有较强隐蔽性但又无所不在的真实权力，谁熟悉其中的规则，并拥有对'真理'的发言权与书写的权威性，即意味着谁就可以制定规则、维护权威、决定真理、书写历史甚而压制他者"[③]。因此，当我们把眼光集中在非洲这片广袤的土地和历史悠久的文明时，就会发现西方人充满种族歧视的谎言与欺骗。黑格尔曾断言："（非洲）谈不上成为世界历史的一个组成部分；它没有什么行

---

① 曹顺庆：《比较文学学科中的文学变异学研究》，《复旦学报（社会科学版）》2006年第1期，第79-83页。

② 阿契贝以深诚恳切的笔调书写非洲，从非-西文化冲突交融的客观历史进程首次展现了非洲人真实的历史和文化。鲁迅创作的一系列作品，不仅从语言上发扬了白话文，更是从文体和表现手法上深刻地体现了现代文学的主要特征。称他们为"现代文学之父"，是根据他们的文学作品和文学形象做出的论断，他们是传统文学向现代文学转型的代表性人物。

③ 曹顺庆：《当代西方文论话语反思与中国文论话语建设》，《人民论坛·学术前沿》2017年第22期，第92页。

动或者发展可向世人展示。"① 西方学者罗珀认为:"现在有的只是来到非洲的欧洲人的历史,其余的基本上是一团黑暗,就像欧洲人出现之前的欧洲史或者哥伦布之前的美洲史那样。"② 以康拉德、乔伊斯·卡里为首的西方文学家则照单全收了黑格尔等人的观点,在他们的作品中露骨地表达了黑人没有历史和文化的野蛮人形象。当然,也有西方学者和作家表达了不同的非洲文学文化观。比如英国学者巴西尔·戴维森就认为:"非洲决不是一个因其居民的天生缺陷或低劣而一直处在人类发展进步法则之外的某种野蛮落后博物馆;现在已经证明,非洲与任何其他大陆一样,拥有需要对之进行严肃研究的历史。"③ 白人女作家戈迪默就以其激进的政治批评与文学创作支持黑人的自由解放,反对种族歧视政策,为黑人的人性尊严与平等生存争取发言权。她"坚持对种族隔离制度及其不良后果进行后殖民批判性反思,始终不渝地捍卫和弘扬原初人文主义的价值规定",由此,她又被定义为一位"后殖民人文主义"者。④ 事实上,非洲有没有文化和历史,并不由西方人说了算,而是由非洲的历史和文化来证明,由后来的研究者根据翔实、客观的历史资料来证明。这一点,作为中国的非洲文学研究者,更应该通过自己对非洲文化文学的扎实文献搜集与认真研究,得出一个具有独立判断结论。

笔者认为,非洲不仅有文化和历史,而且有着丰富的人类情感和价值观。阿契贝说道:"对那些认为欧洲和北美发明了普遍的文明而赶忙趋之若鹜地加以吸收的人,我以为除非特别愚蠢,否则根本没有必要这样做。"⑤ 非洲也有文明,也有自己普遍的价值,只不过,在殖民统治和极权统治之下的非洲,这种普遍价值被强行扼杀了。时至今日,我们可以在世界各地看到来自非洲的绚烂服饰、夸张而又精美的雕刻艺术、澎湃的音乐(如流行欧美的爵士音乐就来自黑人的创造)和健美的舞蹈等。而欧洲的现代主义正是白人在黑人文明的强烈刺激下掀起的一股文艺思潮。⑥ 在这种多彩的非洲文明中,我们感受到的则是来自黑人的独具特色的艺术张力。

2. 非洲诗学话语的建立

从非洲诗学的视角来研究阿契贝,是独特新颖的。诗学本为西方的理论术语,来源于亚里士多德,他宽泛的解释为诗学走向一般的美学概念和文艺理论奠定了基础。新时代的诗学研究,专指文学理论的研究,是对文学发展规律的探求与分析,它已成为学界约定俗成的一个理论概念,早已为中外学人所广泛接受。但是长期以

---

① 埃里克·吉尔伯特、乔纳森·T. 雷诺兹:《非洲史》,黄磷译,海南出版社2007年版,第5页。
② 埃里克·吉尔伯特、乔纳森·T. 雷诺兹:《非洲史》,黄磷译,海南出版社2007年版,第5页。
③ 埃里克·吉尔伯特、乔纳森·T. 雷诺兹:《非洲史》,黄磷译,海南出版社2007年版,第5页。
④ 陈昕:《走向普遍性的"后殖民人文主义"——论纳丁·戈迪默的对抗性书写与政治实践》,《文学理论前沿》2017年第2期,第44页。
⑤ Chinua Achebe, *Home and Exile*. New York: A Division of Random House, 2001, p. 104.
⑥ 欧洲的现代主义首先源于绘画领域,而起始于毕加索等人的现代主义绘画艺术则受到非洲贝宁王朝的艺术启发。

来，由于非洲文学与文化在西方人眼中的被贬低或受歧视甚至不予承认，非洲文学文化的合法性受到严重质疑，何谈非洲诗学这个宏大精深的理论视域。因而界定阿契贝的非洲诗学研究视域，有着几个方面的理论意义和现实考量：

首先，打破西方中心主义的盖棺定论。后殖民主义批评家艾梅·塞泽尔说："真正的人文主义——那种以世界为衡量标准的人文主义——在西方从未出现过。"[1] 后人文主义时代，要对种种人类中心主义思维和本质主义思维进行清算与反思，这不仅体现在人与物的关系方面，同时也体现在研究对象身上。非洲文学要走出西方中心主义的框范，实现突围，非洲诗学这个概念本身就说明了该研究是对一切人类中心主义的抵抗，任何民族的文学文化都有其自身独特的价值和不可取代的意义，都是世界文学大家庭中的一员，都对推进人类文明有着实际贡献。而作为人类文明起源地之一的非洲的文明更是如此。

其次，构建非洲诗学理论体系。非洲文学要形成一定理论深度，才能产生一定的人文影响，因而就必须从文化哲学和比较诗学的视角来进行研究。上升到一定理论高度的非洲文学即非洲诗学要与西方诗学进行比较研究，看非洲诗学在西方诗学的影响下接受了什么，改变了什么，哪些是非洲诗学本身的东西，哪些又是经过与西方诗学的磨合后产生的新的东西。总体而言，非洲诗学要靠非洲自己的本土文化要素来充实和支撑。对于阿契贝研究来说，就是要超越了简单的民族主义和西化主义倾向，提倡非－西文化融合，从而形成关于非洲人自己的文学诗学话语和独特表述方式。"中间文化诗学"[2] 正是这样一种努力的理论结果。"中间文化诗学"与非洲诗学的关系是什么？非洲诗学的本质是什么？"中间文化诗学"能否代表非洲诗学？这都需要好好研究才能得出客观结论。而无论是"中间文化诗学"还是非洲诗学，都对中国诗学的建设有着历史借鉴意义和未来指向作用，这是由二者同作为第三世界国家的历史和文化的某些相似性所决定的。

最后，形成立体多维的阿契贝研究。外国文学研究应该和外国文学教学一样，建立立体多维的生态系统，而不是僵死地研究客体和对象。研究者要让阿契贝"活"起来，就要将横向比较诗学的审美特性与纵向诗学视野的理论涵括即"历史的探寻与美学的沉思"结合起来，构织一个完整的阿契贝研究和外国文学研究体系。由此，一个有血有肉、立体多维、具备人文性的作家研究便建构起来了。

这些价值和意义既是阿契贝研究的宏旨和目标，同时也是方法论。变异学的文学他国化要求我们破除西方中心主义，同时坚持运用本民族的元语言。对于中国而言，运用本民族的元语言是指坚持中国文化传统所凝练出来的文学理论，如风骨、意境、妙悟、滋味、神韵等文论范畴，这些文论范畴既是中国文学文化精神的核心

---

[1] Aimé Césire, *Discourse on Colonialism*. John Pinkham, trans. New York：Monthly Review Press, 2000, p. 73.

[2] 指阿契贝对文化不取一种偏执的视角，而是站在一个辩证的角度即以"中性哲学"的思维方式来看待。参见拙文《阿契贝与鲁迅诗学比较》，《西南民族大学学报（人文社会科学版）》2018 年第 8 期，第 171－173 页。

关键词，又是中国的文学理论语言。需要指出的是，用"诗学"这个得到普遍接纳的学术术语显然更为明智，但我们的外国文学研究与分析即非洲诗学研究必然是要内化为中国元语言的核心要素的。或许，我们还可以用"黑人美学""黑人性""意指的猴子"[①] 等其他种种概念进行替换，但是"诗学"在非洲文化文学建构上的客观历史还原度与人文生态建构性之于非洲历史文化的特殊性不仅仅是一个文学文化问题，更是一个政治意识形态问题。因此，"非洲诗学"并不是一个文不对题或吸引眼球的命题，而是旨在构建一个完整有序的人文生态研究系统。非洲诗学研究的展开，必将进一步质疑西方中心主义和本质主义，体现后人文主义时代对人类中心主义的反思和对人性的更高追求。正如阿契贝所言，他的创作活动旨在超越种族和文化界限以达到人类普遍沟通，借此促进对于所有民族的尊重。"我们的人性有赖于我们同类的人性。没有人或者族群可以独自为人。"[②]

三、结语

比较文学的打通意识，从学科高度和人文生态视角实现了传统外国文学教研的突围。更为关键的是，外国文学教研要走出西方中心主义的窠臼，必须凝练中国话语，以中国人的主体思维展开个性化研究，非洲诗学就是典型个例。非洲诗学的提出，不仅从人性视域展示了非洲文学文化的普遍性，而且从政治意识形态上表现了其人文生态性。在此，曹顺庆先生的变异学理论为外国文学教研的独立理论话语提供了原创性阐释和启发意义。

曹顺庆先生的东方文论研究及其话语建构
——兼谈其"传帮带"精神

2018 级博士后　寇淑婷[*]

若追溯世界文论的源头，一般认为有三个，即中国先秦、古印度和古希腊。这三大源头中有两个属于东方范畴，足见东方文论的重要价值和历史地位。然而，与西方文论相比，中国学界对东方文论的研究却很薄弱，原因多种多样，但其中最关键的原因在于东方文论本身是一个"庞大而深邃"（季羡林语）的系统。曹顺庆先

---

① "意指的猴子"指的是非裔美国学者小亨利·路易斯·盖茨提出美国黑人文学的整体特征为喻指性，它与西方的表意性形成了对照性的理论特征。盖茨提出的喻指理论有着丰富的非洲文学文化底蕴，同时也是对西方文学理论的一种对抗性纠正。就其文化渊源而言，"意指的猴子"可部分代表非洲诗学的真实状况。参见小亨利·路易斯·盖茨：《意指的猴子：一个非裔美国文学批评理论》，王元陆译，北京大学出版社 2011 年版。
② 钦努阿·阿契贝：《非洲的污名》，张春美译，南海出版公司 2014 年版，第 184 页。
* 寇淑婷，2018 级博士后，现为四川大学文学与新闻学院副教授。

生自 20 世纪 90 年代以来,长期从事中外文艺理论、东方文艺理论的比较研究,可以说,在东方文论研究领域具有筚路蓝缕之功。本文则立足于此,从曹顺庆先生的东方文学与文论研究、话语建构、人才培养等方面展开论述。

一、筚路蓝缕,以启山林:曹顺庆先生的东方文学与文论研究及教材建设

曹顺庆先生在东方文学与文论研究方面做出了杰出的学术贡献。1996 年,曹顺庆先生主编的《东方文论选》(季羡林名誉主编)由四川人民出版社出版。该书是我国第一部东方文论的译文选集,收录了印度古典文艺理论、阿拉伯古代文论、波斯古代文论、日本古代文论、朝鲜古代文论等名篇的全译、选译,许多篇目都是第一次译为中文。该书出版后,在学界引起强烈反响,受到广泛好评。季羡林先生在该书序言中称:这是"雪里送炭之举","读此一书,东西兼通。有识之士定能'沉浸浓郁,含英咀华',融会东西,以东为主,创建出新的文艺理论体系,把中国文艺理论的研究水平,东方的文艺理论的研究水平和世界的文艺理论研究水平,大大地提高一步,提高到一个崭新的高度和水平上"[1]。王向远先生在《中国比较文学研究二十年》中,认为该书"填补了我国东方文论译介与研究的一个空白"[2]。刘介民教授在评论文章中指出:"曹顺庆主编的《东方文论选》,是一部东方文艺的'开山纲领'性的著作。"[3] 郁龙余教授也撰文指出:"四川大学曹顺庆教授主编的《东方文论选》,由四川人民出版社出版了。这在中国文艺理论界,是一件很具有意义的大事……像王国维的《人间词话》一样,曹顺庆主编的《东方文论选》在中国文论发展史上具有重要的意义。"[4]

继《东方文论选》之后,曹顺庆先生的独著《中外比较文论史》(山东教育出版社 1998 年版)出版,该书对包括上古时期中国文论与印度文论等在内的世界几大文明的文学理论进行了深入的阐述与比较研究。2001 年,又出版了专著《中国古代文论话语》(巴蜀书社 2001 年版),该书对中国古代文论话语的突出特点进行了详细论述。

2012 年,曹顺庆先生主编的四卷本皇皇巨著《中外文论史》由巴蜀书社出版,该书四千余页,涵盖中国、印度、埃及、阿拉伯、波斯、日本、朝鲜、越南、泰国等多个东方国家,跨越欧、亚、非、美四洲,跨越东西方不同文明。该书是中外迄今唯一的一部涵盖全世界古代文学理论的史书。黄维樑先生认为:"《中外文论史》执笔者四川大学曹顺庆教授等数十人,耗时 20 多年,凡四卷共八编,连目录、前

---

[1] 曹顺庆:《东方文论选》,四川人民出版社 1996 年版,序,第 3 页。
[2] 王向远:《中国比较文学研究二十年》,江西教育出版社 2003 年版,第 253 页。
[3] 刘介民:《东方文论的开拓性著作——读曹顺庆主编的〈东方文论选〉》,《中外文化与文论》(第 9 辑),四川教育出版社 2002 年版,第 366 页。
[4] 郁龙余:《旧红新裁,熠熠生辉:简评〈东方文论选〉》,《外国文学研究》1998 年第 1 期。

言、参考书目、后记，共约 4180 页，是皇皇巨著，是中外迄今唯——本广泛涵盖中外文学理论的史书……古今不同文论的比较、中外不同文论的比较、不同文明的文论的比较，是本书的一大特色……曹顺庆构思、规划、统筹撰述这部巨著，带头写出了本书的第一编和第二编（合计 700 页），并参与撰写本书的其它篇章，其毅力与气魄好比长江之滔滔……这样的一套总体性《中外文论史》，诚为中外文论学术界的首先创制。如果目前汉语的国际性地位可与英语看齐，或者如果此书有英语等外文译本，那么，这部宏微并观、纵横比较、内容富赡、析评精彩、彰显中国文论价值的《中外文论史》，就是在国际文论学术界响亮'发声'了。"① 此外，曹顺庆先生还主编了教材《中外文学跨文化比较》（北京师范大学出版社 2000 年版），该书从跨文化视角比较了中国与印度，中国与西方，中国与阿拉伯，中国与日本、朝鲜等国家的文学与文论。与此同时，又主编了《世界文学发展比较史》（北京师范大学出版社 2001 年版），该书论述了包括古代东方文学，如古埃及文学、美索不达米亚文学、印度古代文学、梵语文论、古希腊罗马文学、波斯文学、阿拉伯文学，以及印度现当代文学、阿拉伯现代文学、日本文学、朝鲜文学、越南文学、泰国文学，乃至西方现代文学在内的世界文学发展特征及其比较。

从上述东方文学与文论研究、教材建设等方面的学术成果可以看出曹顺庆先生在这一领域的突出成就，但他并未止步于此，在研究实践中，他还致力于东方文论的话语建构。

二、"失语症"与变异学：东方文论话语建构及其路径

1996 年，曹顺庆先生就曾提出"失语症"的概念，他认为，"长期以来，中国现当代文艺理论基本上是借用西方的一整套话语，长期处于文论表达、沟通和解读的'失语'状态"②。"失语症"不仅是一种严重的文化病态，也是西方话语霸权长期以来占主导地位的结果。2020 年，曹顺庆等在其《变异学与他国化：走出东方文论"失语症"的思考》中再次强调："'失语症'不仅仅是中国一个国家的现象，而是一个世界性现象。"③

同时，曹顺庆先生对于建构东方文论话语体系之路径给予了两方面的理论指引，即"变异学"与"他国化"。他认为，要想走出东方文论"失语症"的局面，就要"走出'西方话语'对'东方'的想象和建构，重建起属于东方的'东方'概念"④，他提议："要把'变异学'作为方法论基础，尊重各文化圈、各地域的文化异质性，探究文化传播、交流过程中出现的横向变异现象；再者，'他国化'作为

---

① 黄维樑：《宏微并观，纵横比较，彰显中国：曹顺庆主编〈中外文论史〉评介》，《中国比较文学》2014 年第 1 期。
② 曹顺庆：《文论失语症与文化病态》，《文艺争鸣》1996 年第 2 期。
③ 曹顺庆、夏甜：《变异学与他国化：走出东方文论"失语症"的思考》，《文艺争鸣》2020 年第 12 期。
④ 曹顺庆、夏甜：《变异学与他国化：走出东方文论"失语症"的思考》，《文艺争鸣》2020 年第 12 期。

比较文学变异学的核心理论，是研究东方各地域文化、文学变异的重要方法，可以从文化结构变异的层面重新审视外来文化本土化对一国文化、文学的影响。"① 可以说，东方文论"失语症"是基于对东方文学长期以来处于边缘地位的理论概括，对于重新审视东方文论在世界上的地位指引了客观的、合理的方向，也为建构属于"东方"的东方文学话语体系提供了可能。

2014年曹顺庆先生的《比较文学变异学》英文版（*The Variation Theory of Comparative Literature*）由斯普林格出版社（Springer）出版，并同时在美国纽约、英国伦敦、德国海德堡发行。欧洲科学院院士、《欧洲评论》主编、比利时鲁汶大学西奥·德汉（Theo D'haen）教授对英文版《比较文学变异学》给予高度评价，他认为该书"将成为世界比较文学发展的重要阶段（an important stage），该书将比较文学从西方中心主义方法的泥潭中解脱出来，推向一种更为普遍（universal one）的理论"。对于变异学与世界文学的关联，达姆罗什认为："当今世界文学的一个主要特征是变异性：不同的读者会因不同的文本体系沉迷。"② 这也是变异学引起强烈反响的一个重要原因。显而易见，比较文学变异学已成为一个具有世界影响力的中国话语。而"他国化"则是理解异质文明的文学在进入世界文学流通过程中，在与异文化相遇、融汇的过程中，在内在的文化结构上产生变异现象的重要途径。

基于长期研究实践，曹顺庆先生在 2019 年成功获批国家社科基金重大项目，成为东方古代文论研究的首席专家。从中国文论"失语症"到东方文论"失语症"的提出，表现了中国学者对自身文学传统与现代之分裂的思考和忧虑，以及决心建构新的话语体系的使命担当。

三、"传帮带"精神：东方文学与文论人才培养

多年来，曹顺庆先生也非常注重对东方文学与文论人才的培养，相继培养出东方文学与文论研究专家侯传文教授（现任青岛大学教授）、尹锡南教授（现任四川大学教授）、叶舒宪教授（现任中国社会科学院研究员，上海交通大学资深教授）禹尚烈教授（延边大学教授）等知名学者。同时，还培养了一批中青年学者，例如马征博士、韩聃博士、越南籍吴曰环博士、韩国籍申泰秀博士等，以及博士后王汝良教授、寇淑婷副教授、车海锋教授等。因为在人才培养方面的突出贡献，曹顺庆先生曾多次荣获四川大学、四川省、教育部颁发的教育教学成就奖。

曹顺庆先生的人才培养完美诠释了其"传帮带"精神，对此，我感触颇深。2018 年 9 月，我从北京师范大学博士毕业入职川大，很荣幸地成为曹顺庆先生的博士后。实际上，在北师大读博期间，我就上过曹老师主讲的比较文学概论课。那

---

① 曹顺庆、夏甜：《变异学与他国化：走出东方文论"失语症"的思考》，《文艺争鸣》2020 年第 12 期。
② David Damrosch, *What Is World Literature?* Princeton: Princeton University Press, 2003, p. 281.

是 2015 年，我刚刚入学不久，北师大博士生的第一节比较文学概论课就由曹老师开讲。那次课，曹老师讲的就是比较文学变异学。曹老师很儒雅、风趣又博学，顿时吸引了全体同学，此后同学们一提到曹老师，就会提变异学，似乎这二者已融为一体了，甚至在元旦的时候，还有同学用曹老师的头像制作了微信的表情包，同时附上一句话："都给我变异去……"足见同学们对曹老师的喜爱和景仰。我还清晰地记得当时很感人的一幕：曹老师下课后，同学们都不约而同地"护送"老师回家，因为曹老师就住在北师大校内的家属楼。一路上，曹老师与我们谈笑风生。我记得他还问到我的博士学位论文选题，我说"题目是日本文学与郑成功"，曹老师听后连连说"好"！当时他还提醒我说，做这个题目要注意政治立场。后来，我申请国家留学基金委的联合培养博士研究生项目去日本留学时，曹老师为我做了推荐专家。我的博士学位论文答辩的时候，曹老师是答辩委员会主席，对我的论文给予了很高的评价。

入职四川大学以后，我成为曹老师的博士后，但是，曹老师并没有让我做他的助手，而是给我足够自由支配的时间去搞自己的科研。同时，曹老师不断地在学术上鼓励我、提携我，尽可能地帮助我。在川大工作三年来，我发表了 2 篇 A 刊，1 篇 B 刊，7 篇 C 刊，出版了 1 部学术专著，荣升为副教授。这些成绩的取得都离不开曹老师的支持。在 2021 年，我因为在青年教师中科研成果突出，荣获文新学院"优秀教师"称号，当时学院邀请曹老师为我们颁奖，我看见曹老师脸上洋溢着喜悦的笑容，我想，也许老师感到很欣慰吧。现在回想起来，在我的学术之路上，曹老师一直是我的引路人。在以后的学术道路上，我会不忘初心，再接再厉！

翻开曹门同学录便可知，曹老师桃李满天下，曹门才子满天下，我很荣幸成为其中一员，更荣幸的是能够留在川大，不时地聆听曹老师的教诲。曹老师的"传帮带"精神在川大也成为楷模，大家都赞不绝口。我会时刻以曹老师为榜样，成为一位名副其实的好老师！

结　语

本文从曹顺庆先生在东方文学与文论研究、话语建构、人才培养等方面进行了论述。毫无疑问，曹顺庆先生在东方文学与文论研究领域具有开拓性的筚路蓝缕之功。同时，在话语建构方面独树一家之言，东方文论"失语症"和变异学在国际上的影响越来越大，这也代表了中国学者在中国话语建构道路上的新探索与新成就。另外，在东方文学与文论人才培养方面，曹顺庆先生的"传帮带"精神也值得我们学习与传承。从这些成就可以看出，曹顺庆先生当之无愧地堪称东方学大师。

后　　记

刘勰在《文心雕龙·序志》中说："是以君子处世，树德建言。"我1971年入伍，在贵州省军区文工团乐队工作，拉二胡、京胡、小提琴。1977年被推荐进入复旦大学中文系文学评论专业学习。1980年毕业于复旦大学，同年考取四川大学中国文学批评史硕士研究生，求学于杨明照先生，1982年毕业留校任教，并继续在职跟随杨师明照先生攻读博士学位。1987年获得博士学位，成为中国文学批评史全国第一个博士，人称学科大师兄。从教40年来，从未忘记树德建言之初心，学生就是我人生第一宝，教书育人就是我的第一要务，建构比较文学中国话语就是我的第一使命。40年立德树人、传承文明，40年初心不改、砥砺前行。这本教改案例实录文集是我的学生关于我教育改革和教学方法的一些研究案例和体会，也是40年师生情谊的生动写照。杨师明照先生将学脉传承于我，我的学生又将学脉传之于五湖四海、文心永寄、历久弥坚、薪火相传、生生不息。

作为一个老师，最高兴的事情并不仅是自己学问做得多么好，还应当体现在为国家、为社会、为时代不断培养堪当大任的卓越拔尖人才。40年来，尽管在学术上作出了一些探索，但更令我欣慰的是我培养的学生不仅数量多、质量高，而且怀有家国情怀、能成大器。截至2022年，我已为国家培养获得文学博士学位和艺术学博士学位者243人，硕士85人，博士后多人，遍及国内122所高校，其中有教授112人，博士生导师50人；有高校校长5人，副校长、学院院长、副院长27人；有一些在政府部门或者其他单位工作，还有海外留学生。部分学生已成为教育部"长江学者特聘教授"、国家"万人计划领军人才"、"全国百篇优秀博士论文获得者"、国家级教学名师、享受国务院政府特殊津贴专家、五一劳动奖章获得者、一流大学资深教授、全国高校青年教师教学竞赛获奖者等各类杰出人才，他们活跃在国内外教学科研一线。

散是满天星，聚是一团火。每次开会聚会，学生们一个年级一个年级地自报家门，如切如磋，如琢如磨。我们一起天南地北、海阔天空，谈笑风生、其乐融融。依托四川大学国家重点学科比较文学研究基地等各类学术平台，师生之间、师门兄弟姐妹之间合作频繁，形成了很好的研究团队、人才梯队和学术氛围。他们有的在川大，有的在其他高校，有的是学界翘楚，有的是潜力新秀，无论海角或天涯，问道治学是一家。师门一代又一代传帮带领、取长补短、团结一心、互助互赢，形成了很多有影响力、成体系的高质量学术成果，为比较文学与世界文学、文艺学学科建设以及中国学术话语建设作出了一定贡献。例如，我承担的教育部社科基金重大投标项目"英语世界中国文学的译介与研究"，研究团队围绕这个项目出版了系列丛书，含几十种专题研究，用丰富的实践案例回应了中国文学和中华文化在全球的传播与影响问题。

基于40年来在拔尖创新人才培养方面的经验做法，教育部批准我主持立项国家级教学改革项目"文史哲拔尖创新人才培养创新与实践"，我以我的教学培养实践主编了这部由我培养的硕士、博士、博士后撰写受教案例与实践体验的文集，这本实录教案文集，就是这个项目所要求的实践研究成果。

在这本文集中，学生分八个章节将我的教学方法总结为立德树人、原典研读、互动探究、永立前沿、学术交流、实践锻炼、团队意识、学脉相传八个方面。他们围绕这八章撰写了很多教学感思，有学术论文，有教改案例，有求学随笔，有诗词歌赋，不拘一格、畅所欲言。这是对我40年学生培养、教学改革研究的生动总结，也是对学科建设发展的历史佐证。他们的文字，让我看到学生对我人才培养改革方式的认同与肯定，这些教学改革经验，对于进一步培养优秀拔尖创新人才具有一定推广和借鉴意义。当然，其中也有不足之处，这对我也是一种鞭策，学无止境，仍需再接再厉。

人生七十古来稀，时光如梭，每个人都是沧海之一粟，时空之一瞬。生命没有永恒，中华文明却可以穿越时空发扬光大。文明的传承不仅仅是靠汗牛充栋的一部部著述，更需要德才兼备、学脉相传的人。依我之见，立功、立德、立言，都不如立人重要，尤其是立那些卓越拔尖创新优秀之人。例如，西方古代有柏拉图、苏格拉底、亚里士多德，近现代有胡塞尔、海德格尔、伽达默尔，他们都是师承关系，都为传承发展西方文明作出了重要贡献。中国古代，孔子最重要的著作《论语》，并不是孔子自己所写，而是他的学生写的。可以说，没有孔子就没有三千弟子和七十二贤人。但是，如果没有弟子传承孔学，也就没有《论语》这部重要经典的产生，也没有著名的儒家学派。孟子又继承和发展了孔子的思想，再到后来的宋明理学、阳明心学，中华优秀传统文化正是在师徒学脉中延续传承。

对我而言，也是如此。我毕生致力立德树人，弘扬中华文明，师徒教学相长，学术守正出新。除了杨师明照先生对我师恩如海，我的学术探索也得到了钱学森、季羡林、宇文所安、夏志清等中外著名学者的帮助和指导。青山不老，绿水长流，我也将学术大师们的学脉贯穿在我的教学科研之中：为什么我要我的学生背《文心雕龙》？为什么要他们反复诵读十三经原典和西方英文经典？为什么要编写通识教材《中华文化》？为什么我要强调东方文学与文论的重要价值？为什么我要提出比较文学变异学、比较文学阐释学等话语创新体系？这都彰显我的初衷，那就是：我们的学人要有文化自信，这种自信不是盲目自信，而是要接上中华优秀传统文化的历史学脉，同时接上西方文明与文学的话语资源，充分尊重和利用世界文学的多样

后　记

性与差异性。博古通今、学贯中西，文明交流、融汇创新，不忘本来，吸收外来，面向未来，大胆开展中西诗学对话与中外文明互鉴。例如，我的博士学位论文《中西比较诗学》和2021年出版的《中西诗学对话》等30多部专著，还有我作为首席专家主编的《比较文学概论》《比较文学教程》《比较文学学》等教材，都在专业领域得到广泛实践运用与译介传播，用丰富的学术实践在国际比较文学界建构中国话语，发出中国声音，讲好中国故事。我的学生群体、研究团队以及部分学界同仁，又在我的基础上再接再厉、垦拓创新，老树新芽、杂语共生，多元对话、五彩缤纷，此乃人生之幸事。

我能完成这些工作，首先要感谢四川大学。感谢四川大学校长李言荣院士为本书作序。自1980年与川大结缘，一晃40多年过去了，川大历届领导和学院同事都给予了我很多支持和帮助，也为我搭建了重要的育人平台，四川大学还任命我担任双一流学科首席专家、"创新2035"五个先导计划之"文明互鉴与全球治理研究计划"首席科学家。没有川大和文学与新闻学院给我的全力支持，我无法为国家培养这么多拔尖创新人才。川大记录了我的青春芳华，也是我一生的精神家园和心灵寄托。

感恩我的硕士、博士导师杨明照先生，感谢我的哈佛大学合作导师宇文所安先生，感谢欧洲科学院院士、荷兰鲁汶大学德汉教授为本书作序，感谢学术界前辈大师钱学森、季羡林、夏志清、李达三、周英雄等学者对我的帮助。感谢教育部的多个国家级教改立项支持。

我在北京师范大学也培养了一批优秀博士与硕士，感谢北师大文学院对我在人才培养和学术创新方面给予的支持和帮助。我在台湾南华大学、佛光大学、淡江大学先后任教，感谢时任校长的龚鹏程教授和高柏园教授。感谢四川大学出版社张宏辉总编、侯宏虹社长对本书出版的大力支持。感谢我的博士和博士后王超、寇淑婷、张帅东、夏甜为编辑这本实录文集付出的艰辛努力，从组稿、约稿到后期编辑，他们加班加点、认真负责。由于这本文集是学生们真情流露的文字，题材不一、风格多样，水平当然也参差不齐，也恳请学界理解。

最后，感谢我的全体学生，他们永远是我最可爱、最珍贵的宝贝。一个人强不如一代人强，一代人强不如代代人强。实现中华民族伟大复兴，需要一代又一代人的砥砺前行。我的学生绝大多数在高校工作，他们也像我一样，在为国家不断培养卓越人才，将学脉传承发展下去，这是我的初心，也是师门众多同学的初心。孟子曰："君子有三乐，而王天下不与存焉。父母俱存，兄弟无故，一乐也；仰不愧于天，俯不怍于人，二乐也；得天下英才而教育之，三乐也。"诚哉斯言。

士不可以不弘毅，任重而道远！

曹顺庆
2022年5月29日
于成都锦丽园寓所

◖ 附录一：曹顺庆教授与老师、学者及学生部分照片

■ 1971年，曹顺庆入伍，在贵州省军区文工团乐队

■ 1979年12月，复旦大学中文系1976级全体同学合影
最后一排左边第四位为曹顺庆

1987年，与季羡林、项楚教授在香港开会时合影

1987年，曹顺庆在香港中文大学做访问学者，与李达三教授合影

■ 1990年曹顺庆被四川大学破格晋升教授，并获霍英东青年教师基金；
1992年3月，与香港中华总商会正副会长霍英东、叶若林合影（摄于香港中环）

■ 1992年3月—1993年3月，在美国康奈尔大学担任访问学者期间，与艾布拉姆斯在康奈尔大学合影

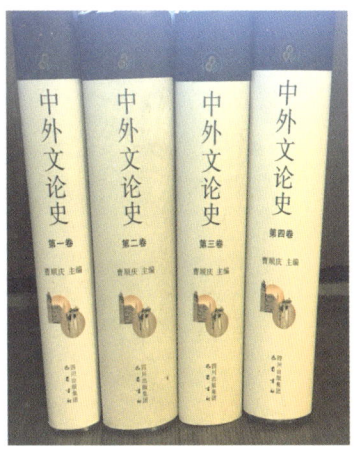

■ 霍英东青年教师基金项目《中外文论史》出版，共四卷260万字，4143页

1993年3月—1994年4月，在美国哈佛大学任访问学者，在哈佛铜像前留影

1993年10月，与哈佛大学导师宇文所安合影（摄于宇文老师办公室）

■ 1993年10月，在美国哥伦比亚大学与夏志清先生在其家中书房合影

■ 1996年11月，曹门前三届博士与余光中教授合影
从左至右为：李清良、王晓路、曹顺庆、王南、余光中、杨玉华、代迅、傅勇林、李杰（缺郝跃南）

1997年，与曹门前三届硕士生合影
从左至右为：张志怀、刘波涛、曹顺庆、李蓓、王红芯（缺黄金鹏）

1997年，与美国希利斯·米勒教授在国际学术会议上合影

■ 1997年，在香港与饶宗颐先生和复旦大学陈允吉老师（左一）合影

■ 1999年，在台湾与周英雄教授（中）合影

■ 1998年4月,与川大原中文系主任、台湾著名学者潘重规先生合影(摄于潘先生家中)

■ 2000年,在台湾余光中先生家中过元旦节,在高雄合影

■ 1998年，与佛克马教授合影

■ 2001年，与复旦同学朱立元（左一）、陈尚君（中）合影

■ 1987年博士毕业，曹顺庆与恩师杨明照先生合影
从右至左为：杨明照先生、日本学者笠征、日本学者安东亮、曹顺庆

■ 1999年，曹顺庆在台湾南华大学任教，与南华大学硕士生班学生合影

■ 2003 年，与 95 岁恩师杨明照先生在书房合影

■ 曹顺庆与他指导的北京师范大学博士、硕士同学合影
前排（从左至右）：王苗苗、王南、曹顺庆、蒋晓丽、周春、石嵩；
第二排（从左至右）：张诗琦、曾诣、代莉、朴性日、冯欣、张占军、张浩然、常亮、傅丹阳、陈鑫、任鑫、范利伟（四川大学）

2008年4月，曹顺庆教授邀请哈佛大学导师宇文所安教授来四川大学讲学，曹顺庆、蒋晓丽与导师宇文所安教授在成都合影

美国哥伦比亚大学斯皮瓦克教授来四川大学讲学，将她的新著签名赠送曹顺庆教授

与四川大学2003级博士生毕业典礼合影，从左至右为：王富、谭佳、曹顺庆、周春、李世新、马征

■ 2013年7月在贵阳召开的曹顺庆教授执教三十年暨曹门同学联谊会，共有170余名博士生、硕士生和博士后参加。照片为曹顺庆教授早期指导的研究生：第一届（1994）博士李清良（右一），第三届（1996）博士杨玉华（右二）、郝跃南（左二）、第一届（1988）硕士张志怀（左一）

■ 2013年7月，曹顺庆教授学术思想研讨会在贵阳召开，曹顺庆教授与他的学生欢聚一堂。图为与2001级博士合影，从左至右为：张德明、钟华、李伟昉、刘朝谦、曹顺庆、蒋晓丽、蒋承勇、何云波、程丽蓉、唐小林

2013年，曹顺庆带领博士生王苗苗等赴美国普渡大学参加中美双边比较文学国际会议，与葛浩文教授合影

2018年3月，曹顺庆在奥地利萨尔茨堡被授予欧洲科学与艺术院院士
图为欧洲科学与艺术院院长昂格（Felix Unger）为曹顺庆颁发院士证书

图为2013年欧洲科学与艺术院授予院士证书典礼仪式会场

■ 图为曹顺庆在当选欧洲科学与艺术院院士会场上与五星红旗合影

■ 曹顺庆女儿获得博士学位合影，从左至右：曹顺庆、蒋晓丽、孙若伊（外孙女）、曹游那（女儿）、孙剑雄（女婿）

■ 曹顺庆带领博士生赵渭绒、庄佩娜、张帅东、杨清等赴美国宾夕法尼亚州立大学参加国际会议，从左至右：张帅东、杨清、庄佩娜、赵渭绒、曹顺庆、托马斯·比比、周维东、曾云祥

■ 曹顺庆全家福照片（1980年）
第一排（从左至右）：外甥女潘茜、大姐曹桂香（怀中抱着外甥女潘瑾）、母亲谢雪梅、父亲曹宏甫、二嫂樊广丽（怀中抱着侄儿曹毅）、外甥女潘琳；
第二排（从左至右）：大嫂杨丽华、妹妹曹桂英、二哥曹顺隆、妹夫李志强、大哥曹顺兴、曹顺庆、姐夫潘金魁

附录二：《曹门八子歌》

曹门八子歌

成都大学　杨玉华

岁当甲戌文运昌，紫气西来聚锦江。百年名庠弦歌美，曹师顺庆树杏坛。
博学慎思赖笃行，用志凝神石可穿。记诵讽咏厚涵养，讲析辩诘入毫芒。
中西异同探心源，开宗立派辟新疆。传道解惑二十载，济济多士郁芬芳。
其间八生入道早，默悟心法祖灯燃。师徒授受乐融融，恺悌情深永难忘。
子昂同籍傅勇林，曹门博士第一人。含英咀华贯中西，新见叠出惊侪群。
时骑摩托来讲论，或邀小酌碧鸡园。经世致用北溟志，见诸实事庶绩勋。
奖掖后进用心苦，栽桃种李已成荫。轻裘肥马仍青眼，锦水年年到旧痕。
同时新宁李清良，敦厚岐嶷神扬扬。酷爱程朱与陆王，赋诗见志兴味长。
负笈千里新婚别，伊人花都遥相望。遣愁俱喜杯中物，斗罄樽空兴正酣。
江干同行叹逝水，危楼凭栏接混茫。九眼桥头一挥手，梦魂夜夜绕三湘。
二闹师兄王晓路，杨公戏对马识途。渊源有自善西学，温文尔雅美韵度。
音声浑厚多幽默，每惹佳人屡回顾。大包随身藏百宝，中外古今一囊束。
同住一城不见久，常叹世事多乖误。明月竹窗一杯酒，再尝酱肉话昔愫。
砚席同窗名李杰，号称"腿师"诚了得。哲学沙龙作盟主，德福海加黑格尔。
踏青品茗望江楼，片片飞花使人愁。一旦西子送秋波，才人径往安乐窝。
草堂杨柳年年绿，青春白日去如梭。我寄相思与江水，千转化为钱塘波。
盐城小哥名代迅，皮衣皮裤风骨棱。卒业黑大好名学，慧眼常眨思如电。
馒头糖水胜佳肴，苦读西窗风不禁。喘点五经多有凭，月旦西哲中肯綮。
一去蓉城家山城，嘉陵江畔独占春。杏园四舍今在否？何时杯酒叙别情。
三届"正处"郝跃南，堂堂七尺称帅男。豪情长征边塞苦，壮心济世公务繁。
挂职迟到遭师训，醉酒心曲露倪端。曾凭高文惊四座，更因鸿猷挽狂澜。
与余秉性最相契，西昌楚雄俱彝乡。每梦故园金沙绿，惯看蓉城银杏黄。

约君共草遂初赋，长啸登高万仞山。京华冠盖有王南，吾赠别号"老东家"。
同室四季情最笃，东台新咏雅兼杂。高才博洽情趣广，蕙质兰心韵尤佳。
业余喜打乒乓球，国手球拍富韬谋。味嗜火锅不堪辣，餐纸遍地汗满头。
颇证前缘初见中，拈花一笑灵犀通。同研坟典常辩难，共论时事伤道穷。
薛涛井畔箫声咽，相如宅里剑气雄。探疾千里感金石，一点相思寄飞鸿。
玉华忝列排第八，家枕乌蒙濯金沙。黄卷青灯独学苦，一入曹门如归家。
师长重我性愚直，每事信托无错差。同学喜我诚端悫，一见倾心情无涯。
武侯祠中来吊古，九天楼上又留题。胆气堪豪千杯酒，健笔凌云万首诗。
岷江水清鹤飞远，西岭雪深花发迟。名山事业成一梦，每怀师友倍依依。
犹忆八子在蓉时，往事如烟记依稀。工会食堂常聚首，东风楼中传玄机。
荷花池畔遇目成，竹林村里伤别离。希圣齐贤兼骚雅，成就曹门一段奇。
而今吾师寿花甲，弟子东西齐奔趋。薪火传承遍四海，各有雄心擎大旗。
黔中自古藏龙地，山水毓秀出人师。绛帐青衿映千古，八方英豪聚花溪。
寸草春晖心眷眷，浇沃提撕谢师恩。峨眉秀色来天地，万人南北寿先生。
名满天下松不老，山高水长日东升。

癸巳季春吉旦，曹门弟子杨玉华敬撰。

附录三：《曹门赋》

曹门赋

四川师范大学　张　叉

古有称蜀学之盛，冠天下而垂无穷。盖斯文未丧，圣学攸传。从来有统，赖得其源。维文翁之凿室，肇蜀学以发端。司马宏辞，粲然驰骋一世；扬雄敷述，果必标榜千年。横制颓波，诵陈子昂之绝唱；重归大雅，得李太白之华篇。苏家吐气成虹，文才似水；范氏擎天立柱，史笔如椽。一枝折桂，杨升庵人文穷究；九阙登龙，张船山翰墨精研。学术窥寻，萃于五老；诗篇缀缉，许与七贤。频惊诸子规模，能超物外；屡见宗师气象，敢夺人先。二三子谈锋，振衰起废；两千年学统，继绝赓前。秉中华之一脉，开蜀学以千编。

至于四川大学，教席祥开，杏坛广置。书院抡材，讲堂运智。百年学府，作砥柱于中流；一地弦歌，簸风潮于近世。特邀名宿，学必有师；欲发新声，士先立志。功崇格致，道脉远绍真传；学辨危微，文心常存浩气。原夫旧学衰，新学起；比较文学衍为一科，曹公顺庆擎其高帜。拓新境而绘蓝图，接前贤以施绝艺。如琢如磨，至蕃至备。海内同尊泰斗，登堂奥而有深观；学人共仰楷模，望门墙犹堪至止。

先生诞于甲午，谱叙满族，祖籍荆州，长于贵阳。年少擅音律，初为文艺兵，理琴弦以自适，皆玉振而金声。其见于行伍者，如蓝田之玉出，似朝阳之凤鸣。及长入复旦而进川大，于是升堂入室，因物赋形。蒋孔阳已有嘉评，可汇中西之妙；杨明照岂无青眼，得窥新旧之精。探欧罗巴之门户，析法兰西之典型。举善先锋，韦勒克心常切切；析疑巨擘，钱锺书意自惺惺。病欧美之自重兮，争中外之平等。痛华夷之互隔兮，跨文化之障屏。连溟渤于西洋，打通摩登世界；破藩篱于东土，嫁接异质文明。吾族话语，其呼犹长空之击霆；变异理论，其学如高屋之建瓴。克承百代之流，匠心独运；以会当今之变，妙理横生。固天纵之将圣，实日新以多能。中国学派，其大纛也固高擎；比较文学，其研究也渐勃兴。

先生以学术为志业，出工匪懈，敦业尚勤。惟精惟一，允备允新。耕字耘词，豕亥之讹尽弃；校今点古，瑜珉之误皆陈。能持绣虎之权，游于书府；犹擅雕龙之学，治以艺文。中文著述，掌上笔鬼斧神运；外语论辩，胸中才名播英伦。细阐中西文论，制煌琅之著述；详究比较诗学，传当世之经纶。纵揽世界文明，以扬东土；力推中国学派，如拱北辰。直陈失语之症，合应验信；力倡变异之论，自可超群。其才其识其胆，五四以来，鲜有能及也。

先生其道也至大，其技也至微。权衡今古，删述中西。唤醒迷复，判别云泥。逮逢盛世崇教，先生荣膺长江学者、欧洲科学艺术院院士等高名显位，而不废教师之职。润身浴德，明道专心。相良骥子敝厩，识明珠于污尘。得天下英才而教，贯中西文化以行。大海何辞涓细，昆仑不弃尘轻。学应时习，春风穆穆；道乃日彰，泮水盈盈。于是文脉绵延，俊才归赴。抱玉者联肩，握珠者踵武。或蓝眼、或黑肤，如马趋奔；或皓首、或青丝，如鹏飞骞。奇人异士，多入其縠。共如琢如磨之学缘，列一年一届之门谱。乃见峥嵘聚岳，业务精纯；颇令浩汗成川，诚心显著。原于德而成于天，慎于行而诹于度。启发民智，着灿灿兮丰功；涵养人心，自泱泱兮独步。发潜德之幽光，启来哲以通路。

先生从教几近四十载，是故硕博逾百，世称曹门。仿佛稷下学宫，远模丽采；分明雅典学院，克绍斯文。伯乐辨马，明德惟馨。德之仪兮，文质彬彬。绵绵若存，用之不勤。传薪播火，利国益民。根深方可叶茂，此系物理；名师自出高徒，定蔚人文。振凌云之羽翼，功原可表；享折桂之殊荣，世所同尊。累累桃李兮，下自成蹊；灼灼春色兮，满园沁芬。各领风骚，千行竞艳；共添勋绩，百业争奔。亦缠绵于寄托，当延伫以怀恩。诜诜诸生，济济多士，谨择其要而叙焉，于是作曹门一百单八弟子赞，其诗曰：

傅勇林

金华山北梓江西，秋爽梧桐起凤啼。
博士开门招揽日，榜头喜看姓名题。

李清良

楚地雄材作豫章，汉唐述著照毫芒。
千秋大义昭然处，岳麓山中好发扬。

> 李 杰

青衿济济早升堂,謦欬相从有主张。
出古入今观世态,欢娱产业最精详。

> 王晓路

北美风云自在行,华西议论敢争衡。
摘文颇得诗家助,锦绣华章夺眼明。

> 代 迅

森严制作见才高,笔墨淋漓气象豪。
文论偏能兼众美,一支妙笔领风骚。

> 王 南

蜀头吴尾郁相连,力学浑如上水船。
七彩光华资健笔,诗成天地起联翩。

> 杨玉华

古国哀牢有世家,高才壮志擅风华。
不堪作吏育桃李,祖述风骚逸兴加。

> 郝跃南

文笔要同孤塔耸,词源更与锦心描。
仕途学界成名早,两袖清闲漫听箫。

> 熊木清

丰城剑气照高楼,动地文华第一流。
皓首穷经无所悔,认知诗学建鸿猷。

> 张志怀

气韵沉雄象古贤,从来大将出幽燕。
唐言梵语翻新唱,学界齐呼张主编。

> 刘波涛

海子波光着五彩,峰头雪色映云天。
为官一展经纶手,更喜文章后世传。

> 李天道

凤栖山上彩云追,罨画池边燕子归。
儒道源流人为本,闲来坐看鸟争飞。

> 阎 嘉

渝中无限桂花开,天府珍稀俊杰来。
学术功成芳满苑,西方文论占高魁。

> 彭兆荣：

遥知鹭岛风光好,亦觉庐陵意味浓。
绎志无忧轻老大,读书有味得从容。

> 董天策

汇集三河碧浪高,斯文一脉振风骚。
堂前桃李芳熏物,宇内鲲鹏凌九霄。

> 佘正松

携得英风出阆中,畅游边塞气如虹。
每教文苑添新论,百代诗心事岂空。

> 林树明

黔中学术在清流,笔下风云得自由。
故里只今多俊彦,悄然登顶望高楼。

> 罗 婷

洞庭湖水常含月,西岭山峰不离云。
两耳长闻交口誉,不知何日得逢君？

> 蒋承勇

立雪坐风真处士,援欧引美亦文宗。
一朝功德风雷动,两翼青云上九重。

> 唐小林

落日斜晖金佛山,谁知仙境在人间。
而今学术功名就,谈笑江湖万事宽。

靳明全
嘉陵日丽泛春光，北碚风和动暗香。
腹隐珠玑生妙句，胸藏韬略写鸿章。

李伟荣
梅城攸水润人才，岳麓山花次第开。
荆楚夕翘非妄语，耳闻英译又推来。

胡志红
崇州子弟苦能甘，生态批评细作诠。
廿载耕耘勤未辍，一枝怒放占前沿。

石嵩
邹鲁遗风何处寻？中央民大夜灯深。
学惟时习还传授，济济英材翰墨林。

黄葵
丹霞山上彩云闲，金筑城中曲水潺。
院长专家皆占了，何言壮志手空还？

赵小琪
本从宝庆离乡来，却爱江城把树栽。
一自杏坛飞逸响，三千桃李满园开。

谢梅
南川谁谓少胸怀？科大招贤得栋材。
数字研究非易事，此家花朵最先开。

刘朝谦
涪江碧浪人如玉，大汉天声韵似金。
更与诗中窥妙法，斗城夫子独精深。

牛乐
风吹陇上柳青青，素壁清晖洒广庭。
闻道西游多胜赏，堂堂藏画聚精灵。

嵇敏
樊道风烟接锦城，肤分黑白意同倾。
美洲文学长研讨，时见狮山照月明。

张放
紫气东来玉垒山，古羌遗脉在人间。
散文小说兼评论，怪诞恢谐引破颜。

徐新建
贵阳汉子攻诗学，累累枝黄满是秋。
岩壑采幽磨作玉，狐巢集腋粹成裘。

叶舒宪
科第推贤鸿鹄志，篇章有价猛虎威。
文学融通人类学，高鹏翼翼沐朝晖。

李伟昉
汴梁一片寄深情，天府三秋学五更。
院长主编何足道？啧啧早有赞君声。

高玉
衣褐履朴怀璧玉，日出月落追朝夕。
长江学者何其贵，往岁昭然已入席。

张叉
生在潺亭解放村，师恩忝得列曹门。
奈何性拙移非易，且幸初心不失真。

邓时忠
且收心底故乡情，无限春光寓远程。
不怨风尘行步紧，惯听中外切磋声。

吴兴明
时时铁汉纵醇真，每每高才是怪人。
久也明珠投道路，幸哉西席擢绝伦。

> 张荣翼

云里麒麟元有种,堂前桃李自成春。
全球视野探文论,秀气荆衡有后人。

> 蒋荣昌

白石堆山玉殿明,壁南润物细无声。
才思迸发三批判,著作流传一世名。

> 刘 荣

云山跌宕入晴窗,笔墨消磨濯锦江。
便引余波到海外,中华文化播夷邦。

> 晏 红

嘉陵日夜波涛急,歌乐长闻学习声。
要令文章开妙境,便从同异感生成。

> 向天渊

旧体推陈意不移,山城呐喊举旌旗。
新诗探索多高论,每觉斯文幸在兹。

> 李 凯

志气平生坚似铁,心灵天赋细如丝。
蓉城廿载飞梭去,巴蜀研究喜在兹。

> 支 宇

泸州古志曾多虎,虎辈今出不必奇。
诗学批评韦勒克,当年学问早名驰。

> 何云波

九嶷山上三分石,橘子洲旁听弈庐。
黑白棋枰天地大,殊才妙胜若云舒。

> 钟 华

流成永字德音昭,满座学人瞻魁杓。
西哲古贤时聚首,林中路上正逍遥。

> 程丽蓉

萦回二十年前事,意气芳华到锦城。
岂止文章今瞩目,亦闻案牍有佳评。

> 侯传文

文光炯出泰安城,邹鲁风遗教授名。
天竺迢迢寻古路,终朝矻矻慰平生。

> 王钦锋

雷岛风光老雨林,湛江师范笃行人。
廿年探索福楼拜,治学才能赞绝伦。

> 杜吉刚

兰陵文气郁金香,宜善书房烛火光。
格物致新求学问,昂霄耸壑报南昌。

> 谢碧娥

离台背井无尽情,入川负笈得远行。
西域文论中国化,听君一席眼为明。

> 吴结评

叙府乡情重似金,平生但守读书心。
诗经英译详探索,域外终闻大雅音。

> 童 真

一江湘水向东流,千岭衡山眼底收。
已向西洋寻百宝,更从中土上高楼。

> 尹锡南

渝东门户动浮香,川省都城降瑞祥。
印度研究成显学,此山正是好风光。

> 邹 涛

科学研究似战场,非洲文学拓新疆。
半生日月如飞箭,一路花繁暗沁香。

刘 颖
女杰佳名天下扬,湖南娄底岭成双。
同声传译何其苦,但喜秋高满苑香。

谭 佳
风和春暖燕归时,绽蕊花红看此枝。
天下菁英诚众矣,何来才貌秀如斯。

杨 明
毕业归乡拾载余,天涯音信渐稀疏。
一支文笔行天下,两岸来回任卷舒。

周晓风
人生耳顺意何如?最爱秋灯夜读书。
莫道鬓霜刀已老,文章郁郁若当初。

关熔珍
岭南自古无悝怯,浦北从来有俊能。
万众邕州齐翘首,一轮皓月正高升。

张金梅
只知经学钻研苦,未觉攻书又戾斜。
五月江城梅熟季,此枝黄透最堪夸。

朱利民
荆门别去柳惺忪,瀫水奔来叶淡红。
理论探寻中国化,开怀垂袖待东风。

黄 庆
鹿城郊草绿无涯,锦水沙堤树满花。
他日再闻捷报至,大呼诸友贺君家。

王 蕾
一腔热血为前途,二色花藤绽玉都。
发愤探究佛克玛,真情莫讶今几无。

赵渭绒
渭南自昔产精英,蜀揽秦材未足惊。
海外互文寻理论,一丛薪错压翘荆。

王 超
才名籍甚冠时髦,醉酒酣歌气独豪。
千里共夸骐骥足,满堂争睹凤凰毛。

王鹏飞
三月登高凭远眺,满川春色染蓉城。
红楼译学添专著,喜见师兄又有成。

杨一铎
蜀栈秦云道路长,高高文曲照池阳。
今生最爱披书卷,一片风吹稻穗黄。

曾 明
江北生来好叩疑,川西治学露天资。
诗评两宋功尤显,盛誉谦谦谁不知?

徐扬尚
宝城青色唉人狂,静海黄花分外香。
纤笔掌中如鬼斧,丹心尽付读书堂。

曾洪伟
辞亲负笈下潼川,游志升堂入锦官。
学苑一枝为独秀,功成谁谓古来难?

陈佑松
甜城书院瓦霜冰,天府狮山夜半灯。
嗜学拳拳探影视,一颗明星已高升。

杨红旗
普州背井意何如?入室宫墙万卷书。
文论探寻新有得,年年苦读似当初。

> 涂 慧

南郡祖先多积善，幸蒙余庆拜高门。
今年又闻推新作，且为相贺酒满樽。

> 郑 澈

锦绣之州别故人，北京二外沐新春。
研究胡适常年事，东兔西乌又一轮。

> 冯 欣

石门瑞气彩云开，涿郡梧桐引凤来。
法国研究兴未艾，春风拂拂满襟怀。

> 王一平

文星朗朗照渝中，蜀帜飘飘猎晓风。
春苑百花犹未发，望江墙内一枝红。

> 戴月行

郫都平乐露才情，乡土连篇享盛名。
掌上纤纤一枝笔，文星今向蜀天明。

> 陈 杉

中流砥柱立波澜，旭日青山江上看。
瑶族研究无止境，前方道路贺为宽。

> 夏 凡

府南河水绕梅园，丝竹琴声绝尘喧。
贤妹唯痴五线谱，市街熙熙亦桃源。

> 秦鹏举

长江汉水润仙桃，功在荆州五色毫。
几内亚湾阿契贝，弟材渐觉拔蓬蒿。

> 何嵩昱

乡情默默寄乌蒙，事业蒸蒸立贵阳。
女性诗歌传域外，红枫万叶暗生香。

> 万 燚

冰雪聪明好读书，丹心一片在盐都。
还从异域窥心法，来解璇玑织锦图。

> 张雪娇

老榭朦朦荫树丛，新花艳艳绽江风。
转旋舞带抛红袖，此境忽疑在梦中。

> 王苗苗

桃李宫墙庇树阴，英文世界觅巴金。
不嫌坡路多荆棘，前有飞涧百尺深。

> 刘志超

两袖红妆喜缔莲，一头乌发正青年。
天天调墨临风骨，汉隶何忧断失传？

> 付飞亮

临川文脉露峥嵘，诗学研究早有成。
布鲁克斯深探索，且持淡泊看今生。

> 杨渤伟

呼伦贝尔碧无涯，大漠青城沐晓霞。
冬去春来今胜昔，俄苏研讨众人夸。

> 王汝良

充耳涛声欲问天，满眸春色绽堂前。
大唐西域精剖解，我欲托书与仲宣。

> 莫俊伦

万里波涛隔大洋，来华执意入门墙。
学成喜得居编职，直把蓉城作故乡。

> 林猷碧

千里湄南泛碧波，一只雏雁起暹罗。
学成挥手归桑梓，何日听君唱泰歌？

立德树人 传承文明：曹顺庆教授40年拔尖人才创新培养案例实录

793

吴曰环
瓯雒兴安云上鹰，蓉城锦水泮边菁。
越南文论穷究趣，山路花香信步行。

周 静
芒砀深山大汉林，金陵高府学人心。
外传文化盈盈入，但喜交流渐渐深。

蒋 伟
宕渠何以多英杰？峰起华鉴接古寰。
莫患风华逾不惑，才情横溢老尤浓。

韩晓清
陇中才子是韩郎，西蜀交游任雨霜。
少有淳朴持孝道，更能一手好文章。

杜 萍
珠江南去入云烟，博士初来恰盛年。
庄子莫言高甸氏，英文妙译总欣然。

林家钊
祖籍瓯越有温麻，朗朗书声日渐斜。
马克吐温初探索，来年枝发早春花。

庄佩娜
舟山千岛串珍珠，锦水长波映柳榆。
文学专研超国界，后生可畏在兹乎？

杨 清
三春风暖徐徐拂，一树桃新灼灼开。
探索莎翁何所得？且听娓娓细评来。

靳义增
伏牛峰起耸霄汉，月季花开醉宛城。
卅载孳孳施马帐，文章更有赞扬声。

李瑞春
北望阴山满目青，呼和浩特沁芳馨。
百年孤独深研读，大论吾侪侧耳听。

方志红
偶梦蓼城意未休，毕竟风光在申州。
先人叙事长追索，累累金黄满树秋。

曾 诣
休笑绾袖汗淋漓，正是耕耘用力时。
画论西传详考辨，春风新上数根枝。

时 光
三月熙熙风土暖，两堤蔼蔼柳芽新。
清诗外译才初论，绽蕊枝条喜沐春。

刘 念
香苞嫩箨始出林，雏凤清音首现身。
文学管弦存一体，凌云不日慰初心。

李安斌
海南招引何方客？川北青冈拥旺苍。
清教研究初见效，苞兰绽放暗闻香。

张 雨
枣花朵小结成实，浪粒颗微拣作金。
奥德修斯初考辨，高山陡路学人心。

附录四：《桃李芬芳　曹门同学录》

一、曹顺庆指导的已获博士学位同学录

傅勇林　1994 级　博士
现在单位：西南交通大学外国语学院　　邮箱：fylcd@yahoo.com.cn
职务职称：教授、博士生导师。成都市人民政府原副市长，西南交通大学外国语学院教授，博士生导师。民进中央委员、民进四川省委副主委、民进成都市委主委。第十届、十一届、十二届全国人大代表
男，汉族，1959 年生，四川射洪人。四川大学中文系中国文学批判史专业博士研究生毕业，文学博士。教授，享受国务院政府特殊津贴专家，四川省学术技术带头人。
学术任职：现任民进中央委员、四川省旅游发展委员会主任，民进四川省委副主委、成都市委主委。享受国务院政府特殊津贴专家，四川省学术技术带头人。

李清良　1994 级　博士
现在单位：湖南大学岳麓书院　　职务职称：教授、博士生导师、原副院长
邮箱：leeqlcn@126.com
男，汉族，湖南省新宁县人，1970 年生。1992 年 2 月—1997 年 12 月就读四川大学中文系，师从曹顺庆教授，攻读比较诗学博士学位。现为湖南大学岳麓书院哲学系教授，湖南大学中西经典诠释学研究中心主任，中国哲学专业博士生导师，国家社科基金重大项目首席专家，中华孔子学会常务理事，中国诠释学专业委员会常务理事。出版《中国阐释学》《熊十力陈寅恪钱锺书阐释思想研究》等专著。主要研究方向为：中西经典诠释思想、中国儒学、中国近现代哲学。

李杰　1994 级　博士
现在单位：浙江大学传播与国际文化学院　　职务职称：教授、博士生导师、副院长
邮箱：iie1959@yahoo.com.cn 
笔名李思屈，博士（1998），浙江大学传播与国际文化学院教授、博士生导师；浙江大学中国海洋文化传播研究中心主任；英国艺术与人文研究会（AHRC）文化政策与文化创意产业海外项目评审员（CulturalPolicy，Artsmanagement & Creative Industries，2009—），日本吉田秀雄纪念事业财团 2002 年度客座研究员。长期从事传媒及文化产业研究。近几年来担了多个数字娱乐产业与文化创意产业的国家和地方政府重大课题，同时承担广告营销传播横向合作课题，致力以符号消费与传播为分析工具，研究动漫、游戏、影视、广告等文化创意产业的生产和消费规律，以及新媒体条件下实效广告传播的规律。其数字娱乐与文化创意产业的众多研究成果受到学术界的重视，并被大量转载和引用。其中，《数字娱乐产业》一书获浙江省政府优秀社科成果二等奖，编著《文化产业概论》入选国家"十一五"规划教材，《中国数字娱乐产业发展战略研究》获得 2009 年教育部"高等学校科学研究优秀成果奖"三等奖（人文社会科学）。另出版学术著作和教材包括《传媒产业化时代的审美心理》（2008）、《中国数字娱乐产业发展战略研究》（2007，教育部社科优秀成果三等奖）、《文化产业概论》（2007，2010 国家十一五高等院校重点规划教材）、《数字娱乐产业》（2006，浙江省政府社科优秀成果二等奖）、《广告符号学》（2004）、《东方智慧与符号消费》（2003）、《广告符号学》（2003）等。

王晓路　1995 级　博士
现在单位：四川大学文学与新闻学院　　职务职称：二级教授、博士生导师
邮箱：xlwang2003@yahoo.com.cn 
现任四川大学文学与新闻学院教授，比较文学与世界文学专业、文化批评专业博士生导师，同时担任四川大学外国语学院英语言文学专业博士生导师。1993 年起享受国务院政府特殊津贴；先后获"四川学术与技术带头人"等称号。2010 年来兼任国务院侨办文化讲座讲授；2007 年起担任美国亚利桑那州立大学（ASU）客座教授。学术兼职包括：担任国际比较文学学会结构委员会（theStructuresCommittee,ICLA）委员、美国《比较文学与比较文化》（CLCWEB）期刊（A&HCI 检索）编委、中国人民大学《复印报刊资料·文化研究》编委、英文期刊《比较文学：东方与西方》（Comparative Literature: East & West）执行主编。先后获加拿大政府学术关系部基金，任加拿大不列颠哥伦比亚大学、麦吉尔大学、多伦多大学英文系高访学者；获美国国家人文科学基金任芝加哥大学英文系高访学者；获美国亚联动基金任杜克大学文学系和亚太所高访教授；获欧盟研究基金任比利时根特大学汉学系高访学者。先后任台北东吴大学、香港中文大学、香港城市大学访问学者。

代迅　1995 级　博士
现在单位：厦门大学中文系　　职务职称：二级教授、博士生导师、系主任
邮箱：daixun0987654321@yahoo.com.cn
男，1963 年生，1985 年毕业于西南师范大学中文系，文学学士，1998 年毕业于四川大学中文系中国文学批评史专业比较文论方向，文学博士，曾执教于西南大学中文系，2000 年破格晋升为教授、博士生导师、美学研究所所长。2015 年起，任厦门大学中文系教授，2018 年任厦门大学中文系系主任，国家社会科学基金重大项目首席专家，教育部艺术学理论类本科教学指导委员会委员，湖北楚天学者特聘教授，福建闽江学者特聘教授，康奈尔大学、爱荷华大学访问学者。

郝跃南　1996 级　博士
邮箱：601156663@qq.com　　职务职称：德阳市委原常委、宣传部长
男，1954 年生，祖籍山西省静乐县，出生地四川省西昌县。曾任中共德阳市委常委、宣传部长，中共四川省委对外宣传办公室、四川省人民政府新闻办公室副主任，中共四川省委宣传部巡视员，现已退休。

王南　1996 级　博士

现在单位：首都师范大学文学院　　职务职称：教授

邮箱：wangnan@solcnu.net

男，1957 年生，文学博士，首都师范大学文学院教授，研究生导师，中国古代文学理论学会会员，北京国际汉语学院客座教授。任教育部"国家精品课程师资培训项目"全国高校教师培训"文学理论""美学"课程主讲教师、国家级精品教材《文学理论基本问题》副主编。现任文学院教代会主任。从事高等教育教学工作 32 年，广受学生欢迎。主要开设中国文学批评史、中国美学史、文学概论、中国诗学专题研究、古代文论等多门课程。出版个人学术专著包括：《诗成天地间——中国诗史漫谈》《中国诗性文化与诗观念》《北京审美文化史·明代卷》等，合著、专著若干，参与编订《增订注释全唐诗》等多部著作，主编《希声集·漆绪邦学术论文集》等，发表学术论文 40 余篇。

杨玉华　1996 级　博士

现在单位：成都大学　　邮箱：449564679@qq.com

职务职称：成都大学党委常委、副校长，成都大学文新学院教授，四川大学文新学院客座教授、博士生导师

男，1963 年生，云南楚雄市人，中共党员。1981 年中师毕业，1982 年至 1985 年在云南大学汉语言文学专业学习。1989 年至 1992 年，在西南师范大学攻读中国古代文学专业硕士研究生，获文学硕士学位。1992 年至 1996 年，在楚雄师院中文系任教，担任系副主任。1996 年 9 月，考入四川大学文新学院，师从曹顺庆先生攻读文艺学专业（中国文化与文论研究方向）博士学位。1999 年 7 月毕业，获文学博士学位。同年 7 月，作为优秀博士毕业生选调到中共成都市委办公厅，11 月竞争上岗担任秘书处副处长。2005 年 1 月，任市委政研室政治处处长。2007 年 11 月，转任市委政研室区县处处长。2013 年 11 月，任成都市委校校委会委员、纪检组组长；2016 年 3 月，转任成都市委宣传部纪检组组长；2019 年 1 月至今，任成都大学党委常委、副校长，成都大学文新学院教授，四川大学文新学院客座教授、博士生导师。

社会兼职：四川省比较文学学会副会长、中国比较艺术学专委会副会长。

熊沐清　1997 级　博士

现在单位：四川外国语大学　　职务职称：教授、博士生导师、学报主编

邮箱：xiongmuqing2004@126.com

男，江西丰城人，1953 年生，英语语言文学专业博士生导师，博士，嘉陵特聘教授，四川外国语大学教育资源与教学改革研究所所长。中国英汉语比较学会常务理事，外语界面研究专业委员会副会长，认知诗学分会会长，中国逻辑学会应用逻辑专业委员会常务理事，国内外多家期刊审稿专家。主要从事认知诗学、叙事学研究。主持国家社科基金项目 1 项、省部级项目 5 项，出版著作、编著、译著、教材多部，主持出版丛书（上海外教社）、译丛（外研社）各 1 套，发表论文 40 余篇，获得省级科研成果奖 1 次。曾访学英国雷丁大学。兼任安徽大学、广西师范大学等校特聘或客座教授。

李天道　1998 级　博士

现在单位：四川师范大学文学院　　职务职称：二级教授、博士生导师

邮箱：litiandao@yahoo.com.cn

1951 年生于彭县，即今彭州市。1998 年 9 月至 2001 年 6 月进入四川大学中文系文艺学专业，攻读文化与文论方向博士研究生（导师曹顺庆），2001 年获博士学位。现为四川师范大学特聘教授、博士生导师。四川省有突出贡献专家，四川省二级教授，四川省作家协会会员，四川省美学学会秘书长，中华美学学会理事，中国古代文学理论学会理事，高校美育学会常务理事，中华美学学会美育研究会理事。

闫嘉　1998 级　博士

现在单位：四川大学文学与新闻学院　　职称职务：二级教授、博士生导师、中文系主任

邮箱：yanjia9956@163.com

生于重庆市，文学博士，哈佛大学、哥本哈根大学访问学者。中国文艺理论学会常务理事，中华全国美学学会理事，四川省美学学会会长，四川省专家评议委员会成员，四川省学术与技术带头人，国家社科基金重大项目首席专家。

邓时忠　1998 级　博士

现在单位：西南财经大学国际教育学院　　职务职称：教授、副院长

邮箱：szdeng@swufe.edu.cn

曾任西南财大国际教育学院副院长、马其顿圣基里尔和麦托迪大学孔子学院中方院长。四川省比较文学学会副会长，四川省现当代文学研究会副会长，中国语言理论和教学研究专业委员会理事，国家汉办对外汉语教师资格证考试命题组成员，四川大学文学与新闻学院对外汉语与比较文学专业研究生导师。长期从事中国语言文学和对外汉语教学工作。主持《跨文化比较与对外汉语教学研究》等四川省哲学社会科学项目 2 项，参与教育部社科基金项目 2 项，出版有《大陆台港比较文学理论研究》等专著 2 部，合著 8 部，多次参与对外汉语教材编著。先后在《文学评论》《文艺理论研究》《中国比较文学》《对外汉语教学与研究》以及 US-ChinaEducationReview 等中英文期刊发表学术论文 60 余篇，科研成果多次获四川省哲学社会科学成果奖等各级奖项。

吴兴明　1998 级　博士

现在单位：四川大学文学与新闻学院　　　职务职称：教授、博士生导师

邮箱：wxm1543@sina.com

男，四川内江人，先后获得文学硕士学位（1987）和文学博士学位（2001）。四川大学文学与新闻学院教授、博士生导师。中国文艺理论学会副秘书长、常务理事。"中国哲学社会科学最有影响力学者分学科排行榜·文学与文化排行榜"（2017）上榜学者。承担过国家社科基金项目（2004）及其他纵向、横向项目多项。曾获得四川省政府哲学社会科学研究成果一等奖 1 次（2010，排名第二），三等奖 2 次（1994，2013），成都市政府金芙蓉文学奖 2 次（1991、1994）及中国首届文化创意产业论文奖（三等，2013）等。《中外文化与文论》（CSSCI 集刊）副主编，四川大学与美国圣地亚哥大学合办集刊《艺术研究与评论》副主编。出版有专著《谋智、圣智、知智——谋略与中国观念文化形态》（上海三联书店，1994）、《中国传统文论的知识谱系》（巴蜀书社，2001）、《改变人类历史进程的一百个瞬间》（四川科技社，1991，第二作者）、《比较研究：诗意论与诗言意义论》（北京大学出版社，2013，第一作者）。在《文艺研究》《文学评论》《文艺理论研究》《读书》等期刊发表论文 60 余篇，其中 A 刊论文 15 篇，B 刊论文 21 篇，被《新华文摘》《中国社会科学文摘》《人大复印资料》等全文转载 23 篇。

徐新建　1999 级　博士

现在单位：四川大学文学与新闻学院

职务职称：教授、博士生导师、中国比较文学学会文学人类学研究分会会长

邮箱：xxinjian@yahoo.com.cn

四川大学中国俗文化研究所教授，文学人类学专业博士生导师，国家社科基金重大项目首席专家，兼任中国比较文学学会文学人类学研究分会会长，四川省比较文学学会执行会长，人类学高级论坛学术委员会主席团主席。先后就读和访学于南京大学-霍普金斯大学"中美文化研究中心"、哈佛大学东亚系、剑桥大学人类学系、悉尼大学东亚系及法国人文之家。研究方向为文学人类学和多民族文化，出版专著《从文化到文学》（1992）、《西南研究论》（1993）、《醉与醒：中国酒文化研究》（1993）、《民歌与国学》（2006）、《全球语境与地方认同》（2008）、《横断走廊：高原山地的生态和族群》（2008）、《侗歌民俗研究》（2011）及《多民族国家的文学与文化》（2015）等。担任国家社科基金重大项目《中国多民族文学的共同发展研究》和教育部人文社科基地重大项目《西南多民族生死观与民俗考察研究》首席专家、《文化遗产研究》与《文学人类学研究》期刊主编。

彭兆荣　1999 级　博士

现在单位：厦门大学人类学研究所　　　邮箱：zrpeng@xmu.edu.cn

职务职称：教授，博士生导师，厦门大学人类学研究所所长，四川美术学院中国艺术遗产研究中心首席专家

彭兆荣，一级教授，博士生导师，四川美术学院中国艺术遗产研究中心首席专家，"巴渝学者"特聘教授，厦门大学人类学研究所所长。联合国教科文组织（UNESCO）"非物质文化遗产遴选草案特别会议"中方专家组成员，联合国"人与生物圈"（MAB）中国国家委员会委员。巴黎大学（十大）讲座教授，巴黎大学（索邦）高级访问学者，柏克利加州大学（UC Berkeley）人类学系访问学者及项目合作教授。在国内率先倡导人类学与遗产研究、旅游人类学、饮食人类学、艺术遗产等新兴及应用跨学科领域的研究。曾主持国家社会科学基金首个非物质文化遗产重大项目"中国非物质文化遗产体系探索研究"，国家社会科学基金重点课题"中国特色艺术学体系研究"。在《中国社会科学》等刊物发表多篇论文，并出版《旅游人类学》《遗产：阐释与反思》《饮食人类学》《中国艺术遗产论纲》《重建乡土景观》《农业人类学》等专著。

张荣翼　1999 级　博士

现在单位：武汉大学文学院　　　职务职称：教授、博士生导师

邮箱：13971600175@139.com

男，1956 年生，重庆市人，文学博士。1985—1995 年在西南师大中文系任教。1995 年调入重庆师院。1996 年破格晋升教授。2001 年迄今在武汉大学任教。目前为中国文艺理论学会常务理事、中国中外文艺理论学会理事、中国马列文论研究会理事、湖北省文艺学学会副会长。

侯洪　1999 级　博士

现在单位：四川大学文学与新闻学院　　　职务职称：教授、博士生导师

邮箱：houhong2008@sina.com

男，1960 年生，成都人，文学博士，现任教于四川大学文学与新闻学院，教授，博士生导师，兼任四川大学世界纪录影像创作与传播研究中心主任、中央电视台特邀评奖专家、中国（广州）国际纪录片节大学生纪录片大赛评委。主要从事新闻传播与国际传播、影视艺术与批评、比较文学与跨文化传播的教学科研工作。主持和参与主持三项国家社科基金项目（《纪录片历史与文本研究》《中法比较诗学》《受众心理与国家安全电视宣传策略研究》）和三项国家广电总局部级课题（《纪录片发展现状研究》等）以及两项四川省社科规划项目（《四川文化品牌整合与创新研究》等）。出版学术著作和教材有：《纪录片历史与文本研究》（即出）、《诗学生成比较研究：以中法近现代诗学为视角》（2020）、《国家公关时代：视听媒介与国家形象塑造》（2015）、《中国西部国际博览会组织与发展传播研究》（2015）、《受众心理与国家安全电视宣传策略研究》（合著，2012）、《纪录片概论》（副主编，2010）、《中法近现代诗学生成之道比较研究》（2010）、《感受经典：中外纪录片文本赏析》（2006）。

蒋荣昌　1999 级　博士

现在单位：四川大学哲学系　　　职务职称：教授

邮箱：jrcccccc@163.com

教授，1963 年生，重庆市璧山区人，毕业于四川大学中文系。研究兴趣方向及专长为：历史哲学、经济哲学、政治哲学、艺术哲学（或新美学）、消费社会理论、符号学。

董天策　1999 级　博士

现在单位： 重庆大学新闻学院　　　　　**职务职称：** 院长、教授、博士生导师

邮箱： dongtc123@163.com

重庆大学新闻学院院长，教授，博士生导师，中国新闻史学会网络传播研究会会长，新闻出版总署"全国新闻出版行业领军人才"、教育部"新世纪优秀人才"，中国新闻奖、长江韬奋奖评委，全国对外传播理论研讨会专家委员会委员，全国网络舆情考试中心专家委员会副主任。曾任暨南大学新闻与传播学院常务副院长。主要从事新闻传播理论、媒介文化与媒介批评、网络与新媒体等领域的研究，主持教育部重大课题、国家社科基金项目等各种课题十多项，在 Telematics andInformatics 及《新闻与传播研究》《国际新闻界》《新闻大学》《现代传播》等 SSCI、CSSCI 和中文核心期刊发表论文近 200 篇，出版《网络新闻传播学》《新闻·公关·广告之互动研究》《问题与学理：新闻传播论稿》《消费时代的中国传媒文化嬗变》等著作，荣获教育部人文社会科学优秀成果奖 2 项、广东省社科成果奖 2 项、重庆市社科成果奖 1 项，广东省新闻教育最高荣誉金钟奖等奖励，以及广东省"南粤优秀教师"、中国传媒大会"中国传媒思想人物"等荣誉称号。

刘荣　1999 级　博士

现在单位： 四川大学海外教育学院　　　　　**职务职称：** 教授、副院长

邮箱： liurongs@126.com

1999 级比较诗学方向学生。任职于川大对外汉语教学中心、海外教育学院。现为四川大学海外教育学院教授，《国际汉语文化研究》主编。曾任中国对外汉语教学学会理事、海外教育学院副院长。主要研究方向为对外汉语教学，汉语国际教育。主持国家社科基金、教育部、省社科等项目多项。在中外学术刊物发表《完善孔子学院课程体系助力汉语国际推广》等论文二十多篇，出版《孔子学院课程设置研究》及《跨文化交际》《医学汉语》学术专著及对外汉语教材等多部，主编多部论文集刊及会议论文集。

晏红　1999 级　博士

现在单位： 四川外国语大学中国语言文化学院　　　　　**职务职称：** 副教授、图书馆原副馆长

邮箱： scyanh@163.com

重庆人，1965 年出生，文学博士，四川外国语大学中国语言文化学院副教授，现当代文学专业研究生学科带头人。主要从事"比较文学与世界文学以及中国现当代文学"方面的研究。出版著作《认同与悖离——中国现代文论话语的生成》《20 世纪文学泰斗：鲁迅》，参编《比较文学学科理论研究》《比较文学论》。

肖薇　1999 级　博士

现在单位： 四川大学文学与新闻学院　　　　　**职务职称：** 教授、硕士生导师、原党委副书记

邮箱： xiaowei@scu.edu.cn

文学博士，教授，比较文学与世界文学专业，硕士生导师，普通话水平国家级测试员，PEP 认证培训师。四川大学文学与新闻学院影视艺术专业教师，四川大学普通话培训测试中心主任，国家语言文字工作督导专家，长期从事语言艺术、沟通表达、影视文化研究、文化产业研究等课程的教学和科研工作，并在部分高校、企业和国家机关从事相关专业的培训工作以及长期在学校从事推普语言文字工作。

李凯　1999 级　博士

现在单位： 西南民族大学中国语言文学学院　　　　　**职称职务：** 教授、博士生导师、四川师范大学文学院原院长

邮箱： 1610637089@qq.com

1966 年生，汉族，四川简阳人。1999 级文艺学专业博士。曾在四川师范大学工作二十年，现为西南民族大学中国语言文学学院教授、博士生导师。中国古代文学理论学会常务理事、四川省文艺理论研究会副会长。主要从事文艺学、美学等教学工作，主要研究方向为中国古代文学理论和巴蜀文学。

向天渊　1999 级　博士

现在单位： 西南大学中国新诗研究所

职务职称： 教授、中国诗学研究中心主任、中国新诗研究所所长、比较诗学研究所所长

邮箱： 1063605302@qq.com

1966 年生，汉族，重庆巫山人。1985 年 7 月毕业于四川师范大学中文系，1996 年 6 月毕业于西南师范大学中国新诗研究所，2002 年 6 月毕业于四川大学文学与新闻学院。在中学、中师任教 8 年，1996 年 7 月以来一直在中国新诗研究所工作。2010 年任教授，2011 年担任博士生导师。现为重庆市现当代文学研究会副会长、中国比较文学学会会员、中国中外文艺理论学会会员、中国文艺评论家协会会员，《中外诗歌研究》《诗学》主编。出版专著《现代汉语诗学话语：1917—1937》《逐点点燃的世界：中西比较诗学发展史论》《现代汉语文论话语》《紫燕衔泥众口筑居：中国新诗的"公共性"研究》《中国新诗：现象与反思》《20 世纪域外文论本土化机制研究》《西方现代文论与哲学》（合著）；发表论文百余篇，主持项目十余个，指导硕士生、博士生、博士后近百名。

刘文勇　1999级　博士

现在单位：四川大学文学与新闻学院　　**职务职称：**教授、博士生导师

邮箱：lwy1103@163.com

1966年出生于四川省南部县，文学博士，四川大学文学与新闻学院教授，博士生导师。西南师范大学文学学士，四川大学文学硕士、博士。主要从事中国古代文学理论的教学及研究工作。中国古代文学理论学会副秘书长，四川省文艺理论研究会理事，中国中外文艺理论学会会员。出版专著《价值理性与中国文论》《先秦两汉魏晋南北朝文论讲疏》，合著或参撰著作有：《中外文论史》《文学理论基础》《中华文化》《比较文学学科史》《比较文学学科》《比较文学学科理论研究》等。在《文学评论》《文艺研究》《古代文学理论研究》《西南师范大学学报》等专业期刊上发表学术论文40多篇。独立完成教育部人文社科基金项目1项，四川省哲学社会科学规划项目1项，在研项目有四川大学中央高校基本科研业务费专项项目1项。以主研的身份曾经参与国家社科基金"十五"规划项目《中外文论比较研究》的研究工作。曾获得四川省哲学社会科学优秀成果一等奖和教育部高等学校人文社会科学优秀成果三等奖各1次。

支宇　1999级　博士

现在单位：四川大学艺术学院　　**职务职称：**教授、博士生导师

邮箱：zhizhiyu@sina.com；zhiyu@scu.edu.cn

文学博士，现任四川大学艺术学院教授，博士生导师。教育部新世纪优秀人才，英国牛津大学访问学者。主要从事艺术学理论、现当代美术思潮与视觉文化研究。先后主持并完成国家社会科学基金项目3项（2009年度、2004年度、1997年度）、省级项目4项，参与或主研其他省部级项目及教改项目多项。在《文艺研究》《美术观察》《装饰》《文艺争鸣》《中国油画》《文艺理论研究》等刊物发表学术论文100余篇。著有《新批评：中国后现代性批评话语》《术语解码：比较美学与艺术批评》《具身的观看：视觉认知与中国当代艺术》《文艺学知识的考掘》《文学批评的批评》以及《永恒的原乡：中国当代生态美术研究》（合著）、《艺术史叙事与艺术经典重构》（合著）、《高小华》（合著）等学术著作，以及《比较文学原典读本》（副主编）、《当代艺术批评教程》（主编）等教改教材多部。获省级社会科学优秀成果奖二等奖、三等奖多次。在巴黎、柏林、卡塞尔、北京、深圳、成都等地合作组织与策划"叠映：欧中当代艺术邀请展""触摸经典：欧中艺术交流与研修计划""发现经典：欧中艺术交流与研修计划""知觉变体2017：中国艺术家卡塞尔公共艺术活动""重访乡土""历史的话语：高小华当代油画展""茶关世相：陈安健茶馆系列油画展"等艺术交流与展览系列活动多次。

佘正松　2000级　博士

职务职称：西华师范大学原党委书记、校长

汉族，四川省阆中市人。文学博士、教授、硕士生导师。曾任西华师范大学党委书记、校长，国务院政府特殊津贴优秀专家、四川省学术技术带头人、四川省有突出贡献的优秀专家，1975年毕业于南充师范学院中文系（今西华师范大学文学院），1981年毕业于山东大学中文系（师从萧涤非、董治安教授），获文学硕士学位。2005年毕业于四川大学，获文学博士学位。主要从事中国古代文学特别是边塞诗研究与教学。先后在《文学遗产》《文史哲》等刊物上发表各类学术论文40余篇，出版《高适研究》《高适评传》《九曲之战与高适诗歌的爱国主义》等专著10部。在中国边塞诗研究方面有独到的见解，在学术界产生较大影响。主持和参加国家和省级各类科研项目近10项，主要有《中国边塞诗史》获2006年11月国家社科基金后期资助项目（06FZW001）；《新编全唐五代文》为国家重点项目；《〈蜀中广记〉整理》为国家高校古委会项目；《中国古代军旅文学研究》为四川省社科"十五"规划项目；《西部高等教育与区域经济发展关系研究》为2003年全国教育科学"十五"规划教育部资助项目等。《高适研究》1994年12月获四川省政府哲学社会科学优秀成果二等奖。获四川省人民政府优秀教学成果奖一等奖3项、二等奖1项和国家级教学成果奖二等奖1项。

叶舒宪　2000级　博士

现在单位：上海交通大学文学人类学研究中心　　**职务职称：**教授、博士生导师、中国比较文学学会会长

邮箱：yeshuxian@sina.com

2003年获四川大学文学博士学位。中国文联文艺研修院、中国作协鲁迅文学院特聘导师，中国民间文艺家协会副主席。现任上海交通大学文科资深教授、文学人类学研究中心主任、神话学研究院首席专家，中国社会科学院文学研究所研究员，兼任中国神话学会会长、文学人类学研究会荣誉会长、中国比较文学学会副会长、国家社会科学基金专家评审组成员。已出版《文学与人类学》《原型与跨文化阐释》《图说中华文明发生史》《中国神话哲学》《神话意象》《熊图腾——中华祖先神话探源》等著作，并发表论文300余篇。其研究成果曾荣获霍英东青年教师研究奖、首届全国高校人文社会科学研究优秀成果奖、第2届全国高校人文社会科学研究优秀成果奖等。叶舒宪教授曾在《中国比较文学》《文艺争鸣》《上海文论》《文艺理论与批评》《民族艺术》《百色学院学报》等刊物开辟个人专栏，在革新文学研究方法乃至国学方法方面起到积极作用，所倡导的文学人类学研究已在国内形成声势可观的新流派。

林树明　2000级　博士

现在单位：贵州师范大学文学院　　**职务职称：**院长、教授、博士生导师

邮箱：lsm970@126.com

文学博士，贵州师范大学二级教授、博士生导师，中国现当代文学学会女性文学委员会副主任，获国务院特殊津贴专家、全国优秀教师、首届中国女性文学建设奖等称号。

立德树人40年 传承文明：曹顺庆教授40年拔尖人才创新培养案例实录

799

罗婷　2000 级　博士

现在单位：湖南女子学院　　　　　　　职务职称：湖南女子学院党委书记、教授、博士生导师

邮箱：luotingxtu@yahoo.com.cn

湖南益阳人，文学博士，二级教授，博士生导师。系"新世纪百千万人才工程"国家级人选，享受国务院政府特殊津贴专家，"湖南省新世纪 121 人才工程"第一层次人选，四川大学和湘潭大学比较文学专业博士生导师。2002 年获四川大学比较文学专业博士学位。2006 年被聘为四川大学国家重点学科比较文学与世界文学博士生导师。现任湖南女子学院党委书记，湖南省社会科学界联合会第八届委员会兼职副主席。主持国家级、省（部）级以及国际合作科研项目 20 多项，获湖南省哲学社会科学优秀成果奖 4 项，湖南省高等教育省级教学成果奖及湖南省教育科学研究成果奖 3 项，其中"女子大学发展战略的研究与实践"获 2010 年湖南省高等教育省级教学成果一等奖，"女子大学特色发展与女性创新人才培养的研究和实践"获第三届湖南省教育科学研究优秀成果一等奖。出版《劳伦斯研究》《女性文学与欧美文学研究》《克里斯多娃》《克里斯特瓦的诗学研究》《女性主义文学批评在西方与中国》《比较视域下的湖湘女性文学研究》《多维视野下的湖湘女性文化研究》等著作 7 部。

朱虎成　2000 级　博士

现在单位：四川大学港澳台事务办公室　　　职务职称：科长、副教授

邮箱：zhucheng2465@126.com

冯若春　2000 级　博士

邮箱：ingridfeng@hotmail.com

1990 年毕业于四川大学中文系，2000 年至 2004 年师从曹顺庆先生，2004 年获博士学位。学位论文《"他者"的眼光：论北美汉学家"诗言志""言意关系"的研究》已出版。现定居加拿大，从事海外中文教育工作。

魏薇　2000 级　博士

现在单位：四川大学文学与新闻学院

邮箱：wei050528@qq.com

姜飞　2000 级　博士

现在单位：四川大学文学与新闻学院　　　　职务职称：教授、成都市作家协会主席

邮箱：jiangfei220@163.com

1974 年生，四川资中人。文学博士，四川大学教授。四川大学创意写作中心主任，《现代中国文化与文学》（CSSCI 来源集刊）副主编，成都市作家协会副主席，四川大学文学与新闻学院中国现当代文学教研室主任。1992 年考入四川大学中文系，先后获文学学士（汉语言文学，1996）、文学硕士（中国现当代文学，1999）以及文学博士（比较文学与世界文学，2006）学位。研究文学理论、中国现当代文学。1999 年留校任教至今，讲授中国当代文学史、中国当代诗歌以及中国现当代文学研究方法论等课程。著有《国民党文学思想研究》（花城出版社，2014）、《经验与真理》（巴蜀书社，2010）、《感性的归途》（四川人民出版社，2003）、《最是鲁迅应该读》（北京师范大学出版社，合著，2011）、等等。主持国家社科基金项目"中国共产党与国民党的文学话语权斗争研究"（18XZW020），教育部青年基金项目"抗战时期的国家文艺思潮研究"（10YJC751037），四川省哲学社会科学"十一五"规划青年项目"抗战时期大后方的国民党文艺思想和文艺政策研究"（SC10C031），等等。

蒋承勇　2001 级　博士

现在单位：浙江工商大学　　　　　　　　职务职称：教授、博士生导师，浙江工商大学原校长、党委书记

邮箱：jcy@tzc.edu.cn

2002 年获四川大学比较文学与世界文学博士学位，浙江工商大学文科资深教授、博士生导师、西方文学与文化研究院院长，国家"万人计划"教学名师，全国五一劳动奖章获得者，国家社科基金重大项目首席专家，中国外国文学学会副会长，1993 年起享受国务院特殊津贴。教育部"面向 21 世纪系列教材"《外国文学史》主编之一，教育部"马工程"重大项目《外国文学史》首席专家之一。曾获教育部人文社会科学优秀成果奖二等奖 3 次，三等奖 2 次。在《中国社会科学》《新华文摘》《外国文学评论》《文学评论》《文艺研究》《外语教学与研究》《外国文学研究》《外国文学》《外国语》《中国比较文学》《文艺理论研究》《社会科学战线》等刊物发表论文 150 余篇，并先后出版《十九世纪现实主义文学现代阐释》《西方文学"人"的母题研究》《人性探微——蒋承勇教授讲西方文学与人文传统》等 10 余部专著。

刘朝谦　2001 级　博士

现在单位：四川师范大学文学院　　　　职务职称：二级教授、博士生导师
邮箱：chaoqianliu@163.com

1957 年生，四川遂宁人，四川师范大学文学院教授，博士生导师，全国赋学会常务理事，四川省文学理论学会理事。

陈蜀玉　2001 级　博士

现在单位：西南交通大学外国语学院　　职务职称：教授
邮箱：chenshuyu8@126.com

西南交通大学外国语学院教授，法语教授、文学博士。现任中国法语教学研究会理事。

李伟昉　2001 级　博士

现在单位：河南大学文学院　　　　　　职务职称：院长、学报主编、二级教授、博士生导师
邮箱：liweifanghd@126.com

2004 年获四川大学比较文学与世界文学博士学位。2008—2018 年任河南大学文学院院长。现任《河南大学学报》编辑部主任、主编，河南大学二级教授、博士生导师、中国语言文学博士点一级学科带头人。享受国务院政府特殊津贴专家，国家"万人计划"哲学社会科学领军人才，中宣部文化名家暨"四个一批"人才，"百千万人才工程"国家级人选，国家"有突出贡献中青年专家"，中国比较文学与世界文学学科领域第一个全国优秀博士学位论文奖获得者，教育部高等学校中国语言文学类专业教学指导委员会委员。曾先后访学英国剑桥大学、美国哈佛大学。主持完成国家社科基金项目 2 项，主持国家社科基金重点项目 1 项，国家社科基金重大项目"莎士比亚戏剧本源系统整理与传承比较研究"首席专家，出版学术专著 7 部，译著 1 部。在《中国社会科学》《文学评论》《外国文学评论》《外国文学研究》等重要学术期刊发表论文多篇。

何云波　2001 级　博士

现在单位：湘潭大学文学与新闻学院　　职务职称：二级教授、博士生导师
邮箱：hnhyb@163.com

生于 1963 年，湖南新田人。2003 年获四川大学比较文学与世界文学专业博士学位，本科、硕士毕业于湘潭大学中文系。曾任教于长沙铁道学院、中南大学，现任湘潭大学文学与新闻学院二级教授、博士生导师。湖南省首届优秀青年社会科学专家。主持国家社科基金项目 4 项，主持国家出版基金项目 1 项。主要从事俄罗斯文学、比较文学、围棋文化研究。文学著述有《陀思妥耶夫斯基与俄罗斯文化精神》《回眸苏联文学》《跨越文化之墙——当代世界文化与比较文学》《比较文学：跨文化的文学想象》《越界与融通——跨文化视野中的文学跨学科研究》等；围棋文化著述有：《围棋与中国文化》《弈境——围棋与中国文艺精神》（博士论文）《图说中国围棋史》《围棋文化演讲录》《中国围棋文化史》《中国围棋思想史》《何云波围棋文集》（四卷）等。主编《世界围棋通史》（三卷）、《围棋文化教程》等。

费小平　2001 级　博士

现在单位：重庆师范大学外国语学院　　职务职称：教授、硕士生导师、原四川外语学院副处长
邮箱：fei47@hotmail.com

1964 年生，布依族，贵州贵定人，祖籍四川叙永，教授，博士，硕士生导师。英国曼彻斯特大学访问学者，中国比较文学学会理事及翻译研究会常务理事，全国哲社工作办委托的国家社科基金项目结项成果、后期资助项目结项成果鉴定专家，国家社科基金后期资助项目申报成果评审专家。1985 年 7 月大学本科毕业后即参加工作，长期在黔、浙一带的贵州大学、四川外语学院（后改称四川外国语大学）从事英语语言文学专业教学、研究及硕士生培养。其间，1999 年 9 月开始在贵州大学独立指导英语语言文学专业硕士生（英国文学、翻译研究），兼英语语言文学专业硕士点负责人；2007 年 12 月—2012 年 6 月任四川外语学院科研处副处长（一度主持工作），为学校博士点立项建设单位的成功申报做了有益的工作，同时兼任英语语言文学专业硕士生导师及学科负责人、校学术委员会 / 学位委员会委员。2014 年 3 月—2016 年 12 月因工作需要曾在川、湘一带 985 或 211 高校短暂工作，分别担任外国文学研究所所长，教授委员会主席，博士生开题、答辩委员会委员。2017 年 1 月被引进到重庆师范大学工作，任外国语学院教授、硕士生导师，英语语言文学学科带头人。

钟华　2001 级　博士

现在单位：四川师范大学文学院　　　　职务职称：教授、博士生导师
邮箱：zhonghuayj@126.com

1964 年生，文学博士，四川省文艺理论学会理事，四川省学术带头人后备人选。在《文艺研究》《学术月刊》等刊物发表学术论文 60 余篇，多篇被《新华文摘》《中国社会科学文摘》及中国人民大学《复印报刊资料》全文转载或摘要。近年来致力于海德格尔哲学 - 诗学思想研究，在《学术月刊》《社会科学研究》等期刊发表专题论文 20 余篇；主要专著有《从逍遥游到林中路——海德格尔与庄子诗学思想比较》《文艺的超越性品格之思——海德格尔诗学新探》，前者 2008 年获四川省哲学社会科学优秀成果三等奖。

立德树人　传承文明：曹顺庆教授 40 年拔尖人才创新培养案例实录

801

唐小林　2001 级　博士

现在单位：四川大学文学与新闻学院　　职务职称：教授、博士生导师、四川师范大学文学院原党委书记

邮箱：yz1965@163.com

汉族，1965 年生，文学博士，四川大学文学与新闻学院教授，博士生导师，四川大学符号学 - 传媒学研究所副所长，成都市有突出贡献的优秀专家，中国当代文学研究会常务理事，中国中外文艺理论学会文化传播符号学分会常务副会长，中国语言符号学会副会长，四川省鲁迅研究会副会长，四川省比较文学学会理事。从事中国现当代文学、比较文学、符号学，以及当代文学与文化批评的教学与研究。出版学术专著 4 部，主编和参编教材多部，在《文学评论》《光明日报》《学术月刊》《文艺争鸣》《中国现代文学研究丛书》等发表论文 100 余篇，20 余篇被《新华文摘》《中国社会科学文摘》《高等学校文科学术文摘》《人民日报》《光明日报》以及人大报刊资料《文艺理论》《中国现代、当代文学研究》《文化研究》等摘转。主持国家社科基金重大项目子课题、省部级重点项目多项，获四川省哲学社会科学优秀成果二等奖、四川省优秀教学成果二等奖、四川省优秀博士论文奖等多项。

段宗社　2001 级　博士

现在单位：陕西师范大学文学院　　职务职称：副教授

邮箱：duanzongshe@snnu.edu.cn

段宗社（1966—），陕西凤翔人。1985—1989 年在宝鸡文理学院（原宝鸡师范学院）中文系学习，获文学学士学位。1989—1998 年在陕西省凤翔县任中学语文教师。1998—2001 年在陕西师范大学文学院获文艺学硕士研究生学位，2001—2005 年在四川大学获博士学位。现为陕西师范大学文学院副教授，硕士研究生导师，主要研究方向为唐宋文学。

张德明　2001 级　博士

现在单位：岭南师范学院文学与传媒学院　　职务职称：教授

邮箱：dmzh2001@sina.com；docorzhang@163.com

1967 年生，湖北天门人，文学博士，博士后。岭南师范学院文学与传媒学院教授、副院长，南方诗歌研究中心主任，西南大学中国诗学研究中心客座研究员，全国中文核心期刊评审专家，中国作家协会会员。主要致力于中国现当代新诗批评与研究、沈从文研究、中西文学比较研究等。已在《中国现代文学研究丛刊》《文艺争鸣》《民族文学研究》《文艺理论与批评》《当代作家评论》《南方文坛》《人文杂志》《四川大学学报》《西南大学学报》《华中师范大学学报》《外国文学研究》《当代文坛》《广东社会科学》《中外文化与文论》《东岳论丛》等刊物上发表论文 100 余篇，其中 CSSCI 来源期刊 30 余篇。出版专著《现代性及其不满——中国现代文学的张力结构》《网络诗歌研究》《当代艺术思潮论》《新诗话·21 世纪诗歌初论》《新世纪诗歌研究》《吕进诗学研究》等。主持省部级课题多项。

严金东　2001 级　博士

现在单位：重庆师范大学文学院　　职务职称：副教授

邮箱：yjd0509@163.com

1969 年生，汉族，安徽合肥人，文学博士，主要研究方向为古代文学与文化。发表《随俗与雅化——钱穆的一种比较文学观》《为"诗史"辩——从语义分析的角度》《用诗·品味·赏玩——论宋代诗学背景之转换》《自言所得：古"文"观念再思考》《评朱熹的"思无邪"解说》等论文，著有《自得：中国古代诗学思想研究》专著，该著作于 2008 年获得重庆市政府第六届社科评奖三等奖。

程丽蓉　2001 级　博士

现在单位：浙江工商大学人文与传播学院　　职务职称：教授

邮箱：clr116@163.com

文学博士，浙江工商大学教授，美国马里兰大学、英国伦敦大学访问学者，浙江省高校中青年学科带头人，主要研究领域为中西小说及叙事理论比较研究，性别与传媒、文艺与传媒跨学科研究。先后主持国家社科基金项目、教育部人文社科项目及省政府规划课题等多项，出版专著 2 部，译著 2 部，主编教材数种，发表论文 50 余篇。研究成果获得省政府哲社优秀成果三等奖、省教育厅教改优秀成果三等奖等奖励。

虞蓉　2001 级　博士

现在单位：宁波工程学院 - 人文与艺术学院　　职务职称：副教授

邮箱：371647466@qq.com

1976 年 2 月生，四川大学文学博士（古代文论方向），苏州大学明清诗学博士后。现任宁波工程学院教学督导、人文学院副教授，主要从事古代文学、女性文学与文化、人际交往方面的研究。讲授中国古代文学、沟通与礼仪等课程。

靳明全　2002 级　博士

职务职称： 教授、博士生导师、重庆师范大学文学院原院长
邮箱： 15902359509@163.com

1950 年生于重庆，当过知青、军人、研究生、教师（退休）。曾任四川大学教授、博士生导师，重庆师范大学教授、硕士生导师、院长，贵州大学教授、副系主任，日本九州大学和庆应大学访问教授，明治大学客座教授。代表专著为《日本文论史：公元 712—2000》（中国社会科学出版社）等。

侯传文　2002 级　博士

现在单位： 青岛大学文学与新闻传播学院　　**职务职称：** 教授、青岛大学文学院原院长、学报主编
邮箱： houchuanwen@263.net

青岛大学文学与新闻传播学院教授，比较文学与世界文学学科负责人。兼任教育部重点研究基地北京大学东方文学研究中心研究员、学术委员，中国外国文学学会印度文学研究分会副会长兼秘书长。1959 年生于山东泰安，1982 年山东师范大学中文系本科毕业，1988 年北京大学东语系东方文学专业研究生毕业，2002 年进入四川大学文学与新闻学院跟随曹师攻读比较文学与世界文学博士学位，2004 年 12 月获得博士学位。长期从事东方文学与比较文学研究，在佛教文学与印度文学、东方文学与文化总体研究等领域取得了显著成绩。主持完成了国家社科基金项目"话语转型与诗学对话——泰戈尔诗学比较研究"和"中印佛教文学比较研究"等国家和省部级项目多项，其中国家社科基金项目"中印佛教文学比较研究"结项优秀，成果入选 2017 年"国家哲学社会科学成果文库"。目前主持在研国家社科基金冷门绝学专项项目"印度佛传文学资料整理与研究"。已出版《中印佛教文学比较研究》《佛经的文学性解读》《话语转型与诗学对话——泰戈尔诗学比较研究》《东方文化通论》《多元文化语境中的东方现代文学》《跨文化视野中的东方文学传统》《寂园飞鸟——泰戈尔传》等学术专著十余部，在《文学评论》《外国文学评论》《外国文学研究》《南亚研究》等核心期刊或重要专业期刊发表学术论文 100 余篇。先后获省部级教学及科研奖励 10 余项，其中山东省社会科学优秀成果特等奖 1 项。

皇甫晓涛　2002 级　博士

现在单位： 北京交通大学语言与传播学院　　**职务职称：** 教授、博士生导师、院长
邮箱： huangfuxt@163.com

北京交通大学语言与传播学院教授、博导，中国产业安全研究中心教授、博士后导师，北京交通大学中国丝路发展研究院院长，中国文化产业研究院执行院长，北京邮电大学兼职教授，管理科学与工程方向博士生导师，中国传媒大学博士生导师，北京大学、四川大学、巴黎索邦大学、蒙古农业大学等国内外多所高校访问、客座、讲座教授、博士生导师、研究员及外籍院士，兼任联合国教科文组织国际教育中心专家委员会副主席。2009 年度《城市建设》封面人物，2012 年度中国文化创意产业最受关注的十大名师学者，2014 年度《当代经济》封面人物，2017 年度获评人民日报社民生杂志年度百位杰出文化领袖与百位杰出知识领袖，教育部哲学社会科学重大攻关项目首席专家，中宣部、财政部国家跨部委文化产业重大计划项目首席专家。军科院、社科院跨部委文化强国项目首席专家。

马建智　2002 级　博士

现在单位： 西南民族大学中国语言文学学院　　**职务职称：** 教授
邮箱： mjz21002@sina.com

教授，现任职于西南民族大学中国语言文学学院，主要从事中国古代文论与文化、中国古典美学和比较文学的教学和研究。出版专著《中国古代文体分类研究》，参与编著著作、教材 8 部，发表论文 60 多篇。主持完成了国家社科基金项目《汉藏文论比较研究》等国家省部科研项目多项。曾从事过中学教育数年，获得地市级"教学新秀"奖，1989 年获得甘肃省委省政府颁发的"园丁奖"。曾在两家新闻媒体工作近 10 年，担任理论评论部主任，发表新闻作品 100 多篇，5 篇获省级以上奖。

曾利君　2002 级　博士

现在单位： 西南大学文学院　　**职务职称：** 教授、博士生导师
邮箱： zenglj@swu.edu.cn

文学博士，西南大学文学院教授，博士生导师。中国老舍研究会理事、中国少数民族文学学会理事、重庆市现当代文学研究会理事、重庆市比较文学学会理事。出版有《魔幻叙事：20 世纪 80 年代以来的中国小说》《马尔克斯在中国》《魔幻现实主义在中国的影响与接受》《20 世纪中国女性文学论稿》等著作。主持国家社科基金项目、教育部人文社科项目 4 项，主研或参研国家级重大项目、省部级项目 6 项。在《文学评论》《中国现代文学研究丛刊》《学术月刊》等刊物上发表学术论文 80 余篇。主要从事中国现当代文学、比较文学与世界文学的教学研究工作。

王钦峰　2002 级　博士

现在单位： 岭南师范学院　　**职务职称：** 教授、人文学院副院长
邮箱： wangqinfeng668@163.com

岭南师范学院教授。1965 年生，汉族，安徽省砀山县人。1983 至 2006 年先后就读于安徽师范大学中文系、陕西师范大学中文系和四川大学文学与新闻学院，获比较文学与世界文学专业博士学位。1990 至 1998 年任职于三峡大学中文系，1995 至 1996 年在北京师范大学中文系做高级访问学者，1998 年至今任职于湛江师范学院和岭南师范学院。2000 年晋升教授，曾担任湛江师范学院中文系主任、人文学院副院长，现任岭南师范学院地方文化研究院常务副院长。先后被列为湖北省属高校百名跨世纪学术骨干和广东省高等学校"千百十工程"省级培养对象，曾获湖北三峡大学青年教学十佳、湖北省级教学成果奖三等奖、广东省南粤优秀教师等奖项和荣誉称号。现为广东省比较文学学会副会长、中国法国文学学会理事、广东省外国文学学会理事、湛江市雷州文化研究会会长等。

立德树人 传承文明：曹顺庆教授40年拔尖人才创新培养案例实录

803

胡志红　2002 级　博士

现在单位：西南交通大学人文学院　　职务职称：教授、博士生导师

邮箱：hzh99@163.com

西南交通大学人文学院教授，文学博士，博士生导师，四川省有突出贡献的优秀专家，四川省比较文学学会副会长，四川省社科联理事会理事，美国爱达荷大学访问学者（国家公派）。主要从事英美文学和文化、比较文学及生态批评的研究与教学。曾先后荣获四川省人民政府颁发的优秀学术成果一、二、三等奖。主持并独立完成 2 项国家社会科学基金项目：《西方生态批评史》和《美国少数族裔生态批评理论研究》，另主持或主研包括教育部重大项目在内的各级社科项目多项。已出版专著《西方生态批评研究》（2006 年）和《西方生态批评史》（2015 年）、译著《实用生态批评》（2010 年）及教材《生态文学教程》（2021 年），参编著作多部。先后在《社会科学战线》《当代外国文学》及《中外文化与文论》等各类刊物发表中／英文论文近 100 篇，其中多篇被人大复印报刊资料等全文转载。

杜吉刚　2002 级　博士

现在单位：南昌大学人文学院　　职务职称：教授、博士生导师

邮箱：bjwx2005@163.com

山东兰陵人，1967 年出生。1986 年中师毕业后，在沂蒙山区乡村中学任教。1997 年入南昌大学人文学院攻读比较文学与世界文学专业硕士学位。2000 年毕业后，在临沂大学中文系任教。2002 年入四川大学文学与新闻学院攻读比较文学与世界文学专业博士学位。2005 年毕业后，在南昌大学人文学院任教。现为南昌大学人文学院教授，比较文学与世界文学专业博士生导师，江西省文艺学会比较文学与跨文化研究专业委员会副会长。

王敬民　2002 级　博士

现在单位：河北大学外国语学院　　职务职称：教授、硕士生导师

邮箱：waiwen91@163.com

河北馆陶人，中共党员。先后在河北大学、山东大学、四川大学获得学士、硕士、博士学位，2012 年赴澳大利亚悉尼大学进修学习。曾就职于河北工程大学，任外语系主任、校学术委员会委员、学院学术委员会副主任委员。2021 年起为河北大学外国语学院教授、硕士生导师。主要从事英美文学、西方文论和比较文学研究，先后主持承担省部级以上课题近 20 项，发表论文近 40 篇，出版专著和译著 3 部，获省优秀社科成果奖 2 次、省文艺评论奖 3 次。兼任中国译协对外话语体系研究委员会委员、中国文艺评论家协会会员、中国比较文学学会会员、中国语言与符号学研究会会员、河北省翻译学会常务理事、河北省莎士比亚学会常务理事、河北省翻译工作者协会理事、河北省邯郸市翻译工作者协会副会长等职。

李卫涛　2002 级　博士

现在单位：广州天河区暨南大学华文学院华教系　　职务职称：副教授

邮箱：liweitao@hwy.jnu.edu.cn

1975 年生，河南人。现在暨南大学华文学院工作，主要从事对外汉语和华文教育专业的教学和研究工作。

谢碧娥　2003 级　博士

现在单位：（台湾嘉义市）南华大学美学与视觉艺术学系

职务职称：专任讲师　　邮箱：bie.xie1953@msa.hinet.net

出生日期：1953 年　　籍贯：台湾嘉义

曾繁亭　2003 级　博士

现在单位：浙江工商大学　　职务职称：教授、博士生导师

邮箱：fantingzeng@163.com

汉族，1962 年生，山东高密人。四川大学文学博士，剑桥大学访问学者。浙江工商大学特聘教授，外国语言文学专业博士生导师。主要从事西方近现代文学思潮及作家作品的研究。已出版专著 6 部，译著 2 部，主编丛书一套 (10 种)、专业著作 8 部；在《文学评论》《外国文学评论》《文艺研究》《外国文学研究》《文艺理论研究》等专业期刊发表论文 60 余篇，其中多篇被《新华文摘》《中国社会科学文摘》《人大复印报刊资料》等全文转载或摘要转载。主持、完成国家社会科学基金项目及教育部人文社科基金项目等 5 项，省社科规划课题 2 项；获省哲学社会科学优秀成果奖 2 等奖和 3 等奖各 1 次。目前主要关注的研究领域为 19—20 世纪西方文学思潮、中外文学关系、网络文学。

吴结评　2003 级　博士

现在单位：西华大学文学与新闻传播学院　　职务职称：教授、博士生导师

邮箱：53810664@qq.com

1963 年生，汉族，四川宜宾人。2003 级博士，现为西华大学文新学院教授，博士生导师。

欧宗启　2003 级　博士

现在单位：广西民族大学文学院　　职务职称：教授、博士生导师

邮箱：ouzongqi@sina.com

1966 年生，广西宾阳人，现为广西民族大学文学院教授，文艺学专业博士生导师。1989 年毕业于广西师范学院中文系，获文学学士学位，1994 年毕业于吉林大学中文系，获文学硕士学位，2007 年获四川大学文艺学方向博士学位。研究主要涉及中国古代文论、民间文艺学、民族形象学、生态美学等，在《广西民族大学学报》《南方文坛》《当代文坛》《广西民族研究》《贵州民族研究》等发表论文 30 余篇，出版专著《印度佛教思想的中国化与中国古代文论的建构》《多维视野的壮族形象建构研究》，合著《生态审美学》《民族生态审美学》《少数民族艺术生态学》，主持国家社科资金项目"乡村振兴战略实施下乡民观念重塑的研究"，主持省级项目 3 项，参与 2 项国家社科资金项目。现为国家社科基金项目通讯评审专家和国家社科基金项目结项成果鉴定专家。

谢梅　2003 级　博士

现在单位：电子科技大学公共管理学院　　职务职称：教授、中心主任

邮箱：xiemei001@163.com

1963 年生，重庆人，汉族，中共党员，教授，四川大学文艺与传媒博士。美国北卡罗来纳大学教堂山分校访问学者、牛津大学访问学者。四川省"天府青城计划"文化领军人才、四川省学术与技术带头人、成都市有突出贡献专家。现任电子科技大学数字文化与传媒研究中心主任。致力于文艺理论与传媒、文化产业战略管理、文博资源与文化遗产经济、数字技术与文化创新研究。在《中国文化产业评论》《理论与改革》以及人大复印《文化研究》《公共行政》等期刊发表论文 40 余篇，出版专著《后工业社会与新闻形态的嬗变》（中国科学出版社）、《公共文化管理与社会治理》（人民出版社）等 10 余部，完成"文博资源转化利用模式"等国家省部级课题 50 余项。

李夫生　2003 级　博士

现在单位：长沙学院影视艺术与文化传播学院　　职务职称：教授、原宣传部长

邮箱：37477609@qq.com

2003 级比较文学专业博士。现供职于长沙大学影视艺术与文化传播学院。教授，湖南省一流专业汉语言文学专业带头人。

童真　2003 级　博士

现在单位：湘潭大学文学与新闻学院　　职务职称：教授、博士生导师

邮箱：1602419542@qq.com

1965 年生，四川乐山人，汉族。2003 级博士，现为湘潭大学文学与新闻学院教授，博士生导师。研究方向为比较文学与世界文学。

尹锡南　2003 级　博士

现在单位：四川大学南亚研究所（四川大学国际关系学院）　　职务职称：教授、博士生导师

邮箱：ronald1966@163.com

现为四川大学南亚研究所（国际关系学院）教授。主要研究印度古典梵语文艺理论、比较文学、比较诗学和中印关系等。

李安斌　2003 级　博士

| 现在单位： | 海南大学人文学院 | 职务职称： | 副教授、硕士生导师 |

邮箱：14565827@qq.com

1971 年生，四川旺苍人，海南大学人文学院教师，副教授。四川大学文新学院比较文学与世界文学专业 2003 级博士研究生，主要研究方向为比较文学和美国文学与文化。海南大学比较文学专业硕士生导师，海南省比较文学学会副会长，2017—2018 在美国北卡罗来纳大学（UNC）访学一年。曾主持完成国家社会科学基金项目"美国文学清教主义传统的文化阐释研究"以及海南省社科联重大项目子课题"海南地方史研究屯昌史"等。

黄立　2003 级　博士

| 现在单位： | 上海师范大学外国语学院 | 职务职称： | 教授、博士生导师 |

邮箱：Helen2001.8@163.com

上海师范大学外国语学院教授，四川省学术技术带头人后备人选，2003 级博士，研究方向为海外汉学、文学翻译。

常芳　2003 级　博士

| 现在单位： | 中南民族大学文学与新闻传播学院 | 职务职称： | 副教授 |

邮箱：iscf@163.com

1973 年生，汉族，甘肃庆阳人。现为中南民族大学文学与新闻传播学院副教授，研究方向为比较文学、视觉文化。

马征　2003 级　博士

现在单位：河南大学黄河文明与可持续发展研究中心、河南大学协同创新中心

| 职务职称： | 副教授 | 邮箱： | mazhengyx@163.com |

出生日期：1974 年

周春　2003 级　博士

| 现在单位： | 北京第二外国语学院英语系 | 职务职称： | 副教授 |
| 邮箱：zhouchun526@163.com | | 出生日期： | 1975 年 |

籍贯：湖南

王富　2003 级　博士

| 现在单位： | 广东技术师范学院外国语学院 | 职务职称： | 翻译系主任、副教授 |
| 邮箱：deanwang123@sina.com | | 出生年月： | 1975 年 12 月 |

2003 年 7 月，获广西大学外国语言学与应用语言学硕士学位；2006 年 6 月，获四川大学比较文学与世界文学博士学位；2010 年 6 月，中山大学外国语言文学博士后研究出站。主持并完成教育部社科基金项目 1 项，出版专著 2 部，译著 1 部，发表论文近 30 篇。

邹涛　2003 级　博士

现在单位：电子科技大学外国语学院　　职称职务：教授、副院长
邮箱：truthzou@126.com
1976 年生。汉族，湖南邵阳人。主要研究方向：非洲文学、英美文学、比较文学。

刘颖　2003 级　博士

现在单位：四川大学文学与新闻学院　　职务职称：教授
邮箱：liuyingscu@163.com
汉族，湖南新邵人，1978 年生于湖南双峰，2003 级曹门博士。哈佛燕京访问学人（2005—2006），密西根大学安娜堡分校比较文学系访问学者（2016—2017），现为四川大学文学与新闻学院教授，主要研究方向为比较文学翻译研究、海外汉学、语言学及应用语言学等。出版专著《英语世界〈文心雕龙〉研究》，主编教材《语言学概论》等。

谭佳　2003 级　博士

现在单位：中国社科院文学研究所　　职务职称：研究员、教授、博士生导师、比较文学研究室主任
谭佳（1978—），哲学硕士，文学博士，现任中国社会科学院文学研究所研究员，中国社会科学院大学教授，博士生导师，从事早期中国思想史、比较神话学、文学人类学研究。现任文学所比较文学研究室副主任，中国社会科学院比较文学研究中心副主任，中国社科院创新工程首席研究员。兼任中国比较文学学会文学人类学研究会副会长，《文学人类学研究》（辑刊）副主编，《中华文艺思想通史·原始卷》主编，（中宣部实施）"中国民间文学大系"神话学专家组委员。出版学术专著 4 部：1.《神话与古史：中国现代学术的建构与认同》，社会科学文献出版社 2016 年版（系中国社会科学院重大项目 A 类）。2.《比较神话学在中国：反思与开拓》，社会科学文献出版社 2016 年版（国家社科基金项目，成果入选"国家哲学社会科学成果文库"）。3.《断裂中的神圣重构——〈春秋〉的神话隐喻》，南方日报出版社 2010 年版。4.《叙事的神话：晚明叙事的现代性话语建构》，中国社会科学出版社 2009 年版。编著《神话中国：中国神话学的反思与革新》。发表学术论文六十余篇，多种著述被翻译为英、日、韩等文字在海外出版。先后主持国家社科基金重大招标题子课题、国家社科基金项目、中国社会科学院重大课题子课题、国家社科基金重大委托项目子课题，以及多项省部级项目。曾获"四川省优秀博士学位论文"（2009 年），中国社科院文学所"优秀科研成果"一等奖（2013 年），广东省省委"南粤奖"出版奖（2012 年），上海市第十四届哲学社会科学优秀成果奖，学科学术奖著作类（2018 年）一等奖，中国社科院文学所"优秀科研成果"优秀奖（2021 年）。

李世新　2003 级　博士

现在单位：中国人民银行海口中心支行
邮箱：lishixin79@sina.com　　出生日期：1979 年

杨明　2003 级　博士

现在单位：三明学院文化传播学院　　职务职称：教授
邮件：kw5316@hotmail.com
三明学院文化传播学院教授、作家，四川大学文学博士。曾担任报社编辑、记者，电视企划编剧，乐山师院、浙江传媒学院副教授。获得文艺奖章等奖项，于台湾文讯杂志《此岸彼岸》专栏发表文学论述十余篇，迄今共出版影视剧改编小说、专论、小说、散文创作等四十余本著作。

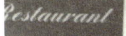

申泰秀　2003 级　博士

现在单位：韩国韩南大学国语国文学院
邮箱：haopengyou369@yahoo.com.cn
国籍：韩国

周晓风　2004 级　博士

现在单位：重庆师范大学文学院　　职务职称：教授、原副校长、副书记
邮箱：cqzxf@vip.163.com

重庆市人，1982 年 1 月毕业于原西南师范学院中文系，2004 年 9 月至 2007 年 12 月在四川大学文学与新闻学院在职攻读博士研究生，获文艺学博士学位。现为重庆师范大学副校级干部、文学院二级教授，主要从事中国现当代文学及文艺学教学研究。重庆市学术技术带头人、重庆市宣传文化"五个一批"市级人才、重庆市重点学科带头人，兼任中国当代文学研究会常务理事、重庆市文联副主席、重庆市作协副主席、重庆市文艺评论家协会主席等职。

翁礼明　2004 级　博士

现在单位：内江师范学院　　职务职称：教授、原系主任
邮箱：wenglimingO1@163.com　　出生日期：1964 年

四川省学术和技术带头人后备人选，国家社科基金项目"礼学精神与古典诗学相关性研究"主持人，省级特色专业"广播电视新闻学"主持人，省级精品课程"中西文学比较"主持人，内江师范学院比较文学重点建设学科主持人，四川师范大学兼职硕士生导师。出版学术专著《礼乐文化与诗学话语》，发表多篇有影响的学术论文。教学成果获四川省高等教育教学成果二等奖，学术成果获四川省社会科学研究成果优秀奖，内江市社会科学成果一等奖。

曾平　2004 级　博士

现在单位：四川省社会科学院文学所　　职务职称：副研究员
邮箱：bashi2005@126.com

1967 年生，1987 年 7 月毕业于华中师范大学中文系，获文学学士学位。1990 年 7 月毕业于四川省社会科学院，获文学硕士学位。1990 年至 2005 年在本院研究生部从事学位管理工作。自 2000 年 9 月至今，为本院文艺学专业硕士研究生开设专业基础课程《中国文学批评史》，积累了丰富的教学经验。2002 年 10 月，获高级专业技术职务资格证书，被聘为副研究员。2005 年 9 月调入文学所。2010 年 6 月，毕业于四川大学文新学院，获文学博士学位。研究方向：文化与文论研究。目前主要致力于近代文化研究。已在各类学术期刊上发表研究论文 50 余篇，主持国家级课题 1 项，主持院级课题 2 项，主持省社科重点基地项目 1 项，参与省部级重点项目多项。

权伍明　2004 级　博士

现在单位：四川外语学院　　职务职称：外籍教师
邮箱：kwunohmyoung@sina.com　　国籍：韩国

KwunOhmyoung，1967 年出生于韩国。2004 年 3 月，毕业于日本九州大学，获比较社会文化硕士学位，毕业论文为《郭沫若历史剧〈屈原〉的研究》。留学日本七年半，2004 年 9 月考入四川大学文学与新闻学院，投曹老师门下继续比较文学的学习，进一步研究郭沫若及其历史剧。博士论文题目为《郭沫若历史剧〈屈原〉的创作、演出以及在日本的流变》。博士在读期间，发表了《[日]戏曲〈屈原〉在中国出版史》《[日]戏曲〈屈原〉怎样进化》《郭沫若历史剧〈屈原〉在日本的上演与影响》《日本上演郭沫若历史剧〈屈原〉》等文章。现为四川外语学院东方语学院外籍教师，任教朝鲜语系。

关熔珍　2004 级　博士

现在单位：广西大学国际学院　　职称职务：党委书记、教授
邮箱：guanrongzheng@163.com

1971 年生，汉族，广西浦北县人，现为广西大学国际学院教授、党委书记，广西本科高等学校英语类教学指导委员会委员、中国比较文学学会常务理事、广西外国文学研究会副会长、中国对外话语体系研究委员会委员、广西翻译协会常务理事、中国对外话语体系研究委员会委员。主要研究领域为斯皮瓦克理论研究、外国语言文学研究（东盟）、翻译理论与实践（民族）。

刘人峰　2004 级　博士

现在单位：湖南女子学院教育与法学系　　职务职称：教授
邮箱：liurenfengzqy@163.com
通讯地址：410004　湖南省长沙市中意一路 160 号湖南女子学院

教授，湖南宁乡人，现为湖南女子学院教育与法学系女性学专业教师。先后毕业于湘潭大学、湖南师范大学和四川大学，获得文学学士、硕士和博士学位。

曾明　2004 级　博士

现在单位： 西南民族大学　　**职务职称：** 二级教授、博士生导师、西南民族大学原校长

邮箱： zengming001@126.com

西南民族大学二级教授，博士生导师。四川省学术和技术带头人，四川省有突出贡献的专家，四川省社科联副主席，四川省委省政府决策咨询委员会委员。主持并完成国家社科基金项目"宋代诗学'活法'说考索"等 4 项，参研国家社科基金项目 2 项、省部级项目 8 项；出版专著 6 部；在中国文论、山水诗等的研究中，获得了一等奖 5 项、二等奖 4 项；发表学术论文 60 余篇；先后获人事部、国家民委先进工作者、国务院侨办先进个人、成都市优秀共产党员等荣誉称号。

曾洪伟　2004 级　博士

现在单位： 西华师范大学公共外语学院　　**职务职称：** 院长、教授

邮箱： zhwoo@163.com；1686420679@qq.com

1972 年生，四川三台人。西华师范大学公共外语学院院长，教授，文学博士，博士后，硕士研究生导师。1991—1995 年在四川师范学院外语系英美文学专业学习，获文学学士学位，1998—2001 年在四川师范学院中文系中国现当代文学专业学习，获文学硕士学位；2004—2008 年在四川大学文学与新闻学院比较文学与世界文学专业学习，获文学博士学位；2009—2011 年在上海外国语大学外国语言文学博士后流动站从事英美文学博士后研究。1995 年留西华师范大学工作至今。

杨红旗　2004 级　博士

现在单位： 西华师范大学文学院　　**职务职称：** 教授、处长

邮箱： okyanghongqi@163.com

1973 年生，四川安岳人。1995 年毕业于四川师范学院，获文学学士学位；2001 年毕业于北京师范大学，获文艺学硕士学位；2007 年毕业于四川大学文艺学专业，获文学博士学位。现为西华师范大学文学院教授，硕士生导师，主要从事文论与美学的教学和研究。

甘玲　2004 级　博士

现在单位： 西南交通大学外语学院　　**职务职称：** 副教授

1973 年出生，四川乐山人。1992 年毕业于西南交通大学外语系，2004 年获云南师范大学汉语言文字学专业硕士学位，2007 年获四川大学比较文学和世界文学专业博士学位。现从事中国古代文化和中国古典诗歌语言学方向的研究，具有多年对外汉语教学的经验。在国内 CSSCI 期刊上发表《从杜诗用字看诗歌的肌质》《诗眼 - 练字和诗意表达》等多篇学术论文，参与国家 985 平台项目同时也是 211 工程项目《中西比较诗学史》的课题开发。

李南　2004 级　博士

现在单位： 成都市房地产管理局　　**邮箱：** holytale111@sina.com

1973 年生，籍贯河北邯郸。1992 年进入中国人民解放军外国语学院英语专业学习，并于 1996 年 7 月获得文学学士学位。本科毕业后，在成都军区从事英语翻译工作。1999 年起，在《华西都市报》国际新闻部任编辑，参与了"海湾战争""波黑战争"和"克林顿绯闻案"等重要新闻事件的报道，2000 年策划亿接龙网站（www.ejielong.com），担任该网站的主笔。2001 年进入《成都晚报》任国际新闻部编辑，报道过克隆人及微软垄断案等专题。2004 年从成都军区转业进入成都市房管局工作。2004 年 9 月在四川大学文学与新闻学院文艺与传媒专业学习，获文学博士学位。

陈佑松　2004 级　博士

现在单位： 四川师范大学　　**职务职称：** 四川师范大学人文社科处处长、教授、博士生导师

邮箱： 738260385@qq.com

四川大学比较文学与世界文学 2004 级博士，比较诗学方向。现任四川师范大学人文社科处处长，文学院、影视与传媒学院教授。博士生导师。文学学士、历史学硕士、文学博士。四川省高教影视学会副会长、四川省文艺评论家协会常务理事及电影电视专委会主任、成都市社科联常务理事、四川省比较文学学会理事。曾在成都电视台等传媒机构工作多年。研究领域为文艺学、影视传媒。发表 CSSCI 以上学术论文 30 余篇，部分论文被人大复印资料全文转载。出版学术专著 2 部。主持国家社科基金课题 1 项、省部级课题 2 项、厅级课题 4 项。获四川省哲学社会科学优秀成果三等奖 1 次。获四川省文联"百优艺术家"奖。获四川省广播电视学会优秀论著一等奖。

立德树人 40 年 传承文明：曹顺庆教授 40 年拔尖人才创新培养案例实录

张金梅　2004 级　博士

现在单位：中南财经政法大学新闻与文化传播学院　　职务职称：教授、硕士生导师

邮箱：zhangjinmei2003@163.com

1974 年生，湖北黄梅人，2004 级文艺学博士。武汉大学出站博士后，中国社会科学院文学研究所高级访问学者，日本新潟大学大学院现代社会文化研究科访问学者。恩施土家族苗族自治州优秀人才（2019），湖北高校省级教学团队"汉语言文学专业核心课程群教学团队"带头人（2019），湖北省宣传文化人才培养工程"七个一百"（哲学社会科学类）计划人选（2015）；现为中南财经政法大学新闻与文化传播学院教授，硕士生导师，教育部学位与研究生教育发展中心通讯评审专家，国家社科基金项目成果通讯鉴定专家；中国古代文学理论学会、中国《文心雕龙》学会理事、湖北省文艺学学会副会长。主要研究方向为中国文化与文论，公开出版学术著作 4 部，主编教材 1 部，在《文学遗产》等刊物上发表论文 80 余篇，多篇被人大复印资料全文转载。主持完成国家社科基金项目 2 项、中国博士后基金 1 项；获教育部高等学校科学研究优秀成果奖（人文社会科学）三等奖，湖北省社会科学优秀成果奖二、三等奖，湖北省高等学校教学成果奖三等奖各 1 项。

栾慧　2004 级　博士

现在单位：西南交通大学外国语学院　　职务职称：副教授、硕士生导师

邮箱：luanhui-lh@163.com

1975 年生，四川达州人，1996 年获得四川师范大学文学学士学位，2002 年攻读四川大学中国现当代文学硕士专业，2004 年直博攻读比较文学专业，2007 年获得四川大学文学博士学位。主要从事中国现当代诗歌、比较文学、汉语国际教育研究。在《文艺理论与批评》《四川师范大学学报》《现代中国文化与文学》《韩国全南大学东亚研究学报》《红楼梦学刊》《星星诗刊》等刊物发表研究论文《中西比较诗学史上的梁宗岱》《穆旦诗歌在港台地区的传播与影响研究》等 40 余篇，诗歌 20 余首，2014 年出版学术专著《中国新诗接受研究》，主研国家级课题、教育部课题"中西比较诗学史""比较文学学科史"，教育部教改重点项目"文学写作""当代应用文写作"副主编、编委，《铁路基础汉语》等 4 部对外汉语教材副主编、编委，多次获得优秀学术成果奖。主持省级课题 2 项，主研国家社会科学基金项目 2 项，主研教育部课题 2 项，主持校级课题 4 项。中国比较文学学会会员，世界比较文学学会会员，中国红楼梦学会会员，中国古代文论学会会员，世界汉语教学学会会员，四川省写作学会理事，中外文艺理论学会文化与传播符号学学会理事。2008 年赴美国进修，先后由国家公派赴泰国、英国、意大利从事国际汉语教学工作。

朱利民　2004 级　博士

现在单位：浙江师范大学人文学院　　职务职称：副教授

邮箱：zhulimin1978@126.com

1978 年生，湖北荆门人，2004 年 9 月至 2007 年 7 月在四川大学文学与新闻学院攻读比较文学与世界文学博士研究生，师从曹顺庆教授，获比较文学与世界文学博士学位。现为浙江师范大学现代文学与传统文化研究基地专职研究员，主要从事中国现当代文学、中外文学关系及比较诗学研究。

金安利　2004 级　博士

现在单位：重庆师范大学文学院　　职务职称：讲师

邮箱：12249952@qq.com

1978 年生，籍贯浙江临海。

曾小月　2004 级　博士

现在单位：汕头大学文学院中文系　　职务职称：副教授、硕士生导师

邮箱：xiaoyuezeng@163.com

1978 年生，湖南益阳人。2004 级曹门博士。现为汕头大学文学院中文系副教授，硕士生导师。主要研究方向为比较文学与世界文学、海外华人文学、儿童文学等。

廖思湄　2004 级　博士

现在单位：成都信息工程大学文化艺术学院　　职务职称：教授、硕士生导师、院长

邮箱：1938807833@qq.com

1964 年生，重庆人。2004 级曹门博士。现为成都信息工程大学文化艺术学院汉语国际教育系教授，硕士生导师，任文化艺术学院院长，四川省普通本科高等学校中国语言文学类专业教学指导委员会委员。主要研究方向为中西文学与文化比较、译介学、跨文化交际等。

嵇敏　2005级　博士

现在单位： 四川师范大学外国语学院/女性研究中心　　**职务职称：** 三级教授

邮箱： scsdnxyjzx2012@163.com

毕业于四川大学文学与新闻学院比较文学与世界文学专业。1999年创建四川师范大学女性研究中心并担任主任至今，曾任外国语学院院长。担任国家哲学社会科学基金评审项目同行评议专家、教育部国家级特色专业（英语）负责人、教育部学位与研究生教育学科评估专家、中国妇女研究会理事、四川省比较文学学会理事等。曾获2013—2014年度美国富布莱特项目（住校专家、该年度入选的唯一中国学者）赴美国高校从事教学与研究；获国际知名基金会亚历山大·奥纳西斯基金会2006—2007年度AI类研究基金（该年度获此研究基金的唯一中国学者），赴希腊雅典大学等高校从事女作家研究；获1998年国家留学基金赴美国耶鲁大学、斯坦福大学、加州大学（柏克莱）、加州州立大学（圣地亚哥）从事女性研究和文化研究。于2001年、2004年独立承办两届"中美女性学国际研讨会"；受《中国妇女报》专访报道"我张扬，我自豪——嵇敏谈女性实现独立人格的必须条件"；2021年受中美教育基金会专访报道"性别平等与高等教育及跨文化交流"、2020年牵头开设全校跨学科创新公选课《性别、文化与人的发展》。在《外国文学研究》《译林》《国外文学》等外语类核心期刊和其他CSSCI等期刊上发表20多篇学术论文；承担10余项国际国内研究项目；代表性成果有《〈娇女〉的"召唤—回应模式"及其黑人美学思想》（A&HCI收录）、专著《美国黑人女权主义视域下的女性书写》（哈佛大学收藏）。

靳义增　2005级　博士

现在单位： 南阳师范学院继续教育学院　　**职务职称：** 院长、教授

邮箱： jinyizeng@126.com

1965年生，河南内乡人。文学博士，硕士生导师。2008年6月毕业于四川大学文学与新闻学院文艺学专业，发表论文40余篇，出版专著《中国文法理论》《跨文明文学理论的异质性和变异性研究》，主编教材《广播电视编辑应用教程》《中国文化经典阅读教程》。主持教育部项目1项，参与国家级、省部级项目多项。河南省教育厅学术技术带头人，河南省高校教师资格证考试面试评委、河南省高校教师教学技能竞赛评委、河南省高校首届新闻传播学专业教学指导委员会委员、河南省高校继续教育评估专家。

刘占祥　2005级　博士

现在单位： 西南交通大学马克思主义学院　　**职务职称：** 党委书记、教授、博士生导师

邮箱： zxliu@swjtu.edu.cn

1968年生，山东莱州人。主持国家社科基金项目1项，省部级项目多项，出版著作3部，发表学术论文30余篇；获四川省人民政府哲学社会科学优秀科研成果二等奖、四川省教育系统优秀党务工作者、西南交通大学首届"最受学生欢迎的十大教师"等荣誉。

雷文学　2005级　博士

现在单位： 福建师范大学文学院　　**职务职称：** 教授

邮箱： Leiwenxue2005@163.com

1970年生，湖北广水人。文学博士，博士生导师。中南民族大学文艺学专业硕士，四川大学文艺学专业博士，东南大学博士后，中国社会科学院高级访问学者。发表论文50余篇，出版《老庄与中国现代文学》《西方哲学与中国新诗》。诗歌作品散见于《诗刊》、《创世纪》（台湾）、《葡萄园》（台湾）、《散文诗》等诗刊。出版诗集《无端遥望》。主持国家社科基金项目1项，省部级项目3项。

方志红　2005级　博士

现在单位： 信阳师范学院文学院　　**职务职称：** 副教授

邮箱： fangzhihong603@163.com

河南固始人，文学博士，硕士生导师。2008年毕业于四川大学文学与新闻学院文艺学专业。发表论文30余篇，出版专著《中国古代叙事文法理论研究》，主持国家社科基金项目1项，获河南省高校青年骨干教师等荣誉。

罗坚　2005级　博士

现在单位： 湖南师范大学外国语学院　　**职务职称：** 副教授

邮箱： 1140982721@qq.com

湖南长沙人。文学博士，硕士生导师。2008年6月毕业四川大学文学与新闻学院比较文学与世界文学专业。发表论文30余篇，出版专著《加里·斯奈德与禅宗文化》，主持教育部项目1项，省厅级项目多项。

吴琳　2005 级　博士

现在单位：中南大学外国语学院　　职务职称：副教授

邮箱：393629819@qq.com

湖南长沙人，文学博士，硕士生导师。2008年毕业于四川大学文学与新闻学院比较文学与世界文学专业。2018—2020年美国康奈尔大学英语系访问学者。发表论文30余篇，出版专著《美国生态女性主义批评理论与实践研究》。主持教育部项目1项，博士后面上基金项目1项，省厅级项目多项。获湖南省高校青年骨干教师等荣誉。

付品晶　2005 级　博士

现在单位：西南交通大学人文学院　　职务职称：副处长、副教授

邮箱：fupinjing@163.com

河南汝南人。文学博士，硕士生导师。2008年毕业于四川大学文学与新闻学院比较文学与世界文学专业。发表论文20余篇，出版专著《格林童话在中国》。主持省部级项目3项，参与国家级、省部级项目多项。

何敏　2005 级　博士

现在单位：电子科技大学外国语学院　　职务职称：副教授

邮箱：timeriver@126.com

1975年生，重庆酉阳人。副教授，文学博士，作家，毕业于四川大学比较文学与世界文学专业。曾任翻译、文员、网站及杂志编辑，现任职于电子科技大学外国语学院，著有长篇小说两部，中短篇小说及各类散文、诗歌、影评多篇。在各类报纸杂志上发表小说、诗歌数十万字，在《外语教学与研究》《中国文化研究》等CSSCI刊物上发表论文多篇，现主持教育部青年课题1项，省、校级课题3项。

李艳　2005 级　博士

现在单位：湖北经济学院新闻与传播学院　　职务职称：副教授

邮箱：liyan747@sohu.com

1978年生，湖北襄樊人。文学博士，硕士生导师。2008年毕业于四川大学文学与新闻学院比较文学与世界文学专业。发表论文30余篇，出版专著《20世纪〈老子〉英语译介及其在美国文学中的接受变异研究》，主持省部级项目2项。

黄庆　2005 级　博士

现在单位：成都市委组织部　　职务职称：办公室主任

邮箱：huangqing78@gmail.com

1978年生，内蒙古包头人，文学博士。2011年毕业于四川大学文学与新闻学院文艺学专业。

王红　2005 级　博士

现在单位：广西大学文学院　　职务职称：教授

邮箱：king79061616@126.com

1979年生，广西柳州人。2008年毕业于四川大学文学与新闻学院文艺学专业，文学博士，硕士生导师。主要从事民间文学、民俗学与非物质文化遗产研究。发表论文40余篇，出版专著4部，获省级社科成果奖4项。

李国辉　2005 级　博士

现在单位： 台州学院人文学院　　　　**职务职称：** 教授

邮箱： liguohui79@163.com

1979 年生，河南信阳人，文学博士，硕士生导师。2008 年 6 月毕业于四川大学文学与新闻学院比较文学与世界文学专业。2013—2015 年中国社会科学院外国文学研究所博士后，2016—2017 年英国剑桥大学英文系访问学者。发表论文 40 余篇，出版专著《比较视野下中国诗律观念的变迁》《自由诗的形式与理念》《英美自由诗初期理论的谱系》。主持国家社科基金项目 1 项，博士后面上基金项目 1 项，省部级项目 2 项。

欧阳灿灿　2005 级　博士

现在单位： 杭州师范大学人文学院　　　　**职务职称：** 教授

邮箱： ouyangcancan@163.com

1980 年生，湖南沅陵人。文学博士，硕士生导师。主要从事身体理论研究。在《外国文学评论》《外国文学研究》《外国文学》《国外文学》《当代外国文学》《文艺理论研究》等刊物上发表数十篇论文。

蔡俊　2006 级　博士

现在单位： 南昌大学　　　　**职务职称：** 副教授、教研室主任

邮箱： 568594799@qq.com

1959 年生，江西九江人，文学博士，南昌大学副教授，教研室主任，硕士生导师。从教 30 余年，多次获南昌大学优秀研究生导师奖，所任课程受到本科生、研究生好评。在省级以上学术刊物发表专业论文 20 余篇，其中 CSSCI 来源期刊 4 篇。出版学术专著 2 部，主持江西省教委人文社科项目 1 项，参与国家社科项目 1 项。主讲课程：大学语文、中国古代文学史、文学史论、外国文学史、比较文学（双语课）等。

杨先明　2006 级　博士

现在单位： 贵州师范大学求是学院　　　　**职务职称：** 教授、院长

邮箱： 13608588129@139.com

1981 年 9 月至 1985 年 7 月在南充师范学院中文系学习；1985 年 8 月至 1988 年 8 月在南充师范学院中文系任教；1988 年 9 月至 1991 年 7 月在贵州大学文学院攻读世界文学与比较文学硕士学位；1991 贵州师范大学工作至今（其中，1991 年 8 月至 2000 年 8 月，在文学院任教，2000 年 8 月至今，在求是学院工作）；2006 年 8 月至 2012 年 7 月在四川大学文学与新闻学院攻读比较文学专业，获博士学位。

王蕾　2006 级　博士

现在单位： 鞍山师范学院研究生院　　　　**职务职称：** 教授、研究生院副院长

邮箱： 56214425@qq.com

1970 年生，辽宁大连人，文学博士，鞍山师范学院教授，研究生院副院长，硕士生导师，从事外国语言文学研究及英语教育。在省级以上学术刊物上发表专业论文 20 余篇，其中 CSSCI 来源 7 篇，CPCI 来源 3 篇。出版学术著作 2 部，参与国家社科基金 2 项，获辽宁省第六届哲学社会科学奖（政府奖）专著类三等奖，现为辽宁省大学英语教学指导委员会委员。

任小娟　2006 级　博士

现在单位： 西南大学文学院　　　　**职务职称：** 讲师

邮箱： 5210502@qq.com

1970 年生，重庆万州人，本科和硕士皆毕业于西南大学，曾在北京语言大学和马德里自治大学有过短暂的学习经历，博士毕业于四川大学。

陈丕　2006 级　博士

| 现在单位：陆军军医大学 | 职务职称：教授、主任 |

邮箱：wycp72@163.com

现任陆军军医大学基础医学院外语教研室主任、教授。陆军专业技术大校，陆军军医大学基础医学院外语教研室主任、教授，现任军队院校英语教学联席会副主任委员，中国人民解放军第十届科学技术委员会生物军控与履约专业委员会副主任委员，重庆市外文学会语言测试专委会常务理事。获军队育才银奖，获重庆市优秀翻译成果二等奖 1 项，主持军队、重庆市重点课题 3 项，出版专著 1 部，主编国家规划教材 1 部，副主编军队统编教材 1 部，发表学术论文 30 余篇。

王庆　2006 级　博士

| 现在单位：西华大学文学与新闻传播学院 | 职务职称：讲师 |

邮箱：9441826@qq.com

2006 级文艺学专业博士，蹉跎岁月，躺平经年，只做这个时代的观看者。

于琦　2006 级　博士

| 现在单位：浙江工商大学人文与传播学院 | 职务职称：教授 |

邮箱：artyuqi@163.com

1974 年生，山东菏泽人，比较文学与世界文学博士，上海交通大学外国语言文学博士后，美国威斯康辛大学访问学者，曾任教于广西师范大学国际文化教育学院，现为浙江工商大学人文与传播学院教授，文艺学硕士生导师。主持并完成国家社科基金项目、中国博士后科学基金项目和浙江省重大招标项目子课题各一项，出版专著 1 部，译著 2 部，在《外国文学》《国外文学》《学术月刊》《马克思主义与现实》《马克思主义美学研究》《北京电影学院学报》等刊物发表论文多篇。

张盛强　2006 级　博士

| 现在单位：四川大学图书馆 | 职务职称：研究馆员、副馆长 |

邮箱：zhangsq@scu.edu.cn

四川大学图书情报学理学学士，四川大学公共管理学院管理学硕士，四川大学文学与新闻学院文学博士，美国波士顿西蒙斯大学图书情报学院访问学者，获第一届中国图书馆学会青年人才奖。现任四川大学图书馆副馆长，四川省科技情报学会第七届理事会副理事长，四川省图书馆学会第九届理事会常务理事，四川省文献影像技术协会副秘书长。

宫小兵　2006 级　博士

| 现在单位：湖北师范大学文学院 | 职务职称：副教授 |

邮箱：77322766@qq.com

张雨　2006 级　博士

| 现在单位：西安文理学院 | 职务职称：副教授 |

邮箱：381787329@qq.com

1976 年生，西安文理学院学前教育学院教师，从事儿童文学与早期教育教学研究工作。陕西省学前教育研究会早教专委会副主任、陕西省幼儿教师"国培计划"专家库专家。

赵渭绒　2006 级　博士

| 现在单位：四川大学文学与新闻学院 | 职务职称：教授、博士生导师 |

邮箱：zhaoweirong2005@163.com

现为四川大学文学与新闻学院教授。学术兼职有：教育部马克思主义理论与工程重点教材编写组专家；中国比较文学学会常务理事、青年委员会副主任；四川省比较文学学会秘书长、四川省比较文学重点研究基地副主任。主要研究方向为比较文学学科理论、东亚比较文学、英美文学等。

李丹　2006 级　博士

现在单位：四川师范大学　　职务职称：副教授
邮箱：264424311@qq.com

2006级比较文学与世界文学博士生，四川师范大学文学院副教授，硕士生导师，中国比较文学学会教学研究分会理事。

邱明丰　2006 级　博士

现在单位：四川省社会科学院　　职务职称：副研究员、副主任、四川产业文化学院组织部原部长
邮箱：11759913@qq.com

江西玉山人，文学博士，新闻传播学博士后，主要从事文艺学、文化产业研究。

邱岚　2006 级　博士

现在单位：成都大学文学与新闻传播学院　　职务职称：副教授
邮箱：2582018257@qq.com

中共党员，文学博士，成都大学文学与新闻传播学院副教授。毕业于四川大学文学与新闻学院，专业为比较文学与世界文学，硕博连读，研究方向为外国文学、比较文学、西方文化。承担《外国文学A（1）/A（2）》《比较文学（双语课）》《西方艺术史》《影视文学》《西方文学经典作品选读》等课程的教学。发表《中国新历史主义小说中的历史情思》《历史与现实交织下的人性探寻》《历史的颓败与个体生命的突显》等多篇文章；出版专著《格林布拉特诗学思想研究》。主持"格林布拉特诗学思想研究""新历史主义在中国"等课题，参与国家社会科学基金规划项目"中外文论比较研究"。2014年获成大文新学院青年教师教学竞赛一等奖、校青年教师教学竞赛二等奖。2011年项目"格林布拉特诗学思想研究"获成都市第十一次社会科学优秀成果奖三等奖。作为访问学者，于2019年赴美国新罕布什尔大学英文系访问学习。

王超　2006 级　博士

现在单位：海南师范大学
职务职称：副教授、博士生导师，原县委常委、宣传部长、县委办主任、统战部长
邮箱：446324921@qq.com

2009年毕业于四川大学比较文学与世界文学专业（本硕博均免试保送）。在《文艺研究》等刊物发表中英文论文40余篇（其中权威和CSSCI共23篇），多篇被人大复印资料全文转载。《弗朗索瓦·于连研究》获评"四川省优秀博士论文"，并参加"全国优秀博士论文"评选。主持1个国家社科基金项目，1个省级教学改革研究重点项目和3个省级科研项目。独授《比较文学变异学研究》《比较文学阐释学研究》。2020年获海南省社会科学优秀成果二等奖。主讲"比较文学"课程，获全国高校教师教学大赛三等奖、海南省第一名。2008—2017年历任汶川县委办副主任，十堰市委督查室副主任，竹山县委常委（宣传部长、县委办主任、统战部长、政协党组副书记），十堰市郧阳区委常委（宣传部长）等职。

童小畅　2006 级　博士

现在单位：重庆泛嘉控股有限公司　　职务职称：研究员、总经理
邮箱：12892676@qq.com

2006级博士研究生。重庆市青年联合会第三届、第五届委员，重庆市科协第八届委员会委员；中国矿业权评估师协会矿产资源储量专业委员会委员，重庆市石油天然气学会理事。

张放（张叹凤）　2007 级　博士

现在单位：四川大学文新学院　　职务职称：教授、博士生导师
邮箱：zhangf@scu.edu.cn

常用笔名张叹凤，1957年生，四川汶川威州镇人，青少年时代游学与插队若尔盖草原四年，四川大学中文系1977级学生，1982年1月毕业留校任教，后获文艺学博士学位，中文系教授，现当代文学专业与世界华文文学方向博、硕士生导师。担任《华文文学评论》《岳飞文艺研究》集刊执行主编，"世界华文文学与巴蜀文化研究""中国现当代文学与古典文学""中国现当代文学民族意识与国家观"等省部级课题项目负责人。

何颖　2007 级　博士

现在单位：吉林省教育质量监测中心　　职务职称：教授

邮箱：347703794@qq.com

四川大学文学与新闻学院2007级博士，吉林省教育质量监测中心教授，吉林省首批"国培计划"专家库专家，吉林省职称评审专家，吉林省教育学会特聘评审专家，硕士研究生导师。研究方向为国际教育质量监测、中国传统经典的译介研究。2016年—2017年在荷兰乌特列支大学担任高访学者。主持和参与多项国家及省级科研项目，并发表相关学术论文30余篇，学术专著4部。

王鹏飞　2007 级　博士

现在单位：西南交通大学外国语学院　　职务职称：副院长、教授

邮箱：absalom68@163.com

四川南充人，西南交通大学外国语学院副院长，文学博士、教授。先后就读于四川外语大学、四川大学，攻读英语语言文学、美国研究以及中西比较诗学专业，分别获得文学学士、文学硕士和文学博士学位；曾在北京大学、北京师范大学、外交学院以及中国高级教育行政学院进修学习，主要研究方向为英美文学、比较文学、华裔美国文学和译介学；曾担任教育部国际合作与交流司翻译和高级项目官员，曾赴加拿大担任中国驻加拿大大使馆外交官（外交职衔为一等秘书），曾任西南交通大学国际交流合作处处长 / 国际教育学院院长，现任西南交通大学外国语学院副院长。主要学术兼职有中国加拿大研究学会常务理事、中国红学会理事、中国海外汉学学会理事、成都市翻译协会理事。目前为教育部留学基金委评审专家、国家社科基金成果坚定专家、教育部硕、博论文通讯评审专家、北京外国语大学加拿大研究中心客座教授、西南石油大学兼职教授。先后在国内外学术刊物发表学术论文50余篇，出版《红楼梦在英语世界的译介与研究》《从滥觞到崛起：华裔美国文学历时性研究》《美国历史与文化》《英美短篇小说鉴赏》《马可奥列留》《思想与情感》等学术专著、译著、编著18部，主持、主研各类纵横向研究课题18项。曾获得教育部"优秀驻外干部"称号2次；先后获得四川省"优秀研究生论文指导教师"4次；西南交通大学"十佳研究生导师"称号1次；成都市先进翻译个人1次。

李伟荣　2007 级　博士

现在单位：湖南大学岳麓书院　　职务职称：教授、博士生导师

邮箱：LEEWRCN@163.COM

1973年生，湖南攸县人，四川大学比较文学与世界文学博士，曾任湖南大学外国语学院教授，现为湖南大学岳麓书院教授。2012—2013年加州大学圣塔克鲁兹分校英语系访问学者；2018—2021年美国科罗拉多州立大学孔子学院中方院长。目前主要从事西方中国经学研究、域外易学研究和域外《论语》研究等教学研究工作。曾主持国家社科基金项目、中国外文局重点项目及其他省部级项目6项。现任中国比较文学学会理事、湖南省孔子学会常务理事等。出版译著4部，专著3部，发表论文50余篇。2013—2016年度湖南省普通高校青年骨干教师培养对象。2021年获第十五届湖南省社会科学优秀成果奖二等奖（著作）。

周芸芳　2007 级　博士

现在单位：西华师范大学文学院　　职务职称：教授

邮箱：Lisazyf1698@163.com

1996—1999年在西南民族大学汉语言文学；2002年至2005年在西南民族大学攻读硕士学位，方向为中国现当代文学；2007年9月—2010年6月，在四川大学文学与新闻学院攻读博士学位，方向为比较文学和世界文学。2015年5—2019年4月，在四川大学道教与宗教文化研究所在站博士后。2005年7月进入西华师范大学文学院工作，讲授"世界文学史""比较文学""中西文化交流史"等本科生专业课程及"比较文学和世界文学方法论""中西比较诗学"等研究生专业课程。工作以来，发表论文20余篇，撰写博士论文1篇，2018年出版专著《利维斯研究》（35.1万字），参与编写专著1部，共主持各类项目6项，其中5项已经结项，1项在研。2015年5月进入四川大学道教与宗教文化研究所流动站，2019年4月出站，完成报告《中国彝族当代诗歌中的毕摩文化研究》（42.3万字），致力于中国彝族原始文化与当代彝族诗歌关系研究。2010年开始关注美国原住民印第安诗歌，收集整理了一些诗人的诗集，将彝族诗人和印第安诗人进行比较，发表了一些论文。

崔海妍　2007 级　博士

现在单位：商丘师范学院　　职务职称：副教授

邮箱：cuihai66@163.com

比较文学与世界文学专业博士。现执教于商丘师范学院。主要研究方向为比较文学、英国文学。

孔许友　2007 级　博士

现在单位：四川省社会科学院文学与艺术研究所　　职务职称：副研究员

邮箱：kong79828@126.com

1979年生，福建莆田人，2010年毕业于四川大学文学与新闻学院，文艺学博士，2012—2014年在北京语言大学人文学院做博士后，现供职于四川省社会科学院文学与艺术研究所，副研究员。出版专著2部，译著3部，编著1部，发表论文40余篇，译文10篇。曾主持国家社科基金项目1项，四川省社科院项目2项。

韩聘 2007 级 博士

现在单位： 哈尔滨工业大学（威海）　　　　**职务职称：** 副教授
邮箱： handanzhh@163.com

1981 年生，哈尔滨人，2010 年在四川大学取得文学博士学位。现就职于哈尔滨工业大学（威海）语言文学学院，主要从事中日比较文学、东方戏剧美学、日本戏剧史研究。在《中外文化与文论》《文艺争鸣》等期刊发表论文多篇。先后主持厅局级项目 2 项，教育部人文社科基金青年项目 1 项，国家社科基金一般项目 1 项。在日本早稻田大学（CSC 项目）、国文学研究资料馆（日本国际交流基金项目）从事学术研究三年。

王凯凤 2007 级 博士

现在单位： 电子科技大学外国语学院英语系　　　　**职务职称：** 副教授
邮箱： clara3w@qq.com

四川大学文学与新闻学院 2007 级博士，电子科技大学外国语学院副教授，研究方向为比较文学与比较诗学。出版专著《英语世界的唐诗翻译：文本行旅与诗学再识》；发表学术论文十多篇，其中在 CSSCI 来源期刊发表论文 3 篇；主持四川省哲学社会科学规划项目 2 项；"数字时代唐诗海外传播研究——以英语国家慕课平台为中心"（SC19WY012）和"英语世界中的唐诗译介与研究"（SC13WY15）；主持四川省 2014—2016 年高等教育人才培养质量和教学改革项目"基于 Blackboard 学习平台的听说课程创新学习模式的探索与实践"（川教函〔2014〕450 号）；作为副主编参与编写普通高等教育"十一五"国家级规划教材《畅通英语中级教程》系列教材 3 本。

罗俊容 2007 级 博士

现在单位： 华中师范大学文学院　　　　**职务职称：** 研究生教学秘书
邮箱： 122811672@qq.com

四川大学文新学院 2007 级比较文学与世界文学博士，现为华中师范大学文学院专业学位研究生教学秘书。

颜青 2007 级 博士

现在单位： 重庆师范大学　　　　**职务职称：** 副教授
邮箱： 380478457@qq.com

重庆人，2010 年获得四川大学文学博士学位，同年入职重庆师范大学文学院。

徐扬尚 2008 级 博士

现在单位： 南通大学　　　　**职务职称：** 三级教授、硕士生导师
邮箱： xuyangshang@126.com

河南罗山人。南通大学比较文学与世界文学方向学科带头人、硕士生导师、三级教授；中国比较文学教学研究会首任秘书长、现任理事，中国外国文学学会教学研究分会常务理事；教育部学位中心评审专家。先后获省市校学术奖励、综合奖励 21 项；出版个人专著与教材 10 部；主持国家和省部级社科规划课题 5 项；发表论文 70 余篇（其中，CSSCI 期刊论文 12 篇；人大报刊复印资料全文转载 11 篇；同时被《新华文摘》摘编、人大复印资料全文转载、《齐鲁晚报》摘编 1 篇；《高等学校文科学报文摘》摘编 1 篇）。

杨玉英 2008 级 博士

现在单位： 长江师范学院外国语学院　　　　**职务职称：** 教授
邮箱： yangyuying323@163.com

1969 年生，长江师范学院外国语学院教授，文学博士。主要从事英美文学和文学翻译教学。研究方向为英美文学、比较文学和海外汉学。近年来主要从事"中国经典在英语世界的传播与接受"系列研究。已出版个人学术专著 8 部，译著 1 部。主持各级别课题 15 项，其中国家社科基金课题 1 项，教育部课题 1 项，省部级课题 3 项。专著《马立安高利克的汉学研究》获四川省第十七次哲学社会科学优秀成果评奖三等奖。发表相关学术论文 60 余篇。

杨一铎　2008级　博士

职务职称：西北大学外国语学院原院长

1971年生，陕西三原人。1995年毕业于西安外国语学院英语系，获英语语言文学学士学位，后就职于陕西省咸阳市国家安全局。2005年9月辞去公职，开始在西安外国语大学研究生部攻读英语语言文学硕士学位。2008年硕士毕业后又考入四川大学文学与新闻学院。2011年6月获比较文学与世界文学博士学位，之后任教于西北大学外国语学院。曾主持或参与国家级、省部级及厅局级等科研、教学类项目多项。在《俄罗斯文艺》《社会科学研究》《社会科学家》《文艺理论与批评》《江西社会科学》等刊物发表论文十多篇。出版《文字的奥秘》《大学语文》《写作160篇》等著作或教材6部。

刘延超　2008级　博士

现在单位：四川师范大学国际教育学院　　职务职称：教授

邮箱：1054340155@qq.com

四川师范大学国际教育学院教授，文学博士，主要研究方向为东南亚国家语言与文化研究。发表论文数十篇，出版著作数种。主持国家社会科学基金项目2项，省部级项目3项。

杨颖育　2008级　博士

现在单位：四川师范大学国际教育学院　　职务职称：教授、书记

邮箱：scsdyangyingyu@163.com

主要从事比较文学与翻译研究。在《外国文学》等刊物发表论文多篇。出版学术专著《英语世界的〈孟子〉研究》《〈孟子〉的跨文化阐释与传播研究》。主持国家社科基金"《孟子》的跨文化阐释与传播研究"和"《孟子》海外传播文献整理与研究"；主持教育部人文社科青年基金项目1项。获四川省社会科学优秀成果三等奖一次、四川省高校优秀共产党员一次。曾担任"英语精读""英语写作"和"外汉语言对比及偏误分析"等课程的教学。

柳星　2008级　博士

现在单位：湖南工学院　　职务职称：副院长、副教授

邮箱：30060770@qq.com

主持省部级、校厅级项目6项，发表论文10余篇，出版专著1部，主编教材1部。获批教育部产学协同育人项目1项，湖南省普通高校校企合作创新创业教育基地1项。

郑宇　2008级　博士

现在单位：中国民航飞行学院　　职务职称：教授、硕士生导师

邮箱：2353608106@qq.com

1976年生，成都人。2012年毕业于四川大学文学与新闻学院，获博士学位，研究方向为文艺美学。主持并参与多项省部级课题，在《外国文学研究》等核心刊物上发表论文20余篇，2019年获国家留基委资助，前往美国亚利桑那大学做访问学者。

张金华　2008级　博士

现在单位：西南民族大学艺术学院　　职务职称：副教授

邮箱：zjh200159@163.com

毕业于四川大学文艺学专业，博士，副教授，硕士生导师。长期从事电影学、美术学、新媒体艺术等领域的教学科研工作。先后在《西南民族大学学报》等刊物上发表有关中国电影电视、新闻传播等方面的理论和评论文章数十万字，1篇论文被《人大报刊复印资料》全文转载。主持国家社科基金艺术学西部项目1项、教育部课题1项，参编教材《实用影视写作》（重庆大学出版社2017年版）。

乔晓英　2008 级　博士

现在单位： 西华大学文学与新闻学院　　　　**职务职称：** 传媒系副主任

邮箱： zjh200159@163.com

山西人，2008 级广播影视文艺学专业，文学博士。西华大学文学与新闻学院传媒系副主任，四川省广播影视高等教育协会理事；主要从事广播影视文艺学、网络与新媒体专业的教学与研究工作，主讲"传播学概论""视听语言""世界电影史"等课程；出版著作《后现代语境下的诗学与影像》《镜像与想象：中国电影中的日本人形象研究（1930—2010）》。

王涛　2008 级　博士

现在单位： 成都大学　　　　**职务职称：** 副教授

邮箱： 1691710@qq.com

研究方向为比较文学与世界文学、中国现当代文学。亚利桑那大学访问学者。近年来科研成果荣获四川省教育厅哲学社会科学优秀成果三等奖，成都市社会科学优秀成果奖二等奖。先后主持教育部青年项目、四川省教育厅青年基金项目、四川省外国语研究中心一般项目等多个省厅级项目，发表论文 20 余篇，出版学术专著 2 部、译著 1 部。

解藤　2008 级　博士

现在单位： 四川师范大学国际教育学院　　　　**职务职称：** 副教授

邮箱： 21534657@qq.com

四川成都人，副教授，本科及硕士研究生就读于武汉大学德语语言文学专业，博士研究生就读于四川大学文学与新闻学院比较文学与世界文学专业，现就职于四川师范大学国际教育学院。

杨浡伟　2008 级　博士

现在单位： 内蒙古大学　　　　**职务职称：** 讲师

邮箱： jiangxincao2000@163.com

发表论文 10 余篇，其中 CSSCI 上发表论文 7 篇，《求是》杂志发表文章 1 篇，主持省级项目 1 项，参与国家课题 3 项，参与省部级课题 3 项，出版专著 1 部，担任副主编编写教材一部。2018 年通过四川大学博士后流动站论文答辩。

涂慧　2008 级　博士

现在单位： 华中科技大学人文学院　　　　**职务职称：** 副教授

邮箱： tuhuitracytty@163.com

2000—2004 年就读于华中科技大学汉语语言文学系、华中科技大学英语语言文学系，获文学学士学位（双学位）；2005—2008 年就读于北京师范大学文学院比较文学与世界文学研究所，获文学硕士学位；2008—2011 年就读于北京师范大学文学院比较文学与世界文学研究所，获文学博士学位；2011 年 7 月于华中科技大学中文系任教至今。

肖帅　2008 级　博士

现在单位： 河南大学新闻与传播学院　　　　**职务职称：** 副教授

邮箱： xiaoguishuai@126.com

1983 年生，河南省泌阳县人。2008 级广播影视文艺学博士，主要研究方向为广播影视文艺与文化、影视传播、叙事学与符号学。主持完成省部级项目 2 项，发表学术论文 20 余篇，出版专著《立象尽意与影像表意：中国传统美学在影视艺术中的理论再生》《影视剧形象传播论》，主编教材《影视导演基础》《影视画面编辑》《微电影创作》。

郭云　2008级　博士

现在单位：中南大学　　　　　　职务职称：讲师

邮箱：guoyun9322@126.com

安徽巢湖人，1984年生，中南大学外国语学院讲师，文学博士，硕士研究生导师，"湖南省普通高校教学能手"。主要从事英美文学、比较文学研究，参与国家社科基金重大项目2项，发表学术论文9篇。曾获湖南省普通高校教师课堂教学竞赛一等奖。

孙太　2009级　博士

现在单位：西南大学　　　　　　职务职称：副教授

邮箱：tai307@126.com。

2009级比较文学博士，西南大学副教授，硕士研究生导师，剑桥大学访问学者。

小传曰：孙太者，蜀东巴山人也。少年聪慧，十六会试入西南师大，二十擢录旦复旦分。不惑之年博士及第，负笈天府第一学堂，投鸿儒曹氏顺庆门下。知命之年游学剑桥，足迹遍至欧陆，证悟智慧博爱二道。孙某雅好藏书，酷爱诗文，长于思辨。常叹英伦之浪漫诗人，以血泪之文字，发生命之悲歌。译西风夜莺诸诗，至伤心处泪浪滔滔，滂沱湿了青衫。尤好国学典籍，时人缪夸博赡。传道数十载，研授文学译事写作诸科。偶获国家立项，人称狗屎运也。

罗安平　2009级　博士

现在单位：西南民族大学新闻传播学院　　职务职称：教授

邮箱：appleluo@163.com

曾于2017—2018年到美国俄亥俄州立大学访学。博士论文为美国《国家地理》杂志关于中国西南的表述研究。现在正在做的国家课题是关于新媒介视域下少数民族流动人口的社会共识研究。研究方向：文学人类学、新闻传播学、传媒人类学。

王姝　2009级　博士

现在单位：西南科技大学外语学院　　职务职称：副教授

邮箱：171499842@qq.com

四川绵阳人，2009级比较文学博士，西南科技大学外语学院副教授。主要研究方向为比较文学、英美文学。

许劲松　2009级　博士

现在单位：四川音乐学院　　　　职务职称：讲师

邮箱：xjs200576@163.com

2009级文艺学博士，四川音乐学院讲师。

平生无他出彩处，唯花痴一枚。随性适分，简散自然。爱人视熊猫为宝，我视爱人为熊猫。教学理念：何谓"学以致用"？不唯利己之小用，更兼苍生之大用，方是用，乃为学。于文学、文论、影视、民俗诸学，性有所爱，不求甚解。

郑澈　2009级　博士

现在单位：北京第二外国语学校外国语学院　　职务职称：副教授、系主任

邮箱：zhengche2008@126.com　　QQ：215717365

1976年生，北京师范大学比较文学专业。研究领域为中西比较文学、英语文学。

金永平　2009 级　博士

现在单位： 丽水学院中文系　　　　　　　　　**职务职称：** 副教授

邮箱： fiction@126.com

2014—2017 年在复旦大学中文系博士后流动站工作，获中国博士后基金 1 项；2020 年 1—6 月，到中国社科院做访问学者；现在正在做浙江省重点规划项目艾布拉姆斯文艺思想研究。研究方向为比较文学、国际汉学、比较诗学。

续静　2009 级　博士

现在单位： 成都大学　　　　　　　　　　　　**职务职称：** 副教授、硕士生导师

邮箱： 1210275131@qq.com

曾主持国家课题及省部级课题各 1 项。余生可否尽力去做最喜爱之事？未来可期，致力向上，为的是追寻超越世俗意义的生命价值以及更自由、更广阔的星辰大海。

石嵩　2009 级　博士

现在单位： 中央民族大学外国语学院　　　　　**职务职称：** 教授、博士生导师、副院长

邮箱： shiowen@163.com　　　　　　　　　　**QQ：** 215717365

1980 年生，比较文学专业博士。

黄健平　2009 级　博士

现在单位： 深圳信息职业技术学院应用外语学院　　**职务职称：** 讲师

邮箱： ping_126@163.com

研究方向为比较文学阐释学、海外汉学研究，新媒体写作与运营，职业教育与继续教育等。

2009 年拜入曹师门下，得教诲：入门须正，立志须高。随同门细读中西经典，知广阔天地，大有可为；脚踏实地，方能有为！诗书勤乃有，学者当务实。诚然矣！深信而笃行之！

王一平　2009 级　博士

现在单位： 四川大学文学与新闻学院　　　　　**职务职称：** 教授、博士生导师

邮箱： yipingwang@scu.edu.cn

主要研究方向为当代英美文学、比较文学等。在《外国文学评论》、*English Studies* 等国内外重要学术刊物上发表多篇论文，主持国家社科基金、霍英东青年教师基金等多项课题，入选四川省学术和技术带头人后备人选、四川省"万人计划"社科菁英。

郭晓春　2010 级　博士

现在单位： 赣南师范大学外国语学院　　　　　**职务职称：** 教授

邮箱： 598154953@qq.com

1974 年生，湖南汝城人，博士，校聘教授，2006 年湘潭大学英语语言文学专业毕业，获文学硕士学位；2013 年四川大学比较文学与世界文学专业毕业，获文学博士学位。赣南师范大学外国语学院教授，硕士研究生导师（学科英语、翻译专硕和英美文学方向），校级科研机构"英美文学与外语教学研究所"负责人，英语语言文学硕士点负责人，国家一流学科（英语）专业负责人，江西省翻译协会成员，中国比较文学学会会员，江西省外语学会理事，主要从事英美文学、比较文学和翻译研究。在《新华文摘》等中外刊物上发表论文 40 余篇，出版专著 1 部，译著 1 部，编写教材 1 部，主持完成教育部人文社科课题一项，在研国家社科基金项目一项，主持并完成省市级课题若干项。

罗富明　2010 级　博士

现在单位：西南财经大学人文学院　　　职务职称：讲师

邮箱：luofuming7876@126.com

付飞亮　2010 级　博士

文学博士，西南大学文学院副教授，硕士研究生导师。已出版专著《克林思·布鲁克斯诗学研究》《变异学视野下西方电影中的亚文化》；在《文艺理论研究》《文艺争鸣》《国外文学》等刊物发表论文 40 余篇，其中 CSSCI 论文 13 篇，被人大复印资料全文转载 2 篇；主持国家社科基金项目 1 项、教育部人文社会科学研究项目 1 项、重庆市社科规划项目 2 项、中央高校基本科研业务费重点项目 1 项，中央高校基本科研业务费一般项目 2 项。

黄宗喜　2010 级　博士

现在单位：湘潭大学文学与新闻学院　　　职务职称：副教授

邮箱：65741469@qq.com

土家族，湖北省建始县人。2001 年毕业于湖北民族学院中文系，获文学学士学位。2008 年毕业于湘潭大学文学与新闻学院，获文学硕士学位。2013 年毕业于四川大学文学与新闻学院，获文学博士学位。现为湘潭大学文学与新闻学院副教授，主要从事后现代马克思主义文艺理论研究。现担任《美学》《基础写作》本科课程的教学和《文学理论专题研究》研究生课程的教学。

乔艳　2010 级　博士

现在单位：长安大学人文学院　　　职务职称：副教授

邮箱：qiaoyan312@126.com

四川大学比较文学与世界文学专业 2010 级博士，现为长安大学人文学院副教授，硕士生导师。

周仁成　2010 级　博士

现在单位：长江师范学院文学院　　　职务职称：汉语言文学系主任、教授

1980 年 2 月生，汉族，重庆垫江人。现为长江师范学院教授，重庆市一流专业汉语言文学专业负责人，重庆市涪陵区第四届科技拔尖人才，长江师范学院"青年科研人才"，三峡大学、重庆三峡学院兼职硕士研究生导师。主要从事中外文学交流传播及英语世界中国家训译介研究。2007 年以来，共主持教育部人文社科基金项目 1 项，重庆市社科规划项目 1 项，主研其他各级各类项目 10 余项；先后在《中国社会科学报》《文艺争鸣》《文艺理论与批评》《出版科学》等学术报刊上发表论文 30 余篇；出版专著 1 部。

龙娟　2010 级　博士

现在单位：重庆师范大学初等教育学院　　　职务职称：讲师

邮箱：cathy.long@163.com

1981 年生，中国共产党党员，四川大学文学博士，讲师。主要研究领域：英语教育、英美文学、比较文学与世界文学。已发表期刊论文 10 余篇，出版个人学术著作 2 部，参编高等教育"十二五"规划教材 1 部，主持科研项目 1 项。

魏登攀　2010 级　博士

现在单位：四川音乐学院　　　　　职务职称：人事处师资科科长

1981 年生于四川成都。2000 年 9 月—2006 年就读于四川音乐学院管弦系，音乐表演（单簧管演奏）专业。2006 年留校任教至今。现任人事处师资科科长。2010 年考入四川大学文学与新闻学院，攻读比较文学与世界文学专业的博士学位，研究方向为文学与音乐跨学科研究，2015 年博士毕业并取得文学博士学位。

郑艳丽　2010 级　博士

现在单位：四川音乐学院　　　　　职务职称：讲师

邮箱：56021360@qq.com

生于 1981 年，现任教于四川音乐学院。硕士毕业于四川音乐学院作曲系作曲与作曲技术理论专业，2010 年 9 月有幸跟随曹师顺庆教授攻读四川大学文新学院比较文学与世界文学专业，方向为文学与音乐跨学科研究。

冯欣　2010 级　博士

现在单位：北京师范大学文化创新与传播研究院　　职务职称：讲师

邮箱：fengxinbnu@163.com

北京师范大学文学院 & 巴黎第七大学东亚语言与文明系联合培养博士，曾在中国人民大学文学院博士后流动站从事研究；Comparative Literature and World Literature 编委；研究方向为比较文学理论、法国文学、比较文学变异学研究。

黄文虎　2010 级　博士

现在单位：华侨大学新闻与传播学院　　　　职务职称：讲师

邮箱：383329079@qq.com

1986 年生，土家族，祖籍湖南张家界，出生于湖南常德市，文学博士，2013 年毕业于四川大学文学与新闻学院比较文学与世界文学专业，硕士师从何云波教授，博士师从曹顺庆教授与傅勇林教授，现为华侨大学新闻与传播学院讲师，民革党员。

黄莉　2011 级　博士

现在单位：重庆师范大学外国语学院　　　　邮箱：1779893880@qq.com

四川大学比较文学与世界文学专业博士，现为重庆师范大学外国语学院副教授。2014-2021 年先后主持重庆师范大学校级博士启动项目"英语世界的谢灵运诗歌研究"、重庆市社科规划博士项目"南朝诗歌在英语世界的译介及研究"、国家社科基金西部项目"南北朝诗歌在英语世界的译介与研究"。专著《谢灵运诗歌在英语世界的译介及研究》在 2019 年重庆市翻译学会第五次优秀科研成果评选中获一等奖。

杨茜　2011 级　博士

现在单位：丽水学院　　　　　职务职称：副教授

邮箱：yangqian0930@163.com

四川大学 2011 级比较文学与世界文学专业博士。

何嵩昱　2011 级　博士

现在单位： 贵州师范大学　　　　**职务职称：** 教授、博士生导师
邮箱： 380936339@qq.com

贵州师范大学文学院教授，博士生导师，汉语国际教育系主任，国家社会科学基金项目评审专家，国际汉语教师证书面试考官，国家级普通话测评员，中国文艺评论家协会会员，贵州省文联委员，贵州省文艺评论家协会理事。

万燚　2011 级　博士

现在单位： 四川轻化工大学教育与心理科学学院　　**职务职称：** 副院长、教授、硕士生导师
邮箱： wanyi120@163.com

比较文学与世界文学博士，新闻传播学博士后。四川轻化工大学教育与心理科学学院教授，硕士生导师，四川省学术与技术带头人后备人选，四川省教学指导委员会委员（中国语言文学类），四川省比较文学学会理事，中国苏轼研究学会理事，美国俄亥俄州立大学东亚语言与文学系访问学者，北京外国语大学国际中国文化研究院访问学者，获"首届苏轼研究青年学者奖"。

李安光　2011 级　博士

现在单位： 河南大学文学院　　**职务职称：** 副教授、硕士生导师
邮箱： lianguangqiao@126.com

1979 年生，河南商丘人。北京师范大学比较文学与世界文学专业 2011 级博士。副教授，硕士生导师。中国比较文学学会会员，中国中外文艺理论学会会员，主要研究方向为西方文学与中西比较文学、海外汉学与比较诗学；主要讲授比较文学、欧美文学、中华文化元典、20 世纪西方文论等课程。截至目前，在《探索与争鸣》《戏剧》《中外文化与文论》《国际汉学》《中华戏曲》等学术刊物上发表论文 20 余篇，部分被中国高校系列专业期刊全文收录；著有《英语世界的元杂剧研究》，参与编撰马工程教材《比较文学概论》、新编 21 世纪中国语言文学系列教材《西方文化概论》、经典新读《瓦尔登湖》等。主持国家社科基金项目、教育部人文社科项目各 1 项，主持完成河南省教育厅人文社科项目 2 项；参与教育部哲学社会科学研究重大课题攻关项目、省社科项目等 3 项。多次荣获河南省教育厅人文社科研究成果奖，另曾获河南大学年度教学质量奖一、二等奖。

谢春平　2011 级　博士

现在单位： 赣南师范大学文学院　　**职务职称：** 副教授
邮箱： 670250940@qq.com

比较文学与世界文学专业博士，现为赣南师范大学文学院副教授，硕士研究生导师。

刘念　2011 级　博士

现在单位： 四川音乐学院　　**职务职称：** 讲师
邮箱： 13568990785@163.com

比较文学与世界文学专业文学与音乐跨学科研究方向博士，现为四川音乐学院青年讲师。曾在 CSSCI 等核心期刊、发表多篇论文，合著《未来诗歌译介与研究》《比较文学学报与比较文学学科关系研究》等学术著作。2020 年，原创音乐作品《致敬最美的逆行》作为主题曲入选由中国科学院张建新教授主编的电子书《逆行者心理防护》；同时被四川大学、华西医院等单位作为抗疫形象宣传片的主题音乐在官方平台多次推送；获得四川省教育学会《关于征集原创抗疫优秀歌曲评选》全省二等奖；现主要从事比较艺术学和音乐文学研究。

曾昂　2011 级　博士

现在单位： 长江师范学院马克思主义学院　　**职务职称：** 英模教育研究中心主任、讲师
邮箱： muduo20089@163.com

2011 级比较文学与世界文学专业博士。"心系家国，敢闯会创"英模教育理念提出者，目前着手英模教育学学科理论创建及"熊猫百变"系列教材、"时代"系列和"请英模检阅青春"系列同名课程与教材等英模教育改革实践框架的主导规划与实施，努力与团队一起推动中国英模教育从理念到实践的全面革新。相关主张与实践得到省部级党政部门及领导批复肯定，得到人民日报等国家级媒体多次报道。

张雷娇 2011 级 博士

现在单位： 成都众信教育集团　　　**邮箱：** 631911993@qq.com

文艺学专业博士，现为成都众信教育集团副总经理。曾主持国家社科基金重大项目"甘青川藏族口传文化汇典"子课题、四川省社科青年项目"白马藏族民间故事的传承与嬗变研究""白马人与相近族群民间故事比较研究"，四川省博士后特别资助项目"媒介变革与中国舞蹈发展研究"，四川省教育厅项目"四川白马藏族'舞'的文化考察与研究"等，发表学术论文十余篇、参编《艺术学概论》《艺术学导论》，获得四川省第十六届社会科学优秀成果二等奖。

王树文 2011 级 博士

现在单位： 周口师范学院　　　**邮箱：** 510529762@qq.com

比较文学与世界文学专业博士，现为周口范学院文学院外国文学教师。曾出版专著三部，在核心期刊发表论文多篇。主要研究方向为中国现当代诗歌在英语世界的接受。

郭明浩 2011 级 博士

现在单位： 湘潭大学文学与新闻学院　　　**职务职称：** 副教授、副系主任

邮箱： guominghao0718@163.com

文学博士，现任湘潭大学文学与新闻学院副教授、硕士生导师、中文系副主任，主要从事中国古代文化与文论教学及研究，美国伊利诺伊大学厄巴纳-香槟校区（UIUC）东亚与太平洋研究中心（CEAPS）访问学者、中国社会科学院文学研究所高级访问学者，入选"湖南省普通高校青年骨干教师培养对象"。兼任致公党湘潭市委委员、致公党湘潭大学主委。主持包括国家社科基金及其他省部级课题多项，在《南京大学学报》《孔子研究》等 CSSCI 期刊发表论文近 20 篇，在高等教育出版社、人民出版社参与出版教材两部。

黄蓁 2012 级 博士

现在单位： 贵州师范大学传媒学院　　　**职务职称：** 院长、教授

邮箱： 1767460818@qq.com

贵州兴义人，艺术学博士。兼任贵州省文艺理论家协会副主席，符号传播学会常务理事，中国比较文学学会理事。研究方向：中西艺术比较、民族文化传播等。

郭恒 2012 级 博士

现在单位： 四川大学锦城学院通识教育学院　　　**职务职称：** 副教授

邮箱： 737391487@qq.com

汉族，安徽淮南人，1972 年出生。2015 年博士毕业于四川大学文学与新闻学院比较文学与世界文学专业，现为四川大学锦城学院通识教育学院教师，副教授。主要从事比较文学、神话学、海外汉学方面的研究，尤其致力于中国神话包括典籍神话的海外研究。

李媛 2012 级 博士

现在单位： 西华师范大学文学院　　　**职称职务：** 教授、硕士生导师

邮箱： 70544424@qq.com

1977 年生，四川南充人。2012 级博士。现为西华师范大学文学院教授、硕导。研究方向：艺术学理论、比较艺术学、海外汉学。

李瑞春　2012 级　博士

现在单位：内蒙古师范大学文学院　　职务职称：讲师、汉语国际教育系主任

邮箱：1143458810@qq.com；liruichun313@sina.com

1978 年 3 月 13 日生，内蒙古呼和浩特人，1998—2002 年就读于内蒙古师范大学，汉语言文学专业，2002—2005 年就读于内蒙古师范大学比较文学与世界文学专业，2005 年于内蒙古师范大学工作至今。

王苗苗　2012 级　博士

现在单位：华北电力大学外国语学院　　职务职称：副教授、硕士生导师

邮箱：pauline@ncepu.edu.cn

文学博士，传播学博士后，英国牛津大学访问学者。兼任国际学术期刊 Comparative Literature and World Literature 助理编辑，Comparative Literature : East & West 审稿人。学术专长为比较文学、英美文学。

刘志超　2012 级　博士

现在单位：四川大学艺术学院

职务职称：绘画系副主任、副教授、四川大学书法研究所副所长、四川省书法家协会教育委员会副主任

邮箱：810280544@qq.com

研究方向：中国古代文艺理论、英语世界中国书法研究、中国文化海外传播

张熹　2012 级　博士

邮箱：zx1985818@sina.com

1985 年生于贵州省贵阳市，2004-2009 年天津城市建设学院规划与建筑学系，城市规划；2009-2012 年，昆明理工大学建筑工程学院，城市规划与设计；四川大学文学与新闻学院艺术学理论专业 2012 级博士。

董首一　2012 级　博士

现在单位：西南交通大学人文学院中文系　　职务职称：副教授、硕士生导师

邮箱：dongshouyi19@163.com

1985 年生，河南许昌人，2012 级四川大学比较文学与世界文学博士，现任职于西南交通大学人文学院。

叶天露　2012 级　博士

现在单位：重庆工商大学文学与新闻学院　　职务职称：讲师

邮箱：491070489@qq.com

1986 年生，重庆人。本科：四川大学文学与新闻学院中文基地班；硕士研究生：四川大学文学与新闻学院比较文学与世界文学专业；博士研究生：四川大学文学与新闻学院文艺学专业。主要研究方向为文艺理论、比较诗学、跨文化传播。

李泉　2012 级　博士

现在单位： 电子科技大学外国语学院　　**职称职务：** 副教授

邮箱： kavka1@qq.com

1987 年生，汉族，河南安阳人。2012 级博士。现为电子科技大学外国语学院副教授、研究生导师。

周娇燕　2012 级　博士

现在单位： 湖南女子学院文学院　　**职称职务：** 讲师

邮箱： jiaoyanzhou@126.com

1988 年生，湖南娄底人。研究方向为比较文学、海外汉学等。

聂韬　2012 级　博士

现在单位： 电子科技大学外国语学院　　**职务职称：** 副教授

邮箱： 32357563@qq.com

1988 年生。四川大学文学与新闻学院比较文学与世界文学专业。研究方向为比较文学、先秦两汉海外汉学、美国非裔科幻小说。

莫俊伦　2013 级　博士

Aaron Lee Moore

现在单位： 四川大学文学与新闻学院　　**职务职称：** 特聘副研究员

邮箱： aaronmoore@scu.edu.cn　　**国籍：** 美国

1984 年生，美国弗吉尼亚州人，2013 级曹门博士，现为四川大学文学与新闻学院特聘副研究员。研究方向为比较文学、比较诗学、翻译学、存在主义等。爱好包括写诗、弹钢琴、打网球、踢毽子。

韩晓清　2013 级　博士

现在单位： 西北民族大学中国语言文学学部　　**职称职务：** 副教授、博士生导师、副院长

邮箱： hxq1517@163.com

1978 年生，甘肃金昌人。2013 级博士。现为西北民族大学中国语言文学学部副教授、博士生导师，任学部副主任，甘肃省文史哲类教学指导委员会委员。主要研究方向为比较文学与世界文学、西方文艺理论、神话学等。

成蕾　2013 级　博士

现在单位： 西南交通大学外国语学院　　**职称职务：** 讲师

邮箱： therese1015@163.com

文学博士，法国巴黎索邦大学、法国国立东方语言文化大学访问学者。研究方向：法国文学、比较文学。

林何　2013 级　博士

现在单位：电子科技大学外国语学院
邮箱：linhe@uestc.edu.cn

1975 年生，四川平昌人，2013 级博士，现为电子科技大学外国语学院副教授，硕导。研究方向：比较文学与比较诗学。

庄佩娜　2013 级　博士

现在单位：四川大学文学与新闻学院　　职务职称：副研究员、博士生导师
邮箱：alison19831208@163.com

1983 年生，浙江舟山人，2013 级曹门博士，现为四川大学文学与新闻学院副研究员，博导，四川省比较文学学会副秘书长。研究方向：比较文学、比较诗学、翻译学等。

唐雪　2013 级　博士

现在单位：西南大学外国语学院　　职务职称：讲师
邮箱：emmatang0506@hotmail.com　　出生年月：1984 年

蒋伟　2013 级　博士

现在单位：达州职业技术学院　　职务职称：教授、硕士生导师、校长
邮箱：1258542883@qq.com

艺术学博士，现任达州职业技术学院院长、校学术委员会主任，教授，硕导。达州市第三届人大常委、共青团第十七次全国代表大会代表、四川省青联第十三届委员会委员，达州市学术和技术带头人，四川省学术和技术带头人后备人选，川东北职业教育联盟第一届理事长，共青团四川省委暑期"三下乡"优秀教师，四川省留守学生（儿童）工作"先进个人"。曾任四川音乐学院现代器乐系党总支书记，达县县委常委、副县长，大竹县委常委、组织部长，共青团达州市委党组书记、书记，2014 年至今任达州职业技术学院院长（2017—2018 中国电信集团公司战略规划部挂职任副总经理）。学术专长：艺术学理论研究、高等职业教育研究、文化艺术研究等。获文化部全国首届民族乐器独奏比赛"优秀演奏奖"；首奏作品《管涌 I》入选 2013 香港华人作曲家音乐节；笛子与交响乐《巴音笛唱》由大众文艺出版社公开出版；《易加义、蒋伟、石磊十孔竹笛新作品独奏音乐会》DVD 由环球文化公司出版发行；第五届国际中国民族器乐邀请赛获（笛子）组一等奖"优秀指导教师"。科研成果，《欠发达地区高职院校体制机制与人才培养模式创新探索与实践》获四川省第八届高等教育教学成果奖；《民歌〈茉莉花〉海外流传过程中的变异问题》等多篇论文获达州市社会科学优秀成果奖；出版《杜鹃花开映巴山》等多部曲集专著，在核心期刊发表十余篇论文。

杜萍　2013 级　博士

现在单位：广东财经大学外国语学院　　职务职称：副院长、副教授、硕士生导师
邮箱：duping78@163.com

文学博士，现任广东财经大学外国语学院副院长。美国佩斯大学和澳大利亚西澳大学访问学者。学术专长：比较文学、译介学、翻译学；在 Comparative Literature and Culture、RevuedeLittératureComparée 等 A&HCI、CSSCI 国内外核心期刊上发表学术论文十余篇，出版专著三部，主持和参与多项教育部和省部级项目。此外，双师型教学师资，英国税法（ACCA）全英授课的师资培训师，商务英语特色专业负责人。

李金正　2013 级　博士

现在单位：重庆大学新闻学院　　职称职务：副教授、硕士生导师
邮箱：jazzlee2016@cqu.edu.cn

1983 年生，河南周口人，2013 年有幸入曹门受业，主修文艺与传媒方向，2016 年毕业后供职于重庆大学新闻学院，2017 年通过硕士生导师遴选，2018 年晋升为副教授，目前主要学术兼职有符号传播学会理事等，感兴趣的研究领域包括媒介文化与哲学、新闻与传播符号学、海外中国新闻传播学和理论编辑出版学。

张莉莉　2013 级　博士

现在单位： 怀化学院文学与新闻传播学院　　**职务职称：** 副教授、硕士生导师
邮箱： lily19800622@163.com

1980 年生，湖南怀化人。研究方向为比较文学、海外汉学等。

范利伟　2013 级　博士

现在单位： 中国社会科学杂志社　　**邮箱：** fanliwei323@163.com

北京师范大学文学院 2013 级博士。

张叉　2014 级　博士

现在单位： 四川师范大学文学院　　**职务职称：** 教授、四川师范大学外国语学院原院长
邮箱： zhangchasc@163.com

1965 年 9 月 5 日生，籍贯四川省盐亭县，比较文学与世界文学博士，四川师范大学文学院教授，四川省比较文学基地兼职研究员，成都理工大学客座教授，四川师范大学外国语学院比较文学与跨文化研究专业、学科教学（英语）专业、英语笔译专业硕士研究生导师，四川师范大学文学院比较文学与世界文学专业硕士研究生导师，四川师范大学文学院比较文学与世界文学研究生点负责人，成都翻译协会乡土文学翻译专委会主任，成都市武侯区作家协会常务副主席兼秘书长。国际英文学术期刊《美中外国语》（*US-China Foreign Language*）和《中美英语教学》（*Sino-US English Teaching*）审稿专家，中国知网全收录国内中外文学术集刊《外国语文论丛》主编，《比较文学与世界文学研究》主编。曾任四川师范大学外国语学院教授、副院长（主持工作），四川师范大学外国语文研究所第二任所长，四川师范大学外国语言文学一级学科硕士点建设专家委员会第一任主任，四川师范大学第八届学位委员会外国语学院学位委员会主席，四川省教育厅四川师范大学基础教育课程研究中心外语课程研究中心第一任主任，中国西部地区外语教育研究会副秘书长，四川省高中英语课程改革核心组成员，四川省高等学校外语教学指导委员会委员，四川大学英语二三级考试委员会委员。在《明清小说研究》《东方丛刊》《中外文化与文论》《当代文坛》《俄罗斯文艺》《四川外语学院学报》《外国语文》《四川师范大学学报（社会科学版）》《山东外语教学》《燕山大学学报（哲学社会科学版）》《广东外语外贸大学学报》《杜甫研究学刊》《差异》《比较文学：东方与西方》（*Comparative Literature:East and West*）和《比较文学与世界文学》（*Comparative Literature and World Literature*）等国内外刊物发表中英文学术论文 96 篇，出版学术专著 5 部、译著 1 部（合译），主编学术著作 2 部、学术集刊 10 部、教材 1 部。主持、主研各类科研项目 19 项。获省级教学成果奖 2 个（主研）、校级教学成果奖 8 个（3 个负责人，5 个主研）。在《青年作家》《剑南文学》《四川省情》《读城》《四川诗歌》《星星诗刊》《草堂（诗刊）》《成都商报》《华西都市报》《成都晚报》《四川经济日报》《绵阳日报》《西南商报》《晚霞报》《四川大学报》与《四川师大报》等报刊发表中国古体诗、近体诗与词 76 首，现代诗 2 首，散文 26 篇。

张占军　2014 级　博士

现在单位： 北京第二外国语学院　　**职务职称：** 副教授
邮箱： zhangzhanjun@bisu.edu.cn

河北保定人，先后就读于河北师范大学和北京师范大学。2002 年起就职于北京第二外国语学院，现为副教授，硕士研究生导师（学术硕士和 MTI）。研究方向为比较文学。

常亮　2014 级　博士

现在单位： 河北民族师范学院外国语学院　　**职称职务：** 副教授、副院长
邮箱： 258450109@qq.com

满族，河北承德人，1980 年生，中国民主同盟盟员。现任职于河北民族师范学院外国语学院。先后就读于西安外国语大学英语系及河北理工大学外国语学院，获得文学学士、硕士学位。2014 年 9 月至 2017 年 6 月就读于北京师范大学文学院比较文学与世界文学研究所，师从曹顺庆教授，获得文学博士学位。博士学位论文《六祖坛经英译及其在美国的研究》被评为 2018 年度北京师范大学优秀博士论文。现阶段主要从事比较文学、典籍翻译等方面的研究。著作及译作包括《旅顺博物馆藏敦煌写本六祖坛经校写与英译》《康乾避暑山庄七十二景题诗英译》等。

吴日环　2014 级　博士
NGO VIET HOAN

现在单位：越南社会科学院文学所　　职务职称：研究员、硕士生导师
邮箱：ngoviethoan@gmail.com　　国籍：越南

2017 年 6 月毕业于四川大学，获比较文学与世界文学博士学位，2018—2020 年南京大学世界史博士后。*Comparative Literature: East and West*（ESCI），*Literary Studies*（越南权威期刊）审稿专家。先后在 *Comparative Literature: East and West*（ESCI）《当代文坛》《国际比较文学》《丝路文化研究》以及《文学研究》《越南社会科学》《河内师范大学学报》等越南权威期刊上发表了 15 篇文章。学术专长：比较文学学科理论与应用、中越文化与文学比较研究、中国现当代文学与文论。

林猷碧　2014 级　博士
ATIPHAT PANAPAKDEE

现在单位：泰国总商会/泰国 TCTO 有限公司　　国籍：泰国
邮箱：1245772596@qq.com

1986 年出生于泰国。2005—2008 年就读泰国法政大学，学习社会管理专业并获学士学位。2011—2013 年就读于山东师范大学汉语国际教育专业，获得硕士学位。2014—2018 年就读于四川大学比较文学与世界文学专业，并获得博士学位。

马智捷　2014 级　博士

现在单位：重庆交通大学　　职务职称：讲师
邮箱：878759536@qq.com

庄文静　2014 级　博士

现在单位：四川音乐学院、讲师
邮箱：463227099@qq.com

汉族，山东人。抒情女高音，四川音乐学院歌剧合唱系声乐教师。2014 年考入四川大学文学与新闻学院艺术学理论专业，研究方向为比较音乐学。

周静　2014 级　博士

现在单位：南京工业大学外国语言文学学院　　职务职称：讲师、硕士生导师
邮箱：zhoujinghelen@126.com

现任南京工业大学讲师、硕导、汉语国际教育系副主任。2008—2014 年任韩国又松大学国际交流副校长助理、国际交流中心项目主管、DualDegree 学部中文系助理教授。2019 年入选江苏省"双创计划"（双创博士）。

杨希　2014 级　博士

现在单位：浙江农林大学文法学院　　职务职称：副教授
邮箱：beata_smile@126.com

2017 年毕业于四川大学文学与新闻学院比较文学与世界文学专业，获文学博士学位；现任浙江农林大学文法学院中国语言文学学科副教授。近年来致力于 19 世纪西方文学思潮研究；已出版学术专著 1 部，发表 CSSCI 及以上级别期刊论文 7 篇，主持省部级以上科研项目 1 项，厅局级项目 1 项。

芦思宏　2014 级　博士

现在单位： 大连外国语大学新闻与传播学院　　**职务职称：** 讲师

邮箱： lusihong2315@126.com

现任大连外国语大学新闻与传播学院讲师，硕士研究生导师，《中华文化海外传播研究》副主编。2019 年入选辽宁省"百千万人才计划"。学术专长：古代文论，比较文学。

于桢桢　2014 级　博士

现在单位： 青岛大学文学院　　**职务职称：** 讲师

邮箱： yu669@aliyun.com

四川大学文学博士，现任教于青岛大学文学院。学术专长：比较文学，海外汉学。

卢婕　2015 级　博士

现在单位： 四川大学外国语学院　　**职称职务：** 副教授、成都信息工程大学外国语学院原副院长

邮箱： 81740948@qq.com

比较文学与世界文学博士、文艺学博士后，四川大学外国语学院副教授，四川省比较文学学会理事、成都薛涛研究会理事，研究兴趣为比较文学和文学译介，主持博士后基金课题 1 项、省部级课题 4 项、市厅级课题 10 余项，出版著作和译著 4 部，发表论文 60 余篇，其中含 Comparative Literature and Culture、《中外文化与文论》《复旦外国语言文学论丛》《湖南师范大学学报》《深圳大学学报》《新疆大学学报》《现代传记研究》等 A&HCI 和 CSSCI 期刊论文 10 余篇。

皮欢　2015 级　博士

现在单位： 四川音乐学院　　**职务职称：** 副研究员

邮箱： 32059950@qq.com

现任四川音乐学院副研究员，四川省委统战部知识分子联谊会理事，四川音乐学院知识分子联谊会副秘书长，四川音乐家协会会员。主要从事于艺术教育、比较艺术学、艺术学理论等相关专业研究，尤其是擅长少数民族地区音乐教育方面研究。个人主持省级以上项目 10 余项，其中教育部人文社会科学研究青年基金项目《四川凉山彝族自治州中小学音乐课程资源的开发与应用研究》的研究成果《歌声飞出大凉山》荣获四川省第十七届省社科优秀成果三等奖；出版学术专著 6 部；发表学术论文 20 余篇。

陈聃　2015 级　博士

现在单位： 四川大学外国语学院

邮箱： dan.chen49@hotmail.com

研究方向： 比较文学，法国文学

何蕾　2015 级　博士

现在单位： 四川大学　　**职务职称：** 助理研究员、四川大学学生发展辅导中心主任

邮箱： 95687004@qq.com

现任四川大学学生发展辅导中心主任，文学博士。主要研究方向：比较文学、传媒，曾留学新加坡、爱尔兰等，在学术期刊上发表过多篇学术论文。

吕雪瑞　2015 级　博士

现在单位：四川大学文学与新闻学院　　职务职称：本科教务办教务干事
邮箱：lvxuerui@126.com

比较文学与世界文学博士。现在四川大学文学与新闻学院本科教务办工作。博士论文探究英语世界弗吉尼亚·伍尔夫的研究状况。博士期间先后在核心期刊发表中英文论文数篇，主要研究方向为女性文学、传记文学、中外文学及文化比较。

卢康　2015 级　博士

现在单位：成都大学中国 - 东盟艺术学院　　职务职称：副教授、硕士生导师
邮箱：173549531@qq.com

现任成都大学影视与动画学院副教授，硕士生导师；中国 - 东盟艺术学院主办学术集刊《中外艺术研究》编辑部主任；四川比较文学学会会员，中国艺术理论学会比较艺术学专业委员会会员，四川省广播影视高等教育学会会员；曾获第七届四川省大学生艺术节短片组"优秀指导教师奖"；主要从事比较艺术学、影视理论、影视受众史论方面的研究，发表相关论文 20 余篇。

李斌　2015 级　博士

现在单位：成都大学文学与新闻传播学院　　职务职称：讲师
邮箱：libin0804@163.com

1989 年出生，中共党员，文学博士。生于东北，但为人并不彪悍。后迁至江苏，遂常以江苏人自居。本科毕业于湖南大学李达人文科学实验班，获得文学、法学双学士学位（2012）。大三即通过四川大学文新学院保送研究生考核，翌年入川。2012—2018 年，先后攻读文艺学硕士和比较文学博士。曾获得湖南大学、四川大学优秀毕业生，本科生、研究生国家奖学金、四川大学研究生一等奖学金等。目前，主要从事数字文学、文学与传媒及比较文学变异学研究。已发表 CSSCI 期刊论文 10 余篇。

韩周琨　2015 级　博士

现在单位：四川农业大学人文学院　　职务职称：讲师
邮箱：793164788@qq.com

比较文学与世界文学专业博士。现执教于四川农业大学人文学院英语系。博士学位论文探究英语世界的拜伦学术史，读博期间及工作后发表中英文论文数篇，主要研究方向为比较文学学科理论、英美文学与文化。

时光　2015 级　博士

现在单位：北京外国语大学中国语言文学学院　　职务职称：讲师
邮箱：shiguang@bfsu.edu.cn　　毕业院系：北京师范大学文学院
研究方向：比较文学、海外汉学

佘国秀　2016 级　博士

现在单位：成都大学中国 - 东盟艺术学院　　职务职称：讲师
邮箱：pfmsgx@126.com

新疆喀什人，生于 1979 年。1998—2002 年于喀什师范学院中文系汉语言文学专业学习并获得学士学位。2007—2010 年于新疆师范大学文学院学习并获得文学硕士学位。2016—2019 年于四川大学文新学院学习并获得文学博士学位。主要从事文学艺术跨学科研究、文艺理论与跨文化比较艺术学研究。

林家钊　2016 级　博士

现在单位：	深圳大学外国语学院	职务职称：	助理教授
邮箱：	linjiazhao@szu.edu.cn	出生年月：	1988.06
籍贯：	福州		

2016 级四川大学文新学院比较文学博士，研究方向美国文学、马克•吐温研究。2013 到 2014 年经国家汉办选派于美国犹他大学孔子学院担任汉语教学与文化传播工作，2018 到 2019 年经留基委公派于美国匹兹堡大学进行博士联合培养。

吴恙　2016 级　博士

现在单位：	四川大学外国语学院西班牙语系	邮箱：	wuyang0301@scu.edu.cn

2005—2009：广东外语外贸大学西班牙语言文学学士
2007—2008：国家留学基金委公派古巴哈瓦那大学交流学习
2009—2011：西班牙马德里康普顿斯大学西班牙语教学专业硕士

王惜美　2016 级　博士

WATTANAPATHITIWONG DUANGSAMORN

邮箱：	702051683@qq.com	国籍：	泰国

1988 年 12 月生于泰国。2007 年 6 月—2011 年 5 月于 RAMKHAMHAENG UNIVERSITY（蓝康恒大学）学习汉语学专业并获学士学位；2012 年 9 月—2014 年 6 月于山东师范大学学习汉语国际教育专业并获文学硕士学位；2016 年 9 月至 2021 年 12 月就读于四川大学文学与新闻学院学习中国古代文学。

李嘉璐　2016 级　博士

现在单位：	四川大学艺术学院	职务职称：	讲师
邮箱：	jialu_li@foxmail.com		

1989 年 10 月出生，河南洛阳人。
本科：四川大学艺术学院美术学专业；
硕士研究生：四川大学文学与新闻学院艺术学理论专业；
博士研究生：四川大学文学与新闻学院艺术学理论专业。
研究方向：比较艺术学、中国美术史。

徐丛丛　2016 级　博士

现在单位：	四川师范大学 影视与传媒学院	职务职称：	讲师
邮箱：	xccsdzj@163.com		

汉族，山东泰安人，中共党员。毕业于四川大学，文学学士，戏剧与影视学硕士，艺术学博士。现任四川师范大学影视与传媒学院广播电视编导系教师，电影领域硕士生导师。四川文艺评论家协会会员，四川省写作学会会员，四川省通俗文艺研究会会员。曾三次获得"马识途文学奖"。公开发表学术论文 30 余篇，主要从事女性电影史学、西方电影理论与批评研究。

欧婧　2016 级　博士

现在单位：	重庆工商大学文学与新闻学院	职务职称：	讲师
邮箱：	ivy0329@163.com		

1990 生，重庆人，于 2008—2012 年就读于四川大学文学与新闻学院中国语言文学基地班并获得学士学位，2012—2015 年就读于四川大学比较文学与世界文学专业并获得硕士学位，2016—2019 年就读于四川大学比较文学与世界文学专业并获得博士学位，主要从事比较文学与外国文学、文学理论研究。

石文婷　2016 级　博士

邮箱：450418764@qq.com

1992 年出生，辽宁鞍山人。2007 年就读于中国传媒大学信息工程学院，攻读学士学位。2014 年考入四川大学文学与新闻学院比较文学与世界文学专业，攻读硕博士学位。2018 年赴英国剑桥大学社会学系联合培养。2020 年博士毕业。

曾诣　2016 级　博士

现在单位：暨南大学文学院　　职务职称：讲师

邮箱：yzeng1990@163.com

文学博士。1990 年生于广东肇庆，籍贯广东梅县。本科毕业于华南师范大学文学院，硕博均毕业于北京师范大学文学院比较文学与世界文学专业。主要研究方向：海外汉学、比较文学、艺术理论等。

杨清　2017 级　博士

现在单位：四川大学文学与新闻学院　　职务职称：讲师

邮箱：yangqing20131010@163.com

四川乐山人，1991 年生，文学博士，研究领域为比较诗学、文艺理论。四川大学文学与新闻学院教师，四川大学中国语言文学博士后流动站博士后，四川省比较文学学会副秘书长，《中外文化与文论》（CSSCI）执行编辑，成都市武侯区作家协会会员。

谭娟　2017 级　博士

邮箱：2049676705@qq.com

本科与硕士毕业于四川音乐学院声乐表演（民族唱法）专业，四川省音乐家协会理事，四川省青联委员。研究领域为艺术学理论、声乐表演与教学。

王昌宇　2017 级　博士

现在单位：四川大学校长办公室　　职务职称：秘书科副科长

邮箱：329804232@qq.com

四川仪陇人，1985 年生，助理研究员，中国书法家协会会员、成都市书法家协会理事，专业为文艺学（文化与文论方向），研究方向为文化与文论、中西艺术比较、书法艺术史等。

李采真　2017 级　博士

现在单位：四川大学艺术学院　　邮箱：lcz8624@163.com

四川大学艺术学博士，四川大学艺术学博士后流动站博士后，四川省音乐家协会会员。现为四川大学艺术学院专职博士后、讲师，兼学生党支部书记。先后在《贵州社会科学》《中外文化与文论》等 CSSCI 来源期刊发表论文三篇，参研国家社科重大项目 1 项，出版专著 1 部，曾多次受邀在国际会议中发言且论文被收录并发表。曾获国家级声乐奖项 4 项，省级声乐奖项 3 项，统筹并参演歌剧 2 部等。研究方向为民族音乐学研究、声乐理论研究、比较艺术学研究。

杜红艳　2018 级　博士

邮箱： 503666505@qq.com

四川大学比较文学与世界文学专业博士，研究方向为比较文学（2018—2021）；本科毕业于西安外国语大学对外汉语专业（2009—2013）；硕士毕业于四川大学英语语言文学专业（2013—2016）；硕士毕业后进入成都大学海外教育学院任专任教师（2016—2018）；发表论文《比较文学的未来：比较文学变异学研究——第 22 届国际比较文学学会年会比较文学变异学分论坛会议综述》（CSSCI），《"世界文学"的起源和发展：从歌德的浪漫主义到马恩的现实主义》；参与国家社科基金重大项目"东方古代文艺理论重要范畴、话语体系研究与资料整理"（19ZDA289）；曾于 2019 年 12 月至 2020 年 3 月赴比利时天主教鲁汶大学文学院访学；获得 2020—2021 年国家留学基金委联合培养博士生奖学金资助（12 个月）。

高小珺　2018 级　博士

现在单位： 四川大学文学与新闻学院　　**邮箱：** 1970217476@qq.com

四川大学文学与新闻学院比较文学与世界文学专业博士，研究领域为比较文学、英美文学。在读期间担任"川大比较文学"微信公众号责编、中国语言文学与中华文化全球传播学科群科研助理、《杨明照文集》主编助理等。曾获"四川大学优秀研究生""四川大学优秀毕业生"称号。

陈思宇　2018 级　博士

现在单位： 四川大学人事处　　**邮箱：** chensiyu0406@qq.com

2021 年毕业于四川大学文学与新闻学院比较文学与世界文学专业，获"四川大学优秀研究生""四川大学优秀毕业生"等荣誉称号。攻读博士期间，在 CSSCI 来源期刊、英文核心期刊上发表中英文论文数篇；多次参加在澳门、西班牙等地举办的国际学术会议并作发言；参与曹顺庆教授主持的多项课题，如国家社科基金重大项目"东方古代文艺理论重要范畴、话语体系研究与资料整理"（19ZDA289）等。主要研究方向为比较文学、比较诗学、中华文化海外传播。

张帅东　2018 级　博士

现在单位： 四川大学文学与新闻学院　　**职务职称：** 讲师

邮箱： kevinuclzsz1@sina.com

本科毕业于电子科技大学，硕士毕业于伦敦大学学院，四川大学比较文学与世界文学专业博士。

陈鑫　2018 级　博士

邮箱： myeighth@qq.com

北京师范大学 2014 级硕士，2018 级博士。

二、曹顺庆指导的在读博士生同学录

孟嵘　2015 级　在读博士

现在单位： 成都理工大学外国语学院　　**职务职称：** 讲师

邮箱： 38160175@qq.com

现任成都理工大学外国语学院翻译系讲师；成都理工大学侨联委员；成都理工大学欧美同学会理事；澳大利亚翻译资格认证局 NAATI 专业译员；国际人才英语考试（国才考试）高级翻译师；通信和信息技术创新人才培养工程（CIIT）高级翻译师（计算机辅助专项）。获 2019 年成都理工大学中青年骨干教师资助，获教育部全国多媒体课件大赛二等奖、中国外语微课大赛三等奖、校青年教师讲课比赛三等奖，先后于 2014 年及 2018 年获成都理工大学翻译系优秀教师。曾多次担任政府、商界、赛事、会议会展的交传、同传、笔译工作。

周姝　2016级　在读博士

现在单位： 西藏大学旅游与外语学院　　**职务职称：** 讲师
邮箱： 654620944@qq.com

2002—2005 重庆师范大学 英语系 文学学士
2005—2008 四川外语学院南方翻译学院 英语教师
2008—2011 四川外语学院 研究生院 比较文学与世界文学 文学硕士
2013—至今 西藏大学旅游与外语学院 外语系 英语教师

代莉　2016级　在读博士

学历学位： 北京师范大学比较文学与世界文学专业博士在读

重庆璧山人。2002年7月毕业于西北师范大学外国语学院英语专业并留校任教至今。2016年考入北京师范大学比较文学与世界文学研究所攻读博士学位，主要研究方向为比较诗学与海外汉学。任职以来，发表论文6篇，出版译著2部。主持科研项目2项，参与科研项目3项。2007年代表学校参加全国"雅言经典·诗文朗诵大赛"获甘肃赛区一等奖；2006年、2011年、2019年指导学生参加"外研社杯"英语辩论赛、"外研社杯"英语演讲比赛、"外研社国才杯"英语演讲比赛获全国优胜奖一次，甘肃省二等奖两次；2019年指导学生参加"华文杯"教学技能大赛获一等奖，本人获优秀指导教师奖。2015年参与的《英语专业课程综合改革实践》获甘肃省教学成果奖。2016年译作"爱问少年百科系列"之《我最想知道的是什么》获全国优秀科普作品奖及全省优秀科普作品奖。2021年，参与主讲的《习语典读——习近平总书记用典双语解读》微课获评甘肃省宣传思想文化工作原创案例。

刘衍群　2017级　在读博士

现在单位： 四川大学　　**职务职称：** 杰出教授专职秘书
邮箱： 393476947@qq.com　　**专业：** 艺术学理论（比较艺术学）

艺术学博士，1989年生。硕士毕业于四川音乐学院，博士跟随四川大学杰出教授曹顺庆先生攻读艺术学理论专业，现任曹顺庆先生的专职秘书。

彭茂轩　2017级　在读博士

现在单位： 四川大学文学与新闻学院　　**职务职称：** 成都褐雀印象影音工作室，主理人
邮箱： 510087901@qq.com
学习历程： 四川音乐学院编导系、西南大学戏剧与影视学、四川大学艺术理论

四川宜宾人，1989年生，本科毕业于四川音乐学院编导系，师从马绍惠导演。硕士毕业于西南大学，师从于虞吉先生。于2017年博士就读四川大学，师从曹顺庆先生。现为17级艺术理论专业博士生，方向为比较艺术学。研究领域为先锋派电影史论、美国电影音乐研究、本土影像符号建构，发表相关论文5篇，另著有《符号经济视野下的宜宾文化研究》。曾担任四川大学《艺术研究与评论》刊物的公众媒体编辑，川大学工部原创音乐工作站创办者之一。擅长钢琴与MIDI音乐写作、精通影像采编与后期特效制作流程，在读期间曾获北京国际微电影节、团中央"强国之声"原创歌赛、CCTV公益平面大赛等十余项全国性比赛、大型征集活动的名次与单项奖励。

张琪　2017级　在读博士

Miss Nattaporn Saetia

现在单位： 泰国宋卡王子大学
邮箱： 2543507465@qq.com　　**国籍：** 泰国
汉语水平： 6级

汉语国际教育博士在读。现任泰国宋卡王子大学中文教师。2013—2017年宋卡王子大学文学院汉语国际课程2+2项目主任。
本科生导师：中文专业本科生导师。研究方向：对外汉语。
学历：2003—2007年宋卡王子大学人文社会学院中文专业。2010—2012年四川大学文学与新闻学院汉语国际教育硕士。
2017年参与宋卡王子大学文学院第一届全国本科生人文社会科学学术研讨会。

熊璨　2017级　在读博士

现在单位： 西南交通大学战略与学科处　　**职务职称：** 助理研究员
邮箱： xc_carol@126.com。

英文期刊 Comparative Literature & World Literature 助理编辑，就职于西南交通大学战略与学科处，助理研究员。

张峰 2019 级 在读博士
现在单位： 四川大学文学与新闻学院　　**邮箱：** 124462541@qq.com

1983 年出生，黑龙江省齐齐哈尔市人。2009 年 9 月—2012 年 6 月就读四川大学，获文学硕士学位。2019 年 9 月进入四川大学文艺学专业攻读博士学位，研究方向为中国古代文论。曾获 2012 届四川省优秀毕业研究生称号。

张瑞瑶 2019 级 在读博士
现在单位： 四川大学文学与新闻学院　　**邮箱：** lruiyao@126.com

河南省安阳人。2013 年毕业于湘潭大学，获文学硕士学位。2019 年 9 月进入四川大学攻读博士学位，专业为比较文学与世界文学。

金书妍 2019 级 在读博士
现在单位： 广西艺术学院　　**职务职称：** 讲师、音乐教育学院专任教师
邮箱： 399202171@qq.com

现任广西艺术学院音乐教育学院教师教育理论系专任教师，主要教授音乐教育学、中外音乐教育史、教师职业技能训练、毕业论文写作指导等课程。2014 年毕业于四川音乐学院音乐学系，2016 年毕业于英国金士顿大学音乐教育专业。
学术专长： 音乐教育、艺术学理论、钢琴。

辜佳丽 2019 级 在读博士
现在单位： 四川大学文学与新闻学院　　**邮箱：** 546017457@qq.com

1992 年生，现就读于四川大学文学与新闻学院文艺学专业。2010—2014 年就读于四川大学文学与新闻学院汉语言文学专业，获文学学士学位。2014—2017 年，就读于文学与新闻学院文艺学专业，获文学硕士学位。曾获四川大学优秀研究生、四川大学优秀研究生干部。

曹峻冰 2020 级 在读博士
现在单位： 四川大学文学与新闻学院
职务职称： 教授、博士生导师（泰国皇家理工大学曼谷分校特聘）、比较电影学研究所所长、四川省电影家协会副主席
邮箱： junbingcjb@sina.com

现任四川大学文学与新闻学院教授、比较电影学研究所所长，泰国皇家理工大学曼谷分校特聘教授、博士生导师，韩国汉阳大学（ERICA 校区）国际文化学院文化创意战略研究所特聘研究员，韩国又松大学客座教授（2002—2005）。系四川省电影家协会副主席，中国电影家协会理事，中国电影评论学会理事，中国电影家协会理论评论委员会理事，中国电影家协会电影教育与产业发展委员会理事，中国高校影视学会理事兼影视评论专业委员会副主任委员（兼副理事长），中国艺术学理论学会艺术教育专业委员会副会长，中国高教学会影视教育专业委员会理事，中国文艺评论家协会会员，中韩人文科学研究会会员，四川省文艺评论家协会理事，成都市文艺评论家协会副主席，四川省学术和技术带头人后备人选，国家社科基金和四川省文旅厅、省电影局、省文联、省作协在库评审专家。2017 年被四川省文联"百家推优"工程遴选为优秀文艺家（电影类）。

周姝 2020 级 在读博士
现在单位： 四川大学文学与新闻学院在读博士生
邮箱： 2382324387@qq.com

现在四川大学文学与新闻学院攻读艺术学理论方向的博士学位。硕士毕业于四川音乐学院与美国密歇根大学，专业方向为作曲。在四川音乐学院就读期间，其室内乐作品《冰·风·谷》《蓝陶》《自由》分别获 2012 年、2013 年及 2016 年中国·成都阳光杯学生新音乐作品比赛三等奖；艺术歌曲《仰望星空》《当风又吹来》分别获 2010 年及 2013 年四川音乐学院学生歌曲创作比赛一等奖；论文《永恒的魅力，永恒的歌——评黄虎威艺术歌曲〈永恒的歌〉》获四川音乐学院"首届音乐学杯音乐评论征文比赛"一等奖。在密歇根大学就读期间，其室内乐作品《飞火》《丝路》《剑舞》《自由》分别在各类音乐会和音乐节上演出；2017 年 2 月，密歇根大学交响乐团首演了其管弦乐作品《幻境之旅》。两次获得"四川省优秀毕业生"。其作品、论文曾发表在北大核心期刊、CSSCI 来源期刊。音乐作品在美洲、欧洲、亚洲的多个音乐节与音乐会中上演，受到广泛好评。

李姓　2020级　在读博士

现在单位： 四川大学文学与新闻学院　　　　**邮箱：** lshrisee@163.com；648085040@qq.com

1994年生，河北邢台人。本科就读于西南交通大学外国语学院（2012—2016），硕士就读于四川大学文学与新闻学院（2016—2019），师从曹顺庆教授，并于2020年继续攻读博士学位，专业为比较文学与世界文学，主要研究方向为东方文学与文论。参与曹顺庆教授主持的国家社科基金重大项目"东方古代文艺理论重要范畴、话语体系研究与资料整理"（19ZDA289），担任《中外文化与文论》编务，论文曾发表于CSSCI来源期刊、北大核心期刊。

翟鹿　2020级　在读博士

现在单位： 四川大学文学与新闻学院在读博士生　　　　**邮箱：** 932443875@qq.com

本科毕业于山东大学文学院闻一多班，师从温儒敏教授。硕士毕业于四川大学文新学院比较文学与世界文学专业，并继续攻读博士，师从曹顺庆教授，研究方向为中西比较文学、中西比较诗学。现兼任《中外文化与文论》编务、《成都大学学报（社会科学版）》新媒体编辑。参与曹顺庆教授主持的重大课题"东方古代文艺理论重要范畴、话语体系研究与资料整理"（19ZDA289），负责中国、波斯文论比较诗学章节撰写。硕博期间多次参加国内、国际学术会议，提交论文并发言。其论文《建国70年中国文学批评史编著的得与失研究》被收录至《纪念杨明照先生110周年》论文集，《东欧马克思主义文论叙事与比较》被收录至东欧马克思国际会议论文集。参与翻译 Annual Anthology of International Comparative Literature (AAICL) 收录论文。多次获得四川大学研究生一等奖学金、"四川大学优秀研究生"荣誉称号。论文曾发表在CSSCI期刊、北大核心期刊，论文《再论变异学几个基础问题——答程培英博士质疑》荣获四川省比较文学学会优秀成果二等奖。

曹怡凡　2020级　在读博士

现在单位： 四川大学文学与新闻学院在读博士生　　　　**邮箱：** 398112434@qq.com；18523156749@163.com

1993年生，重庆人。现为四川大学文学与新闻学院艺术学理论专业在读博士研究生，研究方向为比较艺术学。硕士毕业于四川大学，师从曹师顺庆先生。本科毕业于重庆大学。参与曹师顺庆先生主持的国家社科基金重大项目"东方古代文艺理论重要范畴、话语体系研究与资料整理"（19ZDA289），论文曾发表于CSSCI来源期刊。在校期间曾获得2019年硕士研究生国家奖学金、四川省大学生综合素质A级证书、"四川大学2017—2018学年度优秀研究生干部"与"四川大学2020届优秀毕业研究生"等荣誉称号。

董智元　2020级　在读博士

邮箱： dongzhy16@163.com

北京师范大学文学院比较文学与世界文学专业2020级在读博士生，辽宁丹东人。

夏甜　2021级　在读博士

现在单位： 四川大学文学与新闻学院　　　　**邮箱：** 645260518@qq.com

广东广州人，现为四川大学文学与新闻学院比较文学与世界文学专业在读博士生。

刘诗诗　2021级　在读博士

现在单位： 四川大学文学与新闻学院　　　　**邮箱：** 934856537@qq.com

现为四川大学文学与新闻学院比较文学与世界文学专业在读博士生。硕士在读期间专业成绩排名第一，发表论文5篇（其中CSSCI来源期刊独著1篇，中文核心期刊1篇），获一等奖学金，获四川大学优秀毕业研究生等称号。选拔参与学院2019年秋季海外访学项目（匈牙利科学院，访学导师为Békés Enikő，完成自选课题——匈牙利汉学研究），担任四川大学"大川视界"海外访学项目助理，参与编写曹顺庆教授主编《中国艺术简史》《变异学理论研究》等专著，参加四川大学中华文化研究院重大科研课题"《杨明照全集》编纂"（2019ZHWH-01）等项目。

王熙靓 2021 级 在读博士

现在单位：四川大学文学与新闻学院　　邮箱：1052507459@qq.com

目前已获得的学术成果包括：1. 在《山西师范大学学报（社会科学版）》上发表论文《〈论语〉"子见南子"在日本作家谷崎润一郎〈麒麟〉中的变异》，并被人大复印报刊资料《外国文学研究》（2020 年第 8 期）全文转载。2. 在《暨南学报（哲学社会科学版）》（CSSCI 来源期刊）发表论文《文学他国化与"变文格义"：隋唐佛学中的变异思想》，并被人大复印报刊资料《中国古代、近代文学研究》索引。该文被收入曹顺庆教授主编的《比较文学变异学理论研究》一书。目前参与的学术研究项目与活动包括：1. 参与国家社科基金重大招标项目"东方古代文艺理论重要范畴、话语体系研究与资料整理"（19ZDA289）。2. 参与《杨明照文集》（中华书局出版）的前期编校工作。3. 参与第二十二届国际比较文学学会（ICLA）年会，并进行发言汇报。

高妤 2021 级 在读博士

现在单位：四川大学文学与新闻学院在读博士生　　邮箱：953744827@qq.com

1996 年生，山东青岛人。现为四川大学文学与新闻学院比较文学与世界文学专业在读博士生。

倪逸之 2021 级 在读博士

现在单位：湖北民族大学文学与传媒学院　　职务职称：讲师

邮箱：67736061@qq.com

1989 年出生，湖北恩施人，硕士毕业于中南民族大学传播学专业，2021 年攻读文艺与传媒专业博士。主要研究方向：文化传播、影视艺术。

刘阿平 2021 级 在读博士

现在单位：甘肃省陇东学院文学院　　职务职称：副教授

邮箱：Frdrld@126.com

2010 年硕士毕业于兰州大学比较文学与世界文学专业，现任甘肃省陇东学院文学院副教授，担任外国文学、文学理论和比较文学课程。研究方向为：比较诗学、丝路文化、儿童文学与科幻文学。发表各类论文 20 多篇，出版专著 2 部，主持省级项目 4 项，获甘肃省科研奖励 2 项。

王梦如 2022 级 在读博士

现在单位：四川大学文学与新闻学院　　邮箱：mengruwang925@163.com

江苏徐州人，四川大学文学与新闻学院文艺与传媒专业在读博士生。曾获两次国家奖学金，获"天津市高等学校优秀学生""四川大学优秀研究生""四川大学优秀毕业研究生"等荣誉称号，参与多个国家社科基金项目。

李歆蕊 2022 级 在读博士

现在单位：四川大学文学与新闻学院　　邮箱：2756257358@qq.com

湖北宜昌人，现为四川大学文学与新闻学院比较文学与世界文学专业在读博士生。

余佳临　2022 级　在读博士

现在单位：四川大学文学与新闻学院　　　　邮箱：lynnyjl@163.com

四川成都人，现为四川大学文学与新闻学院中华文化国际传播专业在读博士生。本科与硕士均毕业于加拿大多伦多大学，硕士在读期间 GPA4.0。已发表独著论文 2 篇（CSSCI 期刊论文 1 篇，外文期刊论文 1 篇）。

骆平　2022 级　在读博士

现在单位：四川师范大学影视与传媒学院　　　　邮箱：519967333@qq.com

1976 年生于四川成都。现为四川省作家协会副主席，四川师范大学二级教授、影视与传媒学院院长。国家一级作家，享受国务院政府津贴专家，四川省学术与技术带头人，天府万人文化领军人才。教育部戏剧与影视学教指委委员，四川省戏剧与影视学教指委主任委员。已在人民文学出版社、北京十月文艺出版社等出版长篇小说、中短篇小说集《爱情有毒》《过午不食》等 16 部，在《人民文学》《当代》《十月》《钟山》《小说月报（原创版）》等报刊发表小说多篇。在核心期刊发表学术论文多篇，出版、主编学术著作多部，主持国家级、省级科研课题多项。参与电视剧《杜秋娘传奇》、电影《安妮的邛海》《李雷和韩梅梅》等制作。多次获得各级各类奖项。

希春　2022 级　在读博士

Shishchenko Veronika

现在单位：四川大学文学与新闻学院　　　　邮箱：3633434535@qq.com

国籍：俄罗斯

来自俄罗斯的四川大学跨文化传播学专业在读博士生。

李海莹　2022 级　在读博士

邮箱：kaieeli88@163.com

生于河北省石家庄市，2010 年硕士毕业于河北师范大学英语语言文学专业。曾在中国社会科学出版社做编辑。现就读于北京师范大学比较文学与世界文学专业。

三、曹顺庆指导的已获硕士学位同学录

张志怀　1988 级　硕士

现在单位：四川省社科联　　　　职务职称：党组成员、机关党委书记兼《天府新论》主编

邮箱：842713899@qq.com

1966 年生，燕山农家子弟。1988 年—1991 年师从张文勋、曹顺庆两先生学习中国文学批评史，曾在四川省文化厅、四川省新闻出版局工作。

黄金鹏　1990 级　硕士

现在单位：深圳大学文学院　　　　职务职称：深圳大学文学院中文系主任

邮箱：jphuang@szu.edu.cn

文学博士，副教授，现任深圳大学文学院中文系主任。1984 年毕业于福建漳州师院中文系。1990 年 9 月至 1996 年 6 月在四川大学中文系攻读中国文学批评史专业硕士、博士研究生，师从曹顺庆教授、杨明照教授。1996 年毕业留校任教，1998 年 5 月调入深圳大学文学院。主要从事中国古代文学、文论的教学和科研。在《文学遗产》《文艺理论研究》《北京大学学报》《四川大学学报》等刊物发表论文多篇。主要代表作：《〈文心雕龙〉的圆美思想》《中国诗画的尚朴精神》《纬书与汉魏六朝文论》《中国诗学与画论融通蠡测》等。

刘波涛 1990 级 硕士

现在单位： 阿坝藏族羌族自治州人民政府   **职务职称：** 中共阿坝州委常委、州委秘书长、州直机关工委书记（兼）

邮箱： lbt60065005@sina.com

1967 生，1987 年从南充师院中文系毕业，分配至康定师专工作。1990 年考入四川大学中文系曹顺庆先生门下，攻读中国文学批评史硕士研究生，方向是中国文化与中国诗学。现任中共阿坝州委常委、州委秘书长、州直机关工委书记（兼）。

王红芯 1990 级 硕士

现在单位： 四川省委宣传部   **职务职称：** 四川省委宣传部副部长

邮箱： 744544254@qq.com

中共党员，硕士研究生。1990—1993 年师从曹顺庆教授学习中国文学批评史。

李蓓 1992 级 硕士

现在单位： 巴蜀书社   **职务职称：** 编室主任、编审

邮箱： bshlb@126.com

1988—1992 年就读于四川大学中文系汉语言文学专业，获文学学士学位。1992—1995 年继续在四川大学攻读中国文学批评史专业中西文论比较方向硕士。毕业后，到巴蜀书社从事古籍整理及文史哲学术著作出版工作至今。

郭彬 1994 级 硕士（美国）

刘雪怡 1994 级 硕士

黄莉莉 2004 级 硕士

骆西 2004 级 硕士（女，美国）

张海燕 2004 级 硕士

现在单位： 温江区职教中心   **职务职称：** 校长秘书、中学语文教师

邮箱： zhangyi_5188@163.com

1980 年生，四川大学比较文学专业毕业，硕士研究生学历。2007 年 4 月被招聘到温江区规划管理局任局办公室文秘，参与了《温江区总体规划》的编制；2007 年在温江区"学先进，我为党旗添光彩"征文活动中荣获三等奖。2009 年被公招到温江区燎原职业技术学校，做过学校的办公室文秘，所报道的学校信息多次被国家、省市区的相关媒体转载；在教研上，先后发表了 20 余篇论文，获得国家、省、市的各种奖项，在 2010 年获得温江区教育局颁发的"教育宣传先进个人"称号。

周荣 2007 级 硕士

现在单位： 《工具技术》杂志社   **职务职称：** 责任编辑

邮箱： zrjoan@sina.com

1981 年生，现在《工具技术》杂志社担任责任编辑，2007 年至 2010 年拜于曹顺庆老师门下进行比较文学与世界文学中外文学比较方向研究生学习。

邱爽 2007 级 硕士

现在单位： 成都中医药大学外语学院   **职务职称：** 讲师

邮箱： 78027668@qq.com

2006 年，本科毕业于四川师范大学外国语学院；2007 年，考入四川大学文学与新闻学院比较文学专业曹老师门下攻读硕士学位。毕业至今，在成都中医药大学外语学院工作。文艺女青年一枚，没事喜欢看点小书，看看电影，疯狂起来会自己出去远行。

韩会玲　2007 级　硕士

现在单位：东莞第六高级中学　　职务职称：二级语文教师
邮箱：aprilsky@163.com　　QQ：281548252

王光坚　2007 级　硕士（男，温州）

罗红　2008 级　硕士

现在单位：宜宾学院　　职务职称：讲师，经济与工商管理学部办公室主任
邮箱：641277154@qq.com
2008 级比较文学与世界文学硕士，现从事写作和儿童文学研究。

温艳　2008 级　硕士

现在单位：北京景山学校大兴分校
1984 年生，北京师范大学比较文学与世界文学专业。

黄芳妮　2008 级　硕士

现在单位：重庆两江新区管理委员会　　职务职称：现代服务业局商贸行业管理负责人
邮箱：huangfangni@163.com
2008 级比较文学与世界文学硕士。

袁博　2008 级　硕士

现在单位：中国民族语文翻译局（中心）信息处　　职务职称：助理专业技术 12 级
邮箱：yuanbo0043@163.com　　QQ：441881564
1985 年生，北京师范大学比较文学与世界文学专业。

陈丽　2008 级　硕士

现在单位：四川建筑职业技术学院　　职务职称：副教授、慧读慧写阅读作文培训学校教研组核心成员
邮箱：30777072@qq.com
2008 级比较文学与世界文学硕士，任教于四川建筑职业技术学院，主要教授课程《大学语文》《沟通与写作》《人文素养》《外国文学导读》等。目前致力于高职类《大学语文》教材的编写工作，小学生灵性写作与课外阅读的教研工作，主张以唤醒智慧取代灌输知识，以素质教育解决应试问题。

崔银春　2008 级　硕士

邮箱：cuiyinchun@126.com

2008 级比较文学与世界文学硕士生。因本科毕业后从事过教师工作，所以硕士毕业之后就继续任教，只不过是自立门户，小打小闹搞点英语培训。

邝彩云　2008 级　硕士

现在单位：四川省社科联　　　职务职称：《天府新论》编辑部编辑
邮箱：1604116866@qq.com

2008 级比较文学与世界文学硕士研究生。

戴月行　2008 级　硕士

邮箱：d32167@163.com

笔名颜歌，出生于 1984 年。作家，代表作品有小说《我们家》《声音乐团》《五月女王》《异兽志》《良辰》《关河》等。

陈远馨　2009 级　硕士

邮箱：Yuanxin.chen1112@gmail.com

1986 年生，北京师范大学比较文学与世界文学专业。

张琦　2009 级　硕士

现在单位：北京爱迪国际学校　　　邮箱：ty_zhangq@163.com

1983 年出生，山西太原人，现就职于北京爱迪国际学校，教师。2007 年 7 月，本科毕业于山西师范大学，汉语言文学专业。2009 年 9 月进入贵州师范大学，攻读硕士学位，文艺学专业，导师分别是林树明和曹顺庆。在读研期间，有幸获得两位恩师的教诲和帮助，学到了非常多的知识，获益匪浅。2012 年 6 月研究生毕业，于北京爱迪国际学校就职，从事高中语文教学工作。

袁恬　2009 级　硕士

现在单位：贵阳中医学院　　　职务职称：大学语文教师
邮箱：tgg411@163.com

1984 年出生，贵州贵阳人，现就职于贵阳中医学院基础部，教师。
2006 年 7 月，本科毕业于南京大学，汉语言文学专业。
2007 年 7 月到 2009 年 7 月在贵阳中医学院任职，从事行政方面的工作。
2009 年 9 月进入贵州师范大学文学院攻读硕士学位，比较文学与世界文学专业，导师是曹顺庆教授和袁获涌教授。
2012 年 7 月研究生毕业，任教于贵阳中医学院，从事大学语文教学工作。

马欢琪　2009级　硕士

邮箱：huanqi495@163.com

1985年生，2009级汉语国际教育专业，2012年毕业，先后考入成都市委宣传部和成都市委党校工作。喜欢在书法艺术中陶冶情操；在表演艺术中体验和表现生活；在各种探索中提升自我。川大三年的学习和生活经历让我一生受用，师恩难忘！

侯冬琛　2009级　硕士

现在单位：美国亚利桑那

邮箱：hdchangie@yahoo.com.cn　　QQ：535084181

1985年生，比较文学与世界文学硕士研究生。

蒋明霞　2009级　硕士

现在单位：四川大学教务处　　职称职务：助理研究员、教学研究科副科长

邮箱：287932574@qq.com

1986年出生于四川乐山，2009级四川大学对外汉语专业本科，2012级比较文学与世界文学专业硕士生，毕业后留校，在四川大学教务处从事教育教学管理工作，目前在教学研究科任副科长。

魏溪　2009级　硕士

现在单位：苹果电脑贸易（上海）有限公司　　职务职称：区域经理

邮箱：wesper@qq.com

生于80年代，四川人。本科研究方向为戏剧文学史论。

硕士研究方向：文艺与传媒。

游槟菁　2009级　硕士

现在单位：四川成渝高速公路股份有限公司　　职称职务：高级经济师、人力资源部副部长

邮箱：1762910021@qq.com

2012级比较文学与世界文学专业硕士生，现从事企业人力资源管理工作。

陈颖　2009级　硕士

来自四川乐山，喜欢美食和擅长烹饪美食的女子，静若处子，动若脱兔，享受独处时的安静，品一杯花茶，沉溺在书的海洋中；也喜欢呼朋唤友，打一场乒乓，热汗淋漓。我是四川大学汉语国际教育专业2009届的研究生。无论是做学问还是开创自己的事业，谨记导师的教导——博学之，审问之，慎思之，明辨之，笃行之。这就是我，一个自信、乐观、相信真善美的女孩。

尚英丽　2010 级　硕士

现在单位： 中国西电集团 党委宣传部　　　　**职务职称：** 文字编辑、播音主持

邮箱： rednumber@163.com

出生于 1983 年。文化批评专业。来自陕北的妹子，从开始读书就喜欢学语文，不想在高中分文理科时受到种种压力，选择了理科，从此越走越远，高考志愿填上了第四军医大学，那是一段艰苦的岁月，也是完全跟文学或者说文科隔绝的日子。2010 年蒙曹师垂爱，拜入曹门，人生从此打开新的大门，纵然无法与曹门其他优秀的同门相比，但是我的人生从此不同，内心的欢快使得活蹦乱跳的本性展露无遗，想起来有点不好意思……

李桂全　2010 级　硕士

现在单位： 苏州科技大学　　　　**职务职称：** 讲师

邮箱： liguiquanallen@163.com

1986 年出生，山东泰安人，文学博士，苏州科技大学文学院讲师，从事文艺学和比较文学方面的教学和科研工作。

刘璐　2010 级　硕士

邮箱： LiuluraulO606@sina.com

1985 年生，北京师范大学比较文学与世界文学专业 2010 级硕士生。

常茜薇　2010 级　硕士

邮箱： changxiwei@126.com　　　　**QQ：** 526404445

1987 年生，北京师范大学比较文学与世界文学专业 2010 级硕士生。

王若雨　2010 级　硕士

邮箱： 601932597@qq.com

中共党员，1987 年生，贵州师范大学文学院 2010 级比较文学硕士研究生。性格开朗，喜爱读书旅游，欣赏古典音乐，并获得琵琶十级（业余）证书。

肖静　2010 级　硕士

邮箱： xiaoyangjing@126.com

1987 年出生于贵州省遵义市湄潭县。2006 年考入贵州师范大学文学院汉语言文学专业就读，2010 年保送文学院比较文学与世界文学研究生，导师为曹顺庆教授、袁荻涌教授。研究生在读期间担任研究生班学习委员、专业负责人、文学院研究生会学术部部长职务。性格开朗乐观，爱好广泛，喜欢体育锻炼，尤其擅长跑步和羽毛球运动。"我的结局在于我的开始——艾略特"是我一直坚守信奉的哲言。

卓薇　2010级　硕士

邮箱：546281352@qq.com

出生和成长于四川蓉城。2010年考入四川大学文新学院比较文学专业，师从曹顺庆先生。我的毕业论文选择了以诺贝尔文学奖得主库切的晚年作品为分析目标，这次尝试也引起了我对后现代艺术创作的兴趣。

赵嫒嫒　2010级　硕士

现在单位：四川大学华西药学院　　　职务职称：讲师、团委书记

邮箱：124453878@qq.com

2006—2010年就读于文新学院汉语言文学专业，2010—2013年就读于文新学院汉语国际教育专业，师从曹顺庆教授，在读期间获2012年研究生国家奖学金、四川省优秀毕业生等荣誉称号。毕业后留校，工作以来获四川省辅导员职业能力大赛二等奖、四川大学模范思政教师、四川大学共青团工作模范个人等荣誉称号，作为副主编出版《新时代高校思想政治工作体系研究》，发表学术论文十余篇。

党聆嘉　2010级　硕士

电话：13882282468　　　　　　　　邮箱：547073251@qq.com

汉语国际教育专业硕士研究生。能成为曹老师的门生，甚幸；能结识各位优秀的同门，甚喜；能常常师生相聚，甚欢。愿这珍贵的欢喜、幸运可一直延续；愿亲爱的老师工作顺利、身体康健；愿可爱的同门们学业有成、万事顺意！

邝梦雨　2011级　硕士

现在单位：重庆广播电视集团（总台）　电话：18680886039

邮箱：420220158@qq.com

1988年生，重庆人。

万红雨　2011级　硕士

现在单位：光大安石　　　　　　　　职称职务：媒体主管

邮箱：18628023800@126.com

四川都江堰人。本科就读于四川音乐学院，后被曹老师收入门下，成为四川大学文学与新闻学院比较文学与世界文学专业的硕士研究生。2014年毕业，先后在第一太平戴维斯、屈臣氏、光大安石等商业地产、零售行业工作，负责企业推广、公共关系等。

孟竹　2011级　硕士

邮箱：mengzhuhappy@163.com

山东淄博人，本科毕业于山东师范大学，专业为汉语言文学专业；贵州师范大学2011级硕士研究生，专业为比较文学与世界文学专业。

何雪凝　2011 级　硕士

邮箱： hxn791205@163.com

贵州师范大学文学院比较文学与世界文学专业 2011 级硕士，师承曹顺庆老师和林树明老师，2003 年于贵州师范大学本科毕业，毕业后一直就教于遵义市第五中学。

黄丹青　2011 级　硕士

现在单位： 光束（北京）戏剧文化传媒有限责任公司　　**职称职务：** 运营总监

邮箱： xhxhxx@qq.com

1989 年生人，籍贯四川成都。

罗伊　2012 级　硕士

Roy Tadmor

邮箱： ragnestahill@gmail.com　　**国籍：** 以色列

本人的名字叫罗伊，来自以色列海法，就读于四川大学文学与新闻学院，专业是国际汉语教育。

王亚茹　2012 级　硕士

现在单位： 北师大二附中未来科技城学校

职称职务： 中学一级语文教师；现任学校课程与教学中心副主任及督导室主任。

邮箱： 1076423214@qq.com

2008—2012 年就读于河南大学文学院，2012—2015 年就读于北京师范大学文学院比较文学与世界文学专业，师从曹顺庆教授。

李莎　2012 级　硕士

现在单位： 成都市委组织部　　**职务职位：** 人才发展中心七级职员

邮箱： 270783447@qq.com

1990 年生，四川广安人。2008 年—2012 年就读于华中师范大学中文基地班，获得文学、心理学双学士学位，保送四川大学研究生；2012—2015 年就读于四川大学文学与新闻学院比较文学与世界文学专业，获得硕士学位。现主要从事成都市人才政策研究规划、人才招引等相关工作。

沈燕燕　2012 级　硕士

邮箱： 867676055@qq.com

生也有涯，知也无涯，以有涯随无涯，乐也。

张昊臣　2012级　硕士

单位：郑州大学文学院　　职务职称：讲师

邮箱：787649309@qq.com

*说明：2012级硕士李斌、时光于2015级继续跟曹老师读博士，2012级硕士李嘉璐、欧婧于2016级继续跟曹老师读博士，信息分别归档入2015级、2016级博士，此处未录。

陈婉婷　2013级　硕士

邮箱：kay42pf@gmail.com　　单位：日本立命馆大学先端综合学术研究科

曹美琳　2013级　硕士

邮箱：394600019@qq.com

唐颖　2013级　硕士

邮箱：tangying@hupovip.cn

苗蓓　2013级　硕士

现在单位：浙江省长兴中学　　职务职称：中学一级教师

邮箱：miaobella@163.com

2009—2013年就读于首都师范大学，获文学学士学位，2013—2016年就读于北京师范大学，获文学硕士学位，2016年至今为浙江省长兴中学教师。

滕光　2013级　硕士

现在单位：P&G宝洁公司大中华区销售部　　邮箱：740871211@qq.com

*说明：2013级硕士曾诣于2016级继续跟曹老师读博士，信息归档入2016级博士，此处未录。

崔一非 2014级 硕士

现在单位：国家广播电视总局监管中心
职务职称：中级编辑，现任国家广播电视总局监管中心编辑、《广电时评》杂志责任编辑。
邮箱：yifeicui92@gmail.com

车安 2014级 硕士

现在单位：四川大学华西第二医院 职务职称：助理研究员
电邮：chean527@163.com
1990年生，陕西渭南人，现在四川大学华西第二医院党委办公室工作，研究方向为卫生事业管理。2014年至2017年拜于曹顺庆先生门下汉语国际教育专业进行硕士研究生学习。

董玉倩 2014级 硕士

现在单位：重庆人文科技学院 职务职称：讲师
邮箱：1096190499@qq.com

罗锐 2014级 硕士

职务职称：自由撰稿人、自由译者 邮箱：1569487877@qq.com

宋丽丽 2015级 硕士

现在单位：成都市龙泉驿区向阳桥小学
邮箱：573895956@qq.com
国际汉语教育硕士，曾作为汉语教师先后赴印度尼西亚泗水国立大学孔子学院、美国孟菲斯大学孔子学院执教。2014年，获得国家汉办孔子学院颁发的"优秀汉语教师志愿者"称号；2015年参与编写汉语教材《当代中文》（印尼语版），由华语教学出版社出版发行。在2018—2019学年中工作成绩突出，荣获龙泉驿区人民政府龙泉街道办事处"优秀教师"称号；2019年获得龙泉驿区"文轩教育杯"优秀指导奖；作为主研人员参加国家级课题《低年级学生写话兴趣培养方法的实践研究》、市级课题《小学班主任"菜单式"校本教研的实践研究》、区级微型课题《学科综合背景下的小学低年级"群文阅读"教学研究》，参与编写《小学低段班主任工作指导手册》，由四川大学出版社出版发行。

陈越 2015级 硕士

现在单位：上海市质量技术监督局业务受理中心 邮箱：641925551@qq.com

吕成金　2015 级　硕士

现在单位：成都龙泉驿巴金纪念馆　　邮箱：715785762@qq.com

全文　2015 级　硕士

现在单位：交银金融科技有限公司　　邮箱：1913068940@qq.com

张浩然　2015 级　硕士

现在单位：新华社河南分社　　职务职称：记者；中级
邮箱：810523643@qq.com

* 说明：2015 级硕士高小珺于 2018 年继续跟曹老师读博士，其信息归入 2018 级博士，此处未录。

代丽娜　2016 级　硕士

邮箱：2784024218@qq.com　　国籍：俄罗斯
1993 年生，来自乌克兰。

刘娜　2016 级　硕士

现在单位：成都市教育局　　职务职称：公务员
邮箱：2283652567@qq.com　　出生年月：1993 年
籍贯：内蒙古

李向岚　2016 级　硕士

现在单位：电子科技大学信息与软件工程学院
邮箱：m18202809053@163.com
1994 年生，四川苍溪县人，专业为文艺与传媒。

赵利娟　2016 级　硕士

邮箱： zhaolijuan_sc@163.com

1994 年生于四川达州，专业为中华文化国际传播，努力成为一名优秀的语文教师。

罗娜　2016 级　硕士

现在单位： 爱丁堡大学 College of Arts, Humanities and Social Sciences

邮箱： nalorthen33@163.com　　　　**出生年月：** 1994 年

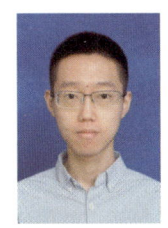

潘鑫　2016 级　硕士

现在单位： 安徽大学文学院　　　　**邮箱：** 2583534856@qq.com

出生年月： 1995 年　　　　**籍贯：** 安徽六安

本科毕业于福州大学人文社会科学学院汉语言文学专业，硕士毕业于四川大学文学与新闻学院比较文学与世界文学专业，师从曹顺庆教授；现为安徽大学文学院博士研究生，研究方向为明清文学与文献。

张越　2016 级　硕士

邮箱： zhangyue6311@163.com

北京师范大学文学院 2016 级硕士生，现就读于北京大学艺术学院。

傅丹阳　2016 级　硕士

邮箱： 1059400109@qq.com

1994 年生，河北石家庄人。2019 届北京师范大学比较文学与世界文学硕士生。现就职于军事科学院国防科技创新研究院。

* 说明：2016 级硕士李甡、董智元于 2020 年继续跟曹老师读博士，其信息归入 2020 级博士，此处未录。

李沁洋　2017 级　硕士

现在单位： 成都市金苹果创知路教育有限公司

邮箱： 1002337856@qq.com

中文系本科，四川大学比较文学与世界文学硕士，论文研究方向为东方文学与文论。目前为培训机构教师，教授初中语文。

马溶璐　2017 级　硕士

现在单位：iSchool 微城未来学校　　职务职称：高中部语文老师

邮箱：532893912@qq.com

张大立　2017 级　硕士

现在单位：成都市石室中学　　职务职称：石室中学文庙校区高中语文教师

邮箱：1494606557@qq.com

2017 年进入四川大学攻读硕士学位，2020 年 6 月毕业后在成都石室中学任教至今。

张诗琦　2017 级　硕士

现在单位：北京师范大学附属实验中学

北京师范大学文学院 2017 级硕士

任鑫　2017 级　硕士

现在单位：中共天津市委研究室文化研究处　　邮箱：18813046979@163.com

北京师范大学文学院 2013 级本科生，比较文学与世界文学专业 2017 级硕士研究生。

* 说明：2017 级硕士翟鹿、曹怡凡于 2020 年继续跟曹老师读博士，刘诗诗、王熙靓于 2021 年继续跟曹老师读博士，其信息分别归入 2020 级博士、2021 级博士，此处未录。

王楠　2018 级　硕士

邮箱：781690288@qq.com

文学硕士，中华文化国际传播专业学生。

* 说明：2018 级硕士夏甜于 2021 年继续跟曹老师读博士，其信息归入 2021 级博士，此处未录。

孙铭蔚　2018 级　硕士

邮箱：751749262@qq.com

本科毕业于吉林大学，获文学学士学位。硕士就读于四川大学文学与新闻学院比较文学与世界文学专业，研究方向为东方文学与文论。

邹阿玲　2018 级　硕士

邮箱：ring96@outlook.com

四川大学汉语言文学专业本科生。四川大学文学与新闻学院比较文学与世界文学专业硕士研究生，专业方向为比较文学与世界文学。

罗荔　2018 级　硕士

邮箱：luoluobu521@163.com

北京师范大学文学院比较文学与世界文学专业 2018 级硕士研究生。

黄文　2018 级　硕士

邮箱：hw199633@163.com

北京师范大学文学院比较文学与世界文学专业 2018 级硕士研究生。

胡钊颖　2019 级　硕士

邮箱：464562852@qq.com

湖南省邵阳市武冈市人。2015 年 9 月—2019 年 6 月于湖南师范大学就读本科，获文学学士学位。2019 年 9 月进入四川大学文学与新闻学院比较文学与世界文学专业攻读硕士，研究方向为比较文学。

张丹　2019 级　硕士

邮箱：danzhang829@163.com

1997 年生，河南省开封市人。2015—2019 年就读于西安交通大学汉语言文学专业，获文学学士学位。2019 年 9 月进入四川大学文学与新闻学院比较文学与世界文学专业攻读硕士学位，研究方向为比较文学，曾获四川大学 2019—2020 学年优秀研究生荣誉称号。

孙雯　2019 级　硕士

邮箱：201921080104@mail.bnu.edu.cn

湖北人，北京师范大学文学院 2015 级本科生，北京师范大学文学院比较文学与世界文学专业 2019 级硕士研究生。

王艺涵　2019级　硕士

邮箱：373073779@qq.com

北京师范大学比较文学与世界文学专业2019级硕士研究生。

*说明：2019级硕士李歆蕤于2022年继续跟曹老师读博士，其信息归入2022级博士，此处未录。

四、曹顺庆指导的在读硕士生同学录

明钰　2020级　在读硕士

邮箱：15229207363@163.com

四川大学文学与新闻学院2020级研究生，陕西师范大学2020届校级优秀毕业生，《"走出疑古"——巫史传统与儒家道统视域下〈史记〉神话历史的文化读解》获校级优秀毕业论文奖。2018年台湾师范大学国文系公费交换生。曾参加"2017年陕西省高校媒体发展论坛暨中国（陕西）高校传媒联盟冬季交流会"、2018年北京大学中国社会科学调查中心暑期课程、2019年中国人民大学文学院全国优秀大学生学术交流论坛，在2018年第三届、2019年第四届"北京大学·陕西师范大学《史记》研究论坛"发表论文并担任主持人。2018年泰国·曼谷亚洲青年国际模拟联合国大会成员，2019年陕西省西安市碑林区政府暑期见习生。2020年9月以来，参加四川大学国家级重点学科"比较文学研究基地"微信公众号建设，《国际比较文学年度文选2020》翻译工作。为四川大学"国际比较文学博士生论坛"筹备小组成员，《中外文化与文论》（CSSCI）期刊编辑部成员。

杨溢雅　2020级　在读硕士

邮箱：yangyiyalayla@qq.com

2016年9月至2020年6月就读于四川大学文学与新闻学院汉语言文学（基地班）。2020年9月继续在四川大学攻读比较文学与世界文学专业的硕士学位，研究方向为东方文学与文论。在本科阶段获得过国家奖学金、四川大学综合奖学金，并且也获得了四川大学优秀学生、四川大学优秀学生干部等荣誉称号。在本科阶段的学习中一直关注日本文学，在接触到比较文学这门学科后，又对变异学等理论产生了浓厚兴趣。刚刚进入研究生阶段的学习，愿能继续潜心钻研。

曹敏　2020级　在读硕士

邮箱：mosc99@126.com

本科毕业于北京第二外国语学院，现就读于四川大学中华文化国际传播专业硕士，师从曹顺庆教授，研究方向为中华文化跨文化传播。

张欢　2020级　在读硕士

邮箱：18291437141@163.com

2014年9月至2018年6月就读于陕西师范大学汉语国际教育专业；2018年6月至2019年3月任职于泰国南邦嘎拉娅尼学校，担任汉语教师；2020年9月至今，于北京师范大学比较文学与世界文学专业就读硕士。

郭霄旸　2021级　在读硕士

邮箱：guoxiaoyang03@126.com

四川大学比较文学与世界文学专业硕士，研究方向为比较文学。

耿莉　2021 级　在读硕士

邮箱： gengli0528@163.com

现就读于四川大学比较文学与世界文学专业硕士，研究方向为比较文学。

张庆琳　2021 级　在读硕士

邮箱： zqlsherry@163.com

本科毕业于四川大学文学与新闻学院新闻学专业，曾获 2019 年许川新闻奖一等奖。现就读于四川大学中华文化国际传播硕士，师从曹顺庆教授，研究方向为中华文化跨文化传播。

刘奕汐　2021 级　在读硕士

邮箱： 13036673717@163.com

出生于四川绵阳，现居四川成都。2020 毕业于苏州大学，汉语国际教育方向。

高璐嫄　2021 级　在读硕士

邮箱： 2744323627@qq.com

山西太原人，北京师范大学文学院比较文学与世界文学专业 2021 级硕士在读。

刘怡铮　2022 级　在读硕士

现在单位： 四川大学文学与新闻学院　　**邮箱：** 924663617@qq.com

2000 年出生于四川省成都市，现为四川大学中华文化国际传播专业在读硕士生，研究方向为中华文化跨文化传播。

李晓萌　2022 级　在读硕士

现在单位： 四川大学文学与新闻学院　　**邮箱：** workingli@126.com

四川大学比较文学与世界文学专业研究生，研究方向为日本近代文学与东亚域外汉籍。

詹望　2022 级　在读硕士

现在单位：四川大学文学与新闻学院　　邮箱：1561249644@qq.com

内蒙古乌兰察布人。现为四川大学文学与新闻学院比较文学与世界文学专业在读硕士生。

陈星颖　2022 级　在读硕士

现在单位：四川大学文学与新闻学院　　邮箱：chinsyi0819@163.com

2000 年生于重庆。现为四川大学文学与新闻学院中华文化国际传播专业在读硕士生。

郑导敬　2022 级　在读硕士

现在单位：北京师范大学文学院　　邮箱：trogen@naver.com

国籍：韩国

韩国人，北京师范大学比较文学与世界文学专业 2022 级硕士生，主要研究方向为中韩古代诗论的比较研究。

李露　2022 级　在读硕士

邮箱：10028686353@qq.com

本科毕业于首都师范大学 2018 级外国语学院德语系。现就读于 2022 级北京师范大学文学院比较文学与世界文学专业。研究方向为西方文学与中西比较文学。

林环欣　2022 级　在读硕士

邮箱：861088393@qq.com

本科毕业于暨南大学应用语言学系，现就读于北京师范大学比较文学与世界文学专业，研究方向为比较文学理论。

五、曹顺庆指导的已出站博士后同学录

蒋济永　1999 级　博士后

现在单位：华中科技大学文学院　　职务职称：教授、博士生导师

邮箱：jiangjiyong@hust.edu.cn

1966 年生，广西全州人，北京师范大学文学博士，四川大学博士后，曾在康奈尔大学英文系做访问学者一年，东洋大学做客座研究员半年，剑桥大学短期访问学者，现任华中科技大学中文系教授、博士生导师。著有《现象学美学阅读理论》《过程诗学》《文本解读与意义的生成》，在《文学评论》《文艺理论研究》《中国现代文学研究丛刊》《中国比较文学》等学术刊物发表论文五十余篇。

李城希　2000 级　博士后

| 现在单位：厦门大学中文系 | 职务职称：副教授 |

邮箱：lchxhi@163.com

厦门大学人文学院中文系副教授，主要从事鲁迅、中国现代文学与传统文化研究。发表《论"未完成的中国现代文学"》《重新认识"中国现代文学史"》等论文，出版专著《鲁迅与中国传统文化接受偏离回归》，合著《中国现代小说美学思想史论》。

高玉　2000 级　博士后

| 现在单位：浙江师范大学人文学院 | 邮箱：jhgyu@163.com |

职务职称：浙江师范大学学术委员会专职副主任、人文学院原常务副院长

1964 年生，湖北荆门人。浙江师范大学人文学院原副院长，教授，博士生导师。2001 年至 2003 年在四川大学中文系流动站工作，专业为比较文学与世界文学，合作导师为曹顺庆教授。承担国家社科基金重大、重点、一般课题等国家级、省部级项目 11 项。著作被翻译成英文在美国出版，入选国家社科基金中华学术外译项目俄语版和阿拉伯语版。在《中国社会科学》《文学评论》《文艺研究》《外国文学研究》等刊物发表学术论文近 200 篇。获第六届教育部社科奖二等奖，第四、七届教育部社科奖三等奖等"政府"奖 21 项。国家级教学团队负责人，获浙江省教学成果二等奖 2 项。教育部长江学者特聘教授，中宣部"四个一批"人才、人社部"新世纪百千万人才"、教育部"新世纪优秀人才"、国务院特殊津贴专家、全国优秀教师。

刘圣鹏　2002 级　博士后

| 现在单位：浙江工业大学人文学院 | 职务职称：教授、浙江工业大学批评理论研究中心主任 |

邮箱：lbshbd@163.com

文艺学博士，比较文学博士后，比较文学研究生导师。先后师从英语语言文学名家常耀信教授、刘世聪教授，文艺学名家胡经之教授、饶芃子教授、蒋述卓教授、曹顺庆教授，先后任教于深圳、苏州、北京、杭州等地高校，出版学术专著两部，在《中国社会科学报》《社会科学报》《社会科学战线》《中国比较文学》《学术研究》《文艺评论》等报刊杂志发表文章若干。研究领域为文艺学、比较诗学。

857

谭德兴　2002 级　博士后

| 现在单位：贵州大学文学与传媒学院 | 职务职称：党委副书记、院长、教授 |

邮箱：tdxing2005@yahoo.com.cn

苗族，1968 年生，复旦大学博士、四川大学博士后，现为贵州大学文学与传媒学院副院长、教授、研究生导师。教育部中国语言文学类教学指导委员会委员，中国诗经学会理事，贵州古典文学学会副会长，贵州省学科评议组专家。主要研究领域：《诗经》学、出土文献、中国文学批评史以及贵州地域文化。

张骏翚　2002 级　博士后

| 现在单位：四川师范大学文学院 | 邮箱：sichuanjunhui@163.com |

1969 年生，文学博士，副教授，硕士生导师。从事中国古代文学、隐逸文化及中国古代文艺美学等领域的科研工作。1992—1995 年，在四川师范大学中国古代文学研究所攻读中国古代文艺美学专业硕士，师从皮朝纲先生。1995 年至今，在四川师范大学中文系、今文学院任教。1999—2002 年，在山东大学古籍所（今为文史哲研究院）攻读先秦两汉文献与文学专业博士，师从郑杰文先生；2002—2006 年，在四川大学文学与新闻学院进行文艺学专业博士后流动工作，师从曹顺庆先生；2010—2011 年，在复旦大学中文系做访问学者，师从骆玉明先生。参与的项目《中国古代文学教学中的"研究性学习"的转换与探索》获 2004 年四川省政府教学成果二等奖。先后在各级刊物发表论文三十余篇，如《皎然"逸格"论及其隐逸文化精神》《试析"虚静"这一文论范畴的隐逸文化内涵及表现》《试析宗炳"畅神"说的隐逸文化内涵及理论意义》《张戒论杜》《论汉代隐逸文化对屈宋的"反动"及继承与发展》《试论朝隐观念在汉代的形成及其影响》等，参编《实用美学》《历代文学艺术家传记》《比较文学学》等书，出版诗集《跪在佛前一万年》。

赵小琪　2003 级　博士后

| 现在单位：武汉大学文学院 | 职务职称：教授、博士生导师 |

邮箱：zhaoxiaoqi@sina.com

湖南邵阳人，研究生学历，博士学位，现任武汉大学文学院教授、博士生导师；兼任中国新文学学会副会长、中国世界华文文学学会会长助理、中国比较文学学会理事、中国毛泽东诗词研究会理事、湖北省比较文学学会常务副会长、湖北省毛泽东诗词研究会副会长、中国高校人文社会科学研究优秀成果奖会议评审专家、国家社科基金通讯评委等；主要从事 20 世纪中西诗学比较、比较文学形象学与台港澳暨海外华语诗学等课程的教学和研究。先后在湖南师范大学、苏州大学、武汉大学获得文学学士、硕士、博士学位，2003 年进入四川大学文学与新闻传播学院博士后站学习，2006 年出站。

立德树人 传承文明：曹顺庆教授 40 年拔尖人才创新培养案例实录

陈开勇　2004 级　博士后

现在单位：浙江师范大学人文学院　　职务职称：教授

邮箱：chkyg@163.com

1968 年生，四川阆中人，1988 年至 1990 年就读于四川康定民族师专汉语言文学系，肄业；1990 年至 1992 年就读于四川师范大学中文系，获学士学位；1992 年至 1995 年就读于陕西师范大学中文系，师从高海夫先生，获硕士学位（中国古代文学唐宋文学方向）；1999 年至 2002 年就读于复旦大学中文系，师从陈允吉先生，获博士学位（中国古代文学佛教与中国文学方向）。先后在广西河池师专（1995—1999 年）、浙江师范大学（2002 年至今）工作，2005 年至 2007 年进入四川大学中国语言文学博士后流动站，师从曹顺庆先生。现为浙江师范大学人文学院教授，主要研究佛教与中国古典文学关系、佛教语言文字学。

肖伟胜　2005 级　博士后

现在单位：四川大学文学与新闻学院　　职务职称：教授、博士生导师

邮箱：xwsheng3675@yahoo.com.cn

1970 年生，湖南邵阳武冈人。西南大学文学院教授，文学博士，博士生导师，奥地利克拉根福大学（Klagenfurt University）客座教授，国家社科基金通讯评审专家。专攻视觉文化与视觉艺术、西方美学与当代文化理论。主持国家社科基金重点项目、教育部人文社科项目等共计 9 项，主编《视觉文化译丛》、《后学衡》杂志，发表核心期刊论文 70 多篇。撰有《现代性困境中的极端体验》《视觉文化与图像意识研究》等学术专著 5 部，译有《观看的方法》《视觉文化面面观》《批判与超越》等。入选"重庆市高等学校优秀人才计划"，重庆市文艺学学科学术带头人，2017、2020 年度"中国哲学社会科学最有影响力学者"。

禹尚烈　2006 级　博士后

1963 年生，辽宁省沈阳市人，文学博士，博士生导师。延边大学朝鲜 - 韩国国学院主任、教授，韩国精神文化研究院（现韩国学中央研究院）博士。多年从事文艺理论与中韩古代比较文学的教学与研究。

罗飞　2006 级　博士后

现在单位：四川大学文学与新闻学院　　邮箱：julydia76@163.com

讲师，毕业于武汉大学新闻与传播学院，获新闻学博士学位。2005 年至今，就职于四川大学文学与新闻学院。2007 年至 2010 年，四川大学文学与新闻学院中国语言文学博士后流动站工作。2012 年至 2013 年，荷兰格罗宁根大学新闻系博士后流动站工作，从事新媒体方向研究。主要讲授"新媒体概论"课程。

刘永丽　2007 级　博士后

现在单位：四川师范大学文学院　　职务职称：教授

邮箱：Changzi765@sina.com

山东烟台人。2005 年 6 月毕业于南京大学中国现当代文学专业，获博士学位，2007 年 11 月—2011 年 6 月四川大学文学与新闻学院博士后，现为四川师范大学文学院教授。出版学术专著《被书写的现代：20 世纪中国文学的上海》（中国社会科学出版社 2008 年），主持国家社科基金青年项目《20 世纪中国文学中的上海》。

白浩　2007 级　博士后

现在单位：四川师范大学文学院　　职务职称：教授、博士生导师、四川省文艺评论协会秘书长

邮箱：baihao999@126.com

1973 年生，四川旺苍人。2005 年 6 月毕业于武汉大学中国现当代文学专业，获博士学位，2007 年 7 月—2010 年 6 月四川大学文学与新闻学院博士后，现在四川师范大学文学院任教。出版学术专著《无政府主义精神与 20 世纪中国文学》（中国社会科学出版社 2008 年），主持国家社科基金西部项目《当代西部文学发展的身份记忆与世界性研究》。

宋德发　2008 级　博士后

现在单位：湘潭大学文学与新闻学院　　**职务职称**：教授、博士生导师

邮箱：songdefa@sina.com

1979年生，安徽庐江人。湘潭大学文学与新闻学院教授、博士生导师。主要从事比较文学与世界文学、文学教育研究。主持国家社科基金2项，主持国家精品视频公开课《故事中的人生：西方古典文学选讲》。出版《故事中的人生：西方文学中的生命哲学》《19世纪欧洲作家笔下的拿破仑》《比较文学：常识方法视野》《厄普代克中产阶级小说的宗教之维》《做一个受欢迎的外国文学老师：西方文学的口语传承》《大学故事与大学精神的建构与传播》《教育的弦外之音》《站稳讲台：大学讲授学》《如何走上大学讲台：青年教师提高讲课能力的途径与方法研究》《大学教学名师研究》《大学的痛与梦》《用整个的心做大学老师》等著作12部，在各级期刊发表论文150余篇。

周航　2010 级　博士后

现在单位：长江师范学院　　**职务职称**：教授

邮箱：554018820@qq.com

长江师范学院文学院教授，硕士生导师，重庆当代作家研究中心主任，中国当代文学研究会理事，中国文艺评论家协会会员，重庆文艺评论家协会理事，重庆现当代文学研究会理事，重庆比较文学学会理事，重庆市作协全委，重庆市文联全委。

潘道正　2011 级　博士后

现在单位：天津外国语大学　　**职务职称**：教授

邮箱：yydmsh@163.com

博士，教授，硕士生导师。南开大学哲学院博士毕业，复旦大学、四川大学博士后，美国西北大学访问学者。研究方向为比较文学、圣经文学、西方美学。天津外国语大学"青蓝之星"；入选天津市中青年骨干创新人才培养计划。出版专著2部，合著1部；发表论文30多篇。主持完成省部级课题4项，市级课题2项，校级重点课题1项。

尹泓　2012 级　博士后

现在单位：河南省信阳市委党校　　**职务职称**：高级讲师

邮箱：happyinhong@163.com

1972年生，河南固始人。2007年6月毕业于南京师范大学文艺学专业，获文学硕士学位。2012年6月毕业于扬州大学文艺学专业，获文学博士学位。2012年12月进入四川大学中国语言文学博士后流动站工作。研究领域：文艺美学、文化产业。

牛乐　2015 级　博士后

现在单位：西北民族大学美术学院　　**职务职称**：教授、博士生导师、民族民间美术研究所所长

邮箱：NL627@qq.com

文学博士、文艺学博士后。主要从事文艺学、艺术人类学、少数民族艺术及非物质文化遗产研究。1994年至今任教于西北民族大学美术学院，现为教授、博士生导师（少数民族语言文学、文艺学），西北民族民间美术研究所所长，西南民族大学兼职博士生导师（民族学）。国家社科基金重大项目"中华传统伊斯兰建筑遗产文化档案建设与本土化发展研究"首席专家（2020），国家民委"领军人才支持计划"（2019）"中青年英才培养计划"（2016）等高层次人才计划入选者；获得"全国非物质文化遗产保护工作先进个人"（2018）、"第五届甘肃省中青年德艺双馨文艺工作者"（2020）等重要荣誉称号；获得"第十一届中国民间文艺山花奖民间文艺学术著作奖"（2013）等重要学术奖项。兼任甘肃省民间文艺家协会副主席、中国艺术人类学学会常务理事（国家一级学会）、文化和旅游部"中国非物质文化遗产传承人群研培计划"咨询专家，光明日报"非遗传播专家委员会"专家委员，甘肃省丝绸之路研究会理事、中国民间文艺家协会唐卡艺术委员会委员。受聘为国家社科基金同行评议专家、通讯评审专家，教育部人文社科项目、国家艺术基金通讯评审专家。被兰州理工大学、云南大学、中央民族大学少数民族事业发展协同创新中心等高校和科研机构聘任为特聘教授和研究员。

王汝良　2015 级　博士后

现在单位：青岛大学文学院　　**职务职称**：教授

邮箱：wangruliang@126.com

山东胶南人，文学博士，硕士生导师，教授，特聘教授。主要教学与科研方向为东方文学与文化、中外文化关系史。主持国家社科基金项目2项，山东省社科规划重点项目1项，青岛市社科规划项目1项，曾获中国博士后科学基金一等资助和特别资助。出版著作《中国文学中的印度形象研究》（中华书局，2018年），曾获山东省高校人文社科优秀科研成果一等奖、青岛市社会科学优秀科研成果二等奖。在《南亚研究》《中外文化与文论》《东方论坛》《中国社会科学报》等专业报刊发表学术论文多篇。主要学术兼职：青岛大学东亚文学与文化研究中心副主任，中国印度文学研究会理事，中国南亚语种学会常务理事。

车海锋 2015 级 博士后

现在单位：玉林师范学院文学与传媒学院　　**职务职称**：文学与传媒学院中文系主任

邮箱：593417679@qq.com

1976 年生，朝鲜族，辽宁新宾人，延边大学亚非语言文学专业毕业，博士研究生学历，文学博士，四川大学中国语言文学专业（2019 年 6 月出站）博士后，教授，硕士研究生导师。现任玉林师范学院文学与传媒学院中文系主任，从事外国语言文学教学工作，研究方向为中国东北民族神话、民俗和古代文学比较研究。迄今为止，先后主持和参与完成的课题 11 项，其中重要的有：主持并完成辽宁省社会科学规划基金项目 1 项、辽宁省高职教改项目 1 项、2016 年度四川省博士后科研特别资助项目 1 项和 2019 年新增主持国家教育部人文社科一般项目 1 项，参与 2019 年度国家社科重大招标项目《东方古代文艺理论重要范畴、话语体系研究与资料整理》。独著或合作出版《文学新论》（2009）、《中国文学知识》（2012）、《沈连洙文学研究》（2017）、《中韩翻译基础教程》（2017）、《朝鲜—韩国古代文学研究》（2018）、《话说中国朝鲜族文学》（2018）、《中朝古代文学比较研究》（2019）等专著七部，在《延边大学学报》《东疆学刊》《中外文化与文论》《满族研究》以及韩国高丽大学《韩国学研究》《韩国语言文学国际学术论坛》和《韩中人文学研究》等核心刊物上发表论文十余篇。

王涛 2015 级 博士后

现在单位：山西师范大学文学院　　**职务职称**：讲师

邮箱：382963808@qq.com

陕西西安人。2000 年 7 月毕业于长安大学会计学专业，获经济学学士学位；2001 年 9 月考入湘潭大学文学院攻读比较文学与世界文学专业硕士研究生，2004 年 7 月毕业获文学硕士学位，同时进入衡阳师范学院中文系工作；2005 年获衡阳师范学院"十佳青年教师"；2006 年评为讲师；2007 年进入天津师范大学文学院攻读博士学位，2010 年 7 月毕业获文学博士学位，同年进入山西师范大学文学院工作；2015 年至 2018 年在四川大学文学与新闻学院进行博士后研究与学习。出版专著《后现代生存伦理——"小说伦理学"视野下的海勒》，译著《从宗教到哲学——西方思想起源研究》《我的生活与冒险》等；参编《比较诗学：理论与实践》《东方现代民族主义文学思潮研究》《20 世纪外国文学史》《〈外国文学史〉学习导引》等专著和教材。

秦鹏举 2015 级 博士后

现在单位：长江大学人文与新媒体学院　　**职务职称**：副教授、硕士生导师

邮箱：qinpengju@126.com

1980 年生，湖北仙桃人。文学博士，四川大学博士后，副教授，硕士生导师。主要从事外国文学、东方文学与比较文学等教学、研究工作。近年来，以非洲文学与文化为研究重点。在《西南民族大学学报》《中外文化与文论》《非洲研究》等刊物共发表学术论文 30 余篇。出版学术专著 2 部，参编教材或著作多部。主持和参与 10 余项科研课题。

陈杉 2015 级 博士后

现在单位：四川师范大学服装与设计艺术学院　　**职务职称**：副院长、教授

邮箱：shan.1020@foxmail.com

艺术设计学士、硕士，宗教学博士，文艺学博士后，英国牛津大学拉斯金艺术学院（RuskinSchoolofArt）访问学者，牛津大学圣艾德蒙学堂（StEdmundHall）研究员，美国密歇根大学访问学者，四川省海外高级留学人才，德国红点设计奖获得者。电子科技大学成都学院艺术与科技学院院长、西南口腔美学专委会副主席、四川平面设计师协会时尚产业专委会主委。学术专长：民间宗教图像文献整理与研究、文化遗产研究与设计创新。

龚静 2015 级 博士后

现在单位：四川大学外国语学院　　**职务职称**：副教授

邮箱：gongjing@scu.edu.cn

学术经历和专长：弗吉尼亚大学、昆士兰大学访问学者。主要研究领域为英国小说、澳大利亚文学、性别研究等。出版专著《销售男性气质——彼得·凯里性别与民族身份研究》，在《外国文学评论》《当代外国文学》《中外文化与文论》《西南民族大学学报（社科版）》《比较文学：东方与西方》等期刊发表论文十余篇。主持省级、校级青年基金课题若干，参与撰写专著、译著多部。

王苗苗 2015 级 博士后

现在单位：华北电力大学外国语学院　　**职务职称**：副教授、硕士生导师

邮箱：pauline@ncepu.edu.cn

文学博士，传播学博士后，英国牛津大学访问学者。兼任国际学术期刊 Comparative Literature and World Literature 助理编辑，Comparative Literature：East & West 审稿人。学术专长为比较文学、英美文学。

申燕　2015 级　博士后

现在单位： 西南民族大学学报编辑部　　**职务职称：** 副研究员、硕士生导师
邮箱： shenyan6815@126.com

博士毕业于南京大学戏剧戏曲学专业，现为《西南民族大学学报》文学编辑。主要从事中国现当代戏剧研究，主持国家社会科学基金一般项目、教育部人文社科项目、中国博士后项目各一项，参与国家社科基金重大项目、一般项目 4 项，在《文艺研究》《戏剧》《文艺争鸣》等专业刊物发表学术论文 20 余篇。

国威　2015 级　博士后

现在单位： 四川大学文学与新闻学院　　**职务职称：** 研究员（专职科研）、博士生导师
邮箱： donghaisisheng@qq.com

文学博士，新闻传播学博士后。现任四川大学文学与新闻学院研究员（专职科研）、四川大学中国俗文化研究所研究员、博士生导师。研究领域为中国古典文献学、佛教语言文学。

赵星植　2015 级　博士后

现在单位： 四川大学外国语学院　　**职务职称：** 副教授、硕士生导师
电邮： xingzhi.zhao@scu.edu.com

文学博士。现任四川大学外国语学院英文系副教授，硕士研究生导师，四川大学符号学 - 传媒学研究所成员。出版译著《皮尔斯：论符号》，专著《皮尔斯与传播符号学》，两项成果均获四川省哲学社科优秀成果奖。主持国家社科基金等国家级、省部级项目 4 项。2019 年入选四川省"天府万人计划"青年拔尖人才项目。研究方向为皮尔斯符号学、传播符号学、礼物的社会符号学研究、符号学新思潮与新流派。CSSCI 辑刊《符号与传媒》执行主编。中国中外文艺理论学会文化与传播符号学分会副秘书长。四川省比较文学协会理事。

寇淑婷　2018 级　博士后

现在单位： 四川大学文学与新闻学院　　**职务职称：** 副教授
邮箱： koushuting@live.cn

满族，四川大学文学与新闻学院副教授，硕士生导师。2018 年博士毕业于北京师范大学文学院，日本菲利斯女学院大学联合培养博士，四川大学文学与新闻学院博士后，曾任北京外国语大学日本学研究中心访问学者，主要从事东方文学与中日比较文学、郑成功研究。近年来出版的主要著作有：《东西精舍：中日文学文化比较论》（中国社会科学出版社 2021 年版）、译著《东欧亚海域史列传》（厦门大学出版社 2018 年版）、编著《日本白桦派文学》（上海交通大学出版社 2019 年版）、合著《アジアの海を渡る人々：十六·十七世紀の渡海者》（上田信、中島楽章编，春風社 2021 年版），在《文学评论》《文艺争鸣》《東アジア文化研究》等海内外期刊公开发表学术论文 30 余篇，主持或参与国家级和省部级课题多项。